U0120351

儒學文獻通論

中

舒大刚 主编

国家出版基金资助项目

教育部人文社会科学重点研究基地重大项目

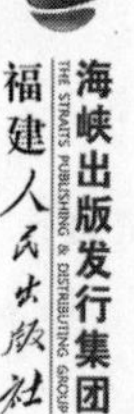

海峡出版发行集团

THE STRAITS PUBLISHING & DISTRIBUTING GROUP

福建人民出版社

《儒学文献通论》

主　编　舒大刚
副主编　杨世文　李冬梅　王小红/张尚英
撰　著
引　言　舒大刚
第一编　舒大刚
第二编　舒大刚　第一章、第十一章、第十四章之第一节、第二节
　　　　金生杨　第二章
　　　　王小红　第三章
　　　　李冬梅　第四章、第十四章之第三节前半
　　　　夏　微　第五章
　　　　潘　斌　第六章、第七章、第八章、第十三章之第一节至第五节
　　　　田　君　第九章
　　　　张尚英　第十章
　　　　霞绍晖　第十二章
　　　　詹　勇　第十三章之第六节
　　　　刘平中　第十三章之第七节
　　　　汪舒旋　第十五章
　　　　李东峰　第十六章、第十四章之第三节后半
　　　　彭　华　第十七章
第三编　李　梅
第四编　杨世文

第五章 《周礼》学文献

《周礼》初名《周官》[1]，又名《周官经》[2]，是“十三经”中唯一一部详言班朝治军、设官分职的制度之书，洪业曾评价此书：“影响于后世之政治制度殊大，如由北周迄于清末之吏户礼兵刑工六部即隐师《周礼》之意者也。”是书文繁事富，体大思精，举凡政法文教、礼乐兵刑、征赋度支、城乡建置、天文历法、宫室车服、农商医卜、工艺制作几乎无所不包，是研究我国古代政治史、官制史、思想史、社会生活史的重要典籍。

第一节 《周礼》的形成与经典化

一、先秦时期：《周礼》的产生和潜藏

儒家诸经之中，《周礼》最晚出，始见于西汉之世，从古至今学者就《周礼》一书的作者及其成书时代问题聚讼纷纭，莫衷一是，主要存有以下七种观点：

1. 《周礼》系周公所作，成书于西周之初

此论首倡于西汉刘歆。刘氏认为“其周公致太平之迹，迹具在斯”[3]。东汉郑玄承袭其说，主张：“周公居摄而作‘六典’之职，谓之《周礼》，营邑

① 《周官》之名始见于《史记·封禅书》，《汉书·礼乐志》及《王莽传上》、《郊祀志》中俱载是名。杨天宇在《关于周礼的书名、发现及其在汉代的流传》一文中指出：“《周官》之改名为《周礼》，当在王莽居摄之后、居摄三年之前（公元6～8年）。”

② 见于《汉书·艺文志》。

③ 贾公彦：《序周礼废兴》引马融《传》云，《周礼注疏》卷首，阮元校刻《十三经注疏》本。

于土中，七年致政成王，以此《礼》授之，使居雒邑治天下。”[①]尔后魏晋王肃、干宝，唐代贾公彦，宋代李觏、王安石、郑伯谦、郑樵、王与之，元代丘葵、吴澄，明代陈凤梧、柯尚迁、徐即登，清人汪中、惠士奇、江永、孙诒让等皆信主此说。而宋代张载、程颢、朱熹，元代何异孙，明代金瑶等人则在承认《周礼》确有周公成法的前提下，指出其书有后儒的附会、增窜。

2.《周礼》成书于西周

日本学者林泰辅在《周公と其时代》（东京大仓书店，1915 年 9 月）一书中指出《周礼》作于西周厉王、宣王、幽王时代。朱谦之《周礼的主要思想》（《光明日报》1961 年 11 月 12 日第 2 版）一文、陈汉平《西周册命制度研究》（学林出版社，1986 年）一书也主张《周礼》成书在西周。

3.《周礼》成书于春秋

蒙文通在《从社会制度及政治制度论周官成书年代》（《蒙文通文集》第三卷《经史抉原》，巴蜀书社，1995 年）一文中主张：“以《周官》为周公致太平之书，固不必然；以为六国阴谋之书，终亦未是，谓写定春秋中叶，殆近之耶!”金景芳亦持此论，认为：“近人洪诚采朱谦之等人之说，断为‘成书最晚不在东周惠王后’，我看比较接近事实。”[②] 刘起釪利用金文资料对《周礼》的成书时代进行探讨，在《周礼真伪之争及其书写成的真实依据》（《古史续辨》，中国社会科学出版社，1991 年）一文中指出：“《周礼》一书所载官制材料，都不出春秋之世周、鲁、卫、郑四国官制范围，没有受战国官制的影响。”

4.《周礼》成书于战国

东汉何休首倡其说，指《周礼》为“六国阴谋之书”[③]，而后张禹、包咸承其说，宋人苏轼、苏辙，明人季本，清人崔述、皮锡瑞皆持是论。

20 世纪以来，此说得到大部分学者的认同。如：钱穆撰著《周官著作时代考》，从祀典、刑法、田制等方面考证《周礼》的成书时代，认为“与其谓《周官》乃周公所著，或刘歆伪造，均不如何氏之说遥为近情”。郭沫若所撰《周官质疑》（《郭沫若全集·考古编》，科学出版社，2002 年）是“第一篇系统地使用金文材料对《周礼》进行研究的论文”[④]，他认为《周礼》成书时代为战国后期，“盖赵人荀卿之弟子所为，袭其师‘爵名从周’之意，纂集遗闻

① 《周礼·天官》“惟王建国”下郑玄注，阮元校刻《十三经注疏》本。

② 金景芳：《周礼》，载《经书浅谈》，中华书局，2004 年，第 50 页。

③ 贾公彦：《序周礼废兴》，《周礼注疏》卷首，阮元校刻《十三经注疏》本。

④ 张亚初、刘雨：《西周金文官制研究》，中华书局，1986 年，第 166 页。

佚志，参以己见而成一家言。其书盖未竣之业，故书与作者均不得传于世”。杨向奎以《周礼》一书所反映思想内容的整体性、时代性为线索，从思想史研究的角度对《周礼》的成书时代加以判断，认为“《周礼》可能是一部战国中叶左右齐国的书”①。顾颉刚则着重研究《周礼》一书所反映的时代特征，将《周礼》的成书背景置于宏观的历史背景下加以考察，撰著《“周公制礼”的传说和周官一书的出现》（载《文史》第六辑，中华书局，1979年），主张《周礼》“原是一部战国时代的法家著作，在散亡之余，为汉代儒家所获得，加以补苴增损，勉强凑足五官；然而由于儒、法两家思想不同，竟成了一个‘四不像’的动物标本！”金春峰撰著《周官之成书及其反映的文化与时代新考》，运用了大量出土秦简，认定《周礼》是战国末年入秦的学者所作。沈长云、李晶也认为“《周礼》的成书年代不会早于春秋晚期，或当在这之后不久的战国前期”②。此外，蒋伯潜、范文澜、齐思和、徐喜辰、史景成、杨天宇等皆主张《周礼》成书于战国之说。

5.《周礼》成书于战国、秦、汉之际

宋人魏了翁主张“《周礼》、《左氏》，并为秦、汉间所附会之书”。“《周礼》与《左传》两部，字字谨严，首尾如一，更无疏漏处，疑秦、汉初人所作，因圣贤遗言足成之”。③ 清人毛奇龄撰《周礼问》2卷，认为“此书系周末秦初儒者所作”。梁启超在《古书真伪及其年代》（中华书局，1955年）一书中，认为《周礼》“这书总是战国、秦、汉之间，一二人或多数人根据从前短篇讲制度的书，借来发表个人的主张”。胡适更进一步，认为“其为汉人所作之书似无可疑”④。而陈连庆先生在《周礼成书时代的新探索》（载《中国历史文献研究》二，1988年）一文中主张：“《周礼》制作年代的上限，不早于商鞅变法”，“它的下限也不会晚于河间献王在位之时”，“《周礼》成书年代最大可能，是在秦始皇帝之世”。

6.《周礼》成书于西汉早期

20世纪90年代，彭林在其《周礼主体思想与成书年代研究》（中国社会科学出版社，1991年）一书中，系统研究《周礼》的治民思想、治官思想、

① 杨向奎：《周礼内容的分析及其制作时代》，载《山东大学学报》1954年第4期，第32页。

② 沈长云、李晶：《春秋官制与周礼比较研究——周礼成书年代再探讨》，载《历史研究》2004年第6期，第26页。

③ 朱彝尊：《经义考》卷一二〇《周礼一·周官经》。

④ 胡适：《论秦畤及周官书·周官》，载《古史辨》（五），第639页。

理财思想、阴阳五行思想和《周礼》所设计的国家政权模式，认为《周礼》主体思想的基本特征是“多元一体”，进而判定：“《周礼》的成书年代当在汉初的高祖至文帝之间，至迟不得晚于景、武之际。”

7.《周礼》系刘歆伪造，成书于西汉末年

此说始于宋代胡安国、胡宏父子，胡宏在《五峰集》卷四《极论周礼》中认为：“《周礼》之书本出于孝武之时，为其杂乱，藏之秘府，不以列于学官。及成哀之世，歆得校理秘书，始列序为经，众儒共排其非，惟歆以为是。……其所列序之书，假托《周官》之名，剿入私说，希合贼莽之所为耳。”洪迈在《容斋续笔·周礼非周公书》一文中，也主张“《周礼》一书，世谓周公所作，而非也。昔贤以为战国阴谋之书，考其实，盖出刘歆之手”。宋人晁说之、包恢，清人康有为、崔适等皆持是论。现代学者徐复观撰著《周官成立之时代及其思想性格》(载《徐复观论经学史二种》，上海书店出版社，2002 年）一文也倡是论，更进一步认为《周礼》一书是“王莽草创于前，刘歆整理于后”，“《周官》乃王莽、刘歆们用官制以表达他们政治理想之书”。

20 世纪以来，“《周礼》系周公所作，成书于西周之初”、“《周礼》系刘歆伪造，成书于西汉末年”二说，经学者多角度加以辩驳，大体已无人信从。其余诸说虽皆有其成立的理由，但也都有不能尽释疑惑之处，《周礼》究竟成书于何时，至今仍无定论。

我们认为，《周礼》与周公制礼作乐有一定关系，但《周礼》最终成书当在战国时代为宜。《礼记·明堂位》记载：“武王崩，成王幼弱。周公践天子之位，以治天下。六年，朝诸侯于明堂，制礼作乐，颁度量，而天下大服。七年，致政于成王。”文中言周公“制礼作乐”，所谓“制礼”，很可能包括制定最原初的《周礼》。又，《左传·文公十八年》记载鲁国太史克曾曰：“先君周公制周礼曰：‘则以观德，德以处事，事以度功，功以食民。’”这也说明了《周礼》与周公存在一定关系。周朝建国之初，周公辅弼年幼的成王，在平定内乱、安抚诸侯、营建东都之后，因袭夏殷之礼的基础上，制定了周礼，以巩固新建立的国家政权，稳定社会秩序，所以今传《周礼》中有四分之一以上的职官可在出土的西周铜器铭文中找到根据。如此众多的相似之处，无论如何不能说是巧合，只能说明《周礼》的成书一定是参照了西周时的职官实况，其中当然会有周公“制礼”的若干影子。但《周礼》中还有超过三分之一的职官可以在春秋文献和春秋铜器铭文中找到根据，书中的治民制度体现的儒家思想、治官和理财制度体现的法家思想、设官分职和祭神祀祖所体现的阴阳五行思想，都已经表现的相当成熟了，这又具有杂采众家、兼收并蓄的战国时代的思想特征。《周礼》融会西周、春秋官制，所设计的建国规模宏大，其主体思想有明显的战国时代思想特征，故而在战国那样有统一希望和统一要求的时代背景下才有可能撰成《周礼》。目前"《周礼》成书于战国"说已经得到大部分学者的认同，是现代学界对《周礼》成书年代的普遍看法。

战国时期，《周礼》虽有流传，[①] 但"秦自孝公已下，用商君之法，其政酷烈，与《周官》相反。故始皇禁挟书，特疾恶，欲绝灭之，搜求焚烧之独悉，是以隐藏百年"[②]。可见，《周礼》传世之后，曾经历了很长时间的潜藏。

二、西汉：《周礼》的发现

百年之后，《周礼》再现于西汉之世。而关于《周礼》一书的发现，文献记载颇有争议，主要有四种观点：

1.《周礼》发现于汉文帝时

《礼记·礼器》中"故经礼三百，曲礼三千"一句，郑玄注曰："礼经谓《周礼》也，《周礼》六篇，其官有三百六十。"孔颖达疏曰："周公摄政七年，制礼作乐，为设官分职之法，亦名《周官》，有六卿，每卿下各有属官六十，凡三百六十。经秦焚烧之后，至汉孝文帝时，求得此书，不见《冬官》一篇……"据此可知，唐代经学家孔颖达认为秦火之后，《周礼》再现于世是汉文帝时期。

2. 汉景帝或武帝时，河间献王得《周礼》于民间献书

《汉书·景十三王传》载曰："河间献王德……修学好古……献王所得书皆古文先秦旧书，《周官》、《尚书》、《礼》、《礼记》、《孟子》、《老子》之属，皆经传说记，七十子之徒所论。"又，《经典释文·序录》云："景帝时河间献王好古，得古礼献之。或曰河间献王开献书之路，时有李氏上《周官》五篇，失《事官》一篇……"又，《隋书·经籍志》载："而汉时有李氏得《周官》。……上于河间献王，独阙《冬官》一篇……"据此可知，河间献王在广征民间献书过程中，发现了残缺的《周官》(即《周礼》)。

3.《周礼》出于孔壁

《礼记》题下孔颖达疏引郑玄"《六艺论》云：'《周官》，壁中所得，六篇。'"又，《太平御览》卷六一九引汉人杨泉《物理论》："鲁恭王坏孔子旧

---

① 《汉书·艺文志》载曰："六国之君，魏文侯最为好古。孝文时得其乐人窦公。献其书，乃《周官·大宗伯》之《大司乐》章也。"据此，战国时已有《周礼》之书的流传。

② 贾公彦：《序周礼废兴》引马融《传》云，《周礼注疏》卷首，阮元校刻《十三经注疏》本。

宅，得《周官》，缺，无《冬官》……”据此可知，此说以为《周官》6篇（即《周礼》）同其他古文经一样出于孔壁。

4.《周礼》系孔安国所献书

《后汉书·儒林列传》载曰：“孔安国所献《礼》古经五十六篇及《周官经》六篇，前世传其书，未有名家。”据此可知，此说以为西汉再现于世的《周官经》（即《周礼》）系孔子后裔孔安国所献。

我们认为，“《周礼》发现于汉文帝时”一说显系孤证，清人孙诒让称“此尤缪悠之说，绝无根据者也”①。而“《周礼》出于孔壁”、“《周礼》系孔安国所献书”二说互有关联，立论的依据多与郑玄《六艺论》记载相关。孙诒让据《经典释文·序录》所引郑玄《六艺论》之文，“审绎郑君论意”，指出《后汉书·儒林列传》的记载“斯并误会郑恉，妄滋异论”。《太平御览》所引“杨氏疑亦因《六艺论》文，妄撰此说。……况武帝本不信此经，购补之事，必是虚妄”。且“《汉书·艺文志》、《楚元王传》、刘歆《让太常博士书》及许君《说文序》，备举孔壁所得经传，而并无《周官》，足证范蔚宗及杨泉之误”。②可见，“《周礼》出于孔壁”、“《周礼》系孔安国所献书”二说系误读文献，以讹传讹之论，不足为据。而“汉景帝或武帝时，河间献王得《周礼》于民间献书”一说，最早见于记载，说有所本，应是可以信据的。

上文所引《经典释文·序录》、《隋书·经籍志》俱载河间献王将所得古礼、《周官》献于朝廷，《春秋左传正义》篇首《春秋序》孔颖达疏进一步补充：“汉武帝时河间献《左氏》及《古文周官》。”贾公彦《序周礼废兴》云：“《周官》孝武之时始出，秘而不传。”又引马融《周官传》曰：“孝武帝始除挟书之律，开献书之路，既出于山岩屋壁，复入于秘府，五家之儒莫得见焉。”那么，河间献王所献《周礼》同汉武帝时藏于秘府的《周礼》二者之间可有关系？孙诒让、黄侃、杨天宇诸先生俱认为汉武帝时藏于秘府的《周礼》即是河间献王得之于民间并进献于朝廷之本。③ 我们赞同诸位先生之论，进

---

① 孙诒让：《周礼正义》卷一《天官冢宰》，中华书局，1987年，第5页。

② 孙诒让：《周礼正义》卷一《天官冢宰》，第5页。

③ 孙诒让《周礼正义》“天官冢宰第一”之下“疏”云：“此则秘府之本，即献王所奏。”黄侃在《礼学说略》（《二十世纪中国礼学研究论集》，学苑出版社，1998年）一文中认为：“汉武帝时，河间献王献《左传》及《古文周官》，此则马所云‘出于山岩屋壁，复入于秘府’者，即指此献王之本矣。”杨天宇在《关于周礼的书名、发现及其在汉代的流传》（《史学月刊》1999年第4期）一文中认为：“这部出于‘山岩屋壁’的《周礼》，盖即河间献王从民间所得而献之者。”

一步说，到汉成帝时，刘向、刘歆父子校理秘书再次发现进而著于《七录》、《七略》的《周礼》一书，即汉武帝时藏入秘府之本，也就是河间献王得之于民间并进献于朝廷之本。

这里难免有一疑问，河间献王献于朝廷的《周礼》为何会“秘而不传”、“五家之儒莫得见焉”？蒙文通先生认为：“武帝因为忌刻献王，才一并排斥这一部分书。古文一部分书，都是受了河间献王的影响。”① 杨天宇认为：“盖因河间献王献书时，汉王朝立于学官的儒家经典已经确定了《诗》《书》《易》《礼》《春秋》五经，这五经都是用当时通行的隶书写成的，而又得此古文《周礼》，且其所述制度又与当时的制度相左，故即将其藏之秘府，致使‘五家之儒莫得见焉’。”② 另外，贾公彦《序周礼废兴》中引汉人林孝存之说：“武帝知《周官》末世渎乱不验之书。”这或许也是《周礼》受排弃的原因之一吧！

汉成帝时，刘向、刘歆父子受命校理秘书，再次发现《周礼》，虽“始得列序，著于录略”③，但其书当时并不为刘氏父子所重。④ 汉平帝元始四年征召通《周礼》的学者，元始五年张纯等九百多位朝臣在奏疏中将“《周官》与《礼记》”并列，而与“六艺”、“经文”分别言之，这表明此时的《周礼》尚处于传、记的地位。⑤ 汉平帝去世前后，王莽为使居摄称帝合法化寻找理论依据，而《周礼·春官·典命》中的记载恰恰投合其所需，故王莽授意当时担任羲和（文化教育方面的主管官员）的刘歆将《周礼》立于学官，⑥ 于是居摄元年至三年之间（公元6—8年）“歆奏以为经，置博士”⑦，《周礼》一跃而为“经”。

① 蒙文通：《经学导言》，载《蒙文通文集》第三卷《经史抉原》，巴蜀书社，1995年，第16页。

② 杨天宇：《周礼译注·前言》，上海古籍出版社，2004年，第7页。

③ 贾公彦：《序周礼废兴》，《周礼注疏》卷首，阮元校刻《十三经注疏》本。

④ 据《汉书·楚元王刘向子歆列传》记载，刘歆所争立的古文经博士不包括《周礼》，《移让太常博士书》中亦未言及《周礼》。王葆玹、杨天宇认为刘歆重视《周礼》是在王莽影响之下，故“末年乃知其周公致太平之迹，迹具在斯”。

⑤ 可参《汉书·王莽传上》的相关记载。

⑥ 此处采用王葆玹、杨天宇的研究成果，可参看王葆玹：《今古文经学新论》第三章《古文经学及其流派》，中国社会科学出版社，1997年，第131～137页；杨天宇：《周礼译注·前言》，第22～23页。

⑦ 朱彝尊：《经义考》卷一二〇《周礼一·周官经》引汉人荀悦《汉纪》之说。

由于《周礼》被尊为经与王莽"发得周礼"[1] 关系密切，故而伴随着新莽政权的覆灭《周礼》博士旋即被废。但《周礼》在立于学官的十几年间已得到较为广泛的讲授和研习，故东汉时期《周礼》在民间的传习延绵不绝，郑众、贾逵、马融等大儒纷纷为《周礼》作注，而且逐渐引用《周礼》移释他经，郑玄更冠《周礼》于《三礼》之首，推崇备至，《周礼》遂成为古文经学发展的一面旗帜。曹魏正始年间增置郑玄所注《周礼》为博士，《周礼》重获官方给予的"经"典地位，此后历朝历代皆尊奉《周礼》为经，《周礼》经典的权威地位日益巩固。

三、《周礼》本经的残缺与《考工记》补《冬官》

据《经典释文·序录》、《隋书·经籍志》、《礼记正义·礼器》中孔颖达疏和贾公彦《序周礼废兴》所引马融《传》记载，汉代发现的《周礼》已非完帙，缺《冬官》一篇，汉人求之不得，遂以《考工记》补《冬官》之缺。由汉迄唐，学者咸承其说，对《周礼》本经残缺问题并不怀疑。至宋代，学风丕变，《周礼》本经是否残缺备受质疑，而怀疑此问题的学者又分为两派，其中一派认为《周礼》原是一部未完成的著作，故谈不上残缺问题；另一派则认为《冬官》不亡，散于五官，即主张《周礼》本为全书，并不残缺《冬官》一篇。

《周礼》是未完之书的观点，见于王应麟《困学纪闻》卷四《周礼》所引九峰蔡氏之说，曰："周公方条治事之官，而未及师保之职，《冬官》亦阙，首末未备，周公未成之书也。"清人江永，近人郭沫若、蒋伯潜，时人杨天宇皆持是论。

而"《冬官》不亡，散于五官"之说肇始于宋人胡宏、程大昌，后俞庭椿撰著《周礼复古编》沿袭其说，主张："五官所属皆六十，不得有羡。其羡者皆取以补冬官"[2]，进而第一次提出了具体的《冬官》补亡方案。俞庭椿臆断改经之说得到宋人王与之、叶时、赵彦卫、车若水、金叔明、黄震等人的赞同附和。后元人丘葵、吴澄，明人方孝孺、何乔新、柯尚迁、舒芬等也纷纷推崇，并根据各人对《周礼》的研究心得做出五花八门的《周礼》"补亡"方案，俞氏之说辗转蔓延，遂成《周礼》研究的"冬官不亡"一派。清代四库馆臣曾一针见血地批评"冬官不亡"一派，曰："窜乱五官，以补冬官之亡，

① 《汉书·王莽传上》。

② 永瑢等：《四库全书总目》卷一九《周礼复古编》提要。

《经》遂更无完简。”①

总之，汉初发现的《周礼》已无《冬官》一篇，当属事实。

《考工记》是战国时期的古书，是我国最早有关工艺制作的专著，语言奇古奥美，内容与《冬官》所载有相关联处，故汉人将《考工记》补入《周礼》。那么，《考工记》具体由何人何时补入《周礼》呢？传世文献就此问题的记载也存在分歧，主要有四种观点：

1. 汉文帝使博士作《考工记》补入《周礼》

其说见于《礼记·礼器》中“故经礼三百，曲礼三千”一句的孔颖达疏，曰：“至汉孝文帝时，求得此书，不见《冬官》一篇，乃使博士作《考工记》补之。”

2. 汉景帝或武帝时，河间献王取《考工记》补入《周礼》

此说见于《经典释文·序录》，曰：“时有李氏上《周官》五篇，失《事官》一篇，乃购千金不得，取《考工记》以补之。”又，《隋书·经籍志》载曰：“而汉时有李氏得《周官》。……独阙《冬官》一篇，献王购以千金不得，遂取《考工记》以补其处，合成六篇奏之。”

3. 汉武帝取《考工记》补入《周礼》

此说见于《太平御览》卷六一九引汉人杨泉《物理论》，曰：“得《周官》，缺，无《冬官》，汉武购千金而莫有得者，遂以《考工记》备其数。”

4. 汉成帝或汉哀帝时，刘向、刘歆父子取《考工记》补入《周礼》

此说见于唐人贾公彦《序周礼废兴》引马融《传》，曰：“至孝成皇帝，达才通人刘向、子歆，校理秘书，始得列序，著于录、略。然亡其《冬官》一篇，以《考工记》足之。”

我们认为，“汉文帝使博士作《考工记》补入《周礼》”一说同“《周礼》发现于汉文帝时”的观点密切相关，由于“《周礼》发现于汉文帝时”一说是毫无根据的缪说，因此“汉文帝使博士作《考工记》补入《周礼》”之论亦缺乏立论之基，不可相信。而“汉武帝取《考工记》补入《周礼》”一说亦属荒唐，孙诒让已经予以驳斥：“武帝本不信此经，购补之事，必是虚妄。”至于“汉景帝或武帝时，河间献王取《考工记》补入《周礼》”和“汉成帝或哀帝时，刘向、刘歆父子取《考工记》补入《周礼》”二说，各有所本，皆可备一家之言。其中，钱玄、杨天宇依据《周礼》一书的发现情况，倾向于“汉景帝或武帝时，河间献王取《考工记》补入《周礼》”一说。总之，汉人补《考

① 永瑢等：《四库全书总目》卷一九《周礼注疏删翼》提要。

工记》入《周礼》应是可信据的。

四、《周礼》"故书"与"今书"

汉代的《周礼》本经有两种版本，即所谓的"故书"与"今书"。自古以来，学者就此问题的说法各有不一，迄无定论。其中《周礼·天官·大宰》贾公彦疏云："言故书者，郑注《周礼》时有数本，刘向未校之前，或在山岩石室有古文，考校后为今文，与古文不同。"清人阮元《周礼注疏校勘记序》云："其云故书者，谓初献于秘府所藏之本也，其民间传写不同者则为今书。"段玉裁《周礼汉读考》、徐养原《周官故书考》、宋世荦《周礼故书疏证》、程际盛《周礼故书考》对此问题皆有专门研究。笼统而言，刘向校书之前秘府所藏《周礼》之本为"故书"，是旧本；刘向校理后《周礼》之本、郑玄当时所见的《周礼》通行本即是"今书"。

郑玄注《周礼》时，曾对《周礼》加以校勘，因"今书"用字多优于"故书"，所以凡遇"故书"、"今书"异文，皆从"今书"而不从"故书"，只在注中注明"故书"某字作某。杨天宇《郑玄三礼注研究》中，就郑玄校勘《周礼》时以"今书"为底本而参之以"故书"的问题进行考证，并从具体经文考辨中总结出35条凡例，如："从本字不从通假字"、"二字通用其义切者"、"据制度以决从今书"、"不从故书误倒之文"等等，进而提出郑玄校勘《周礼》从今书不从故书的五原则，即：字义贴切的原则、习用易晓的原则、合理的原则、符合规范的原则、不轻改字的原则。其说颇具学术价值。

五、《周礼》学文献的学术价值

内容丰富、各具特色的《周礼》学文献是古人留给我们的一笔财富，具有珍贵的学术价值。

第一，《周礼》中保存了丰富而珍贵的周代史料。如：张亚初、刘雨在《西周金文官制研究》一书中，将西周金文官制与《周礼》中所记载的官制进行对比，认为："总计《周礼》三百五十六官有九十六官与西周金文相同或相近。这说明《周礼》中有四分之一以上的职官在西周金文中可找到根据。有如此众多的相似之处，无论如何不能说是巧合，只能证实《周礼》一书在成书时一定是参照了西周时的职官实况。"而沈长云、李晶在《春秋官制与周礼比较研究——周礼成书年代再探讨》（《历史研究》2004年第6期）一文中，将西周官制、春秋官制同《周礼》记载的职官体系相比较，认为："《周礼》

中有超过三分之一的职官可以在春秋文献和金文中找到根据，春秋官制与西周官制比较言之，前者更接近于《周礼》的职官体系。”杨向奎在《宗周社会与礼乐文明》一书中，还运用《周礼》的材料对西周社会发展模式进行研究。此外，《周礼》中还保留了很多社会生活的资料，如：饮食、器具、医疗、社会救济等等。可见，《周礼》学文献是研究先秦历史的重要资料。

第二，《周礼》学文献是研究学术史的重要资料。毋庸讳言，历代《周礼》学文献是研究《周礼》学史最为重要的原始资料。此外，历代《周礼》学文献所体现出的流变对经学史、经学诠释学、学术范式转移的研究都极有价值。而《考工记》是我国最早有关工艺制作的专著，其中保留相当可观的科技史研究资料，颇为珍贵。

第三，《周礼》学文献是研究中国古代思想史，尤其是儒家思想史的宝贵材料。《周礼》体大宏通，是重要的儒家经典之一，蕴涵的思想内容极为丰富，既有治官思想、治民思想、理财思想，也有包括历法、阴阳五行在内的学术思想和祭神祀祖所体现出的宗教思想。其中，治民思想具有浓重的儒家气息，治官思想、理财思想则具有法家特色，但驭官和理财过程中所体现出的一整套严密的法治机制始终从属于儒家的礼治的教化手段，可以视为是对儒家的补充，故而《周礼》学文献对儒家思想史的研究极有意义，值得重视。20世纪以来，学者还从思想史研究的角度判定《周礼》的成书年代，如：杨向奎、彭林、徐复观等。他们“通过分析《周礼》书中的思想内容，找出《周礼》当中反映的思想流派和主体思想，然后把它放入由思想史研究所建立起来的序列当中，由此便可以推断《周礼》的成书时代”①。这对《周礼》成书时代的研究可以说颇具启发性。

第四，《周礼》学文献有助于中国古代政治史、官制史的研究。《周礼》不仅保留了许多西周和春秋时期的官制记载，还对中国古代的政治制度、官吏制度影响深远。早在西汉末年，王莽即依据《周礼》变法，施行“王田”、“五均六筦”等制度。至西魏，宇文泰启用苏绰运用《周礼》进行改革，隐师“六官”，建立六部之制，及至其子建立北周，仍沿用六官之制，隋朝也继承此制，此后六部制度对历代官制影响殊大。唐代开元年间，曾下诏按《周礼》六官编制官制之典，后编成《唐六典》30卷，晁公武《郡斋读书志》以为：“叙其秩品，以拟《周礼》，虽不能悉行于世，而诸司遵用，殆将过半，观

---

① 刘丰：《百年来周礼研究的回顾》，载《湖南科技学院学报》2006年第2期，第12页。

《唐会要》，请事者往往援据以为实，韦述以为书虽成，而竟不行，过矣。”可见，《周礼》对唐代官制，也还是有一定影响的。而北宋神宗欲求国家富强，启用王安石以《周礼》行变法，颁布“青苗法”、“常平法”、“募役法”等一系列法令，在富国强兵方面的确取得一定成效。因其如此，我们认为《周礼》学文献对于中国古代政治史、官制史之研究也大有裨益。

第二节 《周礼》研究与《周礼》文献的扩展

一、汉代的《周礼》研究与文献

两汉是《周礼》一书发现，首次被奉为经典，进而获得发展的重要时期。

西汉，河间王国曾有研治《周礼》者，撰《周官传》四篇。但因为奏献于朝廷的《周礼》被武帝指为“末世渎乱不验之书”，故被藏于秘府，“五家之儒莫得见焉”。汉成帝时，经刘向、刘歆父子校理秘书，《周礼》再次面世，而“时众儒并出共排，以为非是”①，刘歆虽能“独识”，但“其年尚幼，务在广览博观，又多锐精于《春秋》。末年，乃知其周公致太平之迹，迹具在斯”②。可见，成帝时被发现的《周礼》并不为时人所重。西汉末年，王莽对《周礼》特加提倡，其居摄时，置《周礼》博士，《周礼》一跃为“经”，备受瞩目，而《周礼》学在西汉末有相当规模的发展传播。

东汉，《周礼》博士虽废，但在民间传习不绝。杜子春撰《周礼注》、郑兴、郑众、卫宏、贾逵、胡广皆撰《周礼解诂》，班固撰《周礼班氏义》，张衡撰《周官训诂》，马融撰《周官传》，卢植撰《周官礼注》，郑玄撰《周礼注》、《周礼郑氏音》，皆尊奉《周礼》为周公致太平之迹，采用“注”、“传”、“解诂”的形式训诂名物，考证制度，对《周礼》本经加以阐释。与此同时，《周礼》也受到东汉今文经学家的怀疑，“林（临）孝存以为武帝知《周官》末世渎乱不验之书，故作《十论》、《七难》以排弃之。何休亦以为六国阴谋之书”③。郑玄与之针锋相对，撰《答临（林）孝存周礼难》，维护《周礼》

① 贾公彦：《序周礼废兴》引马融《传》，《周礼注疏》卷首，阮元校刻《十三经注疏》本。

② 贾公彦：《序周礼废兴》引马融《传》，《周礼注疏》卷首。

③ 贾公彦：《序周礼废兴》引马融《传》，《周礼注疏》卷首。

周公圣典的权威。值得一提的是，“从两汉之际始，学界渐以《三礼》尤其是《周礼》移释他经。及至马融、郑玄，更突出地将其他经义纳入礼学的阐释系统”。[①] 总之，“尽管终东汉一代《周礼》没有立博士，然实堪称东汉古文经学之‘素王’”[②]。

二、魏晋南北朝时期的《周礼》研究与文献

魏晋南北朝时期，出于巩固士族门阀制度的需要，礼学成为显学，然南方六朝精于《仪礼》学，尤精于丧服之学；北朝甚重《礼记》学，《周礼》研究相对冷清，只在北朝后期受苏绰改制的影响，“公卿以下多习其业”[③]，研究稍盛。

曹魏正始年间，增置郑玄所注《周礼》为博士，《周礼》再次得到官方认可，跻身于经典行列。曹魏中后期，王肃所撰《周官礼注》亦被立于学官，由于“肃善贾、马之学，而不好郑氏”[④]，故经注处处与郑玄立异，“于此之际，王学几欲夺郑学之席”[⑤]。西晋时，郑玄《周礼注》、王肃《周官礼注》皆置博士，但“晋初郊庙之礼，皆王肃说，不用郑义”[⑥]。永嘉之乱后，东晋元帝减省博士，置《周礼》博士一人，仍宗郑玄经说。魏晋学者多承绪汉代学风，亦用“传”、“注”等形式阐释《周礼》本经，如：王朗撰《周官传》、伊说撰《周官礼注》、干宝撰《周官礼注》和《答周官驳难》、王懋约撰《周官宁朔新书》[⑦]、袁准撰《周官传》、陈邵撰《周官礼异同评》和《周礼详解》、傅玄撰《周官评论》。此外，由于魏晋时期声韵学发展成就突出，反切注音法广为推广，受此影响，音义之学大兴，出现了许多《周礼》音义之作。如：王肃、干宝、徐邈、李轨皆撰《周礼音》，聂熊撰《聂氏周礼音》、宋氏撰《周官音义》。

南北朝分立时代，经学亦分为“南学”、“北学”，虽“南北所治，章句好

---

① 杨志刚：《中国礼学史发凡》，载《二十世纪中国礼学研究论集》，学苑出版社，1998年，第128页。

② 杨天宇：《周礼译注·前言》，第27页。

③ 《周书·儒林·熊安生传》。

④ 皮锡瑞：《经学历史》五《经学中衰时代》。

⑤ 马宗霍：《中国经学史》，上海书店出版社，1984年，第63页。

⑥ 皮锡瑞：《经学历史》五《经学中衰时代》。

⑦ 此据《隋书·经籍志》、《旧唐书·经籍志》的记载，而《新唐书·艺文志》、《国史经籍志》、《经义考》则载此书为司马伷撰。

尚，互有不同”，然《周礼》之学“则同遵于郑氏”[1]。南朝诸儒多兼治《三礼》，如：“与郑君齐名”的雷次宗、司马筠、孔佥、皇侃、郑灼“尤明《三礼》”，沈文阿、沈洙“通《三礼》”，何佟之“少好《三礼》”，崔灵恩“尤精《三礼》”，沈峻“尤长《三礼》”。其中，雷次宗撰《周礼注》、崔灵恩撰《集注周官礼》，而梁人沈峻之《周礼》学颇受时人推重。[2] 同时，北朝兼通《三礼》者有一代儒宗徐遵明、刘献之、李铉、熊安生、褚晖、孙灵晖、房晖远、邢峙、刘昼、马光。其中，熊安生也学为儒宗，“专以三礼教授，弟子自远方至者千余人”[3]，堪称北学之冠，曾撰《周官义疏》。此外，南朝刘昌宗、戚衮皆撰《周礼音》，北朝沈重撰《周官礼义疏》、《周礼音》，刘芳撰《周官义证》、《周礼音》。这一时期，“南北经学，虽趣尚互殊，而诸儒治经之法，则大抵相同。……但守一家之注而诠解之，或旁引诸说而证明之，名为经学，实即注学。于是传注之体日微，义疏之体日起矣”[4]。从“注经”到“明注”，以解释经注为主的“义疏”之学成为南北诸儒诠释《周礼》本经的重要方式，对后世经学影响颇大。

三、隋唐时期的《周礼》研究与文献

隋唐天下统一，南北经学亦归于一统，《三礼》皆立博士，仍宗郑玄《三礼注》，郑玄《三礼》之学益成独尊之势。唐代科举以九经取士，包括《三礼》，但规定《礼记》为大经，《周礼》、《仪礼》为中经。由于“《礼记》文少，人皆竞读，《周礼》经邦之轨则，《仪礼》庄敬之楷模，《公羊》、《穀梁》……以独学无友，四经殆绝”[5]。国子祭酒杨玚亦奏言朝廷优奖能通《周礼》、《仪礼》的学者，以免二经“殆将废绝”。可见，名利所趋，避难就易，《周礼》一经并不为唐人所重，研究较少。然官方颁布用以科考取士的标准读本——贾公彦

---

① 《隋书·儒林列传》。

② 《南史·儒林·沈峻传》记载沈峻，曰：“博通《五经》，尤长《三礼》……时吏部郎陆倕与仆射徐勉书荐峻曰：‘凡圣贤所讲之书，必以《周官》立义，则《周官》一书，实为群经源本。此学不传，多历年世。……唯助教沈峻特精此书，比日时开讲肆，群儒刘岳、沈宏、沈熊之徒，并执经下坐，北面受业，莫不叹服，人无间言。’”

③ 《北史·儒林下·熊安生传》。

④ 马宗霍：《中国经学史》，第85～86页。

⑤ 杜佑：《通典》卷一五《选举三》。

所撰《周礼疏》，以“注不驳经，疏不驳注”① 为体例，专宗郑玄《周礼注》一家，详考名物制度，堪称《周礼》学史上里程碑式的著作，影响甚巨。此外，陆德明撰《经典释文》以“音义”的形式诠释《周礼》，既以反切注音，又广集汉魏六朝的《周礼》注解和陆氏本人所作释义对《周礼》经注加以训释、校勘，亦有功于后世的《周礼》研究。见于记载的唐代《周礼》学著作还有：王玄度撰《周礼义决》、王度撰《周礼说》、杜牧撰《考工记注》。

另一方面，中唐以后赵匡撰《五经辨惑》、陆淳撰《春秋纂例》，皆怀疑《周礼》为后人附益之作。这种看法上承何休、临孝存之说，直接挑战了魏晋以来尊奉《周礼》为周公圣典的权威地位，也直接开启了宋人对《周礼》大胆怀疑的先河。

四、宋元明时期的《周礼》研究与文献

北宋统一结束了五代十国时期军阀割据、战乱纷扰的局面，中央集权逐步加强，同时，黄河流域的中原地区遭到严重破坏的社会经济逐渐恢复，而南方经济继续发展，中国经济重心进一步南移。政治的相对稳定、经济的日益繁荣促进了宋代文化的高度发展，“宋代的文化，在中国封建社会历史时期之内，截至明清之际的西学东渐的时期为止，可以说，已经达到了登峰造极的高度”②。在这样的历史大环境下，宋代经学形成其独特的学术品格，表现为特色鲜明的疑古创新。

《周礼》是宋代学者研究较多的儒家经典之一，较之汉唐，宋代《周礼》学文献有较大幅度的增加，据笔者统计，宋代《周礼》学文献大致有 120 种左右，但大部分都已佚亡，仅有少部分流传至今，如王安石撰《周官新义》、李觏撰《周礼致太平论》、黄裳撰《周礼义》、王昭禹撰《周礼详解》等。宋代《周礼》学文献在《周礼》本经的阐释方面也可谓独树一帜，迥然有别于汉唐《周礼》学文献，宋人诠释《周礼》不再过多地纠缠于名物制度的训诂考证，而是直探“制作之精义”，进而“借经抒议”，变汉唐研究《周礼》的考证之学为论辩之学。不仅如此，宋代《周礼》学文献还大胆攻驳以郑玄《周礼注》、贾公彦《周礼疏》为代表的汉唐《周礼》学权威，甚至质疑《周礼》本经，随意改经、删经、移易经文。此外，《周礼》的单篇文献著作、

① 皮锡瑞：《经学历史》七《经学统一时代》。

② 邓广铭：《宋代文化的高度发展与宋王朝的文化政策——北宋文化史述论稿序引》，载《邓广铭治史丛稿》，北京大学出版社，1997 年，第 66 页。

《周礼》图著作皆较之前代大大增加。

《周礼》在元代虽被奉为经典，但并不用以科考取士，《周礼》之学也不受重视，虽有研治者亦不脱宋学窠臼，故元代《周礼》学衰微。现存于世的元代《周礼》学文献主要有：吴澄撰《周礼考注》、《周官或问》，毛应龙撰《周官集传》，陈友仁撰《周礼集说》，丘葵撰《周礼补亡》。

明代科举制度沿元代之旧，仍不用《周礼》取士，但研治者却多，《周礼》学著述也颇为丰富，流传至今的明代《周礼》学文献就有59种之多，如魏校撰《周礼沿革传》，季本撰《读礼疑图》，舒芬撰《周礼定本》等。但明代的《周礼》研究不过弥逐宋元颓波，喜推论义理，横生新解，空疏而不事考据，还有乱改经文之弊。独有王志长所著《周礼注疏删翼》"虽多宗宋以后说，不免浮文妨要，而能以注疏为根底，尚变而不离其宗者也！又篇第壹遵旧次，不为窜乱，亦为力遏横流。在经学荒芜之日，临深为高，可谓研心古义者矣！"①

宋、元、明三朝的《周礼》研究皆喜立新说，驳斥郑玄《周礼注》、贾公彦《周礼疏》，但由于"宋儒学有根抵，故虽拨弃古义，犹能自成一家"。而"元人则株守宋儒之书，而于注疏所得甚浅。……是元不及宋也"。至明代，"明人又株守元人之书，于宋儒亦少研究。……是明又不及元也"。② 可谓每况愈下。

五、清代的《周礼》研究与文献

有清一代，礼学重光，就《周礼》一经而言，研究最为昌盛，名家辈出，著作宏富。据笔者统计，清代《周礼》学文献约有392种左右。其中，有考订字句，正其讹脱者，如：程际盛《周礼故书考》、宋世荦《周礼故书疏证》、茆泮林《周礼注疏校刊记校字补》、丁晏《周礼异字释》；有辨章注语，校其读音者，如：段玉裁《周礼汉读考》、杨国桢《周礼音训》、陈宗起《考工记异读训正》、辛绍业《周礼释文答问》；有发凡起例，观其会通者，如：庄存与《周官记》；有删正旧注，定其阙失者，如：李光坡《周礼述注》、李钟伦《周礼训纂》；有驳纠前人，庶乎不刊者，如：惠士奇《礼说》、沈彤《周官禄田考》；有明发经疑，以俟论定者，如：方苞《周官析疑》、《周官辨》，江永《周礼疑义举要》；有偶疏小笺，自抒己见者，如：王聘珍《周礼学》、曾钊《周礼注疏小笺》、潘任《周礼札记》、廖平《周礼郑注商榷》；有折中至当，

---

① 钱基博：《经学通志》，载《近百年湖南学风》，中国人民大学出版社，2004年，第66页。

② 皮锡瑞：《经学历史》九《经学积衰时代》。

重造新疏者，如：孙诒让《周礼正义》；有依物取类，绘为礼图者，如：戴震《考工记图》、阮元《车制图考》、江永《考工记图》、吴之英《周礼三政三图》；有疏证名物，究明古制者，如：王鸣盛《周礼军赋说》、程瑶田《沟洫疆理小记》、陈宗起《周礼车服志》；有网罗众说，博采前贤者，如：方苞《周官集注》、庄有可《周官集说》、《钦定周官义疏》。

再就学术价值而言，清代《周礼》学文献也超越了前代。这尤其体现在清代学者对《周礼》中文字的精准训释、名物制度的精详考证，对《周礼》中若干制度的深入研究，对《考工记》中专题的独到创见。其中，孙诒让所撰《周礼正义》，是清代《周礼》学集大成之作，是书博采宋元明清诸家之说，疏通考证，折中至当，“就学术水平而言，已远胜唐宋旧疏”①，可称是具有总结性的鸿篇巨作。

《皇清经解》、《皇清经解续编》收录较多的清人《周礼》学著作，但这些仅是清代《周礼》学文献的十分之一而已，故《续修四库全书·经部礼类》“周礼”部分就重点收录清代的《周礼》学著作。清代《周礼》学文献宏富，流传下来的多，其中成就突出、具有总结性的巨著也多。

六、20 世纪的《周礼》研究与文献

20 世纪以来，《周礼》研究不再局限于经学领域，而是逐渐分散到历史学、考古学、文献学等相关学科当中。因为研究先秦历史、商周考古和中国古代思想史都需要重视《周礼》，并合理地利用《周礼》中的材料，因此 20 世纪对于《周礼》成书时代问题的讨论尤为热烈。

其中，杨筠如《周代官名略考》、郭沫若《周官质疑》、刘起釪《周礼真伪之争及其书写成的真实依据》等文皆利用金文研究成果来判定《周礼》成书年代。而郭沫若《周官质疑》一文是第一篇系统使用金文材料对《周礼》进行研究的论文，影响甚大。他否定了传统经学所认为的《周礼》出于周公的看法，主张《周礼》成书于战国后期。1986 年，张亚初、刘雨出版《西周金文官制研究》一书，运用新的金文研究成果系统研究西周官制，此书为判定《周礼》成书时代提供了更加充足的证据。

1932 年，钱穆发表《周官著作时代考》一文，运用传统的、纯粹的文献考证方法，从祀典、刑法、田制等几方面对《周礼》产生时代做了详细的考

① 杨天宇：《略述中国古代的周礼学》，载《经学探研录》，上海古籍出版社，2004 年，第 212 页。

证。与郭沫若所见相同，钱穆也批驳了“《周礼》为周公所作”的传统观点，主张《周礼》成书于战国晚期。

1954年，杨向奎发表《周礼的内容分析及其成书时代》一文，从思想史研究的全新角度切入，对《周礼》成书时代进行判断，即通过分析《周礼》书中的思想内容，找出《周礼》当中反映的思想流派和主体思想，然后将其放入由思想史研究所建立起来的序列当中，推断出《周礼》的成书时代。继此之后，彭林出版《周礼主体思想与成书年代研究》一书、徐复观发表《周礼成立之时代及其思想性格》一文，皆运用以思想断时代的方法，判定《周礼》成书时代。但他们所得出的结论大相径庭，如杨向奎认为《周礼》作于战国中叶前后，彭林认为《周礼》成书于汉初，徐复观则主张《周礼》成书于西汉末年。

1979年，顾颉刚发表《“周公制礼”的传说和周官一书的出现》一文，从《周礼》成书时代背景的角度研究《周礼》的成书时代，即把《周礼》放在特定的时代背景之下来考察其成书年代。1993年，金春峰撰著《周官之成书及其反映的文化与时代新考》也是在宏观的历史背景下讨论《周礼》成书时代之作。

总之，20世纪的学者运用新资料、新方法对《周礼》学史上悬而未决的一大难题——《周礼》成书时代问题，进行了广泛而深入的研究，“《周礼》系周公所作，成书于西周之初”、“《周礼》系刘歆伪造，成书于西汉末年”二说，经过学者从多角度出发的有力驳斥，大体已无人信从了。

20世纪以来，学者还从制度史、经济史、思想史和科技史等角度出发研究《周礼》，如钱杭《周礼宗法制度论略》(《中华文化论丛》1986年第1辑)、彭林《论周礼的三公与六卿之制》(《人文杂志》1990年第3期)、陈恩林《周礼一书所载西周晚期军事制度》(《先秦军事制度研究》，长春文史出版社，1991年)、潘光旦《周官中的人口查计制度》(北平国立清华大学《社会科学》1949年第2期)等，就从制度史的角度阐发《周礼》。这一时期，学者关于《考工记》的研究也日益深入，成果较多，如闻人军《考工记中声学知识的数理诠释》(《杭州大学学报》自然科学版1982年第4期)及《考工记中的流体力学知识》(《自然科学史研究》1984年第1期)等，是从科技史的角度研究《考工记》。刘洪涛《考工记不是齐国官书》(《自然科学史研究》1984年第4期)、闻人军《“考工记”成书年代新考》(《文史》第23辑，中华书局，1984年11月)、李锋《考工记成书西汉时期管窥》(《郑州大学学报》1999年第2期)则对《考工记》成书年代问题做了较为深入的探讨。

此时期，学者也从文献整理和经学史的角度对《周礼》进行研究，如王锷《周礼白文经版本考辨》(《古籍整理研究学刊》1995年第4期)重点考证《周礼》

版本的流变；程元敏《三经新义辑考汇评（三）周礼》（台北“国立”编译馆，1987年12月）搜采群书，重新辑佚整理王安石的《周官新义》；姚瀛廷《宋儒关于周礼的争议》（《史学月刊》1982年第4期）、杨天宇《略述中国古代周礼学》（《南都学刊》哲社版1999年第4卷）则从学术史的角度研究历代《周礼》学。

第三节　《周礼》学文献的数量及分布

一、《周礼》学文献的数量

由汉迄清，历代研究《周礼》的文献颇为丰富。据《经义考》所载，汉迄清初的《周礼》学文献总计231种；《中国丛书综录》著录的保存于丛书中、由汉至清的《周礼》学文献共有154种；而王锷《三礼研究论著提要》则著录由汉迄清的《周礼》学文献约600种。笔者参考历代公藏目录、私藏目录、序跋目录、史志目录、省府地方志等文献，也对由汉迄清《周礼》学文献的数量加以统计，据笔者统计，由汉迄清的《周礼》学文献约有760种以上，其中现存356种左右，[①] 佚亡约400种以上。

（一）汉代《周礼》学文献的数量

朱彝尊《经义考》著录的汉代《周礼》学文献有10种，如：杜子春《周官注》、郑兴《周官解诂》、郑众《周官解诂》、贾逵《周官解故》、卫宏《周官解诂》、张衡《周官训诂》、马融《周官礼注》、郑玄《周官礼注》等。王锷先生《三礼研究论著提要》在此基础上又增补了6种，分别是：班固《周礼班氏义》、胡广《周官解诂》、卢植《周官礼注》、临硕《周礼难》、郑玄《答临硕周礼难》和《周礼序》。

笔者在此基础上再增加2种，分别是：郑玄《考工记注》（见《中国丛书综录》）、《周礼马融郑玄叙》（见《杭州大学图书馆善本书目》）。据上述统计，汉代《周礼》学文献约有18种，今存12种，除郑玄《周礼注》、《考工记注》外，皆为清人辑佚之作。

（二）魏晋南北朝隋唐时期《周礼》学文献的数量

《经义考》著录魏晋南北朝时期的《周礼》学文献有24种，如：王肃

---

① 其中含已经佚亡，后经清人辑佚之《周礼》学文献22部。

《周官礼注》和《周礼音》、司马伷《周官宁朔新书》、傅玄《周官论评》、陈邵《周官礼异同评》、徐邈《周礼音》、李轨《周礼音》、虞喜《周官驳难》、干宝《周官礼注》、伊说《周官礼注》、宋氏《周官音义》、刘昌宗《周礼音》、孙略《周官礼驳难》、崔灵恩《集注周官礼》、沈重《周官礼义疏》、王晓《周礼音》、戚衮《周礼音》。王锷《三礼研究论著提要》在此基础上新增 8 种，分别是：王朗《周官传》、干宝《周礼音》、袁准《周官传》、雷次宗《周礼注》、刘芳《周官音》和《周礼义证》、沈重《周礼音》、熊安生《周礼义疏》。笔者在此基础上再补充 4 种，分别是：王晓《周官音训三郑异同辨》（见《通志·艺文略》）、陈邵《周礼详解》（见《江南通志》）、张冲《周官义证》（见《江南通志》）、孙略《周官礼驳难》（见《隋书·经籍志》、《国史经籍志》、《补晋书艺文志》）。据上述统计，魏晋南北朝时期的《周礼》学文献计约有 36 种，今存 4 种，皆为清人辑佚之作。

《经义考》著录的隋唐时期的《周礼》学文献有 4 种，分别是：贾公彦《周礼疏》、陆德明《周礼释文》、王玄度《周礼义决》、杜牧《考工记注》。笔者在此基础上补充 1 种：王度《周礼说》（见《菉竹堂书目》）。依据上述统计，隋唐时期的《周礼》学文献约有 5 种，贾公彦《周礼疏》、陆德明《周礼释文》、杜牧《考工记注》流传至今。

（三）宋元明时期《周礼》学文献的数量

《经义考》著录的宋代《周礼》学文献有 97 种之多，王锷《三礼研究论著提要》较之《经义考》的著录增加 9 种，分别是：黄君俞《周礼关言》、沈季长《周礼讲义》、马之纯《周礼说》、徐邦宪《周礼解》、王与之《周官补遗》、陈巳《周礼详说》、郑若《周礼疑误解》、陈尧英《周礼说》、唐诸儒《周礼要义》。笔者在此基础上再增补 10 种，分别是：吕祖谦《东莱周礼说》（见《江苏省立国学图书馆图书总目补编》）、黄度《宋黄宣献公周礼说》（见《续修四库全书总目录》）、王安石和郑宗颜《周礼讲义》（见《内阁藏书目录》）、杨复《杨氏周礼》（见《世善堂书目》）、胡季怀《周官类编》（见《全宋文》卷四三二九《胡铨·季怀侄墓志》）、丁中《周礼考异》（见清《江西通志》）、赖孝明《周礼精义》（见清《江西通志》）、陈子常《周礼解》（见民国《福建通纪》）、马晞孟《周礼辨学》（见清《江南通志》）、徐行《周礼微言》（见《宋史·艺文志》）。据此宋代《周礼》学文献约有 120 种左右，今存 22 种。

《经义考》著录的元代《周礼》学文献约有 13 种，如：丘葵《周礼全书》、陈友仁《周礼集说》、吴澄《周礼考注》、汤弥昌《周礼讲义》、何梦中等《周礼义》、王申子《周礼正义》、臧梦解《周官考》、毛应龙《周礼集传》、吴当《周礼纂言》、俞言《周官礼图》、汪克宽《周礼类要》等。王锷《三礼研究论著提要》在此基础上补充6种，分别是：刘庄孙《周官集传》、吴澄《周礼考证》和《批点考工记》、丘葵《周礼订本》、汤弥昌《周礼解义》、吴莱《古职方录》。笔者再增加7种，分别是：吴澄《周官叙录》(见《千顷堂书目》)，丘葵《周礼订正》(见《近古堂书目》)、《周礼定本》(见《国史经籍志》)、《周礼学》(见《虞山钱遵王藏书目录汇编》)、《周官补遗》(见《温州经籍志》)，朱隐老《周礼集解》(见清《江西通志》)，程复心等撰《周礼注释》(见重修《安徽通志》)。据上述统计，元代的《周礼》学文献约有26种左右，今存5种。

《经义考》记载的明代《周礼》学文献约有73种，王锷《三礼研究论著提要》较之《经义考》的记载增加24种，分别是：方孝孺《周礼辨正》和《新刻翰林汇选周礼三注》①、沈瑶《周礼发明》、叶良佩《周礼易传》、冯时可《周礼笔记》、沈束《周礼解》、郭正域《批点考工记》、朱大启《考工记辑注》、陆珏《周礼辨注》、徐光启《考工记解》、叶秉敬《考工绪论》、陈仁锡《重订古周礼》、程明哲《考工记纂注》、张嘉玲《周礼说略》、叶国桢《周礼集解》、王杰《周礼考正》、钱士馨《冬官补亡》、曹津《周礼五官集传》、丁克卿《周礼要义》、唐时《周礼分类辑述》、萧灼如《礼减》、施达《周礼通义》、冯时行《周礼别说》、雍焯《周礼注》。笔者在此基础上再增补27种，据此，明代《周礼》学文献约有130种，今存59种。

笔者补充明代《周礼》学文献如下：

表2-5-1 明代《周礼》学文献表

序号	书目	作者	出处	存佚情况	备考
1	《周礼》20卷	(明)陈深	《东北地区古籍线装书联合目录》	存	
2	《周礼训笺》20卷	(明)陈深	《北京大学图书馆善本书目》	存	
3	《周礼》18卷《考工记》2卷	(明)陈深	《四川省高校图书馆古籍善本联合目录》	存	
4	《周礼解诂》6卷	(明)陈深	《江苏省立国学图书馆图书总目》	存	
5	《周礼全经集释》12卷《卷首》1卷《附录》2卷	(明)柯尚迁	《北京大学图书馆善本书目》	存	
6	《周礼注疏删翼》18卷	(明)陈仁锡	《江苏省立国学图书馆图书总目》	存	

① 此书系宋人郑伯谦、明人何乔新等撰，明人何天宠辑。

续表

序号	书　目	作　者	出　处	存佚情况	备　考
7	《周礼集解》6卷	(明)李黼	《江苏省立国学图书馆图书总目》	存	
8	《考工记通》2卷《考工记通图》1卷	(明)徐昭庆辑注 (明)梅鼎祚校	《中山大学善本书目》	存	
9	《周礼注》	(明)梁寅	《千顷堂书目》	佚	
10	《周礼集说》	(明)何乔新	《近古堂书目》	佚	
11	《周礼援证摘解》	(明)季本或何乔新	《近古堂书目》、《玄赏斋书目》	佚	《近古堂书目》载作者为季本,《玄赏斋书目》载作者为何乔新
12	《周礼释评》	(明)季本或何乔新	《近古堂书目》、《玄赏斋书目》	佚	《近古堂书目》载作者为季本,《玄赏斋书目》载作者为何乔新
13	《周礼传》	(明)季本或何乔新	《近古堂书目》、《玄赏斋书目》	佚	《近古堂书目》载作者为季本,《玄赏斋书目》载作者为何乔新
14	《周礼校正》6卷	(明)陈凤梧	《千顷堂书目》	佚	
15	《读礼疑问》	(明)季本	《近古堂书目》	佚	
16	《周礼源流叙论》1卷	(明)柯尚迁	《澹生堂藏书目》	佚	
17	《周礼书》	(明)王冕倣	《千顷堂书目》	佚	
18	《周礼互注》12卷	(明)张诩	《千顷堂书目》	佚	
19	《周官五注》12卷	(明)张翊	《国史经籍志》	佚	
20	《周礼补遗》	(明)周纲	《温州经籍志》	佚	
21	《周礼杂录》	(明)樊维城	民国《湖北通志》	佚	
22	《周礼辑要》	(明)尹方平	《江西通志》	佚	
23	《周礼补注》	(明)吴钺	《江西通志》	佚	
24	《礼经会元训注》8卷	(明)杨臣诤	重修《安徽通志》	佚	
25	《补考工记解》2卷	(明)张鼎思	《虞山钱遵王藏书目录汇编》	佚	
26	《考工记述注》2卷	(明)林盂鸣	《虞山钱遵王藏书目录汇编》	佚	
27	《序官考》1卷	(明)苏伯衡	《千顷堂书目》	佚	

（四）清代《周礼》学文献的数量

王锷《三礼研究论著提要》著录的清代《周礼》学文献约有250余种，笔者在此基础上增补121种，并对王锷合并著录的若干书目分别加以统计，依据上述统计，清代《周礼》学文献约有392种，今存229种左右。

笔者增补清代《周礼》学文献如下：

表2-5-2　清代《周礼》学文献表

序号	书　目	作　者	出　处	存佚情况
1	《周礼节训》6卷	(清)黄叔琳撰 (清)姚培谦重订	《清华大学图书馆馆藏书目》	存
2	《周礼揭要》6卷《周礼序官》1卷	(清)黄叔琳撰 (清)许宾香重订	《东北地区古籍线装书联合目录》	存
3	《绘图周礼便蒙课本》6卷	(清)黄叔琳	《东北地区古籍线装书联合目录》	存
4	《陈兰甫手批方望溪周官辨》1卷	(清)方苞撰 (清)陈澧批	《香港所藏古籍书目》	存
5	《周礼注疏详解》12卷	(清)姜兆锡	《东北地区古籍线装书联合目录》	存
6	《周礼经传撮要》不分卷	(清)潘　相	《东北地区古籍线装书联合目录》	存
7	《周官精义注释》12卷	(清)连叔度	《成都市古籍联合目录》	存
8	《重雕嘉靖本校宋周礼札记》1卷	(清)黄丕烈撰	《杭州大学图书馆善本书目》	存
9	《周官古今举例》1卷	(清)宋育仁	《东北地区古籍线装书联合目录》	存
10	《周礼》1卷	(清)余萧客	《江苏省立国学图书馆图书总目》	存
11	《周礼撮要》6卷	(清)邓枝麟	《江苏省立国学图书馆图书总目》	存
12	《官礼条辨》8卷	(清)黄　端	《江苏省立国学图书馆图书总目》	存
13	《周礼类综》4卷	(清)许元淮	《江苏省立国学图书馆图书总目》	存
14	《周官塾训》6卷	(清)鲁　鸿	《山东师范大学图书馆馆藏古籍书目》	存
15	《周礼政要》2卷	(清)费念慈	《中国古籍善本书目》	存
16	《周礼条考》2卷	(清)邓传安	《中山大学图书馆古籍善本书目》	存
17	《周官孟子异义疏证》不分卷	(清)王舟瑶	《江苏省立国学图书馆图书总目》	存
18	《周礼义述》5卷	(清)谢世瑄	《四川图书馆古籍目录》	存
19	《周礼说略》6卷	(清)范　骧	《中南、西南地区省、市图书馆馆藏古籍稿本提要》	存
20	《周礼属词》5卷	(清)吴士杭撰 (清)乐儒蔚注	《东北地区古籍线装书联合目录》	存
21	《周礼汇纂》2卷	(清)钱世熹	《东北地区古籍线装书联合目录》	存
22	《附释音周礼注疏》42卷《附校勘记》42卷	(清)阮元撰校勘记	《中国丛书综录》	存

续表

序号	书目	作者	出处	存佚情况
23	《周礼校勘记》12卷 《释文校勘记》2卷	(清)阮　元	《中国丛书综录》	存
24	《周礼》6卷《附校刊记》1卷	(清)丁宝桢等撰校刊记	《中国丛书综录》	存
25	《宋叶文康公礼经会元》4卷	(宋)叶时撰 (清)陆陇其点定	《山东省图书馆馆藏海源阁书目》	存
26	《周礼旁训经疏节要》6卷	(清)孟一飞	《东北地区古籍线装书联合目录》	存
27	《周礼便读》2卷	(清)王一清	《东北地区古籍线装书联合目录》	存
28	《周礼遗官》	(清)王　朝	《古佚书辑本目录》	存
29	《周礼遗文》	(清)王　朝	《古佚书辑本目录》	存
30	《周官总纲初编》1卷	(清)四益馆(廖平)	《东北地区古籍线装书联合目录》	存
31	《辑周礼》23卷	(清)通雅书会主人	《南开大学图书馆线装书目录》	存
32	《天官考异》1卷	(清)吴肃公	《安徽文献书目》	存
33	《周礼医官详说》1卷	(清)顾成章	《北京大学图书馆藏李氏书目》	存
34	《考工记遗职》	(清)王　朝	《古佚书辑本目录》	存
35	《考工记遗文》	(清)王　朝	《古佚书辑本目录》	存
36	《补林氏考工记》1卷	(清)孔继涵	《孔子故里著述考》	存
37	《考工记世室重屋明堂考》1卷	(清)俞　樾	《江苏省立国学图书馆图书总目》	存
38	《考工车度记》1卷	(清)孔继涵	《孔子故里著述考》	存
39	《周礼井田谱问答》1卷 《饗礼补亡》1卷 《附列国大夫饗礼》1卷	(宋)黄毅撰 (清)诸锦补	《中南、西南地区省、市图书馆馆藏古籍稿本提要》	存
40	《肆献祼馈食纂》3卷	(清)任启运	《四川图书馆书目》	存
41	《说祼》2卷	(清)龚景翰	《苏州市善本书目录》	存
42	《周官联事表》不分卷	(清)宁　缃	《四川图书馆古籍目录》	存
43	《郑学》1卷	(清)陈　澧	《香港所藏古籍书目》	存
44	《六官典故》9卷	(清)姚培谦	《东北地区古籍线装书联合目录》	存
45	《周礼郑注校字》1卷	(清)臧　庸	《北京大学图书馆藏李氏书目》	存
46	《明堂论及考工记车制图解》3卷	(清)阮　元	《"国立"故宫博物院善本旧籍总目》	存
47	《宋叶文康公礼经会元节本》4卷	(宋)叶时撰 (清)陆陇其点定 (清)许元淮删节	《东北地区古籍线装书联合目录》	存

续表

序号	书 目	作 者	出 处	存佚情况
48	《周礼订本略注》3卷	(清)廖平撰 (民国)黄镕笔述	《中国丛书综录》	存
49	《周礼订本略注》3卷 《周礼郑注商榷》1卷 《周礼新义》1卷	(清)廖　平	《东北地区古籍线装书联合目录》	存
50	《周礼札记》	(清)□□	《中南、西南地区省、市图书馆馆藏古籍稿本提要》	存
51	《周礼音训》不分卷	(清)□□	《山东师范大学图书馆馆藏古籍书目》	存
52	《凫氏为钟图说》1卷	(清)郑　珍	《续修四库全书总目录》	存
53	《周礼类综》	(清)徐世锦	重修《安徽通志》	佚
54	《周礼参说》	(清)徐子芳	民国《湖北通志》	佚
55	《周礼纂要》	(清)张若仲	民国《湖北通志》	佚
56	《周礼外义》2卷	(清)程大中	民国《湖北通志》	佚
57	《周官说纂要》16卷	(清)张泰来	民国《湖北通志》	佚
58	《周礼订疑》	(清)秦文朴	民国《湖北通志》	佚
59	《周礼旁训》	(清)石元吉	民国《湖北通志》	佚
60	《周礼萃腋》	(清)何天衢	民国《湖北通志》	佚
61	《周礼注疏确解》	(清)刘兴楫	民国《湖北通志》	佚
62	《周官典训》	(清)钟　英	民国《湖北通志》	佚
63	《周礼合讲》	(清)骆逢原	民国《湖北通志》	佚
64	《周礼摘要》	(清)张星煜	民国《湖北通志》	佚
65	《周官编文》	(清)陈大猷	民国《湖北通志》	佚
66	《周礼约编》	(清)萧　蔚	民国《湖北通志》	佚
67	《周礼精义》	(清)张先振	民国《湖北通志》	佚
68	《周官私记》100卷	(清)林一桂	民国《福建通纪》	佚
69	《周礼纂要》49卷	(清)萧程瑀	民国《山东通志》	佚
70	《周礼读本》	(清)林　昌	民国《山东通志》	佚
71	《周官辨义》	(清)梁　鸿	民国《山东通志》	佚
72	《周礼易晓》	(清)艾　纶	民国《山东通志》	佚
73	《周官释略》6卷	(清)王　夏	民国《山东通志》	佚
74	《周礼读本》	(清)何　琦	民国《山东通志》	佚
75	《周礼汇参》	(清)阎学尹	民国《山东通志》	佚

续表

序号	书　目	作　者	出　处	存佚情况
76	《增订周官精义辑注》	(清)杨丕基	民国《山东通志》	佚
77	《周礼讲义》	(清)张德耀	民国《山东通志》	佚
78	《周礼六官总论》1卷	(清)刘工询	清代《湖南通志》	佚
79	《周礼集义》	(清)陈价英	清代《湖南通志》	佚
80	《周礼撮言》	(清)张坤澜	清代《湖南通志》	佚
81	《周官辑义》12卷	(清)张学尹	清代《湖南通志》	佚
82	《周礼注疏详解》6卷	(清)胡　兴	清代《湖南通志》	佚
83	《周礼撮要》	(清)唐宜中	清代《湖南通志》	佚
84	《周礼撮要》	(清)王世瑞	清代《湖南通志》	佚
85	《周礼注疏辑》	(清)李玉壶	清代《湖南通志》	佚
86	《周礼纪要》	(清)易绍义	清代《湖南通志》	佚
87	《周官约编》	(清)罗万卷	清代《湖南通志》	佚
88	《周礼补注》	(清)萧　韵	清代《江西通志》	佚
89	《周礼简注》	(清)甘汝来	清代《江西通志》	佚
90	《周礼疑误辨》	(清)史大壮	清代《江西通志》	佚
91	《周官节要》	(清)黄成棠	清代《江西通志》	佚
92	《周礼质疑》	(清)张思直	清代《江西通志》	佚
93	《周礼注论》	(清)费　密	清代《四川通志》	佚
94	《周礼详解》1卷	(清)向廷赓	清代《四川通志》	佚
95	《周官概》20卷	(清)钱　彝	重修《安徽通志》	佚
96	《周礼通义》	(清)施　达	重修《安徽通志》	佚
97	《周官辨非》	(清)董桂敷	重修《安徽通志》	佚
98	《周礼精要》	(清)汪　勋	重修《安徽通志》	佚
99	《周礼撷华》20卷	(清)程文在	重修《安徽通志》	佚
100	《周礼存参》	(清)董桂科	重修《安徽通志》	佚
101	《周官释义》	(清)黄　衡	重修《安徽通志》	佚
102	《周官注疏辑解》6卷	(清)王国本	重修《安徽通志》	佚
103	《周礼精华》6卷	(清)戴鸿绪	重修《安徽通志》	佚
104	《周礼集解》	(清)梅　馥	重修《安徽通志》	佚
105	《周礼要义》	(清)胡世敦	重修《安徽通志》	佚

续表

序号	书目	作者	出处	存佚情况
106	《周礼补注》4卷	(清)吴飞鹏	重修《安徽通志》	佚
107	《周礼释义》	(清)王　衡	重修《安徽通志》	佚
108	《周礼疏言》	(清)张以润	重修《安徽通志》	佚
109	《周官考辨》	(清)章　谦	重修《安徽通志》	佚
110	《周礼注》6卷	(清)宁世魁	重修《安徽通志》	佚
111	《周礼会要》1卷	(清)张　森	重修《安徽通志》	佚
112	《周礼考》	(清)张问名	重修《安徽通志》	佚
113	《考工释车》1卷	(清)寇　钫	民国《湖北通志》	佚
114	《周礼六官表》	(清)张　颖	清代《湖南通志》	佚
115	《周礼六官表》	(清)唐仲冕	清代《湖南通志》	佚
116	《周官联事》	(清)孔继涵	民国《山东通志》	佚
117	《周官联事》2卷	(清)孔广栻	《孔子故里著述考》	佚
118	《周礼分类》	(清)陈价英	清代《湖南通志》	佚
119	《周官分类辑要》	(清)胡树英	清代《江西通志》	佚
120	《周礼古今文义证》6卷	(清)吴飞鹏	重修《安徽通志》	佚
121	《周官大师乐广义》	(清)周　显	清代《江西通志》	佚

二、《周礼》学文献的分布

《周礼》学文献大多分布于四部文献中的“经部”、“子部”、“集部”，清人的辑佚书中也收录部分辑佚的《周礼》学文献，还有小部分《周礼》学文献仅以单刻本、抄本和稿本的形式传世。此外，地方志、目录书和藏书题跋中也有不少关于《周礼》学文献的研究资料。以下分别予以介绍：

（一）经部的《周礼》学文献

《周礼》位列《三礼》之首，是历代经学文献中礼类文献的组成部分之一，所以大部分《周礼》学文献分布于经学文献中。自《隋书·经籍志》以四部分类法来著录群书，四部分类法被广泛应用，一些大型丛书也按照四部分类法对文献进行归类，《周礼》学文献大多分布在这些丛书中的“经部礼类”。如《四库全书》的“经部礼类”收录22部《周礼》学文献，包括郑玄、贾公彦的《周礼注疏》、王安石《周官新义》、王昭禹《周礼详解》、王与之《周礼订义》、林希逸《鬳斋考工记解》、朱申《周礼句解》、陈友仁《周礼集说》、毛应龙《周官集传》、柯尚迁《周礼全经释原》、王志长《周礼注疏删翼》、李光坡《周礼述注》、方苞《周官集注》、惠士奇《礼说》、江永《周礼疑义举要》等。《续修四库全书》"经部礼类"则收录48部《周礼》学文献，包括唐枢《周礼因论》、郝敬《周礼完解》、万斯大《周官辨非》、姜兆锡《周礼辑义》、方苞《周官辨》、刘青芝《周礼质疑》、惠栋《周礼古义》、龚元玠《畏斋周礼客难》、官献瑶《石谿读周官》、潘相《周礼撮要》、王鸣盛《周礼军赋说》、程瑶田《沟洫疆理小记》、李调元《周礼摘笺》、段玉裁《周礼汉读考》、徐养原《周官故书考》、宋世荦《周礼故书疏证》、沈梦兰《周礼学》、刘沅《周官恒解》、孙诒让《周礼正义》、于鬯《读周礼日记》、辛绍业《冬官旁求》、戴震《考工记图》、王宗涑《考工记考辨》、钱坫《车制考》、阮元《考工记车制图解》等。这些大型丛书经部的"五经总义"类也收录部分《周礼》学文献，如《四库全书》中的"五经总义"类即收录刘敞《七经小传》中的《周礼小传》、魏了翁《九经要义》中的《周礼要义》、毛奇龄《经问》中的《周礼问》等。

《通志堂经解》、《皇清经解》、《皇清经解续编》等经学丛书中也收录了不少价值较高的《周礼》学文献。如《通志堂经解》中收录有郑伯谦《太平经国之书》、王与之《东岩周礼订义》、林希逸《鬳斋考工记解》。《皇清经解》中收录有江永《周礼疑义举要》、戴震《考工记图》、程瑶田《考工创物小记》、沈彤《周官禄田考》、王鸣盛《周礼军赋说》等。《皇清经解续编》中收录有曾钊《周礼注疏小笺》、庄存与《周官记》、王聘珍《周礼学》、俞樾《周礼平议》、王宗涑《考工记考辨》、郑珍《轮舆私笺》、任启运《田赋考》、徐养原《周官故书考》等。

（二）子部的《周礼》学文献

也有部分《周礼》学文献分布于四部文献中的子部。如《四库全书》"子部儒家类"收录的《二程遗书》、《张子全书》、《朱子语类》、《黄氏日钞》中一些卷篇，既涉及程颢、程颐、张载、朱熹、黄震对《周礼》作者、成书年代的观点，也包括他们对《周礼》具体经文的阐释。而"子部杂家类"收录的《习学记言》卷七中也有叶適对于《周礼》相关问题的阐发。

可以说子部所收《周礼》学文献多系学贯五经的名家之论，虽无《周礼》著作传世，但于《周礼》一经未尝没有造诣，在其文集语录中一些关于《周礼》的论述被保留下来，或诠释某句经文，或总论《周礼》一经，从这些宝贵的论述中我们可以了解到这些学术名家的《周礼》学观点，进而丰富对其所属时代《周礼》学的整体了解。

（三）集部的《周礼》学文献

《周礼》学文献还分布于四部文献中的集部。如《四库全书》"集部别集类"收录的《旴江集》、《演山集》、《止斋集》、《鹤山集》、《榕村集》中一些卷篇，就记载了李觏、黄裳、陈傅良、魏了翁、李光地对《周礼》的若干见解和阐释。《全宋文》卷九〇一、卷二二五一、卷六一一〇、卷六三三四、卷六五一八、卷七七三五也分别收录了李觏《周礼致太平论》、黄裳《周礼义》、王炎《周礼论》、陈亮《周礼》、陈藻《周礼》、林希逸《周礼论》几篇文章。

有些学者的《周礼》著作卷帙较少，并没有以单刻本的形式流传下来，但被编入他们的文集之中，这些《周礼》学文献虽然容易被人忽视，但对研究一代《周礼》学之概貌、特点有不可小觑的价值，值得引起学人关注。

（四）辑佚书中的《周礼》学文献

清代礼学，冠绝千古，清人不仅注重对《周礼》经文的诠释、论说，还对久已失传的汉、魏、南北朝、宋、元时期的《周礼》文献进行辑佚。如《玉函山房辑佚书》"经编周官礼类"中收录马国翰所辑《周礼郑大夫解诂》、《周礼郑司农解诂》、《周礼杜氏注》、《周礼贾氏解诂》、《周官传》、《周礼郑氏音》、《周礼徐氏音》、《周礼李氏音》等。《玉函山房辑佚书续编》"经编周官礼类"中也收录王仁俊所辑《周礼贾氏注》、《答临硕周礼难》、《周礼序》1卷。此外《汉魏遗书钞》、《通德遗书所见录》、《郑氏佚书》、《汉学堂丛书》中也收录了部分清人辑佚的《周礼》学文献。

辑佚书中的《周礼》学文献虽难重现其书原貌，但毕竟可见其书残留学说之梗概，这既可丰富我们对佚书作者《周礼》学说的把握，也方便我们在《周礼》学文献佚亡严重的情况下整体了解当时的《周礼》学主要观点、学说特色。

（五）单刻本流传的《周礼》学文献

许多《周礼》学文献不仅见收于各种丛书、文集中，还以单刻本的形式流传于世。如：叶时所撰《礼经会元》不仅收录于《通志堂经解》、《四库全书》、《摛藻堂四库全书荟要》、《文藻四种》、《经学五种》、《正谊丛书》等丛书之中，还有若干单刻本流传至今，其中有元至正二十五年杭州路儒学刊本（见《"国立"故宫博物院善本旧籍总目》）、明嘉靖五年萧梅林刻本（见《北京图书馆古籍善本书目》）、清乾隆五十年桐柏山房节本（见《江苏省立国学图书馆现存书目目录》）、清乾隆年间宝翰楼刻本（见《东北地区古籍线装书联合目录》）、清光绪十一年抡元堂重刻本（见《香港所藏古籍书目》）。还有少部分《周礼》学文献不收于丛书、文集中，仅以单刻本或抄本、稿本的形式传世，如惠栋《周礼会最》、陶敬信《周礼正义》、鲍梁纂《周礼节释》、林组《周礼提纲辑注》等。

（六）目录、地方志和藏书题跋中的《周礼》研究资料

在史志目录中《周礼》学文献最先分布于《汉书·艺文志》中“六艺略”的“礼”之下，至《隋书·经籍志》，以四部分类法来著录群书，《周礼》学文献大多分布于四部文献中的“经部礼类”。其后的史志目录，如《旧唐书·经籍志》、《宋史·艺文志》、《明史·艺文志》；国家图书目录，如《崇文总目》、《中兴馆阁书目》、《文渊阁书目》、《四库全书总目》、《天禄琳琅书目》，皆沿用了《隋书·经籍志》的著录方法。此外，史志目录和国家图书目录中的经部“五经总义”或“九经总义”中也著录了部分《周礼》学文献。部分私人藏书目录，如《郡斋读书志》、《直斋书录解题》；方志目录，如《温州经籍志》；初学目录，如《书目答问》，《周礼》学文献也分布在“经部礼类”和“五经总义”之中。而经学目录，如《经义考》，《周礼》学文献就著录于“周礼类”中。这些目录中有不少关于《周礼》学文献的著录和考述，颇便学人掌握《周礼》学文献的概貌和特点。

一些地方志中也有关于周礼文献的记载，甚至有不少不见于历代史志目录和国家图书目录的《周礼》学文献，这些文献鲜为人知，但也是《周礼》学文献的组成部分，是我们考查历代《周礼》学文献数量、种类必不可少的资料。此外，一些地方志记载的《周礼》学文献附有简明的提要，如民国《福建通纪》、民国《陕西通志》，这为我们提纲挈领的掌握文献的内容、特色提供方便。

一些藏书题跋中也对《周礼》学文献本身略加考述，如《爱日精庐藏书志》、《荛圃藏书题识》、《士礼居藏书题跋记》、《孙氏祠堂书目》，这对认识部分《周礼》学文献颇有帮助。

目录、地方志和藏书题跋中的《周礼》研究资料，虽然不是直接对《周礼》本经所作的解释和论说，但其中针对《周礼》学文献的著录、考述和提要，却是研究《周礼》学术史的重要参考资料，亦应予以关注。

第四节　《周礼》学文献举要

由汉迄清，历代研究《周礼》的文献颇为丰富，历代学者研治《周礼》的角度也各有不同，或本《周礼》一经进行注疏、论说；或就《周礼》中的

一官、一职、一篇展开传说；或针对《周礼》所载某制度、某问题进行专题研究；或对《周礼》经注加以反切注音、训释、校勘，或据《周礼》所载名物绘制为礼图。《中国丛书综录》将《周礼》学文献分为六类，其分类方法较之古代对《周礼》学文献的分类更加合理，能从内容和形式兼顾的方式较全面地展现《周礼》学文献，笔者参考《中国丛书综录》的分类方法，拟将《周礼》学文献分为六类进行介绍，即分为：白文之属、传说之属、分篇之属、专题类之属、文字音义之属、图之属。

一、白文之属

白文之属即是白文经，是指只有经文，没有注、疏、音义、解释的《周礼》文献。"白文之属"类《周礼》学文献又可分为石经与刻本两类。其中，《周礼》白文经刻于石碑者，共计3次，即唐代"开成石经"、北宋"嘉祐石经"、清代"乾隆石经"。而《周礼》白文经刻本多保存于经学类丛书之中，如：《宋刊巾箱本八经》、《九经正文》、《九经》、《篆文六经》、《十三经·经文》，也有以单刻本、抄本传世者，如：明靖江王府刻本（见《清华大学图书馆藏善本书目》）、日本文化年间刻本（见《北京大学图书馆藏李氏书目》）、日本文政元年青萝馆刻本（见《东北地区古籍线装书联合目录》）、清乾隆三十七年孔广林抄本（见《中国古籍善本书目》）、清乾隆间蒋衡手写本（见《"国立"故宫博物院善本旧籍总目》）。此类文献在《周礼》本经版本的校勘方面颇具价值，如清人阮元就以唐代"开成石经"校勘宋注疏十行本中的经文。

（一）石经

1. 开成石经《周礼》12卷

"开成石经"自唐文宗大和七年（833）开始刊刻，至开成二年（837）刻成，共114石，两面刻字，石经的经文用楷书书写，标题用隶书书写。当时的"开成石经"立于长安国子监，今天保存于西安碑林博物馆中。"开成石经"《周礼》是目前所知《周礼》首次刻于石碑者。民国十五年（1926），张宗昌摹刻的《唐开成石壁十二经》中有《周礼》。

2. 嘉祐石经《周礼》残卷

"嘉祐石经"刻于北宋仁宗嘉祐年间（1056－1063），今存残石，罗振玉辑《吉石庵丛书》收有据拓本影印的《北宋嘉祐石经周礼礼记残石》。

（二）刻本

南宋刊巾箱本《周礼》1卷，半页20行，每行27字，细黑口，左右双

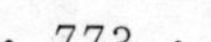

阑，双鱼尾，上间记字数，版心下方记刊工姓名，刊工细如发丝，精丽异常，盖建本之至精者。今藏国家图书馆。

二、传说之属

传说之属是指对《周礼》经文进行注疏、论说的文献。此类文献在《周礼》学文献总量中占据绝大部分，可以说是历代《周礼》学文献的主流，是研究《周礼》本经最重要的参考资料，也是研究《周礼》学史的主体资料。因时代学风不同，历代“传说之属”周礼文献的学术特点也各有侧重，以下就分汉唐、宋元明、清三时段对“传说之属”《周礼》学文献进行介绍。

（一）汉唐时期“传说之属”《周礼》学文献举要

由汉迄唐，以郑玄《周礼注》为中心的“传说之属”《周礼》学文献重于从文字、音韵、训诂和名物制度考证方面阐释《周礼》，属考证之学，是征实的学问。

这一时期的“传说之属”《周礼》学文献多以“传”、“注”、“解诂”、“义疏”、“集注”命名，就诠释内容而言，皆属“考证”类《周礼》学文献。根据诠释方法的不同，我们再将其分为“传注”和“义疏”两大类。以下就择其要者略加介绍：

第一，“传注”类

“传注”类《周礼》学文献是采用“传”、“注”等形式校勘经文、训诂经文中的字和词，还对个别的经文章句略加解说。《汉书·艺文志》所载《周官传》4篇是最早见于记载的“传注”类《周礼》学文献。东汉以来，《周礼》学成为古文经学发展的一面旗帜，“传注”类《周礼》学文献渐多，如：杜子春《周礼注》、郑兴《周礼解诂》、班固《周礼班氏义》、张衡《周官训诂》、马融《周官传》、卢植《周官礼注》、郑玄《周礼注》等。魏晋承绪汉代学风，亦用“传”、“注”等形式阐释《周礼》，如：王朗撰《周官传》、伊说撰《周官礼注》、干宝撰《周官礼注》、袁准撰《周官传》等。其中，除郑玄《周礼注》流传至今，其余汉晋诸儒之作全部佚亡，幸有清人苦心辑佚，今有若干部汉晋“传说之属”《周礼》学文献辑本行于世。兹列表如下：

表2-5-3 清辑汉晋《周礼》文献表

序号	著　者	书　目	辑佚者	出　处
1	杜子春	《周礼杜氏注》2卷	马国翰	《玉函山房辑佚书》
2	郑　兴	《周礼郑大夫解诂》1卷	马国翰	《玉函山房辑佚书》
3	郑　众	《周礼郑司农解诂》6卷	马国翰	《玉函山房辑佚书》

续表

序号	著　者	书　目	辑佚者	出　处
4	贾　逵	《周礼贾氏解诂》1卷	马国翰	《玉函山房辑佚书》
5	贾　逵	《周礼贾氏注》1卷	王仁俊	《玉函山房辑佚书续编》
6	贾　逵	《周礼解诂》	孙诒让	《周礼三家佚注》
7	班　固	《周礼班氏义》1卷	王仁俊	《十三经汉注》
8	马　融	《周官传》1卷	马国翰	《玉函山房辑佚书》
9	马　融	《周官传》1卷	王　谟	《汉魏遗书钞》
10	马　融	《周官传》1卷	黄　奭	《汉学堂丛书》、《黄氏逸书考》
11	马　融	《周官传》	孙诒让	《周礼三家佚注》
12	干　宝	《周官礼干氏注》1卷	马国翰	《玉函山房辑佚书》
13	干　宝	《周官礼注》1卷	王　谟	《汉魏遗书钞》
14	干　宝	《周官注》1卷	黄　奭	《汉学堂丛书》、《黄氏逸书考》
15	干　宝	《周官礼注》	孙诒让	《周礼三家佚注》

1.《周礼注》2卷，(汉) 杜子春撰

据贾公彦《序周礼废兴》引马融《传》云，杜子春，河南缑氏人，为刘歆弟子，东汉永平之初年已九十，但通晓《周礼》句读，且颇识其说，故而郑众、贾逵等皆从其学习《周礼》，他是东汉传授《周礼》之学的重要人物。虽然郑玄《周礼注》中颇引其说，但《隋书·经籍志》等书中皆未著录杜子春的《周礼》学著作，可见其书失传已久。

杜子春《周礼注》是最早研究《周礼》的著作之一，也是郑玄撰《周礼注》的参考文献之一。郑玄采杜氏之说注解《周礼》，如将《遂人》"兴锄"之"锄"解释为"助"，谓起民人令相佐助，胡玉缙评价此说极合经旨，郑从杜而得。再如《司爟》，故书"爟"为"燋"，杜子春注云：燋当为爟，爟为私火；郑玄从其说，亦云爟读如字，若观火之观，胡玉缙认为杜氏、郑玄皆不知爟即烜字，司烜掌取明水火，司爟掌取木火，当依故书作燋，此处是郑玄从杜注失误之处。至于郑玄不取杜氏之注者，有的杜氏之说胜过郑玄，有的则不如郑玄之解切合经义。

清人马国翰辑佚《周礼杜氏注》，收入《玉函山房辑佚书》"经编周官礼类"中，其中虽有误辑、漏辑之处，仍不失为研究杜子春《周礼》学的重要参考资料。

2.《周礼解诂》6卷，(汉) 郑众撰

郑众字仲师。东汉章帝时曾官至大司农。相传曾同贾逵同授业于杜子春，学习《周礼》。撰有《周官解诂》。

郑众所撰《周礼解诂》虽不如贾逵之书流行，但郑玄称赞他解说《周礼》更“近得其实”，且“明理于典籍，粗识皇祖大经《周官》之义，存古字，发疑正读，亦信多善，徒寡且约，用不显传于世”。① 可见，郑众《周礼解诂》一书在《周礼》本经校勘、名物训诂和经义阐发方面颇有成就，成为郑玄撰《周礼注》的重要参考书籍。但在《周礼》一经的作者问题上，其见不同于郑玄，主张成王作《周礼》，其曰：“其名《周礼》为《尚书》‘周官’者，周天子之官也。《书序》曰：‘成王既黜殷命，灭淮夷，还归在丰，作《周官》’。”

其书久已失传，清人马国翰辑佚《周礼郑司农解诂》，收入《玉函山房辑佚书》“经编周官礼类”中，马氏辑本多有脱误，黄寿祺对其错误失当之处一一指正，见于《续修四库全书提要》。

3.《周官解诂》1卷，（汉）贾逵撰

贾逵（30—101），字景伯，东汉扶风平陵（今陕西咸阳西北）人。官左中郎将及侍中等职，是东汉著名经学家。父亲贾徽为两汉著名学者，随刘歆学《左传春秋》。逵承父业，其《左传》之学出于刘歆嫡派。治《左传》与服虔齐名。撰有《春秋左传解诂》等书。

贾逵所撰《周官解诂》也是郑玄撰《周礼注》的参考资料，郑玄曾征引其说以解经，如《韗人》中，郑玄引贾逵注“晋鼓大而短”一语。郑玄也有驳斥贾逵之说者，如《司裘》“设其鹄”一句，贾逵曰：“四尺曰正，正五重，鹄居其内，而方二尺。”郑玄不取其说，注《司裘》曰：“侯中之大小取数于侯道。”又注《梓人》曰：“正之方外如鹄内二尺。”又注《射人》曰：“其外之广居侯中三分之一。”可见，据郑玄所注梓人已明言鹄居三分之一，可知正亦如之，正鹄异施之意，其说乃依经而立，最足信据。贾逵《周官解诂》是研究两汉《周礼》学较为重要的材料。

贾逵《周官解诂》久已失传，清人马国翰辑佚《周礼贾氏解诂》，收入《玉函山房辑佚书》“经编周官礼类”中。孙诒让辑有《周礼三家佚注》，其中包括对贾逵《周官解诂》的辑佚，视马国翰辑本为优。二书皆失收1条，胡玉缙在《续修四库全书提要》中加以补充，可参考。

4.《周官传》1卷，（汉）马融撰

马融（79—166），字季长，扶风茂陵（今陕西兴平东北）人。东汉经学

① 贾公彦：《序周礼废兴》引郑玄《周礼序》，《周礼注疏》卷首，阮元校刻《十三经注疏》本。

家。历任校书郎中、南郡太守等职。他才高博洽，博通经学，为世通儒，郑玄、卢植皆其门生。撰有《三传异同》等书，是东汉著名经学家。

据侯康《补后汉书艺文志》卷一记载，马融66岁撰《周官传》，且据《毛诗正义》孔颖达"疏"曰："马融为《周礼注》，欲省学者两读，故具载本文，后汉以来，始就经为注。"可见，《周礼》经注合一即始于马融《周官传》。马融为郑玄师，但郑玄《周礼注》所述旧说，独不及马融《周礼注》之说，马国翰认为马融之说为郑玄所不取，孙诒让则认为汉人重家法，郑玄解经多同马融，故称述师说不嫌蹈袭，故不单独注"马融曰"，二人所见各有其长。郑玄《周礼注》的有些注解的确与马融所主之说相同，如春见曰朝、在东方者朝春云云。但郑玄也有些注解不从马融师说，如《司裘》"设其鹄"一句，马融曰："十尺曰侯，四尺曰鹄，二尺曰正"，郑玄就未从马融之见，依经所载别立新解，而最得其通。

马融《周官传》一书久已失传，清人有4种辑本传世，分别是：王谟辑有《周官传》，收入《汉魏遗书钞》中；马国翰辑有《周官传》，收入《玉函山房辑佚书》"经编周官礼类"中，此辑本有遗漏和叙次错误之弊；黄奭辑有《周官传》，收入《汉学堂丛书》、《黄氏遗书考》及《汉学堂知足斋丛书》，胡玉缙曾比较此辑本与马辑本，并指出黄本较之马本多辑出的诸条目，还一一指出此辑本的误辑之处，可参考《续修四库全书提要》；孙诒让《周礼三家佚注》中马融《周官传》的辑佚部分，辑本质量很高，可惜仅存光绪二十年刊本1册，今藏国家图书馆，流传不广。

5.《周礼注》12卷，(汉) 郑玄撰

郑玄撰《周礼注》既充分吸收郑兴、郑众、卫宏、贾逵、马融《周礼》学著作"雅达广揽"的优点，又对以上诸位经学家研究失当之处，"就其原文字之声类，考训诂，捃秘逸"①，郑氏的博综兼采极大地丰富了《周礼》本经的内容。同时，郑玄《周礼注》不仅纠正经文的误、衍、脱、错，正字读，训名物，还阐发经义，如《大司马》"掌邦政以佐王平邦国"一句郑玄"注"曰："政，正也，政所以正不正者也。"但其错谬之处也不少，如：郑玄笃信《周礼》为周公所作、《周礼》所载为周制；称引弥漫宗教神学思想纬书注经；为使经义易明，喜以今况古，以汉制比拟古制，往往有以今代古之弊。但瑕不掩瑜，"括囊大典，网罗众家"的郑玄《周礼注》无疑是汉代《周礼》学集

① 贾公彦：《序周礼废兴》引郑玄《周礼序》，《周礼注疏》卷首，阮元校刻《十三经注疏》本。

大成之作，是了解汉学系《周礼》文献不可或缺的基本经典。

郑玄《周礼注》最早刻成于后周广顺三年，即五代监本。宋代以来郑玄《周礼注》版本主要有未附陆德明《释文》并分为12卷者，如南宋初婺州市门巷唐宅刊本、《四部丛刊》本；附陆德明《释文》分为42卷者，如《四部备要》本等。其中《四部丛刊》本是目前较为通行的版本。

6.《周官礼注》1卷，（晋）干宝撰

干宝字令升，晋新蔡（今属河南）人。晋元帝时为佐著作郎，后官至散骑常侍。少勤学，博览群书，有良史之才。撰有《晋纪》、《搜神记》等书。

干宝《周官礼注》中“挟”日作“帀”日，有“握”作有“幄”，“胸”鸣作“骨”鸣等，马国翰推测其所依据的是贾逵和马融诠释《周礼》之本，而非郑玄《周礼注》，其说颇有道理。干宝诠释《周礼》有本郑玄《周礼注》者，如解羞为饮食，主张纳享纳牲于将告杀之时，和鸾皆以金铃为节等；也有不从郑玄《周礼注》者，如《大宰》“薮以富得民”一句，干宝认为“薮宜作叟”，郑玄则认为薮谓主薮之人，干氏虽驳郑《注》，其说不若郑《注》浑释。干宝也有些见解可自成一说，如对《掌节》中“英荡”的诠释。干宝还师郑玄《周礼注》以汉代职官比附《周礼》中职官的先例，也以晋代职官比附《周礼》职官，这也成为考察当时职官制度的宝贵资料。此外，干宝注经还善于推阐经义，如阐发先王藉田制度其义有三，至为详明，颇受黄寿祺、胡玉缙等学人称赞。干宝《周官礼注》还有一个显著特点，即移叙官于每官之前，此点颇受清代学者苛责，而胡玉缙则认为：“窃谓马融《周官传》，欲省学者两读，就经为注，近皆承之。干移于各职前，亦所以便学者也。”①

干宝《周官礼注》一书久已失传，清人有4种辑本传世，分别是：王谟辑有《周官礼注》，收入《汉魏遗书钞》中；马国翰辑有《周官礼干氏注》，收入《玉函山房辑佚书》“经编周官礼类”中；黄奭辑有《周官注》，收入《汉学堂丛书》、《黄氏遗书考》及《汉学堂知足斋丛书》；孙诒让《周礼三家佚注》中干宝《周官礼注》的辑佚部分，辑本质量较前三者为高。

第二，“义疏”类

“义疏”类《周礼》学文献以疏释经注为主，其优点在于解经极为详尽，缺点是流于烦琐浮泛。南北朝时期，传注之体日微，而以疏释经注为主的“义疏”体兴起。此时期的南北诸儒就多以“义疏”、“集注”等形式诠释《周

---

① 中国社会科学院图书馆：《续修四库全书总目提要》，中华书局，1993年，第461页。

礼》，如崔灵恩《集注周官礼》、熊安生《周官义疏》、沈重《周官礼义疏》等。深受南北朝义疏之学的影响，唐代“传说之属”《周礼》学文献但守郑玄《周礼注》一家而诠解之，贾公彦《周礼疏》即是“义疏”类《周礼》文献的集大成之作。这一时期的“义疏”类《周礼》学文献，除贾公彦《周礼疏》流传至今外，其余俱以佚亡，仅沈重《周官礼义疏》有辑本传世。

1.《周官礼义疏》1卷，（梁）沈重撰

沈重，字子厚，南北朝吴兴武康（今属浙江）人。曾任梁都官尚书领羽林监，还曾被周武帝礼聘至京，诏令讨论五经，并校订钟律，授予其骠骑大将军、露门博士等职务。沈重博览群书，于阴阳、图纬、道经、释典，无所不通，尤明《诗》、《礼》及《左传》。撰有《毛诗义疏》、《礼记义疏》等书。

沈重所撰《周官礼义疏》颇有价值，据《文献通考》卷一八一引董逌《广川藏书志》中贾公彦《周礼疏》跋文，曰：“公彦此疏据陈邵《异同评》及沈重《义》为之。”可知，此书是贾公彦所撰《周礼疏》的主要参考资料。《周官礼义疏》宋代已经佚亡，清人马国翰从《经典释文》等书中辑出80余条，从辑佚条目看，此书虽名“义疏”，但仅存字音，马国翰认为其书以音附疏，引用此书者，也有摘取其字音的，故今辑本多存字音，马氏之说较有道理。

马国翰所辑《周官礼义疏》收入《玉函山房辑佚书》 “经编周官礼类”中。

2.《周礼注疏》50卷，（唐）贾公彦撰

贾公彦，洺州永年（今河北永年县）人。永徽中，官太学博士。撰有《周礼疏》、《仪礼疏》，并参与纂修《礼记正义》。

贾公彦《周礼疏》参考陈邵所撰《周官礼异同评》和沈重所撰《周官礼义疏》，择善而从，再折中以已见，以疏不破注为义例阐发郑玄《周礼注》，考究《周礼》中名物制度，其书“亦极博核，足以发挥郑学”[①]。贾氏《周礼疏》优点有三：第一，旁征博引，对精简的郑玄《周礼注》进行了详密的疏解；第二，探究郑玄《周礼注》诠释经文的若干因由；第三，分析郑玄《周礼注》诠解经文中所载制度的若干常例及变例。这在很大程度上丰富和补充了郑玄《周礼注》中的训诂、考证和经义，故而宋代儒宗朱熹认为“五经中，《周礼疏》最好”[②]，清代的四库馆臣也认为“《周礼》一书，得郑《注》而训

① 永瑢等：《四库全书总目》卷一九《周礼注疏》提要。

② 黎靖德、王星贤校点：《朱子语类》卷八六《周礼·总论》，第2206页。

诂明，得贾《疏》而名物制度考究大备，后有作者，弗能越也。”[①] 另一方面，《周礼疏》也有疏漏、不足之处，如：亦引用纬书疏注；郑玄《周礼注》渊奥之处贾公彦《周礼疏》有疏略之弊；较之精简的郑《注》，贾《疏》颇为繁杂。即便如此，《周礼疏》仍然是毫无疑问的汉学系《周礼》文献中最有影响的著作之一，“后来著述，皆此书之支流而已！”[②]

贾公彦《周礼疏》的单疏本仍待考察，而贾公彦《周礼疏》与《周礼》本经、郑玄《周礼注》目前所知最早的合刻本是南宋绍兴年间两浙东路茶盐司刊本。南宋以来《周礼疏》的版本可分四类：未附陆德明《经典释文》分为50卷者，如宋两浙东路茶盐司刻宋元递修本；未附陆德明《经典释文》分为18卷者，如明末张采刻本；未附陆德明《经典释文》分为12卷者，如日本据明崇祯间金德镇本重刻本；附陆德明《经典释文》分为42卷者，如明嘉靖李元阳刻本等。其中，据阮元《十三经注疏》本印行的《四部备要》本《周礼注疏》是目前较为通行的版本。

（二）宋元明时期“传说之属”《周礼》学文献举要

宋代经学以“变古”求解放，宋儒研治《周礼》打破“《周礼》一书，得郑《注》而训诂明，得贾《疏》而名物制度考究大备。后有作者，弗能越也”的学术僵局，开始另辟蹊径，即不再过多纠缠于名物制度的训诂考证，而是直探“圣人微旨”，以发明圣人之道、通经致用为己任，开议论解经之研究新途径。元、明二代的治经方法和学术取向皆遵循宋代，故此时期的“传说之属”《周礼》学文献属论辩之学，是发明义理的学问。

这一时期的“传说之属”《周礼》学文献多以“义”、“说”、“解”、“论”命名，就诠释内容而言，皆属“义理”类《周礼》学文献。根据诠释方式的差异，我们再将其分为“依经诠义”类、“借经抒议”类、“补亡《冬官》”类和“汇集众家”类。以下分类予以介绍：

第一，“依经诠义”类

“依经诠义”类《周礼》学文献，依旧保持着传统的传注形式，即随经文章句训字释经，只是诠释重点在于对《周礼》制作精义的阐发，且喜立新说，驳斥郑《注》、贾《疏》之论。此类《周礼》学文献占据宋、元、明三代“传注之属”《周礼》学文献的绝大部分，如王安石《周官新义》、王昭禹《周礼详解》、易祓《周官总义》、黄度《周礼说》、朱申《周礼句解》、郑锷《周礼

---

① 永瑢等：《四库全书总目·周礼注疏删翼》提要。

② 钱基博：《经学通志·三礼志第五》，载《近百年湖南学风》。

解义》、史浩《周礼讲义》、王应电《周礼传》、柯尚迁《周礼全经释原》、徐即登《周礼说》等。

1.《周官新义》16卷，(宋) 王安石撰

王安石（1021－1086)，字介甫，号半山，宋抚州临川（今江西抚州）人。仁宗庆历进士，嘉祐三年（1058）上万言书，要求改变“积贫、积弱”局面，推行富国强兵之策；神宗熙宁二年（1069）任参知政事，次年任宰相，实行变法。后因措施过于激进、用人不当、司马光等反对等因素而遭阻碍。熙宁七年罢相，次年再相；九年再罢，还居江宁（今江苏南京)，封舒国公，改封荆国公，世称荆公。安石系北宋著名政治家、文学家、经学家。著有《书经新义》、《诗经新义》、《周礼新义》及《易解》、《字说》等，并有《临川文集》传世。

王安石所撰《周官新义》打破了汉唐以来《周礼》之学久定壹宗的局面，除以字解经创制新解，还重于阐发义理。《周官新义》诠解《周礼》有别于汉学系《周礼》文献，特色有三：第一，训诂简明，多与郑玄《周礼注》之说立异，然有穿凿之病。如：《医师》“聚毒药以共医事……岁终，则稽其医事以制其食。十全为上……”一句，郑玄训“毒药”为“药之辛苦者。药之物恒多毒”；训“全犹愈也”。王氏则将其训为：“毒，所谓五毒。药，所谓五药。”“郑氏为全犹愈也，人之疾固有不可治者，苟知不可治而信，则亦全也，何必愈。”第二，依经诠义，不重阐明典制，而对圣人微旨多有发明。如《膳夫》“大丧则不举，大荒则不举，大札则不举，天地有烖则不举，邦有大故则不举”一句，郑玄分别训释“大荒”、“大札”、“天烖”、“地烖”、“大故”，而王氏则解此句为：“王以能承顺天地，和理神人，使无灾害变故，故宜饗备味，听备乐。今不能然，宜自贬而弗举矣。”第三，“以所观乎今，考所学于古”①，讲求通经致用。如《大卜》：“邦事作龟之八命，一曰征，二曰象，三曰与，四曰谋，五曰果，六曰至，七曰雨，八曰瘳。”王氏解为：“征，事大及众，故征为先。瘳，不及众，私忧而已，故瘳为后。象，则天事之大。雨，则天事之小。天事之大而在征后，则天道远，人道迩故也。先雨后瘳，则雨及众故也。”王氏将具有浓厚神秘色彩的占卜之语赋予新的诠释，阐发人事重于天事，而人事之中，关系众人之事要比关系个人之事更为重要的政治思想。伴随熙丰变法，王安石亲撰的《周官新义》成为众矢之的，二程高弟杨时更撰著《周礼义辨》专门攻驳此书。然而《周礼新义》的经学价值、思想价值

① 王安石：《周官新义》卷首《序》。

确也得到了后人的拥戴，“王昭禹、林之奇、王与之、陈友仁等注《周礼》，颇据其说”①。故《周礼新义》是当之无愧的宋学系《周礼》文献中最有影响的著作之一。

王安石《周官新义》原本已佚，今传本是清人自《永乐大典》辑佚之本，残缺地官、夏官。今传通行本有《四库全书》本、《王安石全集》本。近年来台湾学者程元敏辑佚群书，在《四库全书》本的基础上，增加辑佚条目和历代的汇评资料，撰《三经新义辑考汇评（三）——周礼》，是目前研究《周官新义》不可不读的重要参考书籍。

2.《周礼详解》40卷，（宋）王昭禹撰

王昭禹，字光达，约北宋徽宗、钦宗时人，生平不详。其学皆宗王氏新说。

《周礼详解》多本《字说》解经，有穿凿附会之病，这同当时《三经新义》列于学官，以新学取士不无关系，故不可深责王昭禹。其书解经重于阐发经义，如《泉府》“以国服为之息”一句，王昭禹曰：“各以其所服国事贾物为之息。若农以粟米，工以器械，皆以其所有也。周之衰，不能为民正田制地，税敛无度，又从而贷之，则凶年饥岁无以为偿矣。下无以偿，上之人又必责之，则称贷之法，岂特无补于民哉。求以国服为之息，恐收还其母不得。”王昭禹阐发此句经义大不同于王安石《周官新义》之见，隐讳地指斥了王安石青苗法之弊，阐发自己所理解的先王贷民之精义所在。更可贵者，《周礼详解》阐发经义有足订郑玄《周礼注》、贾公彦《周礼疏》之误者，如《载师》记载的“里布屋粟”，先儒解释为里布为二十五家之泉，屋粟为三夫之粟；王昭禹则曰：“国宅无征，民居有征无布。以其不毛，使之有里布。民出耕在田庐，入居在其里，其屋有田以出粟。今不耕田，则计屋而敛之，谓之屋粟。”其见不同于先儒，言之有据，可正郑《注》贾《疏》之误。可见，王昭禹《周礼详解》具有较高的价值，其学说多被后人所采，如王与之、林之奇等。但此书删去《周礼》中叙官部分，有删改经文之弊，此举不足取。

王昭禹《周礼详解》流传至今，现在较为通行的版本有《四库全书》本等。

3.《周礼说》5卷，（宋）黄度撰

黄度《周礼说》在《宋史》黄度本传中颇受赞誉，叶適为是书所作的《序》中对此书亦倍加推崇，言：“黄文叔始述孔孟为说，守天下非私智，设

---

① 永瑢等：《四库全书总目》卷一九《周官新义》提要。

邦家非自尊。善民至厚，取之至薄。为下甚逸，为上甚劳。一以性命道德，起后世之公心。”吴廷燮观其书后也评价叶適之言并非虚美之词，是书贯通古今，裨益治道。《周礼说》中有非郑玄《周礼注》、贾公彦《周礼疏》者，如《九嫔》中，他驳斥郑玄《周礼注》之说，认为郑玄引《昏义》有三夫人以证明内小臣相九嫔之礼，非也，因为寺人佐世妇治礼事，并不佐助三夫人，其说精确。书中也有多处征引郑玄《周礼注》、贾公彦《周礼疏》之说。总之，吴廷燮认为黄度对郑玄《周礼注》、贾公彦《周礼疏》的裁断立论持平，不存己见，可谓折中尽善者。黄度也师法郑玄以汉代官制比况《周礼》官制的先例，也以宋代官制比拟《周礼》中诸职官，有其失当之处，如以尚书比况天官冢宰就不准确。

黄度之书虽善，却久已失传，有赖清人陈金鉴多方搜集，辑佚黄度《周礼说》，今存《续修四库全书》中，虽非全书，而黄氏《周礼》学说已可见大半矣。

4.《周官总义》30卷，(宋) 易祓撰

易祓，字彦章，号山斋，宁乡（今湖南长沙宁乡）人。淳熙进士第一，官至礼部尚书。著有《周易总义》等书。

《周官总义》研索经文，断以己意，与先儒所见颇有不同，如诠释《大宰》“九赋”，征引司市、司关、角人、职币等职，以驳郑玄口率出泉之说，其持论虽然互有短长，但皆以经释经，并非凿空杜撰之说。还有些见解能自出新义，如《凌人》中易氏认为凌人斩冰于十二月为建亥之月，先令之于亥月，而后建凌室，以待亥、子、丑三月所藏之冰。可见，易祓于经义颇有考据之功力。

《周官总义》其书已佚，清代四库馆臣从《永乐大典》等书中将其辑出，虽非完帙，但已得原书十之八九，收入《四库全书》中。

5.《周礼句解》12卷，(宋) 朱申撰

朱申，字周翰，新安（今安徽歙县）人。以散朝大夫知江州军监管内劝农营田事。撰有《周礼句解》。

是书大略根据郑玄《周礼注》、贾公彦《周礼疏》，逐句诠释经文，义取简约。其中有坚信郑玄《周礼注》、贾公彦《周礼疏》之说，而曲为之引证者，如《大司徒》载“诸公之地，封疆五百里”，其说不同于《孟子》、《礼记·王制》所载制度，有学者据此怀疑《周礼》，而朱申相信郑玄《周礼注》所主半为附庸之说，并加以申辩。其中，也有见解与郑玄《周礼注》、贾公彦《周礼疏》之说相异者，如《大宰》“五曰贡赋”一句，郑玄曰：“赋，口率出泉也。贡，功也，九职之功所税也。”朱申则认为：“赋，税也。贡，献也。”此外，遇有怀疑郑玄《周礼注》、贾公彦《周礼疏》之说，又不能决断之处，则阙而不释，如《大司乐》“圜钟为宫”一句。朱申《周礼句解》诠释经文虽循文诂义，无大发明，但较之窜乱古经，横生新义者，其书不失为严谨之作。此外，《周礼句解》认为五官中叙官的经文于诠释经文无益，将其全部删去，有删经之弊。

《周礼句解》是少数能完整流传至今的宋代《周礼》学文献，台北故宫博物院今藏有此书的南宋末年刊本，现在此书较为通行的版本是《四库全书》本。

6.《周礼考注》15 卷，(元) 吴澄撰

吴澄对《周礼》颇有研究，其论解《周礼》的著作现今可考的就有三部：《周礼考注》、《周官考证》、《批点考工记》。《周礼考注》一书乃吴澄诠释《周礼》之作流传至今者，是我们赖以了解元代《周礼》学的重要文献，值得重视。

《周礼考注》今存明刻本，藏于山东大学图书馆和台湾“国立中央”图书馆。

7.《周礼传》10 卷、《图说》2 卷、《翼传》2 卷，(明) 王应电撰

王应电字昭明，又字明斋，明昆山（今江苏昆山）人。嘉靖中遭倭乱，避居江西，遂终于泰和。尝受业于魏校之门。

王应电于《周礼》用力颇深，《周礼传》、《图说》和《翼传》三书相辅相成。《周礼传》不录《考工记》，专解五官经文，割裂叙官，颇有窜乱之嫌，所注五官，考证亦不甚详明，但论说较为醇正，虽略于考证，但对义理多所发明，有宋学遗风。《图说》用以稽考传义。《翼传》分七篇，对补亡《冬官》、责难《周礼》之说、郑玄《周礼注》贾公彦《周礼疏》之失误等《周礼》学问题皆阐发己见。瑕不掩瑜，此书在明代《周礼》学文献中不失为有价值的著作。

《周礼传》(附《图说》、《翼传》) 今存明嘉靖四十二年吴凤瑞刻本，现藏国家图书馆。较为通行的版本有《四库全书》本等。

8.《周礼全经释原》14 卷，(明) 柯尚迁撰

柯尚迁字乔可，自号阳石山人，长乐（今属福建）人。嘉靖中由贡生官邢台县丞。撰有《周礼全经释原》。《周礼全经释原》自天官至冬官凡 12 卷，又附以《周礼通论》、《周礼通今续论》各 1 卷，前列《序》2 篇、《源流序论》1 篇、《六官目问》4 篇、全经纲领 12 条、释原凡例 7 条。书中的训解称

“释”者，皆采辑古注；曰“原”者，是柯尚迁推阐圣人制作经典的本义。柯尚迁也信从“《冬官》不亡”之说，按照自己对《周礼》的理解补亡冬官，还据吴澄之说，冠“惟王建国”以下40字于《冬官》之首，故自号其书为“全经”。此外，柯尚迁还据己意改“安扰邦国”为“富邦国”。其书虽有窜乱经文之弊，但训诂经义尚条理通畅分明，还能依经阐义，不失为较有价值的《周礼》学著作。

《周礼全经释原》今存明代隆庆间刻本，藏于国家图书馆，较为通行的版本有《四库全书》本。

9.《周礼因论》1卷，（明）唐枢撰

唐枢（1497－1675），字惟中，号子镇，人称一庵先生，归安（今属浙江湖州）人。嘉靖五年（1526）中进士，官刑部主事等职。著有《易修墨守》等书。

《周礼因论》一书，以“民极”为《周礼》本原，驳宋人夏休《周礼井田谱》之妄，虽文如语录，未为详备，但亦有卓识。

《周礼因论》一书今存《木钟台全集》本等。

第二，“借经抒议”类

“借经抒议”类《周礼》学文献，不再保持传统的传注形式，而是采取别立标题的全新方式阐发《周礼》制作之精义，并结合古今历史，婉转地表达对现实政事的建议。如李觏《周礼致太平论》、叶时《礼经会元》、郑伯谦《太平经国之书》等。

1.《周礼致太平论》10卷，（宋）李觏撰

李觏（1009－1059），字泰伯，世称盱江先生，建昌军南城（今江西资溪县）人。李觏是北宋著名的平民思想家，胡适称他是“一个不曾得君行道的王安石”。撰有《平土书》、《富国策》、《安民策》、《强兵策》、《周礼致太平论》、《礼论》等。

《周礼致太平论》是李觏在宋学之风方兴之际撰作的，既是其《周礼》学的代表性著作，也是宋代《周礼》学的开先之作。首先，《周礼致太平论》已不是传统意义上的解经之作，此书没有逐字逐句地诠释《周礼》经文，而是别立标题。全书分五十一篇，如《国用》、《刑禁》、《官人》、《教道》等，在大略串讲经文的基础上，着重借经抒议，阐发圣人制作经典的微言大义。其次，《周礼致太平论》不再奉郑玄《周礼注》、贾公彦《周礼疏》之说为金科玉律，而是大胆地以己意裁断郑玄《周礼注》之说，这虽然有武断之弊，但有些见解也不失为一家之言。第三，《周礼致太平论》开启以议论解《周礼》

之研究新途径，并在议论解经中抒发自己的经世致用思想。这些对此后宋人的《周礼》研究都有较大影响。

今存《周礼致太平论》收入李觏文集中，如《盱江集》、《直讲李先生文集本》中。较为通行的版本有《四库全书》本《盱江集》、中华书局点校本《李觏集》。

2.《礼经会元》4卷，（南宋）叶时撰

叶时字秀发，自号竹野愚叟，仁和（今属浙江）人。撰有《礼经会元》、《竹野诗集》等。

《礼经会元》并非传统的注疏之作，而是依据《周礼》所载制度发为议论，凡百篇。第一篇“礼经”，总论《周礼》；第二篇“注疏”，驳汉儒之失；第三篇以下凡九十七篇，为发挥经义之作，内容包罗广泛，如：“民极”、“相权”、“邦典”、“火禁”、“刑罚”、“功赏”、“地理”、“图籍”、“功赏”、“久任”、“射仪”等，其中“朝仪”、“官卫”、“王畿”、“祭乐”、“明堂”、“分星”、“内政”、“井田”、“夷狄”九篇各系以图；① 第一百篇“补亡”，依据《尚书·周官》记载，主张“司空职虽亡而未尝亡，《考工记》不必补也。愚既以《考工记》为不必补，则区区百工之事亦不必论也。”可见，此书全然是宋代新经学之作，是宋学系《周礼》文献中较有影响者。《礼经会元》寓丰富的思想内容于议论解经之中。如叶氏认为“《周礼》之出自刘德始，累《周礼》者亦自刘德始。《周礼》之立自刘歆始，诬《周礼》者亦自刘歆始。《周礼》之传自郑康成始，坏《周礼》者亦自郑康成始”。原因在于：第一，“全书不得见，得见五官，斯可矣。河间献王乃以《考工记》补之。司空一职，岂《考工记》之事邪！观其言曰：国有六职，百工与其一焉，是以治、教、刑、政之属特与工匠器械等耳。即此一语，可谓不识《周礼》矣。异时奏入秘府，《周礼》虽存，而汉君诋之以为末世渎乱之书，得非刘德一记累之邪！故曰累《周礼》者刘德也”。第二，“至成帝时，有刘歆者独识其书为周公致太平之迹，亦云幸矣。奈何身为国师，取之以辅王莽，乃为泉府理财之说，于是六斡立法则，郡皆置市官，即此一说，可谓不知《周礼》矣。当时奏入学官，《周礼》虽存，汉儒訾之以为六国阴谋之书，得非刘歆一法诬之乎！故曰诬《周礼》者刘歆也”。第三，“郑康成号为囊括六典、网罗众家，盖亦知

---

① 《四库全书总目》卷一九《礼经会元》提要曰“朝仪、官卫、王畿、祭乐、明堂、分星六篇各系以图”，笔者考察除此六篇外，“内政”、“井田”、“夷狄”三篇后也附图。

所折中矣。胡为不抱遗经推究终始，而乃凭私臆决，旁据曲证，此周礼所以不明而召后儒纷纭之议也。大抵康成说经有五失：一引纬书；二引《司马法》；三引《春秋传》；四引《左氏》、《国语》；五引汉儒《礼记》”。“自康成之注既行，而贾公彦一疏一惟郑注之是解，《周礼》制度合与不合不暇究矣。儒者沿袭注疏之文，考之于经而不合，遂指《周礼》为非周公之全书，是敢于叛圣人之经而不敢违汉儒之说也。吁！刘歆之诬《周礼》，一时之失，而《周礼》之法尚在。郑康成之坏《周礼》，千载之惑，而《周礼》之法几亡”。

叶时所撰《礼经会元》今传通行本有《通志堂经解》本、《四库全书》本、摛藻堂《四库全书荟要》本等。

3.《太平经国之书》11卷，(宋）郑伯谦撰

郑伯谦字节卿，永嘉（今浙江温州）人。绍熙元年（1190）中进士，官至修职郎、衢州府学教授。撰有《太平经国之书》。

是书首列四图，包括《成周官制》、《秦汉官制》、《汉官制》、《汉南北军》。冠此四图于卷首之义在于明古制，即以宫中、府中，文事、武事一统于大宰。是书包括三十二篇，有《教化》、《奉天》、《省官》等，皆以《周礼》所载制度为论题，设为问答，推明先王设官分职的精义所在，还多以后代史事相参证，以明先王设官分职的蕴意深远。总之，其书以阐发经义为主，颇有发明，但也有不当之处。

《太平经国之书》今传于世，通行本有《通志堂经解》本、《四库全书》本等。

第三，“补亡《冬官》”类

“补亡《冬官》”类《周礼》学文献，是作者依据己意重新编次《周礼》六官经文，并采取传统的传注形式再对割裂、改窜的《周礼》经文加以诠释。如俞廷椿《周礼复古编》、丘葵《周礼补亡》、舒芬《周礼定本》、季本撰《读礼疑图》等。

1.《周礼复古编》1卷，(宋）俞廷椿撰

俞廷椿字寿翁，临川（今属江西）人。乾道八年（1172）中进士，官古田令。撰有《周礼复古编》等。

俞廷椿认为五官所属不得超出六十之数，若有超出，当取其官补《冬官》之亡，还认为天官世妇与春官世妇、夏官环人与秋官环人为一官，应当合并。其撰《周礼复古编》是第一部《冬官》补亡之作，开创《周礼》研究“《冬

官》不亡”之先河。清代四库馆臣曾指斥其说曰：“凿空臆断，其谬妄殆不足辩。”① 但由于俞氏的主张对由宋迄明的《周礼》研究颇有影响，所以也有研究其书的价值所在。

今存《周礼复古编》较为通行的版本是《四库全书》本等。

2.《周礼补亡》6卷，（元）丘葵撰

丘葵字吉甫，福建莆田人。撰有《周礼补亡》、《易解义》、《春秋通义》。

丘葵是“《冬官》不亡”说的推波助澜者，他参考俞廷椿、王与之的补亡《冬官》之说，再结合自己对《周礼》的研究，重新编次《周礼》六官，订定《天官》之属六十、《地官》之属五十七、《春官》之属六十、《夏官》之属五十九、《秋官》之属五十七、《冬官》之属五十四。丘葵还在此基础上诠释《周礼》，撰成《周礼补亡》（又名《周礼全书》），此书颇受后世学者诟病。

丘葵《周礼补亡》一书的明刻本尚存，国家图书馆、北京大学图书馆、河南省图书馆皆有收藏，较为通行的版本有《四库全书存目丛书》本等。

3.《周礼完解》12卷，（明）郝敬撰

源起于宋代的“《冬官》不亡”之论，至明代蔚为大观，形成《周礼》研究史中的“《冬官》不亡派”。郝敬此书在明代诸多补亡《冬官》著作中可称翘楚。是书变幻其辞，谓阳分六官以成岁序，阴省《冬官》以法五行，横生枝节，穿凿尤甚，然亦有卓见。

是书今存明万历刻本，藏于湖北省图书馆；日本抄明万历本，藏于上海师范大学图书馆。较为常见的版本有《四库全书存目丛书》本等。

第四，“汇集众家”类

“汇集众家”（集解）类《周礼》学文献，一般以“集传”、“集说”、“集注”命名，也采用传统的传注形式阐释《周礼》，其特点在于能够汇聚众家《周礼》学说，有的还能折中己见。如王与之《周礼订义》、毛应龙《周官集传》、陈友仁《周礼集说》、何乔新《周礼集注》、王志长《周礼注疏删翼》等。

1.《周礼订义》80卷，（南宋）王与之撰

王与之字次点，乐清（今属浙江温州）人。撰有《周礼订义》、《周官补遗》等。

《周礼订义》是宋代汇集众说的《周礼》学集解之作，具有颇为珍贵的文献学和经学价值。《周礼订义》采摭浩博，“凡文集、语录无不搜采。盖以当

① 永瑢等：《四库全书总目》卷一九《周礼复古编》提要。

代诸儒为主，古义特附存而已”[①]。其书所采旧说凡五十一家，其中宋人之书就有四十五家，“宋人谈《周礼》者，其精华亦约略尽此矣”[②]。流传至今，其书征引的宋人之书十之六七都已亡佚，有赖《周礼订义》我们今天能够窥得不少宋儒《周礼》学说之崖略。不仅如此，王与之还“深原作经本指以晓当世”[③]，“显幽阐微，商是确非，其有发先儒所未发者多矣”[④]。清代四库馆臣评价此书曰：“搜罗宏富，固亦房审权《周易义海》之亚矣”，著名《周礼》学大师孙诒让评价此书曰：“为《周官》说之渊薮……搜辑之富，不减卫湜《礼记集说》。”[⑤] 总之，《周礼订义》是我们研究宋代《周礼》学极为重要的文献资料。

《周礼订义》今存南宋淳熙年间刊本，藏于国家图书馆，较为通行版本有《通志堂经解》本、《四库全书》本等。

2.《周礼集说》10卷，（元）陈友仁撰

陈友仁字君复，湖州（今属浙江）人。

《周礼集说》本是宋末无名学者采用集解体诠释《周礼》的书稿，尚未付梓，元初学者陈友仁得到此部书稿后，重新进行编辑，并增益其书内容，“训诂未详者，益以贾氏、王氏之疏说；辨析未明者，附以前辈诸老之议论”，“所引注疏及诸儒之说，俱能撷其精粹”。是书因保存了很多宋人论解《周礼》的珍贵资料，故有相当的学术价值，是研究宋代《周礼》学的重要文献之一。《周礼集说》卷首有《总纲领》一篇，《官制总论》一篇，又《凡例》一篇，分条阐说，极为赅洽。每官之前，又各为《总论》一篇，所引注疏及诸儒之说，俱能撷其精华，而于王安石新经义，采摘尤多。然《考工记》后附俞廷椿《周礼复古编》，殊为疣赘，有失别裁，然不肯变易古经而兼存其说，以待后人论定，较俞廷椿之荒诞则略有间矣。

《周礼集说》一书今存明代成化十年张瑄刻本，藏于北京大学图书馆、上海图书馆、浙江大学图书馆和台湾故宫博物院。较为常见的版本有《四库全书》本等。

3.《周官集传》16卷，（元）毛应龙撰

毛应龙字介石，豫章（今江西南昌）人。撰有《周官集传》、《周官或

---

① 永瑢等：《四库全书总目》卷一九《周礼订义》提要。

② 《四库全书简明目录》卷二《周礼订义》。

③ 真德秀：《周礼订义序》，载《周礼订义》卷首。

④ 赵汝腾：《周礼订义后序》，载《周礼订义》卷八〇。

⑤ 孙诒让：《温州经籍志》，上海社会科学院出版社，2005年，第114页。

问》等。

《周官集传》"于诸家训释，引据颇博，而于郑锷之《解义》、徐氏之《音辨》及欧阳谦之之说，所采尤多。其自出己意者，则题'应龙曰'以别之"①。此书于经文之解疏，条例引证，颇为明晰，如《春官·司尊彝》"春祠夏禴，祼用鸡彝、鸟彝，皆有舟；其朝践用两献尊，其再献用两象尊，皆有罍，诸臣之所昨也"一句，毛氏引用诸家之说，解释名物，曰："聂氏《图说》曰：'鸡彝盛明水，鸟彝盛郁鬯，祼並奠于神坐。'应龙曰：'《诗》所谓笾豆有践。注：践，陈列也。'郑司农曰：'献读为牺。'郑锷曰：'本戲字，讹转为献，牺与戲同音。'郑明仲《图谱》曰：'牺尊，刻金牛之形于上。两牺尊一盛玄酒，一盛醴齐。象尊，刻象形于上。两象尊一盛玄酒，一盛盎齐。'聂氏《图》曰：'六尊之下皆言有罍，此六罍在六尊之间，以盛三酒，比于六尊，设之稍远。'郭璞云：'彝、卣、罍皆盛酒。尊罍形似壶大者，受一斛。'"其中，对"鸡彝"、"鸟彝"、"献尊"、"象尊"、"罍"的解释清楚明白，甚便学人理解。然也有胶执旧文，疏于考核，沿袭误说者，如：《周礼·春官·钟师》中，郑玄以为"《九夏》皆诗篇名，颂之族类也。此歌之大者，载在乐章，乐崩亦从而亡，是以颂不能具。"毛氏不遵汉儒之说，而引欧阳谦之之说，即依据《左传》襄公四年记载自创的新说，认为"《文王》而曰工歌，是有诗而可歌者也。《肆夏》而曰金奏，是徒有其声，可以金奏，而无诗可歌，明矣。《九夏》之乐，其所谓金奏之乐乎？后世承讹习舛，而以诸夏为诗篇也。"总之，《周官集传》是元代《周礼》文献中继往开来之作，宋以来诸家散佚之说，因是书以存崖略，其搜辑之功，尤不可没。

《周官集传》原本已佚，今传本系清人自《永乐大典》中辑出，缺《地官》、《夏官》，其余四官首尾完具。此书今传通行版本有《四库全书》本、《豫章丛书》本等。

4.《周礼注疏删翼》30卷，（明）王志长撰

王志长字平仲，号铜水，江苏太仓人。崇祯三年（1630）中举人，深于经学。撰有《周礼注疏删翼》等书。

《周礼注疏删翼》名曰"删"者，在于其书对郑玄《周礼注》、贾公彦《周礼疏》多削减其繁文；名曰"翼"者，在于其书杂引宋以后诸家之说，发明义理。宋代以来的《周礼》学文献多注重阐发义理，而王志长多采集宋以来诸家之说以发明圣人制作《周礼》的精义，难免有浮文妨要的弊病。但其

① 永瑢等：《四库全书总目》卷一九《周官集传》提要。

书以汉唐注疏为根底，故能变而不离其宗。尤值一提的是，其书并未效仿当时风行的补亡《冬官》之举，也没有删改移易经文之弊，而是恪守古本，清代四库馆臣称赞其“亦可谓力遏横流”，“在经学荒芜之日，临深为高，亦可谓研心古义者矣”。

《周礼注疏删翼》较为通行的版本是《四库全书》本等。

（三）清代“传说之属”《周礼》学文献举要

清代礼学，冠绝千古，《周礼》研究也臻于鼎盛。在文献整理方面，清人既对久已失传的汉、魏、南北朝、宋、元时期的《周礼》学文献进行辑佚，也对重要的传世《周礼》学文献加以精详校勘。在经学研究方面，清人既从文字、音韵、训诂和名物制度考证方面研究《周礼》，也从通经致用、议论解经的角度阐发《周礼》所蕴之微言大义。清代“传说之属”《周礼》学文献兼综前代，臻于大成，既有考证之学，也有论辩之学，属于考据义理兼而有之的学问。

根据文献诠释内容的不同，我们将清代“传说之属”《周礼》文献分为四类，即“义理”类、“辨疑”类、“考据”类、“考据义理并重”类。以下分类予以介绍：

第一，“义理”类

所谓“义理”类《周礼》学文献诠释《周礼》不重训诂考证，而重阐发经文大义，欲通古制于今政，以裨益国治。此类文献如李光地《周官笔记》、李钟伦《周礼训纂》、庄有可《周官指掌》、陈龙标《周礼精华》、孙诒让《周礼政要》、李步青《周官讲义》、胡翘元《周礼会通》等。

1.《周礼述注》24卷，（清）李光坡撰

李光坡字耜卿，号茂夫，福建安溪人。李光地之弟，杭世骏《榕城诗话》谓其家居不仕，潜心经学。著有《三礼述注》。

是书取注疏之文，删繁举要，以溯训诂之源，又旁采诸家，参以已意，阐制作之义，析理明通，措辞简要，甚便初学，虽不及汉儒之博奥，亦不至宋儒之蔓衍。此书是清初《周礼》学文献中的代表作，能体现清初《周礼》研究沿袭宋学风气的特点。

李光坡《周礼述注》今存清乾隆三十二年刻本，藏于清华大学图书馆、福建师范大学图书馆；清光绪三年刻本，藏于福建师范大学图书馆。较为通行的版本有《四库全书》本等。

2.《周礼训纂》21卷，（清）李钟伦撰

李钟伦字世得，福建安溪人。乃李光地之子，初受《三礼》学于其叔李

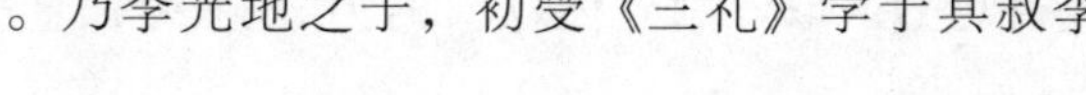

光坡，后随其父学，又与饱学之士梅文鼎、何焯等相互探讨，故其学有本源。

《周礼训纂》完成于清初，仍沿袭宋学系《周礼》文献的治经风气，重视阐发经文义理。其书诠释经文，颇得《周礼》大义，而于名物制度的考证不甚详细，还有失当之处，如对《巾车》中"重翟，锡面，朱总；厌翟，勒面，总；安车，雕面，鹥总，皆有容盖"的解释，就殊为舛误，但对禘、祫、社稷、学校诸制度的分辨考证就比较详核。训释《大司徒》"土圭之法"，认为百六十余里，影已差一寸，其说依据实测的数据，并非空言，有一定学术价值。

今传《周礼训纂》较为通行的版本有《四库全书》本、《榕村全书》本等。

3.《周礼撮要》3卷，(清) 潘相撰

潘相字润章，号经峰，安乡（今属湖南常德）人。乾隆二十八年（1763）进士，曾任武英殿分校、昆阳州知州。撰有《周易尊翼》、《毛诗古音参义》等书。

此书卷首有乾隆十八年（1753）黄宜中所撰《序》。全书分六篇，第一篇《天官》、第二篇《地官》、第三篇《春官》、第四篇《夏官》、第五篇《秋官》、第六篇《考工记》。其中，《天官》篇首先总提六官，然后专叙冢宰之统掌与属，大旨在合一篇之精义。此书于本经原文，衡以义理，以昭示作《周礼》者平天下、治国修身之纲要，虽与考据有异，但甚便学人。

今潘相《周礼撮要》见存于《潘相所著书》和《续修四库全书》中。

4.《周礼精华》6卷，(清) 陈龙标撰

陈龙标，侯官（今属福建闽侯）人。此书卷首有嘉庆十一年（1806）自序，次为先儒绪论，又次为引用书目，诠释具体经文时，于每职之下多引历代学人之论说，于《周礼》大义发明甚多。综观此书，乃为制义而作，历代学人研究《周礼》的精华俱集于是。

此书留存至今的清代刻本较多，有嘉庆十六年纬文堂刻本、咸丰十年新镌渔古山房刻本、清光绪十一年成文信刻本、清光绪十六年善成堂刻本等。

5.《周礼政要》2卷，(清) 孙诒让撰

孙诒让（1848—1908），字仲容，号籀庼，浙江瑞安人。孙诒让是清末著名经学家、文字学家，在经学、诸子学、文献学方面均有建树，撰有《周礼正义》、《周礼政要》、《九旗古义述》、《墨子闲诂》、《札迻》、《温州经籍志》等。

此书采取"别立标题"的方式解经，全书自"朝仪"至"收教"，凡40

篇，每篇体例大致相同，即前列经文郑玄《周礼注》之说，后抒己见，多结合西方政体而谈，立意在于建议时政，裨益国治。

此书有《关中丛书》（第一集）本、光绪二十八年瑞安普通学堂刊本、光绪二十九年翰文堂刻本等。

6.《周官讲义》6卷，（清）李步青撰

李步青字吟白，江苏丹徒人。光绪年间副贡生。撰有《左传讲义》等书。

此书采取传注体例，诠释经文略于考证，详于阐发经义，于《周礼》建官之制、命官之义言之甚详，且以《左传》、历代史事佐证其说，发明先世治国之法甚多。

《周官讲义》今存民国三年广陵浦聚成斋刻本等。

第二，"辨疑"类

所谓"辨疑"类《周礼》学文献在诠释《周礼》本经方法上承袭了宋学怀疑的精神，在质疑郑玄《周礼注》、贾公彦《周礼疏》之说的基础上，大胆申驳，提出己见，其论有得亦有失，可谓瑕瑜互见。

1.《周礼问》2卷，（清）毛奇龄撰

此书以设问的方式，自问自答，辨《周礼》出于战国末，非刘歆伪造，凡17目，是非参半。

现今较为常见的版本有《西河合集》本和《四库全书存目丛书》本等。

2.《周官辨非》1卷，（清）万斯大撰

万斯大（1633—1683），字充宗，号跛翁，学者称褐夫先生，鄞县（今属浙江宁波）人。与兄斯选、弟斯同师事黄宗羲，一生不事举业，锐志经学。

万氏治经长于三礼，为学能融会诸家，考证确实。此书以《周礼》所载诸官执掌、法制典章，取校于"五经"、《论语》、《孟子》诸书，多有不合，因就其不合者辨之，得47条。崇尚汉学的乾嘉学者斥此书"惩羹吹齑"，但勇于对经典提出怀疑，是承续宋代《周礼》学的疑经趋向，能体现宋学大胆怀疑的研究特色。

是书今存《昭代丛书》本、《万充宗先生经学五书》本、《四库全书存目丛书》本等。

3.《周礼客难》8卷，（清）龚元玠撰

龚元玠，江西南昌人。乾隆十九年（1754）中进士。著有《十三经客难》等书。

此书所主多与郑玄《周礼注》立异，能发诸儒所鲜言之语，如"《周礼》赋税所出总论"中，龚氏认为《周礼》赋税所出异于后世者有五点：一是养

官；二是优宾；三是救民患；四是养俊选；五是养师儒。其论证颇有根据，可与王充《论衡》中秦以后赋入专重养兵之论相发明。不仅如此，此书在订讹补遗方面也较为突出，诠释经文颇有卓解、创解，对都鄙井牧沟洫制度的论说，就颇能明其证而会其通，较之经生拘囿于一节一句者，颇能发挥经文大旨。《周礼客难》可谓是清代不拘一格的《周礼》学疑辨之作。

是书今存《十三经客难》本、《昭代丛书》本，较为通行的版本有《续修四库全书》本等。

4.《周礼注疏献疑》7卷，(清) 许珩撰

许珩字楚生，江苏仪征人。撰有《周礼经注节抄》等书。

此书卷首有嘉庆十六年江藩《序》，全书7卷：卷一为《序官》，卷二为《天官》、卷三为《地官》、卷四为《春官》、卷五为《夏官》、卷六为《秋官》、卷七为《考工记》。是书有疑者则述所见，无者不录，能博综群籍，精研本经，扫前人聚讼陋习，实为郑玄《周礼注》、贾公彦《周礼疏》之功臣，然亦有疑所不当疑者。

《周礼注疏献疑》有清刻本、抄本传世，如国家图书馆所藏清嘉庆刻本、杭州大学图书馆藏清玉海楼据原刻重抄本等。

5.《周官心解》28卷，(清) 蒋载康撰

蒋载康，浙江诸暨人。乾隆二十四年 (1759) 举人。他从学于庄存与，勤学治经，曾足不出户长达20年。为学尤深《三礼》，著述甚丰，撰有《仪礼新解》、《乡党杂说》等书。

此书卷首有嘉庆十年十月余姚邵瑛《序》、蒋锦川《序》，次列目录、凡例、校阅姓氏、授业门人，卷一至卷五是《天官》，卷六至卷十是《地官》，卷十一至卷十六是《春官》，卷十七至卷二一为《夏官》，卷二二至卷二五是《秋官》，卷二六至卷二八是《考工记》。是书立说不墨守经注，亦不囿于宋元诸儒成说，有前人从无辩驳更移者，能得间斟酌以求其是，有千百年师说相承从无异议者，而独翻成案，以经解经，多所创解。

此书被收入《续修四库全书》中，山东师范大学图书馆亦藏有清嘉庆十一年诸暨蒋氏经篚堂刻本等。

第三，“考据”类

所谓“考据”类周礼文献诠释《周礼》重于训诂文字，考证制度，对郑玄《周礼注》、贾公彦《周礼疏》之误多有辩驳。此类文献如刘青芝《周礼质疑》、惠栋《周礼会最》、惠栋《周礼古义》、王聘珍《周礼学》、胡秉虔《周礼小识》、廖平《周礼考证凡例》、于鬯《读周礼日记》等。

1.《周礼古义》1卷，(清) 惠栋撰

此书解经不全录经文，只录可考证处的经文，或训诂字义，或考证典制，颇为精核，共97条。

此书存于《昭代丛书》(甲集补本) 中，《续修四库全书》亦收录此书。

2.《周礼疑义举要》7卷，(清) 江永撰

此书在融会郑玄《周礼注》的基础上，参以新说，于经义多所阐发，对《考工记》的诠释尤为精核，甚至郑玄《周礼注》不详言和贾公彦《周礼疏》言之疏略处，江永都有详核的考证，其言确凿有征。此书是研究古制度的重要考据之作。

《周礼疑义举要》较为通行的版本有《四库全书》本、《皇清经解》本、《丛书集成初编》本等。

3.《周礼学》2卷，(清) 王聘珍撰

王聘珍字贞吾，号实斋，南城 (今属江西) 人。终生未仕。撰有《周礼学》、《大戴礼记解诂》等。

此书卷一述《周礼》原委，次解《天官》；卷二解《夏官》至《考工记》，对《周礼》的训解参先儒众说，颇多新见，立说谨宗师法，不妄改字，不轻立异，最为笃实。

是书被收入《皇清经解续编》和《续修四库全书》中。

4.《周礼考证凡例》1卷，(清) 廖平撰

廖平学有根基，见识独到，能成一家之言，其撰《周礼考证凡例》主要内容有五点：一是认为《曲礼》之五官、六府、六工，当为《周礼》旧题，宜于经末附《曲礼旧题统属各官》一表，以不没其实。二是认为《周官》官名职事，本有缺佚，宜将先秦以前诸书官名职事，悉为采辑，然后就本经考其异同，如系名异实同，则取以作注；如为本经所无，则当汇补于各卷末。三是认为诸侯官职，与王臣名目职事全同，特品秩有异，因考订王臣后，即由王臣以推诸侯，立大国、次国、小国三职表。四是认为军制将佐，本即公卿，用兵之时，随而命之，非常职，皆为摄官，立摄官一门，使不与正官相淆。五是认为五等封地，专指五长而言，《王制》之地三等则为本封，二者相合，乃为全璧，至所称公侯伯子男，皆为五长，郑玄误以为九命小国说之，国别为五长名号，封禄器物仪节表以明之。这五点与前儒所见不尽相合，但也有特识于其中，不容忽视。

此书现今流传较为通行的版本有《新订六译馆丛书》本等。

5.《读周礼日记》1卷，(清) 于鬯撰

于鬯字醴尊，号香草，松江 (今属上海市) 人。优廪生。撰有《学古堂

日记》、《香草校书》等。

《读周礼日记》是其《学古堂日记》中的一种，全书不及万言，但颇多精义。如《宰夫》"万民之逆"，于氏认为逆为诉之假借字，不必释为迎受。黄寿祺赞赏其说，认为足证郑玄《周礼注》、贾公彦《周礼疏》之误。再如《甸师》"供野果瓜之属"，于氏认为野乃不树而自生者，不必作郊野解释。其说虽未必为确论，但也可备一家之说。其书中也有独标新义，疑所不当疑之处。总而言之，瑕不掩瑜，《读周礼日记》仍不失为考据名作。

此书较为通行的版本有《续修四库全书》本等。

6.《周礼平议》2卷，（清）俞樾撰

俞樾（1821—1907），字荫甫，号曲园，浙江德清人。晚清著名经学家。道光三十年（1850）进士，授翰林院编修，咸丰年间担任河南学政。七年罢职归，一意治经。曾主讲苏州、紫阳、上海求是等书院，后建立杭州诂经精舍，于此教授30余年。其治学以高邮王念孙、王引之父子为宗，精研训诂、文字，而务为广博，旁及百家。著《群经平议》以继《经义述闻》，著《诸子平议》以继《读书杂志》；又著《古书疑义举例》，条理毕贯，视《经传释词》变而愈上，且益恢廓。著述500余卷，统曰《春在堂全书》。

此书共计114条，每条先列经文，次引郑玄《周礼注》、贾公彦《周礼疏》之说，下加按语，大旨以训诂为主，校正误文，发明古义。

此书今存《春在堂全书》本、《皇清经解续编》本等。

第四，"考据义理并重"类

所谓"考据义理并重"类《周礼》学文献，既从文字训诂和名物制度考证方面诠释《周礼》，也从通经致用、议论解经的角度阐发《周礼》之微言大义，考据义理兼而有之。此类《周礼》学文献占据清代"传注之属"《周礼》文献的绝大部分，如姜兆锡《周礼辑义》、官献瑶《石溪读周官》、庄存与《周官记》、惠士奇撰《礼说》、方苞撰《周官集注》、庄有可撰《周官集说》、蒋载康《周官心解》、连斗山《周官精义》、刘沅《周官恒解》、沈豫《周官识小》、曾国藩《读周官录》、孙诒让《周礼正义》等。

1.《礼说》14卷，（清）惠士奇撰

惠士奇（1671－1741），字天牧，一字仲孺，晚号半农，人称红豆先生，元和（今属江苏苏州）人。惠周惕子，惠栋父。官翰林院编修、侍读学士，曾典试湖南，督学广东。惠氏邃于经史，曾参与《钦定春秋传说汇纂》的编写，著《易说》、《礼说》、《春秋说》等。

惠士奇治学方法较宋儒为缜密，但较拘泥。惠士奇认为古圣王经世之道莫切于“礼”，但若要知礼，先要详核的考证名物，而后探求制度，并阐发制度中所蕴涵的精微之义，故说礼当以郑玄《三礼注》为宗。而郑玄《三礼注》历年久远，又辗转流传，往往形声并异，不能以今字推求、理解，所以惠士奇《礼说》对于郑玄《三礼注》中的古音古字皆分别疏通，还援引诸史百家之文证明周代官制，或参考理解郑玄用于比况周代官制的汉代官制，进而推阐圣人制作《周礼》之深义。此书没有逐字逐句地诠释经文，而是标举经文之中有所考证辩驳者为之说，依经文次序加以编排，共计381条。四库馆臣评价此书在清代前期说礼诸家之中，持论最有根底，但其中也有拘泥古义，为之曲说或失之附会，甚至词不达意之处。百瑜一瑕，这些缺点终不能掩盖此书征引博而皆有本原、辩论繁而悉有条理的优点。尤值一提的是，在研究《周礼》依旧重于阐发经义的学术气氛下，惠氏强调以训诂考据等实学作为诠释《周礼》的根基，其诠释《周礼》义理考据兼重，对此后清人的《周礼》研究产生较为深远的影响。

《礼说》较为通行的版本有《四库全书》本等。

2.《周官集注》12卷，(清）方苞撰

方苞（1668—1749)，字凤九，号灵皋，又号望溪，桐城（今属安徽安庆）人。官至内阁学士兼礼部侍郎。撰有《周官析疑》、《周官辨》等书。

此书是清代前期具有集解性质的《周礼》学著作。方苞仿照朱熹注经之例，采众说者不复标目，全引一家之说者著其姓名，显然舛误者皆置而不论，似是而非之说则略加考证。另外，有归并相互官联的职官详言制度者、有见解新颖可成一家之言者也仿照朱熹的做法，以圈外别之。其书网罗众说，博采前贤，训诂简明而持论醇正，颇便初学，是一部诠释《周礼》的谨严之作。

《周官集注》较为通行的版本有《四库全书》本、《方望溪全集》本等。

3.《周礼摘笺》5卷，(清）李调元撰

是书专就异文为释，或参成说，或下己意，或正旧误，足备一通。李调元以简明之笔，释奥赜之文，虽非专门，颇便初学。

此书今存《函海》本，较为常见的版本有《续修四库全书》本等。

4.《周礼补注》6卷，(清）吕飞鹏撰

吕飞鹏字云里，旌德（今属安徽）人。官至教谕。

《周礼补注》依《周礼》六官分卷，凡有所见乃入补注，不备录经文。自贾逵、马融、崔灵恩及经史诸书，多所征引，据古人诂解而为议论，亦有纯出已见者，意在补郑玄《周礼注》之未备，申明古义。

此书今存清道光二十九年旌德吕氏立诚轩刊本，今藏国家图书馆，较为常见的版本有《聚学轩丛书》本等。

5.《周官恒解》6卷，(清) 刘沅撰

刘沅 (1767—1855)，字止堂，号青阳子，四川双流人。乾隆五十七年 (1792) 举人，道光六年 (1826) 选授湖北天厅县知县，改国子监典薄，寻乞假归，隐居教授。其博览群书，过目不忘，人咸服其博洽。撰有《周易恒解》、《周官恒解》、《礼记恒解》、《四书恒解》、《古本大学质言》等书。

因《周官义疏》广大精微，卷帙浩繁，初学者骤难研读之故，刘沅稍通其义，间与门人商榷，随笔记之。书中对后人指责《周礼》者亦详加订正。是书卷首有道光十九年《自序》及《凡例》。

《周官恒解》收入《槐轩全书》和《续修四库全书》中，成都市图书馆藏有此书清光绪三十一年乐善堂刊本、四川省图书馆藏有此书民国二十年西光鲜氏成都刻本等。

6.《读周官录》1卷，(清) 曾国藩撰

曾国藩 (1811—1872)，字涤生，号伯函，湖南湘乡人。道光年间进士，历任礼部侍郎、兵部侍郎、两江总督等职，撰有《曾文正公全集》。

《读周官录》共有60余条，对《周礼》经文的解释颇为注意训诂，并引先儒之说，后下已意，均有证据。尤值一提的是，此书诠释内容包含六官，间引清制以参证，颇有郑玄《周礼注》引汉制相况之义，目的在于简明易懂，资讲时政。清代说《周礼》者甚多，然以清制况比者尚少，此书值得研究。

此书收入《曾文正公文集》之中。

7.《周礼正义》86卷，(清) 孙诒让撰

孙诒让集30年之功撰著《周礼正义》。全书共计230万字，大体以《尔雅》、《说文》正训诂，以《仪礼》、《礼记》、《大戴礼记》证制度，博采由汉迄清诸家《周礼》学著作，参互证绎，采用“以经决注、以注决疏”① 的方法，“以发郑《注》之渊奥，裨贾《疏》之遗缺”②。其书荟萃了孙氏平生对经学的深刻领会，对文字的精确训释，对名物制度的详尽考证，学术成就远超唐宋旧疏，自问世以来一直被学者所推重。在清代众多极具价值的经学新疏中，此书被公认为是做的最好的一部。孙诒让所撰《周礼正义》特点有四：第一，以太宰八法为纲领，提挈全书，诠释众职，对纷繁隐互的官联悉为钩

---

① 王文锦、陈玉霞:《周礼正义前言》，载《周礼正义》卷首，中华书局，1987年，第2页。

② 钱基博:《经学通志·三礼志第五》，载《近百年湖南学风》。

考，从而昭示了三百职官的内在关系。第二，博集历代学者的《周礼》学说，特别重视吸收清人的研究成果，于诸家之精言胜义，几乎甄录无遗，从而对《周礼》所载重要的名物制度，基本上都进行了总结。其“总结不是纯驳杂陈，而是审慎的选择；不是呆板的资料汇集，而是重要的资料结合着精确的断制”①。第三，持论宏通，并无门户之见，一些众说纷纭乃至千古聚讼的礼制问题，在是书中大多获得较为圆满的解决。如：“郊社禘祫，则郑是而王非；庙制昏期，则王长而郑短。若斯之伦，未容偏主。今并究极群经，求厥至当，无所党伐，以示折衷。”② 第四，讲求通经致用，寓“由古义古制以通政教之闳意眇恉”③，进而解救时弊的思想于经文的诠释之中。孙氏认为“今泰西之强国，其为治，非尝稽核于周公、成王之典法也，而其所为政教者，务博议而广学，以息通道路，严追胥，化土物卝之属，咸与此经冥符而遥契。盖政教修明，则以致富强，若操左契，固寰宇之通理，放之四海而皆准者，此又古政教必可行于今者之明效大验也。……私念今之大患，在于政教未修……夫舍政教而议富强，是犹泛绝潢断港而蕲至于海也。然则处今日而论治，宜莫若求其道于此经”④。孙氏还忧心“海疆多故，世变日亟”之时局，反对学者研治《周礼》“徒奉周经汉注为考证之渊椒”⑤，其著《周礼正义》的目的在于“用示櫫楬，俾知为治之迹”⑥。

《周礼正义》的通行本有《四部备要》本、《万有文库》本、《国学基本丛书》本、《续修四库全书》本、1987年中华书局出版的王文锦、陈玉霞点校本等。

8.《周礼古注集疏》残卷，（清）刘师培撰

刘师培精通经学、小学，擅长骈文，其生平著述结集为《刘申叔先生遗书》。此书以杜子春、郑众、郑兴、贾逵、马融说为主，旁采《左传》、《国语》、《大戴礼记》、《周书》等书，以证古谊，又参考孙诒让《周礼正义》，故于两汉古文师说，辨迹溯源，咸有证据，堪称杰作。是书原本40卷，今残存13卷：卷七至卷一三、卷一五至卷二〇。

《周礼古注集疏》残卷收入《刘申叔先生遗书》中。

---

① 王文锦、陈玉霞：《周礼正义前言》，载《周礼正义》卷首，第3页。

② 孙诒让：《周礼正义·略例十二凡》，第3页。

③ 孙诒让：《周礼正义·序》，第5页。

④ 孙诒让：《周礼正义·序》，第4～5页。

⑤ 孙诒让：《周礼正义·序》，第5页。

⑥ 孙诒让：《周礼正义·序》，第5页。

三、分篇之属

“分篇之属”是指对《周礼》中一官或一职展开传说的《周礼》学文献。《汉书·艺文志》载：“六国之君，魏文侯最为好古，孝文时得其乐人窦公，献其书，乃《周官·大宗伯》之《大司乐》章也。”据此可知，早在西汉就已经出现“分篇之属”《周礼》学文献了。汉唐时期，“分篇之属”《周礼》学文献尚少，宋代以后逐渐增多，尤以对《考工记》的注解论说为最多，如林希逸《鬳斋考工记解》、郭正域《批点考工记》、徐光启《考工记解》、程明哲《考工记纂注》、方苞《考工记析疑》、程瑶田《考工创物小记》、丁晏《考工记评注》、庄有可《考工记集说》、吕调阳《考工记考》等。此外，“分篇之属”《周礼》学文献还涉及对天官、地官、冬官等官僚体系的研究或对医官、司徒、职方氏等职官的考释，如：吴肃公撰《天官考异》、唐詠裳撰《周礼地官冬官征》、辛绍业撰《冬官旁求》、顾成章撰《周礼医官详说》、吕调阳撰《周官司徒类考》、易祓撰《周官总义职方氏注》。

由于《考工记》是我国最早有关工艺制作的专著，所以历代诠释《考工记》的《周礼》学文献是研究我国古代科技史非常宝贵的资料，其他针对某官某职的单篇《周礼》学文献也有助于我们加深对某一职官或其所属领域的研究。如易祓所撰《周官总义职方氏注》，就有助于我们深入了解我国先秦时期的地理山川，风土人情。甚至可通过《周礼·职方氏》同《尚书·禹贡》、《吕氏春秋·有始览》、《尔雅·释地》所载九州的异同判断《周礼》的成书时代，如钱玄在《三礼通论》中就综合比较几书所载地理情况，进而提出《周礼》成书于战国时代的观点。以下择其要者对“分篇之属”《周礼》文献加以介绍：

1.《鬳斋考工记解》2卷，（宋）林希逸撰

林希逸字肃翁，福建福清人。端平二年（1235）中进士，曾任司农少卿、中书舍人。

汉唐之际单独诠释《考工记》的文献并不多见，据清代朱彝尊《经义考》著录，仅两种。而宋代针对《考工记》的单篇研究文献骤增，如陈祥道《考工解》、林亦之《考工记解》、王炎《考工记解》、叶皆《考工记辨疑》、赵溥《兰江考工记解》等，这些文献大多亡佚，唯林希逸《鬳斋考工记解》流传至今。[①] 林氏《考

① 今存宋代研究《考工记》的单篇文献还有郑宗颜的《考工记解》两卷，其书本已佚亡，后来清人辑自《永乐大典》，由于其说诠解《考工记》多依《字说》为据，而王安石《周官新义》没有诠释《考工记》，故清人将郑宗颜之书附于《周官新义》后，今存《四库全书》中。

工记解》受宋代疑经惑传学术风气的影响，对有些经文的诠释与郑玄《周礼注》之说相左，但也有不少承袭郑玄《周礼注》之说。是书诠解文字古奥、不易明白的《考工记》，使之能够明白浅易，颇便初学。而且还摘录《三礼图》中与《考工记》相关的图，附入书中，很方便学人了解诸工之事。

《鬳斋考工记解》较为通行的版本有《通志堂经解》本、《四库全书》本等。

2.《周礼五官考》1卷，(明) 陈仁锡等撰

陈仁锡字明卿，长洲（今江苏苏州）人。天启二年（1622）中进士第三，官至南京国子监祭酒。著有《系辞十篇书》等。

此书收录贾公彦《序周礼兴废》、陈仁锡《序周礼兴废》、徐常吉《古周礼缺冬官辨》和郭正域《叙考工记》四篇文章，大旨主《周礼》是未完之书，认为俞庭椿等人割裂五官以补《冬官》，实不可取。

此书今存《学海类编》本、《丛书集成初编》本等。

3.《考工记述注》2卷，(明) 林兆珂撰

明代论解《考工记》之作颇多，但大多因袭林希逸《鬳斋考工记解》之旧，而林兆珂此书是其中较为优秀者。因《考工记》文句古奥，林氏乃取汉唐注疏参订训诂，以疏通大意，还于文旁加圈点，缀以评语，标出章法、句法、字法之例，以便童蒙诵习。此书于名物制度，无所发明，末附《考工记图》1卷，亦林希逸旧本，无所增损。

此书今存明万历年间刻本，藏于上海图书馆、天津图书馆、南开大学图书馆、南京大学图书馆、福建省图书馆、湖南省图书馆。较为通行的版本有《四库全书存目丛书》本等。

4.《考工创物小记》8卷，(清) 程瑶田撰

此书共六十三篇，详于考证名物制度及命名精义，以证《考工记》收入《周礼》断非周末以后事。

此书流传至今，收入《通艺录》、《安徽丛书》、《皇清经解》中。

5.《冬官旁求》2卷，(清) 辛绍业撰

辛绍业字馥千，一字敬堂，万载（今属江西宜春）人。嘉庆元年（1796）进士，官国子助教。其人博研群书，深得翁方纲赏识，居京师14年，卒于南学署。撰有《易图存是》等书。

《冬官旁求》2卷，卷首有《自序》，旨在驳斥俞庭椿《冬官》存于其余五官之说，于经传诸书中引“司空”之职，以求《冬官》。此书博考诸书所征引，用心甚苦，备列冬官各职，似较俞庭椿等补亡《冬官》之作优胜。

此书被收入《敬堂遗书》、《豫章丛书》、《丛书集成初编》中。

6.《考工记考辨》8卷，(清) 王宗涑撰

王宗涑，嘉定（今属上海）人。此书体例先列经文，次列注疏，江永、戴震、程瑶田、阮元等大家对经文有考辨者，皆引之，阐发已见则“考”在前，“辨”在后。是书精义皆见于“考”，“辨”则驳旧有诸说，或详参前辈之言而发己见。孙诒让《周礼正义》对此书征引颇多，可见其不俗的学术价值。

王宗涑《考工记考辨》一书今存清抄本仓史居撰著第十种（孙诒让朱校），藏于浙江大学图书馆。较为常见的版本有《续修四库全书》本、《皇清经解续编》本等。

7.《考工记释车》1卷，(清) 张象津撰

张象津字汉度，别号雪岚，新城（今属山东）人。乾隆四十五年（1780）举人，官济宁州学正。著有《白云山房集》等。

张象津认为，周制车名虽繁，但大抵不越大车（驾牛者为大车，即平地任载之车）、小车（驾马者为小车，即兵车、乘车、田车等）二者。他以此为据，注释《考工记》中的车制，撰成此书。又因车制的威仪等级小车较大车更为详备，故只论解小车，大车则附见于后。全书博采注疏，条分缕析，正文顶格书之，有注有疏，则依次另行低格，序列于后。书中于车制长短尺寸，讲解非常详尽，且言之有理。

此书今存清道光十六年张绳武等拜经堂刊《白云山房集》本等。

四、专著之属

专著之属是指针对《周礼》中某一问题进行专门论述的《周礼》学文献。此类文献汉代已经出现，如临硕曾撰《七难》、《十论》排弃《周礼》，郑玄也针锋相对，撰《答临硕周礼难》，驳斥其对《周礼》的怀疑之论。汉唐时期的专题类《周礼》学文献主要是责难《周礼》或驳斥质疑之作，宋代以后，此类文献的内容逐渐丰富，或详考制度，或研究序官，或专论《周礼》故书今书问题，研究可谓专精。流传至今的专题类《周礼》学文献多为清人的著作，而此前的历代撰著大多已经佚亡，仅汉代郑玄所撰《答临硕周礼难》有清人辑本行世。

专题类《周礼》学文献精于制度考证及专题论说，是研究《周礼》中诸制度的重要资料，也是研究《周礼》学中专题史的常用资料。如就《周礼》中的田制与官制问题、《周礼》真伪问题，宋代学者欧阳修曾提出有官多田少、俸禄不给的矛盾，从而质疑《周礼》本经；清代学者沈彤则撰《周官禄

田考》，综合考察《周礼》中的田制、官制，认为《周礼》中的田禄与官爵之数未尝抵牾，驳斥欧阳修之见，维护《周礼》周公致太平之书的尊严。

依据此类文献的内容的差异，我们将其分为三类：一是“驳斥异端”类《周礼》文献；二是“详考制度”类《周礼》文献；三是“研究故书今书”类《周礼》文献。以下就分类予以介绍：

第一，“驳斥异端”类

“驳斥异端”类《周礼》学文献是指驳斥异端之说的《周礼》学文献。如郑玄《答临硕周礼难》、干宝《答周官驳难》。

《答临硕周礼难》1卷，(汉) 郑玄撰

郑玄尊崇《周礼》为周公致太平之书，而临硕质疑《周礼》，并作《七难》、《十论》以排弃之，郑玄针对临硕之说撰《答临硕周礼难》，驳斥临硕怀疑之论，维护《周礼》周公圣典的神圣性。此书久已佚亡，清人据《礼记·王制》、《诗经·大雅》、《诗经·鲁颂》等书注疏所引进行辑佚。

今此书有四部辑本传世，分别是：孔广林所辑《答周礼难》，收入《通德遗书所见录》中；袁钧辑《答临硕难礼》，收入《郑氏佚书》中；黄奭辑《答临孝存周礼难》，收入《汉学堂丛书·高密遗书》中；王仁俊辑《答临硕周礼难》，收入《玉函山房辑佚书续编》中。

第二，“详考制度”类

“详考制度”类《周礼》学文献详于考证《周礼》所载制度，此类《周礼》学文献占据专题类《周礼》文献的绝大部分。如任启运撰《田赋考》、任大椿《田赋考》、程瑶田《九谷考》、沈彤《周官禄田考》、王鸣盛《周礼军赋说》、胡匡衷《周礼畿内授田考实》、钱坫《车制考》、张象津《考工释车》、郑珍《轮舆私笺》等。

1.《沟洫疆理小记》1卷，(清) 程瑶田撰

程瑶田与戴震、金榜俱从学于江永，长于涵泳经文，得其真解，义理、训诂、制度、名物、声律象数之学，无所不备。

《沟洫疆理小记》共21篇，包括《遂人匠人沟洫同异考》、《井田沟洫名义记》、《遂人匠人沟洫形体记》、《沟洫纵横无奇数说》等，不仅驳斥宋人陈及之、郑樵、黄度、王与之等人关于沟洫疆理制度的谬说，还能依据经文加以推阐，发明郑玄《周礼注》之是，其治学既不苟同，也不苟异，态度严谨。另外，此书阐发《周礼》中沟洫制度还蕴涵着经世致用之思，沟洫实隆古之时言水利之祖，《周礼》中遂人、匠人之职事多涉及沟洫制度，程氏综贯古今诸书解说，求合经旨，特别是有关兴修水利的“稻人”，其疏解尤为详明。此

书之说孙诒让《周礼正义》多有采择，不仅是颇有价值的经学专著，也是农学家尤应关注的著作。

《沟洫疆理小记》较为通行的版本有《通艺录》本、《皇清经解》本、《安徽丛书》本等。

2.《周官禄田考》3卷，（清）沈彤撰

沈彤（1688—1752）字冠云，号果堂，江苏吴江人。清代著名考据学家和方志学家。撰有《周官禄田考》、《仪礼小疏》、《春秋左传小疏》、《尚书小疏》、《保甲》、《吴江县志》、《果堂集》等。

宋代学者欧阳修在《问进士策三首》中的第一首对《周礼》提出大胆质疑，认为《周礼》所载的制度有官多田少、俸禄不给的矛盾。摄于欧阳修之威名，后人多沿袭其说，即便有所怀疑，也大多不敢擅自发表自己的观点。而沈彤精通礼制，在详细研究周制的基础上，撰写《周官禄田考》驳斥欧阳修谬说。沈氏认为："官之命者必有禄，禄必称其爵而量给予公田，是《周官》法制之大端。其等与数之相当，在当时固彰彰可考也。自司禄籍亡，先后郑注《内史》专取诸《王制》，而本经之禄秩以晦。迨欧阳氏发官多田寡、禄将不给之疑，后之传会者且踵为诬谤，即信《周官》者亦未得二者之等数，而此制几无从复显。……夫自宋以来之稽官，有未及乡、遂属吏者，今乃并郊野之吏而补之。其稽田有不去山林、川泽、城郭等三之一者，今更通不易、一易、再变易上中下之率。而二夫当一夫，则官益多，而田益寡，宜禄之不给尤甚也。然以县都已下数等之田，食公、卿、大夫、士数等之爵，非独相当，且供他法用而有余，是田禄与官爵之数在本经曷尝抵牾，乃晦蚀且二千年而莫之开阐，何也？凡定公田之数以井数，定禄之数以其等，定爵之数以序官，而定爵之等以命数，定禄之等以爵等，亦以命数云。"《周官禄田考》中的计算十分精密，分为《官爵数》、《公田数》、《禄田数》三篇，每篇以逐条问答的方式进行考释。"凡田、爵禄之数不见于经者，或求诸注。不见于注者，则据经起例，推阐旁通，补经所无，乃适如经之所有。"① 此书是一代考据学名著，"其说精密淹通，于郑贾注疏以后，可云特出"②。然而，《周官禄田考》也有不足之处，《四库全书总目·周官禄田考》提要中就提到几例与经文相抵牾或不遵郑玄《周礼注》导致的错误。如："谓子男之国不得有中士。考《孟子》称小国地方五十里，有中士，倍下士之文，赵岐《注》曰：子男

① 永瑢等：《四库全书总目》卷一九《周官禄田考》提要。

② 永瑢等：《四库全书总目》卷一九《周官禄田考》提要。

为小国。《王制》曰：王者之制禄爵，公、侯、伯、子、男凡五等，诸侯之上大夫卿、下大夫、上士、中士、下士凡五等。孔颖达《疏》谓：诸侯统公、侯、伯、子、男，则子男有中士矣。《王制》又曰：其有中士、下士，数各居其上之三分。郑《注》谓：上、中、下士二十七人，各三分之。《周礼·太宰》贾《疏》释此文，谓：朝聘之位，次国之上士当大国之中士，中士当下士，下士当其空。小国之上士当次国之中士，中士当下士，下士当其空，故云各居其上之三分，若子、男无中士，则小国之士不敷三分之数，与经文戾矣。"

此书较为通行的版本有《果堂全集》本、《四库全书》本、《皇清经解》本等。

3.《周礼军赋说》4卷，（清）王鸣盛撰

《周礼军赋说》卷一包括《总论周礼军赋》、《王畿军制》、《六乡》等；卷二包括《论沟洫之制》、《论井田之制》、《论三等授田》等；卷三包括《制军》、《车之卒伍》、《起徒役》等；卷四包括《邦国乡遂之军》、《鲁制》、《齐制》等。其书对《周礼》中的军赋之制进行详细的考证，驳斥羡卒尽发诸说均有道理，吴廷燮曾评价"考周制军赋者，自莫能外是书"①。其书广征博引，搜采丰富，断制多合经义，是清代《周礼》学文献中优秀的考据之作，研究《周礼》者所宜注重的清学系《周礼》文献之一。

《周礼军赋说》较为通行的版本有《皇清经解》本、《续修四库全书》本等。

4.《车制考》1卷，（清）钱坫撰

钱坫字献之，嘉定（今属上海市）人。乾隆三十九年（1774）副榜，官陕西乾州通判。其精于小学，撰有《诗音表》等书。

《车制考》分六篇，分别是轮、盖、舆、辀、马、器，解释轮、盖等名义，引证群经、诸子、史书，参互贯通，使古之车制一目了然，甚有裨益于经学。

此书被收入《钱氏四种》、《皇清经解续编》、《木犀轩丛书》中，也有清代刻本流传，如辽宁省大连市图书馆所藏清乾隆四十二年篆秋草堂刻本等。

5.《田赋考辨》1卷，（清）李堪撰

因田赋乃三代大法，古经无正文，不可无考，且后世又多诟《周礼》误言田赋，故李堪撰《田赋考辨》，举其谬而伪者八事，据经文一一辨证，分析

① 中国科学院图书馆整理：《续修四库全书总目提要·经部》上册《周礼军赋说》提要，第471页。

甚详。

此书今存《颜李丛书》本等。

6.《轮舆私笺》2卷、《图》1卷，（清）郑珍撰

郑珍（1806—1864），字子尹，别号五尺道人、且同亭长、巢经巢主、子午山孩、小礼堂主人等，晚号柴翁，贵州遵义人。道光十七年（1837）举人，补荔波县训导。后弃官主讲湘川、启秀书院。其治学深研汉学，而不背宋学，精通《三礼》，黔中朴学，自珍扩大风气。著有《仪礼私笺》、《说文逸字》、《巢经巢经说》及《巢经巢诗集》等著作。

《轮舆私笺》以郑玄《周礼注》为主，往复寻绎，以推其义，郑义即获，然后平列戴震、程瑶田、阮元诸说，以证其失，后附图，发明甚多。

此书今存清同治七年莫氏金陵刻本，今藏于上海图书馆、四川省图书馆。较为通行的版本有《续修四库全书》本、《皇清经解续编》本等。

7.《周礼古学考》11卷，（清）李滋然撰

李滋然字命三，长寿（今属重庆）人。清光绪八年（1882）举人。

《周礼古学考》分田赋考、封建考、赋税考、征役考、出军考、礼制考、职官考、五官官爵数考、周礼职官同于今学考九类，区分《周礼》今学、古学，以今学为原文，古学为刘氏窜改。所谓今学者，就末卷“周礼职官同于今学考”核之，大都以见诸经及《孟子》、《国语》群书者为真，不见者为窜改，有武断之嫌，但仍不失为一部颇具特色的《周礼》学专著。

《周礼古学考》一书今存清宣统元年北京铅字排印本，藏于四川省图书馆。

8.《周礼序官考》1卷，（清）陈大庚撰

陈大庚，江苏常熟人。《周礼序官考》专论“序官”，为之分别条理，钩稽综贯，于成周一代官职人数，若网在纲，甚便初学。

此书今存清嘉庆十四年刻借月山房汇抄本，藏于上海辞书出版社图书馆。较为通行的版本有《续修四库全书》本。

9.《周礼车服志》1卷，（清）陈宗起撰

陈宗起字敬庭，号叔度，江苏丹徒人。道光五年（1825）拔贡生，精于礼学，于天文、历算、勾股等学亦精研有见。著有《经说》等书。

《周礼车服志》大致以《考工记》为主，宗郑玄《周礼注》，旁征诸经以证其义，下逮《史记》、《汉书》以证其制，考证详明。

此书今存道光年间刻本，藏于北京师范大学图书馆，还有《养志居仅存稿》本。

10.《西汉周官师说考》2卷，刘师培撰

此书以《汉书·王莽传》为主，疏证《周官》，甄录贾逵、马融诸说，兼采《春秋》等书，以证周制，于《周官》古义，多所发明。

此书今存《刘申叔先生遗书》本。

第三，"研究故书今书"类

自古以来，学者就对汉代《周礼》本经的两种版本——"故书"与"今书"问题进行研究，清代以前的此类研究多散见于"传说之属"《周礼》文献的训诂、疏解中，自清代始，研究此问题的专门著作出现了，如徐养原《周官故书考》、程际盛《周礼故书考》、宋世荦《周礼故书疏证》。"研究故书今书"类《周礼》文献是指专门探讨《周礼》故书、今书的异文关系，故书、今书取字优劣，郑玄校勘《周礼》本经从故书、今书之是非等问题的专题类《周礼》学文献。

1.《周官故书考》4卷，(清) 徐养原撰

徐养原字新田，号饴庵，浙江德清人。嘉庆年间副贡。通六艺、古音、历算、舆地、姓氏之学。撰有《仪礼今古文异同疏证》、《说文声类》等。

同《仪礼》有今文经、古文经二家之学不同，《周礼》只有古文经学，但有故书和今书的分别。有关故书和今书的问题历来众说纷纭，清人考证尤勤，程际盛曾撰《周礼故书考》，颇有价值；孙诒让撰《周礼正义》引用较多，而徐养原《周官故书考》较程氏之书，发明更多。徐氏认为故书、今书犹言旧本、今本，而西汉秘府所藏河间献王奏献之本为祖本，可能是古文书写，同孔壁所出古文诸经一样，此祖本不是东汉郑兴、郑众所能见到的。所谓故书有杜子春和二郑所依据的本子，也有郑玄所依据的本子，但这些故书的本子皆不是秘府所藏的祖本，不过比今书之本早一些罢了。所谓今书是郑玄所能见到同时代的《周礼》传本，如贾逵、马融二家也有今书别本。因此，故书、今书都无法确定为何家之书。徐氏以旧本、今本比况故书、今书，足证贾公彦《周礼注疏·天官·大宰》中有关故书、今书见解的失误。书中引用惠士奇、段玉裁、王引之诸说论郑玄校勘《周礼》从今书之例的得失，于郑玄《周礼注》所引故书，研求意义，力为辨别发明，可谓颇有所见。

《周官故书考》较为通行的版本有《皇清经解续编》本、《湖州丛书》本。

2.《周礼故书考》1卷，(清) 程际盛撰

程际盛 (1739—1796)，字焕若，号东治，江苏苏州人。乾隆四十五年 (1780) 恩科进士，历任内阁侍读、湖广道御史等职，撰有《说文古语考》、《仪礼古文今文考》、《三礼郑注考》等书。

《周礼故书考》卷首有乾隆五十六年武亿《序》和程氏《自序》，全书共计400余条，书中遍考六官所引“故书曰”及“读如”、“读为”之例，发明较多，不可轻忽。

此书被收入《积学斋丛书》、《稻香楼杂著》中。

五、文字音义之属

“文字音义之属”是指对《周礼》经文中的文字进行注音、释义、校勘和句读的《周礼》学文献。汉代多采用直音方法为《周礼》注音，如：郑玄撰《周礼音》。魏晋南北朝时期声韵学成就突出，反切注音法推广流行，以音义方式诠解《周礼》的文献随之兴起。如：王肃撰《周礼音》、聂熊撰《聂氏周礼音》、宋氏撰《周官音义》、沈重撰《周礼音》、刘芳撰《周礼音》。唐代陆德明撰《经典释文》，既以反切注音，又广集汉魏六朝的《周礼》注解对《周礼》经注加以训释、校勘。汉唐时期“文字音义之属”《周礼》学文献，除《经典释文》中有关《周礼》者，其余均已佚亡，今所存若干种乃是清人辑佚之作。清代文字音韵之学臻于鼎盛，学者一方面考订《周礼》字句，以正其讹脱，如茆泮林《周礼注疏校刊记校字补》、丁晏《周礼异字释》、臧庸撰《周礼郑注校字》；一方面校正《周礼》读音，对其经注加以考辨，如段玉裁《周礼汉读考》、杨国桢《周礼音训》、陈宗起《考工记异读训正》、辛绍业《周礼释文答问》。

此类文献不仅是研究郑玄《周礼注》中训诂术语的绝佳参考文献，也是研究我国古代音韵发展史不可或缺的资料之一。以下择其要者略加介绍：

1.《周礼音》1卷，（晋）李轨撰

李轨字弘范，江夏（今属湖北）人。官东晋祠部郎中，都亭侯等职。撰有《易音》等。

《周礼音》既为郑玄《周礼注》注音，也为杜子春、郑兴和郑众的《周礼》注解注音，其书多存古音，如帝曰俞，俞音由，而《诗经·生民》中揄、与、蹂、叟、浮为同一韵，因此“俞音由”是为古音。其书也用反切法注音，如趋，仓苟反，疑读趋，为趣马之趣。但李轨所处的东晋，由沈约所倡导的音韵之学还未兴起，故其书所存的音韵颇耐人玩索，马国翰则认为其书所存之音多与当时盛行的音不同，当是学有师承，马氏之说较有道理。其书不仅是研究魏晋南北朝时期《周礼》音义之学的重要文献，也是研究上古音韵向中古音韵转化的珍贵资料。

李轨《周礼音》原书久佚，马国翰辑有《周礼李氏音》，收入《玉函山房辑佚书》“经编周官礼类”中。马氏辑本有脱漏者，胡玉缙曾一一指出，并加以增补，存于《续修四库全书总目提要》中，可作为马氏辑本的补充。

2.《周礼音》2卷，（南朝）刘昌宗撰

刘昌宗，事迹不详，颜之推《颜氏家训》中提及此人，估计是南朝齐梁间的儒者。此书原本虽佚，但散布于《经典释文》、《集韵》等书中的佚文多达500余条，前儒礼音之存者，莫过于此，是研究魏晋之际《周礼》音义之学的重要参考文献。不仅如此，颜之推曾曰：“李登《声类》以系音羿，刘昌宗《周礼音》读乘若承，此例甚广，必须考校。”陆德明亦云：“《周官》‘巾车为緫’，戚衮云：检《字林》、《苍》、《雅》及《说文》，皆无此字，众家亦不见有音者，惟昌宗音废。以形声会意求之，实所未了，当是废而不用乎？非其音也。”可见，刘昌宗《周礼音》中还保留很多不同别家的音韵，是研究魏晋时期音韵之学的重要文献。

清人马国翰辑佚《周礼刘氏音》，收入《玉函山房辑佚书》“经编周官礼类”中。马氏辑本有讹脱之处，黄寿祺据其本加以纠正增补，见于《续修四库全书总目提要》中，可资借鉴。

3.《周礼汉读考》6卷，（清）段玉裁撰

段玉裁本贾昌朝《群经音辨》二例而加以变通，在该书《自序》中阐发《周礼》汉读三例，认为：“郑君注《周礼》，多采杜、卫、贾、马、二郑之说，犹有差错，同事相违，则就其原文字之声类，考训诂。盖训诂必就其原文，而后不以字妨经；必就其字之声类，而后不以经妨字也。汉人作注，于字发疑正读，其例有三：一曰‘读如读若’，二曰‘读为读曰’，三曰‘当为’。‘读如读若’者，疑其音也。……‘读为读曰’者，易其字也。……言‘当为’者，斥其误。三者分而汉注可读，而经可读。三者皆以音为用，六书之形声假借转注，于是焉在！”其说至为精考，阮元赞叹曰：“此言出，学者凡读汉儒经子汉书之注，如梦中得觉，如醉得醒。”① 本此三例，是书摘经文及注为纲，为之疏通证明，还对字之正借，声之分合，剖析甚细，“治《周礼》者未能或之先也”②。然也有学者如翁方纲、黄以周指出三例中时有抵牾处。瑕不掩瑜，《周礼汉读考》仍不失为从文字音义方面考校《周礼》的一代名作，影响较大。

---

① 阮元：《周礼汉读考序》，载段玉裁：《周礼汉读考》卷首。

② 中国科学院图书馆整理：《续修四库全书总目提要·经部》上册《周礼汉读考》提要，第476页。

此书较为通行的版本有《经韵楼丛书》本、《皇清经解》本、《续修四库全书》本。

六、图之属

图之属或采用图作的方式阐发《周礼》制度之意，或依据《周礼》所载名物绘制的礼图著作。《七录》所载“《周官郊祀图》二卷”是最早见于记载的“图之属”《周礼》学文献。汉唐时期，“图之属”《周礼》学文献较少，宋代以来，“图之属”《周礼》学文献日益增多，如王洙《周礼礼器图》、龚原《周礼图》、项安世《周礼丘乘图说》、戴震撰《考工记图》、阮元撰《车制图考》、江永撰《考工记图》、吴之英撰《周礼三政三图》、郑知同撰《轮舆图》等。此类《周礼》学文献可以直观说明问题，方便学人掌握《周礼》中的制度。

流传至今的“图之属”《周礼》学文献很多是清代的作品，以下择其优者略作介绍：

1.《读礼疑图》6卷，（明）季本撰

是书辩论《周礼》赋役诸法，从何休、临孝存之说，以为《周礼》系战国策士所述。前3卷以其疑《周礼》者为图辨之，后3卷依据《孟子》为断，因及后代徭役军屯之法，论其得失，大旨主于轻徭薄赋，其意甚善，然古今时势各殊，制度有异，不可以后世情形推论前代。

此书今存明嘉靖间刻本，较为通行的版本有《四库全书存目丛书》本。

2.《考工记车制图解》2卷，（清）阮元撰

阮元（1764—1849），字伯元，号芸台，又号雷塘庵主，江苏仪征人。乾隆五十四年（1789）进士，授编修，历官浙江、江西、河南巡抚，湖广、两广、云贵总督，至体仁阁大学士。历官所至，以倡学术、兴学教士为己任。其人提倡朴学，长于考据，撰有《经籍籑诂》、《揅经室集》等书，校刻《十三经注疏》、《清经解》等。

阮元认为一器而工聚者，车制为多，而郑玄注解《考工记》较为疏略，唐以后的学者专守传注，罕贯经文，元以后学者虽对《考工记》多所阐发，但有关车制的研究仍不深入，因此阮氏撰《考工记车制图解》2卷。其书第一卷包括轮解、舆解、轮图、舆图；第二卷包括辀解、革解、金解、推求车度次第解及辀图。其书能指出郑玄《周礼注》之误，又吸收钱坫《车制解》之见，故于车制发明新义极多，是清代研究《周礼》中车制的集大成之作，也是读懂诸经注疏中车制的重要参考文献。

此书较为通行的版本有《皇清经解》本、《揅经室集》本。

3.《考工记图》2卷，(清) 戴震撰

《考工记》文字奇古奥美，但艰深晦涩，难于理解。而“旧礼图……诸家之学，失传已久。聂崇义《三礼图》，于《考工记》诸器物，尤疏舛”，鉴于此，戴震撰著《考工记图》2卷“翼赞郑学，补其未逮。图传某工之下，俾学士显白观之”①。是书上卷诠解总叙、轮人、舆人等官，下卷诠解玉人、磬氏、矢人等官，除函人等少数职官外，每官皆有图，共有图59幅，每图都有戴氏自撰的释说之文为图说，后又删取郑众、郑玄、贾公彦注、疏，间附以已说，作为补注。由于“戴君深明古人小学，故其考证制度字义，为汉以降儒者不能及。以是求之圣人遗经，发明独多”②。其撰《考工记图》考释详密，研究精深，为历代研治《考工记》的杰作，具有不容忽视的学术价值。

此书较为通行的版本有《微波榭丛书》本、《皇清经解》本、《安徽丛书》本、《续修四库全书》本。

4.《周政三图》3卷，(清) 吴之英撰

吴之英（1857－1918），字伯朅，号蒙阳渔者，四川名山人。早年受业于成都尊经书院，精于《三礼》之学。历任资州艺风书院、简州通材书院讲席，成都尊经书院都讲、锦江书院襄校及四川国学学院院正。曾任《蜀学报》主笔，宣传维新变法。是四川近代著名的经学家、书法家。

此书是吴氏研究周代礼制之专著。成书约在清光绪三十二年（1906）前后。自叙云：“封建、井田、学校以为古之要政”，“据周官小戴礼记成周政三图”：卷一为封建图，即九州、九服、公图、侯图、伯图、子图、男图七图；卷二为井田七图，王畿图、井邑甸县郡等六图、比闾族党州乡六图、邻里赞鄙县遂六图、五沟五涂图、遂井沟成洫同浍川九图；卷三学校图，即王国学、侯国学图。每图之后有至为详尽的考释训故。通过这些图，对周代的以周天子为核心的家法等级分封制度及制禄制爵彼此关系诸问题，能有一个较为直观的了解，以有助于对先秦文献中关于古代礼制的理解。此书对研究古代礼制是有价值的参考资料。此书以《三礼》为根据，虽然间有附会，却能自成一家之言，治礼治史者必有取焉。

是书附在《仪礼奭固》后，刊入《寿栎庐丛书》，又有吴之英手稿本，藏于四川省图书馆。

① 中国科学院图书馆整理：《续修四库全书总目提要·经部》上册《考工记图》提要，第495页。

② 纪昀：《考工记图序》，载戴震《考工记图》卷首。

第六章 《仪礼》学文献

《仪礼》是一部记载古代冠婚、宫室、车旗、服饰、饮食、丧葬制度及有关礼节仪式的书。《仪礼》为十三经之一，具有很高的学术价值。对于考古学家来说，可利用《仪礼》中有关器物、宫室的记载与古文物遗迹相印证，从而使一些争论不休的历史悬案得以澄清；对于历史学家来说，利用《仪礼》中的相关记载可以研究中国古代的宗法制度、礼仪规范及朝聘会盟等；对于研究中国思想史的学者来说，《仪礼》中有大量关于儒家礼学思想的资料，对其加以合理利用，可以认识古人的社会生活及思想意识。①

第一节 原生《仪礼》文献

一、《仪礼》文本的相关问题

（一）礼的起源及文本化

仪式活动是一种社会行为，这种行为是人类所独有的，是人与其他动物的根本区别之一。面对神秘的大自然，原始人既感到恐惧，同时又试图对大自然进行控制和施加影响，于是便产生了原始的仪式活动，如自然崇拜、图腾崇拜、鬼魂崇拜、祖先崇拜、生殖崇拜等，这些仪式是人类最初的规范和准则。

中国先民们的仪式活动，在旧石器时代的山顶洞人中已经具有。据考古发现，山顶洞人的尸体周围撒了许多赤铁矿粉，并有装饰品，这表明山顶洞人已经有了鬼神崇拜和葬仪。当人类进入新石器时代以后，农业生产依赖于

① 王锷：《三礼研究论著提要》，甘肃教育出版社，2001年，第121页。

自然界的风调雨顺，为了获得天的庇佑，从而获得好的收成，原始人有了形形色色的仪式活动。这些仪式活动并不是礼，因为礼不但包括礼仪，还包括礼治、礼制等。但是礼的起源却与原始社会的种种仪式活动密切相关。杨宽在《“冠礼”新探》一文中指出：“礼的起源很早，远在原始氏族社会中，人们已惯于把重要行动加上特殊的礼仪。原始人常以具有象征意义的物品，连同一系列的象征性动作，构成种种仪式，用来表达自己的感情和愿望。这些礼仪，不仅长期成为社会生活的传统习惯，而且常被用作维护秩序、巩固社会组织和加强部落之间联络的手段。进入阶级社会后，许多礼仪还被大家沿用着，其中部分礼仪往往被统治阶级所利用和改变，作为巩固统治阶级内部组织和统治人民的一种手段。”①

近半个多世纪以来，考古发现的大量资料证实，在中国原始社会末期，即传说中的五帝时代，“礼”在中国已具雏形。在大汶口文化、山东龙山文化、中原龙山文化、良渚文化遗址墓葬中有保存较为完整的礼器的组合，表明当时已经具有较为完备的丧葬之礼。在这些文化遗址中，很多礼器为夏、商、周三代所继承。如鼎在三代是象征社稷的重要礼器，在大汶口文化和山东龙山文化中，我们都可以看到陶鼎的制作非常盛行。

由于尚未发现夏代的文字资料，所以目前对夏礼的认识只有两种途径：一是通过后世的文献进行回溯，比如《礼记·檀弓》：“有虞氏瓦棺，夏后氏堲周，殷人棺椁，周人墙置翣。”《礼记·明堂位》：“夏后氏牲尚黑，殷白牡，周骍刚。”《论语·八佾》：“哀公问社于宰我。宰我对曰：‘夏后氏以松，殷人以柏，周人以栗。’”这些记载反映了古人通过周礼来回溯夏礼，根据这些记载，可以掌握夏礼的些许信息。二是通过考古文物来对夏礼进行认识。目前被考古界确定为夏代文化的二里头文化中，可以使人们对夏礼有所认识。二里头的墓葬中有成批的玉器、铜礼器和兵器，其中青铜礼器的出现意义重大，“二里头文化青铜礼器的出现，标志着中国礼文化在经过铜石并用时代的萌芽和初步发展以后，有了一个大的飞跃，进入了一个新的发展时期”②。

近代以来的考古发现对于研究商礼提供了很多素材。一是甲骨文的发现，可以与出土文物相印证，共同揭示商礼的特征。如殷墟中的宫室建筑组合很复杂，结构多变，通过与甲骨卜辞中名目繁多的建筑名称相对照，发现二者大体相合。与夏代相比，商代的宫室建筑功能更多，并呈现出多元化的建筑

---

① 杨宽：《冠礼新探》，载《古史新探》，中华书局，1965年，第234页。

② 杨志刚：《中国礼仪制度研究》，华东师范大学出版社，2001年，第47页。

风格。殷墟中发现了很多铸铜遗址，从铸铜技术上看，商代比夏代明显进步，形制、花纹明显复杂多样化。商人重“酒”，《尚书·微子篇》就有关于商代贵族因酗酒而导致耽误政事的记载。正因为商人重酒，所以与酒相关的青铜礼器也发展起来。

商人重视祭祀，从甲骨卜辞来看，商人崇奉的神灵异常繁多，祭祀的仪式也非常复杂。原始社会后期的一些礼仪活动与原始的巫术并没有明显的分野，商礼也有一种浓厚的巫的色彩。商代已十分重视祖先崇拜，天神崇拜已降到其次的地位，商礼有朝着切近人事的方向发展。这种特征被周礼继承并得以彰显。

周因殷礼，不仅表现为西周前期的青铜文化主要来源于商文化，还表现为商代的绝大多数祭祖礼也来自殷礼。刘雨通过分析两周金文资料，整理出周代的 20 种祭祖礼。经过统计，发现其中 17 种与商代祭祖礼的名称相符合。统计还表明，这 17 种商周同名的祭礼，大多盛行于周穆王之前，这表明周人曾经在很长一段时间内曾沿袭殷礼。①

周公制礼对后世礼学的发展有很大的影响。作为周代的摄政者，周公推行分封制，用宗法制相辅而行，并对旧礼进行了改造和重新设计，以适应新的时代需要。司马迁云：“召公为保，周公为师，东伐淮夷，残奄……归在丰，作《周官》。兴正礼乐，度制于是改，而民和睦，颂声兴。”② 周公所制礼并非后世之《仪礼》，而是“皆监前代而损益之，是以有所不合，待思而后能得之也”③。周公制礼，将德注入周礼，使礼在形态上发生了质的飞跃，《左传》文公十八年载季文子所言曰：“先君周公制周礼曰：则以观德，德以处事，事以度功，功以食民。”重礼实际上在就是德政的内容。周公制礼并将其作为治国之要略，使“礼”的观念在以后的统治者中逐渐强化，并主动运用“礼”来管理天下。东周以降，社会发生了深刻的变革，“礼坏乐崩”也就难免了。

礼被用文字固定下来，可以被参照学习，这就是礼的文本化。从现有的史料来看，我国有文字记载的历史，可以追溯到商代。《尚书·多士》曰：“惟尔知，惟殷先人，有册有典。”《吕氏春秋·先识览》载：夏桀暴乱，“夏太史令终古出其图法，执而泣之”。《尚书》中还有“虞书”、“夏书”、“商书”

① 刘雨：《西周金文中的祭祖礼》，载《考古学报》1989 年第 4 期。

② 《史记·周本纪》。

③ 崔述：《丰镐考信录》卷五，《丛书集成初编》本。

的说法，这些记载虽不一定完全可靠，但可知我国的文献典籍出现的时间相当早，至少在商代就有了。至于礼书出现的时间，《左传》有两则记载值得重视，《左传·哀公十一年》记孔子言："则周公之典在。"又《左传·文公十八年》："季文子使太史克对，曰：'……先君周公制周礼。'"从这两则记载可以看出，至少在周公时代，礼书已经开始出现。据《左传》哀公三年的记载，鲁国大火，"子服景伯至，命宰人出礼书，以待命，命不共，有常刑"，"命宰人出礼书"，说明鲁国宫内已存有礼书。

春秋以前，文献典籍主要集中于官府，由史官掌管。春秋以降，王官失守，学术下移，这为《三礼》的出现提供了素材。商周时代关于礼的文字资料，为《三礼》的制作者所参考，这些文字资料，当包括我们前面所说的"礼书"。《周礼》、《仪礼》、《礼记》的出现，标志着中国礼的文本化进入了一个新的时期，礼的传承已经可以跨越时空，为多人所传习，而不是仅仅被史官所掌握了。

（二）《仪礼》的作者及成书年代

《仪礼》是记录先秦时期贵族生活中各种礼仪的专书。《仪礼》的书名是后起的，先秦时期，《仪礼》只称"礼"，如《庄子·天运》："孔子谓老聃曰：'丘治《诗》、《书》、《礼》、《乐》、《易》、《春秋》六经。'"汉代《仪礼》又名"《礼》"、"《士礼》"、"《礼记》"等，《史记·儒林列传》："言《礼》自鲁高堂生。""诸学者多言《礼》，而鲁高堂生最本。《礼》因自孔子时而其经不具，及至秦焚书，书散亡益多，于今独有《士礼》，高堂生能言之。"《说文解字叙》："而得《礼记》、《尚书》、《春秋》、《论语》、《孝经》。"

汉代尚无《仪礼》之名，对此，古今学者皆无疑义。黄以周云："郑氏师弟子并无'仪礼'之名也。《礼》注大题'仪礼'，当是东晋人所加，东晋人盛称《仪礼》。"① 东晋元帝司马睿时，尚书仆射荀崧上疏请求增立博士，其中便有"郑《仪礼》博士一人"②。可见《仪礼》一名为东晋人所加当无疑义。

关于《仪礼》的作者，一说是周公，贾公彦《仪礼疏序》云："至于《周礼》、《仪礼》，发源是一。理有终始，分为二部，并是周公摄政太平之书。"③此说在中国古代经学史上的影响很大。然而，由于文献根据不够充分，此说

① 黄以周：《礼书通故》第一《礼书通故》，中华书局，2007年。

② 《晋书·荀崧传》。

③ 贾公彦：《仪礼疏序》，载《仪礼注疏》卷首，阮元校刻《十三经注疏》本。

越来越受到后人的质疑，其影响也越来越小，当今学术界已少有人持此说了。第二种观点认为《仪礼》十七篇为孔子所编修。《礼记·杂记下》载：“恤由之丧，哀公使孺悲之孔子学士丧礼，士丧礼于是乎书。”孺悲所书的“士丧礼”，其内容当不限于今本《仪礼》的《士丧礼》，本应包括所有关于士丧之礼。据沈文倬的意见，它应包括《仪礼》中的《士丧礼》、《既夕礼》、《士虞礼》和《丧服》四篇的内容。① 研究者们据此推定，孔子当年所教的、孺悲所记的，除了《士丧礼》外，尚有其他方面的礼仪。

丁鼎认为，《仪礼》的成书既与周公制礼作乐有关，又与孔子的编修有关。② 关于周公制礼作乐，金景芳指出：“周公不但制过礼，而且这是周公为了进一步巩固周朝政权而采取的又一项重要措施。它的意义远远超过了周公时代，成为在整个中国古代史上发生重大影响的历史现象。……《周礼》非周公所作，已为今天的学术界所公认，无须赘述。至于《仪礼》，则如崔述所说：‘其文繁，其物奢’，与周公的‘享多仪，仪不及物，惟曰不享，惟不役志于享’的主张相违背，也肯定不是周公所作。而且像《仪礼》十七篇这样周详细密，也不是某一个人短时间内所能作出来的。”③ 虽然礼乐不可能是周公一个人所作，但是作为周朝的摄政者，以周公为首的周朝统治者对以前的礼仪进行改造，从而制定出适合周代需要的礼仪制度则是可能的。这些礼仪制度曾在周代实行并一直流传下来，到后世被损益，编入《仪礼》中。所以我们认为，《仪礼》一书保留了周公“制礼作乐”的一些礼仪规范。至于将这些礼仪规范进行损益并编成书，当是孔子。《史记·儒林列传》曰：“《礼》固自孔子时而其经不具，及至秦焚书，书散亡益多，于今独有《士礼》，高堂生能言之。”“其经不具”，说明孔子之时尚无《仪礼》一书。司马迁又云：“孔子之时，周室微而礼乐废，《诗》《书》缺。追迹三代之礼，序《书传》，上纪唐虞之际，下至秦缪，编次其事。……故《书传》、《礼记》自孔子。”④ 此处所言《礼记》即指《仪礼》，不过此处所说的《仪礼》，并非今天我们所见《仪礼》十七篇，而是《仪礼》的初本，篇目之数当远不止十七。先秦古籍，如《礼记》、《大戴礼记》、《墨子》、《孟子》、《荀子》多引《仪礼》之文。墨子乃战国初期之人，由此可以推断，《仪礼》的成书当在春秋末战国初，这也

---

① 沈文倬：《略论礼典的实行和仪礼书本的撰作》，载《菿闇文存》，商务印书馆，2006 年，第 1～58 页。

② 丁鼎：《仪礼丧服考论》，社会科学文献出版社，2003 年，第 71～80 页。

③ 金景芳：《古史论集》，齐鲁书社，1981 年，第 102～103 页。

④ 《史记·孔子世家》。

是孔子生活的时代，所以孔子修《仪礼》从时代上来说也是与先秦其他古籍的记载相符合的。

今传《仪礼》十七篇为今文，已经没有什么争议，但在汉代，《仪礼》的古文经却有三种。王国维在《观堂集林·汉时古文本诸经传考》中对三种古文《仪礼》进行了考证，分别为鲁淹中本、孔壁本和河间本。《汉书·艺文志》云："《礼古经》五十六卷……《礼古经》者，出于鲁淹中及孔氏，(学七十)〔十七〕篇文相似，多三十九篇，及《明堂阴阳》、《王史氏记》所见，多天子诸侯卿大夫之制，虽不能备，犹愈仓等推《士礼》而致于天子之说。"《汉书》补注改"七十"为"十七"，《礼古经》56卷，出于鲁淹中，其中有十七篇与今文《仪礼》相似，这十七篇即古文《仪礼》淹中本。《汉书·刘歆传》云："歆因移书太常博士，责让之曰：……及鲁恭王坏孔子宅，欲以为宫，而得古文于坏壁之中，《逸礼》有三十九（篇），《书》十六篇。天汉之后，孔安国献之，遭巫蛊仓卒之难，未及施行。"《汉书·艺文志》："武帝末，鲁恭王坏孔子宅，欲以广其宫，而得《古文尚书》及《礼记》、《论语》、《孝经》，凡数十篇，皆古字也。……孔安国者，孔子后也，悉得其书，以考二十九篇，得多十六篇。安国献之，遭巫蛊事，未列于学官。"此处所说的《礼记》即《仪礼》也，这是《仪礼》的孔壁本。《汉书·景十三王传》云："河间献王德以孝景前二年立，修学好古，实事求是。从民得善书，必为好写与之，留其真，加金帛赐以招之。由是四方道术之人不远千里，或有先祖旧书，多奉以奏献王者，故得书多，与汉朝等。……献王所得书皆古文先秦旧书，《周官》、《尚书》、《礼》、《礼记》、《孟子》、《老子》之属，皆经传说记，七十子之徒所论。"河间献王所得书中即包括古文《仪礼》，这是《仪礼》的河间本。

郑玄《六艺论》："后得孔子壁中古文《礼》凡五十六篇。其十七篇与高堂生所传同，而字多异。其十七篇外，则《逸礼》是也。"刘歆对古籍进行校理之时，认为《礼古经》五十六篇中包括天子、诸侯之礼，内容远不止《仪礼》十七篇中的"士礼"，所以主张列为学官，但是遭到今文经学家的反对而作罢。鲁高堂生所传"十七篇"是用汉代常见的隶书所写，故为今文经。

我们认为，"十七篇"与《礼古经》五十六篇均为孔子所编修。"十七篇"为删简本，只述士礼，而略及大夫诸侯之礼；"五十六篇"为繁本，乃孔子所定之完全本。其中不仅包括士、大夫之礼，还包括天子、诸侯之礼。只不过《礼古经》五十六篇中，除今天所传"十七篇"外均已亡佚，亡佚的三十九篇称为《逸礼》。《逸礼》可考的，今有《天子巡狩礼》、《朝贡礼》、《烝尝礼》、《中霤礼》、《王居明堂礼》、《古大明堂礼》等。

（三）《仪礼》中"记"的作者及年代

《仪礼》十七篇，其中十二篇后有"记"，这些"记"文或阐发礼的意义，或追述远古异制，或补充说明仪制的变异及其原因，或详述器物的形制及其规格数量，或附录礼典仪式所用之辞，意义极大。① 学术界一般认为，《仪礼》的"记"文与经文的作者不一，而且比经文后出。至于这些"记"文出自什么时代和什么人之手，古今学人说法不一，清人盛世佐认为："凡为'记'者有三：有记经所未备者，有记礼之变异者，有各记所闻颇与经义相违者。记经所未备者，周公之徒为之与经并行者也；记礼之变异，则非周之盛时书矣……其在春秋之际乎？至于各记所闻而颇失经义者，则七十子后学者所记也。意其初经与'记'分，'记'与'记'亦不相杂，至汉儒掇拾灰烬之余，窜以经师之说，而三者之辨不可复知。且有经连于'记'、'记'混于经者，错乱无次，于'记'为甚，读者不可不分别观之也。"② 盛世佐还说："据《汉书·艺文志》所载，诸'记'与经文各自为书，本不相杂，以'记'附于逐篇之下者，其始于郑氏乎？郑氏注《易》，合彖象于经，亦其例也。"③ 盛世佐认为，《仪礼》"记"文的作者不一，有周公所作，有春秋时人所作，有战国时人所作，汉儒将"记"文附于《仪礼》经文之下，遂成今日所见《仪礼》经文和"记"文合为一书的现象。

清人刘沅也认为《仪礼》的"记"文与汉儒有关，刘沅曰："周之典籍明备，凡经礼、曲礼，盖皆有方策记之。周衰渐以凌迟，孔门弟子采掇其要及所闻于孔子者记之，大、小戴之类是也，二戴亦从秦火之后就其所闻见所得者汇记之。此下与《冠义》与《戴记》所载详略不同，又汉儒撮其要者附于篇后，以明冠礼之概，不必执同异以相疑也。"④ 可见，刘沅认为《仪礼》的"记文"当为孔门弟子所采掇或闻于孔子之说，汉儒将这些说记进行汇集而成《仪礼》的"记"文。

我们认为，《仪礼》的"记"文与《礼记》、《大戴礼记》中有些篇目的性质一样，都是先秦到秦汉时期人们在研习《仪礼》的过程中所记下来的礼学资料。这些资料有些是阐释《仪礼》的礼义的，有些是对《仪礼》进行补充的。"记"文在流传过程中，被一些礼学家选编，或为大、小戴《礼记》，或

---

① 丁鼎：《仪礼丧服考论》，第103页。

② 盛世佐：《仪礼集编》卷二，文渊阁《四库全书》本。

③ 盛世佐：《仪礼集编》卷二。

④ 刘沅：《仪礼恒解》卷一，《槐轩全书》本。

附于《仪礼》经文之后。这些“记”文的作者和具体撰作时代，目前尚无定论。我们认为，考证“记”文的作者和具体撰作时代对于礼学史研究来说当是重要的，但是对于认识“记”文的性质并无太大意义。因为可以肯定的是，这些“记”文是对《仪礼》进行解释和补充的，我们更看重其对于研究《仪礼》和先秦礼制所具有的参考意义。

（四）《仪礼》的篇次及各篇的内容

据贾公彦《士冠礼疏》引郑玄《三礼目录》，今本《仪礼》共十七篇，它们在汉代有三种不同的排列次序。杨志刚将其用表格的形式予以表述，甚为清楚，兹录于下。①

表 2－6－1 《仪礼》篇目排序对照表

篇　名	刘向《别录》本次序	戴德本次序	戴圣本次序
士冠礼	第一	第一	第一
士昏礼	第二	第二	第二
士相见礼	第三	第三	第三
乡饮酒礼	第四	第十	第四
乡射礼	第五	第十一	第五
燕礼	第六	第十二	第六
大射	第七	第十三	第七
聘礼	第八	第十四	第十五
公食大夫礼	第九	第十五	第十六
觐礼	第十	第十六	第十七
丧服	第十一	第十七	第九
士丧礼	第十二	第四	第十三
既夕礼	第十三	第五	第十四
士虞礼	第十四	第六	第八
特牲馈食礼	第十五	第七	第十
少牢馈食礼	第十六	第八	第十一
有司徹	第十七	第九	第十二

郑玄在为《仪礼》作注时采用刘向校书时的整理本，而不用大、小戴的篇次。贾公彦认为，刘向《别录》十七篇次序“皆尊卑吉凶、次第伦叙，故郑用之”②。

① 杨志刚：《中国礼仪制度研究》，第 114～115 页。

② 《仪礼注疏》，阮元校刻《十三经注疏》本。

《仪礼》中记载了古代贵族生活中的冠、婚、丧、祭、乡、射、朝、聘等各种礼仪，现将其各篇内容做一介绍：

《士冠礼》记载古代青年贵族男子加冠礼仪。古代青年贵族男子到了20岁要举行隆重的加冠典礼，作为成年的标志，以此，这个青年人就有了一个贵族成员所应有的权利和义务。

《士昏礼》记载了古代士娶妻的礼仪。包括婚前下达、纳采、问名、纳吉、纳征、请期以及亲迎、成婚等礼仪。

《士相见礼》记载了古代的士以及其他各级贵族互相拜访的礼仪。

《乡饮酒礼》记载诸侯的乡大夫主持饮酒礼，招待乡中的贤能之士和德高望重者。

《乡射礼》记载了乡的下级组织中举行的一种射箭比赛之礼，目的是教民礼让，敦化成俗。

《燕礼》是诸侯国君在政事完毕之后，为安乐群臣而举行的一种饮酒礼。

《大射》是诸侯为即将进行祭祀、朝觐、会盟等活动选择人员，或者是为群臣练习射技而在大学举行的射箭、宴饮活动。

《聘礼》是关于诸侯国之间聘问之礼。中国古代的诸侯国之间，如果很长时间没有会盟之类的事情，就要派出使者，带着礼物互相访问，以结友好，这就叫做聘礼。

《公食大夫礼》记载了诸侯用食礼款待聘问使者的礼仪。

《觐礼》记载的是诸侯朝见天子之礼。

《丧服》是记载古时丧服制度的。古时人死了以后，活着的人要为死者服丧，根据与死者的亲疏远近和尊卑关系的不同，所穿的丧服以及服丧期的长短也不一样。

《士丧礼》是记载古代的士死后，其子为其操办丧事之礼。与下篇的《既夕礼》实为一篇，因内容太多，编修者遂将其分为上下两篇。本篇只是记载到卜丧日。

《既夕礼》是《士丧礼》的下篇，记载从起殡到下葬的礼仪。

《士虞礼》是记载人葬后所举行的安魂礼。父母葬后，当天中午就要迎父母的神于殡宫而进行祭祀，以安其神。这就是虞祭。

《特牲馈食礼》是记载诸侯祭祀父祖之神的礼仪。诸侯的士于岁时用一头猪以及黍稷等多种食物和酒在庙中祭祀已故的父祖之神，与父祖生前子孙馈食以奉养父祖相同。

《少牢馈食礼》与下篇《有司徹》实为一篇，诸侯的卿大夫岁时用少牢以及黍稷等多种食物和酒在庙中祭祀已故的父祖之神，与父祖生前子孙馈食以奉养父祖相同。本篇只是记载到正祭部分。

《有司徹》为《少牢馈食礼》的下篇。本篇主要记载正祭之后所行的傧礼。

二、《仪礼》的思想和价值

《仪礼》十七篇，记载了冠、婚、丧、祭、乡、射、朝、聘等各种礼仪。这些礼仪的清单，将各种礼仪具体细节都进行了罗列，非常繁冗。《仪礼》是纯礼仪细节的记载，不像《礼记》那样阐发了礼的深义，因此可能给人一种印象，那就是《仪礼》缺乏思想性。正因为如此，许多从事思想史和哲学史研究的学者对《仪礼》根本不予重视，因此《仪礼》在思想史和哲学史专著中没有一席之地。而实际上，透过《仪礼》十七篇所记载的礼仪制度，我们可以看到作礼者的思想倾向，这些作礼者实际上代表的是一个时代的风尚和思想特征。通过对《仪礼》所记的礼仪背后思想的挖掘，可以对古人的思想做一追寻。《仪礼》本身所包含的思想是很丰富的，在此只就其中的宗法观念进行讨论，以期将来从事中国思想史和中国哲学史研究的学人重视《仪礼》，并做深入的研究和探讨。

（一）《仪礼》中的宗法等级观念

宗法制是由氏族社会父系家长制演变而来的，是奴隶主贵族按血缘关系分配国家权力，以便建立世袭统治的一种制度。其特点是宗族组织和国家组织合而为一，宗法等级和政治等级完全一致。这种制度确立于夏朝，发展于商朝，完备于西周，影响于后来的各封建王朝。按照西周的宗法制度，宗族中分为大宗和小宗。周王自称天子，称为天下的大宗。天子的除嫡长子以外的其他儿子被封为诸侯。诸侯对天子而言是小宗，但在他的封国内却是大宗。诸侯的其他儿子被分封为卿大夫。卿大夫对诸侯而言是小宗，但在他的采邑内却是大宗。从卿大夫到士也是如此。因此贵族的嫡长子总是不同等级的大宗（宗子）。大宗不仅享有对宗族成员的统治权，而且享有政治上的特权。后来，各封建王朝的统治者对奴隶制的宗法制度加以改造，逐渐建立了由政权、族权、神权、夫权组成的封建宗法制。

宗法思想在《仪礼》一书中所记载的各种礼仪之中有着充分的体现。根据《仪礼》的记载，丧葬之礼既包括一般的通行的礼仪程式和步骤，又有宗法等级社会的约束和禁忌等许多特别的规定，由此构成了丧葬之礼的许多礼仪形式和礼数规则。就一般通行的礼仪程式而言，丧礼大体上有初丧、复、哭吊、饭含、设铭、悬重、小敛、大敛、殡、祖奠、赗赙、遣奠、葬仪、虞祭、卒哭、祔祭、小祥、大祥、除丧等。就宗法等级性规定而言，丧礼则有天子、诸侯、卿、大夫、士及庶人的等级差别，以及体现“亲亲”、“尊尊”的宗法道德准则。《仪礼》又有《丧服》一篇，丧服是建立在宗法制度基础上的产物，也是从天子到庶民体现宗法观念最广泛最深刻的一种制度。丧服是用特殊的服饰表示对死者的哀痛，又在服饰的不同中，反映亲疏的宗法观念。丧服反映了“亲亲”、“尊尊”为宗法之核心，亦为丧服之重要原则。① 所谓亲亲，言辨别亲疏的原则，关于上直系血亲：为父“斩衰三年”，父卒则为母“齐衰三年”，父在则为母“齐衰杖期”。为祖父“齐衰杖期”，为曾祖父“齐衰三月”，为高祖“齐衰三月”。下直系血亲服：父为长子“斩衰三年”，为嫡子“不杖期”，为曾孙“缌服三月”，为玄孙“缌服三月”。旁系血亲服：为昆弟“不杖期”，为从父昆弟“大功九月”，为从祖昆弟“小功五月”，为族昆弟“缌服三月”。所谓尊尊，是指辨别嫡庶的关系，嫡长子为继承大宗小宗之宗主者是尊，其庶及幼者为卑，丧服中充分反映了这个原则，如父为长子“斩衰三年”，为众子“不杖期”，为嫡子“不杖期”，为庶孙“大功九月”，公为嫡子之长子殇“大功殇九月”，中子殇“大功殇七月”，为庶子之长殇“小功殇五月”。以上均表明为嫡子之服重，为庶子之服轻。

《仪礼》还记载了不少祭祀之礼，从器物表现上来说，凡祭祀必有相应的祭品、祭器、祭服，还有车马、场所等方面的安排和设置，其中包含着广泛的象征意义。比如从祭品方面来看，既不同于日常生活之所用，又丰俭相称，从而体现出特殊的精神内涵。以其与日常生活不同而言，如“笾豆之荐，水土之品也，不敢用常亵味而贵多品，所以交于神明之义也，非食味之道也。先王之荐，可食也而不可耆（嗜）也；卷冕路车，可陈也而不可好也；《武》，壮而不可乐也；宗庙之威，而不可安也；宗庙之器，可用也而不可便其利也。所以交于神明者，不可以同于所安乐之义也”②。为神明所享用的物品不可与日常安乐之用相混同，否则就有失虔敬而亵渎神明。唯其如此，祭祀神明的物象表现之文美与质朴之不同，也就有着特别的意义。

在祭祀和丧葬之仪以及丧服原则的背后，我们看到古人的社会秩序观念。陈来在《儒家思想的起源》一书中用发生学的方法对中华文明早期的农业文明与儒家思想起源的关系进行了研究，并有详细的论述。中华文明在远古一

① 钱玄：《三礼通论》，南京师范大学出版社，1996年，第455页。
② 《礼记·郊特牲》。

直是农业文明，农业文明的一大特征就是节奏缓慢，于是生活于其中的人逐渐形成了重视伦理亲情、和谐温和的民族性格，礼就是在这样的文明演进中逐渐形成的。礼在中国古代是具有相当大的涵摄力的，法也包括其中，在战国以前更是如此。礼实际上就是一种社会秩序，通过具体的仪节和程式，使得人们的言行举止均有一定标准。《仪礼》记载的仪节如此之繁，程式如此之多，其作者的用心是很明显的，那就是通过这样的礼仪的实施，使人们各处其位，各行其是。如在上面所介绍的丧服中所体现的宗法制度，在“亲亲”、“尊尊”的观念中，实际上是古人为社会所作的一种秩序的设定，古人认为，在那样的社会中，才不会出现臣弑君、少凌上的现象，整个社会才能井然有序。如《乡饮酒礼》记载了诸侯的乡大夫主持饮酒礼，招待乡中的贤能之士和德高望重者，至于其意义，《礼记·乡饮酒》讲得非常清楚：“五十者立侍，以听政役，所以明尊长也。六十者三豆，七十者四豆，八十者五豆，九十者六豆，所以明养老也。民知尊长养老，而后乃能入孝弟，民入孝弟，出尊长养老，而后成教；成教而后国可安也。君子之所谓孝者，非家至而日见之也，合诸乡射，教之乡饮酒之礼，而孝弟之行立矣。孔子曰：‘吾观于乡而知王道之易易也。’”行乡饮酒礼时，60 岁以上的才可以坐着，50 岁以下的只能站着侍候。上饮食，60 岁的 3 盘，70 岁的 4 盘，年岁越长，饮食越丰盛。乡饮酒礼不仅按年岁大小排定位次，而且不同年龄段的人待遇也不同。这都体现了对老者的尊敬爱戴。我们更清楚地看到，乡饮酒之礼体现的是古人对长幼有序观念的尊崇。通过君臣长幼这样一系列秩序上的设定，可以使社会达到一种谐和稳定的局面，与其说《乡饮酒礼》是对古礼所怀有的一种温情，不如说是对美好社会秩序的一种构想。

以上列举了祭祀和丧葬之仪以及丧服原则，从这些礼仪以及原则的背后，我们还可以看到古人的一些思想观念，这些观念很可能就是那个时代人们心中普遍的观念，因为精英的思想是不能脱离他们所处的时代而独立存在，精英的思想只有在时代思想那片沃土之上才能生根发芽，最终成为参天大树。在这些繁文缛节的背后，究竟隐藏着什么样的思想观念呢？笔者认为，祭祀和丧葬之仪体现了古人灵魂不灭的观念。有人认为“丧祭之礼本源于人死为‘鬼’的观念”①，这种看法是很有见地的，古人云：“大凡生于天地之间者皆

① 姜广辉主编：《中国经学思想史》第一卷，中国社会科学出版社，2003 年，第 283 页。

曰命，其万物死皆曰折，人死曰鬼。”[1] 又孔子与弟子论鬼神曰：“宰我曰：‘吾闻鬼神之名，不知其所谓。’子曰：‘气也者，神之盛也。魄也者，鬼之盛也。合鬼与神，教之至也。众生必死，死必归土，此之谓鬼。骨肉毙于下，阴为野土。其气发扬于上，为昭明，焄蒿，悽怆，此百物之精也，神之著也。’”[2] 依孔子的解释，众生死后，其气发扬上升，活着的人往往看不到听不到，但这些气常在人的左右，可以感动人，以显示其存在；这些气也可以在祭祀时回到祭祀者的面前，享承祭祀。通俗一点说，所谓“鬼”就是人死后的灵魂。可以看到，在西周和春秋时代，鬼神信仰是相当普遍的，从人的情感而言，面对死去的亲人，必然会产生一种既恐惧又悲痛的感情，和死者之间处于一种虽死犹生、若即若离的关系之中。

（二）《仪礼》的学术价值与《仪礼》研究的现实意义

《仪礼》十七篇记载了冠、昏、丧、祭、乡、射、朝、聘诸礼，所记载各礼相当烦琐，古人早就认识到这一点。虽然《仪礼》一书中所记载的礼仪制度已经于时不合，但是，作为一部曾在中国古代产生过深远影响的儒家经典，仍然具有十分珍贵的价值。

中国自古以来就是礼仪之邦，在中国古代，遵行礼仪是文明人的标志，历朝历代都利用礼来作为整合社会秩序的重要工具。虽然《仪礼》所记载的礼仪已经不切实用，但是历代仍将其奉为经典，作为议礼和制礼的依据。从二十四史的《礼志》及《通典》、《文献通考》等书中，可以看到《仪礼》为各个朝代的礼学家所重视。

礼学是中国古代儒家学说的核心，研究礼学，《仪礼》可以说是最为重要也是最基本的文献。在中国古代社会中，儒家礼学思想已经成为主导性的思想，是当时中国人的精神家园，它已经渗透到了人们生活的方方面面，吃穿住行，生老病死，无一不涉及到礼。礼不是一套思想观念，而是实实在在能够在生活中实行的，换言之，礼是有一套能够看得着的仪节。《仪礼》就记载了很多这样的仪节，所以《仪礼》一书对于研究儒家礼学思想有着十分重要的意义。

从社会学的角度来看，《仪礼》一书是我们研究先秦时期社会关系的重要材料来源。《仪礼》一书记载的大多是士礼，因此是研究先秦时期士的地位、士所担任的官职、士的生活和经济状况的重要参考资料。同时《仪礼》也记载了从天子到诸侯、卿大夫、士的不同礼仪，这是我们研究他们之间相互关

---

① 《礼记·祭法》。

② 《礼记·祭义》。

系的重要资料。同时，《仪礼》还记载了古人的很多服饰，还记载了很多饮食，这是我们研究古人的衣食的素材。《仪礼》所记载的宫室制度也是我们研究古人建筑艺术的材料。总之，《仪礼》一书记载了古人生活的多方面的内容，展现给我们的是一幅幅生动的古人社会生活的画卷。

从史学的角度来看，《仪礼》一书有着十分重要的史料价值。如《仪礼》中记载了很多中国古代职官的材料，这是我们研究先秦时期官制的宝贵史料，清代学人胡匡衷的《仪礼宫室考》已经在这方面为我们提供了很好的借鉴。又如《仪礼》中记载了不少礼器名物，这些礼器名物在研究古史，以及在考古学上都有十分重要的价值。杨天宇还指出，读懂《仪礼》，对于人们读懂其他历史文献是十分有帮助的，因为中国古代的许多文献都涉及到礼，没有读过《仪礼》的人，对于有关的记载很难真正理解。① 金景芳曾说："据我理解，礼属于精神文明。"② 当今，我们国家正在建设社会主义精神文明，精神文明中就不能不涉及人的立身处世，当然就会涉及到礼。中国是礼仪之邦，当今建设社会主义精神文明必然要在历史的优秀的文化中去寻找思想资源。《仪礼》记载了种种古礼，虽然这些古礼不少已经不合时宜，但是古礼所体现的社会秩序观念和伦理，其所具有的象征意义，在社会的发展中通过风俗、制度条文等流传下来。通过研究《仪礼》，我们可以对其中所记的礼赋予新的象征意义，为社会主义精神文明服务。

第二节　《仪礼》学与文献

一、汉代的《仪礼》学与文献

孔子编修的礼书在流传的过程中被孔子的弟子及后学不断地修订和改动。秦代焚书坑儒，孔子所编修的礼书也遭到了秦火之灾。司马迁《史记·儒林列传》曰："及至秦之季世，焚《诗》《书》，坑术士，《六艺》从此缺焉。"秦火对礼书所造成的损失之一便是使礼书的传本减少。孔子所编修的礼书在春秋末和战国时期必定衍生出许多传本，但是在秦火之后而流传下来的，到汉

① 杨天宇：《仪礼译注》序言，上海古籍出版社，1994 年。

② 金景芳：《谈礼》，载《二十世纪中国礼学研究论集》，学苑出版社，1998 年，第 1～12 页。

代就只有高堂生传本了。前已有述，汉代曾有《礼古经》的出现，比当时所传“十七篇”多出三十九篇，这三十九篇被称作《逸礼》。汉代十分重视鲁高堂生所传“十七篇”，并将其列为学官，而对《逸礼》三十九篇却不甚重视。除了王莽时期和东汉初曾一度立于学官外，《逸礼》并没有引起人们的重视，所以在流传的过程中逐渐亡佚了。

根据《汉书·儒林传》的记载，高堂生所传“十七篇”即《士礼》，经由他的再传或三传弟子瑕丘萧奋授给了东海人孟卿，孟卿授给后仓，后仓授给闻人通汉以及戴德、戴圣和庆普。《礼》遂有大戴、小戴和庆氏三家之学。三家在汉宣帝时都立为学官。根据《汉书·儒林传》的记载，大戴将《礼》传给徐良，小戴将《礼》传给了桥仁和杨荣，于是《礼》又有了徐氏学、桥氏学和杨氏学。庆氏之《礼》又传给了夏侯敬及庆咸。东汉时期，大、小戴《礼》均已衰微，只有庆氏《礼》较为盛行。但是从总体上说，东汉时期《礼》学已经衰落，三家《礼》学文献最终均亡佚。

东汉末年，今古文兼通的郑玄为《仪礼》作注，并对《仪礼》进行了一番校勘和整理。他将今古文两种本子进行对照，当发现两个本子的用字有异时，便“取其义长者”①，或采今文，或采古文，因此郑玄所注是一部混淆了今古文的《仪礼》，并一直流传至今。

二、魏晋南北朝隋唐时期的《仪礼》学与文献

魏代王肃不喜郑学，处处与郑为异，他曾作《仪礼注》、《丧服经传注》和《丧服要记》等。郑玄用今文说，王肃便以古文说驳之；郑玄用古文说，王肃便用今文说驳之，所以王肃的《仪礼注》和《丧服经传注》亦是混淆今古之作。魏晋时期，关于《仪礼》音义方面的著作也较多，如袁准的《仪礼音》、李轨的《仪礼音》、刘昌宗的《仪礼音》等。

魏晋以来的九品中正制，根据门第高低选拔官吏，形成了“上品无寒门，下品无世族”的门阀制度。在士族本位的社会中，为了维系士族本身之存在，保持一姓士族内部之凝聚，士族通常并不废礼学，还特重丧服之礼，以之为维系门户的重要手段之一。所以在魏晋南北朝时期，关于《丧服》传注的著作很多。蜀有名的《仪礼》学文献，如蒋琬的《丧服要记》、谯周的《丧服图》和《祭志》，吴有名的如射慈的《丧服变除图》和《丧服天子诸侯图》。

① 《后汉书·儒林列传》。

晋代的《仪礼》学文献主要是《丧服》的传注，如刘智的《丧服释疑》、崔游的《丧服图》、伊说的《丧服杂记》、袁准的《丧服经传注》、贺循的《丧服要记》和《丧服谱》、蔡谟的《丧服谱》和《丧服图》、葛洪的《丧服变除》等。

南北朝时期，南北对峙，学术亦分南学和北学。义疏体起源于南北朝，开唐疏之先河，当时义疏之作由南及北，多有撰著。南朝社会士庶界限分明，治《丧服》者众多，如庾蔚之、裴松之、周续之、费沈、雷次宗、蔡超、王俭、司马宪、沈麟士、贺玚、何佟之、皇侃等人均为《丧服》作义疏。其中有些人有关《丧服》的著作还不止一种，如庾蔚之有《丧服》、《丧服要记》、《丧服世要》三种，皇侃有《丧服文句义疏》、《丧服问答目》等。北朝经学以郑学为宗法，其最负盛名者，当推北魏徐遵明。《北史·儒林列传》云："《三礼》并出遵明之门。"① 徐遵明的弟子李铉及其再传弟子熊安生等人皆通《仪礼》，然他们关于《仪礼》的著作均已亡佚。北朝沈重为当世儒宗，曾撰《仪礼义》、《丧服经义》等。

隋唐时期，南北学归于一统，《仪礼》以郑学为本。《隋书·经籍志》云《三礼》"唯《郑注》立于国学"②。唐初，孔颖达奉敕撰《五经正义》，《三礼》中唯有《礼记》，可见唐初不重《仪礼》学。唐永徽年间，贾公彦撰《仪礼义疏》40卷，对郑玄《仪礼注》进行疏解。贾《疏》被收入《十三经注疏》中，流传至今。《仪礼》虽于开元年间被立为学官，但是传习者不多，已经走向衰微。

三、宋元明时期的《仪礼》学与文献

宋代的经学，一方面承汉唐注疏之余绪，另一方面也受到了自中唐以来的疑古辨伪思潮的影响，自宋庆历年间，学风大变，王应麟云："自汉儒至于庆历间，谈经者守训故而不凿，《七经小传》出而稍尚新奇矣，至三经义行，视汉儒之学若土埂。"③ 可见，自宋庆历年间，出现了怀疑注疏乃至经书的普遍倾向。不过《仪礼》是实学，受宋学学风的影响不是很大。宋代的《仪礼》文献中，张淳《仪礼识误》、李如圭的《仪礼集释》、魏了翁的《仪礼要义》、朱熹的《仪礼经传通解》、杨复的《仪礼图》和《仪礼旁通图》比较有名。李如圭《仪礼集释》17卷，全录《郑注》，又兼综博采，所发贾《疏》之为发。

① 《北史·儒林列传》。

② 《隋书·经籍志》。

③ 王应麟：《困学纪闻》卷八。

魏了翁因郑《注》古奥，贾《疏》文繁而作《仪礼要义》50卷，取注疏之精华，于学者很有用。《仪礼经传通解》是朱熹晚年的绝笔之作，此书由朱熹及其弟子黄榦、杨复续修而成。《通解》以《仪礼》为经，以《礼记》为记，并旁采传记杂文以补经阙而成的一部礼书。

元代《仪礼》学衰微，有可观者当为吴澄的《仪礼逸经传》2卷和敖继公的《仪礼集说》17卷。《仪礼逸经传》杂采诸书，并将其归为《仪礼》逸经，其书编纂体例仿朱熹《仪礼经传通解》。敖氏《仪礼集说》以郑《注》多误，遂对所谓不合于经的郑《注》之文加以删削，而更为之说。

明代学风空疏，《仪礼》学又不及元代。《仪礼》学著作略有可观者，如郝敬的《仪礼节解》、张凤翔的《礼经集注》、朱朝瑛的《读仪礼略记》等。

四、清代的《仪礼》学与文献

清代《仪礼》学文献的特点不尽一致。清前期的《仪礼》学文献的特点是汉宋兼采；乾嘉时期的《仪礼》学文献十分注重考据。清初的王夫之、顾炎武、黄宗羲等人开汉宋兼采之风，开始打破宋学的垄断。乾隆年间所修《三礼义疏》兼综博采，其中《仪礼义疏》混淆了汉宋，多用元敖继公之说，也对郑《注》有所采摭。乾嘉时期，考据之学大兴，《仪礼》的考据之作也大量出现。清代对《仪礼》进行研究的人很多，有名的著作也不少。如万斯大的《仪礼商》篇为之说，颇有新意；张尔岐的《仪礼郑注句读》定《仪礼》句读并疏其章节；方苞的《仪礼析疑》对《仪礼》的可疑之处进行辨析，创获很多；吴廷华的《仪礼章句》对《仪礼》各篇划分章句节，析其句读，多采郑《注》和贾《疏》，兼采他说，并附以己意，多有发明；盛世佐《仪礼集编》40卷，采古今说《仪礼》者190多家，并断以己意，实学功底扎实，无空疏浅学之谈，并对各家之说中的谬误之处进行辨析，是一部研究《仪礼》的很好的参考书。另外，沈彤的《仪礼小疏》、胡匡衷的《仪礼释官》、江永的《仪礼释宫增注》、卢文弨的《仪礼注疏详校》、阮元的《礼经宫室答问》、程瑶田的《仪礼丧服足征记》都是很有影响的《仪礼》学著述。

在清代治《仪礼》诸家中，胡培翚的《仪礼正义》、张惠言的《仪礼图》和凌廷堪的《礼经释例》最负盛名。胡培翚《仪礼正义》是一部集大成的《仪礼》学著作，对后人研究《仪礼》有极大的参考价值；张惠言的《仪礼图》对《仪礼》各篇的重要仪节皆绘制一图，使人一目了然，大有功于后世学者；凌廷堪的《礼经释例》将《仪礼》中的礼进行分类，归纳为246例，此书对于今人读《仪礼》可以起到触类旁通的作用。

总之，清代的《仪礼》学大盛，《仪礼》学文献更是蔚为大观。

五、20世纪的《仪礼》研究

《仪礼》记载的是古礼，历代经学家的研究路数都是重视对《仪礼》中名物礼制或文字句读的考证，这种经学研究的路子影响到了20世纪的《仪礼》研究。总体上来看，20世纪的《仪礼》研究重视考证，但是研究的思路已经突破传统的研究路数，研究具有一定的广度和深度。特别是当1959年武威汉简本《仪礼》被发现以后，《仪礼》的研究更是进入了一个新的时期。

20世纪初以来，学者们还是十分重视对《仪礼》中名物礼制的考证，如王闿运撰《仪礼仪节》(《船山学报》1916年1月第6期）就是对《仪礼》中的礼仪进行考证。又如杨宽曾撰《“贽见礼”新探》(《中华文史论丛》第5辑）就是对《仪礼》中的“贽见礼”重新进行考证。此外，考证《仪礼》中名物礼制的论文也不少，如曾永义有《仪礼乐器考》(《中国东亚学术年报》1967年6月第6卷)、郑良树《仪礼宫室考》(《中国东亚学术年报》1968年6月第7卷)、邱衍文《冠礼研究》(台湾中国文化大学中国文学研究所硕士论文)、张光裕《仪礼士虞礼仪节研究》(1969年国科会研究讲助论文)、吕思勉《乡饮射礼》(《吕思勉读史札记》)、朱庆之《仪礼“竹簋方”辨证》(《古籍整理研究学刊》1990年第1期）等。学者们沿着经学研究的路数，重视对《仪礼》中的文字句读进行研究，相关的文章如刘念和《仪礼大功章“妾为君之庶子”一节申郑读》(《斯文》1943年2月第3卷)、韩碧琴《仪礼郑注句读校记》(台湾师范大学国文研究所博士论文，1992年）等。

此外，学者们还突破传统经学家研究的路数，从历史学、社会学乃至民族学的角度对《仪礼》进行研究，并出现了一系列的成果。如李玉洁《中国古代丧服制度的产生、发展和定型》(《河南大学学报》1989年第4期)、李本耀《士冠礼及笄礼之运用对青年辅导实效之研究》(《中台医专学报》1989年第5期)、林素英《汉代以前的丧礼探讨之九——永远的财产：陪葬器物》(《孔孟月刊》1996年第34卷)、《汉代以前的丧礼探讨之十——哀情的抒发：丧居的生活》(《孔孟月刊》1996年第34卷)、《汉代以前的丧礼探讨之十一——情感的调节：哭的限制》(《孔孟月刊》1996年第35卷)、郑海《冠礼、笄礼与云南少数民族成年礼之比较》(《民间文学论坛》1991年第2期）等。

1959年武威汉简本《仪礼》出土，经中国科学院考古研究所陈梦家等一些学者的整理释读，甘肃省博物馆和中国科学院于1964年联合出版了《武威汉简》一书。近40年以来，陈梦家、刘文献、王关仕、沈文倬等学者先后对

《武威汉简》一书做了文字考释工作，分别有：《武威汉简仪礼校补》（台北：东亚学术研究计划委员会印行，1965 年）、《仪礼简本考证》（台湾省立师范大学国文研究所集刊第 11 号上册，1967 年）、《礼汉简异文考》（《文史》第 33～36 辑）等著述出现。此外，陈梦家、沈文倬等对汉简本《仪礼》的抄写年代、简本的篇题篇次、简本的家法和师法、简本的今古文等问题均做了探讨。从总体上来看，《武威汉简》出土 40 年以来，相关的研究成果并不多，具体的情况可以参考《武威汉简仪礼研究四十年综述》一文。①

《仪礼》素称难读，不过近十余年来，学术界分别推出了杨天宇的《仪礼译注》（上海古籍出版社，1994 年）、李景林等人的《仪礼译注》（吉林文史出版社，1995 年）、彭林的《仪礼全译》（贵州人民出版社，1997 年）等《仪礼》整理研究著作。这些著作的注释简明，还配有白话翻译，因此对于初学者十分有帮助，也可以作为礼学研究者的参考书。

第三节 《仪礼》学文献的数量及分布

一、历代《仪礼》学文献的数量统计

（一）汉代《仪礼》学文献的数量

据《三礼研究论著提要》的著录，已知的两汉时期《仪礼》学文献数量为 15 种。据笔者的统计，已知的两汉时期《仪礼》文献的数量为 20 种，多出的 5 种分别为：宁成《为人后者》（《经义考》）、马融《仪礼注》（《补后汉书艺文志并考》）、郑玄《丧服纪》（《旧唐书·经籍志》）、郑玄《五宗图》（《补后汉书艺文志并考》）、刘表《后定丧服》（《经义考》）。两汉时期的《仪礼》学文献流传至今的只有郑玄的《仪礼注》，其他均已亡佚。

（二）魏晋南北朝隋唐时期的《仪礼》学文献的数量

据《三礼研究论著提要》的著录，已知的魏晋时期《仪礼》学文献数量为 38 种。笔者在此基础之上统计出已知的魏晋时期《仪礼》学文献为 48 种。多出的 10 种分别为：袁准《仪礼注》（《经义考》）、袁准《丧服纪》（《旧唐书·经籍志》）、孔伦《仪礼注》（《经义考》）、王肃《丧服纪》（《新唐书·艺

---

① 张焕君、刁小龙：《武威汉简仪礼研究四十年综述》，载《中国史研究动态》2005 年第 5 期。

文志》)、樊建绍《古今服饰仪》(《四川通志》)、陈铨《丧服纪》(《旧唐书·经籍志》)、刘德明《丧服要问》(《经义考》)、杜龚《丧纪礼式》(《补晋书艺文志》)、贺循《丧服图》(《补晋书艺文志》)、谯周《丧服集图》(《补后汉书艺文志》)。魏晋时期的《仪礼》学文献几乎全已亡佚,但清人做了一些辑佚工作,使得我们可以对这些文献做一管窥。

据《三礼研究论著提要》的著录,已知的南北朝时期《仪礼》学文献的数量大约有 70 种。笔者在此基础上统计出已知的南北朝时期《仪礼》学文献大约有 78 种,多出的分别是:蔡超《仪礼注》(《经义考》)和《丧服纪》(《旧唐书·经籍志》)、田僧绍《仪礼注》(《经义考》)和《丧服纪》(《旧唐书·经籍志》)、何允《士丧仪注》(《江南通志》)、崔逸《丧服图》(《经义考》)、沈麟士《丧服要略》(《补南北史艺文志》)、沈重《仪礼音》(《隋书经籍志补》)、刘芳《仪礼义证》(《江南通志》)。南北朝时期的《仪礼》学文献也几乎全已亡佚,清人的辑佚书中保留了部分内容。

隋唐时代《仪礼》学走向衰落,据《三礼研究论著提要》的著录,已知的隋唐时期《仪礼》学文献只有 23 种,笔者的统计与此基本相同。隋唐时代《仪礼》学文献除贾公彦《仪礼疏》流传至今以外,其他的均已亡佚。

(三) 宋元明时期的《仪礼》学文献的数量

据《三礼研究论著提要》的著录,已知的宋代《仪礼》学文献为 54 种,根据笔者的统计,已知宋代的《仪礼》学文献共有 66 种,多出的 12 种分别是:郑樵《礼经奥旨》(《中国丛书综录》)、李如圭《仪礼释宫》(《四库全书·经部礼类》)、张淳《校定古礼》(《文献通考·经籍考》)和《仪礼释文》(《经义考》)、李如圭《集释古礼》(《文渊阁书目》)、湛若水《二礼经传测》(《万卷堂书目》)、史定《乡饮酒仪》(《宋史·艺文志》)、张戬《丧仪纂要》(《通志》)、李隋《吉凶五服仪》(《宋史·艺文志》)、戴石玉《治亲书》(《经义考》)、张须《丧服总类》(《经义考》)、吕东莱《少仪外传》(《菉竹堂书目》)。宋代《仪礼》学文献大多已亡佚,仅有 10 多种流传至今。

据《三礼研究论著提要》的著录,已知的元代《仪礼》学文献共有 10 种。根据笔者的统计,元代《仪礼》学文献为 15 种,多出的 5 种分别为:杨维桢《礼经约》(《补元史艺文志》)、赵居信《礼经丧制》(《补元史艺文志》)、周成大《服制考详》(《补元史艺文志》)、冯翼翁《士礼考证》(《补元史艺文志》)、黄泽《礼经复古正言》(《四川通志》)。元代《仪礼》学文献流传至今的有 4 种,其余的已亡佚。

据《三礼研究论著提要》的著录,已知的明代《仪礼》学文献共有 67

种，笔者在此基础之上统计出 80 种，多出的 13 种分别为：蒋廷兰《仪礼品节》(《湖南通志》)、刘宗周《仪礼经传考次》(《经义考》)、蒋如桂《礼经卓见》(《湖南通志》)、刘有年《仪礼逸经》(《经义考》)、王樵《仪礼注疏羽翼》(《明史·艺文志》)、吕柟《仪礼图解》(《澹生堂藏书目》)、龚瑞礼《五服图解》(《经义考》)、季本《读礼疑图》(《虞山钱遵王藏书目录汇编》)、林烈《乡射礼仪节》(《山东省图书馆馆藏海源阁书目》)、传鼎《乡射礼集要图说》(《江苏省立国学图书馆图书总目》)、亡名氏《饮射礼书》(《行人司书目》)、汪禔《投壶仪节》(《江南通志》)、范永銮《燕射古礼全书》(《湖南通志》)。明代《仪礼》学文献大多已亡佚，仅有 10 多种流传至今。

（四）清代《仪礼》学文献的数量

据《三礼研究论著提要》的著录，已知清代的《仪礼》学文献共有 224 种，笔者在此基础上进行的统计多出 80 种，已知的清代《仪礼》学文献约为 300 余种。现将多出《三礼研究论著提要》的 80 种《仪礼》学文献列表如下。

表 2-6-2 清人《仪礼》著述补表

序号	作　者	书　目	著录或称引	备注
1	姜兆锡	仪礼经传注疏义参内编	中国丛书综录	存
2	姜兆锡	仪礼经传注疏义参外编	中国丛书综录	存
3	李　灏	礼经酌古	中国丛书综录	存
4	夏　炘	学礼管释	中国丛书综录	存
5	毛奇龄	辨定祭礼通俗谱	中国丛书综录	存
6	郑　铭	仪礼读本	山东师范大学图书馆馆藏古籍书目	存
7	佚　名	仪礼注疏钞读	清华大学图书馆藏善本书目	存
8	夏鼎武	读礼私记	东北地区古籍线装书联合目录	存
9	朱　轼	仪礼节略	东北地区古籍线装书联合目录	存
10	胡匡衷	仪礼释官	东北地区古籍线装书联合目录	存
11	邵嗣宗	仪礼观略	东北地区古籍线装书联合目录	存
12	汪　基	仪礼节本	香港所藏古籍书目	存
13	诸　锦	仪礼义疏	中国古籍善本书目	存
14	王　筠	仪礼义例	中国古籍善本书目	存
15	郑　珍	仪礼丧服汉魏六朝注说标记	中国古籍善本书目	存
16	佚　名	仪礼杂录	江苏省立国学图书馆图书总目	存
17	佚　名	仪礼群解汇编	江苏省立国学图书馆图书总目	存
18	胡匡衷	郑氏仪礼目录校证	江苏省立国学图书馆图书总目	存

续表

序号	作　者	书　目	著录或称引	备注
19	余萧客	仪礼	江苏省立国学图书馆图书总目	存
20	孔广林	吉凶服名用篇	江苏省立国学图书馆图书总目	存
21	夏　炘	三纲制服述义	江苏省立国学图书馆图书总目	存
22	鸿宝斋	宫室杂录	江苏省立国学图书馆图书总目	存
23	胡培翚	燕寝考	江苏省立国学图书馆图书总目	存
24	汪士铎	丧服经传补疏	江苏艺文志·南京卷	存
25	邵懿辰	礼经通论	贩书偶记	存
26	杨　峒	律服考古录	贩书偶记	存
27	杨　筠	仪礼聚考	贩书偶记续编	存
28	章　平	仪礼注疏温	贩书偶记续编	存
29	孙冯翼	丧服传马王注	书目答问	存
30	张华理	丧服今制表	书目答问	存
31	程际盛	仪礼古文今文考	中国古籍善本书目	存
32	臧　庸	仪礼郑注校字	北京大学图书馆藏李氏书目	存
33	夏　燮	五服释例	北京图书馆古籍善本书目	存
34	佚　名	仪礼音训	山东师范大学图书馆馆藏古籍书目	存
35	佚　名	仪礼韵聊	中南、西南地区省、市图书馆藏古籍稿本提要	存
36	佚　名	仪礼抄释	中南、西南地区省、市图书馆藏古籍稿本提要	存
37	林　枫	丧礼备览	中南、西南地区省、市图书馆藏古籍稿本提要	存
38	江承之	仪礼名物目录	安徽通志	存
39	刘端临	仪礼补注	刘氏遗书	存
40	江　永	仪礼解例	皇清经解续编	存
41	张校均	仪礼图说	两浙著述考	存
42	李文炤	仪礼经传通解集注	湖南通志	不详
43	胡培系	仪礼述义	皖人书录	不详
44	胡培系	仪礼宫室提纲	清史稿艺文志	不详
45	翁方纲	仪礼毛本改误	光绪顺天府志	不详
46	储光禩	仪礼章句	安徽通志	不详
47	李承超	仪礼大略	安徽通志	不详
48	俞文炳	仪礼冠昏节解	安徽通志	不详

续表

序号	作者	书目	著录或称引	备注
49	王廷燮	仪礼集解	安徽通志	不详
50	方 体	仪礼古文考误	安徽通志	不详
51	胡宗翰	仪礼析微	安徽通志	不详
52	王 衡	仪礼释义	安徽通志	不详
53	王登瀛	仪礼辨	安徽通志	不详
54	张 超	仪礼节释	安徽通志	不详
55	宁世魁	仪礼注	安徽通志	不详
56	霍 邱	仪礼疏提要	安徽通志	不详
57	张 森	仪礼会要	安徽通志	不详
58	钱 彝	仪礼概	安徽通志	不详
59	雷之荣	丧礼或问	安徽通志	不详
60	程瑶田	释宫小记	安徽文献书目	存
61	夏逢芝	仪礼图说	湖南通志	不详
62	李正中	仪礼约解	湖南通志	佚
63	李天昶	仪礼注疏集解纂要	湖南通志	不详
64	毛名珌	仪礼图注	湖南通志	不详
65	叶向时	仪礼韡韩	湖南通志	不详
66	郭启悊	礼经考	湖南通志	不详
67	吴家庆	仪礼纂要	湖南通志	不详
68	丁宏曾	丧礼辑略	湖南通志	不详
69	李有藻	礼经纂注	湖南通志	不详
70	孙诒让	九旗古义述	清史稿艺文志补编	不详
71	崔 适	四禘通释	清史稿艺文志补编	不详
72	吴廷祚	禘祫辨误	清史稿艺文志补编	不详
73	雷 鐏	古经服纬	清史稿艺文志补编	不详
74	任兆麟	仪礼大要	清史稿艺文志补编	存
75	吕仁杰	仪礼先易	清史稿艺文志补编	存
76	申义庆	丧礼备要	台湾公藏韩国古书籍联合书目	存
77	钱 椵	乡饮礼卷数	江南通志	佚
78	朱董祥	读礼纪略六卷附婚礼广义	四库全书总目提要	不详
79	陆心源	宋椠续仪礼经传通解跋	仪顾堂序跋目录	不详
80	陆心源	元椠仪礼集说跋	仪顾堂序跋目录	不详

合以上统计数据，历代的《仪礼》学文献的数量大致为630多种。其中四分之三以上已佚。不过一些重要的《仪礼》学文献通过丛书或单刻本的形式保存至今。

二、《仪礼》学文献的分布

《仪礼》学文献广泛分布于经、史、子、集中；另外，在辑佚书中也有一些残存的《仪礼》学文献；在地方志、目录书和藏书题跋中也有关于《仪礼》学文献的研究资料；一些《仪礼》学文献还通过单刻本的形式流传至今。现对《仪礼》学文献的分布分别做一介绍。

（一）经部的《仪礼》学文献

《仪礼》学文献为“礼”学文献的组成部分，“礼”在汉代为“六艺”之一，所以《汉书·艺文志》将《仪礼》学文献著录在“六艺”之下。《隋书·经籍志》以“四部”分类法来著录群书，《仪礼》学文献被著录于经部礼类。《隋书》以下诸正史的“经籍志”或“艺文志”均延《隋书》的著录模式，将《仪礼》学文献均著录于经部礼类。一些大型丛书也按四部分类法对文献进行分类，如《四库全书》将群书分为经、史、子、集四大类，其经部有“礼”类，“礼”类又分《周礼》、《仪礼》和《礼记》三小类。在《仪礼》类中，收录历代重要的《仪礼》学文献22部，重要的如郑、贾的《仪礼注疏》、张淳的《仪礼识误》、李如圭的《仪礼释宫》、杨复的《仪礼图》和《旁通图》、吴廷华的《仪礼章句》、江永的《仪礼释宫增注》等。另在《四库全书总目·经部礼类》的“礼类存目二”中著录《四库全书》未收的《仪礼》学文献9部，如郝敬的《仪礼节解》、张凤翔的《礼经集注》、徐世沐的《仪礼惜阴录》、马驯的《仪礼易读》等。齐鲁书社出版的《四库全书存目丛书》“经部礼类”收录了这些被《四库全书》列目但是未被收录的《仪礼》学文献。

《四库全书》的“五经总义”类也有部分《仪礼》学文献，如刘敞《七经小传》中的《仪礼小传》重新为《仪礼》作新传，陆德明的《经典释文》中包括《仪礼释文》。清人毛奇龄《经问》、吴浩《十三经疑义》、惠栋《九经古义》等书中均有论及《仪礼》的部分。

一些经学文献丛书中也保留不少《仪礼》学文献，如纳兰性德、徐乾学刻《通志堂经解》就采辑宋、元、明以来儒者说经之书140种，其中包括《仪礼》学文献多种，如宋杨复的《仪礼图》及元敖继公的《仪礼集说》、吴澄的《仪礼逸经传》、汪克宽的《经礼补逸》等。

《皇清经解》、《皇清经解续编》收录了清代重要的经学家的经学著作，其

中包括不少《仪礼》学文献。《皇清经解》中所收录的《仪礼》学文献10种，如吴廷华的《仪礼章句》、沈彤《仪礼小疏》、凌廷堪《礼经释例》、段玉裁《仪礼汉读考》等；《皇清经解续编》中收录的《仪礼》学文献20种，有江永的《仪礼释例》和《仪礼训义择言》、褚寅亮的《仪礼管见》、胡承珙的《仪礼古今文疏义》、金曰追的《仪礼经注疏正讹》、胡培翚的《仪礼正义》、俞樾的《士昏礼对席图》等。值得注意的是，《皇清经解》和《皇清经解续编》中有不少杂考之作涉及《仪礼》，如《皇清经解》卷一一八九收录的是王引之《经义述闻》中关于《仪礼》名物制度的训释，又如《皇清经解》卷一九七收录有臧琳《经义杂记》关于《投壶》和《士相见礼》考释的内容。《皇清经解》所收阮元《揅经室集》中也有不少关于《仪礼》名物的考释。

（二）史部的《仪礼》学文献

在中国传统的图书分类中，目录类图书属于史部。清人朱彝尊的《经义考》是一部关于经学文献的专门目录，其书卷一三〇至卷一三七著录了从汉代到清初的《仪礼》学文献。《经义考》尽可能提供历代《仪礼》学文献的内容、作者、版本和存佚状况，并保存有部分序跋材料，是人们治《仪礼》珍贵的参考资料。又如在《郡斋读书志》和《直斋书录解题》等解题目录中，也有一些关于《仪礼》学文献的提要。

此外，一些目录书中也有关于《仪礼》学文献的记载和考述文字，如周中孚的《郑堂读书记》，此书不仅收录了很多与《四库全书》相同的《仪礼》学文献，同时还为这些文献写了提要。又如《孔子故里著述考》，此书是一部考录孔子故里历代著述的地方文献专著，此书的“经部仪礼类”考述了从汉到清的13种《仪礼》学文献。孙诒让的《温州经籍志》的“经部礼类”对6种《仪礼》学文献的历代目录书的著录状况以及题跋都进行了汇集。

（三）子部的《仪礼》学文献

《仪礼》学文献也有分布在子部的，如《四库全书》“子部儒家类”收有黎靖德所编《朱子语类》，其书卷八五专论《仪礼》。又如黄震《黄氏日抄》，此书有30卷内容专论经书，其中就有论及《仪礼》的部分。

（四）集部的《仪礼》学文献

古人的文集中也有关于《仪礼》的相关资料，如《全宋文》中有李如圭的《仪礼释宫序》、张淳《仪礼识误自序》和《仪礼识误后识》、晁补之《仪礼》和《冠礼》、吴绮《乡饮酒礼序》、范祖禹《论丧服俭葬疏》、程颐《婚礼说》、窦仪《裁定三礼图驳议及答义奏》、聂崇义《新定三礼图自序》、郑逢辰

《祭礼仪礼图进书表》、罗愿《昏问》、张昭《重集三礼图议》、李昴英《论乡饮酒观礼者》、叶梦得《宫室议》、宋徽宗《修立冠礼御笔》、刘敞《小功不税解》、朱熹《问吕伯恭三礼篇次》等。这些单篇流传的《仪礼》学文献可以帮助人们加深认识宋代某位经学家的学术，同时也为人们正确评价宋代的《仪礼》学提供了宝贵的资源。

（五）辑佚书中的《仪礼》学文献

汉唐时期的《仪礼》学文献大多亡佚，不过清代的辑佚家们做了不少工作，他们从群书中辑出了不少汉唐时期《仪礼》学文献的部分内容。著名的清代辑佚家马国翰在《玉函山房辑佚书》的“经编仪礼类”辑了 26 种已亡佚的《仪礼》学文献。又如王仁俊《玉函山房辑佚书续编》、黄奭《汉学堂丛书》、王谟《汉魏遗书钞》等清人的辑佚书也辑有部分《仪礼》学文献。通过清人的辑佚书，我们可以对汉唐时期重要的《仪礼》学文献做一管窥，这对于正确认识汉唐时期的礼学史及经学史都有重要的参考价值。

（六）单刻本流传的《仪礼》学文献

除了丛书中收录的《仪礼》学文献以外，还有不少单刻本《仪礼》学文献流传至今。这些单刻本多保存在全国各地的图书馆里，如郑玄《仪礼注》的单刻本有明正德十六年陈凤梧刻本（《中国古籍善本书目》），明嘉靖吴郡徐氏刻三礼本（《中国古籍善本书目》）、崇祯东吴金蟠原刊本（《江苏省立国学图书馆图书总目》），清道光十四年立本斋刻本（《东北地区古籍线装书联合录》）、嘉庆十九年吴县黄氏影刻宋严州士礼居黄氏丛书本（《香港所藏古籍书目》）、崇文书局仿宋严州刊本（《江苏省立国学图书馆图书总目》）等。可见在丛书本《仪礼》学文献之外，单刻本《仪礼》学文献也为数不少。

（七）地方志、藏书题跋中的《仪礼》研究资料

一些地方志中有关于《仪礼》学文献的记载和考述文字，这也是《仪礼》学文献的组成部分，如民国《山东通志》、《福建通纪》、《陕西通志》等地方志中均有关于历代《仪礼》学文献的著录，并有简明的提要。

另外，一些藏书题跋，如《拜经楼藏书题跋记》、《抱经楼藏书志》、《爱日经庐藏书志》中都有一些关于《仪礼》学文献的考述文字，这是人们认识某些《仪礼》学文献很有益的参考资料。

（八）类书中的《仪礼》学文献

类书将古籍拆散，并依类编排，其中保留有部分《仪礼》学文献。如中华书局 1986 年版残本《永乐大典》卷七三八九至卷七三九〇是关于《仪礼》

中“丧礼”的内容，卷一六二一七是关于士冠礼和诸侯、大夫冠礼的内容。

（九）《敦煌遗书》中的《仪礼》学文献

《敦煌遗书》中有《丧服仪》，作者不详。王重民在《敦煌遗书总目索引新编》将此书定名为“唐前期书仪”，并云：“说明：存丧服、服前仪第十九两个子目。按：此依照赵和平定名。”

第四节　《仪礼》学文献举要

《仪礼》学文献的内容与形式多样，从内容上讲有考察名物的，有研究礼制的，有研究文字、音韵、训诂的，有分析义例的；形式上有传、注、疏、图等。古代对《仪礼》学文献进行分类，比较有代表性的是郑樵《通志·艺文略》，此书将《仪礼》学文献分为石经、注、疏、音四类。“经”如《今字石经仪礼》、《一字石经仪礼》；“注”如郑玄《仪礼注》、王肃《仪礼注》；“疏”如贾公彦《仪礼疏》；“音”如郑玄《仪礼音》。《通志》将《丧服》文献独立于《仪礼》学文献之外，并将其分为传注、义疏、记要、问难、仪注、谱图、五服图仪等各类。魏晋南北朝时期，研究《仪礼·丧服》的文献很多，远远超出《仪礼》其他诸篇，因此郑樵的分类自有其合理之处。宋代以后，《仪礼》其他诸篇也受到研究者们的重视，郑樵的分类就越来越不合时宜。上海古籍出版社出版的《中国丛书综录》将《仪礼》学文献分为七类，分别为正文之属、传说之属、分篇之属、专著之属、图之属、文字音义之属和逸礼之属。这种分类方式从内容、形式和数量上对《仪礼》学文献做了比较全面的揭示。笔者参照《中国丛书综录》的分类方式，对《仪礼》学文献通过举要的方式加以介绍。

一、白文类

“白文”又称“正文”，是指只有经文，没有汇入注释和翻译的《仪礼》学文献。如《篆文六经四书》中的《仪礼》就是白文，此外，历代石经中也有《仪礼》白文，如东汉灵帝熹平石经，唐开成石经均有《仪礼》白文。白文在经书的校勘方面有很大的价值，阮元《仪礼注疏校勘记序》云：“《仪礼》最为难读，昔顾炎武以唐石刻九经校明监本，惟《仪礼》讹脱尤甚。”[①] 又如

① 《仪礼注疏校勘记序》，阮元校刻《十三经注疏》本。

清人张尔岐亦以唐石经校明监本等。

1. 武威汉简《仪礼》9篇

1959年7月，甘肃省文物工作队在武威县发掘出了大量汉代竹、木简，确定为《仪礼》七篇。1960年，中国科学院考古研究所加入整理工作，并将其分为甲、乙、丙三本。其中甲本木简字大简宽，包括今本《仪礼》中的七篇，即《士相见礼》、《服传》、《特牲》、《少牢》、《有司》、《燕礼》、《泰射》；乙本木简字小简窄，仅有《服传》一篇；丙本为竹简，仅有《丧服》一篇。甲、乙、丙三本简册材料不同，其内容也大异。甲本木简共存398简，缺失24简；乙本木简37简，丙本竹简34简，共469简。九篇共存字27298字，较熹平石经仅存的8000多字多出近20000字。武威汉简在版本学、校勘学和古文字学上都有重要的贡献。唐代熹平年间所刻九经中，《仪礼》的讹脱最多，而熹平石经存字过少，可用于校勘的也不多。而汉简本《仪礼》乃西汉经师的写本，最为近古，用于校勘，足以纠正十三经本《仪礼》的讹脱。① 此外，汉简本《仪礼》在经学史上也有着重要的贡献，有的学者利用它探讨了《仪礼》的今古文问题。如高明通过将简本与《郑注》本进行同名篇目中之今古文的用字差异列表，发现汉代《仪礼》今文本、古文本和简本彼此的用字区别很大。通过考证，高明认为汉代《仪礼》的所谓今古文的区别，实质就是本字与假借字的区别，简本《仪礼》，无论是从经文或者字体都不能判断它是今文本或是古文本，可见当时所传只是一种文体，不是两种文本。② 亦证明《仪礼》在汉代只传今文学，文字的差别只是《仪礼》本身传授过程中在不同时代、不同地区、不同师承中产生的用字差异。《武威汉简》由甘肃省博物馆和中国科学院考古所于1964年联合出版。

2. 石经本《仪礼》

作为儒家经书之一，《仪礼》受到历代统治者的重视。东汉灵帝熹平四年蔡邕等人奏请刻经于石，以为定式，灵帝应允，蔡邕等人乃刻《仪礼》等七经于石，共四十六石，两面隶书刻字，立于洛阳太学门外。此即“汉石经”，又名“熹平石经”。由于年代久远，碑石残损。宋代洪适曾收录汉石经残字两千余，清人马国翰辑有《石经仪礼》1卷，罗振玉有《汉熹平石经残字集录》

① 王锷：《武威汉简本仪礼与十三经本仪礼比较研究》，载《社科纵横》1993年第4期。

② 高明：《据武威汉简谈郑注仪礼今古文》，载《传统文化与现代化》1996年第1期。

2卷等，均可资参考。

唐文宗大和七年（833）开始刻石经，至唐文宗开成二年（837）石经刻成，此即“唐石经”，又名“开成石经”。经文楷书，标题隶书，计有《仪礼》等十二经，及《五经文字》、《九经字样》，共百一十四石，两面刻字，立于长安国子监，今存于西安碑林。张宗昌于1926年摹刊有《唐开成石壁十二经》，其中有《仪礼》十七卷，可参考。五代时期，后蜀主孟昶命毋昭裔于广政十四年（951）刊《仪礼》等十经于石，北宋时增补为十三经，楷书，经文依“开成石经”，有注，立于成都石经堂，今存残石。此即“蜀石经”，亦称“后蜀石经”。清乾隆五十六年（1791）至五十九年（1794），刻《仪礼》等十三经于石，系蒋衡楷书，共百九十石，两面刻，立于北京国子监。其文字多依古本，与通行本多异，今保存完整。此即“清石经”，亦名“乾隆石经”。

二、传说类

传说之属是指对经文进行训释的文献，包括传、注、解诂、义疏、正义、集说、集解等形式，其对文献进行注释，对经义进行疏通。在历代的《仪礼》学文献中，传说之属数量最大，因此这类文献是研究《仪礼》本经最重要的参考资料。以“注”为名的如郑玄《仪礼注》、王肃《仪礼注》；以“义疏”为名的如贾公彦的《仪礼疏》、诸锦的《仪礼义疏》；以“传”为名的如元吴澄的《仪礼传》、以“解诂”为名的如陈深的《仪礼解诂》、以“章句”为名的如吴廷华的《仪礼章句》、以“集说”、“集解”、“集释”、“集注”为名的如敖继公的《仪礼集说》、李黼的《仪礼集解》、李如圭的《仪礼集释》、张凤翔的《仪礼经集注》等。

（一）汉唐时期

总体上看，从汉代到唐代，经师们治《仪礼》的特点是尊重经书的原貌，不随意删改经文；多宗郑《注》，采用注不驳经、疏不破注的原则对经加以阐释。从目录书的著录情况来看，汉唐时期的传注类《仪礼》学文献不多，况且由于年代久远，这些《仪礼》学文献大多已亡佚。现在所能看到的汉唐时期传说类《仪礼》学文献（不包括单篇《丧服》）只有郑玄的《仪礼注》和贾公彦的《仪礼疏》。下面对二书略作介绍。

1.《仪礼注》17卷，（汉）郑玄撰

郑玄所撰《仪礼注》17卷是目前所知现存的第一部训释《仪礼》的专著。西汉时期，《仪礼》分大戴、小戴和刘向三种本子，郑玄以刘向《别录》本为主，进行笺注。

郑玄《仪礼注》的特点，一是喜以汉制相比拟，其中包括对《汉律》、《汉礼》的称引，以及对汉代官名和制度的引用。如在注《仪礼·乡射礼》时，郑玄曰："今郡国行此礼以季春。"又如《聘礼》"又释币于行"，郑注："今时民春秋祭祀有行神，古之遗礼乎?"《礼记·祭法》郑注："今时民家，或春秋祭祀司命、行神、山神。"此皆比况汉法。二是注重发挥其对礼乐和诗之间关系的认识。如《乡饮酒礼》："乃间歌《鱼丽》，笙《由庚》，歌《南有嘉鱼》，笙《崇丘》；歌《南山有台》，笙《由仪》。"郑注："六者皆《小雅》篇也。《鱼丽》言太平年丰物多也，此采其物多酒旨，所以优宾也。《南有嘉鱼》言太平君子有酒，乐与贤者共之也，此采其能以礼下贤者，贤者累蔓而归之，与之宴乐也。《南山有台》言太平之治以贤者为本也，此采其爱友贤者，为邦家之基，民之父母，既欲其身之寿考，又欲其名德之长也。《由庚》、《崇丘》、《由仪》今亡，其义未闻。"郑玄在对前人言语的领会中引申出自己的看法，揭示了传统的礼乐、诗歌的价值和意义。三是抛开门户之见，兼采今古文，博综众家，择义优者从之。郑玄在为《仪礼》作注时，凡是遇到今古异文，都要作一番校勘，或从今文，或从古文。从今文，则必于注中注明古文该字作某；从古文，则必于注中注明今文该字作某，即所谓"从今文则注内叠出古文，从古文则注内叠出今文"①。四是文字精审，要而不繁，如《仪礼》的《少牢馈食礼》全文共 2979 字，注仅 2787 字；《有司彻》全文共 4790 字，注仅 3456 字。这是十分难得的。五是去取比较谨慎。如《仪礼》的《丧服传》，郑玄确认有错简，但他决不轻易删改，而只是将自己的意见在注文中加以说明，以保存书的原貌。由于郑《注》的种种优长，使它很快取代了《仪礼》的其他注本，成为唯一的常见至今的注本，可见其影响之大。郑《注》的又一大特点在于好引讖纬之说，多有迂怪之谈，至今为人诟病。后世学者对郑玄或褒或贬，褒之者称赞他括囊大典，网罗众家，删裁繁诬，刊改漏失，自是学者略知所归，是《三礼》的功臣；贬之者指责他泯灭两汉经学之家法，望文穿凿，是《三礼》的罪人。平心而论，郑玄之注，应该是功大于过。郑玄注《仪礼》、《周礼》、《礼记》，使《三礼》成为显学，为学者所重。

郑玄《仪礼注》的版本有两大类，一是附陆德明《经典释文》的版本，此类常见的有《四部备要》本，根据《十三经古注》本影印；二是未附陆德明《经典释文》者，此类常见的有《四部丛刊》本，根据徐氏翻刻宋本影印。

---

① 皮锡瑞：《经学历史》五《经学中衰时代》。

2.《仪礼疏》50卷，（唐）贾公彦撰

《仪礼疏序》曰："《仪礼》所注，后郑而已。其为章疏，则有二家，信都黄庆者，齐之盛德，李孟悊者，隋曰硕儒。庆则举大略小，经注疏漏，犹登山远望而近不知；悊则举小略大，经注稍周，似入室近观而远不察。二家之疏互有修短，时之所尚，李则为先。……今以先儒失路，后宜易途，故悉鄙情，聊裁此疏，未敢专欲，以诸家为本，择善而从，兼增已义。"①《四库全书总目》云："《仪礼》所注，后郑而已，则唐初肃书已佚也。为之义疏者，有沈重，见于《北史》；又有无名氏二家，见于《隋志》，然皆不传。故贾公彦仅据齐黄庆、隋李孟悊二家之疏，定为今本。"② 由此可见，贾公彦是在齐黄庆、隋李孟悊两家的基础之上，增以已意而成《仪礼疏》50卷。此书对自汉至唐的《仪礼》研究进行了一次总结，是一部集汉唐《仪礼》研究的集大成之作。

贾公彦的《仪礼疏》是最早为《仪礼》全书作疏解的著作。不过，学术界对贾《疏》的评价并不太高，原因是贾氏所能依据的材料太少，《丧服》一篇所引章疏，尚有袁准、孔伦等十余家，其余各篇所引，只有南齐的黄庆、隋的李孟哲两家而已，详略悬殊，而黄、李两家之注疏漏之多，连贾氏自已都不满意。这与贾氏取材宏富的《周礼疏》相比，尤显单薄。

此书常见版本为《四部丛刊续编》本。注疏合刊，则有《四部备要》本、北京大学出版社1999年点校本。

（二）宋元明时期

中唐以后，疑古辨伪的学风兴起，这种学风到了宋代更为普遍。宋代学者对经书常加以怀疑，并好以已意改经。宋代的《仪礼》学受宋代学风的影响，表现出与汉唐时期不同的特点。具体来说，宋元明时期《仪礼》学的特点之一是在"礼是实学"的前提下对《仪礼》进行训释；再就是怀疑《仪礼》经文和注疏，并对《仪礼》篇目加以更改。下面对宋元明时期传说类《仪礼》学文献择其要者进行介绍，以明这一时期传说类《仪礼》学文献的概貌。

1.《仪礼经传通解》66卷，（宋）朱熹撰

《仪礼经传通解》为朱熹礼学的重要著作，由朱熹及其弟子黄榦、杨复等撰写而成。该书凡37卷，续29卷，共66卷。朱熹在世时，已完成此书37卷，而前23卷乃由朱熹本人亲定，以后为黄、杨二弟子续成。该书以《仪

① 贾公彦：《仪礼疏序》，载《仪礼注疏》卷首，阮元校刻《十三经注疏》本。
② 永瑢等：《四库全书总目》卷二〇《仪礼疏》提要。

礼》为经、《礼记》为传，经传相分，又相参通。并旁及传记杂文以补经阙，而做成的一部礼书。《通解》由朱熹及其弟子历数十年而定成，其编纂过程，体现了朱熹礼学的指导思想。朱熹经传相分相合又不废传注的思想，既是朱熹经学之共性的反映，又是朱熹礼学特征个性的体现，与朱熹所著《家礼》相比，《通解》乃朱熹晚年之作，二书一今一古，一要一详，自有其不同。但是两书也相辅相成，并行而不悖，共同体现了朱熹之礼学的指导思想和原则。

此书常见有《四库全书》本。

2.《仪礼集释》30卷，(宋) 李如圭撰

李如圭（生卒年不详），庐陵（今江西吉安）人。官至福建路抚干。宋自熙宁中废罢《仪礼》，学者鲜治是经。李如圭全录郑玄《仪礼注》，并旁征博引以为之释，多发贾公彦《疏》所未备。原书久不传，戴震从《永乐大典》录存李如圭《仪礼集释》30卷，排纂成书，并撰写了提要。十七篇中，首尾完具者尚十五篇。唯《乡射》、《大射》二篇在《永乐大典》阙卷内，其纲目一篇亦阙，无从考补，乃仍其旧。然已得其十之九矣。《仪礼》一经，因治之者稀，经文并注往往讹脱。戴震据李如圭的《仪礼集释》补充《仪礼注疏》(即今《十三经注疏》本的《仪礼注疏》) 中的脱字24字，改讹字14字，删衍字106字。注疏本《乡射》，《大射》二篇已阙，参取惠栋，沈大成二家藏本所校宋本，证以唐石经。后来阮元刻《十三经注疏》即据此。李如圭还有《仪礼纲目》1卷、《仪礼释宫》1卷，朱彝尊《经义考》引张萱语："宋淳熙间，李宝之如圭取郑氏注而释之，首一卷为《仪礼纲目》，以分别章句之指；次《集释》十七卷，皆发明前人未备；末一卷为《释宫》，考论宫室之制，凡一十九卷。"①

《仪礼集释》常见版本有《四库全书》本和《丛书集成初编》本。

3.《仪礼要义》50卷，(宋) 魏了翁撰

此书以《仪礼》十七篇各为条目，而节取注疏录于下方。四库馆臣评价道："《仪礼》一经，最为难读，诸儒训诂亦稀。其著录于史者，自《丧服》诸传外，《隋志》仅四家，旧《唐志》亦仅四家，新《唐志》仅三家。今惟郑玄《注》、贾公彦《疏》存耳。郑《注》古奥，既或猝不易通。贾《疏》文繁句复，虽详赡而伤于芜蔓，端绪亦不易明。《朱子语录》谓其不甚分明，盖亦有故。了翁取而删剟之，分胪纲目，条理秩然，使品节度数之辨，展卷即知，不复以词义轇轕为病。其梳爬剔抉，于学者最为有功。虽所采不及他家，而

① 朱彝尊：《经义考》卷一三二《仪礼三》。

《仪礼》之训诂备于郑、贾之所说，郑、贾之精华备于此书之所取。后来诠解虽多，大抵以《注》、《疏》为蓝本，则此书亦可云提其要矣。”① 根据四库馆臣的意见，《仪礼要义》的最大贡献是既解决了郑《注》古奥、孔《疏》繁芜之病，同时又分纲目，条理有序。魏了翁《仪礼要义》对注疏的删节体现了宋人治学敢于移易经文注疏的学风，一改汉唐以来株守传注的治经格局。

此书常见本有《四库全书》本。

4.《仪礼逸经传》2卷，(元) 吴澄撰

吴澄在自序中云：“朱子尝与东莱先生吕氏商订《三礼》篇次，欲取《戴记》中有关于《仪礼》者附之《经》，其不系于《仪礼》者，仍别为记。吕氏既不及答，而朱子亦不及为，幸其大纲存于文集，犹可考也。”② 从这里我们可以看出吴澄遗憾朱子未能将《三礼》篇目重新编次就去世了。《仪礼逸经传》掇拾逸经，以补《仪礼》之遗。经部为八篇，曰《投壶礼》，曰《奔丧礼》，取之《礼记》；曰《公冠礼》，曰《诸侯迁庙礼》，曰《诸侯衅庙礼》，取之《大戴礼记》，而以《小戴礼记》相参定；曰《中霤礼》、曰《禘于太庙礼》、曰《王居明堂礼》，取之郑康成《三礼注》所引逸文。其编次先后，皆依行礼之节次，不尽从其原文，盖仿朱子《仪礼经传通解》之例。其引大、小戴《礼记》所出，郑《注》不著所出，则与王应麟《郑氏易》同。由古人著书，不及后来体例之密，不足异也。其《传》十篇，则皆取之大、小戴《礼记》，曰《冠仪》，曰《昏仪》，曰《士相见仪》，曰《乡饮酒仪》，曰《乡射仪》，曰《燕仪》，曰《大射仪》，曰《聘仪》，曰《公食大夫仪》，曰《朝事仪》。其《乡射仪》、《大射仪》取《礼记·射仪篇》所陈天子诸侯卿大夫之射，厘为三篇。其《士相见》、《公食大夫》二仪则取宋刘敞之所补。刘敞拟《记》而作者尚有《投壶仪》一篇，亦见《公是集》中，澄偶有遗漏之处。

常见的版本有《通志堂经解》本、《四库全书》本和《丛书集成初编》本。

5.《仪礼集说》17卷，(元) 敖继公撰

敖继公（生卒年不详)，字君善，福建长乐人，客居吴兴。元代经学家。赵孟頫尝从受业。后以江浙平章高彦敬荐，授信州教授。

是书成于大德五年 (1301)。前有《自序》，称“郑康成《注》疵多而醇

① 永瑢等：《四库全书总目》卷二〇《仪礼要义》提要。

② 朱彝尊：《经义考》卷一四三《礼记五·吴氏·礼记纂言》。

少，删其不合于经者，意义有未足，则取疏记或先儒之说以补之。又未足，则附以一得之见”①。其书撰著方法与体例，以旧注为本，提出驳议，强调回复古经，并以礼义为主，辨析其间得失。敖继公之礼学，虽值元代之积衰，却仍能在“礼是实学”的立场上，综理郑学、朱学，厘清疑义，说释典籍。正如四库馆臣所云：“则继公所学，犹有先儒谨严之遗，固异乎王柏、吴澄诸人奋笔而改经者也。”② 清代学者很重视敖继公的礼学，清代官修《三礼义疏》推崇敖氏礼说，反映当时兴盛的考证学风，同时也表现出对宋学、朱学的排诋。“敖氏著重器数典制，已是众所认同，然而敖氏驳议《郑注》的论学旨趣仍是回归汉学。至于朱子及其后学编纂之《通解》体例，敖氏率置而不取，立场不言而喻。敖继公的礼学成果不但象征着宋元经学中仍具有笃守考据实学的方法学，同时也为后世兴盛的清代乾嘉时期考据学所宗。礼学与理学，汉学与宋学，实非截然不同的学术典范；而清人倡导考据，亦非不同典范的取代或骤然的改变。”③

此书常见的版本有《通志堂经解》本、《四库全书》本。

6.《经礼补逸》9卷，（明）汪克宽撰

汪克宽（1304—1372），字德辅（一作仲裕，亦作德一），祁门（今属安徽）人。元泰定中举，应乡试中选，会试以答策伉直被黜，于是慨然弃科举业，尽力于经学。四方学士执经问学于门下者甚众。洪武初，聘至京师，同修《元史》。书成将授官，以老疾固辞。克宽祖父华受业于双峰饶鲁，得黄之传。克宽10岁时，父授以《双峰问答》。后从父之浮梁，问业于吴仲迂。其于《春秋》，以胡安国为主而博考众说，荟萃成书曰《春秋经传附录纂疏》；《易》则有《程朱传义音考》；《诗》则有《集传音义会通》，礼则有《经礼补逸》。

《经礼补逸》取《仪礼》、《周官》、《礼记》、《春秋》三传以及诸经之文有涉于礼者，以吉、凶、军、宾、嘉五礼统之。吉礼之目六十有八，凶礼之目五十有七，军礼之目二十有五，宾礼之目十有三，嘉礼之目二十有一，而以《礼经附说》终焉。克宽究心道学，于礼家度数，非所深求。于著书体例，亦不甚讲。如每条必标出典。乃一类之中，条条连缀书之，合为一篇，文相属而语不属，遂参差无绪。此书作者所下断语尚不失醇正，对清人有一定影响，

① 敖继公：《仪礼集说·序》，文渊阁《四库全书》本。

② 永瑢等：《四库全书总目》卷二〇《仪礼集说》提要。

③ 程克雅：《敖继公仪礼集说驳议郑注仪礼》，载《东华人文学报》2000年第2期。

如秦蕙田《五礼通考》就是仿照此书而作。

此书常见的版本有《通志堂经解》本、《四库全书》本和《摛藻堂四库全书荟要》本。

7.《仪礼节解》17卷，(明) 郝敬撰

敖继公撰《仪礼集说》，认为郑《注》"疵多醇少"，故诋斥郑玄，处处立异，在元、明以及清初造成很大影响。郝敬是敖继公的崇拜者之一，撰《仪礼节解》，多引敖继公《集说》为言。比较而言，敖继公《仪礼集说》虽诋郑过度，但瑕疵互见，犹有某些创见。而郝敬却少有心得，正如四库馆臣曰："敬所作《九经解》，皆好为议论，轻诋先儒，此编尤误信乐史五可疑之说，谓《仪礼》不可为经，尤其乖谬。所解亦粗率自用，好为臆断。"[①] 虽然郝氏于《仪礼》方面建树不大，但是借助此书可以对明人学风有所认识。另外，根据彭林的推测，此书可能对清人姚际恒作《仪礼通论》有影响。[②] 因此了解郝书对于认识清人《仪礼》学也有一定的帮助。

此书常见本有《四库全书存目丛书》本。

（三）清代

清代以前的《仪礼》研究均是代不数人，然而在清代近三百年的经学研究史中，随着汉学的复兴和礼学思想的演变，很多清儒投入到《仪礼》的研究中，《仪礼》研究经历了清初开始复苏、清中期鼎盛和后期衰落的过程。清代《仪礼》学文献比以前朝代都要多，由于不同学者的治学理念不尽一致，因此各个学者的《仪礼》学也呈现出不同的特点。学者邓声国将清代的《仪礼》学文献划分为创发新说派、淹通汉宋派、汉学考据派、折中旧说派、张扬朱学派、宗守郑学派、经俗互贯派等七大派别。[③] 邓声国的划分在清代《仪礼》文献的研究上是很有意义的，这样的划分可以更加清楚地看到清代学者治《仪礼》的理念和方法。笔者在此基础上将清代传说类《仪礼》学文献划分为宗朱派、考据义理并重派和考据派，以求较为清晰地勾勒出清代传说类《仪礼》学文献的面貌。

第一类：宗朱派

指清儒效法宋代朱熹《仪礼经传通解》的编纂方法而成的《仪礼》学文献。宋代朱熹撰《仪礼经传通解》，以《仪礼》为经，《礼记》和诸史杂说为

---

① 永瑢等：《四库全书总目》卷二三《仪礼节解》提要。

② 彭林：《论姚际恒仪礼通论》，载《湖南大学学报》2006年第1期。

③ 邓声国：《清代仪礼文献研究》，上海古籍出版社，2006年，第59页。

记，朱熹的这种治《仪礼》的方法对清儒产生了很大影响，很多清代学人沿着朱熹治《仪礼》的路子著书立说，这一派的《仪礼》学文献被归为宗朱派。相关的文献如盛世佐《仪礼集编》、姜兆锡《仪礼经传内外编》、杨丕复《仪礼经传通解》等。这一类文献的特点是突出“编”，而非“考”，对《仪礼》本经和注疏大加分合。现将盛世佐《仪礼集编》和姜兆锡《仪礼经传内外编》介绍如下：

1.《仪礼集编》40卷，(清) 盛世佐撰

盛世佐（生卒年不详），字庸三，浙江秀水人。乾隆十三年（1748）进士，官贵州龙里知县。深于经学。

此书成于乾隆十二年（1747），汇集古今说《仪礼》者百九十七家，而断以己意。盛世佐认为朱子《仪礼经传通解》以经史杂书有关于《仪礼》者分别附于《仪礼》经文之下，乃编纂之初，不得不权立此例，以便寻省，其业未能完成而门人继之，因仍不改，并非朱子之本意。吴澄亦疑其经、传混淆为朱子未定之稿。盛氏于是以经自为经，记自为记，一依郑氏之旧。其《士冠》、《士相见》、《丧服》等篇，经、记传注传写混淆者，则从蔡沈考定《武成》之例，别定次序于后，而不敢移易经文。盛氏在训释《仪礼》时无轻易驳斥郑《注》贾《疏》之处，持论颇为谨严，无浅学空腹高谈。又因杨复《仪礼图》久行于世，然其说皆本《注》、《疏》，所以不免有过失之处，盛氏也一一进行考辨。至于诸家谬误，辨证尤详。虽持论时有出入，而可备参考者多。四库馆臣评价此书：“在近时说礼之家，固不失为根据之学矣。”①

此书常见的版本有《四库全书》本。

2.《仪礼经传内外编》28卷，(清) 姜兆锡撰

姜兆锡（生卒年不详），字上均，别号素清学者，丹阳（今属江苏）人。康熙二十九年（1690）举人，官中书，改薄圻令。亲老，告归。乾隆初，充“三礼”馆纂修。卒年八十。生平究心于性理经学，构轩曰“双桐书屋”，著书其中者数十年。主要著作有《礼记章义》、《大戴礼翼删》、《九经补注》、《诗礼述蕴》、《家语孔丛子注》等。姜兆锡在治学道路上与朱熹、黄幹一脉相承，他在《仪礼经传内外编·自序》中曰：“兹编实奉朱子遗训，以其所编家、飨、邦国、王朝之礼，用勉斋丧、祭二礼之例以通之，不袭其迹而师其意。”说明姜氏此书的体例沿袭朱熹和黄幹的《通解》和《续通解》。至于“内外编”，姜氏自言：“《仪礼》之得名，本于升降揖让动作威仪之所发而为

---

① 永瑢等：《四库全书总目》卷二〇《仪礼集编》提要。

名，故十六篇及凡所补之属为内编；而《丧服》篇及凡所补之属，乃所以行是《仪礼》之具，而与其发见于升降揖让动作威仪之间者则有闻矣，故为外编也。”此书《内编》共23卷，前22卷依次为嘉礼、军礼、宾礼、凶礼、吉礼。嘉礼分冠婚礼、饮食礼、燕飨礼、宾射礼、脤膰礼、贺庆礼。军礼分大封礼、大均礼、大田礼、大役礼、大师礼。宾礼分为朝觐之属之礼、聘问之属之礼。凶礼分为丧礼、荒礼、吊礼、禬礼、恤礼。吉礼分为享人鬼礼、祀天神礼、祭地示礼、因事之祭、类祭之事、因祭之事。第23卷为庶民入小学礼、国子入小学礼、国子暨民后入大学礼、弟子职礼、凡小学大学简升礼、世子豫教礼、诸侯元年即位礼、王元年即位礼。《外编》共5卷，卷一和卷二为《丧服》上下，卷三为《丧服补》。后附《五礼分合图考》。此书与朱熹《通解》一样，十分重视经史杂书之说，除了引用《礼记》，还广泛采纳《诗经》、《论语》、《春秋》三传、《国语》、《白虎通义》、《孔子家语》、《列女传》中的内容。

此书常见有《九经补注》本。

第二类：考据义理并重派

指清前期学者在研究《仪礼》时，既注重择取郑、贾之说，同时也博采宋元明诸儒训释成果。这些学者在治《仪礼》时，既秉承了汉唐学者治经时重视文字训诂的治学理路，同时也吸取了朱熹、敖继公等人治《仪礼》的理念。清前期治《仪礼》的学者中，李光坡、毛奇龄、姚际恒、方苞、蔡德晋、沈彤、吴廷华、任启运等均是淹通汉宋的《仪礼》学家。现将他们的《仪礼》学文献介绍如下：

1.《仪礼通论》17卷，(清) 姚际恒撰

此书前有《自序》一篇及《论旨》一篇，《自序》阐明作者的礼学主张，《论旨》32条，阐发己见，兼述全书大旨。姚氏受元敖继公、郝敬治《仪礼》的影响甚大，大旨正郑《注》贾《疏》之误，考证古礼的仪节度数，疏通文句，阐明礼义。体现出宋学的怀疑精神，又具有汉唐时期的考据精神。一般都认为《仪礼》一书中大多数礼仪都是士礼，可是姚氏不同意此种观点，他认为《仪礼》中关涉士礼的只有8篇，分别是：《士冠礼》、《士昏礼》、《士相见礼》、《乡饮酒礼》、《乡射礼》、《士丧礼》(包括《既夕礼》)、《士虞礼》和《特牲馈食礼》。天子诸侯大夫礼者有五篇，分别是：《燕礼》、《聘礼》、《大射礼》、《公食大夫礼》、《少牢馈食礼》(包括《有司彻》)。《丧服》为士至天子都是实用的。姚氏认为《仪礼》乃言仪之书，非圣人之作，他说：“古以《易》、《诗》、《书》、《春秋》、《礼》、《乐》为六经，仪既非礼，然仪礼者所以

辅礼而行，则谓《礼经》之传亦可也。”此外，姚氏还对《仪礼》的成书年代等都做了考辨。

中国社会科学出版社于1998年12月出版了陈祖武的点校本，是目前最好的本子。

2.《仪礼义疏》48卷，（清）乾隆钦定

此书是乾隆十三年（1748）所撰《三礼义疏》的第二部。全书分经文40卷，冠以《纲领》1卷、《释宫》1卷，不入正文；殿以《礼器图》4卷、《仪节图》4卷，实际上全书共50卷。《仪礼义疏》章段以朱子《仪礼经传通解》为主；并以元儒敖继公之说为主要依据；此书经自为经，记自为记，各不相混；此书也注重礼图的考辨，《释宫》用李如圭《仪礼释宫》，《礼器图》用聂崇义《三礼图》，并一一辨其讹误。这些皆彰显出《仪礼义疏》重实而不务空发议论的总体特征。此书常见本为《四库全书》本和摛藻堂《四库全书荟要》本。

3.《仪礼析疑》17卷，（清）方苞撰

此书随文注释，以考前人训释《仪礼》中出现的讹误为主。其书不全录《仪礼》经文，只是依照《仪礼》十七篇的顺序条举文句详加辨证论说。根据邓声国的研究，方苞研治《仪礼》的方法有五：一是长于以义理说礼，而不专于名物制度的考辨；二是说解礼制仪文，注重“比类推说”之法的运用；三是说解礼制具有一系列自身独特的角度、方法和原则；四是在训解《仪礼》时，注意有关经文义理的解释；五是注重于《仪礼》经文的文字校勘。[①] 方苞《仪礼析疑》的最大特点是注重对礼义的阐发而疏于名物制度的训诂，这是清初学风之体现。此书在清初《仪礼》学中占有十分重要的地位，受到清代学者的普遍关注。

此书常见版本为《四库全书》本。

4.《礼经本义》17卷，（清）蔡德晋撰

蔡德晋（生卒年不详），字仁锡，无锡人。雍正四年（1726）举人。乾隆二年（1737），礼部尚书杨名时荐德晋经明行修，授国子监学正，迁工部司务。德晋尝谓横渠以礼教人，最得孔门博约之旨，故其律身甚严。其论《三礼》，多前人所未发。著《礼经本义》17卷，《礼传本义》20卷，《通礼》50卷。

此书前16卷皆本经，第17卷附吴澄所辑《逸礼》8篇，蔡氏在训释《仪

① 邓声国：《清代仪礼文献研究》，上海古籍出版社，2006年，第95～99页。

礼》时广泛征引宋、元、明以来诸家说解，并与郑《注》、贾《疏》互相参证。此书于名物制度的考辨十分详审，并间出新义，如《士冠礼》经文曰："即筵坐栉，设笄。"敖继公以为固冠之笄。德晋则谓："笄有二种，一是髻内安发之笄，一是弁冕固冠之笄。此未加冠，明是安发之笄，继公所说为误。"辨析十分精密，为前儒所未及也。不过此书也有失之杜撰之处，如《士冠礼》："白屦以魁柎之。"郑《注》："魁，蜃蛤。柎，注也。"以蛤灰柎注于屦，取其洁素。《说文》所云魁蛤，是其确证。蔡氏引万斯大之说，谓"魁以木为之。明时巾帽以木为范，名曰魁头，盖本于此"，与事实相去甚远。

此书较为常见的版本有《四库全书》本。

5.《仪礼章句》17 卷，（清）吴廷华撰

吴廷华（1832—约 1900），字中林，号东壁，浙江仁和人。康熙五十三年（1714）举人。官福建海防同知。生平于"六经"笺疏无所不窥。尝以荐预纂修《三礼义疏》，得遍览中秘储书之古今先儒著述，故礼学尤为赅洽。撰《周礼疑义》44 卷，《仪礼疑义》50 卷，《礼记疑义》72 卷，稿凡百数十册。是书以张尔岐《仪礼郑注句读》过于墨守郑《注》，王文清《仪礼分节句读》以句读为主，笺注过于简略，因而折中先儒，以补二书所未及。每篇之中，分其节次；每节之内，又析其句读。其训释多本郑贾笺疏，间采它说，于丧礼考订尤为详审。如《丧服》"嫡孙"条，《疏》谓祖孙本非一体，《仪礼章句》谓祖为适子服斩，故于孙不重服，特隆于大功，此说有理，而《疏》说有误。《士丧礼》"陈大敛具"条，熬黍稷各二筐，敖继公谓置此代奠，《仪礼章句》独从《郑注》，谓设以聚蚁，去熬而蚁亦俱去，盖善法也。但也有空凿之处，如《既夕礼》"皆木桁久之"句，"久"当作"庐人灸诸墙"之灸，柱也，以辨《注》、《疏》之非。又谓："祖奠，主人当在柩东，奠在其南，则亦在柩东，《注》谓主人及奠俱在柩西，非是。"颇见精确。惟于三年之丧，过于信奉毛奇龄三十六月之说，不知此说倡自唐王元感，当时已为礼官所驳，阎若璩《潜邱劄记》辨之尤详。《仪礼章句》于此训释有误。然其章分句释，笺疏明简，于经学不为无备。此书较为常见的版本有《四库全书》本和《皇清经解》本。

6.《仪礼小疏》1 卷，（清）沈彤撰

是书取《仪礼》中的《士冠礼》、《士昏礼》、《公食大夫礼》、《丧服》、《士丧礼》五篇，为之疏笺，各数十条。每篇后又各为监本刊误。卷末附《左右异尚考》一篇，考证颇为精核。此书多订万斯大《仪礼商》之误。其"监本刊误"视张尔岐书较详，然而未能校之宋本，所以在校勘成就上远不及阮元《校勘记》。四库馆臣评价道："盖彤《三礼》之学亚于惠士奇，而醇于万

斯大。此书所论，亦亚于所作《周官禄田考》，而密于所作《尚书小疏》焉。"①

此书常见的版本有《四库全书》本和《皇清经解》本。

第三类：考据派

指清儒在治《仪礼》时打着复兴汉学的旗号，注重名物礼制的训释，而不太注重礼意的阐发。这些学者中，个别人的生活年代或在清前期，或在清后期，前期如张尔岐，后期如陈光煦。其他人大多生活在乾隆至道光初年，如惠栋、凌廷堪、胡承珙、胡培翚、段玉裁等。邓声国在对清代《仪礼》考据派的治学特点进行论述时说："较之其他流派的研究，这一流派学者更加强调文字、音韵分析对语词训诂的综合考释，具体到校勘方法上，则更加强调理校之法的运用；在具体诠释内容上，较之其他流派学者，他们往往更加关注于文字的校勘工作，尤其是《仪礼》古今异文方面的校勘疏证工作，一般对《仪礼》经、《记》之辨伪及其经文的辑佚问题不大留意，至于有关义理方面内容之阐释，基本上没有受到足够重视；在《仪礼》经文仪制的训诂上，更强调从本经的互贯融通入手，疏通挖掘《仪礼》本身存在潜在的隐性'礼例'内容。"②

1.《仪礼郑注句读》17卷，（清）张尔岐撰

张尔岐（1612—1678），字稷若，号蒿庵，山东济阳人。诸生入清，不求闻达。自幼聪颖好学，熟读经史，兼及诸子百家，旁及太乙、奇门之学。晚年精研三《礼》，造诣尤深。

《仪礼郑注句读》17卷附《监本正误》1卷、《石经正误》1卷。其书全录郑玄《仪礼注》，摘取贾公彦《疏》而略以已意断之。因《注》文古奥难通，故并为之句读。马端临《文献通考》载其父马廷鸾《仪礼注疏序》，称其家"有景德中官本《仪礼疏》。正《经》、《注》语，皆标起止，而《疏》文列其下。因以监本附益之，手自点校。并取朱子礼书与其门人高弟黄氏、杨氏续补之编，分章析条，题要其上"，马廷鸾之书不传。《仪礼郑注句读》体例略与相近。此所校除监本外，还有唐开成石经本、元吴澄本及陆德明《音义》、朱子与黄幹所次《经传通解》诸家。其谬误脱落、衍羡颠例、经注混淆之处，皆参考得实。又明西安王尧惠所刻《石经补字》，最为舛错，亦一一驳正。四库馆臣对此书评价颇高："尔岐兹编，于学者可谓有功矣。顾炎武少所

① 永瑢等：《四库全书总目》卷二〇《仪礼小疏》提要。

② 邓声国：《清代仪礼文献研究》，上海古籍出版社，2006年，第102页。

推许，而其《与江琬书》云：‘济阳张君稷若名尔岐者，作《仪礼郑注句读》一书，颇根本先儒，立言简当。以其人不求闻达，故无当时之名，而其书实似可传。使朱子见之，必不仅谢监岳之称许也。’又其《广师》一篇曰：‘独精《三礼》，卓然经师，吾不如张稷若。’”①

此书常见本为《四库全书》本和《摛藻堂四库全书荟要》本。

2.《仪礼商》2卷，（清）万斯大撰

是书《仪礼商》2卷，附录1卷。正文2卷解释、考证《仪礼》所涉名物制度，依郑玄所定《仪礼》十七篇次第，逐篇为之训释。此书训释《仪礼》共66条。万斯大在训释《仪礼》时注重经文的前后互证，并强调《仪礼》与《礼记》及其他经籍互证。四库馆臣云：“然斯大学本淹通，用思尤锐，其合处往往发明前人所未发。卷末附《答应嗣寅书》，辨治朝无堂，尤为精核。弃所短而取所长，亦深有助于考证也。”② 但是此书也有怀疑过勇之处，四库馆臣也举了数例予以说明，可见此书得失参半。后世的礼学家，如吴廷华、蔡德晋、盛世佐等人对《仪礼商》往往取舍皆有。

此书常见本为《四库全书》本。

3.《仪礼管见》3卷，（清）褚寅亮撰

褚寅亮（1715—1790），宁搢升，一字鹤侣，江苏苏州人。乾隆辛未，高宗南巡，召试举人，授内阁中书，官至刑部员外郎，与钱竹汀为同年友。于经学最深，持论最平。尤精治礼，笃好不倦。

《仪礼管见》以申郑玄《注》，驳斥敖继公之失为主，卷一就罗列元代敖继公妄改经文40余条。并于《郑注》发明者甚多。书前有王鸣盛所作序。卷上从《士冠礼》至《燕礼》；卷中从《大射》至《丧服》；卷下从《士丧礼》至《有司彻》。

《仪礼管见》常见的版本有《皇清经解续编》本和《丛书集成初编》本。

4.《仪礼正义》40卷，（清）胡培翚撰

胡培翚（1782—1849），字载屏，一字竹村，安徽绩溪人。嘉庆二十四年（1819）进士，官内阁中书，转户都广东司主事。为学渊源于先世，故于《礼经》独深。且皖中江、戴之遗风末混，治经一循家法。重之以博闻笃志，阅数十寒暑，成《仪礼正义》40卷。别撰《燕寝考》3卷，亦所以扶翼《正义》。又有《研六室文抄》10卷。

---

① 永瑢等：《四库全书总目》卷二〇《仪礼郑注句读》提要。

② 永瑢等：《四库全书总目》卷二〇《仪礼商》提要。

是书体例，根据胡氏所言为四："一曰疏经以补《注》，二曰通《疏》以申《注》，三曰汇各家学说以附《注》，四曰采他说以订《注》。"胡氏在训释《仪礼》时所参考的礼学著作相当多，其所援据的专门《仪礼》著作50多种，另有礼图文献10余种，历代有关礼仪名物制度的考释类文献20余种，此外，胡氏还参考了经史诸子之书，以及别集、总集、类书等百余种，所参考文献之多，清代治礼学者罕有能与之匹敌。《仪礼正义》的成就，首先是体现在校勘上，胡氏主要对经文和注疏进行校勘，其所选校勘的底本，皆为当时最古最好的本子，如对《仪礼》经文的校勘依据的是唐石经。胡氏还很注意吸纳阮元《仪礼注疏校勘记》中的校勘成果。《仪礼正义》的成就还体现在对《仪礼》经文和注疏的训释上面。胡氏既训释经文，又训释郑《注》和贾《疏》。《仪礼正义》在《仪礼》学史上占有十分重要的地位，正如邓声国所云："胡培翚《仪礼正义》一书诚可谓是历代《仪礼》研究的集大成之作，大致汇总了汉唐以来以迄有清中期诸学者研究成果，在此基础上又加参互证绎，以发郑《注》之渊奥，裨贾《疏》之遗阙，有功于《仪礼》研究，有功于郑氏之学。"①

此书常见的版本有《皇清经解续编》本和《四部备要》本。

表2－6－3 现存或有辑本的历代传说类《仪礼》学文献一览表

作 者	书 目	常见版本
（东汉）郑 玄	仪礼注	四部丛刊
（唐）贾公彦	仪礼疏	四部丛刊续编
（南宋）李如圭	仪礼集释	四库全书
（南宋）魏了翁	仪礼要义	四库全书
（元）吴 澄	仪礼逸经传	四库全书
（元）吴 澄	重刊仪礼考注	明刻本
（元）敖继公	仪礼集说	四库全书
（元）汪克宽	经礼补逸	四库全书
（明）黄润玉	仪礼戴记附注	清抄本
（明）郝 敬	仪礼节解	四库全书存目丛书
（明）朱朝瑛	读仪礼略记	四库全书存目丛书
（清）张凤翔	仪礼经集注	清刻本

① 邓声国：《清代仪礼文献研究》，上海古籍出版社，2006年，第124页。

续表

作 者	书 目	常见版本
(清) 张尔岐	仪礼郑注句读	四库全书
(清) 毛奇龄	仪礼疑义	西河合集
(清) 徐乾学	读礼通考	四库全书
(清) 万斯大	仪礼商	四库全书
(清) 李光坡	仪礼述注	四库全书
(清) 姚际恒	礼经通论	陈祖武点校本
(清) 方 苞	仪礼析疑	四库全书
(清) 马 骕	仪礼易读	四库全书存目丛书
(清) 马 骕	礼经先路	旧抄本
(清) 李清植	仪礼纂录	榕村全书
(清) 李清植	仪礼注疏考证	中国古籍善本书目
(清) 吴廷华	仪礼章句	四库全书
(清) 吴廷华	仪礼疑义	写本
(清) 王士让	仪礼训解	清乾隆刻本
(清) 蔡德晋	礼经本义	四库全书
(清) 惠 栋	仪礼古义	昭代丛书
(清) 沈 彤	仪礼小疏	四库全书
(清) 汪 基	仪礼约编	三礼约编
(清) 尹嘉铨	仪礼探本	清刻本
(清) 鄂尔泰	仪礼仪疏	四库全书
(清) 翁方纲	仪礼蠡测签注	中国古籍善本书目
(清) 焦以恕	仪礼汇说	中国古籍善本书目
(清) 褚寅亮	仪礼管见	皇清经解续编
(清) 盛世佐	仪礼集编	四库全书
(清) 卢文弨	仪礼注疏详校	丛书集成初编
(清) 檀 萃	仪礼韵言	清刊本
(清) 江 筠	读仪礼私记	抄本
(清) 金曰追	仪礼经注疏正讹	皇清经解续编
(清) 程瑶田	仪礼经注疑直辑本	安徽丛书
(清) 黄 淦	仪礼精义	七经精义

续表

作 者	书 目	常见版本
（清）韦协梦	仪礼蠡测	清乾隆刻本
（清）宫为坊	仪礼节录	旧抄本
（清）王聘珍	仪礼学	皇清经解续编
（清）朱亦栋	仪礼札记	十三经札记
（清）孔广林	仪礼臆测	孔丛伯说经五稿
（清）张惠言	读仪礼记	皇清经解续编
（清）丁 晏	仪礼释注	颐志斋丛书
（清）胡培翚	仪礼正义	皇清经解续编
（清）陈广煦	仪礼汉读考	清抄本
（清）朱骏声	仪礼经注一隅	朱氏群书
（清）常 增	仪礼琐辨	清刻本
（清）郑 珍	仪礼私笺	皇清经解续编
（清）俞 樾	仪礼平议	皇清经解续编
（清）王闿运	礼经笺	湘绮楼丛书
（清）吴之英	仪礼奭固	寿栎庐丛书
（清）曹元弼	礼经校释	清光绪刻本
（清）曹元弼	礼经学	清刻本
（清）刘曾騄	仪礼可读	五经读本
（清）刘曾騄	仪礼约解	九经读本
（清）于 鬯	读仪礼日记	学古堂日记
（清）杨丕复	仪礼经传通解	杨愚斋先生全集
（清）贺 涛	仪礼评点	旧刻本

三、单篇类

《仪礼》十七篇，《既夕礼》与《士丧礼》实为一篇，《有司徹》与《少牢馈食礼》实为一篇，其他每一篇均记载一种古礼，所以全书记载古礼共 15 种。从汉代开始，就有人从单篇入手对《仪礼》进行研究，如汉何休有《冠礼约制》1 卷、戴德有《丧服变除》2 卷等等。汉以后对《仪礼》单篇进行研究的学者也不少，关于婚礼方面的如毛奇龄《昏礼辨正》、沈彤《士昏礼小疏》、江永《昏礼从宜》等；士相见礼方面的如刘敞的《士相见义》、舒芬的《士相见礼仪》等；关于乡饮礼方面的如郑樵的《乡饮礼》、王时会的《乡饮酒礼辨疑》等；关于射礼方面的如彭良臣的《射礼纂》、陈凤梧的《射礼集要》等。

《丧服》在《仪礼》刘向本中为第十一篇。魏晋南北朝时期和清代关于《丧服》篇研究的文献最多，究其原因，大概是魏晋南北朝时期门阀制度森严，而《丧服》最能反映宗法等级观念，因此这一时期关于《丧服》的研究文献剧增。而随着历史的演变，《仪礼》中所记载的古礼，特别是烦琐的丧葬之礼越来越不适应时代的需要，因此唐宋元明时期，关于《丧服》研究的学者不多，相关的文献数量也少。清代考据学兴起，不少学者埋头考据，不多过问世事，因此对记载名物礼制的《仪礼》很感兴趣，对《仪礼》中的《丧服》也给予了不少关注，相关的文献也层出不穷。当代学者对《仪礼》中的《丧服》篇也比较重视，如金景芳指导于永玉、丁鼎分别撰成《仪礼丧服研究》和《仪礼·丧服考论》的博士论文，对《仪礼》的《丧服篇》做了较为深入的研究。现对历代研究《仪礼·丧服》的文献择要加以介绍。

1.《丧服变除》1卷，(汉) 郑玄撰

《丧服变除》，原书已佚。侯康《补后汉书艺文志》卷一载之。清代辑佚家们的辑佚书使此书的部分内容得以保存下来。马国翰《玉函山房辑佚书》经编仪礼类中收有《郑氏丧服变除》1卷；黄奭《汉学堂丛书》《高密遗书》以及《黄氏遗书考》、《通德堂经解》中收有《丧服变除》1卷；孔广林《通德遗书所见录》收有《丧服变除》1卷。

2.《丧服经传注》1卷，(魏) 王肃撰

《隋书·经籍志》著录王肃《丧服经传注》1卷，朱彝尊《经义考》卷一三六云此书已佚。侯康《补三国艺文志》卷一云："《隋志》有肃《仪礼注》十七卷，《释文叙录》及《唐志》则但有肃《丧服注》，今从之。《晋书·礼志》上挚虞曰：'《丧服》一卷，卷不盈握，而争说纷然。三年之丧，郑云二十七月，王云二十五月；改葬之服，郑云服缌三月，王云葬讫而除；继母出嫁，郑云皆服，王云从乎继寄育，乃为之服无殇之服；郑云子生一月，哭之一日，王云以哭之日易服之月，如此者甚众，臣以为可依准王景侯所撰《丧服变除》，使类统明正，以断疑争。'"

此书已佚。清人辑佚书中保留了部分内容，马国翰《玉函山房辑佚书》经编仪礼类中收有《丧服经传王氏注》1卷；黄奭《汉学堂丛书》经解礼类以及《黄氏逸书考》汉学堂经解中收有《仪礼丧服注》1卷。

3.《丧服要记》6卷，(晋) 贺循撰

贺循 (260－319)，字彦先，会稽 (今浙江绍兴) 人。善属文，博览群籍。建武初，拜太常。卒，追封司空，谥穆。著有文集5卷。

《隋书·经籍志》云："梁有《丧服要记》六卷，晋司空贺循撰。"又云："《丧服要记》十卷，贺循撰。"《旧唐书·经籍志》云："《丧服要记》五卷，贺循撰，谢徽注。"《新唐书·艺文志》云："贺循《丧服要记》五卷，谢徽注。"《经义考》卷一三六云此书已佚。清人马国翰从《通典》、《礼记正义》等书中辑出《贺氏丧服要记》1卷。此书关于丧服制度多有发明，对于订正郑《注》之违异有一定参考价值。

《丧服要记》被收入《玉函山房辑佚书》经编仪礼类。

4.《集注丧服经传》1卷，（晋）孔伦撰

孔伦（生卒年不详），会稽（今浙江绍兴）人。官至庐陵太守。

丁国钧《补晋书艺文志》云："《集注丧服经传注》一卷（庐陵太守孔伦）见《隋志》、《释文叙录》。伦字敬序，会稽人，东晋庐陵太守，是书盖集众家注。《旧唐志》作《丧服记注》，《新唐志》误作《仪礼注》，《通志·艺文略》于《仪礼注》、《丧服注》两列其名，复误同上。"此书已佚，马国翰从《通典》、《经典释文》辑有《集注丧服经传》1卷，从所辑的内容来看，其说甚得古义，可惜佚失太多。

《集注丧服经传》收入《玉函山房辑佚书》经编仪礼类。

5.《略注丧服经传》1卷，（南朝）雷次宗撰

雷次宗（386—448），字仲伦，豫章南昌（今江西南昌）人。少入庐山，事沙门释慧远，笃志好学，尤明《三礼》、《毛诗》，隐退不交世务。

《隋书·经籍志》云："《略注丧服经传》一卷，雷次宗注。"此书已佚，马国翰从《通典》、贾《疏》中辑有《略注丧服经传》1卷，收入《玉函山房辑佚书》经编仪礼类；黄奭《黄氏逸书考》汉学堂经解中收有《仪礼丧服经传略注》1卷。王谟《汉魏遗书钞》经翼第二册收录《丧服经传略注》1卷。从诸家所辑内容来看，雷次宗于经传书法、容仪极多发明，六朝言丧服者，以此为善。

6.《内外服制通释》7卷，（宋）车垓撰

车垓（生卒年不详），车安行从子，宋代经学家。度宗时以特科授迪功郎、浦城尉，不赴。精于经学，尤深于《礼》，与从兄车若水并传安行学。

是书仿朱熹《家礼》而补其所未备。此书有图有说、有名义、有提要、凡正服、义服、加服、降服皆推阐明晰，具有条理。朱彝尊《经义考》认为此书缺第8卷及以后，而四库馆臣所见只有7卷，后2卷已经亡佚，今不可见。

此书常见本有《四库全书》本。

7.《丧服文足征记》10卷，(清) 程瑶田撰

是书前有阮元序，称其精言善解，穷极隐微，所有自撰叙目，于“丧服”经传及注，解释异同，极有研究。所列诸表，也极有研究，也较详明。全书俱言丧服，阐发其义。其书以“足征”名者，谓征之于经传本文而无不足。

此书常见有《皇清经解》本。

8.《五服异同汇考》3卷，(清) 崔述撰

是书前有自序，阐述撰书缘起，次为凡例。卷一为至亲之服、同堂之服、同族之服、外姻之服。卷二为女子为其私亲之服、妇为夫党之服、臣为君及君党之服、妾为君及君党之服。卷三自为人后者之服至五服余论。此书详列古今五服之制、沿革之异，于唐《开元礼》、宋朱子《家礼》、明《孝慈录》等书皆详著之，功力颇深。

此书常见有《崔东壁遗书》本。

9.《五服释例》20卷，(清) 夏燮撰

夏燮 (1800—1875)，字嗛甫，又字季理，别号江上蹇叟、谢山居士，安徽当涂人。他出身于书香门第，自幼受家庭教育的熏陶，兄弟之间自相师友，学业日进。他除熟谙经书、音韵学之外，兼深史学，留意时务，成为一代史家。曾刊刻《明通鉴》100卷。

是书卷一为释尊服例，卷二为释正尊私尊服例，卷三为释不降服例，卷四为释尊降例，卷五为释厌降例，卷六为释出降例，卷七为释殇降例，卷八为释从服例，卷九为释报服例，卷十为释女君与妾异同例，卷十一为释嫡子庶子异同例，卷十二为释大宗小宗服例，卷十三释亲族服例，卷十四为释士与大夫以上异同例，卷十五为释吊服例，卷十六为释五服精粗等杀例，卷十七为释五服变除例，卷十八为释兼服变除例，卷十九为释通礼例，卷二十释变礼例。是书根据《三礼》，网罗众说，凡是有关于服制者，皆以类相从，各为卷帙。清代言礼者颇多，如凌廷堪之《礼经释例》，与是书及释官之作，皆有功于礼经。

此书常见有清同治刻本，藏北京图书馆。

此外，学者们于《仪礼》中的其他篇目也有研究，现将刘敞《士相见义》、毛奇龄的《昏礼辨正》介绍如下：

10.《士相见义》1卷，(宋) 刘敞撰

刘敞 (1019—1068)，字原父，一作原甫，号公是，临江新喻（今江西新余）人。庆历进士。历官吏部南曹、知制诰，知扬州、郓州，京东西路安抚使、纠察在京刑狱、知永兴军等。官至集贤院学士。以博学著称，经学名家，

尤长于《春秋》之学，撰《七经小传》，开宋人评议汉学之先声。

是书对《仪礼》中之《士相见礼》进行阐释。从中可以看到刘敞经学注重礼义阐发的特点。如他论士相见持“挚”之意义曰：“自天子至于庶人皆有挚，挚者，致也，所以致其志也。天子之挚、鬯，诸侯王卿羔，大夫雁，士雉。鬯也者，言德之远闻也；主也者，言一度不易也；羔也者，言柔而有礼也；雁也者，言进退之时也；雉也者，言死其节也。故天子以远德为志，诸侯以一度为志，卿以有礼为志，大夫以进退为志，士以死节为志，明乎志之义，而天下治矣。故执斯挚也者，执斯志者也。是故士相见之礼者，人道之大端，所以使人重其身而毋迩于辱也，所以使人审其交而无迩于祸也。惟仕于君者，召而往，未仕而见于君者，冠而奠挚，在邦曰市井之臣，在野曰草茅之臣，君虽召不往也。是故虽有南面之贵，千乘之富，士之所以结者，礼义而已矣。利不足称焉，刑罚行于国，所诛者好利之人也，未有好利而俗不乱者也。无介而相见，君子以为謟，故诸侯大国九介，次国七介，小国五介。”以此可见刘敞多于礼之意义进行阐发，而疏于考证。

此文被《四库全书》所收入。

11.《昏礼辨正》1卷，(清) 毛奇龄撰

是书分行媒、纳采等九目，援引他经及杂书，力诋《三礼》经文。如引《曲礼》男女非有行媒不相知名，而《士昏礼》乃不言行媒；引《穀梁传》纳采、问名、纳征、请期，并谓此当四礼，而《士昏礼》乃误增纳吉礼，又误入亲迎于六礼；又引《诗·关雎》琴瑟钟鼓，谓嫁娶亦当奏乐，而《郊特牲》乃谓昏礼不用乐等。其说有理，成一家之言。

此书常见有《四库全书存目丛书》本。

表2-6-4　现存或有辑本的历代单篇类《仪礼》学文献一览表

作　者	书　目	常见版本
(西汉) 戴　德	丧服变除	玉函山房辑佚书
(东汉) 郑　玄	丧服变除	玉函山房辑佚书
(东汉) 马　融	丧服经传注	北图古籍善本书目
(东汉) 何　休	冠礼约制	玉函山房辑佚书
(三国) 王　肃	丧服经传注	玉函山房辑佚书
(三国) 王　肃	丧服要记	玉函山房辑佚书续编
(晋) 杜　预	丧服要集	玉函山房辑佚书
(晋) 刘　智	丧服释例	玉函山房辑佚书

续表

作者	书目	常见版本
（晋）袁 准	丧服经传注	玉函山房辑佚书
（晋）贺 循	丧服要记	玉函山房辑佚书
（晋）贺 循	丧服谱	玉函山房辑佚书续编
（晋）蔡 谟	丧服谱	玉函山房辑佚书
（晋）葛 洪	丧服变除	玉函山房辑佚书
（晋）孔 伦	集注丧服经传	玉函山房辑佚书
（晋）陈 铨	丧服经传	玉函山房辑佚书
（南朝）裴松之	集注丧服经传	玉函山房辑佚书
（南朝）周续之	丧服注	玉函山房辑佚书
（南朝）雷次宗	略注丧服经传	玉函山房辑佚书
（南朝）王 俭	丧服古今集记	玉函山房辑佚书
（南朝）王逡之	丧服世行要记	玉函山房辑佚书
（宋）刘 敞	士相见义	四库全书
（宋）佚 名	仪礼丧服异同考	北图古籍善本书目
（明）严永濬	射礼仪节	中国古籍善本书目
（明）王廷相	丧礼备纂	王浚川所著书
（明）王廷相	丧礼论	王浚川所著书
（明）姚 坤	射礼直指	“国立中央”图书馆善本书目
（清）张尔岐	仪礼丧服经传并记	北图线装书书名目录
（清）张尔岐	昏礼辨正	四库全书存目丛书
（清）张尔岐	丧礼吾说篇	四库全书存目丛书
（清）毛先舒	丧服杂说	读礼丛抄
（清）汪 琬	丧服或问	读礼丛抄
（清）汪 琬	古今五服考异	钝翁全集
（清）张朝晋	丧礼节要	陈几亭先生集
（清）阎若璩	丧服翼注	读礼丛抄
（清）方 苞	丧礼或问	龙眠丛书
（清）江 永	昏礼从宜	皖人书录

续表

作　者	书　目	常见版本
（清）华学泉	仪礼丧服考	中国古籍善本书目
（清）朱建子	丧服制考	四库全书存目丛书
（清）程瑶田	丧服文足征记	皇清经解
（清）崔　述	五服异同汇考	畿辅丛书
（清）孟超然	丧礼辑要	清乾隆刻本
（清）孔广林	仪礼士冠礼笺	孔丛伯说经五稿
（清）吴嘉宾	丧服汇通说	皇清经解续编
（清）俞　樾	丧服私论	春在堂丛书
（清）张华理	仪礼丧服辑略	读礼丛抄
（清）叶大庄	丧服经传补疏	写经斋全集
（清）张锡恭	丧服郑氏学	求恕斋丛书

四、图之属

《仪礼》一书中名物礼器繁多，行礼的方位又很不一样，所以要读懂《仪礼》，光靠文字记载是很困难的，还必须以一些图作为辅助。于是一些《仪礼》的研究者就将《仪礼》中的名物、礼器、宫室以及行礼的方位绘成图，以便于人们读懂《仪礼》。从目录书的著录情况来看，三国时期就有人开始为《仪礼》中的《丧服篇》绘图了，如谯周的《丧服图》、射慈的《丧服变除图》和《丧服天子诸侯图》。魏晋南北朝时期，学者中也有为《丧服》绘图的，如晋有崔游的《丧服图》、蔡谟的《丧服图》，南朝有王俭的《丧服图》等。宋、元、明时期学者中为《仪礼》绘图的著作中，杨复的《仪礼图》和《仪礼旁通图》最为有名，此外还有朱熹《仪礼图》、赵彦肃的《士冠士昏馈食礼图》、杨明复的《冠昏丧祭图》等。清代学者研究《仪礼》时也喜绘图，如张惠言的《仪礼图》十分详明，甚便读者，此外，吴之英的《仪礼礼事图》、《礼器图》等较张惠言的《仪礼图》更为详尽。借助于这些图谱，本来复杂难明的礼器和宫室就变得十分直观，《仪礼》由一本十分艰深难读的书变得不再难懂了。

1.《丧服变除图》5卷，（三国）射慈撰

射慈（生卒年不详），一作谢慈，字孝宗，彭城（今江苏徐州）人。为中书郎，领齐王奋传。以谏被杀。

《隋书·经籍志》云："梁有《丧服变除图》五卷，吴齐王傅射慈撰，亡。”朱彝尊《经义考》卷一三六云此书已佚。侯康《补三国艺文志》云：“射慈《丧服变除图》五卷，王谟曰，此书出《通典》三十一条，载徐整与慈问答者十二，整自为立论者一，则整亦盖为礼服之学者。”

原书已佚，清人有辑佚之作，如马国翰《玉函山房辑佚书》经编仪礼类中收有《丧服变除图》1卷；黄奭《汉学堂丛书》经解礼类中收有《丧服变除图》1卷；王谟《汉魏遗书钞》经翼第二册收录《丧服变除图》1卷。

2.《仪礼图》17卷、《仪礼旁通图》1卷，（宋）杨复撰

杨复（生卒年不详），字志仁，一字茂才，福建福州人。受业于朱熹，颇有才智，尤善于考索，真德秀督闽，为其修建贵德堂，以供杨复著述讲学，学者称信斋先生。著有《祭礼》、《家礼杂说附注》诸书。

是书成于宋绍定元年（1228）戊子。宋严陵赵彦肃作《特牲》、《少牢》二礼图，质于朱子，朱子以为如果能作冠婚图以及堂室制度并考之更好，杨复于是本朱子之意，录“十七篇”经文，节取旧说，疏通其意，各详其仪节陈设之方位，并系之以图二百有五。又分宫庙门、冕弁门、牲鼎礼器门，为图二十有五，名《仪礼旁通图》，附于《仪礼图》之后。《四库全书总目》从正反两方面对此书做了评价：“惟是读《仪礼》者必明于古人宫室之制，然后所位所陈、揖让进退不失其方。故李如圭《仪礼集释》、朱子《仪礼经传通解》皆特出《释宫》一篇，以总挈大纲，使众目皆有所丽。是书独废此一门，但随事立图，或纵或横，既无定向，或左或右，仅列一隅。遂似满屋散钱，纷无条贯。其见于《宫庙门》仅止七图，颇为漏略。又远近广狭，全无分数。如序外两夹，刘熙《释名》所谓‘在堂两头，故曰夹’是也。图乃与房、室并列，则《公食大夫礼》‘宰东夹北西面’，《疏》云‘位在北堂之南’，《特牲馈食礼》‘豆、笾、铏在东堂’，《注》云‘房中之东当夹北者’，皆茫然失其处所矣。门与东西塾同在一基，图乃分在东隅西隅，则《士虞礼》‘七俎在西塾之西’无其地及《士冠礼》‘摈者负东塾’之类，皆非其处所矣。如斯之类，殊未能条理分明。然其余诸图，尚皆依经绘像，约举大端，可粗见古礼之梗概，于学者不为无裨。一二舛漏，谅其轫始之难工可也。”① 四库馆臣指出了此书“颇为疏漏”的一面，但也指出此书于后世学者有所裨益。此外，此书还对清代的《仪礼》学产生了影响，如清人张惠言所撰《仪礼图》即在杨书启发下完成的。

此书常见的版本有《四库全书》本和《丛书集成初编》本。

---

① 永瑢等：《四库全书总目》卷二〇《仪礼图》提要。

3.《仪礼图》6卷，(清)张惠言撰

张惠言以宋杨复作《仪礼图》虽经文完具，而地位或淆。于是兼采唐、宋、元及近儒之义，断以经注。首述宫室图、衣服图，而后随事逐篇立图，或纵或横，或左或右，揖让进退之节，东房西房之位，豆笾尊鼎之陈，均十分清晰地得以展现。此书比杨复《仪礼图》更为详正，于学人大为方便。

此书常见的版本有《皇清经解续编》本。

4.《士昏礼对席图》1卷，(清)俞樾撰

《仪礼·士昏礼》中对席的陈设，郑《注》和贾《疏》中已经有了很清楚的交代，但是自元代敖继公以下，杨复、沈彤、张惠言、郑珍等人的说法各不相同，俞樾于是绘图辨其是非，对后人阅读《仪礼》中的《士昏礼》很有帮助。

此书常见有《皇清经解续编》本。

5.《仪礼礼事图》17卷、《礼器图》17卷，(民国)吴之英撰

吴之英吸收了杨复、聂崇义、张惠言等人礼图研究的成果，并有所发展。其《仪礼奭固》依照郑《注》十七篇次第划分卷目，但各篇皆不划分章节。全书博采古今诸儒说《仪礼》者而加以折中，或阐释经义，或考究字说，颇多精义。其《仪礼礼事图》依《仪礼》十七篇之旧，为图462幅，较张惠言《仪礼图》更为详细周遍。张惠言《仪礼图》主要绘制仪节图，而少礼器图，为此，吴之英作《礼器图》，主要绘制《仪礼》各篇所涉及的礼器之图。谢兴尧评吴氏《礼器图》时云："是编虽取袭前人之图，而分门别类，条分缕析，颇称宏博，且能以《说文》、古史证明古制，发前人所未发，致力之深，洵足钦矣。"①

二书均收入《寿栎庐丛书》。

五、文字音义类

文字音义类《仪礼》学文献是指对《仪礼》中字的读音、句读等进行的相关研究的文献。东汉末年的郑玄在对《仪礼》进行校勘的时候，就用的是今古文两种本子互校，所以郑玄所传下来的《仪礼》中既有今文又有古文。后世不少学者对此进行研究，如张淳的《仪礼识误》、李调元的《仪礼古今考》、段玉裁的《仪礼汉读考》、徐养原的《仪礼古今文异同》、胡承珙的《仪礼古今文疏义》等。《仪礼》文字古奥，汉代就为人所难读，于是一些人便从

① 中国科学院图书馆整理：《续修四库全书总目提要·经部》上册，第525页。

读音方面对《仪礼》进行研究，如郑玄有《仪礼音》、王肃有《仪礼音》等。下面对相关的文献进行介绍，以观其大概。

1.《仪礼识误》3卷，(宋) 张淳撰

张淳，永嘉（今浙江温州）人。生平事迹不详。

是书乃乾道八年两浙转运判官直秘阁曾逮刊《仪礼郑氏注》17卷、陆德明《经典释文》1卷，淳为之校定，因举所改字句，汇为一编。其所引据，有周广顺三年及显德六年刊行之监本，有汴京之巾箱本，有杭之细字本，严之重刊巾箱本，参以陆氏《释文》、贾氏《疏》，核定异同，最为详审。近世久无传本，故朱彝尊《经义考》以为已佚。唯《永乐大典》所载诸条，犹散附经文之后，可以缀录成编。其《乡射》、《大射》2篇适在《永乐大典》阙卷中，则不可复考。此书的不足之处，正如朱熹所云："《仪礼》士所罕读，难得善本。而《郑注》、《贾疏》之外，先儒旧说多不复见，陆氏《释文》亦甚疏略。近世永嘉张淳忠甫校定印本，又为一书以识其误，号为精密，然亦不能无舛谬。"又曰："张忠甫所校《仪礼》甚仔细，然却于《目录》中《冠礼》玄端处便错了。但此本较他本为最胜。"① 四库馆臣曰："然是书存而古经汉注之讹文脱句藉以考识，旧椠诸本之不传于今者，亦藉以得见崖略。其有功于《仪礼》，诚非浅小。"② 评价可谓公允。

此书常见版本有《四库全书》本和《丛书集成初编》本。

2.《仪礼古今考》2卷，(清) 李调元撰

是书前有自序，以《仪礼》一书，自古以来儒者皆聚讼于今古文之争，朱熹撰《仪礼经传通解》对于今古文所不同者，未及详加笺校。李氏此书博采群书，摘古今之参互者，悉心考订，折中于古，以补注疏之缺，以释从今之非，使读《仪礼》者能一目了然。此书以小学古文及校勘学，以校正原文之误及补注疏之遗，颇多精义卓识，足见作者于经文小学研讨之深，故能探赜索引，发前人所未发。是书博引群书，以证其文，又从金石小学，以校其字，可补朱子之误。

此书收入《函海》中。

3.《仪礼汉读考》1卷，(清) 段玉裁撰

《仪礼汉读考》只成1卷，即《士冠礼》，其余十六篇未成，后有嘉庆十九年自识，谓后人当能踵为之，当年他年已八十。此书摘录经文及注为纲，

① 黎靖德编、王星贤校点：《朱子语类》卷八五《仪礼·总论》，第2195页。

② 永瑢等：《四库全书总目》卷二〇《仪礼识误》提要。

疏通证明礼义，不专主今古文。其推本家法，为徐养原、胡承珙诸书所未及。

此书有《皇清经解》本。

4.《仪礼古文今文考》1卷，(清）程际盛撰

是书按唐陆德明《经典释文》，引郑玄《六艺论》，考证郑玄《仪礼注》中今古文的音义，对郑《注》中古文作某、今文作某者，全部罗列出来，并为之音义。此书有的地方疏于考证，总的来看不如胡承珙的《仪礼古今文疏义》、徐养原《仪礼古今文异同》发明之多。

此书现存常见有《稻香楼杂著》本。

5.《仪礼古今文异同疏证》5卷，(清）徐养原撰

是书列举郑玄《仪礼注》所载今古文，有字异而音义亦异，有字异而音义不异，于是根据群书，为之疏证，凡是文有详略、义可两通者，不复赘说。此书不及胡承珙的《仪礼古今文疏义》精审。

此书常见有《皇清经解续编》本。

6.《仪礼古今文疏义》17卷，(清）胡承珙撰

是书条列郑《注》所载古今异文，引《说文》等书以明其是非，有理有据，考订精详。书前有自序，称自已墨守郑学，然其列举郑《注》略例数端，实不止此。是书也间或有疏误。然其精见很多，确为郑学之津梁。

此书常见有《皇清经解续编》本。

六、专著类

专著类《仪礼》学文献是指对《仪礼》中的某一专门问题以及凡例等所作阐述的文献。《仪礼》一书中的专门问题，如宫室、官名、体例等，如果是单独进行研究，那么就形成了《仪礼》专著类文献。由于专著类《仪礼》学文献是对《仪礼》中某一类问题进行系统的研究，因此这类《仪礼》学文献对于找出《仪礼》中的规律性的记述是十分有帮助的。

（一）宫室名和官名类

《仪礼》中所记宫室名和官名繁多，但是如果仔细研究，我们会发现其中记载的宫室是有一些共同特点的，不同的礼器的摆放、不同礼仪的举行，均是在一定的场所，是有规律可循的。因此，一些学者就《仪礼》中所记载的宫室、官名进行研究，如宋代朱熹、李如圭各有《仪礼释宫》1卷，清人江永有《仪礼释宫增注》1卷。现将上述几种研究《仪礼》宫室官名的文献介绍如下：

1.《仪礼释宫》1卷，(宋）李如圭撰

如圭既有《仪礼集释》，又为此书以考论古人宫室之制，仿照《尔雅·释

宫》，条分缕析，各引经记注疏，参考证明。如根据《顾命》东西序、东西夹、东西房之文，证寝庙之制异于明堂，而不用郑志成王崩在镐京，宫室因文武不改作，故制同诸侯之说。其考辨甚详，深得经义，多发先儒之未发，非空言礼者所能也。《仪礼》宫室的研究方面，后人多尊崇此书，奉此书为治《仪礼》宫室之圭臬。今将此书列入朱熹《文集》中，误也，四库馆臣辨析甚详。

此书常见有《四库全书》本和《丛书集成初编》本。

2.《仪礼释宫增注》1卷，(清) 江永撰

是书取李如圭《仪礼释宫》为之详注，多所发明补正，其稍有出入者仅一二条，而考证精密者居十之八九。四库馆臣评价此书："其辨订俱有根据，足证前人之误，知其非同影响剽掇之学矣。"①

此书较为常见的版本有《四库全书》本、《皇清经解》本和《丛书集成初编》本。

3.《仪礼释官》9卷，(清) 胡匡衷撰

胡匡衷 (1728—1801)，字寅臣，号朴斋，安徽绩溪人。岁贡生候补训导，赠承德郎，官户部广东司主事，累赠资政大夫。笃学好古，治学严谨，实事求是，以经论政，不苟与先人同异，著述卓然可信。著述除《仪礼释官》外，尚有《三礼札记》、《周礼井田图考》、《井田出赋考》、《畿内授田考》、《郑氏仪礼目录校证》、《礼记官职考》、《侯国官职考》等礼学专著，别有《周易传义疑参》、《左传翼服》、《论语古本证异》、《论语补笺》、《庄子集评》、《离骚集注》等，其生平所作古诗古文，别为一编，名《朴斋生集》。

胡氏认为，《周礼》所记都是天子之官，于是他详考《仪礼》中各篇所见诸侯之官，并分列为六大类，根据郑《注》和贾《疏》，参以它经，次第解释。每官明其职掌，究其得失，简略的进行补充，错误的进行纠正，考证精详，用心良苦。《仪礼》的官名很多，如《士冠礼》、《士昏礼》、《大射仪》、《聘礼》、《公食大夫礼》、《觐礼》、《士丧礼》、《特牲馈食礼》诸礼，皆有"宰"，但是职事往往不一，尊卑有异，是书皆能疏通证明。

此书常见有《皇清经解》本。

(二) 释例类

《仪礼》一书的语法有一定的规律可循，同时《仪礼》也有一定的体例。清代学人在对《仪礼》体例的研究中所取得的成就是比较突出的，如凌廷堪的

---

① 永瑢等：《四库全书总目》卷二〇《仪礼释宫增注》提要。

《礼经释例》将《仪礼》中的一切仪节进行汇集，条分缕析，考其同异，审其差别，然后进行融会贯通，以例释之，起到提纲挈领的作用。此外还有江永的《礼经释例》和廖平的《礼经凡例》等。下面对上述相关文献进行介绍：

1.《仪礼释例》1卷，（清）江永撰

是书虽然标目为“释例”，但是实止释服一类，分为天子冕服、诸侯冕服、大夫冕服、爵弁服、皮弁服、韦弁服等六篇，只有数页，而未能成书。其释冕服，辨注家冕之尺寸，验诸实事，最为细析，极显功力。

此书《四库全书存目丛书》、《皇清经解续编》均收录之。

2.《礼经释例》13卷，（清）凌廷堪撰

凌廷堪（1755—1809），字仲子，一字次仲，安徽歙县人。少赋异禀，读书十目一行，年幼家贫，凌廷堪弱冠之年方才开始读书。稍长，工诗及骈散文，兼为长短句。仰慕其同乡江永、戴震学术，于是究心于经史。生平著述有《礼经释例》、《燕乐考原》、《校礼堂文集》、《梅边吹笛谱》、《充渠新书》、《元遗山年谱》、诗集14卷及札记若干卷。

是书仿杜预《春秋释例》而作，共分通例、饮食之例、宾客之例、射例、变例、祭例、器服之礼、杂例八类，各类下又列礼例若干。《仪礼》注解虽多，但是难得要领，凌氏荟萃一切仪节，条分缕析，理其端绪，考其异同，审其差别，观其会通，皆以例释之。此书一出，受到学术界诸多学人的推崇，得到很高的评价，如钱大昕曰：“《礼经》十七篇，以朴学人不能读，故郑君之学独尊。然自敖继公以来，异说渐滋。尊制一出，学者得指南车矣。”① 江藩也对凌氏礼学赞美有加：“学贯天人，博综丘索，继本朝大儒顾、胡之后，集惠、戴之大成。”② 在礼学思想上，凌氏在顾炎武“经学即理学”思想的基础上，又提出了“以礼代理”的主张，这与凌氏受到惠栋、戴震的思想影响分不开。惠栋、戴震二人反对舍经而空言义理，主张义理存在于典章制度中。凌氏吸取了惠、戴二人的思想，他以“礼”代“理”，将清代的礼学思想推向一个新的高度，也推动了清代的《仪礼》学研究。

此书常见的版本有《皇清经解》本和《丛书集成初编》本，此外还有彭林的点校本，由台湾“中央”研究院于2002年出版。

3.《礼经凡例》1卷，（清）廖平撰

廖氏认为《仪礼》传于庠序，贵在简易，于是发凡起例，撰为是书。欲

① 钱大昕：《钱辛楣先生书》，见《校礼堂文集》卷首，中华书局，2006年。

② 江藩：《校礼堂文集序》，见《校礼堂文集》卷首。

学者于本经传外，凡杂见两戴及他书，皆附各篇之下，非全篇者，亦依类采入，如将《大传》等篇附于《丧服》之后，以便考录。其将《容经类纂凡例》附于后，是因为廖氏认为欲习礼者，必先由容始。各书有说仪容者，多予以辑录，治礼学者当对此书加以重视。

此书有《新定六译馆丛书》本。

七、逸礼类

《礼古经》五十六篇中的十七篇与今文《仪礼》十七篇的内容大体一致，除了相同的十七篇以外，《礼古经》的其他三十九篇已亡佚。历代学人对这亡佚的三十九篇古礼进行了探究，如刘有年的《仪礼逸经》、湛若水的《仪礼补逸经传测》、刘师培的《逸礼考》、诸锦的《飨礼补亡》等。这些文献对于探求《仪礼》一书的来源及最初形态具有十分重要的参考价值。

1.《逸礼考》1卷，刘师培撰

据《汉书·艺文志》的记载，《礼古经》五十六篇之中，十七篇之外的三十九篇为“逸礼”，由于没有师说，后来皆散佚了。但是其篇目见于其他诸书所征引的，如《聘礼》有“朝贡礼”，《周礼》、郑玄《三礼注》有“天子巡狩礼”等，《礼记》、《孔疏》有“奔丧礼”、“投壶礼”等，都是古文。刘氏根据诸书所引，一一为之疏通证明，并谓“逸礼”篇目可考者有十篇。

此书有《刘申叔遗书》本。

2.《飨礼补亡》1卷，(清) 诸锦撰

诸锦 (1686—1769)，字襄七，号草庐，浙江秀水人。雍正二年进士。选金华府教授，乾隆元年，举博学鸿词，召试一等三名，授编修。官至左春坊左赞善。生平浸淫典籍，寝食均废，甘守寂寞。诗法山谷、后山，为王昶所称。辑浙中耆旧诗为《国朝风雅》12册，自著有《绛跌阁诗》11卷及《毛诗说》2卷、《通论》1卷、《补飨礼》1卷、《夏小正诂》1卷，并传于世。

诸锦认为《仪礼》一书有《燕礼》、《公食大夫礼》而无飨礼，元代吴澄也没有述及，于是根据《周礼》、《春秋传》、《礼记》等书中之可考者，成《飨礼》一篇，并认为《仪礼》本有此篇，只不过在流传的过程中亡佚了。诸氏此书虽然补充的内容并不多，而古典所存，足资考证。

此书常见有《四库全书》本。

第七章　《礼记》学文献

《礼记》是一部先秦到秦汉时期的礼学资料汇编。其内容比较博杂，其中有对《仪礼》部分内容所进行的诠释，也有对孔子及其弟子言行的记录，但更多的是对礼学所进行的通论，这也是《礼记》一书的精义之所在。唐代孔颖达撰《五经正义》时将《礼记》列入经书之中，取代了《仪礼》自战国以来在儒家经典中不祧之祖的地位。虽然后来《仪礼》和《周礼》仍被列为科举考试的科目，学者们还是以《仪礼》为经，《礼记》为记，《礼记》在儒家经典中的主导地位一直没有改变。《礼记》所阐发的德治和礼治思想对中国文化产生了极为深远的影响，中国传统文化以伦理为本位的特点在《礼记》一书中体现得十分明显。中国古代的思想家们，很多都从《礼记》中吸收思想精华并加以发挥，《礼记》所强调的礼仪风范和礼乐精神已经渗透进了中国的民族精神和民族心理之中。这些都表明《礼记》一书在中国礼乐文明发展过程中具有突出的作用。自汉代以来，许多学者对《礼记》进行研究，因此《礼记》学文献十分浩富。这些文献多是从经学的角度为《礼记》作注，这些注文既有关于文字训诂方面的，也有关于礼义阐发方面的。这些文献是我们研究《礼记》很有价值的参考资料，同时也是我们研究中国学术史和思想史不可或缺的重要文献。

第一节　《礼记》文献的产生

一、《礼记》文本的相关问题

（一）《礼记》各篇的来源

关于《礼记》各篇的来源，自古及今人们看法不一。先秦时期，礼学家们在传习《仪礼》的过程中编写了一些参考资料，这种资料被称为“记”。有人认为《礼记》来源于“记”百三十一篇，代表人物如钱大昕、李学勤等；也有人认为《礼记》来源于“记”百三十一篇、《明堂阴阳记》三十三篇、《孔子三朝记》七篇、《王史氏》二十一篇、《乐记》二十三篇等五种，代表人物如陈邵、陆德明、陈寿祺等；还有人认为，《礼记》各篇不但选自“记”百三十一篇等五种，还选自其他一些文献，代表人物有洪业、钱玄、王文锦、杨天宇等。各家的观点都有相关的材料作为佐证，可以说都为《礼记》各篇来源的探讨做出了不小的贡献。近几十年来，随着出土文献的大量出现，《礼记》的来源问题变得愈来愈清晰。结合出土文献和传统文献的记载，我们认为，《礼记》的来源有三：一是诸子之说；二是先秦到秦汉时期礼学家的“记”文；三是《礼古经》。

1993 年 10 月湖北省荆门市郭店一号墓出土 800 余枚竹简，经过整理，这批竹简主要被分为儒家和道家著作。儒家著作有《缁衣》、《鲁穆公问子思》、《穷达以时》、《五行》、《唐虞之道》、《忠信之道》、《成之闻之》、《尊德义》、《性自命出》、《六德》、《语丛》一、二、三、四等共 14 篇。1994 年，上海博物馆从香港购得 1200 余枚战国竹简，这批竹简约 3 万字，内容涉及儒家、道家、兵家等，共约百余种古籍。其中少数有传世本，如《缁衣》、《易经》、《孔子闲居》、《曾子立孝》等。但是多数是佚书，如《诗论》、《性情论》、《乐礼》、《鲁邦大旱》、《四帝二王》、《乐书》、《子羔》等。①

郭店竹简和已公布的上博竹简中，《缁衣》两件与《礼记·缁衣》内容基本一致；上博竹简中的《民之父母》与《礼记·孔子闲居》内容基本一致；郭店简的《性自命出》与《礼记·乐记》有着密切的关系；《六德》、《内礼》与《礼记·丧服四制》和《礼记·内则》等密切相关。正因为郭店竹简、上博竹简与《礼记》之间所具有的密切联系，所以不少学者进行了相关研究，如有的学者将郭店简称作“荆门礼记”②，另有学者从郭店简中的《子思子》来看《礼记》中的子思子，并对郭店简与《礼记》思想关联进行了探讨。③还有学者利用这些文献重新考察《礼记》各篇的成书年代。④ 从郭店竹简和

---

① 张立行：《战国竹简露真容》，载《文汇报》1999 年 1 月 5 日；郑重：《“上博”看竹简》，载《文汇报》1999 年 1 月 14 日；马承源主编：《上海博物馆藏战国楚竹书》（一），上海古籍出版社，2001 年。

② 陈来：《郭店简可称“荆门礼记”》，载《人民政协报》1998 年 8 月 3 日。

③ 龚建平：《郭店简与礼记二题》，载《武汉大学学报》1999 年第 5 期。

④ 如王锷所撰《〈礼记〉成书考》，中华书局，2007 年。

上博竹简中，我们可以看出《礼记》这类文献在先秦时期曾经大量存在，并且广为流传，其中的各篇在先秦时期是以单篇的形式流传。

先秦时期，礼学家们编写的“记”，是为了对《仪礼》进行补充和解释。这些“记”，在先秦时期是很多的，非一人一时之作，而是累世相传。郭店竹简和上博竹简中关于《礼记》这类文献正是这些以单篇形式流传的“记”文。到了西汉时期，这些传抄的“记”遗失了不少，留下来的就不多了。西汉礼家在传习《仪礼》的过程中，也各自选辑了一些资料作为参考，如汉宣帝于甘露年间召集诸儒讲论五经于石渠阁，其议有曰：

> 《经》云：“宗子孤为殇。”言“孤”何也？闻人通汉曰：“孤者，师传曰：‘因殇而见孤也。’男子二十冠而不为殇，亦不为孤，故因殇而见之。”戴圣曰：“凡为宗子者，无父乃得为宗子。然为人后者，父虽在，得为宗子，故称孤。”圣又问通汉曰：“因殇而见孤，冠则不为孤者，《曲礼》曰：‘孤子当室，冠衣不纯采。’此孤而言冠，何也？”对曰：“孝子未曾忘亲，有父母，无父母，衣服辄异。‘记’曰：‘父母存，冠衣不纯素；父母殁，冠衣不纯采。’故言孤。言孤者，别衣冠也。”圣又曰：“然则子无父母，年且百岁，犹称孤不断，何也？”通汉曰：“二十而冠不为孤，父母之丧，年虽老，犹称孤。”①

此所谓“《经》云”者，见于《仪礼·丧服》，所谓“《曲礼》曰”者，见于今《礼记·曲礼》，所谓“‘记’曰”者，大概是《曲礼》的逸文。另外，《通典》卷八一引《王制》中的内容，卷八三引《礼记·杂记》中的内容。可见当时的经师们都各自拥有篇数不等的礼的“记”文。这些“记”文为当时的经师们所熟悉，故在论辩的时候能够运用自如。这些“记”文在西汉初也是以单篇的形式流传。1973 年，河北定县 40 号西汉墓出土有《哀公问五义》、《保傅》，内容与今传本《大戴礼记》基本一致。竹简《儒者之言》与《礼记》的《曾子大孝》、《曾子本孝》以及小戴《礼记·祭义》中的内容大致相同。② 这是西汉时期有今传大、小戴《礼记》单篇流传的有力证据，也说明大、小戴《礼记》部分篇目是选自这些单篇流传的“记”文。

班固云：“‘记’百三十一篇，七十子后学者所记也。”③“七十子后学”，上自战国，下至秦汉，时间跨度很大。班固虽然未能明确指出各篇的撰者，但却使我们知道，《礼记》选编的材料中，很大一部分为先秦诸子之文，如小

① 杜佑：《通典》卷七三，中华书局，1988 年。

② 定县汉墓竹简整理组：《定县 40 号墓出土竹简简介》，载《文物》1981 年第 8 期。

③ 《汉书·艺文志》。

戴《礼记》的《月令》出自《吕氏春秋》;《坊记》、《中庸》、《表记》、《缁衣》等选自《子思子》,《大戴礼记》的《曾子立事》等10篇选自《曾子》。顾实云:“如小戴《记》之《三年问》全出《礼论篇》,《乐记》、《乡饮酒义》所引俱出《乐论篇》,《聘义》‘贵王贱珉’语亦与《法行篇》大同。《大戴礼记》之《礼三本篇》出《礼论篇》;《劝学篇》即《荀子》首篇,而以《宥坐篇》末‘见大水’一则附之;《哀公问五义》出《哀公篇》之首。”① 可以看出,《礼记》的好些篇目是选自《荀子》。

除了参考礼学家所传的“记”文以及诸子之说以外,大、小戴《礼记》的有些篇目还来自《礼古经》。《汉书·艺文志》著录《礼古经》五十六篇,除今传《仪礼》十七篇之外,其他各篇均已亡佚。《礼记》中的《奔丧》和《投壶》均为《礼古经》的逸篇。对于小戴《礼记》中的《奔丧》,郑玄《三礼目录》云:“名曰‘奔丧’者,以其居他国,闻丧奔归之礼。此于《别录》属丧服之礼矣,实逸《曲礼》之正篇也。汉兴后得古文,而礼家又贪其说,因合于《礼记》耳。”② 对于小戴《礼记》中的《投壶》,郑玄《三礼目录》云:“名曰‘投壶’者,以其记主人与客燕饮讲论才艺之礼。此于《别录》属吉礼,亦实《曲礼》之正篇。”③ 任铭善云:“谓‘逸曲礼’者,郑君误以《仪礼》为《曲礼》耳。此于《别录》属吉礼,亦实《曲礼》之正篇。”④ 据郑玄的记载,《奔丧》和《投壶》是《礼古经》中的两篇,本来是经,而不是“记”。

《礼记》类文献大量产生于先秦时期,故古有《礼记》为“七十子之徒所论”《汉书·景十三王传》的说法。王锷《〈礼记〉成书考》进而对《礼记》每篇的成书年代进行了考辨,发现有春秋末、战国初、战国中期、战国后期等时期的作品,而其最晚出的《檀弓》、《月令》、《明堂位》也是战国后期的文献。⑤ 这些成篇于先秦时期的作品,是研究春秋末到战国晚期儒家思想的重要资料,对于先秦古制的研究也有着重要意义。

---

① 顾实:《汉书艺文志讲疏》,上海古籍出版社,1987年,第100页。

② 见《礼记正义》,阮元校刻《十三经注疏》本。

③ 见《礼记正义》阮元校刻《十三经注疏》本。

④ 任铭善:《礼记目录后案》,齐鲁书社,1982年,第76页。

⑤ 我们认为,《礼记》中的大多数篇目是春秋战国时期的文献,但是也有一些篇目出于西汉初期,如《大戴礼记》中的《保傅》、《礼察》同于贾谊的《新书》。又如汉初礼学家在阐释和补充《仪礼》时所辑的一些资料被称为“记”,《礼记》在选编成书也曾参考这些“记”文。此于“《礼记》各篇的来源”中已有论述。

（二）《礼记》的纂集成书

关于《礼记》的选编，孔颖达《礼记正义序》引郑玄《六艺论》曰："今礼行于世者，戴德、戴圣之学也。……戴德传'记'八十五篇，则《大戴礼》是也；戴圣传《礼》四十九篇，则此《礼记》是也。"① 根据郑玄的记载，戴德和戴圣分别传大戴《礼记》八十五篇和小戴《礼记》四十九篇。戴圣的四十九篇《礼记》，据郑玄《三礼目录》，每篇都有"此于《别录》属某类"的记载。如《曲礼上第一》下，《三礼目录》云"此于《别录》属制度"；《曾子问第七》下，《三礼目录》云"此于《别录》属丧服"，《大传第十六》下，《三礼目录》云"此于《别录》属通论"等等。从郑玄《三礼目录》所引刘向《别录》关于《礼记》各篇的分类，可以看出《礼记》四十九篇的抄辑时间当在成帝命刘向校书之前。

晋代陈邵始偏离郑玄的说法，陈邵《周礼论序》云："戴德删古《礼》二百四篇为八十五篇，谓之《大戴礼》；戴圣删《大戴礼》为四十九篇，是为《小戴礼》。后汉马融、卢植考诸家同异，附戴圣篇章，去其繁重及所叙略而行于世，即今之《礼记》是也。郑玄亦依卢、马之本而注焉。"② 陈邵偏离郑玄之处在于他首次提出戴德删古《礼》二百四篇为八十五篇，戴圣又删八十五篇为四十九篇。《隋书·经籍志》又在陈邵的基础之上提出"马融足三篇"说。③ 清代学者毛奇龄、纪昀、戴震、钱大昕、陈寿祺，近代学者王国维、龚道耕、吴承仕、洪业、钱玄、王文锦、杨天宇等都力辨"小戴删大戴，马融足三篇"说之非。如纪昀云：

其(《隋志》)说不知所本。今考《后汉书·桥玄传》云："七世祖仁，著《礼记章句》四十九篇，号曰桥君学。"仁即班固所谓小戴授梁人桥季卿者，成帝时尝为大鸿胪。其时已称四十九篇，无四十六篇之说。又《孔疏》称《别录》《礼记》四十九篇，《乐记》第十九。四十九篇之首，《疏》皆引郑《目录》，郑《目录》之末必云此于刘向《别录》属某门。《月令目录》云："此于《别录》属《明堂阴阳记》。"《明堂位目录》云："此于《别录》属《明堂阴阳记》。"《乐记目录》云："此于《别录》属《乐记》。"盖十一篇今为一篇，则三篇皆刘向《别录》所有，安得以为马融所增？《疏》又引玄

① 见《礼记正义》，阮元校刻《十三经注疏》本。

② 吴承仕：《经典释文序录疏证》，中华书局，2008年，第91页。

③ 《隋书·经籍志》云："汉末马融，遂传小戴之学。融又定《月令》一篇、《明堂位》一篇、《乐记》一篇，合四十九篇。而郑玄受业于融，又为之注。"

《六艺论》云："戴德传《记》八十五篇，则《大戴礼》是也。戴圣传《礼》四十九篇，则此《礼记》是也。"玄为马融弟子，使三篇果融所增，玄不容不知，岂有以四十九篇属于戴圣之理？况融所传者乃《周礼》，若小戴之学，一授桥仁，一授杨荣。后传其学者有刘祐、高诱、郑玄、卢植。融绝不预其授受，又何从而增三篇乎？知今四十九篇实戴圣之原书，《隋志》误也。①

陈邵"小戴删大戴"与《隋书·经籍志》"马融足三篇"之说固不可信，然陈邵和《隋书·经籍志》并没有否定戴德和戴圣分别为大、小戴《礼记》的纂集者。传统的观点一直还是坚持认为《大戴礼记》和小戴《礼记》分别为戴德和戴圣所纂集。可是到了近代，受疑古思潮的影响，这一传统说法受到了挑战，首先是洪业在《礼记引得序》中首次提出《礼记》并非戴圣所录，是在大、小戴之后郑玄之前，由多人抄合而成，非一人一时之作。② 蔡介民、钱玄、王文锦等人也认为《大戴礼记》和小戴《礼记》非戴德和戴圣所辑。这些持怀疑态度者，多是从严谨求实的态度来对《礼记》的成书问题进行探讨，但是由于时代的局限和资料的不足，所以得出的结论值得商榷。

上述各家以《礼记》非戴圣所纂集者均以《汉书·艺文志》不载二戴《礼记》为依据，对于此，近代学者龚道耕对《汉书·艺文志》为何不载二戴《礼记》的原因进行了论述："《释文·叙录》引刘向《别录》云'《古文礼》二百四篇'，此《古文记》都数也。《正义》云：'刘向《别录》、《礼记》四十九篇，《乐记》第十九'，此《小戴记》都数及目录也。……是古文与诸家之记，刘向俱载其目。……至刘歆总群书而奏《七略》，遂仅载刘所校诸记篇数，而古文、戴、庆诸记，《别录》有其目者，并不著录。"自注："《别录》著录刘向定本，而仍存古文今文之篇目，犹乾隆间《四库全书》之有'存目'也；《七略》但著刘向定本、篇目，犹《四库简明目录》，不载'存目'之书也。"③ 各家均注意到《汉书·艺文志》未载大、小戴《礼记》，而没有对《汉书·艺文志》为什么不载大、小戴《礼记》的原因进行探讨，遂得出《礼记》非戴圣所集的结论。而龚道耕从刘向《别录》与刘歆《七略》著录方式的不同着眼探讨《汉书·艺文志》不载大、小戴《礼记》的原因，可以化解戴圣所辑之《礼记》为何不载于《汉书·艺文志》的原因，可惜龚氏此论并没有受到学术界的重视。

---

① 永瑢等：《四库全书总目》卷二一《礼记正义》提要。

② 洪业：《礼记引得序——两汉礼学源流考》，载《洪业论学集》，中华书局，1981年，第197～220页。

③ 龚道耕：《礼记郑义疏发凡》，载《志学》1942年第3期。

近代以来疑古学者认为戴圣为今文家，不可能纂集杂今古文的《礼记》，此论已为不少学者所反驳。龚道耕针对近人怀疑“《礼记》杂今古，不为二戴所辑”之说，辨正曰：“廖君（平）作《戴记今文古文篇目表》，以为《戴记》‘古多于今’。近人泥之，遂疑戴氏为今文家，何以多录古学？又以其采及《逸礼》（即《奔丧》、《投壶》二篇）及曾、思、荀、贾诸子书，疑今之《礼记》并非二戴所辑。夫古文晚出，戴氏所传之记适与古经相同，初非取经附记。曾、思、荀、贾，儒家大宗，吐词为经，宁谓非当？且诸子之书亦多述古，必谓出于自作，则又识昧通方，斯为妄矣。”① 龚氏认为戴圣古文经晚出，戴圣辑《礼记》并非取古文，而是所传之《记》与古文相合而已。

二是当代学者杨天宇对戴圣辑《礼记》时兼采今古文的现象进行了说明。杨先生认为，两汉时期的今文经学和古文经学并非水火不容，今文经学家也懂古文学，而古文经学家也懂今文经，因此，作为今文经学家的戴圣纂集今古文杂之的《礼记》也就不难理解。

龚、杨二说跳出成见，对于我们认识《礼记》的辑者甚有启发。我们知道，“今文”乃指汉代文字，“古文”指先秦六国文字，而“今文经”与“古文经”的区别则是比较复杂的。以前人们大多认为，凡是用隶书抄写的经书都是今文经，凡用秦以前的文字抄写的经书就是古文经。其实，仅仅用文字的不同来区分今古文经是不妥当的。六国文字在汉代已不通行，为了传授的方便，西汉的经师们多将古文经改写为当时通行的隶书本，而今文经的系统在西汉尚未形成，所以西汉的经书抄本多介于今文与古文之间。据学者考证，马王堆帛书和银雀山汉简都是用隶书体写于汉初，而用字往往与许慎、郑玄等人所说的古文一致。② 由此可见，古文经很可能有今文抄本，而今文经也可能有古文祖本。如人所共知的今文《尚书》，此书用战国古文写成，在传授过程中，古文本写成今文抄本，逐渐形成今文《尚书》。

今古文经学不仅在文本上有相通的地方，而且汉代的经师们也大多是今古文兼通，时时表现出混淆今古文的立场。刘向在汉宣帝时为《春秋》穀梁

---

① 龚道耕：《礼记郑义疏发凡》，载《志学》1942年第3期。

② 《周礼·小宗伯》郑玄《注》引郑司农说：“《春秋经》‘公即位’为‘公即立’。”而“位”字在马王堆帛书和银雀山汉简均作“立”，与古文经一致。《仪礼·觐礼》郑《注》云：“古文‘尚’作‘上’。”而马王堆帛书《老子》“不尚贤”写为“不上贤”，“吉事尚左，凶事尚右”写为“吉事上左，凶事上右”，与古文经用字一致（参见姜广辉：《中国经学思想史》第二卷，中国社会科学出版社，2003年，第573页）。

派的代表人物，桓谭《新论·识通》云："刘子政、子骏、子骏兄子伯玉，俱是通人，尤珍重《左氏》。教授子孙，下至妇女，无不读颂者。"①《汉书·楚元王传》引刘向于汉元帝时所上疏云："周室多祸……郑伤桓王。"② 杨树达对此句的解释为："伤王事但见于《左氏传》，《公》、《谷》二传并无之。然则（刘）向虽持《穀梁》义，亦时兼用《左氏》之说也。"③ 从以上材料可见，刘向虽然为今文经学的代表，但他也研习古文经，并不排斥采用古文经说。

刘向之子刘歆的《移让太常博士书》是公认的古文经学的代表作，文中说："是故孔子忧道之不行，历国应聘，自卫反鲁，然后乐正，《雅》、《颂》乃各得其所；修《易》，序《书》，制作《春秋》，以纪帝王之道。"④ 学者们通常以为，古文家眼中的孔子是史料的编修者，今文家才将六经归为孔子所作。刘歆认为孔子制作《春秋》，恰恰是今文家的立场。王葆玹有论："《汉书·艺文志》由刘歆《七略》删成，书中屡次称颂孔子而不提周公，如说儒家'祖述尧舜，宪章文武，宗师仲尼'，在这圣王统绪之中有孔子而没有周公的位置，可见古文经学未必尊崇周公超过孔子。"⑤ 在东汉，兼通今古文经的经师比比皆是，如马融、许慎、郑玄等，不仅精通古文经，而且精通今文经。

事实上，汉代的今古文之争多是利禄之争而非学术之争，学术之争的根本原因是为了维护利禄。杨天宇曾言："至于博士们一致反对立古文经的根本原因，则是为了垄断利禄之途，不愿古文经学派出来跟他们争饭碗。"⑥ 也就是说，汉代的今古文之争集中表现在今文经学家与古文经学家争立学官上。今文家为了保持学术上的统治地位，当然要竭力反对古文家，但是只要不争立博士，两派便可相安无事。如上所论可知，汉代的今古文之争并不是泾渭分明，水火不容。由此我们便不难理解为什么作为今文经大师的戴圣在纂集《礼记》时收入诸如《奔丧》、《投壶》这样的古文经作品。

李学勤说："晚清以来的疑古之风，很大程度上是对学术史的怀疑否定，

① 《太平御览》卷六一〇，中华书局，1960 年。

② 《汉书·楚元王传》。

③ 《汉书窥管》卷四。

④ 《汉书·刘歆传》。

⑤ 姜广辉主编：《中国经学思想史》（第二卷），中国社会科学出版社，2003 年，第 573 页。

⑥ 杨天宇：《略论汉代今古文经学的斗争与融合》，载《郑州大学学报》2001 年第 2 期。

而这种学风本身又是学术史上的现象。只有摆脱疑古的局限，才能对古代文明作出更好的估价。”① 实际上，只要我们证明了《礼记》各篇撰著的大致年代都是在先秦时期，至于是谁将这些篇章收集起来编订成书，对于本书之史料价值似乎没有太大干系。因为不管是谁选编了《礼记》，都只表明其去取态度，并不能左右其所选者的史料价值。然而为了明确在历史上围绕《礼记》编者问题所发生的种种争议，以窥学术史曲折发展之一斑，我们在上面还是无可回避地对其具体编者的争论略作回顾，并略有考证。

（三）《礼记》的今古文问题

《三礼》中，《周礼》为古文，无今文；《仪礼》今存十七篇全为今文，古文三十九篇已散佚；《礼记》的今古文问题却不甚明了。《汉书·艺文志》云：“《礼古经》者，出于鲁淹中及孔氏，（学七十）［与十七］篇文相似，多三十九篇。”又云：“鲁共王坏孔子宅，欲以广其宫，而得《古文尚书》及《礼记》、《论语》、《孝经》凡数十篇，皆古字也。”《汉书·景十三王传》云：“河间献王德以孝景前二年立，修学好古，实事求是。从民得善书，必为好写与之，留其真，加金帛赐以诏之。繇是四方道术之人不远千里，或有先祖旧书，多奉以奏献王者，故得书多，与汉朝等。……献王所得书皆古文先秦旧书，《周官》、《尚书》、《礼》、《礼记》、《孟子》、《老子》之属，皆经传说记，七十子之徒所论。”从《汉书·艺文志》和《汉书·景十三王传》的记载来看，《礼记》显然为古文。

《经典释文》引郑玄《六艺论》云：“公后得孔氏壁中河间献王古文《礼》五十六篇，《记》百三十一篇，《周礼》六篇，其十七篇与高堂生所传同而字多异。”又引刘向《别录》云：“古文《记》二百四篇。”② 郑玄将“《记》百三十一篇”与古文《礼》和《周官》并举，这说明“《记》百三十一篇”亦为古文；刘向则明确说“‘记’二百四篇”为古文，而大、小戴《礼记》材料的来源之一就是这些“记”，所以大、小戴《礼记》中当有古文。

除此之外，《投壶》、《奔丧》为《礼古经》的逸篇，为古文明甚。《礼记》中的《王制》为今文大宗，与为古文的《周礼》正相对峙。信今文者，尊崇《王制》，认为《周礼》乃刘歆伪书，或以《周礼》为周时旧法，以《王制》为素王孔子所立新法；信古文者，以《王制》为夏、殷之制，以《周礼》为周公之制。根据传统观点，则《礼记》中的《王制》当为今文。前面已

---

① 李学勤：《重写学术史》，河北教育出版社，2002年，第440页。

② 陆德明：《经典释文·序录》。

经交代,《礼记》各篇的来源,除"'记'百三十一篇"以外,还有汉代礼学家所辑的参考资料,这些参考资料用隶书写成,当然是属于今文的范畴。

从上面所论可以看出,大、小戴《礼记》来源很广,戴德和戴圣在选编时,除了参考古文"记"和《礼古经》以外,还收录了汉初礼学家对《仪礼》进行阐释和补充的"记"文,这些"记"文是用隶书写成,为今文。因此我们说,大、小戴《礼记》中,既有古文,又有今文。

(四)《礼记》的篇目及分类

《礼记》四十九篇,内容博杂,篇目编次没有义例。孔颖达《礼记正义》引郑玄《三礼目录》记录了刘向《别录》对《礼记》各篇的分类。《别录》将《礼记》各篇分为制度、通论、明堂阴阳、丧服、世子法、祭祀、乐记、正篇、吉事九类。

制度类有《曲礼上》、《曲礼下》、《王制》、《礼器》、《少仪》、《深衣》;

通论类有《檀弓上》、《檀弓下》、《礼运》、《玉藻》、《大传》、《学记》、《经解》、《哀公问》、《仲尼燕居》、《孔子闲居》、《坊记》、《中庸》、《表记》、《缁衣》、《儒行》、《大学》;

明堂阴阳类有《月令》、《明堂位》;

丧服类有《曾子问》、《丧服小记》、《杂记上》、《杂记下》、《丧大祭》、《问丧》、《服问》、《间传》、《三年问》、《丧服四制》;

世子法类有《文王世子》、《内则》;

祭祀类有《郊特牲》、《祭法》、《祭义》、《祭统》;

乐记类有《乐记》;

正篇类有《奔丧》、《投壶》;

吉事类有《冠义》、《昏义》、《乡饮酒义》、《射义》、《燕义》、《聘义》。

刘向分类标准比较混乱。比如"通论"是根据文体来进行划分的,而"祭祀"是根据内容来进行划分的,"乐记"则是根据出处来进行划分的。

梁启超在《要籍解题及其读法》中将大、小戴《礼记》的篇目混合在一起,总共分为十类。分别为:

记述某项礼节条文之专篇;

记述某项政令之专篇;

解释礼经之专篇;

专记孔子言论;

记孔门及时人杂事;

制度之杂记载;

制度礼节之专门的考证及杂考；

通论礼意及学术；

杂记格言；

某项掌故之专记。①

梁启超划分的条目太多，又略显杂乱。

杨天宇在此基础上对《礼记》篇目的命名做了进一步的划分：

一是依据篇中所记主要内容命名；

二是仅据首节、或仅据篇中部分内容命名；

三是取篇首或首句中若干字，或取篇中若干字命名；

四是以所记内容的性质命名；

五是命名之由不详者。②

杨天宇主要探讨的是《礼记》各篇的命名，从命名的不同情况来对《礼记》的篇目进行划分。

在各家对《礼记》篇目所进行的分类中，王锷的见解是比较合理的。他根据《礼记》各篇的内容，将四十九篇分为四类：

一是记礼节条文，补他书所不备，如《曲礼》、《檀弓》、《玉藻》、《丧服小记》、《大传》、《少仪》、《杂记》、《丧大祭》、《奔丧》、《投壶》；

二是阐述周礼的意义，如《曾子问》、《礼运》、《礼器》、《郊特牲》、《内则》、《学记》、《乐记》、《祭法》、《祭义》、《祭统》、《经解》、《哀公问》、《仲尼燕居》、《孔子闲居》、《坊记》、《中庸》、《表记》、《缁衣》、《问丧》、《服问》、《间传》、《三年问》、《儒行》、《大学》、《丧服四制》；

三是解释《仪礼》之专篇，如《冠义》、《昏义》、《乡饮酒义》、《射义》、《燕义》、《聘义》；

四是专记某项制度和政令，如《王制》、《月令》、《文王世子》、《明堂位》等。③

王锷的划分可以使初学者读《礼记》的时候选出自己所感兴趣的篇目，研究者也可以凭借这种分类重点阅读某些篇目，因此其划分比较可取。

（五）《礼记》与《仪礼》、《周礼》的关系

宋代朱熹曾云："《仪礼》，礼之根本，而《礼记》乃其枝叶。《礼记》乃秦

① 梁启超：《古书真伪及其年代》（附三种），江苏广陵古籍刻印社 1990 年影印。

② 《礼记译注·序言》，见杨天宇：《礼记译注》，上海古籍出版社，1997 年。

③ 王锷：《〈礼记〉成书考·绪论》，中华书局，2007 年。

汉上下诸儒解释《仪礼》之书，又有他说附益于其间。"[①] 朱子强调《礼记》依附于《仪礼》，因此在阅读时两者不可分离，"读《礼记》，须先读《仪礼》"[②]。"《礼记》要兼《仪礼》读，如冠礼、丧礼、乡饮酒礼之类，《仪礼》皆载其事，《礼记》只发明其理。读《礼记》而不读《仪礼》，许多理皆无安著处"[③]。

清代不少学者继承了朱子的这一思想，如清初学者万斯大认为："《仪礼》一经，与《礼记》相表里。考仪文，则《仪礼》为备，言义理，则《礼记》为经。在圣人即吾心之义理而渐著之为仪文，在后人必通达其仪文而后得明其义理。故读《礼记》而不知《仪礼》，是无根之木，无源之水也。悬空无据，岂能贯通？"[④]

江永也对《礼记》和《仪礼》的关系进行了论述："《礼记》四十九篇，则群儒所记录，或杂以秦汉儒之言，纯驳不一，其《冠》、《昏》等义，则《仪礼》之义疏耳。"[⑤] "散逸之余，《仪礼》正篇犹存，二戴之《记》者，如《投壶》、《奔丧》、《迁庙》、《衅庙》之类，已不可多见。"[⑥]

可见，万斯大和江永都继承了朱熹的观点，他们都强调《礼记》对解《仪礼》的重要性。朱熹、万斯大、江永都强调，要真正读懂《礼记》，必须首先读懂《仪礼》。我们认为，读《仪礼》之所以重要，就在于此书记载了冠、婚、丧、祭、乡、射、朝、聘等礼仪的细节，读了此书，就可以使人们对古代的礼仪制度有个较为全面和系统的认识。而《礼记》的精义在于阐释礼意，《礼记》的很多篇目是对《仪礼》所进行的阐释，如《冠义》、《昏义》、《乡饮酒义》、《射义》等篇分别是对《仪礼》的《冠礼》、《昏礼》、《乡饮酒礼》、《射礼》所记载的礼仪进行的阐释与发挥，从中可以更加清楚地认识到古人行冠、婚、乡、射诸礼的深义，从而更加深入地理解《仪礼》。

《礼记》重在阐释礼意，《仪礼》重在记录礼仪，二者互为补充，互相发明。自文献产生言之，《仪礼》在《礼记》先，自礼学精神言之，《礼记》当在《仪礼》上，因此读《礼记》必须要读《仪礼》，因为《礼记》所阐扬礼意

---

① 黎靖德编、王星贤校点：《朱子语类》卷八四《礼一·论修礼书》，第 2186 页。

② 黎靖德编、王星贤校点：《朱子语类》卷八七《礼四·小戴礼·总论》，第 2225 页。

③ 黎靖德编、王星贤校点：《朱子语类》卷八七《礼四·小戴礼·总论》，第 2225 页。

④ 万斯大：《仪礼商》附录，文渊阁《四库全书》本。

⑤ 江永：《礼书纲目》卷首，文渊阁《四库全书》本。

⑥ 江永：《礼书纲目》卷首。

的基础就是《仪礼》所记载的各种礼仪；读《仪礼》也要读《礼记》，因为《仪礼》只是让人们知道了各种礼仪，而要明确这些礼仪所蕴涵的深义，就必须要到《礼记》中去寻求。

“三礼”中，《礼记》与《仪礼》的关系最为紧密，但这并不是说与《周礼》没有关系。古今不少学者提出“三礼”互证的观点，提倡将《周礼》、《仪礼》和《礼记》贯通起来进行研究。所以如果有志于研究《礼记》，“三礼”都必须熟悉。由于《礼记》多取诸子之文为之，所以对先秦诸子之书也必须熟悉，如可以将《礼记·乐记》与《荀子·乐论》、《礼记·月令》与《吕氏春秋·月令》结合起来阅读和研究。

二、《礼记》的思想与价值

（一）《礼记》的礼学思想

先秦诸子对人性多有讨论。孟子主张人性善，礼是人性的组成部分，他说：“仁义礼智，非由外铄我也，我固有之也，弗思耳矣。”① “君子所性，仁义礼智根于心。”② 在孟子看来，人要扩充善的本性，才能够成为君子。荀子批判了孟子的性善说，认为恶乃人之本性，他说“人之性恶，其善者伪也”③。“伪”指的是后天的教化和学习，在荀子看来，礼义规范外在于人性，是必须通过学习才能具备的。然而战国时代的社会现实却使得人性“善”、“恶”的标准在事实面前大打折扣，“通行于春秋战国时代并真正发挥作用的主流社会话语，并不是滑动于两个极端的、非‘善’即‘恶’的人性论。作为一种让大多数人信服的尺度，它更应该是一个不带褒贬且能够混一‘善恶’、‘义利’和‘圣凡’间价值畛域的白描式把握标准”④。孟、荀以“善”或“恶”的价值判断来把握人性，很容易以事实判断来服从价值判断，甚至于最终取消事实判断。

《礼记》的作者清楚地认识到孟子和荀子人性论的不足，遂提出了“人情”论来探求人的本质。⑤ 《礼运》云：“何谓人情？喜、怒、哀、惧、爱、

---

① 《孟子·告子上》。

② 《孟子·尽心上》。

③ 《荀子·性恶篇》。

④ 韩东育：《日本近世新法家研究》，中华书局，2003 年，第 324 页。

⑤ “人情论”在荀子那里已显端倪，《荀子·正名篇》：“不事而自然谓之性，性之好、恶、喜、怒、哀、乐谓之情。”《荀子·性恶篇》又云：“起礼义，制法度，以矫饰人之情性而正之，以扰化人之情性而导之也。”在这里，荀子所论人情与人性并无实质上的区别。《礼记》则完整地提出了“人情论”。

恶、欲，七者弗学而能。”《礼记》的作者并没有用“善”或“恶”的价值判断来对人的本性进行界定，而是用“人情”这个近乎中性的概念作为观察人的标准。《礼记》的作者认为，对于人情，首先要顺从，《礼运》云：“故礼义也者……所以达天道、顺人情之大窦也。”《礼记》这里明确提出要“顺人情”。《曾子问》：“君子礼以饰情。”儒家十分重视丧葬之礼，认为这是人真实情感的流露，那么顺乎这种感情，就有哭踊仪节。但是，《礼记》的作者认为对人情又不能放纵，需要以礼来对人情进行节制。《礼运》云：“故圣王修义之柄，礼之序，以治人情。”《乐记》云：“礼者，因人之情而为之节文，以为民坊者也。”通过礼从而把对人情的顺从与对人情的节制结合起来，这是《礼记》作者的高明之处，实际上也是《礼记》的作者对孟子的性善说与荀子的性恶说的一种调和。

顺人情和节制人情都需要礼，然而这只是礼产生的两种必要条件，而非充分条件，因为顺人情和节制人情并不一定就产生礼。《礼记》的作者认识到了这一点，于是提出了先王制礼说。《礼运》：“故先王秉蓍龟，列祭祀，瘗缯，宣祝嘏辞说，设制度。”《乐记》：“夫豢豕为酒，非以为祸也，而狱讼益繁，则酒之流生祸也。是故先王因为酒礼。”《乐记》又云：“故圣人作乐以应天，制礼以配地。礼乐明备，天地官矣。”

然而，先王制礼说也难以从根本上消弭礼起源论的缺陷，因为先王制礼也并不能成为礼产生和存在的终极依据。《礼记》的作者于是又将目光转向了人的主体之外，在更加广阔的背景中寻求礼产生和存在的根源。“凡礼之大体，体天地，法四时，则阴阳，顺人情，故谓之礼”。(《丧服四制》)“是故夫礼，必本于大一，分而为天地，转而为阴阳，变而为四时，列而为鬼神”。(《礼运》)“夫礼与天地同节”。(《乐记》)“夫礼，先王以承天之道，以治人之情，故失之者死，得之者生”。(《礼运》)从这些引文可以看到，《礼记》的作者将礼产生和存在的终极依据归结为“大一”和“天之道”。何谓天之道？《哀公问》曰：“如日月东西相从而不已也，是天道也。”天道乃世间万物永恒不变的秩序和规则，先王就是依据这种秩序和规则，从而制礼。这就将礼的产生和存在提高到同宇宙秩序合一的高度。

我们知道，在孔子的思想体系里，很少涉及形而上的天道，正如子贡所说：“夫子之文章，可得而闻也；夫子之言性与天道，不可得而闻也。”[①] 这种不太看重形而上的倾向影响了后来的儒家思想家，这是先秦儒家最为柔软，

① 《论语·公冶长》。

最易受到其他学派攻击的地方。面对道家的自然主义与看重抽象本体的倾向，儒家的思想家们也在不断地完善自己的学说，尝试以“天道”来论证人及世事存在的合理性，《礼记》探寻礼的起源和论证礼存在的合理性正是采用了这种方法。

礼仪不仅是一种动作、姿态，也不仅是一种制度，而且它所象征的是一种秩序，保证这一秩序得以安定的是人对于礼仪的敬畏和尊重，而对礼仪的敬畏和尊重又依托着人的道德和伦理的自觉，没有这套礼仪，个人的道德无从寄寓和表现，社会的秩序也无法得到确认和遵守。《仪礼》对冠、婚、丧、祭、燕、射、朝、聘诸礼的仪节皆有详细的记载，到了孔子时代，儒家学者从礼仪的种种规则中去寻找背后的秩序观念，以及这种秩序观念对于社会的意义。孔子主张“君君、臣臣、父父、子子”，为的就是促使整个社会井然有序。

战国时代，各国之间的战争更为频繁，无序的社会现实更加激发了思想家们探求有序社会的激情，儒家的思想家们继承了孔子的思想，积极探求礼对于个人和社会所具有的规范作用。《礼记》的作者认为，礼实际上就是一种“序”。《乐记》云：“礼者，天地之序也。……序，故群物皆别。”孔颖达疏：“礼明贵贱是天地之序也。”《礼运》亦云：“故先王秉蓍龟、列祭祀……故国有礼，官有御，事有职，礼有序。”对于“礼有序”，清人孙希旦云：“惟上下一于礼，故官有所御，而事得其职，所行之礼莫不顺其次序也。……故天下国家可得而正之意，而极言其功效之盛也。”① 可见，《礼记》所说的“序”，实际上是区分万物的标准，同时也是社会的秩序和规范。

《礼记》的作者认为，“序”则能达到“别”。《坊记》：“夫礼，坊民所淫，章民之别……”“别”首先是人与禽兽的区别，《曲礼上》云：“鹦鹉能言，不离飞鸟。猩猩能言，不离禽兽。今人而无礼，虽能言，不亦禽兽之心乎？夫唯禽兽无礼，故父子聚麀。是以圣人作，为礼以教人，使人以有礼知自别于禽兽。”可见，《礼记》的作者将是否有礼作为人与动物区别的标志。不仅如此，礼还是人的治身之本。《冠义》云：“凡人之所以为人者，礼义也。”《礼器》云：“礼也者，犹体也。体不备，君子谓之不成人。”可见，礼对个人而言，是治身之本。

“别”也是社会人与自然人之间的区别。儒家思想家所关注的不是自然的个人，而是社会中的人，将人纳入到社会网络中来进行认识。《礼记》的作者

① 孙希旦：《礼记集解》，中华书局，1989 年，第 614 页。

认为，关乎人生成长中标志性的礼仪，如冠礼，并不只是让人们明白礼仪的过程是什么，更重要的是要人明白礼仪的意义何在。对于个人来讲，就是要通过“别”使人成为社会中的人。《冠义》云：“成人之者，将责成人礼焉也。责成人礼焉者，将责为人子、为人弟、为人臣、为人少者之礼行焉。将责四者之行于人，其礼可不重与?”这里的“别”体现在成人与未成人之别，强调的是礼使人成为社会中的一分子所具有的作用。

“别”还体现在对社会秩序的整合。荀子用“分”来概括礼的功能，他说：“人何以能群？曰分。分何以能行？曰义。”① 又说：“先王恶其乱也，故制礼义以分之。”② 《礼记》的作者在荀子的基础之上做了更为明确的发挥，《曲礼上》云：“夫礼者，所以定亲疏，决嫌疑，别同异，明是非也。”《坊记》：“夫礼者，所以章疑别微，以为民坊者也。故贵贱有等，衣服有别，朝廷有位，则民有所让。”通过“别”，社会才能达到井然有序，才不至于混乱。《乐记》说：“礼义立，则贵贱等矣。”《哀公问》借孔子之口说：“丘闻之，民之所由生，礼为大。非礼无以节事天地之神也，非礼无以辨君臣、上下、长幼之位也，非礼无以别男女、父子、兄弟之亲，昏姻、疏数之交也。君子以此之为尊敬然。”可以看出，《礼记》所说的“别”就是要在社会中分出等级，这种等级，既有政治层面的，如君臣关系，同时也有伦理层面的，如父子关系。《礼记》的作者试图通过礼的“别”使人成为社会中的人，进而使人在等级社会中恪守礼，整个社会就会条理秩然。

《礼记》的作者追求的是“伦理本位社会”③。在这样的社会里，政治方面更强调伦理的作用。《大传》云：“圣人南面而听天下，所且先者五，民不与焉：一曰治亲，二曰报功，三曰举贤，四曰使能，五曰存爱。五者一得于天下，民无不足，无不赡者。”同一篇又说：“服术有六：一曰亲亲，二曰尊尊，三曰名，四曰出入，五曰长幼，六曰从服。”在这两段论述中，“治亲”和“亲亲”都是放在首位的。《礼记》的作者将人伦关系泛化到国家政治生活中，《哀公问》借孔子之口说：“古之为政，爱人为大。所以治爱人，礼为大。所以治礼，敬为大。”《燕义》云：“礼无不答，言上之不虚取于下也。上必明正道以道民，民道之而有功，然后取其什一，故上用足而下不匮也，是以上下和亲而不相怨也。和宁，礼之用也。此君臣上下之大义也。”在这里，《礼

① 《荀子·王制》。

② 《荀子·礼论》。

③ 姜义华：《论礼记及其文化内涵》，载《中国文化》1996年第2期。

记》的作者更强调是君王为政，必须以爱与敬为政之本。

《礼记》的作者也看到刑法对社会所具有的规范作用，《乐记》云："故礼以道其志，乐以和其声，政以一其行，刑以防其奸。礼乐刑政，其极一也，所以同民心而出治道也。"《乐记》又云："礼节民心，乐和民声，政以行之，刑以防之。礼乐刑政，四达而不悖，则王道备矣。"不过，《礼记》的作者们并没有将刑法提高到与礼一样的高度，《哀公问》借孔子之口曰："为政先礼，礼其政之本与。"就是说国君施政，以礼为先，礼是国政的根本，至于刑法，则是在治国方面对礼的补充，不能起到支配的作用。在《礼记》一书中，对刑法作用的论述也仅限于此。而在治国方面则是反复强调礼的作用。这也反映出儒家的思想家们重视伦理道德的特征。

《礼记》的作者以礼作为社会整合的途径，这与殷周以来人们逐渐形成的重孝、亲人、贵民和贵德的文化气质一脉相承。周代的文化具有和商代文化一脉相承的连续性，并且更多地表现出对宗族成员的亲和力和对人际关系的浓厚兴趣。周公制礼后，周礼就成了一个具有巨大涵摄力的社会整合实体。春秋时期，礼坏乐崩，孔子倡导恢复周礼，对礼进行了广泛的发挥，使之成为有体系的学说。荀子生活在法家思想极为流行的战国末年，与法家以"刑"和"法"来对社会秩序进行整合的方式不同，荀子提出了寓法于礼的学说。《礼记》在荀子的基础之上对礼和法的关系做了进一步的探讨，从而建立起一套以伦理为本位的社会秩序学说，影响了中国两千多年。

（二）《礼记》的中庸和谐思想

《礼记》认为，礼治是实现社会和谐的必由之路，而中庸之道则是在实行礼治的过程中所应持有的原则。孔子十分推崇中庸，他说："中庸之为德也，其至矣乎，民鲜久矣。"[①] 孔子把中庸作为一种至高的境界，作为处理人际关系、政治关系和社会关系的实践原则和方法。《礼记》则更加系统地提出了中庸理论。《中庸》曰："喜怒哀乐之未发谓之中；发而皆中节谓之和。中也者，天下之大本也；和也者，天下之达道也。致中和，天地位焉，万物育焉。"成中英在理解儒家思想中的和谐概念时，十分精辟地将《中庸》的和谐概念概括为"中和"。[②] 笔者认为，中庸之道的"中"，不同于折中主义、调和主义的中，不是不讲原则、不辨善恶的调和与折中，而是指适度、适当，即无过无不及。中庸之道的"和"，不是指两个事物间彼此完全相同，而是指不同事

① 《论语·雍也》。

② 成中英：《儒家和谐论的六个层次》，载《河北学刊》2006 年第 6 期。

物比例协调、配合得当，从而达到总体上的和谐状态。

在《礼记》中，中庸之道的“中”的表现之一就是对人欲的节制。《礼记》认为，人受到外物的诱惑就会产生各种欲望，如果这些欲望得不到节制而任其发展，则会发生犯上作乱、争夺悖逆之事，从而使社会得不到安定。《乐记》云：“夫物之感人无穷，而人之好恶无节，则是物至而人化物也。人化物也者，灭天理而穷人欲者也。于是有悖逆诈伪之心，有淫泆作乱之事。是故强者协弱，众者暴寡，知者诈愚，勇者苦怯，疾病不养，老幼孤独不得其所，此大乱之道也。是故先王之制礼乐，人为之节。”《坊记》亦云：“礼者，因人之情而为之节文，以为民坊者也。故圣人之制富贵也，使民富不足以骄，贫不至于约，贵不慊于上，故乱益亡。”礼则能限制人的欲望，从而减少祸乱，社会就会趋向于一种安定和谐的状态。这种调节作用，《礼记》称之为“制中”：“夫礼所以制中也。”（《仲尼燕居》）孙希旦解释说：“礼者天理之节文，所以裁制人事之宜，而使归于中者也。”① 礼的这种节制作用，使得“人事”能达到一种“中”的状态，即和谐的状态。

中庸之道的“和”首先体现在礼与乐的结合上。虽然“别”是礼的主要功能之所在，但是如果一味地强调“别”，势必造成对立昭然，反而不利于“别”。《礼记》的作者于是提出以“乐”来弥补这种不足。《乐记》：“乐者，天地之和也。礼者，天地之序也。和，故百物皆化；序，故群物皆别。”《乐记》：“乐也者，情之不可变者也；礼也者，理之不可易者也。乐统同，礼辨异。”《郊特牲》：“乐由阳来者也，礼由阴作者也，阴阳和而万物得。”《乐记》：“乐者为同，礼者为异。同则相亲，异则相敬。”可见，《礼记》的作者试图在礼的“别”与乐的“和”之间寻求一种和谐与统一，礼与乐两方面十分周延地概括了一切事物之间的互相依存的状态，同时进一步地论证了社会生活中的内容也是周延的、完整的。

《礼记》所说之礼，在本质上是对社会进行整合的秩序。不过我们必须清楚地认识到，这种对社会进行整合的秩序是以伦理为价值取向的，礼成了道德标准和道德观念。这种带有浓厚伦理色彩的“礼”并没有仅仅停留在个人的修身之术上，而是由近及远地推衍到国家的政治生活中。《曲礼上》：“道德仁义，非礼不成；教训正俗，非礼不备；分争辨讼，非礼不决；君臣上下，父子兄弟，非礼不定；宦学事师，非礼不亲；班朝治军，涖官行法，非礼威严不行；祷祠祭祀，供给鬼神，非礼不诚不庄。是以君子恭敬、撙节、退让

① 孙希旦：《礼记集解》，中华书局，1989年，第1268页。

以明礼。”可见，礼的作用渗透到社会的各个方面。《礼记》的作者从伦理道德入手，主张在政治统治中要充分发挥道德精神的善化民心、防患于未然的功效，《经解》云：“故礼之教化也微，其止邪也于未形，使人日徙善远罪而不自知也，是以先王隆之也。”礼对社会秩序的整合起到的是一种教化作用，礼的作用是防患于未然，而刑法则更多地体现出强制的力量，是在事情发生之后起到一种惩戒的作用，正如《大戴礼记·礼察》云：“礼者禁于将然之前，而法者禁于已然之后。”

《礼记·礼运》提出了“小康”和“大同”两个概念。不少学者将“大同”视为早期儒家思想中的“乌托邦”，其实，如果从《礼运》的思想脉络来看，“大同”是对远古历史记忆的一种恢复，并不具有乌托邦性质。《礼运》的本旨是要探讨礼的起源以及礼治的重要性，正如唐人孔颖达所说：“子游所问唯论礼之运转之事，故以《礼运》为标目耳。”① 孙希旦亦云：“礼运者，言礼之运行也。”②

《礼运》描述了大同之世的图景：“大道之行也，天下为公，选贤与能，讲信修睦。故人不独亲其亲，不独子其子，使老有所终，壮有所用，幼有所长，矜寡孤独废疾者皆有所养。男有分，女有归。货恶其弃于地也，不必藏于己；力恶其不出于身也，不必为己。是故谋闭而不兴，盗窃乱贼而不作，故外户而不闭。是谓大同。”根据孔颖达的理解，大同之世就是所说的“禅让”时代，“在禹汤之前，故为五帝时也”③。这是一个前礼乐时代，人们团结和睦，不独亲其亲，不独子其子，是因为那个时代人们紧密团结对于生存来说是非常重要的，而礼乐的生活尚没有出现。

而小康之世则是与礼治密切相关联的，《礼运》描述了小康之世的图景：“今大道既隐，天下为家，各亲其亲，各子其子，货力为己，大人世及以为礼，城郭沟池以为固，礼义以为纪；以正君臣，以笃父子，以睦兄弟，以和夫妇，以设制度，以立田里，以贤勇知，以功为己。故谋用是作，而兵由此起。禹、汤、文、武、成王、周公，由此其选也。此六君子者，未有不谨于礼者也。以著其义，以考其信，著有过，刑仁讲让，示民有常。如有不由此者，在执者去，众以为殃。是谓小康。”在小康之世，由于家天下的世袭制度成为权利传递的主要方式，因此，必须实行礼治来维护君王的统治。《礼运》

① 《礼记正义》，阮元校刻《十三经注疏》本。

② 孙希旦：《礼记集解》，中华书局，1989年，第581页。

③ 《礼记正义》，阮元校刻《十三经注疏》本。

叙述大同之世在前，叙述小康之世在后，目的就是想通过大同之世导出小康之世实行礼治的重要性，所以当子游问“如此乎礼之急也”的时候，孔子就说：“夫礼，先王以承天之道，以治人之情，故失之者死，得之者生。”（《礼运》）可见，《礼运》并不是主张回到大同之世，而是以礼治为立足点，努力实现小康之世，这才是儒家理想的和谐社会图景。

在小康之世中，禹、汤、文、武、成王、周公都十分重视礼治的重要性。通过礼治，社会则会达到和谐，《礼运》对小康之世做了进一步的描述：“四体既正，肤革充盈，人之肥也；父子笃，兄弟睦，夫妇和，家之肥也；大臣法、小臣廉，官职相序，君臣相正，国之肥也；天子以德为车，以乐为御，诸侯以礼相与，大夫以法相序，士以信相考，百姓以睦相守，天下之肥也。是谓大顺。”可以看出，这些构想虽然基于现实，但是实际上仍然带有很大的理想成分，这些景象在中国古代的某些王朝和某些地域曾一定程度上得以实现。小康社会的特点是：每个社会成员都在严格的等级序列中明确自己的身份，充当特定的角色。人们各就其位，各司其职，各安其分，各奉其事，各得其所，整个社会井井有条，和谐安定。

从上面的论述可以看出，《礼记》以礼治为途径，以中庸之道为原则，以实现和谐的小康社会为目标。当然，应该注意的是，《礼记》强调等级秩序，虽然可以使社会达到等级化的和谐，但是这种等级观念与当今的人人平等观念是有冲突的。所以在借鉴《礼记》提倡的礼治主义的时候，需要持以谨慎的态度。我们今天能借鉴和吸取到的，主要是《礼记》礼治主义思想层面的意义，而不是和时代相关的礼制方面的意义。

（三）《礼记》的学术价值与《礼记》研究的现实意义

以上我们对《礼记》中的思想进行了发掘，那么《礼记》一书在中国思想史和哲学史上的地位也就不言自明了。《礼记》一书是我国先秦时期对《仪礼》进行解释、补充和发挥的文献的汇集，同时也是儒学论文的汇编，包括社会、历史、伦理各方面的内容。《礼记》之所以能成为儒家经典，是由其本身丰富的儒学意蕴所决定的。我们现在突破传统经学的眼光，用现代学术的视角对《礼记》的学术价值进行挖掘和陈述，以期更好地理解《礼记》为何能成为“经”，以及明其在中国历史文化中所产生的深远影响。

《礼记》一书实际就是先秦到汉代的一部社会生活史。李安宅用社会学的眼光来检讨《仪礼》和《礼记》两部书，撰成《仪礼与礼记之社会学的研究》一书，李先生的研究方法给予我们启示，使我们看到，《礼记》中记载的冠、婚、丧、祭、乡、射、朝、聘等礼，均是社会生活中人所行之礼，与人的衣食住行、生老病死密切相关。不同年龄、不同阶层以及不同辈分的人有不同的礼仪，行礼有不同的服饰、不同的方位等等。《礼记》中的这些记载为我们提供了先秦时期人们社会生活的生动画面。如《学记》中记载："古之教者，家有塾，党有庠，术有序，国有学。比年入学，中年考校。一年视离经辨志，三年视敬业乐群，五年视博习亲师。七年视论学取友，谓之小成；九年知类通达，强立而不反，谓之大成。"通过《学记》中这段记载，我们就可以看到古人的教育场所、教学内容以及教育时间的分配等各个方面的情况。又如在《曾子问》中，我们可以从作者模拟曾子和孔子的对话中知道战国秦汉之际，礼学家们所面临的各种各样的问题，以及解决这些问题的途径。

清人章学诚在其所撰《文史通义》一书中提出"六经皆史"的命题，认为《易》、《书》、《诗》、《礼》、《春秋》、《乐》本为三代史官所记先王之政典，这种观点对于汉代以来以六经为训后世不变之圣典的观念是一种冲击。虽然此说可能绝对，但是却给人以启示，那就是可以用历史学的眼光来审视六经，可以从六经中发掘很多古史研究的材料。如《王制》记载了以周代为主的爵禄、封国、职官、巡守、祭祀、养老等制度。此外，《檀弓》、《月令》、《明堂位》等也记载了不少先秦古制，正如詹子庆所说："经过学者们长期研究，较普遍地认为这些篇章大多数写就于春秋战国时代，文中反映的基本内容多系先秦古制，其中录有一些孔子言论或其弟子对孔子思想真谛的发挥，即使有个别篇章是秦汉儒生所撰，但其基本内容也是对先秦古制的追忆。"①

我们需要注意到一种现象，那就是《礼记》在流传的过程中，很快就超越《仪礼》，并受到很多统治者的重视，如唐太宗和清康熙皇帝都十分看重《礼记》，为什么会如此？其原因无非是《礼记》中的礼义精神对于治国安邦有辅助作用。

第二节　《礼记》学与文献

一、汉代的《礼记》学与文献

两汉时期，今文经学立于学官。西汉今文经学盛极一时，而古文经学湮没不彰。东汉时期，古文经学在民间兴起，并有了很大的发展，出现了一些

① 詹子庆：《礼记的史学价值》，载《光明日报》2001年4月10日。

兼通今古文的经学大师。《礼记》学的发展与汉代经学的发展脉络是相一致的。不过，由于《礼记》文本相对其他儒家经典而言，成书比较晚，一直到西汉中后期才被戴圣纂集成书，所以西汉时期的《礼记》学重点体现在《礼记》成书的问题上。

东汉时期，《礼记》文本已定，又出现了不少传抄本，同时，由于古文经学重视文字训诂，所以一些对《礼记》的笺注之作应时而生。《礼记》在汉代的流传中，产生了许多不同的本子。这一情形从西汉中后期就开始了，刘向对戴圣所纂集的《礼记》进行校勘，已经形成《礼记》刘向本；《后汉书·桥玄列传》："七世祖仁，从同郡戴德学，著《礼记章句》四十九篇。"可见《礼记》又有桥氏本；《后汉书·曹褒列传》载曹褒"传《礼记》四十九篇，教授诸生千余人"。所以《礼记》又有曹氏本。东汉时期，《礼记》文本已经引起了很多经学大师的重视，在东汉中后期古文经学兴起、今古文经学融合的大势下，这些经学大师对《礼记》文本进行注释阐发，出现了最早的《礼记》训释之作。据《后汉书·马融传》、《卢植传》、《郑玄传》的记载，马融、卢植、郑玄均为《礼记》作注。[①]《经典释文·序录》云："后汉马融、卢植，考诸家同异，附戴圣篇章，去其繁重及所略而行于世，即今《礼记》是也。"[②]可见，马融、卢植在为《礼记》作注之前，都曾对其进行校勘。马融、卢植的《礼记》学文献虽然已经亡佚，但是一些文字仍然被史书、经注保留了下来，从这些星星点点的文字中，我们仍可略窥东汉时期《礼记》学的概貌。东汉后期，郑玄为兼通经今古文的大儒，并精通礼学。郑玄在参考众本的基础上，对《礼记》进行了校勘，并为之作注。郑玄的《礼记注》是《礼记》学史上的一座不朽丰碑，千百年来，学者们在从事《礼记》研究时，都不能不参考此书。从《礼记》学演变史来看，汉代是《礼记》学的开创时期，其《礼记》研究的路子一直为汉唐时期的学者奉为圭臬，也为清代学者所推崇。

二、魏晋南北朝隋唐时期的《礼记》学与文献

汉末经学衰落，然而郑学却大行于世，"盖以汉时经有数家，家有数说，学者莫知所从。郑君兼通今古文，沟合为一，于是经生皆从郑氏，不必更求

---

① 关于卢植的《礼记》学著述，可以参见潘斌《卢植礼记解诂探微》一文，载《青海社会科学》2007年第5期，文中对卢植《礼记解诂》的流传、训诂方法、对郑玄的影响等都进行了介绍。

② 陆德明：《经典释文·序录》。

各家。郑学之盛在此，汉学之衰亦在此”①。

魏代王肃攀附司马氏，遍注群经，但他不好郑学，处处与郑玄为异，他凭借与司马氏的亲姻关系，所注诸经被司马氏立于学官，所以“郑学出而汉学衰，王肃出而郑学亦衰”②。郑玄《三礼注》乃他所注群经中最精者，王肃与郑为异，在《三礼》方面体现得尤为明显。从清人马国翰《玉函山房辑佚书》所辑《礼记王氏注》的条文与郑注进行比较，可以看出王、郑的分歧主要在于礼制。

魏晋时期，《礼记》学史上还必须提到一重要的事件，那就是《礼记》在魏代第一次被立于学官。根据刘汝霖的考证，魏代所立十九博士，其中包括《礼记》。③《礼记》原本是附属于《仪礼》的记文，魏代将《礼记》立为学官，这标志着《礼记》的地位已经开始由“记”的地位上升为“经”。

南北朝时期，天下分为南北，而其时说经者亦有“南学”、“北学”之分。南朝经学崇尚王弼之玄虚，学风比较虚浮，经学益衰。到梁武帝时，比较重视经学，经学遂出现了一个比较繁荣的时期。南朝经学突出的成就在于《三礼》学，正如杨天宇所言：“南朝的经学，最可称道者，要数《三礼》学了。《南史·儒林传》于何佟之、严植之、司马筠、崔灵恩、孔佥、沈峻、皇侃、沈洙、戚衮、郑灼诸儒，或称‘上好《三礼》’，或称‘遍习郑氏《礼》’，或称‘尤明《三礼》’，或称‘尤精《三礼》’，或称‘通《三礼》’，或称‘善《三礼》’，或称‘受《三礼》’，而张崖、陆诩、沈德威、贺德基诸儒，也都以礼学称名于世。”④

北朝重经学不杂玄学，稍盛于南朝。北魏的孝文帝、北周武帝对经学都十分重视。在北朝的诸多经学家中，成就最大的当推徐遵明。《北史·儒林列传·序》云：“《三礼》并出遵明之门。”又云：“诸生尽通《小戴礼》，于《周》、《仪礼》兼通者，十二三焉。”可见北朝的经学家十分重视《三礼》学，尤其是《礼记》。

魏晋时期，《礼记》学沿着汉代学者开创的研究模式继续发展，这一时期，许多学者对《礼记》音义的探讨兴趣很大，出现了不少关于《礼记》音义之作，如三国射慈撰《礼记音义隐》、曹耽、孙毓、尹毅、李轨、范宣、徐邈、谢桢等都撰有《礼记音》。魏晋南北朝时期，义疏之学兴起，清人皮锡瑞有云：“夫汉

① 皮锡瑞：《经学历史》五《经学中衰时代》。

② 皮锡瑞：《经学历史》五《经学中衰时代》。

③ 刘汝霖：《汉晋学术编年》卷六，中华书局，1987年。

④ 杨天宇：《略述中国古代的礼记学》，载《河南大学学报》2000年第5期。

学重在明经，唐学重在疏注，当汉学已往，唐学未来，绝续之交，诸儒倡为义疏之学，有功于后世甚大。”① 《礼记》的义疏之作也很多，南朝如崔灵恩《三礼义宗》、沈文阿《礼记义疏》、皇侃《礼记义疏》和《礼记讲疏》、戚衮《礼记义》等；北朝如刘献之《三礼大义》、李铉《三礼义疏》、沈重《礼记义疏》、熊安生《礼记义疏》等。在这些《礼记》学的义疏之作中，皇侃的《礼记义疏》和熊安生的《礼记义疏》影响比较大，唐代孔颖达《礼记正义》取材于二者甚多。

隋唐两朝结束了长期分裂的局面，相继建立了统一的多民族国家，隋唐中央集权的加强和统一局面的形成，对本时期的经学的发展产生了很大的影响。首先是统一，南北朝时期的经学分为南北两派，至隋开始统一，正如皮锡瑞所云：“隋平陈而天下统一，南北之学亦归统一。”② 其次是集中，即官方直接组织、干预古文献的修纂和整理。《隋书·文帝本纪》载，隋文帝开皇十三年（593）五月“诏人间有撰集国史，臧否人物者，皆令禁绝”。唐太宗诏颜师古考订五经，诏孔颖达与诸儒撰定《五经正义》。隋立《礼》学博士仍以郑学为宗。隋朝以《礼》学名家，见于《隋书·经籍志》记载者，唯马光“尤明《三礼》”，褚辉“以《三礼》学称于江南”而已。

唐孔颖达等人继承了南北义疏之作的体例，融合了经学的成果，撰成《五经正义》，成为中国经学史上划时代的著作。《五经正义》之一的《礼记正义》依据皇侃《礼记义疏》，并参考熊安生之书修纂而成。《礼记正义》为《五经正义》中成就较高者，为以后说《礼》学者所本。《四库全书总目》云：“故其书务伸郑注，未免有附会之处。然采摭旧文，词富理博，说礼之家，钻研莫尽。譬诸依山铸铜，煮海为盐。即卫湜之书尚不能窥其涯涘，陈澔之流益如莛与楹矣。”③ 从中国经学史的演变来看，隋唐时期的经学处于守成状态，开创性不大，相关的经学文献数量也较其他时代少得多。隋唐时期的《礼记》学文献数量也很少，除了《礼记正义》以外，几乎没有能对后世产生影响的《礼记》文献出现，这种状况一直到宋代才有所转变。

三、宋元明时期的《礼记》学与文献

皮锡瑞认为宋代是经学的“变古时代”④，这个时期，经学领域最大的变

---

① 皮锡瑞：《经学历史》六《经学分立时代》。

② 皮锡瑞：《经学历史》七《经学统一时代》。

③ 永瑢等：《四库全书总目》卷二一《礼记正义》提要。

④ 皮锡瑞：《经学历史》八《经学变古时代》。

化是汉唐笺注之学的没落。中唐以前，经学是以撰定《五经正义》为中心内容的，《五经正义》结束了经学多门、章句繁杂的局面，但是《五经正义》毕竟是注疏之学，特点是注不驳经、疏不破注，专宗一家，不取异义。经本和经说一旦钦定，人们就只能照搬照抄，不敢越雷池一步，其结果必然窒息了经学的生机。中唐以后，注疏之学的弊端已经被一些学者所觉察。时至宋代，经学的变古风气越来越盛，王应麟云："自汉儒至于庆历间，谈经者守训故而不凿，《七经小传》出而稍尚新奇矣，至三经义行，视汉儒之学若土埂。"①北宋初中期的怀疑之风也深深地影响到《礼记》学的发展。北宋初中期的《礼记》文献都有疑经疑传的特点，影响较大的，如刘敞《七经小传》中的《礼记小传》、李觏的《读儒行》、王安石的《礼记发明》等，均与郑玄《礼记注》和孔颖达《礼记正义》多有异义。

理学兴起，《礼记》中的《大学》、《中庸》受到极大的重视。张载和二程在其《文集》、《语录》中对《大学》、《中庸》多有论说，朱熹也撰《大学章句》和《中庸章句》等来阐发自己的理学思想。朱熹之后，《四书》学兴起，《大学》和《中庸》被不少学者研究玩味，相关文献自然不在少数。

朱熹之学虽然以义理为宗，但是也比较重视考据，这种学风为南宋中后期一些宗朱学的学者所继承，并有所发展。清代学者章学诚曾云："朱子求一贯于多学而识，寓约礼于博文，其事繁而密，其功实而难，虽朱子之所求，未敢必谓无失也。然沿其学者，一传而为勉斋（黄幹）、九峰（蔡沈），再传而为西山（真德秀）、鹤山（魏了翁）、东发（黄震）、厚斋（王应麟），三传而为仁山（金履祥）、白云（许谦），四传而为潜溪（宋濂）、义乌（王祎），五传而为宁人（顾炎武）、百诗（阎若璩），则皆服古通今，学求其是，而非专己守残，空言性命之流也。"② 张舜徽亦云："若夫《困学纪闻》，《黄氏日钞》诸编，包罗群书，考核精审，后之《日知》、《养新》诸录，实其嫡嗣矣。"③ 戴震和张舜徽都认为，宋代古文献学虽然以义理之学为主，但是考据之学同样在发展，并且向义理之学渗透。在戴、张二人所列举朱熹之后重视考据的人物之中，戴震提到了宋代的魏了翁和黄震，张舜徽提到了黄震。可见魏了翁、黄震的学术对清代的考据之学当有一定的影响。魏了翁宗朱学，但是他的《礼记要义》援引郑玄《注》和孔颖达《正义》中的材料，多关乎

① 王应麟：《困学纪闻》卷八《经说》。

② 章学诚：《文史通义》，中华书局，1994年。

③ 张舜徽：《广校雠略》，见《张舜徽集》，华中师范大学出版社，2004年。

名物制度，缺乏义理。黄震的《黄氏日钞·读礼记》重视考据，如重视注音和文字训诂，注重以其他文献进行比对和校勘以及名物礼制的考释精详等。黄震也重视义理，其《读礼记》将朱熹《大学章句》和《中庸章句》悉数抄录，并大量援引朱熹的《大学或问》和《中庸或问》。南宋后期卫湜的《礼记集说》在《礼记》学史上是一部具有里程碑意义的著作。此书汉宋兼采，并以宋学为重，是宋代《礼记》学中的集大成之作。魏了翁、黄震、卫湜等人的《礼记》学著述虽然重视考据，但是宋学特征仍是很明显的，如卫氏《礼记集说》不以郑《注》孔《疏》为宗，而是将郑《注》和礼《疏》与所采各家相并列而列举之，这是宋学的风气使然；魏了翁《礼记要义》割裂《礼记》经文而为之解，并非亦步亦趋地为《礼记》经文作注，这也是宋学学者对经书文本常持有的理性态度。

从《元史·选举志》的记载可知，元朝的科考大抵以宋人注疏为主。除《春秋》和《礼记》二经之外，皆宗朱子之学。《春秋》用胡安国《春秋传》，《礼记》则用古注疏。元代所立考试科目，《三礼》只用《礼记》，可见自唐代以来，官方重视《礼记》之学远甚于《周礼》和《仪礼》。元人在《礼记》学方面的贡献主要体现在陈澔的《礼记集说》和吴澄的《礼记纂言》二书上。魏慈德将元代的《礼记》学的特色归纳为三个方面：守宋儒之说；为朱子礼学的再现；沿宋人疑经改经的风气。

明代学术空疏，经学领域亦然。《明史·选举志》记载，永乐以前科举考试的课目沿用元人之法，《礼记》仍用古注疏。而到了明永乐年间《五经四书大全》颁布以后，其中的《礼记大全》一书以元人陈澔的《礼记集说》为底本，因此陈澔的《礼记集说》被列于学官。皮锡瑞《经学历史》云："元以宋儒之书取士，《礼记》犹存《郑注》，明并此而去之，使学者全不睹古义，而代以陈澔之空疏固陋，《经义考》所目为兔园册子者。故经学至明为极衰时代。"① 《四库全书》所收的明人的《礼记》学著作比较多，但是对后世产生影响者甚少。

四、清代的《礼记》学与文献

清初官方科举考试沿袭元明旧制，《礼记》以陈澔的《礼记集说》为本。但是清初私学已经开始摆脱单一的义理解经的路子，开始重视考据和义理的结合。如王夫之的《礼记章句》、万斯大的《礼记偶笺》、郑元庆的《礼记集

---

① 皮锡瑞：《经学历史》九《经学积衰时代》。

说》、方苞的《礼记析疑》等都是汉宋兼采之作。

乾嘉时期，汉学复兴，然《礼记》研究未有集成之作的新疏。乾嘉学派重考据，《礼记》的研究不及《仪礼》、《周礼》之盛，如江永的《礼记训义择言》，短促而不具大体；朱彬的《礼记训纂》，又过于简约，远不及胡培翚《仪礼正义》、孙诒让《周礼正义》之严密详审。晚清今文经学派崛起，则又以《春秋公羊》学为主，对于《礼记》的研究，不过重在其中若干篇（如《礼运》、《王制》等）的“微言大义”，以宣扬孔子托古改制之义以及儒家的大同理想。虽然清代的《礼记》学比不上《仪礼》学和《周礼》学，但是在整个《礼记》学史上却还是占有重要的地位，出现了一些优秀的作品，如孙希旦的《礼记集解》能汉宋兼采，打破门户之见，对《礼记》中除《大学》、《中庸》以外的四十四篇，从篇名到经文，博采宋元以来各家之说，进行了详尽的集释，是一部具有很高学术价值的《礼记》注本。另外，朱彬的《礼记训纂》也是清代学者研究《礼记》的代表性著作之一。该书对郑《注》孔《疏》删繁就简，并采纳宋元以来的学者的研究成果对旧注加以疏解。孙希旦的《礼记集解》和朱彬的《礼记训纂》都被收入近年中华书局辑印的清人《十三经注疏》中。

晚清今文经学兴起，一些今文经学家以《礼记》或《礼记》中的单篇为材料阐发自己的思想。如廖平以《礼记》中的《王制》为基础，撰《王制订》、《王制集说》、《王制学凡例》，大致主张孔子素王改制之说。以《周礼》为伪，所以认为《王制》为孔子所作，并博采古说经义以明《王制》。又如康有为撰《礼运注》，偏主今文学，并在其中阐发了自己的一些维新思想。

五、20世纪的《礼记》研究

20世纪的《礼记》学已经突破了传统经学研究的路数。20世纪上半期，随着疑古思潮的兴起，对《礼记》的作者和成书时代的探讨的文章较多。疑古学者们怀疑史书的记载，对《礼记》的作者和成书等都重新做了考证。如洪业的《礼记引得序》、蔡介民的《礼记成书时代考》和《礼记成书时代再考》、童书业的《二戴礼记辑于东汉考》等论文，[①] 均不同意《隋书·经籍

① 洪业：《礼记引得序》，载《史学年报》1936年11月第2卷第3期；又见《洪业论学集》，台北明文书局，1982年。蔡介民：《礼记成书时代考》和《礼记成书时代再考》原载《新东方》第1卷第1期和第5期。童书业：《二戴礼记辑于东汉考》载《浙江社立图书馆馆刊》1935年4月第4卷第2期。

志》中“小戴删大戴”、“马融足三篇”之说，而多将《礼记》的成书时代限定在东汉。

20世纪以来，随着学科的分化，交叉学科的兴起，学者们对《礼记》的研究也深受这种学术取向的影响。如关于《礼记》中的《学记》，不少学者从教育学的角度进行研究，取得一系列的成果，如马彭年的《学记篇里的教育思想》、佟松荫的《学记教学谊》等均是挖掘《礼记·学记》中的教育思想。又如《乐记》，有人从美学艺术的角度进行研究，如董健的《乐记是我国最早的美学专著》、韩林德的《乐记的美学思想、作者及其他》、宗白华的《乐记中的音乐思想》等等。又如詹子庆从史学的角度对《礼记》的史料价值进行了挖掘，其所撰《礼记的史学价值》一文（载《光明日报》2001年4月10日）以一个历史学家的眼光对《礼记》进行了审视，与传统经学家的认识角度已有很大的不同。

近几十年以来，随着出土文献的公布，《礼记》的研究又进入一个新的时期，上博竹简和郭店竹简中都有《礼记》的相关文献出现，围绕着这些出土文献，学者们撰写了大量文章，各抒己见。多数学者在研究中逐渐意识到20世纪上半期“疑古过勇”的缺陷，开始对出土文献关于《礼记》的记载表示尊重，并予以客观的审视。近些年以来，文献整理的工作得到了学界的重视，《礼记》重要的整理成果也相继出现，如杨天宇的《礼记译注》（上海古籍出版社，1997年）和吕友仁、吕咏梅的《礼记全译》（贵州人民出版社，1998年）都是优秀的《礼记》整理之作。

第三节 《礼记》学文献的数量及分布

一、历代《礼记》学文献的数量统计

（一）汉代《礼记》学文献的数量

朱彝尊《经义考》著录的汉代的《礼记》学文献共10种，分别为：戴圣《礼记》20卷和《礼记群儒疑义》12卷、桥仁的《礼记章句》49篇、高诱的《礼记注》、郑玄的《礼记注》20卷和《礼记音》1卷、卢植的《礼记注》20卷、蔡氏《礼辨名记》、亡名氏的《明堂制度论》1篇、亡名氏《汉月令记》。王锷《三礼研究论著提要》一书在此基础之上增补了7种，分别为：景鸾的《月令章句》、缑氏的《礼记要抄》10卷、马融的《礼记注》、蔡邕的《月令章句》12卷

和《月令问答》(卷数不明)、高诱的《明堂月令》4卷、荀爽的《礼传》。

根据笔者的统计，除以上所列举的17种以外，已知的汉代的《礼记》学著作还有如下几种，分别为：曹褒的《礼记传》49篇（钱大昭《补续汉书艺文志》)、郑玄的《礼记注解》2卷（《补晋书艺文志》)、亡名氏的《明堂阴阳》33篇（《汉书·艺文志》)、亡名氏的《明堂阴阳说》5篇（《汉书·艺文志》)。根据以上统计，已知的汉代《礼记》学文献为20种以上。

（二）魏晋南北朝隋唐时期《礼记》学文献的数量

朱彝尊《经义考》著录的魏晋南北朝时期的《礼记》学文献共50种，其中魏晋时期21种，南北朝时期29种。王锷《三礼研究论著提要》一书在此基础之上增补了几种，分别为：魏代王肃的《明堂议》3卷，晋司马彪的《礼记注》、王长文的《约礼记》10篇、淳于纂的《礼记注》、曹述初的《礼记注》、刘世明的《礼记注》、李轨的《礼记音》2卷、虞潭的《投壶变》，南朝宋戴颙的《月令章句》，南朝齐沈麟士的《礼记要略》、何胤的《礼记隐义》20卷，南朝陈沈文阿的《礼记义记》、郑灼的《礼记子本义疏》100卷，亡名氏的《礼记区分》10卷。

除《经义考》和《三礼研究论著提要》的著录，还有晋郭璞的《夏小正注》(卷数不明)(《补晋书艺文志》)，后魏封伟伯的《明堂图说》10卷（《补隋书经籍志》)，魏王肃的《祭法》5卷(《山东通志》)。根据以上的统计，已知的魏晋南北朝时期的《礼记》学文献有70种左右。

隋唐时期的《礼记》学总的来说，不甚兴盛，朱彝尊《经义考》著录的隋唐时期的《礼记》学文献为30种，其中单篇之属过半。王锷《三礼研究论著提要》在此基础之上又增补了几种，分别为：隋王元规《礼记音》2卷、牛弘《明堂议》1卷，唐贾公彦《礼记疏》80卷。

（三）宋元明时期《礼记》学文献的数量

根据朱彝尊《经义考》的著录，宋代的《礼记》学文献大约有270多种，其中单篇之属约有200种。宋代理学兴盛，《大学》和《中庸》之学十分发达，根据《经义考》的著录，宋代《中庸》文献约有70种，《大学》约有40种，《大学》和《中庸》合论的文献约有30种。王锷《三礼研究论著提要》著录的宋代《礼记》文献为124种，其中不包括《大学》和《中庸》。《三礼研究论著提要》在《经义考》的基础上有如下增补：陈襄的《礼记讲义》、周行己的《礼记讲义》、沈焕的《礼记订义》、朱熹的《礼记章句》10卷和《大小戴礼论》、徐自明的《礼记说》、亡名氏的《礼记举要图》。

宋代的《礼记》学文献除以上著录之外，尚还包括如下一些文献：胡郁的《礼记订疑》(《江西通志》)、王时潜的《礼记注译》(《江西通志》)、雷光霆的《礼记义疏》(《江西通志》)、罗履泰的《礼记集解》(《江西通志》)、史通的《礼记义》(《四川通志》)、王炎的《礼记解》(《安徽通志》)、卫湜的《礼记图说》(《文渊阁书目》)、朱周翰的《礼记详节》(《文渊阁书目》)、林虙《礼记解》(《江南通志》)。这9种著作均已亡佚。

《经义考》所录元人《礼记》学文献共29种，其中单篇之属占12种。王锷《三礼研究论著提要》在《经义考》的基础上又增补了几种，分别为：陈澔《改正音训礼记》4卷、彭廉夫《礼记纂图注义》13卷、黄舜祖《礼记说》、鲜云龙《大月令》。笔者的统计结果与上面基本一致。据此，已知的元代《礼记》学文献有30多种。

明代的《礼记》学文献比较多。《经义考》著录的明代《礼记》学文献共150种，其中单篇之属约为50种。王锷《三礼研究论著提要》依据《两浙著述考》等对明代《礼记》学文献的著录，在《经义考》的基础上增补了近60种。

此外还有10余种，分别是：梅鹗的《礼记稽疑》(《安徽通志》)、倪章的《礼记讲义》(《徐氏家藏书目》)、蔡官治的《礼记删繁》(《千倾堂书目》)、林来狱的《戴记解》(《江西通志》)、赖涣的《礼记合解》(《江西通志》)、桂实的《礼记选注》(《江西通志》)、邹元标的《礼记正义》(《江西通志》)、孙延铎的《礼记叙纂》(《山东通志》)、张若麟的《礼记课》(《山东通志》)、董养性的《礼记订疑》(《山东通志》)、杨丕基的《礼记集解补注》(《山东通志》)。这11种著作均已亡佚。

综上统计数据，已知的明代《礼记》学文献有210余种。

(四) 清代《礼记》学文献的数量

根据王锷《三礼研究论著提要》的著录，清代《礼记》学文献为250种左右。笔者结合地方志和相关藏书目录，对《三礼研究论著提要》增补了80余种。增补的清代《礼记》学文献为：

表2-7-1 清人《礼记》著述补表

序号	作者	书目	著录或称引
1	朱朝瑛	读礼记略记	中国丛书综录
2	张学尹	师白山房礼记传说钞	湖南省古籍善本书目
3	乾隆敕译	缙译礼记	东北地区古籍线装书联目录
4	吴嘉宾	礼记匡注	湖南省古籍善本书目

续表

序号	作　者	书　目	著录或称引
5	汪　烜	礼记章句	贩书偶记
6	蒋元庆	礼记卢注佚文疏证	贩书偶记
7	任启运	礼记类纂	中国古籍善本书目
8	詹　淇	待堂礼记会义	东北地区古籍线装书联目录
9	志远堂主人	礼记易读	东北地区古籍线装书联目录
10	庄中伟	参补礼经经要	东北地区古籍线装书联目录
11	潘炳纲	礼记庭训	东北地区古籍线装书联目录
12	臧　庸	礼记郑注校字	北大图书馆藏李氏书目
13	关揆生	礼记味根录	江苏省立国学图书馆图书总目
14	魏朝俊	礼记精华	成都市古籍联合目录
15	林颐山	经述	皇清经解续编
16	谈　泰	礼记义疏算法解	中国丛书综录
17	杨国桢	礼记音训前附辑说	江苏省立国学图书馆图书总目
18	王夫之	礼记稗疏	湖南通志
19	林荣芬	礼记说	福建通纪
20	萧子石	评注戴记	湖南通志
21	李天昶	礼记注疏集解纂要	湖南通志
22	杨如炯	礼记注疏补	湖南通志
23	杨可震	礼记获	湖南通志
24	唐仲济	礼记启蒙	湖南通志
25	宋祖樨	礼记解释	福建通纪
26	徐封魏	礼记明述	湖北通志
27	周　统	礼记集成节略	湖北通志
28	胡梦发	礼记校注	湖北通志
29	王一佐	礼记义疏	湖北通志
30	胡　薰	礼记纂录	湖北通志
31	余庆长	礼记通论	湖北通志
32	刘　揆	礼记存疑	湖北通志
33	张泰来	礼记说纂要	湖北通志
34	骆逢原	礼记释义	湖北通志

续表

序号	作　者	书　目	著录或称引
35	叶名澧	礼记郑读疏证	湖北通志
36	崔云鹤	礼记补注	山东通志
37	光若愚	礼记类纂	山东通志
38	周　璛	礼记义解	山东通志
39	姜以炤	戴经集解	山东通志
40	李　源	礼记辑要	山东通志
41	梁鸿翥	礼记辨义	山东通志
42	于熙周	礼记通考	山东通志
43	范玉珍	礼记详说	山东通志
44	张香海	礼记典实	山东通志
45	阎　让	礼记臆说	陕西通志
46	张学尹	礼记辑义	湖南通志
47	周　寿	礼记句解	湖南通志
48	张作舟	礼记集解	广东通志
49	潘炳纲	礼记庭训	广东通志
50	刘　都	礼记辑要	江西通志
51	徐　斌	礼记集腋	江西通志
52	王云骐	礼记要解	江西通志
53	彭　烜	礼记制中	江西通志
54	刘凤清	礼记体要	江西通志
55	林有席	礼记劄录	江西通志
56	汤弈乔	礼记订约	江西通志
57	李开先	礼记胜金讲章	四川通志
58	汪　佑	礼记问答	安徽通志
59	钱　彝	礼记概	安徽通志
60	张孔蕴	礼记简要	安徽通志
61	李廷耀	礼记释义	安徽通志
62	王鼎任	礼记摭说	山东通志
63	孔传铎	礼记摛藻	山东通志
64	王佩撍	戴经集解	山东通志

续表

序号	作　者	书　目	著录或称引
65	张抡彦	礼记集义	山东通志
66	王　筠	读礼记一得录	山东通志
67	王　恕	礼记意见	陕西通志
68	翁方纲	礼记毛本改误	光绪顺天府志
69	彭　任	礼记类编	江西通志
70	陆奎熏	戴记绪言	清史稿艺文志
71	刘青莲	学礼阙疑	清史稿艺文志
72	胡培翚	礼记宫室答问	清史稿艺文志
73	戴逢旦	礼记指南	安徽通志
74	彭光斗	檀弓序本	贩书偶记续编
75	李光型	考定文王世子	江苏省立国学图书馆图书总目
76	丁　晏	投壶原	江苏省立国学图书馆图书总目
77	任大椿	弁服释例	香港所藏古籍书目
78	何辉伫	批点檀弓乐记	江西通志
79	余庆长	月令启蒙	湖北通志
80	杨方圣	月令大义约	山东通志
81	傅以渐	内则衍义	山东通志

综合历代的统计数据，可知从汉代到清代的《礼记》学文献的数量为800多种，而流传至今的不到200种。汉至隋唐时期的《礼记》学文献绝大部分都已经亡佚，只有通过清代辑佚家的辑佚书才能窥见其部分内容。宋、元、明时期，印刷术的发明使得书籍得以大量印刷，加之时代较近，因此《礼记》学文献保存至今的比较多，但是佚失的也很多。清代的《礼记》学文献数量为历代之最，流传至今的有120种左右，还有相当大一部分《礼记》学文献的存佚情况不明。

二、《礼记》学文献的分布

《礼记》学文献的分布十分广泛。清代辑佚书中辑有汉魏六朝时期部分已亡佚的《礼记》学文献；大型丛书，如《四库全书》、《续修四库全书》的经、史、子、集各部收录了大量的《礼记》学文献；专门收录经学研究成果的丛书，如《皇清经解》、《皇清经解续编》等也有不少《礼记》学文献的收录；另外，全国各地的图书馆也有历代《礼记》学文献的单刻本。下面对《礼记》

学文献的分布情况分别加以介绍。

（一）经部的《礼记》学文献

《礼记》学文献为礼学文献的重要组成部分，《隋书·经籍志》以“四部”分类法来著录群书，《礼记》学文献被著录于经部礼类。《隋书》以下诸正史的“经籍志”或“艺文志”均延《隋书》的著录模式，《礼记》学文献均分布在经部礼类。

一些大型丛书也按四部分类法对文献进行分类，如《四库全书》将群书分为经、史、子、集四大类，其经部有“礼”类，“礼”类又分《周礼》、《仪礼》和《礼记》三小类。在《礼记》类中，收录历代重要的《礼记》学文献 22 部(包括《大戴礼记》)，分别为：郑《注》、孔《疏》、陆德明《音义》的《礼记注疏》，宋张虙《月令解》、卫湜《礼记集说》：元吴澄《礼记纂言》、陈澔《礼记集说》，明胡广《礼记大全》和黄道周《月令明义》、《表记集传》、《坊记集传》、《缁衣集传》、《儒行集传》，清康熙年间《日讲礼记解义》、乾隆年间《钦定礼记义疏》、黄宗羲《深衣考》、纳兰性德《陈氏礼记集说补正》、李光坡《礼记述注》、方苞《礼记析疑》、邵泰衢《檀弓疑问》、江永《礼记训义择言》和《深衣考误》以及北周卢辩注《大戴礼记》、宋傅松卿《夏小正戴氏传》。

《四库全书存目丛书》“经部礼类”收录《礼记》学文献为 25 种，分别为：元吴澄《礼记纂言》，明黄干行《礼记目录》、徐养相《礼记辑览》、戈九畴《杭郡新刊礼记要旨》、汤道衡《礼记新义》、郝敬《礼记通解》和《读礼记》、童维岩《礼记会解新裁》、姚应仁《檀弓原》、杨梧《礼记说义纂订》、陈鸿恩《礼记手说》、杨鼎熙《礼记敬业》、朱朝瑛《读礼记略记》、牛斗星《檀弓》、清张沐《礼记疏略》、万斯大《礼记偶笺》、毛奇龄《曾子问讲录》、冉觐祖《礼记详说》、姜兆锡《礼记章义》，陆奎勳《戴礼绪言》、沈元沧《礼记类编》、刘清莲《学礼阙疑》、孙濩孙《檀弓论文》、任启运《礼记章句》、王心敬《丰川礼记汇编》。

《续修四库全书》“经部礼类”收录的《礼记》学文献为 31 种，分别为：宋魏了翁《礼记要义》，明金制《读礼日知》、郝敬《礼记通解》、赵僎《礼记思》，清王夫之《礼记章句》、万斯大《礼记偶笺》、姜兆锡《礼记章义》、任启运《礼记章句》、吴廷华《礼记疑义》、汪绂《礼记章句》、杭世骏《续礼记集说》、潘相《礼记厘编》、翁方纲《礼记附记》、李调元《礼记补注》、孙希旦《礼记集解》、郝懿行《礼记笺》、焦循《礼记补疏》、刘沅《礼记恒解》、朱彬《礼记训纂》、丁晏《礼记释注》、陈乔枞《礼记郑读考》、郭嵩焘《礼记质疑》、俞樾《礼记郑读考》、廖平《礼记识》和《坊记新解》、夏炘《檀弓辨诬》、皮锡瑞《王制笺》、顾栋埒《内则章句》、王樹枏《学记笺证》、戴震《深衣解》、任大椿《深衣释例》。

一些经学文献丛书中也保留不少《礼记》学文献，如纳兰性德、徐乾学刻《通志堂经解》采辑宋、元、明以来儒者说经之书 140 种，收录《礼记》学文献 2 种，其中卫湜《礼记集说》160 卷，与文渊阁《四库全书》本相比，此书的版本较早，可作为校勘之资。

清代著名学者阮元汇刻清初至道光以前的经学名著 180 余种，称为《皇清经解》(亦名《学海堂经解》)，收录《礼记》学文献 4 种；王先谦续刻《皇清经解续编》(亦称《南菁书院经解》)，收录《礼记》学文献 7 种。如《皇清经解》收有焦循《礼记补疏》、阮元《礼记校勘记》。《皇清经解续编》中收有万斯大《礼记偶笺》、江永《礼记训义择言》、陈乔枞《礼记郑读考》、俞樾《礼记郑读考》和《礼记异文笺》、孔广牧《礼记天算释》等。

《皇清经解》和《皇清经解续编》中收录的经学家的不少群经考辨著作中，也包罗了不少关于《礼记》的考证或阐释的材料，如《皇清经解》收录的臧琳《经义杂记》、毛奇龄《经问》、江永《群经补义》、惠栋《九经古义》、孔广森《礼学卮言》、王引之《经义述闻》、陈寿祺《五经异义疏证》中都有关于《礼记》的考释。另外，《皇清经解续编》收录的顾炎武《九经误字》、冯登府《十三经诂问答》、林颐山《经述》中也有关于《礼记》考释的内容。

（二）史部的《礼记》学文献

大型丛书的史部也收录了部分《礼记》学文献。如《四库全书》“史部时令类”收录了清康熙《御定月令纂要》和《图说》，以及明卢翰《月令通考》、冯应京《月令广义》、戴义《养余月令》、王勋《广月令》等。

在中国传统图书分类中，目录类属于史部，《四库全书总目》、《续修四库全书总目》等都有不少关于《礼记》学文献的提要，这些提要是研究《礼记》学文献必须参考的资料。清人朱彝尊的《经义考》是一部经学文献目录，其书第 138 卷至第 150 卷对历代《礼记》学文献（不包括《大学》、《中庸》文献）进行了著录。《经义考》尽可能地提供历代《礼记》学文献的内容、作者、版本和存佚状况，并保存有部分序跋材料，是人们治《礼记》珍贵的参考资料。又如宋代晁公武的《郡斋读书志》卷一上著录了吕大临《芸阁礼记解》，并有关于《芸阁礼记解》的提要；陈振孙的《直斋书录解题》著录了吕大临的《芸阁礼记解》、方慤的《礼记解》、马希孟的《礼记解》等，并有关于这些文献的解题。这些关于《礼记》学文献解题也属于《礼记》学文献的范畴。从这些解题中，我们可以获得不少《礼记》学文献的版本、流传等信息。另外，一些考证图书源流的目录书，如《两浙著述考》、《温州经籍志》等也有关于某些《礼记》学文献的考证资料。

（三）子部的《礼记》学文献

《礼记》学文献也有不少分布在子部。如《四库全书》“子部儒家类”收有朱熹所编《二程遗书》以及黎靖德所编《朱子语类》，这两部书包括二程和朱熹对《礼记》一书的看法，以及对《礼记》部分内容的诠释。如《二程遗书》卷一九程颐怀疑《儒行》和《经解》，《朱子语类》卷八七朱子专论《礼记》，并对各篇内容有诠释。《四库全书》“子部儒家类”还收录的《礼记》学文献有：宋吕祖谦《少仪外传》、王晫《曾子》，明曾承业《曾子全书》等。《续修四库全书》“子部儒家类”收有清黄以周《子思子》，简朝亮《礼记子思子言郑注补正》、阮元《曾子注释》、王定安《曾子家语》等。

（四）集部的《礼记》学文献

《礼记》学文献也有分布在集部的。四川大学古籍所编的《全宋文》中就收有不少《礼记》学文献，书启方面，如陈傅良《答丁子齐书》专论《曾子问》，朱熹《答赵恭父》中论《祭义》、《内则》等；颂赞方面如晁迥《大顺颂》论《礼运》等；论说方面如范浚《月令论》、周行之《经解》、杨简《孔子闲居解》、朱熹《乐记动静说》、李觏《读儒行》；序跋方面如周行之《礼记讲义序》、周谞《礼记解自序》、魏了翁《卫正叔礼记集说序》等；奏议方面如张虙《进月令解表》、文彦博《奏赐儒行中庸篇并七条事》等。

（五）辑佚书中的《礼记》学文献

汉唐时期的《礼记》学文献大多亡佚，不过清朝的辑佚家们做了不少工作，他们从群书中辑出了不少经学家著作的部分内容。著名的清代辑佚家马国翰在《玉函山房辑佚书》的“经编礼记类”辑了部分已亡佚的《礼记》学文献，其中有：《礼记马氏注》1 卷、《礼记卢氏注》1 卷、《礼传》1 卷、《礼记王氏注》2 卷、《礼记孙氏注》1 卷、射慈《礼记音义隐》1 卷、《礼记范氏音》1 卷、《礼记徐氏音》3 卷、《礼记刘氏音》1 卷、《礼记略解》1 卷、《礼记新义疏》1 卷、《礼记皇氏义疏》4 卷、《礼记隐义》1 卷、《礼记义证》1 卷、《明堂制度论》1 卷、《礼记沈氏义疏》1 卷、《礼记熊氏义疏》4 卷、成伯玙《礼记外传》1 卷。王谟辑有《小戴礼记注》1 卷、《礼记音义隐》1 卷（《汉魏遗书钞》经翼第二册）；藏庸辑有《卢氏礼记解诂》1 卷（《拜经堂丛书》、《甀斋丛书》）。黄奭辑有《礼记解诂》1 卷、《礼记音义隐》1 卷（《汉学堂丛书》经解礼类、《黄氏逸书考》汉学堂经解）。王仁俊辑有何胤《礼记隐义》1卷，收入《玉函山房辑佚书续编》经编礼记类。另外，王谟、马国翰、黄奭、王仁俊、蔡云、叶德辉、陶濬宣、陆尧春等人均辑有蔡邕的《月令章句》；马国翰、黄奭、陆尧春等人辑有蔡邕的《月令问答》。通过这些辑佚书，可以窥见汉唐时期《礼记》学的大体情况。

（六）单刻本流传的《礼记》学文献

除了丛书中收录的《礼记》学文献以外，还有不少《礼记》学文献有单刻本流传至今，一种《礼记》学文献还可能有好几个版本。这些单刻本多保存在全国各地的图书馆里，如魏了翁的《礼记要义》，除了被《续修四库全书》、《四部丛刊续编》、《宛委别藏》、《五经要义》等丛书收录以外，还有多个单刻本，如宋淳祐十二年魏克愚刻本（《北京图书馆古籍善本书目》），清光绪丙戌江苏书局景刊宋抄本（《江苏省立国学图书馆图书总目》），清江苏书局校刊本（《江苏省立国学图书馆图书总目》）。又如卫湜的《礼记集说》，除了被《通志堂经解》、《四库全书》和摛藻堂《四库全书荟要》收录以外，同时也有单刻本，如明抄本（《中国古籍善本书目》）、影宋抄本（《江苏省立国学图书馆图书总目》）、广东书局刊本（《江苏省立国学图书馆图书总目》）、高丽刻本(《书目答问二种》）等。

（七）藏书题跋中的《礼记》学文献

一些藏书题跋中有关于某些《礼记》学文献的版本、流传状况的介绍，这也是认识《礼记》学文献重要的参考资料。如清周中孚《郑堂读书记》中就有关于卫湜《礼记集说》版本流传的介绍。又如清瞿镛《铁琴铜剑楼藏书目录》中有关于张虙《月令解》的题跋。

（八）战国楚竹简和《敦煌遗书》中的《礼记》学文献

1993年湖北荆门郭店楚墓出土的竹简，以及2001年11月起由上海古籍出版社陆续出版的《上海博物馆战国楚竹书》中，《缁衣篇》两见，与《礼记·缁衣篇》的内容基本一致。上博简《民之父母》与《礼记·孔子闲居篇》的内容基本一致。其他篇如《性自命出》、《六德》、《内礼》等，均与《礼记》中的《乐记》、《丧服四制》、《内则》等有着密切的联系。另外，《敦煌遗书》中有徐邈《礼记音》残卷（S20552)、唐明皇《御刊删定礼记月令》残卷（S621)。

第四节　《礼记》学文献举要

《礼记》学文献的内容与形式多样，从内容上讲有考察名物的，有研究礼

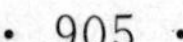

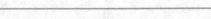

制的，有研究文字、音韵、训诂的，有分析义例的；形式上有传、注、疏、图等。古代对《礼记》学文献进行分类，比较有代表性的是郑樵《通志·艺文略》。此书将《礼记》学文献分为义疏、书钞、评论、名数、音义、中庸、谶纬等七种。义疏类，如贺玚《礼记新义疏》、皇侃《礼记讲疏》、孔颖达《礼记正义》；书钞类，如司马伷《礼记宁朔新书》、缑氏《礼记要钞》；评论类，如王玄感《礼记绳愆》、刘芳《礼记义证》；名数类，如《礼记名数要记》、《礼记名义》、《礼记外传名数》；中庸类，如戴颙《礼记中庸传》、梁武帝萧衍《中庸讲疏》、胡爰《中庸传》；谶纬类，如郑玄《礼纬》、宋均《礼记默房》；音义类，如射慈《礼记音义隐》、徐邈《礼记音》。

可以说，郑樵的分类较为全面地概括了《礼记》学文献的属性。但缺点也是明显的，如将为数不多的名数、评论和谶纬等与疏义、音义类并列，似显不当。对《礼记》学文献更为合理地进行分类的，当属上海古籍出版社出版的《中国丛书综录》，此书将《礼记》学文献分为正文之属、传说之属、分篇之属、专著之属、文字音义之属五大类。按此分类法，郑樵分类中的名数、评论和谶纬都可以并入专著之属，中庸类则可并入单篇之属。这样，从内容、形式和数量上对《礼记》学文献进行了比较合理的分类。笔者于此参照《中国丛书综录》的分类方式，对《礼记》学文献的种类加以介绍。

一、白文类

白文之属是指只有原文，没有任何注解、翻译之类的文献。根据王国维《五代两宋监本考》，南宋监本是目前所知最早的《礼记》白文刻本。《礼记》的正文之属多保存在出土文献、石经或丛书中。石经如唐“开成石经”、北宋“嘉祐石经”等，丛书如《九经正文》、《五经》、《五经白文》、《九经》、《古香斋袖珍十种》、《十三经》等，这类文献没有注释，因此要读懂需要深厚的功底，否则比较吃力。这类文献对于《礼记》的校勘有着不可替代的价值，是研究《礼记》经文最重要的参考资料。

（一）石经和竹简

1. 石经

现存石经《礼记》白文有唐代“开成石经”中的《礼记》、北宋嘉祐年间所刻“嘉祐石经”中的《礼记》、南宋绍兴年间所刻《礼记》中的五篇。唐代“开成石经”中的《礼记》是目前所知最早的刻在石碑上的《礼记》白文。罗振玉所辑《吉石庵丛书》收有根据拓本影印的《北宋二体石经礼记檀弓残石》和《北宋嘉祐石经周礼礼记残石》。南宋绍兴年间陆续将《易》、《书》、《诗》、

《左传》、《论语》、《孟子》以及《礼记》中的《大学》、《中庸》、《学记》、《儒行》、《经解》五篇刻于石，立于杭州国子监，今存残石，《石经补考》收录清人冯登府《南宋石经考异》1卷。清乾隆年间刻《十三经》于石，其中包括《礼记》，今保存完整。

2. 竹简

1993年湖北荆门郭店楚墓出土的竹简，乃战国中期不晚于公元前三百年的竹简佚书。1994年，上海博物馆从香港收购到1200枚战国时期楚国竹简，经专家整理，于2001年11月起，由上海古籍出版社陆续出版，书名为《上海博物馆战国楚竹书》。这些文献和已经取得的研究成果，对于重新考察《礼记》四十九篇的成篇年代、《礼记》的纂集成书都有着十分重要的意义，王锷的《〈礼记〉成书考》多利用这些文献来考证《礼记》四十九篇的成篇年代。

（二）刻本

1. 黄侃手批本《礼记》

《黄侃手批白文十三经》，由上海古籍出版社1983年出版，其中有《礼记》，不分卷。《提要》有云："凡异文及郑读异本均为标识，分节依阮元本外，复记明惠校宋本分节。末记字数。"黄侃参考诸本，将异文、句读以及有疑义者标出，甚便学人。

2. 宋明刻本

《木犀轩藏书题记及书录》云："《礼记白文》宋刊本。半叶二十行，行二十七字。眉端有音释。小黑口，板心上有字数，下有刊工姓名。"后有李盛铎跋语，此书后归阮元，现不知存于何处。宋元时期的《礼记》白文只能在藏书题跋中看到，存佚不详。明代《礼记》白文刻本很多，流传至今的也不少，如明嘉靖刻本、明弘治刻本，北京图书馆均有之。

二、传说类

传说是指对经文进行解释，包括传、注、解诂、义疏、正义、集说、集解等。其对文献的文字进行注释，对经义进行疏通。传说类《礼记》学文献为《礼记》学文献的主体，在这些训释之作中，既包括历代学者对《礼记》文本本身的理解，同时也包含了作者本身的思想，还融入了作者的时代信息。因此，通过对历代传说类《礼记》学文献进行梳理和研究，可以加深理解《礼记》文本，同时也可以从这些训释之作中获得有关时代学风等各个方面的信息。

（一）汉唐时期

从总体上来看，汉唐时期的《礼记》学有着共同的特点，即学者多尊重

《礼记》文本原貌，不随意删改经文；多宗《郑注》，采用注不驳经、疏不破注的原则对经加以阐释。虽都为传说之属，但是也因时代而各有特点。下面分别从汉代和魏晋南北朝两个阶段对传说类《礼记》学文献进行介绍。

东汉时期，一些经学家开始为《礼记》作注，其中最为重要并保存至今的是郑玄的《礼记注》。此外卢植的《礼记解诂》虽然已佚，但是有清代辑本。汉代是《礼记》学的开创时期，通过对郑玄《礼记注》和卢植《礼记解诂》的介绍，可以略窥汉代《礼记》文献之概貌。

1.《礼记注》20 卷，(汉) 郑玄撰

郑玄以前，马融等人曾为《礼记》作注，而所依据的《礼记》原本并不相同。郑玄作《礼记注》时，多采别本异文。根据李云光《三礼郑氏学发凡》的统计，郑玄《礼记注》中存异文多达 206 条。这些异文得以保存下来，为人们研究汉代的《礼记》学提供了宝贵的材料。郑玄还对《礼记》的经文进行了校勘，其校勘的体例和方法甚为详密，或以别本校之，或以他书校之，或以本书内他篇经文校之，或以本书内上下经文校之，或以字形校之，或以字音校之，或以文例校之，等等。郑玄还对《礼记》进行了注释。郑玄对《礼记》所作的注释兼采众说，择善而从，一反西汉以来今文经学家解经的烦琐之风。正因为郑玄注《礼记》简约精当，所以当其《礼记注》一出，其他诸注本便渐亡佚。20 世纪 80 年代以来，郑玄《礼记注》的研究总体上显得不足，专著和论文都很少。从版本方面进行研究，有王锷在他所主编的《三礼研究论著提要》一书的“《礼记》类”中，对郑玄《礼记注》的版本进行了系统的考辨；另有孟威龙的《大学郑玄本与朱熹本之异同考》。从文字、训诂方面所进行的研究，有冯浩菲的《郑玄三礼注释词要例举证》、傅华辰《礼记郑注对同义词的揭示和辨析》、李萍《郑玄礼记注据境释义新探》。从学术、思想的角度所进行的研究，有姜广辉主编的《中国经学思想史》、喻克明《郑玄的注疏之学及其影响》，其中包括对郑玄《礼记注》。综合论述方面，如张舜徽的《郑学丛著·郑氏校雠学发微》、高明的《郑玄学案》中的一部分以及杨天宇的《郑玄三礼注研究》都对郑玄《礼记注》的时代背景、注经方法和体例进行了阐述。王锷《三礼研究论著提要》将郑玄《礼记注》的版本分为三类：即唐以前写本、石经本、刻本。其中刻本又分未附《经典释文》的《礼记注》版本和附《经典释文》的《礼记注》版本。①

比较通行和常用的版本有上海商务印书馆初次影印的《四部丛刊》本和民国二十五年上海中华书局排印的《四部备要》本。

---

① 王锷：《三礼研究论著提要》，第 240～257 页。

2.《礼记解诂》20卷，(汉)卢植撰

卢植(139—192)，字子幹，涿郡涿(今河北涿县)人。身长8尺2寸，音声如钟。少与郑玄俱事马融，能通古今学，好研精而不守章句。著有《尚书章句》、《三礼解诂》。

是书从训诂内容上看，已经涉及到训诂最为核心的内容，即释词和解句。从训诂方法上来看，除没有看到形训的资料外，声训、义训、据古训、征古例、征今例都已具备。从对卢植《礼记解诂》训诂内容、方式和方法的分析，不但看到其对前人训诂成果的征引，也看到其在训诂方法上已经十分成熟，并且表现出创新的特点。在现存的些许资料中，可以窥见卢植《礼记解诂》对郑玄的影响。《曲礼上》："毋固获。"卢植注："固获取之，为其不廉也。"郑玄注："为其不廉也，欲专之曰固，争取曰获。"郑玄于此不仅采纳了卢植注，而且对其进行了补充。但是作为一个极富创见性的训诂学家，郑玄注《礼记》时，在兼采众家的同时，必自多有发明，因此，郑玄《礼记注》在不少地方也与卢植《礼记解诂》的见解不尽一致。如《檀弓上》："死而不吊者三：畏、厌、溺。"卢植注："畏者，兵刃所杀也。"郑玄对"畏"的注释为："人或时以非罪攻已，不能有以说之死之者。孔子畏于匡。"卢植于此认为"畏"是人死于兵刃之意，而郑玄认为此处的"畏"是自已遭受无端的攻击而不能脱身免祸之意。可见卢、郑二人于此对"畏"的理解是有偏差的。

《礼记解诂》失传已久，清代马国翰《玉函山房辑佚书》、臧庸《拜经堂丛书》中均有辑本。

三国魏王肃不喜郑学，其与郑学为异主要体现在礼学上。魏晋南北朝时期义疏之学兴起，《礼记》的义疏之作也大量出现，从学术继承和发展的角度来看，南北朝时期的义疏之学为唐代义疏之学的发展，起了启导的作用。皮锡瑞举南北朝诸经义疏之较为有名者为例，说这些义疏"渊源有自，唐人五经之疏未必无本于诸家者。论先河后海之义，亦岂可忘筚路蓝缕之功乎?"① 唐代孔颖达在广泛吸收南北朝时期《礼记》义疏成果的基础上，撰成《礼记正义》，成为《礼记》传说类的集大成之作。

3.《礼记注》30卷，(魏)王肃撰

是书30卷，《经典释文·序录》、《隋书·经籍志》、《旧唐书·经籍志》、《新唐书·艺文志》均有著录。但在《宋史·艺文志》著录中已无此书。清人朱彝尊《经义考》曾著录此书，但是明确注明此书已佚。从目录的著录情况来看，王肃《礼记注》在唐代尚还存在并且流行。唐人孔颖达《礼记正义》

---

① 皮锡瑞：《经学历史》六《经学分立时代》。

全录郑玄《礼记注》，而兼及他家之说，其对王肃《礼记注》的内容也有部分征引。孔颖达《礼记正义》经朝廷颁布为科举考试的官方定本之后，郑玄《礼记注》得以流传，而王肃《礼记注》渐渐失传，以至到宋代时此书已不可见。清人马国翰在《玉函山房辑佚书》的王肃《礼记注·序》中有言："肃说《诗》，好与郑异，注《三礼》亦然。而注所用之《礼》本，又往往与郑不同。"今根据《经典释文》、《史记》等书所征引的材料来对王肃《礼记注》的原本进行探究，发现王肃《礼记注》所采《礼记》原本与郑玄不同。此外，王肃《礼记注》多与郑学为异，吴承仕《经典释文序录疏证》云："王肃《注》三十卷，王氏之学好与郑异，于说《礼》尤著，如郊丘、禘祫、庙祧、祥禫诸事，攻难无已。"

此书已佚，马国翰有辑本，收入《玉函山房辑佚书》。

4.《礼记义疏》48卷、《礼记讲疏》99卷，(南朝）皇侃撰

皇侃（488—545)，一作皇偘，其字不详，梁吴郡（今江苏苏州市）人。曾任国子助教，散骑侍郎。南朝梁儒家学者，经学家。精通儒家经学，尤明《三礼》学和《孝经》、《论语》。撰有《论语义疏》10卷，略于传统的章句训诂和名物制度，而多以老、庄玄学解经。另撰有《礼记义疏》、《礼记讲疏》、《孝经义疏》等，均佚。清马国翰《玉函山房辑佚书》中有辑本。《礼记义疏》、《礼记讲疏》在唐代尚存，但在宋代及以后的史志目录、藏书目录中已没有著录。由此我们可以推断，皇侃的《礼记》学著作大致亡佚于唐末五代时期。亡佚的原因，大概是由于孔颖达《礼记正义》一出，士子们为了功名利禄，争习《正义》，而废皇氏义疏，以至于皇侃《礼记》学著作最终佚失。

皇侃《礼记义疏》和《礼记讲疏》的特点有二：第一，皇侃所处是玄风披靡的时代，很多经学家的经学著作都是以玄学为主导，其所作《论语义疏》也不例外。其《礼记》学著作注重名物制度的训诂，与《论语义疏》以玄学为主导的倾向不一致，而与礼学偏重于名物制度训释的特点有关，也是皇侃继承汉儒解经传统的体现。第二，皇侃《礼记义疏》和《礼记讲疏》在遵郑的同时乖郑。孔颖达《礼记正义·序》在评论皇侃与熊安生二家《礼记》学著作时云："熊则违背本经，多引外义，犹之楚而北行，马虽疾而去愈远矣。又欲释经文，唯聚难义，犹治丝而棼之，手虽繁而丝益乱也。皇氏虽章句详正，微稍繁广，又既遵郑氏，乃时乖郑义，此是木落不归其本，狐死不首其丘。此皆二家之弊，未为得也。然以熊比皇，皇氏胜矣。"① 皇侃《礼记》学

① 孔颖达：《礼记正义·序》，阮元校刻《十三经注疏》本。

对后世的影响较大。这首先体现在对唐代孔颖达等人撰《礼记正义》的影响上。就熊、皇二家《礼记》学而言，孔颖达更认可皇侃的《礼记》学，因为《礼记正义》的主旨就是在明经的同时又须明注，而皇侃《礼记》学著作多疏解《郑注》，所以孔颖达在作《礼记正义》时即以皇氏为本。孔颖达《礼记正义》说理十分精深，清代《仪礼》有胡培翚新疏，《周礼》有孙诒让的新疏，而独《礼记》没有一本较好的新疏，就是因为不易超过孔氏的《正义》。其次还体现在对清代学人的影响上。清代乃礼学的昌盛时代，《清经解》和《续经解》为清儒经学著作之荟萃，其中有关《礼记》的也很多。从清代学者的《礼记》学著作中，我们可以窥见他们对皇侃《礼记》学多有重视。

清人马国翰《玉函山房辑佚书》辑有《礼记皇氏义疏》4卷。

5.《礼记正义》70卷，(唐) 孔颖达撰

《礼记正义》由孔颖达、贾公彦等七人共撰，后又由前修书人及周玄达、赵君赞等人修改而成。是书特点有三：第一，此书采用“疏不破注”的原则，专门疏解郑玄《礼记注》。对郑《注》或疏证，或补阙，或考郑玄《礼记注》之所据，很少有驳郑《注》的地方。第二，此书考证十分翔实。此书以皇侃的《礼记义疏》为本，以熊安生《礼记义疏》为补，如《礼记正义·序》所云：“今奉敕删理，仍据皇氏以为本，其有不备，以熊氏补焉，必取文详正，悉义理精审，剪除繁芜，撮其机要。”[①] 此书对前人异说多加驳斥，同时以《三礼》互证，并在各篇以小序叙述各篇之所属及其来源等。第三，此书征引十分繁富，保存了很多资料。魏晋南北朝时期的《礼记》学文献绝大部分都已亡佚，而《礼记正义》吸收了很多前代的成果，保存了王肃、皇侃、熊安生、沈重等人为《礼记》所作注疏的部分内容，这些保存下来的资料成为清代辑佚家们辑佚的渊薮。在《五经正义》中，《礼记正义》的成就比较高，清儒于各家皆有新疏，唯《礼记》独阙，之所以如此，是因为孔《疏》翔实，后儒无以加，意包孕其弘，非一人所能了。

据王锷考证，《礼记正义》单疏本版本可考者有9种，另外，经注合刊又分两种：一是未附陆德明《经典释文》者，二是附陆德明《经典释文》者。[②] 如今通行和常用的本子有据阮元刻本影印的《四部备要》本，以及由龚抗云点校、王文锦审定的点校本。点校本分为上、中、下三册，由北京大学出版社1999年12月出版。

---

① 孔颖达：《礼记正义·序》，阮元校刻《十三经注疏》本。

② 王锷：《三礼研究论著提要》，第269～277页。

表 2-7-2 现存或有辑本的魏晋南北朝唐代传说类《礼记》学文献一览表

作者	书目	现存何处	存佚状况
（魏晋）王　肃	礼记注	玉函山房辑佚书	佚
（三国）孙　炎	礼记注	玉函山房辑佚书	佚
（南朝）庾蔚之	礼记略解	玉函山房辑佚书	佚
（南朝）贺　玚	礼记新义疏	玉函山房辑佚书	佚
（南朝）皇　侃	礼记义疏	玉函山房辑佚书	佚
（南朝）沈文阿	礼记义记	玉函山房辑佚书	佚
（南朝）郑　灼	礼记子本义疏	日本早稻田大学	残卷
（北魏）刘　芳	礼记义证	玉函山房辑佚书	佚
（北周）沈　重	礼记义疏	玉函山房辑佚书	佚
（北周）熊安生	礼记义疏	玉函山房辑佚书	佚
（唐代）孔颖达	礼记正义	十三经注疏	存
（唐代）成伯玙	礼记外传	玉函山房辑佚书	佚

（二）宋元明时期

宋、元、明时期的《礼记》传说类文献的一大特点是倡导义理解经，怀疑《礼记》经文和注疏，并对《礼记》篇目分合大加更改。根据实际情况，我们在研究中将宋元明时期的传说类《礼记》学文献又分为论说类、训诂义理并重类和集解类三大类型。

第一类：论说类

所谓宋代"论说类"《礼记》学文献，主要是指经学家或理学家在其专门的《礼记》学文献中借助《礼记》文本阐发自己的思想，而非对《礼记》文本的文字、名物礼制进行训释。

1.《礼记说》3卷，（宋）张载撰

张载不但怀疑《礼记》经文，还怀疑《礼记》之郑《注》，并对《礼记》经文有所改动。他说："《礼记》则是诸儒杂记，至如礼文不可不信。己之言礼未必胜如诸儒，如有前后所出不同且阙之，《记》有疑议亦且阙之，就有道而正焉。"① 首先，张载怀疑《礼记》经文有讹误的地方。如《乐记》："食三老五更于太学。"张载曰："五更三老，'更'疑为'叟'。三老，三人。五更，五人。"② 其次，张载认为《礼记》有的记载于情理不通，如《檀弓上》："曾

① 张载：《张载集》，中华书局，1978年。

② 卫湜：《礼记集说》卷九九，文渊阁《四库全书》本。

子袭裘而吊，子游裼裘而吊。曾子指子游而示人曰：‘夫夫也，为习于礼者，如之何其裼裘而吊也？’”张载曰：“此一段义正可疑，曾子、子游皆圣门之高弟，其分歧与常人殊，若使一人失礼，必面相告，岂有私指示于人而不告之也？”① 除了对《礼记》经文有所怀疑以外，张载还怀疑郑《注》，如《曲礼》：“君命召，虽贱人，大夫士必自御之。”郑《注》：“‘御’当为‘迓’，迓，迎也。”张载曰：“御谓御车也。奉君命而召，虽所召者贱，使者当亲御之。”② 与李觏、王安石一样，张载也是在对儒家经典的训释中阐发自己的哲学思想，在《正蒙》和《经学理窟》中，可以看到张载对《礼记》是非常重视的，如《正蒙》中的《诚明篇》和《中正篇》重点阐述《中庸》的思想；《理窟》中的《礼乐篇》则涉及《礼记·乐记》中的内容。张载通过对《礼记》的训释从而发挥自己的哲学思想，不但涉及中庸、礼乐等多方面课题，而且还涉及太虚即气论、格物论、天理人欲、民胞物与等切要至论。

张载《礼记说》散载于卫湜《礼记集说》中。

2.《礼记解》16 卷，（宋）吕大临撰

吕大临（1040—1092），字与叔，其先汲郡（今河南卫辉）人，后移居京兆蓝田（今陕西蓝田）。吕大临一生，先投张载，后投二程求学，无心仕途，最后以门荫得太学博士，秘书省正字。一生著述甚丰，除《考古图》、《考古图释文》外，见录于《文献通考》、《经籍考》的有《易章句》1 卷、《芸阁礼记解》16 卷、《论语解》10 卷、《中庸解》1 卷、《老子注》2 卷、《玉溪集》25 卷、《玉溪别集》10 卷、《西铭集解》1 卷、《编礼》3 卷。

吕大临云：“汉兴，高堂生传《礼》十七篇，今《仪礼》是也。戴圣传《礼》四十九篇，今《礼记》是也。《礼记》所载，皆孔子门人所传授之书，杂收于遗编断简者，皆经礼之变节者也。”③ 吕氏以《礼记》为经礼的变节，并认为《礼记》有“杂收于遗编断简”之文。正是基于此认识，吕氏对于《礼记》经文多有怀疑。吕大临认为《礼记》经文多有衍文和错乱之处，如《孔子闲居》：“哀乐相生，是故正明目而视之，不可得而见也；倾耳而听之，不可得而闻也。”吕大临曰：“听欲倾耳，视欲正目，‘明’字衍也。”④ 在吕大临《礼记解》中，多处可见“注以”、“先儒以”、“郑氏谓”等字样，均表

① 卫湜：《礼记集说》卷一七。

② 卫湜：《礼记集说》卷九。

③ 陈俊民：《蓝田吕氏遗著辑校》，中华书局，1993 年，第 187 页。

④ 陈俊民：《蓝田吕氏遗著辑校》，第 266 页。

示对郑《注》的怀疑。吕大临是一位理学家而非经学家，他学术的归宿是建立他的理学思想体系。《礼记》一书很符合包括吕大临在内的宋儒家发明性命天道之学的需要。吕大临对《礼记》中的《大学》、《中庸》十分重视，《礼记解》中几乎包容了吕大临所有最重要的理学思想资料，对其进行深入的研究，有助于更加深入地认识吕大临的理学思想，因此，吕大临的《礼记解》值得各方面研究者的珍视。

今人陈俊民从《四库全书》本《礼记集说》中，将卫湜援引吕大临《礼记说》中的内容全部辑出，并参考牛兆濂校刊本《蓝田吕氏礼记传》加以点校，形成辑本《礼记解》，保存在《蓝田吕氏遗著辑校》中。

3.《礼记发明》1卷，(宋) 王安石撰

王安石十分重视《礼记》，曾作《礼记要义》2卷，《郡斋读书志附志》载之；又作《礼记发明》1卷，《经义考》卷一四一云未见，两书已佚，幸有北宋卫湜《礼记集说》存留了两书的部分内容。与《三经新义》一样，王安石也对《礼记》的经文有所怀疑，如《礼记·王制》："乐事劝功，尊君亲上，然后兴学。"王安石曰："乐事劝功，尊君亲上，然后兴学，礼乎？曰：学者，先王之所以教，有教然后使人能乐事劝功，尊君亲上。教成然后兴学，似非先王之法也。孔子谓富而后教之者，民窘于衣食，固不可驱而之善也。故富之者，王道之始。虽然，所以教者未尝待民以大富足之后乃始兴之也。随其力之厚薄，势之缓急，而为之礼，皆所以教之也。教不可以一日废，则学不可一日亡于天下也。"① 王安石对郑《注》孔《疏》的怀疑，更多的是出于对经文文义的不同理解，如《檀弓》："曾子之丧，浴于爨室。"郑《注》："见曾元之辞，易箦矫之以谦俭也。礼，死浴于適室。"② 孔《疏》曰："此一节论曾子故为非礼以正其子也。……曾子达礼之人，应须浴于正寝，今乃浴于爨室，明知意有所为。"③ 王安石则对郑《注》孔《疏》提出异议："此自元申失礼于记，曾子无遗言。郑何以知其矫之以谦俭也？"④ 王安石还讲求义理的推求，力图用自己的主观判断来把握圣人的言外大意。王安石将文献学与义理推求相结合来训释《礼记》，这与其经学的整体特征是相吻合的。从王安石经学的整体情况来看，其为我所用、借题发挥的特点当是十分突出的。

---

① 卫湜：《礼记集说》卷三二。
② 《礼记正义》，阮元校刻《十三经注疏》本。
③ 《礼记正义》，阮元校刻《十三经注疏》本。
④ 卫湜：《礼记集说》卷十六。

王安石《礼记发明》散载于卫湜《礼记集说》中。潘斌有王安石《礼记发明》一书的辑本。[①]

第二类：考据义理并重类

所谓宋代“考据义理并重类”《礼记》学文献，是相对于“论说类”《礼记》学文献来界定的。“论说类”《礼记》学文献重视义理的阐发，而“考据义理并重类”《礼记》学文献不但重视义理，同时也重视考据。南宋朱熹倡导义理决不能脱离语言文字而独立存在，他说：“吾道之所寄不越乎言语文字之间。”[②] 朱熹在《礼记》学方面的著作，如《大学章句》和《中庸章句》虽是理学著作，但并非师心穿凿，而是下了不少考据工夫。自朱熹重视义理不废考据之后，吕祖谦等人也均是在阐发《礼记》义理的同时，重视对其名物礼制的考证。

1.《七经小传·礼记》31 则，（宋）刘敞撰

刘敞之《七经小传》以笔记的形式，为《尚书》、《毛诗》、《周礼》、《仪礼》、《礼记》、《公羊传》和《论语》七种经书作新“传”。全书辑录笔记 200 多则，其中《礼记》31 则。《七经小传·礼记》的特点之一就是疑经改经，大胆创新。刘敞认为《礼记》经文不醇，他说：“今之《礼》（《礼记》）非醇经也。周道衰，孔子没，圣人之徒合百说而杂编之，至汉而始备，其间多六国秦汉之制，离文断句，统一不明，惟《曾子问》一篇最详，而又不信。其问曰：‘君葬而世子生，则如之何？’对曰：‘三月而告于祢。’吾疑非仲尼之言也。”[③] 另一特点就是怀疑郑《注》孔《疏》，有得有失。如《檀弓》：“圣人之葬人与人之葬圣人也，子何观焉？”郑注：“与，及也。”[④] 刘敞云：“与，语助辞。”[⑤] 郑玄将此处的“及”理解为连词，而刘敞却认为此“及”为“语助辞”。按刘敞的观点，此句当断逗为：“圣人之葬人与，人之葬圣人也，子何观焉？”刘敞在怀疑经文和注疏的基础之上，大多是以文献学的方法得出自己的结论，表现出深厚的文献学功底。刘敞在怀疑经文和注疏时所出现的谬误，对于文献的研究和整理来说，这当然是需要明辨的。然而刘敞借助于文献学的方法，改变了汉唐经学家株守传注的学术思路和格局，并影响了一代学风，这当是其经学的最大价值。

刘敞的《七经小传·礼记》存于《四库全书》和《四部丛刊续编》中。

---

① 潘斌：《王安石礼记发明辑考》，载《古代文明》2010 年第 2 期。

② 朱熹：《四书章句集注·中庸章句序》，中华书局，1983 年，第 15 页。

③ 刘敞：《公是集》卷四六，文渊阁《四库全书》本。

④ 《礼记正义》，阮元校刻《十三经注疏》本。

⑤ 刘敞：《公是先生七经小传》卷中，《四部丛刊续编》本。

2.《礼记句解》10卷，(宋) 朱申撰

《礼记句解》据郑玄《注》、孔颖达《正义》为之句解，于讲义理外，也非常重视考据。清乾隆年间杭世骏撰《续礼记集说》采择其说甚多，自《曲礼下》“很勿求胜，分勿求多”下，引是书“很，固有胜负之礼，然务求胜则为斗很”等语。戴震见到一种本子，并进行阅览，此本首卷首页曰：“卷一为《曲礼》，卷二为《檀弓》，卷三为《王制》及《月令》，卷四为《月令》孟冬之月至季冬之月，及《曾子问》、《文王世子》。卷五为《礼运》、《礼器》、《郊特牲》、《内则》。卷六为《玉藻》至《学记》。卷七为《乐记》，卷八为《杂记》至《祭统》，卷九为《仲尼燕居》至《奔丧》。卷十为《问丧》至《丧服》。”此书重考据，亦重义理，故被后世所重。

此书清戴震有辑本，今藏国家图书馆。此外，台湾“中央”图书馆有一善本。

第三类：集解类

所谓宋代“集解类”《礼记》学文献，指学者在其专门的《礼记》学著述中，援引多家《礼记》解义。其中或有作者自己的意见和观点，如黄震的《黄氏日钞》中关于《礼记》的部分，他采择一到两家，最多不过三家解义，将其进行变通，增入自己的见解，然后附于经文之下。在黄氏自己的见解中，不但有对经文的疏通，同时也有对所援引内容进行的批驳。有的《礼记》集解类著述则不附己意，仅罗列各家解义而已，如卫湜的《礼记集说》，此书援引汉唐和宋代144家解义，并没有增入卫湜自己的观点，甚至连按语也没有。又如魏了翁的《礼记要义》，此书援引郑《注》和孔氏《正义》过程中，除了在所引文字之前添加小标题以外，魏氏并没有增入自己的任何观点和意见。集解类《礼记》学文献虽然多不增入作者自己的意见，但是我们从作者对不同历史时期各家解义的重视程度，以及其选材取向，可以对作者的《礼记》学特点进行归纳。

1.《礼记集说》160卷，(宋) 卫湜撰

卫湜（生卒年不详），字正叔，世称栎斋先生，南宋平江府昆山人（今江苏昆山）人。屡中锁厅，除太府寺丞、将作少监，皆不赴。闭门著书。宝庆中，以通直郎知常州武进县。绍定中，尝为江东漕筦，后倅金陵。嘉熙三年(1239) 知严州，寻内召，擢直秘阁。官终直宝谟阁、知袁州。

是书作于开禧、嘉定年间。自序言日编月削几20余载而后成。宝庆二年(1229) 官武进令时表上于朝，得擢直秘阁。绍定辛卯四年 (1231)，赵善湘为锓版于江东漕院。九年后，卫湜复加校订，并作前序、后序和跋尾。前后

历时三十余载。

《礼记集说》的特点之一就是此书"采摭群言最为赅博，去取亦最为精审"①。此书自郑《注》而下所取凡百四十四家，其他书涉于《礼记》者所采录不在此数。朱彝尊《经义考》云："卫氏《集说》援引解义，凡一百四十四家，不专采成书也，如文集、语录、杂说及群经讲论，有涉于《礼记》者，皆裒辑焉。"②《四库全书总目》认为此书"亦可云礼家之渊海矣"。此书所采内容很大部分都是宋代学者为《礼记》所作注释，宋人的《礼记》学文献大多亡佚，通过此书可以管窥宋代学者《礼记》学的大体情况。又一特点是此书受宋学影响很大。礼学是实学，但是在宋代疑经疑传、讲求义理的学风下，卫湜也不免受到时代学风的影响。卫湜《礼记集说》的宋学特征可以从两个方面来进行认识：一是《礼记集说》不以郑《注》孔《疏》为宗，而是将《注》和《疏》与所采各家相并列而列举之，这是宋学的风气使然；二是《礼记集说》所采各家中，宋代学者的比例很大，而且很多学者是理学家或心学家，如张载、二程、朱熹、吕大临、陆九渊等，这些学者讲心性之学，必然体现出理学和心学的特征。卫湜于《中庸》和《大学》两篇采用理学家的注释尤多，往往一句经文多达二十多家注释，这是此书其他篇章中少有的现象。明初科举考试采用元人陈澔的《礼记集说》，卫湜的《礼记集说》因此若隐若见。清代钦定《礼记义疏》时，从卫氏《礼记集说》中所采内容甚多。但是目前尚还没有对卫湜《礼记集说》进行专门研究的论著，相关的文章也尚未看到。能见到的只是文献学教材或者经学史著作中极其简略的介绍。

王锷《三礼研究论著提要》列举了卫湜《礼记集说》的13种版本，分别为两种宋刻本、《通志堂经解》本、《四库全书》本、文渊阁《四库全书》本、《四库全书荟要》本、影写宋刊本、四种明抄本、旧抄本、高丽本。③

2.《黄氏日钞·读礼记》16卷，(宋）黄震撰

黄震（1213－1280)，字东发，学人称于越先生，慈溪（今属浙江）人。宝祐四年（1256）进士。授迪功郎、吴县尉。历官国史馆，州军府通判，提举常平、刑狱、茶盐，至侍郎等，颇有政绩。曾参与修纂宁宗、理宗《国史》、《实录》等。好直言，屡被黜。宋亡不仕，隐居著述，竟困饿而死。为

① 永瑢等：《四库全书总目》卷二一《礼记集说》提要。

② 朱彝尊：《经义考》卷一四二《礼记五》"卫氏湜《礼记集说》"条。

③ 王锷：《三礼研究论著提要》，第288～290页。

学主程朱，但非盲从，而能有所修正；兼综叶適"功利之学"，主张经世致用，反对空谈义理，创东发学派。著《黄氏日钞》、《古今纪要》等，于经史子集考订颇为有功。

《黄氏日钞》97卷，凡读经者30卷。四库馆臣为《黄氏日钞》所作提要中对黄震学术作评论时云："大旨于学问则力排佛老，由陆九渊、张九成以上，溯杨时、谢良佐，皆议其杂禅，虽朱子校正《阴符经参同契》，亦不能无疑。"①《黄氏日钞》读经部分，《礼记》所占卷帙过半，以此可见黄震对《礼记》重视之甚。《读礼记》的内容主要有篇目解题、经文注释两个方面。其关于篇名的解题内容大致为以下两个方面：一是关于篇名的由来；二是对篇目的作者提出自己的看法。其关于经文的注释内容主要有以下三个方面：一是援引前人解义；二是对前人解义进行疏通；三是驳前人解义，另立新说。对《礼记》进行注释，前人已经有多种体例，如孔颖达《礼记正义》经文以一句或一小节的形式著录，经文下即附郑《注》和《经典释文》，每一小节后再作疏。卫氏《礼记集说》则是先列一句或一段经文，然后再罗列多家解义，但并不增入己意。黄震《读礼记》在前人的基础上，体例有所变化：一是标明卷次和篇名；二是采择前人注释，并注明出处，并以"愚按"、"愚意"等字样附以己意，黄震还以"愚按"、"愚意"、"用……氏补"、"补"等字样来附以己意。三是在援引前人解义时并非一成不变，而是有所裁减。并融会贯通。《读礼记》重视考据，主要体现在以下三个方面：一是重视注音和文字训诂；二是注重以其他文献进行比对和校勘；三是名物礼制的考释精详。《读礼记》重视义理，主要体现在两个方面：一是对朱熹讲求义理之学的推崇；二是力排佛学。

《黄氏日钞·读礼记》16卷保留于《黄氏日钞》中，有《四库全书》本。

3.《礼记要义》33卷，(宋) 魏了翁撰

《礼记要义》的最大特点是删节注疏，存其简当，颇为精允。此与孔氏《正义》的繁冗形成了鲜明对比，可以方便研究者。《礼记要义》的简当之处主要体现在以下几个方面：首先，魏氏在不少地方于郑《注》和孔氏《正义》只择其一。其次，魏氏对郑《注》和孔氏《正义》也并非大段援引，而是有所去取。此书的第二个特点是重视汉学，穷经学古。清代乾隆年间四库馆臣对魏氏之学进行评价时云："南宋之衰，学派变为门户，诗派变为江湖。了翁容与其间，独以穷经学古，自为一家。……史称了翁年十五时为韩愈论，抑扬顿挫，已有作者之风。其天姿本自绝异，故自中年以后覃思经术，造诣益

① 永瑢等：《四库全书总目》卷九二《黄氏日钞·读书记》提要。

深。所作醇正有法，而纡徐宕折，出乎自然，绝不染江湖游士叫嚣狂诞之风，亦不染讲学诸儒空疏拘腐之病，在南宋中叶可谓翛然于流俗外矣。"① 四库馆臣指出魏氏之学的一个重要特点即"穷经学古"，亦没有宋儒空疏拘腐之病，可谓切中要害之论。《礼记要义》中，魏氏之学的特点表露无遗。

此书常见有《四部丛刊续编》本和《续修四库全书》本。

4.《礼记集说》16卷，(元) 陈澔撰

陈澔 (1260—1341)，字可大，号云住，人称经归先生，南康路都昌县(今江西都昌) 人。宋末元初著名理学家、教育家。一生不求闻达，隐居不仕，主要从事讲学和著述。勤学而好古，秉承祖业，精于《易》、《礼》、《书》，曾在都昌建云住书院讲学，亦称经归书院。后又应邀在庐山白鹿洞书院主讲两年，不少名门俊彦慕名就学，一时间书院学风大盛。

《礼记集说》株守宋人之说。陈澔在《礼记集说·序》中云："《仪礼》十七篇，《戴记》四十九篇，先儒表彰《庸》、《学》，遂为千万世道学之渊源。其四十九篇之文，虽纯驳不同，然义之浅深同异，诚未易言也。郑氏祖谶纬，孔《疏》惟郑之从，虽有他说，不复收载，固为可恨，然其灼然可据者，不可易也。"② 可见，陈澔虽然承认《礼记》的价值之所在，但是仍然以为《礼记》杂有非圣人之言。这种观念与宋人的观念相合。因为宋代有人 (如朱子) 将《仪礼》当经，将《礼记》当传，并认为传中有后人增补的内容。此书的特点之二是注释浅显。朱彝尊《经义考》云："按：自汉以来，治小戴之《记》者，不为不多矣。以公论揆之，自当用卫氏《集说》取士，而学者厌其文繁，全不寓目，若《云庄集说》，直兔园册子耳。"③《四库全书总目》亦云："盖说《礼记》者，汉唐莫善于郑、孔，而郑《注》简奥，孔《疏》典赡，皆不似澔注之浅显。"④ 由于陈澔《礼记集说》简易，初学者容易接受，又因为陈澔标榜自己为朱子学统，所以明初被列为官学。《礼记集说》有16卷、10卷、30卷之别。根据王锷的统计，已知的16卷的版本有10种；已知的10卷的版本有43种；已知的30卷的版本有22种；另还有不分卷的版本1种。⑤

此书常见的有《四库全书》本。

---

① 永瑢等：《四库全书总目》卷一六二《鹤山全集》提要。

② 朱彝尊：《经义考》卷一四三《礼记六》"陈氏澔《礼记集说》条"。

③ 朱彝尊：《经义考》卷一四三《礼记六》"陈氏澔《礼记集说》条"。

④ 永瑢等：《四库全书总目》卷二一《云庄礼记集说》提要。

⑤ 王锷：《三礼研究论著提要》，第288～290页。

5.《礼记纂言》30卷，(元) 吴澄撰

是书自序云："朱子尝与东莱先生吕氏商订《三礼》篇次，欲取《戴记》中有关于《仪礼》者附之《经》，其不系于《仪礼》者，仍别为记。吕氏既不及答，而朱子亦不及为，幸其大纲存于文集，犹可考也。"① 可以看出吴澄遗憾朱子未能将《三礼》篇目重新编次就去世了。朱熹的《仪礼经传通解》"以《仪礼》为经，而取《礼记》及诸经史杂书所载有及于礼者，皆以附于本经之下，具列注疏诸儒之说，略有端绪"②。吴澄将《礼记》割裂，如将《大学》、《中庸》从《礼记》中析出与《论语》、《孟子》并为四书；又将《礼记》的《投壶》、《奔丧》析出，加上《大戴礼记》中的相关篇目，以及郑玄《三礼注》中的相关内容，共8篇，集为《仪礼逸经》；又将《礼记》中的《冠义》、《昏义》、《乡饮酒义》、《燕义》、《聘义》等辑成《仪礼传》。并将《礼记》剩下的篇章分为通礼、丧礼、祭礼、通论四类。其次，吴澄在对《礼记》进行编次整理的同时，还对其进行疏解。他秉承宋儒探求义理的治经特色，不只是局限于文字的训释，还重视对《礼记》经文进行义理的阐释。后人对此书的评价毁誉参半。四库馆臣云："澄复改并旧文，俨然删述，恐亦不免僭圣之讥，以其排比贯串，颇有伦次，所解亦时有发明，较诸王柏删《诗》，尚为有间，故录存之。"③

根据王锷的统计，已知的《礼记纂言》的版本有8种。④ 较为通行的是《四库全书》本。

6.《礼记集说大全》30卷，(明) 胡广等撰

朱彝尊《经义考》云："当日诸经《大全》，皆攘窃成书，以罔其上，此亦必元人之成书，非诸臣所排纂云云。"⑤《礼记集说大全》以陈澔《礼记集说》为宗而采掇之，所据可靠。其中有所说解，亦沿袭陈澔之说，无所发明。所以四库馆臣对此甚为不满，乃谓："陈澔《集说》略度数而推义理，疏于考证，舛误相仍，纳喇性德至专作一书以攻之。凡所驳诘，多中其失。广等乃据以为主，根底先失。其所援引，亦不过笺释文句，与澔说相发明。……特欲全录明代五经，以见一朝之制度。姑并存之云尔。"⑥ 在

---

① 朱彝尊：《经义考》卷一四三《礼记六》"吴氏澄《礼记纂言》条"。

② 永瑢等：《四库全书总目》卷二二《仪礼经传通解》提要。

③ 永瑢等：《四库全书总目》卷二一《礼记纂言》提要。

④ 王锷：《三礼研究论著提要》，第296～304页。

⑤ 朱彝尊：《经义考》卷一四四《礼记七》"胡氏广等《礼记大全》条"。

⑥ 永瑢等：《四库全书总目》卷二一《礼记集说大全》提要。

四库馆臣看来，此书本不应收录，之所以收录，是因为此书在科举功令方面影响大。

据王锷统计，《礼记集说大全》版本有 14 种。① 较为通行的是《四库全书》本。

表 2-7-3　现存宋元明时期传说类《礼记》学文献一览表

作　者	书　目	常见版本
（宋）陈　襄	礼记讲义	四库全书
（宋）叶梦得	礼记解	石林遗书
（宋）吕大临	礼记解	蓝田吕氏遗著辑校
（宋）朱　申	礼记句解	影印本
（宋）魏了翁	礼记要义	四部丛刊续编
（宋）卫　湜	礼记集解	四库全书
（宋）黄　震	读礼记	黄氏日钞
（元）吴　澄	礼记纂言	四库全书
（元）陈　澔	礼记集说	四库全书
（明）胡　广	礼记集说大全	四库全书
（明）戴　冠	礼记集说辨疑	丛书集成初编
（明）黄乾行	礼记日录	四库全书存目丛书
（明）戈九畴	礼记要旨补	四库全书存目丛书
（明）丘　櫾	礼记摘训	明万历刻本
（明）徐师曾	礼记集注	四库全书存目丛书
（明）徐养相	礼记辑览	四库全书存目丛书
（明）马时敏	礼记中说	四库全书存目丛书
（明）姚舜牧	礼记疑问	四库全书存目丛书
（明）沈一中	礼记述注	四库全书存目丛书
（明）汤三才	礼记新义	四库全书存目丛书
（明）郝　敬	礼记通解	四库全书存目丛书
（明）余心纯	礼经搜义	明万历刻本
（明）徐　鉴	礼经讲隽	明刻本
（明）秦继宗	礼记疏义	明刻本
（明）杨　梧	礼记说义集订	四库全书存目丛书
（明）汤道衡	礼记纂注	四库全书存目丛书

① 王锷：《三礼研究论著提要》，第 306～307 页。

续表

作 者	书 目	常见版本
（明）陈鸿恩	礼记手说	四库全书存目丛书
（明）童维岩	礼记新裁	四库全书存目丛书
（明）许士柔	礼记衷注	四库全书存目丛书
（明）杨鼎熙	礼记敬业	四库全书存目丛书
（明）朱朝瑛	读礼记略记	四库全书存目丛书
（明）朱元弼	礼记通注	丛书集成初编

（三）清代

清代是经学的大盛时期，其中《礼记》学在前代的基础上又有新的发展。清代传说类《礼记》学文献是清代《礼记》学的主体。清初学者汉宋兼采，清中期乾嘉汉学兴起，清末今文经学复兴，使得清代的经学家们为《礼记》作注呈现出异彩纷呈的景象。

清代汉宋兼采的传说类《礼记》学文献最重要的代表作就是王夫之的《礼记章句》、孙希旦的《礼记集解》、杭世骏的《续卫氏礼记集说》和汪绂《礼记章句》，现将这些作品略作介绍。

1.《礼记章句》49 卷，（清）王夫之撰

是书遵从《礼记》原书的篇章次序，一篇为1卷，共49卷。每篇根据其意义分为若干章，每章先列经文，继以疏解。此书不以名物训诂为主，而以释义为旨归。王夫之《礼记章句》多有承袭朱熹思想的一面，在对《礼记》进行疏释的时候，往往赋予其哲学意识，“王夫之《礼记章句》，正因为是其晚年作品，故能以早时形成的哲学思想来审视礼，这是其他诸儒不易企及的，亦是其礼学思想的独特之处。……从《礼记章句》的整个训释、考证及辨谬和畅发义理的情况来看，王夫之确有不少有见地之处”①。王夫之对礼意的探讨结合天理人性，并注重礼的形上道体与形下器用之间的关系，是宋代理学思想的延续。元代陈澔《礼记集说》首先将《大学》、《中庸》抽离，只余下四十七篇。陈澔之后，《大学》、《中庸》多被学者们从《礼记》原书中析出，以至于元明两代几乎没有完整的《礼记》著述。王夫之的《礼记章句》第一次将《大学》、《中庸》放回《礼记》原书中，使《礼记》复为完整，体现了尊重经书原貌的汉学精神，在《礼记》学发展史上有较大意义。可以说，王

① 林存阳：《清初三礼学》，社会科学文献出版社，2002 年，第 222 页。

夫之的《礼记章句》是一部调和汉学与宋学的作品。

此书常见有《船山遗书》本。

2.《礼记集解》61卷，(清) 孙希旦撰

孙希旦 (1736—1784)，字绍周，号敬轩，浙江瑞安碧山桐田人。乾隆四十三年 (1778) 中一甲探花，成为清朝温州35位进士中唯一进入一甲的人，声名大振。授翰林院编修，曾参加《四库全书》的编纂工作。一生博览群书，尤精《三礼》，后专治《礼记》。所著除《礼记集解》外，另有《尚书顾命解》1卷，《求放心斋诗文集》若干卷。

是书共61卷，以各篇《记》文分隶于其下。除《大学》、《中庸》两篇仅著篇目，下标"朱子章句"、不录《记》文以外，其余四十七篇，每篇都有解题。是书的最大特点是汉宋兼采，并重视阐发义理。此书除采纳郑《注》孔《疏》外，还博采宋元以来各家之说，如宋人吕大临、朱熹、卫湜，元人陈澔、吴澄，清人戴震等。末加己见，对每一节的字、词、句几乎都做了注释，十分精当。对于前人的注释有不同见解的地方，也提出辩难，创见不少。对于文句的断读，孙希旦也有不少新见，如《周礼·量人》"与郁人受斝历而皆饮之"句，贾疏谓"郁人受斝历而皆饮之"以"斝"字绝句，"历"字连下。而《礼记·郊特牲》"举斝角，诏妥尸"节下，《集解》引《量人》此文则曰"历与沥同"，以"斝历"二字连读，解为"尸所祭所啐之余"。这样解释，确使文义由晦转明。又如《儒行篇》"今众之命儒也妄，常以儒相诟病"，郑玄以"妄常"连文，注云："妄之言无也。言今世名儒，无有常人，遭人名为儒，而以士靳，故相戏。"如此迂回作解，义仍难晓。孙氏解之曰："命，名也。妄，无实也。言众人之名为儒者，本未有儒之实，故为人所轻，常以儒相诟病。"此解较符合《记》文原意，似胜郑注一筹。① 义理阐释方面，如《礼记·礼运》"故先王秉蓍龟、列祭祀……故国有礼，官有御，事有职，礼有序"下，孙希旦云："惟上下一于礼，故官有所御，而事得其职，所行之礼莫不顺其次序也。……故天下国家可得而正之意，而极言其功效之盛也。"孙希旦将"礼"作为社会的秩序和规范，并不仅仅从文字训诂方面来认识经文。

根据王锷的考证，《礼记集解》现存的版本有13种，分别为稿本、五种清刻本、《永嘉丛书》本、《国学基本丛书》本、《万有文库》本、影印本、中华书局点校本、台湾文史哲出版社据中华书局点校本重印本、旧抄本。

① 参见沈啸寰为中华书局1989年点校本《礼记集解》所作序言。

3.《续卫氏礼记集说》100卷，（清）杭世骏撰

杭世骏（1695—1773），字大宗，号堇浦，别号智光居士、秦亭老民、春水老人、阿骏，室名道古堂，仁和（今浙江杭州）人。雍正二年（1724）举人，乾隆元年（1736）举鸿博，授翰林院编修，官御史。因上疏言事，革职罢归，以奉养老母和攻读著述为事。晚年主讲广东粤秀、扬州安定两书院。曾参校《十三经》、《二十四史》，纂修《三礼义疏》，自著《石经考异》、《三国志补注》、《道古堂集》、《榕桂堂集》等。

此书采辑自汉至清共200余家。所列自汉郑玄至宋魏了翁凡41家，皆卫氏《集说》已列而采之未备者。又采汉司马迁至宋黄仲炎凡45家，皆在卫氏以前而《集说》未经采集者。自宋张虙至明冯氏凡55家，都在卫氏以后。此书分析为四类，皆以不雷同旧说，及发明新义者为主。清儒以姚际恒、姜兆锡、方苞、任启运为多。所分卷帙，共100卷。《曲礼》、《檀弓》以解说文繁，竟至10卷和9卷。《王制》、《月令》亦至6卷。此外最少者，如卷九六则合《深衣》、《投壶》为1卷。卷一百则合《燕义》等3篇。如卷九四、九五等，则多合两篇为一。其有1篇为5卷者，则《曾子问》、《杂记》，为4卷者，则《礼运》、《郊特牲》、《杂记》、《中庸》、《内则》、《玉藻》。为3卷者，则《文王世子》、《礼器》、《丧服小记》、《丧大祭》等。《大学》、《中庸》，自宋朱子作章句，以及后来升为《四书》后，少有人敢于诋毁，然此书引清人姚际恒之说，认为《大学》、《中庸》多近禅学，并且有诋毁禅学下乘者，并斥《中庸》"致中和"诸经文好说大话。

此书常见有清抄本，藏于台湾"中央"图书馆。另有清抄本藏于南京图书馆。此外，《续修四库全书》影印浙江书局本也多为学人使用。

4.《礼记章句》10卷，（清）汪绂撰

汪绂（1692—1759），字灿人，初名垣，号双池，又号重生，安徽婺源（今属江西婺源）人。博综儒经，以宋五子为归。著述颇富。晚年之闽中，馆枫岭、浦城间。少时家贫，佣于江西景德镇为画碗之役。所绘山水、人物、花鸟，精细适异聚工，惜无款识，人罕知之。著有《易经诠义》15卷、《书经诠义》13卷，《诗经诠义》15卷，《春秋集传》16卷，《礼记章句》10卷，《礼记或问》4卷，《参读礼志疑》2卷，《孝经章句或问》2卷等。

汪绂为学遵朱子，并博通两汉、六朝唐人注疏。是书卷一至卷十，始《曲礼》迄《丧服四制》诸篇，分卷次第，皆如陈氏《集说》之旧。唯《大学》、《中庸》下有注云"见四书诠义"。此书关于名物训诂，多本郑注孔疏。此书对《礼记》中的单篇多有论述，如认为《曲礼》为汉儒拾礼经旧

文，又集经传之言礼者成文。《檀弓》引刘氏说，篇中多言子游，疑其门人所作。《王制》引卢植说，认为此篇为文帝令博士所作。认为《月令》出自《吕氏春秋》，月用夏正，令则杂举三代及秦法。认为《礼运》言礼本于天地，并多粹语，而多杂以黄老之言。是书于《月令》、《文王世子》、《内则》多用郑《注》孔《疏》，其余则多用宋儒之说。从总体上来看，此书考据翔实，持论颇平。

此书常见有《汪双池先生遗书》本。

清中期考据学全盛，形成乾嘉学派。乾嘉之学不讲经世致用，沉溺于文献考据，可以按照地域和师承分成吴派、皖派和浙东派。乾嘉学派的皖派在《礼记》方面的造诣最深，所取得的成果也最多，有江永《礼记训义择言》、朱彬《礼记训纂》、王引之《经义述闻·礼记》等一系列优秀之作。乾嘉学派的吴派擅长经、史，表现出博详的特点，此派在《礼记》学方面的成就总的来说不及皖派，代表作是惠栋的《礼记古义》。乾嘉学派的浙东派以史学为主，在《礼记》方面成就不明显，能对后世产生影响的只有戴震的《深衣解》。乾嘉学派以外的经学家们在对《礼记》进行训释方面也产生了一些优秀的作品，如刘沅《礼记恒解》、金曰追《礼记经注疏正讹》、郭嵩焘的《礼记质疑》等。

5.《礼记训义择言》8卷，（清）江永撰

是书自《檀弓》至《杂记》，于注家异同之说，选择一家为主，并折中其他各家之说。其说与元代陈澔《礼记集说》中的内容有很大的出入。然而此书的持论多为精核，比如《檀弓》“殷练而祔，周卒哭而祔”，吕氏认为祔祭即以其主祔藏于祖庙，既除丧而后迁于新庙。江永根据《左传》“特祀于主，烝尝禘于庙”，谓祔后主反殡宫，至丧毕乃迁于新庙。又引《大戴礼记》“诸侯衅庙礼”，奉衣服由庙而迁于新庙，此庙实为殡宫。今考《顾命》，诸侯出庙门俟，孔《传》云：“殡之所处曰庙。”又《仪礼·士丧礼》曰：“巫止于庙门外。”注云：“凡宫中有鬼神曰庙。”贾《疏》云：“庙门者，士死于適室。”以鬼神所在则曰庙，故名適寝曰庙。然则《大戴礼》所云由庙者，实由殡宫，非由祖庙。江永之说有根据。

此书常见有《四库全书》本、《皇清经解续编》本和《丛书集成初编》本。

6.《礼记训纂》49卷，（清）朱彬撰

朱彬（1753—1834），字武曹，江苏宝应人。乾隆六十年（1795）举人。彬幼有至行，年一一丧母，哀戚如成人。长丁父忧，殓葬尽礼，三年蔬食居外。自少至老，好学不厌。承其乡王懋竑经法，与外兄刘台拱互相切磋。每有所得，辄以书札往来辩难，必求其是而后已。于训诂、声音、文字之学，用力尤深。著有《经传考证》8 卷，《礼记训纂》49 卷，《游道堂诗文集》4 卷。

是书共 49 卷。由于《大学》、《中庸》两篇被纳入《四书》之中，所以朱彬没有另作注释，而只是采用了汉代郑玄注。《礼记训纂》以郑玄《礼记注》和孔颖达《礼记正义》为基础，采纳宋代以来的学者的注释对旧注进行疏解，力图简易明了地解释《礼记》。清代考据学十分兴盛，对《礼记》所作的考释也不在少数，《礼记训纂》充分吸收清代学者的研究成果来校勘经文和疏通旧注。《礼记训纂》每篇一卷，每篇都有解题，说明篇名的由来以及整篇的大体内容。注释的方式为间注，与名物制度、文字音义、义理等无不涉及。但是从整本书来看，仍然以训诂校勘为主。

与孙希旦的《礼记集解》一样，朱彬《礼记训纂》的最大特色也是汉宋兼采。但是《礼记训纂》在训诂成就方面高于孙希旦的《礼记集解》。在训诂方面，主要是对郑《注》有误的地方进行勘正，朱彬一般是以学者的考证为参照，并且以文献为依据，论证十分周密。"《礼记训纂》运用考据方法对《礼记》从文字到名物、从声音到义理进行梳理，该书在训诂和校勘上所做的细密工作，是唐宋元明各朝的儒生尚没有尝试过的。"①

此书在编纂过程中，采纳上百位前代或当代学者的见解。如汉代的服虔、马融、卢植、郑玄、荀爽；晋代如王肃；南北朝时期如庾蔚之、贺玚、皇侃、熊安生；隋唐时期如陆德明、孔颖达、贾公彦；宋代如朱熹、王安石、陈祥道；元朝如吴澄；清代如顾炎武、江永、戴震、朱轼、金榜、惠栋、郑元庆、藏琳、邵晋涵、王念孙、王引之、程瑶田、钱大昕、段玉裁等，前贤的研究成果被朱彬大量采用。如果说卫湜的《礼记集说》更多的是材料的罗列，那么朱彬的《礼记训纂》则是汇聚众说而浑然一体。作者征引的材料很多，不少地方都用"彬谓"的形式表明自己对经义的理解，对众家之说进行疏解和补正。

根据王锷的考证，《礼记训纂》的版本有 10 种。② 如今比较通行的是饶钦农点校本，1996 年 10 月由中华书局出版。

7.《经义述闻·礼记》上、中、下，（清）王引之撰

王引之（1766—1834），字伯申，号曼卿，江苏高邮人。清代汉学家。父念孙、祖安国，皆以治名物训诂称著。早年，承其家学，究心《尔雅》、《说

① 姚在儒：《朱彬礼记训纂管窥》，载《华中师范大学研究生学报》2006 年第 3 期。
② 王锷：《三礼研究论著提要》，第 347 页。

文》、《音学五书》等，以求文字、音韵、训诂之学。嘉庆四年（1799）为进士，以优异成绩径授翰林院编修，后擢升至礼部左侍郎。著作有《经义述闻》、《经传释词》、《广雅疏证》、《读书杂志》等。

《经义述闻·礼记》关于《礼记》中的不少名物礼制有所考证，这些问题自古以来争论不休，莫衷一是。王引之对“五官”、“父师”、“固封疆”等名物，以及“天子之豆二十有六”、“公素服不举”、“命祝史告于社稷宗庙山川”等礼仪式都进行了很详细的考证。如关于“圭璧金璋”一条下，王氏云：“有圭璧金璋不粥于市。《正义》曰：‘圭、璧、金、璋，各是一物，即《考工记》金饰璋也。皇氏以为用金为印章，皇氏之义非也。……今案‘金’当作‘宗’，宗者，琮之假借字也。琮从宗声，而俗用宗，犹璋从章声，而俗用章耳。篆书隶书‘宗’、‘金’二字皆相似，故‘宗’之为‘金’，‘琮’亦圭璧之类也。‘圭、璧、金、璋’，《聘礼》所谓四器。”① 王氏于“圭璧金璋”运用音韵进行考证，所得出的结论颇有根据，可以弥补前人于“圭璧金璋”考证的不足。

《经义述闻》28卷本收入《皇清经解》中。另有足本32卷，江苏古籍出版社1985年影印。

8.《礼记古义》1卷，（清）惠栋撰

是书就《礼记》可考者录经文，下附考释，共95条。书后有跋曰：“《仪礼》，经也；《礼记》，传也。韩昌黎患《仪礼》难读，而欧阳永叔亦自言平生何尝读《仪礼》。至于《礼记》，则文从字顺，人人以为易读矣。然而‘拾’读为‘涉’，‘迁’读为‘还’，读者知之乎？‘攘’，古‘让’字；‘贰’，古‘弍’字，读者知之乎？‘邱’本音‘区’，‘居’本音‘姬’，读者知之乎？借曰未知，请读此书。”

此书为《九经古义》之一，有《四库全书》本、《皇清经解》本、《槐庐丛书二编》本、《丛书集成初编》本、《昭代丛书》本等。

9.《礼记恒解》49卷，（清）刘沅撰

是书前有刘氏自序曰：“《诗》、《书》所载，孔孟所言，文、武、周公实能以天地育物之心为心，故其礼能以天地生成之道为道。及春秋而事杂言庞，有莫知礼之所以为礼者。夫子圣德天纵，尤严规矩，凡礼之所以宜古宜今者，靡不身体之。而或有当变通者，则有志而未见诸施行。当时诸贤，习闻其说，而不尽德其旨归，一二好学深思之士，裒集群言，汇为此书。虽其分编纂叙，

① 王引之：《经义述闻》，《皇清经解》本。

出于戴郑之徒，未必遂得圣人精意，而其文存则其义存，不得谓折中时中，不藉此而彰。尝考所言，无非采辑贤圣杂书见闻，意有其精者出于七十子之徒，而其浅者，亦秦汉笃学之士。非于道概未有闻，而能剽窃为之。钦定《义疏》，广大精微，无美不备，沅幸沐休明，积久微有所得。窃虑承学者或苦或繁，否则拘晦其旨，爰于诵习之时，随文诂义，以便参稽。”① 此书编目次第，均循《礼记》四十九篇之旧，唯《大学》、《中庸》以功令取士命题，士子章句皆习，故不赘说。余皆为诂解。此书直抒所见，融会汉宋，不分门户，务合天时人情，治礼者所当重视。

此书有《槐轩全书》本。

10.《礼记补疏》3 卷，(清) 焦循撰

焦氏以《礼记》为万世之书，当先明之而后学《周礼》、《仪礼》，因而取旧作《索引》5 卷，删为此书，补孔颖达《礼记正义》所未备。书首有自序，称此书为少时作。于名物制度，多未能及。

此书常见有《皇清经解》本。

11.《礼记质疑》49 卷，(清) 郭嵩焘撰

郭嵩焘 (1818—1891)，字伯琛，自号筠仙，晚年又号玉池老人，湖南湘阴人。顺治四年 (1847) 中进士，乾隆十八年 (1853) 随曾国藩组建“湘勇”，后历任南书房行走、署理广东巡抚、福建按察使、清政府驻英法公使，光绪四年 (1878) 八月被清政府从英召回，从此闲居。著有《养知书屋遗集》、《玉池老人自叙》等。

是书自序曰：“孔子后千有余年而郑君出，由宋以前有言礼者受笃焉。又千余年而朱子出，由元以至于今言礼者受范笃焉，政教所趋，人心所向，凡所著书与其行礼之实，确守而尊事之，莫敢违越。而独礼经之传授，持之有本，其异于郑说者，终无几也。国朝诸儒，并立汉学宋学之名，援其说以诋程朱，而郑学乃大显。讨论研习之深，精义之发于人心，以足上掩前贤矣。而援引傅会，曲经以从其说者，盖亦多也。乃若斟酌古今，以求当于礼，有宋诸子之所长也。是其学兼存汉宋，无所依阿。”② 郭氏此书虽以郑、朱之说为主，而一字一句，都是沉潜反复，于郑学之精见者阐扬申绎，几无复遗，对于宋人之精见也多采纳，可见此书突破汉宋门户之见，无骑墙之说。

此书有稿本、刻本，常见是岳麓书社 1992 年点校本。

---

① 刘沅：《礼记恒解·自序》，《槐轩全书》本。

② 郭嵩焘：《礼记质疑·自序》，岳麓书社，1992 年点校本。

表 2－7－4　现存清代传说类《礼记》学文献一览表

作　者	书　目	常见版本
张　养	礼记集说	清抄本
王夫之	礼记章句	船山遗书
王钟毅	礼记纂类	清抄本
张　沐	礼记疏略	四库全书存目丛书
万斯大	礼记偶笺	皇清经解续编
张　英	礼记章句	中国古籍善本书目
李光坡	礼记述注	四库全书
纳兰性德	陈氏礼记集说补正	四库全书
张廷玉	日讲礼记解义	四库全书
冉觐祖	礼记详说	四库全书存目丛书
朱　轼	校补礼记纂言	四库全书存目丛书
方　苞	礼记析疑	四库全书
江　永	礼记训义择言	四库全书
彭　颐	礼记省度	清光绪刻本
吴廷华	礼记疑义	清抄本
沈元沧	礼记类编	四库全书存目丛书
郑元庆	礼记集说	吴兴丛书
任启运	礼记章句	四库全书存目丛书
惠　栋	礼记古义	昭代丛书
姜兆锡	礼记章义	四库全书存目丛书
杭世骏	续卫氏礼记集说	抄本
齐召南	礼记注疏考证	皇清经解
汪　绂	礼记章句	汪双池先生遗书
汪　绂	礼记或问	汪双池先生遗书
王心敬	丰川礼记汇编	四库全书存目丛书
鄂尔泰	礼记义疏	四库全书
翁方纲	礼记附证	丛书集成初编
卢文弨	礼记注疏校正	丛书集成初编
李调元	礼记补注	丛书集成初编
孙希旦	礼记集解	中华书局点校本

续表

作者	书目	常见版本
徐立纲	礼记旁训	五经旁训
黄淦	礼记精义	七经精义
庄可有	礼记集说	北图线装书目
阮元	礼记校勘记	皇清经解
刘沅	礼记恒解	槐轩全书
赵良霨	读礼记	丛书集成初编
朱彬	礼记训纂	四部备要
金曰追	礼记经注疏正讹	北大图书善本书目
陈鳣	礼记参订	抄本
汪德钺	礼记偶记	七经偶记
李式谷	礼记衷要	五经衷要
郝懿行	礼记笺	郝氏遗书
王引之	礼记合参	台湾“中央图书馆”善本书目
焦循	礼记补疏	皇清经解
丁晏	礼记释注	颐志斋丛书
郭嵩焘	礼记质疑	岳麓书社点校本
丁寿昌	小戴礼记解	丁氏遗稿六种
刘宝楠	礼记注疏长编	中国古籍善本书目
俞樾	礼记平议	皇清经解续编
方宗诚	礼记集解补义	柏堂遗书
叶大庄	礼记审义	写经斋全集
刘曾騄	礼记约解	祥符刘氏丛书
于鬯	读小戴记	学古堂日记
廖平	礼记识	国学汇编

三、单篇类

《礼记》由49篇合辑而成，各篇的内容相对独立，因此在《礼记》学的发展过程中，出现了不少专门研究《礼记》某一篇的文献，这种文献被《中国丛书综录》列为“单篇之属”。自汉代开始就有《礼记》的单篇之作，如景鸾、蔡邕分别撰有《月令章句》，高诱撰有《明堂月令》等。魏晋南北朝至隋唐时期，学者们对《礼记》中的《曲礼》、《月令》、《投壶》、《明堂位》等都有所研究，并撰写了相关著作。宋代朱熹将《礼记》中的《大学》和《中庸》析出来作章句，与《论语集注》和《孟子集注》合为《四书》，提高了《大学》和《中庸》的地位，因此研究《大学》和《中庸》的文献大量出现。此处所说宋代以及宋代以后的《礼记》单篇文献，不包括《大学》和《中庸》，《大学》和《中庸》将在“《大学》文献概论”和“《中庸》文献概论”部分进行论述。下面将分别对历代重要的《礼记》学单篇类文献进行介绍，以求看到历代《礼记》单篇研究的重点和特点。

（一）《檀弓》

《檀弓》是《礼记》的第三、四篇，因为简册繁重，故分为上、下篇。学者们重视对《檀弓》的研究，出现了不少相关著作，如宋谢枋得有《批点檀弓》，明杨慎有《檀弓丛训》、陈与郊有《檀弓辑注》、徐昭庆有《檀弓通》，清代孙濩孙有《檀弓论文》等。

1.《檀弓》2 卷，（宋）谢枋得批点，（明）杨慎注

谢枋得（1226—1289），字君直，号叠山，信州弋阳（今属江西）人。南宋文学家，有《叠山集》。杨慎（1488—1559），字用修，号升庵，杨廷和之子，四川新都（今成都市新都区）人，祖籍江西庐陵。公认为明朝三大才子之一，明代文学家。有《丹铅总录》、《谭苑醍醐》、《艺林伐山》、《升庵诗话》、《词品》、《书品》、《画品》、《大书索引》、《金石古文》、《风雅逸篇》、《古今风谣》、《奇字韵》、《希姓录》、《石鼓文音释》等。

是书不知其所来，明万历丙辰闵氏始以朱墨版刻之，不类谢氏批点。闵氏序谓汇注疏、集注、集说诸书，去其繁而存其要，以著于简端，则注乃闵氏所为，非杨氏注，与杨氏《檀弓丛训》不同。

此书常见有《四库全书存目丛书》本。

2.《檀弓辑注》2 卷，（明）陈与郊撰

陈与郊（1544—1611），原姓高，字广野，号禺阳、玉阳仙史，亦署高漫卿、任诞轩，海宁盐官人。明万历二年（1574）进士，累官至太常寺少卿。著有传奇《宝灵刀》、《麒麟罽》、《鹦鹉洲》、《樱桃梦》4 种，合称《詅痴符》。又有杂剧 5 种，今存《昭君出塞》、《文姬入塞》、《袁氏义犬》3 种。能谱曲，音调典雅，为评论家所重。辑有《古名家杂剧》、《古今乐考》等 10 余种。

是书唯解《檀弓》上下两篇，于郑《注》全录，于孔《疏》则删繁就简，谓之疏略。其陈澔诸儒之说，则分行附书，各略以己意为论断。所论如《檀

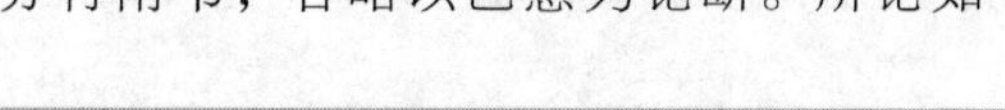

弓》名篇取首二字，不从《正义》非门徒而达礼之说。“孔子少孤”一条，释其慎也即如字，谓必诚必信曰慎，不从郑氏以慎为引之训，皆有可取。然于丧礼异同，反无是正，未免举小而遗大矣。

此书常见有《四库全书存目丛书》本。

3.《檀弓疑问》1卷，（清）邵泰衢撰

邵泰衢（生卒年不详），字鹤亭，钱塘（今杭州市）人。雍正初年任钦天监左监制。他精研礼学，兼算术，著有《史记疑问》、《檀弓疑问》。

是书以《礼记》一书出自汉儒，《檀弓》一篇尤多附会，遂摘取可疑者条列而论辩之。其书大多数内容明白正大，考证翔实，非横生臆解、惑古疑经者可比。此书也有疏于考据的地方，然不害大旨。

《四库全书·经部·礼类》收录之。

（二）《月令》

《月令》是《礼记》的第六篇，该篇记载的是一年十二月每一月的天文、气候，以及根据天文、气候王者应该发布合适的政令，以达到治国安民的目的。历代学者对《月令》都比较重视，汉代如蔡邕的《月令章句》和《月令问答》、高诱的《明堂月令》；南朝宋戴颙的《月令章句》，唐王涯的《月令图》，宋代范浚的《月令论》，清代冯应京纂集的《月令广义》、马国翰《月令七十二候诗自注》等。现将《月令章句》、《月令解》、《月令》残卷、《月令明义》介绍如下：

1.《月令章句》12卷，（汉）蔡邕撰

蔡邕（133—192），字伯喈，陈留（今河南省开封市陈留镇）人。东汉文学家、书法家。汉献帝时曾拜左中郎将，故后人也称他“蔡中郎”。所著诗、赋、碑、诔、铭、赞、连珠、箴、吊、论议、《独断》、《劝学》、《释诲》、《叙乐》、《女训》、《篆艺》、祝文、章表、书记等传于世。

是书自序曰：“光和元年，余被谤章，遭重罪，徙朔方，于忧怖之中，昼夜密勿，昧死成之。”此书旁贯五经，参以群书，观其于天文律例加详，可以与郑玄解《月令》相媲美。

此书早佚，常见的有马国翰《玉函山房辑佚书》辑本。

2.《月令解》12卷，（宋）张虙撰

张虙撰（生卒年不详），字子宓，南宋慈溪清水庄人。庆元二年（1196）进士，历任州教授、太学正、太常博士、国子博士、国子监丞。端平初年（1234），召为国子司业兼侍讲，又升国子祭酒，后来又兼权工部侍郎兼国子祭酒，可惜令下而卒，享年八十。诏赠四官。

是书乃张虙端平初入侍讲幄时所纂，未及完成以病归，家居时乃续完之，并表进于朝。此书以一年十二月，每一个月各为1卷。上奏表说每一月改，则令以此一月进于御前，可以裁成天地之道。虽然未免于拘于古义，难以实行，然而辞义晓畅，于顺时出政之际，皆三致意焉，其用心有足取者。原书因随月进御，所以凡解见孟月者，仲月季月皆重见。

《四库全书·经部·礼类》收录之。

3.《月令》残卷1卷，(唐) 明皇御刊定，(唐) 李林甫等注

李林甫 (683—752)，唐宗室，小字哥奴。善音律，会机变，善钻营。开元中，迁御史中丞、吏部侍郎，深结唐玄宗宠妃武惠妃及宦官等，僭伺帝意，故奏对皆称旨。开元二十二年 (734) 五月，拜相，为礼部尚书、同中书门下三品。

李林甫等八人奉诏作《月令注》，《月令》遂废郑氏旧注，易以删定新文，而更升其篇第，冠于《礼记》卷首。自唐开元以来，至于宋代景祐，朝廷宣读四孟时令，皆以是书为准则。

《敦煌遗书》中有《唐明皇刊删定礼记月令》残卷 (S621)。

4.《月令明义》4卷，(明) 黄道周撰

黄以周曾注《礼记》五篇以进，此其一也。其说以二至二分四立皆归于中央之土，为取则于洛书之中五，而五气于以分布。此岁功所由成，政事所从出，故作月令气候生合总图，又以《月令》载昏旦中星，故有十二月中星图。黄道周采《易象》、《夏小正》、《逸周书》、《管子》、《国语》，参稽考证，于经义颇有阐发。全书主要记述了一年十二月时令及与之相关的天子诸侯祭祀等事。

《四库全书·经部·礼类》收录之。

(三)《礼运》、《王制》

晚清今文经学的兴起，经历了由学术到议政的变化，庄存与、戴震和刘逢禄的时代，今文经学还停留在学术研究的领域，自刘逢禄以下，分为两歧：有人仍旧限于经学的研究，如廖平；有人则借以议政，如康有为等。对《礼记》的研究，今文经学家也分为两途，今举康有为的《礼运注》和廖平的《王制集说》，以明其特点。

1.《礼运注》1卷，(清) 康有为撰

康有为 (1858—1927)，原名祖诒，字广厦，号长素，又号更生、更甡。广东南海 (今广州) 人。人称“康南海”。光绪年间进士，官授工部主事。出身于仕宦家庭，乃广东望族，世代为儒，以理学传家。近代著名政治家、思想家、

社会改革家、书法家和学者。主要著作有《康子篇》、《新学伪经考》。

是书和皮锡瑞的《王制笺》都是晚清今文经学家托古改制之书，书前有自序，其学术偏重于今文学，以孔颖达《礼记正义》和陈澔《礼记集说》为本。康有为作《礼运注》，谈“大同”，是为了给维新变法制造理论依据。《礼运注》是以注解的形式，初步阐发了大同社会的基本特征，这是大同社会要体现的主要精神，使人世间的一切事象公正、公平、合理。可见，他提出大同学说的目的在于救国救民，追求人类的公平正义。

据王锷统计，《礼运注》的版本有五种。① 其书通行的版本是由楼宇烈点校，与《孟子微》、《中庸注》合册，中华书局 1987 年出版。

2.《王制集说》不分卷，（清）廖平撰

是书主今文家孔子素王改制之说，以《周礼》为伪，谓《王制》为孔子所作，并博采《尚书大传》、《韩诗外传》、《春秋繁露》、《白虎通》等今文汉师诸说以明《王制》。凡古礼与《王制》为异者，则附存异义以相启发。《王制凡例》是廖平自拟研究《王制》的纲领性指导原则，《集说》未能一一实现，但其研究取向和计划，具有一定的参考价值。

《王制集说》有《新定六译馆丛书》本，又有存古书局 1915 年刊本，并曾刊登在《国学荟编》1914 年 2 月第 2 期。

表 2-7-5　现存或有辑本的历代单篇类《礼记》学文献一览表

作　者	书　目	常见版本
（明）柯尚迁	曲礼全经类释	和刻本
（明）杨　慎	檀弓丛训	四库全书存目丛书
（明）林兆珂	檀弓述注	四库全书存目丛书
（明）陈与郊	檀弓辑注	四库全书存目丛书
（明）姚应仁	檀弓原	四库全书存目丛书
（明）徐昭庆	檀弓通	四库全书存目丛书
（明）牛斗星	檀弓评	四库全书存目丛书
（明）徐应曾	檀弓记标义	中国古籍善本书目
（清）毛奇龄	檀弓订误	丛书集成初编
（清）邵泰衢	檀弓疑问	四库全书
（清）孙濩孙	檀弓论文	四库全书存目丛书
（清）程穆衡	考订檀弓	丛书集成初编

① 王锷：《三礼研究论著提要》，2001 年，第 359 页。

续表

作　者	书　目	常见版本
（清）夏　炘	檀弓辨诬	中国古籍善本书目
（清）汪有光	批檀弓	北师大图书馆目录
（清）耿　极	王制管窥	丛书集成初编
（清）皮锡瑞	王制笺	师伏堂丛书
（清）廖　平	王制集说	国学荟编
（清）廖　平	王制订	新定六译馆丛书
（清）廖　平	王制学凡例	新定六译馆丛书
（东汉）蔡　邕	月令章句	玉函山房辑佚书
（唐）李林甫	御刊定礼记月令	敦煌古籍叙录
（宋）张　虙	月令解	四库全书
（元）吴　澄	月令七十二侯集解	四库全书存目丛书
（明）卢　翰	月令通考	四库全书
（明）冯应京	月令广义	经义考补正
（明）黄道周	月令明义	四库全书
（清）吴廷桢	月令辑要	北师大图书馆书目
（清）李调元	月令气候图说	丛书集成初编
（清）秦嘉谟	月令粹编	北师大图书目录
（清）毛奇龄	曾子问讲录	四库全书存目丛书
（清）廖　平	礼运三篇合解	新定六译馆丛书
（清）康有为	礼运注	中华书局点校本
（清）刘光蕡	学记臆解	关中丛书
（清）王树枏	学记笺证	陶庐丛刻
（宋）杨　简	孔子闲居讲义	四库全书
（明）黄道周	坊记集传	四库全书
（清）廖　平	坊记新解	四川国学杂志 1913.8
（明）黄道周	表记集传	四库全书
（明）黄道周	缁衣集传	四库全书
（清）黄宗羲	深衣考	四库全书
（清）江　永	深衣考误	四库全书
（清）任大椿	深衣释例	皇清经解续编
（清）戴　震	深衣解	中国古籍善本书目
（东晋）虞　潭	投壶变	玉函山房辑佚书
（宋）刘　敞	投壶义	公是集
（宋）司马光	投壶新格	说郛

续表

作　者	书　目	常见版本
（明）汪　褆	投壶仪节	丛书集成初编
（宋）李　觏	读儒行	四库全书
（明）黄道周	儒行集传	四库全书

四、专题类

“专题类”是指对《礼记》的某一专门问题以及凡例等所作阐述的文献。如晋代刘乔的《礼记评》，宋代李清臣的《礼论》、朱熹的《大小戴礼说》，明代夏修敬《礼记分章》、孙延铎《礼记叙纂》、张洪《礼记总类》等，清代孔广牧《礼记天算释》、谈泰《礼记义疏算法解》和《王制里亩算法解》、王廷鼎《月令动植小笺》等。20世纪以来，学者们对《礼记》中的专门问题进行研究，一些《礼记》专著也相继出版，如台湾地区学人蔡盛德撰《礼记的文学价值》，从文学的角度对《礼记》进行了研究；日本学人栗原圭介对《礼记》中的宗教思想进行研究，撰成《礼记宗教思想的研究》一书。这一类《礼记》学文献不是很多，现择其要者介绍如下：

1.《礼记天算释》1卷，（清）孔广牧撰

孔广牧（生卒年不详），孔子第七十世孙，从学于宝应名儒成蓉镜，博览强记，于天文历算、舆地形声、名物训诂，靡不通贯，唯惜其享年不永。遗著有《礼记天算释》1卷、《汉石经残字证异》2卷、《勿二三斋诗集》1卷、《饮冰子词》1卷及《礼记郑读考》、《詹岱阁省疚录》各若干卷。

是书专门解释《礼记》中有关于天文历算者，比较精核。常见有《皇清经解续编》本和《丛书集成初编》本。

2.《王制里亩算法解》1卷，（清）谈泰撰

谈泰（生卒年不详），字阶平，一字星符，江南上元（今南京）人。乾隆五十一年（1786）举人，大挑，选授山阳县学教谕，转南汇县学训导。淹通经史，凡音律算数，无不精通，尤长考据。著有算术之书20余种。

是书首略言《五经》中罕言算术，唯《王制》论里亩及之，然郑氏与孔氏异，陈澔又异于郑、孔，梅瑴成《赤水遗珍》中有《方天度里》一篇，正《王制》注疏之误，但所列不明言乘除之数，恐观者无从稽核，难明经义。所以谈氏援引梅氏原文，逐句疏解，并用三率互视法相推，辨郑、孔、陈之误，于梅氏误者，亦不加附会。谈氏此书，是研究算法者的指示门径，也是研究算法和经学的杰作。

此书常见有《丛书集成初编》本。

3.《王制井田算法解》1卷，（清）谈泰撰

是书解畿外八州建二百一十国之实数，次解天子畿内九十三国之实数，又次解畿内外井田之地，并以里数亩，十百千万，以次递升，位数参差，易失其序。又为里数表、亿大数表、十里方积表、七十里方积表、百里方积表、千里方积表附于后，初学一览既明。后解畿外九州建国之法，亦颇详审。

此书常见有《丛书集成初编》本。

五、文字音义类

“文字音义之属”是指对《礼记》中字的读音、句读等进行相关研究的文献。汉代如郑玄的《礼记音》，魏晋南北朝时期如王肃的《礼记音》、吴射慈的《礼记音义隐》、孙毓、缪炳、蔡谟、尹毅、范宣、刘昌宗等人的《礼记音》，隋唐时期如陆德明《礼记释文》、隋李轨《礼记音》、《礼记字例异同》等，宋代如杨逢殷的《礼记音训指说》，明代如王觉《礼记明音》等，清代如杨国桢《礼记音训》、陈寿祺《礼记郑读考》、俞樾《礼记异文笺》、丁显《礼记诸家引经异字同声考》等。

1.《礼记音义隐》1卷，（三国吴）射慈撰

是书并非专门解经，也解释注文。《曲礼疏》引之云酳饭毕，荡口也。又云猎车之形，今之钩车是也，衣车如鳖而长也，汉桓帝之时，禁臣下乘之。又云嫌见夺，故云恐辱亲也。又云且，假借此字也。这些都是解释郑《注》。又《礼记疏》和《经典释文》常引用《隐义》，可能就是射氏此书。此书已佚，清代辑本颇多，常见的有马国翰《玉函山房辑佚书》本。

2.《礼记音》3卷，（晋）徐邈撰

是书《七录》、《经典释文·序录》、《隋书·经籍志》、《经义考》均有著录。原书已佚，《敦煌遗书》中有《礼记音》的残卷（S2053），《乐记》为第十九，讫《缁衣》第三十三，共181行，王重民将其定为徐邈《礼记音》。清人马国翰《玉函山房辑佚书·经编礼记类》有《礼记徐氏隐》3卷。马氏辑得20余条音训兼释的材料，其余的皆是有音无训，遗失者比较多。

3.《礼记郑读考》6卷，（清）陈乔枞撰

陈氏参考《说文》、《广雅》等书，撰为此书。此书乃纯考据之作，卷一自《曲礼上》至《王制》，卷二自《月令》至《礼器》，卷三自《郊特牲》至《玉藻》，卷四自《明堂位》至《杂记下》，卷五自《丧大祭》至《中庸》，卷六自《表记》至《丧服四制》。此书融会贯通，使经文畅通无滞，使读者易于

领会，不致疑难。

此书常见有《皇清经解续编》本。

4.《礼记郑注正字考》20卷，（清）叶德辉撰

叶德辉（1864—1927），字奂彬（也作焕彬），号直山，一号郎园，湖南湘潭人。生平长于经学，尤精通目录版本，所著及校刻书达百数十种。著有《书林清话》、《六书古微》等，汇编校刻有《郎园丛书》、《观古堂汇刻书》、《双梅景闇丛书》等。

是书积叶氏十余年之功而成，于古音古字，皆为之分别疏通，使无疑似。又援引诸史百家之文，相互参证，用工至勤，宜其精要，在清代礼学家中，当是很有根底的。当然，此书也有疏于考证的地方，不过从全书来看，精义为多，百瑜一瑕，不足以害其大旨。

此书有手稿本，《续修四库全书总目提要》载。

表 2-7-6　现存或有辑本的历代文字音义类《礼记》学文献一览表

作　者	书　目	常见版本
（三国）射　慈	礼记音义隐	玉函山房辑佚书
（晋）范　宣	礼记范氏音	玉函山房辑佚书
（晋）徐　邈	礼记徐氏音	玉函山房辑佚书
（晋）刘昌宗	礼记刘氏音	玉函山房辑佚书
（清）杨国桢	礼记音训	十一经音训
（清）陈寿祺	礼记郑读考	皇清经解续编
（清）俞　樾	礼记郑读考	皇清经解续编
（清）俞　樾	礼记异文笺	皇清经解续编
（清）王祖畬	礼记经注校证	十三经读本

第八章 《三礼》总义文献

目前所知的最早通论《周礼》、《仪礼》和《礼记》的著作当是汉代郑玄的《三礼目录》。汉代以后，通论《三礼》的著作历代皆有之。历代目录书，如《七略》、《七录》、《隋书·经籍志》、《旧唐书·经籍志》、《新唐书·艺文志》、《郡斋读书志》、《直斋书录解题》、《遂初堂书目》、《文献通考·经籍考》、《明史·艺文志》等均将综论《三礼》的著作列于“礼类”之末。《四库全书总目》“经部·礼类”分为六小类，分别是“周礼”、“仪礼”、“礼记”、“三礼总义”、“通礼”、“杂礼”。《四库全书总目》“经部·礼类一”云：“谨以类区分，定为六目：曰周礼、曰仪礼、曰礼记、曰三礼总义、曰通礼、曰杂礼书。六目之中，各以时代为先后，庶源流同异，可比而考焉。”① 对于“三礼总义”、“通礼”、“杂礼”，四库馆臣另有说明：“案：郑康成有《三礼目录》一卷，此《三礼》通编之始，其文不可分属。今共为一类，亦五经总义之例也。其不标《三礼》之名，而义实兼《三礼》者，亦并附焉。”② “案：通礼所陈，亦兼《三礼》，其不得并于《三礼》者，注《三礼》则发明经义，辑通礼则历代之制皆备焉。为例不同，故弗能合为一类也。”③ “案：公私仪注，《隋志》皆附之礼类，今以朝廷制作，事关国典者，隶史部政书类中。其私家仪注，无可附丽。谨汇为杂书一门，附礼类之末，犹律吕诸书皆得入经部乐类也。”④ 根据四库馆臣的意见，“三礼总义”主要就是由《三礼》经书文本衍生而来的著作；“通礼”虽也有关于《三礼》经书文本的内容，但是还涉及历代礼制；“杂礼”则主要是私家仪

① 永瑢等：《四库全书总目》卷一九《礼类一》。

② 永瑢等：《四库全书总目》卷二二《参读礼志疑》提要的“案语”。

③ 永瑢等：《四库全书总目》卷二二《五礼通考》提要的“案语”。

④ 永瑢等：《四库全书总目》卷二二《辨定祭礼通俗谱》提要的“案语”。

注。由于本章宗旨是厘清有关于《三礼》的儒家文献，因此论述的重点将放在《三礼》总义类文献上，也兼及通礼和杂礼文献。

第一节 《三礼》总义文献的源流

一、《三礼》总义文献的源

《周礼》、《仪礼》和《礼记》三部儒家经典的作者和撰作时代，我们在“《周礼》文献概论”、“《仪礼》文献概论”和“《礼记》文献概论”部分已有交代，从中可以看到儒家的这三部《礼》书撰作时代各异，而且三者之间的关系有近有远。《仪礼》记载关于先秦冠、昏、丧、祭、乡、射、朝、聘诸仪；《礼记》有礼制名物的记载，也有礼义的阐发。《三礼》之中，《仪礼》和《礼记》的关系最近，《礼记》未升格为经之前，人们一般都将其看作是《仪礼》的“记”，附属于《仪礼》。《周礼》记载周代官制，因此与《仪礼》和《礼记》关系较远，实际上是一部独立于《仪礼》和《礼记》的书。但是《周礼》中所记职官，也是与礼制密切相关，所以又与《仪礼》和《礼记》有着内在的关联。

西汉宣帝时，博征群儒议定《五经》同异于石渠阁，其姓名可考者，有施雠、欧阳地余等30余人。戴圣根据诸儒所论撰定《石渠礼论》，原书已佚，唯“礼论”若干条散见于《通典》等书中。清人王谟、马国翰等有《石渠礼论》的辑本。从这些辑本的内容来看，西汉时期，儒者们已经开始将《仪礼》和《礼记》中的内容作为“礼论”的材料，并以这些材料来论证自己的观点。

东汉中后期，经学今古文的界限被打破，一批兼通今古文的经师应时而生，其中著名的有马融、卢植、郑玄等，他们于属于古文经学的《周礼》、今古文杂之的《仪礼》、《礼记》兼而习之。① 郑玄遍注群经，而尤精《三礼》，他将《三礼》融会贯通并为之作注，关注的不再是分别的三部经典，而是其

① 《后汉书·马融传》云：“融才高博洽，为世通儒。……（融）尝欲训《左氏春秋》，及见贾逵、郑众注，乃曰：‘贾君精而不博，郑君博而不精。既精既博，吾何加焉！’但著《三传异同说》。注《孝经》、《论语》、《诗》、《易》、《三礼》、《尚书》、《列女传》、《老子》、《淮南子》、《离骚》，所著赋、颂、碑、诔、书、记、表、奏、七言、琴歌、对策、遗令，凡二十一篇。”又据《后汉书·卢植列传》，卢植“作《尚书章句》、《三礼解诂》”。

中共同体现出的“礼”的制度和观念。郑玄《三礼目录》是迄今所知最早通论《三礼》的文献，此书之后，从魏晋开始，通论《三礼》的文献层出不穷。

二、《三礼》总义文献的流

《周礼》、《仪礼》和《礼记》最迟在西汉就已成书，而且书中的不少篇目均是先秦文献，因此，汉代学者在对这几种礼学文献进行研究的时候，可能会将这些文献进行综合考察，至少会将《仪礼》和《礼记》结合起来考究。汉代出现的一些通论礼的文献，如戴圣的《石渠礼论》、荀爽的《礼传》等，均是与《仪礼》和《礼记》相关。郑玄精通《三礼》，并撰有《三礼目录》和《三礼图》。

魏晋南北朝隋唐时期，通论《三礼》的文献，有南齐王俭的《礼义答问》，梁贺述的《礼统》、崔灵恩的《三礼义宗》，南朝戚衮的《三礼义记》，北魏元延明的《三礼宗略》，隋李铉的《三礼义疏》，唐韦叔夏的《三礼要记》等；《三礼》目录方面的著作有南朝陶弘景的《三礼目录注》等；《三礼》图方面的著作有隋夏侯伏朗的《三礼图》，唐张镒的《三礼图》，梁正的《梁氏三礼图》等。

宋元明时期的《三礼》总义文献层出不穷，通论《三礼》的文献，如宋真德秀的《三礼考》、鲁有开的《三礼通义》，元吴澄的《三礼叙录》，明邓元锡的《三礼编绎》等。图之属，有宋聂崇义的《新定三礼图》，杨杰的《补正三礼图》、郑氏的《三礼图》，元韩信同的《韩氏三礼图说》，明刘绩的《三礼图》等。通礼类如宋陈祥道的《礼书》、明宋纁的《四礼初稿》等。

清代的《三礼》学在《三礼》学史上占有十分重要的地位。由于清儒擅长考证，而《三礼》本为实学，因此清儒在这方面多有造诣，并有一批优秀之作出现，著名的如任启运的《三礼义疏》、程际盛的《三礼郑注考》、林昌彝的《三礼通释》、黄以周的《礼书通故》等。通礼方面重要的有江永的《礼书纲目》、秦蕙田的《五礼通考》等。

自汉代开始，历代统治者都非常重视儒学，并倡导以礼治国。汉代叔孙通整顿朝仪，就是对礼的具体实践。不过统治者们所倡导的礼，已经从经学的层面落到了实际可操作的层面，也就是说，《三礼》中记载的礼制已经成为实际社会生活中的指导原则。当然，随着时代的变迁，一些学者在议礼和制礼的过程中加进了顺应时代的礼制内容，并非一味地恪守《三礼》中所记的名物制度。这些礼制条规就是属于通礼的范畴。汉代曹褒的《礼通义》，晋代范宣的《礼论难》、范宁的《礼杂问》等，都是早期的通礼之作。此外，一些儒家学者为倡导礼仪教化，或者为整顿自己家族，从而制定了一些礼仪条规，

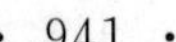

这些礼仪条规与《三礼》经书的关系更是疏远，不过却有很强的实际操作性，司马光的《温公家礼》、朱熹的《朱文公家礼》等都是这样的文献。

第二节 《三礼》总义文献的数量及分布

一、《三礼》总义文献的数量

根据朱彝尊《经义考》的记载，自汉至清初的《三礼》总义类文献共有55种，其中不包括“通礼”类和“杂礼”类文献。王锷《三礼研究论著提要》著录从汉代至清代的《三礼》总义文献共197种，其中包括《经义考》所著录的《三礼》总义文献。根据《三礼研究论著提要》的著录，汉代的《三礼》总义文献共7种，全部亡佚；魏晋南北朝时期的《三礼》总义文献共8种，全部亡佚；隋唐时期的《三礼》总义文献共10种，全部亡佚；宋元明时期的《三礼》总义文献共52种，现存15种；清代的《三礼》总义文献共120种，现存近60种。

表2-8-1 现存或有辑本的历代《三礼》总义文献一览表

作者	书目	现存何处	存佚状况
（西汉）戴圣	石渠礼论	玉函山房辑佚书	佚
（东汉）郑玄	三礼目录	拜经堂丛书	佚
（东汉）郑玄	三礼图	玉函山房辑佚书	佚
（东汉）郑玄	鲁礼禘祫志	玉函山房辑佚书	佚
（南朝）崔灵恩	三礼义宗	玉函山房辑佚书	佚
（唐）张镒	三礼图	玉函山房辑佚书	佚
（不详）梁正	梁氏三礼图	玉函山房辑佚书	佚
（宋）聂崇义	三礼图	四库全书	存
（宋）陆佃	礼象	陶山集	佚
（宋）真德秀	三礼考	四库全书存目丛书	存
（宋）佚名	礼经奥旨	四库全书存目丛书	存
（元）吴澄	三礼考注	四库全书存目丛书	存
（元）吴澄	三礼叙录	说郛	存
（元）韩信同	韩氏三礼图说	籀廎遗著辑存	存

续表

作　者	书　目	现存何处	存佚状况
（明）湛若水	二礼经传测	四库全书存目丛书	存
（明）刘　绩	三礼图	四库全书	存
（明）贡汝成	三礼纂注	四库全书存目丛书	存
（明）季　本	庙制考议	四库全书存目丛书	存
（明）李　黼	二礼集解	四库全书存目丛书	存
（明）李经纶	三礼类编	四库全书存目丛书	存
（明）邓元锡	三礼编绎	四库全书存目丛书	存
（清）毛奇龄	郊社禘祫问	四库全书	存
（清）毛奇龄	大小宗通释	皇清经解续编	存
（清）毛奇龄	庙制折衷	四库全书存目丛书	存
（清）毛奇龄	学校问	四库全书存目丛书	存
（清）陈廷敬	三礼指要	丛书集成初编	存
（清）李　塨	郊社考辨	四库全书存目丛书	存
（清）李　塨	学礼	丛书集成初编	存
（清）李　塨	禘祫考辨	颜李丛书	存
（清）万斯大	学礼质疑	四库全书	存
（清）李钟伦	三礼仪制歌诀	李文贞公全集	存
（清）吴廷华	三礼疑义	北京图书馆	存
（清）陆陇其	读礼志疑	四库全书	存
（清）程廷祚	禘祫辨误	浙江大学图书馆	存
（清）杭世骏	礼经质疑	食旧堂丛书	存
（清）郭人麟	读礼私编	北京大学图书馆	存
（清）蔡德晋	敬斋礼说	上海图书馆	存
（清）汪　基	三礼约编	四库全书存目丛书	存
（清）王绍兰	礼堂集义	上海图书馆	存
（清）汪　绂	参读礼志疑	四库全书	存
（清）任启运	三礼义疏	北京图书馆	存
（清）惠　栋	禘说	皇清经解续编	存
（清）崔　述	经传禘祀通考	崔东壁遗书	存
（清）程际盛	三礼郑注考	稻香楼杂著	存

续表

作者姓名	书　目	现存何处	存佚状况
(清) 金　榜	礼笺	国家图书馆、复旦大学图书馆	存
(清) 吴　鼎	礼注荟粹	国家图书馆	存
(清) 孔广森	礼学卮言	皇清经解	存
(清) 孔广林	吉凶服用篇	孔丛伯说经五稿	存
(清) 龚景瀚	禘祫考	福建省图书馆	存
(清) 武　亿	三礼义证	授堂遗书	存
(清) 林乔荫	三礼陈数求义	国家图书馆、四川省图书馆	存
(清) 凌　曙	礼说	皇清经解	存
(清) 焦　循	三礼便蒙	四川省图书馆	存
(清) 潘道根	三礼今古文疏证	苏州市图书馆	存
(清) 胡培翚	禘祫问答	皇清经解续编	存
(清) 金　鹗	求古录礼说	皇清经解续编	存
(清) 何济川	宫室图说	国家图书馆	存
(清) 丁　晏	佚礼扶微	国家图书馆	存
(清) 崔　适	四禘通解释	国家图书馆	存
(清) 夏　炘	学礼管释	皇清经解续编	存
(清) 夏　炘	三纲制服述义	景紫堂全书	存
(清) 林昌彝	三礼通释	国家图书馆	存
(清) 林　枫	三礼备览	福建省图书馆、湖北省图书馆	存
(清) 俞　樾	郑康成驳正三礼考	皇清经解续编	存
(清) 俞　樾	玉佩考	皇清经解续编	存
(清) 邵懿辰	礼经通论	皇清经解续编	存
(清) 茆泮林	三礼经义附录	鹤寿堂丛书	存
(清) 佚　名	三礼图全谱	国家图书馆	存
(清) 谭　献	复堂类集三礼说	湖北省图书馆	存
(清) 黄以周	礼书通故	国家图书馆	存
(清) 黄以周	礼说	国家图书馆	存
(清) 黄以周	礼说略	皇清经解续编	存
(清) 皮锡瑞	鲁礼禘祫义疏证	皮氏经学丛书	存
(清) 皮锡瑞	三礼通论	经学通论	存

续表

作　者	书　目	现存何处	存佚状况
（清）林颐山	经传郑义通释	复旦大学图书馆	存
（清）王浙鸿	三礼条辨	山东省博物院	存
（清）方　恒	三礼宗法解	双松室遗著	存
（近代）吴承仕	三礼名物	国家图书馆、杭州图书馆	存
（近代）曾运乾	三礼通论	湖南大学印本	存

二、《三礼》总义文献的分布

《三礼》总义文献的分布范围较广，经、史及丛书、序跋中均有，下面分别予以说明。

（一）经部的《三礼》总义文献

《四库全书》"经部·礼类"收录了乾隆以前的部分《三礼》总义类文献，如宋代聂崇义的《三礼图集注》，明代刘绩的《三礼图》，清代万斯大的《学礼质疑》、陆陇其的《读礼志疑》、毛奇龄的《郊社禘祫问》、汪绂的《参读礼志疑》等。《续修四库全书》"经部·礼类"收录的《三礼》总义文献有清金榜的《礼笺》、林乔荫的《三礼陈数求义》、武亿的《三礼义证》、孔广森的《礼学卮言》、凌曙的《礼说》、黄以周的《礼书通故》、《礼说》等。《四库全书存目丛书》中收录的《三礼》总义类文献有宋代真德秀的《三礼考》，元吴澄的《三礼考注》，明湛若水的《二礼经传测》，清梁万方的《重刊朱子仪礼经传通解》、姜兆锡的《仪礼经传内编》等。

经学文献丛书《皇清经解》和《皇清经解续编》中收录了部分《三礼》总义文献。如《皇清经解》中收有惠士奇的《礼说》、金榜的《礼笺》、孔广森的《礼学卮言》、凌曙的《礼说》等；《皇清经解续编》中收录的《三礼》总义类文献有毛奇龄的《大小宗通释》、惠栋的《禘说》、俞樾的《郑康成驳正三礼考》、邵懿辰的《礼经通论》、黄以周的《礼说略》等。

（二）史部的《三礼》总义文献

中国传统目录学将目录类文献归于史部，按照这样的划分，《三礼》总义类文献多有分布于史部的。比如儒家文献专门目录《经义考》的卷一六三至卷一六五著录了从汉代至清初的《三礼》总义类文献，其中著录了书名、作者、卷数，以及保留了一些序跋资料。这是人们研究《三礼》总义文献宝贵的参考资料。又如宋代解题目录《直斋书录解题》和《郡斋读书志》中均著

录了南朝梁崔灵恩的《三礼义宗》、宋聂崇义的《三礼图》，其中对书的卷次分合、版本等都有所说明。

一些清人的藏书目录中也保留了不少《三礼》总义类文献，如清耿文光的《万卷精华楼藏书记》首标书名卷数，次注撰人，次版本，次解题，次录序跋，次采本书要语，次集诸家论说，间附按语。对所著书籍的版本源流、篇章分合、义理旨趣、得失利弊等，提纲挈领，条分缕析，了然具备。此书有关于宋代陈祥道《礼书》、聂崇义《三礼图》、朱熹《仪礼经传通解》，清代梁万方《重刊朱子仪礼经传通解》、江永《礼书纲目》、徐乾学《读礼通考》、秦蕙田《五礼通考》等《三礼》总义、通礼、杂礼文献的著录。又如周中孚的《郑堂读书记》，此书条叙书名、卷数、版本，罗列内容得失，此书有宋代聂崇义《新定三礼图》，元代吴澄《三礼考注》，清代万斯大《学礼质疑》、金榜《礼笺》、程际盛《三礼郑注考》、姜兆锡《仪礼经传内编》、江永《礼书纲目》、秦蕙田《五礼通考》等《三礼》总义、通礼、杂礼文献的著录。

《续修四库全书总目提要》是继清代乾隆年间所修《四库全书总目提要》之后，于 1931 年至 1945 年，由我国经学、史学、文学、目录学、方志学、敦煌学等方面的专家学者撰写的又一部大型书目提要工具书。此书有关于汉代郑玄《三礼目录》、戴圣《石渠礼论》，晋孙毓《五礼驳》，南朝梁崔灵恩《三礼义宗》等 80 余种《三礼》总义、通礼、杂礼文献的提要，这些提要与《四库全书总目提要》基本反映了我国从古代到 20 世纪 30 年代存世的《三礼》总义、通礼、杂礼文献的概貌。

（三）丛书中的《三礼》总义文献

《三礼》总义文献在丛书中分布也为数不少，除了我们于“经部”所列《四库全书》和《续修四库全书》等丛书中所保留的《三礼》总义文献以外，颇有名的丛书，如《丛书集成初编》中就收录了宋代真德秀的《三礼考》，清陈敬廷的《三礼指要》、李塨的《学礼》等《三礼》总义文献。又如专门收录清代经学家解经之作的《皇清经解》中就收录有金榜的《礼笺》、万斯大的《学礼质疑》等。某些专收录一家之书的丛书，如《李文贞公集》、《颜李丛书》、《道古堂外集》、《鹤寿堂丛书》中均有关于《三礼》总义类文献。

（四）辑佚书中的《三礼》总义文献

汉唐时期的《三礼》总义文献几乎全已亡佚，不过清代的辑佚家们在一些史书、经注中将部分已经散佚的《三礼》总义文献的文字钩稽出来。如马国翰《玉函山房辑佚书》中就辑有晋范宁的《礼杂问》、范宣的《礼论难》、徐广的《礼论问答》，刘宋何承天的《礼论》，南齐王俭的《礼义答问》等；王仁俊《玉函山房辑佚书续编》中辑有汉代荀爽的《荀氏礼传》、梁崔灵恩的《三礼义宗》等；王谟《汉魏遗书钞》中辑有汉郑玄的《三礼目录》，晋孙毓的《五礼驳》，梁崔灵恩的《三礼义宗》、贺述的《礼统》等。这些辑佚书对于当今学者认识和研究汉唐时期的礼学文献和礼学发展史有着相当重要的参考价值。

（五）单刻本《三礼》总义文献

除丛书以外，唐以后的《三礼》总义文献还有不少是以单刻本的形式流传下来，这些单刻本大多被全国各地的图书馆收藏。其中宋元时期的单刻本中多有善本，有着珍贵的文物价值和文献学价值。如宋代聂崇义的《新定三礼图》，既有《通志堂经解》本、《四库全书荟要》本，还有很多单刻本，如宋淳熙二年镇江府学刻公文纸印本、清康熙十五年刻本、清光绪钟谦钧刻本、清末同文书局石印本、1985 年上海古籍出版社影印本等。又如汪绂的《参读礼志疑》，既有《四库全书》本，也有单刻本，如清乾隆三十六年栖碧山房刻本、清光绪二十一年刻本、单行本等。

第三节 《三礼》总义文献举要

根据《中国丛书综录》，《三礼》总义文献分为通论之属、制度名物之属、图之属、目录之属和通礼之属五类。这五种分类实际上已经比较全面地涵盖了《三礼》总义文献。下面我们依据《中国丛书综录》对《三礼》总义文献的分类，将每一种的特点进行说明，并以举要的方式对相关文献进行介绍。

一、通论类

所谓通论类《三礼》总义文献，是指涉及到《三礼》文献的各个方面，名物制度、礼仪礼义等无不包括。从汉代开始，学者们就对《三礼》进行综合研究论述，出现了一些通论《三礼》的文献，如《石渠礼论》、《荀氏礼传》。魏晋南北朝时期一些学者综论《三礼》，出现了如孙毓的《五礼驳》、范宁的《礼杂问》、范宣的《礼论难》等著作。宋代至清代，《三礼》通论类文献层出不穷，并且不少文献得以流传下来，这是我们研究宋元明清时期的《三礼》学的重要参考资料。

1.《石渠礼论》1卷，（汉）戴圣撰

戴圣（生卒年不详），字次君，西汉梁（今河南商丘）人。曾任九江太守，宣帝时立为博士，参加石渠阁议。平生以学习儒家经典为主，尤重《礼》学研究。

是书乃《汉书·艺文志》所载《议奏》38篇的一部分。汉宣帝时，博征群儒议定《五经》同异于石渠阁，参加这次会议的经师可考者达23人。自元康中始讲，至甘露三年，共十余年。关于其间诸儒所论，戴圣《石渠礼论》予以记载，犹如东汉班固撰《白虎通义》记载白虎观会议的内容一样。《石渠礼论》各经已佚，惟“礼论”部分有若干条尚散见于《通典》中，有戴圣、韦玄成、萧望之、闻人通汉、尹更始、刘向、梁丘临等7人论及汉宣帝临决。此书对于人们认识西汉时期《仪礼》和《礼记》等礼书之间的关系具有较大的参考价值。

今有清人辑本多种，如王谟《汉学堂丛书·经翼》中收有《石渠礼论》1卷，马国翰《玉函山房辑佚书》收有《石渠礼论》1卷，黄奭《汉学堂丛书》和《黄氏逸书考》中都收有《石渠礼论》1卷。

2.《三礼义宗》30卷，（南朝梁）崔灵恩撰

崔灵恩（生卒年不详），清河武城人。少笃学，从师遍通《五经》，尤精《三礼》、《三传》。先在北仕为太常博士，天监十三年归国。高祖以其儒术，擢拜员外散骑侍郎，累迁步兵校尉，兼国子博士。灵恩集注《毛诗》22卷，集注《周礼》40卷，制《三礼义宗》47卷，《左氏经传义》22卷，《左氏条例》10卷，《公羊穀梁文句义》10卷。

是书集诸儒《三礼》之说而评论之，论义洪博，后世鲜能及之。《隋书·经籍志》、《旧唐书·经籍志》、《新唐书·艺文志》均有著录。《崇文总目》载《三礼义宗》30卷，并云：“合《周礼》、《仪礼》及二戴书，敷述贯穿，该悉其义，合一百五十六篇，推衍闳深，有名前世。”宋代陈振孙《直斋书录解题》卷二云：“《三礼义宗》三十卷，梁国子博士清河崔灵恩撰。凡一百四十九条。其说推本《三礼》，参取诸儒之论，博而核矣。案本传四十七卷，《中兴书目》一百五十六篇，皆与今卷数不同。《书目》又云，庆历中，高阳许文海为之序，见本亦无此序。”① 清翁方纲《经义考补正》卷六云：“方纲三十年前，见吴门惠松崖所手录《见闻书名》一册，内有崔灵恩《三礼义宗》，云今临川李御史友堂家有写本。及方纲奉使江西，于临川李氏访借抄录，则云

① 陈振孙：《直斋书录解题》卷二。

已失去矣，附识于此。”① 由此可见，此书在清代尚还流传于世。

原书已佚，清人有辑本，如马国翰《玉函山房辑佚书》辑有《三礼义宗》4卷，其中《周礼》1卷、《仪礼》1卷、《礼记》2卷。王谟《汉魏遗书钞》辑有《三礼义宗》1卷。黄奭《汉学堂丛书》、《黄氏逸书考》中均辑有《三礼义宗》11卷。王仁俊《玉函山房辑佚书续编》中辑有《三礼义宗》1卷。

3.《三礼考注》68卷，（元）吴澄撰

是书据《尚书·周官篇》以改《周礼》六官之属，分《大司徒》之半以补《冬官》，《考工记》别为一卷。并仿朱熹《仪礼经传通解》，以《仪礼》为经，以《大戴礼记》和《礼记》中取六篇为《仪礼》逸经，以其中十六篇为《仪礼》传，并有《曲礼》八篇。关于此书的作者，四库馆臣认为并非吴澄。四库馆臣云：“澄作《尚书纂言》不信古文，何乃据《周官》以定《周礼》？即以澄《三礼叙录》及《礼记纂言》考之，所列篇目亦不合。其经义混淆，先后矛盾者，不一而足。虞集作澄墓志，宋濂《元史》澄本传，皆不言澄有此书。相传初藏庐陵康震家，后为郡人晏璧所得，遂掩为己作，经杨士奇等钞传改正。然士奇序及成化中罗伦校刻序皆疑其为璧所作，则当时固有异论矣。”② 清人朱彝尊和张尔岐皆有考辨。不管作者是否为吴澄，可以肯定的是此书为元人所作。此书受到朱熹学术的影响显而易见，为宋学著作。

此书《四库全书存目丛书》收录之。

4.《二礼经传测》68卷，（明）湛若水撰

湛若水（1466—1560），字元明，号甘泉，增城（今属广东）人。明代哲学家。弘治间进士，选庶吉士擢编修。世宗嘉靖初，官南京祭酒、礼部侍郎。后历南京礼、吏、兵三部尚书，封太子少保，卒谥文简。少师事陈献章，后与王守仁同时讲学，各立门户，时称“王湛之学”。著有《二礼经传测》、《春秋正传》、《格物通》、《湛甘泉集》等。

是书以《曲礼》、《仪礼》为经，以《礼记》为传，并本“曲礼三千，经礼三百”之说，所以命名为“二礼”。此书以《礼记》中的《曲礼》附以《少仪》为“曲礼”上经3卷，以《仪礼》为下经17卷。《冠仪》等十六篇为《仪礼》正传16卷，《王制》等二十三篇为二礼杂传、通传23卷。又分别《礼记·郊特牲》等五篇与《大戴礼记·公符》等四篇为《仪礼》逸经传。每一节各为章旨，标目烦琐，所注也多为空谈。此书一仍宋人改经的倾向，有

---

① 翁方纲：《经义考补正》卷六，《丛书集成初编》本。

② 永瑢等：《四库全书总目》卷二五《三礼考注》提要。

过之而不及，也体现出明人空疏的学风。

此书《四库全书存目丛书》收录之。

5.《三礼编绎》26卷，（明）邓元锡撰

邓元锡（1529—1593），字汝极，号潜谷，人称“潜谷先生”。新城县城南津（今属江西省黎川县日峰镇）人。明代中后期理学家、文学家。著作有《五经绎》15卷，《三礼编绎》26卷，《函史》上编81卷、下编21卷，《皇明书》45卷，《潜学稿》12卷等。

是书中所言《三礼》，并非通常所言的《周礼》、《仪礼》和《礼记》。其一曰曲礼，以礼经所载杂仪细曲者为经，以《表记》、《坊记》、《缁衣》为记；二曰仪礼，以“十七篇”为经，以《射义》为记；三曰周礼，以《周官》为经，而以《考工记》、《大戴礼记》、《家语》以及《礼记》诸篇不可以列入曲礼者，皆汇列于后为记，句下夹注，音训颇简。四库馆臣云：“昔俞庭椿首乱《周礼》，儒者所讥。朱子作《仪礼经传通解》，虽列附《礼记》，而仍以《仪礼》为主，不过引经证经。至吴澄《礼记纂言》始删削其文，颠倒其次。贡汝成因而更定《三礼》，弥为变乱纷纭，已大乖先儒谨严之意。至元锡此书，则非惟乱其部帙，并割裂经文，移甲入乙，别为标目分属之。甚至采掇他书，臆为窜入，古经于是乎荡尽矣。非圣人而删定六籍，不亦异乎？”①

此书《四库全书存目丛书》收录之。

6.《学礼质疑》2卷，（清）万斯大撰

是书考辨古礼，颇多新说，如论商周改时改月以及兄弟同昭穆等，都十分精确。其书关于宗法十余篇，也颇见推阐。不过此书也有不少附会的地方，四库馆臣已明确指出。

此书《四库全书》、《皇清经解》均收录之。

7.《礼笺》3卷，（清）金榜撰

金榜（1735—1801），字蕊中，又字辅之，岩寺人，安徽徽州府歙县人。乾隆二十九年（1764）高宗南巡时召试举人，授内阁中书、军机处行走。乾隆三十七年状元。对“三礼”之学钻研很深。著有《礼笺》3卷，令一代名师戴震为之叹服。另有《周易考古》1卷、《海曲方域小志》1卷传世。

是书之所以名曰“礼笺”者，以其仿照郑玄笺《诗》之于《毛传》也。首有朱珪序，卷一计15条，辨释《周礼》；卷二计17条，辨释《仪礼》；卷三共16条，辨释《礼记》。其书以郑玄《注》为本，补贾、郑之疏漏。此书

① 永瑢等：《四库全书总目》卷二五《三礼编绎》提要。

后附有图四幅以及答汪纲书一篇。此书于天文、地理、田赋、学校、郊庙、明堂以及车服器用等，均贯穿群言，折中一是。考订也十分精详，颇为后人称道，孙诒让在撰《周礼正义》时多引其说。

此书《皇清经解》收录之。

8.《礼学卮言》6卷，(清)孔广森撰

是书自序有云：“郑玄注《礼》，多引汉制，贾氏略而不说，或说而乖谬，良由治经者专习笺训，鲜复旁设史籍，故每读两《汉书》及卫宏、应劭之书，时与注事相互证明者录之。若《仪礼》古今文之殊，《周礼》故书之异字，杜、郑之异读，《疏》不言，《注》亦略，因编为是书。凡礼仪庙寝、异制图说、匠人世室明堂图解、辟雍四学为一卷，论禘、论郊、九庙解、五门考、军乘考、礼服释名为一卷，《小戴礼》一卷，《周礼》郑注蒙按一卷。”① 从此书可以看出，孔氏对郑《注》的研究相当深入，其书可以补惠栋《礼说》之缺，也可以补贾《疏》和孔颖达《正义》之失。

此书《皇清经解》收录之。

9.《三礼陈数求义》30卷，(清)林乔荫撰

林乔荫，字盲乃，又字樾亭，福建侯官（今闽侯）人。清乾隆年间举人。博洽多闻，善文辞。

郑玄注《三礼》以后，历代多有对《三礼》予以关注者，相关的著作也很多。由于《三礼》本身内容驳杂，研究者更是歧见迭出，莫衷一是。针对此种现象，林氏专取《三礼》文本，反复进行研究，试图以《三礼》之书前后互证，或者取秦晋汉人著作中的相关材料进行旁证。全书分为天时、地域、田赋、财用、职官、学校、明堂、庙祧、祭序、祭仪、郊社、群祀、巡狩、师田、朝觐、乡燕、饮射、冠昏、宗法、丧服、丧纪、宫室、冕服等类。考证名物制度，上溯先王制礼之义，有不少精义。

此书有清抄本，藏于四川省图书馆，还有清乾隆年间刻本，藏于浙江大学图书馆和中国人民大学图书馆。

10.《求古录礼说》15卷，(清)金鹗撰

金鹗（1771—1819)，字风荐，号诚斋，浙江临海人。著《求古录礼说》15卷、补遗1卷，又《乡党正义》1卷，《四书正义》8卷。

金鹗著书莫不推阐汉末先儒诸说，辅翼群经，发前人所未发；无墨守门户之见，矜资标异之情。是书卷一自“天子城方九里考”至“释谷”、“释

① 孔广森：《礼学卮言》自序，《皇清经解》本。

亿”，卷二自“诸侯四寝考”至“庙寝宫室制度考”，卷三自“四阿反坫考”至“仞考”，卷四自“禹都考”至“孔子自卫返鲁考”，卷五自“招摇在山解”至“鞠躬解”，卷六自“释贯”至“夹室考”，卷七自“冬祀行辨”至“四类四望考”，卷八自“夏礼尚文辨”至“释民”，卷九自“孔子弟子考”至“社稷考”，卷十自“周代书册制度考”至“祭祀差等说”，卷十一自“天子食三老五更考”至“射奏驺虞狸首解”，卷十二自“庙制变通说”至“大射说”，卷十三自“祭天神地祇不求神说”至“会同考”，卷十四自“井田考”至“释葵”，卷十五自“释咎释庸”至“斋必变食说”。是书多有发明，颇多新义。

此书《皇清经解续编》和《丛书集成初编》均收录之。

二、制度名物类

所谓制度名物类《三礼》总义文献，是指对《三礼》中的礼器、礼仪、礼制进行研究的文献。这样的文献自汉代就有，如郑玄曾撰《鲁礼禘祫义》。汉代以后的历代都有不少学者对《三礼》中的名物制度进行研究，不过这些文献大多亡佚。清代不少学者倡导考据之学，因此，关于考证《三礼》名物制度的文献层出不穷。关于服制的考证方面，如任大椿的《弁服释例》、焦廷琥《冕服考》等；宗法制度方面，如毛奇龄的《大小宗通释》、程瑶田的《宗法小记》、俞樾的《九族考》等；关于明堂制度方面，如惠栋的《明堂大道录》、孙星衍的《明堂考》等；宫室制度的考证方面，如任启运的《朝庙咨宫室考》、程瑶田的《释宫小记》等。

1.《弁服释例》8卷，(清) 任大椿撰

任大椿 (1738—1789)，字幼植，一字子田，江苏兴化人。清代官吏、学者。乾隆三十四年进士，历官礼部主事、《四库全书》纂修官、御史。任大椿为扬州学派的前期代表人物，一生立闱于考证名物制度及辑录小学、史书的研究，著有《弁服释例》、《深衣释例》、《小学钩沉》、《子田诗集》等。

是书前有阮元序，次为目录，卷一为爵弁服上、卷二为爵弁服下、卷三为韦弁服、卷四为皮弁服上、卷五为皮弁服下、卷六为朝服上、卷七为朝服下、卷八为玄端。按三代之服，以冕为重，是书则详自爵弁以下，有两说者，则取所长，如《杂记》大夫“弁而祭于已”，《司服注》及《杂记注》，明云大夫爵弁而祭于已惟孤。《司服疏》、《杂记疏》最合注意。《王制疏》，谓公之卿亦爵弁而祭，于《杂记疏》自相刺之类。可见此书主张《司服》、《杂记》二疏，而驳《王制疏》。经史诸学，至清代诸儒而极盛，于史则有补志补表，于经则有《礼经释例》、《弁服释例》，《释官》、《释宫》等书，皆荟萃群言，以便省览。所谓本人为之甚劳，后人检之甚便者，固不独于史为然。是书于爵弁诸服皆极力搜讨，务求明备，而得所折中，为注经家所重视。

此书《皇清经解》收录之。

2.《冕服考》4卷，（清）焦廷琥撰

焦廷琥（生卒年不详），字虎玉，江苏甘泉人。焦循之子，优贡生。性醇笃，善承家学。著有《益古演段开方补》1卷及《蜜梅花馆诗文钞》。

《冕服考》前有廷琥自序，略言家君撰群经宫室图既成，对廷琥曰：三代制度，最宜考究者，莫如冠服。廷琥以此尝搜考古冠服制度，后得任大椿《深衣释例》和《弁服释例》二书，足裨后学，而冕服阙如。于是有意进行补葺之。此书卷一自冕作于黄帝至纁裳前三幅后四幅辟积无数；卷二自天子冕服十二章至冕服有裼袭之制；卷三自衮冕以下至玄冕；卷四为秦汉以后冕服制度。是书博引群经诸史，《通典》、《通考》、《白虎通》，以及注疏等中有关于冕服者，无不采集，致力用心，颇为勤苦，为治礼的学者所重视。

此书有《积学斋丛书》本。

3.《宗法小记》1卷，（清）程瑶田撰

是书首有宗法表，略言宗道：先王所以一天下，自大夫以下达于庶人，乃犹散而无纪，此公子之宗道所由立。为士大夫之庶者，宗其士大夫之嫡者，此所谓有大宗而无小宗。若无嫡而宗庶，则礼如小宗，此所谓有小宗而无大宗。其无宗亦莫之宗者，唯公子一人。所以然者，诸侯之子称公子，公子不得祢先君，先君不得祢之，于今君安得兄之？此宗法之通其穷，自卑而别于尊之义。至于后世皆得各自为祖，而归于下同之宗法等等。此书专论《礼记》宗法，而未引《左传》、《世本》诸书以证之，实为缺点。三代皆重世族，故宗法也很重要，是书详为识别，颇具苦心。

此书《皇清经解》收录之。

4.《九族考》1卷，（清）俞樾撰

九族之义，《尚书》古文家说与今文家说不同。古文家认为上自高祖，下至玄孙，凡九族。今文家以为九族者，父族四，母族三，妻族二，皆据异性有服。许慎主今文家说，而郑玄主古文家说，两大儒所主不同。至孔颖达撰《左传正义》，则申许而驳郑。俞樾参稽群籍，以今文家为正，从许而不从郑，疏通证明，比孔疏更为详密。俞樾驳正旧说，其言甚辨，又以父族从高祖以下，母族从曾祖以下，妻从祖以下，其于条理亦颇自然。虽曰自出新意，于古无征，也可以备一家之说。

此书《俞楼杂纂》收之。

5.《明堂考》3卷，（清）孙星衍撰

是书前有自序。由于后世不明明堂之制，因此撰为是书。上卷为古名宫遗制考，中卷为周明堂遗制考，下卷为明堂图考。左图右书，说则会通诸家，制则稽合象数，通天、地、人以明其说，考证十分精确。

此书常见有《问经堂丛书》本和《丛书集成初编》本。

6.《明堂大道录》8卷，（清）惠栋撰

是书“大道”之名，实取《礼记·礼运》义，以明堂之制，本于伏羲之《易》，而神农始为之。观其书，实因学《易》而得其法也。是书总论称，明堂为天子太庙，禘祭、宗祀、朝觐、耕籍、养老、尊贤、乡射、献俘、治历、望气、告朔、行政皆行于其中，故为大教之宫。其中有五寝、五庙、左右个、前堂后室。三代以前，其法大备，详于《周礼·冬官》，《冬官》亡，而明堂之制不可考，略见于“六经”而难得闻其详。唯西汉戴德、戴圣、韩婴等人，东汉贾逵、许慎、服虔、卢植等人犹能识其制度，可惜为孔安国、郑玄、王肃等人所乱，于是纂集“六经”之文，辅以诸儒之说以成是书。

此书《皇清经解续编》、《丛书集成初编》均收录之。

7.《朝庙咨宫室考》13卷，（清）任启运撰

任启运（生卒年不详），字翼圣，宜兴人。少贫，借书就月读，深夜不辍。事亲孝。年五十四，始举于乡。有《礼己章句》10卷、《周易洗心》9卷、《四书约指》19卷、《孝经章记》10卷、《夏小正注》、《竹书纪年考》、《逸书补》、《孟子时事考》、《清芬楼文集》等。

是书于李如圭《仪礼释宫》外，别为类次，曰门、曰观、曰朝、曰庙、曰寝、曰塾、曰宁、曰等威、曰名物、曰门大小广狭、曰明堂、曰方明、曰辟雍，考据颇为详核，唯谓房东为东厢，西为西厢，北墉、东墉、西墉、南户属诸堂，东为东堂，西为西堂。堂上东西墙曰序，序东为东夹室，西为西夹室。南墉、东墉、西墉、北户偏诸堂，东为东堂，西为西堂。如其所说，则东西厢在房之东西，东西夹室在堂之东西。东西厢之南，东西夹室之北，则四东西堂矣。然考之经传，实全无根据。不过此书条理清楚，虽然有纰缪，然大体精核，要亦不愧穷经之目矣。

此书《四库全书》收录之。

三、图谱类

一些《三礼》总义文献通过绘图来直观地对礼器陈设、向位等进行说明。这类《三礼》总义文献出现得也比较早，据《隋书·经籍志》记载：“《三礼

图》九卷，郑玄及后汉侍中阮谌等撰。”可见，在东汉时期已经有图谱类《三礼》总义文献出现。根据《旧唐书·经籍志》的记载，隋代有夏侯伏朗的《三礼图》，唐代有张镒的《三礼图》。宋代以及宋代以后，《三礼》总义图谱类文献数量增多，较为重要的如宋代聂崇义的《新定三礼图》，元韩信同的《韩氏三礼图说》，明刘绩的《三礼图》，清孙冯翼的《三礼图》、吴之英《周政三图》等。这些图谱文献大大方便了人们从事《三礼》研究，使得本来抽象而又枯燥的名物制度变得形象而又生动。

1.《三礼目录》1卷，(汉) 郑玄撰

是书汉晋时期的目录书均无记载，《隋书·经籍志》载郑玄有《三礼目录》1卷。唐陆德明《经典释文》、贾公彦《周礼疏》、《仪礼疏》和孔颖达《礼记正义》中均引此书。由此可见，此书在唐代尚存。《三礼目录》不是分别附于《周礼》、《仪礼》和《礼记》之中，而是一部单独研究《三礼》的目录专著。此书的解题对于《三礼》研究具有重要的文献价值，反映的是《三礼》中各篇的主要内容、同时还对篇名进行解释。对于篇名，有时侧重于从文字层面进行解释，有时侧重于从含义方面进行解释，有时侧重于从来源方面进行解释。其中的《仪礼目录》，每一篇后都附有大小戴以及《别录》的篇章次第，这为我们研究大小戴以及《别录》的篇章次第以及版本提供了十分宝贵的材料。《三礼目录》还对《仪礼》中所记古礼以及《礼记》中各篇进行了分类，如将《仪礼》中的各种礼仪划分为吉、凶、军、宾、嘉五礼，又将《礼记》四十九篇分为“通论”、“丧服”、“制度”、“明堂阴阳”、“世子法”、“祭祀”、“吉事”、“子法”、“乐记”等九类。郑玄在提要中还对《三礼》中有些篇目的分合情况做了说明，比如郑玄记载了《乐记》由十一篇合为一篇，并且记载了各篇的篇名。

《三礼目录》已亡佚，清人有辑本，如王谟《汉魏遗书钞》，袁钧《郑氏佚书》，孔广森《通德遗书所见录》，臧庸《拜经堂丛书》，黄奭《汉学堂丛书》、《黄氏逸书考》、《汉学堂丛书》中均辑有《三礼目录》1卷。

2.《梁氏三礼图》1卷，梁正撰

梁正，生平不详。《续修四库全书总目提要》云：“《玉海》载张昭等议曰：《四部书目》有《三礼图》十三卷，是隋开皇中敕礼官修纂，其图第一题梁氏，第十后题郑氏，又称不知梁氏郑氏名位所出。今书府有《三礼图》，亦题梁、郑，后有梁氏者，集前代图记，更加评论。题曰陈留阮士信，受礼学于颍川綦母君，取其说为图三卷，多不按礼文，而引汉事。其阮士信即谌也。如梁正言，可知谌之纰缪。据此，则梁氏之书似为修订阮氏而作，唯梁氏果

为何时人，亦无说明。”

此书马国翰《玉函山房辑佚书》有辑本。

3.《张氏三礼图》1卷，（唐）张镒撰

张镒（生卒年不详），字季权，一字公度，吴郡昆山（今属江苏）人。唐经学家。父朔方节度使，以父荫授左卫兵曹参军。代宗大历初出为濠州刺史。政务清简，延经术士，讲教生徒，撰《三礼图》9卷、《五经微旨》14卷、《孟子音义》3卷。

是书《唐书·艺文志》有著录。原书已佚，唯聂崇义《三礼图》引之，马国翰因以辑录，共得十余条，厘为一卷。考聂氏《三礼图序》，称其博采旧图，凡得六本，今以聂图所引考之，只有玄、阮谌、梁正及镒四家，而镒书最晚出，故于玄端、上公、衮冕、絺冕、缁衣、玄衣诸条，引证独详。其他如释委貌等制度，亦间存旧说，足资以折中是非，辑而存之，固足以与郑、阮、梁诸家遗说颉颃也。

此书马国翰《玉函山房辑佚书》有辑本。

4.《三礼图集注》20卷，(宋）聂崇义撰

聂崇义（生卒年不详），五代后汉洛阳（今属河南）人。少学《三礼》，精通经旨。后汉乾祐中，官至国子礼记博士，曾校定《公羊春秋》，刊版于国学。后周显德年间，迁国子司业兼太常博士，命摹画郊庙祭器以闻。建隆三年（962）考正《三礼图表》上之，图遂行于世。未几，卒。有《三礼图集注》。

是书参考旧图分别是郑玄、夏侯伏朗、张镒、梁正以及隋开皇时所撰《三礼图》。聂崇义根据旧图，互相考订，撰成是书。陈振孙《直斋书录解题》卷二云：“《三礼图》二十卷，国子司业太常博士河南聂崇义撰。自周显德中受诏，至建隆二年奏之，盖用旧图六本参订，故题‘集注’。诏国学图于宣圣殿后北轩之屋壁，至道中改作于论堂之上，以版代壁，判监李至为之记，吾乡郡庠安定胡先生所创论堂绘《三礼图》，当是依仿京监。嘉熙戊戌风水，堂坏，今不存矣。”① 聂氏在《自序》中阐明宗旨：“冠冕衣服，见吉凶之象焉；宫室 本旗，见古今之制焉；弓矢射侯，见尊卑之别焉；钟鼓管磬，见法度之均焉；祭器祭玉，见大小之数焉；圭璧缫藉，见君臣之序焉；丧礼饰具，见上下之纪焉。宋儒颇议其疏陋，如四库馆臣引林光朝语曰：“聂氏《三礼图》，全无来历，谷璧则画谷，蒲璧则画蒲，皆以意为之，不知谷璧止如今腰带铸

① 陈振孙：《直斋书录解题》卷二。

上粟文耳。”① 然其书抄撮诸家，亦颇承旧式，不尽出于杜撰。

此书常见的有《四库全书》本和《四部丛刊三编》本。

5.《三礼图》4卷，(明) 刘绩撰

刘绩（生卒年不详），字孟熙，家有西江草堂，人称西江先生。山阴（今浙江绍兴）人。通经学，隐居不仕，教授乡里为生。家贫，转徙无常地，所至，署卖文榜于门，有所值则沽酒而饮。诗以雄健为长。著有《崇阳集》，未见传本。另有笔记《绩雪录》，今存。

是书所图，一本陆佃《礼象》、陈祥道《礼书》、林希逸《考工记解》诸书，而取诸《博古图》者尤多，与旧图大异。考汉时去古未远，车服礼器犹有存者，郑玄图虽非手撰，要为传郑学者所为，阮谌、夏侯伏朗、张镒、梁正皆为五代前人，其时经学盛行考据义疏之学，不尚穿凿附会。五代聂崇义参考各家之书，定为一家之学，虽讹误沿袭在所难免，而递相祖述，终有典型。《博古图》所载，大半揣摩近似，强命以名，其间疏漏很多，洪迈等人业已指出。刘绩以汉儒为妄作，以《博古图》为是，殊为颠倒。不过此书也有补聂氏《三礼图》之功，同时也拾取林希逸之遗，有兼收并蓄之义。

此书《四库全书》收录之。

四、通礼类

所谓通礼之属文献，是指这类文献不仅涉及《三礼》的内容，同时也涉及历代礼制，并且二者得以融通，从而成书。通礼类文献最早产生于汉代，如景鸾所撰《礼略》就是一部通礼著作。从《隋书·经籍志》、《旧唐书·经籍志》、《新唐书·艺文志》等目录书的著录情况来看，汉唐时期的通礼类著作不在少数，但是在流传过程中均已经亡佚。宋代有陈祥道《礼书》150卷是第一部流传至今的通礼著作。清代通礼著作较多，如有清江永的《礼书纲目》、秦蕙田的《五礼通考》、徐乾学的《读礼通考》、顾广誉的《四礼榷疑》、黄以周的《礼书通故》等。通礼类《三礼》总义文献广泛涉及经史材料，部头往往较大，动则几十卷，甚至上百卷，秦蕙田的《五礼通考》262卷，为礼书卷数之最大者。

1.《礼书》150卷，(宋) 陈祥道撰

陈祥道（1053—1093），字用之，一作祐之，福建福州人。英宗治平四年（1067）进士。除国子监直讲，迁馆阁校勘。哲宗元祐中为太常博士，终秘书

① 永瑢等：《四库全书总目》卷二二《三礼图集注》提要。

省正字，卒年五十二。著《礼书》150卷，与其弟陈旸《乐书》并行，已佚。

陈振孙云："《礼》书一百五十卷，太常博士长乐陈祥道用之撰。论辩详博，间以绘画，于唐代诸儒之论，近世聂崇义之图，或正其失，或补其缺。元祐中表上之。"① 王安石说经喜造新义，务异先儒，陈祥道乃王安石门人，其学风也受到王安石的影响。祥道也掊击郑学，务异先儒。四库馆臣有公允的评价："安石说经，既创造新义，务异先儒，故祥道与陆佃亦皆排斥旧说。佃《礼象》今不传，惟神宗时详定郊庙礼文诸议，今尚载《陶山集》中。大抵多生别解，与祥道驳郑略同。盖一时风气所趋，无庸深诘。然综其大致，则贯通经传，缕析条分，前说后图，考订详悉。陈振孙称其'论辨精博，间以绘画，唐代诸儒之论，近世聂崇义之图，或正其失，或补其阙'。晁公武元祐党家，李廌苏门宾客，皆与王氏之学异趋，公武则称其书甚精博，廌亦称其礼学通博，一时少及，则是书固甚为当时所重，不以安石之故废之矣。"②

此书常见的有《四库全书》本。

2.《礼书纲目》85卷，（清）江永撰

江氏以朱熹《仪礼经传通解》修于晚岁，前后体例不一，于是以黄幹《丧礼》为式，为之增损隐括，撰成是书。全书共分8门，分别是《嘉礼》19篇，计12卷，《宾礼》10篇，计5卷，《凶礼》17篇，计16卷，《吉礼》15篇，计14卷，皆因《仪礼》所有而附益；《军礼》5篇，计5卷，《通礼》28篇，计23卷，《曲礼》6篇，计5卷，皆补《仪礼》所未备；《乐》6篇，计5卷，总共106篇85卷。江永精于考证之学，此书也能反映他的这种治学精神。《礼书纲目》搜罗赅备，考证详密，篇章次第也较朱熹《通解》为优。

此书常见版本有《四库全书》本。

3.《读礼通考》120卷，（清）徐乾学撰

徐乾学（1631—1694），字原一，号建庵，江苏昆山人。八岁能文。康熙九年（1670）探花，授编修。康熙十一年，任顺天乡试副主考官，因选人不当，降级调用。后升左赞善，充日讲起居注官。母丧归家，著《读礼通考》120卷。

是编乃其家居读《礼》时所辑。归田以后，又加订定，积十余年，三易稿而后成。于《仪礼》的《丧服》、《士丧礼》、《既夕礼》、《士虞礼》等篇及大、小戴《礼记》，则仿朱子《仪礼经传通解》，兼采众说，剖析其义。于历代典制，则一本正史，参以《通典》及《开元礼》、《政和五礼新仪》诸书。

---

① 陈振孙：《直斋书录解题》卷二。

② 永瑢等：《四库全书总目》卷二二《礼书》提要。

立纲统目，其大端有八：一曰丧期、二曰丧服、三曰丧仪节、四曰葬考、五曰丧具、六曰变礼、七曰丧制、八曰庙制。丧期历代异同则有表，丧服暨仪节、丧具则有图。缕析条分，颇为详备。盖乾学传是楼藏书甲于当时，而一时通经学古之士如阎若璩等亦多集其门，合众力以为之，故博而有要，独过诸儒。乾学又欲并修吉、军、宾、嘉四礼，方事排纂而殁。然是书搜罗富有，秦蕙田《五礼通考》即因其义例而成之，古今言丧礼者，盖莫备于是焉。

此书常见版本有《四库全书》本。

4.《五礼通考》262 卷，(清) 秦蕙田撰

秦蕙田 (1702—1764)，字树峰，号味经，江南金匮人。乾隆元年 (1736) 进士，授编修，累官礼部侍郎，工部、刑部尚书，两充会试正考官。秦蕙田治经深于《礼》，继徐乾学《读礼通考》作《五礼通考》。又有《周易象日笺》、《味经窝类稿》等。

《五礼通考》为清代礼学研究集前代之大成。《周礼》、《仪礼》和《礼记》均有集大成之作，究其原因，一是清初礼学研究的复兴，二是清廷对礼学扶植。上行下效，不少儒者遂致力于礼学的研究。秦蕙田是继徐乾学、李光地、方苞等人之后又一位重要的礼学家。其所著《五礼通考》是继朱子《仪礼经传通解》和徐乾学《读礼通考》之后，“上自朝廷之制作，下逮儒者之议论，靡不搜抉仄隐，州次部居，令读者一览欲晓”①。是书因徐乾学《读礼通考》唯详“丧葬”一门，而《周官·大宗伯》所列五礼之目，古经散亡，鲜能寻端竟委，乃因徐氏体例，网罗众说，以成一书。凡为类七十有五。以乐律附于吉礼宗庙制度之后；以天文推步、勾股割圆，立“观象授时”一题统之；以古今州国都邑山川地名，立“体国经野”一题统之，并载入《嘉礼》。虽事属旁涉，非五礼所应该，不免有炫博之意。然周代六官，总名曰礼。礼之用，精粗条贯，所赅本博。故朱子《仪礼经传通解》于《学礼》载钟律诗乐，又欲取许氏《说文解字》序说及《九章算经》为《书数篇》而未成。关于《五礼通考》的特点，学者林存阳总结为五点：一是经史兼重，先经后史；二是重义理，辅以考索之学；三是其所考五礼，以《周礼·大宗伯》之目，以吉、凶、军、宾、嘉为次，吸取前人所长，意在会通。四是古礼之因革思想，发扬“礼时为大”的精神；五是重视对吉礼的探讨，对其他四礼，也有小的调整，以补他书之不足。②

此书常见版本有《四库全书》本。

---

① 卢见曾：《雅雨堂文集》卷一，《续修四库全书》本。

② 林存阳：《秦蕙田与五礼通考》，载《北京联合大学学报》2005 年第 3 卷第 4 期。

5.《礼书通故》100 卷，（清）黄以周撰

黄以周（1828—1899），字元同，号儆季，又号哉生，浙江定海人。黄式三子。幼承父教，以“传经明道”为己任。清同治九年（1870）举人，初任浙江分水县（今桐庐）训导。光绪十四年（1888）赐内阁中书衔，十六年升教授。撰《礼书通故》100 卷，还著有《子思子辑解》7 卷、《军礼司马法》2 卷、《经训比义》3 卷及《儆季杂著》等。

《礼书通故》采集汉唐至清关于礼制的解说，撰《礼书通故》100 卷，考释中国古代礼制、学制、封国、职官、田赋、乐律、刑法、名物、占卜等，纠正旧注的一些谬误。《礼书通故》于经注史说，诸子百家之说，义有旁涉者皆予以采集，去非求是，务折其中，足当“体大思精”四字。自“礼书通故”至“名物通故”分四十七门。又有礼节图、名物图以及叙目，凡五十目。书前有俞樾序，称此书“究天人之奥，通古今之宜”。李慈铭《桃华圣解菴日记》亦称此书于《丧服》最留心。此书训诂足正前人之失，皆推挹甚至。按《三礼》以郑注为宗，而黄以周此书驳郑注处不下百条，如“昏礼下达”注：“先使媒氏下通其言，今云六礼之行，自天子达于士，故首不举士。而曰昏礼下达，非若冠礼自士始。”又如《士虞礼》记“嘉献普淖”注：“嘉献，菹醢也，今云郑欲求合于《士冠礼》，然士冠以晡言，皆非用祭祀之祝号。”又如《文王世子》“语于郊者”注：“谓论说于郊学，今云虞庠在国之西郊，故谓之郊学。郑以为国学，于下成均不可通。”是书仿戴德《石渠奏义》、许慎《五经异义》为之，作者难，读者亦不易。凡是征引成说，或约举，或窜改，在黄氏此书中均自成一家之言。

此书有台湾华世书局 1976 年铅印本，另有光绪十九年黄氏试馆刻初印本，今藏国家图书馆和浙江大学图书馆。

第九章 《乐经》学文献

第一节 《乐经》与“乐教”概说

一、《乐经》释疑

先秦儒家经典，最扑朔迷离的莫过于《乐经》，争论焦点在于是否实有其书。历代学界分为两大阵营：一方认为《乐经》本有其书，理由是诸子多有论《乐》文字，先秦实有“六经”之说；一方认为《乐经》本无其书，怀疑“六经”之说，揣测“乐”仅就制度而言。笔者认为，《乐经》的确曾经存在过。首先应当申明，“经”名乃后世儒者所加，目的是推尊其书，先秦径称《乐》而已。我们常说“五经”，指的是汉代《易》、《书》、《诗》、《礼》、《春秋》[①] 五类经典，考察从“五经”到“十三经”的发展历程，始终找不到《乐经》踪影，难怪乾隆皇帝慨叹：“命夔教胄八音宣[②]，防过还因虑有偏。后代许多读书者，《乐经》何事独无传。”[③]

其实在“五经”前，本有“六经”，即《诗》、《书》、《礼》、《乐》、《易》、《春秋》。从现存传世文献上看，“六经”之说，最早见于《庄子·天运》：“丘

① “五经”排序各异，反映不同学术流派的观点，理应详究，此非本章重点，今暂从略。

② 《尚书·舜典》：“帝曰：‘夔，命汝典乐，教胄子，直而温，宽而栗，刚而无虐，简而无傲。诗言志，歌永言，声依永，律和声。八音克谐，无相夺伦，神人以和。’夔曰：‘於！予击石拊石，百兽率舞。’”按：《舜典》，今文《尚书》入《尧典》。

③ 乾隆《御制诗》四集，卷一七《咏〈乐经〉》，影印文渊阁《四库全书》本。

治《诗》、《书》、《礼》、《乐》、《易》、《春秋》六经，自以为久矣，孰知其故矣。”主“《乐》本无书论”者，认为《庄子》一书多用寓言，不足凭信，遂疑“六经”文本的真实性。然而《庄子·寓言》说“寓言十九，藉外论之”，其上半句“寓言十九”，说的是《庄子》一书寓言所占十分之九；后半句“藉外论之”之“藉”乃训“借”，郭象注：“言出于己，俗多不受，故借外耳。”就是说借“外”以取信，使论证更有说服力。《庄子·寓言》又说：“重言十七，所以已言也，是为耆艾。”“重言”[①]即借重先贤时彦的言论，此类内容《庄子》书中占了十分之七。这种情况，相当于后世著文引用名人名言一般，乃是为了使论证更有说服力。大家都知道，引用名人名言是不可能凭空虚造的，而应当是前有依凭，并为世人所普遍认同的历史材料。正如《文心雕龙》所论“事类者，盖文章之外，据事以类义，援古以证今者也”[②]，只有这样，才能够具有说服力，从而达到较好的论证效果。更值得注意的是，《庄子》既说“寓言十九”，又说“重言十七”，也就是说，《庄子》往往是重言中有寓言，寓言中亦有重言，“寓言十九”与“重言十七”并行不悖，不仅不相矛盾，而且互相借重。可见《庄子》所载，不可一概视作无稽之谈，其中多有可信之实。王国维《古史新证·总论》谈“二重证据法”时说：“即百家不雅训之言，亦不无表示一面之事实。”又说：“此二重证据法，惟在今日始得为之。虽古书之未得证明者，不能加以否定，而其已得证明者，不能不加以肯定，可断言也。”此处读来，颇有启发。“寓言十九”是借“外”以取信；“重言十七”是借重先贤时彦之言，因此可以说，先贤时彦之言，大多蕴涵在此“外”之中。

由于《庄子》成书过程，被人为划分内篇、外篇、杂篇，前人往往视内篇为庄周本人所作，视外篇、杂篇为庄门后学甚或其他学派学者所增，认为内篇成文时间大致与庄子同时，外篇、杂篇则可能很晚。而与《乐》相关的材料出现在外篇、杂篇，所以判定有关《乐经》的记载，可能出于后世学者附会而掺入《庄子》书中。现在根据考古发现，这种观点也难以自圆其说，以杂篇《盗跖》为例，前人几乎公认伪作，不仅绝非庄周本人所作，亦非出自庄子后学之手，而是其他流派学者的作品，后来掺入《庄子》。江陵张家山136号墓出土古竹书，内容正与《庄子》杂篇中的《盗跖》相符，其著作年

---

① 按：《汉书·艺文志》“游文于六经之中，留意于仁义之际。祖述尧舜，宪章文武，宗师仲尼，以重其言，于道最为高”，可见不仅《庄子》有“重言”，儒家亦讲究“重其言”，论证通法，其义明矣。

② 刘勰：《文心雕龙·事类》，范文澜注本，人民文学出版社，1958年，第614页。

代不可能晚于战国末期。① 现在更有学者认为，《盗跖》就是庄子本人所作，对于《庄子》外篇、杂篇，应和内篇平等看待，而不可简单割裂。《庄子》关于《乐经》的记载，比较可信，确有史实存焉，这一论点，更有出土材料作为支撑，湖北荆门郭店楚墓出土战国竹简，《六德》云："观诸《诗》、《书》，则亦在矣；观诸《礼》、《乐》，则亦在矣；观诸《易》、《春秋》，则亦在矣。"② 其《诗》、《书》、《礼》、《乐》、《易》、《春秋》的顺序，与《庄子·天运》全同，可见至少在战国中叶，实有"六经"成说。

"《乐》本无书论"者又说，即使先秦实有"六经"之说，《乐》也可能没有成书。理由是古代典籍"礼乐"多连言并举，皆就制度而言。如《墨子·公孟》"今孔子博于诗书，察于礼、乐，详于万物"，《荀子·修身》"愚款端悫，则合之以礼乐，通之以思索"等等。以此推论，甚至认为《礼》也成书较晚。学术问题历来是"说有易，说无难"，学界关于《孙子兵法》与《孙膑兵法》的争论，就是一个典型例子，从银雀山汉墓中，两书同时出土，铁证如山，狐疑顿消。

《荀子·劝学》："'学恶乎始？恶乎终？'曰：'其数则始于诵经，终乎读礼。'"杨倞注："数，术也。经谓《诗》、《书》，礼谓典礼之属也。"就是说《礼》未成书，于是将"礼"视作"典礼之属"，即典礼一类的仪节。但令人疑惑的是，如果没有现成文本，"读礼"又怎么讲得通呢？经清代学者卢文弨考证，认为杨倞注文"典礼"，当是"《曲礼》"之误③，由"典"、"曲"形似易讹可知。《曲礼》在今本《礼记》文本中，根据这种解释，先秦之时，《礼》已有成书，于是"读《礼》"可以讲得通。虽然今本《礼记》成书较晚，但是书中内容未必也迟，比如《奔丧》、《投壶》两篇，就是古《逸礼》内容。所以先秦典籍"礼乐"连言并举，并不足以说明《乐经》未有成书。《礼》既有成书，"礼乐"连言并举，反而更可作为先秦《乐》有成书的旁证。

而且《荀子·儒效》本有呼应："故《诗》、《书》、《礼》、《乐》之归是矣。《诗》言是，其志也；《书》言是，其事也；《礼》言是，其行也；《乐》言是，其和也；《春秋》言是，其微也。"将《诗》、《书》、《礼》、《乐》、《春秋》并举，《礼》、《乐》，置于《诗》、《书》与《春秋》之间。既然《诗》、

① 廖名春：《竹简本〈盗跖〉篇管窥》，《中国学术史新证》，四川大学出版社，2005年，第275页。

② 《郭店楚墓竹简》，文物出版社，1998年，第188页。

③ 王先谦《荀子集解·劝学》引。

《书》、《春秋》是书名，都无异议，则可知《礼》、《乐》均为书名，当先秦之时，两者皆已成书。《庄子·徐无鬼》："吾所以说吾君者，横说之则以《诗》《书》《礼》《乐》，从说之则以《金板》《六弢》。"揣摩文义，"横说之"与"从（通纵）说之"两句，属于互文对举。"《六弢》"通《六韬》，即《太公兵法》。"板"，相当于后世的"版"，"金板"，即中秘所藏石室金匮之书，也就是朝廷官方藏书。这里既是"《诗》《书》《礼》《乐》"连言，又与"《金板》《六弢》"对举，"《诗》《书》"与"《金板》《六弢》"都是书籍，则"《礼》《乐》"也是书籍。而且郭店楚简《语丛一》记载："《易》所以会天道、人道也。《诗》所以会古今之恃也者。《春秋》所以会古今之事也。《礼》，交之行述也。《乐》，或生或教者也。"[①] 亦是明证。

如上所论，《乐经》文本，先秦之时，确曾存在。逮及汉初，业已失传，究其缘由，不外三端：（一）或曰春秋之世，诸侯僭窃，[②] 皆去其籍。《孟子·万章下》："北宫锜问曰：'周室班爵禄也，如之何?'孟子曰：'其详不可得闻也，诸侯恶其害己也，而皆去其籍。'"《汉书·艺文志》："及周之衰，诸侯将逾法度，恶其害已，皆灭去其籍。"虽皆就礼制而言，韩邦奇认为，《乐》亡亦由此所致；[③]（二）或曰秦始皇焚籍，《乐》罹秦火，遂致亡佚。《史记·儒林列传》："及至秦之季世，焚《诗》《书》，坑术士，'六艺'从此缺焉。"[④] 刘勰（《文心雕龙·乐府》）、沈约（《宋书·乐志》），皆持斯论；[⑤]（三）或判作乐谱之伦，古奥专深，其书用亡。吴澄《礼记纂言》卷三六："《礼经》之仅存者，犹有今《仪礼》十七篇，《乐经》则亡矣。其经疑多是声音、乐舞之节，少有辞句可读诵记识，故秦火之后无传，诸儒不过能言乐之义而已。"周琦[⑥]、徐师曾[⑦]、陈启源[⑧]，亦主此说。

---

① 《郭店楚墓竹简》，文物出版社，1998年，第194～195页。

② 《论语·季氏》："孔子曰：'天下有道，则礼乐征伐自天子出；天下无道，则礼乐征伐自诸侯出。'"

③ 韩邦奇：《苑洛志乐·周乐》，影印文渊阁《四库全书》本。

④ 按：度司马迁之意，"六艺"当包括《诗》《书》在内，则此处"六艺"即"六经"。

⑤ 刘师培《六经残于秦火考》，亦承此说而有所发展，曰："民间所存之经，亡于秦火；而博士所藏，又亡于项羽之火也。"见于《刘师培史学论著选集》，上海古籍出版社，2006年，第520页。

⑥ 周琦：《东溪日谈录·经传谈》，影印文渊阁《四库全书》本。

⑦ 朱彝尊《经义考》卷一六七引徐师曾语，《四部备要》本。

⑧ 陈启源：《毛诗稽古编》卷九、卷二五，影印文渊阁《四库全书》本。

经焚而艺存[①]，若《乐经》但作器用谱录，或纯为义理教化，虽罹秦火，岂可遽亡？汉初窦公献书[②]，乐用尚存；制氏世守，纪其铿锵鼓舞[③]，谱录可续；小戴《乐记》，乐教精醇，洵义理之遗[④]。循上所言，《乐经》应与“五经”同例，当有汉世之复兴，然古《乐》竟亡，何也？先秦多通人通学，《乐经》合为明义理、述律数、存谱录之书。追及后世，乐家精其律而昧于理[⑤]，儒者明其义而绌于艺[⑥]，理艺兼通之才不世出，宜乎《乐经》散失而殆尽。后世纵有兼备之才起而补经，然《乐经》既亡，积重难返，后世补作，皆非

① 《续通典》卷九一：“朱子曰：‘古《乐》之亡久矣，然秦汉之间去周未远，其器与声犹有存者，故其道虽不行于当世而其为法犹未容有异论也。逮于东汉之末以接西晋之初，则已寖多说矣。历魏、周、齐、隋、唐五季，论者愈多而法愈不定。’”邢云路《古今律历考》卷三四（影印文渊阁《四库全书》本）：“大都古乐渐亡，厥初犹未甚也。暴秦虽燔《乐经》，燔其文耳。乃其乐之器数、节奏犹存也。”论之甚详。

② 窦公献书，《汉书·艺文志·六艺略》：“六国之君，魏文侯最为好古。孝文时得其乐人窦公，献其书，乃《周官·大宗伯》之《大司乐》章也。”

③ 制氏世守，《汉书·艺文志·六艺略》：“汉兴，制氏以雅乐声律，世在乐官，颇能纪其铿锵鼓舞，而不能言其义。”

④ 孙希旦：《礼记集解》：“乐以义理为本，器数为用。古者乐为六艺之一，小学、大学莫不以此为教，其器数，人人之所习也（按：此可反证先秦《乐经》当论义理，至少可以说，其中不仅记载器数，应有义理存焉。后世《乐经》失传，义理遗于《乐记》，器数可考于出土实物），独其义理之精有未易知者，故此篇（按：《乐记》）专言义理而不及器数（按：亦属重德轻艺之体现）。自古乐散亡，器数失传，而其言义理者，虽有赖是篇之存，而不可见之施用，遂为简上之空言矣。然而乐之理终未尝亡，苟能本其和乐、庄敬者以治一身，而推其同和、同节者以治一世，则孟子所谓‘今乐犹古乐’者，而其用或亦可以渐复也。”中华书局，1989年，第975～976页。

⑤ 按：乐业有世守，与天官同。《汉书·艺文志·六艺略》云：“自黄帝下至三代，乐各有名。孔子曰：‘安上治民，莫善于礼；移风易俗，莫善于乐。’……周衰俱坏，乐尤微眇，以音律为节，又为郑卫所乱故无遗法。汉兴，制氏以雅乐声律，世在乐官，颇能纪其铿锵鼓舞，而不能言其义。”危素《说学斋稿》卷二《送琴师张宏道序》：“先王之泽熄，《乐经》沦亡，人亦莫知所以养其性、平其情，所谓天地之和者，往往变为乖沴，无可得而宣焉。是以其器虽存、其声虽尚可以追考，则亦吹竹、弹丝、敲金、击石而止耳。苟求其本，则何能得其依稀、存其仿佛哉？”

⑥ 按：《明文海》卷五六，王健《题覆进乐律疏》：“今之教者以《诗》、《书》为重，而《礼》犹习行之，间知其义，至于《乐》则绝无师受，律尺短长、声音清浊，学士大夫莫有知其说者。”

古之原本，古《乐》已阙，难复旧观，无米之炊，虽巧妇亦难为。凤毛麟角，又历累世淆乱，更相改为，《乐经》遂成阙典。

《周礼·大司乐》，可能是《乐经》之遗文。《庄子·天下》："其明而在数度者，旧法世传之史，尚多有之。其在于《诗》《书》《礼》《乐》者，邹鲁之士、搢绅先生多能明之。"这里所说的"史"、"士"，皆指古代官吏，"史、吏、事三字，古可互通。"①《汉书·艺文志》："儒家者流，盖出于司徒之官，助人君顺阴阳明教化者也②。游文于六经之中，留意于仁义之际，祖述尧舜，宪章文武，宗师仲尼，以重其言，于道最为高。"上古学术皆官学，即所谓"宦学事师"（《礼记·曲礼上》），如此看来，秦代"以吏为师"，亦为古制之遗，清代章学诚讲得更清楚："有官斯有法，故法具于官；有法斯有书，故官守其书。"（《校雠通义·原道》）可见上古学在官府，"官守其书"。既然如此，下面这条史料就容易理解了，《汉书·艺文志》："六国之君，魏文侯最为好古，孝文时得其乐人窦公，献其书，乃《周官·大宗伯》之《大司乐》章也。"乐人隶属乐官，"大司乐"又名"大乐正"，即上古掌乐之官。刘师培《经学教科书》第一册，就曾肯定地说："《乐经》掌于大司乐。"《大司乐》既以官名作为书名，此书必是此官所守之书，极可能就是《乐经》遗文。

二、时代推定

先秦古籍多以篇、卷流传，往往写成很早，编辑成书却较晚③。今天我们读到的《周礼》，原名《周官》，编订成书时间，亦在《大司乐》写成之后，《大司乐》当是先秦乐籍无疑。细玩《大司乐》白文，其间乐理逻辑，说明古乐已由具体实践上升到理论层面，《乐经》作为乐学经典，理应出现在相近时代。因此通过分析《大司乐》，进而考证《乐经》文本形成时代，这一做法比较可行。

---

① 王国维《观堂集林》卷六《艺林六·释史》，中华书局，1959年，第223页。

② 按：《汉书·艺文志》所论儒家，甚得儒学精要。"司徒之官"，职掌教化；所谓"助人君"，同民心出治道，《礼记·乐记》"礼乐刑政，其极一也"；所谓"顺阴阳、明教化"，以礼乐兴教化，《礼记·郊特牲》"乐由阳来者也，礼由阴作者也"。

③ 欲知其详，可参考：余嘉锡《古书通例》卷三，《古书单篇别行之例》，《余嘉锡说文献学》，上海古籍出版社，2001年，第238页；张舜徽《广校雠略》卷一，《著述标题论》，《张舜徽集》第一辑，华中师范大学出版社，2004年，第18页。两文论说通达，畅发斯旨。

《尚书·尧典》："诗言志，歌永言，声依永，律和声。八音克谐，无相夺伦，神人以和。"从中可见，我国乐学理论渊源甚远，早在《尚书》时代，已颇具雏形。举例言之，《尚书》所谓"律和声"，即用六律[1]来和谐五声[2]。古人把宫、商、角、徵、羽称作"五声"或"五音"，后来又加上变宫、变徵，称为"七音"。宫、商、角、变徵、徵、羽、变宫，都属于音级，只有相对音高，而没有绝对音高。也就是说，以上五音或七音，各音级相互之间的"间隔"（音程关系）确定，以此为框架，就可以构成调式。如以宫音作为起始主音，所构成的五声音阶或七声音阶，称为五声宫调式或七声宫调式；以徵音作为起始主音，所构成的五声音阶或七声音阶，称为五声徵调式[3]或七声徵调式，其他可依此类推。[4] 根据不同的调式所创作的音乐，其感情色彩不同，因此也就具有不一样的音乐效果。[5] 但是，仅确定各音级间的音程关系，仍不足以直接作为谱曲的基础，还需要确定调式起始主音的绝对音高，这时"十二律"就派上用场了。"律"，从字义可知，为标准、

① 有六阳律、六阴律之分，即"六律"、"六吕"（《大司乐》称"六同"），其实为十二律。

② 《国语·周语下》"律所以立均出度也"，"律以平声"；《礼记·乐记》"天下大定，然后正六律，和五声"；《孟子·离娄上》"师旷之聪，不以六律，不能正五声"；又《吕氏春秋·察传》"夔于是正六律，和五声"。

③ 详例可参《管子·地员》。

④ 按：《孟子·梁惠王下》："（齐景公）召大师曰：'为我作君臣相说之乐！'盖《徵招》《角招》是也。其诗（可见歌、乐、舞三位一体）曰，'畜君何尤？'畜君者，好君也。"按："招"者，《韶》也。《论语·卫灵公》云："颜渊问为邦。子曰：'行夏之时，乘殷之辂，服周之冕，乐则《韶》《舞》。放郑声，远佞人。郑声淫，佞人殆。'"又《论语·八佾》有云："子谓《韶》：'尽美矣，又尽善也。'谓《武》，'尽美矣，未尽善也。'"《韶》、《舞》即《韶》、《武》，"舞"、"武"古音通假，"招"即《韶》、《武》之《韶》。《周礼·春官·大司乐》郑玄注曰："《大韶》，舜乐也，言其德能绍尧之道也。"是以《韶》为虞舜之乐，承自上古，且《论语·述而》曰："子在齐闻《韶》，三月不知肉味，曰：'不图为乐之至于斯也。'"可见齐地确有《韶》乐遗存，正可与《孟子·梁惠王下》齐国有"徵招、角招"的记载相印证。《徵招》《角招》，意即徵调式之《韶》乐与角调式之《韶》乐。

⑤ 按：《史记·刺客列传》："高渐离击筑，荆轲和而歌，为变徵之声，士皆垂泪涕泣。又前而为歌曰：'风萧萧兮易水寒，壮士一去兮不复还！'复为羽声慷慨，士皆瞋目，发尽上指冠。"足可证之。所云"变徵之声"即变徵调式，"羽声"即羽调式。

准绳之义①，“十二律”就是十二个标准音高，用其中任何一律，都可以确定某一调式主音的绝对音高。起始主音的绝对音高确定后，其余各音级，根据它们相互间已确定的音程关系，就可以一一定音。② 我们分析《大司乐》，“黄钟为宫，大吕为角，太簇为徵，应钟为羽”，即指以黄钟律为起始主音的宫调式，以大吕律为起始主音的角调式，等等依此类推。③

由《尚书·尧典》可知，上古乐官即教官，又《尚书·益稷》“予欲闻六律五声八音，在治忽，以出纳五言”，可见乐之道与政通。我们再看《大司乐》：“以乐德教国子：中、和、祗、庸、孝、友。以乐语教国子：兴、道、讽、诵、言、语。以乐舞教国子：舞《云门大卷》、《大咸》、《大韶》、《大夏》、《大濩》、《大武》。以六律、六同、五声、八音、六舞大合乐，以致鬼神示，以和邦国，以谐万民，以安宾客，以说远人，以作动物。”两相比较，《大司乐》乃承继《尚书》传统，丰富而发展之，所以《大司乐》时代反映的乐学思想程度，其当在《尚书》之后。

《乐经》文本的最终形成，应不晚于公元前 5 世纪。1978 年，湖北省随县（今随州市）擂鼓墩一号墓，出土曾侯乙编钟、编磬等古乐器，震惊海内外。尤其令人振奋的是，编钟、编磬上皆有铭文，这些成套的钟磬铭文，其实本身就是极有价值的古乐文献。通过将编钟铭文研究与实际测音工作相结合，已经足以证明，关于“旋宫转调”④ 的问题，在我国春秋战国之际，就

---

① 按：蔡邕《月令章句》：“截竹为管谓之律。”又云：“黄钟之管长九寸，孔径三分，围九分。其余皆稍短，唯大小无增减。”可知此“律”指用来定音的竹管，后世称作“律管”，也见有铜制的，《周礼·春官·大司乐》郑玄注曰：“六律，合阳声者也；六同，合阴声者也。此十二者以铜为管，转而相生。黄钟为首，其长九寸，各因而三分之，上生者益一分，下生者去一焉。”但以管定律，存在管口校正系数问题，不易精准，而弦律则优之。以弦定律，在固定基准音的情况下，弦长与音高存在着明确的对应关系，比例精准，更容易操作。三分损益法当就弦律言之，郑玄将管律混同于弦律，误矣。《后汉书·律历志》所引京房“竹声不可以度调”，切中肯綮，可谓知言。

② 《淮南子·原道》：“故音者，宫立而五音形矣。”

③ 按：此理若与西方音乐相较，亦极明了。如贝多芬第五交响曲为 C 小调，唯一的一部小提琴协奏曲为 D 大调，其中“小调”、“大调”指小调式、大调式，即与上文所论调式相对应。而“C 小调”，即以 C 音为起始主音的小调式；“D 大调”，即以 D 音为起始主音的大调式。“C”音、“D”音，即与上文所论之“律”相对应。虽东、西方术语不同，然个中道理，实可相通。

④ “旋宫”，指宫音的移位；“转调”，即宫音定位后、音列不变的情况下，调式主音的更替。

早已不限于“纸上谈兵”，而是在实践中有较为广泛的运用。① 其“旋宫”范围，也已经大大超过《大司乐》记载的内容。② 由此可见，《大司乐》所反映的律制必早于曾侯乙编钟，换句话说，《大司乐》成书时间当早于春秋战国之际，即使作保守推算，也不应晚于公元前5世纪。既然《大司乐》成书时间不晚于公元前5世纪，那么将《乐经》文本形成时代，定为不晚于公元前5世纪，也是比较可靠的。

以此作为基础，能否得出更精确的时代定位呢？蛛丝马迹，广讨博搜，虽只言片语，亦犹零金碎玉，皆可宝也。《左传·僖公二十七年》：“赵衰曰：‘郤縠可。臣亟闻其言矣，说礼、乐而敦《诗》、《书》。《诗》、《书》，义之府也；礼、乐，德之则也。德、义，利之本也。’”“说”与“敦”，用法不同。“说”者，悦也。《论语·学而》：“学而时习之，不亦说乎？”即是其例。“敦”者，治也。俞樾《春秋左传平议》读作《诗·鲁颂·閟宫》“敦商之旅”之“敦”，训作“治”。③ 那么“敦《诗》、《书》”，也就是治《诗》、《书》。所谓“读大书如克名城”，“克”之于“治”，其义近之。直到今天，我们还常说某人治某书，其用法正同。与此相异，“礼、乐，德之则也”，后面紧接“德、义，利之本也”，可见“说礼、乐”即“悦礼、乐”，是喜爱礼、乐的意思，就不是治某书之义了。此处所提到的“礼、乐”，恐怕要解释为礼乐制度才合适。仔细体会文义，“礼、乐”在当时应该尚未成书。此为鲁僖公二十七年，换算成公元纪年，即公元前633年。

又《国语·楚语上》，记载申叔时论太子教育（此太子，即后来的楚恭王）：“教之《春秋》，而为之耸善而抑恶焉，以戒劝其心；教之《世》，而为之昭明德而废幽昏焉，以休惧其动；教之《诗》，而为之导广显德，以耀明其志；教之《礼》，使之上下之则；教之《乐》，以疏其秽而镇其浮；教之《令》，使访物官；教之《语》，使明其德，而知先王之务用明德于民也；教之《故志》，使知废兴者而戒惧焉；教之《训典》，使知族类，行比义焉。”申公这段话，实际上就是要对太子开展经典教育，“教之《春秋》”、“教之《世》”、“教之《诗》”、“教之《令》”、“教之《语》”、“教之《故志》”、“教之《训典》”，皆为授学教材，而“教之《礼》”、“教之《乐》”置于其中，独非书名，可乎？由是观之，《礼》、《乐》皆有书本。春秋中叶，楚国已有如此完备的经典教育，而当时诸侯国，素

① 谭维四：《曾侯乙墓》，文物出版社，2001年，第129～130页。

② 黄翔鹏：《先秦音乐文化的光辉创造——曾侯乙墓的古乐器》，《文物》1979年第7期。

③ 按：郑玄《毛诗笺》，即主此解。

视楚为“荆蛮”，则文化昌盛之中原地区，更应如此。[①] 申叔时说这段话，在楚庄王时期，而楚庄王在位时间，为公元前 613 年至前 591 年，即使保守估算，亦属公元前 6 世纪，此可作为时代定位的坐标上限。

公元前 633 年，古《乐》尚未著于典册，则文本初步形成，当在公元前 7 至前 6 世纪之间。曾侯乙墓下葬的绝对年代是公元前 433 年至前 400 年之间，而曾侯乙编钟的制作年代定在曾侯乙墓下葬年代以前，换言之，曾侯乙编钟所反映的律制时代，应该比这一时间更早。上文已证，《大司乐》的著作时代，远早于曾侯乙编钟，于是古《乐》文本形成的时间下限，定为公元前 433 年，是大可放心的。因此《乐经》的最终形成时间，应当定位于公元前 613 年至前 433 年这一年代范围之内。

再进一步，通观《论语》，玩味其辞，孔子乐教，灿然可识，如：“子与人歌而善，必使反之，而后和之。”（《论语·述而》）“行夏之时，乘殷之辂，服周之冕，乐则《韶》《武》。放郑声，远佞人。郑声淫，佞人殆。”（《论语·卫灵公》）“礼云礼云，玉帛云乎哉？乐云乐云，钟鼓云乎哉？”（《论语·阳货》）[②] “子语鲁大师乐，曰：‘乐其可知也：始作，翕如也；从之，纯如也，皦如也，绎如也，以成。’”（《论语·八佾》）“吾自卫反鲁，然后乐正，《雅》《颂》各得其所。”（《论语·子罕》）“兴于《诗》，立于礼，成于乐。”（《论语·泰伯》）综观全书，例证颇多，孔子所在时代，已经有大量理论总结。孔子曾学琴于师襄（《孔子家语·辩乐解》）[③]，问乐于苌弘（《礼记·乐记》），在齐闻《韶》（《论语·述而》）[④]，击磬于卫（《论语·宪问》）[⑤]，正乐于鲁（《论语·子罕》），其音乐修养极高，可以想见，孔子的乐学实践与乐教理论，言传身教，授诸门徒，此即孔门乐教。[⑥]

---

① 李学勤：《中国古代文明十讲》，复旦大学出版社，2003 年，第 251 页。

② 按：陈旸《乐书》卷八三“古之人致孝乎鬼神，以诚不以物”，发明斯旨。

③ 按：司马迁《史记·孔子世家》，亦取此说。

④ 按：齐存舜乐，鲁存周乐。

⑤ 按：卫多殷之遗民，当存商乐，孔子亦属殷商之苗裔。

⑥ 按：《论语·先进》记载孔子与曾皙对话，“‘点！尔何如?’鼓瑟希，铿尔，舍瑟而作，对曰：‘异乎三子者之撰。’子曰：‘何伤乎？亦各言其志也。’曰：‘莫春者，春服既成，冠者五六人，童子六七人，浴乎沂，风乎舞雩，咏而归。’夫子喟然叹曰：‘吾与点也！’”此即孔门乐教之证。又《论语·卫灵公》：“师冕见，及阶，子曰：‘阶也。’及席，子曰：‘席也。’皆坐，子告之曰：‘某在斯，某在斯。’师冕出，子张问曰：‘与师言之道与?’子曰：‘然，固相师之道也。’”对乐师之态度，亦可见其重视程度。

且《史记·儒林列传》记载："孔子闵王路废而邪道兴，于是论次《诗》《书》，修起《礼》《乐》。"或许还有人怀疑，"修起《礼》、《乐》"亦可作"修起礼乐"，则《礼》、《乐》未成书，孰不知《史记·孔子世家》又说："孔子不仕，退而修《诗》、《书》、《礼》、《乐》，弟子弥众，至自远方，莫不受业焉。"由此可知，上文"于是论次《诗》《书》，修起《礼》《乐》"，属于互文修辞，"论次"、"修起"，意无二致。同一语意，亦可合用之，"退而修《诗》、《书》、《礼》、《乐》"，即互文之证。[①] 司马迁也认为，孔子之时，《诗》、《书》、《礼》、《乐》皆已成书，孔子"述而不作，信而好古"（《论语·述而》），实有编修之功。[②]《乐》即《乐经》，孔门乐教之教本，庶几在此。

综上所述，《乐经》最终成书时间，已经呼之欲出。有关孔子的生卒年，生年有异说，一说生于鲁襄公二十一年[③]，即公元前 551 年；一说生于鲁襄公二十二年（《史记·孔子世家》），即公元前 550 年，差别不大。但卒年比较一致，都是鲁哀公十六年，即公元前 479 年。所以《乐经》文本的最终形成时间，可进一步定位为公元前 613 年至前 479 年之间。

三、儒家乐教

《乐经》虽然佚失，但是中华乐学已经客观形成，绵延 2500 余年，影响甚为深远，中华乐学的灵魂，正在儒家乐教。儒家乐教是博大精深的思想体系，内容丰富深刻，由于章节篇幅所限，不可能展开论述。儒家乐教的核心思想，包括"古乐观"与"礼乐观"，通过概说儒家乐教两观，古今互证，以窥全豹。

乐与推行教化，关系极大，[④]《吕氏春秋·察传》"昔者舜欲以乐传教于

---

① 按：《国语·周语上》有"修其训典"，亦为其证。

② 《后汉书·徐防传》："《诗》《书》《礼》《乐》，定自孔子；发明章句，始于子夏。"

③ 《春秋公羊传·襄公二十一年》，《春秋穀梁传·襄公二十一年》。

④ 按：乐与推行教化的关系，中西是相通的，例如英国著名乐评人莱布雷希特（Norman Lebrecht），曾经研究过所有业已出版的英文、德文版有关亨德尔（Georg Friedrich Handel，与 Johann Sebastian Bach 同为欧洲巴洛克音乐的集大成者）的著作，他在接受《爱乐》杂志访谈时，论及亨德尔的音乐观，"《弥赛亚》（Messiah，1741 年）演出后，有人祝贺亨德尔写了这么好听的音乐，而亨德尔回答说：我的上帝告诉我，写这个音乐不是为了愉悦人，而是让人变得更好"（《爱乐》，生活·读书·新知三联书店，2007 年第 2 期，第 178 页）。正如钱钟书《谈艺录》所言"东海西海，心理攸同"，中西文化，的确有许多相通之处。

天下”，从前舜想利用乐舞把教化传布到天下。上古乐官即教官，把乐看作移风易俗的工具，既然是工具论，所以其目的不在乐本身，而在于治国，焦点不在形式美感，而在思想内容。古人眼中的乐，最先是通神的，后来是治国的。[①] 欣赏享乐因素，被视为俗乐邪音，《荀子·乐论》“先王贵礼乐而贱邪音”，所贵者德音雅乐，当时称作“古乐”，《乐记》“魏文侯问于子夏曰：‘吾端冕而听古乐，则唯恐卧；听郑卫之音，则不知倦。敢问古乐之如彼，何也？新乐之如此，何也？’子夏对曰：‘今夫古乐，进旅退旅，和正以广，弦匏笙簧，会守拊鼓，始奏以文，复乱以武，治乱以相，讯疾以雅。君子于是语，于是道古，修身及家，平均天下。此古乐之发也。今夫新乐，进俯退俯，奸声以滥，溺而不止，及优侏儒，獶杂子女，不知父子。乐终不可以语，不可以道古。此新乐之发也。今君之所问者乐也，所好者音也。夫乐者，与音相近而不同。’”古乐虽然形式古拙，但具有教育作用，儒家甚至认为，只有古乐才称得上“乐”[②]，而对于新乐，即以郑卫之音为代表的新兴乐风，根本称不上“乐”，只是“音”。由此可见，儒家乐教更重视乐的思想内涵。

郑卫之音，将形式美感作为追求，歌唱爱情等细腻情感，抒发个人情绪，与古乐的史诗教育特点，也是格格不入的。儒家乐教所推崇的《韶》、《武》，讲究历史情境的艺术再现，具有史诗性质。[③] 今天我们认为，艺术抒发情感是基本要求，不仅允许，而且必要，所以对郑卫之音的评价，就会与古人迥异。但是，不可据此鄙夷前人的“古乐观”，要做到“同情之理解”。古人崇尚古乐，立意在于追怀往昔，纪念祖先功德，在文字记载的历史尚未出现或不甚发达的远古时代，乐舞实质上具有历史教育功能。而且作为后世的榜样，在先代杰出人物的事迹与精神感召下，后人学习修身，积极进取，“修身及家，平均天下，此古乐之发也”，榜样的力量是无穷的，更何况讲述的是自己部族祖先的伟大功业，更加具有感染力与奋发作用，受此影响，自然会移风易俗，《乐记》“乐之隆，非极音也”，“清庙之瑟，朱弦而疏越，一倡而三叹，有遗音者矣”，“是故先王之制礼乐也，非以极口腹耳目之欲也，将以教民平

---

① 按：《礼记·郊特牲》“《武》壮，而不可乐也”，《大武》舞是雄壮的，而不是可供娱乐的，因为上古乐舞献给神明，用于教化。

② 《礼记·乐记》：“乐者，心之动也。声者，乐之象也。文采节奏，声之饰也。君子动其本，乐其象，然后治其饰。”

③ 按：我国的史诗性歌舞传统，可谓源远流长。直到 1949 年以后，还出现《东方红》这样的大型史诗歌舞，影响巨大。近来又上演大型史诗歌舞《复兴之路》，体现新时代的主旋律。可见儒家乐教提倡的史诗性歌舞的社会功能，仍在发挥重要作用。

好恶而反人道之正也”，最终达到凝聚族群、统一认识、奋发向上、族群安定的社会与政治目的。如此看来，儒家乐教可谓用心良苦，体现先人的卓越智慧。虽古今变异，但道理相通，今世倡导和谐社会，“乐”可以起到融合与凝聚作用。

儒家乐教的显著特点是兼论礼乐，礼与乐实际上具有一体两面性，正如《系辞》“一阴一阳之谓道”，所以有必要说明儒家乐教之礼乐观。礼与乐，紧密联系，既相互依存，又相互制约，《礼记·乐记》“乐者为同，礼者为异。同则相亲，异则相敬。乐胜则流，礼胜则离。合情饰貌者，礼乐之事也。礼义立，则贵贱等矣。乐文同，则上下和矣”，“乐者，天地之和也。礼者，天地之序也。和，故百物皆化。序，故群物皆别”。礼，讲的是秩序，乐，讲的是和谐，通过礼与乐的配合，从而实现秩序性与和谐性的统一，《礼记·郊特牲》“宾入大门而奏《肆夏》，示易以敬也。卒爵而乐阕，孔子屡叹之”，孔子所叹为何？精读《礼记·礼器》，即可明了，“天道至教，圣人至德。庙堂之上，罍尊在阼，牺尊在西；庙堂之下，县鼓在西，应鼓在东。君在阼，夫人在房，大明生于东，月生于西，此阴阳之分，夫妇之位也。君西酌牺象，夫人东酌罍尊，礼交动乎上，乐交应乎下，和之至也”，赞叹的是礼与乐美妙配合，既秩序井然，又情感交融，儒家礼乐之意义，全在于此。

礼与乐又有所区别，试以易学文化观来审视。乐具有阳的属性，《国语·周语上》“史（此指太史）帅阳官以命我司事”，“先时五日，瞽告有协风至”，“是日也，瞽帅音官以风土”，可见音官属于阳官。音官即乐官，在《周礼》中属于春官，春季阳气趋盛，也是主阳的意思。《礼记·郊特牲》“凡声，阳也”，“乐由阳来者也”，“乐，阳气也”，乐的本质在于内心情感的抒发，《乐记》“乐由中出”，“情深而文明，气盛而化神，和顺积中而英华发外”，方向是由内向外，乐舞本身具有宣发弘扬的特点，《论语·泰伯》“子曰：‘师挚之始，《关雎》之乱，洋洋乎盈耳哉’”，《吕氏春秋·仲夏纪·古乐》“昔阴康氏之始，阴多，滞伏而湛积，阳道壅塞，不行其序，民气郁阏而滞著，筋骨瑟缩不达，故作为舞以宣导之”。这种向外生发、扩张的性质，称之为阳健，与天德相合。[①] 而礼具有约束人的作用，但约束不是目的，最终目的在于通过

---

① 按：《周易·乾卦·象传》“天行健，君子以自强不息”，《说卦传》“乾，健也”。健即强，《老子》“自胜者强”，涵自发劝勉之义。天象自行运转，昼夜不懈，有刚强劲健的性质。君子效法天德，因此不停地自我奋发图强。《乐记》“奋至德之光”，“奋”即“发”，皆有动义，《庄子·寓言》“彼强阳则我与之强阳”，成玄英疏“强阳，运动之貌也”，可见“奋发图强”，即阳健主动。乐必须变化才能存在，以舞动的节奏、跳动的音律感染人心，宣发而弘扬，正与天之性质相合。

行为规范，实现内心诚敬之修养，方向是由外到内，礼主敬顺收敛，具有阴的属性，与地德相合。① 所以从文化学的角度，可以总结为“乐由中出，礼自外作”②，“乐由天作，礼以地制”（《乐记》），“乐由阳来者也，礼由阴作者也，阴阳和而万物得”（《郊特牲》）。“乐由阳来者也”，乐以舞动的节奏、跳动的音律感人，属阳。易学认为，天变地不变，阳变阴不变。阳主变化，《国语·郑语》“声一无听”，乐必须变化才能存在，所以乐属阳。“礼由阴作者也”，礼以无声的仪式教人，属阴。阴主不变，《左传·文公七年》“义而行之，谓之德礼”，《左传·成公二年》“礼以行义”③，义即宜也，就是应当，就是内心的坚守，礼作为行为法则，必须不变才能取信，所以礼属阴。《乐记》总结为“圣人作乐以应天，制礼以配地。礼乐明备，天地官矣”。

乐、礼一体，亦一亦二，犹阴阳两仪，皆归于太极，《礼记·仲尼燕居》“行中规，还中矩，和鸾中《采齐》，客出以《雍》，彻以《振羽》。是故君子无物而不在礼矣”。易学思维，阴静阳动，礼主敬，默守规矩，是以属阴；乐主和，和者宣也，有向外发扬之义，彰显律动，是以属阳。《礼记·间传》“斩衰，唯而不对；齐衰，对而不言；大功，言而不议；小功缌麻，议而不及乐。此哀之发于言语者也”，这是悲哀在语言方面的表现。《礼记·丧服四制》“礼：斩衰之丧，唯而不对；齐衰之丧，对而不言；大功之丧，言而不议；缌小功之丧，议而不及乐”。“议而不及乐”即不谈笑，丧礼属阴，以静默为宜，反之可证，声属阳。乐者乐也，性质阳健，向外发扬，《礼记·郊特牲》“凡声，阳也”，“乐由阳来者也，礼由阴作者也”，“昏礼不用乐，幽阴之义也。

---

① 按：《周易·坤卦·象传》“地势坤，君子以厚德载物”，《说卦传》“坤，顺也”。尚秉和《周易尚氏学》据宋衷、王弼两家注文，均未引《说卦传》“坤，顺”为诂，认为宋、王所见版本皆作“地势顺”，“盖‘坤’古文作‘巛’，而‘巛’为‘顺’之假字，故宋、王皆读‘巛’为‘顺’。自《正义》改作‘坤’，而‘顺’字遂无由识”。观《孔子家语·执辔》，“此乾巛之美也”，王肃注“巛，地”，《玉篇·巛部》“巛，古为坤字”，《系辞》“天尊地卑，乾坤定矣”，地坤一也。“巛”乃“川”之古字，“顺”谐“川”声，古字通用。以《象传》观之，上文“天行健”，下文“地势顺”，似更为妥当。考之《乐记》，“使之阳而不散，阴而不密，刚气不怒，柔气不慑”，阳主动宣发，是以散而怒，阴主静收敛，是以密而慑，怒则刚健，慑则柔顺，可证阴阳刚柔之义。

② 按：《史记·乐书》所录古本《乐记》“礼由外入，乐自内出”，与今本《乐记》“乐由中出，礼自外作”，正好相互发明。“礼自外作”，由外部规范到内在修养，所以说“礼由外入”；“乐由中出”，由内在诚顺到外部宣发，所以说“乐自内出”。

③ 按：《左传·成公二年》“礼以行义”，《史记·乐书》所录古本《乐记》“乐音者，君子之所养义也”，由此可见，礼以行义，乐以养义。

乐，阳气也”，“殷人尚声，臭味未成，涤荡其声。乐三阕，然后出迎牲。声音之号，所以诏告于天地之间也”，“魂气归于天，形魄归于地。故祭，求诸阴阳之义也。殷人先求诸阳，周人先求诸阴”，《礼记·乐记》“及夫礼乐之极乎天而蟠乎地，行乎阴阳而通乎鬼神，穷高极远而测深厚。乐著大始，而礼居成物。著不息者天也，著不动者地也。一动一静者，天地之间也。故圣人曰礼乐云”，“春作夏长，仁也；秋敛冬藏，义也。仁近于乐，义近于礼。乐者敦和，率神而从天；礼者别宜，居鬼而从地。故圣人作乐以应天，制礼以配地。礼乐明备，天地官矣”，论证精到，皆有礼阴乐阳之义。礼与乐，从哲学上看，正是阴阳和合，礼中有乐，乐中有礼，不可以礼统乐，也不可用乐括礼。阴中有阳，就是施礼之乐；阳中有阴，就是行乐之礼。两者相须为用，不可偏废。礼乐相得，就是阴阳和合，而阴阳和合就是“仁”。“阴阳和”即生生之仁，是阴阳之分与阴阳之合的辩证统一。《系辞上》“天尊地卑，乾坤定矣”，这是礼的精神，阴阳分蕴涵秩序性；《系辞下》“天地细缊，万物化醇”，这是乐的精神，阴阳合蕴涵和谐性。秩序性与和谐性双向互动，宇宙自然与人类社会，既秩序井然，又生生不息。从历史人文角度来看，“阴阳和”正是植根于中华礼乐文化土壤、经提炼而成的核心价值观。

礼离不开乐，《礼记·仲尼燕居》“不能乐，于礼素”，这里的“素”，不仅在于乐可以营造氛围，使礼仪丰富多彩，更重要的是，如果没有乐的参与，礼义根本无法得到体现。《诗经·周颂·有瞽》“有瞽有瞽，在周之庭。设业设虡，崇牙树羽。应田县鼓，鞉磬柷圉。既备乃奏，箫管备举。喤喤厥声，肃雍和鸣，先祖是听”，《诗经·周颂·执竞》“钟鼓喤喤，磬筦将将，降福穰穰。降福简简，威仪反反。既醉既饱，福禄来反”，由此可见，祭祀与乐密不可分，融为一体。以考古学材料论之，西周乐器“瘐钟”，铭文有“敢乍（作）文人大宝协龢钟，用追孝享祀，邵各乐大神，大神其陟降严祜，竟妥厚多福”；“宗周钟”铭文有“䣄乍宗周宝钟”，“用邵各丕显祖考先王”；“瘐钟”铭文有“䣄乍宝钟，孝于己白（伯），用享大宗，用乐好宗”①，这些乐器铭文记载，与《诗经·周颂》精神完全相符，乐广泛应用于祭祀活动，如果将乐抽离，祭礼则无法进行。又如经典文献经常提到飨（享）礼②，飨礼是在乡饮酒礼原有礼节基础上加工而成，是一种更高级的乡饮酒礼，于是用乐规

① 杜廼松主编：《青铜礼乐器》，上海科学技术出版社，2007年，第232页。

② 飨礼，高一等贵族款待低一级贵族来见时的宴会。参沈文倬《略论礼典的实行和〈仪礼〉书本的撰作》，《文史》第十五、十六辑。

格得以提升，飨礼的步骤，包括迎宾、献宾、作乐、饮食、娱乐和习射、送宾等阶段。[①]《礼记·仲尼燕居》“礼，犹有九焉，大飨（国君相见的飨礼，称为大飨）有四焉。苟知此矣，虽在畎亩之中，事之，圣人已。[②] 两君相见（在祖庙举行飨礼来接待贵宾），揖让而入门（庙门），入门而县兴，[③] 揖让而升堂（宾主踩着节拍行进），升堂而乐阕（登堂就位后，《肆夏》正好停止。可见《肆夏》用以调节宾主行进速度，藉此端正仪态）。下管《象》，《武》、《夏籥》序兴。陈其荐俎，序其礼乐，[④] 备其百官。如此而后君子知仁[⑤]焉。行中规，还中矩，和鸾中《采齐》，客出以《雍》，彻以《振羽》。是故君子无物而不在礼矣。入门而金作，示情也；升歌《清庙》，示德也；下而管《象》，示事也。是故古之君子，不必亲相与言也，以礼乐相示而已”。飨礼这样安排，目的在于仪式所达到的心理效果，使来访国君感受到主国的盛情厚意，乐是其中的主体内容，几乎渗透到每一个环节。

再举个更为具体的例子，是国君与使臣相见的飨（享）礼，《左传·襄公四年》：“穆叔如晋（事在公元前569年夏），报知武子之聘也。晋侯享之，金奏《肆夏》之三，不拜。工歌《文王》之三，又不拜。歌《鹿鸣》之三，三拜。韩献子使行人子员问之，曰：‘子以君命辱于敝邑，先君之礼，藉之以乐，以辱吾子。吾子舍其大，而重拜其细，敢问何礼也？’对曰：‘三《夏》，天子所以享元侯也，使臣弗敢与闻。《文王》，两君相见之乐也，臣不敢及。《鹿鸣》，君所以嘉寡君也，敢不拜嘉？《四牡》，君所以劳使臣也，敢不重拜？《皇皇者华》，君教使臣曰：“必咨于周。”臣闻之：“访问于善为咨，咨亲为

---

① 杨宽：《“乡饮酒礼”与“飨礼”新探》，收录于《古史新探》，中华书局，1965年，第283页。

② 按：《论语·八佾》子曰“夷狄之有君，不如诸夏之亡也”，何故？礼义之谓也，“苟知此矣，虽在畎亩之中，事之，圣人已”，制度既成，可垂拱而治也。

③ 按：“入门而县兴”，可见乐悬设在庭中，奏《肆夏》。《礼记·郊特牲》“宾入大门而奏《肆夏》，示易以敬也。卒爵而乐阕，孔子屡叹之。奠酬而工升歌，发德也。歌者在上，匏竹在下，贵人声也。乐由阳来者也，礼由阴作者也，阴阳和而万物得”。《左传·襄公四年》所谓“金奏《肆夏》”，用乐钟演奏，《诗经·小雅·彤弓》“钟鼓既设，一朝飨之”，可以为证。

④ 按：“序其礼乐”，按次序安排礼乐。《礼记·祭义》“反馈乐成，荐其荐俎，序其礼乐，备其百官，君子致其济济漆漆”，“荐其荐俎，序其礼乐，备其百官，奉承而进之，于是谕其志意，以其恍惚以与神明交，庶或飨之。庶或飨之，孝子之志也”。

⑤ 按：《乐记》“唯君子为能知乐”，而“仁近于乐”，是以《仲尼燕居》大飨之礼，“如此而后君子知仁焉”，礼离不开乐。

询，咨礼为度，咨事为诹，咨难为谋。”臣获五善，敢不重拜?’”其中“《肆夏》之三”、“《文王》之三”、“《鹿鸣》之三”，都是飨礼用乐，到底指什么，《左传》语焉不详，《国语·鲁语下》可以作为补充：

> 叔孙穆子聘于晋，晋悼公飨之，乐及《鹿鸣》之三，而后拜乐三。晋侯使行人问焉，曰：“子以君命镇抚弊邑，不腆先君之礼，以辱从者，不腆之乐以节之。吾子舍其大而加礼于其细，敢问何礼也?”对曰：“寡君使豹来继先君之好，君以诸侯之故，贶使臣以大礼。夫先乐金奏《肆夏樊》、《遏》、《渠》，天子所以飨元侯也；夫歌《文王》、《大明》、《绵》，则两君相见之乐也。皆昭令德以合好也，皆非使臣之所敢闻也。臣以为肄业及之，故不敢拜。今伶箫咏歌及《鹿鸣》之三，君之所以贶使臣，臣敢不拜贶。夫《鹿鸣》，君之所以嘉先君之好也，敢不拜嘉。《四牡》，君之所以章使臣之勤也，敢不拜章。《皇皇者华》，君教使臣曰‘每怀靡及’，诹、谋、度、询，必咨于周。敢不拜教。臣闻之曰：‘怀和为每怀，咨才为诹，咨事为谋，咨义为度，咨亲为询，忠信为周。’君贶使臣以大礼，重之以六德‘敢不重拜’。”

原文虽长，不避遍引，两相对比，其义自现。“《肆夏》之三”①（即“三《夏》”），指《肆夏樊》、《韶夏遏》、《纳夏渠》三章乐曲，“《文王》之三”，指《文王》、《大明》、《绵》三首乐歌，“《鹿鸣》之三”，指《鹿鸣》、《四牡》、《皇皇者华》三首乐歌。“先君之礼，藉之以乐”，“不腆先君之礼，以辱从者，不腆之乐以节之”，可见以乐节礼，作为飨宴行礼的进献内容，所以飨礼无乐不行。晋悼公设飨礼，招待叔孙穆叔（即叔孙豹），“金奏《肆夏》之三，不拜。工歌《文王》之三，又不拜。歌《鹿鸣》之三，三拜”，乐器演奏《肆夏》等三曲，叔孙豹没有答拜；乐工歌唱《文王》等三曲，叔孙豹仍然没有答拜；乐工歌唱《鹿鸣》等三曲，每歌一曲，叔孙豹一答拜。所谓“吾子舍其大，而重拜其细”，“吾子舍其大而加礼于其细”，同样是配乐，为何有大细之分？因为《肆夏》等三曲，是天子用来招待诸侯领袖的乐曲，使臣不敢听到；《文王》等三曲，是两国国君相见的乐歌，使臣不敢参与；《鹿鸣》等三曲，才是国君赐给使臣的乐歌，岂敢不拜谢赏赐。乐的合理使用，完美体现出礼的精神。

以上这段享礼记载，非常珍贵，刘文淇《左传旧注疏证》说“享礼今亡，其用乐仅见于此传”。其实享礼用乐，并非“仅见于此传”，亦见于《左传·

① 《肆夏》之三：指《肆夏》等三曲。《左传·襄公四年》杜预注，可参考。

襄公十年》，“宋公享晋侯于楚丘[①]（事在公元前563年），请以《桑林》。荀罃辞。荀偃、士匄曰：‘诸侯宋、鲁，于是观礼。鲁有禘乐，宾祭用之。宋以《桑林》享君，不亦可乎？’舞，师题以旌夏。晋侯惧而退，入于房。去旌，卒享而还。及著雍，疾。卜，桑林见。荀偃、士匄欲奔请祷焉。荀罃不可，曰：‘我辞礼矣，彼则以之。犹有鬼神，于彼加之。’晋侯有间”。所言“观礼”、“辞礼”，都是指《桑林》乐舞，可见观礼即观乐。而《左传·襄公二十九年》吴公子季札聘鲁，“请观于周乐”，《左传·昭公二年》韩宣子聘鲁，赞叹“周礼尽在鲁矣。吾乃今知周公之德，与周之所以王也”，可见观乐即观礼。周代诸侯国之中，宋国与鲁国地位比较特殊，鲁国是周公的封国，因为周公有大功于周，周王室特许鲁国用周天子的禘礼，《左传·襄公十年》称禘礼为“鲁有禘乐”；宋国是殷商后裔的封国，延续商朝先王的祭祀，周王室准许宋国用殷商的王礼，以示优待，观殷商王礼，《左传·襄公十年》称为“宋以《桑林》享君”。“桑林”本为地名，《桑林》乐舞源于商汤祈雨，“以身祷于桑林”（《吕氏春秋·顺民》），其后殷商及宋国将桑林奉为圣地，立神社用来祭祀，通过乐舞来歌颂纪念商汤，称为《桑林》乐舞。“诸侯宋、鲁，于是观礼”，“观礼”的实际内容，正是宋国的《桑林》乐舞与鲁国的禘乐，可见乐本身就蕴涵着礼。[②] 综上可知，乐不仅是礼的主体环节，而且乐本身就蕴涵着礼，所以礼离不开乐。

以上讨论儒家乐教的核心思想，包括“古乐观”与“礼乐观”，既蕴涵着儒家的哲学思想，也关系到儒家的现实践行。研究儒家乐教，把握乐的本质精神、实体范畴与学术载体，不仅是探索儒家礼乐思想的重要组成部分，而且是进入中华古代文明殿堂的一把钥匙。纵观中华五千年文明长河，存在一个饶有趣味的文化现象：时代愈古，乐文化雄踞社会主流，发扬蹈厉、荦然大宗；时代愈近，乐文化渐趋支流，一部分供奉于庙堂，顶礼膜拜、敬而远之，一部分衍生于民间，世情百态、亦庄亦谐。纵观乐文化的历史演变，看似边缘化，实则内蕴化。远古夏商，是中华乐文化肇兴发展阶段，脱胎于原始宗教，沟通天人，巫风鼎盛。两周时期，在前代基础上，变革创新，终于

---

① 宋平公“请以《桑林》”，即设享礼招待晋悼公。

② 按：《左传·襄公十一年》魏绛说“夫乐以安德，义以处之，礼以行之，信以守之，仁以厉之，而后可以殿邦国，同福禄，来远人，所谓乐也”，以乐括礼而言之。魏绛与晋悼公的对话，发生在公元前562年，《国语·晋语七》亦载此事。又《左传·昭公二十五年》“朱干、玉戚以舞《大夏》，八佾以舞《大武》，此皆天子之礼也”，亦是以乐括礼。

形成一门重要的学问——乐学，强调乐的社会功用，移风易俗，关乎教化。秦汉承其流衍、融汇各族，为大一统的政治服务。魏晋以降，乐文化逐渐让位于音乐文化，开始强调乐的审美享受。① 乐文化的历史演变，大致经历三个阶段：宗教—社会—艺术，从庙堂到江湖、从国家到个人，总体呈现由上至下的趋势，乐文化失去主流地位，乐学渐成绝学。尽管如此，“生民之道，乐为大焉”（《礼记·乐记》），乐之所生，本乎情性，乐的文化精神，其实并未沦落，反而变外显为内敛，熔铸成文化品格，浃肤藏髓，虽旷日弥久，其遗风余烈，尚犹不绝，这就是儒家乐教。儒家乐教思想，讲究审乐知政、中和之德，奠定华夏文化核心价值观，② 以内蕴化的方式，影响民族心理，持续发挥作用，具有深远的历史意义。“礼乐皆得，谓之有德”③，乐之教化功能，辅德启智、陶冶情性，时至今日，欲构筑和谐社会，诚由入之途，仍具有现实意义。

第二节 《乐经》的散佚与辑佚

一、《乐经》散佚原因

《乐经》散佚，与文本的特殊性质有关，首先需要分析《乐经》内容属于什么性质，想回答这个问题，要先从《乐记》说起。

《汉书·艺文志》分别著录“《乐记》二十三篇”、“《王禹记》二十四篇”，说明两书相异。“武帝时，河间献王好儒，与毛生等共采《周官》及诸子言乐事者，以作《乐记》，献八佾之舞，与制氏不相远。其内史丞王定传之，以授常山王禹。禹，成帝时为谒者，数言其义，献二十四卷记。刘向校书，得《乐记》二十三篇，与禹不同，其道浸以益微”。这段话要读仔细，“其道浸以益微”指的是《王禹记》。西汉《乐记》有两类版本，一是《王禹记》，来源

---

① 按：“郑卫之音”、“俗乐”，已存在审美享受倾向，但从思想上强调乐的独立审美价值，魏晋时期才真正确立。

② 按：和合文化是中华文化的总特征，张立文《和合学概论：21世纪文化战略的构想》（首都师范大学出版社，1996年），“‘和合’二字虽是‘自家体贴出来’，但实实在在地是中国文化源远流长的人文精神，是民族精神的活生生的灵魂”，张氏另有《和合哲学论》（人民出版社，2004年），阐释和合学的理论体系。

③ 《礼记·乐记》“礼乐皆得，谓之有德”，其后《乐记》自注“德者，得也”。

于河间献王刘德“与毛生等共采《周官》及诸子言乐事者，以作《乐记》”，这是刘德本《乐记》，而非古本《乐记》，“其道浸以益微”，原书早佚。一是刘向所得古本“《乐记》二十三篇”。又孔颖达《礼记正义》说：“《乐记》十一篇入《礼记》也，在刘向前矣。至《刘向》为《别录》时，更载所入《乐记》十一篇，又载余十二篇，总为二十三篇也。其二十三篇之目，今总存焉”。按此文义，《礼记·乐记》先于刘向已有成书，乃古本《乐记》之传本，自然“与禹不同”。又《史记·乐书》作者阙疑，未有定论，其所录《乐记》，与《礼记·乐记》并不尽同。两者前十一章内容大体相当，皆为古本《乐记》传本。余嘉锡《〈太史公书〉亡篇考》说“吾独爱其所录《乐记》，可正小戴《记》之误，且使已亡之古书，藉以多存二篇，是则深为可宝。不必以其非太史公之笔，遂耳食而议之也”。若详观之，《史记·乐书》多出的文字内容，恰好与古本《乐记》的“《奏乐》第十二，《乐器》第十三”（《礼记正义》引题）相合。《史记·乐书》与《礼记·乐记》，篇次不同，征引有异，当为古本《乐记》的不同传本，并非援引关系那么简单。也就是说，到西汉司马迁以后，补书之人仍得见古本《乐记》之一种传本，而《礼记·乐记》所据乃另一传本。这两种汉代传本的祖本，是先秦古本《乐记》。而且《乐记》所在《礼记》，本身就有古本、今本之分，陆德明《经典释文·序录》“《礼记》者，本孔子门徒共撰所闻以为此《记》”，并非始成书于汉儒。

“记书”体例，乃解经之属，门徒各记师说，撰集而成编。质言之，就是弟子的课堂笔记，有时还会加上个人感想，你一篇我一篇，去其重复，取其精义，汇编而成。先秦典籍形成，多有此种情况，《论语》之成书，即可作为类证。郭店出土战国中期楚墓竹简，保存有完好的单篇《缁衣》，也同样收入《礼记》，而且郭店简《性自命出》篇，在用语与思想上，与《乐记》关系密切。这些都说明《乐记》主体内容形成于先秦，与《乐经》存世时代相合。今本《礼记·乐记》有天人感应的思想元素，出自汉儒“再造”古籍，但不影响古本《乐记》的主体内容仍然保存其中。

“记”，有疏记的意思，作为书名，是解释经书的一种体裁。“经传”通常连言，“传”是用来解“经”的，如《易传》等，人所熟知。“记”也就是“传”，后来统称为“记传”，如《后汉书·卢植传》“并在东观，校中书五经、记传”。“记传”倒文为“传记”，若将人比作“经”，解说其生平事迹，则犹如解经，所以后世又有“传记”体。“记”既然用来解“经”，那么《乐记》就可能用来解读《乐经》，这是从逻辑上推论。接下来我们要看看，《乐记》

是否具有记书的体例，即解经的特点，如果有，那么《乐记》所解读的对象，就应当是《乐经》。从《乐记》的解读之中，我们也可以探知《乐经》内容的性质，到底是否成书，在《乐经》失传的条件下，这是唯一可行的办法。

观《乐记》本文，多类记书体例：1. 凡“音之起，由人心生也”，“凡音者，生人心者也”，“凡音者，生于人心者也”；“是故先王之制礼乐，人为之节”，“是故先王之制礼乐也，非以极口腹耳目之欲也”。若是整篇呵成，不当如此反复其辞，此乃解读笔记之汇集，故呈斯状；2. “《大章》，章之也。《咸池》，备矣。《韶》，继也。《夏》，大也。”“作者之谓圣，述者之谓明。明圣者，述作之谓也。”“礼乐皆得，谓之有德。德者，得也。”辅翼经文，解释经义，通晓训诂，语意直接，有明显的解读意味。3. “故曰：‘乐者，乐也。’君子乐得其道，小人乐得其欲。”“君子以好善，小人以听过。故曰：‘生民之道，乐为大焉。’”“故德辉动于内，而民莫不承听，理发诸外，而民莫不承顺。故曰：‘致礼乐之道，举而错之，天下无难矣。’”“使亲疏、贵贱、长幼、男女之理皆形见于乐，故曰：‘乐观其深矣。’”可见《乐记》的解“经”痕迹，诸所引述，极可能属于《乐经》遗文。

且《乐记》末尾注明“《子贡问乐》”，孙希旦《礼记集解》说：“此篇题之名。古书篇题多在篇末，此十一篇盖皆有之。先儒合十一篇为一篇（经汉儒编辑），而删去其每篇末篇题之名，独此失于删去，故尚存耳。”由此可知，《乐记》并非铁板一块，而是汇集成篇，这正是记书的特征。又《乐记》记载有“魏文侯问于子夏”，“宾牟贾侍坐于孔子”，“子赣见师乙而问焉”，这些属于师弟问难，学者探讨，兼及采访乐师，皆为论乐文字。《乐记》将其置于篇末，以作附录，补充经文，诠释经义。先秦典籍，有“记”则有“经”，无“经”，“记”从何来？因此《乐记》当有所承系、有所依凭，古本《乐记》存在解读《乐经》的内容。

上文已论，先秦实有“六经”之说，都是以书籍来看待的。先秦“乐”之存在形态，是歌、舞、乐三位一体的乐舞，据此是否就可以推导出乐经是乐舞呢？《乐经》内容会涉及乐舞，但是说其本身就是乐舞，现在看来，恐怕不太妥当。“德成而上，艺成而下”（《乐记》），声音、乐舞之节属于技艺，而技艺是靠师徒亲身传授的，古代重德轻艺，《乐经》作为先秦经典，其中记载的内容，应当是乐之义理体制，从《乐记》通篇不讲具体的乐奏舞步，可以逆探《乐经》内容的性质，主要是讲“乐德”（《周礼·大司乐》）与乐制，发挥理论指导与行为规范作用，兼及乐律技艺等内容。

最后谈谈《乐经》何以失传？上古乐舞作为综合艺术，脱胎于巫术祭舞，是元文化体，可谓上古文化大宗，具有历史教育职能，“君子于是语，于是道古”（《乐记》），可以作为社会史的教本。我国六代之大舞①、西方荷马之史诗，一为拟态象意、一为浪漫叙事，功用其实近似，从这种意义上讲，六代乐舞具有上古史诗的性质，而且比史诗更加生动、更富感染力。《韶》、《武》为历代儒家推尊，正由于乐舞内容，可以发思古之幽情，起到凝聚族群、巩固王权的社会功能。随着历史的演进，各项制度逐渐健全，特别是秦汉以后，政府的控制力大为加强，冠冕黼黻、仪仗法驾、高阶峻殿，俱以齐备，王者威灵，于斯尽显，不再仅仅借助乐舞凝聚族群、巩固王权。而史学观念的早熟，使文字记载的历史占据主流，远古历史也逐渐形诸文字。古乐肩负的社会职能，被一一划分出去，只剩下乐舞仪式的躯壳，后世作乐者，徒示正统而已。古乐内容趋于离析，这是自身性质使然，即便《乐经》文本免遭焚燹，也难逃最终散佚的命运。

《乐经》规定乐制，各级贵族用乐规制具有等差性。周室东迁，王纲解纽，实权贵族兴起，不满原有分封待遇，自我僭越，提升等级，在用乐规制上突破爵位限制，如春秋鲁国季氏“八佾舞于庭”，孔子认为“是可忍也，孰不可忍也?”（《论语·八佾》）正是这一现象的写照。而此时若有《乐经》的明文规定，以经典的地位时刻提醒，实权贵族如芒在背，于是“皆去其籍”，采取文化放逐政策，《乐经》已被打入“冷宫”。后来秦始皇焚书，其实只起到推波助澜的作用，使民间藏书遭受浩劫，政府藏书犹存。到秦末刘邦入咸阳，萧何只关心秦丞相、御史的“律令图书”，即法令规章与图籍文书，紧接着项羽又一把火，焚烧秦都咸阳，政府藏书也付之一炬。

---

① “乐舞”，朱载堉《乐学新说》解说“舞以乐为节”。按：周人全面继承前代乐舞，再加上自己周民族的创业史诗性乐舞，整理为六代之乐，即黄帝、尧、舜、禹、汤、周武王六代的乐舞，《周礼·春官·大司乐》“以乐舞教国子，舞《云门大卷》、《大咸》、《大磬》、《大夏》、《大濩》、《大武》”，《周礼·地官·大司徒》“以六乐防万民之情，而教之和”，郑玄注引郑司农“六乐，谓《云门》、《咸池》、《大韶》、《大夏》、《大濩》、《大武》”。“六乐”最终成为周代乐舞的主体，所以说研讨周代乐舞，必须从远古乐舞谈起，方能得其门而入。《吕氏春秋·古乐》“故乐之所由来者尚矣，非独为一世之所造也”，乐的由来相当久远，不单单是哪一个时代所创制。上古乐舞历代累积，每个时代在继承与修订前代乐舞的基础上，再创制自己时代的乐舞，如此继承与创作相结合，实现积淀的发展，形成上古文化的独特传承方式。而且，孔子“述而不作，信而好古”之观念（实际上是寓作于述，后世经学传统的形成，即昉于此），董仲舒“先圣为后世立法”之理论，其思想来源，亦与此相关，值得注意。

汉初诸经复出，何故《乐经》独无？秦汉九卿官制，设太常（秦代称奉常，奉尝之义）辖太乐、少府辖乐府，《乐经》有关律数技艺的内容，有太乐、乐府机构专司其事，乐官家族世守其业，历代相沿，乐学遂得以浴火重生，甚或《乐经》内容以这种方式存留，而不为学者所知。《乐经》有关义理体制的内容，汉代已有《大司乐》、《乐记》传世，备载乐教，论述精醇，可谓名佚而实不佚，此亦铸成《乐经》文本反而湮没无闻。回顾《乐经》失传的缘由，既有自身性质的必然原因，也遭遇到历史的偶然因素，两相叠加，最终造成经学史上一大阙典。

二、《乐经》佚文考辨

古本《乐经》虽然亡佚，但清代辑佚名家辈出，集历代研究之大成，如王谟、马国翰皆有辑佚成果，他们搜集的内容，是古本真迹抑或后世补作，至今鲜有论者，逐条考证，以辨真伪，庶几重现上古遗珍。

如王谟《汉魏遗书钞·经翼钞·经翼二》：“按《乐经》本亡，书无可掇拾，《隋志》亦不著撰人姓名。今姑据《论衡》作阳城子长撰，并从《困学纪闻》说，钞出《书大传》一条，《周礼疏》二条，《续汉志》二条，《白虎通》二条。”（《汉魏遗书钞》金溪王氏钞本，《乐经》序录）又马国翰《玉函山房辑佚书·经部·乐类》：“李厚庵（即李光地）相国有《古乐经传》五卷，取《周礼·大司乐》以下二十官为经，与《汉志》不合，不敢采入。”（《玉函山房辑佚书》嫏嬛馆补校本，经部乐类序）至夫辑佚所得，将作逐条考证，以明其旨。

考古《乐》遗文，《大司乐》一章，传世最早。《汉书·艺文志》：“六国之君，魏文侯最为好古，孝文时得其乐人窦公，献其书，乃《周官·大宗伯》之《大司乐》章也。”唐代杜佑，更彻底直接，径以《乐经》指称《大司乐》，《通典·乐七》：“《周礼》曰‘以乐德教国子：中、和、祗、庸、孝、友’，其国子诸生请教，而《乐经》同于礼传，则人人知礼，家家知乐，自然风移俗易，灾害不生。其《乐经》章目虽详，稍乖旨要，请委通明博识修撰讫，然后颁下。”

《孟子·万章下》：“孔子之谓集大成。集大成也者，金声而玉振之也。金声也者，始条理也；玉振之也者，终条理也。始条理者，智之事也；终条理者，圣之事也。”《礼记·中庸》有“振河海而不泄”，郑玄注“振犹收也”。朱熹《孟子集注》“故并奏八音，则于其未作，而先击镈钟以宣其声；俟其既阕，而后击特磬以收其韵。宣以始之，收以终之，二者之间，脉络通贯，无所不备，则合众小成而为一大成。犹孔子之知无不尽而德无不全也”。钟、磬成组，谓之编钟、编磬，钟、磬特悬，即单独悬挂，谓之镈钟、特磬。“金声玉振”，谓以镈钟发声，以特磬收韵，奏乐从始至终。考诸文意，乃喻有始有终，皆具条理。朱熹《孟子集注》：“金声玉振，始终条理，疑古《乐经》之言。故兒宽云：‘惟天子建中和之极，兼总条贯，金声而玉振之。’亦此意也。”朱熹视作古《乐经》，未详所据。《朱子语类》卷五八：“兒宽亦引金声、玉振，欲天子自致其知。是时未有《孟子》之书，此必古曲中有此语。非孟子知德之奥，焉能语此！”① 兒宽处汉武之世，朱子言“是时未有《孟子》之书”，说法有误。董仲舒《春秋繁露》卷十《深察名号》、《实性》，卷十六《循天之道》，皆引及《孟子》，是时已有其书，甚为明了。

除上文所辨以外，唯余四条，吉光片羽，屈指可数。1.《尚书大传》卷一引《乐》：“舟张辟雍，鸧鸧相从，八风回回，凤凰喈喈。”2.《后汉书·律历志》刘昭注：“东汉章帝建初二年七月，太常乐丞鲍邺上言，引《乐经》曰：‘十二月行之，所以宣气丰物也。月开斗建之门而奏歌其律。’”3.《周礼·考工记·磬氏》贾公彦《疏》：“案《乐》云‘磬前长三律，二尺七寸；后长二律，尺八寸’。”4.《三礼图集注》卷五：“《旧图》引《乐经》云‘黄钟磬前长三律，二尺七寸；后长二律，尺八寸’。”上引诸条，古《乐》之遗文欤？抑或后世拟经之余绪欤？考证如下。

《后汉书·律历志》刘昭注引《薛莹书》记东汉章帝建初二年七月，太常乐丞鲍邺等上乐事言时提到：“《乐经》曰‘十二月行之，所以宣气丰物也。月开斗建之门而奏歌其律。’”古时以北斗运转计算月令，斗柄所指之辰，谓之斗建。如正月指寅，为建寅之月，二月指卯，为建卯之月，依次类推。鲍邺身处东汉，引文乃阳成子长所作《乐经》，王应麟《困学纪闻》卷五阎若璩注，亦主此说，系汉代补作。

《周礼·考工记·磬氏》贾公彦《疏》：“案《乐》云‘磬前长三律，二尺七寸；后长二律，尺八寸’。”② 聂崇义《三礼图集注》卷五：“《旧图》引《乐经》云‘黄钟磬前长三律，二尺七寸；后长二律，尺八寸’。”与贾《疏》相较：一为“《乐》云”，一为“《乐经》云”；聂书所引，首有“黄钟”二字，余皆相同。可见两引出自一处，聂氏晚于贾氏，当是转引关系。至于贾公彦

① 黎靖德编，王星贤点校：《朱子语类》卷五八《万章下·伯夷目不视恶色章》，中华书局，1986年，第1370页。

② 按：此“律”乃律长之义。此处记载，以律长九寸计之，故二律为一尺八寸，三律为二尺七寸。

所引《乐》，因为李玄楚生卒年代，史文阙载，无由比较李玄楚与贾公彦之先后关系。因此贾氏所引《乐》文，有两种可能：一是汉代阳成子长所补《乐经》，二是唐代李玄楚所补《乐经》。①

《尚书大传》卷一引《乐》："舟张辟雍，鸧鸧相从，八风回回，凤凰喈喈。"《尚书大传》，伏胜所述，伏胜早于司马迁，《史记·袁盎晁错列传》记载："孝文帝时，天下无治《尚书》者，独闻济南伏生故秦博士，治《尚书》，年九十余，老不可征，乃诏太常使人往受之。太常遣错受《尚书》伏生所。""伏生"即伏胜，"生"，儒生也。汉文帝之时，伏胜已年逾九旬，故曰伏胜早于司马迁。又阳成子长曾经续补《史记》(《后汉书·班彪列传》李贤注)，其时代当晚于司马迁，是以可知，伏胜远早于阳成子长，也就是说，《尚书大传》所引《乐》文，不可能出于阳成子长所补《乐经》。由是可见，此处引文来源较早，与后世补作无涉，可能出自古《乐》遗文。"舟张辟雍，鸧鸧相从，八风回回，凤凰喈喈"，细审引文，表而出之，抽丝剥茧，试作考辨。

"舟张"，通"周章"，周流往来貌。"辟雍"，《礼记·王制》"大学在郊，天子曰辟雍，诸侯曰頖宫"，班固《白虎通·辟雍》"天子立辟雍何？所以行礼乐宣德化也。辟者，璧也，象璧圆，又以法天，于雍水侧，象教化流行也"，即城郊之学宫。屈原《九歌·云中君》"龙驾兮帝服，聊翱游兮周章"，意指驾车周游，与"舟张辟雍"相较，尤足相发。所谓"舟张辟雍"，盖驾车前往城郊之学宫，以行礼乐之事。《诗经·大雅·灵台》"于论鼓钟，于乐辟雍"，《庄子·天下》"文王有辟雍之乐"，是以辟雍学宫可以奏乐，则"辟雍"又可作乐名。

"鸧"，本为鸟名，摹其声鸣而通"锵"，故"鸧鸧"可作象声词②，指金属撞击声。《诗经·商颂·烈祖》："约軧错衡，八鸾鸧鸧。"郑玄《笺》："其鸾鸧鸧然，声和。"陆德明《释文》："鸧，七羊反，本又作锵。""八鸾鸧鸧"，"鸾"通"銮"，本指结在马衔上的铃铛，《诗经·小雅·蓼萧》"和鸾雍雍，万福攸同"，毛传"在轼曰和，在镳曰鸾"。古人驾车，一车四马，称为"驷"，每马镳端可系两铃，四马八铃，谓之"八鸾"。《诗经·小雅·采芑》"约軧错衡，八鸾玱玱"，又《诗经·大雅·烝民》"四牡彭彭，八鸾锵锵"，"鸧鸧"、"玱玱"、"锵锵"，古音通假，皆属象声词。所谓"鸧鸧相从"，"从"

① 此处涉及《乐经》补作简史，详见本章第四节"《乐经》研究文献概览"。

② 按：《尚书·益稷》："鸟兽跄跄，箫韶九成，凤皇来仪。""跄跄"、"鸧鸧"、"锵锵"，亦通。

亦是拟声。宋玉《九辩》"前轻輬之锵锵兮，后辎乘之从从"，朱熹《集注》"锵锵从从，皆其鸾声也"，可以为证。由是可知，"鸧鸧相从"乃模拟铃声。

所谓"八风回回"，"八风"，可指八方之风，如《吕氏春秋·有始》、《淮南子·墬形》，此处当指"八音"，《左传·襄公二十九年》有："五声和，八风平。"王引之《经义述闻》卷一八："古者八音谓之八风。襄二十九年《传》：'五声和，八风平。'谓'八音克谐'也。"《尚书·尧典》："八音克谐，无相夺伦，神人以和。"此"八音"，指各种不同材质的乐器。"回回"，乃纡回曲折貌，此处与"八音"相配，是乐声描述之辞。

所谓"凤凰喈喈"，"凤凰"指车，因以凤凰为饰，故名之。《汉书·扬雄传上》："于是乘舆乃登夫凤皇兮翳华芝。"颜师古注："凤皇者，车以凤皇为饰也。""喈喈"，亦与"鸧鸧"相类，本指鸟鸣声，而用以模拟铃声。《诗经·大雅·烝民》"四牡彭彭，八鸾锵锵"，又曰"四牡骙骙，八鸾喈喈"，即是明证。"凤凰喈喈"之搭配，源于《诗经·大雅·卷阿》"凤皇鸣矣，于彼高冈。梧桐生矣，于彼朝阳。菶菶萋萋，雍雍喈喈。君子之车，既庶且多。君子之马，既闲且驰"。其由鸟鸣而车声，荦荦可见。

无论是"喈喈"，还是前面的"鸧鸧"、"锵锵"，都既可摹铃声，又可指乐声，如《诗经·周颂·执竞》"钟鼓喤喤，磬筦将将"，《诗经·小雅·鼓钟》"鼓钟将将，淮水汤汤"，"鼓钟喈喈，淮水湝湝"。其原因当是铃、钟同类，铃似小钟，本身既能作车饰，又可作乐器，故"舟张辟雍，鸧鸧相从，八风回回，凤凰喈喈"，既状行车之态，更指其铃声合于音律。铃声合于音律，即有所节，以合于中和之德。所以"喈喈"又可指融洽、和洽，如《尔雅·释训》"廱廱喈喈，民协服也"。君子以玉比德，《诗经·秦风·小戎》"言念君子，温其如玉"，《礼记·聘义》载孔子曰"夫昔者君子比德于玉焉"，这使我想起古代佩玉制度，立意与此相近。《礼记·玉藻》："古之君子必佩玉，右徵角、左宫羽，趋以《采齐》、行以《肆夏》，周还中规、折还中矩，进则揖之、退则扬之，然后玉锵鸣也。故君子在车则闻鸾和之声，行则鸣佩玉，是以非辟之心无自入也。"《大戴礼记·保傅》："上车以和鸾为节，下车以佩玉为度。"由此可见，"舟张辟雍，鸧鸧相从，八风回回，凤凰喈喈"，文义蕴藉，符合儒家乐教思想，体现中华古乐精神，其语势甚古，当属《乐经》遗文。

第三节　历代学者对《乐经》的研究

《乐经》失传既久，后世遽兴疑义，论者纷纭，莫衷一是。撮其旨要，可分三派：一曰《乐经》原无其书；二曰《乐经》古存而今亡；三曰《乐经》实未亡佚。有无之间，存佚之际，各执一端，聚讼不已。征诸文献，条其流别，三派论点，不外十说；寻根溯源，绎其论撰，综合考定，著者29家。今条举众说，以类相从；辨章流别，以明异同。《乐》学之历史，研究之概略，庶几在此。

一、"原本无书"派

1. "《乐》归于《诗》"说，以林岊、叶时、刘濂三家为代表

林岊以《乐》括《诗》。《毛诗讲义·诗序一》："《诗》者，太平之《乐经》"，"所谓太平《乐经》之外，无《诗》也"，"大师之编《乐经》，以王者之风系附于《周南》国风而为第一卷，又以诸侯之风系附《召南》国风而为第二卷，此以其次第之序而附之也"，又曰"而《序》(《毛诗大序》)者之意，第言'先王'，恐主乎治世之《诗》，指成周盛时而言。若乱世之《诗》，变《风》变《雅》存为鉴戒，亦本乎先王以《诗》教天下之意也"，"治世之《诗》，祭祀、宾客、燕居、出入，弦诵而歌吹之，可以正君臣民物之得失，动乎天地，感乎鬼神"。①由此可见，林氏认为"太平之《乐经》"即"治世之《诗》"。"大师"属于乐官，"大师之编《乐经》"，则是以《乐》括《诗》，《诗》乃《乐》之词句，故曰"所谓太平《乐经》之外，无《诗》也"。

叶时以《诗》括《乐》。朱彝尊《经义考》卷一六七引叶时，"世儒尝恨六经亡乐书，然乐不可以书传也。何则乐有《诗》而无书，《诗》存则乐与之俱存，《诗》亡则乐与之俱亡。《诗》也者，其作乐之本与？乐由《诗》作，故可因《诗》以观乐，无《诗》则无乐矣"。叶氏主张，乐是《诗》的曲调，乐本乎《诗》而作。上古之时，乐由人传，故曰"乐不可以书传也"。言下之意，以乐谱技法视之，这是以《诗》括《乐》。

刘濂主张《乐》、《诗》一书。《乐经元义》卷一"六经缺《乐经》，古今有是论矣。愚谓《乐经》不缺，《三百篇》者，《乐经》也。"这是认为《乐》、《诗》无别，《乐》即《诗》、《诗》即《乐》，本是一书。乐、诗、舞三位一体，所以乐与诗联系甚密，此仅就存在形式而言。但是，联系甚密并非浑然无别，曲调难以书传，固所难免；古乐制度、乐教思想皆可书传，亦不可混为一谈。

---

① 文渊阁《四库全书》本，台北：商务印书馆，1986年影印，上海古籍出版社重印。稀见古籍，若无另注，皆指此本。

2．“《乐》附于《礼》”说，以盛世佐为代表

盛世佐《仪礼集编·卷首下·纲领·论逸礼》：“《仪礼》有《士冠礼》、《士昏礼》，戴《记》则有《冠义》、《昏义》；《仪礼》有《乡饮酒礼》、《乡射礼》、《大射礼》，戴《记》则有《乡饮酒义》、《射义》；以至《燕》、《聘》皆然。盖周末汉初之人作以释《仪礼》而戴氏抄以入《记》者也”，又曰“世之所传‘三礼’，曰《周礼》、曰《仪礼》、曰《礼记》，其实《礼记》乃《仪礼》之传，《仪礼》乃《周礼》之节文，而‘三礼’之要则在乎吉、凶、军、宾、嘉五礼之别也。”盛世佐又引郝敬曰“读《礼》者固执不通，遂谓天子诸侯礼亡，亦犹夫《礼经》存而《乐经》亡之陋说也”。认为“《礼记》乃《仪礼》之传”，循此以推，《乐记》入《礼记》，则《乐记》乃《乐经》之传，《乐经》即《仪礼》之佚文。

3．“《乐》析入《诗》、《礼》”说，以纪昀为代表

《四库全书总目·经部·乐类序》：“大抵乐之纲目具于《礼》，其歌词具于《诗》，其铿锵鼓舞则传在伶官，汉初制氏所记，盖其遗谱，非别有一经为圣人手定也。”这是兼取“归《诗》”、“附《礼》”两说，以作调和之论而已。

二、“古存而今亡”派

1．“春秋诸侯毁弃”说，以韩邦奇为代表

韩邦奇《苑洛志乐·周乐》：“惟《礼》、《乐》之书，当春秋之诸侯僭窃，皆去其籍，未经秦火之前，固已难考矣。而乐之一事，当时列国但用新声，古乐弃而不用，是礼、乐二事比之他经，其残缺固甚，而乐之一事，比之礼尤甚。汉儒得其影响而附会之，然汉儒之学亦不可及。”为什么说“春秋之诸侯僭窃，皆去其籍”？此谓《礼》、《乐》皆制度书籍，明尊卑之等级，彰成文之规定，子产铸刑鼎，其用意近之（可参见《左传·昭公六年》），诸侯欲行僭越，享天子之秩，故去其籍。

2．“秦焚亡《乐》”说，以《文心雕龙》、《宋书》、《隋书》、《新唐书》、陈旸《乐书》五家为代表

《文心雕龙·乐府》：“秦燔《乐经》，汉初绍复，制氏纪其铿锵，叔孙定其容与”，“瞽师务调其器”，“君子宜正其文”，刘勰认为《乐经》内容，应当包括曲调（“制氏纪其铿锵”）、舞容（“叔孙定其容与”）、器用（“瞽师务调其器”）、辞章甚或乐教思想（“君子宜正其文”）。

《宋书·乐志》：“秦焚典籍，《乐经》用亡。汉兴，乐家有制氏，但能记其铿锵鼓舞，而不能言其义”，曲调舞容尚遗，《乐经》亡而乐义失传，这是

说《乐经》乃乐义之书。《隋书·音乐志》:“沈约奏答曰:‘窃以秦代灭学,《乐经》残亡。’”《新唐书·艺文志》“自‘六经’焚于秦而复出于汉,其师传之道中绝,而简编脱乱讹缺,学者莫得其本真,于是诸儒章句之学兴焉”,认为秦代灭学,《乐》罹秦火,遂致亡佚。术数技艺之书,既不在焚毁之列,则《乐经》原非器用谱录,当有儒家思想存焉,由此可见,沈约诸人视《乐》为义理之书。

陈旸《乐书·乐图论·俗部·歌》:“晚周风衰雅缺,而妖淫靡曼之声蜂起并作,遭秦苛暴,《乐经》放失”,《乐书·乐图论·雅部·八音》“《乐经》之亡久矣,其遗音余韵,虽夺于殽乱之众言,然质诸他经,亦可少概见矣”,陈旸认为,“妖淫靡曼之声,蜂起并作”,加之“遭秦苛暴”,遂致“《乐经》放失”;又说《乐经》虽亡,“然质诸他经,亦可少概见矣”。《乐经》载正声雅乐,与“妖淫靡曼之声”相对;其书亦明乐理教化,故质诸他经,亦可概见。由此可知,陈氏视《乐经》为载谱录、明义理之书。

3.“乐谱无用致佚”说,以吴澄、徐师曾、周琦、陈启源四家为代表

吴澄《礼记纂言》卷三六:“《礼经》之仅存者犹有今《仪礼》十七篇,《乐经》则亡矣。其书疑多是声音、乐舞之节,少有辞句可读诵记识,故秦火之后无传,诸儒不过能言乐之义而已。”

朱彝尊《经义考》卷一六七引徐师曾“古有《乐经》,疑多声音、乐舞之节,而无辞句可读诵记识,故秦火之后无传焉”。综合可见,徐氏承袭吴氏之说。辨吴氏之说,《乐经》既多为“声音、乐舞之节”,则不当“秦火之后无传”,技艺之书,秦火弗及。历代“重德轻艺”①,《乐经》若为艺书,不焚亦亡;诸儒既能言乐之义,何谓《乐经》仅为“声音、乐舞之节”?所以此说值得商榷。

周琦《东溪日谈录·经传谈》:“《乐经》既亡,独《乐记》不亡,可见《乐经》是记声音、乐舞之节,非文辞可读之书,秦火之后,汉儒不收矣。”秦火之后,汉儒收拾烬余,《乐》乃儒家重典,若有遗存,岂敢轻废?可见并非“汉儒不收”。由此观之,无外二端:一则其书已佚,汉儒欲收无由;二则汉儒所收,亦经后世窜乱而亡佚。

陈启源《毛诗稽古编》卷九:“况声者,乐也。词者,诗也,无词则非诗矣。纵有谱当入《乐经》,或附见《礼记》,不当与《雅》篇并列矣。”《毛诗稽古编》卷二五“诗篇,皆乐章也。然诗与乐实分二教”,“故序《诗》者,

① 《礼记·乐记》:“是故德成而上,艺成而下,行成而先,事成而后。”

止言作诗之意，其用为何乐则弗及焉”，“意歌诗之法，自载于《乐经》，元无烦序《诗》者之赘。及《乐经》已不存，则亦无可考矣”。陈氏说“有谱当入《乐经》”，不等于《乐经》尽属乐谱。而且“歌诗之法”，亦难以谱录尽传之，其思想意蕴，如何传达，必藉文字解说，方可了然。

三、“实未亡佚”派

1.“《大司乐》为《乐经》”说，以柯尚迁、朱载堉、黄佐、朱彝尊、张照、《御制律吕正义后编》六家为代表

柯尚迁《周礼全经释原·卷首·全经纲领》：“古之《乐经》存于《大司乐》，其五声、六律、八音，《大师》以下备详其制，而六列三宫之歌奏，则六代之乐咸备焉。愚既取汉太史之所传授，宋朱、蔡之《新书》，及近代明乐之著作，详具于《大司乐》之中矣。”柯氏是从律学史角度辨析，“汉太史之所传授”，指司马迁《史记·律书》；“宋朱、蔡之《新书》”，指蔡元定《律吕新书》。以上诸书所言乐学，皆为后世所重，而其大要，如通用术语、基本原理、核心思想等，已“详具于《大司乐》之中矣”。揆诸学术史，可证《大司乐》乃后世乐书之祖。至夫“古之《乐经》存于《大司乐》”，两者学脉相承，洵深造有得之论。后世刘师培诸人，引而申之，观点颇似柯氏。

朱载堉《乐学新说·卷首》“汉时窦公献古《乐经》，其文与《周官·大司乐》同，然则《乐经》未尝亡也”①，可与《汉书·艺文志·六艺略》参照，“六国之君，魏文侯最为好古。孝文时得其乐人窦公，献其书，乃《周官·大宗伯》之《大司乐》章也”，两处相互发明，《大司乐》章当为先秦旧作。

朱彝尊《经义考》卷一六七引黄佐“凡此皆《大司乐》成均之法也。孰谓五经具在而《乐》独无传耶？矧夫歌奏相命，声变成方，虽谓之《乐记》之经可也”，此处还有朱彝尊按语“《周官》‘成均之法’，所以教国子‘乐德’、‘乐语’、‘乐舞’三者而已。‘乐德’则《舜典》‘命夔教胄子’数言已括其要；‘乐语’则《三百篇》可被弦歌者是；‘乐舞’则铿锵鼓舞之节，不可以为经。乐之有经，大约存其纲领，然则《大司乐》一章即《乐经》可知矣。《乐记》从而畅言之，无异《冠礼》之有《义》，《丧服》之有《传》，即谓《乐经》于今具存可也”。《大司乐》既以官名作为书名，此书必是此官所守之书，极可能就是《乐经》之遗文。细玩《大司乐》之文，古乐已由具体

① 《乐律全书》卷二五。

实践上升到理论层面，《乐经》文本理应出现在相近时代。①

《清通典》卷六七引张照《回奏乐律札子》“《乐经》曰‘以乐德教国子：中、和、祗、庸、孝、友；以乐语教国子：兴、道、讽、诵、言、语；以乐舞教国子：舞《云门》、《大咸》、《大韶》、《大夏》、《大濩》、《大武》’”，张氏引述，乃《周官·大司乐》原文，径以《乐经》称之，因此可知，张照接受前人成说，视两者为一。亦可见此说流布，洵广且深，是当时学界的共识。

《御制律吕正义后编·乐制考一》：“汉文帝时得魏文侯乐工窦公，年一百八十岁，出其本经一篇，即今《周官·大司乐》章，则知此篇乃古《乐经》也。《周官》一书，宋儒以为周公天理烂熟处，然其间王莽、刘歆所纂入者亦复不少。独《大司乐》自孝文时已显于世，其为古书无疑。历代制乐莫不取衷，‘君子于是语，于是道古’（《礼记·乐记》），诚不得舍是而他求也。”关于“窦公”，《汉书·艺文志·六艺略》颜师古注，引桓谭《新论》：“窦公年百八十岁，两目皆盲，文帝奇之，问曰：‘何因至此？’对曰：‘臣年十三失明，父母哀其不及众技，教鼓琴，臣导引，无所服饵。’”齐召南《汉书艺文志考证》、顾实《汉书艺文志讲疏》，皆考证窦公二百余岁，张舜徽《汉书艺文志通释》“窦公之年，以时考之，当不止百八十岁，昔人早有辨证，学者于此等处，但知其老寿即可，不必深究也”，“乐人但得《大司乐》章，即足以精理其事，故窦公守之勿失。有此一事，可证《周官》非西汉末年刘歆所伪撰也”。窦公年岁，盖欲神其人而言之，如此类例，古籍屡见，不足嗔怪，故曰“学者于此等处，但知其老寿即可，不必深究也”。因其老寿而遽疑其人，未足取也。“窦公”在汉文帝时献书，其人既老寿，生于先秦之世，应无疑义。窦公所守之书，乐人得之则“足以精理其事”，其成书时间又当更早，定为先秦旧籍，亦为妥当。至于其人身世，是否果为魏文侯时乐工，可另当别论，内涵史事，学者宜深措意焉。

2. “《大司乐》以下二十官为《乐经》”说，以张凤翔、李光地二家为代表

《四库全书总目·经部·乐类存目》：“《乐经集注》二卷，明张凤翔撰。……是书取《春官·大司乐》以下二十官为《乐经》。谓汉窦公献古《乐经》，文与《大司乐》合，是其明证。”这其实是依据上说“或径视作《周礼·大司乐》”，推衍所致，将《周礼·春官》涉乐职官，统而括之，遂“取《春官·大司乐》以下二十官为《乐经》”。

① 详见本章第一节。

李光地《古乐经传》卷一：“《乐经》，《汉书》文帝时得魏文侯乐工窦公，年一百八十岁，出其本经一篇，即今《周官·大司乐》章，则知此篇乃古《乐经》也。”《四库全书总目·经部·乐类》“《古乐经传》五卷，国朝李光地撰”。“是书取《周礼·大司乐》以下二十官为经，以《乐记》为之传；又有《附乐经》、《附乐记》，统为五卷”。李光地认为，“以《乐记》为之传”，考李氏此说，明代周琦《东溪日谈录·经传谈》“《乐经》既亡，独《乐记》不亡”，已隐含其义。其书“又有《附乐经》、《附乐记》”，乃博采经传涉乐之文，辑而成之，此法宋代陈旸已倡于前，陈氏有《乐书》，《乐书·乐图论·雅部·八音》言道，“《乐经》之亡久矣，其遗音余韵，虽夺于殽乱之众言，然质诸他经，亦可少概见矣”。

3. “《乐记》为经”说，以丘浚、梁斗辉、何乔新三家为代表

丘浚《大学衍义补》卷三七：“所谓六经者，《易》、《书》、《诗》、《春秋》、《礼》、《乐》也。今世《乐经》不全，惟见于戴《记》中之《乐记》。”丘氏说“《乐经》不全”、“惟见于戴《记》中之《乐记》”，考其本义，径视《乐记》为古《乐经》遗篇。

朱彝尊《经义考·群经十二》，著录梁斗辉《十二经纬》9卷，引斗辉自序曰：“孔子删述六经，自五经分而《乐经》仅存一篇，以附《礼记》，全书阙焉。”梁斗辉认为，《乐经》“全书阙焉”，《乐记》是其遗篇，“以附《礼记》”而存于后世。孔子之时，《乐经》是否成书，当审考之，此不赘述。至夫《乐记》与《乐经》，不可不分论之。若言两者学脉相承，余谓可也；倘论《乐记》为《乐经》之一篇，尚待确证。

何乔新《椒邱文集·策府十科摘要·经科》：“乐书虽亡，而杂出于‘二礼’者犹可核也。《乐记》一篇可以为《乐经》，而陈旸《乐书》亦可删其繁芜以附于后，他如宋之《景祐乐记》、房庶之《乐书补亡》、蔡元定之《律吕新书》、吴仁杰之《乐舞新书》皆参考以辅翼之，庶乎可以补乐书之阙矣。”何氏说“乐书虽亡”、“《乐记》一篇可以为《乐经》”，仅以学理论之，两者渊源有自，关系甚密，以《乐记》诸书补《乐经》之缺，非谓《乐记》即《乐经》篇章。细玩其辞，“可以为”三字，已道明此中真味。

4. “附见他经”说，以孙奇逢、秦蕙田、毛奇龄三家为代表

孙奇逢《四书近指》卷七：“《诗》、《礼》，《乐经》也。而‘兴’、‘立’、‘成’，① 则学者之心也。故曰六经皆吾心之载籍，吾心有感发于诗焉，兴之；

① 即《论语·泰伯》：“兴于《诗》，立于礼，成于乐。”

吾心有把握于礼焉，立之；吾心有趣味于乐焉，成之。高者为圣贤，下者不失为吉士，是在穷经者自得之耳。”孙氏以心学角度，认为“《诗》、《礼》，《乐经》也”，此亦调和之说，创造之处在于，他人或归之于《诗》、或附之于《礼》，要之皆视《乐》未有成书；而孙氏此说，将《诗》与《礼》归入《乐经》，这应该是受到孔子“成于《乐》”的影响，继而有所发展。

秦蕙田《五礼通考》卷七五：“愚则谓《乐经》不亡，官具于《周礼》，义存于戴《记》，而歌备于《三百篇》，皆乐之经也，所亡者特其谱耳。苟能合诸经、传、记而精考之，古乐亦复了了可寻”。秦氏所谓“《乐经》不亡”者，名亡而实未亡。《乐经》其书虽佚，“苟能合诸经、传、记而精考之”，上古乐制，犹可寻也。考诸《四库全书总目·经部·乐类序》，“大抵乐之纲目具于《礼》，其歌词具于《诗》，其铿锵鼓舞则传在伶官，汉初制氏所记，盖其遗谱，非别有一经为圣人手定也”，虽然述法相近，然而立足全异，《四库全书总目》以《乐》原无书言之，秦氏则以《乐》本有书立论。

毛奇龄《竟山乐录》卷一：“（毛万龄）‘二八四上，古《乐经》也，汝知之乎?’臣寤而大惊，急取《大招》，谛视之，‘二八’者，人声也，人声十六，二八十六声也。‘四上’者，笛声也。《笛色谱》曰‘四、上、尺、工、六，为宫、商、角、徵、羽。四、上，宫与商也’。”日有所思，夜有所梦，毛氏旁讨多方，揣摩乐理，精神可嘉。然自谓亡兄毛万龄托梦所言，事属离奇，不可据之考辨《乐经》。

通过系统考述，古代《乐》论，三派十说，二十九家，灿然可见。六经之《乐》，虽已佚失，《乐经》论辩，不绝如缕，成为文化“情结”，绵延数千载。《乐经》研究史，客观上积淀形成，从经学史角度，论《乐》流派，尤其显明。本节由史料出发，梳理《乐》论文字，庶几非者辨正，是者疏证，还历史以本真，不啻《乐经》研究简史，以供识者取焉。

第四节　《乐经》研究文献概览

先秦“六经”之《乐经》，虽秦以后散佚，但有趣的是，古代学者热衷于补作《乐经》，考诸文献，代有兴作。质言之，《乐经》学文献主体，即《乐经》补作史，这一学术脉络到底如何，综述史料，甄别条理，冀能辨章学术，考镜源流。《乐经》研究，必从文本着手，方可得其门而入，然其书亡佚，师承既绝，后世征引，多据补经，《乐经》原貌，已难窥见，每念及此，未尝不扼腕痛惜。原其因由，春秋战国，“道术将为天下裂”（《庄子·天下》），从王官之学向诸子之学转化；秦汉以后，通人通学更向专门之学转化。后世纵有兼备之才，苦心孤诣，起而补经，无奈闻道者稀，今人罕有研述。觅《乐》遗踪，犹玉屑沧海，神光离合，若隐若现，匿迹藏形。上稽汉唐，下讨元明，简史概况，综述于此。

历代《乐经》学文献分布，主要集中在经部乐类，与《乐经》学直接相关者 11 种，详见下表：

表 2-9-1 历代《乐经》学文献一览表

书目	卷次	作者	著录或称引	备注
乐经	4	汉 阳成衡	《论衡·超奇》 《隋书·经籍志》	佚
乐经	30	唐 李玄楚	《旧唐书·经籍志》 《新唐书·艺文志》	佚
补亡乐书	3	宋 房庶	《郡斋读书志》 《宋史·艺文志》	佚
中和乐经	10	元 余载	《文渊阁书目》 《千顷堂书目》 《经义考》	佚
古乐经传全书	3	明 湛若水	《续文献通考·经籍考》 《明史·艺文志》	存
乐经元义	8	明 刘濂	《明史·艺文志》	存
拟补乐经	1	明 杨继盛	《千顷堂书目》 《明史·艺文志》	佚
乐经集注	2	明 张凤翔	《四库全书总目》	存
古乐经传	5	清 李光地	《四库全书总目》	存
乐经内编	20	清 张宣猷	《四库全书总目》	存
乐经凡例	1	近代 廖平	《六译馆丛书》	存

一、汉代

汉代《乐经》补作，以阳成衡为代表。《论衡·超奇》：“阳成子长作《乐经》，扬子云作《太玄经》，造于（助）［眇］思，极窅冥之深，非庶几之才，不能成也。孔子作《春秋》，二子作两经，所谓卓尔蹈孔子之迹，鸿茂参贰圣之才者也。”“阳成子长”又作“阳成子张”（按：“成”或作“城”，见王应麟《汉书艺文志考证》卷三），系阳成衡之表字。据《后汉书·班彪列传》李贤注，阳城衡乃汉儒，考其生平，喜事补缀，曾经续补《史记》，所以阳城衡补《乐》，亦有可能。《汉书·王莽传》："是岁，莽奏起明堂、辟雍、灵台，为学者筑舍万区，作市、常满仓，制度甚盛。立《乐经》，益博士员，经各五人。"西汉平帝元始四年，王莽奏立《乐经》于学官，应是阳成子长所作《乐经》，并非先秦原本。汉代不仅有学者补作《乐经》，还有学者注解《乐经》，凌迪知《万姓统谱》卷一百："艮，见《姓苑》，汉艮当注《乐经》。"《康熙字典·艮部》承其说："艮，又姓。汉有艮当，注《乐经》。"汉代艮当所注《乐经》，当是阳成子长所作，可见此本在汉代比较有影响，所以才会有学者为之作注解。阳成本《乐经》，至少在隋唐时代仍有遗存，《隋书·经籍志》记载"《乐经》四卷"，即属此本。

二、唐代

唐代《乐经》补作，以李玄楚为代表。《旧唐书·经籍志》："《乐经》三十卷，季玄楚撰。"《新唐书·艺文志》："李玄楚《乐经》三十卷。"《通志·艺文略·乐类》："《乐经》三十卷，李元楚。"逮及唐代，又出现《乐经》。从卷数上看，此本为30卷，《隋书·经籍志》著录，只有4卷，可见两本不同。此本乃后世又一补作，作者为李玄楚。以上三处，当是一书，"李"、"季"，形近易讹；"玄"、"元"，乃后世刻本讳改所致。

三、宋代

宋代《乐经》补作，以房庶、朱熹为代表。《郡斋读书志》卷二："《补亡乐书》三卷。"《宋史·艺文志》："房庶《补亡乐书总要》三卷。"《宋史·律历志四·崇天历》："其后宋祁、田况荐益州进士房庶晓音，祁上其《乐书补亡》三卷。"此本实属宋代补《乐》之作，乃房庶所撰，称其为"《补亡乐书》"、"《乐书补亡》"或"《补亡乐书总要》"，卷数一致，作者相同，当是一书。值得注意的是，此处与汉代、唐代不同，未径称《乐经》，而以《乐书》名之，且标以"补亡"二字，可见宋人有意分别本经与补作，不相混淆。朱熹区分更明白，《仪礼经传通解·仪礼经传目录·钟律》："此后当继以乐，而《乐经》久已亡逸，故取《周礼》郑注、《太史公》（按：全称《太史公书》，即司马迁《史记》）、《淮南子》、前后《汉志》、杜佑《通典》之言律吕相生、长短均调之法，创为此篇以补其阙。"又《仪礼经传通解·仪礼经传目录·诗乐》："大乐遗声，其绝久矣。今取世传《唐开元十二诗谱》补之，以粗见其仿佛。然亦未知其果有以合于古之遗声否也。"明代何乔新《椒邱文集·策府十科摘要·经科》："乐书虽亡，而杂出于'二礼'者犹可核也。《乐记》一篇可以为《乐经》，而陈旸《乐书》亦可删其繁芜以附于后，他如宋之《景祐乐记》[①]、房庶之《乐书补亡》、蔡元定之《律吕新书》、吴仁杰之《乐舞新书》皆参考以辅翼之，庶乎可以补乐书之阙矣。"亦秉承朱熹观念，受到宋人影响而有所发挥，补经态度更为明显。

四、元代

元代《乐经》补作，以余载为代表。《文渊阁书目》卷一："元《中和乐经》一部一册。"黄虞稷《千顷堂书目》卷二："皇元《中和乐经》十卷。"朱彝尊《经义考》卷二七四："余氏载《中和乐经》二卷，未见。张萱曰：'元余载采集经典论乐语，汇而为书。'"此系元代补本，作者为余载。据《文渊阁书目》著录，"元《中和乐经》"共有三条，皆"一部一册"，当是相同之三册，以备中秘典藏。"中和"，不知何意？原书已佚，今不可详考。元代并无"中和"年号，唐僖宗有"中和"年号，但此处不可能指称唐代。可见"中和"并非年号，当指"乐"之精神（按：此与《中庸》精神，亦相契合，儒家思想，同此条贯），《乐记》云"乐者，天地之命，中和之纪"，因以颜题。

五、明代

明代《乐经》补作，以湛若水、刘濂、杨继盛、张凤翔为代表。《续文献通考·经籍考》："湛若水《古乐经传》三卷[②]。若水《自序》略曰：'补《乐经》，何为者也？以《乐经》之缺而拟补之也。《乐记》，其传也，经亡而传存，犹幸告朔之饩羊也。'"《明史·艺文志》："刘濂《乐经元义》八卷。"[③]《千顷堂书目》卷二："杨继盛《拟补乐经》。"《明史·艺文志》："杨继盛《拟补乐经》一卷。"《四库全书总目·经部·乐类存目》："《乐经集注》二卷[④]，明张凤翔撰"。"是书取《春官·大司乐》以下二十官为《乐经》。谓汉窦公献

---

① 按：此指北宋仁宗景祐年间，翰林院侍讲学士冯元等新撰《乐记》。《续资治通鉴长编》卷一〇八"丙辰，以新修乐书为《景祐乐记》"，陈旸《乐书》卷一三七引"景祐冯元《乐记》：'今太乐埙八空（空通孔），上一、前五、后二，髹饰其上。'"《直斋书录解题》卷一四子部音乐类著录《景祐广乐记》80卷，即是此书。

② 又名《古乐经传全书》，有明嘉靖三十四年祝廷滂刻本，署名为湛若水、吕怀，中国国家图书馆藏。

③ 刘濂：《乐经元义》，有明嘉靖刻本，天津图书馆藏。

④ 张凤翔：《乐经集注》，有明末刻本，故宫博物院图书馆藏。

古《乐经》，文与《大司乐》合，是其明证。”上述诸书，皆明代补作，综观之，有湛、杨、张三本（至于刘濂《乐经元义》，专驳《大司乐》与《乐记》，可归于《乐经》学研讨，而不属正经补作）。湛若水申明经、传关系，的然有识；杨继盛补作，虽史载不详，但录于正史，或有可观之处；张凤翔揭示《大司乐》与古本《乐经》之联系，言简意赡。由此可见，明儒于乐学，多有研究。张舜徽评价明代学术，有云“而夷考其实，有明一代学术，尚有超越往代而不容一概抹杀者”，“至于实学专家，在明代兴起犹众”①，乐学乃实学，此处评语，足相发明。除上述论列，更有朱载堉《乐律全书》42卷，深造有得，创获颇多，值得学者关注。

六、清代

清代《乐经》补作，以李光地、张宣猷为代表。《四库全书总目·经部·乐类》：“《古乐经传》五卷②，国朝李光地撰。”“是书取《周礼·大司乐》以下二十官为经。”《四库全书总目·经部·乐类存目》：“《乐经内编》二十卷③，国朝张宣猷撰。杂采诸经书言乐之文，排纂成书。”延及清代，仍有补作出现。审观其体，在前代成果基础上，更臻详赡，若论其研究路数，则前叙诸代，已导夫先路。

七、近代

近代《乐经》学研究，以廖平为代表。《乐经凡例》，收入《六译馆丛书》④，廖平喜作群经凡例，论学高屋建瓴，非大家不能为。审观原文论证，多有“以例推之”、“详其义例”，其总体学术思路“立诗为经，以记为传，以后条目，皆求与经传相通”，“据记以定经文，故取诗文以证记”。其核心主张是“立《诗》中百八篇为经，刺取各经乐事为附经，取《乐记》、《大乐正》（即《大司乐》）为记，取诸传诸乐为传，再取子史纬之文以为义疏，大约将陈氏《乐书》排纂别为一书，秦氏《通考·乐门》所引亦颇采之，但门目前

① 张舜徽：《爱晚庐随笔》，华中师范大学出版社，2005年，第179页。

② 李光地《古乐经传》，见于《李文贞公全集》，有清乾隆元年李清植刊、嘉庆六年补刊本；亦见于《榕村全书》，有清道光九年李维迪刊本。

③ 张宜猷《乐经内编》，又名《乐书内编》，署名为张宣猷、郑先庆，有清康熙刻本，上海图书馆藏。

④ 廖平《乐经凡例》，见于《新订六译馆丛书》，有民国十年四川存古书局汇印本。

后不同耳。至于经文，亦就其中推考义例，与诗义相关及出入之处，一俟已定，再行补入《诗经》例中”，其立论依据为“今于《诗》中分歌赋二门，歌为乐，赋为诗，既分以后，又有相通之义”。大要以《诗经》、《大司乐》、《乐记》等儒家经传为根本，以陈旸《乐书》、秦蕙田《五礼通考》为旁通，以重建《乐经》文本为目标，提出可行性的方法与条例，在《乐经》学领域，可谓集大成而又开新天，既是补作计划，亦是研乐门径。

第五节　乐教文献举要

《乐经》学核心文献，大要如上。《乐经》虽然佚失，儒家乐教流传于世，历代学者究心乐学，阐扬乐教，既有传承，也有创新。乐教文献，闪见多方，唯博观而约取，冀能得其概貌。今选择部分代表性文献，评述如下。

1.《乐记》，(战国) 公孙尼子撰

《乐记》，先秦儒家礼乐教化思想汇编，一说战国初公孙尼子作，一说西汉武帝时河间献王刘德作。原有刘向本 23 篇、王禹本 24 篇两种传本，《礼记》收录其中 11 篇、《史记·乐书》收录其中 13 篇，得以流传至今。《乐记》的本质是礼乐教化，关于“礼乐”意义，散诸“三礼”群典，没有一篇像《乐记》这样，如此集中而精要，具有哲学化的高度，将礼乐教化的人文架构，展示在我们面前，中华文化的早熟发展，在其中体现得尤为突出。中华文化要义，不在神鬼而在教化，《乐记》的文化重要性，却尚未得到足够关注。中国古代赋予“乐”的社会意义，主要就体现在教化方面，教化是中华文化的核心精神，《乐记》作为 论“乐”专篇，正是这一核心精神的哲学纲领，“情深而文明，气盛而化神，和顺积中而英华发外”，《乐记》对于“中华”之精义、“教化”之要旨，都有深入阐发，可谓儒家乐教之祖。后世儒家教化思想的展开流衍，基本上沿着《乐记》的足迹，处处体现人文的精神，这在历代学者对《乐记》的理解与阐发中，都有丰富多彩的体现，两千余年的《乐记》诠释史，可以构成儒家乐教的思想资源库，启发今人对中华乐学进行全面思考与深入研究。

《乐记》历代注家众多，重要者有：东汉郑玄《礼记注》、唐代陆德明《经典释文》、孔颖达《礼记正义》，宋代陈澔《礼记集说》，清代王夫之《礼记章句》、李光地《古乐经传》、汪绂《乐经律吕通解》、孙希旦《礼记集解》等。

2.《荀子·乐论》，（战国）荀况著

荀子，战国末期儒学大师，曾长期主持齐国稷下学宫，也是总结先秦诸子学术的一代宗师。弟子众多，以韩非、李斯、浮丘伯（汉初传授《诗经》之学者）最为著名。

《荀子》，即荀况学说的整理汇集。乐教思想闪现于《荀子》全书，《荀子·乐论》作为单篇专论，是荀子乐学理论的集中体现。“乐者，圣人之所乐也，而可以善民心，其感人深，其移风俗易，故先王导之以礼乐而民和睦”，“凡奸声感人而逆气应之，逆气成象而乱生焉。正声感人而顺气应之，顺气成象而治生焉。唱和有应，善恶相象，故君子慎其所去就也”，这都是乐教目的论。目的何以能够实现？“夫民有好恶之情而无喜怒之应，则乱。先王恶其乱也，故修其行、正其乐，而天下顺焉”，这是乐教得以实现的心理基础，即所谓“缘情而制度”。荀子从“化性而起伪”出发，提出“故齐衰之服，哭泣之声，使人之心悲；带甲婴胄，歌于行伍，使人之心惕；姚冶之容，郑卫之音，使人之心淫；绅端章甫，舞《韶》歌《武》，使人之心庄。故君子耳不听淫声，目不视女色，口不出恶言，此三者，君子慎之”，这是乐教修养论。乐教既然依据情性而制定法度，则“舞《韶》歌《武》，使人之心庄”，即“制《雅》《颂》之声以道之，使其声足以乐而不流”，导之以正，也就具有内在修养的功用。关于乐的教化作用，荀子从目的论、心理基础、修养论与认识论的角度，构成完整的学术体系，可以作为先秦儒家乐教的哲学代表。

《荀子》注本很多，主要有唐代杨倞《荀子注》、清代王先谦《荀子集解》、近人梁启雄《荀子简释》，今有王天海《荀子校释》（上海古籍出版社，2005 年）。

3.《白虎通·礼乐》，（东汉）班固撰

《白虎通》，又名《白虎通义》、《白虎通德论》，是西汉中期以后今古文经学之争的产物，源于东汉建初四年（79）白虎观经学会议记录，经班固、杨终等整理而成。自西汉董仲舒以来，今文经学呈现神秘主义倾向，《白虎通》作为东汉官方哲学著作，在其中有大量渗透。《白虎通·礼乐》，在承继《乐记》儒家乐教的基础上，也抹上了浓重的神秘色彩，如“乐者阳也，故以阴数，法八风、六律、四时也”，“乐者阳也”，这是承继《乐记》的儒家乐教传统，是对于乐本质的易学思考，所谓“故以阴数，法八风、六律、四时也”，则是神秘主义的附加，应当区分开来。又如六律“助天地成万物”，“声为本，出于五行，音为末，象八风”，与“乐纬”等谶纬神学思想联系紧密，这一点值得注意。《白虎通·礼乐》不仅是有关礼乐问题的经学表达，也可以作为汉代乐教的官方简章。

有清陈立《白虎通疏证》本，吴则虞点校，中华书局，1994年版。

4.《乐论》，（晋）阮籍撰

阮籍（210—263），字嗣宗，三国魏陈留尉氏（今属河南）人。阮瑀之子。曾任大将军从事中郎、散骑常侍，因步兵营有人善酿酒，求为步兵校尉，世称"阮步兵"。著名思想家、文学家、音乐家，名士通才，与嵇康齐名，为"竹林七贤"之一。早年有济世之志，生当魏晋易代之际，不得已纵酒谈玄，以求自全。

《乐论》是阮籍的论乐专篇，旨在调和名教与自然的关系，不主张将乐脱离名教而独立，阐明《孝经》"移风易俗莫善于乐"要旨，强调乐的教化功用，"一天下之意"，"男女不易其所，君臣不犯其位"，"刑赏不用而民自安"，"上下不争而忠义成"，这与《乐记》的儒家乐教化民传统一脉相承，而与同时期嵇康的《声无哀乐论》相互对立。阮籍也受到汉代乐教神秘化倾向的影响，如论雅乐的作用，"天神下"、"地祇上"，"灾害不生"，"天地交泰，远物来集"等。阮籍《乐论》，可以作为魏晋儒家乐教思想的代表。

《乐论》收入《阮籍集》，亦称《阮嗣宗集》、《阮步兵集》，久佚，流传各本皆后人所辑。今有李志钧、季昌华等点校《阮籍集》，上海古籍出版社，1978年版。

5.《无声乐赋》，（唐）高郢撰

高郢（一作逞，741—812），字公楚，卫州（治今河南卫辉）人。祖籍渤海蓨县（今河北景县）。9岁通《春秋》，曾以鲁不合用天子礼乐，引《公羊传》著《鲁议》，见称于时。安史之乱，叛军执其父，披发解衣，请以身代，父子皆得释。为人纯孝刚直，凛然正气，先后充郭子仪、李怀光幕僚，李怀光叛乱，誓死不从。入朝为中书舍人、礼部侍郎，守官奉法勤恪，掌贡举3年，选贤与能，一变时风。官至中书侍郎、同中书门下平章事，晚年授尚书右仆射致仕。著有《献凯乐赋》、《吴公子听乐赋》、《无声乐赋》等，《旧唐书》有传。

《无声乐赋》所谓"无声乐"，即无声之乐，典出《礼记·孔子闲居》，主旨在于跨越乐的外壳，直指乐的本质，《大戴礼记·主言》也说"至乐无声而天下之民和"，这并不是抛弃乐，而是极言乐的和众化民作用，弘扬乐的精神"仁"，《礼记·儒行》"歌乐者，仁之和也"，孔子曾慨叹"人而不仁，如乐何?""乐云乐云，钟鼓云乎哉?"这不是不要钟鼓，而是呼吁钟鼓之内涵要有仁。值得强调的是，高郢《无声乐赋》还将《礼记》"无声之乐"与《庄子》"无乐之乐"相互结合，认为理想之乐"无听之以耳"而"听之以心"，并以颜回、殷纣为例，认为至和之乐"贫且贱不以之去，富与贵不以之来"，反映出儒道乐学趋于整合会通，可以作为唐代乐教思想的代表。苏鹗《杜阳杂编》卷下载“上（唐文宗）读高郢《无声乐赋》、白居易《求玄珠赋》，谓之‘玄祖’”。更加说明该赋在当时就有重要影响。

本篇辑入《文苑英华》卷七〇、《历代赋汇》卷九一。同题作者尚有张楷，收入同卷，可一并参考。

6.《乐书》200卷，（宋）陈旸撰

陈旸（1064—1128），字晋之，福州闽清人。其兄陈祥道，撰有《礼书》150卷，两书并行于世。徽宗初年，进献《迓衡集》，劝导绍述，授太学博士、秘书省正字。后经礼部侍郎赵挺之推荐，以所献《乐书》贯穿明备，迁太常丞，进驾部员外郎，为讲议司参详礼乐官，《宋史》有传。

《乐书》是我国历史上第一部大型乐学理论百科，也是对北宋以前乐教文献的历史性总结，具有集大成的性质。全书分两大版块，前95卷，汇集儒家经典乐论文字，为之训义，不啻乐教史文献整理与研究；后105卷，论及律吕五声、历代乐舞以及乐器图说，资料丰富，取材多方。六经之旨同归，莫先礼乐，陈旸《乐书》以儒家经义为根底，“崇雅乐”、“抑胡郑”，进而实现“君子以成”、“天下以宁”的社会理想。陈旸作为宋代宫廷雅乐派代表人物之一，主张律吕以中声为本，中声以人心为本，反对使用“五声”以外的高低音与变化音。需要注意的是，陈旸认为“二变四清，乐之蠹也”，“存之则伤教而害道，削之则律正而声和”，理由是不符合“尊无二上之旨”，音乐史家向来以此诟病陈氏，认为是保守的音乐思想。陈旸此说虽不利于新乐发展，但是其出发点是为了捍卫儒家乐教传统，以纯粹艺术论之，诚然有害，以弘扬乐教论之，大有必要。至于“尊无二上之旨”，当然是陈旸的历史局限性，然而也不可苛求古人。其乐教主张以儒家社会理想为本旨，可以作为宋代官方乐教思想的代表。

有北平图书馆三种善本《乐书》残本胶片（宋刊本、宋刊元印本、宋刊明印本，美国国会图书馆摄），日本国会图书馆藏宋刊本（残）、静嘉堂文库藏宋刊元修本（残），中国国家图书馆藏元刊明递修本（全），文渊阁《四库全书》本（台北：商务印书馆，1986年影印，上海古籍出版社重印）、清光绪二年方氏刊本。

7.《律吕新书》2卷，（宋）蔡元定撰

蔡元定（1135—1198），字季通，学者称西山先生，南宋建州建阳（今属福建）人。生而颖悟，幼承家学，其父蔡发，博览群书，持《西铭》、《二程语录》、《皇极经世》、《正蒙》教子，元定深涵其义。师事朱熹，朱熹惊其学

问，视为挚友，曾参与朱熹注“四书”，并助撰《易学启蒙》。尤袤、杨万里联名荐于朝廷，征召不出，世谓之“聘君”。庆元元年（1195），韩侂胄当政，同遭“伪学”之禁，放逐湖南道州（今道县），卒于春陵。其平生问学，多寓于朱熹书集之中。蔡氏治《周易》，学综二程、张载、邵雍，兼顾义理与象数，其《皇极经世指要》，为清代王植称赏，还著有《大衍详说》、《燕乐》、《原辩》、《洪范解》、《八阵图说》等，《宋史》有传。

蔡元定所著《律吕新书》，象数与音律相结合，朱熹激赏之，《四库全书总目》载朱熹评语，“律书法度甚精，近世诸儒皆莫能及”，“季通理会乐律，大段有心力，看得许多书”①，后世学者认为，其书实朱蔡师弟子相与共成之，亦可反映朱子乐学观，如明代柯尚迁《周礼全经释原》，径称“宋朱、蔡之《新书》”。朱熹为书作《序》，称其词约理明，“予常得而读之，爱其明白而渊深，缜密而通畅，不为牵合傅会之谈，而横斜曲直，如珠之不出于盘，其言虽多出于近世之所未讲，而实无一字不本于古人已试之成法”，“受诏典领之臣能得此书而奏之，则东京郊庙之乐，将不待公孙述之瞽师而后备，而参摹四分之书，亦无待乎后世之子云而后知好之矣”，“使千古之误，旷然一新，而溯其源流，皆有成法”。《律吕新书》分两卷，卷一为“律吕本原”，共十三篇：《黄钟》第一、《黄钟之实》第二、《黄钟生十一律》第三、《十二律之实》第四、《变律》第五、《律生五声图》第六、《变声》第七、《八十四声图》第八、《六十调图》第九、《候气》第十、《审度》第十一、《嘉量》第十二、《谨权衡》第十三；卷二为“律吕证辨”，共十篇：《造律》第一、《律长短围径之数》第二、《黄钟之实》第三、《三分损益上下相生》第四、《和声》第五、《五声大小之次》第六、《变宫变徵》第七、《六十调》第八、《候气》第九、《度量权衡》第十。考元定之说，多截竹以拟黄钟之管，以管定律，存在管口校正系数问题，不易精准，此其立论之缺憾处。蔡书依据《淮南子·天文》、《后汉书·律历志》律数推算法，纠正《史记·律书》、《汉书·律历志》，指出其演数而不审音之误；针对黄钟不能返宫，在原有十二乐律之间，增设六变律，形成十八律，试图调和“旋相为宫”的音程关系问题，虽未完全解决（此问题到明代朱载堉的“新法密率”，才得以完美解决），作为有益的尝试，具有学术史价值，可以作为宋代民间乐学研究的代表。

有元代黄瑞节《朱子成书》本、明代《性理大全》本、文渊阁《四库全书》本（《四库全书总目》所载“编修李潢家藏本”，与《性理大全》本比对，

---

① 永瑢等：《四库全书书目》卷三八《律吕新书》提要。

大体符合，可知李潢家藏本即由《性理大全》抽出，则《四库全书》本即《性理大全》本之手抄本)。

8.《乐学新说》，(明) 朱载堉撰

朱载堉 (1536—1611)，字伯勤，号句曲山人，卒谥端清。明宗室，郑恭王朱厚烷世子，早年从舅父何塘习天文律历之学，嘉靖二十九年 (1550)，因皇族内讧，父获罪系狱，遂筑土室于宫门外，独居 19 年，[①] 钻研乐律、数学、历学，善诗歌，多愤世嫉俗之作。穆宗初年，父冤得雪，始入宫室。万历十九年 (1591) 父亡后，坚辞王爵，不承袭封国，以著述终身。著有《乐律全书》[②]、《律吕正论》、《律吕质疑辨惑》、《嘉量算经》、《醒世词》等书，《明史》有传。

考其体例，以《周礼·春官宗伯》之《叙官》、《大司乐》等官本职文字为经，于郑《注》贾《疏》之外，另辟新解，故名《乐学新说》。《大司乐》白文，历来号称难读，朱载堉潜研律历之学有年，以精通音律著称，所创"新法密率"(即十二平均律[③])，苦心孤诣，度越前人，仅凭斯作，足以雄视古今。欲善其事，必利其器，既怀利器，其事可期，朱氏具此等学养，所作新注，必有可观。《乐学新说》注文，多有新解，并不拘于古代注疏，以《云汉》、《衡门》篇名之例，考证古舞《云门大卷》，解说颇具新意。依律吕相生之理，考订《大司乐》章历代讹误，更为深造有得。《大司乐》乃儒家乐教经典，朱载堉《乐学新说》注解《大司乐》，看似"我注六经"，实则"六经注我"，可以作为明代学者乐教研究的代表。

考其版本，《增订四库简明目录标注》："明刊本实三十八卷。此书有二刻，行款悉同，惟字稍有大小之别，一刻于内府，一刻于藩邸。"又查阅王重民《中国善本书提要》，其版本确有此两大类，另附有一种，是在万历二十三年郑藩刻本基础上之补刻本。《乐学新说》收入《乐律全书》原刻本，此补刻之区别，对《乐学新说》而言，并无版本影响，补刻本与郑藩原刻本可划归一类。今有《北京图书馆古籍珍本丛刊》本，即据补刻本影印，然其牌记仍

① 《明史·诸王列传四》："世子载堉笃学有至性，痛父非罪见系，筑土室宫门外，席槁独处者十九年。"

② 崔富章《四库提要补正》认为"《乐律全书》乃厚烷草创，载堉结集"，论之未详，另可参崔氏《〈乐律全书〉考》一文。

③ "新法密率"，即"十二平均律" (twelve－tone equal temperament)，又名"十二等程律"。科学史家戴念祖认为，应称作"十二等程律"为好，因其物理意义更明确、清楚。戴念祖《声学史》，湖南教育出版社，2001 年，第 493 页。

笼统记作"明万历郑藩刻本"，不甚妥当。其版本当是前38卷为明万历郑藩刻本，后附《历书》为增益补刻本，《乐学新说》即归属于前38卷之中。另有万历三十四年内府本，乃据万历二十三年郑藩刻本之补刻本重加翻刻，名曰两类，其实仍源自前者。由此可见，该书版本大宗，乃郑藩刻本（书中题署明万历二十三年①六月十九日），其后或作增补、或为翻刻，皆同此源。《四库全书》本，属于手抄本，版本出自郑藩原刻，其书内仅原刻诸篇，补刻本所增益（即《历书》10卷，包括《圣寿万年历》2卷、《万年历备考》3卷、《律历融通》4卷、《附录》1卷）皆无，符合郑藩本原貌。

9.《古乐经传》5卷，（清）李光地撰

该书共5卷，取《周礼·大司乐》以下二十官为经，以《乐记》为之传，又有《附乐经》、《附乐记》，《乐经》、《乐记》为光地自订，《乐教》、《乐用》二篇，由其孙李清植据遗稿辑成。《古乐经传》书名，明代湛若水已用之，《续文献通考·经籍考》著录湛若水《古乐经传》3卷，引若水《自序》："补《乐经》，何为者也？以《乐经》之缺而拟补之也。《乐记》，其传也，经亡而传存，犹幸告朔之饩羊也。"李光地论"《乐经》，《汉书》文帝时得魏文侯乐工窦公，年一百八十岁，出其本经一篇，即今《周官·大司乐》章，则知此篇乃古《乐经》也"，审观《古乐经传》卷一，将《大司乐》以下二十职官作为《乐经》，此论实由明代张凤翔《乐经集注》首创，《四库全书总目·经部·乐类存目》"《乐经集注》二卷，明张凤翔撰。……是书取《春官·大司乐》以下二十官为《乐经》。谓汉窦公献古《乐经》，文与《大司乐》合，是其明证"。② 《古乐经传》卷二"以《乐记》为之记"，明代周琦《东溪日谈录·经传谈》"《乐经》既亡，独《乐记》不亡"，已隐含其义。《古乐经传》卷三《附乐经》，卷四、卷五《附乐记》，乃博采经传涉乐文字，辑而成之，此法宋代陈旸已倡于前，《乐书·乐图论·雅部·八音》"《乐经》之亡久矣，其遗音余韵，虽夺于殽乱之众言，然质诸他经，亦可少概见矣"。《古乐经传》的学术贡献在于，经传类聚，主附分列，形成简约易用的乐学读本，具有集成乐教精义的作用，其间阐释经典，亦多考核确当、议论精详之处，可以作为清代官方学者乐教研究的代表。

有《李文贞公全集》本，清乾隆元年李清植刊、嘉庆六年补刊；有《榕村全书》本，清道光九年李维迪刊。

① 验之《明史》本传，亦合。

② 永瑢等：《四库全书总目》卷三九《乐经集注》提要。

10.《乐经律吕通解》5卷，(清) 汪绂撰

汪绂幼家贫，未尝从师，自力于学。终身未入仕途，以教授为业，从游者众，声名渐著。治学主张由博返约，“谓学不可不知要，然所以得要，正须从学得多后，乃能拣择出紧要处”。博学多通，自六经下逮乐律、天文、地舆、阵法、术数，无不究畅，而一以宋五子之学为归。

《乐经律吕通解》名为《乐经》，实讲《乐记》与乐律。共5卷。卷一注释阐发《乐记》，卷二、卷三注释宋蔡元定《律吕新书》，卷四、卷五为汪氏自著《续律吕新书》。汪绂受到宋儒周敦颐影响，主张“淡和”审美观，“至淡之旨，其旨愈长，惟其淡也，而和亦至焉矣”，这是对儒家“和乐”观的延伸与发展。《乐经律吕通解》结合《乐记》与《律吕新书》，融汇先儒注疏，对于儒家乐教，有阐明疏通之功，可以作为清代民间学者乐教研究的代表。

有《粤雅堂丛书》本，同治元年刊；有《汪双池先生丛书》本，光绪九年刊。汪绂另有《乐经或问》，亦收入丛书，可一并参考。

11.《乐经凡例》1卷，廖平撰

廖平，近代著名经学家，著书120余种，收入《四益馆经学丛书》，后扩充为《六译馆丛书》。

《乐经凡例》，究其实质，即重建《乐经》之计划书。[①] 其中新意迭出，别有洞天，如“《大司乐》乃《乐记》逸篇之《窦公》也”[②]，进而认为“大司乐以下属官”，“皆属伶书，皆为传”，“大司乐、乐师总统，以下为分曹，或掌学、或掌器、或主声器、或司舞具，各分门说之”；又如“是凡《诗》首三章为乐，故歌诗以三为断，又有间歌三篇之例，然诸言工歌者，皆不出此三篇之外，是《诗》首三篇为《乐经》之切证”；其论《诗经》雅颂性质，“大小雅主宾客人事之乐也，三颂主祭祀鬼神之乐也，于经中细考条例，统括传记，务使经体广大，包孕无穷”，“三颂言乐最详，以其为《乐经》故，于乐事无所不包”。廖平认为，乐教“功效同礼”，“《孝经》以‘安上治民’归之礼，‘移风易俗’归之乐，礼乐乃平治之要道、王者之首务”，进而提出研乐构思，“《乐记》言乐，皆与礼对举，文义重复，不便观览，今别为《礼乐

① 可与本章第四节之《乐经》研究文献概览，互见。

② 廖平《乐经凡例》：“考《乐记》逸篇，有《季札》、有《律吕》、有《窦公》，按《季札》即用《左传》，《律吕》当是《国语》史志之文，至《窦公》篇，则《周礼·大司乐》也。是取诸书为记，乃《乐记》旧例，《乐记》逸而今补之也。”

源流功用同异表》焉"[①]，颇有司马迁为史立表之旨趣，又于"《乐记》以外，补以传记子纬，汇萃其文，功用愈著。后世言学术治法者，未能真实用心于此，推尽人己之量。观于此表，弥天极地，乃知见礼知政、闻乐知德"，"其分门，一致鬼神、二和邦国、三谐万民、四安宾客"，《凡例》还具体规划，汇集三代以下乐章文辞，作为《乐书汇函》，分门别类，眉目清晰，可谓法古开新、自成一格。其间亦有白璧微瑕，如"《大司乐》以《云门》、《大卷》、《大咸》、《大韶》、《大夏》、《大濩》为六舞，与《左传》说同"，误以《云门大卷》为《云门》与《大卷》，且遗漏《大武》舞，通人之失，无伤大雅；又如"中国八州，每州一音，八风八佾，每州各主一音"，"以八音化八州"，此乃历史局限性所致，终究瑕不掩瑜，也不必苛求前贤。廖平主张"乐通于易"[②]，进而提出"心性之学，古出于乐"[③]，又拟定"乐之大纲"，为"奏、歌、舞三门"，"然奏与舞皆不能久传，惟歌一门，在二者之中可以垂久，因以为经。凡言奏者皆非诗，如《驺虞》、《采蘩》、《采蘋》皆名同而实异，故《貍首》亦非诗，更立《歌、奏、舞三门同异表》"，此皆发凡起例，见识卓越，可以作为近代学者乐教研究的代表。

有《新订六译馆丛书》本，民国十年四川存古书局汇印。

---

① 廖平《乐经凡例》："乐中品级，有天子至于大夫之分，今为立表。乐中又分三事，曰祭、曰祀、曰享，取经传以证之，所有变例隆杀，亦附于后，以别其等差异同。"

② 廖平《乐经凡例》："《乐记》以别属礼，以和属乐，由别而和，和而又别，《易》之别卦生和卦，又由和卦生别卦也。《易》中言乐之条，更细考之。"

③ 廖平《乐经凡例》："古法乐以养德，当与后人不同，宋以后之心学，未免近于禅宗"，"宋儒盛推《乐记》以言心性，其宗旨相同耳。窃以六艺门面功用各别，如《书》与《春秋》，详于政事，心性之说未见详备。惟声音之道由心而发，既闻声，可以知治乱忧喜之原，可由声以却乎堕慢陵乱之病，感应之机甚速，和平之效最宏，由此治心，庶为古法，《乐记》由外治内之说甚备"。

第十章 《春秋》学文献

《春秋》是儒家经典之一，全文仅 16000 余字，却记载了 242 年的历史，用今天的史学观点来衡量，只是一部大事记。但在中国古代，它俨然是一部政治教科书，蕴涵了孔子的微言大义，是维护中央政权的大纲大法，正如司马迁在《史记·太史公自序》中所说："有国者不可以不知《春秋》"，"为人臣者不可以不知《春秋》"，"为人君父而不通于《春秋》之义者，必蒙首恶之名。为人臣子而不通于《春秋》之义者，必陷篡弑之诛，死罪之名"。因此，《春秋》蕴涵了中国古代丰富的政治理想，在中国古代政治中起着非常重要的作用，对中国文化影响至远。历代学者对《春秋》进行了各方面的研究、阐释，形成了数量众多、内容丰富、体系完善的《春秋》学文献体系。这些文献是异彩纷呈的《春秋》学的根基、载体，追索它们的产生与流变，分析它们的数量、种类以及分布，介绍它们的代表作，可以非常直观地展现《春秋》学的发生、发展及特点。但目前学界尚缺乏对《春秋》学文献的系统梳理和介绍，影响了《春秋》学史研究的深入与发展。本章在文献调查研究的基础上，以点面结合的方式，对《春秋》学文献做一番历史的回顾和系统的介绍。

第一节 《春秋》的经和传

《春秋》学文献在历史上曾经包括《春秋》以及解释《春秋》的《左传》、《公羊》、《穀梁》、《邹氏》、《夹氏》，其中邹、夹二氏没有流传下来。《左传》、《公羊》、《穀梁》三传不仅流传下来，而且随着时间的推移逐步取得了经典的地位。《春秋》学的发展一直有两条线索：一是以《左》、《公》、《穀》三传为主要研究对象，将三者视为《春秋》学研究中的"元典"；二是以《春秋》为

"元典"，直探经文的主旨。因此《春秋》本身与《左》、《公》、《穀》三传都是《春秋》学的基础和核心。下面首先对《春秋》及三传的产生与经典化做一讨论。

一、《春秋》的产生与经典化

与其他经学文献一样，《春秋》学文献也具有"史"、"经"、"传"、"学"等四个层面的内容："史"即是孔子据以修经的原始依据，这是原生态的；"经"即是经孔子修订而成的经典，这是整个经学的核心，在经学中处于"元典"地位；"传"是第一批解释经典的文献，即传记，是次生文献；"学"则是历代学人研究或补充经典的传或记，即是衍生文献。《春秋》就是孔子剪裁《鲁春秋》而成的儒家经典，它的产生植根于先秦发达的史官记事制度与丰富的史料基础。由于孔子修《春秋》旨在假史为名、借事明义（用他自己的话说就是"见诸行事"），系统阐述自己的政治理想和政治观点，所以《春秋》产生后，经历孔子的教授与孔门后学的传授，随着儒家学派的发展壮大，儒学被推崇，最终成为了儒家的五经之一。

（一）"百国春秋"

中国古代的史官记事制度非常完善。早在黄帝时代，就有仓颉、沮诵居史官之职。① 夏代有太史终古，商代有内史向挚。② 到了周代，史官分工渐趋细密，周代史职约有20余种，青铜器铭文中载有"大史"、"内史"、"作册"等史职，《周礼》一书中亦有"大史"、"小史"、"内史"、"外史"、"御史"、"女史"等史职之分，且每种史职职能不一。如太史的职能是"掌建邦之六典，以逆邦国之治，掌法以逆官府之治，掌则以逆都鄙之治……大祭祀，与执事卜日，戒及宿之日，与群执事读礼书而协事。祭之日，执书以次位常……大会同朝觐，以书协礼事，及将币之日，执书以诏王……大丧，执法以莅劝防，遣之日，读诔"③。女史则是"掌王后之礼职，掌内治之贰，以诏后治内政。逆内宫，书内令。凡后之事，以礼从"④。虽然先秦史官兼有祭祀、占卜、典仪、册命等多种职能，但记言、记事是其重要职能。《汉书·艺

① 许慎《说文解字序》、徐坚《初学记》卷二一引《世本注》、刘知幾《史通·外篇·史官建置》。

② 《吕氏春秋·先职》。

③ 《周礼·春官·女史》。

④ 《周礼·天官·女史》。

文志》也云："古之王者世有史官，君举必书，所以慎言行，昭法式也。左史记言，右史记事，事为《春秋》，言为《尚书》。"《礼记·玉藻》云"动则左史书之，言则右史书之"，与《汉书·艺文志》相反，必有讹误，但二书都肯定了先秦时期史官记载国家大事与帝王言行的重要职能。

在史官记事制度下，史官的记载形成了各国的史记，"春秋"为这些史记的通名，故有"百国春秋"之说。《墨子·明鬼下》曰："周宣王杀其臣杜伯而不辜……著在周之《春秋》。……昔者燕简公杀其臣庄子仪而不辜……著在燕之《春秋》。……昔者宋文君鲍之时，有臣曰袥观辜固尝从事于厉……祩子举楫而槀之……著在宋之《春秋》。……昔者齐庄君之臣，有所谓王里国、中里徼者……齐君由谦杀之……著在齐之《春秋》。"墨子还言"吾见百国春秋"①。《公羊传·庄公七年》亦有："不修春秋曰'雨星不及地尺而复'。"何休注言："'不修春秋'，谓史记也，古者谓史记为'春秋'。"《公羊传·闵公元年》"冬，齐仲孙来"，"子女子曰：'以春秋为《春秋》。'"《左传·昭公二年》，晋韩起聘鲁，"观书于太史氏，见《易》象与《鲁春秋》"。《国语·楚语上》亦记载，楚庄王就太子的教育问题询问申叔时，申叔时对曰"教之《春秋》"。《国语·晋语七》曰："羊舌肸习于春秋。"《礼记·坊记》云："《鲁春秋》记晋丧曰：杀其君之子奚齐及其君卓。"孔颖达认为，上引《左传·昭公二年》、《国语》之《晋语》、《楚语》以及《礼记·坊记》等关于"春秋"的各种记载，"皆在孔子之前，则知未修之时旧有'春秋'之目"，"据周世法则，每国有史记，当同名'春秋'"②。

由上所引，在孔子作《春秋》之前，有丰富的"春秋"著作，"春秋"不是某一部书的专名，而是各国史记的通称，由史官所修。除了通称"春秋"外，当时的史记亦有"乘"、"梼杌"等别名，《孟子·离娄下》便曰："晋之《乘》、楚之《梼杌》，鲁之《春秋》，一也。"孔颖达亦曰"'春秋'是其大名，晋、楚私立别号，鲁无别号，故守其本名"③。实际上，有别称的各国史记也可叫"春秋"，前引《国语》之《楚语》、《晋语》的内容就是明证。

孔子修《春秋》之前，"百国春秋"即大量名为"春秋"的史记的存在，为孔子作《春秋》提供了丰富的素材，也为他的《春秋》提供了可供参考的编写体例，即以事系日，以日系月，以月系时，以时系年，按年排列。

---

① 《隋书·李德林传》。

② 《春秋左传正义》卷一《春秋序》孔颖达疏引，阮元校刻《十三经注疏》本。

③ 《春秋左传正义》卷一《春秋序》孔颖达疏引。

（二）孔子作《春秋》

孔子作《春秋》有明确的历史记载，而且证据确凿，所以在古代虽偶有学者怀疑孔子是否撰作经典，但都没有动摇“孔子作《春秋》”的事实。自从20世纪疑古思潮在史学界占了上风后，否认孔子作《春秋》的看法就流行起来，① 并且在史学界占了主流。由此，“孔子是否作《春秋》”成了《春秋》学中的一个重要问题，虽有许多学者对疑古学派所持的“《春秋》非孔子所作”的观点进行了辩驳，② 但直到今天，仍有一些学者认为《春秋》不是孔子所作。因此，下面就在论证“孔子是《春秋》作者”的基础上，对孔子作《春秋》的相关问题也做一介绍。

1. 孔子为《春秋》的作者

《左传》、《公羊》、《穀梁》三传虽没有明言《春秋》为孔子所作，但从中可看出三传认为孔子作《春秋》。《左传·僖公二十八年》曰：“是会也，晋侯召王，以诸侯见，且使王狩。仲尼曰：‘以臣召君，不可以训。’故书曰：‘天王狩于河阳。’言非其地也。”显然，《左传》认为孔子作《春秋》。《公羊》解昭公十二年“齐高偃帅师纳北燕伯于阳”曰：“‘伯于阳’者何？‘公子阳生’也。子曰：‘我乃知之矣。’在侧者曰：‘子苟知之，何以不革？’曰：‘如尔所不知何？《春秋》之信史也，其序则齐桓、晋文，其会则主会者为之也，其词则丘有罪焉耳。’”这段话记载了孔子修《春秋》不改“伯于阳”为“公子阳生”的一个情节，孔子曾作《春秋》更是不言自明。《穀梁》解桓公二年“宋督弑其君与夷……及其大夫孔父”时曰：“孔，氏；父，字谥也。或曰，其不称名，盖为祖讳也。孔子故宋也。”孔父名嘉，为孔子的祖先，这里不称孔父嘉，是孔子为祖讳。这也透露了孔子作《春秋》的消息。

---

① 疑古学派的代表顾颉刚、钱玄同自不必说（顾、钱二氏之说，载《古史辨》第1册，上海古籍出版社，1982年），杨伯峻《春秋左传注前言》（载《春秋左传注》，中华书局，1990年）、曹聚仁《孔子作春秋问题》（载曹聚仁《中国学术思想史随笔》，三联书店，1986年）、徐中舒《孔子与春秋》（载王仲荦主编《历史论丛》，第1辑，齐鲁书社，1980年；又载《四川大学学报》2008年第6期）等都认为孔子不作《春秋》。

② 钱穆《孔子与春秋》（载钱穆《两汉经学今古文平议》，商务印书馆，2001年）、白寿彝《中国史学史》、范文澜《中国通史》、卫聚贤《古史研究》、匡亚明《孔子评传》、张以仁《孔子与春秋的关系》（载张以仁《春秋史论集》，台北联经出版事业公司，1990年）、李学勤《孔子与春秋》（载吕绍纲编《金景芳九五诞辰纪念文集》，长春文史出版社，1996年）等都认为孔子作《春秋》。

如果说三传只是间接地反映了孔子作《春秋》，那么从《孟子》开始，则非常直接明确地说"孔子作《春秋》"。《孟子·滕文公下》曰：

> 世衰道微，邪说暴行有作，臣弑其君者有之，子弑其父者有之。孔子惧，作《春秋》。《春秋》，天子之事也；是故孔子曰："知我者其惟《春秋》乎！罪我者其惟《春秋》乎！"
>
> 孔子成《春秋》，而乱臣贼子惧。

《孟子·离娄下》曰：

> 王者之迹熄而《诗》亡，《诗》亡然后《春秋》作。晋之《乘》，楚之《梼杌》，鲁之《春秋》，一也，其事则齐桓、晋文，其文则史。孔子曰："其义则丘窃取之矣。"

孟子的这三段话说明孔子是《春秋》的作者，孔子作《春秋》虽取材于旧史，但绝不是抄录旧史，而是借事明义，以之来表达自己的政治理想，达到拨乱反正的目的。

孟子之后，汉代《春秋》学大师董仲舒也明确说："孔子作《春秋》，先正王而系万事，见素王之文焉。"① 司马迁继承孟子与董仲舒之说，在《史记》的《太史公自序》、《十二诸侯年表》、《孔子世家》中多处言及孔子作《春秋》，现摘录几条如下：

> 幽厉之后，王道缺，礼乐衰，孔子修旧起废，论《诗》《书》，作《春秋》，则学者至今则之。
>
> 孔子厄陈蔡，作《春秋》。②
>
> 孔子明王道，干七十余君，莫能用，故西观周室，论史记旧闻，兴于鲁而次《春秋》，上记隐，下至哀之获麟，约其辞文，去其烦重，以制义法，王道备，人事浃。③
>
> 子曰："弗乎弗乎，君子病没世而名不称焉。吾道不行矣，吾何以自见于后世哉？"乃因史记作《春秋》……至于为《春秋》，笔则笔，削则削，子夏之徒不能赞一辞。④

司马迁以后，刘向、桓宽等也认为孔子作《春秋》。刘向曰孔子"退作《春秋》，明素王之道，以示后人"⑤，桓宽也说孔子"退而修王道，作《春秋》，

---

① 《汉书·董仲舒传》。
② 《史记·太史公自序》。
③ 《史记·十二诸侯年表序》。
④ 《史记·孔子世家》。
⑤ 《说苑·贵德》，文渊阁《四库全书》本。

垂之万载之后，天下折中焉”[①]。东汉班固《汉书》、王充《论衡》等都沿袭了上述说法。这说明从战国到东汉，人们对孔子作《春秋》深信不疑，且认为孔子作《春秋》对旧史有严格的取裁，是为了明道义与“王法”。

除上述引文能证明孔子笔削《春秋》外，《春秋》经传中亦有许多内证证明之。如庄公七年有“星陨如雨”的经文，据《公羊》，“不修《春秋》”对此的记载是“雨星不及地尺而复”，两相比较，孔子的笔削之功不言而明。再如《左传·襄公二十年》载宁殖对其子悼子（宁喜）曰：“吾得罪于君，悔而无及也。名藏在诸侯之策，曰‘孙林父、宁殖，出其君’，君入则掩之。若能掩之，则吾子也；若不能，犹有鬼神，吾有馁而已，不来食矣。”宁殖所言“得罪于君”之事，是指襄公十四年，他与孙林父迫使卫侯出奔齐之事。对此事，《春秋》记为“卫侯出奔齐”[②]，不是“孙林父、宁殖，出其君”，何休注曰“不书孙、宁逐君者，举君绝为重”，表明国君的责任更大。毫无疑问，孔子作《春秋》时，对此事的记载，根据表达政治内容的需要，对史策进行了笔削。这样的例子很多，这里限于篇幅，不再列举。

因此，清人袁枚认为“《春秋》一书，断非孔子所作”[③]，古史辨派所言“孔丘底著作究竟是怎么样的，我们虽不能知道，但以他老人家那样的学问才具，似乎不至于做出这样一部不成东西的历史来”[④]，“孔丘实未尝修《春秋》，更不曾作《春秋》”[⑤] 等否认孔子与《春秋》关系的看法，实不足信。杜预所说“其余则皆即用旧史，史有文质，辞有详略，不必改也”[⑥]；刘知幾“知夫子之所修者，但因其成事，就加雕饰，仍旧而已”[⑦] 等怀疑孔子“笔削”之功的说法亦不攻自破。

2.《春秋》之名为孔子沿用旧史之名

随着孔子所修《春秋》经典地位的确立，《春秋》之名被历代学者蒙上了各种各样神秘的面纱，成了长期以来的讼案，两汉至现代一直没有解决。综观历代说法，归纳起来，大体有六种说法：

---

① 《盐铁论·相刺》，中华书局《新编诸子集成》本。

② 此为《左传》、《穀梁》所载的经文，《公羊》所载的经文为“卫侯衎出奔齐”。

③ 袁枚：《小仓山房尺牍》卷八《答叶书山庶子》，世界书局，1936 年。

④ 钱玄同：《论春秋性质书》，载《古史辨》第 1 册，第 276 页。

⑤ 杨伯峻：《春秋左传注》卷首《春秋左传注前言》，中华书局，1990 年。

⑥ 《春秋左传正义》卷一《春秋序》。

⑦ 刘知幾：《史通》卷一四《惑经》。

第一，“春作秋成”说。是说见于《公羊》徐彦疏所引：“旧云《春秋说》云：‘哀十四年春，西狩获麟，作《春秋》，九月书成，以其书［春］作秋成，故云《春秋》也者。’”此说可能源于纬书《春秋演孔图》“获麟而作《春秋》，九月书成”之语，非常牵强。徐彦认为孔子之前已有“春秋”之名，言“春作秋成”而名“春秋”不妥。① 由于本身的牵强及徐彦的批驳，此说不为后世学者所重，罕有称引。

第二，“法阴阳”说。汉代《左传》学者贾逵曰：“取法阴阳之中。春为阳中，万物以生；秋为阴中，万物以成。欲使人君动作不失中也。”② 提出了《春秋》之名为法阴阳之中的观点。据《公羊》徐彦疏，服虔也持此观点。贾逵、服虔之说本于刘歆《三统历》。《三统历》曰：“《春秋》……列十二公二百四十二年之事，以阴阳之中制其礼。故春为阳中，万物以生；秋为阴中，万物以成。是以事举其中，礼取其和，历数以闰正天地之中，以作事厚生，皆所以定命也。”③ 刘宋贺道养又云“春贵阳之始，秋取阴之初”④。贺氏此说源于十二辟卦。十二辟卦据说是“夏易”的内容，⑤ 以十二个卦分主十二月，其卦所对应的历法为夏正。贺氏却以周正为基础，以复卦所对应的月为孟春之月，姤卦对应的月为孟秋之月，这显然不妥。故孔颖达批评贾、刘二氏之说曰“据周以建子为正言之，则春非阳中，秋非阴中；据夏以建寅为正言之，则春非阳始，秋非阴初”，当为的论。

第三，“春秋褒贬”说。宋人刘弇曰：

> 是书也，而谓之《春秋》，何也？盖天地之所以舒惨百物，其运在四时，而春秋为阴阳中，非若夏为阳而有建巳之阴、冬为阴而有建子之阳驳之也。圣人也者，仿乎阴阳以信褒贬，则其事固嫌乎不正为阴阳者也。反是而稽焉，则褒正贬邪，特未定也，褒而有疑于贬，贬而有疑于褒，若不正为阴阳，然彼悠悠之后世，尚焉从而质诸乎？此则鲁人命《春秋》之意，而虽孔子亦莫之能易者也。⑥

显然，刘氏此说对贾逵的“阳中阴中”之说有所继承。但他认为与“夏”、“冬”

---

① 《春秋公羊传注疏》卷一，阮元校刻《十三经注疏》本。

② 《春秋左传正义》卷一《春秋序》孔颖达疏引。

③ 《汉书·律历志》。

④ 《春秋左传正义》卷一《春秋序》孔颖达疏引。据《隋书·经籍志》，贺道养著《春秋序》一卷，此语可能引于该书。

⑤ 王兴业：《试论十二辟卦》，载《周易研究》1997 年第 1 期。

⑥ 刘弇：《龙云集》卷二四《讲春秋序》，文渊阁《四库全书》本。

相比，“春秋”是阴阳之“中”，只有“春秋”能明确表达褒贬之义，而不会出现“褒而有疑于贬，贬而有疑于褒”的情况。这与贾氏之说有很大的区别。

第四，“春秋赏罚”说。宋人取“赏以春夏，刑以秋冬”之义，提出“春秋”为赏罚的观点。张大亨认为孔子不以“乘”与“梼杌”，而以“春秋”命名《春秋》，是因为《乘》以赏善为主，《梼杌》以罚恶为主，不能体现孔子修《春秋》的赏罚之义，“春秋”则能体现“圣人行赏所以类天之温厚，明罚所以类天之肃杀”①。《乘》与《梼杌》早已失传，其内容为何已不可知。汉代赵岐为《孟子》“晋之《乘》，楚之《梼杌》”作注，从字面意义上推测说“‘乘’者，兴于田赋乘马之事，因以为名；‘梼杌’者，嚚凶之类，兴于记恶之戒，因以为名”②。张氏所言显然是对赵氏注的进一步阐发。另外，张氏虽没明言“赏以春夏，刑以秋冬”，但言“暖然为春者，其温厚之气也；凄然为秋者，其肃杀之气也”③，正是“赏以春夏，刑以秋冬”的原因描述。叶梦得则曰：“春者阳之中，秋者阴之中，天道所以生杀万物者，《春秋》赏罚之法，法天者也。”④叶氏虽然也言春秋为阴阳之中，但与贾逵“法阴阳之中”强调“中”、“春生秋成”相比，强调的是“春生秋杀”，所取为“赏以春夏，刑以秋冬”之意。

“春秋”有“褒贬”或“赏罚”之义，是宋人的发明。这与前人的“法阴阳”之说已有所不同，蒋伯潜认为二者相近⑤，值得进一步讨论。宋人提出此二说是为了捍卫《春秋》的经典地位，突出《春秋》“拨乱反正”的性质，进一步发挥《春秋》义理为现实政治服务。这一方面体现了宋人的创新精神，另一方面也体现了宋人弃传从经，好以己意解经的特点。抛开以前传注的缠绕，以己意解经虽易创新，但难免主观臆断之弊，得出的结论也未必公允。故关于“春秋”为褒贬、为赏罚之说，在宋代就遭到了批驳，“或谓《春秋》之名，取‘赏以春夏，刑以秋冬’，或谓一褒一贬，若春若秋……皆非也”⑥。清人皮锡瑞也认为“或谓赏刑褒贬，说亦近凿”⑦。此说因为穿凿，较少为人采用，笔者所见仅有元初何异孙《十一经问对》卷五所记：“问：‘春秋何

---

① 张大亨：《春秋通训》卷末《春秋通训后叙》，文渊阁《四库全书》本。

② 《孟子注疏·离娄下》，阮元校刻《十三经注疏》本。

③ 张大亨：《春秋通训》卷末《春秋通训后叙》。

④ 叶梦得：《春秋考》卷一《统论》，文渊阁《四库全书》本。

⑤ 蒋伯潜：《十三经概论》，上海古籍出版社，1983年，第421页。

⑥ （旧题）郑樵：《六经奥论》卷四《春秋总辨》，文渊阁《四库全书》本。

⑦ 皮锡瑞：《论春秋本鲁史旧名墨子云百国春秋即百二十国宝书》，《经学通论》，中华书局，1954年。

义？’对曰：‘赏以春夏，刑以秋冬，‘春秋’二字，赏善罚恶之意。’”

第五，“奉始养终”说。王充《论衡·正说篇》载：“今俗儒说之：‘春者岁之始，秋者其终也。《春秋》之经可以奉始养终，故号为《春秋》。’”王充统云“俗儒”之说，亦不足据，《春秋》为正名之作，“奉始养终”离之太远。

第六，“错举四时”说。杜预《春秋序》开篇就言：“《春秋》者，鲁史记之名也。记事者，以事系日，以日系月，以月系时，以时系年，所以纪远近，别同异也。故史之所记，必表年以首事。年有四时，故错举以为所记之名也。”孔颖达作疏曰：“春先于夏，秋先于冬，举先可以及后，言春足以兼夏，言秋足以见冬，故举二字以包四时也。”参与了《春秋左传正义》审定工作的杨士勋为《穀梁》作疏时也言“《春秋》者，以史官编年记事，年有四时之序，春先于夏，秋先于冬，故举‘春秋’二字以包之”①，完全采用了杜、孔之说。② 杜氏之说对后世影响很大，元人黄泽、清人皮锡瑞、现代学者周予同、蒋伯潜、杨伯峻、夏传才等人都持此说。③

杜氏之说基于一年有“春夏秋冬”四季划分，是根据“春秋”后起之义得出的结论，没有正本清源。“春秋”的本义原指一年，如《诗经》“春秋匪懈”、《孝经》“春秋祭祀”等，都指一年的时间，因此金景芳说《春秋》之名得于按年纪事的编年史，孔子也是习用故称而已（详《春秋释要》）。至于为何一年称春秋，于省吾则有明确论述，他认为初民只有周而复始的岁度节候观念，后来有了春、秋二时的划分，大约到了西周末年，才将一年划分为四季，“《春秋》一书的名称，虽然出现在既有四时制以后，但为期很近，它是保持着旧日称一周年为春秋的习惯传统作风，而不是像古人所说的，由四时中错举二时”④。尽管孔子作《春秋》，根据“据鲁”、“亲周”、“故殷”，即“以

① 《春秋穀梁传注疏》卷一，阮元校刻《十三经注疏》本。

② 由此可见，“法阴阳”与“错举四时”之说是有很大区别的，周予同据徐彦“何氏与贾、服不异”之语，得出今、古文学家在《春秋》命名之义上意见大致相同的结论值得再做讨论（参周予同《春秋——春秋经与左传、公羊传、穀梁传》，载朱维铮编《周予同经学史论著选集》，上海人民出版社，1983 年，第 255 页）。

③ 黄泽之说见赵汸《春秋师说》卷上，皮锡瑞之说见《论春秋本鲁史旧名墨子云百国春秋即百二十国宝书》（载《经学通论》，中华书局，1954 年），周予同之说见《群经概论》（《民国丛书》第 2 编第 3 册，上海书店，1990 年，第 62 页），蒋伯潜之说见《十三经概论》（上海古籍出版社，1983 年，第 422 页），夏传才之说见《十三经概论》（天津人民出版社，1998 年，第 250 页），杨伯峻之说见《春秋左传注前言》（载《春秋左传注》卷首，中华书局，1990 年）。

④ 于省吾：《岁时起源初考》，载《历史研究》1961 年第 4 期。

鲁史为基本素材，尊崇周天子、贬斥霸主，追述周从殷继承的一些制度”的原则，对《鲁春秋》“笔则笔，削则削”①，融入了孔子“窃取”之义，使乱臣贼子惧，与《鲁春秋》大不相同。但《春秋》之名当为沿用旧史之名。原因主要有以下几点：

第一，如前所述，孔子以前，“春秋”作为史记通名早已存在，不是孔子的发明创造；

第二，孟子言《春秋》“其事则齐桓、晋文，其事则史”，说明《春秋》在体例、事、文等方面都袭用《鲁春秋》，孔子没有必要另外定名；

第三，孔子修订的“六经”，《诗》、《书》、《礼》、《乐》、《易》五经都是沿用旧名，《春秋》亦不会例外。②

所以，虽然从古至今，学者们对孔子所修《春秋》之名的含义有各种各样的推测，但它只是孔子沿用旧史之名，没有什么深意，正如王充所言“孔子因旧故之名，以号《春秋》之经，未必有奇说异意，深美之据也”③。

3. 孔子作《春秋》的时间

关于孔子作《春秋》的时间，历来也是说法不一，归纳起来有三种说法：

第一，孔子有感于鲁哀公十四年（前 481）西狩获麟而作《春秋》。《史记》在《孔子世家》、《儒林列传》中都作是说。《孔子世家》载：“鲁哀公十四年春，狩大野。叔孙氏车子钼商获兽，以为不祥。仲尼视之，曰：‘麟也。’……乃因史记作《春秋》，上至隐公，下讫哀公十四年。”《儒林列传》则云：“西狩获麟，曰‘吾道穷矣’。故因史记作《春秋》，以当王法，其辞微而指博，后世学者多录焉。”汉代流行的《春秋说》亦言：“哀公十四年获麟之后，得端门之命，乃作《春秋》，至九月而止笔。”④ 杜预发挥汉人的说法曰：“余以为感麟而作，作起获麟，则文止于所起，为得其实。”⑤

第二，鲁哀公十一年（前 484），孔子自卫返鲁以后开始作《春秋》，文成致麟。汉代的服虔、贾逵、颍容等都持这种说法。哀公十四年“西狩获麟”，孔颖达疏曰：“贾逵、服虔、颍容等皆以为孔子自卫反鲁，考正礼

---

① 《史记·孔子世家》。

② 上面列举原因，主要参考了陈维礼《春秋书名考辨》，载《汕头大学学报》1987 年第 1 期。

③ 《论衡·正说篇》，《诸子集成》本。

④ 《春秋公羊传注疏》卷一“春秋公羊经传解诂隐公第一”徐彦疏引。

⑤ 《春秋左传正义》卷一《春秋序》，阮元校刻《十三经注疏》本。

乐，修《春秋》，约以周礼，三年文成致麟，麟感而至。”[①] 孔颖达疏杜预《春秋序》还引了服虔之语曰：“夫子以哀十一年，自卫反鲁而作《春秋》，约之以礼，故有麟应而至。”这种“文成致麟”的观点，当是受了《公羊》的影响。孔颖达疏曰：“孔舒元《公羊》传本云‘十有四年春，西狩获麟。何以书？记异也。今麟非常之兽。其为非常之兽奈何？有王者则至，无王者则不至。然则孰为而至？为孔子之作《春秋》。”

第三，孔子厄陈、蔡作《春秋》。此说见上引《史记·太史公自序》。

此三说都出于后人的推测，相比之下第二说所言时间可能最接近历史事实。首先孔子修《春秋》经历了一个收集资料的过程，不可能短短几个月就能仓促而就，故第一说“感麟而作”、“春作秋成”不妥。《史记·十二诸侯年表序》载孔子“西观周室，论史记旧闻，兴于鲁而次《春秋》”。徐彦引闵因叙曰：“昔孔子受端门之命，制《春秋》之义，使子夏等十四人求周史记，得百二十国宝书，九月经立，《感精符》、《考异邮》、《说题辞》具有其文。”[②] 汉代《严氏春秋》引《观周篇》云：“孔子将修《春秋》，与左丘明乘如周，观书于周史，归而修《春秋》之经，丘明为之传，共为表里。”[③] 这些材料未必完全属实，有的甚至出于纬书，但都表明孔子修《春秋》曾到周收集过史料。其次，《春秋》为六艺之一，是孔子教授学生的重要教材，《史记·孔子世家》便曰“弟子受《春秋》”，当不会仓促而就。最后，孔子自卫返鲁之前周游列国，可能已有作《春秋》的设想，但那时他的人生目标主要是渴望人君采用其政治观点，而非著书传之后世，故其在厄于陈、蔡时没有开始作《春秋》，正如徐彦曰：“孔子厄陈、蔡之时，始有作《春秋》之意，未正作。”[④]“孔子干七十余君，莫能用”，慨叹“凤鸟不至，河不出图，吾已矣夫”[⑤]，自卫返鲁，彻底放弃为人君所用的理想，退而著书，故他在这时开始作《春秋》最有可能。

孔子在现实政治生活中处处碰壁之后，汲取“百国春秋”的记事方法，

---

① 《春秋左传正义·哀公十四年》“西狩获麟”条，阮元校刻《十三经注疏》本。

② 《春秋公羊传注疏》卷一“春秋公羊经传解诂隐公第一”徐彦疏，阮元校刻《十三经注疏》本。

③ 《春秋左传正义》卷一“左丘明受经于仲尼”孔颖达疏，阮元校刻《十三经注疏》本。

④ 《春秋公羊传注疏》卷一“春秋公羊经传解诂隐公第一”徐彦疏，阮元校刻《十三经注疏》本。

⑤ 《论语·子罕》。

沿用“百国春秋”之通名，裁剪鲁史，修成《春秋》。《春秋》与“百国春秋”的区别在于“百国春秋”重在记载历史事实，《春秋》则重在借事明义，即孔子借242年的历史表达了自己的政治观点，表达了自己上明三王之道、下辨人事之际，一表天下的政治理想，贯彻了自己贬天子、退诸侯、讨大夫的政治主张，达到拨乱反正的政治目的。《春秋》修成后，孔子以之教授学生，传授自己的政治思想，是为儒家六艺之一。随着战国时期儒学成为显学，孔子地位逐渐提高，儒家六艺地位也随之提高，被称之为“六经”，如《庄子·天运》中就有“丘治《诗》、《书》、《礼》、《乐》、《易》、《春秋》六经”的说法，《春秋》成为了儒家六经之一。同时，围绕《春秋》形成了左氏、公羊、穀梁、邹氏、夹氏等多种传说，这也标志着“春秋”逐渐摆脱史书通名之意，而成为孔子《春秋》的专名。汉武帝“罢黜百家，表章六经”，立五经博士，《春秋》为其中之一，更是巩固了《春秋》的经典地位。

《春秋》成为儒家经典后，成为了中国古代的政治教科书，由于其文简意赅，给学者留下了巨大的发挥空间，所以历代围绕它产生了传、说、论、注、疏等各种各样的著作，形成了丰富的《春秋》学文献体系。

二、三传的产生与经典化

《左传》、《公羊》、《穀梁》三传本是《春秋》的传，但由于《春秋》太过简单，如果离开三传根本无法探究《春秋》中所载史实及所蕴涵的微言大义，这种不可或缺性使三传在《春秋》学中扮演着非常重要的角色，研究《春秋》必须研究三传。因此，随着研究“三传”著作的增多，三传也上升为儒家经典，甚至一度取代了《春秋》作为经的地位。所以，对三传的产生与经典化做一讨论，是《春秋》学文献研究中无法回避的问题。

（一）《左传》的产生

司马迁《史记·十二诸侯年表序》曰：“鲁君子左丘明惧弟子人人异端，各安其意，失其真，故因孔子史记具论其语，成《左氏春秋》。”这是关于《左传》产生的最早记载，《左传》为左丘明所作。左丘明为何许人，司马迁没有记载。《论语·公冶长》有“巧言、令色、足恭，左丘明耻之，丘亦耻之。匿怨而友其人，左丘明耻之，丘亦耻之”之语，刘歆据此认为《左传》的作者便是“好恶与圣人同”的左丘明，则《左传》产生于春秋末年。

对此，中唐以前无异议。孔颖达疏杜预《春秋序》引沈氏说：“《严氏春秋》引《观周篇》云：‘孔子将修《春秋》，与左丘明乘如周，观书于周史，归而修《春秋》之经，丘明为之传，共为表里。'” 反对立《左传》博士的今文博士也没有怀疑其作者为左丘明，只是认为《左传》与孔子没有多大的关系。东汉光武帝时反对立《左传》为博士的范升就称：“《左氏》不祖孔子，而出于丘明。”① 杜预更是认为“左丘明受经于仲尼，以为经者不刊之书也，故传或先经以始事，或后经以终义，或依经以辩理，或错经以合异，随义而发”②，赋予了左丘明孔子弟子的地位。中唐以前《左传》之学胜，③ 故没有人对左丘明作《左传》之事提出异议。

1.《左传》晚出诸说

唐代中叶开始，“舍传求经”之风兴起，赵匡对左丘明作《春秋》提出了质疑。他说：

> 夫子自比，皆引往人，故曰：“窃比于我老彭。”又说伯夷等六人，云：“我则异于是。”并非同时人也。丘明者，盖夫子以前贤人，如史佚、迟任之流，见称于当时耳。焚书之后，莫得详知，学者各信胸臆，见《传》及《国语》俱题左氏，遂引丘明为其人。此事既无明文，唯司马迁云“丘明丧明，厥有《国语》”，刘歆以为《春秋左氏传》是丘明所为。且迁好奇多谬，故其书多为淮南所驳，刘歆则以私意所好，编之《七略》，班固因而不革，后世遂以为真。所谓传虚袭误，往而不返者也。④

赵氏认为，左丘明为孔子以前之人，不可能为《春秋》作传；学者以为“左氏”为“左丘明”是因为司马迁、刘歆、班固等人的附会。左氏不是左丘明，那他又是什么人呢？赵匡认为他只是“孔门后之门人”。赵匡之说主观臆测的成分较多，未足信从，但他的这一质疑引发了宋代以来对《左传》作者与时代的大讨论。从宋代以来，不断有学者举出各种例证，企图证明左氏非丘明，《左传》晚出战国或秦汉。

第一，晚出战国。程颐较早论证《左传》晚出战国。他说：“《左传》非丘明作。‘虞不腊矣’，并‘庶长’，皆秦官秦语。”⑤ 按：《左传·僖公五年》记，“虞不腊矣”为晋借道于虞以伐虢，宫之奇以其族行时所言语；“庶长”则见于襄公十一年“秦庶长鲍、庶长武帅师伐晋以救郑”。据《史记·秦本

① 《后汉书·范升传》。

② 《春秋左传正义》卷一《春秋序》，阮元校刻《十三经注疏》本。

③ 永瑢等：《四库全书总目》卷二六《春秋类序》提要。

④ 陆淳：《春秋集传纂例》卷一《赵氏损益义第五》，文渊阁《四库全书》本。

⑤ 《河南程氏外书》卷一一《时氏本拾遗》，《二程集》，中华书局，1981年，第419页。

纪》，秦至惠公十二年才“初腊”；而据《后汉书·明帝纪》注，“庶长”为商鞅所制。故程氏认为“虞不腊矣”、“庶长”为秦语、秦官，《左传》不是丘明所作。

受程颐的启发，叶梦得、《六经奥论》作者更为详细全面地论证了《左传》非丘明所作，而晚出于战国。

叶梦得认为左丘明姓“左丘”，不姓“左”，简称当为“左丘氏”，不是“左氏”，《左传》的作者是世为史官的“左”姓人。后世误以为左丘明作《左传》，是因司马迁、班固误传及刘歆之附会。他说：“左氏，鲁之史官而世其职，或其子孙也。古者以左史书言，右史书动，故因官以命氏。传初但记其为左氏而已，不言为丘明也。”解决了“左氏非丘明”的问题，叶梦得又从多方面论证了左氏晚出，为“战国周秦之间人”。叶氏的论证可分为以下几个方面：①

从《左传》记事年限论证。《春秋》终哀公十四年，《左传》终二十七年，后孔子卒十三年（笔者按：当为十一年。因孔子卒于哀公十六年），涉及韩、魏、知伯、赵襄子之事，且称鲁悼公、楚惠王之名。而鲁悼公、楚惠王、赵襄子之卒距孔子之卒分别为 47 年、48 年、53 年，如果左氏与孔子同时、又不是其弟子的左丘明，当不会长寿如此。

从《左传》所记名物制度上论证。这是叶氏对程颐之说的继承与发挥。他认为《左传·成公十三年》提及的“不更”及上述程颐提到的“庶长”，是秦孝公命名的官称；程颐论及的“虞不腊”之“腊”取代旧时的“蜡”为祭名，亦在秦惠公时；而“饮之有酎”，即襄公二十二年所记“尝酎”，古礼没有，吕不韦《吕氏春秋》始见之。由此，叶氏推论“左氏固出于秦孝公、惠公、吕不韦之后”。

从《左传》所记占筮预言多有应验论证。《左传》中所记预言，如田氏代齐、三家分晋等，在后世都得到了印证。叶梦得认为：“天人茫昧之际，亦不应逆得其所代之姓氏、所后之子孙与其存亡之年纪、世次若合符契如是者。余意此乃周秦之间卜筮家者流，欲自神其艺，假前代之言，著书以欺后世。亦左氏好奇，兼取而载之。则《左氏》或出于周亡之后，未可知。”

从《左传》的传授源流论证。叶梦得认为陆德明《经典释文·序录》所

---

① 以下所述，参考杨世文、张富祥之论为多，所论分别详见《走出汉学——宋代经典辨疑思潮研究》，四川大学出版社，2008 年，第 545～558 页；《宋代文献学研究》，上海古籍出版社，2006 年，第 276～278 页。

述从左丘明而下的传授源流不可信，即便是汉时为推尊《左传》，“托左氏为丘明”者，亦不能述其传授源流。他说：“陆德明为《经典释文·序》，遂(授)［援］刘向《别录》，以为左丘明授曾申，申授吴起，起授其子期，期授铎椒，椒授虞卿，卿授荀卿，卿授张苍。刘向《别录》世不复见，不知其有无。以太史公考之，但言数子各著书尔，不言其相授也。……汉初诸儒大抵皆云《左氏》不传《春秋》，虽力为之主者，亦无所附会，故不得已而托之丘明以为重。至范升直以为丘明师徒于传又无其人可以见，虽东汉盛行之时，犹不能为之辞。贾逵至欲以谶纬合之，而德明乃敢强论其所授，固不待攻而自破也。”

从《左传》反映的学风论证。叶梦得认为《左传》载穿凿好诬、与经相背之事，有“六国辩士”之风。他说：“凡《左氏》载事与经背者，不可概举。吾初以为理可妄推，事不可妄为，审无是事，左氏安敢凿为之说？及反复考之，然后知《左氏》之好诬，真无所忌惮，犹之六国辩士，苟欲借古事以成其说，虽率其意为之不顾也。”①

叶梦得吸收了程颐之说，又提出了《左传》作者姓“左”而非“左丘”、《左传》记有孔子卒后50年左右之事、《左传》中所记占卜预言大多都在后世得到了应验等新的证据，证明《左传》晚出于战国。叶氏所论未必尽当，但为时人推崇，韩元吉就说“然左氏丘明之辨，近年惟叶石林之说最备”②；他提出的证据，亦常为后世疑《左传》晚出者采用。

《六经奥论》通过八条证据论证了“左氏非丘明，是为六国时人”的观点。其证据如下：

> 《左氏》终纪韩、魏、智伯之事，又举赵襄子之谥，则是书之作必在赵襄子既卒之后。若以为丘明，自获麟至襄子卒已八十年矣，使丘明与孔子同时，不应孔子既没七十有八年之后，丘明犹能著书。今《左氏》引之，此左氏为六国人，在于赵襄子既卒之后，明验一也。
>
> 《左氏》：战于麻隧，秦师败绩，获不更女父。又云：秦庶长鲍、庶长武帅师及晋师战于栎。秦至孝公时立赏级之爵，乃有不更、庶长之号。今《左氏》引之，是左氏为六国人，在于秦孝公之后，明验二也。
>
> 《左氏》云：虞不腊矣。秦至惠王十二年初腊。郑氏、蔡邕皆谓腊于周即蜡祭，诸经并无明文，惟吕氏《月令》有腊先祖之言。今《左氏》引之，

---

① 以上所引叶梦得语，均载其《春秋考》卷三《统论》，文渊阁《四库全书》本。

② 韩元吉：《南涧甲乙稿》卷一三《答林黄中别纸书》，文渊阁《四库全书》本。

则左氏为六国人，在于秦惠王之后，明验三也。

《左氏》师承邹衍之诞，而称帝王子孙。案齐威王时，邹衍推五德终始之运，其语不经，今《左氏》引之，则左氏为六国人，在齐威王之后，明验四也。

《左氏》言分星皆准堪舆。案：韩、魏分晋之后，而堪舆十二次始于赵分曰大梁之语。今《左氏》引之，则左氏为六国人，在三家分晋之后，明验五也。

《左氏》云：左师辰将以公乘马而归。案：三代时有车战，无骑兵，惟苏秦合从，六国始有车千乘、骑万匹之语。今《左氏》引之，是左氏为六国人，在苏秦之后，明验六也。

《左氏》序吕相绝秦，声子说齐，其为雄辨狙诈，真游说之士、捭阖之辞。此左氏为六国人，明验七也。

《左氏》之书序晋、楚事最详，如楚师熸、犹拾沈等语，则左氏为楚人，明验八也。①

以上八条，前三条前人已提出，② 后五条则为《六经奥论》作者的新说。其认为《左传》师承邹衍之说称帝王子孙，而邹衍为齐威王时人；《左传》"分星皆准堪舆"晚出于三家分晋之后；《左传》中所记骑兵出现于苏秦合纵之时；《左传》所记吕相绝秦、声子说齐之辞，如战国纵横家之言；《左传》记晋、楚之事最详，因此《左传》作者当为苏秦之后的楚人。郑樵在《通志·总序》中说"左氏楚人也，所见多矣，而其书尽楚人之辞"，表明《六经奥论》作者是在郑樵之说的基础上，综合其他学者的观点而成上述之说。《六经奥论》所述八条材料有的有根有据、言之成理，有的却不知何据、牵强附会。如以《左氏》记晋、楚之事详，便以左氏为楚人，实在有些牵强。③

除程颐、叶梦得、《六经奥论》外，程大昌④、朱熹、陈傅良、叶適⑤、

---

① 《六经奥论》卷四《春秋经·左氏非丘明辨》，文渊阁《四库全书》本。

② 按第一条引证史实上有问题，获麟于公元前481年，赵襄子卒于公元前425年，相距仅55年；孔子卒于获麟后两年，与赵襄子卒相距仅53年，不知何故作者以为分别相距80年、78年。

③ 关于《六经奥论》所列八条，后人多有辩驳。可参孙易《驳郑》，载《国专月刊》第3卷第1期，1936年2月；胡念贻《左传的真伪和写作时代问题考辨》，载《文史》第11辑，中华书局，1981年。

④ 见程大昌《考古编》卷一《诗论五》，文渊阁《四库全书》本。

⑤ 见叶適《左氏春秋》，见《水心别集》卷六，《叶適集》本，中华书局，1961年。

李心传[1]、陈振孙[2]、黄仲炎[3]、吕大圭[4]、万见春、罗璧[5]等人对《左传》作者与时代也有论述，但大致不出程颐、叶梦得与《六经奥论》所述。如《朱子语类》卷八三载朱熹语曰：

> 或云左氏是楚左史倚相之后，故载楚史较详。……左氏必不解是丘明，如圣人所称，煞是正直底人。如《左传》之文，自有纵横意思。《史记》却说："左丘失明，厥有《国语》。"或云，左丘明，左丘其姓也。《左传》自是左姓人作。又如秦始有腊祭，而《左氏》谓"虞不腊矣"！是秦时文字分明。
>
> 《左传》是后来人做，为见陈氏有齐，所以言"八世之后，莫之与京"！见三家分晋，所以言"公侯子孙，必复其始"。
>
> 左氏是三晋之后，不知是甚么人。看他说魏毕万之后必大，如说陈氏代齐之类，皆是后来设为豫定之言。
>
> 左氏叙至韩魏赵杀智伯事，去孔子六七十年，决非丘明。

朱熹大致也是从学术风格、名物制度、应验预言、记事年限等几个方面论证左氏非丘明，晚出战国。陈傅良亦从名物制度上进行了论证，他说："自昔相传，《左传》为左丘明撰，其好恶与圣人同者也。其书称'虞不腊矣'、'见于尝酎'及秦'庶长'，皆战国后制，故或疑非孔子所称左丘明，别自是一人为史官者。"[6]另外，托名王安石所作，"专辨左氏为六国时人，其明验十有一事"的《左氏解》，[7] 所论可能亦不出上述诸家之说。

第二，晚出秦汉。郑獬、魏了翁分别从《春秋》阙文、《左传》文风、文义、字形论证左氏非丘明所作，晚出于秦汉。郑獬著《左氏论》曰：

> 以予考之，盖左氏者，与公羊、穀梁相先后，而俱出乎秦汉之世。何用明其然耶？质之孔子之经而知之也。尝试用圣人之意而问于子：孔子之作《春秋》，必据乎国史，史之有缺文断义，疑误而不可考者，则将在书之乎？削之乎？则必曰：将在削之云耳。尝以左氏之意而问于子：经之有书"夏五"、"郭公"者，是为何辞？则必曰：左氏无说，此乃秦火之后，文久而有

---

① 见李心传《丙子学易编》，文渊阁《四库全书》本。

② 见陈振孙《直斋书录解题》卷三。

③ 见黄仲炎《春秋通说》卷首《春秋通说序》，《通志堂经解》本。

④ 见吕大圭《春秋五论·论五》，《通志堂经解》本。

⑤ 万、罗二氏之说，并见罗璧《识遗》卷三《左传非丘明》，文渊阁《四库全书》本。

⑥ 张尚瑗：《左传折诸》卷首上《先正评说》，文渊阁《四库全书》本。

⑦ 陈振孙：《直斋书录解题》卷三，第60页。

缺失也。又问子：其书辛卯君氏卒，甲戌、己丑陈侯鲍卒者如之何？则必曰：左氏之解，以君氏为声子也，不言其姓，以公故也。其说陈侯之卒有二日者，以再赴也。陈侯疾病而国乱，故再赴也。然则其说为何如是？则左氏为妄解矣。岂有夫人之卒，孔子辄改去其姓而谓之君氏乎？岂有一国之君薨，而臣子不详其实而再赴乎？然则所书亦必如"夏五"、"郭公"者，容其有缺失也。是君氏者必为误，甲戌之下必当书某事，而亡其文也。此则左氏独见秦火之遗文，而未尝见孔子完经。完经尚不可及见，安在其为丘明而亲见孔子受经而作传者乎？左氏如见完经，则必不为是解。公羊、穀梁亦承其缺文，而强为之辞。吾用此乃知左氏与公羊、穀梁相先后，而出乎秦汉之世矣。吾之怪夫《春秋》之经至简，而其疑缺者已多；左氏至繁，而反完备。岂独经遭秦火，而传不焚耶？秦书之不焚者盖鲜，以此又益知其出于秦汉之世也明矣。①

郑獬认为孔子修《春秋》时，对疑误不可考者当削去不用，故《春秋》本来是完经，没有缺文断义。后世所传《春秋》有疑缺是秦始皇焚书所致。《左传》所据之经有"夏五"、"郭公"等缺文，有"君氏"、"甲戌、己丑陈侯鲍卒"等疑误之处，故《左传》出现于秦汉之世，作者不是与孔子同时的左丘明，而是另有其人。郑氏主要是从《春秋》经的缺文与《左传》对缺文的处理来论证《左传》晚出。郑氏所言《春秋》成书之时无"缺文断义"，尚可言之成理，而把《春秋》缺文完全归结于秦火，则太过武断，不完全合乎古籍流传的复杂情形。从《春秋》成书至秦始皇焚书有几百年，在这么长的时间里，古籍传写难免讹误，所以缺文不可能完全出于秦火。稍晚一些的许翰就对此提出疑问曰："若谓经以秦阨残缺，则三传传经乃自先秦以来各有师承，不相参稽，安得缺文若合符节？"② 由此，郑氏认为《左传》晚出秦汉实非确论。

魏了翁则从《左传》的文风、文义、字形分析，怀疑《左传》晚出秦汉。他说："《周礼》与《左氏》两部，字字谨严，首尾如一，更无疏漏处。疑秦汉初人所作，因圣贤遗言足成之。"这是从文风上证明《左传》晚出秦汉。又说："《左传》'范氏出于尧'一段，文不连属，贾逵（引者按：当为孔颖达）以为汉人添入刘氏，要《左传》行于世，与'虞不腊矣'亦秦时字，此《左传》可疑处。"此是从文义连贯上证明《左传》中有汉人之说。又说"古亥字、豕字也，二首六身是后世字，亦左氏非丘明之证也"③，则从字形上论证

① 郑獬：《郧溪集》卷一六《左氏论》，文渊阁《四库全书》本。

② 许翰：《襄陵文集》卷九《答丞相李伯纪书》，文渊阁《四库全书》本。

③ 魏了翁：《鹤山先生大全文集》卷一〇九《师友雅言》，《四部丛刊》本。

左氏非丘明。魏氏认为《左传》有汉人添入之文，其言近理；但认为古“亥”字作“豕”，“亥”为后起字，则缺乏根据；① 从文风来判断《左传》的成书时代，亦有较强的主观随意性。

宋代很多学者主张左氏非丘明，晚出战国或秦汉。宋人之说对后世影响很大，后人所论主体没有超出宋人，只是有一些增补。元、明一些学者承宋人余风，亦主“左氏非丘明”，晚出战国或秦汉，陆粲《左氏春秋镌》、郝敬《春秋非左》都持此说。季本《春秋私考》则明确提出《左传》成于汉初张苍之手，理由与宋儒大致相同。② 清代中晚期，随着今文经学的再度兴起，一些今文经学家如刘逢禄《左氏春秋考证》、康有为《新学伪经考》、崔适《史记探源》和《春秋复始》等也认为《左传》作者不是左丘明，并进一步怀疑《左传》为刘歆伪造之书，不是《春秋》之传。20 世纪古史辨派兴起，顾颉刚、张西堂、钱玄同以及徐仁甫等人继承了康、崔二氏之说，主张《左传》为刘歆作。另外一些学者更是对《左传》的作者提出了多种说法，如卫聚贤认为《左传》为“子夏作”，③ 钱穆则通过分析预言及其他史料，推测《左传》出于吴起，④ 郭沫若自言发挥清人姚鼐、章太炎的说法，⑤ 推断《左传》成于吴起，并认为吴起就是魏文侯时的史官史起。⑥ 杨伯峻《春秋左传注前言》、赵光贤《左传编撰考》⑦、童书业《春秋左传研究》、徐中舒《左传的作者及其成书年代》⑧、沈玉成和刘宁《春秋左传学史稿》、赵伯雄《春秋学史》等论著依据《左传》中所载战国史实及预言，对《左传》的成书时间做了一个时间断限。杨伯峻认为《左传》成于公元前 403 年至公元前 389 年之间；

① “亥”字乃“豕”字，其说本《说文》，至今仍被学者质疑，而二首六身究作何形，亦无定论。

② 季本：《春秋私考》卷首《春秋私考序》，《四库全书存目丛书》本。

③ 卫聚贤：《左传之研究》，载《国学论丛》1927 年第 1 卷第 1、2 号。

④ 钱穆：《先秦诸子系年考辨》卷二《吴起传左氏春秋考》，上海书店，1992 年。

⑤ 姚鼐《惜抱轩九经说》卷一六《论语说》中的“左丘明耻之说”一条及其《惜抱轩文集》卷三《左传补注序》都认为《左传》之文不成于一人之手，而吴起所增较多。章太炎《春秋左传读》开篇“丘明”一条指出有人根据《韩非子·外储说右上》关于吴起的记载，论证《左传》为吴起作，他自己实际并不赞成这种说法，郭氏失之详考。

⑥ 郭沫若：《先秦学说述林·述吴起》，上海书店，1992 年。

⑦ 赵光贤：《左传编撰考》，载《中国历史文献研究集刊》第 1 集，湖南人民出版社，1980 年；《中国历史文献研究集刊》，第 2 集，岳麓书社，1982 年。

⑧ 徐中舒：《左传的作者及其成书年代》，载《历史教学》1962 年第 11 期。

赵光贤认为成于公元前 432 年至公元前 352 年之间；童书业认为作于战国中期以前；徐中舒主张成于公元前 375 年至公元前 351 年之间；沈玉成和刘宁认为《左传》从草创于春秋末而写定于战国中期以前，由授受者不断补充润色；赵伯雄主张《左传》成于公元前 375 年至公元前 343 年之间。

此外，一些外国学者也加入了讨论《左传》作者与时代的行列。根据洪业《春秋经传引得序》介绍，① 德国的佛朗克，日本的津田左右吉、饭岛忠夫等通过分析《左传》的语言、故事、历法等各种方式论证《左传》为刘歆等人改造；瑞典的高本汉《左传真伪考》、日本的狩野直喜《左氏辨》与新城新藏《东洋天文学史研究》第六篇《由岁星之记事论左传国语之著作年代及干支纪年法之发达》、法国的马伯乐等也在对《左传》的语言、预言、历法研究的基础上，推测《左传》的成书年代，虽然他们对《左传》成书具体时间的推断不一，但都主张《左传》成于战国时代，否定了《左传》由“好恶与圣人同”的左丘明作于春秋末年。

2.《左传》晚出诸说辨

宋人以后直至今天，人们在讨论《左传》晚出战国或秦汉时，所持论据主要有：《左传》中记录有三家分晋等一些战国史实、《左传》里的一些预言在战国时代得到了应验、《左传》中有春秋以后才有的天文历法、《左传》文风、《左传》的语辞、记事等问题。仔细分析，这些论据都缺乏确凿的证据，很难把旧说真正推翻。下面对此做一说明。

《左传》中记录有战国或更晚的史实。这些史实分两种情况：第一，有的确实是战国或秦汉时人写入《左传》的文字，但我们不能因此判定整部《左传》都是这时的人写的。因为从先秦到两汉，典籍的流传比较复杂，流传过程中往往有增入的篇章或文字，不足为怪。比如《六经奥论》举《左传》记韩、魏、赵“丧知伯”，又举赵襄子之谥，《左传》作于赵襄子既卒之后，就是这种情况。《六经奥论》的根据是《左传》末尾的一条附录，《左传》叙事止于鲁哀公二十七年（前 468），最后附有这样一段话：

> 悼之四年（前 463），晋荀瑶帅师围郑。……知伯谓赵孟：“入之!”对曰：“主在此。”知伯曰：“恶而无勇，何以为子?”对曰：“以能忍耻，庶无害赵宗乎!”知伯不悛。赵襄子由是惎知伯，遂丧之。知伯贪而愎，故韩、魏反而丧之。

我们说这段话是后人所加，有几个理由。首先，它不是正文，《左传》正文已

① 洪业：《洪业论学集》，中华书局，1981 年，第 223～289 页。

在哀公二十七年结束；其次，它最后所写韩、魏、赵灭知氏之事，上距“悼之四年”已有十年，书中草草带过，“丧之”二字复出，显得笨拙，不似原作者手笔；最后，《左传》正文中哀公二十年写到赵孟，没有写赵襄子之谥，可见《左传》作者和赵孟是同时人，反过来亦可证明这里所举赵襄子之谥是后人所加。[①] 再如《左传》中“其处者为刘氏”，“陶唐氏既衰，其后有刘累”等文字，是因为汉代统治者自认为是唐尧之后，有的人为迎合统治者的需要而加。《左传》中这样的情况很多，正如清人陈澧所言：“既可插此一句，安知其不更有所插者乎?”[②] 第二，有些事物似乎战国时才有，但并不能断定春秋时没有。比如叶梦得所举的“饮酎”问题，虽《吕氏春秋·孟夏纪》有“天子饮酎，用礼乐”之文，并不能证明吕不韦时始有“饮酎”。

《左传》中的预言问题。《左传》中有很多预言，其中绝大部分涉及春秋时期的史实，这一部分与判定《左传》的写作年代没有关系。而另一部分涉及战国时期的，则与《左传》写作时代密切相关。那些主张《左传》晚出战国的学者常举昭公二十八年“魏子之举也义，其命也忠，其长有后于晋国乎”及襄公二十九年“晋国其萃于三族乎”等在战国时期得到了“应验”的预言，以此证明《左传》的作者曾见过三家分晋。但他们忽略了一个非常重要的事实就是《左传》中涉及战国史实的预言，有些没有得到“应验”。这一点，顾炎武早就发现了，他说：

> 昔人所言兴亡祸福之故，不必尽验，《左氏》但记其信而有征者尔，而亦不尽信也。三良殉死，“君子是以知秦之不复东征”。至于孝公，而天子致伯，诸侯毕贺，其后始皇遂并天下。季札闻《齐风》，以为“国未可量”，乃不久而篡于陈氏；闻《郑风》，以为“其先亡乎”，而郑至三家分晋之后始灭于韩。浑罕言“姬在列者，蔡及曹、滕其先亡乎”，而滕灭于宋王偃，在诸姬为最后。僖三十一年“狄围卫，卫迁于帝丘，卜曰三百年”，而卫至秦二世元年始废，历四百二十一年。是左氏所记之言亦不尽信也。[③]

顾氏列举了《左传》中五条没有在战国得到“应验”的预言。除这五条外，胡念贻还找到了两条不验的预言：一是宣公三年“成王定鼎于郏鄏，卜世三十，卜年七百，天所命也”，实际上周代传世不是三十，而是三十七；国祚不止七百年，而是八百余年。二是哀公九年“赵氏其世有乱乎”，而赵氏后来世

---

① 详参胡念贻《左传的真伪和写作时代问题考辨》，载《文史》第11辑，中华书局，1981年。

② 陈澧：《东塾读书记》卷一〇《春秋三传》，《皇清经解续编》本。

③ 顾炎武：《日知录集释》卷四“左氏不必尽信”条，文渊阁《四库全书》本。

代相传，没有发生变乱。这七条不应验的预言，表明《左传》作者是战国以前的人，否则他不会对战国时的历史全然不知，而把这些预言写进去。至于前面所列得到“应验”的三家分晋之事，则很有可能是战国时人窜入的。

《左传》中的天文历法。一些学者常以《左传》中记载的天文历法为春秋以后才有来论证《左传》晚出。对此，日本学者饭岛忠夫《由汉代之历法论左传之伪作》、《中国古代历法概论》等论著所言的汉代的历法由西方传入，春秋战国时代的天文历法不可能达到《左传》里记载的发达程度，随着《五星占》等地下材料的发现及中国古代天文历法研究的深入早已不攻自破。新城新藏《东洋天文学史研究》认为《左传》、《国语》中的岁星纪事是公元前365年以后几年中的占星家所作，胡念贻也同意此说，只是不同意新城新藏由此判定《左传》、《国语》二书都由这些占星家所作。其实，从《左传·襄公二十八年》“岁在星纪，而淫于玄枵”，襄公十九年“岁在降娄”，昭公八年“岁在析木之津”以及《国语》中“岁在鹑尾”、“岁在实沈”等记载来看，岁星纪年是春秋时代实际实行过的纪年法，而不是战国时人依据战国时的历法编好附丽在《左传》、《国语》里的。这样说还有一个重要的理由就是《左传》中所记的岁星纪年有“超辰”现象。岁星不是完全均匀运动，运动周期是11.8622年，不是完整的12年，如果每年按星次顺序一轮一轮排下去，每隔85年就要超过一个星次，这就是“超辰”。因此，以之纪年，每隔85年需调整，古人不明白这一点，只是觉得奇怪，而将其记录下来。如上引《左传·襄公二十八年》“岁在星纪，而淫于玄枵”，就是说这年岁星当在星纪，可是越次到了玄枵。如果这些记载为后人附丽，当不会有这样的“超辰”现象存在。因此，以岁星纪事的存在来否定《左传》作于春秋末年是站不住脚的。

《左传》的文风。宋代的叶梦得、《六经奥论》作者及近人赵光贤等人都从《左传》的文风上判定《左传》晚出战国。叶梦得、《六经奥论》作者都认为《左传》中的“行人辞命”有“六国辩士之风”，为游说之士的“捭阖之辞”。叶氏与《六经奥论》作者只是主观推论，并没有进行具体的论证，有很强的主观臆断色彩。赵光贤则认为《左传》中有的文字“句法整齐，多半四字一句，作排偶式，以前没有这种文体，也不是后人所能模仿的”①。赵氏之说实有些武断，因为在属今文《尚书》的《洪范》中已有“无偏无陂，遵王之义。无有作好，遵王之道。无有作恶，遵王之路。无偏无党，王道荡荡。

① 赵光贤：《左传编撰考》（下），载《中国历史文献研究集刊》第二集，岳麓书社，1981年，第54～55页。

无党无偏，王道平平。无反无侧，王道正直。会其有极，归其有极”等这样四字一句的排偶式文体。

《左传》的记事、用语。《左传》中记有春秋时期晋、楚、鲁等多国的事情，宋代的《六经奥论》、朱熹及近人卫聚贤就根据其所记各国事件的多寡来判定《左传》的作者为哪国人。《六经奥论》认为《左传》所记楚事详，故《左传》的作者为楚国人，朱熹进一步落实为楚史倚相之后。卫聚贤《左传之研究》首先通过统计《左传》中各国的记事，以晋最多，为26%，得出“《左传》为晋国作品”的结论，再论子夏曾传《春秋》，居西河，为魏文侯师，最后得出《左传》为子夏作的结论。对卫氏此说，正如赵光贤所言“以书中某国纪事分量大，即作为著者为某国人之证，是说不通的”①。其实，《左传》中记晋、楚之事多是因为二国为当时大国，扮演着非常重要的角色。高本汉《左传真伪考》以《论语》、《孟子》是用鲁国方言写成为前提，用现代语言学的研究方式，对比《论语》、《孟子》与《左传》中的助词用法，否定《左传》的作者为鲁国人，亦讲不通。因为不同的著作中某些助词的用法不同，可能是由于方言歧异，也可能是由于作者用词的习惯不同，而《左传》和《论语》、《孟子》两书在某些助词用法上的差异就不是由于方言的不同，而是由于作品内容、风格和作者的用字习惯不同。②

由上，《左传》晚出战国或秦汉的各种说法，都没有提出确凿的证据材料，无法把司马迁等人的旧说推翻。

3. 《左传》作于春秋末年

《左传》作于春秋末年，除了前引司马迁等人的记载外，还可从《左传》本身找到证据。

第一，《左传》记事到哀公二十七年为止，可见作者为春秋末年人。如果是战国时人，他会写到战国时代，因为战国、西汉人写史都是写到作者当下为止，魏襄王《竹书纪年》、司马迁《史记》都如此，《左传》当不例外。

第二，《左传》叙事以鲁国为中心。凡写到鲁国都称“我”，鲁国国君都称君，其他称“公”或“侯”，他国使节来访，都称“来”，鲁国出使称“往”（或“使”）。再者，春秋时期，鲁国并不是强国，但在《左传》中的篇幅仅次于持续几代称霸的晋国，这表明《左传》的作者是鲁国人，站在自己国家的

① 赵光贤：《左传编撰考》（下），载《中国历史文献研究集刊》第2集，岳麓书社，1981年，第50页。

② 对高本汉之说，胡念贻《左传的真伪和写作时代问题考辨》有详细辩证。

立场来记载史实。

第三，《左传》里涉及战国时代的预言没有应验，如“秦之不复东征”、“郑先卫亡”等，也表明《左传》的作者不知道这些史实，是战国以前的人。

第四，《左传》正文哀公二十七年以前称赵孟，不称赵襄子谥，也可以说明《左传》作于春秋末年。

以上都可说明《左传》的作者为春秋末年人。

至于《左传》的作者，司马迁等人相传为左丘明。从唐以来，否认左丘明的人很多，但他们的理由都不充分。比如赵匡以《论语·公冶长》“左丘明耻之，丘亦耻之”为由，认为孔子自己称名，可见左丘明为孔子以前“贤人”，左氏是另外的人，就不妥。因为从《论语》看，孔子有时和弟子的对话中就自称名，《述而》中就有两条这样的记载：

> 巫马期以告。子曰：“丘也幸；苟有过，人必知之。”
>
> 子疾病，子路请祷。子曰：“有诸?”子路对曰：“有之。诔曰：‘祷尔于上下神祇’。”子曰：“丘之祷久矣。”

巫马期和子路都是孔子的学生，对话中孔子都自称名，可见孔子自称名是常事。所以，孔子称赞同时代的左丘明，称左丘明的名，自己也称名，是很正常的事，不足以证明左丘明为孔子以前“贤人”。①

综上所述，在没有确凿的证据出现之前，我们不能否认司马迁、刘歆等人关于《左传》为春秋末年鲁国人左丘明所作的观点。

（二）《公羊》、《穀梁》的产生

《公羊》、《穀梁》二传的产生都经历了一个从“口说”到“著于竹帛”的过程，《汉书·艺文志》曰：“及末世口说流行，故有《公羊》、《穀梁》、《邹》、《夹》之传。”《汉书·刘歆传》载刘歆移书让太常博士说：“信口说而背传记，是末师而非往古。”《公》、《穀》二传采取口说的形式，与《春秋》“道义”的性质密切相关。《春秋》不是一般的史书，它所表达的是孔子的政治观点，贯彻了孔子贬天子、退诸侯、讨大夫的政治思想。鲁襄公二十五年(前548)，齐国执政大夫崔杼因史官直书“崔杼弑君”事，连杀太史氏兄弟三人之事，使孔子不能不有所忌讳。所以，孔子作《春秋》采用“微辞”表达，把“微言大义”口授给弟子，由弟子师口相传。《史记·十二诸侯年表序》便曰：“七十子之徒口受其传指，为有所刺讥褒讳挹损之文辞不可以书见也。”《汉书·艺文志》亦曰：“《春秋》所贬损大人当世君臣，有威权势力，

① 以上主要参考了胡念贻《左传的真伪和写作时代问题考辨》的观点。

其事实皆形于传，是以隐其书而不宣，所以免时难也。”正因为《公》、《穀》二传有口说流传这一特殊的过程，它们的作者、时代与先后，历来都有较多的争议。

1.《公羊》、《穀梁》的作者与时代

关于《公羊》的作者，中唐以前诸儒都认为是子夏门人公羊高。《汉书·艺文志》著录《公羊传》11卷，班固自注云：“公羊子，齐人。”颜师古注云：“名高。”唐徐彦《春秋公羊传注疏》引戴宏《春秋说序》云：“子夏传与公羊高，高传于其子平，平传于其子地，地传于其子敢，敢传于其子寿。至汉景帝时，寿乃与齐人胡毋子都著于竹帛。”①

至于《穀梁》的作者，则有穀梁赤、穀梁俶（淑）、穀梁寘、穀梁喜、穀梁嘉等多种说法。桓谭《新论》、应劭《风俗通》以为名赤；阮孝绪《七录》以为名俶；王充《论衡·案书篇》以为名寘；颜师古注《汉书·艺文志》以为名喜。清钱大昕《汉书辩疑》据闽本《汉书》，言“喜”字应为“嘉”字。穀梁子之名各家说法不一，对他的时代，学者亦有不同说法。杨士勛认为穀梁子是子夏门人，他在疏《春秋穀梁传序》时曰：“穀梁子，名淑，字元始，鲁人。一名赤。受经于子夏，为经作传，故曰《穀梁传》。”麋信则认为是秦孝公时人。② 由上，对穀梁子的确切名字及生活的具体年代，两汉学者已难知其详。虽然对《穀梁》的作者说法不一，但中唐以前学者只是各述已说，并没有以已之说否定其他说法。

中唐赵匡开始对《公》、《穀》二传的作者与时代提出疑问，他说：“先儒公羊名高，子夏弟子也，或云汉初人。或曰穀梁亦子夏弟子，名赤，或曰秦孝公同时人，或云名俶，字元始，皆为强说也。儒史之流，尚多及此，况语怪者哉！”③ 赵氏这里只是简单地否定了前人之说，没有对《公》、《穀》二传的作者与时代做正面的论述。

至宋，亦有学者对《公》、《穀》二传的作者提出了新的看法。孙觉说，“习《公》、《穀》者又言孔子经成，独传子夏，公羊高、穀梁赤皆子夏门人。

---

① 载《春秋公羊传注疏》卷首，阮元校刻《十三经注疏》本。

② 朱彝尊：《经义考》卷一七〇《春秋三》“穀梁氏赤《春秋传》”条。

③ 陆淳：《春秋集传纂例》卷一《赵氏损益义第五》。赵氏云有人说公羊高为汉初人，是对何休之说的误解。按：经隐公二年“纪子伯、莒子盟于密”，传云：“纪子伯者何？无闻焉尔。”何休注：“言无闻者，《春秋》有改周受命之制。孔子畏时远害，又知秦将燔《诗》《书》，其说口授相传，至汉公羊氏及弟子胡毋生等乃始记于竹帛，故有所失也。”何休只云“汉公羊氏”，并没有云“公羊高”。

若二子同出子夏之门，不应传有同异，此亦党公、穀之言也”[1]，怀疑公羊高、穀梁赤不是子夏门人，但没有对公、穀二人的身份做进一步的论述。林黄中认为公羊、穀梁原为一人，[2] 不知证据为何。郑清之亦曰：“稗官有纪《公羊》、《穀梁》并出一人之手，其姓则姜，盖四字反切，即姜字也。”[3] 林、郑之后，宋末罗璧引万见春之说，认为《公》、《穀》二传都是姜姓人的假托，他说：

> 公羊、穀梁二姓，自高、赤作传外，考之前史及后世，更不见再有此姓。万见春尝谓公羊、穀梁皆姜字切韵脚，疑其为姜姓假托也。(原按：《文公语录》已有此说。)盖战国时去春秋未远，传之所载，多当时诸侯、公卿、大夫及其家世事迹，有当讳晦者，难直斥之，而事之直者又不容曲为之笔，故高、赤传其事，因隐其姓。后世史官于当代难言之事每阙之，或晦其姓名，疑其辞义。高、赤缘时忌，没其姓，容有此理。《左传》作者之名，曾无真的，是传者亦欲假托也。(原按：二传皆云出自子夏。子夏授公羊高，汉景帝时胡毋子都始以《公羊》著之竹书。穀梁云秦孝公时人，其书宣帝时始传，先儒因谓二书皆作自汉儒。孔颖达曰：“公羊道听途说之学。”杜预言肤引公、穀，适足自乱。大观群典，曰公、穀诡辨之言，非先儒说，或者又汉儒假托也。)[4]

从罗璧所引，万见春不认为《公》、《穀》二传的作者为同一人，但同意“公羊”、“穀梁”都是“姜”字的切韵，《公》、《穀》二传出于战国时姜姓人的假托。[5] 罗璧在按语中则怀疑二传出于汉儒假托。

其实，言《公》、《穀》二传晚出秦汉，不是罗璧的发明，早在北宋，郑獬就从《春秋》缺文的角度，判定《公》、《穀》二传作者所见《春秋》为秦火之后的残缺之经，二传出于秦汉之世。郑氏所论，详见前引《左氏论》。《六经奥论》亦认为二传出于秦焚书之后。曰：

> 或问公、穀二家师承所始，曰：吾何以论其始乎？刘歆汉人，尚不能知，况后人乎？公羊本齐学，后世有以为名高者，有以为子夏弟子者，有以为汉初经（识）［师］者。穀梁本鲁学，后世有以为名赤者，有以为名俶者，

---

① 孙觉：《春秋经解》卷首《春秋经解序》，文渊阁《四库全书》本。

② 黎靖德编，王星贤校点：《朱子语类》卷八三《春秋·纲领》，第 2153 页。

③ 朱彝尊：《经义考》卷一七〇《春秋三》“公羊氏高《春秋传》”条。

④ 罗璧：《识遗》卷三《公羊穀梁》，文渊阁《四库全书》本。

⑤ 万见春，据罗璧《识遗》卷三云“乡先达万见春镇尝著论辨传非丘明作”，知其名镇，新安人。

> 有以为秦孝公时人者，皆无所稽，莫得而定。然《公羊》载乐正子之视疾（原注：昭十九），则《公羊》必出于乐正子之后。《穀梁》虽载师尸子之语，或出于汉初，未可知。然吾求二家之传矣。二家初皆口传，非如《左氏》之笔录。然《左氏》之传，又不如《穀梁》之质也。《公羊》之书，有所谓“昉于此”乎，有所谓“登来之”者，有所谓“代者为主，代者为客”，皆弟子记其师之言，会其语音以录之也。有所谓“公羊子曰”，则其书非公羊所自为可知矣。穀梁之书，有所谓“或曰”，有所谓“传曰”，有所谓“尸子曰”、“沈子曰”、“公子启曰”，有所谓“穀梁子曰”，皆弟子记其师之说，而杂以先儒之言，则其书又非穀梁之所自为可知矣。此穀梁必出于沈子、尸子之后。或者疑其以为汉初人也。尝合三传而考之，左氏之笔录必出于焚书之前，公、穀之口传实出于焚书之后。何也？《左氏》兼载晋、楚行师用兵，大夫世族，无所不备，其载卜筮杂书与《汲冢师春》正同，则作于焚书之前明矣。公、穀设同左氏之时，二百四十年事犹当十得四五，不应尽推其说于例也。此公、穀作于焚书之后明矣。①

此说可谓层层推进。首先承赵匡之说对汉唐以来种种有关《公》、《穀》二传来源之说提出质疑，初步断定《公羊》出于乐正子之后，《穀梁》可能出于汉初。其次，根据《公》、《穀》二传中记有“公羊子曰”、“穀梁子曰”等文字，否定二传出于公羊、穀梁二氏自著。最后，根据《公》、《穀》二传记事不得《左传》十之四五，只以例解经，判定《公》、《穀》二传之口传出于焚书之后。

上述宋人对《公》、《穀》二传作者的怀疑基本上出于臆测，没有多少根据。公羊、穀梁二姓虽不常见，但不能以此否定二氏的存在。《礼记·杂记下》有“凿巾以饭，公羊贾为之也”，表明除公羊高外，先秦别有以公羊为姓者，其言“考之前史及后世，更不见再有此姓”所出无据。再者，如果姜姓之人因距春秋不远，为解决“事之直者又不容曲为之笔”与“讳晦”的矛盾，托姓为公羊、穀梁，其子孙或弟子在口耳相传过程中当知其为姜姓。尤其是其子孙，不会连自己的姓都不知，而在距离春秋已远，完全不用“讳晦”的汉代，写定二传时仍题为《公羊》、《穀梁》。正如四库馆臣所言“至弟子记其先师，子孙述其祖父，必不至竟迷本字，别用合声。璧（引者按：罗璧）之所言，殊为好异”②。《公》、《穀》二传以义理解经，记事当然不能与以事解经为主的《左传》相比，《六经奥论》作者以《公》、《穀》记事少，以例解经

① 《六经奥论》卷四《公穀二传》，文渊阁《四库全书》本。

② 永瑢等：《四库全书总目》卷二六《春秋公羊传注疏》提要。

断定二传晚出秦始皇焚书之后，甚为武断。

虽然唐、宋学者关于《公》、《穀》二传作者与时代的各种怀疑说法出于臆测，却启发了近世学者对《公》、《穀》二传的怀疑。

近代一些学者除了吸取宋人的切韵之说，怀疑“‘穀梁’这个姓就是从‘公羊’两字之音幻化出来的”外，① 为了论证《公羊》晚出，开始质疑前引戴宏所论《公羊》的传授。他们的理由主要有两点：② 一是戴宏为东汉人，其说《公羊》的传授反比《史记》、《汉书》详细，是“愈后愈详”，故不足信。钱玄同便曰：“至于公羊氏之名曰高，及公羊高、公羊平、公羊地、公羊敢、公羊寿，这五代传经的世系，那更是东汉人所臆造。”③ 二是公羊氏的五世传授，与由子夏到汉景帝的时间不符。崔适首倡此说：“子夏少孔子四十四岁。孔子生于襄公二十一年，则子夏生于定公二年，下迄景帝之初，三百四十余年，自子夏至公羊寿，甫及五传，则公羊氏世世相去六十余年，又必父享耄年，子皆夙慧，乃能及之，其可信乎？”④ 杜钢百则在崔氏的基础上做了更详细的推论，他认为：“假如子夏将没之年，公羊高受学时为二十岁，而景帝即位之二年，为公羊寿、胡毋子都著录之年，缩至最少年代，则此中相距，亦已二百五十余年，故公羊高五传而及公羊寿，则以四代除之，每代须六十三岁生子，而皆享上寿，否则不能至汉。”⑤

这两点理由都站不住脚。就第一点来讲，《公羊》的传授，西汉言之略，东汉言之详，主要是学术发展的需要造成的。西汉时，《公羊》立为学官，在学术界独尊，它的传授不成为问题，故用不着考其源流；至东汉，《左传》之学兴，打着“亲见夫子”的旗号，与《公羊》学相抗衡，在这种情况下，《公羊》学者需要详道《公羊》的传授源流，以应对《左传》学的挑战。故对戴宏之说不能轻易否定。对第二点，应该说崔氏、杜氏提出的疑问的确存在，但不能就此否定《公羊》出于子夏。因为《公羊》的传授除了戴宏所叙外，《公羊》中还记载有子沈子、子司马子、子女子、子北宫子和鲁子、高子等本师和他师。对这些人物，虽无法排定其先后顺序，但他们在《公羊》的传授

---

① 钱玄同：《重论经今古文学问题》，载《古史辨》第5册，第77页。

② 以下主要参考了陈恩林《春秋和公羊传的关系》，载《史学史研究》1982年第4期。

③ 钱玄同：《重论经今古文学问题》，载《古史辨》第5册，第77页。

④ 崔适：《春秋复始》卷一《公羊传当正其名曰春秋传》，《续修四库全书》本。

⑤ 杜钢百：《公羊、穀梁为卜商或孔商讹传异名考》，载《国立武汉大学文哲季刊》第3卷第1号，1933年。

中当有一席之地。把这些人物加入《公羊》的传授系统，则从子夏传到公羊寿在时间上的问题就不存在了。因此，可以说《公羊》确实是由子夏传授下来，历经师徒父子口耳相传，在汉景帝时由公羊寿、胡毋子都写定的。

对于《穀梁》，近世学者的怀疑更是大胆，认为其是西汉末刘歆伪造的古文经，崔适、张西堂是其代表。崔适《春秋复始》、《五经释要》首先发难，之后，张西堂作《穀梁真伪考》发挥崔说。崔、张二氏之说在近代学术界产生了重要的影响，为一些人所推崇。如钱玄同便说："《穀梁》为汉人所作之伪传，得崔、张两君之考证，殆可成为定谳了。"① 吕思勉亦曰："《穀梁》昔人以为今文，近崔适考定其亦为古文，其说甚确。"② 但崔、张二氏所列的证据都经不起仔细的推敲，没有说服力，陈恩林《关于穀梁传的源流及真伪问题》一文对此有详细辩驳，在此不再赘述。

实际上，从各种文献记载来看，《穀梁》同《公羊》一样，也是出于子夏所传。首先，在先秦文献中已有对《穀梁》的引用，《荀子》就是其代表。如《荀子·议兵》曰"师不越时"，《穀梁·隐公五年》则有"伐不逾时"之说。再如《荀子·大略》言"诰誓不及五帝，盟诅不及三王，交质子不及五伯"，亦是对《穀梁·隐公八年》"诰誓不及五帝，盟诅不及三王，交质子不及二伯"的引用。《荀子》对《穀梁》的引用很多，在此不一一列举。其次，《穀梁》渊源有自。杨士勋疏《春秋穀梁传序》叙述《穀梁》的传授曰：

> （穀梁子）受经于子夏，为经作传，故曰《穀梁》。传孙卿，孙卿传鲁人申公，申公传博士江翁。其后鲁人荣广大善《穀梁》，又传蔡千秋。汉宣帝好《穀梁》，擢千秋为郎，由是《穀梁》之传大行于世。

由于杨氏此说从子夏到瑕丘江公仅经历了四传，故为一些学者所怀疑。刘师培便曰："《公羊》由子夏至胡毋生已经七传，而《穀梁》由子夏至江翁，仅历四传，此必无之理也。"③ 刘氏此说太过拘泥，因为秦汉以前学术多师口相传，出现遗漏是很正常的事。再者，穀梁子的喜、嘉、赤、寘、俶、淑很可能是数代相传的痕迹，正如刘逢禄所言"穀梁子……名俶，名赤，盖如公羊氏家世相传，非一人也"④。最后，《穀梁》文中除了有"穀梁子"之说外，还有沈子、尸子等《穀梁》之师的说法。这样，从子夏到瑕丘江公，其传人

---

① 钱玄同：《重论经今古文学问题》，载《古史辨》第5册，第73页。

② 吕思勉：《先秦史》第二章《古史材料》，上海古籍出版社，1982年，第11页。

③ 刘师培：《穀梁荀子相通考》，载《群经大义相通论》，《刘申叔遗书》本，民国宁武南氏校印。

④ 刘逢禄：《穀梁废疾申何》卷首《穀梁废疾申何叙》，《皇清经解》本。

就不止四代，而有八九代，甚至更多。所以，正如陈恩林所言，“我们说《穀梁传》是由子夏所传的、有渊源可寻的学派，当无多大问题”①。

2.《公羊》、《穀梁》的先后

关于《公》、《穀》二传的先后问题，在宋以前，桓谭、郑玄、陆德明曾做过讨论。桓谭、郑玄主《公羊》出于《穀梁》后。桓谭《新论》曰：“《左氏》传世后百余年，鲁穀梁赤为《春秋》，残略多所遗失。又有齐公羊高缘经文作传，弥离其本事矣。”② 郑玄《起废疾》曰：“孔子虽有圣德，不敢显然改先王之法以教授于世，若其所欲改，其阴书于纬藏之，以传后王。《穀梁》四时田者，近孔子故也。《公羊》正当六国之亡，谶纬见读，而传为三时田。作传有先后，虽异，不足以断《穀梁》也。”陆德明则主《公羊》在先，其《经典释文·序录》曰：“公羊高受之于子夏，穀梁赤乃后代传闻。”两种观点都近乎主观猜测，没有确实的证据。宋人则通过对比二传对一些具体经文的解释，找到了《穀梁》采用《公羊》之说的证据，证明《穀梁》晚出《公羊》。

宋人中刘敞最早提出《穀梁》曾见过《公羊》之书，《穀梁》晚于《公羊》。《穀梁》解庄公二年“公子庆父伐于余丘”，最末一句说：“其一曰，君在而重之也。”刘敞认为“此似晚见《公羊》之说而附益之者矣”③。刘敞此说有一定的道理，因为《公羊》对此经文的注释为：“于余丘者何？邾娄之邑也。曷为不系乎邾娄？国之也。曷为国之？君存焉尔。”“君存焉尔”实际就是“君在而重之也”之意。在对隐公二年“无骇帅师入极”之《穀梁》传文进行评价时，他也通过分析《穀梁》之行文，认为穀梁氏作传时见过《公羊》：

> 《穀梁》曰：“入者，内弗受也。”又曰：“不称氏者，灭同姓。贬也。”按入则不得谓之灭，而《穀梁》先既以入解之，末又以灭通之，此似穀梁作传时自以入为义，后窃见《公羊》之书，以入为灭，又因注焉者也。故两义虽不相合而犹并存也。又八年无骇卒不称氏，《穀梁》亦先曰“隐不爵大夫”也，又云“或说曰故贬之也”，此两者皆出《公羊》，又皆系之初说之后，明穀梁私见公羊之书而窃附益之云尔。不然，无为两事各自终始反戾也。④

① 陈恩林：《关于穀梁传的源流及真伪问题》，载《古籍整理研究学刊》1987年第4期。

② 李昉等：《太平御览》卷六一〇《春秋》，文渊阁《四库全书》本。

③ 刘敞：《春秋权衡》卷一四，《通志堂经解》本。

④ 刘敞：《春秋权衡》卷一四，《通志堂经解》本。

刘敞虽没有对《穀梁》写定晚于《公羊》做系统的论述，“似”字的使用也表明他并不肯定己说，但他首创此说，对后世产生了不小的影响。稍晚的晁说之便曰：“《穀梁》晚出于汉，因得监省《左氏》、《公羊》之违畔而正之。”①叶梦得完全赞成刘敞之说，并在《穀梁》中找到了更多的证据。他说：“说者谓《穀梁》出《公羊》后，晚得其书，间窃取之以附己说，故有解一事为二义，先后相戾者。今考于传，宜有之也。”② 所谓“说者”，显然是指刘敞。叶梦得在《春秋穀梁传谳》中，多次提及《穀梁》窃取《公羊》之说。如隐公四年春二月“莒人伐杞，取牟娄”，《穀梁》曰：“言伐言取，所恶也。诸侯相伐取地，于是始，故谨而志之也。”叶梦得评价曰：“谨始说已见《公羊》。《穀梁》始已言伐言取为所恶，又复谓之谨始，二义不得相通。此亦窃取《公羊》而附之者也。”③再如《公羊》解庄公十年“荆败蔡师于莘”曰：“荆者何？州名也，州不若国，国不若氏，氏不若人，人不若名，名不若字，字不若子。”《穀梁》解庄公十四年“荆入蔡”时亦曰：“荆者，楚也。其曰荆，何也？州举之也。州不如国，国不如名，名不如字。”对此，叶梦得说：“此传窃取《公羊》之说，知其有不可通者，故去国不若氏，氏不若人，人不若名，而独存此三言以成其为外楚之例。”④

宋人对《公》、《穀》先后的考证，引发了后人对此问题的重视。清人陈澧就对《穀梁》晚出做了进一步的论证。他认为：“《穀梁》在《公羊》之后，研究《公羊》之说，或取之，或不取，或驳之，或与己说兼存之。”除了延用宋人的方法，找出《穀梁》兼存或取《公羊》说法的例子，还找出《穀梁》批驳《公羊》之处来论证《穀梁》晚于《公羊》。他说：“更有可证者，文十二年子叔姬卒。《公羊》云：‘此未适人，何以卒？许嫁矣。’《穀梁》云：‘其曰子叔姬，贵也，公之母姊妹也。其一传曰许嫁以卒之也。’此所谓其一传，明是《公羊》传矣。”很显然这是承宋人的衣钵，论证《穀梁》取《公羊》之说。又说：“宣十五年，初税亩。冬，蝝生。《穀梁》云：‘蝝非灾也。’其曰蝝非税亩之灾也，此《穀梁》驳《公羊》之说也。《公羊》以为宣公税亩应是而有天灾，《穀梁》以为不然，故曰非灾也，驳其以为天灾也。又云：‘其曰

① 晁说之：《嵩山文集》卷一二《三传说》，《四部丛刊》本。又见王应麟：《玉海》卷四〇，文渊阁《四库全书》本。

② 叶梦得：《春秋穀梁传谳》卷一隐公二年“无骇帅师入极”条，文渊阁《四库全书》本。

③ 叶梦得：《春秋穀梁传谳》卷一。

④ 叶梦得：《春秋穀梁传谳》卷三。

螽，非税亩之灾也。’驳其以为应税亩而有此灾也。”此为《穀梁》对《公羊》驳正之例。此外，他还分析《公》、《穀》二传传文分布情况：定三年、哀十年和十一年《公羊》都无传，《穀梁》也同样无传；定五年、六年、七年、九年《公羊》每年只有传一条，《穀梁》亦然，他认为“此尤可见《穀梁》之因于《公羊》也”①。陈氏之分门别类，较宋人系统得多，但宋人的启发之功不可没。近人张西堂《穀梁真伪考》也认为《穀梁》晚出，采用了《公羊》之说。

不过，学者在《公》、《穀》先后问题上并未达成共识，清代阮元《春秋穀梁传校勘序》、刘师培《春秋三传先后考》皆据前引郑玄所言《穀梁》近孔子，《公羊》正当六国之亡，而判定《穀梁》早于《公羊》。刘师培还举三传对“成元年王师败绩于茅戎”的解释，“《左传》言败绩于徐吾氏，《穀梁》言晋败之，《公羊》则云盖晋败之，或云贸戎败之，一本《穀梁》，一本《左传》，于所闻《穀梁》说亦著”，进而得出结论：“盖词则《穀梁》后于《左传》，《公羊》后于《穀梁》，复何疑乎？”② 应该说刘师培的论证也有道理，但与宋人、陈澧一样没有解决这个问题，即同一种说法出现于《穀梁》与《公羊》，可能是《穀梁》用《公羊》说，也可能是《公羊》用《穀梁》说。再者，二传在汉代著于竹帛前，都经过了较长时间的口耳相传，在一些传文中采用对方之说也是完全有可能的。所以这两种观点孰是孰非，还有待于对两传做整体上的对比分析，仅举一两个例子就下结论，殊欠周密。

总之，历代学者对《公羊》、《穀梁》二传作者与时代的怀疑都经不起仔细推敲，故二传同出子夏，经过历代师徒父子口耳相传，于汉代著于竹帛的旧说不能轻易否定。

（三）三传的经典化

《左传》、《公羊》、《穀梁》本是《春秋》的三部传，但随着儒家学术的发展，它们逐渐经典化，由“传”上升为“经”，成了《春秋》的代表，为现传儒家“十三经”中的三部经典。

三传的经典化，有学术原因，亦有制度上的保证。第一，因为《春秋》经文过于简单，其所记事件的原委需要《左传》的补充，所阐发的微言大义，

---

① 陈澧：《东塾读书记》卷一〇《春秋三传》。

② 刘师培：《左盦集》卷二《春秋三传先后考》，《刘申叔遗书》本，民国宁武南氏校印。

有待于《公羊》、《穀梁》二传的阐释发挥。对此，宋人李纲曰：“弃传而观经，则是去甘、石之书而窥天也。”① 四库馆臣亦曰：

> 夫三传去古未远，学有所受，其间经师衍说，渐失本意者固亦有之。然必一举而刊除，则《春秋》所书之人无以核其事，所书之事无以核其人，即以开卷一两事论之。元年春王正月，不书即位，其失在夫妇嫡庶之间，苟无传文，虽有穷理格物之儒，殚毕生之力，据经文而沉思之，不能知声子、仲子事也。郑伯克段于鄢，不言段为何人，其失在母子兄弟之际，苟无传文，虽有穷理格物之儒，殚毕生之力，据经文而沉思之，亦不能知为武姜子、庄公弟也。②

也就是说，无论后世如何解读《春秋》，《左传》、《公羊》、《穀梁》三传都是最基本的文献。这使三传成为人们研治《春秋》不可逾越的对象，不断地被阅读、诠释、理解与引用，从而具有权威性，上升成为经典。

第二，杜预著《春秋经传集解》时，将《春秋》经、传合在一起，由于这样方便阅读，被《公羊》、《穀梁》二传学者仿效，久而久之，单行的《春秋》经就很少见了，这也促使载有《春秋》经文的三传逐渐成为了《春秋》的代表。

第三，从西汉到唐代的各个时段里，《左传》、《公羊》、《穀梁》三传兴衰不一，但它们都在一定程度上，得到了统治阶级的重视，被广泛地教授与传播，使其代有所承。比如《公羊》，从汉武帝设五经博士开始至东汉末，始终立于学官，有董仲舒、公孙弘、严彭祖、颜安乐等名家。至魏晋南北朝，《公羊》虽已没有在两汉的显赫地位，但依旧被立为博士或置于国学，传承不断。到唐代，由于科举制的发展，《公羊》被作为科举考试的重要科目，亦促进了《公羊》的传习。再如，《穀梁》在汉宣帝时被立为博士，显极一时，后来虽然由于西汉的衰亡而式微，但始终薪火相传，到魏文帝时又被立为博士，③ 西晋时范宁注亦“立国学”，④ 南朝宋亦由国子助教分掌《穀梁》等十经教学，⑤ 南朝齐则以糜信注为国学教本，⑥ 唐代亦以国子学教授《穀梁》学，并以之为科举考试的科目。又如《左传》，在两汉虽只是暂立学官，但在建武初

---

① 李纲：《梁溪集》卷一六三《书襄陵春秋集传后》，文渊阁《四库全书》本。

② 永瑢等：《四库全书总目》卷二七《春秋经筌》提要。

③ 《三国志·魏书·文帝纪》。

④ 《隋书·经籍一》。

⑤ 《宋书·百官志上》。

⑥ 《南齐书·陆澄传》。

年与汉章帝时，政府组织了《左传》家与《公羊》家的辩论，提拔了大批治《左传》的学者，使《左传》之学大兴，取代了《公羊》、《穀梁》原有的地位。从此直至唐代，《左传》学一直为统治阶级和学人所重。统治阶级的教授与推广，使三传代有传习，为其由传上升为经提供了制度上的保证。

正是因为上述的原因，《左传》、《公羊》、《穀梁》三传逐渐由“传”上升为“经”，至唐代孔颖达修《五经正义》，《春秋》以杜预《春秋经传集解》为本，后来所修的《九经正义》中《公羊》、《穀梁》亦有了“经”之名。除此外，唐代科举考试中以九经取士，《左传》、《公羊》、《穀梁》为其中之三。这些都标志着三传完成了其经典化的过程，在儒家的经典中成为了《春秋》一经的代表。

综上所述，《春秋》与《左传》、《公羊》、《穀梁》四部著作有区别但又是一个整体，它们是《春秋》学文献的源头，共同构成了《春秋》学文献的基础与核心。在围绕它们进行生发、阐释与推衍、解说的过程中，形成了丰富的《春秋》学文献。

第二节　《春秋》学流变与文献扩展

从孔子剪裁“旧史”《鲁春秋》而成《春秋》，经过先秦时期《左传》、《公羊》、《穀梁》、《邹氏》、《夹氏》或传事、或传义的生发、阐释，再历经后世或以《左传》、《公羊》、《穀梁》三传为本，或以《春秋》经为本的推衍、解说，《春秋》学文献经历了一个从无到有、从少到多的发展壮大过程。这是一个《春秋》学流变与文献扩展紧密相连的过程。下面就对这一过程做一概述。

一、先秦

先秦是《春秋》学的形成阶段。在这一阶段，《春秋》与《左传》、《公羊》、《穀梁》产生，大事记般的《春秋》条文被赋予各种含义，奠定了后世《春秋》学最基本的文献基础与思想基础。后世历代学者正是在此基础上解说、发挥、增益、改造，才形成了后世丰富多彩的《春秋》学及其文献。

孔子在“世衰道微，邪说暴行有作，臣弑其君者有之，子弑其父者有之”的情况下，为拨乱反正，在“百国春秋”的基础上裁定《鲁春秋》，“窃取”其中之义而成《春秋》，标志《春秋》学开始形成。《春秋》成书之后，孔子将其与《诗》、《书》、《礼》、《乐》、《易》等一起作为教材传授弟子，对其中的义进行挖掘与阐发，并把自己的思想意识、政治主张等融入其中，开始成为儒家经典。

孔子亡后，他的弟子及再传弟子们继续研治《春秋》，授徒讲学，并不断把自己的思想主张赋予《春秋》，《春秋》之义不断增加。同时，由于解读《春秋》方法与所赋予《春秋》之义的不同，《春秋》学开始分化，形成了《左传》、《公羊》、《穀梁》、《邹氏》、《夹氏》等派别。其中《左传》重以史实解经。《春秋》包括事、文、义三个方面，“义”是其灵魂，但“义”是建立在“事”、“文”基础上的。《春秋》载事之文简，随着时间的推移，在孔子时代大家熟知的事情已成历史，人们已不清楚其具体情况，《左传》正是鉴于此而详述《春秋》中所载之事的前因后果、来龙去脉，以便更好地阐发《春秋》之义。后来《春秋》学发展的事实也证明，如果没有《左传》的以事解经，《春秋》中的很多义都无法理解。《公羊》、《穀梁》都是以义解经，二者所阐发之义是现存最早的《春秋》之义，应该最接近孔子之义，所以二者在《春秋》学史上具有不可替代的作用。《公羊》、《穀梁》阐发的“尊王”、“大一统”、“经权”、“复仇”、“尊尊亲亲”等大义，经过后世的改造、发挥，对后世的政治、伦理等都产生了重要的影响。邹氏、夹氏之文本没有流传下来，史籍又没有关于他们风格、特点等的记载，具体情况不得而知。

三传产生后，各有传人。孔颖达疏杜预《春秋序》引刘向《别录》便对《左传》在先秦的传承做了一个说明，曰：“左丘明授曾申，申授吴起，起授其子期，期授楚人铎椒，铎椒作《抄撮》八卷，授虞卿，虞卿作《抄撮》九卷，授荀卿，荀卿授张苍。”陆德明《经典释文·序录》所叙《左传》传承与之基本一致。对这一传承，有些学者，如钱穆提出了疑义，[①] 笔者以为《左传》在先秦的传承可能没有刘向所述那般简单，但其代不乏人则是没有问题的。《汉书·艺文志》“春秋”类载铎椒《铎氏微》、虞卿《虞氏微传》，应当是先秦时期《左传》学的重要著作。

关于《公羊》的传承，徐彦《公羊疏》引戴宏《春秋说序》云：“子夏传与公羊高，高传于其子平，平传于其子地，地传于其子敢，敢传于其子寿。至汉景帝时，寿乃与齐人胡毋子都著于竹帛。”这一传承在时间上虽有问题，但提到的人物都应该是当时最为有名的《公羊》学家。另外，《公羊》中还记载有子沈子、子司马子、子女子、子北宫子和鲁子、高子等人的说法，这些

---

① 详参钱穆《先秦诸子系年考辨》卷四《虞卿著书考》，上海书店，1992年。

人亦是当时的《公羊》名家。杨士勋疏《春秋穀梁传序》叙述《穀梁》的传授曰："（穀梁子）受经于子夏，为经作传，故曰《穀梁》。传孙卿，孙卿传鲁人申公，申公传博士江翁。"与《公羊》一样，这一传授系统亦存在时间上不能衔接的问题，但这些人与《穀梁》中提到的沈子、尸子等人都应该是当时的《穀梁》名家。由于《公羊》、《穀梁》在先秦都是口说流传，所以没有相关文献见诸著录。

先秦的《春秋》学者除上述外，还有一位重要的学者，那就是孟子。孟子虽没有专门的《春秋》学著作传世，但作为一代儒宗，他在《孟子》中对《春秋》地位与作用的评价，为后世的《春秋》学者继承、发挥，"奠定了《春秋》作为儒家经典的地位"①。

由于史料阙如，先秦《春秋》学及其文献的详细情况在有新的材料发现以前，无法得到充分展现。但就现有的材料而言，先秦《春秋》学文献除了上述"五传"（或"三传"）外，还有一种引《春秋》史事而加以引申说理的文献，即出土文献《春秋事语》。此类文献主旨不在解经，而在于以经中事件为案例，讲明一定道理，是利用《春秋》的致用之学，这种文献可能是《春秋》三传向《晏子春秋》、《虞氏春秋》、《吕氏春秋》等诸子文献的过渡形态。总之，《春秋》学及其文献在先秦产生并得到初步发展，奠定了后世发展的基础，这一点是没有问题的。

二、两汉

两汉是《春秋》学发展的第一个高峰。随着汉代政治经济与文化的发展，"邹氏无师，夹氏未有书"②，退出了《春秋》学的舞台，而《公羊》、《穀梁》、《左传》则或由口说流传而著于竹帛，或因于秘府发现藏本，纷纷获得了较大的发展。因此，在这一时期里，《春秋》学以三传为核心的格局形成，《春秋》学文献得到了扩展。

据前引戴宏《春秋说序》，汉景帝时，公羊寿与其弟子胡毋子都将《公羊》著于竹帛，这标志着《公羊》文本的确立。文本的确立及汉武帝摆脱黄老政治，寻求新的政治指导思想的需要，《公羊》学开始受到统治者及学术界的重视，得到较大的发展。

董仲舒、公孙弘都是西汉前期《公羊》学的代表人物，他们以不同的方

① 赵伯雄：《春秋学史》，山东教育出版社，2004年，第83页。

② 《汉书·艺文志》。

式促进了《公羊》学在西汉的兴盛。董仲舒，汉广川（今河北景县）人。董仲舒少治《春秋》，师承来源已不可考。《史记·儒林列传》云："言《春秋》，于齐鲁自胡毋生，于赵自董仲舒。"《汉书·儒林传》亦曰："汉兴……言《春秋》，于齐则胡毋生，于赵则董仲舒。"二者表明董仲舒在西汉《春秋》学中具有非常重要的地位。在司马迁看来，董仲舒更是自汉初至武帝时，真正通晓《公羊》的，他在《史记·儒林列传》说："汉兴至于五世之间，唯董仲舒名为明于《春秋》，其传公羊氏也。"董仲舒的这种独特地位与他对《公羊》学的改造与创新密不可分。董氏的改造与创新主要表现在以下几个方面：第一，赋予《公羊》"大一统"以"大统一"之义；第二，主张"以《春秋》当新王"、"《春秋》变周之制"；第三，强调以《春秋》说灾异；第四，倡导以《春秋》决狱。董仲舒对《公羊》学理论的改造与创新，是《公羊》学理论的一次大发展，奠定了后世《公羊》学理论的基本框架。同时，董仲舒的改造与创新使《公羊》学适应了当时政治统治的需要，得到了统治者的推尊，促进了《公羊》学的发展。正如《汉书·儒林传》所说，"上因尊《公羊》家，诏太子受《公羊春秋》，由是《公羊》大兴"。公孙弘是西汉前期《公羊》学的另一代表人物。他对《公羊》学发展的促进，不在于他对《公羊》学本身有多大的建树，而在于他的经历对《春秋》学研究产生了一定的影响。公孙弘是胡毋生的弟子，他治《春秋》并不如董仲舒，但他善于揣摩皇帝的心理，所以他是西汉经生中官做得最大的一位，也是以通晓《春秋》学而位至宰相的第一人。公孙弘治《春秋》而平步青云，对当时的儒生产生了很大的影响。《史记·儒林列传》便曰："公孙弘以《春秋》白衣为天子三公，封以平津侯。天下之学士靡然乡风矣。"

董仲舒对《公羊》学理论的改造与创新，公孙弘以通晓《春秋》而位极人臣，都促进了《公羊》学的大发展。由于公孙弘在《公羊》学理论上并没有什么建树，儒生们只是羡慕其境遇，并没有传其学。终西汉一朝，传《公羊》学的基本上都是传董仲舒之学。董仲舒的弟子很多，主要有吾丘寿王、褚大、殷忠（段仲）、吕步舒、嬴公等人。嬴公深得董氏真传，授孟卿、眭弘。孟卿又授后苍、疏广，其中疏广之《疏氏春秋》自成一家。眭弘弟子百余人，唯严彭祖、颜安乐为明。眭、孟死后，严、颜二人各专门教授，《公羊》学由此分化为严、颜二学。① 严、颜二学在西汉末世各有传授，以颜氏之学为盛，分为泠丰、任公、管路、冥都四派。

---

① 《汉书·儒林传》。

东汉时，严、颜二家是《公羊》学的两大基本传授系统，但纵观东汉一代，治《公羊》者以严氏一家为多。传严氏者主要有甄宇、甄普、甄承三世传业，程曾、钟兴、楼望、丁恭、樊鯈、张霸、张楷等。由于《左传》之学的发展壮大以及《公羊》学自身的一些局限，东汉《公羊》学已没有了西汉的风光，但仍居于官学地位，在十四博士中，《公羊》严、颜二家依然在立。因此，在东汉，《公羊》学虽已显示出衰落的迹象，但仍获得发展，并出现了何休这样的《公羊》学大师，进一步发展了董仲舒开创的《公羊》学理论，对汉代的《春秋》学进行了全面的总结。何休所处的时代，《公羊》学已被冷落，为了挽回《公羊》学的颓势，他著《春秋公羊解诂》、《春秋公羊文谥例》、《春秋公羊墨守》、《春秋左氏膏肓》、《春秋穀梁废疾》、《春秋汉议》等书。其中《春秋公羊解诂》是对西汉董仲舒《公羊》学的发展，是对汉代《公羊》学说的总结，是《公羊》学研究中的一座里程碑式的著作。何休归纳了《公羊》家把握《春秋》内容的诸种名目：五始、三科九旨、七等、六辅、二类等等，以三科九旨最为重要。

《公羊》学在汉代贵为官学，成为一代显学，《公羊》学文献因此得到了很大的发展。据各种文献记载，《公羊》学著作有胡毋生《春秋条例》、董仲舒《春秋繁露》和《春秋决狱》、疏广《疏氏春秋》、严彭祖《公羊严氏春秋》、颜安氏《春秋公羊颜氏记》、冥都《冥氏春秋》、钟兴《定严氏春秋章句》、樊鯈《删定严氏春秋章句》、张霸《减定严氏春秋章句》、冯氏《严氏春秋章句》、郄萌《春秋灾异》及上述何休的著作等数十种。

《穀梁》与《公羊》一样，在汉代著于竹帛，属今文经学，以问答体的方式发挥《春秋》微言大义。在汉代，《公羊》学一直贵为官学，而《穀梁》学远没有《公羊》学幸运，而是经历了从私学—官学—私学的演化过程，仅有短暂的兴盛时期。

《汉书·儒林传》以申公为汉代最早传授《穀梁》之祖。申公亦是《鲁诗》在汉代的最早传人，其《诗》学出于荀卿弟子浮丘伯，但其《穀梁》学出于谁，则文献阙如。申公传徐公、许生、瑕丘江公。瑕丘江公是传申公《穀梁》学最重要的弟子。江公与董仲舒曾在汉武帝前辩论，由于江公“呐于口”，处于劣势，再加上丞相公孙弘治《公羊》学，《公羊》学大兴，《穀梁》不为所重。汉武帝太子虽然喜欢《穀梁》，但因巫蛊之事自杀，没能给《穀梁》学带来好运。因此，当时研习《穀梁》者甚少，除江公子孙外，从江公习者只有荣广、皓星公等人。

汉宣帝时，《穀梁》式微的局面得到了改善，一度成为显学。汉宣帝为武帝戾太子之孙，因祖父好《穀梁》之学及丞相韦贤、长信少府夏侯胜、中乐陵侯史高三位鲁地人的建言，大力推动《穀梁》学的发展。汉宣帝先是“愍其学且绝”①，以蔡千秋为郎中户将，选郎官十人教授《穀梁》，蔡氏亡后，又先后征瑕丘江公孙、周庆、丁姓等教授，刘向便在此时应诏修习《穀梁》。这样的结果是使研习《穀梁》的学者大大增加，为立之于学官奠定了基础。甘露三年（前 51），汉宣帝下诏召开石渠阁会议，主要议题便是“平《公羊》、《穀梁》同异，各以经处是非”②。会议的结果是以尹更始、刘向、周庆、丁姓、王亥为代表的《穀梁》学战胜了严彭祖、申輓、伊推、宋显、许广为代表的《公羊》学，周庆、丁姓立为博士，《穀梁》学成为官学。《穀梁》之学因此大盛，传人众多，形成了“尹、胡、申章、房氏之学”，尹氏指尹更始，胡氏指胡常，申章氏指申章昌，房氏指房凤。③

由于最高统治者的支持，西汉中期《穀梁》学一度兴盛。但好景不长，随着西汉的衰亡，《穀梁》学也逐渐低迷，博士出缺，传人几绝。到东汉，图谶之学大兴，而《穀梁》“不晓图谶”，不再立于官学，再加上《公羊》学者的打压，《穀梁》学更加式微，以至无法得知东汉《穀梁》学的传授系统，见于史籍的《穀梁》学者仅有两汉之交的侯霸、段肃以及贾逵。侯霸字君房，西汉河南密（今属河南）人，成帝时官太子舍人，史称他“师事九江太守房元，治《穀梁春秋》，为元都讲”④，他有无《穀梁》学著作，史无明文。段肃，不详何人，据清人惠栋考证，《后汉书·班固传》所载殷肃便是段肃，⑤《隋书·经籍志》与陆德明《经典释文·序录》均著录段肃著《春秋穀梁传注》。《后汉书·贾逵传》称贾逵“兼通五家《穀梁》之说”，但众所周知，贾逵为著名的《左传》学者，只是兼修《穀梁》，并不是严格意义上的《穀梁》学者。由此可见，《穀梁》学在东汉已衰竭不堪，陷于不绝如缕的境地。

因为《穀梁》学在汉代仅有短暂的兴盛时期，《穀梁》学文献也因此没有

---

① 《汉书·儒林传》。

② 《汉书·儒林传》。

③ 瑕丘江公《穀梁》学的传授分为三支：第一支是江公子传江公孙，江公孙传王亥、刘向、胡常，胡常传萧秉；第二支是江公传皓星公，皓星公传蔡千秋；第三支是江公传荣广，荣广传周庆、蔡千秋、丁姓。之后，蔡千秋传尹更始，尹更始传尹咸、房凤，房凤传侯霸、翟方进；丁姓传申章昌，申章昌传梅福。详参文廷海《清代春秋穀梁学研究》（巴蜀书社，2006 年）。

④ 《后汉书·侯霸传》。

⑤ 惠栋：《九经古义》卷一五《穀梁古义》，文渊阁《四库全书》本。

得到大的发展，见诸史籍的仅有尹更始《尹氏春秋穀梁传》、刘向《春秋穀梁传》、段肃《春秋穀梁传注》等几种。

《左传》在汉代的绝大部分时间里都在民间流传，但因为它记事详细，随着时间的推移，没有它无法得知《春秋》所记之事，也无法深入发挥《春秋》之义。故《左传》学在汉代虽从来没有《公羊》、《穀梁》学曾有的显赫，但在“三传”中，文献最多，扩展最快。

《左传》以记事为主，寓褒贬于史实中，不像《公羊》、《穀梁》一样灵活阐发微言大义，可较为直接地为统治者建立新的思想体系服务。因此，河间献王刘德虽在他的王国里立过《左传》博士，但仅限于一隅一时，在西汉王朝的大部分时间里，《左传》未立为官学。《汉书·儒林传》载其传授曰：

> 汉兴，北平侯张苍及梁太傅贾谊、京兆尹张敞、太中大夫刘公子皆修《春秋左氏传》。谊为《左氏传》训故，授赵人贯公，为河间献王博士，子长卿为荡阴令，授清河张禹长子。禹与萧望之同时为御史，数为望之言《左氏》，望之善之，上书数以称说。后望之为太子太傅，荐禹于宣帝，征禹待诏，未及问，会疾死。授尹更始，更始传子咸及翟方进、胡常。常授黎阳贾护季君，哀帝时待诏为郎，授苍梧陈钦子佚，以《左氏》授王莽，至将军。而刘歆从尹咸及翟方进受。由是言《左氏》者本之贾护、刘歆。

从上面记载来看，张苍、刘公子诸人的传授不详，只有始传于贾谊的才有清晰的传授世系，① 以刘歆、贾护最为重要。另外，张敞则传与子张吉，张敞之外孙杜邺又从张吉受业，张吉之子张竦又以杜邺为师。在刘歆入秘阁校书前，学者们对《左传》的传习主要在文字、名物等的训诂上，没有强调其与《春秋》的关系，以至于刘歆争立《左传》时，有很多学者不承认它是《春秋》之传。因此，这一时期除了贾谊的《左氏传训诂》外，没有其他的《左传》文献见诸著录。② 刘歆入秘阁校书，发现秘府藏本《左传》，开始扭转《左传》不兴的局面。刘歆打破之前只重《左传》文字、名物的模式，“引传

---

① 陆德明《经典释文·序录》所载略有不同，称“（荀）况传武威张苍，苍传洛阳贾谊，谊传至其孙嘉，嘉传赵人贯公，贯公传其少子长卿，长卿传京兆尹张敞及侍御史张禹”。

② 《汉书·艺文志》未著录贾谊的《左传》学著作，故亦有学者如赵伯雄不把《汉书·儒林传》中所云“谊为左氏传训诂”之“左氏传训诂”理解为书名。参赵伯雄《春秋学史》，第173页。上引《汉书·儒林传》的点校者亦不把“左氏传训诂”理解为书名。

文以解经，转相发明，由是章句义理备焉”①，即注意《左传》中义例的归纳及大义的阐发，强调《左传》为《春秋》之传。在此基础上，刘歆还争取统治者的支持，与太常博士们争立《左传》于学官，虽不成，却扩大了《左传》的影响。后借王莽篡汉，刘歆终于促成《左传》于平帝元始年间（公元1—5年）立于学官。刘歆的这些努力，使《左传》作为《春秋》之传的地位重新被认识，引发了学者们对《左传》的重视，促进了《左传》研究的大发展。

东汉时，《左传》只在光武帝时短暂立于学官，但由于《公羊》之学日益烦琐，《左传》之学逐渐受到统治者的青睐和学者的重视，逐渐发展壮大。如前所述，西汉末年传《左传》的学者主要有贾护、刘歆两家。史籍所载，东汉初年传贾护之学的为陈元，陈元传马严，马严之后所传，便不得而知了。所以，东汉的《左传》学主要出于刘歆一家。传刘歆之学的学者很多，主要有郑兴与郑众父子、贾徽与贾逵父子、孔奋、孔奇、孔嘉、桓谭、崔瑗、延笃、颍容、服虔、谢该、刘陶、卢植等学者，以贾逵、服虔二人对后世影响大，以贾、服并称。

刘歆争立学官以后，汉代《左传》学得到快速发展，经过学者们的努力，《左传》作为《春秋》之传的地位重新得到确立，《左传》学文献也相应得到快速增加。据各种文献记载，汉代的《左传》学文献主要有刘歆《春秋左氏传条例》、陈钦《陈氏春秋》、陈元《陈氏春秋训诂》、《左氏同异》、孔奇《春秋左氏删》、郑兴《春秋条例训诂》、郑众《春秋长义》、贾徽《左氏条例》、贾逵《春秋左氏解诂》、延笃《左氏传注》、服虔《春秋左氏传解谊》、颍容《春秋释例》、许淑《左氏传注解》、谢该《左氏解释》、刘陶《春秋条例》等数十种。

综上所述，汉代《春秋》学以《公羊》、《穀梁》、《左传》三传为中心。《公羊》为今文经，西汉时极盛，东汉时因烦琐之弊而成颓势，但终汉一代为官学，故发展较快，文献较多，出现了何休《春秋公羊解诂》这样影响至今的集大成之作。《穀梁》亦为今文经学，但因学者本身的能力与“不善谶纬”等原因，仅有短暂的兴盛时期，在三传中最为式微，文献最少。《左传》为古文经，私传于西汉，经刘歆大力推进，王莽当道时立于学官，光武兴便罢。东汉时，经贾逵、郑众、服虔等人的推衍阐发，逐渐在三传中占据了主导地位，文献渐盛，贾逵《春秋左氏解诂》、服虔《春秋左氏传解谊》等著作更是

① 《汉书·刘歆传》。

对后世影响甚大。除以三传为中心，各据文本，有明显的师法、家法外，东汉一些学者崇尚兼综，今古文兼治，因此有马融《春秋三传异同说》，遍注群经的郑玄之《驳五经异议》兼采《左传》、《公羊》之说，“《针膏》、《起废》，兼主《左氏》、《穀梁》”①。

囿于当时的政治、经济及时代久远等多种原因，见于著录的汉代《春秋》学文献没有超过百种，但有传、说、记、故、训、注、例、章句等多种文献体式等或训释三传字义，或阐发微言大义。另外，还出现了严彭祖《春秋盟会图》、郑众《春秋左氏传音句》、服虔《春秋左氏音隐》这样有特色的著作。严氏之作以图表形式探讨《春秋》地理问题，是《春秋》图表文献之祖，也开启了后世对《春秋》的专题研究。郑、服二人之作，则是《春秋》音义专门研究之始，此项研究在魏晋南北朝非常流行。

三、魏晋南北朝

魏晋南北朝是《春秋》学的发展演变时期。在这一时期，《春秋》学的主流仍然是以三传为中心。《左传》学在东汉大兴的基础上，继续向前发展，最终成了《春秋》学的主导。《穀梁》也一改东汉不绝若线的状况，获得较快发展，迎来了发展的第二次高潮。《公羊》学则没有了汉代的风光，在三传中发展最为缓慢。总的来说，这时三传之间依然是壁垒森严，讲究师法、家法。但承东汉兼综之风，亦有不少学者兼治三传，综论三传。《春秋》学文献的发展与之相应，三传文献有100余种，其中以《左传》最多，《穀梁》次之，《公羊》最次，而综论三传的著作亦有近40种。

魏晋的主流思想是玄学，皮锡瑞在《经学历史》中也将其定位为经学的“中衰”时代。此时的经学，虽如皮氏所言，已没有了汉代的繁荣，但并没有停滞不前，而是继续向前发展。就《春秋》学而言，魏晋可以说是《春秋》学从《公羊》学独大到《左传》学一统天下的过渡时期。这一时期，《公羊》学不甘心退出历史的前台，仍保留小块阵地，《左传》学虽快速前进，但还未能独霸天下，这就为夹在中间的《穀梁》学赢得了发展空间。所以，这时《左传》学和《穀梁》学发展都较快，不仅学者众多，文献众多，而且还产生了其发展史上非常重要的经典性著作，而《公羊》学在三传中最为式微。

东汉末以后，古文经学成了经学的主干。王国维便指出汉魏之际“今文

---

① 皮锡瑞：《论春秋兼采三传不主一家始于范宁而实始于郑君》，载《经学通论》，中华书局，1954年。

学日微，而民间古文之学乃日兴月盛”，“汉家四百年学官，今文之统已为古文家取而代之矣”。[①] 在《春秋》三传中，《左传》为古文经，大的学术背景有利于其发展，故《左传》研究在魏晋时延续了东汉以来渐盛之势，获得较快发展。《左传》研究在魏晋时期，被誉为“太官”[②]，而为众多学者青睐，主要有王朗、王肃、嵇康、钟繇、董遇、贾洪、隗禧、孙炎、曹髦、杜宽、乐详、士燮、张昭、尹默、李譔、来敏、黄容等，其中以王肃、杜预最为有名。王肃字子雍，是汉魏之际名儒王朗之子，篡魏的司马炎之外祖父。王肃与郑玄一样遍注群经，但他“善贾、马之学”[③]，不喜郑玄之学，对“郑学”发动全面的批判，号称“王学”。由于郑玄的《左传注》没有成书，[④] 王肃《春秋左氏传注》是否是针对郑玄而作不得而知。抑或是如《世说新语·文学》所载，郑玄因服虔注《左传》多与已同，故将自已所注尽付服虔，遂有服注，故服注在一定程度上可以代表郑玄的观点。王肃《春秋左氏传注》对郑玄《左传》研究的批判可能亦是针对服注而发。不管如何，由于王肃独特的政治地位与学术地位，他的《左传》研究与其他的学问一样，在当时产生了巨大的影响。王氏著作已亡佚，幸马国翰《玉函山房辑佚书》辑有《春秋左传王氏注》1卷，可窥其一斑。杜预为西晋将军，自称“《左传》癖”，为晋代最重要的《左传》学家，在《左传》学史上具有不可替代的地位。他提出“经承旧史，史承赴告”的理论，把《春秋》经传的体例归纳为“三体”“五例”等都具有开创性的意义，对后世的《左传》研究影响深远。

魏晋时期的《左传》学著作主要有魏王朗《春秋左氏传注》和《春秋左氏释驳》、王肃《春秋左氏传注》、董遇《春秋左氏经传章句》、乐详《左氏问》、王基《春秋左氏传注》、周生烈《春秋左氏传注》、杜宽《春秋左氏传解》，蜀李譔《左氏指归》和《左氏注解》，吴士燮《春秋左氏经注》、张昭《春秋左氏经解》，晋杜预《春秋经传集解》、刘寔《春秋左氏条例》、孔衍《左氏训注》、孙毓《春秋左氏传义注》和《春秋左氏传贾服异同略》、刘兆《春秋左氏全综》、干宝《春秋左氏函传义》、方范《春秋左氏经例》等数十种。在这些著作中，杜预的《春秋经传集解》是唯一流传下来的，也是最重

① 王国维：《观堂集林》卷四《汉魏博士考》。

② 《三国志·裴潜传》注引《魏略》记载钟繇与严干争论《左传》、《公羊》长短时言《左氏》太官，《公羊》为卖饼家。

③ 《三国志·魏书·王肃传》。

④ 郑玄《左传注》是否成书有争论，这里采赵伯雄的说法。详参赵伯雄《春秋学史》，第232～234页。

要的著作。杜书博采汉魏诸儒之说，对他之前的《左传》研究进行了全面的总结，具有划时代和里程碑意义。

《穀梁》学在西汉有短暂的兴盛，但当时文献的发展没有与之同步，仅有几部著作见诸史籍。魏晋时期《穀梁》学虽仍不是显学，但其迎来了学术、文献的共同繁荣。如前所述，《穀梁》学在东汉传人几绝，而到魏晋之时，有众多的学者治《穀梁》，主要有吴唐固，魏糜信，晋张靖、徐乾、郭琦、胡讷、程阐、孔衍、徐邈、刘瑶、范汪、范宁、郑嗣、萧邕、沈仲义等。范宁是当时穀梁学者的代表人物，他对《穀梁》的传例特别是日月时例进行了总结，并对他之前的《穀梁》学进行了全面的总结，大大推动了《穀梁》学的发展。与之相应，《穀梁》学文献也获得大的发展，有唐固《春秋穀梁传注》、糜信《穀梁传注》、张靖《穀梁传注》、徐乾《春秋穀梁传注》、郭琦《穀梁传注》、胡讷《春秋穀梁传集解》、程阐《春秋穀梁传注》、孔衍《春秋穀梁传注》、徐邈《春秋穀梁传注》和《春秋穀梁传义》、范宁《春秋穀梁传集解》、萧邕《穀梁传义》等近20种著作。其中范宁的《春秋穀梁传集解》是当时的代表作，集汉魏诸家之大成，也是现存最早的《穀梁》注。

《公羊》学贵为汉代显学，但在东汉已呈颓势。何休著《春秋公羊解诂》就力图挽回《公羊》学衰败的历史命运，虽不成功，但在一定程度上减缓了这一衰败的过程。魏晋时期仍有吴唐固，晋卢钦、刘寔、王接、周续之、王愆期、孔衍、高龙等学者治《公羊》，《公羊》学在三传中还有一定的位置。所以，这一时期还有唐固《春秋公羊传注》、刘寔《公羊达义》、王接《公羊春秋注》等十余种《公羊》学文献。

经过魏晋，至南北朝时，《公羊》、《穀梁》都陷入了不绝如缕的状态。《公羊》、《穀梁》文献，加上二传兼治的，只有北魏高允《公羊释》、刘芳《何休注公羊音》，南齐王俭《春秋公羊音》，刘宋孔默之《穀梁传注》，后赵聂熊《穀梁春秋注》，梁崔灵恩《公羊穀梁文句义》等几种。这时《左传》学在三传中占据了绝对主导的地位。

南北朝时，天下分为南北，经学亦分为"南学"、"北学"。《隋书·儒林传序》曰：

> 南北所治，章句好尚，互有不同。江左《周易》则王辅嗣，《尚书》则孔安国，《左传》则杜元凯。河、洛《左传》则服子慎，《尚书》、《周易》则郑康成。《诗》则并主于毛公，《礼》则同遵于郑氏。大抵南人约简，得其英华，北学深芜，穷其枝叶。考其终始，要其会归，其立身成名，殊方同致矣。

由此可见，《春秋》学的南北之分是非常明显的，表现为南朝学者以杜预注为宗，北方学者大体上推崇服虔注。

杜预《春秋经传集解》成书以后，很快在士人中流行开来，东晋元帝时，与服注同立于学官，[①] 取得了与服注同等的地位。南朝时，通过几番论争，杜注最终压倒服注，取得了胜利。《南史·崔灵恩传》载先仕魏的崔灵恩南渡归梁后，因《左传》服解“不为江东所行”，改说杜义。因为他实际推崇的是服注，所以他又著《左氏条义》以申服难杜。他的著作一出，就遭到了精于杜学的虞僧诞的反对，作《申杜难服》与崔灵恩辩驳。两人的论辩“世并传焉”，表明服注还有相当的势力。后来经过王元规对杜注的进一步解释、发挥，杜注才真正压倒了服注，《南史·王元规传》便曰：“自梁代诸儒相传为《左氏》学者，皆以贾逵、服虔之义难驳杜预，凡一百八十条。元规引证通析，无复疑滞。”

北朝学者“俗尚朴纯，未染清言之风、浮华之习”[②]，治学尚渊综广博，与汉儒烦琐说经比较接近，故非常崇拜服虔与郑玄，所谓“欲父康成，兄子慎”，“宁道孔圣误，讳闻郑、服非”。这表现在《春秋》学上，就是尊崇服虔的《左传》注。当然，随着杜注在南方的盛行，南北文化的交流，杜注在北方的局部地区也曾流行，《北史·儒林传序》便载因杜预玄孙坦、坦弟骥刘宋时并为青州刺史，传其家学，故齐地多习之。此外，亦有不少学者，如张吾贵、姚文安、秦道静等学者兼通服、杜，对服、杜之学也进行了争辩，史载“姚文安难服虔《左传解》七十七条，名曰《驳妄》。(李) 崇祖申明服氏，名曰《释谬》”[③]。贾思同亦著有《春秋杜氏难驳》。不过，北朝的杜、服之争，杜没有赢得胜利。

杜学、服学各据南北，这时的《左传》学文献大体上亦是南朝以申发解释杜说为主，北朝则主要是羽翼服氏之义。据南北朝各史书《儒林传》及诸家目录书所载，南朝的《左传》学著作主要有刘宋谢庄《春秋图》、何贺真《春秋左氏区别》；南齐杜乾光《春秋释例引序》、吴略《春秋经传说例疑隐》；梁沈宏《春秋经传解》、梁简文帝萧纲《春秋左氏传例苑》、《春秋左氏图》，崔灵恩《春秋经传解》、《春秋申先儒传论》、《左氏经传义》、《左氏条义》，虞僧诞《申杜难服》；陈沈文阿《春秋左氏经传义略》、王元规《续春秋左氏传

---

① 《晋书·荀崧传》。

② 皮锡瑞：《经学历史》六《经学分立时代》。

③ 《北史·李崇祖传》。

义略》等。北朝的《左传》学著作主要有北魏徐遵明《春秋义章》、贾思同《春秋杜氏难驳》、高允《左氏释》和《何郑膏肓杂解》，北齐姚文安《左传服氏解驳妄》、李崇祖《左传服氏解释谬》、张思伯《左氏刊例》、乐逊《左氏春秋序论》和《春秋序义》等。遗憾的是，这些著作没有一部流传下来，今人只能依据其他文献的记载对此时的《左传》学进行研究。

以上对魏晋南北朝时三传分治及文献情况做了讨论，下面对其综论三传的情况做一介绍。这一时期，出于东汉兼综之风的影响及相互斗争需要，三传学者比较注重其他二传的研究，三传出现一定程度的合流、会通，主要表现为学者兼修三传及注解时三传互用。魏孙炎、糜信、韩益，晋刘兆、氾毓、王长文、刘寔、孔衍、江熙、潘叔度、徐邈、胡讷、范隆，北魏刘献之、辛子馥、李彪、张雕、李铉，梁刘之遴等人都是三传兼治，这些学者对三传"乃或调之，或正之，或通释之，亦自我为法"①。兼治三传为注解时三传互用提供了前提条件，所以这时的三传注解之作常会引证、化用其他二传之说，杜预《春秋经传集解》、范宁《春秋穀梁传集解》就是代表。杜预虽反对"肤引《公羊》、《穀梁》"解《左传》，但在实际解说中也常借《公羊》、《穀梁》之说。范宁虽主《穀梁》，但他认为三传各有其短，即"《左氏》艳而富，其失也巫；《穀梁》清而婉，其失也短；《公羊》辩而裁，其失也俗。若能富而不巫，清而不短，裁而不俗，则深于其道者也"②，故他解《穀梁》常引《左传》、《公羊》之义。这种会通、融合对中唐以后《春秋》学的会通之风有一定影响，但也有所区别。中唐以后的会通之风，是以"舍传求经"为前提，会通的目的是为了通经，直探圣人本意，而此时的会通一般是以一传为主，兼采其他二传。

三传合流、会通的发展，促进了这一时期综论三传文献的发展。这类文献主要有魏韩益《春秋三传论》、孙炎《春秋三传注》，晋刘兆《春秋调人》、氾毓《春秋释疑》和《春秋三传集解》、胡讷《春秋三传评》、王长文《春秋三传》、范隆《春秋三传》、潘叔度《三传通论》，北魏辛子馥《三传经说异同》、刘献之《春秋三传略例》、李彪《春秋三传述》、李铉《三传异同》，梁刘之遴《三传同异》等。

值得注意的是，魏晋南北朝的《春秋》学及文献除了上面提到的外，还有两点比较突出。一是对《春秋》经传的专题研究获得初步发展。东汉严彭

① 马宗霍：《中国经学史》，上海书店，1984年，第68页。

② 《春秋穀梁传注疏》卷首《春秋穀梁传序》，阮元校刻《十三经注疏》本。

祖《春秋盟会图》开启了《春秋》的专题研究，但仅是萌芽，只涉及地理。魏晋南北朝时，这类研究的内容得到了扩展，包括地理、人物、历法等方面，产生了吴顾启期《春秋大夫谱》；晋杜预《春秋世谱》、《春秋地名》、《春秋长历》、《春秋盟会图》，京相璠《春秋土地名》；刘宋谢庄《春秋图》；梁简文帝萧纲《春秋左氏图》等著述。二是专门的《春秋》经传文字意义研究蔚然成风。如前所述，东汉郑众《春秋左氏传音句》、服虔《春秋左氏音隐》开创了《春秋》音义的专门研究，至魏晋南北朝则成为一种风尚，有魏曹髦《左氏音》、嵇康《春秋左氏传音》，晋徐邈《春秋音》、曹耽《春秋左氏音》、杜预《左传音》、孙毓《左传音》、李轨《春秋左传音》和《春秋公羊传音》、江惇《春秋公羊传音》、王俭《春秋音》、王元规《左传音》等著述。

四、隋唐五代

隋唐五代是《春秋》学的转折阶段。在这个阶段，《春秋》学完成了南北朝“南学”“北学”的统一、汉魏三传之学的总结，开启了宋元明“舍传求经”、直探圣人本意《春秋》学的先河。

南北朝分裂的政治局面最终以北方政权统一南方政权而结束，而经学则相反，“北学”逐渐融入“南学”。皮锡瑞就曰：“天下统一，南并于北，而经学统一，北学反并于南。”① 南北朝《春秋》学以《左传》为主体，隋朝继承了这一点，但政治的统一，使南北杜、服对峙的局面结束，北方的服学开始融入南方的杜学，为唐代《春秋》学的最终统一打下了基础。隋代存在仅 38 年，《春秋》学者多是由南北朝入隋的老师宿儒，主要有元善、何妥、萧该、房晖远、刘焯、刘炫、张冲、王孝籍等人，以刘炫最为重要。刘炫（约546—约 613），字光伯，隋河间景城（今属河北）人。刘炫学通南北，遍习群经，于《春秋》学除《穀梁》“用功差少”②，《左传》、《公羊》都用功较深，尤其是《左传》更是兼通杜注与服注。刘炫兼修杜、服之学，而以杜学为主，正如《崇文总目》“春秋正义”条所言：“至晋杜预专治《左氏》，其后有沈文阿、苏宽、刘炫，皆据杜说。”刘炫的《春秋》学著作有《春秋攻昧》、《春秋规过》、《春秋述议》等。《春秋攻昧》难《公羊》、服虔、何休、贾逵等之失；《春秋规过》专规杜预之失，共 150 余条；《春秋述议》则是刘炫对杜预《春秋经传集解》所作的义疏。从这三部著作的主要内容，亦可看出刘炫对前代《春

① 皮锡瑞：《经学历史》七《经学统一时代》。

② 《隋书·刘炫传》。

秋》学的融合与总结。《春秋述议》是刘炫最重要的《春秋》学著作，唐代孔颖达认为此书与陈沈文阿、苏宽二人的《左传》义疏相比，“实为翘楚”[①]，故修《春秋左传正义》以之为底本。

入唐，随着政治的进一步统一与稳定，经学完成了对汉魏之学的总结、统一，并开始向新经学转变。《春秋》学的发展与之一致。唐代初期，政治统一，由于科举考试的需要，唐太宗下诏，命颜师古统一五经的文字，又命孔颖达与诸儒一起撰定五经义疏，总结、统一五经的经义。在这样一个学术总结、统一运动中，《春秋》学也得到了总结与统一。颜师古写定五经文字、孔颖达修《五经正义》，《春秋》以《左传》为本，定杜注于一尊，南北《春秋》学得到最后统一，《左传》在《春秋》学中的主体地位更加确立。同时，《春秋左传正义》本着“疏不破注”的原则，广采诸儒之说诠释杜注，对汉魏《左传》研究进行了全面的总结。在学术总结统一的大趋势下，非主流的、不绝如缕的《穀梁》、《公羊》之学亦完成了对汉魏之学的“集大成”，杨士勋、徐彦是其完成者。杨士勋参与了《春秋左传正义》的撰写，又独自完成了《春秋穀梁传注疏》的写作。《春秋穀梁传注疏》坚持“疏不破注”的原则，专门疏解《穀梁》及范宁《春秋穀梁传集解》，其在继承范宁说的基础上，对汉魏《穀梁》研究进行了全面系统的总结。徐彦生平始末不详，可能为唐人，[②]其《春秋公羊传注疏》广征博引，对《公羊》、何休的《春秋公羊解诂》进行疏释，是集汉魏《公羊》学大成之作。

唐代前期，《春秋》学完成了南北统一以及汉魏之学的总结，实现了《春秋》汉学的集大成，《春秋》学进入了前所未有的一统时代。统一结束了《春秋》学派别林立、章句繁杂的局面，使《春秋》学中的一些理论和原则都有可以尊奉的说法，但也限制了人们对《春秋》经义自由地发挥。再者，唐代主要以科举取士，科举中重“进士”而轻“明经”，“士人研治《春秋》，既不能俯拾青紫，又不能换取衣食”[③]，因此研治《春秋》者较少。换句话说就是唐代前期的《春秋》学陷入了统一之下的沉寂，没有了汉魏时期的生机。与之相应，这时的《春秋》学文献也欠繁荣，著作不多，除孔颖达《春秋左传正义》、杨士勋《春秋穀梁传注疏》、徐彦《春秋公羊传注疏》外，主要有徐

---

① 《春秋左传正义》卷一《春秋序》孔颖达疏引。

② 关于徐彦生活时代的各种说法，详参第四节相关内容。

③ 赵伯雄：《春秋学在唐代的历史命运》，载《中国社会历史评论》第三卷，中华书局，2001年，第527页。

文远《左传义疏》和《左传音》、阴弘道《阴氏注春秋左氏传序》、王玄度《王氏注春秋左氏传》、李贤《春秋要录》等。

唐中叶以后，政治形势的变化、社会变革思潮的兴起，注疏之学开始向新经学转变。啖助、赵匡、陆淳开创的“新《春秋》学”，是这一转变过程中的代表。啖、赵、陆的新《春秋》学主要有以下两个特点：第一，打破前人以三传为中心的研究范式，“舍传求经”，“考核三传，舍短取长”①，以经通理明为解经之体，变各主一传的专门之学为会通之学。第二，打破“疏不破注”的原则，变章句训诂为义理阐发。啖、赵、陆以前的《春秋》学著作，大多以字句的阐释为主，较少对义理的发挥。范宁虽提出了“据理以通经”，但观其著作仍以章句训诂为主，并没有超越其时代。啖、赵、陆则直截了当地说：“若旧注理通，则依而书之，小有不安，则随文改易，若理不尽者，则演而通之，理不通者，则全削而别注，其未详者，则据旧说而已。”② 何为“理不尽”、“理不通”，这由著者本人决定，这就为著者本人的发挥留下了很大的空间，利于表达著者本人的思想，也易于将其与现实结合起来。啖、赵、陆的《春秋》学上承汉魏两晋，开启了《春秋》学的全新局面，奠定了宋代《春秋》学的基础。③

啖、赵、陆新《春秋》学的产生使《春秋》学文献从以往的三传文献为主，开始向直探《春秋》经本义的“经解”类文献为主转变。啖、赵、陆三人师友相继，均有著作问世。啖助有《春秋集传集注》、《春秋统例》，赵匡有《春秋阐微纂类义统》，陆淳则有《春秋集传纂例》10 卷、《春秋集传辨疑》10 卷、《春秋集传微旨》3 卷，但啖、赵二人的著作均已佚，好在陆氏之书“《集传》取舍三传之义，可入条例者，于《纂例》诸篇言之备矣。其有随文解释，非例可举者，恐有疑难，故纂啖、赵之说，著《辨疑》”④，即《纂例》、《辨疑》二书综合了啖、赵二人的研究成果，是集其成之作，二书中又多处标明“陆淳曰”，说明也有陆氏自己的观点。啖、赵、陆之后，继起者大有其人。卢仝著《春秋摘微》1 卷，韩愈称其“《春秋》三传束高阁，独抱遗经究终始”，定为“舍传求经”之作。另外，冯伉有《三传异同》、刘轲有《三传指要》、韦表微有《春秋三传总例》、陈岳有《春秋折衷论》。陆希声

① 陆淳：《春秋集传纂例》卷一《啖氏集传注义例第三》，文渊阁《四库全书》本。
② 陆淳：《春秋集传纂例》卷一《啖氏集注义例第四》，文渊阁《四库全书》本。
③ 金景芳、吕绍纲、吕文郁：《孔子新传》，湖南出版社，1991 年，第 320 页。
④ 陆淳：《春秋集传辨疑》卷首《凡例》，文渊阁《四库全书》本。

《春秋通例》、李氏《三传异同例》、柳璞《春秋三氏异同义》、成玄《公穀总例》等亦是此类著作。由于这时“新《春秋》学”还没有占据绝对的统治地位，仍有许康佐等集（一作御集）《左氏传》、高重《春秋纂要》、第五泰《左传事类》、裴安时《左氏释疑》、殷侑《公羊春秋注》等三传文献，但前三者为类编类著作，已不是对《左传》的注解之作。

五代十国时期，政治再度陷入动乱，《春秋》学发展缓慢，文献很少。此时的《春秋》学者基本是晚唐的老师宿儒，在研究方法上是晚唐的三传融合与三传分立并列，学者与著作主要有南唐姜虔嗣《春秋三传纂要》、后蜀蹇遵品《春秋纂类义统》等。

隋唐五代的《春秋》学及文献状况除上述外，还有以下几个特点：第一，图谱类著作较多，主要有唐张杰《春秋图》、黄敬密《春秋两霸列国指要图》、崔表《春秋世本图》、杨蕴《春秋公子谱》、张暄《春秋龟鉴图》，五代冯继先《春秋名号归一图》和《名字同异录》、无名氏《春秋年表》等。惜大多已亡佚，只有《春秋名号归一图》、《春秋年表》尚存。第二，由于科举考试的需要，应试之作增多。唐李瑾《春秋指掌》便是“特欲以备科试应猝之用耳”①，蹇遵品《左氏传引帖断义》亦是“拟唐礼部试进士帖经旧式，敷经具对”②，王邹彦《春秋蒙求》亦是此类著作。第三，出现赋体《春秋》学著作，主要有唐裴光辅《春秋机要赋》、李象《续春秋机要赋》、玉霄《春秋括囊赋集注》，五代尹玉羽《春秋音义赋》、《春秋字源赋》等，这与唐代科举重诗赋，促进赋这种体裁的发展有关。赋体《春秋》学文献与《春秋》大义的阐发一般没有多大关系，但是因赋讲究对偶、押韵等，便于记忆，故为一些学者所好。

综上所述，隋唐五代的《春秋》学虽没有汉时那样的繁荣，甚至有些衰颓，但其完成了《春秋》汉学的总结，开启了《春秋》宋学的先河，是《春秋》学史上非常重要、不可逾越的阶段。这一时期产生的孔颖达《春秋左传正义》、杨士勋《春秋穀梁传注疏》、徐彦《春秋公羊传注疏》及陆淳《春秋集传纂例》、《春秋集传辨疑》、《春秋集传微旨》等，成为了《春秋》学史上的不朽之作。

五、宋元明

汉唐《春秋》学，即《春秋》汉学以《左传》、《公羊》、《穀梁》三传之

① 马端临：《文献通考》卷一八二《经籍考九》“春秋指掌”条引宋人李焘语。
② 《崇文总目》卷二“左氏传引帖断义”条。

学为主。三传之间壁垒森严，墨守师法、家法，为倡本派之说，不惜曲解，相互攻击，甚至在经、传发生矛盾时，宁言经误，不道传非。这样的结果便是三传替代了《春秋》，并列唐代“九经”之中，由传而升格为经。唐代啖助、赵匡、陆淳师弟子兴起，舍传求经，会通三传，折以己意，开启了以《春秋》经为中心，杂采三传、直探圣心的一代新学即《春秋》宋学的先河。宋元明三代的《春秋》学便是与汉唐《春秋》学风格迥异的《春秋》宋学。《春秋》宋学在宋元明三代基本完成了它的整个发展历程：形成并发展到高峰，衰落并逐步为《春秋》清学取代。

宋代是中华文化的蓬勃发展之世，陈寅恪便言“华夏民族之文化，历数千载之演进，造极于赵宋之世”①，作为宋代学术重要组成部分的《春秋》学亦获得了长足的发展。置身于中央集权进一步加强、内忧外患频仍的社会政治背景下，在疑古惑经、复兴儒学的思想大潮中，宋人通过对传统《春秋》学的继承、改造与创新，从根本上改变了汉唐《春秋》学的面貌，使《春秋》学进入了繁荣发达、特点鲜明的《春秋》宋学时期。② 宋代既是《春秋》宋学形成与发展的重要阶段，也是继汉以后《春秋》学及其文献发展的第二个高峰，据笔者初步统计，宋代的《春秋》学著作有600余种。由于政治、经济、学术等的变化，宋代《春秋》学也呈现出一定的阶段性。大致说来，仁宗庆历以前为《春秋》汉学向《春秋》宋学的过渡阶段；庆历以后由于疑古惑经思潮的盛行，《春秋》宋学最终摆脱《春秋》汉学的束缚，占据了《春秋》学的主流地位；南宋则是《春秋》宋学的发展、延续阶段。宋代《春秋》学文献的发展与之相应，也呈现出一定的阶段性。

北宋初年，处于唐末、五代十国长期战乱之后，因战乱破坏的政治、经济、文化恢复需要一定的时间，宋初经学发展相对较慢。宋初经学既继承了中唐以前的汉学传统，又延续了中唐以后的新经学风气，表现出守旧与创新并行的二重特征。③ 宋初《春秋》学发展的脉络与整个经学的发展一致，处于从三传分立的传统《春秋》学向三传会通的新《春秋》学过渡的重要阶段。中唐啖、赵、陆打破汉代以来三传间森严的壁垒，开创《春秋》学新风后，

---

① 陈寅恪：《邓广铭宋史职官志考证序》，见《金明馆丛稿二编》，北京：三联书店，2001年，第277页。

② “《春秋》宋学”与“《春秋》汉学”相对，包括宋、元、明三代的《春秋》学，“宋代《春秋》学”只是《春秋》宋学形成与发展的重要阶段。

③ 杨世文：《走出汉学——宋代经典辨疑思潮研究》，四川大学出版社，2008年，第152页。

三传会通之学并没有立即取代三传分立的专门之学成为主流，而是经历了一个过渡时期。此期间，一方面啖、赵、陆被视为“异儒”受到许多人的推崇，产生了较多会通三传的著作；另一方面以《左传》为主的三传之学仍占相当的比例。因此宋初有刘熙古《春秋极论》、胡旦《春秋演圣通论》、朱宷《春秋指归》等会通三传的著作10余种，亦有许洞《春秋释幽》、黄彬《春秋精义》、叶清臣《春秋纂类》等以《左传》为主的三传文献数种。

由于北宋前期政治、经济发展以及相对宽松的学术环境，北宋中期“学统四起”。学者们纷纷举起“疑古惑经”、“直探圣人本意”的大旗，挑战传统，打破权威，创立新说。《春秋》学在这样一种学术背景下，完成了质的蜕变：弃传从经、三传会通的《春秋》学最终取代了疏不破注、三传分立的《春秋》学，成为《春秋》学的主流。会通三传，以义理解经之作成了这时《春秋》学文献的主体，孙复《春秋尊王发微》、刘敞《春秋权衡》和《春秋传》、孙觉《春秋经解》等都是其代表作。此时亦有宋敏修《春秋列国类纂》、徐晋卿《春秋经传类对赋》、李宗道《春秋十赋》、沈括《左氏纪传》、黄颖《春秋左氏事类》等类编类著作，很明显是为了读懂《左传》，并进一步通《春秋》经而作，也与“舍传求经”之风密切相关。

建炎南渡，南宋偏安一隅，《春秋》中的“尊王”、“攘夷”等大义是统治者巩固政权、号召民众抵御少数民族政权入侵的有力思想武器。因此，南宋伊始，宋高宗就采取了褒奖进献《春秋》学著作、经筵坚持进讲《春秋》、重视《春秋》的科举考试以引导士人治《春秋》等措施促进《春秋》学的发展。① 宋高宗的继任者基本继承了他的这些措施。统治者的扶持、偏居一隅、外族政权不断入侵的社会现实，都促使重“经世致用”的宋人发挥《春秋》尊王、攘夷、复仇等大义来寻找对策，激励统治者，唤醒民众抵御外侮，抒发爱国情怀。因此，作为北宋《春秋》学的发展和延续，南宋《春秋》学获得了长足发展。这一时期产生了胡安国、叶梦得、胡铨、高闶、张洽、家铉翁、吕大圭等许多《春秋》名家，300余种《春秋》学著作。叶梦得《春秋考》、《春秋传》、《春秋三传谳》，胡铨《春秋集善》，高闶《春秋集注》，张洽《春秋集注》，家铉翁《春秋集传详说》等都是《春秋》学史上的名著，受到宋高宗大力褒奖的胡安国《春秋胡氏传》更在元、明二代成了科举考试的定本，影响《春秋》学达500年之久。这一时期会通三传的经解类著作依然是《春秋》学文献的主体，但《左传》类著作亦占相当的比例。这与当时的学术

① 详参张尚英《宋高宗与春秋学》，载《史学月刊》2007年第12期。

大环境密切相关。经过南宋初年的发展，理学逐渐成了占据主导地位的思想，而理学的集大成者朱熹反对《春秋》有“一字褒贬”，认为看《春秋》“只如看史样看”，强调《春秋》作为“史”的一面，所以“看《春秋》，且须看得一部《左传》首尾意思通贯，方能略见圣人笔削，与当时事之大意”①。虽然宋人治学不重师法、家法，讲求创新，朱熹的弟子及后学如张洽、吕大圭等治《春秋》没有完全遵从朱熹的言论，但作为当时的学术领袖之一，朱熹重《左传》的言论必然会在学术界产生一定的影响，使治《左传》者增多。再者，与理学相对的浙东事功学派对《左传》的重视也是《左传》学著作增多的重要原因。与理学家讲求道德性命的说教相比，事功学派讲务实，讲解决实际问题，所以他们非常重史，常“从史学中寻绎出解决当前政治经济中的种种问题的办法”②，这也是《左传》学著作增多的原因之一。

宋代《春秋》学以会通三传、以己意解经、阐发义理为主流，但为了读懂《春秋》及三传，他们对《春秋》经传所涉及的地理、世系年代、礼制、历史事件等具体问题也比较重视，因而类编、专题类《春秋》学文献大量增加，达一百余种，只有清代可与之匹敌。

元、明二代《春秋》学在研究方式、方法上都与宋代呈现出相同的特色，是对宋代《春秋》学的继承。只是因为政治、经济、文化等各方面因素的影响，《春秋》学在元、明二代已没有了宋代的辉煌，逐渐走向衰微。

由于程朱理学一统天下，代表程学的胡安国《春秋胡氏传》成了元、明两代科举考试的定本，与《左传》、《公羊》、《穀梁》合称“四传”，取得了近乎经典的地位，为学者推崇。因此，很多学者以修订、补充、阐释《春秋胡氏传》为务，“尊胡”成了元、明《春秋》学一大派别。朱熹是程朱理学的集大成者，他没有《春秋》学专著，但在他的一些书信及与弟子的谈话中也讨论了《春秋》学中的一些问题。朱熹认为“《春秋》只是直载当时之事，要见当时治乱兴衰，非是于一字上定褒贬”③，这是他与胡安国的根本区别。由于朱熹的巨大影响力，他的这一观点也为以后的一些学者继承，“宗朱”成为元、明《春秋》学的又一派别。此外，一些学者亦能不拘泥于胡安国与朱熹之说，自抒己意阐发《春秋》大义，自成一派。

胡安国《春秋胡氏传》悬于功令，为元、明《春秋》学的主导，“尊胡”

---

① 黎靖德编、王星贤校点：《朱子语类》卷八三《春秋·纲领》，第 2148 页。

② 漆侠：《宋学的发展和演变》，河北人民出版社，2002 年，第 557 页。

③ 黎靖德编、王星贤校点：《朱子语类》卷八三《春秋·纲领》，第 2144 页。

的学者比比皆是。比较著名的有元代俞皋、李廉、汪克宽、胡广、姜宝等。俞皋著《春秋集传释义大成》，以胡安国《春秋胡氏传》为程学的代表，于经文之下，备列三传与“胡传”，首开四传并列之始，以致后世学者纷纷仿效之。俞氏的做法，既反映了当时“尊胡”的时代风尚，又进一步提升了“胡传”的地位。李廉著《春秋诸传会通》，广采诸说，但“总之以胡氏，贵乎断也”①，是典型的尊胡之作。汪克宽则模仿孔颖达《春秋左传正义》，专为胡安国《春秋胡氏传》作疏，名为《春秋胡传附录纂疏》。汪书在元末非常受参加科举考试的士人欢迎，非常流行，所以其是传播“胡传”的功臣，为“胡传”盛传于世起到了重要作用。明初胡广等奉敕修《春秋大全》，几乎全部抄袭汪氏之书。《春秋大全》的出现意味着明代不仅指定科考以“胡传”为本，还为它编定了统一的教材。统治者的提倡、功名利禄的刺激，使“尊胡”一派在明代更加发展壮大，很多学者都以“胡传”为依归，姜宝便是代表之一。姜宝著《春秋事义全考》主要是疏释胡传，为士子学习与应试使用，因“胡氏自成襄而后多无传”②，姜氏“胥为补葺”③。“胡传”的盛行，使元、明二代有许多《春秋》学文献径以补充、完善、阐释“胡传”为务。除上述外，还有元吴师道《春秋胡传补说》、杨维桢《春秋胡传补正》，明钱时俊《春秋胡传翼》、龚持宪《春秋胡传童子教》、陆基仁《春秋删补胡传》等。同时，官方定“胡传”于一尊，物极必反，引发了一些学者对“胡传”的攻击，产生了一些专攻“胡传”之作，比如明张以宁《春秋胡传辨疑》和《春王正月考》、陆粲《春秋胡氏辨疑》、袁仁《春秋胡传考误》等均是这类著作。

元、明二代，朱子之学为尊，很多经典都以朱子之说为依归。就《春秋》而言，朱熹没有《春秋》学专著，“胡传”占据了主导地位，但仍有不少学者推崇他关于《春秋》的观点，以之为宗，主要以元代吴澄、程端学及明代湛若水、王樵等为代表。吴澄是朱熹的四传弟子，信奉朱熹之说，反对“一字褒贬”，主张孔子作《春秋》是据事而书，他说“朱子谓据事直书，而善恶自见”④。他对三传的态度，也秉承了朱熹的观点，认为“载事则《左氏》详于《公》、《榖》，释经则《公》、《榖》精于《左氏》”⑤。程端学著《春秋本义》、《春秋三传辨疑》、《春秋或问》等书，亦贯彻朱熹之意，曰：“《春秋》不书常

---

① 李廉：《春秋诸传会通》卷首《春秋会通原序》，文渊阁《四库全书》本。

② 姜宝：《春秋事义全考》卷首《春秋事义全考序》，文渊阁《四库全书》本。

③ 永瑢等：《四库全书总目》卷二八《春秋事义全考》提要。

④ 吴澄：《吴文正集》卷二〇《春秋诸国统纪序》，文渊阁《四库全书》本。

⑤ 吴澄：《吴文正集》卷一《四经叙录》，文渊阁《四库全书》本。

事，属辞比事使人自见其义而已……若邵子谓录实事而善恶形于其中，朱子谓直书其事而善恶自见者。”[①] 湛若水为明代大儒，著《春秋正传》37卷。他在《春秋正传自序》中言“紫阳朱子曰直书其事而善恶自现，此其几矣”，“某字褒某字贬，非圣人之心也”[②]，表明了他对朱熹之说的推尊，在整本书中他也充分贯彻了这一思想。王樵著《春秋辑传》“大概皆本朱子之意”，因为他认为朱子之意就是程子之意，忠于程朱能补“胡传”之不足。[③]

自成一派的《春秋》学者在元、明并不多见，以元代黄泽、赵汸、卓尔康等为翘楚。黄泽、赵汸师徒二人是元代重要的《春秋》学者。黄泽著有《春秋指要》、《三传义例考》、《笔削本旨》等著作，都已亡佚，其学说赖赵汸所著《春秋师说》得以流传。黄泽主张“学《春秋》只当以三传为主，而于三传之中，又当据《左氏》事实，以求圣人旨意之所归”[④]。黄泽主张以三传为主，并不是要回到汉唐《春秋》学的老路上去，而是认为三传去古未远，更接近圣人旨意。黄泽此说是对宋元《春秋》学末流“肆意创为新奇，一切泛滥不根之说”的纠正，[⑤] 被当时的学者目为“复古”，他的学生金居敬就说：“黄先生力排众说，创为复古之论。”[⑥]赵汸作《春秋集传》、《春秋属辞》、《春秋金锁匙》等著作，基本上继承了黄泽的观点。黄、赵二人对当时《春秋》研究中问题的批评与反思，是元代《春秋》学中的一个亮点，奠定了他们在《春秋》学史上的重要地位。卓尔康著《春秋辨义》，卷首列经义、传义、书义、不书义、时义、地义，系统阐述自己的《春秋》学观点，“持论皆平正”[⑦]；正文每条经文下杂采先儒之说，而以已意折中之，议论也皆明白正大，论据翔实。在明代空疏学风中，卓尔康与他的《春秋》学相对务实，具有重要的地位。

“尊胡”、“宗朱”、“自成一派”只是一种大致的划分，三者之间不是势同水火，而是相互兼容与交叉。因为，元、明《春秋》学的本质是舍传求经、会通三传的《春秋》宋学，以已意解经，得圣人本意是其归宿，不管哪一派，为阐发自己的学说，都会兼采众儒之说，而不论其是“胡传”还是“朱说”。在这

---

① 程端学：《春秋本义》卷首《春秋本义序》，《通志堂经解》本。

② 湛若水：《春秋正传》卷首《春秋正传自序》，文渊阁《四库全书》本。

③ 王樵：《方麓集》卷二《春秋私录序》，文渊阁《四库全书》本。

④ 赵汸：《春秋师说》卷下，《通志堂经解》本。

⑤ 赵汸：《春秋师说》卷下。

⑥ 赵汸：《春秋师说》附录下《金居敬跋》。

⑦ 永瑢等：《四库全书总目》卷二八《春秋辨义》提要。

样的《春秋》学背景下，元代140余种、明代510余种《春秋》学文献中，以《春秋》经为疏解对象的文献占据着绝对的优势，三传类文献所占比例很少。三传中《公》、《穀》文献又少之又少，加上选编、合刻也不足20种，《左传》类文献虽有100多种，但有相当一部分是评点之作，而不是专门的研究之作。

宋、元、明三代是《春秋》宋学形成、发展、兴盛与衰落的时期。这一时期由于政治、经济、文化、科技及《春秋》学本身的发展，《春秋》学文献数量剧增，达1200多种，为汉唐时期的数倍，《春秋》学文献的发展进入高潮。宋元明三代的《春秋》学文献发展是不平衡的。首先，从时间上讲，元明二代的《春秋》学文献在数量上略多于宋代，但由于元、明为“经学积衰”时代，其价值与影响不能与宋代相提并论。其次，直接阐释《春秋》经的文献具有绝对的优势地位，宋代有近500种，元代有100余种，明代有近400种，占了近六分之五。最后，仅占六分之一的三传文献也不平衡，《公》、《穀》文献仅有30来种，而《左传》类有100余种，这是《春秋》宋学的特点使然。《春秋》宋学如《公》、《穀》一样注重义理的阐发，但对二者所讲的义理往往要加以扬弃，所以他们排斥二传。《左传》以记事为主，与义理因人因时不同相比，事实是不会改变的，对宋、元、明三代的学者而言，《左传》所记之事是他们抛开《公》、《穀》二传之义理，阐发自己义理的重要依据之一。因此《左传》著作较多，而且有相当比例是类编《左传》之事便于记忆，如宋章冲《春秋左传事类始末》、元徐安道《左传事类》、明孙范《左传分国纪事本末》等。此外，由于科举制度与文学的发展，出现了很多选编、评点《左传》的著作，如穆文熙《春秋左传评苑》、李廷机《左传评林选要》等，一时蔚为风尚，影响至清。

六、清

有清一代，学术繁荣，与汉、宋比肩，是为“清学”。《春秋》学乘着这样的学术东风，迎来又一次发展高峰，进入“清学”时期。《春秋》清学是对《春秋》宋学的反动，也是对它的继承与发展。由于政治、经济、文化的发展与变化，清代的《春秋》学可以划分为前期、中期、晚期三个时期。前期指顺康雍时代，汉宋兼采，《春秋》宋学逐渐向《春秋》清学过渡。中期指乾嘉时代，《春秋》清学最终形成并快速发展。后期指道咸以降直至清末，《公羊》学大放异彩，《春秋》清学风气为之一变。总而言之，清代是《春秋》清学孕育、形成、发展、演变的时期。这一时期，《春秋》学兴盛，文献亦相当繁荣，大家名著鳞次栉比，层出不穷。

清代前期，是《春秋》清学的孕育时期。这一时期，官学从主旨到方法都沿元、明之旧，是以“胡传”为中心的《春秋》宋学。但明代以来，宋学末流的空疏，引发了一些有识之士的不满，他们开始倡导实证，回归文本，采用汉儒的一些观点与方法纠正宋学末流之空谈。这样一来，汉宋兼采自然就成了此时《春秋》学最大的特点。所谓汉宋兼采，表现在以下几个方面。第一，沿宋学之旧，会通三传，以《春秋》经为研究文本，阐发义理，依然是《春秋》学的重要组成部分。同时，以《左传》为主的三传阐发、注释又重新得到学者的青睐。因此，这一时期既有毛奇龄《春秋毛氏传》、焦袁熹《春秋阙如编》等著名的经解类著作，又有顾炎武《左传杜解补正》、朱鹤龄《读左日钞》、张尚瑗《三传折诸》、魏禧《左传经世》、姜希辙《春秋左传统笺》等三传文献。第二，提倡程朱之说，兼采汉儒之论，针砭“胡传”。俞汝言《春秋四传纠正》、张自超《春秋宗朱辨义》及康熙时敕命编纂的《日讲春秋解义》、《春秋传说汇纂》等文献应运而生。第三，倡导实证，反对晚明浮靡之风，加强《春秋》中所载史实与专题的研究。实证为清初的一股学术新风，王夫之、顾炎武是其倡导者，所以王夫之《春秋稗疏》、顾炎武《左传杜解补正》体现了这种特点。他们的这种学风在清代产生了重要的影响，促使一些学者去考证研究《春秋》经传中的史实、历法、地理、人物等，为解释《春秋》经义提供有力的证据基础。这样，一度在宋代发展较快的类编类及专题类《春秋》文献再度快速增长。马骕《左传事纬》，高士奇《左传纪事本末》、《春秋地名考略》、《左传姓名考》，陈厚耀《春秋长历》、《春秋世族谱》，江永《春秋地理考实》，程廷祚《春秋职官考略》、《春秋地名辨异》、《左传人名辨异》，沈淑《春秋左传分国地名》、《左传职官》、《左传器物宫室》等都是其中的代表。

清代中期，是《春秋》清学形成、发展并开始演变的时期。这一时期，随着学术内部对宋学批判与对汉学研究的加深，在外部高压文化政策的影响下，学者们逐渐抛弃了宋学在阐发思想方面的长处，一味追求汉学的复兴，乾嘉考据学派形成。《春秋》清学因此最终形成，并达到全盛。此时的《春秋》学，在文本上，重新回到了汉唐的以三传为中心；在方法上注重考据，讲求“实事求是”，“无征不信”，论必有据，注意力集中在对《春秋》经传的文字音义、名物制度、历史地理、历法等的考证及佚文钩辑上。在这样的学术背景下，大量严谨缜密、成绩卓著的考据文献成了《春秋》学文献的主流。如传说类有惠栋《左传补注》、《穀梁古义》、《公羊古义》，[①] 沈彤《春秋左传

① 《左传补注》单行，《公羊古义》、《穀梁古义》载惠栋《九经古义》中。

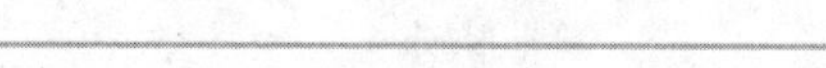

小疏》，洪亮吉《春秋左传诂》，李贻德《春秋左传贾服注辑述》，马宗琏《春秋左传补注》、《公羊补注》、《穀梁传疏证》，孔广森《春秋公羊经传通义》等；文字音义类有李富孙《春秋三传异文释》、赵坦《春秋异文笺》等；专题类则有顾栋高《春秋大事表》、朱大韶《春秋传礼徵》、凌曙《公羊礼疏》、汪中《春秋列国官名异同考》、李调元《左传官名考》、施彦士《春秋经传朔闰表发覆》、沈钦韩《春秋左氏传地名补注》、王文源《春秋世族辑略》、范照藜《春秋左传释人》等。

在复兴汉学的旗帜引领下，《春秋》学在清代中期获得快速发展，以考据为主的《春秋》学占据了主导地位。但亦有少数学者治《春秋》以宋儒为宗，重义理阐发，桐城派方苞、姚鼐就是代表。方苞著有《左传义法举要》、《春秋通论》、《春秋直解》、《春秋比事目录》，姚鼐则著有《左传补注》、《公羊补注》、《穀梁补注》。

敦厚朴实的考据之学纠正了明末理学的空疏不稽，但也带来了思想方法上的孤立、静止、片面，研究的烦琐破碎、泥古墨守、思想僵化、短于会通、鲜有义理阐发。无论是吴派，还是皖派，都失去了顾炎武、王夫之通经致用的精神，沉溺于故纸堆中，不关心社会现实。乾嘉之际时逢清代极盛之世，但在太平盛世的繁华面纱下，也隐藏着巨大的危机。一些有识之士意识到了这一点，开始起来转变学术风气。再者，经过惠栋为代表的吴派学者一味的崇古尊汉，皖派学者家家谈许、郑，人人说贾、马，东汉时的训诂之学成为学界主流，学术复古到了东汉，沿着这样的路径，当进一步复古到西汉。因此，在政治与学术双重因素的作用下，在西汉盛极一时，之后沉晦千载、不绝如缕的《公羊》学开始复兴，常州学派应运而生。常州学派的初祖庄存与，在考据之风日盛的乾嘉时代，继承董仲舒、何休之学，专力发挥《春秋》中的微言大义，首开《公羊》学复兴的先河。庄存与的继之者庄述祖、庄有可、庄绶甲、刘逢禄、宋翔凤诸人，大大推进了《公羊》学的发展，以刘逢禄成就最大。刘逢禄著《公羊何氏释例》、《公羊何氏解诂笺》等著作，阐发他的《公羊》学主张；又作《左氏春秋考证》，在前人“疑左”的基础上，论证《左传》本为“左氏春秋”，经刘歆改造后才成为《春秋》之传。刘氏的《左氏春秋考证》否定了《左传》作为《春秋》之传的地位，挑起了清代今古文之争，对后世产生了极大的影响。《公羊》学的复兴，促进了《公羊》学文献的发展。除上述外，还有庄存与《春秋正辞》、《春秋举例》、《春秋要旨》，庄有可《春秋注解》、《春秋字数义》等著作。

清代晚期，内忧外患的政治局势，使与政治有着密切联系的《春秋》学再度成为时代学术的焦点，而重阐发微言大义的《公羊》学则是其主导，《春秋》清学完成了其演变。《公羊》学的发展带动了整个今文经学的发展，因此属于今文经学的《穀梁》学也在沉寂千载后，再度获得较快的发展。同时，考据之学虽由盛转衰，但没有退出历史舞台，仍代有传人，《左传》及专门之学继续向前发展。《春秋》学文献的发展也呈现了相同的发展趋势。

庄存与开始复兴的《公羊》学，经庄述祖、庄有可、庄绶甲、刘逢禄、宋翔凤等人的发展而大明，但这时的《公羊》学与现实政治的联系还没有那么密切。到了晚清，《公羊》学在龚自珍、魏源、康有为等人的发挥下成了政治改革的依据和理论基础，并由此大兴。《公羊》学的兴盛带来了其文献的发展，主要有龚自珍《春秋决事比》，魏源《董子春秋发微》、《公羊古微》、《春秋繁露注》，陈立《公羊义疏》，王闿运《春秋公羊传笺》，廖平《公羊春秋经传验推补证》、《公羊何氏解诂三十论》，康有为《春秋董氏学》、《春秋笔削大义微言考》等。这些著作大都具有很强的经世致用特色，康氏之作更是成了清末政治变革实践的理论基础之一。另外，在微言大义的发挥上，陈立的《公羊义疏》虽不如其他人的著作，但其博稽群籍，广采唐以前《公羊》古义及清代学者的成果，成为疏释《公羊》最完备的著述，为今治《公羊》者的必读之作。

乘着《公羊》学复兴之风，《穀梁》学也再度为人所重，与《左传》学、《公羊》学并驾齐驱，同放光辉。先是乾嘉学者许桂林著《春秋穀梁传时月日书法释例》，但直至道光二十五年（1845）才刊刻流传，[①] 不为人知，说明当时《穀梁》之学不为人所重。所以，道光九年（1829），阮元刻《清经解》时还感慨："世之治经者，多治《左氏》、《公羊》，于《穀梁》慢之。故余整齐百家，为《皇清经解》千五百卷，《左氏》、《公羊》皆有专家，《穀梁》无之，心每歉然。"[②] 但在不久之后，这种"孤经绝学"的衰微局面就得到了改观，出现了侯康、柳兴恩、钟文烝、江慎中、廖平等《穀梁》学大师，对《穀梁》进行了全方位的研究。这带来了《穀梁》学文献的全面繁荣，传说、专题、

---

① 李慈铭《越缦堂读书记》认为此书成于"道光丁未"，即道光二十七年（1847），文廷海《清代穀梁学研究》据罗士琳道光二十四年（1844）撰《春秋穀梁传时月日书法释例跋》载"此书写稿初成，先生遽归道山，故本无目录。先生之兄石华国博，亦吾师也，将梓先生遗稿，奉命校刊既竣"，推断此书写成于道光二十四年（1844）。二者均误，因为许氏早在道光二年（1822）去世。罗跋明言"先生遗稿"，讲的是刊刻之事，北图亦藏有道光二十五年（1845）刻本。

② 阮元：《穀梁大义述序》，载柳兴恩《穀梁大义述》卷首，《皇清经解续编》本。

义例、通论等类别无一阙略。主要有：侯康《穀梁礼证》，柳兴恩《穀梁大义述》，钟文烝《春秋穀梁经传补注》，江慎中《穀梁传条例》、《春秋穀梁传条指》，王闿运《穀梁申义》，廖平《穀梁古义疏》、《起起穀梁废疾》、《穀梁先师逸说考》、《释范》、《穀梁集解纠谬》等。这些著作中，钟文烝《春秋穀梁经传补注》、廖平《穀梁古义疏》是清人所作的《穀梁》新注新疏，为今治《穀梁》的必读之书；江慎中《春秋穀梁传条指》则是一部会通中西之作，是当时西学东渐，经学西学化的代表作之一。

道咸以降，今文经学兴盛，但并没有独霸学术之林，乾嘉汉学的流风余韵尚存。正如梁启超所言，乾嘉汉学派“远发源于顺、康之交，直至光、宣，而流风余韵，虽替未沫，直可谓与前清朝运相终始”①。因此，清代晚期，一些学者仍延续汉学重考证之风，讲求证实，不务空言，从声音训诂、名物制度、历法、地理、人物等入手治《春秋》。这样就使《左传》传说类、文字音义、专题类文献在晚清的《春秋》学文献中依然具有相当的比例。其中成于刘文淇、刘毓崧、刘寿曾、刘师培四代的《春秋左氏传旧注疏证》，丁晏《左传杜解集正》，俞樾《春秋名字解诂补义》、《春秋岁星考》、《左传古本分年考》，陈奂《公羊逸礼考徵》，罗士琳《春秋朔闰异同》，邹伯奇《春秋经传日月考》，王韬《春秋朔闰至日考》，章炳麟《春秋左传读叙录》、《春秋左氏疑义答问》、《镏（刘）子政左氏说》，刘师培《春秋左氏传例略》、《春秋左氏传时月日古例考》、《春秋左氏传古例诠微》、《春秋左氏传解略》、《春秋左氏传传注例略》、《春秋左氏传答问》，廖平《春秋左氏古经说疏证》、《左氏集解辨证》、《五十凡驳证》等著作便为其代表。

总之，随着政治、经济、文化的发展，清代《春秋》学及其文献非常兴盛。清人治学“以复古求解放”，《春秋》学回复到汉代以三传为中心的状态，所以三传文献成了这一时期的主流。由于考据之学几乎与清朝相始终，关于《春秋》经传的历法、地理、人物、礼制等专题类文献及辑佚之作，无论从数量还是成就上，都超越了以往任何时代，可谓多姿多彩、精彩无限。清晚期，西学东渐，一些学者引入西方政治学的内容来诠释《春秋》经传，形成了一些会通中西之作，这在前代是不可能出现的。

综上所述，从先秦至清，《春秋》学经历了形成、汉学、宋学、清学等几个大的阶段，形成了汉代、宋代、清代等几个发展高峰。《春秋》学文献的发

① 梁启超：《清代学术概论》十九《桐城派与章学诚》，上海古籍出版社，1998年，第67页。

展与之密切相关。具体而言，每个阶段《春秋》学的侧重点不同，或以三传为主，或舍传求经、会通三传，或重实证、考据，这就使《春秋》学文献的组成有区别。大体来讲，汉学以三传文献为主，宋学阶段以直接把《春秋》经作为文本对象的文献为主，清学阶段以三传文献为主，且有许多是专考历法、地理、人物、礼制等的专题文献。再者，《春秋》学发展的几个高峰，同时也是《春秋》学文献的繁荣时代，《春秋》学文献的数量、影响力等都要超越之前的时代。当然，这只是一种大致的概括，《春秋》学及文献的发展是复杂多样的，有时也会有例外。比如魏晋南北朝时代虽不是《春秋》学发展的高峰，但这时形成的杜预《春秋经传集解》、范宁《春秋穀梁传集解》都是《春秋》学中的经典文献。再如唐代《春秋》学近乎衰颓，亦产生了孔颖达《春秋左传正义》，杨士勋《春秋穀梁传注疏》，徐彦《春秋公羊传注疏》，陆淳《春秋集传纂例》、《春秋集传辨疑》、《春秋集传微旨》等对后世产生了巨大影响的不朽之作。

第三节　《春秋》学文献的数量与分布

在《春秋》学发展的过程中，学者们从各种角度对《春秋》及《左传》、《公羊》、《穀梁》三传做了研究，形成了众多的文献。这些文献的数量与分布是《春秋》学史及其文献研究的基础与桥梁，故以下对此做一讨论。

一、《春秋》学文献的数量

民国以前历代《春秋》学文献的数量，台湾张高评曾根据简宗梧、周何所编《左传·春秋公羊·春秋穀梁·春秋总义论著目录》，分门别类地做过统计，各类之合为2000余种（其中包括400多种“序跋提要”及单篇文献）。至于现存《春秋》学文献，张高评则依据朱彝尊《经义考》统计说：“两汉魏晋以下，传世之《春秋》学论著，约在800部以上；传世之《左传》学论著，不下214部；传世之《公羊》学论著，不过60种左右；传世之《穀梁》学论著，仅有24种。”① 各项总和为1098种。不过，这只是利用现成著录成果所做的统计，旨在说明“目前《春秋》学选题涉及面太窄”，还不是《春秋》学

① 张高评：《春秋经传研究选题举例》，载《南京师范大学文学院学报》2004年第2期。

文献的全面统计和调查。但如果要通观历史上整个《春秋》学文献的状况，这样做就有很大的局限性。比如朱彝尊系清亡200余年前之人，这200余年中产生的著作，《经义考》是不可能著录的；而且由于时事变迁、文献或亡或出，现存文献的数量和种类也必然发生了很大变化，若再以朱氏《经义考》的著录为统计基础，就显得很不符合现有实际了，因此我们有改弦更张的必要。

笔者根据历代官私目录、各种正史艺文志（或经籍志）及补编、各种地方志、中外各大图书馆馆藏古籍书目及各种文集等资料，考得历代《春秋》学文献实有专著3000种左右，其中现存的约1000余种。这还不完全包括石经、五经总义、学术笔记、文集及一些史学著作中关于《春秋》之能独立成卷的内容。为了更好地说明《春秋》学文献状况，下面就以专著为主分段考察其数量及存佚状况。①

（一）先秦

先秦是《春秋》学的肇始阶段，元典型《春秋》学文献，即《春秋》经、《左传》、《公羊》、《穀梁》产生并得到初步的阐发。孔子作《春秋》后，以之授徒，其弟子及后学纷纷对《春秋》之义进行阐发，产生了《左传》、《公羊》、《穀梁》三传及《邹氏传》、《夹氏传》。其中《邹氏传》、《夹氏传》在汉代便已亡佚；《左传》有曾申、吴起、吴期、铎椒、虞卿、荀卿等众多传人，但见诸《汉书·艺文志》的只有铎椒《铎氏微》、虞卿《虞氏微传》及无名氏撰《左氏微》，另有清人王仁俊《玉函山房辑佚书续编》中所辑吴起《春秋左氏传吴氏义》；《公羊》、《穀梁》在先秦虽有诸多传人，但其是口说流传，直到汉代才著诸竹帛，所以这些人的观点、看法被保留到《公》、《穀》中，没有形成别的著作。此外，还有少量《春秋事语》类引史说理的文献。总之，受物质条件的限制，先秦《春秋》学文献数量很少，只有几种，存者仅有《春秋》、《左传》、《公羊》、《穀梁》及清人辑佚所得吴起《春秋左氏传吴氏义》。

（二）两汉

两汉是中国经学的一个辉煌时代，也是《春秋》学发展的第一个高峰。这时的《春秋》学以《公羊》、《穀梁》、《左传》三传为中心。三传学者各守师法、家法，纷纷对所守之传训解、注释，并相互论争，各领风骚数十年，创作了大量《春秋》学文献。朱彝尊《经义考》卷一七〇至卷一七二共著录这时《春秋》学文献70种，含三国时李譔《左氏指归》，故实际只有69种，

① 因谶纬类有单独论述，外传《国语》划为史部，故这里未作统计。

存者为董仲舒《春秋繁露》、何休《春秋公羊解诂》两种。笔者根据班固《汉书·艺文志》，王应麟《汉书艺文志考证》，刘光蕡《前汉书艺文志注》，钱大昭《补续汉书艺文志》，侯康《补后汉书艺文志》，顾櫰三《补后汉书艺文志》，姚振宗《汉书艺文志拾补》、《汉书艺文志条理》、《后汉书·艺文志》，曾朴《补后汉书艺文志并考》及其他一些文献著录，计两汉的《春秋》学文献 92 种，增加了 23 种，详见下表。

表 2-10-1　《经义考》失载两汉《春秋》著述表

书目	作者	出处	备考
《春秋左氏传训诂》	张苍	姚振宗《汉书艺文志拾补》	佚
《春秋左氏传》	张敞	姚振宗《汉书艺文志拾补》	佚
《春秋左氏传》	刘公子	姚振宗《汉书艺文志拾补》	佚
《春秋左氏传训诂》	尹咸	姚振宗《汉书艺文志拾补》	佚
《春秋公羊传章句》	胡毋生	姚振宗《汉书艺文志拾补》	佚
《春秋灾异占》	董仲舒	姚振宗《汉书艺文志拾补》	佚
《春秋章句》	张宽	姚振宗《汉书艺文志拾补》	佚
《春秋公羊训诂》	孔欢	姚振宗《汉书艺文志拾补》	佚
《疏氏春秋》	疏广	姚振宗《汉书艺文志拾补》	佚
《春秋穀梁传训诂》	孔欢	姚振宗《汉书艺文志拾补》	佚
《春秋穀梁传》	刘向	姚振宗《汉书艺文志拾补》	佚，有辑佚本
《春秋左氏传章句》	刘歆	翁方纲《经义考补正》 姚振宗《汉书艺文志拾补》	佚，有辑佚本
《春秋左氏传条例》20卷	刘歆	《旧唐书·经籍志》 翁方纲《经义考补正》 姚振宗《汉书艺文志拾补》	佚
《左氏条例》21篇	贾逵	钱大昭《补续汉书艺文志》	佚
《左氏经传朱墨别》	贾逵	钱大昭《补续汉书艺文志》	佚
《春秋左氏长义》	贾逵	翁方纲《经义考补正》 《经典释文序录》	佚
《春秋训诂》	刘陶	钱大昭《补续汉书艺文志》 侯康《补后汉书艺文志》	佚
《发墨守》	郑玄	钱大昭《补续汉书艺文志》	佚，有辑佚本
《箴膏肓》	郑玄	钱大昭《补续汉书艺文志》	佚，有辑佚本
《起废疾》	郑玄	钱大昭《补续汉书艺文志》	佚，有辑佚本
《春秋灾异》15卷	郄萌	郑樵《通志》	佚
《左氏难》	李齐	李启源《左传著述考（一）》	佚

（三）魏晋南北朝

魏晋南北朝的《春秋》学延续两汉的三传之学继续向前发展，产生了内容丰富、数量繁多的《春秋》学文献。朱彝尊《经义考》卷一七三至卷一七五著录这一时期的《春秋》学文献共 137 种，存者仅杜预《春秋经传集解》、范宁《春秋穀梁传集解》两种。笔者在朱氏的基础上，根据侯康《补三国艺文志》、姚振宗《三国艺文志》、丁国钧《补晋书艺文志》、文廷式《补晋书艺文志》、秦荣光《补晋书艺文志》、吴士鉴《补晋书经籍志》、黄逢元《补晋书艺文志》、聂崇岐《补宋书艺文志》、陈述《补南齐书艺文志》、徐崇《补南北史艺文志》及其他诸书，详加考证，共得文献 171 种。其中蜀李譔《左氏指归》、南北朝皮元《春秋意》，《经义考》分别收入两汉与宋代。除此外笔者增加了魏孙炎《春秋三传注》，縻信注《何氏春秋汉议》，周生烈《春秋左氏注》，王基《春秋左氏传注》；蜀李譔《左氏注解》；吴丁季、黄复《平正春秋决事比》；晋郭琦《穀梁传注》，郑嗣《春秋穀梁传郑氏说》，张靖《春秋穀梁废疾笺》，范宁《穀梁音》，徐邈《穀梁音》，卢钦《公羊序》，周续之《注公羊传》，范隆《春秋三传》，氾毓《春秋三传集解》，孙毓《左传音》，干宝《春秋左氏义外传》，孔衍《左氏训注》；北齐李铉《春秋先儒异同》；北魏崔浩《春秋解》，李彪《春秋三传述》，刘芳《何休所注公羊音》，高允《公羊释》、《何郑膏肓杂解》、《左氏释》；梁崔灵恩《公羊穀梁文句义》、《左氏条义》、《左氏条例》，虞僧诞《申杜难服》，梁武帝《春秋答问》；南齐沈驎士《春秋要略》；陈、隋间苏宽《左传义疏》共 32 种。就存目而言，亦增加了杜预《春秋释例》、縻信《春秋穀梁传解释》（残 1 卷）两种。杜预《春秋释例》一书，《经义考》著录“未见”，现传本为四库馆臣从《永乐大典》中辑出；縻信《春秋穀梁传解释》一书，《经义考》著录为《穀梁传注》，已佚，今传残本为敦煌遗书。

（四）隋唐五代

隋唐五代是《春秋》学的转折阶段，完成了《春秋》汉学的总结，开启了《春秋》宋学的先河。但此时，《春秋》学远没有了在汉代的地位，甚至有些衰颓，故此时的《春秋》学文献数量相对较少。朱彝尊《经义考》卷一七五至一七八著录此期的《春秋》学文献共 70 种，存 12 种。其中章怀太子李贤《春秋要录》当作《春宫要录》，[①] 不是《春秋》文献，陆德明《春秋

① 详参林庆彰、蒋秋华、杨晋龙、张广庆编审的《点校补正经义考》，“中央”研究院中国文哲研究所筹备处，1997 年。

释文》为《经典释文》中的一部分，而《经典释文》属“五经总义”，无名氏《演左氏传谥族图》、《春秋宗族名谥谱》当入宋，故朱氏实际只得66种。除了这些外，笔者旁采诸书，又得11种，详见下表。其中涂昭良《春秋科义雄览》、《春秋应判》，《经义考》归入宋代。现存的隋唐五代《春秋》学文献则有孔颖达《春秋左传正义》，杨士勋《春秋穀梁传注疏》，徐彦《春秋公羊传注疏》，陆淳《春秋集传纂例》、《春秋集传辨疑》、《春秋集传微旨》，无名氏《春秋年表》，皮日休《春秋决疑》，孙郃《春秋无贤臣论》，冯继先《春秋名号归一图》等10种，较《经义考》少了2种。所少此2种，一是陆德明《经典释文》之组成部分的《春秋释文》，二则是冯继先的《名字同异录》。

表2－10－2　《经义考》失载隋唐五代《春秋》著述表

书　目	作　者	出　处	备　考
《春秋后语》10卷	（唐）卢藏用	朱睦㮮《授经图义例》	佚
《春秋三氏异同义》	（唐）柳璞	雍正《陕西通志》	佚
《春秋科义雄览》10卷 《春秋科义杂览》10卷	（唐）涂昭良	《宋史·艺文志》 朱睦㮮《授经图义例》	佚
《春秋应判》30卷	无 （唐）涂昭良	《宋史·艺文志》 朱睦㮮《授经图义例》	佚
《春秋碎玉》1卷	（唐）李瑾	郑樵《通志》 焦循《国史经籍志》	佚
《春秋灾异录》6卷	无	《宋史·艺文志》	佚
《春秋谥族图》5卷	无	《宋史·艺文志》	佚
《王侯世表》1卷	无	朱睦㮮《授经图义例》	佚
《左传金镜纂要》1卷	无	李启源《左传著述考（一）》	佚
《左传杜注驳正》1卷	南平（荆南）倪从进	顾櫰三《补五代史艺文志》	佚
《春秋王伯世纪》10卷	（五代）李琪	顾櫰三《补五代史艺文志》	佚

（五）宋元明

宋、元、明时期，由于政治、经济、文化、科技的发展，伴随《春秋》宋学形成、发展、兴盛与衰落，《春秋》学文献数量剧增，达1200多种，为汉唐时期的数倍。其中宋代最多，明代次之，元代最少。

宋代《春秋》学专著数量众多，牟润孙曾言“统《宋史·艺文志》计之，宋人所著经部书，《春秋》类最多”①，但宋代《春秋》学专著究竟有多少种，

① 牟润孙：《两宋春秋学之主流》，载《注史斋丛稿》，中华书局，1987年，第140页。

没人做过统计。关于宋代《春秋》学专著的数量，学者们最常用到的是《宋史·艺文志》所载240部左右，或者是朱彝尊《经义考》所录400种以上。[①]举这两个数字的学者主旨不在讨论宋代有多少《春秋》学著作，只是为了表明宋代《春秋》学著作数量众多。

笔者根据宋以来的《崇文总目》、《郡斋读书志》、《直斋书录解题》、《通志·艺文略》、《文献通考·经籍考》、《内阁书目》、《经义考》、《中国丛书综录》等各种官私目录、各种正史艺文志（或经籍志）及补编、各种地方志、中外各大图书馆馆藏古籍书目、各种文集等几百种资料统计，宋代各种《春秋》学专著达600余种。[②] 其中122种为朱彝尊《经义考》所无，存58种。[③]600余种，这在经部文献中，可能只有《易》学文献能与之相埒，其他则不能与之媲美。同时，据初步统计，自《春秋》产生以来至清末的2000多年时间里，共有《春秋》学专著3000种左右，而只有320年历史的宋代就有600余种，超过了之前历代的总和，之后的元、明、清三代也只有清能胜之。除专著外，载于经部五经总义类、史部、子部、集部文献中的关于《春秋》学的单篇文献亦较多，具有网罗散佚之功的《全宋文》中便有这类文献376篇。[④] 这表明宋代《春秋》学在整个《春秋》学史上占有举足轻重的地位，是《春秋》

---

① 浦卫忠：《孙复与宋代春秋学研究》，载《经学今诠初编》（《中国哲学》第22辑），辽宁教育出版社，2000年；张高评《春秋书法与宋代诗学——以诗话笔记为例》，载《春秋书法与左传学史》，台北五南图书出版有限公司，2002年。

② 这个数字不含《程氏经说》、（旧题）郑樵《六经奥论》等五经总义类著作与《朱子语类》、叶適《习学记言》、黄震《黄氏日钞》等众多子部书中关于《春秋》的部分，李石《方舟集》第20～24卷所载的《左氏君子例》、《左氏圣语例》等亦不在统计之列。另外，外传及谶纬亦不在内。

③ 张高评《春秋书法与宋代诗学——以诗话笔记为例》（载《春秋书法与左传学史》，台北五南图书出版有限公司，2002年）据刘琳、沈治宏《现存宋人著述总录》的“春秋类”统计为60种。但《现存宋人著述总录》所著录浙江图书馆所藏刘绚《春秋通义》一书，据崔富章《四库提要补正》（杭州大学出版社，1990年）考证为伪书；另外，该书将胡安国、林尧叟二人著作的一种版本著录为著作，而王当的《春秋列国诸臣传》又著录在史部，故当为58种。

④ 《全宋文》中本有《春秋》学文献388篇，其中第90册苏轼的《春秋论》与苏辙的相同而存目，第296册蔡沆的《春秋五论》5篇为重收（蔡沆的《春秋五论》与吕大圭的《春秋五论》除文字稍有差异外，内容基本相同，从各种文献记载看，现存《春秋五论》当是吕大圭的著作。参见张尚英《春秋五论作者考》，《四川大学学报》2007年第2期），第184册张九成《春秋讲义·发题》与第225册张震《五经论·春秋》基本相同，第356册吕大圭的《春秋五论》在专著中已作统计，故实收376篇。

学的繁荣时期。

元代为少数民族入主中原，但儒学仍为统治者重视，“元兴百年，上自朝廷内外名宦之臣，下及山林布衣之士，以通经能文显著当世者，彬彬焉众矣”①。与之相应，《春秋》宋学在元代虽已开始走下坡路，但元儒尚能守宋儒规模，只惜元代国运不久，故元代《春秋》学文献数量远不能与宋代相比。朱彝尊《经义考》著录110余种，存目17种。笔者根据各种官私目录、史志、地方志及其他文献著录，得140余种，存目19种。就存目而言，朱氏所言陈植《春秋玉钥匙》现已不存；朱氏所言已佚的吴化龙《左氏蒙求》、未见的晏谦善《春秋透天关》至今尚存；另外，国家图书馆还藏有刘霖辑《新刊类编历举三场文选春秋义》(元刻递修本)。

明代为宋学的衰落时期，学风空疏，但因为其距离现在时代较近，流传下来的文献较多，故见诸著录及现存的《春秋》学文献都较多。朱彝尊《经义考》便著录明代《春秋》学文献240余种，存者106种。朱氏的著录，远没有反映明代《春秋》学文献的实际情况。笔者根据各种文献记载，初步统计明代《春秋》学文献达510种，存者达200余种。由于文献流传及朱氏见闻的限制，朱氏所标的存佚状况也发生了比较大的变化。首先，朱氏标示“存”的著作，如傅藻《春秋本末》、马驯《春秋探微》、刘实《春秋集录》、金贤《春秋纪愚》、姜纲《春秋曲言》、梅鹭《春秋指要》、马森《春秋辨疑》、陆锡《春秋辨疑》、王锡爵《春秋目录》、任桂《春秋质疑》、姚咨《春秋名臣传》、邵弁《春秋通义略》、董启《春秋补传》、余懋学《春秋蠡测》、沈尧中《春秋本义》、王世德《左氏兵法》、张铨《春秋补传》、朱国盛《拜山斋春秋手抄》、罗喻义《春秋野篇》、汪应召《春秋传》、陈宗之《春秋备考》、冯瑛《春秋前议》、周廷求《春秋二十编》、刘城《春秋人名录》等现都未见传本。其次，朱氏标示未见的著作，如童品《春秋经传辨疑》、杨慎《春秋地名考》、丰坊《春秋世学》、陆粲《左氏春秋镌》和《春秋胡氏传辨疑》、王樵《春秋凡例》、傅逊《春秋左传属事》、杨于庭《春秋质疑》、黄道周《春秋表记》②、许孚远《春秋详节》、王升《读左氏赘言》、赵恒《春秋录疑》、郑良弼《春秋续义纂要发微》、顾懋樊《桂林春秋义》、吴希哲《麟旨明微》、章潢《春秋测义》③、刘基《春秋明经》等，现都有传本。

---

① 《元史·儒学传序》。

② 朱彝尊《经义考》卷二〇七作“春秋表正”。

③ 朱彝尊《经义考》卷二〇四作“春秋窃义”。

（六）清

清代学术繁荣，《春秋》学亦迎来又一次发展高峰，产生了众多内容丰富多彩的《春秋》学文献。清代的《春秋》学文献，《清史稿·艺文志》著录为234种，其中还有33种为清人辑前人之作，清人之作为201种。武作成《清史稿艺文志补编》、郭霭春《清史稿艺文志拾遗》分别补录93种、36种。王绍曾《清史稿艺文志拾遗》著录最多，为534种，但其中有33种为清人辑前人之作，52种为清人辑“春秋纬”之作，清人之作实为449种。根据以上几种目录，清人的《春秋》学著作共有779种。笔者在此基础上，旁采各种公私目录、方志、文集等各种文献，共得清代《春秋》学文献1200种左右，现存者800余种。可见，清代《春秋》学文献数量实为历代之最。

二、《春秋》学文献的分布

《春秋》学文献不仅数量众多，内容丰富，形式多样，而且分布广泛，在经、史、子、集四部文献中都有其身影。它们或为专著、或独立成卷、或为单篇、或为序跋提要、或为评论札记，从不同的角度讨论《春秋》学的各种问题，记载《春秋》学的发展。因此，对《春秋》学文献的分布做系统的梳理，是研究《春秋》学及其发展历程的桥梁与路径。下面就按传统的四部分类法，对古代《春秋》学文献的分布做一讨论。

（一）经部中的《春秋》学文献

《春秋》是重要的儒家经典，经部理所当然是《春秋》学文献的大本营，尤其是专著大都收录于此。专著的流传主要有丛书（如综合性丛书、专科性丛书）、单行本（包括刻本、抄本、稿本）两种形式。二者相比，比较有名的丛书多有影印，流传较广，相对易得，而单行本现在则多庋藏于各大图书馆，不易获取。就丛书而言，综合性丛书多采用经、史、子、集的四部分类法，故这类丛书“经部”下的“春秋类”集中收录《春秋》学专著。如比较常见的《四库全书》、《四库全书存目丛书》、《续修四库全书》的“经部”之“春秋类”下就分别收录《春秋》学专著116部、95部、132部。《通志堂经解》、《清经解》、《清经解续编》等收录经学文献的专门性丛书亦分别收录《春秋》学专著35部、27部、30部。除上述外，尚有很多丛书收录有《春秋》学专著，限于篇幅不再列举，具体可参《中国丛书综录》及《中国丛书综录续编》的著录。

经部除“春秋类”收录有《春秋》学文献外，“五经总义类”、“四书类”、

"小学类"著作中亦常有与《春秋》学相关的内容。以《四库全书》为例，"五经总义类"的汉郑玄《驳五经异义》；魏郑小同《郑志》；唐陆德明《经典释文》；宋刘敞《七经小传》，程颐《程氏经说》，杨甲撰、毛邦翰补《六经图》，岳珂《九经三传沿革例》，毛居正《六经正误》，黄仲元《四如讲稿》，旧题郑樵《六经奥论》，无名氏《明本排字九经直音》；元熊朋来《经说》，何异孙《十一经问对》；明蒋悌生《五经蠡测》，邵宝《简端录》，朱睦㮮《五经稽疑》，陈耀文《经典稽疑》；清顾炎武《九经误字》，毛奇龄《经问》，吴浩《十三经义疑》，惠栋《九经古义》，郑方坤《经稗》，沈廷芳《十三经注疏正字》，江永《群经补义》，陈祖范《经咫》，沈炳震《九经辨字渎蒙》，余萧客《古经解钩沉》等著作，或独立成卷、或独立成篇、或为札记条目对《春秋》学的各种问题进行论说考证，这些内容亦为《春秋》学文献的重要组成部分，不容忽视。"四书类"的《孟子》中有关于孔子与《春秋》关系、《春秋》性质的经典记载 。"小学类"中唐张参《五经文字》、唐玄度《九经字样》，宋贾昌朝《群经音辨》、杨伯嵒《九经补韵》等直接以群经中的字义、音韵为研究对象，其涉及《春秋》的部分，亦不应排除在《春秋》学文献之外。

总之，《春秋》儒家经典的身份，决定了经部的《春秋》学文献最多，也最为重要。

（二）史部中的《春秋》学文献

《春秋》为孔子汲取"百国春秋"的记事方法，裁剪鲁史而成，与史有着非常密切的联系。所以，《春秋》学文献在史部中亦广泛分布。下面就按类依次考察《春秋》学文献在史部中的分布。

首先看正史类。正史是官方认定或组织编写的纪传体史书，在史部文献中占有重要地位。正史中的《春秋》学文献在形式上多为篇章、目录，而无专著。正史记载了一代或一个时期重要的事件与人物，所以在一些学术名家尤其是《春秋》学者的传记中常会有《春秋》学文献。比如《史记》的《太史公自序》、《孔子世家》中都记载了《春秋》与《左传》成书、性质等相关情况，是今天讨论这些问题的非常重要的材料。再如董仲舒为《春秋》名家，但著作很多已亡佚，《汉书》的《董仲舒传》所载他上汉武帝的《举贤良对策》中，便有他关于《春秋》学的重要观点。再者，一些史家常以《春秋》为修史楷模，所以在行文与论述中常会述及《春秋》学的相关问题，如《史记》之《十二诸侯年表序》、欧阳修《新五代史》的一些论赞等。最后，正史的《艺文志》或《经籍志》著录《春秋》学著作的相关内容亦是正史中《春秋》学文献的重要组成部分。正史中只有《汉书》、《隋书》、《旧唐书》、《新唐书》、《宋史》、《明史》、《清史稿》七史有“艺文（经籍）志”。这些史志除《汉书·艺文志》和《隋书·经籍志》各自有一篇小序叙述《春秋》学源流外，其余皆是纯粹著录《春秋》学著述。这些著录不是对《春秋》学的系统阐释，但展现了历代《春秋》学著述的情况，为今天研究当时的《春秋》学及其文献提供了最直观的材料。

其次，纪事本末类。纪事本末体以事件为中心，每事一题，为一专篇，把分散的材料，按时间先后加以集中叙述，兼有编年体和纪传体的优点，详于记事，方便阅读。它与编年体、纪传体，合称为古代三大史体。《春秋》与《左传》本为编年体，以时间为中心，按年、月、日顺序记述史事，虽便于考查事件发生的具体时间，了解历史事件之间的联系，并可避免叙事重复，但记事按年月分列杂陈，不能集中叙述每一历史事件的全过程。因此，从唐宋开始，一些学者为了更好地把握《春秋》经传所载历史事件的来龙去脉，以便进一步阐发《春秋》大义，开始对《左传》进行纪事本末体改造，产生了众多的著述。这些著述中，有些在改造的同时兼论《春秋》大义，在一些综合性丛书中收入经部，如清马骕《左传事纬》在《四库全书》中便入经部；而有些只改编年体为纪事本末体，没有讨论《春秋》大义，故常被视为纪事本末体史书，而收入史部，如宋章冲《春秋左传事类始末》、清高士奇《左传纪事本末》，在《四库全书》中便入史部。

再次，目录类。史部中的目录包括各种公、私目录、专科目录及对前述正史艺文（经籍）志所作的考证补充之目（如王应麟《汉艺文志考证》、姚振宗《汉书艺文志拾补》等）、对无艺文（经籍）志的正史补修的艺文（经籍）志（如侯康《补后汉书艺文志》、顾櫰三《补后汉书艺文志》等）。这些目录的“春秋类”部分不仅著录了当时有哪些《春秋》学著述，有的还有小序叙述《春秋》学的发展源流，有解题介绍著作的作者、成书、流传等情况，或收录有其序跋、评价、著录等内容，起到了“辨章学术，考镜源流”的作用。如宋王尧臣等《崇文总目》、晁公武《郡斋读书志》，清纪昀《四库全书总目》等就是既有小序又有解题；而宋陈振孙《直斋书录解题》，清陆心源《皕宋楼藏书志》、《皕宋楼藏书续志》、《仪顾堂题跋》，丁丙《善本书室藏书志》，瞿镛《铁琴铜剑楼藏书目录》，张金吾《爱日精庐藏书志》，朱绪曾《开有益斋读书志》，周中孚《郑堂读书记》，耿文光《万卷精华楼藏书记》，于敏中等《天禄琳琅书目》，朱彝尊《经义考》等则或有解题，或汇集相关材料。《经义考》更是其中的翘楚，其著录了朱氏生前历代的《春秋》学著述 1000 余种，并博采诸书，广录相关材料，很多前代的材料其原书已不存，赖之流传至今，是为《春秋》学研究不可或缺的文献。

再次，传记类。传记类中的《春秋》学文献可分为两种：一种是依托《春秋》经传，为《春秋》经传中的人物所作的传记，这种文献多为专著，如宋王当《春秋臣传》就是其代表作；一种是在一些关于名人尤其是儒学人物的传记中，涉及了其《春秋》学观点、成就，黄宗羲、黄百家、全祖望《宋元学案》，黄宗羲《明儒学案》，王梓材、冯云濠《宋元学案补遗》，朱轼《史传三编》，李清馥《闽中理学渊源考》等就是这样的著作。比如宋初三先生之一的胡瑗《春秋口义》已不传，《宋元学案》卷一《安定学案》引述他的"春秋说"7条，就成了探讨他《春秋》学说的最为直接的文献。

再次，史评类。《春秋》由史而来，亦经亦史，对史学产生了重大影响，所以史评之作常会涉及《春秋》经传。史评类著述关于《春秋》论述最为有名的当属唐代刘知幾《史通》。《史通》的《惑经》、《申左》两篇专门讨论《春秋》经传。《惑经》提出"十二未谕"（即有关《春秋》的12个不明白的问题）、"五虚美"（前辈学者对《春秋》的五点虚美），质疑《春秋》。《申左》则主要是扬《左传》而抑《公》、《穀》。刘知幾虽不以经学见称于世，但他关于《春秋》的见解，历来为后世所重。

最后，其他类别。史部其他类别的文献中亦常有《春秋》学的踪影。别史、杂史类的著作，除了一些《春秋》名家的传记中会有《春秋》学的内容外，有的著作中还有独立成篇的内容阐释《春秋》学问题。比如属于别史类的罗泌《路史》卷三四《发挥三》、卷三五《发挥五》、卷四二《余论五》、卷四五《余论八》都有单独的篇章阐释《春秋》学之获麟、正朔、书元等问题。诏令奏议类则常有关于《春秋》在官学中的教授及在科举考试中相关情况的记载。地理类中的各省通志及各府、州、郡、县志的艺文（或艺文志、艺文略）、经籍下的"春秋类"，一般都著录了本地产生的《春秋》学著述。这些著录或仅有书目，或书目外另有解题，文献数量或多或少，但都反映了某地一代或数代的《春秋》学文献概况。另外，属于"十通"的《通志》、《续通志》、《清通志》、《文献通考》、《续文献通考》、《清文献通考》和《清续文献通考》,[①] 都著录有《春秋》学著作。其中，《通志》、《续通志》、《清通志》有"艺文略"，下设"春秋类"著录《春秋》学著述，《通志》按类著录，且在个别地方有按语；《文献通考》、《续文献通考》、《清文献通考》和《清续文

① "十通"除已列7种外，还有《通典》、《续通典》、《清通典》3种。按郑樵《通志》,《四库全书》入别史类，未入政书类。

献通考》有“经籍考”，下设“春秋类”著录《春秋》学著述，书名之下还有解题。因此，《文献通考》系列著作较《通志》系列保留的《春秋》学资料更为丰富，更有价值。

由上，《春秋》亦经亦史的性质，决定了《春秋》学文献在史部中有大量分布，且以专著、专篇、条目等形式并存。

（三）子部中的《春秋》学文献

子部中的《春秋》学文献主要集中于儒家类、兵家类、杂家类、类书类的著作中，它们或独立成卷，或单篇论说，或是某些条目涉及，或属资料汇集，内容丰富多彩，形式多种多样。

首先，儒家类。《春秋》是儒家的重要经典之一，蕴涵了丰富的儒家政治哲学与思想，为历代儒者所重。因此，儒家学者常在各种著述中称引、阐释、讨论《春秋》。如《孟子》、《荀子》，刘向《说苑》，三国王肃《孔子家语》，宋范祖禹《帝学》、晁以道《儒言》、二程门人所编《二程遗书》、黎靖德编《朱子语类》、朱熹和吕祖谦编《近思录》、朱熹编《延平答问》、刘敞《公是弟子记》、徐积门人江端礼录的《节孝语录》、陈埴《木钟集》、真德秀《大学衍义》和《西山读书记》、项安世《项氏家说》、杨简《先圣大训》、黄震《黄氏日钞》、清《御览经史讲义》、李光地《榕村语录》等都有内容讨论《春秋》之学。其中，《朱子语类》第83卷、《木钟集》第9卷、《黄氏日钞》第7～13卷、《御览经史讲义》第20卷对《春秋》的讨论都独立成卷，《西山读书记》第24卷《春秋要指》独立成篇。可见，儒家类著述中《春秋》学文献资料不容忽视。

其次，兵家类。《春秋》是孔子为拨乱反正而作，春秋时代诸侯国之间战争不断，战争是《春秋》经传中的重要内容。记载战争自然要叙述双方的用兵之法，所以《春秋》经传中蕴藏着丰富的军事思想。后世一些学者认识到了这点，对《春秋》经传尤其是《左传》中的“用兵之法”进行总结，创作了系列著作，以期能为现实战争所借鉴。这些著作的重点在“谈兵”，不在发挥《春秋》大义，故常不被收入经部，而是径入兵家类。如明陈禹谟《左氏兵略》、曾益《左略》、宋徵璧《左氏兵法测要》三书，在《四库全书存目丛书》中就在兵家类。

再次，杂家类。儒学在中国古代社会深入到社会生活的方方面面，作为儒家经典之一的《春秋》在内容广泛的杂家类著述中广被称引、研讨就成了非常自然的事情。所以，杂家类著述中亦有《春秋》学研究的材料。如宋叶適《习学记言》第9～11卷、王应麟《困学纪闻》第6～7卷，清顾炎武《日知录》第4卷、何焯《义门读书记》第9～12卷、徐文靖《管城硕记》第9～11卷等都是独立成卷的《春秋》学文献。五代邱光庭《兼明书》第3卷，宋李如篪《东园丛说》卷上“春秋说”、孙奕《示儿编》第4卷，明杨慎《丹铅续录》卷一“春秋”等则为单篇论说的《春秋》学文献。陶宗仪《说郛》中所载则是资料汇编性质的《春秋》学文献。其他如汉班固《白虎通义》、王充《论衡》，宋龚昱《乐庵语录》、王观国《学林》、洪迈《容斋随笔》、程大昌《考古编》、罗璧《识遗》、赵彦卫《云麓漫抄》、王楙《野客丛书》、戴埴《鼠璞》、马永卿编《元城语录》和《懒真子》、员兴宗《辨言》、沈作喆《寓简》、苏籀《栾城遗言》、车若水《脚气集》，元盛如梓《庶斋老学丛谈》，明高拱《本语》、胡熿《拾遗录》、叶子奇《草木子》、王鏊《震泽长语》、陆深《俨山外集》，清阎若璩《潜丘札记》、姜宸英《湛园札记》、何琇《樵香小记》等部分条目涉及《春秋》学的更是举不胜举。这些条目虽然很分散，但在《春秋》学研究中有着非常重要的作用，比如《白虎通义》是探讨东汉《春秋》今古文之争必须参考的资料，《论衡》则是了解王充《春秋》学最主要的文献。

最后，类书类。类书是辑录汇集资料，以利寻检、引用的一种古典文献工具书。这些类书无论是按内容、字形，还是按韵编排，都汇集了许多《春秋》学文献资料，不但有利于后人查阅，而且很多《春秋》学文献赖之得以保存。比如唐代虞世南《北堂书钞》，宋代李昉等《太平御览》、章如愚《群书考索》、王应麟《玉海》，明代章潢《图书编》、唐顺之《稗编》，清代的《古今图书集成》、《御定渊鉴类函》等官私类书都专门设立“春秋”类，汇集了许多《春秋》学文献。再如按韵编排的《永乐大典》中保存了众多的《春秋》学文献，是为辑佚不传之书的渊薮，现传的杜预《春秋释例》、刘敞《春秋传说例》、崔子方《春秋经解》、张大亨《春秋通训》、叶梦得《春秋考》和《春秋三传谳》、高闶《春秋集注》、吕祖谦《春秋左氏传续说》、戴溪《春秋讲义》、洪咨夔《春秋说》等都是四库馆臣从中辑佚而得。

可见，内容丰富、形式多样的子部《春秋》学文献具有非常重要的不可替代的价值。

（四）集部中的《春秋》学文献

集部中的《春秋》学文献主要分布在总集、别集与诗文评类，以单篇论说为主，独立成卷与条目形式为辅。

总集是多人著作的合集，可分为网罗宏富的“全集式”总集（如清代严可均编《全上古三代秦汉三国六朝文》）和择优选精而辑成的“选集式”总集（如梁代萧统编《文选》）。总集尤其是“全集式”的总集具有网罗散佚之功，因此总集中存在丰富的《春秋》学文献。如前所述，包含两宋320年间所有现存单篇散文、骈文、诗词以外的韵文的大型断代总集——《全宋文》中便有《春秋》学文献376篇，66条。其他如《文苑英华》、《全上古三代秦汉三国六朝文》、《全唐文》、《唐文粹》、《全辽文》、《金文最》、《全辽金文》、《全元文》、《明文海》等亦收录有许多《春秋》学文献。这些总集中的《春秋》学文献，具有重要的价值，比如《文苑英华》卷三六四所载皮日休《春秋决疑》、卷七四四载孙郃《春秋无贤臣论》都是流传下来为数不多的唐人的《春秋》学著作。别集是个人文章的汇集，其中亦常有学者讨论《春秋》学的篇章。比如欧阳修《文忠集》中之《春秋论》上、中、下三篇，就是其《春秋》学的重要文献。此外，李石《方舟集》卷二〇至卷二四所载的《左氏卦例》、《左氏诗如例》、《左氏君子例》、《左氏圣语例》，陈普《石堂先生遗集》卷六《考仲子之宫初献六羽》、卷七《春王正月》，黄仲元《四如集》卷三《讲春秋序》，罗从彦《豫章文集》卷一六（附录下）载胡安国《答罗仲素书》，熊禾《勿轩集》（南明本）卷一《蔡氏春秋序》（此文在明人蔡有鹍编《蔡氏九儒书》卷四附录中题为《春秋五论后序》）等等，不胜枚举。总集与别集中所收《春秋》学文献比较分散，可据文集本身所带目录或索引，或者是《元人文集篇目分类索引》、《清人文集篇目分类索引》、《四库全书文集篇目分类索引》等工具书查询而得。

诗文评类是文学理论与批评的著作。所谓的《春秋》书法，与文学的表达方法有异曲同工之妙，《春秋》学对文学有重要的影响，其表现为诗学理论方面对《春秋》义法的涵化，叙事文学作品对《春秋》义法的运用以及文论家对此的总结。[①] 因此诗文评类的著作中，常有以“春秋笔法”评诗论文的内容。比如南朝刘勰《文心雕龙》第一次将“春秋笔法”纳入文学理论进行文体学总结，宋代的诗话中亦常以《春秋》书法论诗。可见，诗文评类的《春秋》学文献是研究《春秋》学与文学关系的重要资料。

（五）敦煌文献中的《春秋》学文献

敦煌文献中的《春秋》学文献主要有魏縻信《春秋穀梁传解释》残1卷（卷五）、杜预《春秋经传集解》残卷（共37件，内容涉及“桓、僖、文、宣、成、襄、昭、定、哀”九公中的59个年号）、范宁《春秋穀梁传集解》残卷等。这些文献抄写于南北朝、隋或初唐，在时间上较早，具有重要的版本、校勘等价值。

综上所述，《春秋》学文献在经、史、子、集四部文献中都有分布，所以我们在进行《春秋》学研究时，除了要重视经部中的《春秋》学文献外，其

---

① 李建军：《宋代春秋学与宋型文化》，中国社会科学出版社，2008年，第257页。

他三部中的《春秋》学文献亦不能忽视。

第四节 《春秋》学文献举要

《春秋》记事非常简略，这种简略从记载史事的角度而言是一种不足，但对将《春秋》视为经典的历代儒家学者而言，这正是《春秋》的精妙所在，因为他们认为这种简略的背后蕴涵了孔子的微言大义。同时，这种简略在客观上也为他们提供了发挥的巨大空间。所以，历代儒家学者围绕《春秋》及《左传》、《公羊》、《穀梁》三传进行了大量的发挥，形成了大量的著作，可谓汗牛充栋。四库馆臣也认为六经之中，《易》与《春秋》类文献最多。①《春秋》学著作的内容与形式多样，从内容上讲有阐发微言大义的，有考察名物的，有研究文字、音韵、训诂的，有分析义例的，有探讨地理、世系年代、礼制等专门问题的；形式上有传、注、疏、表、谱、图等。另外，这些著作的价值也是良莠不齐的。我们要展现历代《春秋》学研究的特色与成就，面对数量繁多、形式多样、价值各异的《春秋》学文献，不可能眉毛胡子一把抓，逐一介绍，而要分门别类，择其要而述之。

古代对《春秋》类文献的分类较有代表性的是宋代郑樵的《通志·艺文略》、明代焦竑的《国史经籍志》、朱睦㮮的《授经图义例》、祁承㸁的《澹生堂藏书目》。《通志·艺文略》分为经、三传义疏、五家传注、传论、序、条例、图、文辞、地理、世谱、卦繇、音、谶纬十三类。《国史经籍志》则析为石经、左氏、公羊、穀梁、通解、诘难、论说、条例、图谱、音、纬、外传十二类。《授经图义例》则主要按形式分为古经、石经、章句、传、注、集注、义疏、论说、序解、类例、图、谱、考正、音、谶纬、外传十六类。《澹生堂藏书目》则厘为石经传总、左传、公羊、穀梁、通解、考证、图谱、外传八类。以上四家分类中郑、朱、焦三家都兼顾了《春秋》学文献内容、形式的多样性，但显得有些繁冗，比如郑氏所分三传义疏、五家传注、传论、序等可归纳为传说类；祁氏的分类虽较为简明，但未能尽显《春秋》学文献内容的多样性，比如一些专题性的文献无法归入其所列类目。再者，四家都列有“外传”一类，外传即《国语》，在今天我们已对《春秋》学文献有明确的界定，《国语》只能算是《春秋》类的附录。

① 永瑢等：《四库全书总目》卷二六《春秋类序》。

近代以来较早对《春秋》学文献进行分类的为20世纪30年代，柳诒徵任江苏省立国学图书馆馆长期间主编的《江苏省立国学图书馆图书总目》。此目分《春秋》学文献为左传之属、公羊之属、穀梁之属、总义之属、谶纬之属五大类，除谶纬类外，每一类下又有白文读本、传说、文字音义几小类，左传类下还要多一“史评”类。上海图书馆1959—1962年编撰的《中国丛书综录》对《春秋》学文献的分类，在大类上基本继承了《江苏省立国学图书馆图书总目》的分类，设有春秋左传类、春秋公羊类、春秋穀梁类、春秋总义类；[①] 在小类的设置上则有继承也有创新，春秋左传类下分正文之属、传说之属、专著之属、凡例之属、文字音义之属、摘句之属、序录之属七小类，春秋公羊类下分正文之属、传说之属、专著之属、文字音义之属四小类，春秋穀梁类下分正文之属、传说之属、专著之属、文字音义之属、序录之属五小类，春秋总义类下分正文之属、传说之属、专著之属、文字音义之属、摘句之属五小类。[②]《江苏省立国学图书馆图书总目》、《中国丛书综录》的分类方法，都力图照顾《春秋》学文献内容与形式的多样性，然观其每类之下所收之书，深感其在体例上不能一以贯之，也没能突出《春秋》学中那些有特色的专题研究。

鉴于此，秉承“辨章学术，考镜源流”的原则，根据《春秋》学文献的内容、形式、学术流派，参考上述古今分类方法，笔者拟将《春秋》学文献分为八大类：白文类、传说类（包括三传解义、春秋经解）、类编类、图表类、文字音义类、专题类（包括历法、地理、人物、职官、礼制、其他）、通论类（包括义例、其他）、谶纬类。这样的分类繁简适中，使内容繁复、形式多样、流派不一的《春秋》学文献“各有其主”，在专题下再分小类，较《中国丛书综录》专题下笼而统之的著录，能更加强调和突出以专题为内容的《春秋》学文献。以下就根据这8种分类，以现存《春秋》学专著为主，选取一些具有代表性的著作做一介绍。选目以时代为经，以类别为纬，兼及学术流派，以期通过对所选

---

① 因为其另设有谶纬类囊括所有经书的谶纬文献，“春秋纬”为其下设小类，故没有谶纬大类。

② 由于《中国丛书综录》对丛书搜罗较为完备，是古籍著录方面的力作，在学术界有巨大的影响力，所以在它之后的大部分馆藏书目在大类的设置上都以之为准，只有少数几种略有差异。如《湖南省古籍善本书目》多一汇编类；《中国古籍善本书目》除多一汇编类外，把《春秋繁露》类的书设为附录；《中国人民大学图书馆古籍善本书目》亦多一丛编类；《复旦大学图书馆善本书目》则分合刻、左传、公羊传、穀梁传、后儒传说等几类。

著作创作旨趣、主要内容及学术价值等的揭示，对有志于了解《春秋》学的人起到指引门径之用。因谶纬类后面有专章探讨，在此从略。

一、白文类

《春秋》在先秦时期就有了《左传》、《公羊》、《穀梁》、《邹氏》、《夹氏》等比较明显的派别，其中邹、夹二氏没有流传下来。《左》、《公》、《穀》三传不仅流传下来，而且随着时间的推移逐步取得了经典的地位。故《春秋》学文献的白文之属包括《春秋》本经及三传。《春秋》文献的白文之属或保存在丛书中，或以单刻本行于世。如《九经正文》、《五经》、《五经白文》、《五经正文》、《九经》、《古香斋袖珍十种》、《篆文六经四书》、《五经四书读本》、《十三经》、《山晓阁文选》等丛书中就收有《春秋》本经或三传的白文本。再如宋刻本《春秋经传》30卷、《京本春秋左传》30卷、《公羊春秋》不分卷《穀梁春秋》不分卷以及明隆庆元年刻本《春秋公穀传》32卷、明万历十六年云阳贺邦泰刻《春秋左氏全传白文》12卷等就是没有注疏的《春秋》经传白文。这些单刻本，尤其是宋刻本具有较大的版本校勘价值。此外，历代石经中也保存了一部分白文类《春秋》文献。由于石经刊刻时代较早，且多是官方为规范统一，组织大量的人力物力刊刻而成，具有较大的版本校勘价值，同时也能展现所刻时代《春秋》学的状况，对于我们研究《春秋》经传及《春秋》学史都有重要的价值。为了能更好地说明白文类《春秋》文献的价值，下面就以残存的熹平石经《公羊》与宋刻本《春秋经传》30卷为例做一介绍。

1. 熹平石经《公羊》残1卷

汉代的熹平石经历经战乱，至唐代贞观初，魏徵收聚时已十不存一①，但北宋以来屡有残石出土。现所见残存之《公羊》就是宋代出土的残碑，共375字，自隐公四年至桓公元年及哀公十四年。碑中还有“有颜氏所见异辞”、“所闻异辞”诸语，表明其以严氏为本，有颜氏异字。此残碑所载与今本《公羊》文字有不同之处，如隐公四年“石碏”，石经作“石踖”；隐公五年“始谮诸公昉于此乎”之“昉”，石经作“放”等。这些差异，有一定的校勘价值，也从一个侧面反映了汉代《春秋》学的面貌。以严氏为本，有颜氏异字，则非常直观地展现了当时《公羊》学学术流派的地位状况。此残碑的内容最早收于宋代洪适《隶释》中，题为“石经公羊残碑”，清人马国翰从洪氏书中将其辑出，题为《石经公羊》，收于《玉函山房辑佚书》之“经编小学类”。

---

①《隋书·经籍志》。

2. 宋刻本《春秋经传》30 卷（存 19 卷）

此本为元、明、清三代宫廷秘藏，《天禄琳琅书目后编》卷三著录此本。该本之第 16～19 卷，第 24～30 卷，共 11 卷藏于国家图书馆；第 5～12 卷，1999 年被中国嘉德国际拍卖有限公司春季拍卖会卖出，藏者不知何人。该本 8 行 17 字，白口，左右双边，爽朗工密，具有较大的校勘价值。如今常见本定公五年有“报观虎之役”，而该本“役”作“败”，据阮元《春秋左传注疏校勘记》，当作“败”。再如今常见本哀公元年“亲巡其孤寡而共其乏困”，第一个“其”字疑衍，而该本恰好就无此“其”字。

二、传说类

传说类《春秋》文献是指对《春秋》经及三传进行训释的文献，包括传、注、解诂、义疏、正义、集说、集解等形式。其对文献的文字进行注释，对经义进行疏通。传说之属在整个《春秋》学文献中占有很大比例，是《春秋》学文献的主体。如前所述，《春秋》学的发展一直有两条线索：一为以三传为主要研究对象，将三者视为《春秋》学研究中的元典；二为以《春秋》为元典，直探经文的主旨。这两条脉络一直是共同存在的，只是有个此消彼长的问题。大致说来，汉至唐中期及清，前者占上风，为《春秋》学的主流；唐中期至明，后者居于优势地位。因此《春秋》文献的传说之属又可分为“三传解义”与“春秋经解”两类。

（一）“三传解义”类

“三传解义”类文献是指以《公羊》、《穀梁》、《左传》三传为元典，专门注释解说三传的《春秋》学文献。汉至唐中期，《春秋》学的主流为三传之学，与此相适应，“三传解义”类文献在这一时期居于主体地位。由于时代久远，这一时期产生的大部分“三传解义”类文献都已亡佚，但一些经典文献却流传至今，如何休的《春秋公羊解诂》、徐彦的《春秋公羊传注疏》、范宁《春秋穀梁传集解》、杨士勋《春秋穀梁传注疏》、杜预《春秋经传集解》、孔颖达《春秋左传正义》。这些文献在《春秋》学史上扮演了十分重要的角色，是治《春秋》者的必读文献。唐代啖助、赵匡、陆淳开创“舍传求经”之风后，会通三传，直探《春秋》经本义成了宋元明《春秋》学之主流，在此期间，对三传多以批驳为主，专门的三传研究著作很少，有影响且流传至今的更不多见。至清，由于学术上以复古求解放以及政治形势的变化，三传之学重新为人所重，清人纷纷给三传作新注新疏，对前代的三传之学做了全面的总结，亦结合新形势的需要做了一些开创性的阐释，其中孔广森《春秋公羊经传通义》、陈立《公羊义疏》、钟文烝《春秋穀梁经传补注》、廖平《穀梁古义疏》、洪亮吉《春秋左传诂》及刘文淇、刘毓崧、刘寿曾《春秋左氏传旧注疏证》等为代表性的著作。

第一类:《公羊》学

《公羊》是以层层设问的方式解说《春秋》微言大义的传。其源于孔子弟子子夏,先是口说流传,至汉景帝时才由公羊寿与胡毋子都著于竹帛,写成定本。在汉代,由于董仲舒对《公羊》的改造发挥,符合当时统治者的需要,《公羊》学成为显学,成了《春秋》学的代名词。虽有《穀梁》、《左传》的不断挑战,但终汉一朝,《公羊》都被立于学官。因此,《公羊》在汉代的传授者众多,分化为严彭祖、颜安乐二派,产生了大量的著作。汉代是《公羊》学的第一个高潮,也是《公羊》学著作的第一个繁荣时期。但盛极必衰,由于《公羊》经师说解的弱点以及《左传》学发展的冲击,东汉末年《公羊》学已呈颓势。何休著《春秋公羊解诂》对两汉《公羊》学进行总结,力图改变《公羊》学逐渐衰败的历史命运,但终是大势已去,未能回天。之后至清代前期,《公羊》学一直处于低谷,此时《公羊》学文献的数量不能与《左传》相比,但也产生了徐彦《春秋公羊传注疏》这样的经典性著作。清代中后期,由于内忧外患的政治形势,以复古求解放的学术发展,今文经学复兴,常州公羊学派异军突起,《公羊》学迎来了它的又一个春天。与之相应,《公羊》学文献也迎来了它的又一次繁荣,产生了许多优秀的著作,甚至还引起了中国思想界的革命。思想界的革命最终结束了中国古典经学,也送走了《公羊》学。中国经学在前汉、晚清都曾以《公羊》学显,可谓以《公羊》学始、亦以《公羊》学终,这一轨迹亦是耐人寻味的。以上是对《公羊》学文献发展的一个整体概括,下面就择其要介绍之。

1.《公羊严氏春秋》12 卷,(汉)严彭祖撰

严彭祖,字公子,西汉东海下邳(今江苏邳州市)人。宣帝时为博士。其后任河南、东郡太守,官至太子太傅,为人廉直,不事权贵。《公羊》学经董仲舒的发挥,成为汉代显学,后学众多,严彭祖与颜安乐都是传董氏《公羊》学非常重要的两位学者。二人同学于董仲舒弟子嬴公之徒眭孟,其后有《公羊》严氏学及颜氏学,董学遂一分为二,成为东汉《公羊》学的主流。

《公羊严氏春秋》一书,《汉书·艺文志》没有著录,《隋书·经籍志》中著录为“严彭祖《春秋公羊传》十二卷”。此书现已不传,清人马国翰从孔颖达《春秋左传正义》、徐彦《春秋公羊传注疏》及杜佑《通典》等书中辑出1卷,收入《玉函山房辑佚书》中,后王仁俊又有补辑,收入《玉函山房辑佚

书补编》中。由于所辑内容太少，很难借此把握此书的主要内容与思想，但也可窥其一斑。

2.《春秋公羊颜氏记》11篇，(汉) 颜安乐撰

颜安乐，字公孙，西汉鲁国薛县（今山东滕州市）人。宣帝时为博士。曾任齐郡太守丞，后为仇家所杀。颜安乐为眭孟姊之子，与严彭祖一道跟随眭孟习《公羊》，为董仲舒《公羊》学的重要传人，其学被后氏学者称为《公羊》颜氏学。

《春秋公羊颜氏记》是颜安乐一生学术研究的力作和学术思想的结晶。徐彦为《公羊》作序和注疏时曾引用此书，唐代孔颖达修《春秋左传正义》时亦有引用，但后来失传。从其残存的文字来看，其承董仲舒《公羊》学的思路，对之进行了进一步的发挥。如对"张三世"之说，颜氏认为襄公二十一年至孔子生讫为所见之世，与董仲舒、何休之说有所不同。

本书辑本有马国翰《玉函山房辑佚书》本。

3.《春秋公羊解诂》12卷，(汉) 何休撰

何休 (129—182)，字邵公，任城樊县（今山东兖州市）人。东汉著名经学家。为人质朴口讷，却雅有心思，精研六经，显名当世。应太傅陈蕃征辟，参与政事，后遭党锢之祸，闭门覃思著书。何休继承发展了西汉董仲舒的《公羊》学说，是汉代《公羊》学的集大成者。著有《春秋公羊文谥例》、《春秋公羊墨守》、《春秋左氏膏肓》、《春秋穀梁废疾》、《春秋汉议》等。

《春秋公羊解诂》是现存最早的《公羊》注本。是书形式是典型的章句训诂，内容可分为两个方面：一是对文字、器用、草木虫鱼、礼乐制度等的训释；一是对《公羊》义例、大义的总结与发挥。何休把《公羊》的义例、大义概括为了五始、三科九旨、七等、六辅、二类等。其中以三科九旨最为重要，是其整个《公羊》学说的基础。所谓"三科九旨"就是"新周、故宋、以《春秋》当新王"，即"通三统"；"所见异辞、所闻异辞、所传闻异辞"，即"张三世"；"内其国而外诸夏，内诸夏而外夷狄"，即"异内外"。"三科九旨"是何休在董仲舒的基础上总结归纳的，但他比董仲舒走得更远。比如"张三世"，在董仲舒那里只是把《春秋》所记十二公之事分成三个阶段，并把其时间具体化，① 但

① 董仲舒《春秋繁露·楚庄王》载："《春秋》分十二世以为三等：有见、有闻、有传闻。有见三世，有闻四世，有传闻五世。故哀、定、昭，君子之所见也。襄、成、文、宣，君子之所闻也。僖、闵、庄、桓、隐，君子之所传闻也。所见六十一年，所闻八十五年，所传闻九十六年。"

到何休那里却演绎成了“据乱、升平、太平”的三世说。这样的三世说具有历史进化论的意味，在思想史上具有重要的意义，但不符合《春秋》所载的历史事实。“通三统”之说也与“尊王”之义有相悖之处。所以何休之说常被指责为“非常异义可怪之论”。

是书是何休的代表作，也是汉代《公羊》学集大成的著作。《公羊》学经过董仲舒的阐发，在西汉处于绝对的统治地位，但随着《左传》学的发展，东汉章帝以后，《公羊》学逐渐走下坡路。生当东汉末年的何休非常清楚地看到了《公羊》学的颓势，力图借此书来总结汉代的《公羊》学，扭转这种局面。此书虽没能如何休所愿改变《公羊》学的历史命运，但却是汉代《公羊》学的一部总结性著作，具有里程碑的意义。

《解诂》的版本很多，有单刻本，亦常与徐彦《春秋公羊传注疏》、陆德明《经典释文》等合刻。单刻本有宋淳熙抚州公使库刻递修本、清同治刻《十三经读本》本。只散入《经典释文》的有宋绍熙二年余仁仲万卷堂刻本，此本现有两部，分藏于国家图书馆与台北故宫博物院，两者文字有些差异，两者均有影印本传世，前者为《中华再造善本》影印，后者为《四部丛刊》影印。[①] 与《经典释文》、徐彦疏合刻的则有《四库全书》本、《十三经注疏》本（明嘉靖李元阳本、明万历北监本、明末汲古阁本、阮刻本等）等。

4.《春秋公羊传注疏》28卷[②]，徐彦撰

徐彦，一说唐人，一说北朝人。“唐人”说以四库馆臣为代表。《崇文总目》最早著录《春秋公羊传注疏》，对其作者，其云“不著撰人名氏，援证浅局，出于近世，或云徐彦撰”。这表明对此书的撰者，北宋学者已不知其详，推断其为“近世”人。陈振孙《直斋书录解题》卷三“春秋公羊传疏”条引北宋董逌《广川藏书志》则云：“世传徐彦撰，不知何据。然亦不能知其定出何代，意其在贞元、长庆后也。”董氏只是一种推测，四库馆臣沿着这一思路定徐彦为唐人。但很多学者对徐彦为唐人的说法颇多异议。如清人严可均《书公羊疏后》便根据其所引书最晚者为郭璞、庾蔚之及“司空掾”为北齐官名，断定徐彦为北齐人。[③] 王鸣盛在严氏基础上进一步指出徐彦为北朝大儒

---

① 张丽娟：《宋余仁仲万卷堂刻〈春秋公羊经传解诂〉的两个印本》，载《中国典籍与文化》2010年第4期。

② 是书单疏本为30卷，注疏合刻本为28卷，以后者常见，故标此卷数。

③ 严可均：《铁桥漫稿》卷八《书公羊疏后》，《续修四库全书》本。

徐遵明。阮元也认为徐疏“其文章似六朝人，不似唐人所为者”，王氏之说“不为无见”。[①] 姚振宗在《隋书经籍志考证》中亦赞成王氏之说。今人潘重规则撰《春秋公羊疏作者考》一文，论证《公羊传注疏》的作者不是唐人，也不是齐、梁经师，而是北朝巨儒，并进而推断其为北魏之高允。[②] 应该说这两种说法在很大程度上都是一种推测，在确实的证据找到以前，只能存而不论。

本疏坚持“疏不破注”的原则，专门疏解《公羊》及何休《春秋公羊解诂》。徐疏对《公羊》发问的理由与根据做了解说，对何注或疏证，或补阙，或考何注之所据，很少有驳何注的地方。何氏《春秋》之学，多赖此书而完备。如何休“三科九旨”之说，他书不载，赖此书所引何休《春秋公羊文谥例》而更详备。其他诸如“五始”、“六辅”、“七等”、“二类”、“七缺”之说，亦赖此书所引何氏说而更明。

在继承何休之说的基础上，此书综合吸收了汉魏以来诸家《公羊》研究的精华，是继何注之后的又一部集大成之作，可以说是《公羊》研究史上的第二个里程碑，是历代和现在最通行的《公羊》注疏本。其征引十分繁富，保存了很多现已亡佚的汉魏《公羊》学文献，使我们今天能略窥其斑。

该书的单疏本有元刻明修25行本（存第1～7卷）、《续古逸丛书》15行本、日本蓬左文库藏抄宋本、《中华再造善本》本等。注疏合刻本则有元刻本（存第5～6卷、第15～16卷、第21～22卷、第25～28卷）、元刻明修本、明嘉靖李元阳刻《十三经注疏》本、毛氏汲古阁刻《十三经注疏》本、《四库全书》本、《四部备要》本、清阮元刻《十三经注疏》本等。

5.《春秋公羊经传通义》11卷、《叙》1卷，（清）孔广森撰

孔广森博学多识，尤精《公羊》，其《春秋公羊经传通义》成于乾隆四十八年（1783）。是书有几个显著的特点，即反对《公羊》家“王鲁”之说；重新解释“三科九旨”，认为“《春秋》之为书也，上本天道，中用王法，而下理人情。不奉天道，王法不正，不合人情，王法不行。天道者一曰时，二曰月，三曰日。王法者一曰讥，二曰贬，三曰绝。人情者一曰尊，二曰亲，三曰贤。此三科九旨既布，而一裁以内外之异例，远近之异辞。错综酌剂，相须成体”[③]，以“讥、贬、绝”作为“三科九旨”的核心；兼采《左传》、《穀

① 阮元：《春秋公羊传注疏校勘记序》，载《春秋公羊传注疏》卷首，阮元校刻《十三经注疏》本。

② 潘重规：《春秋公羊疏作者考》，载《志林》1940年第1号。

③ 孔广森：《春秋公羊经传通义》卷末《春秋公羊经传通义叙》，《皇清经解》本。

梁》，择善而从。由这几个特点看，是书没有遵守《公羊》家法。这一点为很多学者指责，如梁启超就说“巽轩并不通公羊家法，其书违失传旨甚多”①，陈其泰亦言“他不能把握《公羊》学的实质，抛弃了何休学说中有价值的内容，自立‘三科九旨’，混淆公羊家法，故《春秋公羊通义》一书既无进步色彩，又无甚学术价值”②。应该说这些评价过于苛责，因为此书对后来今文经学家的影响也是不能低估的。如宋翔凤治《公羊》，以时、月、日、王、天王、天子、讥、贬、绝为“九旨”，将《左传》与《公羊》相互印证，就是受了孔广森的影响。凌曙、陈立也采用了这种方法。因此，《春秋公羊经传通义》在方法上影响了后来的《公羊》研究者，在清代今文学的复兴中有其独特的学术价值，正如刘逢禄所言“曲阜孔氏治《公羊春秋》，今文之学，萌芽渐复”③，皮锡瑞亦言“国朝诸儒，昌明汉学，亦止许、郑古文，及孔广森专主《公羊》，始有今文之学”④。

此书的主要版本有《巽轩孔氏所著书》本、《皇清经解》本、《续修四库全书》本等。

6.《公羊何氏解诂笺》1卷，（清）刘逢禄撰

刘逢禄是清代《公羊》学的中坚人物，他进一步发展了庄存与开创的清代《公羊》学，重新整理了《公羊》学的统绪，推动了《公羊》学的复兴，左右了一代学术风尚。《公羊何氏解诂笺》是刘逢禄《公羊》研究方面的一部重要著作，取郑玄笺《诗》之意以名之，宗何休为主，如有不同，以己意断之。此书凡93条，诠释何休《春秋公羊解诂》中的疑义。书中兼采众说，以补充何休的疏误。在刘氏的《公羊》学体系中，此书虽不及《公羊何氏释例》那么具有代表性，但亦可称洞明经术，不泥守章句之作，对清代《公羊》学的复兴也产生了一定的作用和影响。

本书主要版本有《皇清经解》本。

7.《公羊义疏》76卷⑤，（清）陈立撰

陈立（1809－1869），字卓人，号默斋，江苏句容人。道光二十四年（1844）进士，官刑部主事。陈立少从凌曙、刘文淇受《公羊》学、许慎《说

① 梁启超：《中国近三百年学术史》，东方出版社，2004年，第216页。

② 陈其泰：《孔广森的公羊学著述及其误区》，载《孔子研究》1996年第2期。

③ 刘逢禄：《刘礼部集》卷九《诗古微序》，《续修四库全书》本。

④ 皮锡瑞：《论刘逢禄魏源之解尚书多臆说不可据》，载《经学通论》，中华书局，1954年。

⑤ 北图藏有此书不分卷稿本及11卷清抄本，但此书的通行本为76卷。

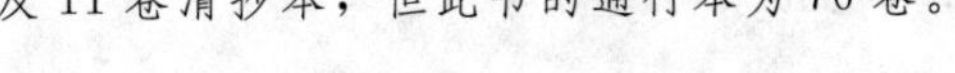

文解字》、郑玄《礼》学。于《公羊》之学用力尤深。著有《公羊义疏》、《句溪杂著》、《说文谐声孳生述》、《尔雅旧注》、《白虎通义疏证》等。

《公羊义疏》是陈立为《公羊》所作的新疏，是陈立毕生精力所萃，花了40年的时间方成稿本，[①] 垂老方就。是书搜集材料非常广泛，采获范围包括唐以前《公羊》古义及清代学者的成果，但并不繁芜冗杂。该书深明何休《公羊》家法，但又不过分穿凿，对其牵强之说有所克服。该书是清代学者研究《公羊》的集大成之作。梁启超认为陈立是“董（引者按：董仲舒）、何（引者按：何休）以后本传第一功臣”[②]。杨向奎也说：“何休是东汉末为《公羊》作总结的人，陈立则是清末试图为《公羊》作总结的人。”[③] 陈立是以乾嘉朴学的精神治《公羊》，更多的是一种学术的梳理，与魏源、龚自珍、康有为等人为了政治需要的发挥有很大不同。正是因为这样，此书具有很大的学术价值，为我们今天治《公羊》的必读之书。

本书主要版本有《皇清经解》本、《四部备要》本、《续修四库全书》本、稿本（存第8～76卷）。

8.《春秋公羊传笺》11卷，（清）王闿运撰

王闿运（1832－1916），字壬秋，又字壬父，湖南湘潭人。咸丰七年（1857）举人。由于他曾题居所为湘绮楼，人们又称他为湘绮先生。近代卓有盛名的经学大师、诗文大家、教育家。曾入曾国藩幕府，因所议与曾多不合罢去，以讲学著书为主，曾主讲成都尊经书院、长沙思贤讲舍、衡州船山书院、南昌高等学堂。辛亥革命后任清史馆馆长。杨度、廖平等为其高弟。为学主今文经学，主治《公羊》，而遍及群经。著有《周易说》、《尚书笺》、《尚书大传补注》、《诗经补笺》、《礼经笺》、《周官笺》、《礼记笺》、《春秋例表》、《春秋公羊传笺》、《穀梁申义》、《论语训》、《尔雅集解》等十余种、200多卷。著述之众，用力之深，影响之大，在近代罕见。他还著有《湘军志》，主编和定稿《桂阳州志》、《东安县志》、《衡阳县志》、《湘潭县志》等多种地方志。

《春秋公羊传笺》又名《春秋公羊何氏笺》，是王闿运《公羊》学的重要代表作。此书体例为先列《春秋》经文，次列《公羊》传文，再列何休《解

---

① 陈立：《论语正义叙》，载刘宝楠、刘恭冕《论语正义》卷首，清同治刻本。

② 梁启超：《中国近三百年学术史》，东方出版社，2004年，第216页。

③ 杨向奎：《清代的今文经学》，载《绎史斋学术文集》，上海人民出版社，1983年，第355页。

诂》文，最后列自己笺释。此书在注释方法上不守成说，亦不作烦琐的考证，笺释不只停留在乾嘉学派的训诂上，也不像宋人那样奢谈“义理”，而是只求疏通文义，对宋儒、清儒而言都是一种革新。在思想认识上，基本认同《公羊》与何休《解诂》的主张，大力阐释《公羊》传文发问的理由及根据，对何氏注文进行了补充、完善与批评，同时结合现实，贯穿了通经致用的为学理念、循序渐进的社会进化思想、天下太平的未来理想等。总之，此书在晚清学术与思想界的影响虽不如魏源、康有为等人的著作影响大，但自有特色，亦为后人所重。

本书主要版本有《湘绮楼全书》本、《王湘绮先生全集》本、《续修四库全书》本、清光绪十一年（1885）成都尊经书局刊本、清桂阳刘映藜、李金口校刻本等。

9.《公羊春秋经传验推补证》11卷，（清）廖平撰

《公羊春秋经传验推补证》是廖平《公羊》学研究的最主要著作，是对《何氏公羊解诂三十论》大旨的具体阐释。此书包括卷首《素王制作宗旨四（三）十问题》、《公羊验推补证凡例》、《公羊春秋经传验推补证》以及《十五图表》几部分。该书的创作，历经廖平经学的二变、三变时期，包含了廖平从尊今抑古到小统大统说的思想转变。该书的宗旨有三：其一，会通三传，以成一家之言；其二，对何休《春秋公羊解诂》的不满处予以勘正；其三，提出《春秋》不王鲁、二伯、八方伯、七卒正、一附庸、月无正例等命题，展现了廖氏关于《公羊》的主要观点。廖平治《春秋》以《穀梁》为主，但其主会通三传，故其《公羊》学成绩也不容忽视。

本书主要版本有《六译馆丛书》本，1921年四川存古局刻本等。

第二类：穀梁学

如前所述，《穀梁》与《公羊》一样，是以层层设问的方式解说《春秋》微言大义，先也是口说流传，至汉才著于竹帛，写成定本。在汉代，《穀梁》在与《公羊》争取统治者支持的过程中，大部分时间处于劣势。与《公羊》一直立于学官，学者众多不同，《穀梁》只在汉宣帝时因其祖父戾太子好之而偏爱之，立之于官学，并组织《公羊》学与《穀梁》学的辩论，《穀梁》学一时大盛。因为有最高统治者的支持，《穀梁》学在西汉中期涌现了蔡千秋、周庆、丁姓、尹更始、刘向等《穀梁》学家。但遗憾的是，《穀梁》学的短期兴盛，没有带来《穀梁》学文献的繁荣，这时产生的《穀梁》学著作很少，见于史籍记载的仅有尹更始《春秋穀梁传章句》、刘向《春秋穀梁传》等几种，而且都没有传下来。随着西汉衰亡，《穀梁》学风光不在，传人几绝。到东

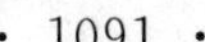

汉，图谶之学大兴，而《穀梁》“不晓图谶”，故不再设为博士，再加上《公羊》学者的打压，《穀梁》学更加式微。与此相应，《穀梁》学文献也难见诸史籍，据笔者所见，仅有段肃《春秋穀梁传注》。魏晋南北朝至唐中期，《穀梁》学在三传之学中依然不占主导地位，但由于当时整个注疏之学的大发展，《穀梁》学也获得了发展的第二次高潮，《穀梁》学文献迎来了第一次繁荣。这一时期共有包括范宁《春秋穀梁传集解》、杨士勋《春秋穀梁传注疏》两部经典之作在内的近 30 种《穀梁》注疏之作产生，大大超过了汉代，但其数量远不能与同时期的《左传》学著作相比。唐中期以后至宋元明三代，“会通三传”之学取代了三传之学，本来就式微的《穀梁》学又陷入了低谷，少有文献产生。至清，尤其是中后期，随着今文经学的复兴，作为今文经学的《穀梁》学也获得了较大的发展。柳兴恩《穀梁大义述》、钟文烝《春秋穀梁经传补注》、廖平《穀梁古义疏》等新注新疏的产生，使《穀梁》学文献进入了又一个繁荣时期，但仍然不能与同期的《左传》、《公羊》著作相埒。综上所述，《穀梁》学在三传之学中，大部分时间处于劣势，故其文献在三传中是最少的。

据《汉书·瑕丘江公传》载，汉武帝时《穀梁》学之所以不及《公羊》兴盛，是由于始师江公口讷，不及《公羊》始师董仲舒雄辩，因而不得立于学官，未能传于博士弟子。不过从整个中国经学史看，《穀梁》学不能说都没有大师，但是始终未能如《公羊》学持久兴盛，这只能从二传本身找其原因。盖《公羊》齐学，兼杂诸说，多“非常异义可怪之论”，故能引人入胜；《穀梁》则是鲁学，质实少文，在理论创新和语言恢奇上，实不及《公羊》远甚，加之世人本“好奇喜怪”、“贱实贵虚”，宜其不能胜于《公羊》也。

《穀梁》学文献虽少，但其是整个《春秋》学文献的有机组成部分，是治《春秋》之学必不可少的宝藏，故以下择其要介绍之。

1.《春秋穀梁传集解》12 卷，（晋）范宁撰

范宁（339－401），字武子，东晋顺阳（今河南淅川西南）人。东晋著名经学家。范宁家世显赫，曾祖范晷为雍州刺史，祖范稚少知名，父范汪博学多才，善谈名理。范宁少笃学，多所通览，历官余杭令、临淮太守、中书侍郎、豫章太守。范宁博通诸经，对《尚书》和《礼》学都有相当的研究，但最具影响者还是其对《穀梁》的研究，著有《春秋穀梁传集解》、《穀梁传例》、《答薄叔元问穀梁义》等。

《春秋穀梁传集解》虽题为范宁撰，实际却是范汪、范宁、范邵（范宁从弟）、范泰（范宁之子，范晔之父）等人的集体著作，由范宁总其成。该书不

仅汇集了范氏子弟关于《穀梁》的解说，而且广泛吸取了自西汉以来诸多学者的研究成果，且多注其姓名。其中有刘向、江熙、郑嗣、糜信、徐乾、刘兆、徐邈诸家《穀梁》之说，也有董仲舒、京房、刘歆、许慎、何休、郑玄、谯周、杜预等人的文字，收罗广泛。

该书为现存《穀梁》最早的注本，与何休《春秋公羊解诂》、杜预《春秋经传集解》并称，是中国经学史上的重要著作，有极高的学术价值。在《春秋》三传中，《穀梁》的影响远不如《公羊》、《左传》，西汉为《公羊》学兴盛的时期，东汉自明帝、章帝以后，《左传》学大兴，成为《春秋》学研究的重镇。《穀梁》虽然在西汉时因宣帝的喜好和提倡，一度兴盛，也是代有经师传授，不绝如缕，但从来没有成为真正的“显学”。[①] 如果没有此书与杨士勋的疏，《穀梁》可能同《邹氏传》、《夹氏传》一样湮没无存了。[②] 再者，该书汇集众家之说，两汉、魏晋许多学者的著述藉此得以保存吉光片羽，为学术史研究提供了宝贵的资料。最后，范宁在《集解》中并陈三传得失，书中体现出的“择善而从”、“据理通经”的治学态度，更是唐宋学者舍传求经，自由研讨风气的渊源之一。

《集解》的主要版本有只散入《经典释文》的宋绍熙二年（1191）余仁仲万卷堂刻本（第7～12卷）、《古逸丛书》影摹余仁仲万卷堂刻本、《湖北先正遗书本》、《丛书集成初编》本、《十三经读本》本，与《经典释文》、杨士勋疏合编的《四库全书》本、《十三经注疏》本（明嘉靖李元阳本，明万历北监本、明末汲古阁本、阮刻本）等。

2.《春秋穀梁传注疏》20卷[③]，（唐）杨士勋撰

杨士勋为唐初人，是刘炫的弟子，曾为四门博士。杨氏为唐代著名经学家，曾参加过《春秋左传正义》一书的撰写，对《公羊》亦有深入的了解，但对《穀梁》学的贡献最大。

《春秋穀梁传注疏》与《春秋左传正义》成于众人之手不同，是杨氏个人的著作。该书坚持“疏不破注”的原则，专门疏解《穀梁》及范宁《春秋穀梁传集解》。其对范宁的注做了进一步的解释、说明、补充；对范注没有明言所据依之处，必为之一一阐发，使范注更信而有征；对与范注相异的观点多有驳议。故该书可以说是范注之忠臣。同时，杨氏三传皆通，虽以范宁为宗，

① 赵伯雄：《春秋学史》，山东教育出版社，2004年，第300页。

② 邱锋：《范宁及其经学成就》，载《兰州大学学报》2006年第2期。

③ 此书单疏本为12卷，注疏合刻本20卷，以注疏合刻本常见，故标此卷数。

然亦稍有从违，能会通三传及其注文，分肌擘理，融会贯通。于何休之《春秋公羊解诂》则多所驳正。后儒之论三传注疏，最重杜注孔疏，次为范注杨疏，最轻何注徐疏。

《春秋穀梁传注疏》在继承范宁之说的基础上，综合吸收了汉魏以来诸家《穀梁》研究的精华，是继范注之后的又一部集大成之作，可以说是《穀梁》研究史上的第二个里程碑，是历代和现在最通行的《穀梁》注疏本，为治《穀梁》的必读之书。其征引十分丰富，保存了很多现已亡佚的汉魏《穀梁》学文献。该书与范注一起，使《穀梁》之学不绝，成为十三经之一。

本书的单疏本有清咸丰七年瞿氏恬裕斋抄本（存第6～12卷）、清陈鳣校明抄本（存第6～12卷）、《嘉业堂丛书》本（存第6～12卷）。注疏合刻本有元刻明修本、明嘉靖李元阳刻《十三经注疏》本、明万历二十一年北京国子监刻《十三经注疏》本、毛氏汲古阁刻《十三经注疏》本、《四库全书》本、《四部备要》本、清阮元刻《十三经注疏》本等。

3.《穀梁大义述》30卷①，（清）柳兴恩撰

柳兴恩（1795－1880），字宾叔，原名兴宗，江苏丹徒人。道光十二年（1832）举人。受业于阮元之门，初治《毛诗》，因毛公师荀卿、荀卿师穀梁赤，于是沉潜于《穀梁》。柳氏为人敦朴纯谨，劬学至老不衰，故著述丰富，除《穀梁大义述》外，还著有《周易卦气补》4卷，《虞氏易象考》2卷，《尚书篇目考》2卷，《毛诗注疏纠补》30卷、《续王氏诗地理考》2卷，《仪礼释官考辨》2卷，《群经异义》4卷，《刘向年谱》4卷，《史记汉书南齐书校勘记》、《说文解字校勘记》、《壹宿斋诗文集》若干卷等。

《穀梁大义述》是柳氏为了证明《穀梁》善于《春秋》与补清代前中期《穀梁》不兴而作，撰成于道光二十年（1840）。是书撰成后受到阮元的推奖，并为之作序。该书分述日月例、述礼、述异文、述师说、述经师、述长编六个部分。“述日月例”共5卷，将《穀梁》以日月为例的各种情况列举为92种，每一例列出具体的《春秋》经文与《穀梁》传文，最后柳氏加上“述”语，对该例的正例、变例进行分析评述。“述礼”1卷，按《春秋》十二公的顺序，先引《穀梁》中所言“礼”的条文，然后引《尚书大传》、《周礼》、《仪礼》、《礼记》、《毛诗》、《左传》、《公羊》、《广雅》、《列女传》、《汉书》、

---

① 柳兴恩：《穀梁大义述》有两种刻本：一种是光绪八年李氏木犀重雕本，一册不分卷，为李慈铭光绪十一年所见本，是其简略本。一种是南菁书院所刻《皇清经解续编》本30卷，是其全帙。

《后汉书》、《管子》、《册府元龟》、《太平御览》等各种文献进行考证，间断以己意。“述异文”2卷，对《穀梁》与《左传》、《公羊》之间的异文进行了分析。“述师说”6卷，按时间顺序对唐宋以来各家涉及《穀梁》的著述进行了评述，其中亦引有程端学《春秋本义》、朱彝尊《经义考》的评述，不全为柳氏的评语。“述经师”6卷，专门收录《穀梁》学者378位，简述其生平，列出所著书名及其卷数，并指出史料来源。其收录颇为详备，但也有收录过宽之嫌，除专治《穀梁》的学者，“其说已亡而名仅存者，自汉以后并治《三传》者亦收录焉”①，因此有的学者不是严格意义的《穀梁》学者。“述长编”10卷，于经史子集中涉及《穀梁》者，加以摘录，附以论断，以此考查《穀梁》的废兴源流。另外，按书前《叙例》，本还有“述古训”部分，旨在探讨《穀梁》的材料来源，但不知何故，正文没有这部分内容。总之，是书对《穀梁》进行了全方位的探讨，持之有据，能成一家之言，对当时近乎孤经绝学的《穀梁》学可谓意义重大。

《穀梁大义述》的主要版本有《木犀轩丛书续刻》本（简略本）、《皇清经解续编》本、《续修四库全书》本、清道光二十年（1840）刻本（简略本）。

4.《春秋穀梁经传补注》24卷，（清）钟文烝撰

钟文烝（1818—1877），字殿才，又字子勤，浙江嘉善人。道光二十六年（1846）举人。学问博洽，治经宗汉儒，初治郑氏《三礼》，通小学，后究心《穀梁》。著有《春秋穀梁经传补注》、《鲁论语》、《乙闰录》、《信美室集》等。

《春秋穀梁经传补注》一书动笔于道光二十五年（1845），至咸丰九年（1859）初步定稿，后又几经修改，直至同治七年（1868）才全部脱稿，前后历时20余年。脱稿后，又增易千数百条。是书可以说是钟氏毕其一生心血之作。该书旨在补充范宁注、杨士勋疏之略，纠正他们的错误。书中虽引用自汉以来300多家之说，而不尽用汉人家法。《穀梁》自东晋范宁作注、唐代杨士勋作疏后，鲜有学者再对其作新的注疏。至清，“汉学”的复兴，促使一些学者开始回归汉唐，为群经作新注新疏，一时成为一种风尚；晚期《公羊》学的复兴，引发了今文经学的全面发展，学者们再度关注属于今文经学的《穀梁》。在二者的共同作用下，学者们纷纷对《穀梁》作新注新疏，此书就是其中最有学术价值的著作之一。

此书的主要版本有《皇清经解续编》本，《四部备要》本，《续修四库全书》本，光绪二年（1876）钟氏信美堂刊本，骈宇骞、郝淑慧点校本（中华

① 柳兴恩：《穀梁大义述》卷首《穀梁大义述序例》，《皇清经解续编》本。

书局，1996 年）等。

5.《穀梁申义》1 卷，（清）王闿运撰

《穀梁申义》是王闿运的第一部《春秋》学著作，成于同治九年（1870）三月，一直到光绪十七年（1891 ）才在湖南衡阳东洲船山书院刊刻。① 此书之体例，不全录经文、传文，对于旧注中已有详细说明的，不再重复，只举有重大疑问，影响对《公羊》理解的问题进行申述。正如王氏在《穀梁申义序》中所云："诸例增减，旧注已详，兹但约举巨疑，不全载经传。"② 所举重大疑问者共 77 条，十二公均有涉及，其中隐公 8 条，桓公 2 条，庄公 14 条，闵公 1 条，僖公 17 条，文公 3 条，宣公 3 条，成公 10 条，襄公 8 条，昭公 7 条，定公 2 条，哀公 2 条。王氏认为《公羊》与《穀梁》二书相辅相成，即《穀梁》中有微言大义在，有利于对《公羊》学说的进一步发挥。因此，王氏著此书旨在为其《公羊》学研究奠定基础。在此书中，王氏宗《公羊》的意识非常明显，提出了《公羊》、《穀梁》不妨为异的观点，其对范宁《春秋穀梁传集解》的批驳，对廖平也有较大影响。总之，此书与晚清及以前的《穀梁》著作相比，有其独特之处。

《穀梁申义》的主要版本有《王湘绮先生全集》本、《续修四库全书》本等。

6.《穀梁古义疏》11 卷，（清）廖平撰

《穀梁古义疏》是廖平为《穀梁》所作的新注新疏。经过多次修改，从光绪七年（1881）至十九年（1893）"十易稿，未为定本"③。此书与钟文烝《春秋穀梁经传补注》"凡范注全载，或移其处。疏则《补注》中采之，颇有增删并析，随宜也"不同，完全抛弃范注，摈弃杨疏，是典型的自注自疏。《春秋》学为廖平经学的核心，而其《春秋》学有一个重要的特色，就是改变历来以《公羊》为今文中心的看法，认为《穀梁》最得孔子改制之作的真意，说礼最全，为今文学正宗。因此，廖平的《春秋》学以《穀梁》研究最有成就，此书是廖平最为重要的《春秋》学著作之一。他在 1885 年曾编订《穀梁春秋内外编》，著录其《穀梁》研究著作凡 37 种，50 卷。其中内编仅 1 种，就是《穀梁古义疏》，足见此书在廖平《春秋》学中的地位。

---

① 刘少虎：《王闿运经学著作考述》，载《船山学刊》2006 年第 1 期。

② 王闿运：《穀梁申义》卷首《穀梁申义序》，《续修四库全书》本。

③ 张预：《穀梁春秋经传古义疏叙》，载廖平《穀梁古义疏》卷首，《续修四库全书》本。

此书回归汉代今文经学和鲁学家法，充分吸收汉代及其以前的成果，略于训诂，详于礼制，为学人所重。刘师培称赞说："洞澈汉师经例，长于《春秋》，善说礼制，其洞察汉师经例，魏晋以来，未之有也。"① 蒙默也认为廖平的著作"其价值远在钟文烝《穀梁补注》之上"②。廖平对《穀梁》的研究在他的学术体系中占有重要的地位，不仅为他研究其他经传，尤其是《公羊》、《左传》创造了条件，而且他发现《穀梁》中所言礼制与《礼记·王制》所载礼制相符，以此为基础，提出以礼制平分今古的主张，成为其学术"六变"前三期的理论依据。

该书的主要版本有《渭南严氏孝义家塾丛书》本、《续修四库全书》本、稿本等。

第三类：左传学

《左传》与《公羊》、《穀梁》"以义解经"不同，而是以事实来解《春秋》。《公羊》、《穀梁》是解释《春秋》的传，古今从无异辞，而《左传》是否为《春秋》的传，从西汉末年直到现在都有人质疑。但因《左传》记事详赡，没有它无法得知《春秋》所记之事，也无法深入发挥《春秋》之义。四库馆臣曾说："莫简于《春秋》，莫详于《左传》。鲁史所录，具载一事之始末，圣人观其始末，得其是非，而后能定以一字之褒贬。此作史之资考证也。丘明录以为传，后人观其始末，得其是非，而后能知一字之所以褒贬。此读史之资考证也。苟无事迹，虽圣人不能作《春秋》。苟不知其事迹，虽以圣人读《春秋》，不知所以褒贬。儒者好为大言，动曰'舍传以求经'，此其说必不通。其或通者，则必私求诸传，诈称舍传云尔。"③ 故无论是"以义解经"，或是"以事解经"，或者是"古史考证"，或者是"文法揣摸"，都必须于《左传》有所取。因此《左传》学在三传之学中最为发达，文献也最多。

在刘歆入秘阁校书前的西汉大部分时间里，《左传》一直在民间流传，传者有张苍、贾谊、贯长卿、萧望之、张禹、张敞等人。因《左传》多古字古言，故学者们多重文字训诂，没有特别强调其与《春秋》的关系，其地位远不能与《公羊》相比。所以这一时期的《左传》文献不多，影响也不大。刘歆入秘阁校书，发现秘府藏本《左传》，刘歆与太常博士们争立《左传》于学

① 蒙文通：《廖季平先生传》，载廖幼平编《廖季平年谱》，巴蜀书社，1985年，第105页。

② 蒙默：《廖季平先生小传》，载《中国现代学术经典》之"廖平蒙文通卷"，河北教育出版社，1996年，第5页。

③ 永瑢等：《四库全书总目》卷四五《史部总叙》。

官，虽不成，却扩大了《左传》的影响。后在刘歆、王莽的努力下，平帝元始年间（公元1—5年）立《左传》于学官，更引发了学者们的重视，习者渐多。东汉时，《左传》只在光武帝时短暂立于学官，但由于《公羊》学日益烦琐，《左传》学逐渐受到统治者的青睐和学者的重视，逐渐发展壮大。从刘歆争立学官到东汉，是《左传》学发展的重要时期，在这一时期，《左传》为《春秋》之传的地位重新得到确立并获得较快发展。与之相应，《左传》学文献也迎来了它的第一个繁荣期，著作数量较多，且有如刘歆《春秋左氏传条例》、贾逵《春秋左氏解诂》、服虔《春秋左氏传解谊》等对后世影响很大的著作。

魏晋南北朝至唐中期，《公羊》学不绝如缕，《穀梁》学也获得了较大的发展，但总体来说，《左传》学几乎一统天下，唐代孔颖达修《五经正义》，以《左传》代表《春秋》就是明证。魏晋南北朝时，政治上的南北分立使学术也分为南学、北学。就《左传》而言，南学主杜预《春秋经传集解》，北学则主服虔之注，唐代《春秋左传正义》定杜注于一尊，北学最终并入南学，《左传》学完成了统一。对应《左传》学的发展，《左传》学文献在这一时期也发展迅速，文献数量多，其中杜预《春秋经传集解》、孔颖达《春秋左传正义》影响久远，至今仍为治《左传》的必读之书。

唐中期啖助、赵匡、陆淳开创弃传从经、会通三传的“新《春秋》学”后，宋元明三代直探《春秋》经本义的“《春秋》经解”类文献成了《春秋》学文献的主流，但与《公羊》、《穀梁》近乎全军覆没不同，《左传》学文献还保留了一小块阵地，有诸如吕祖谦《春秋左氏传说》、林尧叟《音注全文春秋括例始末左传句读直解》、赵汸《春秋左氏传补注》、陆粲《左传附注》等著作产生。这与《左传》详于记事、文字多、内容复杂有关。《春秋》经文简单，仅通过经文很难了解其所蕴涵的微言大义，详于记事的《左传》恰巧可以为阐发《春秋》大义提供依据。再者，仅16000余字，却记载了242年历史的《春秋》，从后人了解史实的角度来说是很不够的，详于记事的《左传》便成了人们了解这段历史不可或缺的文献。所以，《左传》仍为高喊“弃传从经”的一些学人所重。

至清，由于思想禁锢加强，考据之学大兴，丰富的文字、音韵、训诂知识及深厚的文献积累，使清人发现了《左传》杜注孔疏的很多错误与不足之处。因此，他们纷纷通过搜求汉人佚说，广征博引，运用小学知识对杜注孔疏进行批驳，并重写新注新疏，对之前的《左传》学进行总结。这样一来，《左传》学文献再次迎来了繁荣，产生了一批质量高、影响大的著作。

以上是对《左传》文献总体情况的介绍，下面择其要介绍之。

1.《春秋左氏传条例》20卷，(汉) 刘歆撰

刘歆 (? —23)，字子骏，后改名秀，字颖叔，西汉沛县 (今江苏沛县) 人。汉皇族楚元王刘交五世孙，刘向之子。西汉末古文经学家、目录学家、天文学家。

《春秋左氏传条例》打破刘歆之前仅传《左氏》训诂的局面，引传文以解经，转相发明，使《左传》作为《春秋》之传的地位得到进一步的确立，奠定了后世《左传》学发展的基础，在《左传》学史上产生了重要的影响。在刘歆之前，虽然有张苍、贾谊、张敞等人传授《左传》，但他们的传授局限于《左传》的文字训诂，没有很好地将其与《春秋》联系起来，以至于刘歆争立《左传》于学官时，很多学者认为《左传》不传《春秋》。刘歆在书中引《左传》以解《春秋》，虽为当时的一些学者批驳，但他使《左传》作为《春秋》之传的地位重新被认识，促进了《左传》学的大发展，以致成为了中唐以前《春秋》学的主流。

《春秋左氏传条例》现已不存，清人马国翰从孔颖达《春秋左传正义》、陆德明《经典释文》中辑出20节，名为《春秋左传刘氏注》，收入《玉函山房辑佚书》中。

2.《春秋左氏解诂》30卷[①]，(汉) 贾逵撰

贾逵之《左传》学出于刘歆嫡派，在东汉的《左传》学者中，与服虔齐名，后人多以贾、服并称。《春秋左氏解诂》一书是贾逵也是东汉《左传》学的代表作。汉代经学以章句训诂为特点，所以此书重文字训诂与人物、地理、典章制度等的诠释，但也对《春秋》的经义做了阐释与发挥。与《公羊》、《穀梁》以义解经不同，《左传》主要是以事解经，但也有一些解释经义的内容，贾逵特别重视对这部分内容的补充和发挥；对《左传》不曾提及的“义”，贾氏也做了深入挖掘。同时，对“无传之经”，贾氏也做了阐发，对“无经之传”也以“不告”或“讳书”进行了解释，反驳了主《左氏》不传《春秋》学者的指责。总之，此书沿着刘歆开创的《左传》学路径，进一步推进了《左传》学的发展。

孔颖达作《五经正义》专取杜注后，《春秋左氏解诂》逐渐亡佚，清代有

① 《后汉书·贾逵传》称贾逵尤明《左氏传》、《国语》，为之《解诂》51篇，李贤注认为《左氏》30篇，《隋书·经籍志》、《旧唐书·经籍志》以篇为卷均作30卷。

多个辑佚本，主要有王谟辑 1 卷，收入《汉魏遗书钞》，马国翰辑 2 卷，收入《玉函山房辑佚书》，黄奭辑 1 卷，收入《汉学堂丛书》。

3.《春秋左氏传解谊》31 卷[①]，(汉）服虔撰

服虔（生卒年不详），字子慎，初名重，又名祇，后改为虔，东汉末河南荥阳（今河南荥阳东北）人。少入太学受业。举孝廉。中平末，拜九江太守。服虔与郑玄为同时代人，为东汉著名的经学家。服氏信守古文经学，于《左传》用力最勤。著有《春秋左氏传解谊》、《春秋左氏膏肓释痾》、《春秋成长说》、《春秋塞难》等。

《春秋左氏传解谊》充分体现了汉代经学重章句训诂的特点，对难字字义、天文、地理、人物、职官、祭祀、卜筮、礼仪、器物等进行训释，并在此基础上串讲传文大意。服氏坚信《左传》是《春秋》的传，所以他的重点虽在训诂字词、疏通文句，但也对《左传》的义理有所揭示。他常根据《左传》记述的事实，阐发《春秋》的褒贬用意；对《左传》的一些传义，如《左传》讲解经的"书法"，或"礼也"、"非礼也"这类评价作补充发挥或者是批评修正。

后人谈到东汉的《左传》学时，常以贾、服并称，但服注后出转精，影响超过贾注。服注问世以后，风行一时。东晋元帝时，服氏《左传》曾立为博士。南北朝时，又与杜注平分秋色，盛行于北方。至唐孔颖达修《五经正义》，于《左传》专用杜注，服虔之注才逐渐亡佚。

今传《春秋左氏传解谊》为辑佚本，主要有马国翰《玉函山房辑佚书》辑 4 卷、王谟《汉魏遗书抄》辑 4 卷、黄奭《汉学堂丛书》辑 1 卷。

4.《春秋经传集解》30 卷，(晋）杜预撰

杜预（222—284)，字元凯，京兆杜陵（今西安市东南）人。西晋著名经学家和重要将领。历官河南尹，秦州刺史，度支尚书，镇南大将军都督荆州诸军事，因灭吴有功，封当阳县侯。好学深思，熟稔经籍，尤喜《左传》，自称"有《左传》癖"。著有《春秋经传集解》、《春秋释例》、《春秋左氏传评》等。

《春秋经传集解》是现存最早的《左传》注本。其分经之年与传之年相附，合经传于一编，比其义类，条理凡例，博采刘歆、贾逵、许慎、颍容、服虔等说以注《春秋》经传。此书对晋以前的《左传》学研究成果进行了全

---

① 《隋书·经籍志》作 31 卷，《旧唐书·经籍志》与《新唐书·艺文志》都作 30 卷，因《隋书·经籍志》为早，取之。

面总结。其对天文、地理、事物、典故的注释靡不剖析精微，超越前代。此外，其将《春秋》经传的体例归纳为“三体”、“五例”（所谓“三体”即发凡正例、新意变例、归趣非例，“五例”即“微而显”、“志而晦”、“婉而成章”、“尽而不污”、“惩恶而劝善”），并以之贯彻到整个注解当中，对后世影响深远。此书产生以后，治《左传》的学者因门户或学术观点不同，对之褒贬不一，但大多数承认杜注于《左传》有功。唐代修《五经正义》，于《左传》用杜注，以后遂成为科举考试之标准注释。

《春秋经传集解》是最为重要的《左传》学著作之一，是《左传》研究史上一部划时代的、具有里程碑意义的著作。其采用的“经”、“传”合一的体例，使《左传》为《春秋》之传的地位，更易被人认同，标志着在与《公羊》、《穀梁》等今文经学的斗争中，以《左传》为代表的古文经学取得了最后的胜利。其对《左传》书法体例的总结，使《左传》的研究脱离了字句训诂的窠臼，具备了真正解释学的意义。同时，杜氏去汉不远，他所参考的书籍今日多已不存，在他之前的《左传》注本也早已亡佚，这使得此集大成之作更加珍贵。

《春秋经传集解》的版本很多，常与孔颖达《春秋左传正义》、陆德明《经典释文》等合刻，单刻本亦有多种。单刻本主要有南宋淳熙间抚州公使库刻递修本、宋嘉定九年（1216）兴国军学刊递修本、南宋刻元明递修本等。只散入《经典释文》的刻本则有宋刊巾箱小字本、南宋建安坊刻本、《四部丛刊》本等。与《经典释文》、《春秋左传正义》合编的则有宋庆元六年（1200）绍兴府刻宋元递修本、《四库全书》本、《十三经注疏》本（明嘉靖李元阳本、明万历北监本、明末汲古阁本、阮刻本）等。

5.《春秋左传正义》60卷①，（唐）孔颖达撰

《春秋左传正义》虽题为孔颖达撰，但实际撰稿人是谷那律、杨士勋、朱长才、马嘉运、王德昭、苏德融、隋德素等。是书坚持“疏不破注”的原则，专门疏解杜预《春秋经传集解》。对杜注或疏证，或补阙，或考杜注之所据，很少有驳杜注的地方。此书解说十分详尽深入，对经、传以及杜注中涉及的人名、地名、职官、历法、典章、制度、史事等等，都详加注释与考证。其文字以颜师古考定《五经定本》的文字为主，训释以隋刘炫《春秋述议》为本，参以沈文阿《春秋左氏经传义略》之说，并附有陆德明《经典释文》，实现了《左传》文字、训释、音训的统一，从而实现了《左传》学的统一。

① 是书有36卷本、60卷本两个版本系统，以60卷本常见，故标此卷数。

此书写成之后，唐太宗把它定为科举取士的范本，成了当时经学注疏的“定本”。

《春秋左传正义》在继承杜预之说的基础上，综合吸收了汉魏六朝以来诸家《左传》研究的精华，是继杜注之后的又一部集大成之作，可以说是《左传》研究史上的第二个里程碑，是历代和现在最通行的《左传》注疏本。其征引十分繁富，保存了很多现已亡佚的汉魏六朝《左传》学文献，使我们今天能略窥其斑。《春秋左传正义》完成了对汉魏六朝纷争不断的《左传》学甚至是《春秋》学的统一，并通过科举考试的指挥棒，强化了这种统一。这种统一，限制了《左传》学和《春秋》学的自由发展，造成了“三传分立”的《春秋》汉学的终结，但也诱发了啖助、赵匡、陆淳等人“舍传求经”的新《春秋》学的产生。

《春秋左传正义》的单疏本有《四部丛刊》本（36卷）。注疏合编本则有36卷本与60卷本两个系统，36卷本主要有宋淳化元年（990）刻本、庆元六年（1200）绍兴府刻宋元递修本、《中华再造善本》本等，60卷本有宋刘叔刚刻本（存第1～29卷）、元刻明修本、明嘉靖李元阳刻《十三经注疏》本、《四库全书》本、《四部备要》本、清阮元刻《十三经注疏》本等。

6.《春秋左氏传说》20卷，（宋）吕祖谦撰

吕祖谦是宋代对《左传》用力很勤的一位学者。著有《春秋左氏传说》、《春秋左氏传读说》、《左氏博议》、《左传类编》等。《春秋左氏传说》是吕祖谦口述，其弟子整理成帙的一部著作。是书卷首有《看左氏规模》一篇，总论读《左传》的方法，主张“看《左传》须看一代之所以升降，一国之所以盛衰，一君之所以治乱，一人之所以变迁”；指陈《左传》记述“溺于习俗”之失。正文则随事立义，推阐详尽，笔锋犀利，凡所指责，皆刻露而不留余地。此书善于从细微处见一般，对揭示《左传》的撰写宗旨、笔法等方面有很高的参考价值。此书写成之后，深得时人好评，如朱熹就称其极为详博，陈振孙也称其“于《左氏》一书多所发明”①。

《春秋左氏传说》主要版本有《通志堂经解》本，《四库全书》本，《摛藻堂四库全书荟要》本、《金华丛书》本、《丛书集成初编》本等。

7.《音注全文春秋括例始末左传句读直解》70卷，（宋）林尧叟撰

林尧叟字唐翁，南宋梅溪（今属浙江）人。

该书大抵随句笺释，故以“句读直解”为名，解经都依杜预古注，并采

① 陈振孙：《直斋书录解题》卷三，第66页。

录南宋陈傅良之说，间亦自出新意，以推阐经旨。是书有以下几个特点：其一，诠释虽不如杜注，但对杜注所解不详或不解处，多有补益，使之浅显易明；其二，于十二公之始，必注明周王纪年、列国纪年及列国之君易世继位之事，便于读者参看比较，在全局中把握史实及经传之义；其三，于经传异文，往往分注于各字之下，便于读者对照。从这几个特点可以看出，此书对杜注多有补益，浅显易懂，方便读者读懂《左传》与杜注。有宋一代，"舍传求经"的《春秋》学占据主导地位，直接对三传的研究较少。对《左传》的研究在三传中虽占主导地位，但很多是为了能更好地记忆、查检或者读懂《左传》的内容而作的考证类编性质的著作，对《左传》与杜注笺释的著作较少，现存的更少，只有此书与朱申《春秋左传详节句解》等几种。此书治学更为严谨，"不似朱申《句解》，于传文横肆刊削"①，故在宋代《左传》学中具有重要的地位，对后世影响较大，常为后世征引。

明人将其与杜注合编，题为《左传杜林合注》50 卷，或删杜以就林，或移林以就杜。故此书有单刻本、与杜注合刻本两种类型。单刻本主要有元刻 12 行本、元刻 13 行本、元刻明修本，明刻 12 行 22 字本、明弘治年间（1488－1505）宗文堂 10 行 21 字刻本（30 卷）、《续修四库全书》本等。合刻本有明闵梦得、闵光德辑明万历二十二年（1594）刻本，明王道昆、赵如源辑明天启六年（1626）问奇阁刻本等。

8.《春秋左氏传补注》10 卷，（元）赵汸撰

赵汸（1319－1369），字子常，休宁（今属安徽）人。师从黄泽、虞集，究心《春秋》之学。晚年屏迹东山，专门著述，学者遂称东山先生。一生著述甚多，著有《周易文诠》、《春秋师说》、《春秋属辞》、《春秋左氏传补注》、《春秋金锁匙》、《春秋集传》、《东山存稿》等书。赵汸与其师黄泽是元代最有成就的《春秋》学者，其《春秋》学在当时及后世都产生了重要的影响。

《春秋左氏传补注》取陈傅良《左氏章指》补杜预《春秋经传集解》之不足，取《公羊》、《穀梁》之是以救《左传》之非。赵汸承其师黄泽之说，主张回到三传去，尤其是《左传》去，寻求对经义的正确理解。但他的回归三传，不受汉代学者那样的师法、家法的约束，而是要充分利用三传之长，故在重《左传》的同时，也注重兼采《公羊》、《穀梁》。因此，赵氏虽对唐宋的《春秋》学著作都不甚满意，但却很推崇宋人陈傅良"用二家（引者按：指

① 永瑢等：《四库全书总目》卷二八《左传杜林合注》提要。

《公羊》、《穀梁》）之说，参之《左氏》，以其所不书实其所书，以其所书推见其所不书”的《左氏章指》。① 总的来讲，此书能兼采三传之长，补杜注之不足，不失为“《春秋》家持平之论”②。

《春秋左氏传补注》的主要版本有《通志堂经解》本、《四库全书》本、元至正二十四年（1364）刻本、《中华再造善本》本等。

9.《左传附注》5卷，（明）陆粲撰

陆粲（1494－1551），字子余，号贞山，长洲（今江苏苏州）人。嘉靖五年（1526）进士，选庶吉士，补工科给事中，挺直敢言，争张福达狱，廷杖三十后下狱。复职不久又疏张璁、桂萼专朝政，被谪为贵州都镇驿丞、永新知县。念母老乞归。平生精研经史之学，博学多识。著有《春秋胡氏传辨疑》、《左氏春秋镌》、《左传附注》、《庚巳编》、《洞箫记》、《陆子余集》、《陆贞山集》、《陆子余尺牍》、《陆子余遗集》等。

《左传附注》前3卷驳正杜预《春秋经传集解》，第4卷驳正孔颖达《春秋左传正义》，第5卷驳正陆德明《经典释文》中关于《左传》的音义。其广采明代以前诸儒之说，间断以己意，对杜注的批驳有得有失。明代《春秋》学承宋元之绪余，重舍传求经，专治《左传》者相对较少，再加上明人治学空疏，故其著作能为后世所重者更是凤毛麟角。而此书颇为顾炎武所重，顾氏《日知录》于“驳正左传注”后言“凡邵、陆、傅三先生所已辨者不录”，“邵”指邵宝《左传觿》，傅指傅逊《左传属事》，陆就是指此书，可见此书在明代《左传》学中的地位。

《左传附注》的主要版本有《四库全书》本、明嘉靖刻本。

10.《左传杜解补正》3卷，（清）顾炎武撰

作为一代儒宗，顾炎武主张兼攻众艺，会通群经，因此他在专经研究方面多有创获，颇具特色。《左传杜解补正》便是顾炎武关于《春秋》研究的代表作。此书以训诂文字、考证典章名物制度为主，内容诚如书名所示，对《左传》的杜预注有“补”有“正”。顾氏认为本该出注而杜预未注的就补之，杜预注而不正确的就正之。顾氏明辨地理，对杜预注中的地理问题尤多订正。此书博引群书，不主一家，所言多信而有征，四库馆臣称许曰：“炎武甚重杜解，而又能弥缝其阙失，可谓扫除门户，能持是非之平矣。”③ 此书实事求

① 赵汸：《东山存稿》卷三《春秋集传序》，文渊阁《四库全书》本。

② 永瑢等：《四库全书总目》卷二八《春秋左氏传补注》提要。

③ 永瑢等：《四库全书总目》卷二九《左传杜解补正》提要。

是，讲求实证，纠正了明代空疏的学风，对引导清代《春秋》学的发展起到了重要的作用。

《左传杜解补正》的主要版本有《亭林遗书》本、《指海》本、《四库全书》本、《皇清经解》本、乾隆十四年（1749）《璜川吴氏经学丛书》本、《泽古斋重抄》本、《式古居汇抄》本等。

11.《春秋左传诂》20卷，（清）洪亮吉撰

洪亮吉于书无所不窥，深于经史，著述丰富。《春秋左传诂》成于洪亮吉晚年，定稿于嘉庆十二年（1807），是他费十年心血完成的一部力作，是乾嘉学派最具代表性的《左传》学著作之一。洪氏以“诂”名书，是“欲存《春秋》、《左传》之古学”[①]，主旨在于明训诂、释地理，以纠正魏晋以后对《左传》的虚造附会之说，特别是对杜注孔疏批评较多。该书一反杜预《春秋经传集解》分经之年与传之年相附的体制，依《汉书·艺文志》的著录，将经、传离析独立，分为经4卷，传16卷，清楚地表明了回归汉儒的旨趣，具有鲜明的汉学风格。洪氏在训诂及名物制度的考证上颇见功力，由于其深于舆地之学，故书中有关地理的考证颇为精详。

本书主要版本有《皇清经解续编》本、《洪北江全集》本、《四部备要》本、《续修四库全书》本、李解民点校本（中华书局，1987年）等。

12.《春秋左氏传旧注疏证》不分卷，（清）刘文淇、刘毓崧、刘寿曾

刘文淇（1789－1854），字孟瞻，江苏仪征人。刘毓崧（1818－1867），字伯山，号松崖，文淇子。刘寿曾（1838－1882），字恭甫，号芝云，毓崧长子。文淇、毓崧、寿曾祖孙三世，经明行修，博闻强识，以治《左传》扬名于世。

《春秋左氏传旧注疏证》署名刘文淇、刘毓崧、刘寿曾三人，但不全是三人所为，在他们之后，刘贵曾（刘师培之父）、刘富曾、刘师培等人都曾经参与整理，可以说是历经四代人的心血。但遗憾的是，虽历经四代、百余年，仍未成完璧，只至襄公五年。[②] 是书以汉人经传注释为依据，辅以清儒之考订，辨正杜注疏误，发挥汉人经说，欲建立一套汉注清疏的《左传》新疏。是书的体例为每条经传文之下先辑出旧注，并对之进行疏证，最后下以自己的按断。其对《左传》的汉代旧注进行了集大成的总结，对贾逵、服虔旧说收罗之完备、归纳之清晰都罕有其匹。是书承汉学之风，论证多偏于典

---

① 洪亮吉：《春秋左传诂》卷首《自序》，中华书局，1987年。

② 今人吴静安已将其补为完璧，题为《春秋左氏传旧注疏证续》，东北师范大学出版社，2005年。

章制度与名物训诂，搜罗材料非常广泛，所引明确书目达196种（不含“某某曰”）。

《春秋左氏传旧注疏证》的主要版本有原稿本、清抄本（副稿本）、中国科学院整理本、《续修四库全书》本等。

13.《春秋左氏古经说疏证》12卷，（清）廖平撰

《春秋左氏古经说疏证》又名《春秋左氏古经说》、《左氏春秋古经说义疏》等，是廖平《左传》研究最重要的著作。廖平认为《左传》的内容可分为纪事的《左氏传》和解经的《左氏说》两个部分，因此他的《左传》学就把《传》与《说》分别开来，分别录为《左氏传》（纪事之文）和《左氏说》（解经之作），并分别为之作疏证。该书就是他取《左传》中解经、设例之处与《春秋》经配合起来，加以疏证而成。因此，《左传》为解经之作，是该书的核心论题，其博采诸儒之说对《左传》的解经、明义、设例之处做了解说，对杜预《春秋经传集解》做了匡正。该书的价值，正如李耀仙所言“廖平便把汉人以来一直认为‘不传《春秋》’的《左氏春秋》一变而为能传《春秋》的《春秋左氏传》了”，“踵刘文淇《左传正义》之后，博采汉师贾、服诸人之说，以匡杜说之不逮”①。

该书的主要版本有成都中学堂1908年刊印本、《新订六译馆丛书》本、《廖平选集》校点本（巴蜀书社，1998年）等。

（二）春秋经解类

“春秋经解”类文献是指以《春秋》为元典的《春秋》学文献。《左传》、《公羊》、《穀梁》三传本是最基本的“春秋经解”类文献，但由于它们后来上升为儒家经典，较为特殊，故在此所言“春秋经解”不包括此三传。

汉至唐中期，虽有汉人马融《春秋三传异同说》，魏人韩益《春秋三传论》，晋人刘兆《春秋调人》、氾毓《春秋释疑》、王长文《春秋三传》，北魏辛子馥《春秋三传总》等或“调和三传”或“兼采三传”以通经之作，但它们在当时的《春秋》学文献中只是冰山一角。再者，这些著作中有的仍是以一传为主，如马融《春秋三传异同说》，“观《后汉书》所引马融之语，似融所注意者仍在《左氏》”，② 所以这些著作还算不上完全意义上的“春秋经解”

---

① 李耀仙：《春秋左氏古经说疏证的点校说明》，载《廖平选集》（下册），巴蜀书社，1998年，第181页。

② 中国科学院图书馆整理：《续修四库全书总目提要》第26册《春秋三传异同说》提要，第414页。

文献。所以汉至唐中期，《春秋》学的主流是三传之学。

唐初，孔颖达修《五经正义》，于《春秋》取《左传》，于《左传》取杜注，于杜注取刘炫和沈文阿疏。之后杨士勋作《春秋穀梁传注疏》，取范宁注，徐彦作《春秋公羊传注疏》，取何休注。至此三传在唐皆有义疏，这可以说是对前代注疏的一个总结，但由于其奉行"疏不破注"的原则，使"义疏把着眼点放在某家注上，尊注过于尊传，尊传又过于尊经。传已不暇顾及，经更无论了。注错，疏则往往跟着错。疏的文字也相当芜杂破碎，论证既广博而少折中，读来则难得要领"①。这种过于尊注的做法在很大程度上限制了唐代《春秋》学的进一步发展。在这种背景下，随着当时社会变革思潮的兴起，中唐以后，以啖助、赵匡、陆淳为代表的《春秋》学者，主张"舍传求经"，变专主一传为直探《春秋》经本义，变章句训诂为义理阐发。啖、赵、陆之后，冯伉、刘轲、韦表微、陈岳等人接踵之，"《春秋》三传束高阁，独抱遗经究终始"②，成了当时《春秋》学界的一种风气。

宋人一本啖、赵、陆开创之风，舍传求经，会通三传，使直探《春秋》经本义成了《春秋》学的主流，"《春秋》经解"类文献也成了这时《春秋》学文献的主体。宋代《春秋》学名作众多，其多为"春秋经解"类文献，如孙复《春秋尊王发微》、刘敞《春秋权衡》、孙觉《春秋经解》、叶梦得《石林先生春秋传》、胡安国《春秋胡氏传》、张洽《春秋集注》等，而胡安国《春秋胡氏传》最为有名。这一是因为"胡传"得到宋高宗的青睐，二则是因为胡安国私淑程颐，在程颐《春秋传》只有二卷的情况下，成了程学的代表，在程朱理学逐渐一统天下之际，其自然备受学者重视。

元、明、清初《春秋》学是宋代《春秋》学的继承与延续，"春秋经解"亦是其文献的主体。此时由于程朱理学一统天下，代表程学的"胡传"成了元、明两代科举考试的定本，与《左传》、《公羊》、《穀梁》合称"四传"，取得了近乎经典的地位，为学者推崇，因此这时的"经解"类文献很多表现出"尊胡"的特点，比如俞皋《春秋集传释义大成》、汪克宽《春秋胡传附录纂疏》、胡广等《春秋大全》等。朱熹是程朱理学的集大成者，他没有《春秋》学专著，但在他的一些书信及与弟子的谈话中也讨论了《春秋》学中的一些问题。朱熹认为"《春秋》只是直载当时之事，要见当时治乱兴衰，非是于一

① 金景芳、吕绍纲、吕文郁：《孔子新传》，湖南出版社，1991年，第318页。

② 韩愈：《寄卢仝》，载王伯大编《别本韩文考异》卷五，文渊阁《四库全书》本。

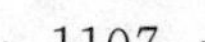

字上定褒贬"①，这是他与胡安国的根本区别。由于朱熹的巨大影响力，他的这一观点也为以后的一些学者继承，其著作表现出明显的"宗朱"特点。

以上对"春秋经解"类文献总体情况作了一个勾画，下面择其要者做一介绍。

1.《春秋集传微旨》3卷，（唐）陆淳撰

陆淳（？—805），字伯仲，因避唐宪宗讳，改名陆质，吴郡（今江苏苏州）人。唐代著名经学家。他与啖助、赵匡一起开创了"舍传求经"的新风，② 开启了宋代《春秋》研究"会通三传"、"重义理阐发"以及整个宋代经学的先河。啖、赵、陆一派之《春秋》学，无论是在方法上，还是在观念、精神上，都对后世的《春秋》学、甚至整个经学产生了重要影响。宋人徐积曰："啖、赵二氏有大功于《春秋》。"③ 晁公武说："公武尝学《春秋》，阅古今诸儒之说多矣。大抵啖、赵以前学者，皆专门名家，苟有不通，宁言经误，其失也固陋；啖、赵以后学者，喜援经击传，其或未明，则凭私臆决，其失也穿凿。"④ 陈振孙亦云："汉儒以来，言《春秋》者，惟宗《三传》，《三传》之外，能卓然有见于千载之后者，自啖氏始，不可没也。"⑤ 清人皮锡瑞也说："淳本啖助、赵匡之说，杂采《三传》，以意去取，合为一书，变专门为通学，是《春秋》经学一大变。宋儒治《春秋》者，皆此一派。"⑥

---

① 黎靖德编、王星贤校点：《朱子语类》卷八三《春秋·纲领》，第2144页。

② 啖助（724—770），字叔佐，唐赵州（今河北赵县）人，后迁居关中。赵匡，字伯循，河东（今山西永济蒲州镇）人。仕唐，官至洋州刺史。生卒年不详，其主要事迹在大历年间（766—779）。关于啖、赵、陆三人的关系，《四库全书总目》卷二六《春秋集传纂例》提要曾作过辨正，考定陆淳以啖助为师，赵匡为友。今人多认同此说，如杨世文《啖助学派通论》（《中国史研究》1996年第3期）云："今考吕温代陆淳写的《进集注春秋表》，其中说'臣（按：指陆淳）……以故润州丹阳县主簿臣啖助为严师，以故洋州刺史臣赵匡为益友'，明白道出了陆淳与啖、赵二人之间的关系。至于赵匡，也找不出他师事啖助的证据。"朱维铮《壶里春秋》（上海文艺出版社，2002年）的观点与此稍有不同："据吕温在他生前代作进书表，内称啖、赵为严师益友，柳宗元为他作墓表，也称他师啖助，友赵匡。因而《新唐书》本传称他和赵匡均为啖助高弟，当近是。"

③ 徐积：《节孝语录》，文渊阁《四库全书》本。

④ 晁公武著、孙猛校证：《郡斋读书志校证》卷三，上海古籍出版社，1990年，第109页。

⑤ 陈振孙：《直斋书录解题》卷三，第57页。

⑥ 皮锡瑞：《论啖赵陆不守家法未尝无扶微学之功宋儒治春秋者皆此一派》，载《经学通论》，中华书局，1954年。

啖、赵均有《春秋》学著作问世，啖助有《春秋集传集注》、《春秋统例》，赵匡有《春秋阐微纂类义统》，但均已亡佚。陆淳则著有《春秋集传纂例》10卷、《春秋集传辨疑》10卷、《春秋集传微旨》3卷三书传世。陆氏三书是在啖、赵二人的研究基础上完成的，集中了三人的《春秋》学思想。

《春秋集传微旨》先列《三传》不同之文，参以啖助、赵匡之说而断其是非，与《春秋集传纂例》、《春秋集传辨疑》二书主要述啖、赵二人之说相比，更多的是陆淳自己观点的阐发，但为表不忘本，每条必称"淳闻于师曰"。是书名"微旨"，是因为陆淳认为《春秋》不只是"拨乱反正，使乱臣贼子知惧而已"，其中有"事或反经而志协乎道，迹虽近义而意实蕴奸，或本正而末邪，或始非而终是，贤智莫能辩，彝训莫能及"的情况，但"表之圣心，酌乎皇极，是生人已来未有臻斯理也"①，所以他要"委曲发明"，揭示这些不为人重视之理，即微旨。关于此书的卷次，柳宗元《唐故给事中皇太子侍读陆文通先生墓表》称陆淳作《春秋微旨》2篇，《唐书·艺文志》亦作2卷，但陆淳自序称"总为三卷"，现传本亦作3卷，故四库馆臣以为乃"校刊柳集者误三篇为二篇，修《唐书》者因之"。②

《春秋集传微旨》的主要版本有钱仪吉《经苑》本、《玉玲珑阁丛刻》本、《四库全书》本、《养和堂丛书》本、《古经解汇函》本、《学海类编》本、《学津讨原》本、《丛书集成初编》本、清乾隆刻本、清抄本等。

2.《春秋集传辨疑》10卷，(唐) 陆淳撰

《春秋集传辨疑》的卷次，柳宗元《唐故给事中皇太子侍读陆文通先生墓表》称7篇，《新唐书·艺文志》同，陈振孙《直斋书录解题》、《通志·艺文略》、《玉海》、吴莱《春秋纂例辨疑后题》③、袁桷《书陆淳春秋纂例后》④都称7卷，现传本10卷不知何人所分。

是书是陆淳转述啖助、赵匡两家攻驳三传之论的书，列举未入《春秋集传纂例》之三传文，条列其失，逐字逐句加以诘难。陆淳自述说："《集传》取舍三传之义，可入条例者，于《纂例》诸篇言之备矣。其有随文解释、非例可举者，恐有疑难，故纂啖、赵之说著《辨疑》。"⑤ 所述以赵匡之说为多，啖助之说次之。卷首冠以《凡例》1篇，计17条，明所以删节经文、传文之

① 陆淳：《春秋集传微旨》卷上。

② 永瑢等：《四库全书总目》卷二六《春秋微旨》提要。

③ 吴莱：《渊颖集》卷一二《春秋纂例辨疑后题》，文渊阁《四库全书》本。

④ 袁桷：《清容居士集》卷四八《书陆淳春秋纂例后》，文渊阁《四库全书》本。

⑤ 陆淳：《春秋集传辨疑》卷首《凡例》。

故，其去取之义，则仍经文年月以次说之。其体例大体为先录一条经文，再录三传的解释，然后述啖氏或者赵氏对三传讲解的批评，间有陆氏自己的见解。因此，全书大多为对三传的辩驳，正如《崇文总目》所谓“摭三家得失与经戾者，以啖、赵之说订正之”[①]。是书所论虽不免有主观臆断之处，但所论往往能切中汉代以来墨守师法、家法，各守专门之学的弊端，多有精核之处，非凿空杜撰者所能比。

此书的主要版本有《玉玲珑阁丛刻》本、《四库全书》本、《养和堂丛书》本、《古经解汇函》本、《丛书集成初编》本、明刻本、清乾隆刻本、清抄本等。

3.《春秋尊王发微》12卷，(宋) 孙复撰

孙复 (992—1057)，字明复，号富春，晋州平阳（今山西临汾）人。为宋初三先生之一。四举进士不第，退居泰山，学者称泰山先生。石介等皆师事之。因范仲淹、富弼推荐，除秘书省校书郎、国子监直讲，为迩英阁祇候说书。后知长水县，签书应天府判官等，迁殿中丞。著有《易说》64篇[②]、《春秋尊王发微》12卷[③]、《春秋总论》3卷，文集《睢阳子集》10卷[④]。

《春秋尊王发微》一书在解经方式上沿袭了啖、赵、陆开创的“舍传求经”之法，站在三传之外，对三传的说解重新审视，力图从根本上以经求经，但又三传兼采，与当时疑古惑经的思潮紧密相连；从思想内容上讲，其以“尊王”为名，把“尊王”大义视为《春秋》最主要的大义，在全书中一以贯之，则符合当时强调与维护中央集权体制的社会现实。孙复生当宋初，当时人们对唐末五代之乱记忆犹新，对以下犯上、坏法、弑君的人和事深恶痛绝，所以在他眼里记载“周道绝矣”、“天下无王”乱世的《春秋》经文，几乎处

---

① 《崇文总目》卷一“集传春秋辩疑”条。

② 石介：《徂徕集》卷一九《泰山书院记》，文渊阁《四库全书》本。

③ 《春秋尊王发微》的卷数，多数文献著录与传本为12卷，欧阳修作《孙明复先生墓志铭并序》言孙复病时，祖无择就其家，得其书15篇，没有明言是否就是《春秋尊王发微》卷数，四库馆臣据《中兴书目》著录有《春秋总论》3卷，认为二者合为15卷。但石介《泰山书院记》、《贤李》二文（分别载《徂徕集》卷一九、卷九）均云“孙复著《春秋尊王发微》十七卷”。葛焕礼《八世纪中叶至十二世纪初的“新春秋学”》（山东大学博士论文，2003年）认为石介所言17卷本为《春秋尊王发微》的初本或讲本，而孙复在祖无择就其家录书时，将其修订为《春秋尊王发微》12卷、《春秋总论》3卷。笔者以为葛焕礼的推测有一定道理。

④ 《睢阳子集》久佚，后人辑为《孙明复小集》。

处都是讥贬，即“《春秋》有贬而无褒”①。

是书舍传求经，阐发义理，顺应了当时疑古惑经的时代思潮，成了北宋《春秋》学的代表作，深得学界好评。宋人欧阳修就说：“先生治《春秋》，不惑传注，不为曲说以乱经。其言简易，明于诸侯大夫功罪，以考时之盛衰，而推见王道之治乱，得于经之本义为多。”② 王得臣亦曰：“泰山孙复明（引者按：当亦作“明复”）先生治《春秋》，著《尊王发微》，大得圣人之微旨，学者多宗之。”③ 王辟之也说：“明复《尊王发微》十五篇，为《春秋》学者未之有过者也。”④ 朱熹则曰：“近时言《春秋》者，皆是计较利害，大义却不曾见。如唐陆淳、本朝孙明复之徒，虽未深于圣经，然观其推言治道，凛凛可畏，终是得圣人意思。”⑤ 四库馆臣亦曰其“上祖陆淳，下开胡安国”⑥。但是书也常为学者所诟病。宋人常秩便曰“明复为《春秋》，犹商鞅之法，弃灰于道者有刑，步过六尺者有诛”⑦，讥其过于深求，四库馆臣以为笃论，在其提要中说：“宋代诸儒喜为苛议，顾相与推之，沿波不返，遂使孔庭笔削变为罗织之经。”叶梦得则批驳云：“孙明复《春秋》，专废传从经，然不尽达经例，又不深于礼学，故其言多自抵牾，有甚害于经者。虽概以礼论当时之过，而不能尽礼之制，尤为肤浅。”⑧

总之，虽然学者们对此书褒贬不一，但都无法否认它在《春秋》学史上继往开来的地位和对后世的深远影响。《春秋尊王发微》与稍后刘敞《春秋权衡》、《春秋传》等著作的产生，标志着啖、赵、陆开创的以“舍传求经”、“会通三传”、“阐发义理”为特点的“新《春秋》学”最终取代了“疏不破注”的“三传分立之学”，成了《春秋》学的主流。

《春秋尊王发微》主要版本有《通志堂经解》本、《四库全书》本、《摛藻堂四库全书荟要》本、明抄本（存第1～4卷、第9～12卷）、清卢氏抱经堂抄本等。

---

① 赵汸：《春秋师说》卷中，《通志堂经解》本。

② 欧阳修：《文忠集》卷二七《孙明复先生墓志铭》。

③ 王得臣：《麈史》卷二，文渊阁《四库全书》本。

④ 朱彝尊：《经义考》卷一七九。

⑤ 真德秀：《西山读书记》卷二四《春秋要旨》引，文渊阁《四库全书》本。

⑥ 永瑢等：《四库全书总目》卷二六《春秋尊王发微》提要。

⑦ 晁公武著、孙猛校证：《郡斋读书志校证》卷三，上海古籍出版社，1990年，第112页。

⑧ 马端临：《文献通考》卷一八三《经籍考十》。

4.《春秋权衡》17 卷，(宋) 刘敞撰

刘敞最为世人所知的是其《七经小传》，此书被学者们认为打破了北宋前期的章句注疏之学，开启了一代学术之新风。① 其实《七经小传》仅 3 卷，只是刘敞的读经札记，并不能反映他学术的全貌及主要成就。考刘敞的各种著述，以《春秋》著作最富，著有《春秋权衡》、《春秋刘氏传》、《春秋意林》、《春秋文权》、《春秋传说例》五书。其主要成就当在《春秋》学，南宋朱熹便言“刘原父《春秋》亦好”②，清朝蔡世远则尤喜刘敞的《春秋》学，其言曰：“解《春秋》者，三传之外有唐三传，啖助、赵匡、陆淳三家是也，始能绎经而不专信传，最得《春秋》体要。宋程伊川、胡康侯、刘原父最善，余尤喜原父之说，宋末家氏铉翁亦明快，宜为文信国所心赏之人。”③ 四库馆臣认为刘敞与孙复的《春秋》学同为北宋《春秋》学出新意之始，且敞之成就远胜于复，其在刘敞《春秋传》提要中充分表达了这一观点：“盖北宋以来，出新意解《春秋》者，自孙复与敞始，复沿啖、赵之余波，几于尽废三传，敞则不尽从传，亦不尽废传，故所训释为远胜于复焉。”④ 皮锡瑞《经学通论》称其《春秋》学为两宋最优，⑤ 金景芳也同意皮氏之说，认为宋一代《春秋》学著作以“刘敞的为最优，胡安国的为最显贵”⑥。

《春秋权衡》前 7 卷论《左传》及杜注之失；第 8 卷到第 13 卷论《公羊》，驳《公羊》与何休；最后 4 卷论《穀梁》，批《穀梁》与范宁之说。名曰“权衡”，旨在权衡《春秋》三家得失，以建立一个公正的标准，使“童子不欺”，“市人不惑”。

是书是刘敞《春秋》学的根基，他自视很高，在此书的自序中曰“《权

① 晁公武著、孙猛校证：《郡斋读书志校证》卷四《七经小传》提要载：“元祐史官谓：‘庆历前学者尚文辞，多守章句注疏之学，至敞始异诸儒之说，后王安石修《经义》，盖本于敞。’”吴曾《能改斋漫录》卷二“注疏之学”条：“国史云：庆历以前，学者尚文辞，多守章句注疏之学。至刘原父为《七经小传》，始异诸儒之说。王荆公修经义，盖本于原父云。”王应麟《困学纪闻》卷八载：“自汉儒至于庆历间，谈经者守训故而不凿。《七经小传》出，而稍尚新奇矣。”

② 黎靖德编、王星贤校点：《朱子语类》卷八三《春秋·纲领》，第 2153 页。

③ 蔡世远编：《古文雅正》卷九《唐陆文通先生墓表》之按语，文渊阁《四库全书》本。

④ 永瑢等：《四库全书总目》卷二六《春秋传》提要。

⑤ 皮锡瑞：《论啖赵陆不守家法未尝无扶微学之功宋儒治春秋者皆此一派》，载《经学通论》，中华书局，1954 年。

⑥ 金景芳、吕绍纲、吕文郁：《孔子新传》，湖南出版社，1991 年，第 321 页。

衡》之书始出，未有能读者"，"非达学通人，则亦必不能观之矣"。[①] 刘敞虽有些自视过高，但《春秋权衡》一书确有独到之处。如隐公六年，经"冬，宋人取长葛"，《左传》记作"秋"。杜预注称所以记时不同，是"秋取，冬乃告也"。刘敞进行一番分析后，以为"《左传》日月与经不同者多，或丘明作书杂取当时诸侯史策，史策有用夏正者，有用周正者，错杂文舛，往往而迷。故经所云冬，传谓之秋也"[②]，解释比杜注合理近情，且对经传用历提出新见。后来顾栋高、赵翼等人据此做了进一步的研究。是书是宋初继孙复之后，承唐代啖、赵、陆"舍传求经"之风，三传兼采的重要代表作，为后世所称，对后世产生了深远的影响。宋叶梦得作《春秋三传谳》便是在陆淳《春秋集传辨疑》与是书的基础上，"正其差误而补其疏略"而成。[③] 明郑真则言："今观《意林》、《权衡》二书，既有以正三传得失，复有以明圣人之归趣，而凡世儒之名称爵号、日月凡例、褒贬之说有不待辨而知其非矣。呜呼！是岂非三传之忠臣也欤?"[④] 清朱彝尊亦云："得宋刘仲原父《春秋权衡》读之，凡三传有害于义者，旁引曲证，必权其轻重而别其非，是以待读者之自悟，可谓善学《春秋》者也。"[⑤] 清纳兰性德云："今观《权衡》之作，折中三家，傍引曲证，以析经义。真有权之无失轻重，衡之得其平者。"[⑥]

《春秋权衡》的主要版本有《通志堂经解》本、《公是遗书》本、《四库全书》本、《摛藻堂四库全书荟要》本、明抄本、清乾隆十六年水西刘氏刻本、清抄本等。

5.《春秋刘氏传》15卷，(宋) 刘敞撰

《春秋刘氏传》是刘敞在《春秋权衡》完成以后，贯彻其"童子不欺"，"市人不惑"的宗旨，集众说、断以己意而为《春秋》所作之传。是书有三个特点：其一，杂用三传事迹，断以己意，但于褒贬义例则多取《公羊》、《穀梁》，有时"不免于胶固"。其二，"经文杂用三传，不主一家，每以经传连书，不复区画，颇病混淆。又好减损三传字句，往往改窜失真，如《左传》'惜也，越竟乃免'句，后人本疑非孔子之言，敞改为'讨贼则免'，而仍以

① 刘敞：《公是集》卷三四，文渊阁《四库全书》本。

② 刘敞：《春秋权衡》卷一"隐公六年"，《通志堂经解》本。

③ 陈振孙：《直斋书录解题》卷三，第63页。

④ 郑真：《荥阳外史集》卷三七《记刘敞春秋权衡意林后》，文渊阁《四库全书》本。

⑤ 朱彝尊：《曝书亭集》卷三四《春秋权衡序》，文渊阁《四库全书》本。

⑥ 纳兰性德：《刘公是春秋序》，载刘敞《春秋传》卷首，《通志堂经解》本。

‘孔子曰’冠之，殊为踳驳”。四库馆臣认为“宋代改经之例，敞导其先，宜其视改传为固然矣”。① 其三，自出新意，于三传不尽从，亦不尽废，有些训解较孙复《春秋尊王发微》略胜一筹。

本书的主要版本有《通志堂经解》本、《公是遗书》本、《四库全书》本、《摛藻堂四库全书荟要》本、明抄本等。

6.《春秋意林》2卷，（宋）刘敞撰

《春秋意林》的卷次著录有三种情况：其一，5卷，见于其弟刘攽所作《行状》、《玉海》；其二，1卷，见于陈振孙《直斋书录解题》；其三，2卷，见于欧阳修《刘公墓志铭》、王称《东都事略》、衢本晁公武《郡斋读书志》、《中兴馆阁书目》、尤袤《遂初堂书目》等。由于《行状》的作者是刘敞之弟，他对乃兄的著作当比他人更有发言权。又刘攽的文集在流传过程中“一”误为“五”的可能性并不大，况且王应麟《玉海》著录5卷的同时又引《中兴馆阁书目》为2卷，说明王氏见过五卷本。五卷本当是刘敞原稿或原稿的抄本，二卷本则为刊本。元祐年间首次刊刻的《意林》就应当是2卷，因为淳熙五年（1178）撰成的《中兴馆阁书目》著录《意林》即为2卷。以后二卷本《意林》流行，故诸目录书多著录为2卷。至于一卷本，有可能是“二”讹脱造成，亦可能是抄者合上、下卷为1卷。

是书为刘敞未完之作。元吴莱便曰：“刘子作《春秋权衡》，自言书成世无有能读者。至《意林》犹未脱稿，多遗阙。”② 四库馆臣进一步补充说：“今观其书，或仅标经文数字，不置一辞；或草草数言，文不相属，而下注‘云云’二字；或一条之下，别标他目一两字，与本文迥不相关；或诘屈聱牙，猝难句读；或仅引其端而词如未毕。其为随笔札记，属稿未竟之书显然可证。”③ 证据确凿，更无疑义。今观此书，体裁类似经义、史论，所论虽是《春秋》经传，但多借古喻今、针砭时事，如卷上僖公五年“晋人执虞公”条：“人君莫不恶亡而好存，莫能固亡而保存，是何也？嗜欲之习近而忧患之来远也。”并以《史记》扁鹊望齐桓侯而却走为例。该书的大纲极有可能是刘敞在著《春秋传》时完成的。刘敞治学重经世，他在著《春秋传》的过程中，必定时常遇到可供借古讽今的内容，但依传的体例又不宜发挥，或者仅有其意，一时尚未形成系统思想，无从论述清楚，于是他便将这些内容另外录在

① 均见《四库全书总目》卷二六《春秋传》提要。

② 吴莱：《渊颖集》卷一二《春秋权衡意林后题》，文渊阁《四库全书》本。

③ 永瑢等：《四库全书总目》卷二六《春秋意林》提要。

一边，标为《意林》，以待日后进一步阐发。《春秋传》完成以后，刘敞对《意林》还做了一些补充，但惜终未完成。《四库全书总目》称其为“随笔札记”，当不误。

尽管《意林》为未完之作，且文体艰涩，但仍不能抹杀它的重要价值。《直斋书录解题》卷三言“《传》所不尽者，见之《意林》”，可见，《意林》对《春秋传》有进一步的发挥和补充。四库馆臣在其提要中亦赞誉有加，曰：“熟读深思，其间正名分，别嫌疑，大义微言，灼然圣人之意者亦颇不少。”

《春秋意林》的主要版本有《通志堂经解本》、《公是遗书》本、《四库全书》本、宋刻本、明抄本等。

7.《春秋经解》十五卷①，（宋）孙觉撰

孙觉（1028－1090），字莘老，高邮（今属江苏）人。从胡瑗受学，登皇祐元年（1049）进士第，调合肥主簿。嘉祐中，进馆阁校勘。神宗即位，直集贤院，擢右正言。出通判越州，徙知通州。熙宁二年（1069），诏知谏院，同修起居注，知审官院。因条奏青苗法病民，与王安石异议，出知广德军，徙知湖、庐、苏、福、亳、扬、徐等州，知应天府，入为太常少卿，易秘书少监。哲宗即位，兼侍讲，迁右谏议大夫，进吏部侍郎。擢御史中丞，以疾请罢，除龙图阁学士兼侍讲，提举醴泉观，求舒州灵仙观以归。著文集、奏议、《春秋经社要义》、《春秋经解》等。

《春秋经解》一书为孙觉晚年的著作，传说此书一出，引起了王安石的嫉妒，遂诋《春秋》为“断烂朝报”。② 此说虽不可信，但从一个侧面反映了孙觉《春秋经解》在当时为人所重。孙氏治《春秋》，深受啖、赵、陆一派的影响，又继承了胡瑗、孙复之说。《春秋经解》一书大旨以“抑霸尊王”为主，突出“尊王”，但由于北宋后期在与少数民族政权斗争中屡战屡败的现实，又

① 孙觉的《春秋》学著作，《宋史·艺文志》著录有3种，《春秋经社要义》6卷、《春秋经解》15卷、《春秋学纂》12卷，据四库馆臣考证，《经解》与《学纂》为同一本书。因王应麟《玉海》载《学纂》13卷，《四库全书》本《经解》亦为13卷，故四库馆臣言《直斋书录解题》所著录15卷本为误，实则不然。因为《四库全书》本《经解》的第一、二卷与孙复《春秋尊王发微》的第一、二卷完全相同，而《武英殿聚珍版书》本是15卷，第一、二卷与《四库全书》本不同，《四库全书》本有误，当以15卷本为确。对此，葛焕礼《孙觉春秋经解四库本讹误考析》（载《史学月刊》2005年第7期）与台湾学人刘德明《孙觉春秋经解解经方法探究》（台湾“中央大学”博士论文，2004年）有详细考证，可参考。

② 周麟之：《海陵集》卷二二《跋先君讲春秋序后》，文渊阁《四库全书》本。

使孙觉解经中强调“责贤者备”及“躬自厚而薄责于人”，重“中国”自身之振兴，这与一味强调“尊王”的孙复《春秋》学有所不同。再者，《春秋经解》虽也重讥贬，但也承认《春秋》有褒赏之义，其曰：“《春秋》之法有褒则有贬，有善则有恶。褒一善，所以使善者劝；贬一恶，所以使恶者畏。无空言也。”① 这也与孙复的“有贬无褒”不同。

《春秋经解》的主要版本有《通志堂经解》本、《武英殿聚珍版书》本、《正谊斋从书》本、《丛书集成初编》本、《四库全书本》、清王端履抄校本②等。

8.《春秋集解》③ 12卷，（宋）苏辙撰

苏辙与父洵、兄轼同位于唐宋八大家之列，被后人称之为“三苏”，以文章诗赋扬名天下。“三苏”的学术即“苏氏蜀学”，也是宋代重要的学术流派，具有鲜明的特色，根底是其学术著作，《春秋集解》便是其中之一。

《春秋集解》是苏辙在当时以孙复《春秋尊王发微》为代表的弃传求经学风泛滥，经传并荒，以及王安石变法不立《春秋》于学官，以至有人诋《春秋》为“断烂朝报”的背景下，为扭转学风而作。苏辙认为左丘明是鲁国的史官，他所记载的史事是孔子作《春秋》的依据，所以是书以《左传》为主，注重以史实解释经文。不过，苏氏又认为“孔子之所予夺，则丘明容不明尽”④，故是书又参《公》、《榖》以及啖助、赵匡诸人之说，而且与杜预、孔颖达等《左传》家相比，其以直探经文本义为务，注重义理阐发，所以此书从根本上讲属于啖助、赵匡、陆淳开创的“新《春秋》学”⑤，而不是《左传》学。但苏辙以《左传》为主、重史实的做法，在当时孙复式的《春秋》学风一统天下的情况下，可以说是独树一帜，在当时及后世都产生了深远的影响。

是书的写作，前后花费了苏辙30年的时间，写于熙宁间（1068－1077），

---

① 孙觉：《春秋经解》卷五庄公六年“春王正月，王人子突救卫”条，《丛书集成初编》本。

② 除《四库全书》本外，其余均为15卷本。

③ 关于此书的名称，苏辙自己所作《春秋集解引》作“集解”，四库馆臣认为《宋史·艺文志》作“集传”不作“集解”，为传写之误。今考苏辙之孙苏籀《栾城遗言》及《郡斋读书志》、《直斋书录解题》、《文献通考》等宋元书目，均作“集传”；明代则是二名并行，如《文渊阁书目》、《秘阁书目》都作“集解”，而《内阁书目》、《万卷堂书目》、《徐氏家藏书目》等都作“集传”。或许此书最开始虽名为“集解”，但在流传过程中是二名并称的。需要指出的是今传各本，均作“集解”。

④ 苏辙：《春秋集解》卷首《春秋集解引》，文渊阁《四库全书》本。

⑤ 葛焕礼：《八世纪中叶至十二世纪初的“新春秋学”》，山东大学博士论文，2003年。

完成于元符元年（1098），可以说是苏辙一生的心血，苏辙自称“吾为《春秋集传》，乃平生事业”①。苏辙对这一著作自视颇高，希望后世有能传其学者，他说“《春秋》似是平生事，屋壁深藏付后贤”②，他认为只要有后世传人，其《春秋》学就能成为“千岁之绝学”③。四库馆臣也评价此书曰：“其用心勤恳，愈于奋臆遽谈者远矣。”④

《春秋集解》的主要版本有《两苏经解》本、《四库全书》本、《摛藻堂四库全书荟要》本、《经苑》本、《丛书集成初编》本、明刻本等。

9.《春秋会义》26卷⑤，（宋）杜谔撰

杜谔，字献可，江阳（今四川泸州）人，一说眉州（今四川眉山）人。宋仁宗、哲宗间乡贡进士。著《春秋会义》26卷。

《春秋会义》为集解性的《春秋》学著作，杜谔自叙其体例曰“今以经之逐条，附之以三传，复系之以众义，总集其要，辄以师友所传而会明之”⑥，即先列经文，次列三传，再列诸家之说，最后断以己意。据晁公武《郡斋读书志》，所采诸家有杜预《释例》，董仲舒《繁露》，刘炫《规过》，何休《膏肓》，李铉《先儒同异篇》，李瑾《指掌碎玉》、《指掌议》，陈岳《折衷》，陆淳《纂例》、《辨疑》、《微旨》，卢仝《摘微》，陆希声《通例》，胡旦《春秋论》，王沿《笺义》，孙复《总论》、《尊王发微》，何涉《本旨》，杨绘《辨要》，齐贤良《旨要》，李尧俞《集议》，朱定或陈洙《索隐》⑦、宋堂《新

---

① 苏籀：《栾城遗言》，文渊阁《四库全书》本。

② 苏辙《栾城集》第三集卷二《己丑除日二首》之一。

③ 苏辙：《春秋集解》卷首《春秋集解引》，文渊阁《四库全书》本。

④ 永瑢等：《四库全书总目》卷二六《春秋集解》提要。

⑤ 《春秋会义》的卷次，除郑樵《通志》著录为30卷外，杜谔自序与宋、元、明书目，均为26卷。今传本为四库馆臣杨昌霖从《永乐大典》中辑出，初为40卷，后孙葆田据邹道沂藏本刻为26卷以符杜氏旧第，而孔继涵从杨昌霖借抄时，将其编为12卷，方功惠依此抄校本刻入《碧琳琅馆丛书》。今依杜氏之旧题其卷次。

⑥ 杜谔：《春秋会义》卷首《春秋会义序》，《孙氏山渊阁丛刊》本。

⑦ 吕南公《灌园集》卷八《陈殿院集序》、吴曾《能改斋漫录》卷一四“陈师道春秋索隐”条、陈襄《古灵集》卷二〇《殿中御史陈君墓志铭》均载陈洙著《春秋索隐》，而《宋史·艺文志》则载朱定序（疑为朱定）《春秋索隐》5卷、陈洙《春秋索隐》5卷，程端学《春秋本义》卷首《春秋传名氏》中朱定与陈洙均有《春秋索隐》，并在朱定处注“授于师道先生”，赵汸《春秋集传》卷一三亦引有朱定之说。由此，可能是朱定先撰成《春秋索隐》一书，传于陈洙，洙在此基础上修改完善，但朱氏之书没有因此而废，两书在当时并行不悖，故均有著录，而杜氏所引为何则不得而知。

义》、孙觉《经社》30余家。是书撰成后便命工刊行，在当时产生了很大的影响，以至宋高宗绍兴二年（1132）右司谏刘棐请付之学官，诏从之。[①]之后，流传甚广，至明编《永乐大典》将其全书录入，以至原书不传。清代修《四库全书》时，四库馆臣杨昌霖将其从《永乐大典》中辑出，但不知何故没有收入《四库全书》，后经孙葆田、孔继涵、方功惠等刊刻、传抄，得以再传于世。观今传本，“自《左氏传》以次祇三十二种，又刘向、刘歆、郑康成、颍子严、欧阳氏、苏氏诸家”[②]，当得其原书大体。

是书征引诸家，虽颇为博洽，不免失之繁芜，而且考证、论断少，所论断亦未必正确，让读者面对众说，无所适从。但其所征引之书，如刘炫《规过》，陈岳《折衷》，李铉《先儒同异篇》，李瑾《指掌碎玉》、《指掌议》，卢仝《摘微》，陆希声《通例》，胡旦《春秋论》，王沿《笺义》，何涉《本旨》，杨绘《辨要》，齐贤良《旨要》，李尧俞《集议》，朱定或陈洙《索隐》，宋堂《新义》，孙觉《经社》等，都已亡佚，今藉之得已观其大概，因此是书具有重要的辑佚价值。正如晁公武所说：“其说不皆得圣人之旨，然使后人博观古今异同之说，则于圣人之旨，或有得焉。”[③]再者，身为蜀人的杜谔非常重视采用乡贤的著作，如何涉、杨绘、李尧俞、宋堂等人均为蜀人，故是书对研究宋代巴蜀《春秋》学亦不可或缺。

《春秋会义》的主要版本有《碧琳琅馆丛书》本、孔继涵抄校本、《孙氏山渊阁丛刊》本、《芋园丛书》本等。

10.《春秋经解》12卷，（宋）崔子方撰

崔子方，字彦直，一字伯直，号西畴居士，涪州涪陵（今属重庆）人。通《春秋》学。与苏轼、黄庭坚游。绍圣间（1094—1098）三上疏乞置《春秋》博士，不报。乃隐居真州六合县，杜门著书。著有《春秋经解》12卷、《春秋本例》20卷、《春秋例要》1卷。

《春秋经解》一书作于王安石不立《春秋》于学官之时，故当时不传。建炎南渡后，由于宋高宗推尊《春秋》学，建炎二年（1128）应兵部员外郎江端友之请，下湖州取之藏于秘书监，方显于世。是书宋元书目均载，明修

---

① 李心传：《建炎以来系年要录》卷五九，文渊阁《四库全书》本。《宋会要辑稿》崇儒四之二二，中华书局影印本。

② 傅增湘：《藏园群书题记》卷一《四库馆写本春秋会义跋》，上海古籍出版社，1989年，第30页。

③ 晁公武著、孙猛校证：《郡斋读书志校证》卷三，上海古籍出版社，1990年，第124页。

《永乐大典》时亦收入，但至清修《四库全书》时，已无传本，四库馆臣从《永乐大典》中辑出。辑录时，对《永乐大典》所缺的僖公十四年秋至三十二年、襄公十六年夏至三十一年的内容，取黄震《春秋日钞》所引，及崔氏《春秋本例》补之，其他《本例》所释，有引申此书所未发或与此书小有异同者，并节取附录。

是书系崔氏纠正三传舛误之作，具有典型的舍传求经的特点。在自序中，崔氏阐述了自己的这一主张，认为“三家之论不去”，则“圣人之经终不可复见”，治《春秋》不必借助三传，经义都在经文中。他把“情”与“理”作为解经的唯一依据，曰：“恃情与理以自托其言而传之于后世，后之贤者亦恃情与理而能知圣人于千百世之上而不疑，六经之传，由此道也。”① 在他看来，“情”、“理”是沟通圣人与后人的桥梁，圣人恃情与理托言于后世，后人亦恃情与理得圣人之意。此说承认社会的发展有一定的规律性，并以此为圣人经典得以流传的原因，从人类理论思维的进步上来说是合理的。只是所言的“情”“理”并不是社会发展的客观规律，而是人们的主观理解。在不同的时代，“情”与“理”自然有差异，以之作为解经的唯一依据，否定三传中的一些客观内容，显然有利于释经者的主观发挥。这从经世致用的角度来讲，有利于为现实社会服务，但从阐释经典、理解真正的圣人之意来讲，难免流于主观臆断。由此，是书是宋代《春秋》学典型之作。

《春秋经解》的主要版本有《四库全书》本、《四库全书珍本初集》本。

11.《春秋胡氏传》30卷，(宋) 胡安国撰

胡安国 (1074－1138)，字康侯，建宁崇安（今福建武夷山）人。入太学，以朱长文、靳裁之为师，明经史大义。绍圣四年 (1097) 进士，为太学博士，足不蹑权门。提举湖南学事，除通判成德军。政和元年 (1111)，除提举成都学事。父没终丧，称疾不仕。除屯田郎、太常少卿、起居郎，皆辞。朝旨屡趣行，除中书舍人，赐三品服。出为右文殿修撰、知通州。绍兴元年 (1131)，除给事中，寻兼侍读。落职提举仙都观。五年，除徽猷阁待制、知永州，辞。提举江州太平观，令纂修所著《春秋传》。八年四月卒，年六十五。诏赠四官，谥曰文定。胡安国私淑程颐，与程门高弟游酢、谢良佐、杨时相友善，故他自认为自己的《春秋》学出于程颐，曰：“吾所闻在《春秋》，自伊川先生所发。”② 胡氏还是湖湘学派的先驱和奠基者。著有《春秋胡氏

① 崔子方：《春秋经解》卷首《春秋经解自序》，文渊阁《四库全书》本。
② 朱熹：《伊洛渊源录》卷一〇《龟山志铭辩》，文渊阁《四库全书》本。

传》30卷、《资治通鉴举要补遗》100卷、文集15卷。

《春秋胡氏传》一书是胡安国一生精力所萃。胡氏精研《春秋》30余年，前十年博取诸家，继十年“遂集众传，附以已说”，接下来，“去者或取，取者或去”，修改完善，方成《春秋》传。绍兴五年（1135），奉诏纂修后，又进一步加工整理。

《春秋胡氏传》作于两宋之际，完成并表进于南渡之后，安国感激时事，往往借《春秋》以寓意，并进而托讽时事。胡氏自谓著书之目的在于“尊君父，讨乱贼，辟邪说，正人心，用夏变夷，大法略具”①。由于安国的主要目的在于借《春秋》寄寓爱国感情，故其论不尽合于经旨，朱熹谓“胡《春秋传》有牵强处，然议论有开合精神”②。此论被四库馆臣称作“千古之定评也”。是书为当世所重，亦对后世产生了很大的影响，与《公羊》、《穀梁》、《左传》一起被称为“四传”。入元，被奉为科举考试官方定本；明初定科举之制，要求士子宗法程颐、朱熹，但因程氏《春秋传》仅具二卷，缺略太甚，朱子亦无成书，以安国学出于程子，遂用安国之书为定本，逐渐发展到弃经不读，唯以此书为准的地步。在宋儒的诸多《春秋》学著作中，此书影响最大，可以说影响了几百年的《春秋》学研究。

《春秋胡氏传》的传本众多，主要有《四库全书》本、《四部丛刊》影宋本、宋乾道四年（1168）刻庆元五年（1199）黄汝嘉修补本、宋刻本（袁克文跋）、元刊本、明正统十二年（1447）司礼监刻五经本、明嘉靖二年（1523）刻本、明嘉靖三十五年（1556）广东崇正堂刻本、明隆庆五年（1571）兴正书堂刻本、明天启二年（1622）朱墨套印本等。

12.《春秋集义》50卷、《纲领》3卷，（宋）李明复撰

李明复一名俞，字伯勇，合州（今重庆合川）人。宋宁宗嘉定间（1208—1224）太学生。

《春秋集义》为集解性著作。李氏认为知孔子者唯孟子，知孟子者唯周敦颐，而周敦颐的《春秋》学，二程得其真传。张载的《春秋》学乃是通过与二程“讲明而得之”，刘绚、谢湜是“见而发明之”，范祖禹等人是“见而知之”，至于胡安国则是“闻而发明之”，李侗等人则是“闻而知之”。虽然这些人各有异说，但基本原则是一样的，在尊王抑霸、攘夷、即事明纲常以著人君之用的大节上，更是完全相同。在此前提下，该书辑录了周敦颐、二程、

---

① 胡安国：《春秋胡氏传》卷首《春秋传序》，《四部丛刊》本。

② 黎靖德编、王星贤校点：《朱子语类》卷八三《春秋·纲领》，第2155页。

范祖禹、谢良佐、杨时、侯仲良、尹焞、刘绚、谢湜、胡安国、吕祖谦、胡宏、李侗、朱熹、张栻等 16 家《春秋》学说。其所收范围非常广泛，除专门的《春秋》学著作外，上述诸人“或讲他经而及《春秋》，或其说之有合于《春秋》，皆广搜博访”①。其尤重乡邦文献，于谢湜之说辑录为多。谢氏《春秋义》久佚，仰是书得存大概。其《纲领》3 卷，是辑录各家关于《春秋》宗旨的总论。

总的来说，是书专辑北宋以来理学诸儒的《春秋》学说，辑录比吕祖谦《春秋集解》还要繁富，② 排斥他说、尊崇理学的意蕴尤为浓烈，故成为保存、传播理学家《春秋》学的重要著作。另外，谢湜、胡宏诸说，也赖是书而得以保存大概，故其有重要的辑佚价值。

《春秋集义》主要版本有《四库全书》本、《四库全书珍本初集》本、清抄本等。

13.《春秋经筌》16 卷，(宋) 赵鹏飞撰

赵鹏飞，字企溟，号木讷子，绵州（今四川绵阳）人。宣和六年（1124）进士。著有《诗故》及《春秋经筌》,《诗故》湮没不传。

《春秋经筌》是典型的舍传求经之作。赵氏认为自古说解《春秋》者多拘泥于《左传》、《公羊》、《穀梁》，各护师说，多失圣人本旨，故力主据经解经。他说：“圣人作经之初，岂意后世有三家者为之传邪？若三传不作，则经遂不可明邪？圣人寓王道以示万世，岂故为是不可晓之义以罔后世哉？顾学者不沉潜其意而务于速得、得其一家之学已为有余，而经之明不明不问也。愚尝谓学者当以无传明《春秋》，不可以有传求《春秋》。”③ 很显然，赵鹏飞这种思想是对乡人崔子方思想的继承。崔、赵二人几乎完全抛弃三传，将啖、赵、陆及孙复、刘敞以来的“舍传求经”思想发展到了极端，有疑传过勇之嫌，太过主观，违背了治《春秋》应有之法。因为三传距离孔子作《春秋》的时代较近，所传当更为接近孔子的本意，治《春秋》离开三传是不可能的。正如四库馆臣所言：“夫三传去古未远，学有所受，其间经师衍说，渐失本意者固亦有之，然必一举而刊除，则《春秋》所书之人无以核其事，所书之事

---

① 李明复：《春秋集义》卷首《进春秋集义表》，文渊阁《四库全书》本。

② 关于《吕氏春秋集解》的作者，宋以来便有吕本中、吕祖谦两种记载，据李解民《春秋集解为吕祖谦撰考——四库全书总目辨正札记》（载《中国典籍与文化论丛》第八辑，北京大学出版社，2005 年）考证，其当为吕祖谦的著作，言之有据，本文采用之。

③ 赵鹏飞：《春秋经筌》卷首《春秋经筌序》,《通志堂经解》本。

无以核其人。”① 实际上，崔、赵二人也没有摆脱对三传的依赖。如崔子方解闵公元年“冬，齐仲孙来”云：“传谓公子庆父者是也。”② 这里的“传”是指《公羊》，因为《公羊》对此条经文的解释是：“齐仲孙者何？公子庆父也。”对“郑伯克段于鄢”的解释，赵氏有“郑伯不友，段不弟”之语，显然是从《左传》记事而来，否则仅凭经文，他“殚毕生之力”也无法做出这样的判断。是书虽疑传过勇，但与孙复的过于苛刻、深求相比，较为平允，故也为学者所重。

《春秋经筌》的主要版本有《通志堂经解》本、《四库全书》本、明抄本③。

14.《春秋集注》11卷、《纲领》1卷，（宋）张洽撰

张洽（1161－1237），字符德，号主一，临江军清江（今江西樟树市）人。朱熹弟子，嘉定元年（1208）中进士第，授松滋尉。改袁州司理参军，知永新县，通判池州，奉祠。端平（1234－1236）初召之，辞不赴，遂除直秘阁、主管建康府崇禧观。卒谥文宪。著有《春秋集传》、《春秋集注》、《续通鉴长编事略》、《历代郡县地理沿革表》及文集等。

《春秋集注》仿朱熹《四书集注》体例，旨在汇集诸家之说而斟酌发明。书前《纲领》则辑录了孔子、孟子、庄子、董仲舒、王通、周敦颐、邵雍、张载、程颐、胡安国等人关于《春秋》大旨的基本看法。张洽为朱熹高足，其说亦多从朱熹，比如在“夏时冠周月”的问题上，就赞同朱熹的意见，但不是亦步亦趋，亦有与朱熹不同的意见。明初科举，经义宗法程朱，乃以胡安国《春秋胡氏传》与此书同列于学官，可见此书在元明二代被视作朱熹一派《春秋》学的代表作，影响较大。

是书主要版本有《通志堂经解》本、《四库全书》本、《摛藻堂四库全书荟要》本、宋宝祐三年（1255）临江郡庠刻本、宋德祐元年（1275）华亭义塾刻本、明嘉靖四十三年（1564）朱睦㮮聚乐堂刻本、明抄本、清初毛氏汲古阁影宋抄本等。

15.《春秋集传详说》30卷，（宋）家铉翁撰

家铉翁（1213－1294），号则堂，眉山（今四川眉山）人。以荫补官，赐

① 永瑢等：《四库全书总目》卷二七《春秋经筌》提要。

② 崔子方：《春秋经解》卷四，文渊阁《四库全书》本。

③ 现有三个明抄本，均为残本，一是上海图书馆所藏，存第1～9卷，二是辽宁图书馆藏第7～9卷，三是国家图书馆藏第1～2及第7～16卷。

进士出身，官至端明殿学士、签书枢密院事。元兵至临安近郊，丞相吴坚、贾余庆檄告天下守令以城降，铉翁独不署名。奉使入北，羁留不返，义不出仕，以教书为业。元成宗即位，放还，赐号处士，又数年卒。家铉翁学问赅博，尤邃于《春秋》，著有《春秋集传详说》、《说易》、《孝经解义》、《则堂集》等。

《春秋集传详说》一书，乃家氏集一生研究心得，于“北迁时居河间所作，因答问以述己意”者。[①] 卷首为《纲领》6条10篇，一原《春秋》所以托始、二明夫子行夏时之意、三辨五始、四评三传、五明霸、六以经正例。是书贯彻了家氏关于《春秋》非史，乃一王法，故主于垂法，而不主于记事的主张，参稽众说以革除“以史传纪载而求《春秋》”的说经弊端。[②]

是书具有明显的时代特点。其一，家氏身处宋末，故其兼采宋代各家之说，断以己意，并有调和之意。如其坚决反对胡安国“夏时冠周月”说，以为《春秋》为夏正；反对朱熹以《春秋》为史，但同时又承朱熹之说反对名称爵号例；对左传的作者问题，则调和众说曰：“左氏者，愚意其世为史官，与圣人同时者丘明也，其后为《春秋》作传者丘明之子孙或其门弟子，生后洙泗，而其渊源所渐，有自来矣。”[③] 其二，经历了宋亡之痛的家铉翁特别重视《春秋》攘夷大义的发挥，强调“有国有家者以攘夷为重事”。[④]

《春秋集传详说》的主要版本有《通志堂经解》本、《四库全书》本、《摛藻堂四库全书荟要》本、明抄本（存第13～18卷，第23～30卷）等。

16.《春秋三传辨疑》20卷，（元）程端学撰

程端学（1278－1334），字时叔，号积斋，庆元府鄞县（今浙江宁波）人。与其兄程端礼俱为元代著名学者。程氏兄弟曾共同受学于宋元之际浙东学者史蒙卿。时世人皆尊尚陆九渊之学，而史蒙卿独宗朱熹，故程氏可以说是直承朱学的统绪。程氏是元代重要的《春秋》学者。著有《春秋本义》、《春秋或问》、《春秋三传辨疑》。这三部书各有侧重与分工，共同构成程氏的《春秋》学系统。

《春秋三传辨疑》是程端学攻驳三传的一部力作，凡程氏认为三传有可疑者，皆摘录经文、传文，而引诸儒之说疏辨于下。是书综合了宋儒孙复、刘

---

① 黄虞稷：《千顷堂书目》卷二，文渊阁《四库全书》本。

② 家铉翁：《则堂集》卷三《心斋说》，文渊阁《四库全书》本。

③ 家铉翁：《春秋集传详说》卷首《纲领·评三传下》，《通志堂经解》本。

④ 家铉翁：《春秋集传详说》卷六庄公十八年“夏，公追戎于济西”条，《通志堂经解》本。

敞、叶梦得三派的手法，对三传极尽其攻驳之能事，使得中唐以来的舍传求经之风至此而发展到了一个顶点，正像《四库全书简明目录》卷三《春秋三传辨疑》提要所说的那样："著啖助等弃传之弊，数百年后，横流至于此极。"在攻驳三传的同时，程端学对《左传》的叙事、《公羊》《穀梁》解释与经文无关的文句与文字训诂方面的长处，亦给予了一定的肯定。同时，程氏踵朱熹之说主张《春秋》直书其事，善恶自见，反对一字褒贬说，这在他的《春秋》三书中都有体现，而以《春秋三传辨疑》最为突出。是书的许多看法也堪称通达透彻，平正合理。

《春秋三传辨疑》主要版本有《四库全书》本、明抄本、清杜氏知圣教斋抄本、清鸣野山房抄本等。

17.《春秋胡传附录纂疏》30卷，(元) 汪克宽撰

汪克宽 (1304－1372)，字德辅，一字仲裕，又字德一，号环谷，祁门(今属安徽) 人。少承家学，后师从于吴仲迂。中泰定 (1324－1328) 乡试，会试以答策切直被黜，遂弃科举。用力于经学，授徒于宣州、歙州间，学者称环谷先生。入明，洪武初受聘修《元史》，书成将授官，以年老有疾辞归。著有《经礼补逸》、《易经程朱传义音考》、《诗经集传音义会通》、《春秋胡传附录纂疏》、《春秋作义要诀》、《通鉴纲目凡例考异》、《春秋诸传提要》、《周礼类要》、《六书本义》、《左传分纪》、《环谷集》等。

《春秋胡传附录纂疏》是羽翼胡安国《春秋胡氏传》之作，其模仿孔颖达《春秋左传正义》，专为胡安国《春秋胡氏传》作疏，考证其所本及音读，"于一家之学亦可云详尽矣"①，使其少艰涩难喻之处，为元末明初治举业者必读之书。因此，是书可谓《春秋胡氏传》之功臣，为其盛传于世起到了重要作用。明初胡广奉敕编《五经大全》，于《春秋大全》几乎全抄袭此书。有明200余年之科举，于《春秋》则宗《大全》，由此可见是书对明代《春秋》学影响深远。

《春秋胡传附录纂疏》主要版本有元至正八年 (1348) 建安刘叔简日新堂刻本、《四库全书》本、《中华再造善本》本等。

18.《春秋集传》15卷，(元) 赵汸撰

《春秋集传》一书是赵汸《春秋》学的代表作。赵氏未撰完此书，只撰至昭公二十七年，此后的部分由其门人倪尚谊续成，但倪氏是依据赵汸所定义例而续，故此书仍被视为赵氏之书。在此书中，赵汸基本承袭了乃师黄泽的

① 永瑢等：《四库全书总目》卷二八《春秋胡传附录纂疏》提要。

观点，主张回到三传、特别是《左传》去，对孟子以下直至宋代的解经著作都不甚满意，唯有对宋人陈傅良的著作赞赏有加。是书批评了以《春秋》为有贬无褒的“刑书”与以《春秋》为实录的两种倾向，主张《春秋》既存史实，又有褒贬；既有史法，又有圣人书法。这是一种调和的说法，但也是对《春秋》性质较为准确的概括。

《春秋集传》主要版本有《通志堂经解》本、《四库全书》本、《摛藻堂四库全书荟要》本、明嘉靖七年（1528）夏镗刻本、明嘉靖三十四年（1555）金曰鏞刻蓝印本、清抄本等。

19.《春秋大全》37卷，（明）胡广等撰

《春秋大全》又名《春秋集传大全》，为永乐十二年（1414），胡广、杨荣、金幼孜受诏所修《五经四书大全》之一。为宗《春秋胡氏传》之作。该书主要以元人汪克宽《春秋胡传附录纂疏》为本，除将汪书中的“愚按”改为“汪氏曰”以及吸纳了宋人林尧叟《春秋左传句解》、张洽《春秋集注》、元人李廉《春秋诸传会通》等的部分内容外，其余几乎全抄袭汪书。顾炎武《日知录》便说：“仅取已成之书，抄誊一过。”[①] 与顾炎武同时的吴任臣也批评说：“其《发凡》云‘纪年依汪氏《纂疏》，地名依李氏《会通》，经文以胡氏为据，例依林氏。’其实全袭《纂疏》成书。”[②]由此，是书在学术上并无多少创新，[③] 但因为其是奉敕编撰，颁行天下，明代200余年科举，都以此书为标准，影响很大。故在此对其作一介绍，正如四库馆臣所言“（胡）广等旧本原可覆瓿置之，然一朝取士之制，既不可不存以备考”[④]。

《春秋大全》的主要版本有《四库全书》本、明永乐内府刻本、明嘉靖十一年刘仕中安正堂刻本、明隆庆三年刻本、明崇祯四年刻本等。

20.《春秋正传》37卷，（明）湛若水撰

湛若水为明代著名学者，其学与王守仁之学被时人称为“王湛之学”，《春秋正传》为其重要著作。《春秋正传》取名“正传”，意即正诸传之谬。其体例为先列经文，端以“正传曰”释义，然后引三传、诸儒之说，最后以己意折中之，与刘敞《春秋权衡》体例相近。是书受朱熹影响，认为《春秋》

① 顾炎武：《日知录集释》卷一八“四书五经大全”条。

② 朱彝尊：《经义考》卷二〇〇“胡氏《春秋集传大全》”条。

③ 对此亦有学者有不同意见，顾永新《论〈四书大全〉、〈五经大全〉的取材——以〈春秋大全〉为中心》（《北京大学中国古文献研究中心集刊》第9辑，北京大学出版社，2010年）一文认为《春秋大全》较汪克宽之作更加充实、详赡。

④ 永瑢等：《四库全书总目》卷二八《春秋大全》提要。

为鲁史旧文，反对一字褒贬与《春秋》义例之说，主张治《春秋》"考之于事"、"求之于心"，而后"圣人之心、《春秋》之义可得"。[①] 这一主张贯彻了全书，比如一开始论鲁隐公不书即位，不是孔子所修而是鲁史旧文。又论宋公、陈侯、蔡人、卫人伐郑，谓若以称爵、称人有褒贬，绝不是孔子本义。论滕侯卒，宜称薨而书"卒"，或葬或不葬，皆鲁史之旧文，孔子并没有进行修改。论宋公、卫侯遇于垂，谓史因报而书之，孔子因史而存之等等。因此，是书具有很强的宗朱特色，亦反映了当时心性理学对《春秋》学的影响。

《春秋正传》主要版本有《四库全书》本、明嘉靖刻本、《甘泉全集》本等。

21.《春秋胡氏传辨疑》2卷、(明) 陆粲撰

《春秋胡氏传辨疑》为专纠胡安国《春秋胡氏传》之失而作。陆氏《自序》谓胡安国传《春秋》"或失于过求，辞不厌繁委，而圣人之意愈晦矣"[②]，故著此书以正其失。全书只60余条，体例则先列经文，再列"胡传"，而以己说纠正于后。如"纪履緰来逆女"一条，陆粲认为是"齐侯灭纪而葬伯姬"，不取胡氏"逆女必亲使大夫非正"之说。

是书是批评"胡传"的代表作，对后世产生了重要影响。胡安国《春秋胡氏传》自元延祐二年 (1315) 立于学官，汪克宽作《春秋胡传附录纂疏》为其作疏，明初纂《春秋大全》沿而不改，遂相沿墨守，可谓一统天下。但由于胡安国旨在借《春秋》以寓意，抒发自己对时政的看法，所以其所论常牵强附会，不合经旨。因此，从元代开始就有学者专门著书对其补充完善或者提出批驳，如元吴师道《春秋胡传附辨杂说》、吴莱《胡氏传考误》、杨维桢《春秋胡传补正》、明初张以宁《春秋胡传辨疑》[③]。陆粲正是在这样的背景下著此书，直攻"胡传"之失。而前述诸人的这类著作都已亡佚，故此书与袁仁《春秋胡传考误》成了这类著作的代表作。以后清儒俞汝言著《春秋四传纠正》、焦袁熹著《春秋阙如编》、张自超著《春秋宗朱辨义》、丁晏《春秋胡传考正》等，踵以论辩，都循此书所开路径。

《春秋胡氏传辨疑》的主要版本有《四库全书》本、《指海》本、明嘉靖四十二年 (1563) 陆延枝刻本、清抄本等。

---

① 湛若水：《春秋正传》卷首《春秋正传序》，文渊阁《四库全书》本。

② 陆粲：《春秋胡氏传辨疑》卷首《春秋胡氏传辨疑序》，文渊阁《四库全书》本。

③ 从这些著作之名来看，已是显攻胡传之失，《四库全书总目》卷二八《春秋胡氏传辨疑》提要中认为陆粲、袁仁始显攻"胡传"，不甚恰当。

22.《春秋明志录》12卷，(明）熊过撰

熊过，字叔仁，号南沙（或南沙子)，四川富顺人。嘉靖八年（1529）进士、翰林院庶吉士，累官礼部祠祭司郎中，坐事贬秩，复除名为民。熊过学识渊博，治学严谨，与陈束、王慎中、唐顺之、赵时春、任瀚、李开先、吕高并称“嘉靖八才子”，又与赵贞吉、杨慎、任瀚一起被列为“西蜀四大家”。熊氏不仅以文章名世，而且擅长于研思经训。著有《周易象旨决录》、《春秋明志录》、《南沙集》等。

《春秋明志录》一书承宋元自出新意解经之风，驳正《春秋》诸传之失，以攻《左传》为主，对《公羊》、《穀梁》、胡安国《春秋胡氏传》也有所纠正。是书对诸传的批评亦有凿空臆断之处。如谓城楚丘为鲁备戎而城，非桓公城以封卫；以郭公为鸟名，谓如螟蜮之类，书以纪异；以梁亡为鲁大夫会盟所闻，归而言之，不由赴告，故不著其亡之由等，都有主观臆断之嫌。但总的来说，此书“援据该博”①，“颇出新裁”②，平允之论颇多，为明代十分重要的《春秋》学著作。

《春秋明志录》主要版本有《四库全书》本、《四库全书珍本初集》本、清抄本等。

23.《春秋辨义》38卷，(明）卓尔康撰

卓尔康（1570—1644)，字去病，仁和（今属浙江杭州）人。万历四十年(1612）举人，官至工部屯田司郎中，谪常州府检校、终官两淮盐运通判。著有《易学》、《诗学》、《春秋辨义》等。

《春秋辨义》一书分两个部分。卷首8卷为全书之宗旨，分经义、传义、书义、不书义、时义、地义等六义，遍采汉唐及宋元明诸儒之说，而后阐发已说，较为系统地反映了卓氏对《春秋》总的看法。后30卷为正文，于每条经文之下，杂取旧说排比诠次，而断以已意。每公之末，各附以《列国本末》一篇，列举有关盛衰兴亡之大事，别为类叙，在体例上颇有创意。是书所采经文从《左传》一直到哀公二十七年，这也与当时大部分《春秋》学著述断于哀公十四年不同。该书有刻意求新而失详考处，但总的来说，其议论醇正明白，论据翔实，在明代的空疏学风中，实难能可贵，故四库馆臣赞许其说“皆明白正大，足破诸说之拘牵，在明季说《春秋》家，犹为有所阐发焉”③。

① 张尚瑗：《左传折诸》卷首上《先正评说》，文渊阁《四库全书》本。

② 卓尔康：《春秋辨义》卷首三《传义》，文渊阁《四库全书》本。

③ 永瑢等：《四库全书总目》卷二八《春秋辨义》提要。

《春秋辨义》主要版本有《四库全书》本、明崇祯吴梦桂刻本。

24.《春秋传说汇纂》38 卷，(清）王掞、张廷玉等奉敕撰

王掞（1645－1728），字藻儒，号颛庵，太仓（今属江苏）人。康熙早期进士。历官内阁学士，工、刑、兵、礼各部尚书，晋文渊阁大学士。张廷玉（1672－1755），字衡臣，号研斋，安徽桐城人。清朝保和殿大学士、军机大臣、太保，封三等伯，历三朝元老，居官五十年。

《春秋传说汇纂》一书是康熙三十八年（1699）王掞、张廷玉等受诏而撰，历时 20 余年始成。该书采用了自汉董仲舒以下至明张溥等 134 家之说，故名“汇纂”。虽然因为“士子久诵胡传，难以骤更”，而将胡安国《春秋胡氏传》列于三传之后，① 但实际的主旨则是引诸儒之说而攻“胡传”，凡为“胡传”所攻者多录之，凡攻驳“胡传”者亦多录之，批驳“胡传”可谓不遗余力。清初官方《春秋》学从主旨到方法基本上都沿袭了元、明之旧，宗朱、尊胡并存，如李光地等人主讲的《日讲春秋解义》删去了胡氏“论之太甚者”，② 主要内容还是遵从“胡传”之说。但由于康熙皇帝推崇朱子之学，故在《春秋》学上，清代官学最终抛弃了“胡传”。该书的出现标志着元、明以来“胡传”一统天下局面的结束。官学对“胡传”的抛弃，给清代《春秋》学定下了基本的基调，清代的大多数学者都不再以“胡传”为一尊，在著作中对“胡传”进行大肆的批评。乾隆时的御纂《春秋直解》是在此书的基础上简化而成。因此，此书可以说是清代官方在《春秋》学上的代表作。

《春秋传说汇纂》主要版本有《四库全书》本、《摛藻堂四库全书荟要》本、清康熙六十年（1721）内府刻本等。

25.《春秋毛氏传》36 卷，(清）毛奇龄撰

毛奇龄是清代著名的学者，学识渊博，著述宏富，其《春秋》学著作主要有《春秋毛氏传》36 卷、《春秋简书刊误》2 卷、《春秋属辞比事记》4 卷等。

《春秋毛氏传》一书在体例上与其他的传说之作一样，是按经文的次序，随文释义。但其指导思想有所不同。毛氏认为《春秋》242 年中的 1800 余条记事可分为改元、即位、生子、立君、朝聘、盟会、侵伐、迁灭、昏觌、享唁、丧葬、祭祀、搜狩、兴作、甲兵、田赋、丰凶、灾祥、出国、入国、盗

① 永瑢等：《四库全书总目》卷二九《钦定春秋传说汇纂》提要。

② 康熙：《日讲春秋解义》卷首《圣祖仁皇帝御制日讲春秋解义序》，文渊阁《四库全书》本。

弑、刑戮，共22门。同时，这些记事又可以归纳为礼例、事例、文例、义例四例。该书在释义中一直贯穿了二十二门、四例的思想。其认为唐宋以来诸儒解《春秋》之作多踳驳不足据，而“胡安国传，则解经之中，畔经尤甚”①，对胡安国《春秋胡氏传》进行了猛烈抨击。其还反对“一字褒贬”之说，主张从礼制上来定是非、议褒贬。总的来说，该书反对宋以来逞意说经的风气，解说更趋于客观与平实。其是清代学者反《春秋》宋学，主张实证的一部代表作。

《春秋毛氏传》的主要版本有《西河合集》本、《四库全书》本、《皇清经解》本等。

三、类编类

类编类《春秋》文献，是指把《春秋》经传的编年体改编为纪传体、纪事本末体、国别体等其他体裁的文献。这类文献改变《春秋》经传以时间为中心的记事原则，而以事件、人物等为中心，融会贯通、分门别类的编排《春秋》经传200余年之事。其不以阐发《春秋》大义为主，但在门类的编排上以《春秋》大义为指导，著述目的是为通经服务。由于这类文献以史学方法研究《春秋》经传，故具有较高的史学价值。

类编类《春秋》文献可能产生于唐代，因为《新唐书·艺文志》著录有唐人高重《春秋纂要》、许康佐等集（一作御集）《左氏传》、第五泰《左传事类》等，从《新唐书·艺文志》自注、《唐实录》等文献记载来看，当是类编之作。至宋，由于史学的发展，新的史学体裁“纪事本末体”的正式确立以及好抄书与编辑类书的学风，② 类编类《春秋》著作非常繁荣。有宋一代，有杨筠《鲁史分门属类赋》、叶清臣《春秋纂类》、宋敏修《春秋列国类纂》、沈括《春秋左氏纪传》、周武仲《春秋左传编类》、勾龙传《春秋三传分国纪事本末》、徐得之《春秋左氏国纪》、刘朔《春秋比事》、章冲《春秋左传事类始末》、吕祖谦《左传类编》、程公说《春秋分纪》、马之纯《春秋左传纪事》、孙调《左氏春秋事类》、郑绩《春秋类纂》、余复《左氏纂类》、高伯壎《左氏纂类》、黄颖《春秋左氏事类》、桂绩《类左传》、陈持《左氏国类》、毛友《左传类对赋》、胡维宁《左氏类编》、杨泰之《春秋列国事目》等20余种类

---

① 毛奇龄：《春秋毛氏传》卷一《总论》，文渊阁《四库全书》本。

② “宋人好抄书与编辑类书的学风”之说，见蔡学海《纪事本末史研究》，载《淡江学报》第19期，1982年。

编著作，其中以章冲《春秋左传事类始末》、程公说《春秋分纪》影响最大。宋以后的元明清三代，随着纪事本末体的进一步发展，有元人徐安道著《左传事类》、刘渊《左传纪事本末》、王申子《春秋类纂》、梅致《春秋编类》、吴仪《春秋类编》、魏德刚《春秋左氏传类编》，明人孙范著《左传分国纪事本末》、朱右《春秋传类编》、包瑜《左传事类》、张观《春秋类考》、吴龙徵《左传类编》、王梦弼《春秋类纂》、陈可言《春秋经传类事》、秦瀹《春秋类编》、刘绩《春秋左传类解》、颜鲸《春秋贯玉》、施仁《左粹类纂》、张次仲《左传分国记事》，清人熊为霖《左氏春秋纪事本末》、高士奇《左传纪事本末》、顾栋高《春秋大事表》、马骕《左传事纬》、桂含璋《春秋左传类纂》、顾宗玮《春秋左传事类年表》、孙从添和过临汾《春秋经传类求》、顾锡明《春秋三传求归类纂正编》、黄育《春秋传类纂》、曹基《左氏条贯》、毛奇龄《春秋条贯》、郭斌《春秋条贯》、王廷灿《左传分国纪事本末》、林锡龄《左传纪事本末》、张问达《左传分国纪事本末》、李凤雏《春秋纪传》等30余种，其中以高士奇《左传纪事本末》、顾栋高《春秋大事表》、马骕《左传事纬》等较为重要。

以上是对类编类《春秋》文献的整体概括，下面就对上述比较重要的文献作一介绍，其中顾栋高《春秋大事表》将在图表类作重点介绍，故在此略过。

1.《春秋左传事类始末》5卷，(宋) 章冲撰

章冲，字茂深，湖州（今属浙江）人。章惇之曾孙，叶梦得之婿，宋淳熙中（1174－1189）尝知常州、楚州、台州，绍熙中（1190－1194）知秀州、信州。

《春秋左传事类始末》是《左传》纪事本末诸书中现存最早的一部。该书改《左传》编年体、记事以时间为中心的体例，以十二公为纪，以事件为中心，取诸国事迹，排比年月，各以类从，使节目相承，首尾完具。是书虽未阐发经义，但使一事自为起讫，便于检寻，于治《春秋》者亦颇有裨益。因章冲与袁枢同时，袁枢在章冲之前先撰成《通鉴纪事本末》，四库馆臣认为此书是“踵枢之义例而作”①。实则不尽然，因为《新唐书·艺文志》便载唐人第五泰《左传事类》20卷，虽不能知其体例，但从书名看当是此类类编之作。再者，据《玉海》卷四〇记载，早在宋真宗天禧年间，叶清臣“取《左氏传》随事编类为二十六门”，成《春秋纂类》10卷；宋仁宗皇祐五年，宋

① 永瑢等:《四库全书总目》卷四九《春秋左传事类始末》提要。

敏修上所著《春秋列国类纂》。生于宋神宗熙宁七年（1074），亡于高宗建炎二年（1128）的周武仲亦著有《春秋左传编类》30卷。[①] 宋孝宗隆兴(1163—1164）初，徐得之亦“编析诸国之事，每国各系以年，疏其说于后”，成《春秋左氏国纪》一书。[②] 另外，可能较章冲稍早的勾龙传著《春秋三传分国纪事本末》亦是分国纪之，“自东周而下，大国、次国特出，小国、灭国附见”。[③] 这些书体例不尽相同，但都是以事为中心对《左传》进行重新改编，对章冲成此书当有一定的影响。章氏吸取前述诸人类编《左传》的成果，参照袁枢之书的体例，使此类书体例更加完备。故章冲以后，学者们纷纷仿效之，如元人徐安道著《左传事类》，明人孙范著《左传分国纪事本末》22卷、张次仲著《左传分国记事》21卷，清人熊为霖著《左氏春秋纪事本末》14卷、高士奇《左传纪事本末》53卷、马骕《左传事纬》12卷。

《春秋左传事类始末》主要版本有《通志堂经解》本、《四库全书》本与《摛藻堂四库全书荟要》本。

2.《春秋分纪》90卷，（宋）程公说撰

程公说（1171—1207），字伯刚，号克斋，丹棱（今属四川）人，居于叙之宣化（今属四川宜宾）。宇文绍节门人，张栻再传弟子。年二十五进士及第，官邛州教授。时四川宣抚使吴曦以蜀叛，程氏乃弃官逃归，专心著述。著《春秋分纪》90卷、《左氏终始》36卷、《左氏通例》20卷、《左氏比事》10卷，又辑诸儒说为《春秋精义》，未成而卒。

《春秋分纪》采用纪传体例对《左传》重新编排。其第一部分为《年表》9卷，包括周王内鲁外诸侯、王后、内夫人、内妾母、王姬、内女、鲁卿、晋卿、宋卿、郑卿10种年表。第二部分为《世谱》7卷，包括王子王族诸氏、内鲁公子公族诸氏、晋、齐、宋、卫、蔡、陈、郑、秦、楚等外诸侯公子公族诸氏、世谱叙篇考异。第三部分为《名谱》2卷，包括列国君臣、外夫人妾、古人物3类。第四部分为《书》26卷，有历书、天文、五行、疆理、礼乐、征伐、职官7门。第五部分相当于《史记》之《纪》分周天王、内鲁二类，共8卷。第六部分为《世本》，相当于《史记》之世家，分大国、次国、小国排列，而以四夷作为附录，共38卷。

该书条理分明，叙述典赡，不仅利于初学者检索，而且对研究者探讨

① 杨时：《龟山集》卷三六《周宪之墓志铭》，文渊阁《四库全书》本。

② 王应麟：《玉海》卷四〇《艺文·春秋》。

③ 马端临：《文献通考》卷一八三《经籍十》。

《春秋》也提供了不少方便。程氏既重《左传》之史实，亦兼采《公羊》、《穀梁》，旁及诸子。全书大旨，仍以胡安国之说为宗。以体例彰显《春秋》尊周天子、内鲁外诸侯、内中国外四夷的大义，不主虚义口辨，尤为务实。四库馆臣便称此书“所采诸儒之说与公说所附序论，亦皆醇正，诚读《春秋》者之总汇……独能考核旧文，使本末源流犂然具见，以杜虚辨之口舌，于《春秋》可谓有功矣”。① 全祖望也称：“克斋《春秋》之学最醇。”②

《春秋分纪》主要版本有《四库全书》本、《四库全书珍本初集》本、清影宋抄本等。

3.《左传事纬》12卷、《附录》8卷，（清）马骕撰

马骕（1621—1673），字宛斯，一字骢御，山东邹平人。顺治间（1644—1661）进士，任淮安推官，改灵璧知县。博学好古，精研经史，尤致力于《左传》。因专治上古史，时人称“马三代”。著有《左传事纬》、《绎史》等。

《左传事纬》改《春秋》经传编年之体为纪事本末体，以事为纲，分录《春秋》、《左传》之文为108篇，凡经传中所载之事都记录无遗。每篇略以时序为次，之后都附有马氏“旁集诸家，杂采传记，无庸附会僻说，折衷一归于正大，期于发明经传而止”的评论。③ 该书的附录或者称前集、前书，则是晋杜预《春秋左传序》、《春秋长历论》、《后序》，唐孔颖达《春秋正义序》及马骕《左丘明小传》、《左氏辨例》、《左传图说》（包括《帝派图》、《世系图》、《天官图》、《地舆图》、《列国年表》、《晋楚职官表》等）、《览左随笔》、《春秋名氏谱》、《左传字释》等对《左传》的专门性研究。该书考证精详，为研读《左传》极佳的参考书，金毓黻、张舜徽都认为此书的价值高于高士奇《左传纪事本末》。④

《左传事纬》的版本分三种情况。一种含《附录》8卷，主要有《四库全书》本、清康熙刻本、道光二十六年（1846）本等。一种只收《附录》中的《左丘明小传》、《左传字释》或其中之一，主要有清乾隆四十九年（1784）怀澄堂刻本、清光绪四年（1878）苏州敏德堂潘霨校订本、清黄暹重刊本、徐连城校点本（齐鲁书社，1992年）等。还有一种则为李调元《函海》中所刻

① 永瑢等：《四库全书总目》卷二七《春秋分纪》提要。

② 全祖望撰、朱铸禹校注：《全祖望集汇校集注》，上海古籍出版社，2000年，第588页。

③ 马骕：《左传事纬》卷首《左传事纬例略》，文渊阁《四库全书》本。

④ 详参金毓黻《中国史学史》，商务印书馆，1999年，第194页；张舜徽《中国古代史籍举要》，云南人民出版社，2004年，第128页。

四卷本。

4.《左传纪事本末》54卷，（清）高士奇撰

高士奇（1645—1704），字澹人，号江村，浙江余姚（今慈溪）人，一作钱塘人。以诸生供奉内廷，为康熙皇帝赏识，授中书舍人，改翰林院侍讲，官至内阁学士，谥文恪。著有《左传纪事本末》、《春秋地名考略》、《江村销夏录》等。

《左传纪事本末》一书约成于康熙二十九年（1690），亦是对《左传》的纪事本末体改造，与章冲《春秋左传事类始末》以十二公为纪不同，其以国为纪，按周、鲁、齐、晋、宋、卫、郑、楚、吴、秦、列国系其大事，叙其始末。事件之后，有高氏的补逸、考异、辨误、考证、发明。“补逸”是高氏杂采经传、诸子、史传与《左传》相表里者，以补《左传》之逸。“补逸”取材广泛，《春秋》经文、《公羊》、《穀梁》、《国语》、《说苑》、《孔子家语》等都在所取之列。“考异”则是取与《左传》不同，但可备参考者。其主要针对义例而发，不是史事考证，以存《公》、《穀》二传的异说为主，兼及后代研究者的观点。“辨误”则是厘辨“踳驳不伦，传闻失实者”，其内容不多，但不乏精辟之见。“考证”则与“考异”存异相反而存同，收录其他典籍中“证据明白，可为典要者”。“发明”则是高氏已意的阐发，① 其有对传文的异议，也有对史实的评论。该书除了改抄《左传》，还做了很多考辨工作，对研读《左传》有很大的帮助，较章冲之书具有更大的价值，故四库馆臣认为其“后来居上”。②

《左传纪事本末》主要版本有《四库全书》本、《纪事本末五种》本、《纪事本末汇刻》本、《历朝纪事本末》本、清康熙四十年（1701）刻本、民国十四年（1925）成都书局石印本、中华书局校点本（1979）等。

四、图表类

图表类《春秋》文献是指采用图或者表的形式对《春秋》经传进行研究的文献。这类文献在形式上是图或表，在内容上则主要是对《春秋》经传中涉及的人名、地名、诸侯国、历法等的研究。因此，图表类《春秋》文献从内容来看，大部分也属于专题类《春秋》文献，在此将其单独列类，主要是突出其在形式上的特点。由于《春秋》经传中涉及的人名、地名等专门性问

① 高士奇：《左传纪事本末》卷首《凡例》，文渊阁《四库全书》本。
② 永瑢等：《四库全书总目》卷四九《左传纪事本末》提要。

题都比较复杂，而用图表的形式对之进行有序排列或者配以图说，能使之变得形象、具体、直观、简单明了，便于研读者掌握。因此，这类文献具有独特的驭繁于简的特点，在《春秋》文献中占有重要地位。

图表类《春秋》文献产生较早，早在汉代就有严彭祖《春秋盟会图》，魏晋南北朝时期则有吴顾启期《春秋大夫谱》，晋杜预《春秋释例》中的《春秋世族谱》、《春秋地名》、《春秋长历》、《春秋盟会图》，刘宋谢庄《春秋图》，梁简文帝萧纲《春秋左氏图》等。总的来说，汉魏时期这类文献处在产生孕育阶段，数量不是很多。隋唐五代时期，这类文献获得初步发展，有无名氏《春秋世系》，唐李瑾《春秋指掌图》、张杰《春秋图》、黄敬密《春秋两霸列国指要图》、崔表《春秋世本图》、张暄《春秋龟鉴图》、陈岳《春秋谥族图》、无名氏《演左氏传谥族图》、无名氏《春秋宗族名氏谱》、无名氏《春秋世谱》、无名氏《春秋十二国年历》、无名氏《王侯世表》、杨蕴《春秋公子谱》、《春秋年表》，五代冯继先《春秋名号归一图》、无名氏《春秋年表》等，其中冯继先《春秋名号归一图》、无名氏《春秋年表》对后世影响深远，至今尚存。至宋，由于对《春秋》经传专门化研究的增多，图表类《春秋》学文献发展形成一个高潮，有晁说之《春秋年表》、杨彦龄《左氏春秋年表》、韩璜《春秋人表》、郑寿《春秋世次图》、沈滋仁《春秋兴亡图鉴》、罗棐恭《春秋盟会图》、环中《左氏二十国年表》、邓名世《春秋四谱》（国谱、年谱、地谱、人谱）、刘英《春秋列国图》等30余种著作，此外杨甲《六经图》中亦有《春秋》图表，遗憾的是除《六经图》外，其余著作均没流传下来。元、明两代，这类文献发展式微，仅有元吴莱《春秋世变图》、《春秋传授谱》，明吴国伦《春秋世谱》、张事心《春秋人物谱》等十余种。至清，由于考据之学大兴，学者们对《春秋》经传专题研究前所未有的重视，使图表类《春秋》文献迎来了又一个高潮。据初步统计，有陈厚耀《春秋世族谱》、顾宗玮《春秋左传事类年表》、顾栋高《春秋大事表》、姚文田《春秋经传朔闰表》、包慎言《春秋公羊传历谱》、成蓉镜《春秋日南至谱》、方孝岳《穀梁春秋表》、周耀藻《春秋世系表》等60余种。

1.《春秋名号归一图》2卷，（五代）冯继先撰

冯继先，五代后蜀人。撰《尚书广疏》18卷、《春秋名号归一图》2卷等。

《春秋名号归一图》取《春秋》经传所载人名，核其异称，使归于一。《春秋》与《左传》中，列国君臣的名字颇不统一，或称其名，或称其字，或称其姓，或称其官职，或经传姓名又有不同，纷繁难记。冯继先将诸多异称，

加以整理，系之以主名，各归其所属之国（周、鲁、齐、晋、楚、郑、卫、秦、宋、陈、蔡、曹、吴、邾、杞、莒、滕、薛、许、杂小国），标其出处，并以表谱形式表示出来，故名。其类似今人名索引，极便检索。按此书今本分行而刻，已不是表谱形式，乃岳珂雕印相台九经时改刻。

《春秋名号归一图》常附刻于他书（最常见的为杜预《春秋经传集解》、胡安国《春秋胡氏传》）之后。附刻于《春秋经传集解》的有宋龙山书院刻本、元相台岳氏荆溪家塾刻本、明万历八年（1580）金陵亲仁堂刻本、明万历十五年（1587）刘怀恕刻春秋战国评苑本、明万历十六年（1588）世德堂刻本等；附刻于胡安国《春秋胡氏传》的有14行元刻本、15行元刻本、明永乐四年（1406）广勤书堂刻本、明怀德堂刻本等。单行本有清毛扆校宋刻本、清康熙五十八年（1719）汪由敦抄本、清影抄元岳氏荆溪家塾刻本、《通志堂经解》本、《四库全书》本、武英殿仿岳本等。

2.《春秋年表》1卷，佚名撰

《春秋年表》又名《春秋二十国年表》，撰者不详，因常与冯继先《春秋名号归一图》合刻，故《通志堂经解》收入此书时，误题为冯继先撰。此书以表格的形式记载了《春秋》经传中自周而下，次以鲁、蔡、曹、卫、滕、晋、郑、齐、秦、楚、宋、杞、陈、吴、越、邾、莒、薛、小邾等国诸君的卒立情况。表始于鲁隐公元年，终于鲁哀公十四年，周、鲁均标纪年。第一栏中分别标出其他诸国见于《春秋》的年份。是书虽无关《春秋》大义，但内容简赅，便于检索，有利于学者掌握《春秋》经传中所载纷繁复杂的历史事件。

是书在宋代原为单行之本，岳珂刻印九经，乃附之于《春秋》之后，并加以补正。此书常与冯继先《春秋名号归一图》同书刊刻，有宋刻本、清影抄元岳氏荆溪家塾刻本、《通志堂经解》本、武英殿仿岳本等。此书还常附刻于胡安国《春秋胡氏传》，有元刻本、明永乐四年（1406）广勤书堂刻本；附刻于《春秋大全》，有明永乐内府刻本、明嘉靖十一年（1532）刘仕中安正堂刻本；附刻于《春秋四传》，有明杜蕁刻本、明嘉靖吉澄刻本、明嘉靖吉澄刻杨一鹗重修本等。单行本有《四库全书》本等。

3.《春秋列国表》不分卷，（清）马骕撰

《春秋列国表》又名《春秋列国年表》，以年为经，以国为纬，年代下面将各国史事分列在后。排列顺序为周、鲁、晋、齐、秦、楚、宋、卫、郑、陈、蔡、许、曹、莒、邾、吴、越、滕、薛、杞、小邾、杂小国、蛮戎夷狄。其纪事大致以《春秋》经传为准，上起鲁隐公，下迄鲁哀公之孙。凡诸侯会盟皆分列，征伐则只记于用兵之国下，其他如日食星变闰余等事，则附于岁次之下。该书年经国纬，一纵一横，颇便查询。而且，其重点突出盟会征伐之事，亦深得治《春秋》经传之要。

《春秋列国表》常作为马氏《左传事纬》附录（前集）之一，而与之合刻；单行本有光绪二十八年（1902）两湖书院重刊本。

4.《春秋世族谱》2卷，（清）陈厚耀撰

陈厚耀（1648—1722），字泗源，号曙峰，泰州泰兴（今属江苏）人。康熙四十五年（1706）丙戌科进士，官苏州府教授。李光地荐其通天文算法，引见，改内阁中书。后授编修，累迁司业左谕德，以老疾致仕。陈氏治《春秋》，究心其专门之学，著有《春秋世族谱》、《春秋长历》等。

《春秋世族谱》乃陈厚耀据孔颖达《春秋左传正义》所引杜预《春秋释例》中的《世族》一篇，旁参他书，以考《春秋》中周王室及列国诸侯大夫世系。此书首周世次图，以周之卿大夫附后。后面依次是鲁、晋、卫、郑、齐、宋、楚、秦、陈、蔡、曹、莒、杞、滕、许、郳、吴、越、小国诸侯，皆先叙其君之世系，而附以卿大夫。对于偶见经传而无世次可稽的，比如周之凡伯、南季，鲁之众仲、秦子之类，则别曰“杂姓氏名号”，另为一篇，附卿大夫世系之后。此书搜采颇为赅洽，较顾栋高《春秋大事表》中之《世系表》搜罗更为广泛，对《春秋》经传所载之人悉胪采无遗，因此要了解《春秋》的族属关系及世次先后的情况，二者可相互参看。陈氏此书在清代影响很大，之后很多学者在他的基础上补充完善，如王士濂《春秋世族谱补正》、王文源《春秋世族輯略》、常茂徕《增订春秋世族源流图考》等。

《春秋世族谱》主要版本有《四库全书》本、《清颂堂丛书》本、邵武徐氏丛书初刻本、清雍正三年（1725）自刻本、清道光二十年（1840）宝翰楼刻丁晏校注本等。

5.《春秋大事表》50卷①、《舆图》1卷、《附录》1卷，（清）顾栋高撰

顾栋高（1679－1759），字复初，一字震沧，又自号左畬，江苏无锡人。康熙六十年（1721）进士。乾隆十五年（1750）召举经明行修之士，顾氏被荐，授国子监司业，以年老不能任职，赐司业衔旋里。乾隆皇帝曾数次召见，

---

① 该书的卷次，有的版本标为66卷，有的标为50卷，二者无本质差别，标66卷者是将其中卷二的一、二、三、四，卷六上、中、下，卷七的一、二、三、四，卷八的上、下，卷九的上、下，卷一二的上、下，卷一七的上、下，卷一九的上、下，卷四二的一、二、三、四分别当作单独的一卷。

均加恩礼。一生潜心学术，著有《春秋大事表》、《尚书质疑》、《毛诗类释》、《大儒粹语》、《王安石年谱》、《司马光年谱》、《淮安府志》等，以《春秋大事表》最为有名。

《春秋大事表》一书为顾栋高毕生精力所萃。该书的体例是表、图、论（包括叙、后叙、按语）互相配合。其主体是把《春秋》研究中的问题总结成时令、朔闰、列国官制、三传异同、人物、列女等事件或事目，每一事件或事目均以表为基本形式排列出来，合50卷。表前各有叙，明此表的写作缘由或宗旨，有些表后有论或者按语。书后更附以《舆图》1卷、《附录》1卷。《附录》皆诸表序并表中所未及者，又为辩论以订旧说之讹，共131篇，条理详明，考证典核。诸叙论又皆引据赅洽，持议平允，每发前人所未发。是书可以说是对《春秋》专门性研究的集大成者，为后世学者所重。顾颉刚说过，《春秋大事表》是研究《左传》所必备的4种参考书之一。[①] 蒋伯潜在《十三经概论》中亦认为此书事事有表，条理详明，颇便读《左传》者参考。萧一山在《清代通史》中说道："栋高此书，就春秋一代大事，而分析各为之表，研究者可以一览而了然其大势矣。至于此书缺误之处，自亦难免，然就大体论之，则亦费经营之佳作也。"[②]

《春秋大事表》主要版本有《四库全书》本、《皇清经解续编》本、乾隆十三年（1748）万卷楼刻本、同治十二年（1873）丁宝桢刻本、光绪十四年（1888）陕西求友斋刻本、吴树平和李解民点校本（中华书局，1993年）。

6.《增订春秋世族源流图考》6卷，（清）常茂徕撰

常茂徕（1788—1873），字逸山，号秋厓，又号痛定思痛居士，祥符（今河南开封）人。24岁为秀才，27岁为拔贡。曾任偃师、登封教谕。一生专心著述，经史皆有论解，精考据，好金石收藏。尤长《春秋》之学，著有《读左漫笔》、《春秋国都考》、《春秋女谱》、《增订春秋世族源流图考》等。

《增订春秋世族源流图考》是对陈厚耀《春秋世族谱》重加校订增补之作。篇目大体上依陈书之旧，画为图表，旁行斜上，先叙各国君王世系，而附以卿大夫。所不同的是，陈书以《春秋》所记为始终，不叙其始末源流，此书则从每国始封起，至入《春秋》所记，则于爵名外加以标识，《春秋》所记之后，仍书爵名而不加标识。另外，陈书所列从周、鲁至吴越共二十国，

① 顾颉刚讲、刘起釪笔记：《春秋三传及国语之综合研究》，巴蜀书社，1988年，第92页。

② 萧一山：《清代通史》第二册，中华书局，1986年，第601页。

其余均归为小国诸侯，而此书又增加了虢、虞、唐、纪、邓、燕、郧、小邾、胡、沈、萧等十一国接编于吴、越之下，其有卿大夫可考者亦附之。其他的仍汇为小国诸侯名号与小国诸臣名氏。对那些以爵称、以人称及仅以国名见于《春秋》的，则附之卷末。此书旁引曲证，搜集广泛，考证精详，颇究陈书之误，有功于陈氏，亦可补顾栋高《春秋大事表》之缺遗。

《增订春秋世族源流图考》的主要版本有清道光三十年（1850）夷门怡古堂刻本、《续修四库全书》本等。

7.《春秋公羊传历谱》11卷，(清) 包慎言撰

包慎言，字孟开，安徽泾县人。道光十五年（1835）举人。

《春秋公羊传历谱》用殷术，得入天纪年、入蔀年、闰余、月朔、天正冬至、无闰、有闰之法，以表谱的形式把《春秋》所载鲁隐公元年至哀公十四年共242年的历法进行了编排，详列其正朔、节气等。《公羊》之学虽讲日月时例，但以时令朔闰无关宏指，所重者不在此。但包氏此书以历证经，亦有利于对《公羊》大义的发挥。

《春秋公羊传历谱》的主要版本有《皇清经解》本、《续修四库全书》本等。

8.《春秋日南至谱》1卷，(清) 成蓉镜撰

成蓉镜治《春秋》从专门之学入手，著有《春秋世族谱拾遗》、《春秋日南至谱》等。《春秋日南至谱》用古四分历及三统历推算《春秋》中242年至朔同日之年。成氏认为成于汉季的《世经》中所记的“四分”历是可信的，而“儒者据二千年后之历率议其先天”，所以他把《春秋》中所记“日南至”即冬至的时间，用四分历和三统历加以对比，列成一目了然的简表，以期能够“甄象数，翼经传”。[①] 成氏的历算之学本出自罗士琳，罗氏也著有《春秋朔闰异同》、《补春秋长历》、《春秋朔闰考并表》等关于《春秋》历法的著作，但历算是其终极目的，不以“翼经传”为目标。故从经学的角度而言，成氏之作更有价值。

《春秋日南至谱》的主要版本有《皇清经解续编》本、《成氏遗书》本、《续修四库全书》本等。

五、文字音义类

文字音义类《春秋》文献是指对《春秋》经传中字的读音、文字等进行

① 成蓉镜：《春秋日南至谱》卷首《春秋日南至谱叙》，《皇清经解续编》本。

相关研究的著作。随着时代的发展，文字的语音与意义都会发生变化，同一种经典，不同学派流传下来的版本在有些用字上亦有区别，后世的学者为了解读前代流传下来的文献，就需要研究这种变化与区别，因此文字音义类文献便产生了。

汉代离春秋战国时代不远，见于记载的文字音义类《春秋》文献仅有服虔《春秋左氏音隐》。魏晋南北朝时期，这类《春秋》文献获得较大发展，有魏曹髦《左氏音》、嵇康《春秋左氏传音》、徐邈《春秋音》、曹耽《春秋左氏音》、杜预《左传音》、孙毓《左传音》、李轨《春秋左传音》和《春秋公羊传音》、江惇《春秋公羊传音》、王俭《春秋音》、王元规《左传音》等，但除了嵇康、徐邈的著作有清人辑本外，其余均已亡佚。至唐，陆德明《经典释文》中的《左传》、《公羊》、《穀梁》三部分，集汉魏以来诸家"音义"之大成，对《春秋》三传文字的音义做了解释，保存了汉魏以来《春秋》音义研究的优秀成果，影响至今。除《经典释文》外，唐代的文字音义类《春秋》著作还有徐文远《左传音》、无名氏《春秋平音》。宋、元、明三代，《春秋》学以阐发义理为务，对《春秋》经传文字的音义，多采用陆德明《经典释文》的成果，故文字音义类著作相对较少，只有宋丁副《春秋三传异同字》、方淑《春秋直音》、张冒德《春秋传类音》、韩台《春秋左氏传口音》，明瞿佑《春秋捷音》、傅逊《左传属事古字奇字音释》等。至清，由于考据之学的兴盛，人们认为经典的用字、字的音义是经义阐发的基础，故文字音义类《春秋》文献再度增多。主要有清吴寿旸《公羊经传异文集解》、淳于鸿恩《公羊方言疏笺》、赵坦《春秋异文笺》、朱骏声《春秋三家异文核》、朱运枢《春秋经文辨异》、王言《春秋经文异同略》、王锡聆《三家经文同异考》、英和等《三传异文考》、张之万《春秋三传异文考》、彭孚甲《三传异文编》、张文炳《公穀字音》等。与前代重解释《春秋》经传中字的读音、音义不同，清人重《春秋》经传中用字异同的考证。

以上是对文字音义类《春秋》文献的总体介绍，以下择要述之。[①]

1.《春秋左氏传音》3卷，（晋）嵇康撰

嵇康（224－263），字叔夜，谯郡铚（今安徽宿县）人。曾任魏中散大夫，史称"嵇中散"。魏晋著名学者，"竹林七贤"之一。早年丧父，家境贫困，但仍励志勤学，文学、玄学、音乐等无不博通，著有《嵇康集》10卷。

《春秋左氏传音》主要以直音或反切法为《左传》之字注音。该书在《隋

① 由于陆德明《经典释文》在"群经总义"部分有述，故在此略过。

书·经籍志》有著录，《旧唐书·经籍志》、《新唐书·艺文志》无，诸家并以为亡佚。清人马国翰从陆德明《经典释文》中辑得5条，司马贞《史记索隐》得1条，共6条，依十二公次序排列，名为《春秋左传嵇氏音》，收入《玉函山房辑佚书》。马氏所辑虽只是吉光片羽，但其是现存较早的关于《左传》注音的资料，所注"戮音留"、"鸛音权"等，已不同于今日，对研究古音有重要的帮助。

2.《春秋三传异文释》12卷，（清）李富孙撰

李富孙学有本源，曾师从卢文弨、钱大昕、王昶、孙星衍等，肄业于杭州诂经精舍，经学深湛。《春秋三传异文释》是其研究《春秋》的重要著作，也是其《七经异文释》中的一部分，共12卷，其中10卷为《左传异文释》，《公羊》、《穀梁》各占1卷。李氏所言的三传异文主要有两种：一是因版本不同而造成的文字差异，二是其他古籍称引三传或记载与三传相同的事实时用字不同而产生的异文。李氏广采经史传注、诸子百家，以及汉唐石经、宋元椠本等，对这些异文加以辨析考证。校勘经传异文，虽没有对《春秋》经义作进一步的阐发，但在清代学者看来，这是弘扬圣道的基础，因此当时有很多学者致力于此，如赵坦《春秋异文笺》、朱骏声《春秋三家异文核》、王言《春秋经文异同略》、王锡聆《三家经文异同考》、张之万《春秋三传异文考》、彭孚甲《三传异文录》等。李氏此书是清代校勘《春秋》经传异文的代表作之一，清人冯登府称其"详核奥博，为诂异义者集其大成"。①

《春秋三传异文释》主要版本有《皇清经解续编》本、《别下斋丛书》本、《丛书集成初编》本、《续修四库全书》本等。

3.《春秋异文笺》13卷，（清）赵坦撰

赵坦（1765—1828），字宽夫，一字石侣，浙江杭州人。阮元视浙学，遂以经术受知，补诸生，入诂经精舍，著弟子籍。道光元年（1821）举孝廉方正，不赴。治汉学，尤好古金石文，亦富藏书。著有《周易郑注引义》12卷、《春秋异文笺》13卷、《石经绩考》、《保甓斋文录》2卷、《保甓斋札记》1卷、《杭州城南古迹记》、《烟霞岭游记》等。

《春秋异文笺》专门讨论三传经文的差异。赵坦认为《春秋》异文的产生有几种情况：一是因为古人于文字喜欢假借，多以音类相近假借，所以有古音相近而假借与古方音通转而假借的情况。二是因为字形相近而讹。三是因为传者之疏造成阙文衍字。基于这样的认识，在此书中，赵氏将三传中文字

① 《清史稿·儒林三·李富孙传》。

不同的经文列出，加以推究考证。考证中，多用古音通假予以解释，并广泛采用碑刻、鼎钟泉幣、铭碣瓴甓等金石文字材料。该书考证精审，为清人考证《春秋》经文异文的重要著作。

《春秋异文笺》主要版本有《皇清经解》本、《续修四库全书》本等。

4.《春秋三家异文核》1卷，(清) 朱骏声撰

朱骏声 (1788－1858)，字丰芑，号允倩，自署石隐山人，元和 (今江苏苏州) 人。举人，国子监博士。清代中叶著名学者，自幼随父研习经史及小学词章，吴中目为神童。曾受业钱大昕门下。涉猎甚广，著述宏富，有《周易汇通》8卷、《尚书今古文证释》4卷、《诗集传改错》4卷、《大戴礼校正》2卷、《春秋平议》3卷、《春秋三家异文核》1卷、《说文通训定声》18卷、《秦汉郡国考》4卷、《离骚赋补注》1卷等，经史子集均有，共100余种，其中《说文通训定声》最为著名。

《春秋三家异文核》对三传中的异文进行考证，指出其同音假借、双声假借等现象。体例为按十二公之纪年，先列《左传》之文，再指出《公羊》、《穀梁》的不同之处，最后进行论述。朱氏精于形声训诂之学，故该书征引广泛，论述精辟，创解不断。

该书有光绪中贵池刘氏刊《聚学轩丛书》本、《续修四库全书》本等。

5.《春秋左传音训》不分卷[①]，(清) 杨国桢撰

杨国桢，字海梁，崇庆 (今四川崇州) 人。嘉庆、道光时人。杨遇春子。以举人入赀为户部郎中。出任颍州知府，迁河南布政使。擢任河南巡抚。父死后，袭侯爵。调任山西巡抚。道光二十一年 (1841) 授闽浙总督。著有《十一经音训》。

《春秋左传音训》为杨氏《十一经音训》之一。该书专注《左传》音训凡例，采用旁注之体，简单的训诂注于经传之旁，音释注于字下，凡例冠于书眉，《公羊》、《穀梁》异文也作简单标示。其大体以杜预《春秋经传集解》所解为主，删繁就简，参以胡安国、林尧叟二家之说及陆德明《经典释文》。该书颇为简略，便于初学。

该书收入《十一经音训》中，有道光本、光绪本。

六、专题类

专题类《春秋》学文献是指对《春秋》经传中某一专门问题进行注释、

① 杨氏于《春秋》三传皆有音训，三书体例相仿，在此以《春秋左传音训》为代表作一介绍，其他二传音训略过。

考证的文献，如历法、地理、人物、职官、礼制等。这类文献自汉代严彭祖《春秋盟会图》萌芽，在魏晋南北朝、隋唐五代获得初步发展，产生了顾启期《春秋大夫谱》，杜预《春秋长历》、《春秋盟会图》、《春秋世族谱》、《春秋地名》，京相璠《春秋土地名》，陈岳《春秋谥族图》，杨蕴《春秋公子谱》、《春秋年表》，冯继先《春秋名号归一图》，无名氏《春秋年表》等众多著作。至宋，这类文献更是迎来了发展的第一次高潮，产生了韩璜《春秋人表》、郑樵《春秋地名谱》、环中《左氏二十国年表》、刘英《春秋列国图》等几十种著作。元、明二代学风渐趋空疏，此类文献发展式微。到清，由于考据学的勃兴，这类文献再度兴盛，产生了陈厚耀《春秋世族谱》、江永《春秋地理考实》、程廷祚《春秋职官考略》、沈淑《左传器物宫室》、邹伯奇《春秋经传日月考》等著作，在深度与广度上都超越了前代。

专题类《春秋》文献广征博引，考证精详，便于读懂《春秋》经传的一些基本问题，使治《春秋》经传者不会因官名、地名、人名等的阻碍，不能融会贯通而影响对经义的把握。同时，由于其征引广泛，也为《春秋》学研究提供了丰富的参考资料。因此，这类文献可以说是《春秋》学研究的基础文献。

专题类《春秋》文献很多都是图表的形式，所以在上面“图表类”已介绍了一些，但重点在突出其形式，未从内容上进行分类，下面就按内容分类介绍之。

（一）历法类

《春秋》为编年纪事之书，对其经传所用历法的认识直接关系到《春秋》大义或对某些事件的理解。春秋时期是以观象授历向推步历法过渡的重要时期，对其历法并没有专门的史籍流传下来。从鲁隐公元年（前722）至鲁哀公十六年（前479）的244年间，《春秋》经内仅载有年、月、日干支共394个，《左传》中也只有385个年、月、日名干支的记载（不包括《左传》哀公十七年以后的记事内容），对朔日、晦日、闰月的记载也很有限，① 《春秋》经传所载还时有矛盾、舛误之处。这使《春秋》中的历法增添了几分神秘色彩，以至影响了人们对《春秋》微言大义的发挥，引发了后世学者对《春秋》历法的探讨。

汉代刘歆《三统历》曾讨论《春秋》朔蚀，汉末宋仲子亦集黄帝历、颛

① 关立行、关立言：《春秋时期鲁国历法研究的一些新观点》，载《自然科学史研究》第26卷第4期，2007年。

项历、夏历、殷历、周历、鲁历等考过《春秋》历法。但真正对《春秋》历法进行首次系统研究的当是杜预《春秋释例》中之《春秋长历》。杜氏《春秋长历》订正经、传日辰，推补《春秋》月日，发明《春秋》日月“从赴书”之说，可谓《春秋》历法研究的名著。但其疏于置闰，又多有阙疑、乖谬之处，故后世学者纷纷刊谬补阙，以正其失，引发了对《春秋》历法的深入研究。

宋以前学者多遵从杜氏《春秋长历》，没有有影响的关于《春秋》历法的著作或说法产生。至宋，这种状况发生了变化。一是胡安国提出“夏时冠周月”说，引发了学者们对《春秋》正朔的讨论。杨时、周孚、孙奕、黄仲炎等人坚持《春秋》用周正，对“夏时冠周月”说提出批驳；高闶、朱熹、陈傅良等人赞成并修正、发展了“夏时冠周月”说；家铉翁、旧题郑樵《六经奥论》则受“夏时冠周月”说启发，提出了“夏正”说。二是程公说在《春秋分纪》中仿杜预体例而谱制《春秋》之历。之后，对《春秋》历法的探讨，基本上沿着宋人的这两个方向进行。

元、明、清三代，《春秋》的正朔问题一下成了《春秋》研究中的一个热点。学者们在传注性著作中解“春王正月”时都要对此作一番解说，更有学者作专书或专文讨论。宋代俞浙《春秋正朔考》，明代张以宁《春秋春王正月考》与《辨疑》、汪衢《春秋周正考》、李濂《夏周正辨疑会通》，清吴鼐《三正考》、胡天游《春秋夏正》等都是专门讨论《春秋》正朔问题的专著。而以“春王正月辨”、“周正考”、“夏时周月论”等为题专门讨论《春秋》正朔的文章，据初步统计，自宋迄清亦有近30篇。仿杜预考《春秋》朔闰、日食，制《春秋》之历者亦不在少数，如清陈厚耀《春秋长历》，顾栋高《春秋大事表》，成蓉镜《春秋日南至谱》，姚文田《春秋经传闰朔表》，施彦士《春秋朔闰表发覆》，薛约《春秋经朔表》，张冕《春秋至朔通考》，张雍敬《春秋长历考》，邹伯奇《春秋经传日月考》，包慎言《春秋公羊传历谱》，谭沄《春秋日月考》，王韬《春秋长历考正》、《春秋朔闰表》、《春秋日食辨正》，冯澂《春秋日食集证》，朱兆熊《春秋岁星行表》、《春秋日食星度表》等数十家。

《春秋》历法类文献对正朔问题的争论，与“尊王大义”的理解与发挥密切相关；对《春秋》中朔闰、日食以及历法的编写，由于文献阙如，有很多错误之处，但为今天科学史家的春秋历法研究奠定了一定的基础。

1.《春秋春王正月考》1卷、《辨疑》1卷，(明) 张以宁撰

张以宁 (1301－1370)，字志道，号翠屏山人，福建古田人。元泰定三年 (1326) 乡贡，四年 (1327) 以《春秋》登进士第，官至翰林侍讲学士，入明

仍故官。洪武二年（1369）六月二十九日奉使安南，次年五月四日卒于归途。以宁工诗，高雅俊逸，为明初闽诗的重要代表人物。他又博通经史，尤善《春秋》学。著有《春秋胡传辨疑》3卷、《春秋春王正月考》1卷《辨疑》1卷、《翠屏集》4卷等。

《春秋春王正月考》及《辨疑》是张以宁针对胡安国“夏时冠周月”之说，对《春秋》正朔的考证。张氏的考证方法是利用《春秋》中某些关于时、月与物候、人事不相合之处，证《春秋》为周时周月，并引《易》、《书》、《诗》、《周礼》以及《史记》、《汉书》等经史著作为据。胡安国“夏时冠周月”说提出后，受到了一些学者的质疑与批判，此书就是其代表作。

是书主要版本有《通志堂经解》本、《四库全书》本与《摛藻堂四库全书荟要》本、《艺海珠尘》本、《清芬堂丛书》本、《丛书集成初编》本等。

2.《春秋长历》10卷，（清）陈厚耀撰

《春秋长历》为补杜预《春秋释例》中《春秋长历》一篇之缺失而作。该书分为《历证》、《古历》、《历编》、《历存》四部分。《历证》部分备引汉晋、隋唐、宋元诸史志及朱载堉《历法新书》、孔颖达《春秋左传正义》、赵汸《春秋属辞》、徐发《天元历理全书》等中关于春秋古历推算方法的记载，①使其《春秋长历》有了理论依据。《古历》、《历编》、《历存》则是陈氏的研究结论。《古历》部分是陈氏按古四分历重新排列的年表。十九年为一章，一章之首，推合周历正月朔日、冬至，前列算法，后以《春秋》十二公纪年，横列为四章，纵列十二公。《历编》部分推《春秋》242年朔闰及月之大小，以经传干支为之佐证，皆述杜预之说而加以考辨。《历存》，即《长历退两月谱》部分，是陈氏对隐公元年至僖公五年朔闰与月之大小的一个重新编排。陈氏认为隐公元年正月为庚辰朔，而不是杜预《春秋长历》所言辛巳朔，这就较杜氏《春秋长历》实退两月，故名“长历退两月谱”，推至僖公五年，与杜预所推相同，故只列至僖公五年。该书是清代研究《春秋》历法的重要著作，不仅补了杜预之缺佚，所推也较杜预细密周全。陈氏之后有许多学者研究《春秋》历法，如吴守一《春秋日食质疑》、施彦士《春秋朔闰表发覆》等都以之为基础。

---

① 春秋古历是一个统称。据《汉书·律历志》载，春秋时期，原先为周王室职掌历法的“畴人子弟”流落到各诸侯国，由于传承不同，他们所推出的历法也不尽相同，据说主要有黄帝历、颛顼历、夏历、殷历、周历、鲁历6种，合称古六历。详参沈玉成、刘宁《春秋左传学史稿》，江苏古籍出版社，1992年，第275页。

《春秋长历》的主要版本有《四库全书》本、《皇清经解续编》本、文渊阁《四库全书》抄本、过录罗士琳抄校本、清盛凤翔校丁氏八千卷楼抄本、同治十三年（1874）同懋琦抄本等。

3.《三正考》2卷、（清）吴鼐撰

吴鼐，字大年，江苏无锡人。乾隆元年丙辰（1736）进士，官至工部主事。著有《易象约言》2卷、《周易大衍辨》1卷、《洪范集注》1卷、《仪礼集说》1卷、《春秋修注》4卷、《三正考》2卷、《朱门授受录》10卷等著作。

《三正考》专考《春秋》正朔。胡安国《春秋胡氏传》提出"夏时冠周月"之说后，元代李廉著《夏周正辨疑》、明张以宁著《春秋春王正月考》等著作，纷纷驳斥胡氏之说。此书主要取李廉、张以宁之说，节其烦冗，参以清代诸儒所论，力证《春秋》为周时周月。该书引证详明，为驳斥"夏时冠周月"说的力作。

《三正考》主要版本有乾隆十四年（1749）《璜川吴氏经学丛书》本、《四库全书》本等。

4.《春秋朔闰异同》2卷，（清）罗士琳撰

罗士琳（1784—1853），字次璆，号茗香，江苏甘泉人。国子监生，循例贡太学，考取天文生，咸丰元年（1851）荐举贤良孝廉方正。曾师从秦恩复、许桂林、戴敦元。深得阮元赏识，每作成一书，阮元都为之作序。治学兼综古今，长于天文历算之学，著有《春秋朔闰异同》2卷、《续畴人传》6卷、《淮南天文训存疑》、《算学启蒙疏正》3卷、《勾股截积和较算术》2卷等。

《春秋朔闰异同》是罗氏受《晋书·律历志》中载宋仲子综合古六历及《三统历》来考证《春秋》历法的启发而作。该书逐条列出按古六历及《三统历》所推演出的日月同经传记载及杜预《春秋长历》的差别。通过认真对比，罗氏指出杜氏《春秋长历》是杂糅颛顼历、鲁历、殷历而成，对《春秋》经传所据的历法与《律历志》所记古代历法之间的差别也做了揭示，比《律历志》的生搬硬套，向科学性迈进了一步。但该书只记载了推算结果，没有推算过程，其中一些结论未必可靠。

《春秋朔闰异同》主要版本有《仰视千七百二十九鹤斋丛书》本、《皇清经解续编》本、《续修四库全书》本等。

5.《春秋经传朔闰表发覆》4卷、首1卷，（清）施彦士撰

施彦士（1775—1835），字朴斋，又字楚衫，崇明（今属上海）人。道光元年（1821）举人，先后任内丘、正定、万全等县知县。著作有《春秋经传朔闰表发覆》、《推春秋日食法》、《孟子外书集证》、《读孟质疑》等。

《春秋经传朔闰表发覆》以嘉兴人徐发所撰定的《天元历理全书》为依据，推断《春秋》242 年的朔闰情况。该书卷首 1 卷收有施彦士与张作楠讨论该书的往返书信、施氏对陈厚耀《春秋长历》的评论文章及其他一些文章。正文 4 卷为表格形式，表端为纪年，主标鲁国纪年，附周、齐、晋、卫、蔡、郑、曹、陈、齐、宋、秦、楚之年。表中纵列12 月的朔日，最后一栏列该年的闰余情况，需考证处，各列其文于后。该书对今天研究《春秋》历法有较高的参考价值。

《春秋经传朔闰表发覆》主要版本有《续修四库全书》本、《求已堂八种》等。

6.《春秋经传日月考》1 卷，(清) 邹伯奇撰

邹伯奇 (1819—1869)，字一鹗，又字特夫，广东南海人。邹氏于诸经义疏，无不研究，又喜绘制图表，以佐证其说。覃思于声音、文字、度数之源，而尤精于天文、历算，能萃会中西之说而贯通之。邹氏生平著述颇丰，有《春秋经传日月考》、《三统术说》、《学计一得》、《乘方捷术》、《对数尺计》、《格术补》、《甲寅恒星表》、《赤道星图》、《黄道星图》、《摄影之器计》、《说自鸣钟》、《答友人问漏箭简法》、《测量备要》、《补小尔雅释度量衡》、《读段注说文札记》、《南海县图志说》、《舆地图》，《存稿》等。其家人裒辑其著述之已成者，质之陈澧，写定为《邹徵君遗书》，刊之行世。

《春秋经传日月考》用时宪术上推春秋 242 年的朔闰及食限，然后证以《春秋》经传，指出前人所推春秋朔闰，有经误、传误及术误之分。该书以表格方式编制而成。其横列《春秋》十二公之纪年，从鲁隐公元年起，迄哀公十四年止，逐年分行编制。各行字段先于卷首统一标明，依序纵列：冬至、首朔、太阴交周入食限、春秋置闰及十二月份。其中十二月份并配以十二地支，如：建子正、丑二、寅三、卯四、辰五、巳六、午七、未八、申九、酉十、戌十一、亥十二。如此纵横成表，将时宪术推步所得之月朔干支及《春秋》经传日月，分别加载《春秋》十二公所属纪年十二月份之栏位。自己的看法或考证心得，则眉批于表格上方，约有百则之数。卷末则附载时宪术推步法数，以资参证验核。

《春秋经传日月考》主要版本有清光绪二十七年 (1901) 湖北两湖书院刻本、《续修四库全书》本。

7.《春秋朔闰至日考》3 卷，(清) 王韬撰

王韬 (1828—1897)，初名利宾，字兰卿，后易名瀚，字懒今 。遁去香港后，更名韬，字仲弢，一字紫诠，自号弢园老民、天南遁叟、甫里逸民、

淞北逸民、欧西富公、蘅华馆主、玉鲍生等，今江苏苏州人。近代文化名人，学贯中西，曾助英国汉学家理雅各将《四书五经》译成英文。著有《春秋朔闰至日考》、《春秋朔至表》、《春秋日食辨正》、《春秋左氏传集释》、《毛诗集释》、《周易注释》、《礼记注释》、《弢元文录外编》，《弢元尺牍》、《西学原始考》、《淞滨琐话》、《漫游随录图记》、《淞隐漫录》等40余种。

《春秋朔闰至日考》是王韬旅居英国伦敦协助理雅各翻译《四书五经》时所作。该书大抵依陈厚耀《春秋长历》的《历编》部分，正其讹误，补其疏略，更参用西洋的天文历法，推考春秋时的朔闰至日。其于《春秋》242年，先确定其冬至，再在此基础上推定朔闰。该书虽偶有与经传不合者，但总体考证精详，于《春秋》历法研究贡献良多。

《春秋朔闰至日考》主要版本有光绪十五年（1889）排印《弢园经学辑存》本、《续修四库全书》本，1959年中华书局《春秋历学三种》本等。

8.《春秋日食集证》10卷，（清）冯澂撰

冯澂，字涵初，号清渠，江苏南通人。廪贡生。冯氏博学多才，长于考证之学。著有《强自力斋丛书》21种，凡92卷。

《春秋日食集证》为《强自力斋丛书》之一种。该书根据黄炳垕《交食捷算》，依年条例，推求《春秋》中的日食。其体例为先列《公羊》、《穀梁》、刘歆、何休、杜预、范宁、孔颖达、徐彦、杨士勋、郭守敬、黄宗羲、王夫之、毛奇龄、王韬等20余家的观点，并一一加以评断，辨正得失，最后列己之说。所论虽有不当之处，但征引详备、考证精核，较前人更为周密。

《春秋日食集证》主要版本有《强自力斋丛书》稿本、《续修四库全书》本。

（二）地理类

《春秋》经传中涉及众多地点。这些地点情况很复杂，或同名异地，或一地而殊名，或古今称谓不同，或隶属沿革随着时代的发展不同，或文字语音之讹、传闻解说而致误。“地点”是记事的三要素之一，直接关系到对《春秋》经传史实及大义的理解，所以地理研究一直是《春秋》学中的一个重要问题，正如江永所言“读《诗》者以鸟兽草木为绪余，读《春秋》者亦当以列国地名为绪余”。[1] 历代学者在诠释《春秋》时，非常重视对地名、山川、疆域、沿革等的训诂、注解，常在著作中随文注出，除此外，还有一些学者作专门的论著讨论《春秋》地理，这就构成了《春秋》地理类文献。

---

① 江永：《春秋地理考实》卷首《春秋地理考实序》，文渊阁《四库全书》本。

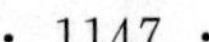

汉代严彭祖《春秋盟会图》为专考《春秋》地理的滥觞之作。① 是书名“图”，久已亡佚，文献记载也阙如，是否配有舆图已不得而知，但从其现存的条目看，其不仅限于对盟会之地的考证，而是对整个《春秋》经传地名的注解。晋杜预《春秋释例》中《春秋地名》和《春秋盟会图》、京相璠《春秋土地名》踵其后，使《春秋》地理类文献得到发展。杜预既考证地名，又画舆图，更是功不可没。之后，宋程公说《春秋分纪》之“疆理”门也讨论了《春秋》地理，但“疆理”只是《春秋分纪》的一部分。专门讨论《春秋》的著作有杨湜《春秋地谱》、郑樵《春秋地名谱》、余哲《春秋地例》，元杜瑛《春秋地理原委》，明杨慎《春秋左传地名考》、刘绩《地谱世系》、刘城《春秋左传地名录》、季本《春秋地考》等著作，但这些著作或未流传下来，或只是“随手集录，姑备记诵”②，这类文献没有获得太大的发展。至清，地理学的发展与考据之学的繁荣，促进了这类文献的大发展，产生了顾栋高《春秋大事表·舆图》、高士奇《春秋地名考略》、江永《春秋地理考实》、程廷祚《春秋地名辨异》、沈淑《春秋左传分国土地名》、沈钦韩《春秋左氏传地名补注》、范释龄《左传释地》、杨守敬和熊会贞《春秋列国图》等数十种著作。

1.《春秋盟会图》1卷，(汉）严彭祖撰

《春秋盟会图》又名《古今春秋盟会图》，是专考《春秋》地理的嚆矢之作。该书名为“盟会图”，所考之地却不是朱彝尊所言“专纪盟会，则围伐灭取土地之见遗者多矣”③，而是对整个《春秋》经传地名的考证，只是重点突出盟会之地。杜预《春秋释例》中的《盟会图》也采用的此种体例，可见此书对杜预影响很大。

该书在《七录》中有著录，《旧唐书·经籍志》与《新唐书·艺文志》已无载，亡佚已久，幸清人有辑佚本，可略见其梗概。其主要的辑佚本有王谟《汉魏遗书钞》本、黄奭《汉学堂丛书》本等。

2.《春秋土地名》3卷，(晋）京相璠撰

京相璠，西晋初人，裴秀门客，为晋代著名的地理学家。

《春秋土地名》一书，郦道元《水经注·谷水注》、《隋书·经籍志》、《新唐书·艺文志》均有著录。该书对《春秋》经传中山川、地名沿革的研究和

① 亦有学者以杜预《春秋地名》、《春秋盟会图》为《春秋》地理学的嚆矢之作，如台湾刘正浩《程师旨云先生的生平与学术贡献》（载《汉学研究之回顾与前瞻国际学术研讨会论文集》，台湾师范大学，2006年）就持此说。

② 永瑢等：《四库全书总目》卷三〇《春秋左传地名录》提要。

③ 朱彝尊：《曝书亭集》卷三四《春秋地名考序》，文渊阁《四库全书》本。

考订最深，所解或与杜预相同，或为杜氏所阙，为当时《春秋》地理学研究的代表作。郦道元非常重视此书，在《水经注》中大加引用，据有的学者统计约有70多条。①

该书早已亡佚，清代有多人从《水经注》、《初学记》等所引裒录为帙，主要有马国翰《玉函山房辑佚》本、王谟《汉魏遗书钞》本、洪颐煊《问经堂丛书》本、黄奭《汉学堂丛书》本等。

3.《春秋地名考略》14卷，(清) 高士奇撰

《春秋地名考略》一书，据卷首所载徐乾学、朱彝尊及高士奇的序文，为康熙二十四年 (1685)，高士奇奉敕撰《春秋讲义》时，考订地理，撰成奏进。但阎若璩《潜丘札记》卷二《释地余话》载“秀水徐善敬可为人撰《左传地名》”之语，清沈初等编《浙江采集遗书总录》也说朱彝尊谓秀水徐善著，盖当时借刻于江村 (高士奇)，故今本署高名。因此此书实际为徐善 (引者按:《四库全书总目》作徐胜，误) 受高士奇委托代撰，高氏负责刻版。朱彝尊在序中未指出此点，是因高氏以自己的名义奏进，朱氏不得不虚美之。该书以《春秋》经传地名分国编排。首列国都，次及诸邑，每一地名之下，先录经文、传文、杜预注，然后以先儒注疏及各史志传考证订详之。总体来讲，该书征引宏富，考证精详，但有时有过求详备而致烦琐之失。

《春秋地名考略》的主要版本有康熙二十七年 (1688) 高氏清吟堂刻本、《四库全书》本等。

4.《春秋地理考实》4卷，(清) 江永撰

江永治学注重考据、训诂，不务空谈，开创了徽派朴学的一代新风。《春秋地理考实》一书便反映了这一特点。是书前3卷考辨《春秋》经传之地理，第4卷对《春秋传说汇纂》一书中之《王朝列国兴废说》的地理考证加注。该书按经传次序，对山、川、国、邑地名随文加以辨析，对杜预及其他学者所说正确者采用之，对其不当者加以辨证。对所有地名都确指为江氏所处时代的地名，便于学者查看。该书虽不及高士奇《春秋地名考略》详博，但非常简明精核，在清代为学术界推尊，甚至有学者认为凡治《左传》地理之书，无出其右。

《春秋地理考实》的主要版本有《皇清经解》本、《四库全书》本等。

5.《春秋地名辨异》3卷，(清) 程廷祚撰

程廷祚 (1691—1767)，初名默，又名石开，字启生，号绵庄，晚年又号

① 曹婉如:《裴秀京相璠》，载谭其骧主编《中国历代地理学家评传》第一卷，山东教育出版社，1990年，第155页。

青溪居士。先世为安徽新安（歙县）人，曾祖虞卿迁居上元（今江苏南京）。乾隆元年（1736）曾一举博学宏词，以不附当路而罢。自是闭户治经，穷究礼乐兵农及经世致用之学，以著述为乐。程氏为清初颜（元）李（塨）学派的重要传人。著有《大易择言》、《程氏易通》、《易说辨正》、《春秋职官考略》、《春秋地名辨异》、《左传人名辨异》等。

《春秋地名辨异》首为地同而名异者，所列有一地二名、一地三名、一地四名、一地七名等几种情况；次为地异而名同，列了二地一名、三地一名、四地一名、五地一名四种情况。格式均为先标地名，后列经、传文，需考证处略加考证。因程氏认为杜预注《左传》用的是晋代地名，故书末尾为《晋书地理志证今》，将《晋书·地理志》中的主要地名，一一标注为程氏所处时代的“今地名”，以便读者查考。该书简明直观，便于读者融会贯通。

程氏将《春秋地名辨异》与《春秋职官考略》、《左传人名辨异》汇为《春秋识小录》传世，主要版本有《春秋识小录》初刻三书（乾隆本、光绪本）、《四库全书》本、《艺海珠尘》本、《金陵丛刻》本、《金陵丛书》本等。

6.《春秋左传分国土地名》2卷，（清）沈淑撰

沈淑（1698－1730），字季和，号立夫，又号颐斋，江苏常熟人。雍正元年（1723）进士，授编修，入词馆，以峭直寡合告归。所学长于《毛诗》、《周礼》、《仪礼》。著有《周官翼疏》、《春秋左传分国土地名》、《左传职官》、《左传器物宫室》等。

《春秋左传分国土地名》乃沈氏为方便“从子辈”记览而作。该书分周、鲁、齐、晋、卫、郑、邢、宋、杞、吴、楚、许、秦、蔡、曹、莒、纪、郳、西虢、北燕、虞、小国（古国附）等抄录杜预注的有关地名。其先列国名，再按十二公的顺序列出地名，有的还标出沈氏所处时代的地名。该书简单明了，颇便初学。

该书主要版本有清雍正七年（1729）常熟沈氏孝德堂刻《经玩》本、《后知不足斋丛书》本、《丛书集成初编本》、《艺海珠尘》本等。

7.《春秋左氏传地名补注》12卷，（清）沈钦韩撰

沈钦韩（1775－1831），字文起，号小宛，今江苏吴县人。年逾三十，始为诸生。嘉庆十二年（1807）举于乡。道光三年（1823），选授安徽宁国县训导。沈氏博闻强识，尤长于《礼》与《春秋》，熟于诸史志，旁及百家。著有《左氏传补注》、《左氏传考异》、《春秋左氏传地名补注》、《两汉书疏证》、《水经注疏证》、《韩昌黎集补注》、《范石湖诗集注》等。

《春秋左氏传地名补注》一书为专门考证《春秋》及《左传》中地名的著

作。其体例为先列经文中之地名详加考证，次考传文中之地名。其征引宏富，考证精详，对杜预《春秋经传集解》、高士奇《春秋地名考略》、江永《春秋地理考实》、顾栋高《春秋大事表·舆图》、程廷祚《春秋地名辨疑》等都有所纠正。故此书可以说是后出转精，对我们今天研究《春秋》经传之地名仍有非常重要的参考价值。

《春秋左氏传地名补注》主要版本有《功顺堂丛书》本、《皇清经解续编》本、《丛书集成初编》本、《续修四库全书》本等。

8.《左传释地》3卷，（清）范士龄撰

范士龄，原名人炳，字酉轩，江苏宝应人。

《左传释地》一书仿《尔雅·释地》、阎若璩《四书释地》而名。该书首列《舆图》，图中一一标举某地系某古国、某国系作者所处时代的某地、某地与作者所处时代的某地接壤，其他的山川古迹亦附于其末。图后按照《左传》的篇次，列举其国名、地名，进行详细解释。第一卷为隐公至僖公，第二卷为文公至襄公，第三卷为昭公至哀公。所释《左传》地名达千余条。该书虽偶有疏漏，但搜采尚称详赅，诠释大体正确，有裨于治《左传》者。

《左传释地》有道光六年（1826）刊本、《续修四库全书》本等。

（三）人物类

《春秋》经传中人物众多，达3000多人，且各自的名号、世系都非常复杂，所以《春秋》经传的注疏中常对之进行说明。但这种注解太过分散，不利学者融会贯通，影响了对《春秋》大义的理解与把握，因此杜预在《春秋释例》中作《春秋世族谱》专门列《春秋》经传中人物的世系，与《春秋经传集解》相纬，开创了对《春秋》经传人物的专门研究。

杜氏之后，对《春秋》经传人物的专门研究代不乏人，隋有顾启期《春秋左氏诸大夫世族谱》，唐有崔表《春秋世本图》、杨蕴《春秋公子谱》等，五代冯继先《春秋名号归一图》则至今尚存。

至宋，《春秋》学非常繁荣，《春秋》人物类文献也进入其繁荣时期，有韩璜《春秋人表》，郑寿《春秋世次图》，环中《春秋列国臣子表》，邓名世《春秋公子谱》、《列国诸臣图》，孙子平、练明道《春秋人谱》，陈氏《春秋世家》、《春秋列传》，无名氏《春秋龟鉴》，无名氏《春秋宗族名氏谱》，无名氏《春秋王侯世系》等数十种专著，此外程公说《春秋分纪》的《年表》、《世谱》、《名谱》三部分，杨甲《六经图》中的世次图等也是对《春秋》人物的专门研究。

元、明二代，学风空疏，对《春秋》经传人物的专门研究考证相对沉寂，仅有明吴国伦《春秋世谱》、张事心《春秋人物谱》、孙范《世次图》、刘城

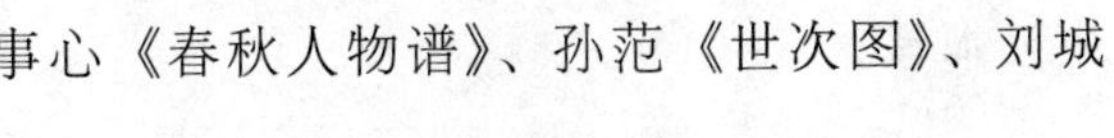

《左传人名录》、龚时宪《春秋列国世家》等为数不多的著作。

至清，由于考据学的大兴，对《春秋》经传人物的研究也大盛，有陈厚耀《春秋世族谱》，常茂徕《增订春秋世族源流图考》、《春秋女谱》，朱骏声《春秋列女表》，周耀藻《春秋世系表》，周日年、章深《春秋君臣世系图考》，程廷祚《左传人名辨异》，高士奇《春秋左传姓名同异考》，范照藜《春秋左传释人》，王士濂《左传同名汇纪》、《左女汇纪》、《左女同名附纪》，孔广栻《春秋世族谱》、《春秋人名同名录》，成蓉镜《春秋世族谱拾遗》，朱运枢《世族谱系》，叶兰《春秋世族谱》，王文源《春秋世族辑略》，史宗恒《左传分国世系图》，侯廷铨《春秋氏族略》等数十种。

由于《春秋》人物类文献在形式上多为图表，故冯继先《春秋名号归一图》、陈厚耀《春秋世族谱》、常茂徕《增订春秋世族源流图考》等已在图表类介绍，以下再简要介绍几种。

1.《左传人名辨异》3 卷，(清) 程廷祚撰

《左传人名辨异》仿冯继先《春秋名号归一图》取《春秋》经传异名，汇列而分辨之。体例为以人系国，分列异名于下，从“一人二称”直列至“一人八称”。共 3 卷，上卷为周、鲁、晋，中卷为齐、宋、郑、卫，下卷为楚、秦、陈、蔡、曹、郲、莒、吴、纪、虢、州。该书收罗广泛，所录与《春秋名号归一图》互有出入，而更为简明。

程氏将《左传人名辨异》、《春秋地名辨异》与《春秋职官考略》汇为《春秋识小录》传世。主要版本有《春秋识小录》初刻三书（乾隆本、光绪本)、《四库全书》本、《艺海珠尘》本、《金陵丛刻》本、《金陵丛书》本等。

2.《春秋世族辑略》2 卷，(清) 王文源撰

王文源，字梦圃，江苏丹徒人。乾隆四十四年 (1779) 恩科孝廉。王氏喜《左氏》之学，著有《春秋列国辑略》、《春秋世族辑略》等。

《春秋世族辑略》体例大抵仿陈厚耀《春秋世族谱》，依次为周、鲁、卫、晋、虞、虢、蔡、滕、曹、燕、郑、宋、陈、杞、齐、纪、薛、秦、郲、小郲、许、莒、吴、楚、越世次图，都是先叙各国君王世系，然后叙其卿族世系。各篇之首冠以列国兴废说。考证之语，则列于书眉。该书博采《春秋》经传注疏，旁采《国语》、《战国策》、《礼记》、《史记》、《汉书》，收罗广泛，考据精审。虽因循陈书体例，但详略不同，对陈氏之说多有厘定，可与陈氏之书相互参看。

该书主要版本有清道光二十五年 (1845) 陈氏敏求轩刊本、《续修四库全书》本等。

3.《春秋左传释人》12卷，(清) 范照藜撰

范照藜字乙青，号井亭，河内（今河南沁阳）人。乾隆五十一年（1786）举人，官定远县知县。著有《春秋左传释人》、《乡音正误》等。

《春秋左传释人》卷首为各国世系图与年表。卷一至卷四为王朝、诸侯世次，包括周、鲁、吴、蔡、曹、卫、滕、晋、郑、宋、陈、杞、齐、楚、秦、许、薛、莒、邾、小邾、越、小国世次及戎狄蛮夷君长考、列国爵姓考、灭亡诸国考。卷五至卷一〇各国臣考，列自周王朝列国卿士大夫暨戎狄蛮夷1900余人。卷一一为王后诸侯夫人下逮臣妇。卷一二则为《左传》中称引的古人。最后附录为《左传》中同名之人。该书博取汉晋、唐宋以来各家注释及陈厚耀《春秋世族谱》、程廷祚《左传人名辨异》等著述，参其同异，断其是非，为当时研究《春秋》242年人物的一部力作，其成就超过陈、程等人的著作。

《春秋左传释人》的主要版本有清嘉庆七年（1802）如不及斋刻本、《续修四库全书》本。

4.《春秋女谱》1卷，(清) 常茂徕撰

《春秋女谱》是汇集《春秋》经传中之女性的著作。该书大体仿《增订春秋世族源流图考》体例，首列周之王后，以周之王女附后。后面依次是鲁、晋、卫、郑、齐、宋、楚、秦、陈、蔡、杞、纪、息、芮、莒、许、邾、小邾、鄫、鄅、郯、江、徐、邛、潞、曹、贾、吴等国之女，皆先叙其君王之夫人、妃妾、子女，附以卿大夫之妻妾子女。对于偶见经传而无世次可稽，或因人因地因事以为名的，则另为一篇，名曰“各国无名杂妇女”，仍分国按年编次，附之书末。该书收罗完备，条例谨严，补当时《春秋》氏族之学“重男轻女”之缺漏。清人研究《春秋》氏族之学的著作很多，但大部分的着眼点为君王、诸侯、大臣，涉及女性的仅有此书及王廷钊《春秋列女图考》和王士濂《左女汇纪》、《左女同名附纪》等几种，而此书又是当中的代表作，大有利于研究《春秋》之学。

《春秋女谱》主要版本有清道光三十年（1850）夷门怡古堂刻本、《续修四库全书》本等。

（四）职官类

春秋之时，周虽名为天下共主，实际沦为诸侯小国。诸侯自大，诸侯国之间书不同文、车不同轨，各国职官在称呼和职能上都有所不同，这造成《春秋》经传中的职官非常复杂。因此，对职官的注解考证一直是《春秋》研究中的重要内容。不过，在清以前这些注解大多分散在《春秋》经传的注疏中，做专门研究的较少，较为有名的为程公说《春秋分纪》中的“职官”门。

至清，始有专书对《春秋》经传职官进行考证，以程廷祚《春秋职官考略》、沈淑《左传列国职官》、李调元《左传官名考》、汪中《春秋列国官名异同考》等最为有名。这些文献将《春秋》经传中职官的资料汇于一编，便于检索与参照对看，对阅读《春秋》经传，理解《春秋》微言大义，大有裨益，同时也促进了对春秋时期官制的研究。

1.《春秋职官考略》3卷，（清）程廷祚撰

《春秋职官考略》上卷列数国共有之官，中卷列一国自有之官。每官之下均详列经、传之文，并根据注疏，对与《周礼》有异同者加以辨证。下卷为《晋军政始末表》，详列其将佐之名，序晋军八变之制，又以御戎、戎右附表于后。宋人程公说《春秋分纪》已有“职官”一门，专列《春秋》经传职官，但以专书讨论《春秋》经传职官，此书为较早的作品。该书考证精核严密，颇便治《春秋》之学者。

程氏将《春秋职官考略》与《春秋地名辨异》、《左传人名辨异》汇为《春秋识小录》传世。主要版本有《春秋识小录》初刻三书（乾隆本、光绪本)、《四库全书》本、《艺海珠尘》本、《金陵丛刻》本、《金陵丛书》本等。

2.《左传列国职官》1卷，（清）沈淑撰

《左传列国职官》以国为纲，列举官名，官名之下列杜注孔疏，使读者一目了然。所列诸国周、鲁、齐、晋、卫、郑、宋、楚、秦等，对无法归附某国的，则归为“总”类，最后则为“古”，以列上古官名，便于对照。该书使纷繁的春秋列国官号变得简单明了，便于治《春秋》者把握。该书在体例上对李调元《左传官名考》影响很大，李书所列具体官名与沈书不同，但在大的体例上与此书相同。①

本书主要版本有清雍正七年（1729）常熟沈氏孝德堂刻《经玩》本、《后知不足斋丛书》本、《艺海珠尘》本、《丛书集成初编》本等。

3.《左传官名考》2卷，（清）李调元撰

李调元聪敏好学，治学广泛，群经小学皆有著述。《左传官名考》便是其关于《春秋》的重要著作。是书分上下两卷，以国为纲，列举官名，而以鲁国十二公纪年注疏于下，使读者一目了然。所列诸国有周、鲁、卫、郑、晋、

---

① 李调元在自序中没有提到沈淑之书，并说关于《春秋》职官的书，“历稽书目，未尝前闻”，但其总的体例与沈氏之书相同，而且自序中所言“附载注疏之说于下，与《周官》参校之，略可见侯国之差错焉”，与沈书末尾所言几乎完全相同。由此可见，李氏当见过沈书。

宋、齐、秦、楚等，对无法归附某国的，则归为“总”类，最后则为“古”，列上古官名。通过此书，可大体了解《春秋》经传中的官制。由上，此书体例与沈淑《左传列国职官》有相同之处，但其标出鲁国十二公纪年，归纳精炼，较沈书更为清楚明了，更便于读者查找。因此，该书吸取了程廷祚与沈淑之书的长处，《续修四库全书总目提要》认为李氏之书“辑于程沈二家之后，叠床架屋”①，实失之偏颇。清人有很多关于《春秋》的专题研究著作，但以地理、人物等为主，对职官的研究相对较少，故此书是清人研究《春秋》职官的一部非常重要的著作。②

《左传官名考》的主要版本有《函海》本、《丛书集成初编》本、《续修四库全书》本等。

4.《春秋列国官名异同考》1卷，（清）汪中撰

汪中（1744－1794），原名秉中，字容甫，号颂父，江苏江都人。汪氏为清代著名学者，在经学、史学、诸子学、文学、音韵、地理以及古籍的校勘、辑佚、辨伪等方面多有成就，为清代扬州学派的奠基人物。著有《尚书考异》、《大戴礼记正误》1卷、《春秋述义》1卷、《春秋列国官名异同考》1卷、《左氏春秋释疑》、《经义知新记》1卷、《旧学蓄疑》1卷、《广陵通典》10卷、《汪容甫遗诗》等。

《春秋列国官名异同考》以《周礼》为基础，对《春秋》经传中列国变易官名、僭越制度的情况进行了详细论说、考证，从一个侧面揭示了各国的官制。该书广征博引，条分缕析，颇为赅贯，是清人研究《春秋》经传官制的代表作之一。

该书主要版本有《蛰园丛书》本、《重印江都汪氏丛书》本、《续修四库全书》本等。

（五）礼制类

《春秋》是礼崩乐坏之时，为拨乱反正而作，礼制是其评判人物、事件的重要标准，在《春秋》经传中扮演着重要的角色，可以说与《春秋》相表里。

---

① 中国科学院图书馆整理：《续修四库全书总目提要》第4册《春秋左传分国土地名》、《左传列国职官》、《左传器物官室》提要，齐鲁书社，1996年，第180页。

② 按：《续修四库全书总目提要》认为“李氏此书之作，稽之书目，未之前闻，诚创制也”（中国科学院图书馆整理：《续修四库全书总目提要》第32册《左传官名考》提要，齐鲁书社，1996年，第63页），实失之详考。因为如前所述程公说《春秋分纪》有“职官”一门，至清，在李调元之前，已有程廷祚《春秋职官考略》、沈淑《左传职官》二书。

因此历来学者在注解《春秋》经传、阐发微言大义时，礼制都是其解释的重要内容与褒贬的重要依据。宋以前关于《春秋》礼制的内容分散在经传注疏中，宋张大亨《春秋五礼例宗》取《春秋》事迹，分吉、凶、军、宾、嘉五礼，依类别记，开创了以五礼总括《春秋》的方法，亦是《春秋》礼制的第一部专书。张氏之后，程公说《春秋分纪》"礼乐"门也依礼对《春秋》中之事迹进行了编排与考证。任续《春秋五始五礼论》内容不详，但从书名看，当有对《春秋》中五礼的讨论。元明二代，《春秋》礼制类专书基本袭用张大亨《春秋五礼例宗》之法，如元吴澄《春秋纂言》、明石光霁《春秋书法钩玄》均是按五礼采摘经文以论之。总的来说，宋元明三代的《春秋》礼制文献对《春秋》中的礼进行归纳总结，主要是以礼明义例，阐发微言大义。到清代，实证、考据之学的发展，使《春秋》礼制文献得到较大的发展，在内容上也从以礼明义例为主变成了考证礼制为主，其代表作主要有惠士奇《春秋说》、凌曙《春秋公羊礼疏》和《公羊礼说》、陈奂《公羊逸礼考徵》、侯康《穀梁礼证》、王舟瑶《穀梁逸礼考证》、顾栋高《春秋大事表·春秋五礼源流口号》等。

1.《春秋五礼例宗》10卷（原缺卷四至卷六），（宋）张大亨撰

张大亨，字嘉父，湖州（今属浙江）人。登元丰八年（1085）进士乙科。建中靖国初（1101）为太学博士，后为左司郎中，政和八年（1118）六月罢，与宫观。官至直秘阁。张氏《春秋》学出自苏轼，著《春秋五礼例宗》、《春秋通训》。

《春秋五礼例宗》原本10卷，明代《永乐大典》中已不见有军礼部分的3卷，可见明初已佚。该书取《春秋》事迹，分吉、凶、军、宾、嘉五礼，依类别记。一礼之中，又分子目并列出其所属经文，然后综合三传加以解释，与五礼相表里。以五礼总括《春秋》，是张氏之首创，对后世影响较大。如元人吴澄撰《春秋纂言》，分列五礼，多与此书相出入，显系受了大亨的启发，或者直接比照此书而成；① 明人石光霁著《春秋书法钩玄》亦采此法，详录吉、凶、军、宾、嘉五礼条目，每条之下再采集诸儒之说以论之。

《春秋五礼例宗》的主要版本有《四库全书》本、《粤雅堂丛书》本、宋刻11行本、清抄本等。

2.《春秋说》15卷，（清）惠士奇撰

惠士奇邃于经史，曾参与《钦定春秋传说汇纂》的编写，著有《易说》、

① 永瑢等《四库全书总目》卷二八《春秋纂言》提要以吴澄之学不出于苏氏，否认其见过《春秋五礼例宗》，太过牵强。

《礼说》、《春秋说》等，其治学方法较宋儒为缜密，但较拘泥。

《春秋说》一书“以礼为纲，而纬以《春秋》之事，比类相从，约取三传附于下”[①]，即按礼制的内容分成许多小目，每目之下罗列经文、三传之文，间以《史记》等书佐之。其史实多据《左传》，论断则多采《公羊》、《穀梁》。各条之后往往附辨诸儒之说，而每类之后又有总论以阐发自己的观点。该书引证丰富，持论平正，为清代《春秋》礼制类文献的重要著作。

该书的主要版本有乾隆十四年（1749）《璜川吴氏经学丛书》本、《四库全书》本、《皇清经解》本等。

3.《春秋传礼徵》10卷，（清）朱大韶撰

朱大韶（1791—1844），字仲钧，号虞卿，娄县（今上海市）人。嘉庆二十四年（1819）进士。官怀远县教谕，以忧归。道光二十四年（1844），复选授江宁县教谕，未到任而亡。清代著名的学者。治经宗高邮王氏（王念孙、王引之），熟精《三礼》。著有《春秋传礼徵》、《尚书字诂》、《尚书经字异同集证》、《毛诗翼》、《毛诗故训传裨》、《经典衍文脱文经字倒误考》、《实事求是之斋丛著四种》等。

《春秋传礼徵》一书对《春秋》中涉及礼制的地方，综合三传、经史、《通典》以及先儒之说，融会贯通，反复辨证，多有创见。其对当时诸家礼说亦择善而从，并多有纠正。是书断制精严，为学者膺服。

该书的主要版本有《适园丛书》本、《续修四库全书》本。

4.《春秋公羊礼疏》11卷，（清）凌曙撰

凌曙（1775—1829），字晓楼，一字子升，江苏江都人。初杂作佣役，后师事沈钦韩、刘逢禄等，旋充塾师，后入京为阮元校辑《经郛》，得见群书。喜《公羊》学说，自称“笃嗜《公羊春秋》，覃精竭思，力索有年矣”[②]。著有《春秋公羊礼疏》、《公羊礼说》、《公羊问答》、《春秋繁露注》等。

《春秋公羊礼疏》重点对《公羊》中涉及的典礼进行阐发。凌氏初治郑氏，详于典礼，所以他认为过去的《公羊》注疏中，对礼的解释殊欠明晰，故采群书以补疏之。其对比较隐晦的内容加以发明，有不同见解就加以引证，采录所及，包括郑玄《三礼》注、《晋书·礼志》、《宋书·礼志》以及新旧《唐书》、《通典》诸书。大体上以何休《春秋公羊解诂》为主，疏不破注。学者历来对此书的评价不高，如杨向奎认为其“论义理无发挥，论考据不精辟，

---

① 永瑢等：《四库全书总目》卷二九《半农春秋说》提要。

② 凌曙：《春秋公羊礼疏》卷首《公羊礼疏序二》，《续修四库全书》本。

论材料不丰富”①，陈其泰也认为其“舍弃义理的大端宏绪，选择从礼制作疏解，所走是一条狭窄的小径，所言确实是卑之无甚高论”②。但综观是书，所有引征皆序而不断，在《公羊》义理的发挥上的确不足，但其实事求是，不穿凿妄议，不失为治《公羊》者的参考之作。

《春秋公羊礼疏》的主要版本有蜚云阁《凌氏丛书》本、《偲进斋丛书》本、《皇清经解续编》本、《丛书集成初编》本、《续修四库全书》本等。

5.《公羊逸礼考徵》1卷，（清）陈奂撰

陈奂殚毕生精力，专攻经学，于《春秋》则有《公羊逸礼考徵》一书。此书对何休《春秋公羊解诂》中所引之礼进行了研究。陈奂认为何休不信《周官》，故注《公羊》援据《逸礼》，间参汉法，援引了不少先秦旧典，而徐彦《春秋公羊传注疏》多指为时王之礼，考之不审。因认为何休所引为《逸礼》，故其以“逸礼”名书。是书对朝制、门制、庙制、城制、禘祫礼、归宁礼都精加考证，于礼之文义异同者，附著各条，常见者则略之。

该书主要版本有《滂喜斋丛书》本、《孙溪朱氏经学丛书初编》本、《槐庐丛书初编》本、《皇清经解续编》本、《丛书集成初编》本、《续修四库全书》本、稿本等。

6.《穀梁礼证》2卷，（清）侯康撰

侯康（1798—1837），原名廷楷，字君模，广东番禺人，祖籍江苏无锡。以优贡生中道光十五年（1835）举人。幼孤好学，喜读史，后益研精注疏，尽通诸经。故其长于经史之学，著有《春秋古经说》2卷、《穀梁礼证》2卷、《补后汉书艺文志》4卷、《补三国志艺文志》4卷等。

《穀梁礼证》是侯康的未完之书，仅存残稿50余条，由其弟侯度整理为2卷。是书对《穀梁》中涉及礼制的部分作解，为少有的以《穀梁》致意典礼的著作。其引经据典，或为《穀梁》正确的地方寻找理由，或批驳辨正《穀梁》的失误之处，或推求《穀梁》述作的目的，可谓“古义凿然”③。该书材料丰富，诠释也较清楚，具有较高的学术价值，故章炳麟才会认为清代的《穀梁》研究成果“惟侯康为可观（著《穀梁礼证》），其余大氐疏阔”④。章氏所

① 杨向奎：《清代的今文经学》，载《绎史斋学术文集》，上海人民出版社，1983年，第353页。

② 陈其泰：《清代公羊学》，东方出版社，1997年，第129页。

③ 李慈铭：《越缦堂读书记·经部·春秋类》，上海书店，2000年，第106页。

④ 章太炎：《检论》卷四《清儒》，《章太炎全集》第3册，上海人民出版社，1984年，第478页。

言虽有些片面与夸大，但足以证明此书的价值。

《穀梁礼证》主要版本有清道光二十一年（1841）抄本、《岭南遗书》本、《皇清经解续编》本、《续修四库全书》本等。

（六）其他类

专题类《春秋》文献除了历法、地理、人物、职官、礼制等类外，还包括以《春秋》经义来断狱的文献，以及对《春秋》经传中的用兵之事、器物宫室、乱臣贼子之事等进行研究的文献。这些文献相对来说比较少，以下简述几种，以窥其斑。

1.《春秋决狱》16篇，（汉）董仲舒撰

董仲舒（前179－前104），广川（今河北景县）人，西汉时期著名的今文经学大师。景帝时任博士，讲授《公羊春秋》。元光元年（前134），董仲舒上"贤良三策"，建议"罢黜百家，表章六经"，为武帝所采纳。其后，任江都易王刘非的国相10年；元朔四年（前125），任胶西王刘端的国相，4年后辞职回家。此后，居家著书，朝廷每有大议，令使者及廷尉就其家而问之，仍受武帝尊重。著有《春秋繁露》、《春秋决狱》等著作。董氏对《公羊》学做了改造发挥，适应统治者的需要，使之成为一代显学。

《春秋决狱》又名《公羊治狱》、《春秋决事比》、《春秋断狱》等，是董仲舒引《春秋》经义治狱的案例汇编。《汉书·艺文志》著录《公羊董仲舒决狱》16篇，《后汉书·应劭列传》云："故胶（东）［西］相董仲舒老病致仕，朝廷每有政议，数遣廷尉张汤亲至陋巷，问其得失。于是作《春秋决狱》二百三十二事，动以经对，言之详矣。"《隋书·经籍志》著录《春秋决事》10卷，《旧唐书·经籍志》、《新唐书·艺文志》则为《春秋决狱》10卷，《崇文总目》为《春秋决事比》10卷。该书早已亡佚，幸唐宋类书、政书中有载，从所载吉光片羽中可知此书是根据《春秋》褒贬予夺的原则，对现实的案情进行分析，再辅以《春秋》中案例进行判决。该书在中国法制史上具有重要的地位，成为中国法制史上"引经以断狱"的开山之作。

该书现有清人辑佚本，主要有洪颐煊《问经堂丛书》本、马国翰《玉函山房辑佚书》本、黄奭《汉学堂丛书》本等。

2.《左氏兵略》32卷，（明）陈禹谟撰

陈禹谟（1548－1618），字锡玄，江苏常熟人。万历十九年（1591）举人，曾任兵部司务，官至四川按察司佥事。著有《经籍异同》、《经言枝指》、《别本四书名物考》、《左氏兵略》等。

《左氏兵略》为陈禹谟任兵部司务时所撰。其取《左传》之叙及用兵之事，以十二公之序排列，对于事情相类似的，则不拘时代之限而类附于前。又杂引子、史文献证明之，并断以已意。陈氏曾将此书疏进于朝，目的在于对当时朝廷的用兵有所帮助。就具体的用兵而言，春秋时的军事思想显然已不适应明代的具体情况，但这样的归纳则是对《左传》军事思想的系统研究。因此，从阐发微言大义的角度讲，此书“无关于《春秋》，并无关于《左传》”①，但其促进了明清学者对《左传》军事思想的研究。在他之后，有明王世德《左氏兵法》、宋徵璧《左氏兵法测要》、曾益《左略》、龚奭《左兵》、黎遂求《春秋兵法》，清徐经《左传兵法》和《左传兵诀》、李元春《左氏兵法》、孙毓林《左氏春秋兵论》、魏禧《左氏兵谋兵法》和《左氏韬钤》、郭鸿熙《左氏兵法正宗》等著作专门研究《左传》的军事思想。

《左氏兵略》的主要版本有明万历吴用先、彭瑞吾等四川刻本、明天启刻本、《四库全书存目丛书》本等。

3.《左传器物宫室》1卷，(清) 沈淑撰

《左传器物宫室》分“器物”与“宫室”两部分。“器物”部分列《左传》中提到的器物，按十二公的顺序排列，有的器物下对其形制、用途等作简单说明。“宫室”部分则以国为纲，载周、鲁、齐、晋、卫、郑、宋、吴、楚、秦、曹、郏等国的宫室，对无法归入某国的，则归为“总”类。《春秋》学史上的专题研究虽较多，但对其器物、宫室做专门研究的相对较少，据笔者所知有唐张杰《春秋图》、明人傅逊《春秋古器图》等几种，故沈氏此书虽较简明，但具有重要的意义。

本书的主要版本有清雍正七年 (1729) 常熟沈氏孝德堂刻《经玩》本、《后知不足斋丛书》本、《丛书集成初编》本、《艺海珠尘》本等。

4.《春秋乱贼考》1卷，(清) 朱骏声撰

《春秋乱贼考》紧扣“孔子作《春秋》而乱臣贼子惧”之义，对《春秋》经传所载的“乱臣贼子”之事进行一一考证。尤其对杜预主张“出君”为君自取灭亡，顾栋高《春秋大事表》谓《春秋》载臣弑君、子弑父为圣人戒人君做了驳斥，认为出君、臣弑君、子弑父之类的行为均是乱臣贼子之事。该书在《春秋》的专题研究中，视角独特，又紧扣《春秋》大义，具有重要的价值。

该书版本主要有《聚学轩丛书》本、《续修四库全书》本等。

5.《春秋决事比》1卷，(清) 龚自珍撰

龚自珍从刘逢禄治《公羊》。在时局的影响下，他喜言义理，大力阐发

① 永瑢等：《四库全书总目》卷一〇〇《左氏兵略》提要。

《公羊》学的经世功能，以之作为其改良思想的理论基础。著有《春秋决事比》、《左氏春秋服注补义》、《左氏决疣》等。

《春秋决事比》为龚自珍仿董仲舒《春秋决事比》（又名《春秋决狱》、《公羊治狱》、《春秋断狱》等）与刘逢禄《议礼决狱》的体例，以设问的方式，提出《春秋》经传中的120件事，按《春秋》经义作解答。按龚氏自拟目录，该书共有11篇，分别为君道篇、君守篇、臣守篇、不应重律篇、不应轻律篇、不定律篇、不屑教律篇、律目篇、律细目篇、人伦之变篇、自序篇。但此书残佚极多，所采120事已全佚，君道篇至不应轻律篇，5篇已全佚，不定律篇至人伦之变篇仅存一些答问。该书虽为残帙，但所存不多的文字展现了龚氏《春秋》为“万世之刑书”，“以《春秋》当新王”等主张，可窥见龚氏《春秋》学通经致用的特点与他力主改良的思想。龚氏可以说引领了晚清《春秋》学的风向，对后来的康有为影响很大。

该书的主要版本有《皇清经解续编》本、《续修四库全书》本等。

七、通论类

通论类《春秋》文献是指从总体上讨论《春秋》经传作者、时代、三传优劣、异同、义例、微言大义、主旨等的文献。这类文献与传说类文献逐句解说分析不同，是从宏观上的归纳、分析和总结。大部分《春秋》学者认为《春秋》的微言大义是通过一定的“义例”来展现的，所以他们非常注重对“义例”的归纳、总结。因此，通论类《春秋》文献中，“义例”类占了很大比重。此外，其他讨论《春秋》经传作者、时代、三传优劣、异同、微言大义、主旨等的文献也不在少数。通论类《春秋》文献旨在发凡举要，阐发对《春秋》经传纲领性的认识。下面择要介绍之。

（一）义例

《春秋》文简义繁，历代大部分《春秋》学者都认为《春秋》中复杂的微言大义能通过简单的文字表达出来，是因为《春秋》中各种义例的存在。①所以，他们总结归纳了许多义例来探寻《春秋》中的微言大义，以例说经成为解读《春秋》的重要方式。正如崔子方所言：

> 《春秋》之为书，辞约而例繁。欲其严也，故其辞约；欲其明也，

① 从宋代起，以朱熹、黄震等为代表的学者亦反对以例治《春秋》，之后元代程端学、明代湛若水、清代姚际恒、今人姚曼波等学者亦踵此说，但总的来说，持此说的学者较少。

故其例繁。例者，辞之情也，然则学者当比例而索辞，然后可也。例不胜其多，故有与为例，而疑于义者著之，无与为例，而不疑于义者不著也，其要在是矣。呜呼！不知例要而欲知《春秋》，是犹舍舟楫之用而以济夫川渎者也。①

在崔氏看来，如同舟楫为渡河的必备工具一样，“例”对把握《春秋》大义是必不可少的。崔氏此说是以例治《春秋》者的共识。因此，除了在《春秋》经传注疏中经常能看到以“例”解《春秋》之处外，《春秋》学史上还产生了众多的归纳《春秋》义例的著作。这些著作，旨在发凡举要，为著者对《春秋》或三传纲领性的认识，也涉及一些地名、人名、氏族、方国等的归纳整理，因此，其无论对《春秋》研究，还是上古历史、地理等的研究都有十分重要的价值。

《春秋》义例类著作的发展与整个《春秋》学的发展是一致的。中唐啖助、赵匡、陆淳以前，三传分立，三传各自有例。如《公羊》之例，据何休《春秋公羊解诂》曰：“往者略依胡毋生条例，多得其正。”可见胡毋生治《公羊》用例。何休则有《春秋公羊文谥例》，《七略》也载有《公羊传条例》。《穀梁》之日月时例人所共知，范宁《春秋穀梁传序》也有“商略名例”之语，杨士勋疏称范氏别有“略例”百余条，并引 20 余条。②《左传》之例则始于刘歆《春秋左氏传条例》，郑兴、贾徽、郑众、贾逵也各有“条例”之作。杜预则著《春秋释例》对《左传》之例进行了系统的归纳。中唐啖、赵、陆开创新《春秋》学，其义例著作，如啖助《春秋统例》，陆淳《春秋集传纂例》等，与何休《春秋公羊文谥例》、杜预《春秋释例》、范宁《穀梁传例》等讨论传文的义例相比，直接针对《春秋》经，这是因为他们主张弃传从经，直探圣人本意，需要绕过三传建立自己的义例体系。宋元明《春秋》学是对啖、赵、陆新《春秋》学的发展，其义例之作也多是以经文为对象的，如刘敞《春秋传说例》、崔子方《春秋本例》、王樵《春秋凡例》等。至清，由于今古文经学之争再度兴起，专门讨论三传义例的著作又有所增加，如刘逢禄《公羊何氏释例》、许桂林《春秋穀梁传时月日书法释例》、刘师培《春秋左氏传略例》等。

以上是对《春秋》义例类著作的概要介绍，下面择其要述之。

---

① 崔子方：《春秋经解附录》卷末《春秋例要序》，文渊阁《四库全书》本。

② 清人王谟、黄奭都辑有范宁《穀梁传例》，分别收入《汉魏遗书钞》与《汉学堂丛书》。

1.《春秋释例》15 卷，（晋）杜预撰

《春秋释例》对《左传》中的记事原则、用字规范等进行了归纳，归纳出“公即位例”、“会盟朝聘例”、“战败例”、“母弟例”、“吊赠葬例”等几十种义例。在每例中，杜预都做了详尽举证和大义阐释。至此，形成了系统的《春秋》左氏例。其书后还有《春秋地名》、《春秋盟会图》、《春秋世族谱》、《春秋长历》4 篇。尤以《春秋地名》与《春秋长历》最为精核，为后儒所宝。

杜预在《春秋经传集解》一书中贯彻其“三体五例”的思想，在具体的注解中有对义例的归纳，但散见于各处，不利于读者把握。此书专门对之进行系统归纳，便于读者权衡对比，举一反三，加深对《左传》的认识。因此，四库馆臣所持此书是《春秋经传集解》羽翼的评论，不为虚发。再者，此书是杜预在汇集前人成说基础上断以己意而成，有集大成的性质，从中可窥晋以前学者对《春秋》义例的归纳。最后，其《春秋地名》、《春秋盟会图》、《春秋世族谱》、《春秋长历》4 篇，是较早的对《春秋》经传的专题性研究，对后世影响深远，后世学者的这类研究常直承杜氏。而且此 4 篇考证精详，对研究我国上古历史、地理、方国、氏族亦具有极高的参考价值。

此书《隋书·经籍志》作 15 卷，原分为 40 部，宋《崇文总目》记“凡五十三例”。唯元代吴莱作后序，称全书为 40 卷，不详其所本。抵明代时，原书久已散佚，仅《永乐大典》中尚存 30 篇，并有唐刘蕡序，其中有 6 篇有释例而无经传，余亦多有脱文，四库馆臣辑出后又随篇掇拾，复取孔颖达《春秋左传正义》及诸书所引《释例》之文补之，又校其伪谬，重新厘为 47 篇，仍分作 15 卷，以还其旧，吴莱后序亦并附之。以今本观之，书中多有晋以后北魏、隋、唐建置地名，而“阳城”一条，更记唐武后事，当是原书散亡以后，唐人补辑所致。

此书现传主要版本有《四库全书》本、《武英殿聚珍版书》本、《丛书集成初编》本、《岱南阁丛书》本、《古经解汇函》本等。

2.《春秋集传纂例》10 卷，（唐）陆淳撰

《春秋集传纂例》是陆淳在啖助《春秋统例》的基础上撰成的。《新唐书·啖助传》云啖助集十年之力著《春秋集传》，书成之后，又条其纲领为《统例》6 卷。啖氏卒后，陆淳与其子啖异录其遗文，为《春秋集注总例》，又请赵匡损益，再由陆淳纂合，改名为《春秋集传纂例》，成于唐代宗大历十年（775）。由此，此书实为啖、赵、陆三家之说。

是书共 40 篇，分为 10 卷，第一篇至第八篇为全书总义，篇目有《春秋宗指议》、《三传得失议》、《啖子集传集注义》、《赵子集传集注义》等，集中

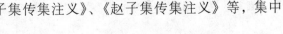

体现了啖、赵对《春秋》经及三传得失的认识等《春秋》学的基本观点；第九篇为鲁十二公并世绪，第十篇至第三十五篇为“公即位例”、“告月视朔”、“郊庙雩社例”、“婚姻例”等义例，第三十六篇以下为经传文字脱谬及人名、国名、地名等。故四库馆臣认为“其发明笔削之例者，实止中间二十六篇而已”。① 以例说《春秋》，是《春秋》学的传统，是书是继杜预《春秋释例》后，又一部《春秋》学义例的重要著作，清人朱彝尊认为此书一出，“例乃大备，庶乎丝麻冠履之不紊，其有功于《春秋》甚大”②；但其所言之例不是三传中任何一传的例，而是啖、赵、陆自己的例。

是书作为啖、赵、陆学派的代表作之一，打破三传分立、不肯相通的局面，直以经文为考察对象，考三家得失，弥缝漏失，清人皮锡瑞认为“今世所传，合三传为一书者，自唐陆淳《春秋纂例》始”。③ 之后，唐宋学者治《春秋》义例多以之为本，不拘泥于三传，而径以经文为对象，归纳《春秋》义例，建立自己的义例体系，如刘敞《春秋传说例》、崔子方《春秋本例》等就是其代表。

《春秋集传纂例》主要版本有钱仪吉《经苑》本、《玉玲珑阁丛刻》本、《四库全书》本、《古经解汇函》本、《武英殿聚珍版书》本、《丛书集成初编》本、明刻本、清抄本等。

3.《春秋传说例》1卷，(宋) 刘敞撰

《春秋传说例》的卷数有三种著录情况，即刘敞之弟刘攽所作《刘公行状》与《玉海》为2卷；《中兴馆阁书目》、《直斋书录解题》及《四库全书总目》以后的目录著录为1卷；唯《宋史·艺文志》为11卷。笔者以为2卷为刘敞初撰成时之卷数，刘攽所载不当有错。《中兴馆阁书目》及《直斋书录解题》作1卷，当为元祐间被旨刊行时改定。④ 按《直斋书录解题》称其有49条，而编修《四库全书》时，该书已亡佚，四库馆臣从《永乐大典》辑出25

---

① 永瑢等：《四库全书总目》卷二六《春秋集传纂例》提要。

② 朱彝尊：《曝书亭集》卷三四《陆氏春秋三书序》。

③ 皮锡瑞：《论啖赵陆不守家法未尝无扶微学之功宋儒治春秋者皆此一派》，载《经学通论》，中华书局，1954年。

④ 傅增湘：《藏园群书经眼录》卷一“春秋权衡”条（中华书局，1983年，第77页）录淳熙十三年刘敞曾侄孙刘龟从（刘攽曾孙）刊书题跋言：“曾伯祖公是先生所作《春秋传》、《说例》、《权衡》、《意林》四书。元祐间被旨刊行，今吴、蜀、江东西皆有本。龟从修县学既成，锓板于中，以广其传。淳熙十三年十二月初吉曾侄孙通直郎知温州瑞安县主管劝农公事兼主管双穗盐场龟从谨题。”

条，厘为1卷，是故二者不同。观此书每条的字数并不多，依其文例，49条不可能厘为11卷，《宋史·艺文志》极有可能是衍了一“十”字，或者如《四库全书总目》所言以11篇为11卷。

是书旨在发凡举要，阐明其《春秋刘氏传》褒贬之例，实为其《春秋刘氏传》一书之纲领。因为今所见传本是四库馆臣从《永乐大典》中辑出的，故仅有25条，且多零篇断句，不尽全文。

本书版本主要有《四库全书》本、《武英殿聚珍版书》本、《艺海珠尘》本、《榕园丛书》本、《清芬堂丛书》本等。

4.《春秋本例》20卷，（宋）崔子方撰

《春秋本例》最大的特点是以日月例为《春秋》之本，把《春秋》中各类事项按照日、月、时分别进行归纳。全书分为16门，分别为王门、王后门、王臣门、凡王事门、公门、子门、夫人门、内女门、内大夫门、宗庙郊祭门、内戎事门、凡内事门、凡外事门、外域门、内灾异门、外灾异门。每一门俱分为例日、例月、例时，以下又分为若干项。比如宗庙郊祭门，例日有立宫、作主、郊、禘、大事、烝、尝、有事、绎、从祀、纳鼎，例月有考宫献羽、卜郊、用牲于社、不告月犹朝于庙、大室屋坏，例时则有丹楹、刻桷。每一项下集录《春秋》文句，然后说明有多少“著例”，多少“变例”。全书眉目清晰，层次清楚，将整个《春秋》都纳入了日月时例的范围。

宋代大部分学者都主张以例治《春秋》，但完全以“日月时例”说《春秋》却不多见，崔氏可谓独树一帜。但专以日月为例则太过极端，难免曲说弥缝，正如南宋目录学家陈振孙所说：“专以日月为例，则正蹈其失而不悟也。”①

《春秋本例》的主要版本有《通志堂经解》本、《四库全书》本、《摛藻堂四库全书荟要》本、宋刻本、明抄本等。

5.《公羊何氏释例》10卷，（清）刘逢禄撰

《公羊何氏释例》是刘逢禄的代表作，也是清代《公羊》学的奠基之作，书成于嘉庆十年（1805）六月。该书分30篇，除《大国卒葬表》、《小国进黜表》、《秦吴楚进黜表》、《公大夫世系表》4篇表外，共总结26“例”，其名目分别为张三世例、通三统例、内外例、时月日例、名例、褒例、讥例、贬例、灾异例等等。每“例”先罗列举证《春秋》经传及何休《解诂》之文，最后以“释”来阐释该“例”之主旨要义。“表”其实是“例”的一种变形，通过纵横比对相关内容来使义例清晰，而阐述主旨之文字则移于每“表”之首，以序

---

① 陈振孙：《直斋书录解题》卷三，第63页。

的形式出现。同当时乾嘉汉学的大部分著作一样，该书也采取了考据的形式，而且在考据上下了很大的功夫。但刘逢禄并没有只停留在罗列资料上，他考据的目的在于研求“微言大义”、通经致用，与当时的汉学家们旨趣大异。

该书是刘逢禄十几年研究《公羊》学的心血结晶，前后三易其稿。在书中，刘逢禄通过对何休解诂《公羊》义例的归纳，阐发了自己的《公羊》学思想，建立起了严密的《公羊》学理论体系。该书继承董仲舒、何休的《公羊》学思想，并结合时代需要创造性发挥，使《公羊》学在清代异军突起，实现了全面复兴。书中提出以《春秋》来统摄五经，以《春秋》为“五经之管钥”，并博引《诗》、《书》、《礼》、《易》以证《公羊》，实开清代《公羊》家以《公羊》义注群经之先河。书中在阐释“张三世”、“通三统”、“内外”，即《公羊》家的“三科九旨”时，提出“穷则必变”与“咸与维新”的思想，更是对后来康有为以《公羊》说为理论基础推行变法维新极具启发意义。总之，该书在清代《公羊》学的发展过程中发挥着举足轻重的作用，对晚清学术和政治局面都有相当重要的影响。

此书主要版本有《皇清经解》本、学海堂本、《续修四库全书》本等。

6.《春秋穀梁传时月日书法释例》4卷①，(清) 许桂林撰

许桂林 (1778—1821)，字同叔，号月南，又号月岚，别号栖云野客，海州（今属江苏连云港）人。许氏为阮元门生，博览全书，志于诸经，于诸经皆有发明，尤精于《易》，著《易确》20卷。因《春秋》三传中，治《穀梁》者最少，故最为用心，著《春秋穀梁传时月日书法释例》。

《春秋穀梁传时月日书法释例》分总论、提纲、述传、传外余例四部分。“总论”部分重点揭示《穀梁》在三传中的核心地位。许氏承宋人“公羊”、“穀梁”切音皆“姜”字，《公羊》、《穀梁》作者皆为姜姓人之说，认为《公羊》、《穀梁》为一人所述，《穀梁》为正传，《公羊》为外传。《左传》则是在《公羊》、《穀梁》二传的基础上“漫衍而成”。“提纲”则是从《穀梁》中归纳出30种记时月日的条例，提纲挈领地加以罗列。“述传”是按“提纲”所列，引《春秋》、《穀梁》、《公羊》等经传文加以疏通证明。“传外余例”则专列范宁《春秋穀梁传集解》中归纳的有关“时月日例”，略举传注加以疏证。该书以《公羊》为外传、《左传》因《公》、《穀》漫衍，近于武断，但其对《穀梁》详

① 此书的卷次，大部分著录标为4卷，只有伍崇曜《春秋穀梁传时月日书法释例跋》标为“一卷”，《粤雅堂丛书》本未标明卷次，但清楚的分为四部分。故在此从众说标为4卷。

为释例，可谓此书之功臣，与柳兴恩《穀梁大义述》“可相辅而行也”①。

此书的主要版本有《粤雅堂丛书》本、《皇清经解续编》本、道光二十五年（1845）刻本等。

（二）其他

除“义例”外的其他通论类《春秋》文献，在《春秋》学史上也是代代相传。如早在汉就有董仲舒《春秋繁露》、马融《春秋三传异同说》等。魏晋南北朝至隋唐则有魏韩益《春秋三传论》、晋胡讷《春秋三传评》、梁沈宏《春秋五辨》等。至宋，由于《春秋》学的发达，这类文献亦增多，有王晳《春秋皇纲论》、齐贤良《春秋旨要》、萧楚《春秋辨疑》、于正封《春秋三传是非说》、薛季宣《春秋旨要》、吕大圭《春秋五论》和《春秋要旨》等数十种著作，惜大多已亡佚。宋以后亦有元赵汸《春秋师说》、杨如山《春秋旨要》、黄清老《春秋经旨》、王惟贤《春秋旨要》，明刘鏊《麟经旨要》、滕克恭《春秋要旨》、金幼孜《春秋要旨》、胡直《春秋提纲》、方一木《春秋要旨》、罗昕《春秋摭要》、叶秉敬《左传纲领》、魏谦吉《春秋大旨》，清诸殿鲲《春秋指要》、陈谟《春秋约旨》、余国常《麟经要旨》、刘逢禄《左氏春秋考证》、崔适《春秋复始》等多种著作总论对《春秋》经传的看法、观点。

1.《春秋繁露》17卷，（汉）董仲舒撰

《春秋繁露》共17卷，82篇，其中第三十九、四十、五十四篇为阙文，实存79篇。该书《汉书·艺文志》未著录，且由于书中篇名和《汉书·艺文志》及本传所载不尽相同，学者疑其不尽出自董仲舒一人之手，而系后人辑录董仲舒遗文而成书，书名为辑录者所加。隋唐以后，此书方有今名。《隋书·经籍志》著录《春秋繁露》17卷，题“汉胶西相董仲舒撰”，又“《春秋决事》十卷，董仲舒撰”。《汉书·董仲舒传》：“仲舒所著，皆明经术之意，及上疏条教，凡百二十三篇。”王应麟《汉艺文志考证》卷五以为《春秋繁露》即在“百二十三篇”之中。胡应麟《九流绪论》也认为，《春秋繁露》82篇之文，即《汉书·艺文志》儒家123篇者。② 姚振宗《汉书艺文志拾补》则云：“《汉志考证》以此书归之百二十三篇中，恐非是。”王先谦《汉书补注》、顾实《汉书艺文志讲疏》，并以《春秋繁露》在123篇之外。唯梁启超《汉书艺文志诸子略考释》怀疑今本《春秋繁露》之82篇在此123篇中。张宗祥亦持相

① 阮元：《春秋穀梁传时月日书法释例序》，载许桂林《春秋穀梁传时月日书法释例》卷首，《粤雅堂丛书》本。

② 胡应麟：《少室山房笔丛正集》卷一二《九流绪论》中，文渊阁《四库全书》本。

同观点。今《春秋繁露》前47篇为说《春秋》事，《繁露》、《玉杯》、《竹林》等并在其中，其余亦皆明经术之意。可见今本《春秋繁露》乃就123篇中的残存文字及说《春秋》的部分文字合编而成，乃晋以后所流传董氏著作。

该书以《春秋》立论，内容却不全是《春秋》学的内容，还包括《尚书大传》、《诗外传》等内容。但其中与《春秋》有关的篇章，如《楚庄王》、《玉杯》、《竹林》、《玉英》、《精华》、《王道》、《正贯》、《灭国》（上、下）、《随本消息》、《十指》、《二端》、《俞序》、《三代改质文》、《爵国》、《仁义法》、《观德》、《奉本》、《郊义》、《郊语》、《郊祀》、《顺命》、《郊事对》等是董仲舒《春秋》学思想的集中体现，其对《公羊》学的改造与发挥也尽寓于此。因此，此书虽不全是《春秋》学的内容，但在《春秋》学史上占有重要地位，为历代学者所重。清儒皮锡瑞便说："汉人之解说《春秋》者，无有古于是书，而广大精微，比伏生《大传》、《韩诗外传》尤为切要。"① 后人对《春秋繁露》多有评判注解，以清人凌曙《春秋繁露注》、苏舆《春秋繁露义证》、今人钟肇鹏《春秋繁露校释》最重要。

《春秋繁露》主要版本有《汉魏丛书》本、《四库全书》本、《广汉魏丛书》本、《增订汉魏丛书》本、《摛藻堂四库全书荟要》本、宋嘉定四年(1211)江右计台刻本、清乾隆抱经堂刻本、子书四十八种本、《续百子全书》本、《中华再造善本》本等。②

今将历代《春秋繁露》刻本、注本、辑本及相关著作择要列表如下：

表2－10－3 《春秋繁露》版本表

书目	作者	常见版本	备考
《春秋繁露》17卷	（汉）董仲舒撰	宋嘉定四年江右计台刻本	国家图书馆
《春秋繁露》17卷	（汉）董仲舒撰	明抄本	国家图书馆
《春秋繁露》17卷	（汉）董仲舒撰	明嘉靖三十三年周采刻本	历史博物馆、上海图书馆等
《春秋繁露》17卷	（汉）董仲舒撰	明嘉业堂抄本（存6卷，卷一二至卷一七）	天一阁文物保管所

① 皮锡瑞：《论董子之学最醇微言大义存于董子之书不必惊为非常异义》，载《经学通论》，中华书局，1954年。

② 《续百子全书》本、《中华再造善本》本均以宋嘉定四年江右计台刻本为底本。但二者所据略有不同，前者第一、二卷为明抄本，后者第十三卷中缺了二页，附录亦掉了一页。

续表

书　目	作　者	常见版本	备　考
《春秋繁露》17卷	（汉）董仲舒撰，（明）孙矿评	明天启西山书舍刻本	中央党校、故宫、安徽省图等
《春秋繁露》17卷	（清）翁方纲跋并录，纪昀、惠栋校跋	明末刻本	国家图书馆
《春秋繁露》17卷	（汉）董仲舒撰	毛氏汲古阁影宋抄本	国家图书馆
《春秋繁露》17卷	（汉）董仲舒撰，（清）孙诒让批	清乾隆抱经堂刻本	杭州大学
《春秋繁露》17卷	（汉）董仲舒撰，（清）卢文弨批校	清刻本	四川省图书馆
《春秋繁露注》17卷	（清）凌曙撰	稿本（缺卷一四）	上海图书馆
《春秋繁露义证》17卷	（汉）董仲舒撰，（清）苏舆注	稿本	湖北省图书馆

2.《春秋皇纲论》5卷，（宋）王晳撰

王晳，太原人（今属山西）。主要活动于北宋真宗、仁宗时期。至和中（1054－1056）官太常博士。著有《春秋通义》、《春秋异义》、《春秋皇纲论》等。

《春秋皇纲论》由《孔子修春秋》、《始隐》、《公即位》等23篇论文组成，内容为讨论《春秋》的大旨问题，力主尊王，发明孔子修《春秋》笔削之意，并间考辨三传及唐儒啖助、赵匡为论之得失。其语言明白平易，少有穿凿附会之病。是书认为三传是"有瑕之玉"，主张弃瑕而用玉，采用三传合理之处，较之孙复等人尽废三传之说，更为客观公正。其还提倡《春秋》有褒有贬，反对有贬无褒之说，也少了孙复式的苛议。

《春秋皇纲论》主要版本有《通志堂经解》本、《四库全书》本等。

3.《春秋辨疑》10卷①，（宋）萧楚撰

萧楚（1064－1130），字子荆，号三顾隐客，吉州（今江西吉安）人。绍圣中（1094－1098）游太学，元符（1098－1100）乡举，贡礼部不第。卒，私谥清节先生。萧楚是程颐的弟子，以《春秋》名家，著有《春秋辨疑》10

① 尤袤《遂初堂书目》、陈振孙《直斋书录解题》、马端临《文献通考》、《宋史·艺文志》等都著录萧楚的《春秋》学著作名为《春秋经辨》，而现传元刊本题为《春秋辨疑》，原因可能就是《四库全书总目》所言"后来更定，史弗及详欤"。《春秋辨疑》的卷次，宋元书目及其元刊本均是10卷，《永乐大典》合并成2卷，因朱彝尊著《经义考》时不见其元刊本，谓其已佚，四库馆臣因之，从《永乐大典》中将其辑出，析为4卷。故是书现传有10卷本与4卷本，此依其原刊本著录卷次。

卷、《三顾隐客文集》11卷。赵旸、胡铨、冯澥皆师事之。

《春秋辨疑》的形式与一般的经解、经注不同，而是以单篇论文的形式讨论《春秋》学中的专题，有《春秋鲁史旧章辨》、《盟会侵伐统辨》、《兄弟总辨》、《弑杀辨》、《迁国辨》、《即位辨》、《书归辨》、《书入辨》、《外夫人书葬辨》、《战败杂辨》、《言伐言围辨》、《书至辨》、《王天子天王辨》、《春秋统辨》等，具有总论的性质。每篇各有注文，皆萧楚自作，亦间有胡铨及其他弟子所附入。明代凌迪知《万姓统谱》、雍正本《江西通志》引明代嘉靖年间林廷棉本《江西通志》，均言是书49篇，然今本只有45篇。① 由于萧楚生当蔡京柄国之时，故是书以“尊王”为主导思想，主张天王要自掌威福之柄，抨击权奸柄国，故四库馆臣评价曰：“主于以统制归天王，而深戒威福之移于下。”②

《春秋辨疑》主要版本有文渊阁《四库全书》本、《摛藻堂四库全书荟要》本、《清芬堂丛书》本、《武英殿聚珍版书》本、《丛书集成初编》本、元刊本。③

4.《春秋五论》1卷④，(宋) 吕大圭撰

吕大圭 (1227—1275)，字圭叔，南安（今属福建）人。师事王昭复。登淳祐七年 (1247) 进士，授潮州教授，改赣州提举司干官。秩满，连调袁州、福州通判，升朝散大夫、行尚书吏部员外郎、兼国子编修、实录检讨官、兼崇政殿说书。出知兴化军。德祐元年 (1275) 转知漳州，节制左翼屯戍军马。未行，蒲寿庚降元，强署降表，大圭不署，变服逃入海，为寿庚追杀，年四十九。著有《易经集解》、《学易管见》、《春秋或问》、《春秋五论》、《论孟集

---

① 永瑢等：《四库全书总目》卷二六《春秋辨疑》提要言44篇，误。

② 永瑢等：《四库全书总目》卷二六《春秋辨疑》提要。

③ 元刊本为足本，《四库全书》本乃从《永乐大典》中辑出，二者篇目相同，只是《四库全书》本在《王天子天王辨》末“又可知矣”下，脱注文数百字、正文数百字；《书灭辨下》“然后辨故”下，脱三百余字，其余没有大的不同。

④ 《四库全书》及《通志堂经解》中均收有宋人吕大圭的《春秋五论》1卷，北图也藏有吕大圭《春秋五论》的明写本，而明代蔡有鹍所编《蔡氏九儒书》卷四所辑宋人蔡沆的《复斋公集》中也有《春秋五论》5篇，南明隆武二年熊之璋所刻宋人熊禾的文集《重刊熊勿轩先生文集》中亦有《春秋五论》5篇，三者不仅名同，在内容上，除文字稍有差异外，也基本相同。据笔者考证，熊禾只为蔡沆《春秋五论》作过序，自己并没有写过名为《春秋五论》的著作；蔡沆虽写过名为《春秋五论》的著作，但其内容不是现存的《春秋五论》；吕大圭才是现存《春秋五论》的真正作者。详参拙文《春秋五论作者考》，载《四川大学学报》2007年第2期。

解》等。

《春秋五论》是关于《春秋》学基本问题的5篇专论：论一主要讨论了孔子作《春秋》的原因；论二则对以往《春秋》学中以日月、名称爵号为褒贬的说法进行了驳斥；论三则紧承论二所驳，认为《春秋》虽不以日月、名称爵号为褒贬，但《春秋》所书并不皆据旧史，而是有圣人之特笔以明义；论四则讨论了治《春秋》当以"观世变"为目的，因为《春秋》始、终都是世道变迁的转折点，其始于鲁隐公，是为周平王末年，当时诸侯自专的局面已经形成，其终于获麟，则是大夫专权的时代业已开始，且《春秋》所记也可分为隐桓庄闵、僖文宣成、襄昭定哀三个世道变化（权力下移）的阶段；论五分析了三传的长短，认为《左传》长于记事，短于说理，《公羊》、《穀梁》长于说理，短于记事，并进一步对《公羊》及何休注的不妥处进行了批驳。明人唐顺之将上述的五论分别概括为《论夫子作春秋》、《辨日月褒贬之例》、《特笔》、《世变》、《论三传所长所短》，① 可谓深得其旨。

《春秋五论》是宋代一部价值很高的《春秋》学著作。其一，是书反映了宋代理学思想在《春秋》学中的渗透。"存天理灭人欲"是宋代理学思想中的主要命题之一，《春秋五论》论一便主张孔子作《春秋》的用意是为了"扶天理于将萌，遏人欲于方炽"，《春秋》是一部"扶天理遏人欲"的著作，将"存天理灭人欲"这一命题充分地贯彻到了《春秋》学的研究中。其二，是书是对朱熹《春秋》学思想的继承与发展。如朱熹反对以日月为褒贬，是书对此做了详细的阐发。又如，对三传的基本态度，即《左氏》长叙事，《公》、《穀》善说理，是书与之基本相同，只是是书更加强调《公羊传》及何休注的不足。与朱熹没有专门的《春秋》学著作，关于《春秋》学的主张散见于与门人的问答中相比，专文讨论《春秋》学基本问题的《春秋五论》要系统深入得多。由上述可见，是书可以说是程朱理学家关于《春秋》学的重要著作，所以在程朱理学盛行的元明两代，产生了重要影响，广被征引。元人程端学在《春秋本义》卷首《春秋纲领》收入此五论（有所删节），并评价其明白正大，明人唐顺之编《稗编》的"春秋"部分也将五论全部收入，明人卓尔康《春秋辨义》卷首也引论二、论三、论四、论五，且这些引用多是将其置于卷

---

① 详见明人唐顺之编《稗编》卷一一、卷一二、卷一三所收吕大圭文章。后来，清人纳兰性德《春秋五论序》（载吕大圭《春秋五论》卷首，《通志堂经解》本）与四库馆臣《春秋或问提要》因袭之，只是未详考内容，按唐顺之所收顺序，将第四与第五弄反了。

首，视其为治《春秋》的纲领。清人亦给了《春秋五论》较高的评价，纳兰性德便认为“五论闳肆而严正，春秋大旨具是矣”①，四库馆臣也认为其“足以维纲常而卫名教”②。

《春秋五论》主要版本有《通志堂经解》本、《四库全书》本、《摛藻堂四库全书荟要》本、明隆庆元年（1567）姚咨茶梦斋抄本等。

5.《春秋师说》3卷，（元）赵汸撰

《春秋师说》是赵汸记录整理其师黄泽《春秋》学说而成之书。黄泽是元代最有成就的《春秋》学者之一，著有《三传义例考》、《笔削本旨》、《春秋指要》等书，惜均亡佚，其说赖此书而传。此书是黄泽关于《春秋》经传之总论，包括《论春秋述作本旨》、《论鲁史策书遗法》、《论三传得失》、《论古注得失》、《论汉唐宋诸儒得失》、《论学春秋之要》、《经旨举略》、《王正月辨》、《鲁隐公元年不书即位义》、《诸侯娶女立子通考》、《春秋指要》11篇论文。黄泽《春秋》学以《左传》和杜预注为主，在此书中得到了充分的体现。

该书主要版本有《通志堂经解》本、《四库全书》本、《复性书院丛刊》本、元至正二十四年（1364）休宁商山义塾刻本、明弘治六年（1493）高忠重修本、《中华再造善本》本等。

6.《左氏春秋考证》2卷，（清）刘逢禄撰

《左氏春秋考证》分上、下两卷。上卷共119条，都是从传文中摘录出来，考证这些传文并非《左氏春秋》的旧文，而出于刘歆所比附。下卷共24条，都是摘引《史记》、《汉书》、《后汉书》、《说文解字》、《五经正义》及刘向《别录》诸书有关文字，证明《左氏春秋》不传《春秋》，为刘歆改窜。对《左传》是否为《春秋》之传，刘歆争立《左传》博士时，西汉博士已经提出质疑，之后历代都有学者疑《左传》。刘逢禄正是在前人疑《左传》的基础上，提出《左传》本名《左氏春秋》，是与《晏子春秋》、《吕氏春秋》同类的著作；《左氏春秋》的作者是战国时人，而不是与孔子同时的左丘明，刘歆对《左氏春秋》增饰、窜改，加了许多解经之语，将其改造成《春秋》之传。这样《左传》就成了刘歆伪造之“传”，应当以《春秋》归之《春秋》，《左氏春秋》归《左氏春秋》，删去其中有乖于大义的书法、凡例、论断以及依附于经文的一些孤章断句，以保存《左氏春秋》的本来面目。

刘逢禄论证《左传》为刘歆伪作，实际上就是把《左传》从经学中剥离

① 纳兰性德：《春秋五论序》，载吕大圭《春秋五论》卷首，《通志堂经解》本。
② 永瑢等：《四库全书总目》卷二七《春秋或问》提要。

出去，使之成为纯粹的史学著作。这表明了他鲜明的今文学家的立场，要为复兴《公羊》学张本。刘氏的考证虽然有很多牵强附会之处，但他也确实抓住了《左传》的一些疑点。此书为后来康有为与20世纪疑古学派彻底否定《左传》奠定了基础，影响很大。

《左氏春秋考证》主要版本有《皇清经解》本、《续修四库全书》本等。

7.《春秋复始》38卷，（清）崔适撰

崔适（1852—1924），字怀瑾，一字觯甫，吴兴（今属浙江湖州）人。清末民初经学家。初学于俞樾，治校勘训诂之学。后受康有为《新学伪经考》影响，专讲今文经学。著《五经释要》、《春秋复始》、《论语足徵记》、《史记探源》等。

《春秋复始》是崔适的代表作，专门阐扬《公羊》之学，内容分为五个部分：卷一为“序证”，主张《公羊》为真传《春秋》者，当正其名为“春秋传”，《穀梁》为古文经学，而左丘明不传《春秋》。卷二至卷八为“始末类”，分五霸、让国、贤贤、诸侯、夫人、内女诸篇，分叙事件的来龙去脉与人物之行迹。卷九至卷三六为“比例类”，归纳总结《春秋》中的义例。卷三七为“箴何”，在肯定何休最得《春秋》经旨的前提下，论何注以谶纬说经之失。卷三八为外篇，专论《左传》之失。该书以《公羊》之学为本，以《穀梁》为古文学，否定《左传》为《春秋》之传，殊欠周密与公允。但此书对以顾颉刚为代表的古史辨派彻底否定《左传》产生了很大的影响。

该书主要版本有民国七年（1918）北京大学排印本、《续修四库全书》本等。

8.《春秋穀梁传条指》2卷，（清）江慎中撰

江慎中，字孔德，号虫覃，广东高州人。为晚清学者。江氏童年时博览群书，人称“书柜”。广州广雅书院初办时，选拔两粤高材生，他与长兄履中并为首选，为两广总督张之洞和省学政汪鸣銮所器重。清光绪十四年（1888），江慎中中举人，入京遍访学者名流，与翰林编修江标、叶昌炽、程秉钊等人的交情尤为深厚。随后绝意功名，回乡致力著作，并以教育为务。先后在松明书院、同文书院、高州高文书院任教，这一时期的高州名士多出其门下。江氏长于《穀梁》之学，曾拟作《春秋穀梁传笺释》，惜不成，成者有《春秋穀梁传条例》、《春秋穀梁传条指》二书。

《春秋穀梁传条指》是一部会通中西之作。此书从《春秋》及《穀梁》中归纳出推世变、托王正、立伯统、异内外、尊周、亲鲁、故宋、崇贤、贵民、重众10个条目，称为“《春秋》十指”，采用论说体裁，运用西方的政治学说

“详加推论，究极其意”。① 该书从思想脉络来讲，渊源于西汉《春秋》今文学，如其“推世变”、“尊周”、“亲鲁”、“故宋”等都出自《公羊》学，“异内外”则为《公羊》、《穀梁》共重。同时，该书又广泛地采用了西方的政治术语，如以“进化”、“家族主义”、“国家主义”、“世界主义”来讨论“推世变”；以“合众”之制解齐桓、晋文二伯统领列国之局，并预见国际组织的建立；以“专制”、“民权”等诠解“贵民”、“重众”。该书是当时西学东渐的产物，会通了中西学术的长处，亦与当时的政治局势密切相关，但也有牵强附会之处。②

《春秋穀梁传条指》连载《国粹学报》1910 年第 68～73 期。

① 江慎中：《春秋穀梁传条指·自识》，载《国粹学报》第 68 期。

② 关于该书的详细内容可参文廷海《清代穀梁学研究》，巴蜀书社，2006 年，第 296～322 页。

第十一章　《孝经》学文献

"孝悌仁之本"、"百善孝为先"。中华民族自古就有"尊老""敬长"的传统，中华文化也以"孝悌"为其基本色彩；《孝经》就是集中反映这一传统并且教导和指引国人如何恰当而有效地履行"孝道"的儒家经典，《孝经》的传播史和研究史是中国儒学史的组成部分，《孝经》学文献自然也是中华文献的重要方面。

《孝经》是儒家"十三经"中最为短小精悍（总共1800字左右）的一部，却具有最为广泛的影响，这在中国历史上是绝无仅有的，即使在整个人类文化史上也是极为罕见的。它对塑造中华民族温柔敦厚、礼让谦和、孝悌忠顺的基本性格，曾起到过非常重要的作用，对形成古代东方敬老慈幼、怀祖报恩为特色的儒教文化特征也起到过积极作用。

但在历史上，《孝经》也一度被统治者利用作为宣扬"愚忠愚孝"的教科书，曾经被统治者误导成为"愚民"甚至"以礼杀人"、"以理吃人"的"帮凶"，故自20世纪初期以来，随着中国传统文化的被批判、被抛弃，《孝经》也被请出了教育殿堂和文化领域，长期被人冷落，至于历代研究和传播《孝经》的历史，就更是长期无人问津。在海外，曾经出现过林秀一（日本）、陈铁凡、陈鸿森（中国台湾）等《孝经》学研究的学者。近年来，在中国内地也有一批硕士、博士论文开始关注这一话题，但似乎都还不够系统全面，关于《孝经》学史及其文献的综合研究，至今仍付阙如。

第一节　《孝经》形成诸说概观

关于《孝经》形成的时代及其作者，历来众说纷纭，至今仍然莫衷一是。

近人王正己《孝经今考》[1] 曾经对此有较为全面的回顾和梳理，总结归纳出以下七种说法：

一是主张孔子作，这是最传统的说法。王文共举出五家：1. 班固："《孝经》者，孔子为曾子陈孝道也。"[2] 2. 陆德明："《孝经》者，孔子为弟子曾参说孝道，因明天子庶人五等之孝，事亲之法。"[3] 3. 何休："子曰：'吾志在《春秋》，行在《孝经》。'则孔子自著也。"[4] 此外，还有徐彦和孙奭两家[5]。

二是孔子门人作。司马光："孔子与曾参论孝而门人书之，谓之《孝经》。"[6] 唐仲友《孝经解自序》："孔子为曾参言孝道，门人录之为书，谓之《孝经》。"[7]

三是曾子作。司马迁："曾参，南武城人，字子舆。少孔子四十六岁。孔子以为能通孝道，故授之业。作《孝经》。"[8] 熊禾："曾氏之书有二：曰《大学》，曰《孝经》。"[9]

四是曾子门人作。胡寅："《孝经》非曾子所自为也。曾子问孝于仲尼，

---

① 王正己：《孝经今考》，见《古史辨》第4册，上海古籍出版社1982年重印。

② 《汉书·艺文志·六艺略》"孝经类序"。

③ 陆德明：《经典释文·序录》。

④ 何休说见于《公羊解诂·自序》，不过只有"吾志在《春秋》，行在《孝经》"九字，据徐彦疏此语见于《孝经钩命诀》。原序没有后面"则孔子自著也"一句，此句是宋人晁公武的话，其《郡斋读书志》卷一下引"何休称：'子曰：吾志在《春秋》，行在《孝经》。'信斯言也。则《孝经》乃孔子自著者也。"后来朱彝尊《经义考》卷二二二引用晁氏语，遂简化成："子曰：'吾志在《春秋》，行在《孝经》。'则孔子自著也。"此为王正己所沿用，却全部当成何休所说了。

⑤ 徐彦说，见《春秋公羊传注疏》卷首何休《自序》疏；孙奭说，见邢昺《孝经注疏》卷首《孝经注疏序》(又题"成都府学主乡贡傅注奉右撰")。

⑥ 司马光：《古文孝经指解序》，见《古文孝经指解》卷首，又见《传家集》卷六八。

⑦ 唐仲友：《孝经解自序》，见章如愚《群书考索》卷八、朱彝尊《经义考》卷二二五引。

⑧ 按：《史记》这段文字，因不同断句法而有"孔子作"或"曾子作"两说。或断为"孔子以为能通孝道，故授之业，作《孝经》"云云，则《孝经》为孔子作；或又断为"孔子以为能通孝道，故授之业。作《孝经》"云云，则《孝经》为曾子作。不过，据《孔子家语》"曾参（略）志存孝道，故孔子因之以作《孝经》"，则以"孔子作"的断句为得。

⑨ 熊禾：《孝经大义序》，见董鼎《孝经大义》卷首，《通志堂经解》本。

退而与门弟子言之，门弟子类而成书。”[①] 晁公武：“今首章云‘仲尼居’，则非孔子所著矣。当是曾子弟子所为书。”[②] 同此说者还有何异孙[③]、姚鼐。

五是子思作。冯椅：“子思作《中庸》，追述其祖之语乃称字，是书（《孝经》）当成于子思之手。”[④]

六是齐鲁间陋儒作。朱熹：“《孝经》疑非圣人之言。”又：“《孝经》独篇首六七章为本经，其后乃传文。然皆齐鲁间陋儒纂取《左氏》诸书之语为之。”[⑤]

七是孟子（或孟子弟子）作。陈澧：“《孟子》七篇中，多与《孝经》相发明者。”[⑥] 王正已据此断定说：“《孝经》的内容很接近孟子的思想，所以《孝经》大概可以断定是孟子门弟子所著的。”[⑦]

以上是王正已《孝经今考》所举关于《孝经》作者的主要观点。历来谈《孝经》作者都不离以上七家，多于其中作选择。如：

四库馆臣说：“蔡邕《明堂论》引魏文侯《孝经传》，《吕览·审微篇》亦引《孝经·诸侯章》，则其来古矣。……今观其文，去二戴所录为近，要为七十子徒之遗书。使河间献王采入一百三十一篇中，则亦《礼记》之一篇，与《儒行》、《缁衣》转从其类。惟其各出别行，称孔子所作，传录者又分章标目，自名一经，后儒遂以不类《系辞》、《论语》绳之，亦有由矣。”[⑧] 此则相

---

① 王应麟《困学纪闻》卷七《孝经》：“致堂谓：《孝经》非曾子所自为也。曾子问孝于仲尼，退而与门弟子言之，门弟子类而成书。”晁子止谓：“今首章云‘仲尼居’，则非孔子所著矣。当是曾子弟子所为书。”

② 晁公武《郡斋读书志》卷一下，原文为：“今其首章云‘仲尼居，曾子侍’，则非孔子所著明矣。详其文义，当是曾子弟子所为书也。柳宗元谓‘《论语》载弟子必以字，独曾参不然，盖曾子之徒乐正子春、子思相与为之耳’。余于《孝经》亦云。”

③ 何异孙《十一经问对》卷二“孝经”：[问:]“孔子与曾子论孝之言，何不附《论语》，而自立一经者何?”对曰：“《论语》是七十二子门人所记，《孝经》止是曾子门人所记，故中间称‘仲尼居，曾子侍’。”

④ 冯椅说见王应麟《困学纪闻》卷七《孝经》引。按：此说当以郝经最早，郝经《续后汉书》卷六五上《儒学》：“《孝经》，孔子以曾子之孝，问答之间，为陈孝道，而曾子门人记之，谓之《孝经》，殆亦乐正子春、子思为之也。”

⑤ 黎靖德编、王星贤校点：《朱子语类》卷八二《孝经》，第 2142 页。朱熹：《跋程沙随帖》，见《晦庵集》卷八四。

⑥ 陈澧：《东塾读书记》卷一。

⑦ 王正已：《孝经新考》，载《古史辨》第 4 册，上海古籍出版社，1982 年重版，第 171 页。

⑧ 永瑢等：《四库全书总目》卷三二《经部·孝经类小序》。

信“孔子门人”说也。

范文澜也说：“孔子述而不作，经有明文，况此篇首云‘仲尼居，曾子侍’，自命其书曰‘经’，称曾子为‘子’，其非孔子、曾子所作明矣。大抵如百三十一篇之记，出七十子后学之手也。”又自注：“《吕氏春秋·孝行》、《察微》诸篇并引《孝经》，可知是先秦之书。”[①] 相信此说者，还有周予同等人。[②]

近时学人之谈《十三经》或《孝经》者，也多据王氏以上总结而抑扬、沙汰之。如褚斌杰《儒家经典与中国文化》、胡平生《孝经译注》、汪受宽《孝经译注》[③] 等，皆是在复述以上诸说后再作调停或选择。

此外，在王氏所举七说外，还有乐正子春弟子或再传弟子作之说。胡平生就说“《孝经》在战国晚期曾由乐正子春的弟子（或再传弟子）加以整理”而成。[④] 此为《孝经》作者第八说。

还有集体创作说：有学者参考顾炎武“《左氏》之书，成之者非一人，录之者非一世，可谓富矣”[⑤] 的说法，认为：“《孝经》应该是儒家集体创作的。”以为“《孝经》文本应是在春秋晚期就形成了，以后可能又经增删、润色而成”。[⑥] 此即《孝经》作者第九说。真是短短一经，作者多端。然而细审诸家，我们认为以“孔子所作”的传统说法最为近古，依据也最充分。

王正己当年在罗列上述七说之后，曾经对各家有过点评，至今还有一些参考价值。他否定“孔子门人”说：司马光、唐仲友“二人的话，并无确实的理由，只是从内容而下武断的臆测”，“立论无据，不用驳辨”。又否定“曾参”说：司马迁“只是以曾子能通孝道”，便以为曾参作，难道“就不允许别

---

① 范文澜：《范文澜全集》第一册，河北教育出版社，2002 年。

② 朱维铮编：《周予同经学史论著选集》，上海人民出版社，1983 年。

③ 褚斌杰：《儒家经典与中国文化》（湖北教育出版社，2000 年）、胡平生《孝经译注》（中华书局，1996 年）、汪受宽《孝经译注》（上海古籍出版社，1998 年）。

④ 胡平生：《孝经是怎样一本书》，见《孝经译注》卷首，中华书局，1996 年。按：此说时代有误。乐正子春乃曾参弟子，《礼记·檀弓上》：“曾子寝疾，病，乐正子春坐于床下。”郑玄注：“子春，曾参弟子。”有孝行，《礼记·檀弓下》载：“乐正子春之母死，五日而不食。”郑玄注：“乐正子春，即曾子弟子，坐于床下者是也。”又《祭义》载其自称：“吾闻诸曾子，曾子闻诸夫子曰：……父母全而生之，子全而归之”云云，知其为春秋末战国初人。与孟子弟子“乐正子克”不是一人。

⑤ 顾炎武：《日知录》卷四《春秋阙疑之书》。

⑥ 张晓松：《“移孝作忠”——孝经思想的继承与发展》，载《孔子研究》2006 年第 6 期。

人”作《孝经》？否定“曾子门人作”的理由说：“这样断案，太不确实。”否定“齐鲁间陋儒作”说，以为兹说有三点证据：“(1)《孝经》引《诗》非经本文；(2)《孝经》不如《论语》论孝之亲切有味；(3)犯纂取《左氏》的嫌疑。”认为“一二两条证据都很消极”。“关于第三点，究竟是《孝经》纂取《左氏》之言，抑《左氏》纂取《孝经》之言，却成问题了。我以为《左氏》纂取《孝经》，非《孝经》纂取《左氏》”。而且最为重要的是，以上诸说都过分求新，且都起于宋元以后，汉唐之间无此异说。

可是，王氏由于受当时“疑古”“反孔”思潮影响，他在否定以上所举宋元诸儒之说后，却对清儒“孟子作”的新说感兴趣，因此轻率地对“孔子作”说也一并予以否定。他分析“孔子作”的理由说：“这些人的理由有两点：(1)因《孝经》的内容，是孔子对曾参讲孝道，所以说是孔子作的。(2)因孔子说过‘吾志在《春秋》，行在《孝经》’的话，所以断定《孝经》是孔子作的。”

对第一点，王氏以为：“即使‘子曰’是孔子的话，也不能断定是孔子作的。”原因是“《论语》里面‘子曰’很多，却出于再传弟子之手”。对第二点，王氏指出“是出于《孝经钩命诀》”，而《孝经钩命诀》“是汉时的纬书”，“纬书本身既怪诞，引作证据更为怪中之怪了”。

在王氏看来，不仅以上二条证据不能证明是孔子所作，而且指出《孝经》的内容“也不是孔子的思想”。如《孝经》说：“宗庙致敬，不忘亲也；修身谨行，恐辱先也。宗庙致敬，鬼神著矣；天地明察，神明彰矣；孝弟之至，通于神明”云云，与《论语》中“子不语怪力乱神”、“祭如在，祭神如神在”、“敬鬼神而远之”的思想相矛盾。《孝经》说“父有争子，则身不陷于不义，则子不可不争于父”，与《论语》“事父母几谏，见志不从，又敬不违，劳而不怨”相矛盾。再说《孝经》书名为“经”非孔子时所应有，因为“‘经’之起源，始于《庄子》”，庄子已经离“孔子有一百多年”了，孔子如何可以预称《孝经》？等等。其实就证据的确凿性而论，王氏否定“孔子作”的理由，如同他所批评的其他诸家的理由一样，也是站不住脚的。如：

王氏怀疑孔子对曾子讲孝道，怎么就不能成为孔子作《孝经》的证据呢？王氏不知先秦著述体例，用后世的所谓“作者”，以况远古学人。先秦人所谓“作”，是与“述”相对待的。“作”指系统思想的提出，即今之“原创”；“述”则是这一思想的传授和发挥，即今之“转述”。先秦文献的形成，常常是由先生最先提出来，经弟子转相传授，经过若干年甚至数十百年后乃著之竹帛、形成定本。但是在确定和题署“作者”时，仍然归功于祖师。《周易》、《老子》、《论语》俱是如此，《孝经》也不例外。从这个意义上讲，《孝经》、《论语》的原创“作者”自然就是孔子。至于其具体的编写、笔录或整理人员，有可能是曾子或其他孔门弟子、子思或曾子其他门人。不过这些记录整理者，都只能是“述者”，而不能僭当“作者”之任、冒充“作者”之名。

至于王氏怀疑《孝经》鬼神祭祀与《论语》矛盾的问题，其实也是出于误解。孔子固然“不语怪力乱神”，也不明确地表示肯定或否定鬼神的存在，但这并不影响他出于对礼乐教化的重视，而对祭祀、丧葬等习俗有所保留，甚至过于热衷。子贡欲去徒存空名的“告朔之饩羊”，他却表示反对，说：“尔爱其羊，我爱其礼。”孔子曾述礼制之功能说：“礼始于冠，本于昏，重于丧祭，尊于朝聘，和于乡射。”（《礼记·昏义》）等等。《孝经》对祭礼、丧礼的重视，正是出于对“慎终追远，民德归厚”的考虑，是“神道设教”的策略，与他信不信鬼神并无关联。

关于父子之间相谏从违的问题，王氏的理解也过于机械。《孝经》强调的是谏诤的必要性，《论语》讲的是谏诤的方式方法。《孝经》论谏诤之必要，故必迫切、必主动，特别是在针对曾子“从父之令可谓孝乎”的提问，同时也针对曾参本人有过分“从父”的愚孝倾向，所以孔子必声色俱厉地警醒他，极力强调谏诤的必要性和紧迫性。《论语》则是一般性地讲进谏方法，要求在尊长面前进谏，要委婉和气，不焦不激，这讲的是方法问题，二者实无矛盾扞格之处。

至于《孝经》称“经”问题，也不足以判决其书非古。且不说书籍称“经”是否一定就始于《庄子》，因为在庄子以前已经有文献称经了（《国语》已有“挟经秉枹”、《墨子》已有“经上、经下”、《管子》也有“经言”等等），并非《孝经》为称“经”之始。而且我们认为，《孝经》的“经”字，不必是“经典”的意思。《孝经》有“夫孝，天之经，地之义，民之行”的话，《汉书》就说是“举大者言，故称《孝经》”，也就是说“孝经”一词是文章词组的简洁概括和缩略语，① 并非“经典”的意思。再说，古代文献的撰述与题名，不一定成于同时，故同篇异题、同题异篇现象都是存在的，《孝经》也有先成本文后成篇题的可能。因此，不能以《孝经》书名来否定“孔

① 舒大刚：《孝经释名——兼及孝经的制作时代》，载《西华大学学报》2006年第1期。

子所作”，也不能以此来怀疑其成书时代。

至于从宋代直至近世甚嚣尘上的“汉儒所作”说，更是最站不住脚的。清丁晏因反驳“朱子作《刊误》”擅疑《孝经》，于是“浏览群书，断自两汉，录其征引《孝经》者”，著为《孝经征文》一书。该书将先秦、两汉时人征引《孝经》及六朝人注释《孝经》的资料一一辑录出来，系连于《孝经》有关章句之下，从而证明了《孝经》从战国、汉初以下，直到汉魏六朝，都是学人们一直引用、传习和研究的对象，于是断定：“是书为汉以前所诵习讲授之书，而不出于后人傅会。”这是极其公正的科学的做法，结论是非常可信的。

第二节　孔子与《孝经》

经反复考察比较，我们认为，诸说之中以“孔子作”的传统说法最为早出，也最切近情理。其理由如下：

一、孔子作《孝经》是西汉儒者相承师说

如前所述，孔子作《孝经》一说，明确提出于班固《汉书·艺文志》，但是若溯其远源，实始于西汉初年。为汉高祖“陈古今成败”的陆贾在《新语·无为篇》就说：“孔子曰：‘移风易俗，岂家至之哉？先之于身而已矣。’”① 唐晏《校注》：“按，‘移风易俗’句，出《孝经》而不明言之。”王利器《校注》：“《孝经·广要道章》文也。《礼记·乐记》亦有其文。”

唐、王二氏皆以为“移风易俗”出于《孝经》，甚确。不过，下面一句一本作“岂家令而人视之哉，亦取之于身而已矣”，也是在化用《孝经·广至德章》“子曰：君子之教以孝也，非家至而日见之也”。陆贾引《孝经》语直称“孔子曰”，说明早在汉初已经将《孝经》当成孔子的作品了。

《汉书·匡衡传》载衡《上元帝书》：“《大雅》曰：‘无念尔祖，聿修厥德。’孔子著之《孝经》首章。盖至德之本也。”“首章”即今《开宗明义章》。他认为在《孝经》首章引用《诗经·大雅》语是孔子所为。

衡又《上成帝书》：“孔子曰：‘德义可尊，容止可观，进退可度，以临其民，是以其民畏而爱之，则而象之。’”师古注曰：“《孝经》载孔子之言也。”

---

① 陆贾：《新语·无为篇》，王利器校注，中华书局，1986年。

这段“孔子曰”即见于《孝经·圣治章》。

《汉书·王莽传》载莽上书：“孔子著《孝经》曰：‘不敢遗小国之臣，而况于公侯伯子男乎？故得万国之欢心以事其先王。’此天子之孝也。”

纬书《孝经钩命决》称孔子曰：“吾志在《春秋》，行在《孝经》。”①又《太平御览》学部引《孝经钩命决》云：“首‘仲尼’以立情性，言‘子曰’以开号，列‘曾子’以示撰，辅《诗》《书》以合谋。”纬书虽出于汉世，但亦不晚于哀、平，其中仍存古史资料。它们也说《孝经》原创于孔子，记录于曾子。

上述诸人都比班固为早，而与班固所据依的刘歆《七略》同时。他们的说法，应该是先秦以来相承的师说或公论。在讲究师承授受的西汉社会，这些说法不可能是随便提出的，更不可能是伪造的，必然师承有自。

二、孔子作《孝经》是东汉迄于唐代之公论

认为《孝经》乃孔子所作，也是自东汉而下迄止唐代学人的共同看法。班固除在《汉书·艺文志》明确提出这一说法外，还在《白虎通论·五经》有同样观点，“孔子……已作《春秋》，复作《孝经》”云云。《白虎通》是由皇帝组织群儒讨论的记录，说明这是当时大家共同承认的公论。

东汉郑玄《六艺论》：“孔子以‘六艺’题目不同，指意殊别，恐道离散，后世莫知根源，故作《孝经》以总会之。”② 郑玄《孝经注》：“弟子曾参有至孝之性，（孔子）故因闲居之中，为说孝之大理，弟子录之，名曰《孝经》。”③何休《公羊解诂·序》称引孔子说“吾志在《春秋》，行在《孝经》”，盖亦相信《春秋》和《孝经》皆为孔子所作。牟融《理惑论》：“孔子不以《五经》之备，复作《春秋》《孝经》者，欲博道术、恣人意耳。”④

三国蜀秦宓《与李权书》：“故孔子发愤作《春秋》，大乎居正；复制《孝经》，广陈德行。”⑤ 旧传孔安国《古文孝经传序》：“故夫子告其谊，于是曾子喟然知孝之为大也，遂集而录之，名曰《孝经》。”旧传陶潜《五孝传》：

---

① 《孝经钩命决》，见《孝经注疏》玄宗《孝经序》疏引，阮元校刻《十三经注疏》本。

② 郑玄：《六艺论》，见《孝经注疏》玄宗《孝经序》疏引，阮元校刻《十三经注疏》本。

③ 胡平生《孝经译注》附，据敦煌遗书伯 3416、4628、3372 等过录整理。

④ 牟融：《理惑论》，见《弘明集》卷一。

⑤ 《三国志·蜀书·秦宓传》。

"至德要道，莫大于孝，是以曾参受而书之。"沈约《宋书》："鲁哀公十四年……孔子作《春秋》，制《孝经》。既成，使七十二弟子向北辰星罄折而立。"①

隋刘炫《古文孝经述议》："按经夫子先自言之，非参请也。诸章以次演之，非待也。且辞义血脉、文连旨环，而《开宗》题其端绪，余音广而成之，非一问一答之势也。"② 亦以《孝经》为孔子主动自撰。唐玄宗《御制孝经注·序》也相信"吾志在《春秋》，行在《孝经》"的话。宋邢昺《孝经注疏·序》也说："《孝经》者，百行之宗，五教之要。自昔孔子述作，垂范将来"云云。

可见，自汉至唐，历代学人都认同"孔子作《孝经》"。其他诸说的产生，实从宋代疑古思潮兴起后才开始。宋人为自立新说，必欲突破汉学体系，甚至不惜怀疑经典，怀疑孔子，此亦时代风气使然，并非正论，亦非有实据，我们正自不必再来为宋儒的这一意气之为作"应声虫"。

三、孔子作《孝经》的历史条件

儒家"孝道"观主要有三大特征：一"养亲"，二"敬亲"，三"孝治"。历考文献，这三大主题皆始于虞舜，并经夏、商、周的发展，至孔子时已经成熟。

首先是"养老"。《礼记·祭义》："昔者，有虞氏贵德而尚齿，夏后氏贵爵而尚齿，殷人贵富而尚齿，周人贵亲而尚齿。"说明自虞舜以来，"尚齿""敬老"就成了华夏民族的传统，历夏经商，至于周而大备。《礼记·王制》又说："凡养老，有虞氏以燕礼，夏后氏以飨礼，殷人以食礼，周人修而兼用之。五十养于乡，六十养于国，七十养于学，达于诸侯。"说明四代根据老人不同年龄，划分出不同的奉养等级，年五十养于乡党，六十养于都邑，七十养于学校，并通名于诸侯。《王制》又说："有虞氏养国老于上庠，养庶老于下庠；夏后氏养国老于东序，养庶老于西序；殷人养国老于右学，养庶老于左学；周人养国老于东胶，养庶老于虞庠。虞庠在国之西郊。"这些"上庠"、"下庠"，"东序"、"西序"，"右学"、"左学"，都是学校，既是养老之所，也是教育之所。《孟子·滕文公上》也述古制说："庠者，养也；校者，教也；

---

① 《宋书·符瑞志》。

② 刘炫：《古文孝经述议》，见《孝经注疏》玄宗《孝经序》疏引，阮元校刻《十三经注疏》本。

序者，射也。夏曰校，殷曰序，周曰庠；学则三代共之。皆所以明人伦也。人伦明于上，小民亲于下。”四代之人养老于学，即是发挥这些“国老”、“庶老”余热，以其知识来育人才，培养下一代；而教育的内容，又是以“明人伦”为核心，明人伦的核心内容当然是孝悌。《王制》曰：“养耆老以致孝。”是孝悌产生于养老之制。《孝经》又说：“夫孝，德之本，教之所由生。”盖谓此也。

其次是“敬老”。前述虞夏商周的“养老”于庠序，实亦包括“敬老”内容，此无须多言。特别是与“孝悌”观念密切相关的祭祀制度，更是“敬”的体现。《孝经》提倡“生事之以礼，死葬之以礼，祭之以礼”，无论是文献记载还是考古发现，那数量不菲的随葬品和祝嘏辞，无疑表达的是生者或后世子孙对死去亲人的追念，昭示了孝子贤孙们的报恩孝亲的心情。从现今发现的西周青铜器铭文看来，几乎所有使用“孝”（或借“考”字为之）字的祭祀行为，都是对自己祖先的祭奠，① 它们或称：“我以孝享，乐我先且（祖）。”（《郘钟》九）或称：“孜人作尊彝，用孝享于华皇且（祖）与皇考。”（《此都孜人簋盖》）这与《诗经》：“吉蠲为饎，是用孝享。”（《天保》）《周易》：“王假有庙，致孝享也。”（《萃卦·彖传》）等早期文献用例别无二致。也许正是这种严肃的礼敬之情，与养老制度的结合，产生了孔子“敬”“养”一体的思想，故孔子曰：“今之孝者，是谓能养，至于犬马皆能有养，不敬，何以别乎！”

其三是“孝治”。《史记·五帝本纪》载：“舜父瞽叟顽，母嚚，弟象傲……舜顺适不失子道，兄弟孝慈。……舜年二十以孝闻。三十而帝尧问可用者，四岳咸荐虞舜，曰可。”舜以孝德继尧而君天下，正是以孝致治的典型。《吕氏春秋·孝行》曰：“夫孝，三皇五帝之本务，而万事之纪也！”《论语》载孔子所读之《书》说：“孝乎唯孝，友于兄弟，施于有政。”这不是最早的“孝治天下”么？

可见，早在虞、夏、商、周四代，“孝道”基本精神“养老”、“敬老”、“孝治”等都已具备。至于其他“孝道”德目，如循礼、重教、丧祭，以及天子养老、诸侯养老、士民养老的区别，也略具雏形，中华孝道之渊源有自亦可知矣。

孔子正是继承了虞、夏、商、周这些“养老”“尚齿”的“孝养”传统，

---

① 舒大刚：《从先秦早期文献看“孝”字的本来含义》，见万本根、陈德述《中华孝道文化》，巴蜀书社，2001 年。

慎终追远的“孝享”礼仪，和“以孝为政”的“孝治”法则，然后结合并糅合了其他与养老孝亲相关的善良行为和原则，从而形成了儒家系统的“孝悌”观念，并进而促成了《孝经》文本的创作与初传。

孔子自称“述而不作”，孟子说他“集大成”，二者并不矛盾。它们所要表达的，正是孔子思想本有其历史依据和文化渊源的事实。《孝经》的成书，使前此两千五百余年中华“养老”“孝亲”传统得以系统总结和极大发扬，也使后此两千五百余年的中国人民更加在感情上、理论上自觉地知觉和实行孝道，养成世代相传的崇尚“孝悌”的共同的文化心理。

四、孔子思想与《孝经》内容一致

我们还可以从孔子的思想资料中，寻出许多与《孝经》相通的例子。前文在审察王正已所疑《孝经》“鬼神观念”与孔子“敬鬼神而远之”、《孝经》“谏诤”与《论语》“几谏”、《孝经》称“经”等三个问题时，已经对孔子与《孝经》关系有所申说，现在我们将从孔子论孝的言论入手，具体证明孔子思想与《孝经》内容的一致性。

论行孝应“敬”、“养”结合。《论语·为政篇》：“子游问孝。子曰：‘今之孝者，是谓能养。至于犬马，皆能有养；不敬，何以别乎？’”又：“子夏问孝。子曰：‘色难。有事，弟子服其劳；有酒食，先生馔，曾是以为孝乎？’”《荀子·子道篇》：“子路问于孔子曰：‘有人于此，夙兴夜寐，耕耘树艺，手足胼胝，以养其亲，然而无孝之名，何也？’孔子曰：‘意者，身不敬与？辞不逊与？色不顺与？’”（又见《孔子家语·困誓》）都是强调尽孝非仅能养，而应具有敬爱之心。这与《孝经·庶人章》“用天之道，分地之利，谨身节用，以养父母”（“养”）、《纪孝行章》“子曰：孝子之事亲也，居则致其敬，养则致其乐”、《广要道章》“礼，敬而已矣”（“敬”）诸说相同。

论孝道的政治功能。《论语·为政篇》：“或谓孔子曰：‘子奚不为政？’子曰：‘《书》云：孝乎惟孝，友于兄弟，施于有政。是亦为政，奚其为为政？’”这是以孝为政。与《孝经·圣治章》君子躬行孝道“故能成其德教而行其政令”相同；又与《广要道章》“子曰：教民亲爱，莫善于孝。教民礼顺，莫善于悌”、《广扬名章》“子曰：君子之事亲孝，故忠可移于君；事兄悌，故顺可移于长；居家理，故治可移于官”相通。

论以孝治天下。《礼记·祭义》：“子曰：立爱自亲始，教民睦也；立教自长始，教民顺也。教以慈睦，而民贵有亲；教以敬长，而民贵用命。孝以事亲，顺以听命，错诸天下，无所不行。”（又见《孔子家语·哀公问政》）强调“孝顺”之行可以“错诸天下”，也是可以做到“无所不行”的。这与《孝经·孝治章》强调君子“以孝治天下”、《三才章》“先王见教之可以化民也，是故先之以博爱，而民莫遗其亲；陈之于德义，而民兴行”、“其政不严而治”相同。

论以孝劝忠。《论语·为政篇》子曰：“临之以庄，则敬；孝慈，则忠。”与《孝经·天子章》“爱敬尽于事亲，而德教加于百姓，刑于四海”、《士章》“以孝事君则忠，以敬事长则顺”、《广扬名章》“君子之事亲孝，故忠可移于君；事兄悌，故顺可移于长”是相通的。

宣扬孝为德教之本。《论语·学而》载有子说：“其为人也孝弟，而好犯上者，鲜矣；不好犯上，而好作乱者，未之有也。君子务本，本立而道生。孝弟也者，其为仁之本与。”史称“有子之言似夫子”，这段话必是有子闻诸夫子者。《大戴礼记·武王践祚》也载孔子曰：“孝，德之始也；悌，德之序也；信，德之厚也；忠，德之正也。”（又见《孔子家语·弟子行》）又《家语·六本》载孔子曰：“立身有义矣，而孝为本。”与《孝经》首章《开宗明义》孔子说“夫孝，德之本也，教之所由生也”、《三才章》子曰“夫孝，天之经也，地之义也，民之行也”是一致的。

论孝子有谏诤职能。《论语·里仁篇》：“子曰：‘事父母几谏。见志不从，又敬不违，劳而不怨。’”《荀子·子道篇》：“鲁哀公问于孔子曰：‘子从父命，孝乎？臣从君命，贞乎？’三问孔子不对。……子贡曰：‘子从父命孝矣，臣从君命贞矣。夫子有奚对焉？’孔子曰：‘小人哉，赐不识也。昔万乘之国有争臣四人，则封疆不削；千乘之国有争臣三人，则社稷不危；百乘之家有争臣二人，则宗庙不毁。父有争子，不行无礼；士有争友，不为不义。故子从父，奚子孝？臣从君，奚臣贞？审其所以从之之谓孝、之谓贞也。’”（又见《家语·三恕》）《孝经》亦有专门的《谏诤章》，说：“昔者，天子有争臣七人，虽无道，不失其天下；诸侯有争臣五人，虽无道，不失其国；大夫有争臣三人，虽无道，不失其家；士有争友，则身不离于令名；父有争子，则身不陷于不义。故当不义，则子不可以不争于父，臣不可以不争于君。故当不义则争之，从父之令，又焉得为孝乎？”凡此诸说，有异曲同工之妙。

以上通过《论语》、《荀子》、《大戴礼记》、《孔子家语》中孔子“孝”论与《孝经》比较研究，可知孔子在“孝”的敬养原理、“孝”的政治功能、“孝”的德教功能、“孝”与谏诤等等方面，都有相同或相通之处，文句或稍有差别，情景也许略有异同，但是思想和情感是完全相通甚至相同的。因此，我们认为自汉至唐以为《孝经》为孔子作或由孔子向曾子传授，是有依据的，应当信从。

至于说孔门弟子作、甚至再传或三传弟子作，以及曾子弟子作等说，都是将《孝经》传播者当成作者了，他们只能是《孝经》的传习者而不是《孝经》的原创作者。若乎“秦汉间陋儒作”之说，则如同持论者自己所贬斥的一样，此说实在不过是“陋说”而已。

第三节 《孝经》的形式与内容

孔子所创行的“六经”教化，为中国所独有。《庄子》曰：“《诗》以道志，《书》以道事，《礼》以道行，《乐》以道和，《易》以道阴阳，《春秋》以道名分。”（《天下篇》）——举凡天道性命之理、家国天下之政、人伦教化之说、事父事君之规，孔子无不勤思而博闻，备陈而广说。然而正如老聃所说：“六经，先王之陈迹也。”“六经”原本是以史为教，卷帙浩繁，事理博杂。其间虽然已经孔子删述，贯穿以“仁义”（子曰，十二经“要在仁义”），但是“六艺经传以千万数”，诚如晏子所批评的那样：“累世不能殚其学，当年不能究其礼。”其于日用时行，不免迂阔而不切于事情，于是孔子乃造《孝经》以统之。

前引郑玄说：“孔子以六艺题目不同……后世莫知根源，故作《孝经》以总会之。”纬书亦称孔子曰：“吾志在《春秋》，行在《孝经》。”盖以《孝经》总会“六经”，以“孝道”统领百行也。

《孝经》是善言善行之总纲，它总统“六艺”，贯穿“五伦”，凡勤身节用、惜命尊生，事父事君、立身扬名，保天下、固社稷、守宗庙、持爵禄，为善去恶之理，成功立名之方，举莫驰乎其外。《孝经》为吾国吾民所固有，亦为上下君臣所同遵，它理关“贵贱”，事通“五等”，上自天子诸侯，下到士子黎民，欲忠欲孝，若爱若敬，成贤成圣，当行当止之为，大都包罗其中。《孝经》一书，实为人伦教化的大经典，也是劝善进德之教科书，所谓礼治文明之“至德要道”，无不毕载于兹矣！

《孝经》全书1800字左右（今文经1798字，古文经1872字），很像一篇极简要的文章，却说尽了“孝道”的内容、价值及其在各个领域的运用，从父母在世到父母亡故后的所有善言美行，从家庭伦理到社会政治领域的圣道王功，无不应有尽有。《孝经》文字凝练，字字珠玑，结构严密，层次清晰。全书共分成若干章节，逐层推进，娓娓道来。

从结构上看，今文《孝经》共分18章，即《开宗明义》、《天子》、《诸侯》、《卿大夫》、《士》、《庶人》、《三才》、《孝治》、《圣治》、《纪孝行》、《五刑》、《广

要道》、《广至德》、《广扬名》、《谏争》、《应感》、《事亲》、《丧亲》①；古文分22章，除以上18章标题外，还有《孝平》、《父母生绩》、《孝优劣》、《闺门》4章。②

《孝经》各章分别从孝的原理、孝的原则、孝的行为、孝的事项、孝的功能、孝的推广、孝与家族、孝与政治、孝与社会、孝与刑法、孝与礼仪等各个方面，做出了反复周致的阐述，必期于有理可循，有则可依，依而无怨，行而无弊。

《孝经》认为，"孝"是"至德要道"，可以使"民用和睦"、"上下无怨"，孝是安天下、和人民的最善最美的德性、至高至灵的法宝。又说："夫孝，德之本也，教之所由生也。"孝是一切善言善行、良知良能的本源，也是一切礼乐教化、制度设施的依据和出发点。故有子亦说："君子务本，本立而道生；孝弟也者，其为仁之本与！"③

"孝"不是从外在强加于人的枷锁或教条，而是导源于人类与生俱来的天然的亲亲之爱、敬长之情。《孝经》说："父母生之，续莫大焉。""父子之道，天性也。"孝道是天经地义的事情："夫孝，天之经，地之义，民之行也。"人人皆父母所生，个个皆尊长所养，这份灵根，这份情愫，与生俱来，不假外索。牛羊跪乳，乌雀反哺，孝子悌弟，知恩图报，寸草春晖，凡有血气，莫不如此！

人知道爱类（即与自己的同类和谐相处），这就是"仁"；知道报恩（报答养育之恩），这就是"孝"。此乃天生之性情，自然之本能，似乎用不着多费唇舌。有了"爱类"意识的仁，才有不残不暴、实现和谐的"仁政"；有了"报恩"意识的孝，才能爱亲敬长、仁民爱物的"善性"。有子曰："其为人也孝弟，而好犯上者，鲜矣；不好犯上，而好作乱者，未之有也。"孟子说，立爱自亲始，"亲亲而仁民，仁民而爱物"④。孝是人的本性、人的善根，故有人说："性有五常而仁为首，仁兼万善而孝为先。"⑤ 孝是百善之先、众妙之源。

可是由于后天习染的戕害、私欲的泛滥，往往使有的人失去了灵根，泯

① 此依唐玄宗御注《石台孝经》本。另外，《孝经郑注》本标题又有所不同，如《应感章》又作《感应章》，《士章》有作《士人章》者。

② 此依日本传《古文孝经》所名章题，一说《古文孝经》本无章题。

③ 《论语·学而》。

④ 《孟子·尽心上》。

⑤ 沈佳：《明儒言行录》卷二"曹端"。

灭了善性，连亲亲的孝行也不履行了，针对这种不爱类、不亲亲，甚至残害同胞、不知报恩的行为，《孝经》认为“非孝无亲”是“大乱之道”，罪不容诛：“五刑之属三千，而罪莫大于不孝！”

当然，刑禁于已然，礼施于未至，而孝则劝于本心。《孝经》教人行善尽孝的重点在于教化，在于启发人们亲亲爱民的本心，教会人们如何行孝行善。在孔子看来：“教民亲爱，莫善于孝；教民礼顺，莫善于悌；移风易俗，莫善于乐；安上治民，莫善于礼。”孝悌、礼乐，才是教爱教亲、移风易俗，实现君安民乐的大法大宝，是积极主动的，根本万能的，故孔子又说：“导之以德，齐之以礼，有耻且格。”

为教导民众有目标地行孝，《孝经》将一个人一生尽孝的阶段划分出三个层次：“夫孝，始于事亲，中于事君，终于立身。”第一层次行于家庭内部，第二层次行于政治社会领域，第三层次乃是立身扬名的道德境界。

什么是“事亲”呢？《孝经》说：“孝子之事亲也，居则致其敬，养则致其乐，病则致其忧，丧则致其哀，祭则致其严。五者备矣，然后能事亲。”（《纪孝行》）这是直接针对亲人的敬亲情感。什么是“事君”呢？《孝经》说：“君子之事亲孝，故忠可以移于君；事兄悌，故顺可移于长；居家理，故治可移于官。”就是“移孝为忠”，在事业上有所成就、对社会国家有所贡献，发挥孝悌的社会效应和政治功能。什么是“立身”呢？用《孝经》的话说就是：“行成于内，而名立于后世矣。”是立身扬名“以显父母”，也就是在养亲敬亲取得家庭内部和谐、在社会上取得事业成功后，进而在道德理想层面有所建树，实现“立功”、“立言”、“立德”的三不朽，也就是“立身行道，扬名于后世，以显父母”。曾子说：“大孝尊亲，其次能养，其次弗辱。”“能养”属于“事亲”的范围，“尊亲”则属于“立身”的内容了。

很显然，《孝经》之“孝”已经不是纯粹的“养亲敬亲”情感了，而已从“亲亲”的家庭伦理出发，将人与人的关爱之情、责任之心，推而至于整个社会和天下、国家，将其属于父子之亲、母子之爱的伦常关系，推广开来，使上下等级、友朋交谊、君臣之道、夫妇关系等“五伦”，也随之得到安顿和改善，从而达到人心端正，情感纯化，关系融洽，气氛和谐。事亲敬长之情与忠君爱民之义结合，修身齐家之法与治国平天下之道结合，这对中华民族善良本性、谦谦君子和忠孝节义的人格铸造，起到了不可低估的作用。《孝经》曰：“其教不肃而成，其政不严而治。”正谓此也。

为了指导国人自觉地奉献孝心，正确地履行孝道，《孝经》还为不同等级的人制订出行孝的准则，即所谓“五孝”。如：

对于富有四海的天子，《孝经》要求他“爱敬尽于事亲，而德教加于百姓，刑（型，示范）于四海”，也就是要对老亲做到爱敬，对民实行德治，用榜样的作用来感化人，教育人。

对于诸侯，《孝经》要求其“在上不骄”，“制节谨度”，以便“富贵不离其身，然后能保其社稷，而和其民人”。

对于卿大夫，《孝经》要求其循规蹈矩，“非先王之法服不敢服，非先王之法言不敢道，非先王之德行不敢行”，做到“言满天下，无口过；行满天下，无怨恶”。

对于士人，《孝经》要求将孝心化为忠顺，“以孝事君则忠，以敬事长则顺。忠顺不失，以事其上”。

对于庶人，《孝经》要求其“谨身节用，以养父母”。

每个等级由于社会地位不同，才能和财力不一，职能和任务有别，他们在行孝时的责任和具体要求也就不一样。但是，对父母的养和敬、对人民的爱和善却是一致的，也是一贯的，否则就难免有祸事降临。《孝经》说：“故自天子至于庶人，孝无终始，而患不及己者，未之有也。”

如果说，《孝经》关于“五孝”的区分带有浓厚的等级制度的特征，不完全适合现代社会的话。那么《孝经》中有关爱惜身体、珍惜生命，上行下效、不义则诤的思想，至今仍然有其积极意义。

爱惜生命。《孝经》提倡：“身体发肤，受之父母，不敢毁伤，孝之始也。”在孔子看来，身体不仅仅是自己的，也是父母遗赠的；生命不仅仅属于自己，而是父母乃至先祖生命的延续；身体不仅仅是寄托自己生命的躯壳，而是付出了父母生养恩育心血的产物，其中还寄托了父母望子成龙成凤的无限情思。为人子女者，怎能擅自毁伤呢？人要行孝，首先就必须保护好自己的身体，珍爱自己的生命。

曾子说：“行父母之遗体，敢不敬乎？”在儒家看来，“不敢毁伤”还有另一层意思，即奉公守法，不犯刑律，不受刑伤。《礼记·祭义》：“父母全而生之，子全而归之，可谓孝矣。不亏其体，不辱其身，可谓全矣。”“不辱”与曾子“其次弗辱”是同一个意思，即不使身体受刑为父母羞辱。王充《论衡》也说：“孝者怕入刑辟，刻画身体，毁伤发肤，少德泊行，不戒慎之所致也。”

但是，尽忠报国、为国捐躯却除外。孔子主张用成人礼安葬为国捐躯的“童子”：“能执干戈以卫社稷，可无殇矣。”曾子也说：“战阵无勇，非孝也。”

《孝经》的“不敢毁伤”，主要在强调珍惜生命，如果无端毁伤肢体，甚至结束生命，表面看来是自己的事情，其实对父母起码的孝心都没有尽到，何谈大孝呢？

上行下效。《孝经》所谓从父、顺长、忠君，都是有条件的，不是单方面的，其前提就是“上行下效”。儒家提倡“有诸己然后求诸人，无诸己而后非诸人”，为人君上和为人父母者，都要先做好表率，然后再责求于臣子：“先王见教之可以化民也，是故先之以博爱，而民莫遗其亲；陈之以德义，而民兴行。先之以敬让，而民不争；导之以礼乐，而民和睦；示之以好恶，而民知禁。”又说：“明王之以孝治天下也，不敢遗小国之君”；诸侯“治国者，不敢侮于鳏寡”；大夫“治家者，不敢失于臣妾”。只有在上者先做到德义爱敬，才能号召其下，也才能实现“天下和平，灾害不生，祸乱不作”。

根据儒家“所欲责于臣者，君先服之；所欲责于子者，父先能之”的原则，一切善言美行的最好提倡，不在于美丽动听言语的告诫，而在于居上处尊者自己的躬行实践，这与后世形成的“君要臣死臣不得不死，父要子亡子不得不亡”的专横的、高压的愚忠愚孝大异其趋。

不义则诤。《孝经》不仅不提倡“愚忠愚孝”，而且还旗帜鲜明地反对“愚忠愚孝”，提倡下级对上级、儿子对父亲的必要“谏诤”。当曾子问孔子：“从父之令，可谓孝乎？”孔子非常严厉地批评说：“是何言与，是何言与！”并且严肃地告诫：“故当不义，则子不可以不争于父，臣不可以不争于君。故当不义，则争之。”他说：“昔者天子有争臣七人，虽无道，不失其天下。诸侯有争臣五人，虽无道，不失其国。大夫有争臣三人，虽无道，不失其家。士有争友，则身不于令名。父有争子，则身不陷于不义。”

“争”通“诤”，即谏诤。养亲安亲、敬上顺长，固然是孝悌之大伦、忠顺之准则，但是不是不分情况地处处如此、事事如此，而要看我们所敬顺的君父长者是否合乎“礼义”了。如果君亲父兄的言行合乎于义，则敬之顺之；如果不合乎义，则要诤之谏之。否则不义而顺，行邪不争，就是陷亲人于不义、堕尊长于不仁，那恰恰就是不孝不悌。因此，孟懿子问孝，孔子曰：“无违。……生，事之以礼；死，葬之以礼，祭之以礼。”（《论语·为政》）“礼”是尽孝从违的价值尺度。荀子又总结说：“入孝出弟，人之小行也。上顺下笃，人之中行也。从道不从君，从义不从父，人之大行也。”① “道”、“义”、“礼”就是儒家行孝的原则和准绳。

《孝经》将“孝”定义为一切善行美德的根源，已经不单单是教“孝”之经，还是导“善”之典，是致“治”之书，是致“美”之源。《孝经》是

① 《荀子·子道》。

"善"和"美"的源头活水，是教导人们如何成为善人、君子的指南北斗。故明儒说："'孝'云者，至德要道之总名也；'经'云者，持世立教之大典也。然则《孝经》者，其'六经'之精义奥旨欤?"① 近贤亦谓："'六艺'为博，《孝经》为约。'至德'，《诗》、《乐》之实；'要道'，《书》、《礼》之实；'三才'，《大易》之旨也；'五孝'，《春秋》之义也。言'其教不肃而成'，是《诗》、《乐》之会也；言'其政不严而治'，是《书》、《礼》之会也。"②《孝经》总摄了"六经"的一切善言美行、明心见性的功能。

又说："故曰'孝，德之本也。'举本而言，则摄一切德；'人之行，莫大于孝'，则摄一切行；'教之所由生'，则摄一切教；'其教不肃而成，其政不严而治'，则摄一切政；五等之孝，无患不及，则摄一切人；'通于神明，光于四海，无所不通'，则摄一切处。大哉，《孝经》之义，三代之英，大道之行，'六艺'之宗，无有过于此者!"③

孝道，几乎涵纳了人间一切美好的德行、言教、政治，也普适于一切人群和处所，曾子曰："夫孝，置之而塞乎天地，溥之而横乎四海，施诸后世而无朝夕，推而放诸东海而准，推而放诸西海而准，推而放诸南海而准，推而放诸北海而准。《诗》云：'自西自东，自南自北，无思不服。'此之谓也。"④曾参之所以如此说，是因为它揭示了人类的本性，倡导了社会的善行，除非非人，除非异类，谁能说它不是"放之四海而皆准"的普遍法则呢？

第四节　《孝经》学流变及其文献之发展

孔子曰："人能弘道，非道弘人。"《孝经》是死的文献，孝心才是活的灵魂，是什么力量将这死文献中的活灵魂尽量地发掘出来，使其焕发出生机和光芒呢？那就是研究和传播《孝经》、阐发和弘扬"孝道"的历代学人。一些有远见的帝王，也纷纷为《孝经》作注，如魏文侯、晋孝武帝、梁武帝、梁简文帝、唐玄宗及清顺治帝、康熙帝、雍正帝等，皆是如此，不能说他们做的都是骗人愚民的把戏，搞的全是徒劳无功的闹剧，其中无疑也有促进家族

---

① 沈佳：《明儒言行录》卷二"曹端"。

② 马一浮：《孝经大义》之六，乐山复性书院刻本，又宋志明校点本，山东人民出版社，1998年。

③ 马一浮：《孝经大义·序》。

④ 《礼记·祭义》。

和睦、社会和谐的用意，也曾起到过巩固政权、稳定天下的作用，儒家“幼有所长”、“老有所养”的理想，通过《孝经》的传播也一定程度上得到过实现，这是历史，也是事实。

特别是历代圣人贤士，他们不仅躬行孝悌，以自己的亲身实践敬爱双亲、尽忠报国；而且执经秉传，训俗启蒙，教导童子和世人如何尊孝行孝；还研经注典、阐发孝理，形成规模庞大的《孝经》学文献体系。

在中国图书史上，研究和阐释《孝经》的文献非常繁多，是中国儒家“经学”文献的重要组成部分。这些文献，有关于《孝经》文本的校勘、注释，如郑玄《孝经解》、唐玄宗《孝经注》等，使人得阅读理解《孝经》之便；也有对《孝经》原理进行哲学的、伦理学的阐发，如司马光《古文孝经指解》、黄道周《孝经集义》等，使人能够更加深入地学习理解《孝经》、并发挥践履孝道。

还有人将孝道原理向其他领域推广，甚至仿《孝经》著述体例再撰新篇的，如唐人郑氏《女孝经》、马氏《忠经》以及其他作者的《临戎孝经》、《武孝经》、《酒孝经》、《大农孝经》、《医孝经》等等，使人举一反三、由此及彼、由近及远，以收“孝弟之至，通于神明，光于四海，无所不通”之效。还有人以《孝经》为根本，广搜经、史、子、集文献，采纳古今孝子贤人的言论事迹，为往贤立传树碑，教世人尽孝尽忠的文献，如吕维祺之《孝经大全》、虞淳熙之《孝经集灵》、清康熙敕纂之《孝经衍义》等。

凡此等等，都构成了《孝经》研究的繁盛局面，也丰富了孝道文化的博大体系，这既是中国儒学的重要内容，也是中国文化的组成部分，还是当代中国文化重建、道德重振的重要文化资源、思想源头活水。

综观《孝经》在中国历史上的接受史和传播史，大致可以分成七个时期：即先秦的孕育与形成时期，两汉的传播与初盛时期，魏晋南北朝的继盛和分离时期，隋唐五代的统一与仿作时期，宋辽金元的理学化与怀疑时期，明清的异化和考据时期，20世纪的批判和扬弃时期。

一、春秋时期的《孝经》学及其文献

先秦是《孝经》的形成时期。如前所述，以孔子为首的中国儒家继承和发扬了中华民族自尧、舜以来形成的“养老”“敬长”传统，并将这一传统理论化，系统化，经典化，形成了系统的孝道观；这种孝道观经孔子提倡、阐释和传授，至弟子曾参等笔之于书，便形成了言孝的专书，即经典性著作——《孝经》。复随孔门弟子的经典传授渠道，《孝经》也在春秋战国获得初步传播。

大致而言，在孔门弟子时期，《孝经》就开始得到传授，其特征是“知行合一”、《孝经》之理和“孝道”之行合而为一，出现了曾子、闵子、有子等著名人物，他们既是孝论专家，也是孝道模范。

进入战国之后，由于学术重在思辨，功夫贵乎游说，学之与行开始出现分离，人们对于《孝经》的传习，主要在于学理的探究，如乐正子春、魏文侯等人都撰出了首批《孝经》翼传，从而也诞生出首批《孝经》文献。至《吕氏春秋》则囊括众家，以成一书，儒家的《孝经》及其传说文献，在其中得到征引和保存。至于依经而立传、从经以作注等文献形式，则必待“经学”盛行的汉代社会而后有。

孔子作为教育家，重视伦理教育，他要求“弟子入则孝，出则悌，谨而信，泛爱众，而亲仁。行有余力，则以学文”(《论语·学而》)。史书既明确地记载他向曾子传授《孝经》，又记载他常与门弟子谈论“孝道”。孔门弟子不乏“孝悌”、“忠信”之人，据《论语》、《史记》记载，孝行最著者闵子骞、曾参，论“孝”最经典者有若，传《孝经》最力者曾参。而曾与孔子论孝者，则尚有孟懿子、樊迟、孟武伯、子游、子夏、子贡，甚至鲁国君臣如鲁哀公、季康子等，也曾向孔子问孝。

《论语·为政》载“四子问孝”：“孟懿子问孝。子曰：‘无违。’樊迟御，子告之曰：‘孟孙问孝于我，我对曰，无违。’樊迟曰：‘何谓也?’子曰：‘生，事之以礼；死，葬之以礼，祭之以礼。’”“孟武伯问孝。子曰：‘父母唯其疾之忧。’”“子游问孝。子曰：‘今之孝者，是谓能养。至于犬马，皆能有养；不敬，何以别乎?’”“子夏问孝。子曰：‘色难。有事，弟子服其劳；有酒食，先生馔，曾是以为孝乎?’”

《子路》载：“子贡问曰：‘何如斯可谓之士矣?’子曰：‘行己有耻，使于四方，不辱君命，可谓士矣。’曰：‘敢问其次。’曰：‘宗族称孝焉，乡党称弟焉。’曰：‘敢问其次。’曰：‘言必信，行必果，硁硁然小人哉！——抑亦可以为次矣。’”

《子张》载：“子游曰：‘丧致乎哀而止。’”因为丧致乎哀，则不忘亲；致哀而止，则不灭性。不忘亲，仁也；不灭性，礼也。

甚至连季康子这样的执政大臣、鲁哀公这样的国君，也曾向孔子问孝。《为政》：“季康子问：‘使民敬、忠以劝，如之何?’子曰：‘临之以庄，则敬；孝慈，则忠；举善而教不能，则劝。”

《荀子·子道》载：“鲁哀公问于孔子曰：‘子从父命，孝乎?臣从君命，贞乎?'……孔子曰:'……昔万乘之国有争臣四人，则封疆不削；千乘之国有争臣三人，则社稷不危；百乘之家有争臣二人，则宗庙不毁。父有争子，不行无礼；士有争友，不为不义。故子从父，奚子孝？臣从君，奚臣贞？审其所以从之之谓孝、之谓贞也。'"

1. 闵子骞“善事父母”

闵损字子骞，小孔子15岁。家境贫寒，其性至孝。闵子骞有兄弟二人，后母再生二子，而子骞为后母所苦，冬月以芦花为絮。其父知之，欲出后母。子骞曰:“母在一子单，母去四子寒。”[①] 遂止。后母感焉，翻然改悟。故古书曰:“孝哉闵子骞，一言其母还，再言三子温。”孔子说:“孝哉闵子骞！人不间于其父母昆弟之言。”(《先进》)《亢仓子》也说:“闵子善事父母，交游称其信，乡党称其仁，宗族称其弟。”闵损的言语和他对后母的态度，与孔子提倡的孝道思想是一致的。

2. 有子曰“孝弟为仁之本”

有子名若，字子有。小孔子43岁，是孔子晚年弟子。《论语》载:“有子曰:‘其为人也孝弟，而好犯上者，鲜矣；不好犯上，而好作乱者，未之有也。君子务本，本立而道生。孝弟也者，其为仁之本与！'”(《学而》)视孝道为仁德之本，与《孝经》首章“夫孝，德之本也”相同；认为孝悌之人不会犯上作乱，也是“求忠臣于孝子之门”的最早、最经典的表述。《礼记·檀弓上》引子游“有子之言似夫子”，他能说出这些话，当然得力于孔子的教诲。

3. 曾子传《孝经》

在孔子弟子中，曾参与《孝经》的关系最为密切。如果说《孝经》是孔子所说、弟子所记的话，曾参则最有可能就是这位执行记录的弟子。司马迁明确说孔子因曾子“能通孝道”，为之“作《孝经》”。这是关于《孝经》制作和传授的最早记录。《孔子家语》也说:“曾参……志存孝道，故孔子因之以作《孝经》。”(《七十二弟子解》)唐玄宗《孝经注疏序》说:“曾子在七十弟子中孝行最著，孔子乃假立曾子为请益问答之人，以广明孝道。既说之后，乃属与曾子。”是曾子为孔子首传《孝经》之人。曾子自己还著《曾子》18篇，见于《汉书·艺文志》(《大戴礼记》尚保存十篇)。[②] 宋人认为《孝经》

---

① 《说苑》佚文，欧阳询等《艺文类聚》卷二〇引。

② 即《大戴礼记》卷四之《曾子立事》、《曾子本孝》、《曾子立孝》、《曾子大孝》、《曾子事父母》，卷五之《曾子制言上》、《曾子制言中》、《曾子制言下》、《曾子疾病》、《曾子天圆》。

和《大学》也是曾子所传，[①] 可见曾子的贡献不止于传授《孝经》。曾子善于孝道的事迹和他关于孝的言论，在先秦、两汉文献中俯拾即是，而且这些内容都与《孝经》精神一致。

《论语》载："曾子有疾，召门弟子曰：'启予足！启予手！'"郑玄注："曾子以为受身体于父母，不敢毁伤，故使弟子开衾而视之也。"（《泰伯》）《礼记·祭义》、《吕氏春秋·孝行》都引曾子："身者，父母之遗体也，行父母之遗体，敢不敬乎？"《孝行》又引曾子曰："父母生之，子弗敢杀；父母置之，子弗敢废；父母全之，子弗敢撅。故舟而不游，道而不径，能全支体，以守宗庙，可谓孝矣。"——与《孝经·开宗明义章》："身体发肤，受之父母，不敢毁伤，孝之始也。"相同。

《孟子·滕文公上》引曾子曰："生，事之以礼；死，葬之以礼，祭之以礼，可谓孝矣。"[②]《礼记·内则》曾子曰："孝子之养老也，乐其心，不违其志，乐其耳目，安其寝处，以其饮食忠养之。孝子之身终，终身也者，非终父母之身，终其身也。是故父母之所爱亦爱之，父母之所敬亦敬之。至于犬马尽然，而况于人乎。"——与《孝经·纪孝行》"孝子之事亲也，居则致其敬，养则致其乐，病则致其忧，丧则致其哀，祭则致其严"精神是一致的。

《荀子·大略》曾子曰："孝子言为可闻，行为可见。言为可闻，所以说远也；行为可见，所以说近也。近者说则亲，远者说则附。亲近而附远，孝子之道也。"——与《孝经·圣治章》"言思可道，行思可乐，德义可尊，作事可法，容止可观，进退可度，以临其民，是以民畏而爱之，则而象之"相似。[③]

《吕氏春秋·孝行》曾子曰："先王之所以治天下者五：贵德、贵贵、贵老、敬长、慈幼，此五者，先王之所以定天下也。所谓贵德，为其近于圣也；所谓贵贵，为其近于君也；所谓贵老，为其近于亲也；所谓敬长，为其近于兄也；所谓慈幼，为其近于弟也。"

曾子将"孝"推为最高的道德规范，又说："民之本教曰孝，其行曰养，养可能也敬为难，敬可能也安为难，安可能也久为难，久可能也卒为难。父

---

① 俞希鲁：《汪晫辑曾子全书序》："孔子之道，曾子得之而为《大学》；曾子之旨，子思子述之而为《中庸》。道统之传，于焉攸系。"（《四库全书》本卷首）

② 按：《论语·为政》以此段话为樊迟问孝，孔子所说。孟子以为"曾子曰"，圣作贤述，于此可见。

③ 汪宗沂《孝经十八章辑传序》、刘师培《经学教科书》卷十五课，俱谓"《孝经》，当战国时，由子夏授魏文侯，文侯为之传，荀卿诸儒皆传之"。

母既殁，慎行其身，不遗父母恶名，可谓能终也。夫仁者，仁此者也；义者，宜此者也；忠者，忠此者也；信者，信此者也；礼者，体此者也；行者，行此者也；强者，强此者也。乐自顺此生，刑自反此作。夫孝者，天下之大经也。夫孝，置之而塞于天地，衡之而衡于四海，施诸后世而无朝夕，推而放诸东海而准，推而放诸西海而准，推而放诸南海而准，推而放诸北海而准。《诗》云：'自西自东，自南自北，无思不服。'此之谓也。"（《大戴礼记·曾子本孝》）——与《孝经·感应章》"孝悌之至，通于神明，光于四海，无所不通。《诗》云'自西自东，自南自北，无思不服'"同。

曾子还将孝与忠合一等同，或将忠作为孝的最终目的。《礼记·祭义》引曾子曰："居处不庄，非孝也；事君不忠，非孝也；莅官不敬，非孝也；朋友不信，非孝也；战陈无勇，非孝也。五者不遂，裁及于亲。敢不敬乎?"（又见《大戴礼记·曾子大孝》）——与《孝经》"在上不骄"、"以孝事君则忠"、"制节谨度"、"以敬事长"、"因严以教敬"、"因亲以教爱"、"五刑之属三千，罪莫大于不孝"等相近。

《大戴礼记·曾子立事》："事父可以事君，事兄可以事师长，使子犹使臣也，使弟犹使承嗣也。"又《曾子立孝》："孝子善事君，弟弟善事长，君子一孝一弟，可谓知终矣。"——与《孝经》子曰："君子之事亲孝，故忠可移于君；事兄弟，故顺可移于长；居家理，故治可移于官。"是一个道理。

《礼记·祭义》曾子曰："孝有三：大孝尊亲，其次弗辱，其下能养。"《大戴礼记·曾子大孝》："孝有三：小孝用力，中孝用劳，大孝不匮。"——与《孝经·开宗明义章》"夫孝，始于事亲，中于事君，终于立身"相同。

曾子的孝论和孝行与《孝经》如此之吻合，可见他首先得传《孝经》，深受孔子孝道思想之感化。正由于此，故历史上有不少学人说是曾子创作《孝经》，盖不知其本源也。

4. 子思与《孝经》

子思是孔子孙子，名伋，字子思，伯鱼之子。《史记·孔子世家》说："伯鱼生伋，字子思，年六十二。尝困于宋。子思作《中庸》。"其事迹多见于《孟子》（如《公孙丑下》、《离娄下》、《万章下》），曾为鲁缪公师。曾师事曾子，孟子有"曾子、子思同道。曾子，师也，父兄也"之说。《史记》说孟子"受业于子思之门人"，是孟子为子思再传弟子，故在历史上有所谓"思孟学派"之说。赵岐《孟子题辞》："子思治儒术之道，通《五经》，尤长于《诗》《书》。"说明他在《诗》《书》研习方面，独具功夫。

关于子思的著作，《汉书·艺文志》还著录《子思子》二十三篇。《隋

书·经籍志》尚录7卷，《唐志》同之。南宋初晁公武《郡斋读书志》只著录1卷。南宋《四库书目》无录，盖已亡矣。《隋书·经籍志》引沈约："《中庸》、《表记》、《防（坊）记》、《缁衣》皆取《子思子》。"① 是今《礼记》中《中庸》、《表记》、《坊记》、《缁衣》诸篇都是子思之作。

东汉末年流行《孔丛子》一书，"自《嘉言》至《答问》二十一篇，为六卷。集仲尼、子思、子上、子高、子顺之言。以为孔鲋子鱼所作"（晁公武言），后人遂取其中有关子思之语独立成卷，编为《子思子》10卷。南宋又有人提出《孝经》为子思作（冯椅说，见《困学纪闻》卷七）。后人受此语启发，对"子思作《孝经》"说广为论证，其实皆不足以为确证。子思是孔子孙子，又师事曾子，其说有与《孝经》相似，并不难理解，子思只是孔子后嗣子孙中传《孝经》的一员而已。

二、战国时期的《孝经》传授

进入战国，《孝经》得到更为广泛的传播。这里略举乐正子春、魏文侯、孟子、荀子和《吕氏春秋》为例。

1. 乐正子春与《儒家者言》

乐正子春是先秦时期传授《孝经》的一位重要人物。他是曾子的弟子，曾传《孝经》，也恪守孝道。《礼记·檀弓下》："乐正子春之母死，五日而不食，曰：'吾悔之。自吾母而不得吾情，吾恶乎用吾情?'"这是讲乐正子春自悔在母丧期间，矫情做作，没有真情。说明他注重真诚。

《礼记·祭义》说："乐正子春下堂而伤其足，数月不出，犹有忧色。门弟子曰：'夫子之足瘳矣，数月不出，犹有忧色，何也?'乐正子春曰：善如尔之问也，善如尔之问也。吾闻诸曾子，曾子闻诸夫子，曰：天之所生，地之所养，无人为大。父母全而生之，子全而归之，可谓孝矣。不亏其体，不辱其身，可谓全矣。故君子顷步而弗敢忘孝也。今予忘孝之道，予是以有忧色也。壹举足而不敢忘父母，壹出言而不敢忘父母，壹举足而不敢忘父母，是故道而不径，舟而不游，不敢以先父母之遗体行殆。壹出言而不敢忘父母，是故恶言不出于口，忿言不反于身，不辱其身，不羞其亲，可谓孝矣。"（又见《吕氏春秋·孝行》，文字略异。）

这段话的前半与《孝经》"身体发肤受之父母，不敢毁伤"相同；后半又与"非先王之法服不敢服，非先王之法言不敢道，非先王之德行不敢行。是

① 《隋书·音乐志上》。

故非法不言，非道不行，口无择言，身无择行，言满天下无口过，行满天下无怨恶。三者备矣，然后能守其宗庙，盖卿大夫之孝也”相同，是乐正子接受《孝经》影响的结果。

20世纪70年代河北定县八角廊40号汉墓出土了《儒家者言》，该批简牍整理者认为此系一部早于《吕氏春秋》的先秦古书，内容却与《吕氏春秋》的《孝行》相关。

表2－11－1　《吕氏春秋·孝行》与出土文献《儒家者言》对照表

定县竹简	《吕氏春秋·孝行》
故人主孝，则名〔章荣，下服听〕	人主孝，则名章荣，下服听
天下〔誉矣。人臣孝〕，则事君忠，处〔官廉〕	天下誉。人臣孝，则事君忠，处官廉，临难死
置之子不敢撅也父母之子不敢	曾子曰：父母生之，子不敢杀；父母置之，子不敢废；父母全之，子弗敢阙
父母全而生之	乐正子春曰：吾闻之曾子，曾子闻之仲尼：父母全而生之，子全而归之，不亏其身

从残简可知，《吕氏春秋·孝行》与《儒家者言》几乎一致，甚至是该段文字的全盘继承。故学人推断：《吕氏春秋》的《孝行篇》可能就是以《儒家者言》(或《儒家者言》之类文献）的改纂而成的。

更值得注意的是，《孝行篇》有曰：“笃谨孝道，先王之所以治天下也。故爱其亲，不敢恶于人；敬其亲，不敢慢于人。爱敬尽于事亲，光耀加于百姓，究于四海，此天子之孝也。”与《孝经·天子章》大抵相同，只“德教”作“光耀”、“刑”作“究”而已。下文说：“曾子曰：身者父母之遗体也，行父母之遗体，敢不敬乎?”“《商书》曰：刑三百，罪莫大于不孝。”“能全支体，以守宗庙，可谓孝矣。”“父母全而生之，子全而归之，不亏其身，不损其形，可谓孝矣。”简直就是《孝经》“身体发肤，受之父母，不敢毁伤，孝之始也”、“五刑之属三千，罪莫大于不孝”等内容的翻版!

由此可见，《孝行篇》就是《孝经》的阐述，这也许就是《孝经》学史上最早的一篇经解或传注。而《孝行篇》又来自《儒家者言》之类文献，那么《儒家者言》显然就是残存于地下的早期《孝经》传注了。

陈奇猷《吕氏春秋校释》于《孝行篇》按：“本篇下文乐正子春谓‘吾闻之曾子，曾子闻之仲尼’，孔门弟子，曾参以孝闻。《公羊传》昭十九年何休注：‘乐正子春，曾子弟子，以孝名闻。’然则乐正子春传曾子之学而自成一派。考《韩非子·显学》谓自孔子死后，儒分为八，有乐正氏之儒’，尤为先秦确有乐正子春学派存在之明证。据此，则此篇实系儒家乐正子春学派之言

也。”陈氏又于《韩非子·显学篇》的《新校注》：“《吕氏春秋》有《孝行篇》，主旨是言孝道，多引曾子语，并述乐正子春下堂而伤足事，可知《孝行篇》为乐正氏学派之著作。”这些判断都是准确的。

表明作为曾子弟子的乐正子春，曾经传习《孝经》，并且恪遵曾子“孝道”师说，还留下了关于《孝经》和“孝道”的论说。如果说曾子是《孝经》成书的重要记录者，那么乐正子春就是《孝经》的重要“传”人；曾子记录《孝经》成为“经”，乐正子春传述《孝经》则成为“传”矣。

2. 魏文侯与《孝经传》

魏文侯（？一前387），名斯（徐广曰“名都”），是战国时魏国的第一位君主。《史记·儒林列传》说“是时独魏文侯好学”，《汉书·艺文志》说“六国之君，魏文侯最为好古”。他曾向孔子弟子子夏请教礼乐，问过经艺；拜访过田子方、段干木等人。魏文侯撰有《孝经传》，见于东汉蔡邕所引。隋牛弘《明堂议》亦明确肯定：“刘向《别录》及马宫、蔡邕等所见，当时有《古文明堂礼》……魏文侯《孝经传》等。”①

《汉书·艺文志》“孝经类”有《杂传》四篇，不注撰人。王应麟说：“魏文侯《孝经传》，盖《杂传》之一也。”② 马国翰亦谓：“文侯《传》当在其中。”此外，《汉书·艺文志》“诸子略·儒家类”又有《魏文侯》六篇。姚振宗《汉书艺文志条理》以为，魏文侯《孝经传》亦有可能“在此六篇中也”。

蔡邕《明堂论》曾举：“《孝经》曰：‘宗祀文王于明堂。’《礼记·明堂》曰……《易传·太初篇》曰……《礼记·保傅篇》曰……魏文侯《孝经传》曰：‘太学者，中学明堂之位也。’”（《蔡中郎集》卷三）上述还见于南朝《后汉书补志》宋刘昭的注文中。又唐杜佑《通典》：“魏文侯《孝经传》曰：‘大学，中学也。庠，言养也，所以养隽德也。舜命夔曰：“汝典乐，以教胄子。”胄子，国子也。’”③ 宋章如愚《群书考索》亦引“魏文侯《孝经传》”④ 云云，与《通典》全同。《旧唐书》颜师古《明堂议》又曰：“《孝经传》云‘在国之阳’。”⑤

三则史料虽然都是零篇断简，但是内容适可以互为补充。蔡氏所引明其性质，杜氏所引详其功能，颜氏所引辨其方位。可能都出于同一本书的同一条注释，故马国翰在辑录《通典》引文下按曰：“此与《（后）汉志》是一节文。”

---

① 《隋书·牛弘传》。

② 王应麟：《汉艺文志考证》卷四“孝经杂传四篇”注。

③ 杜佑所引，见于《通典》卷五三《礼十三》“太学”条夹注。

④ 章如愚：《群书考索》后集卷二六“学制类”。

⑤ 《旧唐书·礼仪二》。

此外，朱彝尊《经义考》载："贾氏《齐民要术·耕田篇》引文侯之言云：'民春以力耕，夏以镪耘，秋以收敛。'当是《孝经》'用天之道，分地之利'注也。"余萧客《古经解钩沉》卷一上亦载："魏文侯《孝经传》，刘昭《注补后汉书》引、《齐民要术》引。"马国翰《玉函山房辑佚书》注意到此条早引于《淮南子·人间训》，并认为："案《汉志》儒家《魏文侯》六篇，《淮南》所引，出彼书中。"说此条是《魏文侯》六篇中的内容。

此外，《史记·魏世家》载，魏文侯之师田子方答子击曰："诸侯而骄人则失其国，大夫而骄人则失其家。"马一浮指出：此语"亦《孝经》'在上不骄'之义，与孟子言'天子不仁，不保四海；诸侯不仁，不保社稷；卿大夫不仁，不保宗庙'语意同"。[①] 也是《孝经》在当时传播并产生影响的证据。田子方是子夏弟子，魏文侯曾请教过他，他对《孝经》的精熟，也会影响到魏文侯。

如果说，乐正子春《儒家者言》之类文献是最早的《孝经》"说"（重在述其意），那么魏文侯的《孝经传》就是最早的《孝经》"传"（重在解其经）了。故传统著录都将魏文侯的《孝经传》作为解说《孝经》文献的第一部。

3. 孟子与《孝经》

前引陈澧《东塾读书记》卷一说："《孟子》七篇中，多与《孝经》相发明者。"因为《孝经》说："非先王之法服不敢服，非先王之法言不敢道，非先王之德行不敢行。"《孟子》也说："子服尧之服，诵尧之言，行尧之行。"（《告子下》）二者"以服、言、行三者并言之"，关注点是一致的。《孝经·天子章》说"刑于四海"，《诸侯章》说在"保其社稷"，《卿大夫章》说在"守其宗庙"，《庶人章》说要"谨身"，《孟子》也说："天子不仁，不保四海；诸侯不仁，不保社稷；卿大夫不仁，不保宗庙；士庶人不仁，不保四体。"（《离娄上》）所言等级和语气都"似亦本于《孝经》"。王正已《孝经今考》甚至觉得孟子作《孝经》都还早了点，于是调整说："《孝经》大概可以断定是孟子门弟子所著的。"

其实，既然孟子受业于"子思之门人"，其学术受《孝经》、曾子和子思的影响完全可能，不能反过来说他或他的门人做了他师辈已经做了的事情。又赵岐《孟子题辞》说：东汉时，《孟子》"又有《外书》四篇，《性善》、《辩文》、《说孝经》、《为正》，其文不能弘深，不与内篇相似，似非孟子本真，后世依放而托之者也"。这四篇既然作为《外书》附着于《孟子》，必然与《孟

① 马一浮：《孝经大义》之一《略辨今古文疑义》，《复性书院讲录》，乐山复性书院刻本；宋志明校点本，山东人民出版社，1998年，第106页。

子》学派有关系。纵然不是孟子本人所作，也应是其“后世弟子”所作，其能代表《孟子》学派的旨趣和特色是可以肯定的。四篇之中有《说孝经》一篇，也许正是孟派的《孝经》传。①

4. 荀子与《孝经》

荀子是战国时期孟子之后最杰出的思想家，是一位儒家学派的重要代表人物。《荀子》书中也有大量论孝的内容，同样可以看出《孝经》的影响。汪宗沂、刘师培诸人都以为：“《孝经》当战国时，由子夏授魏文侯，文侯为之《传》，而荀卿诸儒皆传之。”②

前引《荀子·子道》“鲁哀公问于孔子曰：‘子从父命，孝乎？臣从君命，贞乎？’”孔子对以“父有争子，不行无礼；士有争友，不为不义”。与《孝经·谏诤章》宗旨完全相同：“士有争友，则身不离于令名；父有争子，则身不陷于不义。”

又《礼论》：“事生，饰始也；送死，饰终也；终始具而孝子之事毕。”又：“三年之丧何也？曰：‘称情而立文，因以饰群，别亲疏、贵贱之节，而不可益损也，故曰无适不易之术。’”“故三年之丧，人道之至文者也，夫是之谓至隆。”——与《孝经·纪孝行章》“孝子之事亲也……病则致其忧，丧则致其哀，祭则致其严。”以及《丧亲章》所说，精神实质完全相同。

正由于《荀子》与《孝经》有这么多一致性，有的学者又认为《孝经》是在《荀子》之后、《吕氏春秋》之前成书的，③ 其实是本末倒置了。

5.《吕氏春秋》与《孝经》

秦自商鞅变法，弃《诗》、《书》，毁儒术，薄仁爱，非孝慈，传统“养老”“孝亲”制度在秦国遭到很大破坏。秦始皇统一天下，民生凋敝，也置“养老”“恤孤”于不顾，司马迁批评说：“夫秦之初灭诸侯，天下之心未定，痍伤者未瘳，而（蒙）恬为名将，不以此时强谏，振百姓之急，养老存孤，

---

① 又有断句为：《性善辨》、《文说》、《孝经》、《为正》，似乎一部《孝经》就在其中。其实也许篇首有“《孝经》曰”（或“《孝经》说”）之类的话，编者取其篇首句为题，也是《孝经》的传或说，不是《孝经》本身。否则，东汉时代《孝经》早已经流行成为家喻户晓、妇孺皆知的经典，赵岐不能不知其重要而删之。再说，《孝经》字字珠玑，这样的文字也不容赵岐说成“其文不能弘深”、“不与内篇相似”了。

② 汪宗沂：《孝经十八章辑传序》；刘师培：《经学教课书》第十五课。

③ 夏传才：《十三经概论》，天津人民出版社，1998年；黄开国：《先秦儒家孝论的发展与孝经的形成》，载《东岳论丛》第26卷第3期，2005年5月。

务修众庶之和，而阿意兴功。”[①] 贾谊也批评始皇“蹶六国，兼天下”，“终不知反廉愧之节，仁义之厚。信并兼之法，遂进取之业”，“凡十三岁，〔而〕社稷为虚（虚谓墟）。”[②] 可见秦始皇是一位不知适时之变、不能时变是守的一味实行高压政策的暴君。

不过，吕不韦倒是一位有远见的政治家，他组织力量编纂采纳诸子百家善言懿行而成的《吕氏春秋》，其中对儒家仁义思想、孝道伦理，都有特别关注。如《劝学篇》说：“先王之教，莫荣于孝，莫显于忠。”以“忠”“孝”并举，正是对《孝经》“事父孝，故忠可移于君”主张的正面引申。

先秦文献多引《孝经》，或明或暗，而明引则以《吕氏春秋》最为明显。《察微篇》曰：“凡持国，太上知始，其次知终，其次知中。三者不能，国必危，身必穷。《孝经》曰：‘高而不危，所以长守贵也；满而不溢，所以长守富也；富贵不离其身，然后能保其社稷，而和其民人。’楚不能之也。”又在《孝行》篇大段引录《孝经》：“先王之所以治天下也，故爱其亲不敢恶人，敬其亲不敢慢人，爱敬尽于事亲，光耀加于百姓，究于四海，此天子之孝也。”前引见《孝经》之《诸侯章》，后引见《天子章》。宋黄震在读到《吕氏春秋》第一条引文时说：“然则《孝经》固古书也。”[③] 清汪中也说：“《孝行》、《察微》二篇并引《孝经》，则《孝经》为先秦之书明。”《孝行篇》明引《孝经·天子章》全文（文字个别有异）；《察微篇》则是将楚视为周之诸侯，引《诸侯章》来责备他。《孝经》的《天子》、《诸侯》两章是《孝经》“五孝”的重要内容，都已被《吕氏春秋》引用，足见《孝经》之基本结构于此已经形成。

《吕氏春秋》还完整地保留了先秦时期《孝经》传、说。如前所述，河北定县八角廊汉墓出土《儒家者言》，便是《吕氏春秋·孝行篇》的古本；《孝行篇》通篇记载乐正子春述曾子闻于孔子之语，可知是孔子、曾子、乐正子春一系的作品。这不仅为我们证明《孝经》确为先秦古书，而且也证明早在春秋末、战国初，就已经有了《孝经》的传、说类文献产生。可见《孝经》在先秦固已成为经典并得到了初步的传播和研究。诸人所谓《孝经》成于“秦汉之间陋儒”或“西汉”甚至“汉末”之说，亦何不思之甚也！

及始皇“焚《诗》《书》，坑儒士”，使儒家思想、孝道伦理和经学传授扫地罄尽！于是孔府将“六经”与《孝经》藏于壁中，颜芝也将《孝经》藏之

---

① 《史记·蒙恬列传》太史公曰。

② 《汉书·贾谊传》。

③ 黄震：《黄氏日钞》卷五六《读诸子二·吕氏春秋》。

民间。"六艺"从此缺焉，《孝经》随之隐矣。

三、两汉的《孝经》传授与名家

两汉是将《孝经》当成经典性传授，并初步形成《孝经》学的时期。秦始皇焚书坑儒，再次将国人推向愚昧和野蛮的边缘。秦末农民大起义推翻秦朝的暴虐统治，人民得以从暴秦的残酷统治之下解放出来，人们在饱经了礼坏乐崩之苦、"五伦"不顺之祸以后，渴望结束书缺简脱的状态，体验亲爱礼顺的生活。

西汉统治者在汲取秦朝"其兴也勃焉，其亡也忽焉"的教训后，深知"百善孝为先"的重要，为追求长治久安的政治理想，汉代在提倡儒家"六艺"教育的同时，还大力推广孝道；汉代皇帝除刘邦外，谥号都加一"孝"字。汉惠帝和高后下令全国郡国举"孝悌力田"；文帝时起即为《孝经》等置博士；武帝设置"五经博士"也兼授《孝经》；汉昭帝令贤良文学共治《孝经》；宣帝则在郡县置学校，在乡聚设庠序，置"《孝经》师"专司其职。

迄至东汉，《孝经》传授有隆无替，始终是国家教化首先提倡的内容，《孝经》在汉代得到了广泛的传授，虽虎贲、期门、羽林之士也不例外，孝道思想更加深入人心，真正成就了两汉王朝"孝治天下"的梦想。同时，《孝经》对汉代社会、教育、选举、政治等各个方面，都产生了巨大影响，也使汉代文化深深地打上"孝道"和《孝经》的烙印。

汉初，陆贾在为汉高祖总结"秦亡、汉兴"以及"古国成败"的经验时，适时提出重振"孝悌"伦理的主张。他说："孔子曰：'在至德要道，以顺天下。'言德行而其下顺之也。""夫建大功于天下者，必先修于闺门之内……曾子孝于父母，昏定晨省……修之于内，著之于外；行之于小，显之于大。"①

于是汉高祖刘邦在登基后，这位当初争天下时不顾儿女、老父性命的无赖子马上一反常态，封其老父为"太上皇"，宣扬"人之至亲，莫亲于父子，故父有天下传归于子；子有天下尊归于父，此人道之极也"。② 宣扬《孝经》"父子之道天性"、"立身扬名，以显父母"、"以天下养"等伦理。又昏定晨省，向太公请安然后上朝；还将丰沛旧时乡邻迁来置新丰县，以博太公高兴，俨然《孝经》"居则致其敬，养则致其乐"的孝子之行，从而揭开汉代"以孝治天下"新篇章。

---

① 陆贾：《新语·慎微》。

② 《汉书·高帝纪下》。

汉惠帝四年（前 191），诏“举民孝弟力田者复其身。”[①] 从惠帝开始，汉代历朝帝王死后谥号，都要冠以“孝”字，若“孝惠”、“孝文”……颜师古注曰：“孝子善述父之志，故汉家之谥，自惠帝已下皆称孝也。”[②]

吕后元年（前 187）二月，“初置孝弟力田二千石者一人”。颜师古阐发说：“特置孝弟力田官而尊其秩，欲以劝厉天下，令各敦行务本。”[③] 二千石是郡守以上的俸禄，从前身经百战也未必获得此位，现在人们只要通过在家庭里“孝弟”、在庄稼地里“力田”就能享此殊荣。

文帝十二年（前 168），朝廷恢复传统养老制度，将“孝悌力田”设为常职：“置三老孝悌力田常员”，并且“赐三老、孝者帛”。文帝在诏书中说：“孝悌，天下之大顺也。力田，为生之本也。三老，众民之师也。廉吏，民之表也。朕甚嘉此二三大夫之行。”[④]

武帝继之，也大力“旅耆老，复孝敬”，务使“兴廉举孝，庶几成风”。元光元年（前 134）“冬十一月，初令郡国举孝廉各一人。”从此之后，“养老”重孝，遂成汉家定制。

东汉举孝廉制度更加完善：“自今郡国率二十万口岁举孝廉一人，四十万二人，六十万三人，八十万四人，百万五人，百二十万六人。不满二十万二岁一人，不满十万三岁一人。”[⑤] 东汉仍设“孝廉”优待孝子，而且要求“丞相”在“四科取士”时，考察举子具有“孝悌公廉之行”[⑥]。

汉代“以孝治天下”的基本国策，无疑为《孝经》的广泛传播和系统研究提供了良好土壤。学人知汉代自武帝采纳董仲舒之议，表彰“六经”，罢黜百家，儒学于是成独尊之局；却不知《孝经》被当朝表彰，尚在独尊“六经”之前，此不可不表也。

《汉书·艺文志》述汉代《孝经》传授：“汉兴，长孙氏、博士江翁、少府后仓、谏大夫翼奉、安昌侯张禹传之，各自名家。经文皆同，唯孔氏壁中古文为异。”长孙氏是汉代传《孝经》的首位人物，但史不明载其时代。

---

① 《汉书·惠帝纪》；《前汉纪》卷五作“二月”。胡三省《通鉴注》：“善事父母为孝，善事兄长为弟；力田者，取其竭力服勤于田事。孝弟人伦之大，力田人生之本，故令郡国举之，复其身以风厉天下也。弟读曰悌。”免除品行孝悌、耕作努力者的徭役。

② 《汉书·惠帝纪》颜师古注。

③ 《汉书·高后纪》颜师古注。

④ 《汉书·文帝纪》。

⑤ 《后汉书·丁鸿传》。

⑥ 世祖刘秀诏书，见《后汉书·续百官志》注应劭《汉官仪》引。

陆德明《经典释文·序录》:"《孝经》者……亦遭焚烬,河间人颜芝为秦禁藏之。汉氏尊学,芝子贞出之,是为今文。长孙氏……传之,各自名家。凡十八章。又有古文,出孔氏壁中。"在长孙氏前的传人又有颜芝、颜贞,然而陆氏定颜芝在"秦禁学"之时(前213),而颜贞却在"汉氏尊学"之后(前134),中间悬隔八十年,父子相隔,何其久哉!

据考察颜贞献书,最迟应在惠帝"除挟书律"时。《汉书·惠帝纪》四年三月:"除挟书律。"应劭曰:"挟,藏也。"张晏曰:"秦律敢有挟书者族。"《汉书·艺文志》亦称:"汉兴,改秦之败,大收篇籍,广开献书之路。迄孝武世,书缺简脱,礼坏乐崩"云云,也将汉世"大收篇籍,广开献书之路"叙在武帝之前。惠帝四年(前191),去秦焚书二十八年,芝之与贞尤可相及,颜贞献书应在本年或稍后。

东汉荀爽对策:"汉为火德……故其德为孝……故汉制使天下诵《孝经》,选吏举孝廉。"[①] 皆以孝为务也。"汉为火德"之说起于高祖时;"选吏举孝廉"也是孝惠、高后、孝文三朝事,并形成"功令",著为永式。既要选"孝悌"、举"孝廉",《孝经》就必在推广之列。故汉朝"使天下诵《孝经》",也应在惠、高时期。

刘歆《移太常博士书》:"至孝文皇帝……天下众书往往颇出,皆诸子传说,犹广立于学官,为置博士。"汉文帝时已置有包括《论语》、《孟子》、《孝经》在内的"传记博士"。东汉赵岐《孟子题辞》:"汉兴,除秦虐禁,开延道德,孝文皇帝欲广游学之路,《论语》、《孝经》、《孟子》、《尔雅》皆置博士。"文帝已置《孝经》博士,足证《孝经》在武帝之前已经面世。

关于《孝经》在汉代的传播,近世学人曾有专文探讨,或认为:"汉代文化的突出特点是孝道,汉代是《孝经》最流行的时期,《孝经》在汉代受到空前绝后的重视。"[②] 或认为:"《孝经》在两汉时代,经过文本阐释和社会传播,与政治措施相结合,《孝经》传播广泛政治化,《孝经》思想逐渐社会化,孝道成为家庭伦理、社会道德规范与法律规范等,对社会产生了深刻的影响。"[③] 这些表述都是准确的。具体讲来,汉世尊崇和推广《孝经》,主要有以下几个方面:

---

① 《后汉书·荀爽传》、《后汉纪》卷二二。

② 王玉德:《试论汉代文化的重要特点之一:重视孝道与孝经》,载《孝感学院学报》第23卷第4期,2003年7月。

③ 秦进才:《孝经在两汉的传播》,载《石家庄学院学报》第8卷第1期,2006年1月。

一是从学理上使《孝经》经典化。《孝经》虽不在“六经”之科，也不是依经而行的“传”、“记”，可是它在儒家文献中首先获得“经”称，汉人以为“经者，道也、常也”，即使《孝经》之称本意无此，但是汉人还是宁信其有，以为最早的称“经”之典。汉代文献一致认为《孝经》是孔子所作（或孔子向曾子所传），前举陆贾说、司马迁、匡衡说、班固即是代表。

董仲舒还从“阴阳五行”哲学角度，论说“孝道”的“天经地义”原理。《春秋繁露·五行对》：“河间献王问温城董君曰：《孝经》曰：‘夫孝，天之经，地之义。’何谓也?”董仲舒“对曰：天有五行，木、火、土、金、水是也。木生火，火生土，土生金，金生水……是故父之所生，其子长之；父之所长，其子养之；父之所养，其子成之。……由此观之，父授之，子受之，乃天之道也。故曰：‘夫孝者，天之经也。’此之谓也”。又曰：“地不敢有其功名，必上之于天。……故下事上，如地事天也，可谓大忠矣。土者，火之子也……土之于四时无所命者，不与火分功名……此谓‘孝者，地之义’也。”河间献王所问《孝经》“夫孝，天之经，地之义”，见于《三才章》。董仲舒运用“五行”相生理论解答，说“天有五行”，五行顺相生、间相克，生者为父，被生者为子；五行之运，被生者都要顺应生者而成就之，就像春夏秋冬四时必然按顺序运行一样。在上者为天，在下者为地，而地不能与天争功；犹之父子，父生、子成，也要将功劳归功于父一样。这就是“夫孝，天之经、地之义”之意。这一思想为时人所继承，《汉书·艺文志》即用来解释《孝经》之名说：“夫孝，天之经，地之义，民之行也。举大者言，故曰《孝经》。”

西汉末大量出现的纬书，更给《孝经》增添了神秘色彩。《孝经纬援神契》：“鲁哀公十四年，孔子夜梦三槐之间，丰、沛之邦，有赤烟气起。乃呼颜渊、子夏往视之。驱车到楚西北范氏街，见刍儿摘麟，伤其左前足，薪而覆之。……孔子作《春秋》，制《孝经》，既成，使七十二弟子向北辰星罄折而立，使曾子抱《河》、《洛》事北向。孔子斋戒向北辰而拜，告备于天曰：‘《孝经》四卷，《春秋》、《河》、《洛》凡八十一卷，谨已备。’”① 纬书为抬高《孝经》地位，甚至将其与《春秋》媲美。《孝经钩命决》：“孔子云：‘欲观我褒贬诸侯之志，在《春秋》；崇人伦之行，在《孝经》。’”确立了以《春秋》为政治理想、以《孝经》为行为准则的经典地位。

《汉书·匡衡传》匡衡上成帝疏：“臣闻‘六经’者，圣人所以统天地之心，著善恶之归，明吉凶之分，通人道之正，使不悖于其本性者也。……及

① 《宋书·符瑞志》引。

《论语》、《孝经》，圣人言行之要”云云。说“六经”“统天地之心”，《孝经》和《论语》则是“圣人言行之要”，已有以《孝经》统“六经”的意图。至郑玄《六艺论》乃正式宣称：“孔子以‘六艺’题目不同……故作《孝经》以总会之。”① 这是汉人抬高《孝经》地位的重要论断。《隋书·经籍志》从之：“孔子既叙六经，题目不同，指意差别，恐斯道离散，故作《孝经》以总会之，明其枝流虽分，本萌于孝者也。”亦同此意。

二是将《孝经》视作经典法语引用。既然《孝经》是孔圣所作，是“六经”的汇归，《孝经》就必然具有神圣经典的地位。于是汉人在论理、奏事时常常引《孝经》以立说。

前述陆贾《新语》已多处引《孝经》，已开汉人引用《孝经》先河。司马谈也是较早引述《孝经》的学者，他临死时教育司马迁说：“且夫孝始于事亲，中于事君，终于立身。扬名于后世，以显父母，此孝之大者。”② 即引《孝经·开宗明义章》。

董仲舒除在《五行对》论“天经地义”外，还在《尧舜不擅移汤武不专杀》、《为人者天》等篇多处引《孝经》。还在对策中说：“故孔子曰：‘天地之性人为贵。’”师古曰：“《孝经》载孔子之言也。”③

自后皇帝诏书、大臣上书，无不引录《孝经》以立论。或称“传曰”④，如成帝绥和二年二月《赐翟方进诏》：“传曰：‘高而不危，所以长守贵也。’”⑤ 或称“孔子曰”，如平帝元始五年王莽奏：“孔子曰：‘人之行莫大于孝，孝莫大于严父，严父莫大于配天。’”颜师古注：“《孝经》载孔子之言。”⑥ 或直引其文，如建武十一年（35）二月己卯诏：“天地之性人为贵。”⑦ 语出《圣治章》。都是将《孝经》作为论事的理论依据和精神力量，《孝经》在汉人眼目中，完全是经典法语，具有真理的价值和道德的依据。

三是从制度上大力推行和传播《孝经》。为推行《孝经》，汉统治者采取

---

① 《孝经注疏》玄宗《孝经序》疏引，阮元校刻《十三经注疏》本。

② 《史记·太史公自序》。

③ 《汉书·董仲舒传》。

④ 伪《古文孝经孔传·序》：“汉先帝发诏称其辞者，皆言‘传曰’，其实今文《孝经》也。”

⑤ 汉成帝：《赐翟方进诏》（绥和二年二月），见《两汉诏令》卷一〇。

⑥ 《汉书·郊祀志》。

⑦ 《后汉书·光武帝纪下》。

了一系列行之有效的政策措施。从制度层面看，汉文帝已设“传记博士”，《孝经》即其中之一。武帝立“五经博士”，《孝经》也在传授之列。王国维《汉魏博士考》说，“《论语》、《孝经》、《尔雅》附。小学三目。六艺与此三者，皆汉时学校诵习之书。……汉时但有受《论语》、《孝经》、《小学》而不受一经者，无受一经而不先受《论语》、《孝经》者。……《汉官仪》所载博士举状，于五经外必兼《孝经》、《论语》……汉时《论语》、《孝经》之传实广于五经”。① 王氏所言有根有据，合情合理。“五经博士”同时传《孝经》、《论语》，是二书传授实有加强的趋势。史书就载平帝时，“王莽作书八篇戒子孙，令学官以教授，吏能诵者比《孝经》”。《音义》云：“言用之得选举之也。”② 陈铁凡也说：“汉武帝立五经博士，而传记博士皆罢，正所以加强推广《论语》、《孝经》……之教。而隋、唐太学以《论语》、《孝经》为兼经，宋代太学无《孝经》之科，殆俱师汉制之遗意。”③

汉代之制，郡下有县，县下有乡，小于乡者则为聚。汉平帝元始三年(公元3年)，“立官稷及学官。郡国曰学，县、道、邑、侯国曰校。校、学置经师一人。乡曰庠，聚曰序。序、庠置《孝经》师一人。”④ 清《历代职官表》曰：“云‘经师’，则统诸经为名；云‘《孝经》师’，乃止业一经者。盖郡国设大学，故置经师一人；乡聚小学，故仅置《孝经》师。”为满足全国性师资需求，平帝元始五年（公元5年）下令广征通“五经”及《论语》、《孝经》、《尔雅》教授者，各地将此类人才“遣诣京师，至者数千人”⑤。

东汉除学校传播《孝经》外，还在地方官属中设置“《孝经》师”，将《孝经》传授和考核从学校扩大到社会、官场。《后汉书·百官志四·司隶校尉》有“假佐二十五人”，其中“《孝经》师主监试经”。又《百官志五·州郡》：“皆有从事史、假佐。本注曰：‘员职略与司隶同。’”说明各州也有“《孝经》师”。这是东汉《孝经》普及的标志之一。

四是将《孝经》作为启蒙励志的教科书。汉代统治者在行动上也身体力行，大加推动《孝经》学习。汉昭帝诏书自称“通《保傅传》、《孝经》、《论

① 王国维：《观堂集林》卷四《汉魏博士考》，中华书局，1959年。

② 《后汉书·荀爽传》“汉制使天下诵《孝经》，选吏举孝廉”注。

③ 陈铁凡：《孝经学源流》第三篇、第一章、第二节，台北“国立”编译馆，1986年。

④ 《汉书·平帝纪》。

⑤ 《汉书·平帝纪》。

语》、《尚书》”[①]；汉宣帝“年十八，师受《诗》、《论语》、《孝经》”[②]；宣帝儿子“皇太子年十二，通《论语》、《孝经》”[③]；广川王刘吉（一作去）“师受《易》、《论语》、《孝经》皆通”[④]；汉成帝要求后妃“《论语》、《孝经》，圣人言行之要，宜究其意”[⑤]；汉明帝要求“期门羽林介胄之士，悉通《孝经》”[⑥]。

上行下效，幼习《孝经》遂成为汉代教育传统。《四民月令》就规定十一月“命幼童读《孝经》、《论语》篇章，入小学”[⑦]。在汉代，《孝经》是通习儒家经典最基本的读物，也是汉代幼童学习文化知识的启蒙课本。故汉代士人，幼而通习《孝经》者史不绝书。如：范升“少孤，依外家居。九岁通《论语》、《孝经》”、[⑧] 孟孝琚“十二，随官受《韩诗》，兼通《孝经》二卷”、[⑨] 樊安“幼学治韩诗、《论语》、《孝经》”[⑩] 等等，举不胜举。

汉代是经学初盛时期，也是第一个儒家经典传授和经典研习的高潮期，人们对《孝经》的传播和研究，转化成了丰富的文化成果和文献典藏。两汉《孝经》学者到底有多少，由于史缺有间，难以准确统计。

《汉书·艺文志》著录《孝经》六家：古孔氏、长孙氏、江翁、后苍、翼奉、张禹。朱彝尊《经义考》著录两汉十一家，较《汉书·艺文志》多出何休、马融、郑玄、高诱、宋均五家。

陆德明《经典释文·序录》举“孔安国、马融、郑众、郑玄、王肃、苏林、何晏、刘邵（一作刘熙）、韦昭（为晋讳改为曜）”说“并注《孝经》”，凡 9 种。

唐修《隋书·经籍志》录：《古文孝经》1 卷（孔安国传，梁末亡逸，今疑非古本）、《孝经》1 卷（郑氏注，梁有马融、郑众注《孝经》2 卷，亡）、《孝经》1 卷（王肃解，梁有魏散骑常侍苏林、吏部尚书何晏、光禄大夫刘邵、孙氏等注《孝经》各 1 卷，亡）、《孝经解赞》1 卷，韦昭解。共 10 种，

---

① 《汉书·昭帝纪》、《两汉诏令》卷七。

② 《汉书·宣帝纪》、卷六八《霍光传》。

③ 《汉书·疏广传》。

④ 《汉书·景十三王传·广川惠王刘越》。

⑤ 《汉书·匡衡传》。

⑥ 《后汉书·樊准传》准上疏。《儒林列传》亦谓“自期门羽林之士，悉令通《孝经》章句”。

⑦ 《齐民要术》卷三引《四民月令》。

⑧ 《后汉书·范升传》。

⑨ 高文：《汉碑集释》，河南大学出版社，1985 年。

⑩ 欧阳修：《后汉樊常侍碑》，见《集古录》卷三。

比陆氏多孙氏注，但当时只仅存 4 种。

朱彝尊《经义考》通录各志，得两汉三国《孝经》著述 20 种，稍称齐备。陈铁凡《孝经学著述要目》著录本期《孝经》论著 27 种，[①] 兼及王朗、王肃以下自汉末入三国者，如卫觊、苏林、何晏、刘邵、孙熙、虞翻、高诱、韦昭、严畯等三国人物。

但陈著所录亦有未尽安者。其一，刘熙实与刘邵重复（陆德明《经典释文·序录》刘邵下注："一作刘熙。"）；其二，郑小同实与郑玄重复（唐宋人怀疑《孝经郑注》是郑小同所为[②]）；其三，董仲舒《孝经董氏义》是从《春秋繁露》辑出，并非董氏实有《孝经》传注；其四，徐整《嘿注》只是调整了位置，从晋进入三国而已。故陈著所增实 3 种。

堂堂两汉历时四百余年，孝治天下，何以《孝经》传人或通人如许之少？《孝经》论著如此之稀呢？主要原因是《孝经》乃伦理教科书，在当时只属于初级读物，是比较普及的小经，无须繁乎著述。而且汉人《孝经》著述多已失传，现存唯有郑玄《孝经注》辑本，稍有可观；其他如《古文孝经孔传》，今传本真伪还成问题。

四、两晋南北朝的《孝经》传授及其文献

六朝时期，《孝经》研究继续兴旺却又分裂。政府除了在政策上提倡孝道外，皇帝和皇太子还更加身体力行地宣讲和研究《孝经》，南北各朝正史中，关于皇帝、皇太子听讲、讲授、注疏《孝经》的记载，纷见迭出，形成旷古未有的"皇家《孝经》热"。研究《孝经》的活动成了当时国学学术活动的重要内容之一，也是帝王教孝劝善的重要措施。《孝经》之学更加深入于社会每个角落，《孝经》学著作也日益激增。当然，由于统治者南北政治形势的分裂，对《孝经》的研究也出现南北异治的现象，北朝行《孝经郑注》，南朝又出现《古文孝经孔传》，形成郑《注》和孔《传》二学的对立。

魏晋南北朝时期 370 年间的社会和政局，无疑是"扰攘乾坤，纷纭乱世"。赵翼论此期经学："当时父兄师友之所讲求，专推究《老》、《庄》，以为

① 陈铁凡：《孝经学源流》附录三《孝经学著述要目》，台北："国立"编译馆，1986 年。

② 严可均《孝经郑氏注序》："或又问曰：'近人疑《孝经》郑小同注，何据乎？'答曰：此说始于《太平寰宇记》，谓'今《孝经序》盖康成彻孙所作'。'盖'者，疑词……然而旧无此说……未有题郑小同者也。"（《铁桥漫稿》）

口舌之助，五经中惟崇《易》理，其他尽阁束也。"[①] 似乎"五经"只对《周易》有所研究，其他诸经皆无人问津，更无论《孝经》！陈铁凡也以"礼义之防既崩，忠孝之教久息"[②] 来概括之。可是历考载籍，这些说法却有失实。事实上，一些高门望族为了维持本族地位不致失坠，也注意加强礼法家风和家学传统，即使魏晋以后社会不稳、政局动荡，正统官学处于式微状态，可是世族高门的家塾和私学却异常活跃，很多家族都有几世相传、专精独到的家学，内中特别是作为维系贵族世家荣华地位的《礼》制之学，和保证贵族世家内部团结和和谐的《孝经》之学，尤其发达。

统治者继续提倡孝道。从西晋开始，历代统治者都有意识加强"孝道"。《晋书·武帝纪》泰始四年（268）诏："士庶有好学笃道，孝弟忠信，清白异行者，举而进之；有不孝敬于父母，不长悌于族党，悖礼弃常，不率法令者，纠而罪之。"晋世以来孝友忠信之士层出不穷，故沈约《宋书》、萧子显《南齐书》首先创设《孝义传》，北朝魏收《魏书》也有《孝感》、《节义》传。后来唐人补撰南北朝各史，也都继承这一编撰传统，姚思廉《梁书》、《陈书》也设《孝义》、《孝行》传，令狐德棻《周书》有《孝义传》，房玄龄等编撰《晋书》有《孝友》、《忠信》传，李延寿《南史》、《北史》也设有《孝义》、《孝行》传。

魏晋六朝人士还辑录孝子事迹，编为专书《孝子传》，如托名刘向（《孝经传图》1卷），萧广济（15卷），王歆、王韶之（《孝子传赞》3卷），周景式、师觉授（8卷），宋躬（20卷），虞盘佑、郑缉之（10卷），以及无名氏（《孝子传略》2卷、《孝友传》8卷）等，皆各撰《孝子传》（详清茆泮林辑《古孝子传》），连日理万机的晋元帝也撰有《孝德传》（30卷）。

在国学设置《孝经》学官。汉初"《论语》《孝经》《孟子》《尔雅》皆置博士"（赵岐《孟子题辞》），但只掌议论、备顾问，并不传经。武帝置"五经博士"，《孝经》只是兼传内容之一，并非专掌。及至两晋南北朝，则在国子学（后又于太学）设立《孝经》学官专司教职。

《宋书·百官上》："国子助教十人。《周易》……《穀梁》各为一经，《论语》、《孝经》为一经，合十经。助教分掌。……晋初助教十五人，江左以来，损其员。"可见，西晋在国子学中设有《孝经》《论语》助教，专掌二经传授。

---

① 赵翼：《廿二史札记》卷八《六朝清谈之习》。

② 陈铁凡：《孝经学源流》第三篇、第二章、第二节。

《晋书·荀崧传》："（元帝）時方修学校，简省博士，置《周易》王氏……《论语》《孝经》郑氏博士各一人，凡九人。"（《宋书·礼志一》同）陆德明《经典释文·序录》自注："江左中兴，《孝经》《论语》共立郑氏博士一人。"可见东晋时，太学已经设立《孝经》、《论语》郑注博士了。

此后，南朝齐亦置《孝经》郑注博士（《南齐书·陆澄传》）；南朝梁，则置《孝经》郑注、孔传二家博士；后来《孔传》亡于梁末之乱，"陈及周、齐唯传郑氏"（《隋书·经籍志》）。

皇家研究宣讲《孝经》。既置博士、助教等学官在国学或太学教授士子，魏晋南北朝时期的君主、太子还带头学习和宣讲《孝经》，形成声势浩大的"皇家《孝经》学"，这是《孝经》传播史上的一大亮点。对此现象，学人已经有所揭示。如陈铁凡《孝经学源流》归纳为"帝王自撰或诏令儒臣纂注《孝经》"五例；"帝王讲习《孝经》"十例；"皇太子讲习《孝经》"十三例。还有学人纂录《皇家孝经现象简表》共二十九例。① 即使这样，我们还可为之补充漏载的九例。去重补阙，两晋南北朝皇家《孝经》学事迹可考者达四十余事。既为前代所无，亦为后来所不及。

皇帝注《孝经》。如晋武帝、晋穆帝、梁武帝、简文帝、梁元帝、东魏静帝，皆有御注《孝经》，其中梁武帝还不止一种《孝经》注（《孝经义疏》、《制旨孝经》、《孝经讲疏》）。

皇帝讲《孝经》。晋朝四事：穆帝永和十二年（356）、升平元年（357）两次讲《孝经》；晋孝武帝宁康三年（375）讲《孝经》一次；晋恭帝元熙二年（420）刘超授帝《孝经》。北魏五事：明元帝永兴登国元年（409）敕崔浩讲《孝经》；宣武帝正始三年（506）为诸生讲《孝经》一次；孝明帝正光二年（521）幸国学讲《孝经》；孝武帝永熙三年（534）诏讲《孝经》；孝静帝讲《孝经》一次，等等。

君臣议《孝经》。君臣之间研究《孝经》、引证酬答，也成一时雅趣。如北魏封伟伯"博学有才思，弱冠除太学博士"，为清河王元怿参军，"怿亲为《孝经解诂》，命伟伯为《难例》九条，皆发起隐漏……儒者咸称之"（《魏书》卷三二）。又如：西魏文帝尝与太祖及群公宴，文帝从容言曰："《孝经》一卷，人行之本，诸公宜各引要言。"②

① 朱明勋：《论魏晋南北朝时期的孝经研究》，载《华中科技大学学报》（人文社会科学版），2002年第3期。

② 《周书·长孙澄传》。

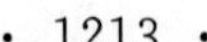

迷信《孝经》。孝悌为立身之本，《孝经》乃明道之端，凡正人端士未有舍《孝经》而不读者。南北朝人由于推崇《孝经》过重，至有陷入迷信者。如：皇侃“侃性至孝，常日限诵《孝经》二十遍，以拟《观世音经》”（《梁书》卷四八）。顾欢“为数术多效验”，“又有病邪者问欢……欢曰：‘可取《仲尼居》置病人枕边恭敬之，自差（瘥）也。’而后病者果愈”（《南史》卷七五）。徐陵子份，“性孝悌”，陵尝疾笃，“份烧香泣涕，跪诵《孝经》，昼夜不息，如此者三日，陵疾豁然而愈”（《陈书》卷二六）。

独尊《孝经》。隋杨震“有五男，止教读《论语》《孝经》而已，亦不令交通宾客”（《北史》卷七一）。苏威甚至对文帝说：“臣先人每诫臣云：‘唯读《孝经》一卷，足可立身经国。何用多为？’上亦然之。”（《隋书》卷七五）

以《孝经》陪葬。《晋书·皇甫谧传》载谧《笃终》规定：“平生之物，皆无自随，唯赍《孝经》一卷，示不忘孝道。”以《孝经》殉葬，以后渐成风俗，影响了整个魏晋南北朝直至唐代。南朝齐张融遗言：“吾生平所善，自当凌云一笑。三千买棺，无制新衾。左手执《孝经》、《老子》，右手执小品《法华经》。”（《南齐书》卷四一）又将《孝经》与佛、道二经同尊。北魏冯亮死，亦遗诫其兄子综，“殓以衣帽，左手持板，右手执《孝经》一卷，置尸盘石上”（《魏书》卷九〇）。

少数民族翻译《孝经》。北朝鲜卑建立的北魏对《孝经》尤为重视，孝文帝为方便鲜卑人学习《孝经》，更将《孝经》通俗化、鲜卑化。《隋书·经籍志》载：“魏氏迁洛，未达华语，孝文帝命侯伏侯可悉陵，以夷言译《孝经》之旨，教于国人，谓之《国语孝经》。”此乃文献所载《孝经》第一部外族译本。

远处西域的高昌，也“兼用胡书。有《毛诗》、《论语》、《孝经》，置学官弟子，以相教授”。① 高昌人也沿袭东晋以来用《孝经》殉葬习俗，20 世纪 70 年代从敦煌、吐鲁番墓葬中多次发现随葬《孝经》残卷；② 1997 年又从阚氏高昌张祖墓中发现写本无名氏“《孝经义》”，③ 俱其明证。

---

① 《周书·高昌传》。

② 《敦煌吐鲁番文书》第 4 册第 4 页。参见薛中正《以儒家为主体的高昌汉文化》，载《新疆文物》1989 年第 1 期。

③ 1997 年发掘阚氏高昌时期的张祖墓，“发现了一件典籍写本残叶，一面写某家的《论语》注，另一面写《孝经义》，都是现已失传的古书。经过整理小组的学者推断，这个写本是以书籍的形制作为陪葬物的，应是张祖生前所读之书”（李蕾《吐鲁番：历史之门正徐徐开启》，载《光明日报》2007 年 3 月 14 日。又荣新江等《新获吐鲁番出土文献概说》）。

由于对《孝经》的推重，南朝时期目录书甚至有将《孝经》超《诗》越《易》，置于“经部”之首。陆德明《经典释文·序录》：“五经六籍……次第互有不同。如《礼记·经解》之说，以《诗》为首；《七略》、《汉书·艺文志》所记，用《易》居前。……而王俭《七志》，《孝经》为初。”又：“《七志》以《孝经》居《易》之首。”

《孝经》著述发达。论者或谓：“魏晋以降，纷扰连年，《孝经》研究，成就尤鲜。”① 夷考其详，其实不然。这一时期《孝经》著作不仅数量庞大，“成就”不菲；而且内容丰富，形式多样。

从数量上看，唐玄宗《御制孝经序》曾说：“近观《孝经》旧注，踳駮尤甚。至于迹相祖述，殆且百家；业擅专门，犹将十室。”朱彝尊《经义考》卷二二三录两晋南北朝《孝经》著作 66 种；陈铁凡《孝经源流考》录 70 家；蔡汝堃《孝经集目考略》则著录魏晋南北朝 107 家，去掉三国 7 家，仍有 100 家，正符玄宗《序》言所举“百家”之数。有人指出：“魏晋六朝研究《孝经》的著作是汉代（共 15 种）的 7 倍多；比隋唐宋元 4 朝的总和（102 种）多 5 种；比明代（104 种）多 3 种；比清代（98 种）多 9 种。……由此，我们基本可以认为魏晋六朝是我国《孝经》史上著作最多的时期。”② 这是极有说服力的。不过非常遗憾的是，这些著作几乎全部亡佚了。马国翰《玉函山房辑佚书》辑有晋殷仲文《孝经殷氏注》、谢万《集解孝经》，齐永明诸王《孝经讲疏》、刘瓛《孝经刘氏说》，梁武帝《孝经义疏》、严植之《孝经严氏注》、皇侃《孝经皇氏义疏》等数种数十条而已。

从作者看，还出现了“方外”《孝经》学著作。《隋书·经籍志》所录：“释慧始《注孝经》一卷。”“陶弘景《集注孝经》一卷。”“释慧琳注《孝经》一卷。”朱彝尊《经义考》录释灵裕《孝经义记》，这是佛、道二教与儒学融合的结果，也是儒家“孝道”观念更加深入人心的表现。

从内容看，出现了《孝经》的仿作《武孝经》、《二九神经》。《武孝经》见葛洪《抱朴子》内篇卷四《遐览》：“其次有诸符，则有《自来符》……少千《三十六将军符》……《七机符》、《九天发兵符》……《武孝经》、《燕君龙虎三囊辟兵符》。”盖道家兵书之流。《二九神经》见《晋书·祁嘉传》：“依《孝经》作《二九神经》。”“二九”者，乃仿今文《孝经》“十八章”也。

---

① 陈铁凡：《孝经学源流》第三篇、第二章、第六节，台北：“国立”编译馆，1986 年。

② 朱明勋：《论魏晋六朝时期的孝经研究》，载《华中科技大学学报》（人文社会科学版）2002 年第 3 期。

从形式看，除通常的《孝经》注、《孝经》章句外，还有《孝经》集解、《孝经》义疏、讲义。集解如：晋谢万《集解孝经》1卷、袁敬仲《集议孝经》1卷，梁陶弘景《集注孝经》1卷，宋荀昶《集议孝经》2卷。讲义如：晋穆帝时《孝经讲义》1卷，孝武帝时《孝经讲议》1卷等。义疏如：宋大明中《东宫讲孝经义疏》1卷，齐永明三年《东宫讲孝经义疏》1卷、永明中《诸王讲孝经义疏》1卷、贺玚《讲孝经义疏》1卷，梁武帝《孝经义疏》18卷、梁简文帝《孝经义疏》5卷、萧子显《孝经义疏》1卷、赵景韶《孝经义疏》1卷、皇侃《孝经义疏》3卷、徐孝克《孝经讲疏》6卷，等。

这一时期的义疏作品大半已经亡佚，除皇侃《论语义疏》之现存于日本，皇侃、熊安生之《礼记义疏》见采于唐《五经正义》外，其他都已失传。敦煌遗书《孝经》义疏残卷，尚可考见其体制一二。如P3274号，所释明显是对《孝经郑注》的发挥，故日本学者林秀一订其名曰《敦煌遗书孝经郑注义疏》(《冈山大学法文学纪要》第7本)；S6177号、P3378号两卷所释则与王肃《孝经解》残文互相吻合；P3382号所释则与韦昭《孝经解赞》遗义若合符契。

其他：还有各种专题性《孝经》研究著作。除了通解全解外，魏晋六朝时期还产生了专题性《孝经》研究文献。如萧子显《孝经敬爱义》1卷，梁有无名氏《孝经玄》1卷、《孝经图》1卷和《孝经孔子图》2卷，都是就某一专题对《孝经》展开的引申研究。

五、隋唐五代的《孝经》研究与文献

隋唐时期，经学走向统一，《孝经》研究也由六朝时期的纷争逐渐走向一统。隋唐是中国历史十分重要的时期，政治上结束了魏晋南北朝的分裂和动荡，实现了南北统一；在文化上结束了南北异治而引起的学术纷争，基本实现全国政令统一、教化统一，形成了全国共同的文化心理特征，“孝道”和《孝经》继续得到重视。

为达至认识的统一，唐玄宗曾下令群臣讨论《郑注》、《孔传》优劣，著令并行。其后又御注《孝经》，并刊石永垂，还“令天下家藏一本”，《孝经》在大唐领域内得到更加彻底的普及。元行冲又为《御注孝经》作《疏》，对六朝以来诸家注疏进行了系统评点，弃短扬长，隋以前“古文”“今文”、《郑注》《孔传》，以及所谓“百家”“十室”，都撷英咀华，尽收眼底，《孝经》注说初次得到统一和提炼。这一时期《孝经》研究的另一成果是，将孝道原理推广到其他领域，仿效《孝经》著述体式，拟撰了《酒孝经》（刘炫）、《忠经》（题名马融）、《女孝经》（郑氏）等作品，使《孝经》济世淑人功能得到

更大限度的发挥。

隋、唐统治者都表彰孝道，忠臣、孝子史不绝书。《隋书》有《诚节传》、《孝义传》,[①] 记录忠孝之人三十余位。至于“唐受命二百八十八年，以孝悌名通朝廷者，多闾巷刺草之民，皆得书于史官”。《旧唐书》也有《忠义传》2卷、《孝友传》1卷，《新唐书》则有3卷《忠义传》、1卷《卓行传》、1卷《孝友传》，通录唐代孝子两百余人。唐代既是出诗人出文士的时代，也是一个出孝子、出义士的社会。

与隋唐社会重孝之风相适应的是，《孝经》研究与传播在此期也达到新高度。归纳起来，约有以下数端可数：

一是皇帝重视，亲自提倡并作御注。隋朝短祚，提倡《孝经》的事迹不多，但从隋文帝斥责李德林话中仍可略见一斑：“朕方以孝理天下，故立五教以弘之。公言孝由天性，何须设教。然则孔子不当说《孝经》也?”[②] 隋文帝自述如此，是其曾“以孝治天下”，并且推重《孝经》!

至于唐代之重视《孝经》更是历历在目。唐代举行“释奠”礼时，常常以《孝经》演说为其学术盛事。如《唐会要》载：“（贞观）二十年二月，诏皇太子于国学释奠于先圣先师……（赵）宏智演《孝经》忠臣孝子之义，右庶子许敬宗上四言诗，以美其事。”[③]

唐代还围绕《孝经》学重大问题，号召君臣展开讨论，达到诸学互补之目的。《唐会要》卷七七《论经义》载唐玄宗开元七年三月，两次下诏讨论《孝经》“郑注”、“孔传”优劣，刘知幾建议“行孔废郑”，司马贞主张“郑注孔传，依旧并行”。虽然《孝经》“郑注”“孔传”的真伪、优劣问题，并没有完全解决，但是使问题的讨论在六朝人进行的基础上更加深入，水平更为提高。

更为难得的是，唐玄宗于开元十年和天宝二载，前后两次御注《孝经》，并令元行冲作《御注孝经疏》。玄宗《御注孝经》折中数家，简明得体，是现存唯一的唐人注本，也是《十三经注疏》中唯一的皇帝御注。注成之后，唐玄宗还八分御札书写经注，令李林甫等刻于石碑树之太学，令天下观、摹，是为《石台孝经》。

---

① 《隋书·诚节传》、卷七二《孝义传》。“诚”即忠也，盖避杨忠讳，《诚节传》即《忠节传》。

② 《北史·李德林传》。

③ 《唐会要》卷三五《释奠》。

二是传授和课试制度化，提高《孝经》传授水平。唐代君臣都认为："《论语》者'六经'之菁华，《孝经》者人伦之本。"① 故十分重视《孝经》和《论语》的传授。唐代学校教育和"明经"考试，明确规定"《孝经》、《论语》皆兼通之"，也就是说，在通习其他儒家经典的同时，《孝经》、《论语》也在必读必通之列。《新唐书·选举志》载："凡童子科，十岁以下能通一经及《孝经》、《论语》，卷诵文十，通者予官。"又："凡弘文、崇文生，试一大经、一小经……皆帖《孝经》、《论语》共十条，通六为第。"

为适应广泛的《孝经》教育需求，故唐代的国子、太学、四门、三馆等师资，也要求必须通习《孝经》。玄宗时归崇敬上书说："所择博士，兼通《孝经》、《论语》。"又说："其国子太学、四门三馆，各立五经博士……于所习经问大义，二十而得十八；《论语》、《孝经》，十得八为通。"②

三是普及《孝经》教育，远达边郡。唐玄宗再注《孝经》完成时，曾下令："自今已后，宜令天下家藏《孝经》一本，精勤教习，学校之中，倍加传授；州县官长，明申劝课焉。"③ 通过"家藏一本"、"学校传授"、"州县申劝"等方式，《孝经》在唐代达到空前未有的普及。

出土文献中，常常可见远至西域的敦煌学童、高昌士子抄录和传习的《孝经》手卷。如敦煌遗书P3274号《孝经义疏》、P3369号《孝经》、S707《孝经》、P3698号《孝经》、S1386号《孝经》，以及从高昌阿斯塔那墓、吐鲁番古墓出土《孝经》残卷和《孝经义》等文献，都是很好的实物证明。

《孝经》等儒家经典文献还传到朝鲜。古代朝鲜史籍载："景德王二年(743)，唐玄宗遣赞善大夫魏曜来……并赐御注《孝经》一部。"④《东国通鉴》载："元圣王四年（788）春，始定读书三品以出身：读《春秋左氏传》……兼明《论语》、《孝经》者为上；读《曲礼》、《论语》、《孝经》者为中；读《曲礼》、《孝经》者为下。"景德王二年当天宝二年，当时唐玄宗御注《孝经》刚刚重修完毕，即分赐朝鲜，使其形成"兼明"《孝经》以定科举高下的制度。至五代时，流传于高丽的《孝经》文献，又传入中国反馈于神州大地。后周恭帝时，"高丽国遣使朝贡，兼进《别序孝经》一卷、《越王孝经新义》一卷、《皇灵孝经》一卷、《孝经雌图》三卷"。⑤

① 《旧唐书·薛戎传》附薛放传。
② 《新唐书·归崇敬传》。
③ 《唐会要》卷三五《经籍》。
④ 《三国史记》卷九《新罗本纪》。
⑤ 《旧五代史·周书·恭帝纪》。

在日本，《大宝律令》规定："《孝经》、《论语》，学者兼习之，《孝经》孔安国、郑玄注。"《续日本后纪》载："文武天皇大宝元年（701），《大宝律令》制定大学、国学设博士……必修《孝经》、《论语》"云云。《续日本纪》："孝谦天皇天平宝字元年（757）四月四日……又以孝为治国之基，令全国家藏《孝经》一卷，精勤诵习。"从《日本国见在书目》可知，隋唐时期从中国传入日本的《孝经》注本多种，如《孔传》、《郑注》、刘炫《述议》就是代表。唐玄宗开元、天宝两注《孝经》，在日本也有流传，其中开元注本在中国久佚（只有敦煌遗书存有残卷 10 行）；而在日本却有保存完整的《孝经开元御注》，19 世纪末乃回传于中国。

隋唐也产生了许多《孝经》学著作。关于隋唐时期《孝经》学著作，《旧唐书》著录"《孝经》二十七家"，但多半为魏晋南北朝作品，属于隋唐的只有刘炫《述议》5 卷、魏克己《注孝经》1 卷、唐玄宗《制旨》1 卷、贾公彦《疏》5 卷、任希古《越王孝经新义》10 卷、元行冲《御注孝经疏》2 卷、张士儒《演孝经》12 卷 7 家。

《新唐书》补《旧唐书·经籍志》所"不著录六家"：尹知章《注孝经》1 卷、王玄感《注孝经》1 卷、孔颖达《孝经义疏》（卷亡）、李嗣真《孝经指要》1 卷、平贞眘《孝经义》（卷亡）、徐浩《广孝经》10 卷。

朱彝尊《经义考》又补徐孝克《孝经讲疏》、何妥《孝经义疏》、宇文弼《孝经注》、陆德明《孝经释文》、王渐《孝经义》、李阳冰《科斗书孝经》、苏彬《孝经讲疏》、释灵裕《孝经义记》。

陈铁凡《孝经学源流》补录李铉《孝经义疏》、明克让《孝经义疏》、魏真已《孝经训注》及敦煌本《御注孝经集义并注》残叶 4 种。

合诸家之所录，隋唐时期《孝经》学著作共为 25 种。这些著作，除了玄宗注完整保留、元行冲疏通过邢疏有所保留外，刘炫《述议》只有残本，其他都已散佚，内容都无可详考矣。

其有特色的是拟《孝经》著作。自从隋朝大儒王通作《续六经》以来，隋唐时期希圣拟经之风更盛于六朝，故于《孝经》亦颇多仿拟之作。宋孙奕曰："《孝经》，孔子所论也，孰知郭良辅又变为《武孝经》（唐），郑氏又易为《女孝经》（唐侯莫陈邈妻），以至《农孝经》（皇朝贾元道）、《酒孝经》（不著撰人名氏）纷纷而出。……与配《孝经》者，又有马融之《忠经》（林少颖《群经辨惑》云：马融作《忠经》。《崇文总目》又载：海鹏撰《忠经》，失其姓氏）。"①

① 孙奕：《示儿篇》卷七《文说·拟圣作经》，文渊阁《四库全书》本。

胡应麟也称："拟《孝经》者，马融《忠经》、徐浩《广孝经》、张上儒《演孝经》。兵书往往有拟六经者，郭良辅有《武孝经》，员半千有《临戎孝经》……农家又有贾元道《大农孝经》，又刘炫《酒孝经》，皆溷亵圣典，可罪也!"①

朱彝尊《经义考》著录仿《孝经》作品16种：1. 燕君《武孝经》（据《抱朴子》），2. 沈若《广孝经》10卷（《新唐书·艺文志》作徐浩），3. 张士儒《演孝经》12卷，4. 员半千《临戎孝经》2卷，5. 郭良輔《武孝经》1卷，6. 刘炫《酒孝经》1卷（以上依《旧唐书·经籍志》），7. 李远《武孝经》1卷，8. 郑氏《女孝经》1卷，9. 贾元道《大农孝经》1卷，10. 綦师元《道孝经》1卷，11. □鹗《佛孝经》1卷，12. 皇甫崧《酒孝经》1卷，13. 亡名氏《医孝经》1卷，14. 马融《忠经》1卷（以上据《宋史·艺文志》），15. 石恪《女孝经像》1卷，16. 李公麟《女孝经相》2卷（据《宣和画谱》）。

此外，据《崇文总目》、《宋史·艺文志》有：17.《正顺孝经》1卷（正即贞，宋人避宋仁宗赵祯讳，改贞为正，"贞顺"即是女德，《贞顺孝经》亦"女孝经"之流）。《宋史·艺文志》除马融《忠经》外还有：18. 王向《忠经》3卷、19. 海鹏《忠经》1卷。20. 夏文彦《图绘宝鉴》卷四："李遵，画人物，尝见有《女孝经图》传世。"21. 朱谋垔《画史会要》卷三亦著录《女孝经图》1种。加前所录，共为21种仿《孝经》作品。这些作品虽然不皆唐人所著，但是以唐人为多，也最有特色。

此类仿《孝经》作品，按类而分，属于兵家的4种，属于妇女的5种，属于酒德的2种，属于佛道的2种，属于农医的2种，属于"忠德"的3种，推广衍说的2种。其总体特征，一、在体例上依仿《孝经》，二、在内容上是将"孝"德推广于其他领域，三、在文字上集录古代文字、总结古今事例而成。诸书皆佚，后世只传《女孝经》、《忠经》2种。

六、宋元时期的《孝经》研究与文献

宋元两代是"宋学"形成和流行时期，随着儒学的理学化，《孝经》解读也随之而有理学化倾向。

宋学以"理"（或"心"）至上，以"六经"明我之"理"，视"六经"皆我注脚，凡合"理"（或"心"）者才是真理，也才是必尊必信的经典；稍有

① 胡应麟：《少室山房笔丛》正集卷三《经籍会通三》。

不合，则是庸言，虽圣经贤传亦在所删易而不惜。是故进入两宋以后，便出现了“疑古惑经”现象。

宋代是《孝经》学史上一个特别时代，孝道在此时不仅得到继续提倡，而且成为社会的普遍伦理，成为从皇帝到庶民必须遵守的行为准则，史称“仁宗之仁，孝宗之孝”名副其实，这与第一个提出“孝治天下”的汉朝相比也毫不逊色。《孝经》研究也得到加强，研究《孝经》的文献在数量上和种类上都比唐代为胜。

首先是今文《孝经》研究继续得到发展。经过唐末五代战乱，前代《孝经》文献遭到毁灭性打击，北宋时期，司马光发秘府只得《郑注孝经》、玄宗《御注孝经》（含元行冲《疏》）及《古文孝经》白文而已。真宗时期，随着宋人校定唐人《九经正义》的活动开展，邢昺等依据元行冲《御注孝经疏》，校定改纂而成《孝经注疏》，后来成为正统注疏的《十三经注疏》之一，流传至今，影响甚巨。

其次是宋代《古文孝经》也得到空前的重视和研究。司马光从秘府发现蝌蚪文《古文孝经》，虽然未能深入考察它真正的来源（大历初出土于灞上，详后“要籍”部分），仍然认定是“出于孔子壁中”之本，造成了一定程度的混乱。但是，他认定“古文”在“始藏之时，去圣未远，其书最真”，因而为之《指解》，并两次上奏朝廷，作为经筵讲义。后来，司马光的门生范祖禹又据之作《古文孝经说》，也用于经筵讲授，还手书其文，后世刻于大足北山石刻之中，至今犹存。大大扩展了《古文孝经》的影响力，使《孝经》研究领域的文本出现多样化倾向，在今文《孝经》研究之外，正式开启了《古文孝经》之学的繁荣与兴盛时代。

《古文孝经》文字虽然与今文并没有太大差别，但是其中多出《闺门》一章，重视家庭伦理秩序的建设，宋人对古文的重视，也扩大了《古文孝经》重视闺门之训的影响力，有利于重振自五代以来被破坏和影响的家庭伦理和道德教育，对宋代社会风气的普遍好转无疑具有积极作用。

可是，由于宋人必欲突破“汉学”典范、树立“宋学”自家风范，他们在发扬敢于怀疑、自立宗派的创造精神的同时，也对《孝经》文本的研究和整理产生了影响。宋人对《孝经》的作者、成书时代，甚至《孝经》文本的经典性和可靠性，都展开了系统怀疑，向传统观点提出了一系列的挑战。

关于《孝经》的作者，首先是司马光对传统说法（即汉唐人的“孔子作”、“曾子作”二说）之外，另外提出了“曾子弟子作”一说。此说一起，遂开启了《孝经》作者和成书时代的旷日持久的争议，随之而有“孔子门人作”、“子思作”、“曾子门人作”、“齐鲁间陋儒作”、“汉儒作”、“后儒杂凑而成”等说，纷至迭出，异常纷繁。

随着对《孝经》作者的传统说法的挑战，人们进而对《孝经》的经典性也提出了怀疑，于是有“胡侍郎”（寅）、“汪端明”（应辰）、“程沙随”（迥）之“疑非圣人作”之说，遂有朱熹之“分经分传”、“移经改经”（作《孝经刊误》）。由于朱子的地位和影响，这一做法遂形成思潮、演为时尚，一时从之者如流。吴澄、董鼎从之，对《孝经》大加删削，分别撰成《孝经定本》（吴澄）、《孝经大义》（董鼎）。此后，对《孝经》进行分经分传、擅移擅改，甚至擅补（如周木①）就成了南宋以下《孝经》研究的奇怪现象，谬种流传，无可底止。

以陆九渊弟子杨简、再传弟子钱时等构成的“心学”派人物，出于对朱子疑经改经、分经析传的反动，又欲坚持《古文孝经》原貌、返回汉人旧典，其心可嘉。但是他们同样不知道宋代《古文》的真正来源（疑系唐大历初灞上出土本），不知道宋本与孔壁《古文》在结构上实有区别，于是将其强与孔壁本相互比勘，强使宋本以就汉文。他们见宋本与文献所记孔壁本面貌不一，于是“厘正其篇次”（杨简），改宋从汉，结果犯了削足适履的错误，反而破坏了宋本《古文》的面貌，甚至出现了将司马光《指解》中“言之不通也”五字注文误入经文的现象，造成以注为经的重大失误。欲崇古而不知古源，欲复古而不知古貌，徒增历史的混乱、学术的纷争而已，这是宋人在《古文孝经》文献研究上的重大败笔。

辽、金、西夏三朝，虽然崛起化外，却也渐染华风，纵然俗尚弓马，却也不废儒教。西夏、辽、金，皆尝以科举取士，亦曾以本族语言翻译儒家经典，而《孝经》更首当其冲。金大定二十三年（1183），世宗诏以女真字翻译《孝经》及《五经》。并从梁肃之请，以《孝经》赐护卫亲军及百户各一部。②世宗对宰臣说：“朕所以令译《五经》者，正欲女直（直）人知仁义道德所在耳。”③ 泰和四年（1204），章宗又仿汉世“虎贲之士”及“期门羽林，皆令读《孝经》”的制度，诏以35岁以下亲军都须学习《孝经》、《论语》。④ 于是气质变换，昔日弯弓射雕之徒，今日遂多儒雅之士！

元朝以异族入主中原，然而儒学的教育、孝道的提倡仍然没有放弃。盖

① 周木《新考定孝经》“以《闺门章》第内‘严父严君’之下，擅补‘犹君长也’四字”。

② 《金史·梁肃传》。

③ 《金史·世宗纪下》。

④ 《金史·章宗本纪》。

因儒学体于民用，仁义根于人心，国祚可易，正朔可改，而孝悌忠信、礼义廉耻，圣人之教，百姓所倚者，又何可废耶！

这一时期的《孝经》著作，据朱彝尊《经义考》、陈铁凡《孝经学源流》考察，得宋代58家、元代27家，外加夏、金各1家，共为87家，几乎是汉魏六朝之《孝经》论著之总和。其数量不可谓不夥矣！夷考诸家，多半佚失，所存有著作者不过8家矣。

8家之中，或申注以明经（如邢昺《孝经注疏》），或弃今以崇古（如司马光撰《古文孝经指解》、范祖禹撰《古文孝经说》），或分经而析传（如朱熹撰《孝经刊误》、吴澄《孝经定本》），或据理以疑经（如胡寅、程迥、汪应辰），林林总总，异说多端，俱为前代所未有，而后世所遵行。

根据前面的叙述，宋元时期《孝经》学研究成果，大致可以分成三大派别：一是传统的今文《孝经》研究，以邢昺《孝经注疏》为代表；二是《古文孝经》研究，以司马光《古文孝经指解》为代表；三是对《孝经》的改编，以朱熹《孝经刊误》为代表。

七、明清时期的《孝经》研究与文献

明清学术呈现出由“理学”而“心学”，复自说理而考据的转化。

一方面继承宋元以来朱子“理学”一统天下之格局，官方仍然推行朱学教化。但是，同时出于对朱学的抗争与反动，又出现“心学化”和“考据化”的新趋势。在《孝经》义理的阐释上，针对朱学以“天理”灭“人欲”，以“天道”扼“人道”，“以理杀人”的陋习，改而注重人类自性的启发，即良知良能的诱导，以为自婴儿下胎的一声啼哭，多么迫切，多么纯真，这是天地之性，这是自然之情，重新找回了被理学埋没的“父子之情”的本能，激发了孝心孝行的天然属性。

1. 明代《孝经》教育的普及

明代依旧重视《孝经》教化，对地方风俗的改善，起到了明显的促进作用。杨士奇说：“吾尝窃谓吾郡之俗，所为可重非他郡所及者，其民务义修礼，尚气节，虽至贫，不肯弃《诗》、《书》不习；至贱者，能诵《孝经》、《论语》，晓知其大义。凡城郭闾巷、山溪林谷之中，无不有学。富贵者遇逢掖士（儒生——引者），必敬礼之，不敢慢易；而尤重世族，苟其世贱，后虽贵盛，人固不愿与齿，而彼亦不敢以其贵盛加人——吾乡之俗如此。”① “虽

① 杨士奇：《东里文集》卷二《石冈书院记》。

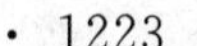

至贫，不肯弃《诗》、《书》不习；至贱者，能诵《孝经》、《论语》，晓知其大义”——这是多么珍贵的乐学尊教的传统呵！有了《诗》、《书》之仁义、《孝经》、《论语》之德行，何愁不治？用于家则家理，移于乡则乡安，治于国则国家不愁不太平。

2. 明代女子的《孝经》教育

明代非常注意对妇女传授孝道和《孝经》，形成一道亮丽的风景线。他们或得之双亲所传，或得自旁听习染；有条件的家庭，则又专门聘请“姆师”来执行女教。杨士奇说何氏母周孺人“幼从姆师，通《小学》、《孝经》、《论语》、《列女传》诸书”①；韩雍记徐中行妻庄氏“生而聪慧柔顺……师氏授以《女孝经》、《女箴》、《女诫》诸书，辄能成诵，通大义”②；邵宝亦有司马孺人“从女师授《孝经》、《列女传》，能通大义”③ 的记录。唐顺之的姑姑“性喜书，自《孝经》、《女传》诸所常诵之外，至于医药、卜筮、种树之书，顾不如专门家耳，然未尝不通其旨，其试之，亦数数有效”④。

这些接受并粗通《孝经》大义的女子，运用自己所接受和领会的善良德教，相夫教子，对丈夫的成功、儿女的成才都灌注了极大心血。定海人柯胜琼，“性粹温聪慧，寡言笑止，静闲读书，通大义，习女工尤力”。年 20 嫁鄞县丘原和，23 岁生子友，“甫期而原和卒”。柯氏独自哺孤，儿子七八岁，又“口授《孝经》、《论语》”，早晚“以礼义”训之。⑤

彭士扬家世代“以儒名家”，其父元复先生“笃学励行”，母亲刘氏“事父母舅姑尤尽孝”。不幸元复先生英年早逝，儿子“士扬甫十岁”，妻子刘氏“亦二十六”。彭家既世世业儒，“无厚产重货以资其为生，败帏瓦灯，一室萧然”。有劝刘氏再嫁者，氏必“峻斥之”，唯“勤女事以继饘粥、供祭祀”。刘氏“早读书，通《论语》、《孝经》，常口授士扬”。及士扬“就外傅”，傍晚归来，氏必问所业，有未熟悉，“则喟然叹，潸然泣曰：‘而孤也，不力学，何以自立?’”然后“燃火相对”，自为女功，使士扬学习，“必熟之乃已”。由于有寡居母亲如此这般的训教，卒使“士扬感励，成其

---

① 杨士奇：《何母周孺人墓志铭》，见《东里集》续集卷四〇。邵宝：《司马孺人墓志铭》：“稍长，从女师授《孝经》、《列女传》，能通大义。”（《容春堂集》别集卷七）

② 韩雍：《襄毅文集》卷一四《故徐行中妻庄氏孺人墓志铭》。

③ 邵宝：《容春堂集》别集卷七《司马孺人墓志铭》。

④ 唐顺之：《荆川集》卷一〇《吴母唐孺人墓志铭》。

⑤ 乌斯道：《春草斋集》文集卷二《丘节妇传》。

志”，终为“名士”。①

中书舍人吴余庆4岁时丧父，母叶氏“旦莫切切保孤子为务”。余庆“年七八，亲教之《孝经》、《论语》”；稍长，“出就外傅”，叶氏仍“躬督于内”；及余庆出仕，母氏“犹数寓书诲饬”。②

明代名臣杨士奇、胡直、胡广、王允的成才，也有同样的经历。杨士奇《慈训录》载：“先母夫人陈氏，讳元贞，字开。年十六归先公，二十九先公没……常言：‘吾幼从父兄学，又日闻兄弟相讲论，故吾于书粗知大义云。’余五岁，先夫人教之读书，日必令识五六字有程。先夫人于《孝经》、《大学》、《语》、《孟》，皆能诵说，古今事多记览。其好恶公正，余七八岁颇有知，恒告以先世事。”③

胡直、胡广母吴氏，其父“莘乐先生”出身进士，蔚有贤名，“深于《诗》、《书》”；“母少习诗礼，兼通《孝经》、《四书》、《列女传》、《女教》诸书，而笔札女红皆善”。吴氏自幼深得父母钟爱，颇承庭训，多识书礼，长“嫁吉水胡子祺”。“无几子祺没”，是时长子胡直“甫弱冠”，次子胡广“才数岁”。吴氏矢志不嫁，“亲授”胡广《论语》、《孝经》诸书，“晓以大义”。又将其孀居的姐姐迎来同住，互相照应，“日共讲论书史”，令胡广“从旁习闻渐渍，以涵养其本源”。胡广年稍长，“出就外傅”，每天归来，吴氏“必叩其所业，而益加励之”④。正是在母亲的教诲下，胡氏兄弟才成就了一代名臣名儒的事业。

王允母济南刘克让之女，年19归王云，生二子，即王允、王信。王云去世时，刘氏才26岁，允甫5岁，信3岁，“茕茕孑立，守二稚以奉老姑，家无厚产以资其为业”。人不堪其忧，而刘氏“忍贫如铁石，课蚕桑，勤纺织，祭奠以时，必诚必敬，辛苦以自足，闺门之内，肃然静处”。刘氏“早尝读《孝经》、《论语》，能记忆不忘”。王允“出就外傅”读书，刘氏“数举以为教”；又“常令在左右，随事训切之，使知事上抚下之道”。终于成就“允英伟喜学，学日有成”，“遂取进士，为名御史”。

《易》曰：“一阴一阳之谓道。”独阳不足以为道，独男岂可以成家？《礼》云：“门内之治恩揜义，门外之治义断恩。”盖男主外而女主内也。男子主外，或在官，或在商，而官场商场，瞬息万变，何能有常；尔虞我诈，何能有诚，

---

① 王直：《抑庵文集》卷一《慈训堂记》。

② 杨士奇：《东里集》续集卷四〇《吴母叶孺人墓志铭》。

③ 杨士奇：《东里集》续集卷四八《慈训录》。

④ 杨士奇：《东里集》续集卷四三《胡母传》。

是皆不足以教子孙者也。女子则反是，其读书也，无功名利禄之诱，无官场商场之惑，更能养成性行淑娟之美、温良恭俭之善，其于子女启蒙教育尤有关系。就现存为数不多女子行状、墓志铭观之，明代比较重视女子教育，凡有地位、有成就之家，其妇女有“幼通《孝经》、《论语》晓其大义”之记载，明代文化诸般不尽如人意，唯此可为一大亮点，深为可贵也！

3. 普遍尊崇朱熹《刊误》

明代《孝经》研究的另一特色是仿效朱子《刊误》，删移《孝经》的现象如狂。自朱熹擅疑《孝经》而作《刊误》，冲破经典神圣的禁区，此风一开，删经移典，遂联翩而出。据陈铁凡估计：“继其业者，无虑数十家。”又概其要貌：“大体言之，约可分为三派：恪遵朱氏规模，为之注释或阐明其义理，旨在绍述，此其一。秉承《刊误》遗意，兼采今古，另立章次，旨在推衍，此其二。独立于上述二派之外，别树一帜，虽近似《刊误》，而体例全非，是为别支，此其三。其直斥《刊误》之非，而标示反朱者，亦有其人。”① 能尽其概，旨哉斯言！

所谓“绍述派”，在宋、元之间已有：黄榦（《孝经本旨》）、冯椅（《古孝经辑注》）、龚栗(《孝经集义》)、史绳祖（《孝经解》）、朱申(《晦庵先生所定古文孝经句解》)、董鼎(《孝经大义》)、余芑舒(《孝经刊误》)、王勉(《孝经》)、张堥(《孝经口义》）等。至明，经学尊朱，故其《孝经》学亦以朱子为本，于是形成盛大的“从朱”学派。

“流衍派”，则有吴澄(《孝经定本》)、钱天祐（《孝经直解》，杨士奇：“以朱子《刊误》为主，其黜《闺门章》及合《五刑章》为一，则从草庐吴氏考《定本》”②)、沈易（《孝经旁训》，陈继儒：“沈翼之先生，自号蔬食野人”、“司马涑水氏专重古文，撰为《指解》，朱紫阳、吴临川重加订训，而辞义深奥，读者辍焉，此蔬食野人《旁训》之所由作也”③)。以上诸人或从朱，或从吴，属于绍述、流衍二派。

至于“别支”，亦即师朱、吴之法而不遵其制者，私心自用，擅改狂纂。此则始自明代。

现综合明、清两代孝经学资料，汇列明清时期“绍述”、“流衍”、“别支”三派学人及著作如下。

---

① 陈铁凡：《孝经学源流》第三编、第四章、第五节，台北：“国立”编译馆，1986 年。

② 杨士奇：《东里集》续集卷一六《孝经经传直解》。

③ 陈继儒序，见朱彝尊：《经义考》卷二二七《孝经旁训》引。

表 2-11-2　明清人师从朱、吴删改《孝经》表

类型	作　者	书　目	内　容	备　注
绍述	(明)应纲	《孝经刊误集注》1卷		《经义考》卷二二八著录"未见"
	(明)余息	《孝经刊误说》		同上
	(明)晏璧	《孝经刊误》		同上
	(明)刘闵	《孝经刊误》1卷		同上
	(明)余时英	《孝经集义》	自序"大纲一宗文公《刊误》"	同上
	(明)李之素	《孝经正文》	以朱子《刊误》为本	《四库全书总目》存目
	(清)吴隆元	《孝经三本管窥》	合今古、《刊误》为一。谓依古文则条理分明,依朱子则脉络贯通	《续修四库全书》本
	(清)唐文华	《孝经刊误辩释》	依朱子《刊误》为注,对传文十四章次第,据经文顺序重加调整,始觉首尾相通	《续修四库全总目提要》
	(清)王尔翼	《孝经刊误参解》	朱子分为十五章,远胜各本,故其书悉尊朱子原本	同上
流衍	(明)孙蕡	《孝经集善》	宋濂序"其大义则以朱子及吴以为之宗"	《文宪集》卷五
	(清)朱轼	《孝经定本后案》	读朱子刊误,参以文正所论定,于微言奥旨,不无发明	自序
	(清)华玉淳	《孝经通义》	字句删节,从朱子《刊误》;简文错误,从吴澄《定本》	《四库全书总目》孝经类存目
别支	(明)周木	《考定古今孝经节文》	朱鸿"考定今古文,合为《新考定孝经》一书,不分章第、传释",于《闺门章》"擅补'犹君长也'四字"	《孝经总类》,《续修四库全书》影印本
	(明)潘府	《孝经正误》	疑《孝经》与《中庸》文体相类,皆孔子语,不应自分经传,遂效《中庸》章第,不别立经传之目	朱鸿《孝经总类》、《四库全书总目》
	(明)汪宇	《孝经考误集解》	效《中庸》章第次序	朱鸿《孝经总类》
	(明)姚舜牧	《孝经疑问》	变乱古籍,一一分别此为孔子语、彼非孔子语	《四库全书总目》
	(明)孙本	《古文孝经说》、《古文孝经解意》、《孝经释疑》	《说》推崇古文,《释疑》批评朱子删经之说;《解意》重分章第22节,"天子"至"庶人"合并为一,将"子曰"及朱怀疑处另立为节,非今非古,非朱非吴	朱鸿《孝经总类》
	(明)沈淮	《孝经会通》	不立经传章第,依朱分15条,二条后依第一条调整先后,分论:至德、要道、以顺天下、民用和睦上下无怨、德之本、教之所由生、始于事亲、中于事君、终于立身,然后是天子、诸侯卿大夫、士庶人,末二条发未尽意	朱鸿《孝经总类》酉集

续表

类型	作者	书目	内容	备注
	(明)任启运	《孝经章句》	依朱子刊误，而增多112字，自谓得之山西佛寺	《四库全书总目》孝经类存目
	(明)黄道周	《孝经集传》	分经别传，则朱子《刊误》；益第篇章，则刘向所校今文十八章；以《孝经》为经，以二戴记为《大传》，其所发挥则曰《小传》；其初本又将《孝经》末章所引《诗》属下读，以为下章之始；狱中抄本有将《诗经·七月》"我稼既同"25字引来充数	郑开极语，《经义考》卷二三〇，《续修四库全书总目提要》
	(清)周春	《中文孝经》	古、今文兼宗，以朱子《刊误》为主，取后汉刘陶说，定为"中文"；分十八章，又用刘向所定；未删所引诗书，从《刊误》	自序，《续修四库全书总目提要》
别	(清)唐文华	《孝经刊误辩释》	依朱子《刊误》为注，对传文十四章次第，据经文顺序重加调整，始觉首尾相通	《续修四库全书总目提要》
	(清)张叙	《孝经精义》	经文尊今文，刊去标目，画为十三章，分为四支。末辩《刊误》有六疑三快	同上
支	(清)汪绂	《孝经章句》	学宗朱子，而各章议论中，又以朱子所分未尽洽；谓读书只求义理，毋庸有彼此之见	同上
	(清)汪师韩	《孝经约注》	不分章从今、亦不从古；谓庶人章不可无《诗》，将首章"无念尔祖"句属天子章；以下凡原属章末引《诗》《书》者俱属下章，以迁就庶人章	同上
	(清)倪上述	《孝经刊误辩说》	谓《刊误》经文为朱子所定，传文则非朱子所出；谓《刊误》中语，有确为朱子、类似朱子、断非朱子之分	同上
	(清)赵长庚	《孝经读本》《孝经刊误问答》	以朱子分章次序为有条理，然分经分传甚至欲删去经文，为朱子未定之说而不从	同上

4. 明清时期《孝经》著述的数量和类型

这一时期由于历时绵长、学者辈出，《孝经》著述也达到历史最高水平。据公私书目著录，共得明、清孝经学著作317种，其中明代101种、清代216种。这些文献呈现数量庞大、类型繁多的气象。据学人分析，"清代《孝经》文献涉及的训诂体式包括四个大类：随文注释体、总论体、释例体、翻译体"；四体之中，又以"随文注释体"数量最大，形式最繁富，如果细加分析，"随文注释体又包括校勘体、疏体、证体、广补体、集解体、总论体、纂集体、辑佚体、考辨体、章句体等十余个小类”①，可谓诸体兼备、蔚然大观。

“校勘体”是会集不同版本对经文、注疏文字进行校勘；“疏体”是对旧注再进行疏证解释，分讲疏、注疏、条辨三种；“证体”是广引他书以证《孝经》，分三种：一是辑录经史论孝文字，二是辑录古代孝行事迹，三是以上二种的综合运用（此类可名“外传体”，详下）；“广补体”是推广和增补旧注；“集解体”是汇集众说为之疏解；“总论体”即通论，就经书宗旨、体例或疑问进行讨论；“纂集体”是资料汇编；“辑佚体”是对佚书的恢复工作；“考辨体”考论前人疑难问题；“章句体”对经书章解句释；“释例体”总结经书体例；“翻译体”翻译成他民族语言等等。虽然是针对清代《孝经》文献而言的，但是有的体裁在明代也已出现过，可以通用于明清两代。

如果我们再行细分，明清时期《孝经》文献体裁，至少还可补充“衍义型”、“汇刊型”、“学史型”、“札记体”、“音训体”、“图解体”、“问答体”等七类。

“衍义型”，始于南宋真德秀《大学衍义》，此体不对经书进行章解句释，而在于对经书大义进行推衍和发挥，如《大学衍义》即从《大学》中提炼出为君、为臣、为士等应当力行讲求的德行条目44条，“皆征引经训、参证史事、旁采先儒之论，以明法戒”，“大旨在于正君心、肃宫闱、抑权幸”。清代有《内则衍义》、《孝经衍义》等，而使兹体演绎达到极至，也使《孝经》大义推衍达到极至。

“汇刊型”，实为丛书，虽然丛书之编刻不始于明清，但是将《孝经》编为专题丛书却是明代才出现的。最典型的是明代朱鸿《孝经总类》、江元祚《孝经大全》。既是《孝经》学著作丛书，也是《孝经》学史资料汇编。

“学史型”是指对前代孝经学进行学术史的研究。这主要反映在几大集成性的汇编和目录书中。如朱鸿《孝经总类》卷首有《古今羽翼孝经姓氏》、江元祚《孝经大全》甲集《传经始末》，实为先秦至明研究《孝经》之人物名目，为研究《孝经》学史提供了线索；朱彝尊《经义考》更以9卷（卷二二二至二三〇）篇幅，对前代《孝经》学文献进行了叙录和考述，为先秦至清初《孝经》学文献考察提供了丰富的目录文献。还有《古今图书集成》“明伦汇编”《经籍典·孝经部》，设立纪事、目录、人物、杂录等专题，对历代

① 冯浩菲指导、杜娟撰：《清代孝经文献研究》（山东大学硕士学位论文），2007年。

《孝经》学大事、名家和著述进行了全面系统的资料汇集。晚清曹元弼《孝经学》“流别”一章，亦设“《孝经》注解传述人考正”、“《孝经》各家撰述要略”，附“经注疏各本得失”三节，考察《孝经》学史问题。如果从“《孝经》文献”这个角度来考察，明、清的这些“学史”性文献也应当入围。

“札记体”，即读书笔记，随感而发，并非全解。这一体裁，应该始于笔记盛行的唐宋时期，如《酉阳杂俎》、《封氏闻见录》、《容斋随笔》、《困学纪闻》等皆是。关于《孝经》的札记，明代朱鸿有《孝经质疑》、《孝经臆说》，孙本《孝经释疑》等，皆以札记的形式解读《孝经》疑难问题。

“图解体”即绘图以解说《孝经》。孝子图像，自东汉已有，见于墓砖。以图解孝道，也源于六朝，如托名刘向《孝子传图》者是。世传又有《孝经雌图》，“载日食、星变”，则皆不经之说，纬书之列。宋代形成《二十四孝图》，但未与《孝经》本文挂钩，有之自清人始。

清嘉庆时，金汝幹撰《孝经传说图解》4 卷，首以吴澄《孝经定本》冠全篇，以下广辑古今孝事 200 余条，举凡兄良、弟悌、夫义、妇听、长惠、幼顺以及忠臣、义士、贞女、节妇之卓卓者，胥载乎是。每则撰四言对偶韵语题其下，又请戴董州事绘一图，凡历五载而后成（《续修四库全书总目提要》，第 827 页），斯为教孝之图解本。

“问答体”起源甚早，如扬雄之《答宾戏》、班固之《答客问》，朱熹《四书或问》，元何异孙《十一经问对》。其移治《孝经》者，如明孙本《孝经释疑》、陈晓《孝经问对》、姚舜牧《孝经疑问》、吕维祺《孝经或问》、瞿罕《孝经对问》，清毛奇龄《孝经问》、张叙《孝经或问》等等，至为繁多。

此外，“证体”其实可采用现成的名词即“外传体”。朱熹既删《孝经》，又于后序中说：“因欲掇取他书之言可发此书（《孝经》——引者）之旨者，别为《外传》（如冬温、夏清、昏定、晨省之类，即附始于‘事亲’之传），顾未敢耳。”他的女婿兼弟子黄幹撰《孝经本旨》即采此法。他继朱熹之志，辑六经、《论语》、《孟子》之言孝者，编为《孝经本旨》。① 以传证经、他经互证、本经互证、经史互证、经子互证，本是治经之常法，但是注疏家都只限于制度名物的互相征引，而未有以整篇、整段甚至整部文献来证经者，更没有从本经之中找出何者为经、何者为传者，有之实自朱子始。

朱熹之治《仪礼》，以为《礼记》即《仪礼》之传，故纂集《仪礼经传通解》，将《礼记》割裂参附于《仪礼》相关各节之下；其治《大学》，以首一

① 马端临：《文献通考》卷一八五《晦庵孝经刊误》引《中兴艺文志》。

章为“经”，余下各章俱为“传”，以为凡“传”皆解释“经”者，其有未备，不惜补撰“格物致知传”；其治《孝经》亦复如是，既分“经”分“传”，又欲“掇取他书之言孝者”以证明《孝经》，称为“外传”。仿此例者，除黄榦外，尚有多家，已于宋元部分言及，明清作品以《外传》名者，亦当归入于此类。

“音训体”：《孝经》文从字顺，用语浅近，本不待音读而后明。但因《孝经》乃童蒙读物，面对幼童，也有正其音读之必要，故司马光作《指解》也间涉音读，清儒杨国桢等亦作《孝经音训》。此外，由于《孝经》存在今古文之别，而《古文孝经》用字古奥，诸家注解又文字互异，训义多别，所以陆德明作《经典释文》时也作《孝经音义》，等等。

兹将明清《孝经》文献类型大致分为“七型”“十三体”，现列表如下：

表 2－11－3　明清《孝经》文献类型表

类型	作者	书目	特色	备注
校勘型	(清)沈廷芳	《孝经注疏正字》1卷	校正《十三经注疏》，重要校正注、疏，以闽本、监本、重修监本、毛本为校本	为《十三经注疏正字》之一
	(清)阮元	《孝经注疏校勘记》	校勘经文、玄宗御注、邢昺疏文。以石台本、唐石经、熙宁石刻本、相台本、正德本、闽本、重修监本、毛本校。较沈校本为优	为《十三经注疏校勘记》之一
	(清)孙星衍	《孝经注疏校记》1卷	较沈校更为简略	为《十三经注疏校勘记》之一
	(清)李清植	《孝经注疏考证》	对今古文进行考证，间辩《刊误》，附于四库本《孝经注疏》各卷后	
疏解体	(明)吕维祺	《孝经大全》28卷	仿永乐《四书五经大全》之例，集释经义	
	(清)张叙	《孝经精义》	重分章节，将《孝经》分为“四支十三章三十六节”，依章节疏解文义	附后录、或问、余论各1卷
	(清)简朝亮	《孝经集注述疏》1卷	以天人心，挽世风为己任，潜心著述	
	(清)皮锡瑞	《孝经郑注疏》	主要依据严可均辑本，参以陈鳣、臧庸本，疏通证明，仔细详尽，维护郑说	
外传体	(明)黄道周	《孝经集传》4卷	以《孝经》为经，辑群论孝语为“在传”，自己所释为“小传”	《四库全书》本
	(清)曾世仪	《孝经集义》2卷	杂引经子论孝语，以证经	《续修四库全书总目提要》
	(清)桂文灿	《孝经集证》10卷	引经史诸书论孝语，以与《孝经》相发明	

续表

类型	作者	书目	特色	备注
外传体	(清)周春	《孝经外传》	采录《大戴》、《孟子》论孝文以补《孝经》	
	(清)叶向时	《孝经证要》	搜罗古人嘉言懿行,分经引证	
	(清)李之素	《孝经内传》	引录五经诸子古文教孝之方以证《孝经》	
	(清)李之素	《孝经外传》	通录虞夏至于元明古之行孝之事,以阐孝德	
	(清)吴之騄	《孝经类解》	备引经史子集教孝之言、行孝之事,按《孝经》顺序排列	
广补体	(清)阮福	《孝经义疏补》10卷	补疏御注、元疏。采录《曾子》、郑注、群书论孝语,对经注校勘、间下己意。体例完备,内容丰富	
	(清)朱轼	《孝经注》	取吴澄《章句》而"广其注"	
集解体	(清)冉觐祖	《孝经详说》	全引御注、节引邢疏、参引陈士贤、董鼎之说	
	(清)赵起蛟	《孝经集解》	汇集众说,而以郑注为主,下以按语	
	(清)应是	《说孝经》	以玄宗御注、邢疏为主,兼及陈选、康熙衍义、郑、孔、皇侃注	
通论型	(清)潘任	《孝经讲义》1卷	分40目,专题讨论《孝经》学问题,如前22目论《孝经》名义、《孝经》孔作、今古文、历代传授、以孝立教、历朝尊重《孝经》、《孝经纬》、郑注之真、御注得失、《孝经》与《春秋》相表里等	《续修四库全书总目提要》
	(清)曹元弼	《孝经学》	分"明例、要旨、图表、会通、解纷、阙疑、流别"诸目,讨论《孝经》宗旨、义例、今古文、礼制、传授等,引录群书以证经	
	(清)王仁俊	《孝经古文考》1卷	历考诸本,共分十题,如春秋战国所引古本、两汉人所引古本、鲁国三老所献古本、刘珍所据孔氏古本、王肃刘炫伪造本、唐玄宗御注本、郭忠恕承讹本、朱子删本、吴澄定本、日本伪本	《续修四库全书总目提要》
	(清)陈伯陶	《孝经说》3卷	分三篇,首论《孝经》与《春秋》相表里,中论曾子学行传授皆本《孝经》,末论至汉《论语》《孟子》《孝经》始尊	《续修四库全书总目提要》
	(清)邬庆时	《孝经通论》4卷	共十篇:作者、时代、今古文、章名、条理、大义、会通、批评、表章、传述	《续修四库全书总目提要》
纂集体	(清)曹庭栋	《孝经通释》	以古文为主,汇集唐5家、宋17家、元4家、明26家、清10家解说	
	(清)孙念劬	《孝经汇纂》	分目辑注经言孝资料:源流、标目、表章、注说、补遗、孔曾论孝、曾子孝行、或问、翼、广义等,录唐至清19家注及文献多种	

续表

类型	作 者	书 目	特 色	备 注
辑佚体	(清)朱彝尊、陈鳣、臧庸、洪熙煊、严可均等10余人	《孝经郑注》		
	(清)马国翰	《玉函山房辑佚书》	共辑得先秦、两汉、魏晋南北朝《孝经》注说16家;各书皆有叙录,以详其源流	
	(清)王仁俊	《玉函山房辑佚书补遗》	辑得3种,数量甚少	
考辨体	(清)陈祖范、官献瑶	《孝经刊误》		
	(清)唐文华	《孝经刊误辩释》		
	(清)赵长庚	《孝经存解析疑》		
	(清)伊乐尧	《孝经指解补正》		
	(清)王尔翼	《孝经刊误参解》		
	(清)倪上述	《孝经刊误辩说》		
翻译型	(清)康熙敕撰	《满汉合璧孝经》	将《孝经》译为满文	
	(清)雍正敕撰	《钦定翻译孝经》	同上	
释例型	(清)廖平	《孝经学凡例》	为修《十八经注疏》,归纳《孝经》凡例27条	
注体	(清)胤禛	《御注孝经》		雍正十三年
	(清)魏裔介	《孝经注义》		
	(清)耿介	《孝经易知》		
章句体	(清)任启运、张锡嵘、汪绂、倪上述等	《孝经章句》	多依朱子,分章分节,述说经义	
衍义型	雍正始、康熙成	《孝经衍义》100卷	仿真德秀《大学衍义》,归纳《孝经》纲领,博引古今载籍,加以衍说。对前六章作极限发挥	
汇刊型	(明)朱鸿	《孝经总类》10卷	分甲乙丙丁等十集,汇录汉至明《孝经》文献数十种	
	(明)江元祚	《孝经大全》10卷	同上	
学史型	(清)朱彝尊	《经义考·孝经考》9卷	《经义考》卷二二二至卷二三〇,《孝经》学目录资料汇考	
	(清)陈梦雷	《古今图书集成》"孝经编"	《孝经》学资料汇编	

续表

类型	作者	书目	特色	备注
札记体	(明)孙本	《孝经释疑》1卷	设十七疑逐条释之:或疑今古文、或疑古文正矣、或疑诸家章第、或疑增减字、或疑引诗、或疑引左传、或疑"先王见教"章、或疑"明王以孝"章、或疑严父配天、或疑周公郊祀义、或疑广要道至德之旨、或疑明王事父孝章、或疑闺门章、群疑五条	朱鸿《孝经总类》午集
	(清)潘任	《读孝经日记》1卷	读书札记,至五孝止。论《孝经》也作、《郑注》为郑玄,俱详赡	
	(清)朱亦栋	《孝经札记》1卷		《十三经札记》之一
	(清)阮元	《孝经义疏》不分卷	名为《义疏》,实为札记。如说《孝经》称经,开群经先河,乃孔子自名;说五孝,诸侯以下皆有"然后能",天子不说,乃"尊王";又以训释顺	《续修四库全书总目提要》
音训体	(清)杨国桢	《孝经音训》1卷	附注音切,训释简明	
	(清)卢文弨	《孝经音义考证》1卷	《经典释文考证》之一	《抱经堂丛书》
	(清)温汝能	《孝经附刻》1卷	汇刻古文宋本、日本信阳本古文、朱子刊误本、吴澄定本、吴元徵《孝经古文考》。具有保存版本作用	
	(清)吴大廷	《孝经古今文传注辑论》1卷	援吴隆元《孝经三本》之例,首列古文、次今文,又次列述注,后系总论	
图解体	(清)金汝幹	《孝经传说图解》4卷	以吴澄《定本》冠篇,广辑古今孝事两百余条,如兄良、弟悌、夫义、妇听、长惠、幼顺、忠臣、义士、贞女、节妇等,每则撰四言韵语,又请人事绘一图	《续修四库全书总目提要》
问答体	(明)陈晓	《孝经问对》		《经义考》"未见"
	(明)姚舜牧	《孝经疑问》1卷	大抵信朱子,不用章名,于有疑之章设问释之	《思进斋丛书》
	(明)吕维祺	《孝经或问》3卷	《或问》设为问答,以畅《笺释》未尽意	《续修四库全书总目提要》
	(明)瞿罕	《孝经对问》		
	(明)罗汝芳	《论孝经宗旨》1卷	设"问道、问孔子巧以成圣、问仁与孝有别乎、问孝何以为仁之本、问孝何为者、问孝弟为教、问立身行道果何道"七篇	朱鸿《孝经总类》酉集
	(清)毛奇龄	《孝经问》1卷	设为门人张遂问,共十题:论《孝经》真伪、今古文、刘炫与古文、朱吴删经等	
	(清)张叙	《孝经问对》1卷		
	(清)江烜	《孝经或问》1卷		
	(清)张锡嵘	《孝经问答》1卷		
	(清)赵长庚	《读孝经刊误答问》1卷		

5. 清代《孝经》文献的辑佚与校勘

对于前代《孝经》文献的研究校勘，也是清代学人治学的特色之一。出于对朱、吴《刊误》、《定本》的扬弃，清人比较重视《孝经》汉学文献和《孝经》原本的探讨。有感于宋人“以理秽经”，他们超越宋元，直接汉儒，对已经失传的汉儒《孝经》文献进行了细致的辑佚和恢复工作，从而取得了前所未有的成绩，形成中国《孝经》学史上的又一新气象。

清代《孝经》学研究出现了三大趋势：一是考据趋势，二是史学趋势，三是辨伪趋势。所谓考据趋势，是指对《孝经》的研究不重其思想和应用的阐发，而重在对文字名物的研究和解释。所谓史学趋势，是指清人研究《孝经》不再是觉察式或道学家式的宣扬孝道，而是将《孝经》研究学术史化，他们在对《孝经》作经解式研究的同时，还对《孝经》学史进行了初步清理。所谓辨伪趋势，是指针对乾隆、嘉庆时期从日本传来《古文孝经孔伪传》、今文《孝经郑注》进行辨伪活动（详“《孝经》学要籍”部分）。清代的《孝经》辑佚工作，对象主要集中在六朝及以前，其中又以《郑注孝经》辑佚和研究最为壮观，成果也最多，也最具有参考价值。

第一个辑佚唐前古籍的应数余萧客。余氏（1732－1778，字仲林，江苏吴县人）《古经解钩沉》30 卷，其中有《孝经》1 种（即《郑注》）。继起有王谟《汉魏遗书钞》、黄奭《汉学堂丛书》（亦名《黄氏逸书钞》）、马国翰《玉函山房辑佚书》、王仁俊《玉函山房辑佚书续编》、袁钧《郑氏佚书》等。其中王谟（1731－1817，字仁圃，江西金溪人。乾隆举人）辑《孝经》类 3 种（魏文侯《孝经传》、郑玄《孝经注》、刘炫《孝经注》各 1 卷）。黄奭、袁钧各辑《孝经》1 种（即《郑注》），王仁俊辑 4 种（董仲舒、马融、郑称、王肃）。而以马国翰为称首。马国翰（1794－1857，字词溪，号竹吾，山东历城人。道光进士）《玉函山房辑佚书》辑《孝经》文献 16 种：

表 2－11－4　马国翰辑《孝经》文献表

作　者	书　目	情　况	备　考
（战国）魏文侯	《孝经传》	辑 2 条。以为文侯受业子夏，“得圣门之说必真，其书亦最古”	据《后汉书·祭祀志》刘昭注引蔡邕《明堂论》、杜佑《通典》卷五二、《齐民要术》卷一
（汉）后苍	《孝经后氏说》	辑 3 条	据《汉书·匡衡传》引师说
（汉）张禹	《孝经安昌侯说》	辑 6 条	明确为安昌侯说的仅邢疏 1 条，其他为泛称“旧说”者
（汉）长孙氏	《孝经长孙氏说》	辑 1 条。即《闺门章》文	据《隋书·经籍志》“而长孙有闺门一章”。实“长有闺门”之误

续表

作 者	书 目	情 况	备 考
（晋）王肃	《孝经王氏说》	辑 22 条。以为无攻驳郑注语	按：王攻郑语，阮元、皮锡瑞俱有发现，此未之及，何耶
（吴）韦昭	《孝经解赞》	辑 11 条。以为与郑相似，或即赞郑氏之解	按：敦煌遗书 3382 号特点与此正同，疑即韦氏《解赞》
（晋）殷仲文	《孝经殷氏注》	辑 4 条。谓"要道"为"穷理之至，以一管众"，粹然理语，为周敦颐采纳	
（晋）谢万	《集解孝经》	辑 4 条。附谢安一节。谓谢万其人任诞，人无足取，而书有可观	
齐永明诸王	《孝经讲义》	辑 14 条。皇家太子与诸王讲，前代所未有	
（梁）刘瓛	《孝经刘氏说》	辑 5 条。训"仲尼"为中和，谓孔子有中和之德	
（梁）武帝	《孝经义疏》	辑 4 条。训"丘"为聚，"尼"为和	
（梁）严植之	《孝经严氏注》	辑 5 条。以郑注为宗	
（梁）皇侃	《孝经义疏》	辑 18 条。辞多纰缪，理昧精研	
（隋）刘炫	《古文孝经述义》	辑 18 条。古文家言	
（唐）魏真己	《孝经训注》	辑 12 则	
（唐）元行冲	《孝经御注疏》	辑 4 条。实为玄宗《制旨》	以《制旨》当《元疏》，大误

清人对《孝经》郑注的辑佚。清代《孝经》辑佚的另一个热门主题就是《郑注》。《郑注孝经》约在南宋亡佚，① 朱彝尊《经义考》首加辑录："《郑注》久逸，然犹有仅存者……盖自《石台注》行，后学无读《郑注》者，并见亦罕矣，故抄撮及之。"共录得 25 条，所据文献是《邢疏》、陆德明《经典释文》（今刻本有少量见于《群书治要》，学人疑"为其子昆田所校补"）。此辑虽未成书，但为辑郑之滥觞。② 继而有余萧客《古经解钩沉》，辑郑玄《孝经注》30 余则。后世辑录《郑注》者层出不穷，层次也越来越高，质量也越来越好。辑佚类型，不仅有残句丛抄，也有疑难考证，还有对《郑注》的疏

① 陈铁凡：《敦煌本孝经类纂》（台北：燕京文化事业公司，1977 年）卷首序例二。另，《十三经古注》收金蟠、葛鼒所订《孝经》9 卷，标"郑氏"，《四部备要》收录。陈铁凡《孝经学源流》认为："实为御注。"《中国丛书综录》第二册第 156 页仍题"郑玄注"，实误。

② 陈铁凡：《孝经学源流》第三篇、第五章、第三节，台北："国立"编译馆，1986 年。

释。如王谟、陈鳣、臧庸、袁钧、孔广林等，皆据中国古籍精耕细作者；嘉庆中，随着日本冈田挺之《郑注》辑本及《群书治要》（内收《孝经》并注）传入，中国学人辑佚水平大为提高，如黄奭、严可均、洪颐煊、孙季咸、曹元弼所辑，皆上乘之作。晚清民国学人继此而作进一步疏释考校，如皮锡瑞据严辑本广为《疏》证，“于《郑注》引典礼者为之疏通证明，于诸家驳难《郑注》者，为之解释凝滞”；潘任、龚道耕之校补，又会聚众家辑佚成果，一一按核原文，参校订补，更成新本。皮、龚二氏对《孝经》郑氏注的关注，已经不限于抄录古籍、拼凑成文的目标，而更进入研究和阐释的境界。

在日本，人们也关注《孝经郑注》，宝历三年（清乾隆十八，1753），日本书肆刊行《孝经古注》1卷，题“郑玄注”（实据玄宗注改编）。次年，保奈忠贤纂《孝经郑氏遗注》刊行；明和二年（乾隆三十，1765），《群书治要》发现，松平龚认为其中《孝经》附注即是郑氏注，从此揭开《郑注》辑佚新篇章。宽政三年（乾隆五十六，1791）河村益根依《群书治要》刊行《孝经郑注》；之后三年，冈田宜生（字挺之）重刊《孝经郑注》。嘉庆初，冈田本传入中国，嘉庆十五年（文化七年，1810）鲍廷博刊入《知不足斋丛书》第21辑，在当时学术界产生了重大反响，直接促成《郑注》真伪的再次讨论，提高了《郑注》辑佚水平。《孝经郑注》之辑佚，俨然以此为明显界限而划时代矣。窪木清渊对冈田本进行《补订》，东条弘则对中国学者洪颐煊辑《孝经郑注补证》进行《增考》，一时蔚为大观。①

及光绪末年，敦煌石室遗书发现，其中有十余种郑氏《孝经》白文及序、注、义疏，而“《孝经》郑氏解竟有五卷之多”，“经纂集注文，所得约为全书90％以上”。② 这为郑注辑佚提供了最完整的资料。1910年石滨纯太郎于巴黎抄得《孝经郑注》残卷，1935年林秀一据以撰《补订敦煌出土孝经郑注》③，实开日本运用敦煌遗书辑佚先河。后来林氏又撰《敦煌遗书孝经郑注义疏研究》、《郑注孝经郑注复原研究》。④ 中国学人之利用敦煌遗书辑佚研究《郑

① （日本）林秀一：《孝经郑注的辑佚与刊行历史》，氏著《孝经学论考》，日本冈山市国立第六高等学校，昭和二十四年（1949），第71～106页。

② 陈铁凡：《敦煌本孝经类纂》卷首二，台北：燕京文化事业公司，1977年。

③ （日本）林秀一：《补订敦煌出土孝经郑注》，载《书志学》4卷1—5号，1935年。

④ （日本）林秀一：《敦煌遗书孝经郑注义疏研究》（1955年，冈山大学《学术纪要》七）、《郑注孝经郑注复原研究》（1964年，冈山大学《学术纪要》二一）。二文又收入氏著《孝经学论集》，明治书院，1976年。

注》者，则以台湾陈铁凡成就最大，曾将敦煌各本《孝经》残卷合辑成《敦煌本孝经类纂》(1977 年)，收录“郑氏《孝经》并《序》”7 件、“《孝经》郑氏解及疏”5 件；又撰《孝经郑氏解斠诠》、《敦煌本孝经郑氏解抉微》，后又综合撰定《孝经郑注校证》(1987 年)。[①] 至此，《郑注孝经》不仅其原貌得到几乎完整的恢复，而且《郑注》作者问题也得到肯定性回答，这是敦煌遗书发现给《孝经郑注》辑佚和研究带来的最大实惠。

迄今《孝经郑注》辑本，或称十余种，或述七八家，[②] 其实皆不确切，综计中日古今各家所辑，其实不下三十余种。现将清初以来《孝经郑注》辑佚成果列表如下。

表 2－11－5　清初以来《孝经郑注》辑佚表

	序号	辑　者	书　目	内容	备　注
中国	1	（清）朱彝尊	《郑玄孝经注》	按语，收录 25 则，有误收 1 条	《经义考》卷二二二
	2	（清）王谟	郑玄《孝经注》1 卷		《汉魏遗书钞》
	3	（清）余萧客	《孝经郑氏注》1 卷		《古经解钩沉》
	4	（清）陈鳣	《孝经郑注》1 卷		《涉闻梓旧》
	5	（唐）魏徵等	《孝经》附注	有十七章注，无丧亲章	《群书治要》，嘉庆中由日本传入
	6	（清）袁钧	郑玄《孝经注》1 卷		《郑氏佚书》，乾隆六十年（1795）自序
	7	（清）孔广林	《郑玄孝经注》1 卷		《通德遗书所见录》
	8	（清）严可均	《孝经郑注》1 卷		《咫进斋丛书》
	9	（清）臧庸	《孝经郑氏解》1 卷		《知不足斋丛书》

---

① 陈铁凡：《孝经郑注校证》，台北：“国立”编译馆，1987 年。

② 陈铁凡《孝经学源流》：“自朱彝尊至曹元弼，从事《孝经》辑佚者十四人……其中《郑注孝经》共十二种……外尚有《群书治要》本。”（第 257 页）。杜娟《清代孝经文献研究》（山东大学硕士学位论文，第 26～29 页）“清人对《孝经郑注》的辑佚”具体介绍了朱彝尊、陈鳣、臧庸、洪颐煊、严可均等，还在别章介绍了“皮（锡瑞）、曹（元弼）二人之书”，共 7 家；朱明勋《清代孝经研究论要》（《内江师院学报》2005 年第 3 期）则列举了陈鳣、严可均、洪颐煊、臧庸、孔广林、黄奭、王谟、袁钧及日本冈田挺之、清初朱彝尊 10 家。赵景深《清代孝经文献辑佚研究》（《安徽文学》2007 年第 3 期）提到陈鳣、袁钧、孔广林、冈田挺之、洪颐煊、严可均、黄奭等，又重点介绍了朱、陈、臧（庸）、洪、严，共为 8 家。诸家所述，或不及近世，或不及日本，于古既已有缺，于近又皆无述，都未能全面。

续表

	序号	辑　者	书　目	内容	备　注
中国	10	（清）黄奭	郑玄《孝经解》1卷		《汉学堂丛书》
	11	（清）潘任	《孝经郑注考证》		《虞山潘氏丛书》，光绪二十年刊
	12	（清）孙季咸	《孝经郑注附音》1卷		光绪二十二年刻本
	13	（清）洪颐煊	《孝经郑注补证》1卷		《知不足斋丛书》
	14	（清）皮锡瑞	《孝经郑注疏》		
	15	龚道耕	《孝经郑氏注》		
	16	曹元弼	《孝经郑注解》1卷		
	17	陈铁凡	《孝经郑氏解斠诠》		
	18	陈铁凡	《敦煌本孝经郑氏解抉微》		
	19	陈铁凡	《孝经郑注校证》		台北"国立"编译馆，1988年
	20	陈铁凡	《郑氏孝经并序》	敦煌遗书各残件之汇集	《敦煌本孝经类纂》，台北：燕京文化公司，1977年
	21	陈铁凡	《孝经郑氏解及义疏》		同上
日本	22	伊奈忠贤	《孝经郑注辑佚》		同上，第79页
	23	河村益根	《孝经郑注》		宽政三年（1791）
	24	冈田挺之	《孝经郑注》		宽政六年（1794）
	25	窪木清渊	《补订郑注孝经》		享和二年（嘉庆七年，1802）
	26	东条弘	《增考孝经郑氏解补证》		文化十一年（嘉庆十九年，1814）
	27	石滨纯太郎	《良艺之校刊郑注孝经》		《支那学》2卷12号，1922年
	28	林秀一	《补订敦煌出土孝经郑注》		《书志学》4卷1—5号，1935年
	29	林秀一	《敦煌遗书孝经郑注义疏研究》		冈山大学，1955年
	30	林秀一	《孝经郑注复原研究》		冈山大学，1964年
伪品	31	金蟠、葛鼒订	郑氏《孝经古注》9卷	取御注伪撰	《十三经古注》本
	32	（日本）良野芸之	伪《孝经郑注》		林秀一《孝经学论考》，第77页

八、20世纪的《孝经》学

20世纪孝道受到批判，《孝经》研究处于沉寂状态。直到八十年代以后，思想界拨乱反正，学术界百花齐放，这部中华古老的经典才逐渐引起重视，客观公允的研究文章也才陆续产生。20世纪的《孝经》研究共有三大主题①：即“孝道”重估、《孝经》真伪、《孝经》训解。

1. 关于“孝道”重估

在世纪之初，关于这个问题存在两种截然对立的观点，即彻底否定和基本肯定。否定者认为，传统孝道是封建伦理的中坚，使人格奴化，在提倡和实现权利平等、人的个性化发展的现代社会，应当彻底地抛弃孝道。1912年，南京临时政府的成立和《临时约法》的制定，在法律上、政治上基本宣告了儒学为国家、社会的指导思想的终结。以陈独秀创办的《新青年》为主要阵地的新文化运动暨五四运动时期，对儒学进行了激烈的批评，孝道等儒家倡导的旧道德首当其冲。陈独秀认为儒家的道德，是宗法社会的道德，不适于现代生活，忠、孝、节三样旧道德，严重阻碍中国社会进步。② 吴虞作《家族制度为专制主义之根据论》、《说孝》两文，专门“论孝”，将孝与家族制度、专制主义联系起来。他说：“儒家以‘孝悌’二字为两千年来专制政治与家族制度联结之根干。”“其流毒诚不减于洪水猛兽矣。”③ 此外，胡适、鲁迅等新文化运动的干将也对忠孝等“旧道德”做过激烈的批判。

肯定者则认为，孝是中华传统文化的精华，孝亲、敬亲是人之成为人的根本，在商品经济发展，人们重功利、轻伦理的时代，更要强调孝道，所以要大力弘扬孝道，如现代新儒家梁漱溟、马一浮、冯友兰等人皆如是说。梁漱溟对孔学的孝道极为重视，认为“说中国文化是‘孝’的文化，自是没错”④。他在《东西方文化及其哲学》一书中还认为，孝悌的提倡，礼乐的实施，二者合起来，就是孔子的宗教。马一浮讲学立教本程朱而通陆王，以六艺该摄一切而统摄于一心，特别推崇《孝经》，认为“《六艺》皆以明性道，陈德行，而《孝经》实为之总会”⑤，孝道在儒家德性伦理中具有首要的地

① 本节内容为杨世文教授提供。

② 陈独秀：《东西民族根本思想之差异》，载《新青年》第1卷第4号。

③ 见《吴虞文录》，黄山书社2008年重印。

④ 梁漱溟：《中国文化要义》，学林出版社，1987年，第307页。

⑤ 马一浮：《复性书院讲录》第三章《孝经大义序说·释至德要道》，江苏教育出版社，2005年。

位。冯友兰则认为，随着社会由以家族为本位向以社会为本位的转变，“孝自然亦不是一切道德的中心及根本了”。但民初有人将“万恶淫为首”改为“万恶孝为首”，这种见解缺乏历史观点，在以家为本位的社会中，孝当然是一切道德的中心与根本。

1949年以后，由于马克思主义作为国家意识形态的确立，传统儒学被当成文化遗产进行研究和批判。在这种社会环境下，“孝道”被当成封建糟粕遭到批判。八十年代以后，才有学者撰文为“孝道”平反，主张去其糟粕，取其精华。此后“孝”逐渐被看成是中华民族的一种传统美德，得到提倡。

2. 关于《孝经》真伪

对于这一问题的讨论，从宋代以来就是伴随着疑古思潮而进行着。汉唐人没有对《孝经》的怀疑，故其作者一致认为是孔子或曾子。自宋人怀疑《孝经》的真实性和经典性，开始有“曾子门人作”、“孔子门人作”、“子思作”、“汉儒作”、“孟子作”等等新说，这一怀疑思潮到了20世纪达到高潮，也推向极端。因孝道被怀疑打倒，教孝之书《孝经》也随之受到指责和批判，故历史上的关于《孝经》作者的种种猜想都重新捡出来进行发挥和阐说，因而产生了大批“研究论文”，也涌现出一批阐幽发微的“名家”。但是大多从观念出发，缺乏可信的证据。

3. 关于《孝经》训解

可贵的是，在否定孝道，打倒《孝经》的浊浪中，也还有立足于对孝道基本肯定和对《孝经》基本信任来进行研究的。此类作品，在20世纪初即有，曹元弼《孝经学》7卷（光绪戊申江苏存古学堂刊木活字本）、《孝经六艺大道录》1卷（光绪二十四年两湖书院刊本），歙县汪宗沂《孝经十八章辑传》1卷（光绪二十四年刊），虞山潘任《孝经集注》1卷、《孝经讲义》3卷（光绪丁未夏江南高等学堂刊木活字本），善化皮锡瑞《孝经郑注疏》2卷（光绪乙未师伏堂刊），顺德简朝亮《孝经集注述疏》1卷（约宣统间刊），桐城马其昶《孝经谊诂》1卷（民国十二年秋浦周氏刊本）等等。这些著作或阐发孝道，或解释章句，或汇集古注，皆继承和弘扬了传统经学研究。

以新的方法校释《孝经》的，则有一批今注今译本，如，台湾陈威智《孝经白话注解》（1983年）、林宇牧《孝经新解》（台北“国家”出版社，1997年）等，比较有影响。20世纪90年代以来，中国内地也出版了多种今注今译本，如马振亚《孝经释读》（《中华儒学通典》第一部，南海出版公司，1992年），汤祺廷《孝经直解》（《十三经直解》第4卷，江西人民出版社，1993年），胡平生《孝经译注》（中华书局，1996年），宫晓云《孝经——人伦的至理》(上海古籍出版社，1997 年)，汪受宽《孝经译注》(上海古籍出版社，1998 年)。

20 世纪 30 年代，商务印书馆出版了三部通论性的《孝经》研究专著，俱收入《国学小丛书》。这三部书是当时《孝经》研究的重要成果，体现了当时的研究水平，即：

邬庆时《孝经通论》，其书分 4 卷，共 10 篇，分别有作者、时代、经文、章名、条理、大义、会通、批评、表彰、传述 10 目。邬氏认为《孝经》作者为孔子，刘歆伪造古文，《孝经》遂有今文、古文之别。

陈柱《孝经要义》，是《孝经》讲义，首为《大纲》，摘录诸家有关《孝经》之传授、今文古文真伪、《孝经》价值之说，并列标目："《孝经》为六经之本"、"《孝经》与《论语》并重"、"《孝经》之学在明顺逆"、"《孝经》之学在培养生机"诸目。正文是《孝经》解说，广引诸家，上及范祖禹、黄道周、阮元、贺长龄、陈澧等，下及简朝亮、曹元弼、马其昶、唐文治等当代学人，并附本人按语，主于阐发《孝经》大义。

蔡汝堃《孝经通考》，较前两本更有条理系统。自序称："本书之作，重在辨真伪，定纯疵，冀历来《孝经》之各问题，于此稍解其纷。"分 5 编：第一编考《孝经》名称之由来，第二编考《孝经》之作者及时代，第三编考《孝经》之今文古文，第四编为《孝经》之批判，第五编为《孝经》集目考略。

综观大势，在 1949 年至 1980 年之间，港台地区的《孝经》研究成绩最多。有关《孝经》通论者，乔一凡《孝经通义》(国防大学，1956 年)，张严《孝经通识》(台湾商务印书馆，1970 年)，叶守幹、汪公正《孝经新研究》(三民主义教学研究会，1971 年)，史次耘《孝经述义》(台湾商务印书馆，1972 年)，林敏堂《孝经管窥》(台中瑞成书局，1976 年)，黄和平《孝经心得》(台北和平国医诊所，1976 年) 等等。

其中张严《孝经通识》包括"孝经郑注真伪辨疑"、"今古文孝经章法异同考辨"、"孝经十八章与经传相通论"、"孝经大小传及撰本编制分析"、"历代类书著录孝经书目迻列"、"经传孝弟论类次"、"历代孝经纪事汇考"、"历代孝经品评概举"等专题，对《孝经》文献做了比较全面的研究。

另外，值得注意的是，20 世纪对出土《孝经》文献的研究和整理也取得了重要成绩。如马衡《宋范祖禹书古文孝经石刻校释》(《中央研究院历史语言研究所集刊》20 本上，1948 年 6 月)，王利器《敦煌本孝经义疏》(《志林》第 2 期，1948 年 12 月)、《敦煌本孝经义疏跋》(《图书季刊》新 9 卷第 3、4 期合刊，1948 年 12 月)。

陈铁凡对《孝经》郑氏注和敦煌本《孝经》残卷的考订用力甚勤，著有《孝经郑氏解抉微》(《孔孟学报》第33期，1977年4月)、《孝经郑氏解斠诠》(《"中央"图书馆馆刊》10卷第1期，1977年6月；台北燕京文化事业公司，1977年)。另著《敦煌本孝经类纂》(台北燕京文化事业公司，1977年)，发表《敦煌本孝经类纂弁言》(《孔孟月刊》16卷第1期，1977年9月)、《敦煌本孝经考略》(《东海学报》第19期，1978年6月)，《敦煌本郑氏孝经序作者稽》(《敦煌学》第4期，1979年7月)。其中《敦煌本孝经类纂》汇编英、法及国内所藏29种写本，收录最为完备。特别是他据敦煌本"郑注"《孝经》残卷，对《孝经郑注》的校理和恢复，成就突出，所撰《孝经郑注校证》(台北："国立"编译馆，1987年)一书，以严可均辑本为底本，与敦煌本"郑注"4卷、"郑注疏"3卷，进行综合校勘，取得了自清初以来"郑注"《孝经》辑佚校勘的最佳成果。

第五节　《孝经》学要籍

由于宣扬和提倡"孝道"的需要，《孝经》也许是儒家经典中普及度最广的一部经书，有关《孝经》的训解之作自然也应当是最丰富的。早在先秦即有魏文侯《孝经传》，出土先秦文献《儒家者言》以及传世文献《吕氏春秋》中的《孝行篇》，也应当是训解《孝经》的早期文献。至汉，长孙氏、博士江翁、少府后苍、谏大夫翼奉、安昌侯张禹等，都以传《孝经》而"各自名家"，诸家皆撰有《孝经说》。自此以后，历代文人学士都加意于《孝经》的训释，涌现出为数不菲的《孝经》学文献。但是，由于《孝经》文字本身浅显、学理也不玄奥，因此有关《孝经》的训释著作，不如其他经学文献那样深奥繁复，为便于童蒙幼学，故《孝经》注本多以浅近直白为特征，在历史上也不太为世人重视，旋撰旋灭，传世者稀。

今兹所选要籍，主要立足于学术特色和文献类型，以"今文《孝经》"、"《古文孝经》"、"《孝经》删改"、"《孝经》通论"、"《孝经》衍义"、"《孝经》集成"、"《孝经》仿拟"等目分类，各选数部代表性著作介绍如下。

一、《古文孝经》系列

《古文孝经》是用秦统一文字（小篆）以前的六国文字所书写，相对于汉代通行的隶书《孝经》而言，称为"古文"。其来源有二：一是汉代鲁国孔子壁中（称“孔壁”或“鲁壁”）所藏；二是唐大历初灞上所得（“石函素绢本”，或称“大历本”）。此外，又有隋儒刘炫造为《古文孝经孔传》（即“刘炫本”），清乾隆时从日本入传中国者，恐即此本之改纂。“孔壁本”传于汉晋南北朝时期，而亡于梁末之乱；“刘炫本”传于隋、唐及日本，五代末已佚于中国。自宋以下以迄明末，中国所传的《古文孝经》，皆“大历本”（或朱熹、杨简据“大历本”之改编）也。

据《汉书·艺文志》“尚书类序”：“武帝末，鲁共王坏孔子宅，欲以广其宫，而得《古文尚书》及《礼记》、《论语》、《孝经》凡数十篇，皆古字也。”① 又：“孔安国者，孔子后也。悉得其书。”许慎《说文解字叙》：“壁中书者，鲁恭王坏孔子宅，而得《礼记》、《尚书》、《春秋》、《论语》、《孝经》。”② 所说与《汉书·艺文志》皆同一事，此即《古文孝经》初出之情节。是为“孔壁本”。

“孔壁本”古文原本藏在秘府，未立学官，西汉成帝时，刘向曾据以与今文《孝经》相校，发现今文《孝经》诸家“经文皆同，唯孔氏壁中古文为异。‘父母生之，续莫大焉’、‘故亲生之膝下’，诸家说不安处，古文字读皆异”。而且《古文孝经》的“《庶人章》分为二，《曾子敢问章》为三，又多一章，凡二十二章”。（《汉书·艺文志》及注引《别录》）西汉末东汉初，桓谭亦见“古文”，说：“《古孝经》千八百七十二字，今异者四百余字。”（《新论》佚文）许慎亦见其书，所撰《说文解字》引文“《论语》、《孝经》，皆古文也”③。马融亦传《古文孝经》，而为之《传》，但未行于世。

晋代出现带有“孔安国《传》”的《古文孝经》，至梁朝曾与郑注《孝经》一起立于学官，旋“亡于梁乱”，陈朝及北齐、北周“唯传郑氏”今文《孝经》。隋朝时，刘炫声称得一本带有《孔传》的《古文孝经》，当时曾“与郑玄并立”于国学。但隋朝诸儒皆云“炫自作之，非孔旧本”，《隋书·经籍志》

---

① 始藏书于孔壁的人，共有四说。《四库全书》本《史记考证》卷一二一“孔氏有古文尚书”：“按，颜师古曰：‘《家语》：孔腾藏《尚书》、《孝经》、《论语》于夫子旧堂壁中。’《汉纪·尹敏传》云‘孔鲋所藏’。二说不同。王应麟曰：‘《隋志》云：“武帝时，鲁共王坏孔子宅，得其末孙惠所藏之书，皆古文也。”’《史通》亦以为孔惠所藏。则又非师古所引二人者矣。《书疏》云：‘《家语》序云“子襄以秦法峻急，壁中藏其家书。”则又是安国祖藏之。’”据上引，藏古书者有四人：一孔腾，二孔鲋，三孔惠，四孔襄。

② 许慎：《说文解字》卷一五上《自序》。

③ 许慎：《说文解字》卷一五上《自序》。

著录“《古文孝经》一卷”也明确指出：“今疑非古本。”此为“刘炫本”。

唐玄宗时，刘知幾、司马贞等曾讨论过《古文孝经孔传》与今文《孝经郑注》优劣问题，当时学人疑信参半。开元中，玄宗御注《孝经》，以今文十八章为据，孔、郑二家俱废，带有《孔传》的《古文孝经》也亡于五代之乱。

又有唐人李士训者，于大历初得“石函素绢《古文孝经》”。据其《记异》所说，该本是“蝌蚪书”，而且也是“二十二章，一千八百七十二言”。此即“大历本”。曾经传于李白、李阳冰、李服之、韩愈、归登、张籍、贺拔恕，五代时郭忠恕撰《汗简》、句中正造《三字孝经》及北宋夏竦撰《古文四声韵》，都摹写《古孝经》字形。《旧唐书·经籍志》、《新唐书·艺文志》、《宋史·艺文志》也都著录有“《古文孝经》一卷，凡二十二章”。

宋仁宗时，司马光检秘府所藏，而得“蝌蚪书《古文孝经》”，当即此本。光据之作《古文孝经指解》，范祖禹又作《古文孝经说》，皆以进呈乙览和讲于经筵。范祖禹还手书《古文孝经》，今天仍存于重庆大足北山石刻之中。南宋高宗亦曾手书《古文孝经》，分赐大臣。朱熹据《古文孝经》而撰《孝经刊误》，将其分为“经一章，传十四章”，是为“朱氏改编本”（或“朱改本”）。

杨简、钱时亦传《古文孝经》，但见当时的经本与文献所载“孔壁本”不一，故“厘正其篇次”，将出于“大历本”的宋代古文改从“孔壁本”了。而且南宋出现的《古文孝经》本子，在《谏诤章》误将司马光的注文“言之不通也”五字混入了经文，这是原先各本都没有的，也为范祖禹手书石刻《古文孝经》所无。此即“杨氏改编本”（或“杨编本”）。宋以后所传的所谓“宋本古文孝经”实即此本。

及至清朝乾隆年间，又从日本传来一本载有《孔传》的《古文孝经》，引起中国学人的热烈争议，信之者以为千古秘笈重见东瀛，矜为举世鸿宝；而非之者以为日本浅人所造，乃伪中之伪。该本真伪，直到近年都还在讨论，迄无定评。种种迹象表明，日本传《古文孝经孔传》有可能是日本学人根据“刘炫本”改纂的，其经文则参考了南宋杨简“改编本”，其中也将“言之不通也”入于经文，即此可定其非古。

关于《古文孝经》研究成果并不很多，这里只选介日本传《古文孝经孔传》、司马光《古文孝经指解》、范祖禹《古文孝经说》3 种。

1.《古文孝经孔传》1 卷，（旧题汉）孔安国撰

该本系从日本传来，托名孔安国撰。武帝末，于孔壁得《古文尚书》、《礼记》、《论语》及《孝经》等经典。相传安国得其书，撰有《古文尚书传》、《论语训解》、《古文孝经传》等。经后人考订，《古文尚书》、《古文论语》与

《古文孝经》虽出于孔壁，但是孔安国作《传》之事，则不见汉代文献。

(1) 历史上的《孔传》

《史记·儒林列传》只说："孔氏有古文《尚书》，而安国以今文读之，因以起其家。"（《孔子世家》及《汉书·儒林传》略同）《汉书·艺文志》也说孔安国"悉得其书，以考二十九篇（即今文《尚书》——笔者），得多十六篇。安国［家］献之。遭巫蛊事，未列于学官"。都未言孔安国作《传》。司马迁曾"从安国问故"、《汉书·艺文志》又是依据刘歆《七略》改写的，所言自当不虚。孔壁古文之所以"未列于学官"，除了"巫蛊之祸"外，也许还与"古文"诸经尚无师说、无法传授有关。

第一个说孔安国作《传》的是西晋的王肃。王肃《孔子家语解》前录孔衍书："臣祖故临淮太守安国……时鲁恭王坏孔子故宅，得古文科斗《尚书》、《孝经》、《论语》，世人莫有能言者。安国为之今文读，而训传其义。"比之《史》《汉》，在"为之今文读"后多"训传其义"4字，为《孔传》埋下伏笔。继而王肃在《家语解后叙》中乃说："子国乃考论古今文字，撰众师之义，为古文《论语训》十一篇、《孝经传》二篇、《尚书传》五十八篇，皆所得壁中科斗本也。"① 正式提出孔氏作诸经"传"的问题。

由陈进入隋、唐的陆德明，他作《经典释文》也说："《孝经》者……凡十八章。又有古文，出于孔氏壁中，别有《闺门》一章，自余分析十八章，总为二十二章，孔安国作《传》。……后汉马融亦作《古文孝经传》，而世不传。……《古文孝经》世既不行，今随俗用《郑注》十八章本。"② 陆也说"孔安国作《传》"，但又说陈朝时《孔传》已不行于世。唐魏徵等修《隋书·经籍志》"孝经类序"补充说："梁代，安国及郑氏二家，并立国学"；"安国之本亡于梁乱，陈及周、齐唯传郑氏"。

《隋书·经籍志》又说：隋朝"秘书监王劭于京师访得《孔传》，送至河间刘炫。炫因序其得丧，述其议疏，讲于人间，渐闻朝廷，后遂著令，与郑氏并立"。不过此本真伪当时未定，"儒者喧喧，皆云炫自作之，非孔旧本"。可见"刘炫本"并未取得大家认同。《隋书·经籍志》著录时也说："《古文孝经》一卷，孔安国传，梁末亡逸。今疑非古本。"

唐玄宗开元七年（719），曾下令诸儒讨论古今文《孝经》及《孔传》、《郑注》优劣，左庶子刘知幾极力表彰《孔传》，以为"本出孔氏壁中，语甚详

---

① 《孔子家语解》，中州古籍出版社，影印1933年上海文化书社本。

② 吴承仕：《经典释文序录疏证》，北京师范大学出版社，1984年。

正……愚谓行孔废郑，于义为允”。却遭到国子祭酒司马贞反对：“其古文二十二章……中朝遂亡其本。近儒欲崇古学，妄作此传……《闺门》之义，近俗之语，非宣尼之正说……文句凡鄙，不合经典。”于是提请：“望请准式，《孝经郑注》与《孔传》依旧俱行。”于是玄宗下诏：“郑注”“孔传”“可令依旧行用。”①

开元十年，玄宗自注《孝经》，经文用十八章，“刘炫本”《孔传》逐渐废弃，后竟失传。五代（或宋初）今文《郑注》尚有高丽或日本人来献，而“古文”《孔传》则无从寻觅。②

在沉静一千余年后，清乾隆四十一年（1776）从日本传来太宰纯所刻《古文孝经孔传》一种，鲍廷博刻入《知不足斋丛书》，《四库全书》亦予采录。十余年后，日本又传来冈田挺之《孝经郑注》，鲍氏又刻入《知不足斋丛书》。从唐代中叶以后就失传的《郑注》、《孔传》千余年后又重现东瀛，这在学术界产生了不小震动。有信③，有疑④，不一而足。

(2) 日传《孔传》的面貌

日本传《古文孝经孔传》目前国内所传主要有三种版本：一是《知不足斋丛书》本，二是《四库全书》本，三是日本天瀑所刻《佚存丛书》本。“佚存本”经文仍然保留隶古定的字形，其余二本皆改从楷体。此书 22 章，每章皆有章题；经文共 1861 字，另有章题 70 余字。通篇采用讲说的方式，语意重复，且多错误。

首先站出来系统批评日传《孔传》的是《四库全书总目》提要。四库馆臣根据传文语言“浅陋冗漫，不类汉儒释经之体，并不类唐宋元以前人语”，断定“殆市舶流通，颇得中国书籍，有桀黠知文义者，摭诸书所引《孔传》影附为之，以自夸图籍之富”。又以山井鼎《七经孟子考文》不收，进而判断其“出自宋元以后”⑤。此后，孙志祖、阮元、周中孚、丁晏、郑珍、朱一新、黄遵宪、

① 《唐会要》卷七七《论经义》。

② 孙振孙《直斋书录解题》：“按《三朝志》：五代以来，孔、郑注皆亡。周显德中，新罗献《别序孝经》，即《郑注》者。而《崇文总目》以为咸平中，日本僧奝然所献，未详孰是？世少有其本。乾道中，熊克子复从袁枢机仲得之，刻于京口学官。而《孔传》不可复见矣。”

③ 鲍廷博《日本古文孝经孔传刻后序》、卢文弨《新刻古文孝经孔传序》、吴骞《新雕古文孝经序》，俱见《知不足斋丛书》本《古文孝经孔传》卷首。郑辰《古文孝经序》，《丛书集成》本《古文孝经孔传》卷首。

④ 阮元：《十三经注疏校勘记·孝经校勘记序》，阮元校刻《十三经注疏》本。

⑤ 永瑢等：《四库全书总目》卷三二《古文孝经孔氏传》提要。

胡元玉、胡玉缙等，或长篇论证以揭其伪，或三言两语以致其疑。其中以丁晏、郑珍批评最系统有力，丁晏撰《日本古文孝经孔传辨伪》，列举其可疑之处五事；① 郑珍撰《辨日本国古文孝经孔传之伪》发其不可信者十条。

丁晏所说"五证"，即其书《汉书·艺文志》无录，经文字形与《说文》所引不同，对"明堂"的解释与《礼记》古说不同，字数少于桓谭、李士训所见，字形异于郭忠恕《汗简》所录。系统否定了日本《古文孝经孔传》的真实性，证据确凿，非常有力。郑珍"十证"，大致以为：其一，日传《孔传序》讲《孝经》作者与刘炫异说，可见其书连刘炫本都不是。其二，日传本章题尽袭《御注》，说明其书在玄宗后。其三，经本文字与桓谭亲见古文不同，绝非汉本。其四，日传《孔传》释义与《郑注》同，绝非刘炫"古文"本。其五，日传《孔传》误将《邢疏》与《孔传》一起引录，其出在邢昺后无疑。其六，日传《孔传》漏收《邢疏》中旧《孔传》文，知非刘炫原本。其七，日传《孔传序》弄错孔安国得古书的时代，不符史事。其八，日传《孔传》解经体例不同于西汉。其九，日传《孔传》不识今古文《尚书》祖师，俱可见非汉人作。其十，日传《孔传序》有误袭陆德明序文、不明《释文》体例之处。可见日传《孔传》存在史实错、经文差、传例误、文义鄙，以及误收、漏收等情况，怎么可能是汉孔安国作的呢？甚至连是否是"刘炫本"也成问题。故郑珍说："验此十事，知作是书者，彼穷岛僻壤一空腐之人，见前籍称引《孔传》，中土久无其书，漫事粗捃，自诩绝学，以耀其国富秘藏耳。"

丁氏"五证"，郑氏"十疑"，都直捣日传本《孔传》要害，至是迄于近世，关于日本《古文孝经孔传》为伪的讨论，便一锤定音，更无异辞。近时乃有人欲翻此案，但于清人之疑则无以解释，因而难成定论。

此书有《佚存丛书》本、《知不足斋丛书》本、《四库全书》本。

2.《古文孝经指解》1卷，（宋）司马光撰

宋人经学，为了自出新意，一是推翻汉唐经说，先破后立；二是恢复古文经典，以复古求解放。他们治《春秋》，不专主"三传"中的某一传，更不专主汉唐注家的某一家，而是根据自己的需要，纵横百家，任情去取；他们治《易经》，也不局促于汉人开创的以传解经的方法，而是要分经分传，以复"古周易"的面貌。他们治《诗经》也要突破《毛传》《郑笺》的范式，怀疑《诗序》，甚至"弃《序》言《诗》"，以求新意的发挥。他们治《孝经》，当然

① 丁晏：《日本古文孝经孔传辨伪》，载《孝经征文》附录，《皇清经解续编》本，上海书店影印。

也不会满足于今文“十八章”，而是着力开发和表彰《古文孝经》，于是在宋代形成了盛行一时的“《古文孝经》学”。这由司马光发其端，范祖禹继其志，杨简、钱时、季信州、袁甫、冯椅等扬其波。即如擅改《孝经》的朱熹，也是以怀疑《古文孝经》为出发点的。

司马光是著名的历史学家，也是著名的古典学家，除撰有史学名著《资治通鉴》外，还撰有《古文孝经指解》。《指解》曾经两次进献于朝廷，作为经筵讲义，为皇家的《孝经》学习提供了教材。由于旧传孔传《古文孝经》今已不存，清乾隆年间由日本传来《古文孝经孔传》显非旧本，现存《古文孝经》传本乃以司马光这部《古文孝经指解》为最早。

司马光的《孝经》学思想集中反映在他的《古文孝经指解·自序》中。序文一是提出《孝经》作者新说：“孔子与曾参论孝，而门人书之，谓之《孝经》。”二是说北宋所存《古文孝经》为“孔壁本”，是孔氏子孙所藏，在秦始皇焚书之前，“去圣未远，其书最真”，比今文本可靠，后世对它的怀疑是不公正的。三是北宋秘阁所藏《孝经》文献只有郑注、玄宗注和《古文孝经》白文三种，而古文无《孔传》。四是北宋所藏《古文孝经》为“古文”字形，他以为当初孔安国已经将“孔壁古文”经字改为隶书了，《孝经》不应还存在古文字形，这是“好事者”依据“孔传本”而“更以古文写之”，因此他作《指解》时又将“古文”改回隶体。这些观点在当时和后世都产生了影响。

不过许多迹象表明，司马光关于北宋《古文孝经》是“孔壁本”的判断，这一说法是有问题的。经考察，宋传本《古文孝经》在字形古今、分章起讫、篇序先后、内容异同、文字多寡等五个方面都与刘向、陆德明、司马贞所见的孔壁本不同，这不能说明他们同出一源。历考载籍，《古文孝经》文本的出土发现共有两次：一次是汉武帝时的“孔壁本”，另一次则是唐代大历年间李士训在灞上发现的“大历本”。唐李士训《记异》：“大历初（766年左右），予带经钼瓜于灞水之上，得石函，中有绢素《古文孝经》一部，二十二章，壹仟捌伯柒拾贰言。初传李太白，白授当涂令李阳冰。阳冰尽通其法，上皇太子焉。”① 此本《古文孝经》，经李士训“初传李太白”，白又“授李阳冰”，阳冰“尽通其法，上皇太子焉”，此即皇家藏本，由唐入宋，司马光所见应即此本。《崇文总目》：“《古文孝经》，今孔注不存，而隶古文与章数存焉。”《宋史·艺文志》：“《古文孝经》一卷，凡二十二章。”应当是司马光“隶写”后的古文即“隶古文”。

① 李士训：《记异》，北宋郭忠恕《汗简》卷七《目录略叙》引，《丛书集成续编》（上海书店）影印郑珍《笺正》本。

需要指出的是，今传《指解》本皆与唐玄宗《御注》、范祖禹《说》合编，这显然不是司马光书的原貌①。《指解》本与“大足石刻”范祖禹书《古文孝经》同出一源，经本面貌应该相同，可今传《指解》本却与石刻本不一致，反而与文献所记“孔壁本”同，这明显系后人所“改纂”。特别是今传《指解》本经文误注入经的现象（《谏诤章》“是何言与、是何言与”下有“言之不通也”5字），系出后人所为。所以今传《指解》经文已非历史原貌，不是真正的司马光时的“宋本”。

《古文孝经指解》有多种传本，以《通志堂经解》本、《四库全书》本最流行。

3.《古文孝经说》1卷，（宋）范祖禹撰

紧接司马光《指解》的第二部《古文孝经》解说，即是范祖禹此书。

范祖禹（1041—1098），字淳甫，一字梦得，华阳（今属四川双流）人。嘉祐进士，历官秘书省正字、著作佐郎、谏议大夫、礼部侍郎、知州等职。曾协助司马光修撰《资治通鉴》，负责唐史资料长编。自撰《唐鉴》12卷、《帝学》8卷、《仁皇政典》6卷、《范太史集》等。是北宋后期有学问、有品行的著名人物。范祖禹之治《古文孝经》有两大成果：一是撰《古文孝经说》，二是手书《古文孝经》(今仍刻于重庆大足北山石刻之中)。

(1)《古文孝经说》

范氏之治《古文孝经》是受司马光影响，并且也是以《指解》本为底本，甚至他关于《孝经》的观点也受司马光影响。祖禹《进〈古文孝经说〉札子》：“《孝经》有古文，有今文。……臣窃考二书，虽不同者无几，然古文实得其正。故尝妄以所见，又为之《说》。”并于“元祐三年八月二十日”进于哲宗皇帝，作为经筵讲学的讲义。

范氏《古文孝经说》原本一卷，独自为书，今传本乃与《御注》、《指解》合为一本，乃后世所为。《四库全书总目》谓：“《书录解题》载光书、祖禹书各一卷，此本殆以二书相因而作，故合编也。”② 范书体例也与《指解》相近，都重在说理，讲明孝道。其不同处是，《指解》是逐句申说，范《说》则是通章串讲，使一章大义贯通无碍，便于初学者融会贯通。

---

① 舒大刚：《今传〈古文孝经指解〉并非原本考》，《中华文化论坛》2002年第2期；《今传司马光〈古文孝经指解〉合编之时代与编者考》，台湾《中国文哲研究通讯》2002年第3期。

② 永瑢等：《四库全书总目》卷三二《古文孝经指解》提要。

如释《开宗明义章》曰："圣人之德无以加于孝，故曰'至德'；治天下之道莫先于孝，故曰'要道'。因民之性而顺之，故曰'顺天下'。'民用和睦、上下无怨'，顺之至也。上以善道顺下，故下无怨；下以爱心顺上，故上无怨。人之为德，必以孝为本，先王所以治天下，亦本于孝而后教生焉。孝者五常之本、百行之基也。未有孝而不仁者也，未有孝而不义者也，未有孝而无礼者也，未有孝而不智者也，未有孝而不信者也。以事君则忠，以事兄则悌，以治民则爱，以抚幼则慈。德不本于孝则非德也，教不生于孝则非教也。君子之行必本于身。《记》曰：身也者，亲之枝也，可不敬乎？身体发肤受之于亲，而爱之则不敢忘其本，不敢忘其本则不为不善以辱其亲。此所以为孝之始也。善不积不足以立身，身不立不足以行道，行修于内而名从之矣，故以身为法于天下，而扬名于后世以显其亲者，孝之终也。居则事亲者，在家之孝也；出则事长者，在邦之孝也；立身扬名者，永世之孝也。尽此三道者，君子所以成德也。《记》曰：必则古昔称先王。故孔子言孝，每以《诗》《书》明之，言必有稽也。"其中去掉了"仲尼居、曾子侍"、"避席"、"复坐"等对话情景的扞格，一气贯注，使一章意义更为严整，恰似一篇结构严密的"至德要道"之通论。

(2) 石刻《古文孝经》

在今天重庆大足北山石刻之中，仍然保存着一通题名"范祖禹书"的《古文孝经》碑刻。该《孝经》石刻是保存于今最早的《古文孝经》，是真正的"宋本"。不仅是研究范祖禹《古文孝经》之学的重要资料，也是研究《古文孝经》流传史的重要文本。

该碑首见于南宋王象之《舆地纪胜》著录："《古文孝经》，在（昌州）北山，共二十二章，与《今文》十八章小异。……及明皇注今文十八章《孝经》，为古文者微矣。司马光、范祖禹皆曾缴进，光谓'始藏之时，去古未远，其书最真'；祖禹又为之《说》，亦云'庶得其正'。"1945 年，著名金石文献学家马衡对该碑文字内容和上刻时代进行过细心考察，撰有《校释》[①]一文，惊叹为"寰宇之间仅此一刻"。他根据石刻避讳情况，断定上石于南宋孝宗时期，距今已有八百余年。

该石刻《古文孝经》是至今尚存的真正宋本，与传世各本相比，它未经改窜，亦无讹衍（但有脱蚀），基本保留了宋本原貌；是我们认识《古文孝

① 马衡：《大足石刻古文孝经考》，见民国重修《大足县志》卷首，民国三十五年（1946）大足县铅印；又《宋范祖禹书古文孝经石刻校释》，载《历史语言研究所集刊》20 辑上册，1948 年；又《凡将斋金石丛稿》卷六，中华书局，1977 年。

经》在宋代的流传状况，进而评价后出《古文孝经》真伪的可靠底本，弥足珍贵！大足石刻《古文孝经》明显的特点有两点：

一是字数1815字，尚存古式。东汉桓谭说：“《古孝经》千八百七十二字，今异者四百余字。”李士训《记异》也说：“……得石函，中有绢素《古文孝经》一部，二十二章，壹仟捌伯泰拾贰言。”将石刻《古文孝经》1815字加章题59字，共为1874字，如果扣除司马贞批评《古文孝经》“擅加‘子曰’二字”，正好为1872言。而今传司马光《指解》经文1810字，“日传本”《孔传》经文1861字，都与桓谭、李士训所说相去甚远，不如石刻本近古。

二是分22章，但在分章位置上，却与“孔壁本”不同，也与“合编本”、“日传本”有别（详上）。黄震《黄氏日钞·读孝经》有曰：“今文《三才章》‘其政不肃而治’，与‘先王见教之可以化民’通为一章；古文则分为二章。今文《圣治章第九》‘其所因者本也’，与‘父子之道天性’通为一章；古文则分为二章。‘不爱其亲而爱他人者’，古文又分为一章。”《朱子语类》卷八二“孝经”也说：“《古文孝经》亦有可疑处，自《天子章》到‘孝无终始而患不及者未之有也’，便是合下与曾子说底通为一段。”黄氏、朱子所述，恰与石刻本一致，说明是宋本原貌。

另外，在文字上与通行本《孝经》和日本传本《古文孝经》也有差异，反映出古文在北宋时的真实面貌。特别是第二十章“是何言与、是何言与”下，“合编本”、“日传本”经文都有“言之不通也”一句，而为今文所无，石刻本也没有。这足可辨正王应麟以下指斥范祖禹误以司马光注文“言之不通也”入经之冤。亦可据之考证后出（如日本传本）《古文孝经》之真伪。①

《古文孝经说》有《通志堂经解》本、《四库全书》本，俱与玄宗《御注》、司马光《指解》合编。范氏手书《古文孝经》有马衡校释民国《大足县志》、《凡将斋金石丛稿》本、《大足石刻铭文录》（郭湘颖、陈明光编著，重庆出版社，1999年）本等。

4.《孝经管见》1卷，（宋）钱时撰

南宋关于《古文孝经》的解释则有心学派的钱时。

钱时是杨简弟子、陆九渊再传弟子，属于“心学”派中重要人物。在理学家朱熹对《古文孝经》大肆改纂的同时，作为“心学”家传人的杨简、钱时等人，却在积极维护《古文孝经》的原真性。他们有别于朱熹大删大改的

---

① 舒大刚：《试论大足石刻〈古文孝经〉的重要价值》，《四川大学学报》2003年第1期。

做法，基本上继承和传习了司马光、范祖禹的“古文”本。

(1) 钱时之师杨简的《孝经》学

与朱熹专重《大学》、《中庸》、《论语》、《孟子》“四书”不同的是，杨简在讨论《大学》、《中庸》时，却首先讨论《孝经》，在其“杂录论经史治道之说”的《家记》中，第六论就是《孝经》专章，第七论才是合论《大学》、《中庸》，先后次第、轻重缓急，彰彰甚明。在教育上，简仍继承汉唐传统，十分重视《论语》和《孝经》的研习和教化。钱时《行状》说他在作富阳主簿时，“诚以接物，众畏信之……日讽咏《鲁论》、《孝经》堂上，不动声色，民自化乎”。又说他“始传《古文孝经》、传《鲁论》，而厘正其篇次”①。

在《孝经》学上杨简推尊《古文孝经》，反对今文。批评今文家“取孔子所与曾子之书（指《孝经》），妄以已意增益之，曰《开宗明义章》，曰《天子章》，曰《诸侯章》，取混然一贯之旨而分裂之，又刊落古文《闺门》一节，破碎大道，相与妄论于迷惑之中而不自知!”② 杨简作有《古文孝经解》，惜已不传。《文献通考》引《中兴艺文志》称其“《解》中如‘德性无生，何从有死’之语，盖近于禅”。(卷一八五)③

据真德秀《杨慈湖手书孔壁孝经》，知杨简还曾手抄《古文孝经》以广流传，惜俱不存。《慈湖遗书》卷一二《家记六》为“论《孝经》”（明人编《慈湖先生文钞》摘其四则，题《孝经说》，编入卷三），多少保留了他的《孝经》学思想，学人自可参看。

钱时《慈湖先生行状》说杨简“始传《古文孝经》……而厘正其篇次”，说明他也对《古文孝经》篇章次第进行过调整。其成果在钱时《四书管见》（有《古文孝经》）中得到保存，第二十章将司马光注文“言之不通也”误入经文即首见于此（详下文）。

(2) 钱时《古文孝经管见》

钱时《融堂四书管见》，其中有《古文孝经管见》1卷。他的“四书”与朱子的《大学》、《中庸》、《论语》、《孟子》不同，而是以《孝经》代替《孟子》。其《孝经》又用古文，不分经、传；《大学》也只析为六章，不分经、

① 钱时：《慈湖遗书》附录《慈湖先生行状》。

② 杨简：《慈湖遗书》卷一二《家记六》。

③ 杨简相同的论述，还见于《家记五》“论语下”：“德性无生，何从有死？非二道也。此道昭然，不可亟语于庸人之前，唯曰‘未能事人，焉能事鬼；未知生，焉知死’。合鬼與神，教之至也。庸情知魂气归天，如彼其高；体魄归地，如此其下，以为不可合而为一。达者观之，未始不一也。”

传。因他的学术出于杨简，简的学术又出于陆九渊，与朱子门户迥殊，故其《孝经》不用朱熹所订之本。

钱时治《孝经》，在方法上和观点上都继承了杨简的传统，对今文经学亦持批判态度，对《古文孝经》却大加推崇："此书（《古文孝经》）二十二章，与之（《古文尚书》）同出，幸且无恙，而忍排诋之乎？今文与古异者虽亦无几，而辞乖义舛，谬为标目，鄙浅特甚，大失先圣从容问答之旨，安可苟狥也？"（《自序》）但是他们与朱熹一样都怀疑《孝经》有后人"纂乱"：朱熹疑后人在《孝经》中引《诗》、《书》，添"子曰"，"使其文意分断间隔"；杨简、钱时则怀疑后人对《孝经》"谬为标目"，即擅拟章题。朱熹怀疑《孝经》故作《孝经刊误》，分为经 1 章、传 14 章，并删其 200 余字。杨简、钱时怀疑《孝经》篇章有误，于是"厘正其篇次"，使宋传本与孔壁本完全相协了，从而也使宋本《古文孝经》的面貌大失矣。

钱时《古文孝经》取自杨简"厘正本"，故与大足石刻本颇多分歧。杨简与司马光一样，都相信《古文孝经》只有一个源头，与《古文尚书》"同出"孔壁，故将宋传本的分章起讫和次序，都改从孔壁本了。特别是钱时对《古文孝经》所作《管见》的第二十章（即《谏争章》）也将"言之不通也"编入经文，与司马光、范祖禹及玄宗注合编本一致，钱氏还特加"管见"："夫子重提'是何言与'而责其'言之不通'，所以警策之也。"说明在钱氏作"管见"前"言之不通也"已入经文。王应麟曾说"近世所传本"才将"言之不通也"补入《孝经刊误》之中，说明朱熹原本没有，王应麟所见乃他人误编。钱时本是目前可见最早的误注入经本，说明误编本出现在朱熹《刊误》后而钱时"管见"之前，这正是杨简活动（"厘正"）的时期，可能合编、误编都出自杨简之手。后来流行的所谓"宋本《古文孝经》"其实就是脱胎于这个本子，在版本上实不可靠。

钱时解释《古文孝经》的《管见》体例比较完备，全书有音，有注，有说。"音"是对疑难文字的注音，"注"是对典故、专有名词或事项的解释，"说"是对"孝道"意义的发挥。可惜钱时这部《古文孝经》研究著作只收录于《四书管见》中，还未引起学人足够重视。

是书有《四库全书》本。

二、今文《孝经》系列

今文《孝经》是汉以来传诵的主流，也是《孝经》文献的主流。今文自汉代已有《长孙氏说》、《后氏说》、《江翁说》、《安昌侯说》等等，然皆失传。现在唯一可考的汉代《孝经》文献，以郑玄《孝经注》最具代表性，也最完整。其次影响大的是唐玄宗《注》、宋邢昺《疏》。及至清代，阮福又对“御注邢疏”做了补充，被视为是“御注邢疏”的锦上添花之作。晚清，丁晏为了彻底否定“《孝经》晚出说”，辑录先秦两汉引录、魏晋六朝注释《孝经》的文献，而成《孝经征文》，也是维护《孝经》真实性的力作。现于今文《孝经》文献，主要介绍这五家之作。

1.《孝经注》，(汉) 郑玄撰

郑玄是东汉时期著名经学家，他融会今古文，遍注群经，结束了西汉末年以来经学的今古文之争，开启“郑学”时代。魏晋南北朝时期的经学，多推崇“郑注”；唐代修《九经正义》，《诗经》和《三礼》都用“郑注”，于是“郑学”成为整个汉学的代表。毫无疑义，“郑注”标志的是整个时代，曾得到广泛的遵用和重视。可是，郑玄关于《孝经》的注却没有那么幸运，虽然曾经流行于魏晋南北朝时期，但是《孝经郑注》在历史上也备受訾议，以致著作权真伪难明。

郑玄是否注《孝经》，在历史上颇有争议。南朝刘宋陆澄对国学所尊《郑注》表示怀疑，以为“非康成作”，建议废除。王俭表示《郑注》“前代无疑”，陆澄所疑证据不足，仍将《郑注》立在国学。梁代“安国及郑氏二家并立国学”，梁末《孔传》佚亡，“陈及周、齐唯传郑氏”。

至唐玄宗时，曾下令议孔、郑二注优劣，刘知幾举十二证驳斥《郑注》“语言凡鄙”，“不可示彼后来”，主张“行孔废郑”；司马贞则肯定《郑注》“义旨敷畅”，应与《孔传》并行。唐玄宗于是下令二注并行。继而玄宗自注《孝经》成，下令天下学宫依此教士，仍令全国民庶“家藏一本”，于是《御注》行而《郑注》隐。《郑注》经五代亡佚，在北宋又重新出现，但不久也失传了。

《郑注》第三次重出在清代。清初学人已经关注《郑注》，朱彝尊、余萧客皆有辑录，随着乾嘉汉学的逐渐兴起，《郑注》辑佚越来越多。后来陆续辑录《郑注》者不下30家，如陈鳣①、洪颐煊②、臧庸③、王谟④、

① 陈鳣：《集孝经郑注》1卷，乾隆末裕德堂刊本。自序署乾隆四十七年(1782)，早于冈田挺之辑本11年。以为郑玄“其注《孝经》亦未写定，而其孙小同追录成之”。“《中经簿》所题，盖要其终；范书所纪，则原其始也”。

② 洪颐煊：《孝经郑注补正》，《知不足斋丛书》本。

③ 臧庸：《孝经郑氏解辑》1卷，嘉庆六年（辛酉，1801）鲍廷博刊本。其辑时未见冈田本，而与冈田本同年刊于鲍氏。

④ 王谟：《孝经郑注》1卷，《汉魏遗书》本。

袁钧[①]、钱侗[②]、孔广林[③]、严可均[④]、黄奭[⑤]、皮锡瑞[⑥]，以及民国时期的孙季咸[⑦]、龚道耕[⑧]、曹元弼等，都各自有所辑校，其中以“严辑”、“皮疏”、“龚辑”为最优。辑郑活动甚至在东瀛日本也有响应，据日本《孝经》学研究专家林秀一博士考述，日本先后有良野芸之（宝历三年，当乾隆十八年，1753）的“伪郑注”本、伊奈忠贤（宝历四年，当乾隆十九年，1754）的“辑郑注”本。其后，又有河村益根据《群书治要》辑本（宽政三年、乾隆五十六年，1791）、冈田挺之校辑刻本（1794）[⑨] 等等。

乾隆五十九年（1794），冈田挺之据《群书治要》辑出《孝经郑注》，既而传入中国，在清代学界产生了重要影响。鲍廷博将其刻入《知不足斋丛书》第二十一辑中，同时也引起了学界的一场大争论。当时对日传《郑注》攻击最力、批评最系统的当数焦循，他仿刘知幾《孝经注议》，也撰《勘倭本郑注孝经议》一篇，以为“日本《郑注孝经》一本，以《经典释文》及《（孝经）正义》核之，固有合者，而舛而不备者甚多”。故举“十二证”以斥其伪，大致说：日传《郑注》存在删节不当，误合孔传、王肃注，不及《释文》引《郑注》精审，还误增《郑注》，甚至有将卢文弨校《释文》语移入《郑注》者，这些都不是《郑注》原本的本来面目。退一步讲，日传本“即真《郑注》，当时已经删节……其中少有菁华，则皆见于《释文》《注疏》诸书，而诸书所见，此中不备者十之七八。虽真《郑注》，亦已糟粕。夫郑氏所以足贵者，菁华也，去其精华，止存糟粕，虽亲见其

---

① 袁钧：《孝经郑氏注》1卷，《郑氏佚书》本。

② 钱侗：《孝经郑注》1卷，嘉庆七年（1802）钱侗刊本。

③ 孔广林辑：《孝经解》1卷、附《叙录》1卷，《郑学十八种》本，清抄本；又叶志诜、赵之谦校并跋本；又李盛铎校本，俱藏中国国家图书馆。

④ 严可均：《孝经郑注》1卷，清光绪间章氏式训堂刊本。自著《四录堂类集》本。光绪间归安姚觐元咫进斋重刻本，光绪二十九年（1903）大关唐氏重刻本。

⑤ 黄奭：《郑氏孝经解》1卷，《高密遗书》本。已经引及冈田本。

⑥ 皮锡瑞：《孝经郑注疏》2卷，光绪间长沙思贤书局刻本。又上海古籍出版社，1993年。

⑦ 孙季咸：《孝经郑注附音》1卷，清光绪二十二年（1896）刊本。

⑧ 徐永孝：《龚向农先生著述目录》，载《志学》第6期；又《志学》第25期有刊刻《孝经郑注》启事，今有传本。

⑨ （日本）林秀一：《孝经郑注的辑佚与刊行历史》，初载氏著《孝经学论考》，日本冈山市国立第六高等学校，昭和二十四年（1949）；继收入氏著《孝经学论集》，明治书院，昭和五十一年（1976）。

操笔而书，亦何足重?”①

后来，在本土失传已久的《群书治要》也传入中国，人们对从中辑出的《郑注》价值又获得新的认识。洪颐煊、严可均等相信《治要》本是《郑注》的简编，于是据之辑佚校补《郑注》，其中以严可均方法最密，成就最高。及至敦煌遗书发现，其中有十余卷带有郑氏“序”的《孝经》卷子，其“《孝经郑氏解》竟有五卷之多”，“注文所得约为全书百分之九十以上”②，保存了大量《群书治要》、《经典释文》、《孝经注疏》中没有的《孝经郑注》资料，日本林秀一、中国台湾陈铁凡都据以辑校恢复《郑注》，使从前严可均慨叹“尚阙数十百字无从校补”的遗憾，得到彻底弥补，《孝经郑注》又以完书面目展现在世人面前。

是书清人有多家辑本，以严可均辑《孝经郑注》1卷（光绪间章氏式训堂刊本）最优；皮锡瑞据之作《孝经郑注疏》2卷（光绪间长沙思贤书局刻本、《四部备要》本)、龚道耕辑校《孝经郑氏注》(李冬梅编《龚道耕儒学论集》本，四川大学出版社，2010年)、陈铁凡《孝经郑注校证》（台湾“国立”编译馆，1987年）等。

2.《孝经注》，唐玄宗（李隆基）撰

如前所述，唐代所采《孝经》注本，其初期是“唯行郑氏”；玄宗初即开元十年（722）前，是孔、郑并行，《玉海》卷四一所谓：“唐旧令行孔、郑二注”，即指这一情况而言。开元十年后，唐玄宗自注《孝经》行，于是《孝经》学进入“御注”时代；唐玄宗注成了《十三经注疏》中唯一的唐人注，也是《注疏》中唯一一部帝王注。

《唐会要》载：“［开元］十年六月二日，上注《孝经》，颁于天下及国子学。至天宝二年五月二十二日，上重注，亦颁于天下。”③《旧唐书·玄宗纪》亦载：“［开元十年］六月辛丑，上训注《孝经》，颁于天下。”又天宝三年：“诏天下民间家藏《孝经》一本。”又《元冲传》中载：“又特令行冲撰御所注《注孝经》疏义，列于学官。”《新唐书》亦有“玄宗自注《孝经》，诏行冲为疏，立于学官”的记录。④ 据《唐会要》和两《唐书》，知玄宗曾经于开元十年（723)、天宝二年（743）两注《孝经》，并曾令元行冲作《疏》，且颁行天

① 焦循：《雕菰集》卷一二《勘倭本郑注孝经议》。

② 陈铁凡：《敦煌本孝经类纂·例言》。

③ 《唐会要》卷三六“修撰”。

④ 《新唐书·元澹传》。澹字行冲，以字行。

下，令“民间家藏一本”。清光绪十年（1884），黎庶昌、杨守敬辑印《古佚丛书》，所收中国失传而存于日本的《覆卷子本唐开元御注孝经》，① 前有元行冲《御注孝经序》，对御注形成过程以及元行冲为之撰《疏》的情况，交代甚详，是研究御注的珍贵文献。

由于玄宗注广泛参考了前代成果，又得诸儒集议为之献策，元行冲作疏为之弥缝，故质量远在前代各注之上。其注具有注释简明，用语准确，析义精细，导向明确等特征。又加以著为功令，号令天下，故一出而风行，“天下家藏一本”，唯此独尊，此后前代诸注尽皆失传，士子学习唯依此本矣。

御注有多种版本，开元注有日本回传《覆卷子本唐开元御注孝经》（收入《古佚丛书》），天宝重注本则有西安碑林博物馆藏“石台孝经”本、《十三经注疏》邢昺疏本。

3.《孝经注疏》10卷，（宋）邢昺撰

北宋初年，《孝经》文献只存郑注、玄宗注，《古文孝经》只剩经文，连重见于隋、争议于唐的《孔传》（或刘炫《述议》）都已失传。不久，《郑注》亦亡，于是整个宋代的《孝经》研究，实际上主要是围绕玄宗《孝经注》和《古文孝经》展开的。特别是对御注本，尤其倚重。

邢昺（932－1010），字叔明，曹州济阴（今山东曹县西北）人。太平兴国年间“九经”及第。累官国子监丞、尚书、博士、知仪州、国子博士，历国子祭酒，至礼部尚书。撰有《论语正义》、《尔雅义疏》及《孝经注疏》，均收入《十三经注疏》。

该疏撰成于真宗咸平（998－1003）年间。《崇文总目》说，诸家注疏“皆猥俗褊陋，不足行远。咸平中，诏（邢）昺及杜镐等，集诸儒之说而增损焉”。②《宋会要》亦载：“至道二年（996），判监李至请命李沆、杜镐等纂《孝经正义》，从之。咸平三年三月，命祭酒邢昺代领其事，杜镐、舒雅、李维、孙奭、李慕清、王涣、崔偓佺、刘士元预其事。取元行冲《疏》，约而修之。四年九月以献……十月，命杭州刻板。”③ 说明《孝经注疏》虽以“元《疏》”为本，但邢昺“约而修之”，无异著述，书成后故题名“邢昺撰”。

---

① 开元本在通行22年后而退出历史舞台，并迅速在中国消失，但却完整地保存于日本。1884年黎庶昌、杨守敬将从日本访得的《唐开元御注孝经》辑入《古佚丛书》。20世纪初，敦煌遗书斯6019号《孝经注》发现，该本存《圣治章》及注，内容与日传开元旧注相同，从而证实日本传本可信。

② 《崇文总目》，见马端临《文献通考》卷一八五《孝经正义》引。

③ 《宋会要辑稿·崇儒》，中华书局，1957年影印清抄本。

邢氏自序说：“剪截‘元疏’，旁引诸书，分义错经，会合归趣。”即：一是“剪截‘元疏’”，即以元行冲的《御注孝经疏》为基础，加以剪截。二是“旁引诸书”，即增加了“元疏”以外的诸儒之说，以为补充。三是“分义错经”，即将原来经、注、疏分别的格式，改从以疏附注，以注附经，以便讲说。书成之后当时叫《孝经讲义》(或《孝经御注讲义》)。邢昺《孝经注疏》正文部分大抵依据元行冲疏删减补充而成，只有书前唐玄宗写于天宝二年的《御制孝经序》的注是邢氏等人所作。可就在这篇短短的序注之中，造成了许多错误。

如，邢疏“御制”之“制”：“以此《序》唐玄宗所撰，故云‘御制’也。玄宗，唐第六帝也，讳隆基，睿宗之子。以延和元年即位，時年三十三。在位四十五年，年七十八登遐，谥曰明孝皇帝，庙号玄宗。开元十年，制《经序》并注。”元行冲卒于开元十七年（729)，这里直称“玄宗”，并序其“年七十八登遐”，显为邢氏所“疏”。可是这里说玄宗“开元十年，制《经序》并注”，也是极大的谬误。玄宗开元注本是元行冲作的《序》(有日本回传之《覆卷子本开元御注孝经序》为证)；而现在流传下来的序（也就是邢昺作疏的《御制序》）则是玄宗为天宝二年重注本所作，根本不是开元十年的作品。

又序称“今韦昭、王肃，先儒之领袖；虞翻、刘邵抑又次焉”。据学人所考，这是当时词臣抄录刘炫《孝经述议序》语，[①] 邢昺不知，乃在注下文“特举六家之异同，会五经之旨趣”时，妄说“六家，即韦昭、王肃、虞翻、刘邵、刘炫、陆澄也”。殊不知《御注》根本没引虞翻、刘劭、刘炫、陆澄一语，而广引魏真已之说又被邢疏排斥在“六家”之外。由此看来，“邢疏”确实在“元疏”基础上有所添加，可是却添加出了不少错误。

此书版本极多，以《十三经注疏》本最流行，该本除中华书局影印阮元校刻本外，还有北京大学出版社（2004年)、上海古籍出版社（2009年）校点本，其中又以上古本后出转精，校勘尤佳。

4.《孝经义疏补》9卷，(清）阮福撰

阮福字赐卿，号小琊嬛。阮元之子。早年随侍阮元左右，晚乃出仕，先后任甘肃平凉府、湖北宣和府知府。著有《孝经义疏补》9卷、《滇南古金石录》1卷、《普洱茶记》等。

① 陈鸿森：《唐玄宗孝经序“举六家之异同”释疑——唐宋官修注疏之一侧面》，台北：《“中央”研究院历史语言研究所集刊》第74卷，第1分（2003年)，第35～64页。

《孝经义疏补》是对唐宋时期形成的《孝经注疏》进行的补充和校正。其书正文9卷，首1卷，共为10卷。全录“御注”、“邢疏”，其有补充和校勘，皆以“补”字出之。据阮福《自序》，阮福此书之作乃在其父阮元授意下完成的，时间在道光九年（1829），其时阮福正侍父于云贵总督任上。至于其书特色，已有学人指出：该书“融合了当时研究的三大倾向于一体，一是外传倾向，二是辑佚倾向，三是考证倾向”。①

所谓“外传”，即本自朱熹“欲辑诸书言孝之语足可发明《孝经》者以为《外传》”的创意，也就是辑群书文献以阐发《孝经》。本书则是“以《曾子》十篇中凡可以发明《孝经》、可以见孔、曾授大义者，悉分补于各章各句之下”。本书“辑佚”是针对《孝经郑注》而言。阮福以为“御注”即“郑注”之删存，“‘郑注’犹半存其中”。又认为，“邢疏”即“元疏”之校录，故对邢昺《孝经注疏》，他径称为“唐疏宋校”。阮福力图对“御注”所反映的“郑注”进行恢复工作。他先是将“唐以前书，凡可见郑氏旧注者，今皆补之”；既而将“以郑氏为据”的“陆氏《音义》，尚可见‘郑注’旧字旧义”者，“全据《经典释文·孝经音义》载入，以存郑氏旧观，且疏证之”。阮福此书“考据”成果也很多，其以“补”字标识的内容，远远多过原来《注疏》，都可见其“考据”功夫。

我们要补充此书的第四个特点：秉承父说。阮福幼承庭训，长又随侍左右，参加过阮元许多学术活动，在《孝经》学上，也多得其父亲阮元的教益。他注《孝经》，其中引录了许多阮元的话，标以“家大人谓”云云，从中可见阮元的学术思想。

其第五个特点是：采集新说。阮福所补，不仅限于自己和乃父之说，还广辑前儒和时贤的研究成果，特别是补充清人辑校和研究《郑注》的新说，大大地扩展了《孝经注疏》的研究视野。

自玄宗折中诸家而成《御注》，《孔传》、《郑注》二家遂佚而无传；自北宋邢昺改撰元行冲《疏》而成《正义》后，《元疏》之面目于是莫辨。千古学人，引为憾事。阮福欲据《御注》以复《郑注》，据《邢疏》以复《元疏》，确是一种大胆尝试。特别是他在《邢疏》之外，补充了许多旧注材料和新证成果，无疑使《御注》和《邢疏》的质量都得到大大提高。《邢疏》自撰成行世以后，虽然历代皆有校刻，但是像阮福这样较大规模地补充和校正还属首

---

① 朱明勋、戴萍波：《清代孝经研究论要》，载《内江师院学报》2005年第20卷第3期。

次。阮氏使“邢疏”文字得到校正，内容得到补充，讹误得到纠正，体例得到调整，渊源也得以厘清，从完善“邢疏”角度来说，阮氏父子实为“邢疏”之功臣，该书实为清代一部较有价值的《孝经》学著作。

本书有《续修四库全书》影印晚清刻本。

5.《孝经述注》1卷、《孝经征文》1卷，（清）丁晏撰

丁晏治经学兼容汉宋，认为汉儒正其诂，宋儒析其理，二者不可偏废。撰《周易述传》、《孝经述注》、《孝经征文》等47种。

丁氏《孝经》二书，《述注》在于通经，《征文》在于证经，盖通经以达其意，证经以明其古。丁氏以为，唐玄宗《石台孝经注》，“取郑君、王肃、韦昭、虞翻、刘劭、刘瓛、魏真已诸家，摘要剪芜，约文敷畅”，在经解中确为上乘之作。其后注解虽有数十家，而以司马光《指解》和范祖禹之《说》，“明白正大，粹然儒者之言”。丁晏相信《孝经》今文而怀疑古文，故以今文《孝经》为据，对《御注》、《指解》和《范说》进行剪裁，取其可而弃其芜，自谦其书只有删繁就简、汰冗去复之功夫，比之“述而不作”（丁氏《自序》），故名书曰《孝经述注》。

因朱熹误信汪应辰（端明）说，以《孝经》为后人缀辑成篇，故《刊误》将经文所引《诗》《书》及“子曰”字样删去；又指《孝经》中“天经地义”、“进思尽忠、退思补过”等语同于《左传》，为后儒撮取他书而成；又分经析传，移文删字，肇开后人疑经改经之习。丁晏于是复撰《孝经征文》一书，以揭其谬。

《孝经征文》正文部分有两大功能，一是采集先秦、两汉至于六朝文献，诸如《吕氏春秋》、陆贾《新语》、董仲舒《繁露》、司马迁《史记》、刘向《说苑》、桓宽《盐铁论》、班固《汉书》、王符《潜夫论》、许慎《说文》、王充《论衡》、蔡邕《明堂论》、贾思勰《齐民要术》、应劭《风俗通》和《汉官仪》、徐幹《中论》、范晔《后汉书》、司马彪《续汉书》等，凡有称引《孝经》原文者，皆一一取出，用以证明《孝经》文字来源甚古，渊源有自。

二是博引自魏文侯《孝经传》以下，至于六朝诸家《孝经》古注，一一取以为《孝经》之解。于是《孝经》之古言、古义，粲然明备矣；《孝经》之来历出处，厘然清晰。朱熹等人攻经驳传之说，其谬大白矣。

卷末又撰文辨日本传《古文孝经孔传》之伪，也证据确凿，不容置辩。然而其文因《孔传》为伪而殃及于《群书治要》、《文馆词林》、皇侃《论语义疏》、山井鼎《七经孟子考文》，举凡一切出于日本之中国古书，无一可信，则又矫枉过正，株连过广矣。

二书有《皇清经解》本、《续修四库全书》本。

三、《孝经》删改系列

中国古文献（特别是儒家经典）的形成有一个漫长的过程，自孔子“论次《诗》《书》，修起《礼》《乐》，赞《易》，修《春秋》”，以史为教、形成“六经”以来，儒学文献代有增益，范围越益扩大。其增益的方式，或依经以立传，如《易传》、《公羊传》、《穀梁传》、《左氏传》等；或据理以为说，如《孝经》、《礼记》之《大学》《中庸》等篇；或随事随人而立说，如《论语》、《孟子》等。此类文献的产生和形成，都经历了一个不断传衍、逐渐积累和逐步定型的过程，也经历了不断汇集和整理的过程；其中存在后世添入内容，而且存在不同传本，使它们各自带有不合乎原创时代的特征，就在所难免了，这是上古文献形成的普遍规律，本来是可以理解的，也是应当体谅和同情的。《孝经》主体内容虽然首先是由孔子向曾子讲说的，但不一定是一次成书，甚至也不一定是成于一人之手，故历代学人虽然也对《孝经》多有校正，但是都能理解这一点，并不否认其主体思想属于孔子，更不否定其教化价值。《隋书·经籍志》说：“刘向典校经籍，以颜本比古文，除其繁惑，以十八章为定。”刘向并未因《孝经》存在今古文的差别而否定它，而是将两者的优点集中起来，使其形成比较完善的定本，这才是比较成功的、建设性的整理，这种态度是值得提倡的。

刘向以后，对《孝经》个别文字的校正也时有发生，如唐玄宗注《孝经》，也对《庶人章》“自天子至于庶人，孝无终始而患不及已者，未之有也”进行了校正，他删掉一个“已”字，改从古文本，亦以迁就其用“始于君王、终于庶人”解“终始”之说。又如司马光，他将《三才章》“先王见教之可以化民也”之“教”改为“孝”字，使其更加文从字顺。

不过，历考三次所改，情形各有不同。刘向是用颜本今文校对孔壁古文，是有版本依据的。玄宗所改，也是有古文本为依据的。司马光所改，则是但凭理据，然只是个别字词，未及篇卷。至于朱熹撰《孝经刊误》，则对《孝经》文本大砍狂删，改字不足，遂及章次；移易不足，遂删篇段；篇段不足，遂否认《孝经》是孔子之言，不仅使《孝经》伤筋动骨，无复完书，而且使《孝经》教孝劝悌的价值也大受伤害！

在朱子影响下，元人吴澄作《孝经定本》，比朱熹走得更远。此后元、明、清人治《孝经》，删经成风，越演越烈，几成《孝经》学史上的一大灾难。此风当然不可长。这里介绍几种主要的删经文献，以为后世之殷鉴。

1.《孝经刊误》1卷，（宋）朱熹撰

朱熹是宋代理学的集大成者。《宋史》本传说，朱熹少时“就傅，授以《孝经》，一阅，题其上曰：‘不若是，非人也。’”可他到晚年却对《孝经》持怀疑态度了，从“推尊”转向“怀疑”，并进而“肢解”《孝经》。

朱熹怀疑《孝经》文字的经典性和可靠性，说其中有后人掺入内容。他说：“熹旧见衡山胡侍郎《论语说》，疑《孝经》引《诗》非经本文，初甚骇焉，徐而察之，始悟胡公之言为信，而《孝经》之可疑者不但此也。因以书质之沙随程可久丈，程答书曰：‘顷见玉山汪端明，亦以为此书多出后人傅会。’于是乃知前辈读书精审，其论固已及。又窃窃自幸有所因述，而得免于凿空妄言之罪也。”[①] 朱熹声称，他怀疑《孝经》是由于受衡山胡侍郎（寅）影响，后来他又发现程可久（迥）汪端明（应辰）也与自己一样怀疑《孝经》。

由于他对《孝经》的可信性产生怀疑，于是在研究《孝经》时不是以阐发其中的孝悌思想为目的，而是要大刀阔斧地砍削《孝经》、改编《孝经》。朱熹作《孝经刊误》一书，开启了历史上肆意改编和删削《孝经》的恶例。

他将《孝经》篇首自“仲尼闲居”至“孝无终始而患不及者未之有也”，即《开宗明义》、《天子》、《诸侯》、《卿大夫》、《士人》、《庶人》、《孝平》七章（今文则《庶人》与《孝平》合一，只六章），合为一章，以为“所谓《孝经》者，其本文止如此”，只有这一大段才是“夫子、曾子问答之言”。这以下十四章都是《孝经》的“传”，是后人“杂引传记以释经文”的。

又说《孝经》“其中煞有《左传》及《国语》中言语”。说：“其言在《左氏传》《国语》中，即上下句文理相接，在《孝经》中却不成文理。”[②] 由于他对《孝经》抱有成见，同样的话在《左传》、《国语》中他就认为好，而在《孝经》中就认为不好。如《三才章》“自其章首以至‘因地之义’，皆是《春秋左氏传》所载子太叔为赵简子道子产之言，惟易‘礼’字为‘孝’字，而文势反不若彼之通贯，条目反不若彼之完备。明此袭彼，非彼取此无疑也”（《孝经刊误》）等等。

于是他对《孝经》传文的各章从文字到次序，都进行了校正删移。四库

① 朱熹：《孝经刊误》卷末。相同的观点还见于《朱子语类》卷八二、《晦庵外集》卷二。

② 黎靖德编、王星贤校点：《朱子语类》卷八二《孝经》，第2141页。

馆臣说："汉儒说经以师传，师所不言，则一字不敢更。宋儒说经以理断，理有可据，则六经亦可改。"朱熹正是"宋儒"中据"理"疑经的典型。他既无版本依据，又无过硬理由，就判定《孝经》不是圣人之作，而要大加删削，于是"取《古文孝经》分为经一章、传十四章，删旧文二百二十三字"（《四库全书总目》卷三二），这真是经学史上的特例和恶例。

震于朱子的大名，"南宋以后作注者，多用此本"（四库馆臣语），如宋之黄幹《孝经本旨》、史绳祖《孝经解》、冯椅《古孝经辑注》及《古文孝经解》，元之董鼎《孝经大义》、吴澄《孝经定本》，明则有项霦《孝经述注》、孙蕡《孝经集善》、孙本《古文孝经解意》、潘府《孝经正误》，清有周春《中文孝经》、张星徽《孝经集解》、任启运《孝经章句》、林愈蕃《孝经刊误要义》等等，可谓趋之若鹜。

本书有《四库全书》本、《朱熹集》（郭齐、尹波校点，四川教育出版社，1996 年）本、《朱子全书》（朱杰人、严佐之等校点，黄山书社，2003 年）本。

2.《孝经定本》1 卷，（元）吴澄撰

继朱子之志而有作者，于元有吴澄，于明则黄道周。

吴澄是元代著名理学家，揭傒斯说："皇元受命，天降真儒，北有许衡，南有吴澄。所以恢宏至道，润色鸿业，有以知斯文未丧，景运方兴也。"① 说元朝有两位并时大儒，北方有许衡，南方有吴澄。二人卒后，都获谥"文正"，有"北许南吴"之称。

吴澄的《孝经》学成就，主要有《孝经外传》、《孝经章句》（又称《孝经定本》）。《外传》已佚，今所存者仅《章句》（《定本》）而已。

吴澄《孝经》学思想主要继承了朱子之学，而又有所变化。如关于《孝经》今古文问题，朱子虽然怀疑《孝经》是后人"凑合"成书，却承袭了司马光以来"古文为真"的传统，据《古文孝经》而作《孝经刊误》，虽删 200 余字，却保留其《闺门》章。吴澄却认为古文不可靠，而以今文来予以删改。他的《孝经章句自序》历考《汉书·艺文志》、《隋书·经籍志》、司马贞《古文孝经议》、邢昺《孝经注疏》及朱熹《刊误后序》诸家，证以许慎《说文解字》及桓谭诸家之说，认为隋以来流行之《古文孝经》"决非汉世孔壁之古文"。

但他认为《孝经》还是有价值的。说："朱子云：'《孝经》出于汉初《左氏》未盛行之时，不知何世何人为之也。'窃谓《孝经》虽未必是孔门成书，

① 揭傒斯：《吴澄神道碑》，见《吴文正集》附录。

然孔鲋藏书时已有之，则其传久矣。礼家有七十子后弟子所记，二戴《礼记》诸篇多取于彼，其间纯驳相杂，《公》、《穀》、《左氏》等书称道孔子之言者亦然。《孝经》殆此类也，亦七十子之后之所为尔。中有格言，朱子每于各章提出，而《小学》书所纂《孝经》之文，其择之也精矣。朱子曷尝尽疑《孝经》之为非哉？学者岂可因后儒之傅会而废先圣之格言也？"[①] 他认为《孝经》可疑而不可弃，可删而不可废。于是他删其赘语，存其格言："故今特因朱子《刊误》，以今文、古文校其同异，定为此本，以俟后之君子云。"(《孝经定本·自序》)

《孝经章句》(《孝经定本》) 是吴澄《孝经》学代表作。该书的体例，朱鸿有介绍："吴子《章句》，经一章、传十二章，其内合《五刑》一章，去《闺门》一章，删去古文二百四十六字。"不过，《章句》一书的价值不在"删易"《孝经》，而在于对《孝经》的解说。关于吴澄《孝经章句》训释风格，杨士奇说它"训释明切，贤于旧注远甚"。盖其书为教训儿子（吴文）所作，故注文以简洁明快、平实雅正为主。又其人读书至丰，涉猎极博，故其注文能"整齐诸说，归于至当，附入已见，补其不足"，遂成为宋元时期注解中的优秀作品。

四库馆臣评其书说："所定篇第，虽多分裂旧文，而诠解简明，亦秩然成理。朱子《刊误》既不可废，则澄此书亦不能不存。盖至是而《孝经》有二改本矣。"[②] 马一浮示人读书之门，也论及吴澄《孝经章句》："吴草庐合今古文刊定，为之《章句》，义较长。然合二本为一，非古也。"[③] 所论尚属公允。

本书有《四库全书》本。

3.《孝经大义》，（元）董鼎撰

宋末元初儒者，其遵照朱子《孝经》之说并有著述传世者则有董鼎。

董鼎《孝经大义》，大德八年（1304）其子真卿刊于建阳，徐明善曰："故乡先生深山董公壮老劬书，笔著甚夥，《孝经注》及《九峰蔡氏书传通释》其尤尽心者。令子季真既走建阳刊《孝经注》、《小学快睹》矣，他日，复欲往刊《书传通释》，过予征言。"[④] "深山董公"即董鼎，季真即董真卿。大德九年熊禾《序》也说："我徽国文公（朱熹）……仅成《刊误》一编，注释大

① 吴澄：《答张恒问孝经》，见《吴文正集》卷二。

② 永瑢等：《四库全书总目》卷三二《孝经定本》提要。

③ 马一浮：《通治群经必读诸书举要》，见《复性书院讲录》，山东人民出版社，1998 年。

④ 徐明善：《送董季真入建刊蔡氏书传通释序》，见《芳谷集》卷下。

义，犹有所未及。……一日，余友胡庭芳挈其高弟董真卿访予云谷山中，手携《孝经大义》一书，取而阅之，则其家君深山先生董君季亨父所辑也……族兄明仲敬为刊之书塾，以广其传。”

说明该书是继承朱子之志而成，其书底本也据朱子的《刊误》。当初朱子说何者该删，何章当移，只是作为夹注批在文中，但并未改动原文，董氏本书始一依其说，一一予以刊改；然后再加以注音、解释、申说。正是此书在元明时期的广泛流传，才使“删经刊传”这一恶习影响渐广，作用甚坏！不过在训释体例上，董鼎《孝经大义》却尚称可读。在调整完《孝经》章次、文字之后，董氏按校勘、注音、申说三个步骤来解释《孝经》，每项之间皆以“〇”标识。如“经”文首句，校：“‘闲’字、‘坐’字、‘参’字，今文无。”然后是注音，凡生僻、异读之字，他都一一注音：“曾子辟席曰：参不敏，何足以知之。”音：“辟音避。”其下才是解释和申说。

关于此书解说风格，熊禾序说“其书为初学设，故其词皆明白而切实。熟玩之，则义味精深，又有非浅见谀闻所能窥者”。四库馆臣亦谓此书“其注稍参以方言，如云‘今有一个道理’，又云‘至此方言出一孝字’之类，略如《语录》之例；其敷衍语气，则全为口义之体，虽遣词未免稍冗，而发挥明畅，颇能反复以尽其意，于初学亦不为无益也”。就体例而言，此书严整规范、用语通俗、取义正大、不激不随，正是训蒙初学的良好教材。

本书有《通志堂经解》本、《四库全书》本。

4.《孝经集传》4 卷，(清) 黄道周撰

黄道周事亲极孝，事君尽忠。他曾经对崇祯帝曰：“惟孝弟之人始能经纶天下，发育万物。不孝不弟者，根本既无，安有枝叶。”(《明史》本传) 崇祯十三年 (1640) 冬，道周以极谏直言忤旨，廷杖下狱。无钱赏付狱资，“诸狱卒皆不敢有望于先生，惟日奉纸札丐先生书，先生时时为书《孝经》以当狱钱，凡手书《孝经》一百二十本，皆为狱卒持去，散尽无余”(《黄道周年谱》)。他还研究《孝经》，著《孝经集传》、《孝经本赞》等。

其《本赞》乃《孝经》诗赞，以今文十八章为本，章各一赞，末重一赞，共十九赞。其《集传》则是一部内容特别的《孝经》注解，非常重要。黄氏《自序》自揭宗旨曰：“臣绎《孝经》微义有五、著义十二。微义五者，因性明教，一也；追文反质，二也；贵道德而贱兵刑，三也；定辟异端，四也；韦布而享祀，五也。此五者，皆先圣所未著而夫子独著之，其文甚微。十二著者，郊庙、明堂、释奠、齿胄、养老、耕耤、冠、昏、朝聘、丧、祭、乡饮酒是也。”

黄书在随文解释《孝经》后，总结出上述“五微义”、“十二著义”，是其书的一大特色，也是他治《孝经》的一大发明。从上文引述可知，所谓微义，即精微不显之义；著义，即明白显著之义。微义是精神，著义是条目；微义是义理，显义是制度。

所谓“五微义”，用今天的话说，第一义即是揭示人的自心本性、良知良能，启发人本有的爱亲敬亲之情；而且把孝作为一切教化学问的根本。第二义即是用“礼敬”来实现孝道“中和”的境界。第三义是效法地道，谦逊自守，以消除乱源。第四义是崇尚忠质，反对虚文。第五义是反对佛道，捍卫儒学。这些都是发人之所未发，深有见地。

在解经体例上也非常独特，他反对朱子《孝经刊误》将《孝经》文本分出经、传的做法，而是以《孝经》全书原文为“经”，此外的互证和解释语才称“传”。他说：“凡传皆以释经，必有旁引出入之言。《孝经》皆曾子所受夫子本语，不得自分经、传。而游、夏、诸儒所记，曾子、孟子所传，实为此经羽翼，故复备采之，以溯渊源云。”其“传”又分两类：黄氏自己解释经旨的文字，谦称《小传》；采录经传孔子及弟子下迄孟子论孝之语，各附相关章节之下，则称《大传》。《大传》按《孝经》十八章顺序，也随文分成十八个部分。无论是原有的《孝经》，还是他引录的《大传》，一律都有解释，亦即《小传》。

在格式上，凡“经”皆顶格，《大传》则退一格出之，《小传》退二格以双行夹注出之，眉目清楚，秩序井然，资料充实，内容丰富。故郑开极为其书写《序》称：“黄公考注经传，其功甚伟，而《孝经集传》一书，尤称醇正。”① 马一浮为学人推荐《孝经》读本，即举玄宗《御注》、吴澄《章句》及黄氏此书，并且说：“黄石斋作《集传》……立‘五微义’、‘十二显义’之说，为能得其旨。”于是“独取三家，以黄氏为主。”②

是书有《四库全书》本。

四、《孝经》通论系列

1.《古文孝经说》、《古文孝经解意》、《孝经释疑》各1卷，（明）孙本撰

孙本字初阳，钱塘（今浙江杭州）人。嘉靖进士，官知州，奉训大夫。

---

① 郑开极：《孝经集传序》，见《经义考》卷二三〇引。

② 马一浮：《通治群经必读书举要》，见《复性书院讲录》，山东人民出版社，1998年。

万历时与朱鸿以解释《孝经》相讲会。① 孙本推崇《古文孝经》，撰有《古文孝经说》、《古文孝经解意》、《孝经释疑》等，俱见朱鸿《孝经总类》午集。

他在《古文孝经说》中说，《孝经》乃孔子、曾子问答语，不能对其划分章第、分别经传："《孝经》……乃孔子口授曾子，一时问答之语，故当时或引其端，或广其说，或释前旨，或发别义，反复论议，惟期以尽孝之义而已，并无章第，亦不分经传。"唐人怀疑多加"子曰"，文不连贯，孙本说，此乃"记者见夫子答问之外，有更端以告者，又有间歇而复告者，故皆以'子曰'起之"。接下来，孙本对《孝经》各段之间语意连贯、转承更端处，都进行梳理解释，使以前被分成小段章节，甚至被指为此为"经"、彼为释经之"传"的片段文字，皆怡然理顺、文脉贯通了。

又在《古文孝经解意》中对《孝经》做了诠解。虽然他反对划分《孝经》章第，但是为了注释方便，还是分为二十二节，不过既不是今文的分节，也不是古文的分章，是他将"天子章"到"庶人章"并为一章，又将凡有"子曰"的段落或被朱子怀疑的地方，皆另立一章，这就避免了"语或更端"、"文意不属"的麻烦。

其《释疑》一篇，是孝经研究史专论。共分《今古文之辨》、《古文流传本末》、《论章第次序之不同》、《辩今古文增减字义》、《述引经意义》、《引左传解》、《论博爱等语不当削》、《孝治章解》、《严父配天辩》、《舜禹周公郊祀议》、《释广要道至德之旨》、《感应章解》、《闺门章解》、《群疑总释》等，专就《古文孝经》学的疑难问题进行解释，多针对朱子而发，皆征引翔实，说颇可信。

如解释朱子说《孝经》引《左传》成文之疑曰："丘明作《传》时，《孝经》犹未行，乃采夫子之言，以妆缀其文尔。韩昌黎谓'左氏浮夸'正此类也。"又释"严父配天"之疑："论孝之极，必当尽孝之量，今载籍中论大孝之亲切者莫如孟子：'孝子之至莫大于尊亲，尊亲之至莫大乎以天下养。'然此亦凡为天子者皆可能也。更有宗祀文王如周公者，乃为尊养之极，配上帝者，尊之至也；四海来祭，养之至也。孝之分量所及至于如此，而非有加于孝之外也。夫子以此明圣德无加于孝，至亲切矣！"此外，孙氏之反对分经分

---

① 孙本事迹，《续修四库全书总目》伦明《孝经释疑》提要谓："孙本，学行无可考，亦不详生何年代。"据朱鸿《孝经总类》著录其《古文孝经说》、《古文孝经解意》、《孝经释疑》三书。《孝经总类·目录》："《孝经解意》，奉训大夫孙本所注。"《释疑》后标"万历戊子"。又有朱鸿跋，谓二人以《孝经》著作互相赠阅，互相契合。则其为万历时人，官奉训大夫，与朱鸿相切磋。

传、反对删削《孝经》，皆是针对朱子《刊误》而发，这在当时“忌言程朱非”的风气下，还是颇具胆识的。

本书由吕维祺收入《孝经大全》，《续修四库全书》据以影印。

2.《孝经问》1卷，（清）毛奇龄撰

明清时期对删移《孝经》持最激烈的反对态度者，当数清儒毛奇龄。他的学术特征是维护古文，反对新说。他因朱熹《四书集注》而作《四书改错》，因阎若璩《尚书古文疏证》而撰《古文尚书冤词》，因朱熹《孝经刊误》、吴澄《孝经定本》而撰《孝经问》，都旗帜鲜明地反对怀疑和擅改经典。

《孝经问》以毛奇龄回答门人张燧提问的形式，对《孝经》学史上的重大问题进行逐条解答，共十条：一曰《孝经》非伪书，二曰今文、古文无二本，三曰刘炫无伪造《孝经》事，四曰《孝经》分章所始，五曰朱氏分别经传无据，六曰经不宜删，七曰《孝经》言孝不是效，八曰朱氏、吴氏删经无优劣，九曰“闲居”“侍坐”说，十曰朱氏极论改文之弊。下面撮述其第五、六、八三条胜义，以见一斑。

毛奇龄明确反对在儒家经典内部分经分传，说：“独是分之为经、传，而删削、而移易之，则万万无是理者！”他认为“经”是儒家经典，“传”是后人注解，儒家《十三经》俱是经典，不得从中分别此书是经、彼书是传，更不能从某一部经典中再分出此段是经、彼段是传。他批评：“宋人好分别经、传，吕东莱以《楚辞·离骚》为经，《九歌》、《九章》、《九辨》等为传；朱氏以《大学》、《孝经》俱分经、传。”（《孝经问》卷三）认为这些做法都是错误的。

他说：“古人无圣经贤传之说。”至朱熹乃“于《大学》、于《孝经》、于《仪礼》、《周礼》、《礼记》，则直取而分之”，别出经、传。指出朱子“不止分之，直取而删之、改之、移易之”，他反问：“注经者当如是乎？”“《大学》则圣人授之，《孝经》则贤人受之”，无由分析经传。他又批评宋人删经说：“宋人学问，专以非圣毁经为能事，即夫子手著《春秋》、《易大传》，亦尚有訾警之不已者，何况《孝经》。故凡斥《尚书》、摈《国风》、改《大学》、删《孝经》，全无顾忌，此固不足据也。”朱熹等人指责《孝经》“夫孝天之经也”一节与《左传》昭公二十五年子太叔论礼之文相同，第十二章“以顺则逆”一节与《左传》太史克之说相同，“言思可道”一节与《左传》北宫文子之说相同，以为皆直用《左氏》文。毛氏认为“夫子之言，原与《春秋》相表里”，就像《论语》“克己复礼为仁”直用《左传》所引“古也有志：克己复礼仁也”；“出门如见大宾，使民如承大祭”直用《左传》晋臼季语；“彼哉彼哉”

用阳虎语；“不学礼，无以立”用孟僖子语。又如《易·乾卦·文言》“元者善之长也”一段，也是全袭鲁穆姜语。孔子既修《春秋》，必然对《春秋》中格言了如指掌，“朝夕讲求，行著习察，师以之为教，弟以之为学”，“其言足述往，取之以垂训”，这有何不可？他还说：“古今文无优劣，今之文犹古之文也，则遵者无优劣矣。古今文俱不宜删，删则删是亦非，删非亦非也，则删者无差等矣。”在文章最后，毛氏批评“明代儒生诟刘炫者多，而诟朱、吴者少”，以为皆统治者提倡朱子之学之故，是“有明一代俗学之通弊”。

本书有《四库全书》本。

五、《孝经》衍义系列

“衍义”始于南宋真德秀《大学衍义》，此体不对经书进行章解句释，而在于对《大学》之义进行推衍和发挥，从《大学》中提炼出为君、为臣、为士等应当力行讲求的德行条目 44 条，“皆征引经训、参证史事、旁采先儒之论，以明法戒”，“大旨在于正君心、肃宫闱、抑权幸”。后来仿作者，有明代“议礼”被贬的名臣夏良胜的《中庸衍义》，“自性道教、达道、达德、九经、三重之属，一一援据古今，推广演绎；至于崇神仙、好符瑞、改祖制、抑善类数端，尤究极流弊”。

清顺治十三年，又敕撰《内则衍义》，“以《礼记·内则篇》为本，援引经史诸书，以佐证推阐之，分八纲三十二子目”，中有“孝之道”（又分事舅姑、事父母）、“敬之道”（下分事夫、劝学、佐忠、赞廉、重贤）、“教之道”（分教子、勉学、训忠）等等。至康熙时纂成《孝经衍义》而使兹体演绎达到极至，也使《孝经》大义推衍达到顶点。

《孝经衍义》100 卷，（清）康熙敕撰

清朝皇帝们大概知道“托诸俗书不如寄之经典”来得神圣典核，于是将古今劝善励忠的事迹，采来贯注于经典著作之中，遂仿效真德秀《大学衍义》体例，撰《内则衍义》，将天下古今女子应守之则、当明之训，以及已行已验之事，统统提纲挈要地编录出来，以成为妇人女子奉行不二的典宪——此清人刚刚入关时期顺治中的事也。既教女子，复教男人，于是顺治帝再敕撰《孝经衍义》，可没等到修成他自已却先出家了，子承父业，乃由康熙继而成之。

《孝经衍义》体例悉仿真德秀的《大学衍义》，从《孝经》总结出全经大旨，提纲挈领，分目衍说。卷首 2 卷，卷一“衍经之序”，主要衍说朱熹对《孝经》分经分传问题；卷二“述经之旨”，主要衍说孔子“吾志在《春秋》，行在《孝经》”两句话。

以下便依次衍说“至德”、“要道”、“教之所由生”以及“天子”、“诸侯”、“卿大夫”、“士”、“庶人”行孝之义，亦即各色人等在各自生活中所当奉行和担当的德行条目，广征文献，分类阐发。

如“至德”下又分“仁”（2卷）、“义”、“礼”、“智”、“信”（各1卷）共6卷；“要道”分“父子”、“君臣”、“兄弟”、“夫妇”、“朋友”5卷；“教之所由生”又分“礼”、“乐”、“政”、“刑”各2卷，共8卷，等等。

其中以“天子之孝”节目最多，有：爱亲、早谕教、均慈爱、敦友恭、亲九族（勋旧附）、体臣工、重守令、爱百姓、课农桑、薄税敛、备凶荒、省刑罚、恤征戍、敬亲、事天地、法祖宗、隆郊配、严宗庙、重学校、崇圣学、教宫闱、论官材、优大臣、设谏官、正纪纲、别贤否、制国用、厚风俗，达30目之多，几乎包括皇帝仁政的所有内容；篇幅也最大，从卷二一至卷七五，多达55卷。每条之下，则广引经史子集所载前言往行，加以申说证明；文献胪列，先经后史，下及诸家文集、名臣奏议，凡嘉言懿行有关孝理者，无不采摭而排比之。可谓义例秩然，推见至隐。

传统注疏，重在解经，其优点在乎以疏通注、以注通经。但缺点是局限于经书文字，未能旁通广喻。“衍义”之体正好可以旁通发挥，以推广先儒注释未尽之义。“衍义”在体例上“提挈纲领、附丽条目”，如将“至德”归纳为仁、义、礼、智、信“五常”，“要道”归纳为君臣、父子、兄弟、夫妇、朋友“五伦”，“教之所由生”归纳为礼、乐、政、刑“四柄”。重点突出、精要毕见。这对人们充分地理解孝道，切实地推行孝治，无疑具有积极作用。其书因崇朱的缘故，仍依朱熹《孝经刊误》分经分传之本，只对“经文”的“要义”进行了衍释，而不及其全，实为残缺。

本书有《四库全书》本。

六、《孝经》集成系列

“集成”实为丛书，虽然丛书之编刻不始于明清，但是将《孝经》编为专题丛书却是明代才出现的。最典型的是明代朱鸿《孝经总类》，其书汇录汉、唐、宋、元、明《孝经》著作10余种，即：《今文直解》（无名氏。题汉本，疑元明人）、《隶书石台》（唐玄宗序、注）、《朱文公校订古文》（宋朱申注）、《朱文公刊误》（董鼎注）、《吴文正公校定今古文》（元吴澄）、《孝经集善》（明孙贲注、宋濂序）、《孝经集说》（王祎序）、《孝经集义》（余时英）、《家塾集解》（朱鸿）、《孝经解意》（孙本。附《孝经释疑》）、《孝经古文直解》（朱鸿)、《孝经会通》(沈淮)、《孝经迩言》(虞淳熙)、《经书孝语》(朱鸿)、《孝经集灵》(虞淳熙)等书，又收有题晋陶潜《五等孝传赞》、司马温公《“卜其兆宅而安厝之”解》、真德秀《纪孝行章解》和《庶人章解》、杨简《论孝经》、宋新昌应令尹《五刑章解》、应令尹《‘春秋祭祀以时思之’解》、明方正学先生(即方孝孺)《经解》、罗(世)[汝]芳《论孝经宗旨》、孙本《五等章解》、朱鸿《圣治章‘圣人因严以教敬、因亲以教爱’解》、陈晓《孝经问对》等等，是一部汇录资料异常丰富的《孝经》丛书，许多失传或不易找到的《孝经》资料在此都得到了收录和保存。

同时又有明江元祚《孝经大全》10 卷，也是汇录体文献。于目录之后还详注《古今羽翼孝经姓氏》，备录魏文侯以下至明梅鼎和 187 人姓氏及著述。此书既是《孝经》学著作丛书，也是《孝经》学史资料汇编。

1.《孝经大全》28 卷、首 1 卷、《或问》3 卷，(明)吕维祺撰

吕维祺(1587—1641)，字介孺，新安(今属河南)人。家有尊崇礼教传统，祖母牛氏以守节获旌；父孔学，事母至孝。维祺中万历四十一年(1613)进士科，历官地方，至南京兵部尚书。罢职闲居洛阳，立芝泉讲会，与杨涟、左光斗相唱和，为一时名士。李自成克洛阳，维祺被俘，不屈被杀。撰有《四德堂文集》、《孝经大全》。维祺有弟维祜字吉孺，选贡生，官乐平知县，明末战乱，城破殉难，时称“吕氏二烈”。亦撰《孝经翼》1 卷。

维祺之撰《孝经大全》，既出平生学术旨趣所归，亦出于明代一时学术风会。一朝有一朝制度，一代有一代学术。汉有“章句”，唐人“注疏”，宋有“集注”，明有“大全”，皆是此例。明洪武开科，“《五经》皆主‘古注疏’及宋儒”，《易》主程氏《传》、朱熹《本义》，《书》主蔡沈传，《诗》主朱子《集传》，《春秋》左氏、公羊、穀梁、程、胡、张，《礼记》则陈澔。仍然说出多家，未能统一。永乐中下诏胡广、杨荣、金幼孜等人纂修《五经大全》、《四书大全》、《性理大全》，命礼部刊赐天下，科举以此考试。当时“四书”、“五经”皆有《大全》，独《孝经》缺焉。万历时就有学人要求“勅儒臣补成《孝经大全》，命题取士”①，当时曾“诏从之”，却未见成书。

维祺生当明朝末年，力倡孝道，潜心《孝经》研究三十年，然后发为著述，颇多心得。维祺《孝经大全序》：“愚既著《孝经本义》已，复栉比诸家同异，潜玩孔曾之心传久之……慨秦焰既灰，诸儒羽翼《孝经》者殆数百家，而今古分垒，争胜如雠。尝考今古所异，不过隶书、蝌蚪字句多寡于其间，

① 《江南通志》卷一六四《江旭奇传》。

于大义奚损？且夫正缘互异，愈征真传，苟能体认，皆存至理，而诸儒多以其意见自为家，卑者袭讹舛，高者执胸臆。如长孙、江翁、韦昭、王肃、虞翻、刘炫之流，论著蜂起，互有出入。《孔传》既亡，《郑注》无征，唐著浮浅，《邢疏》繁芜，涑水《指解》，紫阳《刊误》，疑非定笔。他如董广川（仲舒）、程伊川（颐）、刘屏山（子翚）、范蜀公①、真西山（德秀）、陆象山（九渊）、钓沧子、宋景濂（濂）、罗近溪（汝芳）诸君子，亦各有所发明，而或鲜诠释。又如吴临川（澄）、董鄱阳（鼎）、虞长孺（淳熙）、蔡弘甫（毅中）、朱申、周翰、孙本、朱鸿诸家，或是古非今，分经列传，牵合附会，改易增减，亦失厥旨。乃捃摭群书，又四年成《（孝经）大全》若干卷。业已缮写，为表上之，会以恩放归田，不果。深山闲暇，重加笺订，而《孝经或问》成。”可见其为学志在通理，不囿家法。

其《孝经》三书，《孝经本义》2卷乃虽以己意说经，“自为注疏”，然其学颇兼程朱陆王，冉觐祖《孝经详说》曾讥之，正不知其义取兼宗、理求旁通之风格。《孝经大全》正文13卷，乃沿着兼宗路数前进，而成一善兼美具之书。《孝经或问》3卷，设为问答，以畅笺释未尽之说。今观其《孝经大全》一书，体例仿效永乐所修诸《孝经大全》，以一说为尊，而以众说为之羽翼。

卷首为《孝经节略》，列旧说为纲。后附按语，大都叙述《孝经》流源及赞论之辞。卷一至卷十三为经文解释，仍分十八章，而删《开宗明义》诸章名。所为笺释，融会旧注，而删取诸家说，为之夹注。卷十四为《孔曾论孝》，卷十五为《曾子孝言》，卷十六为《曾子孝行》，卷十七为《曾子论赞》，卷十八至卷末为《表章通考》，分“宸翰”、“入告”、“述文”、“纪事”、“识余”五门，末附《孝经》诗10首。

其书于《孝经》学之文献，清理甄录甚备。康熙中其子兆琳刊刻时，王昊为之序，谓其“力寻孔曾坠绪，潜心是书三十年，而始阐释之，《本义》既成，《大全》随辑，取材也博，持论也精，订定训解，纲明目张”。洵为的论。实可配明代《四书大全》、《五经大全》共同行世。

是书有崇祯十一年（1638）刊本、《续修四库全书》影印本。

2.《孝经大全》11集，（明）江元祚撰

江元祚字邦玉，别号“横山六松长”，明末钱塘（今杭州）人。中年曾为

① 按“蜀公”本为范镇所封。而镇无《孝经》著作，此当为范祖禹，著有《古文孝经说》。

郡学博士，旋隐去，兄弟子侄偕居西溪，筑横山草堂、拥书楼，左史右经，隐居读书20余年。著有《曾子考实》、《孝经汇注》、《孝经大全》。又与兄元禧合编《玉台文苑》8卷、《续玉台文苑》4卷，辑录周至明女子之文甚备。又与项圣谟（1597－1658）合编《墨君题语》，辑录书画题识之作。

《孝经大全》“集众本同异，诸家批注。其采撷弘多，固不遗余力”①。其书虽与吕维祺所著同名《大全》，却不是“类书”或“集解”体例；而是《孝经》学丛书，是“资料大全”。

明代《孝经》学资料汇刊，有朱鸿《孝经总类》和江氏此书。朱氏之书编纂比较零乱，而且重在突出自己的著作（详前），还算不得真正以保存《孝经》文献为主的丛书。江氏之书，则是比较系统的《孝经》学丛书。其书共分10集，依次著录汉唐、宋、元、明历代《孝经》文献：

甲集：《孝经考》1卷、《宗传图考》1卷、《全孝图说》1卷、《传经始末》1卷、《全经纲目》1卷、《孝字释》1卷、《全孝心法》1卷、《诵经威仪》1卷；

乙集：汉《孝经》：无名氏《孝经今文直解》1卷（汉刘向定），唐《孝经》：《进石台孝经表》1卷（李齐古撰）、《石台孝经》（玄宗注）；

丙集：宋《孝经》：《朱文公校定古文》1卷（宋朱申句解）、《朱文公刊误》1卷（元董鼎注、附《刊误大旨》明朱鸿撰）、《孝经正义》1卷（宋邢昺疏）；

丁集：元《孝经》：《吴文正公校定今古文孝经》（元吴澄校定）、《吴文正公刊误》、《吴文正公校定今文孝经记》（张恒撰）；

戊集：明《孝经》：《家塾孝经》1卷（明朱鸿）、《孝经解意》1卷（明孙本）、《古文直解》1卷（明朱鸿撰）、《孝经迩言》1卷（明虞淳熙撰）、《孝经汇注》3卷（明江元祚辑）；

已集：《孝经会通》1卷（明沈淮撰）、《孝经疏钞》1卷（明梅鼎和撰）、《四书孝义》1卷（明朱鸿辑）；

庚集：《五经孝语》1卷（明朱鸿辑）、《曾子孝实》1卷（明江元祚删注）、《孝经汇目》（明江元祚述）；

辛集：《孝经集灵》上下卷（明虞淳熙）、《孝经集灵附集》；

壬集：《孝经释疑》（明孙本撰）、《孝经质疑》（明朱鸿撰）、《从今孝经说》（明虞淳熙撰）、《古文孝经说》（明孙本）、《古孝经大旨》（明孙本撰）；

癸集：《孝经集文》1卷（明江元祚汇辑）、《五等孝传赞》1卷（晋陶潜撰）、《御注孝经台赋》1卷、《孝经论》（宋杨简撰）、《孝经集义序》（宋真德

① （日本）物观：《七经孟子考文补遗序》，见《七经孟子考文》卷首。

秀撰)、《写古文孝经跋》(宋真德秀撰)、《纪孝章解》(宋真德秀撰)、《庶人章解》(宋真德秀撰)、《孝经注疏序》(宋孙奭撰)、《孝经管见》(元钓沧子撰)、《管见后说》(元钓沧子撰)、《孝经问对》(陈晓撰)、《孝经大义序》(元熊禾撰)、《孝经集善序》(明宋濂撰)、《孝经诫俗》(明方孝孺)、《孝经集说序》(明王祎撰)、《孝经叙录》(明归有光撰)、《孝经集义序》(余时英撰)、《孝经集义后序》(赵镗撰)、《孝经别传》(李筑撰)、《孝经总序》(张瀚撰)、《孝经会通序》(明沈淮撰)、《孝经会通后序》(陈师撰)、《进孝经疏义奏疏》(江旭奇撰)。

总共 60 种文献，自汉至明，各代《孝经》学重要著作尽在其中，除“元疏”不存、“邢疏”无录外，其他各书各文皆原件备录，资料至为繁夥，是一部名副其实的“孝经学丛书”。历代《孝经》文献，《四库全书》收录 11 种、《存目》著录 18 种；《续修四库全书》收录 14 种，都远不及《孝经大全》收录之富。许多书籍都仅见于此，因而许多珍贵《孝经》资料幸得此书保存，诚可贵也。正是由于它收录丰富，故于清初传入日本，对中村藤树等影响很大。

不过，其中也有贪多求全，不辨真伪之弊，如《今文孝经直解》，其书系出元后，不见宋前，却擅自标为“汉《孝经》”予以收录，以讹传讹，混淆视听，学者不可不戒!

本书有崇祯六年(1633)刊本。

七、《孝经》仿拟系列

《孝经》的仿作始于南朝，当时已有道家撰《武孝经》，祁嘉撰《二九神经》，俱失传。自隋朝大儒王通作《续六经》以来，隋唐时期希圣拟经之风盛行，故于《孝经》亦颇多仿拟之作。

据考，唐宋时期已有兵家拟作 4 种，女教拟作 5 种，酒德拟作 2 种，佛道拟作 2 种，农医拟作 2 种，“忠德”拟作 3 种，推广衍说拟作 2 种。至明，据《四库全书总目》卷九六著录，又有王文禄撰《廉矩》，亦十八章，“皆以训廉为主”，“其必十八章者，殆欲合《孝经》之数，为《忠经》之重佁”；林胤昌撰《弟经》，“仿《孝经》分十八章，篇末引《诗》亦仿《孝经》之体”。凡此等等，都是从一个侧面对《孝经》内容或“孝道”思想予以发挥，借以达到劝人讽世、移风易俗之目的。这当然也是《孝经》学的重要内容之一。

下面谨就目前尚存的《女孝经》和《忠经》分析一二，以见诸《孝经》

仿作之一斑。

1.《女孝经》1卷，（唐）郑氏撰

《女孝经》，一名而有二物，一是汉曹大家（班昭）《女诫》之俗称；一即唐侯莫陈邈妻郑氏所撰。关于曹大家《女诫》，陈振孙《直斋书录解题》著录："《女诫》一卷，汉曹世叔妻班昭撰，固之妹也，俗号《女孝经》。"昭所撰本名《女诫》，"女孝经"乃其俗称。

除班昭《女诫》外，历史上女教著作还有多种。清《内则衍义》："曹大家文章甚多，宋若莘、郑氏、韦氏，亦以才学闻，考其所著《女诫》、《女训》、《女孝经》、《女论语》，皆上发圣贤，旁采经传，所以教女子者，可谓亲切著明矣。"而流行最广的是唐侯莫陈邈妻郑氏的《女孝经》。

《宋史·艺文志》："《女孝经》一卷，侯莫陈邈妻郑氏撰。"郑氏，正史无传。《内则衍义》称："郑氏，朝散郎陈邈妻也。博学宏才，作《女孝经》十八章，献于朝。朝廷纳其书，颁行于世。"侯莫陈邈，史亦无传，事迹无考。后世收录郑氏此书，题为"陈邈妻郑氏"，盖误。《四库全书总目》卷九五："《女孝经》一卷，唐郑氏撰。郑氏，朝散郎侯莫陈邈之妻。侯莫陈，三字复姓也。"四库馆臣所说是。

《女孝经》前有郑氏《进表》，称："妾侄女特蒙天恩，策为永王妃，以少长闺闱，未闲诗礼，至于经诰，触事面墙，夙夜忧惶，战惧交集。今戒以为妇之道，申以执巾之礼，并述经史正义，无复载乎浮词，总一十八章，各为篇目，名曰《女孝经》。"知《女孝经》乃因其"侄女"被策为永王妃后，为调教其"为妇之道"而作。这个侄女盖为侯莫陈邈侄女，非郑氏娘家女也。考之《旧唐书》，正有其人。《肃宗纪》载：至德元年"七月丁卯，逆胡害霍国长公主、永王妃侯莫陈氏、义王妃阎氏、陈王妃韦氏、信王妃任氏、驸马杨朏等八十余人于崇仁之街"。逆胡即安禄山叛军。至德元年遇害的唐宗室名单中，正有"永王妃侯莫陈氏"其人。作为美貌才女永王妃而被戕害，见其能不屈从逆贼，《女孝经》教育之功固有在矣。①

其书仿《孝经》分为十八章，假设"曹大家"（班昭）与"诸女"侍座应对之事，借以申说女子行孝之原则。如首章："曹大家闲居，诸女侍坐，大家曰：昔者，圣帝二女有孝道，降于妫汭，卑让恭俭，思尽妇道，贤明多智，免人之难。汝闻之乎？诸女退位而辞曰"云云。《进表》所谓"不敢自专，因

① 此永王即起兵于东南的永王璘，李白尝辅佐之，后被亲肃宗的部队剿灭，定为反罪。原乎其情，永王盖亦有丧失爱妻之痛，起兵讨逆，未可厚非。

以班大家为主”，盖即谓此。作者认为：“夫孝者，广天地，厚人伦，动鬼神，感禽兽。”孝是天地间最普遍、最深厚的情感。孔子《孝经》只讲男性如何行孝，未讲女子；《女孝经》则要讲女性如何行孝，使孝道深入到家庭各个成员心中。其分章略仿《孝经》，章章都有章名，从《开宗明义章》至《举恶章》。《女孝经》说：“上至皇后，下及庶人，不行孝而成名者，未之闻也。”也设有《后妃章第二》、《夫人章第三》、《邦君章第四》、《庶人章第五》，以示妇女的等级。针对妇女在家庭中的特殊地位和特殊作用，《女孝经》又有《事舅姑章第六》、《胎教章第十六》、《母仪章第十七》等等。

与班昭《女诫》“勿得违戾是非，争分曲直，此则所谓曲从矣”一味屈女伸男不一样的是，《女孝经》继承了《孝经》“不义则谏”思想，也提倡“夫非道则谏之”。文章专设《谏诤章第十五》，备举周宣王姜后、汉成帝班婕妤等贤后妃谏王，以及卫女谏齐桓、齐姜谏宣文，以致卒成大业等事迹，证明“夫有诤妻，则不入于非道”的道理。《女孝经》同时还广引经典法言，以加强说服力。像《孝经》一样，《女孝经》每章也引《诗》《书》作结，结构严谨，说理明白。同时，作者熟悉史事，参引历史上的贤明妇人以为表率，都贴切公允，具有说服力。最后一章《举恶》，列举历史上消极例证，说明女性无德将会祸害天下。

如果说班昭《女诫》只从单方面强调了男尊女卑，女子必须谦下服从，过分地抑阴扶阳的话，那么《女孝经》则比较全面系统地告诫了女子行孝的正确方法，比之《女诫》无疑已经进步许多，故为后世施女教者遵用。

本书有《说郛》(文渊阁《四库全书》) 本、《四库存目丛书》本。

2.《忠经》1 卷，(旧题) 马融撰

据《宋史》等文献记载，马融、王向、海鹏等人都有《忠经》，今传者只有署名马融的一部。该书在历史上曾经信疑参半，但也还起到过积极影响。大致而言，从宋至明初，以信居首；从明中叶以后，至清及今，以疑为多。

马融《忠经》始见于北宋人著录。《崇文总目》著录“《忠经》一卷”，但无作者 (清人金锡鬯辑编时补“马融撰”三字)。尤袤《遂初堂书目》直称“马融《忠经》”。居于“马总《意林》”与“唐吴筠《两同书》”之间，意其在六朝与唐人之间。王应麟《玉海》引《中兴馆阁书目》儒家类有《忠经》1 卷，题：“马融撰，郑玄注。”并题作“汉忠经”，且有“郑玄注”，可见当时已把《忠经》当成汉马融撰了。元明人多承之而不疑。

由于《忠经》五引梅赜所献《古文尚书》，随着《古文尚书》辨伪的深入，逐渐涉及《忠经》作者和成书时代问题。明张溥《汉马融集题词》：“及读本传，并未云季长作《忠经》，然则《忠经》果马氏之书欤？予不敢信也！”[①] 朱彝尊《经义考》卷二七九按：“《忠经》盖拟《孝经》而作，考之隋、唐《经籍》《艺文志》俱不载，恐是伪托扶风马氏者。”最具代表性的意见是《四库全书总目》卷九五：“其文拟《孝经》为十八章，经与注如出一手。考融所述作，具载《后汉书》本传，玄所训释载于《郑志目录》尤详……乌有所谓《忠经》注哉？《隋志》、《唐志》皆不著录，《崇文总目》始列其名，其为宋代伪书殆无疑义。《玉海》引《宋两朝志》载有‘海鹏《忠经》’，然则此书本有撰人，原非赝造，后人诈题马郑，掩其本名，转使真本变伪耳。”四库馆臣以《后汉书》本传和《郑志目录》不载，《隋书·经籍志》和《旧唐书·经籍志》《新唐书·艺文志》皆不著录，疑其为《宋两朝志》所录“海鹏”者著。此后，惠栋《古文尚书考》、钱大昕《廿二史考异》卷七三、丁晏《尚书余论》、朱一新《无邪堂答问》卷一都有辨疑或以为宋人（海鹏）作，或以为唐人（马融、马雄）作。余嘉锡《四库提要辨证》同意“唐人作”，但又指出丁氏“唐人马融”说不可信，因为：“《新唐志》五行类有马雄《绛囊经》一卷，注云：‘雄称居士。’《通志略》五行家有《绛囊经》一卷，唐居士马雄撰。《宋志》五行类亦有马雄《绛囊经》一卷，然则唐居士作《绛囊经》者是马雄，非马融。”（卷一〇）

说《忠经》是东汉马融作，缺乏任何依据。丁晏根据其中“避唐太宗讳”和“避高宗讳”，推断其为唐人所作，这是对的。但是《忠经》又不避“基”字、“亨”字等开元以后君王之讳，说明其成书在唐高宗或武周时期。陈子昂述其族弟孜随葬品时说：“尧、舜之《典》，忠、孝之《经》，昭示后代，以安尔形。”[②] 说其中有《尧典》、《舜典》和《忠经》、《孝经》，说明当时《忠经》已经行世，并为当时士大夫承认并用于殉葬经典了。子昂说孜去世“时年三十五，是岁龙集癸巳，有周天授二年七月”，天授二年即公元 691 年，为大周皇帝武则天第四次改元的第二年。这个时间，正好与《忠经》避太宗和高宗讳的情形相吻合，其为唐人所作无疑。

《忠经》也是仿《孝经》体例，立十八章以述“忠义”之理，足可以《孝经》“移孝为忠”之系统补充。

本书有《说郛》（文渊阁《四库全书》）本、《四库存目丛书》本。

---

① 张溥：《汉魏六朝百三家集》卷一六，文渊阁《四库全书》本。

② 陈子昂：《陈拾遗集》卷六《堂弟孜墓志铭并序》。

第十二章　《尔雅》学文献

《尔雅》是我国现存最早的训诂专书，也是儒家十三经之一，在我国经学史、语文学史、文献学史甚至文化史上，都占有十分重要的地位。有人曾经排列出对中国人影响最大的一百部书，其中《尔雅》居第九十五位，[①] 可见它对中国文化的影响十分深远。《尔雅》汇集了大量先秦时期的古语、方言和名物等词汇，反映了当时的科技水平、社会结构、政治形式、民情风俗等方面的情况，对我们阅读古籍、辨识名物、了解典章等方面有着重要作用。正如郭璞《尔雅注·序》所言："所以通诂训之指归，叙诗人之兴咏，总绝代之离词，辩同实而殊号者也。诚九流之津涉，六艺之钤键，学者之潭奥，摛翰者之华苑也。"尽管不无夸饰之辞，却也道出了《尔雅》在中国古代学术史、文化史诸方面的重要性。特别是《尔雅》的词汇主要以《诗经》等儒家经典为主，又是研究儒家经典的必读工具书。《尔雅》之中保留了许多秦汉以前亲属称谓的词语，更是当时婚姻制度、社会结构历史之孑遗，是我们认识古代社会、复构古代历史的宝贵资料。这就远远突破了单纯语言学和训诂学的范围，使其在更广泛的社会史、科技史、人类发展史等领域里凸显出重要的学术价值。

《尔雅》受到历代学者的重视，有关《尔雅》的研究著述也不断出现，很多都流传下来了。然而，历代学人更重视从词汇训诂的角度着手，而没有把其作为专门之学进行全方位研究。若欲梳理其流布，整理其故实，研究其学史，发掘其价值，构建新的尔雅学体系，则对其既有的传世文献进行研究，就成为必由之路。

---

① 参见张秀平、王晓明《影响中国的一百本书》，三石图书文化传播网。又见白领网，网址：http：//www. white－collar. net.

第一节 《尔雅》文献的基本情况

一、《尔雅》产生的社会背景

春秋战国时期，由于铁器的普及使用，使生产力获得了显著提高，大大推动了农业、手工业以及商业的发展。这段时期，一些大的诸侯国通过系列的颇有成效的经济和政治改革，增强了自己实力，周王室日益衰微，出现了诸侯争霸、礼坏乐崩的混乱局面。政治的崩析，社会的动荡，引起了学术文化形态的巨大改变。春秋之前，“学术统于王官”，一切文献典册都保存在官府，在民间则没有教育和学术。从春秋后期始，“学在官府”的局面被打破。政局的动荡，致使史官流散四处，他们掌握的典册，也随之流布民间，“孔墨之弟子徒属，充满天下”，文化教育开始发轫于民间，私学乘兴间起。《汉书·艺文志》云：“王道既微，诸侯力政，时君世主，好恶殊方，是以九家之(说)[术]蜂出并作，各引一端，崇其所善，以此驰说，取合诸侯。”出现了人类历史上辉煌的“百家争鸣”的学术大繁荣时代。

语言是社会发展到一定阶段的产物，并会随着社会的发展而演变。社会的大动荡，政治的大变革，必然导致语言的变化，特别在词汇方面，新的词语大量出现，部分旧的词汇开始渐渐消失或者词义发生转移，如一些表示称谓和社会伦理道德的名词，变化尤其明显。《淮南子·要略》言：“新故相反，前后相谬，百官背乱，不知所用，故刑名之书生焉。”“刑名之书”虽不是语言学著作，但在研究事物名称和客观事物本身之间的关系时，必然要涉及语言问题，这就大大地推动了语言研究的发展。如当时“名”与“实”的大论争，就是讨论的词义与客观事物之间的关系问题。《荀子·正名》云：“名无固宜，约之以命，约定俗成谓之宜，异于约则谓之不宜。名无固实，约之以命，约定俗成谓之实名。”这是在我国语言学史上第一次科学地阐明了语言的社会本质，正确地说明了词义和客观事物之间的关系。与此同时，作为中国传统语言学重要组成部分的训诂学，开始产生并得到初步发展。当时的政治活动频繁，学术思想活跃，但由于疆域辽旷，邦国割据，诸侯分治，“田畴异亩，车涂异轨，律令异法，衣冠异制，言语异声，文字异形”①，加之古言与今语不同，这些情况严重妨碍了政治活动、经济文化和学术交流的开展，因

① 见许慎《说文解字·序》。

而要求对各地语言文字进行整理、研究、解释和翻译，训诂就应运而生了。①

这一时期，相继出现了一批经籍阐释和训诂类的著述，如孔子《易传》和《书序》，子夏《诗序》、《仪礼·丧服传》，《墨子》中的《经说上》、《经说下》，《韩非子》中的《解老》、《喻老》，左丘明《春秋左氏传》，云梦秦简中的《法律答问》等等。这一时期新出现的书籍中，也出现了大量训诂类语句，且训式多样。如：

《论语·颜渊》："政者，正也。"

《荀子·王制》："君者，善群也。"

《周礼·夏官·司勋》："王功曰勋，国功曰功，民功曰庸，事功曰劳，治功曰力，战功曰多。"

《韩非子·五蠹》："古者仓颉之作书也，自环者谓之私，背私谓之公。"

当时还出现了与《尔雅》训释形式甚至部分内容相似的著作，即战国中期的名辨学者尸佼的《尸子》。② 如《尸子·仁意》："春为青阳，夏为朱明，秋为白藏，冬为玄冥。四气和，正光照，此之谓玉烛。甘雨时降，万物以嘉，高者不少，下者不多，此谓之醴泉。祥风，瑞风也，一名景风，一名惠风。"此段与《尔雅·释天》中"释祥"大致相同。同时，分类的思想在当时也得到了相当的发展，③ 这就为《尔雅》的产生提供了理论依据。可见，《尔雅》的成书是当时社会发展的必然产物。

二、《尔雅》成书时间和作者

《尔雅》最早著录于《汉书·艺文志》，但只言"《尔雅》三卷二十篇"，

---

① 冯浩菲说："作为一门学科的训诂学固然出现得很晚，但是作为一门学问和科学的训诂学却产生得很早。几乎可以说，训诂学与训诂是孪生姊妹，当训诂在中国学术史上产生的时候，训诂学的萌芽就跟着产生了。因为既然要训解一本书，训解者就自然知道如何训解，这如何训解四个字所包含的正是训诂学的道理。"见《中国训诂学》，山东大学出版社，1995 年，第 19 页。

② 《尸子》中有些内容和《尔雅》的训释条目有着惊人的相似，其比较可参详窦秀艳《中国雅学史》，齐鲁书社，2001 年，第 5 页。按：有人以为《尸子》与《尔雅》有相似甚至相同之处，故以为《尔雅》产生比《尸子》早或者同时。此说不太可信，我们认为更为可能的是《尔雅》从《尸子》中汲取了较多的语言资料。

③ 西方人以为分类是人类的本能，其说非也。姚名达则谓分类实为人类"积得丰富之经验后，自然有鉴别之知识"。分类应是人类在改造自然界的过程中获得的经验，并非本能，而是后天自我总结而得的。见姚名达《中国目录学史》，上海古籍出版社，2002 年，第 47～48 页。

并未指明其撰人和时间，因而后人对《尔雅》的成书年代及作者看法不尽一致。大致可以归纳如下：

1. 西周周公作

三国时期魏人张揖《上广雅表》云：“臣闻昔在周公，缵述唐虞，宗翼文武，克定四海，勤相成王，践阼理政……六年制礼，以导天下，著《尔雅》一篇，以释其意义。”后世学者大多赞同此说，只是在对该观点的理解上有所不同。有人认为是周公一人所作，如颜之推、袁褧、姚文燮等。① 然晋葛洪《西京杂记》云：“郭伟，字文伟，茂陵人也，好读书，以谓《尔雅》周公所制，而《尔雅》有‘张仲孝友’，张仲，宣王时人，非周公之制明矣。”可见，至少在晋代，已经有对这一观点发表异议的了。

许多人赞同《尔雅》始作于周公，并对此说进行了补充。陆德明《经典释文·序录》：“《释诂》一篇，盖周公所作，《释言》以下，或言仲尼所增，子夏所足，叔孙通所益，梁文所补，张揖论之详矣。”清邵晋涵《尔雅正义·序》：“《尔雅》者，始于周公，成于孔子门人，斯为定论。”唐张怀瓘，宋陆佃，清王念孙、钱大昕等研究《尔雅》的名家，都从此说。

2. 战国初年孔子门人所作说

此说代表人物是东汉杰出经学家郑玄。其《驳五经异义》云：“玄之闻也，《尔雅》者，孔子门人所作，以释《六艺》之言，盖不误也。”② 赞同此说的还有南朝梁刘勰，唐刘肃、贾公彦，宋高承等。唐司马贞则更进一步地指出《尔雅》为子夏所作。③ 因《尔雅》中有很多解释的是《诗经》的内容，认为是子夏所作，并非空穴来风。

民国时期，著名经学家、小学家黄侃也赞成《尔雅》为孔子门人所作。其《尔雅略说》云：“《尔雅》之名，起于中古，而成书则自孔徒。”当代学者丁忱、殷孟伦、许嘉璐等赞同此说，认为并非一人所作，而是多人多年的辑集。

3. 战国末年齐鲁儒生所作说

持此观点的是当代学者，代表人物为何九盈、赵振铎。

---

① 颜之推《颜氏家训》卷六《书证篇》：“《尔雅》周公所作，而云‘张仲孝友’。”袁褧《金声玉振集》：“周公作尔雅，拟之者若《埤雅》、《方言》是已。”姚文燮《通雅·序》：“诗有四始，雅居其二，周公诂《诗》，爰作《尔雅》。”

② 孔颖达《诗·黍离正义》引。贾公彦《周礼·大宗伯疏》引。阮元校刻《十三经注疏》本。

③ 司马贞《史记索隐》卷六〇：“相承云周公作以教成王，又云子夏作之以解诗书也。”

何九盈《尔雅的年代和性质》："《尔雅》成书于战国末年，为齐鲁儒生所编撰。"① 赵振铎《训诂学史略》："比较保守的说法是：它是战国末年学者编撰的，汉以后可能有增补，但是增补的分量不会很大。"② 认同此观点的学者还有徐朝华、洪诚等。③

4. 秦汉儒生所作说

此说谓《尔雅》成书于秦汉时期，为当时儒生所纂。

欧阳修《诗本义·文王》："《尔雅》非圣人之书，不能无失，考其文理，乃是秦汉之间学《诗》者纂集说《诗》博士解诂之言尔。"此说一出，从之者众，如宋吕南公、郑樵、朱熹，近人张心澂，当代著名学者郭沫若等。宋曹粹中从《尔雅》所收训例与"毛传"、"郑笺"对比，进而断定《尔雅》作于西汉毛公后。康有为甚至还明确提出了《尔雅》乃刘歆伪作，梁启超则推定为汉儒叔孙通所纂④。

5.《尔雅》非一人一时而成说

坚持此说者未明确界定《尔雅》成书的年限，亦未明确作者为谁，只限于对《尔雅》的成书时代和作者作推断，以为《尔雅》非成于一人之手，亦非同一时代编纂而成，而是不同时代经由多人撰辑、增补而成。

我们认为，《尔雅》作为一部训诂专著，其目的是为了帮助解读古籍、洞明典章、理解方言之用，必然会作为教学工具书。在私学兴盛、百家争鸣之时，学术交流必然要求认读古籍、通解方言以及诠释典章，这些都离不开训诂方法，因此，《尔雅》应运而生。我们赞同最后一种观点，《尔雅》并非一人一时之作，而是在学术交流、教学实践的长期过程中逐渐形成的，至于最后结集时间，应不晚于汉初。

三、《尔雅》的内容和体例

"尔雅"作为一个词语，最早见于《大戴礼记·小辨》，是孔子回答鲁哀公时所说，孔子云："是故循弦以观于乐，足以辨风矣；尔雅以观于古，

---

① 何九盈：《尔雅的年代和性质》，载《语文研究》1984年第2期，另见《中国古代语言学史》，第19页。

② 赵振铎：《训诂学史略》，中州古籍出版社，1988年，第20页。

③ 徐朝华《尔雅今注·前言》："《尔雅》最初成书当在战国末年，是由当时一些儒生汇集各种古籍词语训释资料编纂而成，并非一人之作。"南开大学出版社，1987年，第2页。

④ 梁启超：《古书的真伪及其年代》，中华书局，1935年。

足以辨言矣。”北周卢辨注：“尔，近也。谓依于雅颂。”这里的“尔雅”只是一个复合词，还不是书名。作为书名的《尔雅》，最早见于《汉书·艺文志》的著录：“《尔雅》三卷二十篇。”对于《尔雅》书名之义，历来说法不一，其中影响最大的是刘熙《释名》的诠释。《释名·释典艺》称：“尔，昵也；昵，近也。雅，义也；义，正也。五方之言不同，皆以近正为主也。”“尔雅”云者，即近正之言也。近人黄侃则以为“雅”是“夏”的借字，“雅言”即夏言。夏言相当于所谓的“正言”、“官话”。略等于我们现在意义上的普通话。

今本《尔雅》共19篇，[①] 即《释诂》、《释言》、《释训》、《释亲》、《释宫》、《释器》、《释乐》、《释天》、《释地》、《释丘》、《释山》、《释水》、《释草》、《释木》、《释虫》、《释鱼》、《释鸟》、《释兽》、《释畜》。前3篇释一般词语，《释亲》以下16篇则为专门词语。全书10819字，条目2091，收词4300余条。[②] 其内容广泛，从现代学科来审视本书的内容，它涵盖语言、伦理、建筑、风俗、音乐、天文、地理、矿产、植物、动物等学科的范畴，先秦词语尽现。其编排体例细密，分类也清晰。

第二节 《尔雅》文献的种类、数量及其时代分布

《尔雅》在《汉书·艺文志》中，被放在《孝经》后面，可见当时在儒家经典中的地位是比较低的，随着时代的推移，《尔雅》受重视的程度越来越高。研究《尔雅》自汉代就开始了，随着经学研究的发展，研究《尔雅》的著作也越来越多，现存目录书记录两汉时期的《尔雅》研究类著述只有几种，而到了清代，就达到了300多种。南宋时期著名史学家郑樵在其《通志·校雠略》的《编次必谨类例论》说：“学之不专者，为书之不明也。书之不明者，为类例之不分也。……类例分则百家九流，各有条理。”因此，给《尔雅》研究的著作进行分类，是我们必须要做的工作。纵观《尔雅》研究的历

① 按：《汉书·艺文志》载3卷20篇，今本则19篇，相差1篇。清以前没有人提及，至清代，才有人发现传本与《汉志》记载不同。有人以为加前面《序》，共20篇；有人以为《释诂》分上下篇；还有人以为古《尔雅》当有《释礼》1篇，后散亡。对于这个问题的讨论，窦秀艳《中国雅学史》有详细的叙说，可参详其书第24～27页。齐鲁书社，2001年。

② 这些数据统计可参详胡朴安《中国训诂学史》，北京市中国书店，1983年。

史，产生的《尔雅》著述可以归纳为七类，[①] 即注疏类、音释图释类、辑补类、专释类、考订校勘类、论说札记类、其他类。这样分类，基于几个考虑：一是从研究的方式上考查，二是从历史发展的沿革上记录，三是从文献存在形态上观照。

我们把研究儒家经典的学问称之为经学。具体到每一经，也就形成了专门经学，如《易经》学、《诗经》学、《春秋》学，等等。这些研究是十分深入的，时间也是很久远的，这样就形成了专经研究史。《尔雅》虽是经学的附庸，[②] 但因为“去圣久远”，后世无法准确地理解经典中词语的本来含义，要克服这一困难，就必须借助它，可见《尔雅》在经学中的地位是基础性的。正因为如此，汉文帝时便设有“尔雅博士”；也正因为《尔雅》在经学中的基础地位，后世才将其列为十三经之一。

要了解历代研究《尔雅》的状况，就必须要了解《尔雅》学研究史。根据《尔雅》研究不同的角度和范围，我们可以将《尔雅》学分为四期：

以注疏体为主流的汉唐时期，可称为《尔雅》学的形成期，时间范围大致是从汉至宋初邢昺《尔雅疏》的形成。对《尔雅》进行研究，在汉代就开始了，其研究方式和其他经典研究的方式一样，最先出现的著作便是对其作注。汉武帝时期的犍为文学始为其作注，[③] 此为研究注释之滥觞。随后有刘歆[④]、樊光、李巡三家。魏晋至五代，研究《尔雅》者亦不少，如三国时期

---

① 对《尔雅》研究文献进行专门的分类，目前学术界还没有一个系统的较为科学的范本。霞绍晖曾做过此工作，其《略谈儒藏经部“尔雅类”的采目问题》一文，曾有这方面的尝试，他把《尔雅》作为儒家经典的一种，仿照其他经学文献的分类，对《尔雅》类研究文献进行了分类。其文见《西南民族大学学报》（人文社科版）2006年第3期。

② 《尔雅》为何附在《孝经》之后，清陈玉澍《尔雅释例序》解释说：“《尔雅》所释非一经，与《杂义》同也。其列于《孝经》者，孔子曰：‘弟子入则孝，出则弟，行有余力，则以学文。’文即乐正所教之《诗》、《书》、《礼》、《乐》，而《尔雅》为《诗》、《书》、《礼》、《乐》之钤键，如《孝经》皆入学之初所宜颂肄。《尔雅》之列入《孝经》也，犹之《弟子职》之列入《孝经》也。”

③ 犍为文学有时又称犍为舍人，或直接称为舍人。清人对此有不同的看法：一种以为犍为舍人、犍为文学和舍人三者为一人，且姓郭；还有一种以为犍为舍人并非郭舍人。可参详窦秀艳《中国雅学史》，第85～87页。

④ 陆德明《经典释文·序录》云：“刘歆注三卷，与李巡注正同，疑非歆注。”清人也有人怀疑刘歆注《尔雅》，但近现代很多学者，如黄侃等，认为刘歆曾经注过《尔雅》。可参见黄侃《尔雅略说》，见《黄侃论学杂著》，上海古籍出版社，1980年。

的孙炎，两晋时期的郭璞，梁沈旋，唐陆德明《尔雅释文》、裴瑜《尔雅注》，五代时期的孙炎、高琏《尔雅疏》。对比《旧唐书》和《宋史》两种正史的艺文志著录，我们可以判定：汉晋以来的各种注疏在唐代依然存在，而到了宋以后则荡然无存。通过对现存各种目录书（包括各种正史艺文志、方志中的艺文志、专门的目录书等）的调查，我们可以统计出这一时期研究《尔雅》的记录在案的各种著述有 36 种，其中汉代 7 种，魏晋至五代有 29 种。其中注疏意义的有 22 种，音释图释 14 种。

在《尔雅》的注释方式上，这一时期也呈现出多样化的趋势，除了传统的训释外，还出现了用音释和绘图的方式注释《尔雅》的著作。音释之作如三国孙炎《尔雅音》1 卷，这可说是《尔雅》学史上的一大开创。继承这种注解方法的还有陈谢峤《尔雅音》、陈施干《尔雅音》、江灌《尔雅音》8 卷，梁顾野王《尔雅音》、无名氏《尔雅音训》2 卷。也有将音和义结合起来注释《尔雅》的，如曹宪《尔雅音义》。图释则有郭璞《尔雅图赞》，陈江灌《尔雅图赞》。值得我们注意的是，后世将训释名物的最好方法——图释法——丢掉了，这应该是后世研究《尔雅》的一大损失。

纵观整个汉唐时代，《尔雅》注释包括三种形式：义释、音释和图释。有的将音义合释，有的将音图合释，方法上是恪守训诂传统。而到了宋元明时代，就比较重视义理注释了。

宋元明时期，可称为《尔雅》学的变古时期，其时间范围大致是宋邢昺疏后至明末。宋代学术在经学领域发生了根本性的变化，方法上舍弃了汉唐以来的训诂之旧式，转而走探求经典义理的新路子。这种经学研究风格本身注定了无法对研究名物的实学有太多的建树，此方法一直沿袭至明末。《尔雅》作为训诂名物之学的专门学问，在当时被大多儒学学者所忽略，其成就不是很显著，而产生的著作却比汉唐时期少了很多。根据我们的调查发现，宋元明时期，可考的研究《尔雅》的著述只有 14 种，甚至还不到汉唐五代时期的一半。

以考据为主的清代，可称为《尔雅》学的考据时期，时间范围则从清初至清末民初。清人在继承前人的基础上，将《尔雅》学的研究推到高峰。不论从研究的方法、研究的范围还是研究的深度，都超越前代。出现的著述也是数量众多，蔚然大观。这些著述从不同角度对《尔雅》进行了深入细致的研究，包括对前人的著述考辨、《尔雅》理论探讨、文字梳理、音韵整合、遗文补拾、专篇论难等等。《尔雅》作为十三经之一，清人的研究可谓周详之致。

这一时期的著述十分丰赡。整个清代，研究《尔雅》的专门著述可考者多达237种。其中，沿袭汉唐的注疏体有28种，代表作有：邵晋涵《尔雅正义》、郝懿行《尔雅义疏》等。音释、图释的有10种，代表作有孙偘《尔雅直音》2卷、于朝梧《尔雅音释》等。对旧注特别是汉代注疏的搜辑有20家，60多种，收入马国瀚《玉函山房辑佚书》、黄奭《黄氏逸书考》等。专释类则有30种，这类著作的出现，将《尔雅》注疏体推向了顶峰，代表作兹不赘举。[①] 对《尔雅》进行考订校勘方面，也成就斐然，前后有50多家，《尔雅》的成书年代和作者、文本本身，甚至后来流传的各种版本，都无不涉及。可以说，这类著作是清人《尔雅》研究的杰出代表。当然，各种札记性质的研究著述，数量也是巨大的。据我们的统计，此类论著多达52种。而根据清代文化氛围和清人治学风格，我们可以想见实际数量绝对是统计出的好几倍。值得注意的是，清人对《尔雅》的研究形式更为多样，不但不局限于个人的研究，还进行了很大程度上的普及推广工作，如这一时期出现的《尔雅》童蒙教育。这类专著有13种。

进入20世纪后，《尔雅》学的研究引入现代语言学方法，开辟了注疏《尔雅》的新途径。这一时期出现的《尔雅》研究文献，数量也很大，达到68种之多。[②] 如黄侃《尔雅略说》，是全面研究《尔雅》的代表性著作，从文献、训诂等不同角度对其体例及历代注释进行了专门探讨。王国维《尔雅草木虫鱼鸟兽释例》、刘师培《尔雅虫名今释》则是从语言与语义的联系对《尔雅》中的部分名物词语进行阐释，他们研究精微而又极具条例。尹桐阳《尔雅义证》、宋育仁《尔雅今释》是20世纪30年代以来的《尔雅》注释的代表性作品。今人的注释翻译之作像徐朝华《尔雅今注》、胡奇光《尔雅译注》、顾廷龙《尔雅导读》是从现代语言学角度对《尔雅》进行整理、注疏的专门著述，在前人研究的基础上又有新的申发，是阅读《尔雅》的重要参考文献。对于《尔雅》历代研究成果的汇集，则有朱祖延主编的《尔雅诂林》。

第三节 历代《尔雅》学著述举要

上面我们介绍了解《尔雅》学的发展史，并大体考查了每个时期的文献

① 窦秀艳《中国雅学史》后面附有历代雅学著述目录。台湾林庆彰先生有《经学论著目录》，其中也收有雅学著述，这两家列举都十分丰富，可参详。

② 民国时期的《尔雅》研究，逊色清人，然而因西方学术方法的传入，带来了《尔雅》研究的现代化，研究领域偏向历史语言学、诠释学、应用语言学等方面。

种类、数量及其分布，下面就各时期重要的《尔雅》学文献做一些介绍。

《尔雅》注释类文献产生较早，对词语的释义也比较简略，而随着时代的变迁，语义也在发生着变化。两汉时期，《尔雅》中有些词义已经变得同经文一样难懂，加上文字古今形体的变化，在传抄过程中，不可避免地出现了文字错讹甚至脱漏的情形。汉武帝时期，“表章六经”，儒家经书亟待翻译、诠释。在这种情况下，作为“五经之训诂”的《尔雅》亟须有人进行正定文字、补充注释的工作，以便其在注经和阅读古籍中能够更好地发挥作用，于是犍为文学《尔雅注》应运而生了。之后，又相继有刘歆、樊光、李巡等为《尔雅》作注。

汉代注释《尔雅》的著作，在唐宋时期大都亡佚了，清代辑佚家辑有散见在各种书里的条目，可以窥见其大略，如马国翰《玉函山房辑佚书》、黄奭《黄氏逸书考》、王仁俊《玉函山房辑佚书续编》等。

在《尔雅》学史上，出现过许多重要文献，也是我们研究《尔雅》必备的参考书，下面就其大致情况做一简述。

1.《尔雅注》3卷，(晋) 郭璞撰

郭璞 (276—324)，字景纯，河东闻喜 (今属山西) 人。晋元帝时任著作佐郎，后迁尚书郎。《晋书·郭璞传》：“璞好经术，博学有高才”，“好古文奇字，妙于阴阳算历”。其一生著述颇多，而《尔雅注》集汉魏西晋注释之大成，尤为历代训诂家所推重。

今本郭璞《尔雅注》3卷。《汉书·艺文志》“孝经类”载“《尔雅》三卷”，陆德明《经典释文·序录》著录郭璞注3卷，并以其为底本作《尔雅音义》。唐初魏徵等人撰《隋书·经籍志》，著录“《尔雅》五卷，郭璞注”。而《旧唐书·经籍志》、《新唐书·艺文志》皆著录郭璞《尔雅注》3卷，又收郭璞《尔雅音义》1卷，《尔雅图》1卷。周祖谟认为：“《隋志》作五卷者，并《音义》、《图》而注之也。‘晁志’(按：宋晁公武《郡斋读书志》) 以下，俱止载《注》三卷，盖《图》与《音义》宋时已亡。”①

郭璞《尔雅注》“错综樊、孙，博观群言”，对《尔雅》经文进行注释，以补此前诸家之未备。同时，在训解中对《尔雅》训释义例也有所揭示，并对文字进行了校勘。其训释词义方式多种多样，主要有以下几个特点：首先，对一些名物词汇，运用描述的方法，直接阐释词义，如《释诂》：“黄发、齯

① 周祖谟：《郭璞尔雅注与尔雅音义》，见《问学集》下册，中华书局，1981年，第683～688页。

齿、鲐背，寿也。”注：“黄发，发落更生者；齯齿，齿堕更生细者；鲐背，背皮如鲐鱼。”《释草》：“荧，委萎。”注：“药草也，叶似竹，大者如箭竿，有节，叶狭而长，表白，里青，根大如指，长一二尺，可啖。”其次，多以时语对释古语，用“通言”、“通语”、“通谓”、“今人言某”、“今某”等当时通行的词语注解。如《释诂》“朕、余、躬、身也。”注：“今人亦自呼为身。”复次，对“未闻”、“未详”和“义之常行”的词语不作注释，只是说明不释的缘由。如《释诂》：“弘、廓、宏、溥、介、纯、夏、幠、厖、坟、嘏、丕、弈、洪、诞、戎、骏、假、京、硕、濯、讦、穹、王、路、淫、甫、景、废、壮、冢、简、箌、昄、晊、将、业、席，大也。”注：“箌义未闻。”如《释草》：“垂，比叶。”注：“未详。”复次，对生僻字进行注音。整部书中，注音近 50 处，一种是对经文的注音，另一种是对自己注文中的生僻字注音。

郭璞《尔雅注》发明了《尔雅》义例。首先，对《尔雅》训式间相互联系多用“转相训”、“反复相训”、“转相解”、“互相训”等词语揭示。如《释诂》：“允、孚、亶、展、谌、亮、询、信也。”“展、谌、允、慎、亶，诚也。”注：“转相训也。”如《释诂》：“诏、亮、左、右、相，导也。”“诏、相、导、左、右、助，勴也。”“亮、介、尚，右也。”“左、右，亮也。”注：“反复相训，以尽其义。”其次，揭明“反义同字词”现象，即指“用某个词的相反两义 a 与 b 分训或连训这个词。”① 如《释诂》：“治、肆、古，故也。”“肆、故，今也。”注：“肆既为故，又为今；今亦故，故亦为今，此义相反而兼通者。”如《释诂》：“徂、在，存也。”注：“以徂为存，犹以乱为治，以曩为曏，以故为今。此皆诂训义有反复旁通，美恶不嫌同名。”再次，揭示“语转”、“声转”、古今字现象。如《释诂》：“卬，我也。”注：“卬犹姎也，语之转耳。”

郭璞注《尔雅》，还对经文文字进行了校勘，同时也纠正了某些旧注之误。如《释木》：“槐，小叶曰榎。”注：“槐当为楸，楸细叶者为榎。”此外，郭璞注《尔雅》还多取东汉扬雄《方言》为证，引用《方言》有 12 处之多。②

郭璞《尔雅注》是汉魏以来《尔雅》注释的集大成之作，对后世产生了重大影响。它疏通了《尔雅》，建立了注解《尔雅》的体例和法则，为后世提供了注释范式。宋邢昺在《尔雅疏·序》中肯定郭璞《尔雅注》谓：“惟东晋郭景纯用心几二十年，注解方毕，甚得六经之旨，颇详百物之形，学者祖焉，最为称首。”《四库全书总目》云：“璞时去汉未远……所见尚多古本，故所注

① 参见冯浩菲《中国训诂学》，山东大学出版社，1995 年，第 13 页。
② 可参看窦秀艳《中国雅学史》，齐鲁书社，2004 年，第 118 页。

多可据，后人虽迭为补正，然宏纲大旨，终不出其范围。”① 当然，其注也有不足之处，如引用旧说多不明举，释义中存在一些错误，后人多有指正。②郭注多附于邢昺《尔雅疏》行世。

此书常见有《十三经注疏》本。

2.《尔雅音义》1卷，（唐）陆德明撰

陆德明是历史上著名的经学家和训诂学家。一生历仕陈、隋、唐三朝。代表作为《经典释文》，有关《尔雅》的研究成果就在《经典释文》中。《经典释文》是一部注解群经的著述，主要是考证字音，兼及释义。《经典释文·自序》云：“夫书音之作，作者多矣……汉魏迄今，遗文可见，或专出己意，或祖述旧音，各师成心，制作如面；加以楚夏声异，南北语殊，是非信其所闻，轻重因其所习，后学钻仰，罕逢指要。夫筌蹄所寄，唯在文言，差若毫厘，谬则千里。……癸卯之岁，承乏上庠，循省旧音，苦其太简，况微言久绝，大义愈乖……遂因暇景，救其不逮。精研六籍，采摭九流，搜访异同，校之《仓》《雅》，辄撰集五典、《孝经》、《论语》及《老》、《庄》、《尔雅》等音，合为三帙三十卷，号曰《经典释文》。”经钱大昕等人推算和考证，“癸卯之岁”为陈后主至德元年（583）。《经典释文》包括《周易》、《古文尚书》、《毛诗》、《周礼》、《仪礼》、《礼记》、《春秋左氏》、《春秋公羊》、《春秋穀梁》、《孝经》、《论语》、《老子》、《庄子》、《尔雅》等14种，分称《音义》、合称《释文》。《尔雅音义》在卷二九、卷三〇。

《尔雅音义》的主要内容包括以下几个方面：首先，注音兼释义。在广泛收录此前诸家音义的基础上，结合当时的研究成果，“古今并录，括其枢要”。其次，揭示《尔雅》用字条例，并校勘版本文字。第三，诠释篇名。同时，还考证了《尔雅》撰人和传述者，阐发了《尔雅》的编排体例，论述了《尔雅》在儒家经典中的地位和作用。

《尔雅音义》以郭璞《尔雅注》为蓝本，其注音兼释义，广泛征引了汉魏六朝的注解和语音材料，让这些宝贵的资料流传至今，为后世学者研究《尔雅》提供了丰富的资料。《四库全书总目》评论说：“（《经典释文》）所采汉魏六朝切音，凡二百三十余家，又兼载诸儒之训诂，证各本之异同，后来得以考见古义者，注疏以外，惟赖此书以存，真所谓残膏剩馥，沾溉无穷者也。”

---

① 永瑢等《四库全书总目》卷四〇《尔雅注疏》提要。

② 参见黄侃《尔雅略说》，《黄侃论学杂著》，上海古籍出版社，1980年，第374、375页。

本书随《经典释文》而有多种版本，目前较通行的善本是上海古籍出版社影印宋版《经典释文》本。

3.《尔雅疏》10 卷，(宋) 邢昺撰

邢昺是北宋时期值得注意的一名经学家、文献学家。对于奉敕作《尔雅疏》的缘由，邢昺在疏叙中做了说明："夫《尔雅》者，先儒教授之术，后进索隐之方，诚传注之滥觞，为经籍之枢要者也……周公倡之于前，子夏和之于后，虫鱼草木，爰自尔以昭彰……然又时经战国，运历挟书，传授之徒浸微，发挥之道斯寡，诸篇所释，世罕得闻……虽各名家，犹未详备；惟东晋郭景纯，用心几二十年，注解方毕，甚得六经之旨，颇详百物之形，学者祖焉，最为称首。其为义疏者，则俗间有孙炎、高琏皆浅近俗儒，不经师匠。"可见，以前的《尔雅》注疏，已经不能满足时代要求和政治的需要，故朝廷统一进行了九经义疏，《尔雅》位列其中。

《尔雅疏》10 卷，主要有以下几个特点：第一、征引广博，疏不破注。其考证以经籍为主，疏注以郭璞注为本。征引范围则遍及经、子、纬、史、小学和出土文献。郭注未详的，则阙而不论。第二，把《尔雅》相邻相关的训解一起进行疏释。清郝懿行《尔雅义疏》沿用其例。第三，揭明《尔雅》经文及郭璞注之义例。第四，运用以声通义，破假借的研究方法。陆德明《尔雅音义》曾注意通过文字声音的关系，探明《尔雅》被训词的正借关系，邢疏则更多的从声音角度探求被训词音义之间的关系，指明被训词的正借情况。第五，对《尔雅》相关问题进行了探讨，阐发了《尔雅》的流传和作者问题，解释了篇名，论述了篇次和词条的排列顺序等。

邢昺《尔雅疏》的完成，在经学史、训诂学史、文献学史上，可以说是十分有意义的大事件。不但如此，它在很长时期内的官方教育中，也发挥了十分重要的作用。其在词义训释、注疏方法、体例的归纳等方面做了大量的探索，也取得了极其显著的成就，乃是《尔雅》学在特定历史时期的重要成果，同时也开启了后人深入研究《尔雅》的梯航。邢疏在经学、训诂学、文献学、文化学等方面体现出了我们难以忽略的价值体系。当然，《尔雅疏》作为封建时代的官修经学注疏，囿于历史时代、学术文化的局限，确实存在较多的疏误和不足。如维护郭注的疏失、不重目验等等，近人黄侃在《尔雅略说》中评价道："邢氏之长，当不仅如纪氏（纪昀）所云'惟明本注'而已，以愚观之，有三善焉，所以新疏纵行，邢疏仍不能废阁也。一者，补郭注之阙……二者，知声义之通……三者，达词言之例。"

今传宋本《尔雅》，有《续古逸丛书》中收录的吴兴蒋氏（蒋汝藻）藏本；北京国家图书馆还藏有另一宋刻、元明递修本，公文纸印刷，5 册，15 行，每行 21 字，白口，左右双边。现今最为普及的是阮元校刻《十三经注疏》本，其母本也是宋刻（真宗时刻）本，清末民初各大藏书家均亲眼见过。明清刊本传下来相对较多，此不一一罗列。

4.《尔雅新义》20 卷，（宋）陆佃撰

陆佃（1042—1102），字农师，号陶山，越州山阴人，陆游祖父。尝受经学于王安石。熙宁三年，应举入京。礼部奏名为举首。廷试擢甲科，授蔡州推官。初置五路学，选为郓州教授，召补国子监直讲，同王子韶修定《说文》，加集贤校理、崇政殿说书，进讲《周官》。元丰定官制，擢中书舍人、给事中。徽宗即位，为礼部侍郎，命修《哲宗实录》。后迁吏部尚书，报聘于辽。归，拜尚书右丞。又转左丞。御史论吕希纯、刘安世复职太骤，请加镌抑，且欲更惩元祐余党。佃为徽宗言不宜穷治，乃下诏申谕，揭之朝堂。谗者用是诋佃，遂罢为中大夫、知亳州，数月卒，年六十一。佃著书 241 卷，于礼家名数之说尤精，如《尔雅新义》、《埤雅》、《礼象》、《春秋后传》皆传于世。见《宋史》卷三四三本传。

《尔雅新义》成书于元符二年（1099）五月，陆佃最初是受王安石之意，为《尔雅》作注，故书成名为《尔雅注》。后更名《尔雅新义》。《新义》的训释多从王安石《字说》，陈振孙《直斋书录解题》谓“以愚观之，大率不出王氏之学”，是也。因王氏《字说》多诡言，后人弃之，《新义》也同其境遇，后世多有排斥。

《尔雅新义》以创发新义为宗旨，因此提出了不少独到见解，并不乏真知灼见之处，特别是发明《尔雅》释词条例。如《释诂》：“爰、粤、于、那、都、繇，于也。”注：“于，一名而两读。”《尔雅新义》还重在阐发义理。如《释诂》：“林、烝、天、帝、皇、王、后、辟、公、侯，君也。”注：“皇言道，帝言德，王言业；天，覆之；林，庇之；后，继之；辟，新之；烝，熟之。按《诗》，‘君’皆具此六七名而同一实，自其所言之异尔。《君子偕老》曰：‘胡然而天也，胡然而帝也。’序《诗》者以为人君服饰之盛，可谓盛也。若伯有长人道而已；子，字也；男，任也。《春秋传》曰：‘伯、子、男、一也。’是以不在此数。”然而，《尔雅新义》为了求新，忽略了词义的客观性，故也出现了不少错误，如《释诂》：“权舆，始也。”《新义》：“权，量之始。舆，车之始。”按：“权舆”一词见《诗经·秦风·权舆》，历代注家均视为双音节词，陆佃将其破读为两个单音节词语，并逐一解释字义。其实“权”与“舆”单用并无“始”义，陆佃的训释自创新解，显然不妥。

陆佃于《新义》颇为自负，他在《自序》中称“天之将兴是书，以予赞其始。譬如绘画，我为发其精神，后之涉此者致曲焉。虽使仆拥篲清道，企望尘躅可也。”而实际情况并非如此，是书问世以来，后世学者贬多褒少，几乎已成定论。

此书主要有清抄本、《宛委别藏》本。

5.《尔雅注》3卷，（宋）郑樵撰

郑樵（1104—1162），字渔仲，别号溪西逸民，福建莆田人。宋代杰出的史学家、文献学家和博物学家。他毕生倾情学术，发愤忘食，笔耕孜孜，著述等身，可考者达87种，[①] 除了六经之外，还囊括了历史、地理、天文、名物、语言、医学等领域，其博雅精深，雄视百代。他还遍游名山大川，搜奇访古，遇到藏书家，就借阅抄录。郑樵回莆田后，更潜心学术，四方慕名求学而来，多时竟达200余人。绍兴二十七年（1157）荐授右迪功郎，礼兵部架阁。后因受人所忌，改监潭州南岳庙。三十一年（1161），《通志》书成，授枢密院编修。不久，兼检详诸房文字，病卒。[②]

郑樵十分重视雅学，认为《尔雅》是正确理解经书的途径。他用了几年时间来钻研“虫鱼草木之学”，于南宋绍兴五年到八年间，成《尔雅注》3卷。该书比较简略，篇幅不大，但注释的内容比较全面，不仅有释义、注音，还有校勘、补正等内容，并揭明被训词为假借字、通假字和古今字等，注文也多引《诗》、《书》、《说文》及郭璞注《方言》，而于汉唐诸经笺疏则不取，对《尔雅》的经文及旧注间有驳正。对《尔雅》训词的多义性现象，郑樵称作“二字同文”，称叠音词为“二文一义”，称被训词之中的连绵词为“二文一命”，并据以驳正经文和郭注等。《释草》、《释木》以下所注则多凭目验。

郑樵对自己的《尔雅注》评价甚高，他在《上宰相书》中说：“观《本草成书》、《尔雅注》、《诗名物志》之类，则知樵所识鸟兽草木之名，于陆玑、郭璞之徒，有一日之长。”[③] 平心而言，郑氏《尔雅注》确有超乎前人的创见，但也免不了有些瑕疵。总体上看，郑注是在对前人成就的基础上有所创新。

---

① 张须《通志总序笺》所附郑樵著作考、顾颉刚《郑樵著述考》（载《北大季刊》第一卷第一期）皆以为9类57种。厦门大学历史系郑樵研究小组以为84种，见《郑樵史学初探》，载《厦门大学学报》（哲社版）1963年第4期。

② 关于郑樵的卒年，有两种说法：一种认为是绍兴三十一年卒，以张须为代表；一种认为是三十二年卒，当今学者多从之。笔者认为后说较为可信，兹采用。

③ 参见《夹漈遗稿》卷三《上宰相书》。

陈振孙《直斋书录解题》“小学类”著录郑樵《尔雅注》3卷。流传版本主要有元刻本、清康熙刻本、《四库全书》本、《津逮秘书》本。

6.《尔雅正义》20卷，(清) 邵晋涵撰

邵晋涵 (1743—1796)，字与桐，又字二云，号南江，浙江余姚人。乾隆进士。熟通经史，曾参与《明史》、《四库全书》的修纂工作，四库史部提要多出自他的手笔。《尔雅正义》是其经学的代表著作，另外还有《孟子述义》、《穀梁正义》、《南江诗抄》等。

《尔雅正义》20卷，其主要内容包括：首先，讨论了《尔雅》的理论问题，如《尔雅》的撰人，《尔雅》的分篇原则、篇名和卷数，《尔雅》与《毛传》的关系等。其次，疏通经注，如校勘文字，倡明经注，通声音之变等。《尔雅》学在经历了长期的徘徊和缓慢发展后，在清代随着考据训诂之学的兴起而得以迅速发展，并进入了史无前例的鼎盛时期，邵晋涵《尔雅正义》就是这一时期的杰出成果。它不仅引证广博，补充证明郭注，阐明字之通转假借，校勘经注文字，还考辨名物，探讨雅学理论问题，既“存古义”、“广古训”，又“存古音”，形成了清代注释《尔雅》的基本框架，开创了清代《尔雅》学研究的新局面。虽存在经注偶有漏略、材料征引不周等疏误，然终归是清代《尔雅》学研究的代表作。

此书有原刻本、《皇清经解》本。

7.《尔雅义疏》20卷，(清) 郝懿行撰

郝懿行 (1755—1823)，字恂九，一字寻韭，号兰皋，山东栖霞（今山东烟台）人。嘉庆进士，官户部主事。学识广博，精通经学史学，于名物训诂之学尤精。著有《尔雅义疏》、《春秋说略》、《易说》、《山海经笺疏》、《书说》、《诗说》、《竹书纪年校正》等计60余种，而独《尔雅义疏》“用力最久，稿凡数易，垂殁而后成”①。

《尔雅义疏》共20卷，初名《尔雅略义》，后来见得阮元《经籍籑诂》，于是扩为《义疏》。该书详解经文，略疏郭注，总的看来，有以下特点：第一，以声音通训诂，明《尔雅》文字通转假借。该书通篇遵循“以声求义”的原则，阐明通假现象，如《释诂》“大也”条“宏”，郝《疏》：“宏、皇声转。”“嘏”，郝《疏》：“盖嘏为本字，假为通借。假、格古音相转，故其字俱通矣。假，古读若鼓；夏，古读若户。故《乡饮酒义》云‘夏之为言假也’。借以声近为义也。”第二，据目验考释名物。据其自述：“余田居多载，遇草

① 参见《清史稿·儒林传三》。

木虫鱼有弗知者，必询其名，详察其形，考之古书，以征其然否。今兹疏中其异于旧说者，皆经目验，非凭胸臆，此余书所以别乎邵氏也。”① 因此，郝氏对《尔雅》草木虫鱼的疏解，较以往的雅学名物训释，更为可信。第三，校勘文字，补匡郭注。郝氏《义疏》多有校正《尔雅》经注文字之处，并引用书证补郭证郭匡郭，且所引对同时代学者之说也间有采引，如戴震、段玉裁、臧琳、王念孙等，甚至还引其妻王照圆之说 6 条。另外，《义疏》对《尔雅》的义例也有所发明。如《释诂》“始也”条，《义疏》曰：“每字皆有本义，但义得兼通，不必与本义相关也。”

郝氏《尔雅义疏》是继邵晋涵《尔雅正义》后清代出现的又一部研究《尔雅》的重要专著，其流传和影响甚至超过了邵氏《尔雅正义》。宋翔凤在《尔雅义疏·序》说：“迨嘉庆间，栖霞郝户部兰皋先生之《尔雅义疏》最后成书。其实南北学者，知求于古字古音，于是通贯融会谐声、转注、假借，引端竟委，触类旁通，豁然尽见。且荟萃古今，一字之异，一义之偏，罔不搜罗。分别根源，鲜逞胸臆。盖此书之大成，陵唐跞宋，追秦汉而明周孔者也。”评价十分之高。但其书也有不足之处，主要表现在滥用、误用声训，引用书证凭借记忆，不够谨严，说解或过于冗繁，或牵强附会，甚至还有误解。对此书的评价，著名语言学家张永言先生早有论述，② 此不赘论。

本书有道光六年阮元刊《皇清经解》本、道光三十年陆建瀛刻单行本，均未足。又有四川刻本、武昌书局本、同治郝氏家刻本，皆完备。1983 年上海古籍出版社拓郝氏家刻本影印。另有王念孙《尔雅郝注刊误》、黄侃《手批尔雅义疏》，俱可参看。

8.《尔雅注疏校勘记》6 卷，（清）阮元撰

阮元官路显达，学问精深，于经史、小学、天算、舆地、金石、校勘等方面造诣颇深。校刻《十三经注疏》，编纂《学海堂经解》（《皇清经解》）。编著有《论语论仁论》、《孟子论仁论》、《经籍籑诂》、《十三经注疏校勘记》、《释文校勘记》、《诗书古训》及《揅经室集》、《畴人传》等。

《尔雅注疏校勘记》6 卷，在《十三经注疏校勘记》中，是研究《尔雅》必读之书。它几乎网罗了当时所有版本，包括善本、时存古注本、时人校勘、考证本等。阮元在序中特别指出：“《尔雅》经文之字有不与经典合者，转写

---

① 参见《清史稿·儒林传三》。

② 对郝懿行《尔雅义疏》的评价，可参看张永言《论郝懿行尔雅义疏》，《中国语文》1962 年 11 月号。

多岐之故也。有不与《说文解字》合者，《说文》于形得义，皆本字本义；《尔雅》释经，则假借特多，其用本字本义少也。此必治经者深思而得其意。”他多依据《说文》、《经典释文》校正《尔雅》经、注、疏文的异文别字。①

《尔雅注疏校勘记》内容详善，校勘精到，是清代校勘《尔雅》的代表著作。然因成于众手，难免疏误，后有汪文台作《十三经注疏校勘记识语》、周祖谟《尔雅校笺》进行了一些订正，可资参考。

9.《尔雅释例》5卷，(清) 陈玉澍撰

陈玉澍 (1852—1906)，原名玉树，字惕庵，江苏盐城人。曾受业于著名学者黄以周和王先谦，光绪十四年 (1888) 举人。著有《毛诗异文笺》10卷、《卜子夏年谱》2卷、《尔雅释例》5卷、《后乐堂诗文集》等书。

《尔雅释例》是第一部系统全面地论述《尔雅》体例的著作。该书成于光绪十六 (1890) 年，后来刘师培、陈汉章曾做过一些校订。1916年《中国学报》第3册曾刊自叙，第4～5册刊部分正文，1919年《国故》杂志第1～4期刊录全文，1921年南京师范高等学校单行出版。

《尔雅释例》共5卷，前3卷主要是有关《尔雅》的释义体例，后2卷主要是关于《尔雅》的校勘体例，每例后都举出例证示明，并对犍为文学以下至清代邵、郝注疏、王引之《尔雅述闻》、俞樾《尔雅平议》等“皆有所律通，亦皆有所皇匡”。陈氏还在其序中阐述了《尔雅》的撰人、名义、归类等问题，有一定启发性，值得研究者借鉴。

陈玉澍在充分吸收同时期及以前学者研究成果的基础上，发挥自己的创见，概括总结出了《尔雅》条例45例，形成《尔雅》专门研究的典型范例，黄以周序谓此书“标明纲格，统扩大归，筹昔《尔雅》有例之言得此大畅”。然也有条例过于繁琐，或将校勘考据问题作为义例，或说解牵强等疵病，为后来学者所讥。闻惕有《尔雅释例匡谬》，② 对此书做了一定修正，可参看。

10.《雅学考》，(清末民初) 胡元玉撰

胡元玉，字子瑞，室号镜珠斋，湖南湘潭人。除《雅学考》外，还有《驳春秋名字解诂》、《汉音钩沉》、《郑许字义异同评》、《璧沼集》等。

《雅学考》将宋代以前《尔雅》类注释之作按注释整理体式分为五类32家，其中注解12家、序篇1家、音义15家、图赞2家、义疏2家，又有《祛

① 对于阮元的校勘条例，限于篇幅，此不赘言，可参看阮元《十三经注疏校勘记》的《尔雅》部分。

② 载《实学》第1、3、5、7期，1926年到1927年。

惑记》1篇。每录一书，下则双行小字备列作者基本情况，然后博引诸书记载或各家考释文字，间有说明，最后按语申明己义。其最为人称道的是引证丰富，考证精实。《雅学考》是一部《尔雅》学的专门目录书，收录了宋代及以前几乎所有的注释之作及诸家评论，并进行了精细的考订，是研究《尔雅》及其学术史的必备之书。然而对宋以后的著作未曾收录，乃一大遗憾。后来周祖谟先生广泛收集宋元明清《尔雅》著述，成《续雅学考拟目》1卷，可参看。

附 录

《尔雅》作为先秦训诂专书，是秦统一古代中国之前的训诂成果的大汇集，是对先秦典籍词汇解释的大总结。然而，随着时间的推移，一些词义又在社会生活中演变，因此，《尔雅》在阅读先秦典籍时的局限性渐渐显露出来。为了更为准确地解读经典，一些儒生便利用训诂的方法，对先秦时期文字的结构和含义进行疏释，甚至对字音也进行考释和标注，于是就形成了文字和音韵二门相对专门的学问。这类专门书籍，通常对我们阅读先秦古籍有着很大帮助。字书如秦汉时期的《三苍》、东汉许慎的《说文解字》、晋吕忱的《字林》、梁顾野王的《玉篇》等。韵书隋陆法言《切韵》、佚名的《韵镜》，宋陈彭年《广韵》、丁度等《集韵》、贾昌朝《群经音辨》，元周德清《中原音韵》、陈第《毛诗古音考》等。甚至还有一些音义结合的书，如唐慧琳《一切经音义》。其中，《说文解字》影响尤为巨大，其不但是阅读经典的重要著作，也是我们阅读古籍，了解典章，透彻名物的重要参考书，它在经学史、文化史上的意义，甚至可以与《尔雅》齐肩，而其后世注家，犹以段玉裁、朱骏声二人影响最大，此特举《说文》二种、附于《尔雅》之后，供参考使用。

1.《说文解字注》30卷，（清）段玉裁撰

段玉裁为乾嘉学派著名学者，杰出的文字训诂学家。

“玉裁于周秦两汉书，无所不读，诸家小学，皆别择其是非，于是积数十年精力，专说《说文》，著《说文解字注》30卷。谓‘《尔雅》以下，义书也；《声类》以下，音书也；《说文》，形书也。凡篆一字，先训其义，次释其形，次释其音，合三者以完一篆，故曰形书’。又谓‘许书以形为主，因形以说音说义。其所说义，与他书绝不同者。他书多假借，则字多非本义。许惟就字说起本义，知何者为本义，乃知何者为假借，则本义乃假借之权衡也。说文、尔雅相为表里，治说文而后尔雅及传注明’”。①

① 《清史列传》卷六八，王钟翰校点，中华书局本，1987年，第5517页。

《说文解字注》的价值在于：首先，阐明了《说文》体例。其次，在语言、文字学理论上做了大贡献。第三，提出了许多新的看法修订前说。第四，推动了词汇学、词义学的发展，特别是同义词的辨析。

其书也并非无瑕，如盲目尊许，过于自信，带来了一些妄断和失误，如在没有充分证据的情况下对《说文》作随意改动；过分相信许慎的说解，拘泥于小篆形体而强作解释。这部划时代的巨著耗费了段氏毕生的心血，创见颇多，在学界影响深远，反响巨大，王念孙评价为“盖千七百年来无此作矣”①。

本书有嘉庆二十年刻本，附《六书音均表》，上海古籍出版社，1981 年影印本，末有《说文解字检字》，此为通行本。

2.《说文通训定声》18 卷，(清) 朱骏声撰

朱骏声是清中期著名文字学家、音韵学家、诗人。《说文通训定声》凡 18 卷，按古韵部改编《说文解字》。“取许君《说文》九千余文，类而区之，以声为经，以形为纬，而训诂则加详焉。”按音分别为古韵十八部。同从一声符孳衍的字贯连一而行。每字之下，先释《说文解字》本训，以群书古注为证，即所谓“说文”；次述字的引申义与假借义，即所谓“通训”；最后阐明字音，以上古韵文中的用韵实际来证明古音，凡同韵相押叫做古韵，邻韵相押叫做转音，此所谓“定声”。胡适在为朱起凤《辞通》写的序里说，《说文通训定声》“是一部有创见的书”。

本书有临啸阁藏版，1983 年武汉市古籍书店据以影印，附《柬韵》1 卷、《〈说雅〉十九篇》、《古今韵准》1 卷、行状 1 卷，末附《说文通训定声》检字索引。

① 罗惇衍：《说文通训定声叙》，见《说文通训定声》卷首，武汉市古籍书店，1983 年据临啸阁藏版影印，第 3 页。

第十三章 《四书》学文献

《四书》是《大学》、《中庸》、《论语》、《孟子》四部儒家经典的总称，由宋代朱熹将它们编在一起，史称"四书"。《大学》讲述"格物"、"致知"、"诚意"、"正心"、"修身"、"齐家"、"治国"、"平天下"等系统的政治哲学；《中庸》论人生修养及境界；《论语》是记录孔子及其弟子言行的中国儒学派的基本经典，是影响中国两千多年的"东方圣经"、世界文化史上的不朽丰碑；《孟子》是中国儒家思孟学派的经典之作，也是中国古代思想史上的"启明星"。除了对《四书》中各书分别进行研究的文献之外，宋元明清时期还有不少文献以《四书》为名，其中有的是对《四书》中各书分别研究成果的汇集，有的则是对《四书》所进行的综合论述。我们将这一类文献称作"《四书》学文献"。

第一节 《四书》的形成与经典化

一、"五经"的衰落

孔子删定"六经"后，一直到西汉董仲舒时才开始重视"五经"，并设立"五经"博士，"五经"遂成为官学而被政治化。汉代经学分今古文，从总的倾向来看，今文学出于经世致用的目的，往往借题发挥，穿凿附会，例多伪说；而古文学则追求对经书的正确解释，重视文字训诂和名物典章制度。两汉时期，今文经学被立为学官，古文经学虽没有立为学官，但是在东汉时期也十分兴盛，大师辈出。儒家经学在汉末逐渐走向了衰微，姜广辉主编的《中国经学思想史》将东汉末年经学走向衰落的原因归结为三点：一是王肃之学的兴起，与郑学相抗礼，学者们纠缠于郑、王之争，而不复注意传统的今古文经学之争了；二是东汉末年的战乱不仅导致大量的经典文献的毁灭，而且也使得今文经学的师承和家法断绝；三是儒家经学在汉末以后自身已经不适应时代的需要，即三国之后实行的九品中正制，注重门阀等级，读经不再是普通儒者进入仕途的一条途径了。① 经学的这种衰微之势一直持续到唐代。唐代经书的整理又为官方所垄断，孔颖达撰《五经正义》，官方以《易》、《书》、《诗》、《礼记》、《春秋左传》作为官方的考试科目，承袭多而开创少。隋唐时期儒、佛、道并重，实际是相对降低了儒学的地位。由于佛教的影响不断扩大，动摇了正统儒学的统治地位，所以引起了韩愈等人的卫道之举。

二、唐宋诸儒对《四书》的推崇与表彰

中唐韩愈曾注《论语》10 卷（《新唐书·艺文志》），李翱曾注《论语》10 卷（《郡斋读书志》），李翱、韩愈有《论语笔解》2 卷。可见韩、李二人十分重视《论语》。韩愈推尊孟子，他说："自孔子没，群弟子莫不有书，独孟轲氏之传得其宗，故吾少而乐观焉。"② 韩愈认为孟子有卫道之功，提倡孟子之学对于恢复儒家正统地位很有作用。唐代重视《大学》和《中庸》的人，也应首推韩、李二人。韩愈在《原道》中指出："《传》曰：'古之欲明明德于天下者，先治其国，欲治其国者，先齐其家，欲齐其家者，先修其身，欲修其身者，先正其心，欲正其心者，先诚其意。'然则古之所谓正心而诚意者，将以有为也。"③ 所引"《传》曰"云云即《大学》之文。李翱著《复性书》3 篇，亦引用《大学》纲领条目，开启后世尊崇《大学》之先。

北宋二程重视《论语》、《孟子》，并表彰《大学》、《中庸》。二程说："《论语》为书，传道立言，深得圣人之学者矣。"④ 对于《论语》的价值予以肯定。又说："孔子没，传孔子之道者，曾子而已。曾子传之子思，子思传之孟子，孟子死，不得其传。"⑤ 要不是孟子，儒道恐怕就要湮灭了。他们要求"学者当以《论语》、《孟子》为本，《论语》、《孟子》既治，则《六经》可不治而明矣"。⑥ 可见在二程的观念中，《论语》和《孟子》的地位当在"六经"

① 姜广辉主编：《中国经学思想史》（第二卷），中国社会科学出版社，2003 年。
② 韩愈：《送王秀才序》，见《唐宋八大家文钞》卷七，文渊阁《四库全书》本。
③ 韩愈：《原道》，见《唐宋八大家文钞》卷九，文渊阁《四库全书》本。
④ 程颐、程颢：《二程集》，中华书局，2004 年，第 44 页。
⑤ 程颐、程颢：《二程集》，中华书局，2004 年，第 327 页。
⑥ 程颐、程颢：《二程集》，中华书局，2004 年，第 322 页。

之前。二程也极力表彰和阐发《大学》之道，程颐曰："入德之门，无如《大学》。今之学者，赖有此一篇书存，其他莫如《论》、《孟》。"① "修身，当学《大学》之序。《大学》，圣人之完书也。"② 二程极力推尊《大学》，并首次提出了《大学》为孔子遗书，为孔门弟子整理和编辑，这就将《大学》提升到圣人之道的载体的地位，使《大学》的单独存在具有了权威性和合法性。二程子对《论语》、《孟子》、《大学》、《中庸》的重视和表彰，启发了朱熹，为朱熹作《四书章句集注》提供了思想资源和理论前提。

三、《四书》升格为经及意义

周予同指出："朱熹之于经学，以《四书》为最详慎，而合《论语》、《孟子》、《大学》、《中庸》称为《四书》，亦始于朱熹。"③ 朱熹在吸收前人成果的基础上，编撰了《论语集注》、《孟子集注》、《大学章句》、《中庸章句》。朱熹一生对《四书章句集注》花费了很大的精力，经历了漫长的编撰和修订过程。朱熹对《四书》的整理和发挥，既有继承，也有发展。在《四书》中，朱熹将自己的理学思想完整地表达了出来。对于《四书》的内部关系，朱熹也做了说明："某要人先读《大学》，以定其规模；次读《论语》，以立其根本；次读《孟子》，以观其发越；次读《中庸》，以求古人之微妙处。"④ 朱熹虽然构建了以《四书》为中心的理学思想体系，但是这并不意味着新儒学思想体系已经建立。《四书》学以及理学必然需要经过文化传播过程，从而对国家的政治、社会生活产生影响。在这个文化的传播过程中，朱熹的后学以及其他站在时代前沿的理学家通过经筵讲席、奏札封事、呈进著述等方式向朝廷宣传理学，试图通过最高统治者思想观念的理学化，从而达到理学社会化的目的。事实证明，理学家们取得了成功，元仁宗皇庆二年（1313），以《四书章句集注》为考试科目，《四书》取代"五经"而成为科举考试的科目，明清时期皆是如此。

"五经"到《四书》的变化，有着十分重要的学术意义和历史意义。首先，朱熹确立了《四书》的地位，《四书》学形成。从元代直到清朝末年，《四书》成了名副其实的经典中的经典，一跃而为"五经"之上，成为士子们登科及第不可或缺的官方教材。如果说中国封建社会的前期是以"五经"作

① 程颐、程颢：《二程集》，中华书局，2004年，第277页。

② 程颐、程颢：《二程集》，中华书局，2004年，第311页。

③ 周予同：《中国经学史讲义》，上海文艺出版社，1999年，第111～112页。

④ 黎靖德编、王星贤校点：《朱子语类》卷一四《大学·纲领》，中华书局，1986年，第249页。

为科举取士的依据，并在“五经”中找到了正统的统治思想的话，那么中国封建社会的后期则是以《四书》作为官方取材的依据，并在其中找到了正统的统治思想。

其次，从“五经”到《四书》，使儒学摆脱了衰弱的局面，获得了新的活力。唐宋诸儒是为批判佛道之学进而在《四书》中寻求思想资源的，但是在对佛道之学的批判过程中，儒学自身却不知不觉地吸取了佛教禅学中的心性之学，使汉唐时期儒学不重本体的特点得以改观，从而使得儒学自身获得新的生机，恢复了活力。自程朱理学兴起以后，佛学和道教趋向没落，沦为儒学的附庸。

最后，经过唐宋诸儒改造过的新儒学，是一种“非宗教形态的宗教”，刘泽亮曰：“学术界有朱子理学的这种转向的估价，有所谓儒学的宗教化和儒学的哲理化之争，即所谓儒教与儒学之争，我认为，朱子理学的基本性质是经由佛教启导而自立门户的儒学哲理化，这是朱子理学之体，而经由佛教范导而具有的外在形式则可以视作儒学的宗教化，这是朱子理学之用。要之，朱子儒学经过这样的改造之后，成为了一种非宗教形态的宗教，即不具有典型的宗教形态，但具有宗教功能。”①

四、宋代至清代的《四书》学与文献

自从南宋朱熹将《大学》、《中庸》、《论语》、《孟子》合编在一起形成《四书》以后，学者们对《四书》的兴趣大增。南宋后期关于《四书》研究文献数量也有所增加。如宋代真德秀的《四书集编》、赵顺孙的《四书纂疏》等较为重要的《四书》文献均出自朱子之后。元代《四书》学悉尊朱子，刘因《四书集义精要》、胡炳文《四书通》、倪士毅《四书辑释大成》均以朱熹《四书》为本，力图对朱注进行疏通，使其变得更加清晰。明代学术空疏，后世学人对此多有评论，明人的《四书》学也是如此。清乾隆年间修《四库全书》，四库馆臣对明人《四书》文献多有歧视，仅选胡广的《四书大全》、蔡清的《四书蒙引》、刘因的《四书问》、章世存的《四书留书》。

清初学者对《四书》的研究也没有脱离朱子学的影响。通过对清初学者的《四书》文献的考察，我们可以将其分为宗朱派和驳朱派。宗朱派以朱熹《四书章句集注》为本，不过他们并非亦步亦趋墨守朱注，而是在批

① 刘泽亮：《从五经到四书：儒学典据嬗变及其意义》，载《东南学术》2002年第6期。

判的基础上对朱注进行申说，如王夫之的《四书》学就是如此。驳朱派以朱子《四书章句集注》重视义理而考据不足的特点，用考据的方法力驳朱子《四书章句集注》，如毛奇龄《四书改错》、《四书剩言》以专攻朱注为目的。当然，并不是所有的清初经学家都如毛奇龄那样务欲胜人，事实上，清初还有不少学者从文献学的方法入手，对《四书》进行研究，他们对《四书》中的历史典制进行考证，如阎若璩的《四书释地》、《四书释地续》、《四书释地又续》、《四书释地三续》即体现了清初《四书》学的这种特点。清代中期，乾嘉考据之学兴起，《四书》的研究也体现出这种实学特征，如江永《四书典林》、《四书古人典林》以及颜元的《四书正误》皆为考据精详之作，一些观点被后世奉为定论。清末今文经学兴起，一些今文经学家借《四书》阐发自己的社会政治观点，如刘逢禄的《四书是训》即体现了公羊学派的治学特点。

第二节　《四书》总义文献的数量及分布

一、《四书》总义文献的数量

清朱彝尊《经义考》著录从宋至清初的《四书》总义类文献共 331 种，其中宋代 63 种，元代 62 种，明代 194 种，清初 12 种。《四库全书总目》收录《四书》总义文献共 28 种，存目 55 种。《续修四库全书总目》关于清代的《四书》总义文献共 172 种。除去与《经义考》相重合的部分，我们保守地估计，从宋代至清末的《四书》总义文献在 500 种左右。

表 2－13－1　现存《四书》总义文献一览表

作　者	书　目	现存何处
（宋）朱　熹	四书章句集注	四库全书
（宋）朱　熹	四书或问	四库全书
（宋）真德秀	四书集编	四库全书
（宋）钱　时	融堂四书管见	四库全书
（宋）赵顺孙	四书纂疏	四库全书
（宋）赵　悳	四书笺义	委苑别藏
（元）许　谦	读四书丛说	四库全书
（元）陈天祥	四书辨疑	四库全书

续表

作　者	书　目	现存何处
（元）刘　因	四书集义精要	四库全书
（元）胡炳文	四书通	四库全书
（元）张存中	四书通证	四库全书
（元）袁俊翁	四书疑节	四库全书
（元）王充耘	四书经疑贯通	四库全书
（元）詹道传	四书纂笺	四库全书
（元）朱公迁	四书通旨	四库全书
（元）史伯璿	四书管窥	四库全书
（元）肖　镒	四书待问	委苑别藏
（明）蔡　清	四书蒙引	四库全书
（明）吕　柟	四书因问	四库全书
（明）孙应鳌	四书近语	四库全书
（明）李　贽	说书	李氏全书
（明）陈禹谟	四书汉诂传	经言枝旨
（明）赵南星	学庸正说	四库全书
（明）顾宪成	四书讲义	小石山房丛书
（明）高攀龙	四书讲义	高子全书
（明）郝　敬	四书摄提	山草堂集内编
（明）章世纯	四书留书	四库全书
（明）陈际泰	四书读	文藻四种
（明）鹿善继	四书说约	留余草堂丛书
（明）辛　全	四书说	山石丛书初编
（清）孙奇逢	四书近指	四库全书
（清）刁　包	四书翊注	用六居士所著书
（清）佘一元	四书解	止园丛书
（清）陆世仪	四书讲义辑存	陆桴存先生遗书
（清）王夫之	四书稗疏	船山遗书
（清）王夫之	读四书大全说	船山遗书
（清）王夫之	四书训义	船山遗书
（清）毛奇龄	四书索解	西河合集

续表

作者	书目	现存何处
（清）毛奇龄	四书剩言	四库全书
（清）毛奇龄	四书改错	四书古注群义汇解
（清）戴大昌	驳四书改错	补余堂集
（清）李　颙	四书反身录	李二曲先生全集
（清）颜　元	四书正误	颜李丛书
（清）冉觐祖	四书玩注详说	五经详说附
（清）吴　英	四书章句集注定本辨	璜川吴氏四书学
（清）吴　英	四书家塾读本句读	璜川吴氏四书学
（清）库勒纳	日讲四书解义	四库全书
（清）陆陇其	四书讲义困勉录	四库全书
（清）陆陇其	三鱼堂四书讲义	陆子全书
（清）焦袁熹	读四书注疏	此木轩全集
（清）杨名时	四书札记	四库全书
（清）任启运	四书约旨	任氏遗书
（清）陈　梓	四书质疑	陈一斋全集
（清）陈继种	读四书笔记	丛书集成初编
（清）汪　绂	四书诠义	汪双池先生丛书
（清）刘绍颁	四书凝道录	西京清麓丛书续编
（清）张　秉	四书集疏附证	西京清麓丛书续编
（清）王元启	四书讲义	惺斋先生杂著
（清）庄存与	四书说	叶味斋遗书
（清）赵　佑	四书温故录	清献堂全编
（清）程大中	四书逸笺	四库全书
（清）李荣陛	四书解细论	李厚冈集
（清）范震薇	四书述	双云堂传集
（清）戚学标	四书偶谈内编	戚鹤泉所著书
（清）赵绍祖	四书集注管窥	古墨斋集
（清）龚元玠	畏斋四书客难	十三经客难
（清）赵敬襄	四书图表就正	竹冈斋九种
（清）姚文田	四书琐语	邃雅堂全书

续表

作者	书目	现存何处
(清) 凌扬藻	四书纪疑录	海雅堂全集
(清) 戴大昌	四书问答	补余堂集
(清) 刘沅	四书恒解	槐轩全书
(清) 吴志忠	四书章句集注	璜川吴氏四书学
(清) 凌曙	四书典故	凌氏丛书
(清) 林春溥	四书拾遗	竹柏山房十五种
(清) 刘逢禄	四书是训	聚学轩丛书第三集
(清) 刘曾海	四书存参	祥符刘氏丛书
(清) 王筠	四书说略	王菉友九种
(清) 胡绍勋	四书拾义	聚学轩丛书第三集
(清) 徐春	四书私谈	逊敏堂丛书
(清) 李堂阶	四书约解	李文清公遗书
(清) 刘书年	四书集字	清芬丛抄
(清) 张楚钟	四书理画	务实胜窝汇稿
(清) 张楚钟	四书理话	务实胜窝汇稿
(清) 俞樾	四书辨疑辨	春在堂全书
(清) 张江	四书辨疑	三订四书辨疑
(清) 张江	四书绪余录	三订四书辨疑
(清) 张江	四书识小录	三订四书辨疑
(清) 张江	四书武备编	三订四书辨疑
(清) 张江	四书乐器编	三订四书辨疑
(清) 张江	四书拾遗	三订四书辨疑
(清) 王士濂	四书集释就正藁	鹤寿堂丛书
(清) 虞景璜	四书琐言	澹园杂著
(清) 孙国仁	四书古语录证	砭愚堂丛书

二、《四书》总义文献的分布

《四库全书·经部·四书类》收录了从宋至清初的《四书》文献多部，宋代如朱熹的《四书章句集注》、《四书或问》，真德秀的《四书集编》，赵顺孙的《四书纂疏》；元代如刘因的《四书集义精要》，许谦的《读四书丛说》，胡炳文的《四书通》，张存中的《四书通证》，袁俊翁的《四书疑节》，王充耘的《四书疑经贯通》，詹道传的《四书纂笺》，朱公迁的《四书通旨》，史伯璿的

《四书管窥》；明代如胡广等编的《四书大全》，蔡清的《四书蒙引》，吕柟的《四书因问》；清代如康熙年间的《日讲四书解义》，孙奇逢的《四书近指》，陆陇其的《四书讲义困勉录》，毛奇龄的《四书剩言》，阎若璩的《四书释地》、《四书释地续》、《四书释地又续》、《四书释地三续》，杨名时的《四书札记》，程大中的《四书逸笺》等。这些文献是人们研究《四书》学最为重要的参考文献。此外，《续修四库全书》收录了宋至清末 26 人的四书文献近 40 种，重要的如宋代赵悳的《四书笺义》，元倪士毅的《四书辑释》，明李贽的《四书评》，清毛奇龄的《四书改错》、吕留良的《四书讲义》、戴大昌的《四书典故考辨》和《驳四书改错》等。这些文献可以弥补《四库全书》在选书时的局限和不足，也是人们研究《四书》学必备的参考资料。另外，《四库全书存目丛书》、《四库全书荟要》等也收录了部分《四书》文献。一些经学丛书，如《清经解》和《清经解续编》中也收录了一些清人的《四书》文献，如《清经解》中收有阎若璩《四书释地》、《四书释地续》、《四书释地又续》、《四书释地三续》，毛奇龄的《四书剩言》，宋翔凤的《四书释地辨正》等。《清经解续编》中收有王夫之的《四书稗疏》等。《通志堂经解》收录的《四书》学文献有元朱公迁的《四书通旨》和陈天祥的《四书辨疑》等。

一些文集中也保存了部分《四书》学文献，如四川大学古籍所整理出版的《全宋文》中就保留了宋人关于《四书》的资料，如有罗大经的《四书章旨通旨序》、洪天锡的《四书纂疏序》、欧阳守道的《四书集义序》等，这些序跋资料也是人们研究宋代《四书》学十分珍贵的材料。

丛书对于古籍的保存起到了非常重要的作用，许多古籍正是由于被丛书收录，才得以流传后世。除《四库全书》和《续修四库全书》、《通志堂经解》外，《丛书集成初编》、《丛书集成续编》、《西京清麓丛书正编》、《四书古注全义汇解》、《墨海金壶》等丛书中也收录了不少《四书》文献。此外，一些收录某位学者著作的丛书，如《船山遗书》、《西河合集》、《颜李丛书》、《任氏遗书》、《槐轩全书》等都收录了一些《四书》文献。

一些目录书、藏书题跋中也有关于《四书》文献的资料。目录书方面，如儒学文献目录书《经义考》就著录了从宋代至清初的《四书》文献，其中还收录了一些珍贵的序跋资料。藏书目录，如《铁琴铜剑楼藏书目录》有关于《融堂四书管见》、《四书章句集注》、《四书集编》《四书集成》、《四书丛说》、《四书通》、《四书标题》等《四书》文献的著录，并对其版本、纸张、刻工等进行了记载。又如《郑堂读书记》对自宋至清的许多《四书》文献写了题跋。《中国善本书提要》中也对很多关于历代《四书》文献的卷数、刊刻、馆藏情况进行了说明。此外，《爱日精庐藏书志》、《抱经楼藏书志》、《万卷楼藏书记》、《开卷有益斋书志》、《善本书室藏书志》等藏书目录中也有不少关于所藏书的题跋，这些题跋对于人们认识古籍的流传情况有着十分重要的参考价值，理应重视。

一些地方志中也保留了部分《四书》总义文献，如清嘉庆年间重修的《四川通志》中就著录了很多四川学人的《四书》文献，如有李舜臣的《四书辨正》、魏天佑的《四书说》、吴昌裔的《四书讲义》、刘彭寿的《四书提要》、赵台鼎的《四书脉望》等。这些文献对于研究四川地区《四书》学有着较为重要的参考价值。

第三节　《四书》学文献举要

《中国丛书综录》第二册将《四书》总义文献分为三类，即传说类、专著类和文字音义类。此种分类方式较为全面而合理地反映了《四书》总义文献的特征。现依照《中国丛书综录》的划分方式，对《四书》总义文献之要者进行介绍。

一、传说类

传说类《四书》总义文献主要是指对《四书》进行注释和阐发的文献。一方面，由于《四书》中的《大学》、《中庸》、《论语》、《孟子》都是先秦文献，随着时代的变迁，许多文字和内容已经为后代一般人所难以真正读懂，于是一些学者便对《四书》中的文句进行疏释，力图使《四书》变得明白易懂。另一方面，宋、元、明、清的理学家为了表达自己的理学思想，于是就到《四书》中去寻找思想资源，他们以《四书》作为载体，在对其所作的注释中将自己的理学思想表达出来。《四书》总义文献主体即为传说类，《中国丛书综录》分宋元、明、清、民国四个时期对其分别进行著录，其中清人的研究成果最多。宋元时期重要的传说类《四书》总义文献，宋代有朱熹的《四书章句集注》、《四书或问》，真德秀的《四书集编》等；元代有许谦的《读四书丛说》、刘因的《四书集义精要》等；明代有吕柟的《四书因问》、李贽的《说书》等；清代有王夫之的《四书稗疏》、《读四书大全说》、《四书训义》，毛奇龄的《四书索解》、《四书改错》，颜元的《四书正误》，任启运的《四书约旨》，刘沅的《四书恒解》，俞樾的《四书辨疑辨》等。

1.《四书章句集注》19卷，(宋) 朱熹撰

朱熹一生著述宏富，然而用力最多者当是《四书章句集注》，简称《四书集注》。此书包括《大学章句》、《中庸章句》、《论语集注》和《孟子集注》。《大学》郑玄注本只是一篇，朱熹将其分经和传两部分，颠倒其旧次，并补"格物致知传"。《中庸》也不从郑注分节。《论语》、《孟子》融会各家之说，所以谓之"集注"，不过朱熹对所引用诸家之说或标明作者或不标明作者。

朱熹撰《四书集注》时，注重义理的阐发，然而也并不废弃章句训诂，将考据和义理予以结合。朱熹首先对《四书》中的文字、音读、名物制度等进行训释，其重视名物训诂的特点有异于同时代其他理学家研治《四书》，这也是他的《四书集注》能够长盛不衰的重要原因。但是朱熹毕竟是一个思想家，他的学术研究的落脚点还是他的理学。朱熹在文字训诂的基础上，阐发了自己的理学思想。朱熹往往是在对《四书》中的一段文字进行简单的注释以后，再以大段的文字阐发他的理学思想。这样，考据和义理在朱熹的《四书集注》中得到了很好的结合，相得益彰。

朱熹《四书集注》十分重视吸收前人的成果，根据邱汉生的统计，《论语集注》的前第三篇中，《学而》引用诸家达 31 处，《为政》引用诸家达 25 处，《八佾》引用诸家达 34 处。① 朱熹十分重视汉魏古注，根据钱穆《朱子新学案 (中)》的统计，朱熹《四书集注》引用汉魏古注多达 15 家。又据黄俊杰的统计，《孟子集注》征引、袭用赵岐《孟子注》多达 580 次。② 除此之外，朱熹还十分重视对宋代理学家的《四书》学成果加以征引，据陈荣捷统计，《四书集注》共引用了 32 位学者的语录共 731 条，其中居前三位的为二程 225 条，尹焞为 90 条，杨时为 73 条。③

正是由于《四书集注》具有上述诸多特点，加之元明清时期被作为考试的科目，遂产生了广泛而又深远的影响。四库馆臣评价道："大抵朱子平生精力殚于《四书》，其剖析疑似，辨别毫厘，实远在《易本义》、《诗集传》上，读其书者要当于大义微言求其根本。明以来攻朱子者，务摭其名物度数之疏，尊朱子者又并此末节而回护之，是均门户之见，乌识朱子著书之意乎?"④

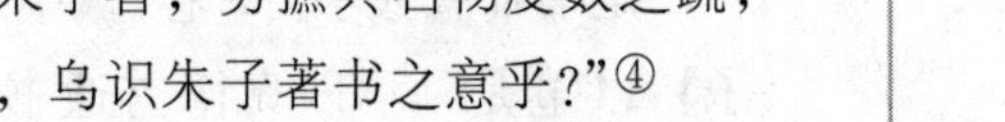

① 邱汉生:《四书集注简论》，中国会科学出版社，1980 年，第 31 页。

② 黄俊杰:《儒学传统与文化创新》，台湾东大图书公司，1983 年，第 57 页。

③ 黎昕:《从四书集注看朱熹对杨时理学思想的批判和继承》，载《福建论坛》1989 第 1 期。

④ 永瑢等:《四库全书总目》卷三五《大学章句》《论语集注》《孟子集注》《中庸章句》提要。

此书常见有《四库全书》本，此外还有中华书局1983年标点本和上海古籍1995年标点本。

2.《四书或问》39卷，(宋) 朱熹撰

朱熹撰《四书章句集注》以后，又以诸家之说纷错不一，因此又设问答，以明去取之意，撰为此书。此书包括《大学或问》2卷、《中庸或问》3卷、《论语或问》20卷、《孟子或问》14卷。其书并非一时所著，《中庸或问》原与石𡼖《中庸辑略》俱附于《中庸章句》之末。《论语或问》、《孟子或问》则各自为书，其合为一书，则是后来刻书者所拼合而成的。朱熹对《大学或问》用力最多；《中庸或问》反映出朱熹在编辑《中庸》时的犹豫不安；《孟子或问》则往往与《孟子集注》、《朱子语类》相抵牾，所以有人借此怀疑朱熹的《四书集注》，其实怀疑者并不明白《四书集注》是经过朱熹反复修改，至老未已，而《四书或问》则无暇修订，所以与他书相抵牾处甚多。在《与潘端叔书》中，朱熹曾说："《论语或问》，此书久无工夫修得，只《集注》屡更不定，却与《或问》前后不相应。"① 可见，朱熹并不忌讳《或问》与《集注》有相异的地方。将《四书或问》与《四书集注》对照起来阅读和研究，《或问》与《集注》合者，则可以晓然于折中众说之由；《或问》与《集注》不合者，则可以知朱熹当日原多未定之论。

此书有《四库全书》本、《西京清麓丛书正编》本和《刘氏传经堂丛书》本。

3.《四书集编》26卷，(宋) 真德秀撰

真德秀 (1178—1235)，字景元，后更为希元，福建浦城人。本姓慎，因避孝宗讳改姓真。南宋后期与魏了翁齐名的一位著名理学家，也是继朱熹之后的理学正宗传人，他同魏了翁二人在确立理学正统地位的过程中发挥了重大作用，时称"真魏"。著有《读书记》、《四书集编》、《大学衍义》和《西山文集》等。

是书唯《大学》1卷、《中庸》1卷为真德秀所手定，《论语》10卷、《孟子》14卷是刘承以真德秀遗书补编而成。朱熹的《四书章句集注》，其章句多出新意，其集注虽然多取旧注，但是也多与前儒为异。朱熹在撰《四书章句集注》时，屡次进行修改，其去取之意散见于《四书或问》或《朱子语类》中，其中多包括一些未定之说，前后抵牾之处甚多，遭时人所诟病。《四书集编》博采朱子之说以相发明，并间附己意，体现出折中的学术取向。

---

① 朱熹：《答潘端叙》，《晦庵集》卷五〇，文渊阁《四库全书》本。

此书被收入《四库全书》，另有《通志堂经解》本和《摛藻堂四库全书荟要》本。

4.《四书集义精要》28 卷，(元) 刘因撰

刘因 (1249—1293)，字梦吉，号静修。初名骃，字梦骥。雄州容城（今属河北）人。元代著名理学家、诗人。3 岁识字，6 岁能诗，10 岁能文，落笔惊人。年刚二十，才华出众，性不苟合。家贫教授生徒，皆有成就。因爱诸葛亮“静以修身”之语，题所居为“静修”。元世祖至元十九年 (1282) 应召入朝，为承德郎、右赞善大夫。不久借口母病辞官归。母死后居丧在家。至元二十八年，忽必烈再度遣使召刘因为官，他以疾辞。死后追赠翰林学士、资政大夫、上护军、追封“容城郡公”，谥“文靖”。一生著作甚丰，主要有《四书集义精要》、《易系辞说》等。

朱熹作《四书集注》，凡诸人问答与《集注》有异同者，没有订归于一。朱熹卒后，太学博士卢孝孙取《语类》和《文集》所说，辑为《四书集义》100 卷，读者颇病其繁冗。鉴于此，刘因乃择其要旨，删其复杂，成《四书集义精要》一书。此书原本 30 卷，四库馆臣所见本为 28 卷，《孟子·滕文公上篇》以下均不见。此书删削浮词，标举要领，使得朱子之说的内在理路由多歧义而变得清晰。《四库全书总目》有云：“盖因潜心义理，所得颇深，故去取分明，如别白黑，较徒博尊朱子之名，不问已定未定之说，片言只字无不奉若球图者，固不同矣。”①

此书被收入《四库全书》。

5.《四书通》26 卷，(元) 胡炳文撰

胡炳文 (1250—1323)，字仲虎，号云峰先生，婺源（今属江西）人。仁宗延祐中，以荐为信州道一书院长山，调兰溪学正，不赴。其族子淀为建明经书院，以处四方来学者。炳文以《易》名家，而于朱熹所注《四书》用力尤深，晚年乃成《周义本义通释》一书。此外还有《书集传》、《春秋集传》、《礼书纂述》、《云峰集》等。

是书以赵顺孙《四书纂疏》、吴真子《四书集成》皆阐朱子之绪论，而尚有与朱熹不相合者，于是重为刊削，并附以已意，以成此书。凡是朱熹以前之说，胡氏认为于补朱子之说无益，所以皆斥不录。取《纂疏》、《集成》者仅 14 家。在此二书之外，又增入 45 家。是书恪守朱子之学，对于诸家之说是否符合经义并不看重，其所看重的乃是否与朱子所作注相合，并以朱子注

---

① 永瑢等：《四库全书总目》卷三六《四书集义精要》提要。

来作为判断是非的标准。虽然偏袒一家，有门户之见，但是通观全书，其考证之处也还精密，比如《四书章句集注》所引用共 50 余家，各家已多不可考，《四书通》则一一载其名字。

此书被《四库全书》收录，另有《通志堂经解》本和《摛藻堂四库全书荟要》本。

6.《四书辑释大成》不分卷，(元) 倪士毅撰

倪士毅（生卒年不详），字仲宏，歙县（一作休宁）人。约元文宗至顺初前后在世。尝学于陈栎。隐居祁门山，潜心讲学。学者称道川先生。著有《作义要诀》1 卷，为论经义作法之书。

倪士毅之师陈栎撰《四书发明》，胡炳文撰《四书通》，陈栎于摘录《四书通》之说附入《四书发明》，此书未成而陈栎殁。倪士毅绍其师业，以陈栎之说为主，胡炳文之说不全录，此外还有所增入，先是朱熹《文集》、《语录》，旁及诸家所引之书，多有融贯删节，不尽依原文。主文之下，又增入音释。清乾隆年间修《四库全书》时，四库馆臣没有见到此书，硬是断言此书为经义而设，实为误断。

此书有日本仿元刻本。

7.《四书大全》40 卷，(明) 胡广等撰

明永乐年间，在朱棣的御临下，以程朱为标准，汇辑经传、集注，编为《五经大全》、《四书大全》、《性理大全》，诏颁天下，即所谓“合众途于一轨，会万理于一原”，作为治国齐家的统一法理和准则，程朱理学遂取得了独尊的地位。其书因元倪士毅《四书辑释大成》稍加改窜而成。顾炎武《日知录》曰：“《大学中庸章句》、《或问》、《论语孟子集注》之后，黄氏有《论语通释》。其采《语录》附于朱子《章句》之下，则始自真氏。名曰《集义》，止《大学》一书，祝氏乃仿而足之为《四书附录》。后有蔡氏《四书集疏》、赵氏《四书纂疏》、吴氏《四书集成》，昔之论者病其泛滥。于是陈氏作《四书发明》，胡氏作《四书通》，而定宇之门人倪氏（案定宇，陈栎之别号）合二书为一，颇有删正，名曰《四书辑释》。……永乐中所纂《四书大全》，特小有增删。其详其简，或多不如倪氏。《大学》、《中庸》、《或问》则全不异，而间有舛误。”①四库馆臣曰：“（《四书大全》）初与《五经大全》并颁，然当时程式，以《四书》义为重，故五经率皆庋阁，所研究者惟《四书》，所辨订者亦惟《四书》。后来《四书》讲章，浩如烟海，皆是编为之滥觞。盖由汉至宋之

① 顾炎武：《日知录集释》卷一八，上海古籍出版社，1985 年。

经术，于是始尽变矣。特录存之，以著有明一代士大夫学问根底具在于斯，亦足以资考镜焉。”①

此书有《四库全书》本。

8.《四书近语》6卷，（明）孙应鳌撰

孙应鳌（1527—1586），字山甫，号淮海，谥文恭。清平卫（今贵州凯里）人。官至工部尚书。一生著作宏富，主要有《学孔精舍诗钞》、《学孔精舍汇稿》、《淮海易读》、《春秋节要》、《左粹题评》、《四书近语》、《律吕分解发明》、《论学会编》、《教秦语录》、《教秦总录》、《教秦绪言》、《雍谕》、《幽心瑶草》、《道林先生粹言》、《庄义要删》、《督学文集》、《归来漫兴》等，均由明清学者刊行于世。

是书以《论语》开章言学，为圣人教人求仁之事。论《大学》则以格物致知为圣学之安身立命。论《中庸》则以慎独为尽性之始终条理。论孟子一生之学为性学，故可以正人心、息邪说、端正学术。明人有关于《四书》的讲章，大都空疏迂阔，鲜能自抒心得。应鳌此书与朱注互有发明，不肯苟同，也不受讲章习套所拘，与明人著述有所不同。

是书有《孙文恭公遗书》本。

9.《四书说约》6卷，（明）孙肇兴撰

孙肇兴（1583—1661），字兴公，号振宗，山东聊城西南六十里白塔村（今阳谷县定水镇双楼村）人。天启二年（1622）进士，初授江南淮安府山阳县知县，入清后官至工部左侍郎。所著《四书约说》、《四书题说》等书，进呈御览，颁行天下。

是书首有王绩灿、李邦华序，又有肇兴所为《看书摘训》及《弁言》。《摘训》称：“以实字观义理，虚子审精神。”又称：“言言能返证于自己，事事可按之目前，忘言以解，而又不决裂，其文辞研几以入，而又增设乎意见。”《弁言》称：“会神按脉，各从本章本节句，讽咏玩味，觉指点开示，不啻详晰其长篇全文，自吸自应，逗拽既尽，即单节单句子意位置，前后语气，铺叙侧落，入眼正自了了。是以或意尽于本句，或旨见于开口，或神注于转关，或影现于支意，余波互发于上下别章，总皆经文所已明已备，而不必他求者。”观是可以知是书的大旨。此书每一章都有说，语言简约，而意则透彻清晰，虽然全书仍尊朱注，但是往往比朱注更深一层，又或显其所未明，补其所未备，与明代讲章语录习套不同，于明人《四书》学中是很特别的。

---

① 永瑢等：《四库全书总目》卷三六《四书大全》提要。

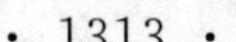

此书有崇祯六年（1633）刻本。

10.《读四书大全说》10卷、《四书稗疏》1卷，（清）王夫之撰

《读四书大全说》析理极精，于《大全》所引朱熹之说，有绝非出自朱子而为门人所假托者，有虽为朱子之说而专诂某章、不可移之他章者；有为朱子之说而不可从者；或意甚是而说不详者，予以批驳。《读四书大全说》是王夫之批判、总结宋明理学的重要著作，历来受到研究者的重视。但是，迄今为止，国内学者对该书的研究尚不够全面深入。今人周兵《天人之际的理学新诠释——读四书大全说思想研究》（巴蜀书社，2006年）一书中，作者通过对原著的全部材料进行认真细致的分析和研究，认为王夫之在该书中所表达的思想主题可概括为中国传统哲学的基本话题——“究天人之际”。此书以“天人之际”所涉及的八个基本范畴为考察点，深入阐述了王夫之在一系列问题上的理论创新。

《四书稗疏》于名物制度的考证详瞻，如于“三年之丧”一条，王夫之谓三年之丧并非即父母之丧，父母之丧三年，而三年之丧不尽于父母，太甲忧居桐宫，服仲壬之丧，为叔父也。《春秋传》“王一岁而有三年之丧”二也，谓后与世子也。王夫之于《四书稗疏》、《读四书大全说》等，对于典故考证、义理阐发已十分详备，又病于讲章时文曲解混说，迷误于学子，于是又作《四书笺解》，因取全书，随意笺释。

关于王夫之《四书》研究，今人季蒙《主思的理学——王夫之的四书思想》（广东教育出版社，2005年）一书对王夫之的主思与唯理、性学与主张、政教的《大学》学、政教的《中庸》学等思想进行了探讨。

《读四书大全说》有《船山遗书》本，1975年北京中华书局点校本。《四书稗疏》有《船山遗书》本和《皇清经解》本。

11.《四书改错》22卷、《四书剩言》4卷，《补》2卷（清）毛奇龄撰

是书名之“改错”，即改朱子之错也。毛奇龄治学专攻朱子，是书更深文周内，杂以谩骂，宜乎宗朱者之群相集矢也。此书共分32门，计451条，合22卷。后来戴大昌作《驳四书改错》，所驳各条约占全书的一半，至于没有进行驳斥的，也约占全书的一半，实能纠正朱注，使经义昌明，可见此书瑕瑜互见。

《四书改错》有嘉庆年间翻刊本。

《四书剩言》4卷，毛奇龄撰。是书乃毛奇龄杂论《四书》之语的汇集。其前2卷是其门人所编，后2卷为其子所编。补2卷则其门人章大来所编。《四书剩言》以语录体的形式，随时杂记，不以经文次序为先后，也不以《四

书》分编，唯每卷目录称《论语》若干条，《孟子》若干条，《大学》若干条，《中庸》若干条。四库馆臣在为是书所写提要中云："奇龄说经，善考证而喜辩论，故诠释义理，往往反复推衍，以典籍助其驳诘，支离曼衍，不顾其安。至于考核事实，征引训诂，则偏僻者固多，而精核者亦复不少。"① 正因为如此，所以对于《四书剩言》的考证成果应该谨慎地吸取。

《四书剩言》有《四库全书》本。

12.《四书正误》6卷，(清) 颜元撰

颜元 (1635—1704) 字易直，又字浑然，号习斋，博野（今属河北）人。初习陆王"心学"，继喜程朱"理学"，晚乃视理学为"杀人"之具，力加排诋。曾主讲肥乡漳南书院，设文事、武备、经史、艺能诸科，论事以尧舜周孔为标的，斥宋明诸儒离事言理，非周孔正传。深刻批判程朱理学脱离实际的书本教育，竭力提倡"实学"和"实用"的教育。著有《四存篇》、《四书正误》、《朱子语类评》、《习斋记余》，后人辑为《颜李丛书》。

颜元反对空谈心性，说："汉宋诸儒专以读讲著述为学，自幼少历老壮，极一生心力为之，故发明确透者亦多。然路径不同，下手亦异，凡遇者实用功处，便含糊说略过去，或说向精微远大处，更无亲切开豁语。"又曰："宋儒正孔门所谓小人儒，故其立言皆为自已地。"从这些言论可以看出颜元撰《四书正误》的缘由。书中所摘大多是在义理疑似之间。颜元认为自已所举皆其大端，其实朱注之支离妄谬之处很多，不可胜举。颜元注重经世，此书中也体现其经世思想。

此书被收入《颜李丛书》。

13.《四书温故录》不分卷，(清) 赵佑撰

赵佑 (1727—1800)，字启人，号鹿泉，浙江仁和（今属杭州）人。乾隆十七年 (1752) 进士，改庶吉士。散馆，授编修。历充主考官，诸道监察御史，督江西、安徽、福建、顺天学政。官终都察院左都御史。著有《清献堂集》传于世。

是书序可见作书的原因，赵佑曰："在《四书》以五经为故，读《四书》不进之以五经，不足以同《四书》也。在《四书集注》以古注疏为故，读《集注》不兼之以古注疏，不足以见紫阳采集之精，体经明道之功。凡诸儒之勤于注之疏之者，亦均自故出。而所见之分诣不同，至有纰缪显然之失。虽然，凡故之异乎朱子，而纰缪显然者，既非读之不足以见其有同乎朱子，而

---

① 永瑢等：《四库全书总目》卷三六《四书賸言》提要。

仍不及朱子，或较过于朱子。与夫虽异乎朱子，而未尝不足以备学者质疑析难，参今注所不逮者，初无疑乎尊朱。”由于功令《四书》尊朱，故佑自为斡旋，其书固非宗朱者也。书中于《大学》、《中庸》为略而于《论语》、《孟子》为详。好些地方发人之未发，如关于重出之解，赵佑认为《论语》疏言，篇中所载各记旧闻，不为义理，或以类相从，所以不免有重出之处。既以类相从，那么原非圣人一时一事之言，是以古注并不以为重复，而朱熹《四书集注》以为重复，后人遂删除不读，这是十分错误的做法。

此书有清乾隆刻清献堂全编本、《续修四库全书》本。

14.《四书问答》24卷、《驳四书改错》21卷，(清) 戴大昌撰

戴大昌（1750—1826年左右），字泰之，号斗垣，又号斗源，婺源桂岩人，戴国恩子。年十七中秀才，乾隆五十一年（1786）丙午科乡试举人。后授宣城教谕，与凌廷堪友善。著有《补余堂四书问答》、《驳毛西河四书改错》、《补余堂诗集》、《补余堂文集》、《琴音标准》、《斗垣随记》、《金陵杂咏》共7种。

《四书问答》援引汉唐以来注家古义，下及当代，于朱注多有辨正，用问答体以畅其说，俱能折中至当。其自下己意，发前人所未发者，亦数十条，如在解“丧与其易也宁戚”时，戴氏认为“易”当训为“简易”。春秋时古义渐微，其于他礼都是以奢侈为时尚，而于丧礼则是以简易为时尚，孔子如此云，是救时之论。又如在解“使门人为臣”时，戴氏认为欲门人行家臣丧服之礼，盖门弟子于师心丧思三年，于礼无服。唯《仪礼·丧服篇》，家臣之于大夫斩衰三年，子路以夫子尝为大夫，故使门人遵行此制。观于他日孔子之丧，门人疑所服，子贡曰“昔者夫子之丧颜渊，若丧子而无服，丧子路亦然，请丧夫子若丧父而无服”，与此节正相合。

《四书问答》被《续修四库全书》收录，另有《补余堂集》本。

《驳四书改错》前有戴氏自序，谓毛氏非以阐书义为心，而以攻朱注为事，凡于朱子用注疏为是，其旁采《汉书》诸儒及宋人说者，则并斥其原说之失。朱子依用《仪礼》者，则以为《仪礼》为战国时书，依用《周礼》、《礼记》者，则谓二书为汉儒说来进行驳斥。此书依照毛氏分32门，先列《四书》原文，下附朱注，次载毛说，次加按语。计237条。戴氏精于礼学，其中关于礼制者很多。此书与《四书问答》互相发明，不仅可以知毛氏之误，而且对于阐朱子未发之蕴有一定的参考价值。

《驳四书改错》有清道光二年（1822）刻本、《续修四库全书》本。

15.《四书恒解》20卷，(清) 刘沅撰

是书《大学》1卷，《中庸》1卷，《论语》上下各分2卷，《孟子》7篇，篇分上下卷。卷首都有自序及凡例。《论语》之首另有考辨，《大学》不用朱子改本，《中庸》则谓朱子分33章，脉络次第，较郑玄为精密，唯首尾贯通之旨，仍就子思本意，不从朱子。《论语》从何晏、邢昺说，《孟子》则谓孟子与孔子所处时代不同，其言仁兼言义，言心与性之不同，及养气不动心诸说本之孔子，所论极精。书中持论平实，不喜新奇，题曰"恒解"，意为与所著他经同也。

此书有《槐轩全书》本。

16.《三订四书辨疑》70卷，(清) 张江撰

张江，生平不明。是书包括《辨疑》22卷、《辨疑补》1卷、《绪余录》20卷、《绪余录补》3卷、《识小录》10卷、《武备编》4卷、《乐器编》5卷、《拾遗》10卷。每一种都有自序。所辨者，如朝聘、祭祀、衣服、器用、饮食之类，先列郑《注》、孔《疏》以及宋代诸儒之说于首，虽然言理不是很精，但是对于典章制度的考辨却很详备。

此书有清光绪十三年 (1887) 铅印本。

二、专著类

专著类《四书》总义文献主要是针对《四书》中的一些专门性问题，如《四书》中的名物、典故等进行考辨的著作。重要的有明陈禹谟的《四书名物考》，清赵敬襄的《四书集注引用姓氏考》、阎若璩的《四书释地》、宋翔凤的《四书释地辨证》、戴清的《四书典故考辨》等。

1.《四书典林》30卷、《四书古人典林》12卷，(清) 江永撰

《四书典林》分天文、时令、地理、人伦、性情、身体、人事、人品、王侯、国邑、官职、庶民、政事、文学、礼制、祭祀、衣服、饮食、宫室、器用、乐律、武备、丧纪、珍宝、庶物、杂语等部。为题730有奇，所列引用书目162种。除开经传以外，诸史、子、集、杂书概为收录，大抵仿照《北堂书抄》的体例。此书有关于天文历法、名物制度凡不精者，则加按语。此书采录各家颇多，援引十分准确有据。编排十分细致，与类书的体例相仿，可以为词家采获，也可以为经学家参证。

《四书典林》有雍正年间刻本。

《四书古人典林》是为补《四书典林》之遗漏而作。是书分帝王、古贤圣、诸侯、大夫、杂人、烈女各部，共200余人。此书虽为举业而作，但是考证精详，一些考证成果被后人奉为定论。

《四书古人典林》有光绪十四年石印本、《续修四库全书》本。

2.《四书释地》1卷、《四书释地续》1卷、《四书释地又续》2卷、《四书释地三续》2卷，（清）阎若璩撰

阎氏尤精于地理，凡山川形势，州郡沿革，了如指掌。此书即其以地理说经之代表作。先秦旧籍去今久远，流传既难，识真亦不易，如文字之讹夺，音读之变迁，以及地理、人物、掌故、概念之隔膜，往往会造成后人对于古书的误读误解。宋元以来，即使是对文字浅易之《四书》的解读，亦时有颇乖经义，其中诸儒昧于地理，即其一因也。作者对地理及儒家经典二者俱为熟稔，遂针对此弊，发挥已长，撰成是书。

是书所解《四书》，除经文之外，还包括宋儒“集注”的内容。其所“释地”，亦不仅解释有关地理的内容，而且兼及“人”、“物”及其掌故。大概作者的初衷原本“释地”，后意犹未尽，遂扩大至人、物及掌故；因此一续再续，以至于三，必期于诸疑明通确凿，然后已焉。其中《四书释地》1卷，凡57条。书既成，复摭所未尽为《释地续》1卷，牵连而及人名，凡80条。后又因地理人名而及物类、训诂、典制，又得163条，谓之“又续”。最后，又以其他解释经义者126条，谓编为“三续”，仍总以《释地》为名。其书体例，大抵先标明解释对象，然后旁参互证，予以说解。

四库馆臣曾批评此书释文有“过执已意”之嫌，然而亦承认其书在“四百二十一条之中，可据者十之七八”，以为“若璩博极群书，又精于考证，百年以来，自顾炎武以外，罕能与之抗衡者，观是书与《尚书古文疏证》，可以见其大概矣”。不仅如此，在阎氏的影响下，稍后戴清有《四书典故考辨》与《群经释地》两书，即是对《四书释地》的续作与扩充。

四部书均被收入《四库全书》，又有《皇清经解》本。

3.《四书释地辨证》2卷，（清）宋翔凤撰

是书对阎若璩《四书释地》多所匡正，如“首阳”一条，宋翔凤谓阎若璩以王伯厚考曾子书，以为“在蒲坂，舜都”者得之。按汉人多以偃师首阳为夷齐所隐，唯马融注《论语》，谓首阳在蒲坂。《汉书·艺文志》河东蒲反县有尧山首山祠，雷首在南，则蒲坂之山乃是雷首，而非首阳也，又在蒲坂南，安得有西山之目？又如“天覆地载”一条，宋翔凤认为若璩以《舜本纪》“北发息慎，南抚交阯”为对文，而按《大戴礼记·少闲篇》、《汉书·武帝纪》的记载，北发乃是国名。不过宋氏所解，有的地方也不尽准确，如若璩认为《论语》杞宋并不足征，《中庸》易其文曰“有宋存”，《孔子世家》末言子思尝困于宋，作《中庸》，《中庸》既作于宋，《中庸》易其文，大概为宋

讳。若璩此种看法颇有理。而宋翔凤认为《中庸》一篇言《春秋》之义，《春秋》具存二王，通三统之法，所以《孔子世家》云“因史记作《春秋》”。据鲁、亲周、故殷，运之三代，殷即宋也，而不及杞，故云“杞不足征”。王者之后称公，《春秋》既黜夏，杞不得为二王后，故贬称子。下存周宋为二王后，故云有宋存，从吾周也。宋翔凤常以《春秋》说《论语》，又谓子思作《中庸》，发掘《春秋》之微言大义，申明王鲁之谊。然《中庸》言吾学周礼，吾从周，则与绌周王鲁之说，固于义难通。

此书有《皇清经解》本。

三、文字音义类

文字音义类《四书》总义文献主要是从文字音读方面入手对《四书》进行研究，数量相对较少。重要的有明张溥的《汇定四书人物名物经义合考》，清王夫之的《四书考异》、翟灏的《四书考异》、李毓秀的《四书字类释义》等。

1.《汇定四书人物名物经义合考》12 卷，(明) 张溥撰

张溥 (1602—1641)，字乾度，后字天如，号西铭，江苏太仓人。崇祯年间进士，选庶吉士，自幼发奋读书，明史上记有他“七录七焚”的佳话。与同乡张采齐名，合称“娄东二张”。张溥曾与郡中名士结为复社，评议时政，是东林党与阉党斗争的继续。张溥在文学方面，推崇前后七子的理论，主张复古，又以“务为有用”相号召。一生著作宏丰，编述三千余卷，涉及文、史、经学各个学科，精通诗词，尤擅散文、时论。代表作有《五人墓碑记》。

是书卷首有吴伟业序、张溥自序以及凡例。按郭青螺考圣门人物而遗 72 朝人物，薛方山考 72 朝人物而遗名物，陈牛杓考名物而遗 72 朝人物；至于经传论著之异同，诸书更少论及。此书合而考之，每页截分上下二层，上层汇集名物典故，下层汇集人物经义，依《学》、《庸》、《论》、《孟》之次，相连编入，如果遇到有疑义之处，则为之标注。其援引虽然广博，但是也有泛滥之弊，如“《康诰》曰克明峻德”，经文只一句，乃举及全篇修身之身字，至遍引《释名》、《文子》诸书，多属于无关要旨。

此书有嘉庆九年 (1804) 刊本。

2.《四书考异》1 卷，(清) 王夫之撰

是书以许慎所引古文九经字义不同者为准，然自解散隶体，古文已隐，安所取准？其未经古文引据，而今文同俗书者，则以许慎、李阳冰、徐铉所定字正之。许多字所关至要，其误甚显，而学人沿用既久，而莫之或察。至

于不关涉字体，若“合外内之道也”，而监本《四书大全》作“内外”，虽然“外内”“内外”随文先后皆可，而古本似不应改易。王氏列举了很多具体的实例进行了考证。但是从整体上来看，流俗传写，讹谬多多，而此书所未摘录者亦很多。

此书有《船山遗书》本。

3.《四书考异》36 卷，(清) 翟灏撰

翟灏（生卒年不详），字笠山。乾隆十九年（1754）进士，学识渊博，官金华衢州府学教授。两度于台湾台北地区担任台湾府淡水厅新庄县丞一职。

是书原刻本有《总考》36 卷，学海堂本止条考 36 卷，乾隆年间无不宜斋刊本有 72 卷。此书于《论语》辨“公山弗扰以费畔”及《孟子》“劝齐伐燕”二条，尤有关系。论“象日以杀舜”为事，谓尧之天下岂容有杀兄之事，亦所闻谬也，其言甚正。然知《家语》之伪，而不知东晋《古文尚书》中《武成》、《泰誓》之伪。于《中庸》“追王太王、王季”一条，援引《泰誓》、《武成》为证，既未正之，又复于《孟子》“太誓曰”条下引赵岐《章句》论之曰：“赵氏时惟河内女子献伪《泰誓》行，孔壁古文世犹未见，故凡今本书中所有，多云逸篇。”此虽明其有古文，仍望而虚测之也。依其说，是直以梅赜《古文尚书》之《泰誓》为真出孔壁之文，不亦谬乎？其中也有可取的地方，如于刘宝楠《论语正义》多采录之，则此书有裨益于经义便可知了。

此书有《皇清经解》本。

第四节　《大学》文献

《大学》是《礼记》的第 42 篇。中唐韩愈、李翱以及宋代二程表彰和推崇《大学》，朱熹则在前人的基础上，把《大学》提升到更高的地位，并将其与《中庸》、《论语》、《孟子》合编为四书，并定《大学》为四书之首，视为学者入德之门。元仁宗延祐（1314—1320）年间恢复科举，《大学》又被列为举业必修必考之书。明清沿元之旧，仍视《大学》为科举的教材。《大学》提出了一套修身、齐家、治国、平天下的修己治人之道，它不仅为社会提供了系统的政治哲学理论，而且也为士大夫提供了内圣外王的基本方法。自宋代以后，《大学》独自刊行，受到很多学者的重视，对《大学》进行研究的作品随之大量出现。不过，迄今为止，尚无人对中国古代的《大学》文献进行系统的梳理，人们对《大学》文献的源流的认识也十分模糊，这不利于人们正

确认识《大学》在宋代及宋代以后在思想学术以及社会方面所产生的影响。鉴于此，对《大学》文献进行全面的考察和梳理是十分必要的。

一、原生的《大学》文献

（一）《大学》的作者

关于《大学》的作者及成篇，自古以来学人们看法不一：

（1）春秋末战国初说

贾逵认为《大学》作于子思，他说："孔伋居于宋，惧先圣之不明，而帝王之道坠，故作《大学》以经之，《中庸》以纬之。"（见魏松《标刻石经表》）后代赞成这一观点的有刘宗周、郑晓等。

（2）战国前期说

宋代朱熹将《大学》分为经、传两部分，经是"孔子之言，曾子述之"，传是"曾子之意而门人记之"①。

（3）西汉初年说

任继愈主编的《中国哲学史》持这样的看法："《大学》、《中庸》的作者，如今已不可详考，它们和《礼记》中的其他各篇著作一样，其时代特征是比较鲜明的，都属于西汉初年的作品。"②

（4）东汉说

陈确曰："《大学》，其言似圣而其旨实窜于禅，其词游而无根，其趋罔而终困，支离虚诞，此游、夏之徒所不道，决非秦以前儒者所作可知。"③

各家所说皆各有理，然由于缺乏文献根据，往往是依据《大学》的内容进行推测，仁者见仁，智者见智，难成定论。

1973年，湖南长沙马王堆出土的汉墓帛书，其中有《五行》。1993年湖北荆门郭店楚墓出土的竹简，经过整理，于1998年公布，其中也有《五行》的经文部分。这些出土文献为学术界正确认识《大学》的作者及成篇的时代提供了非常重要的文献证据。李学勤在《从简帛佚籍五行谈到大学》一文中根据马王堆帛书《五行》和郭店简中的《五行》，结合宋代朱熹的《大学章句》，对《大学》的作者及成篇年代做了探讨。李先生的论证要点可以概括如下：

第一，朱熹的功绩之一就是将《大学》分为"经"和"传"，他认为经仅

① 朱熹：《晦庵集》卷一六，文渊阁《四库全书》本。

② 任继愈：《中国哲学史》第1册，人民出版社，1966年，第108页。

③ 陈确：《大学辨一》，见《陈确集·别集卷十四》，中华书局，2005年。

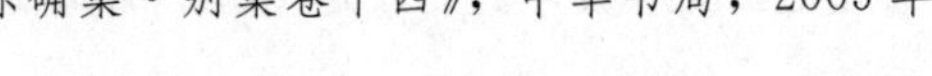

一章，“盖孔子之言，而曾子述之”。传共十章，“则曾子之意而门人记之也”，“旧本颇有错简，今因程子所定，而更考经文，别为序次”①。朱熹对《大学》的复原不一定是最理想的，不过经过朱熹的梳理，《大学》篇文的体例已经清楚，即篇首有经，随后有传。传对经的解说，大体说来是逐段，甚至是逐句的。

第二，朱熹认为《大学》经本“孔子之言而曾子述之”，传则是“曾子之意而门人记之”，根据是《大学章句》的第六章“专解‘诚意’，而明记曾子。案汉赵岐《孟子题辞》称孟子‘退而论集所与高第弟子公孙丑、万章之徒难疑答问，又自撰其法度之言，著书七篇’，是《孟子》一书内有门人所记，也有孟子自撰，而《题辞》直称：‘此书孟子之所作也，故总谓之《孟子》。’至于书中通呼‘孟子’，乃是当时著书通例，和《墨子》书中的‘子墨子’、《史记》篇末的‘太史公’是一样的。因此，朱子说《大学》系曾子所作，绝非无因”。②

第三，从思想来说，《大学》与《论语》等书记载的曾子言论亦相一致。如有学者指出：“曾子曰：‘夫子之道，忠恕而已矣。’明明德，忠也；新民，恕也。子曰：‘夫仁者，己欲立而立人，己欲达而达人。能近取譬，可谓仁之方也已。’《大学》一篇之旨尽于此矣。”③ 由此看来，《大学》确可认为是曾子的著作。

第四，马王堆帛书的《五行》中有经传体例，《大学》所具有的经传体例则与此完全相同。此外，《大学》中的慎独思想与《五行》中的慎独思想如出一辙。《五行》是子思的作品，子思师承曾子，二者思想有相通之处，也是情理之中的事情。

我们认为，李学勤将考古学的成果与学术思想研究结合起来，认为“《大学》的传应认为曾子作品。曾子是孔子弟子，因而经的部分就一定是曾子所述孔子之言”，④ 论证颇为详密，当为可信。王锷也赞同李学勤的结论，并做了一些补充和发挥，具体内容可以参见王锷所著《〈礼记〉成书考》。

（二）“三纲八条目”

郑玄云：“名曰‘大学’者，以其记博学可以为政也。”⑤ “大学”即“博

---

① 朱熹：《四书章句集注》，中华书局，1983年，第4页。

② 李学勤：《从简帛佚籍五行谈到大学》，载《孔子研究》1998年第3期。

③ 任铭善：《礼记目录后案》，齐鲁书社，1982年，第90页。

④ 李学勤：《从简帛佚籍五行谈到大学》，载《孔子研究》1998年第3期。

⑤ 《礼记正义·大学》孔颖达疏引，阮元校刻《十三经注疏》本，第1673页。

学”之意。孔颖达进一步申说：“此《大学》之篇，论学成之事能治其国，章明其德于天下，却本明德所由，先从诚意为始。”① 按照朱熹的理解，《大学》的理论构架以“三纲领”、“八条目”为主。“明明德，亲民，止于至善”是全篇的主旨，也是全篇的总纲，所以叫做《大学》的“三纲领”。“格物、致知、诚意、正心、修身、齐家、治国、平天下”八者为《大学》的“八条目”。“三纲领”是本，“八条目”是末，“三纲领”统摄“八条目”，都是《大学》的思想核心所在。

《大学》在首章提出“大学之道，在明明德，在亲民，在止于至善”。“明明德”是基础，“亲民”是目标，“止于至善”是最终理想的德治社会。可以看到，《大学》所倡导的这种方法，实际上是一种内圣外王之法。“明明德”，根据朱熹的解释：“明，明之也。明德者，人之所得乎天，而虚灵不昧，以具众理而应万事者也。但为气禀所拘，人欲所蔽，则有时而昏，然其本体之明，则有未尝息者。故学者当因其所发而遂明之，以复其初也。”②《大学》提倡的这种内圣外王之道，与孟子的“性善论”是十分相似的，二者都认为明德的内涵是人心所本有的，人们所需要做的，就是将内心本有的道德良心通过“明”外化出来而已。对“亲民”，历来有不同的理解，有将“亲”做“新”的，如朱熹；也有将“亲”作“亲近”之“亲”的，如王守仁。不过依据《大学》文本的解释，“亲”为“新”当更符合原意。根据朱熹的注释，“新民”使人民经过教化，则能去其受污染的旧心，每天不断地进步，不断提高道德修养，从而达到天下太平。“止于至善”是“明明德”的内在的道德修养和“亲民”的外在事功的基础之上所达到的终极目标。这里所说的“至善”，既有伦理的意味，也有政治的内涵，二者融合在一起。“明明德”、“亲民”、“止于至善”三者依次递进，从主体的内在修为达到至善的最高境地。

《大学》还提出了“三纲领”具体的实践方法与步骤，即“格物、致知、诚意、正心，修身、齐家、治国、平天下”。朱子说：“此八者，大学之条目也。”③ 如果从前往后，则可以将八个条目理解成按照时间先后、前后相因的条件关系。由“格物”至“平天下”是顺取的方向，即按照由内在到外在的展开，从道德主体转化到客观世界。由“平天下”到“格物”，则是逆向的转化，即从目标回溯到基本工夫，这是由客观世界转化为主体世界。顺取和逆

① 《礼记正义·大学》孔颖达疏引，阮元校刻《十三经注疏》本，第1673页。

② 朱熹：《四书章句集注·大学章句》，中华书局，1983年，第3页。

③ 朱熹：《四书章句集注·大学章句》，中华书局，1983年，第4页。

转，构成了一个回环互用的主体与客体转化之道，这是《大学》的理想实践方法和步骤。

《大学》所提倡的“三纲领”、“八条目”，即所谓的内圣外王之道，它不仅为统治者提供了系统的政治哲学纲领，同时也是士大夫们道德修养的基本方法，对宋、元、明、清的政治、思想、文化、教育乃至艺术都产生了十分深远的影响，统治中国思想界长达700余年。

（三）《大学》被抽离《礼记》及经典化

唐以前，《大学》并没有单独刊行，学者们也只是将其看作《礼记》中的一篇进行研究和注释。中唐韩愈、李翱看到佛学对儒学的消解，于是在《大学》中寻求思想资源以与佛学抗衡，他们对《大学》的表彰和阐释开启了唐宋学者重视《大学》的先河。虽然韩愈在《原道》中没有直接阐释《大学》，但是他开始援引《大学》中的章句来探讨经邦理国，李翱在韩愈的基础上对《大学》做了进一步的发挥，这些都为宋代的学者提供了新的思路。

一般都认为，宋人表彰《大学》当自二程，实际上，在二程以前，司马光就有《大学广义》1卷，《大学》自此别行于世。正如四库馆臣所云：“惟《大学》自唐以前无别行之本。然《直斋书录解题》载司马光有《大学广义》一卷，《中庸广义》一卷，已在二程以前，均不自洛闽诸儒始为表章。”① 二程也是极力推崇《大学》，掀起了表彰《大学》的高潮。朱熹作《大学章句》，并将其与《中庸章句》、《论语集注》、《孟子集注》合编为《四书章句集注》。南宋光宗绍熙元年（1190）庚戌，朱熹知福建漳州，刊刻了《易》、《书》、《诗》、《春秋》四经，以及《大学》、《中庸》、《论语》、《孟子》四书，《四书》自此而来。元仁宗皇庆二年（1313）恢复科举，以朱熹《四书章句集注》为考试科目，《大学》作为《四书》中的一种，地位也随之得以提高。明清两代科举取士，《四书》也是必读必考科目，《大学》也因此得以受到学人的极大重视，并有大量的《大学》研究著作出现。

二、《大学》文献的数量、种类及分布

（一）《大学》文献的数量

朱彝尊《经义考》卷一五六至卷一六一著录自宋至明《大学》文献共189种，其中宋代为41种，元代为22种，明代为126种，卷一六二著录《大

① 永瑢等：《四库全书总目》卷三五《大学章句》《论语集注》《孟子集注》《中庸章句》提要。

学》、《中庸》合注的文献共计74种。又根据《四库全书总目》，清初到乾隆年间的《大学》文献有3种，存目有9种，《大学》、《中庸》合注本有1种。《续修四库全书》收录的《大学》文献共有11种，其中明代1种，清代10种。《续修四库全书提要》为《四库全书》没有收录的现存书撰写了提要，其中有关于清代的《大学》文献提要57篇。综合以上书目的著录情况，除去重复，保守地估计，中国古代的《大学》文献约为260余种。

（二）《大学》文献的种类

《中国丛书综录》的“四书类·大学之属”将《大学》文献分为“正文”和“传说”两类。所谓《大学》的“正文”类，即指《大学》原文，又称白文，没有注释。如丛书《说郛》中保存有《大学古本》一卷即是正文，丛书《篆文六经四书》中保存的《大学》也是正文。所谓《大学》的“传说”类，即对《大学》正文进行注释和阐发的文献，这一类的文献比较多，特别是南宋朱熹作《大学章句》以后，学者们对《大学》愈发重视，对《大学》的注释之作数量亦陡增。宋代以后，重要的《大学》传说类文献很多，元代如许衡的《大学直解》、黎立武的《大学发微》；明代如王守仁的《大学古本旁释》、丘濬的《大学衍义补》；清代如胡渭的《大学翼真》、毛奇龄的《大学古本说》、宋翔凤的《大学古义说》等。这些传说《大学》类文献，或训释文字，或阐发义理，对于理解《大学》的文本原义及其中蕴涵的微言大义都是十分有帮助的。

（三）《大学》文献的分布

《大学》文献多存于经部。如《四库全书》将《大学》文献收录于“经部·四书类”。不过四库馆臣在对图书进行收录时，对明代的图书多有歧视，不予以收录，正是此原因，四库馆臣对明代的《大学》文献无一收录。《续修四库全书》的“经部·四书类”收录了一些《四库全书》未收录的《大学》文献。《四库全书存目丛书》收录了《四库全书》存目中的一些图书，其中包括一些明代的《大学》文献。此外，一些经学文献丛书中也保留了一些《大学》文献，如《通志堂经解》、《皇清经解》、《皇清经解续编》收录了一些比较重要的《大学》文献。提请读者注意的是，《四库全书》的“经部·四书类”中以“四书”为名的文献，其中也包括《大学》文献，这是对《大学》进行研究必须具备的资料。我们在这里没有将以“四书”为名的《大学》文献纳入考察的视野，主要是因为“四书总义文献概论”一章已有介绍。

一些文集中也保留了部分《大学》文献，如《全宋文》中就有不少关于

四书文献的序跋资料，这些序跋是我们研究宋代《大学》文献重要参考资料，具有珍贵的文献价值。

丛书对于保存古籍起到了非常重要的作用，许多古籍正是由于被丛书收录，才得以流传后世。《大学》文献也是如此。除《四库全书》、《四部丛刊》和《续修四库全书》、《通志堂经解》外，《丛书集成初编》、《丛书集成续编》、《西京清麓丛书正编》、《四书古注全义汇解》、《学海类编》等丛书中也收录了不少《大学》文献。此外，一些收录某位学者著作的丛书，如《刘氏传经堂丛书》、《谢程山全书》、《单氏全书》、《成氏遗书》、《何文贞公遗书》等都收录了一些《大学》文献。

全国各地的图书馆中存有许多单刻本流传的《大学》文献。如根据《北京大学图书馆古籍善本书目》著录，北京图书馆藏有金周熊《提纲大学》、明穆孔辉的《大学千虑》等善本《大学》文献。另外，根据《北京图书馆古籍善本书目》、《清华大学图书馆古籍善本书目》的著录，国家图书馆、清华大学图书馆等著名的图书馆也著录了馆藏的善本《大学》文献。

一些目录书、藏书题跋和地方志中也有关于《大学》文献的资料。目录书方面，如儒学文献目录丛书《经义考》就著录了自汉至清的《大学》文献，其中还收录了一些珍贵的序跋资料。藏书目录，如《郑堂读书记》著录有关于明景星的《大学集说启蒙》、王守仁的《大学学古本旁注》，清李光地的《大学古本说》、毛奇龄的《大学改错》和《大学知本图说》，胡渭的《大学翼真》等，并对自宋至清的许多《大学》文献写了题跋。《中国善本书提要》中也对很多关于历代《大学》文献的卷数、刊刻、馆藏情况进行了说明。另外，《爱日精庐藏书志》、《抱经楼藏书志》、《万卷楼藏书记》、《开卷有益斋书志》、《善本书室藏书志》等藏书目录中也有不少关于所藏《大学》文献的题跋。一些地方志中也保留了部分《大学》文献，这些《大学》文献反映了地方学人对《大学》研究的状况。如清嘉庆年间重修的《四川通志》中就著录了陈一经的《大学大全》，这些《大学》文献对于研究四川地区《大学》学史有着十分重要的参考价值。

三、《大学》文献举要

（一）《大学》“改本”文献

《大学》本为《礼记》中的一篇，自汉至宋初，学人都遵郑玄校勘本，即后人所说的“古本”。宋代学人将《大学》从《礼记》中抽离，并对《大学》的文本进行了改动。程颢首开疑改《大学》之风，引起了学者们疑改《大学》

的兴趣，程颐、林之奇、朱熹、王柏、吴澄等都对《大学》进行了一定程度的改动。由于朱熹《大学章句》的影响最大，所以元、明、清的《大学》多遵照朱熹改本，甚至有些《礼记》注本也依朱熹改本，如孙希旦《礼记集解》中的《大学》就仅著篇目，下标“朱子章句”，不录记文。

《大学》中蕴涵有丰富的修身治国的思想资源，所以得到中唐韩愈及其后思想家的重视和表彰，宋代的理学家们以改动和注释《大学》来阐发自己的理学思想，如朱熹通过对《大学》的改动，使“三纲领”、“八条目”更为清晰明白，通过对《大学》进行注释，从而阐发了理学思想。宋代以后，学者们对《大学》的研究有的是从理学的角度入手，清代胡渭撰《大学翼真》，虽“考据精核，考证详明”，但是大旨仍以朱子为主。

1.《大学章句》1卷，(宋) 朱熹撰

朱熹对《大学》给予特别的关注，认为是“入德之门”，他说：“我平生精力，尽在此书。先须通此书，方可读他书。”亲自为《大学》分章句，并“补其阙文”。朱熹将《大学》分为“经”和“传”，《大学》开首一段为“经”，其后的部分为“传”，并认为“经”“盖孔子之言，而曾子述之”，“其传十章，则曾子之意而门人记之”。朱熹改动《大学》有两处：一是将“《康诰》曰‘克明德’……与国人交止于信”提到“而其所薄者后未之有也”与“《诗》云‘瞻彼淇澳’”之间；二是将“此谓知本，此谓知之至也……故君必诚其意”移至“大畏民志，此谓知本”与“所谓修身在正其心者”之间，其余的顺次相接。很明显，朱熹是在程颐改本的基础上进行的，其改本与程颐改本的最大不同在于朱熹认为听讼章相连的两个“所谓知本”的后一个并非衍文，他将此“所谓知本”与“此谓知之至也”作为一个单独单元，认为《大学》此句上别有阙文，故而增补格物致知传。① 朱熹认为《大学》最重要的工夫就是“格物”，而古本《大学》却忽略了这一点，于是“窃取程子之意而补之”。李方泽认为朱子补格物致知传是“朱熹改定《大学》版本的核心所在，朱熹对《大学》的阐释和发挥，主要就是围绕着‘致知在格物’这个命题展开的”。② 在《大学章句》中，朱子阐发自己的理学思想，并阐明了为学的次序，对宋代及宋以后的思想家影响甚深。

《大学章句序》是《大学》的要领，也是朱子学的重要文献之一。此文写

① 杨新勋：《宋代疑经研究》，中华书局，2007年，第212页。

② 李方泽：《朱熹对大学主旨的改造和诠释》，载《安徽大学学报》2006年第2期。

于朱子六十岁时，此时朱熹的思想已经趋于成熟和定型，《大学章句序》完成于《大学章句》十几年以后，颇能代表朱熹的思想。朱熹在《大学章句序》中对大学作为教育制度的人性论依据、古代教育分为大学和小学两个阶段、化民成俗的重要性以及《大学》的作者和思想归属都做了说明。

此书常见的版本有《四库全书》本，此外此书作为《四书章句集注》的一部分，有中华书局1983年标点本和上海古籍出版社1995年标点本。

2.《大学疏义》1卷，（元）金履祥撰

朱熹撰《大学章句》之后，又作《大学或问》以申明之。然而朱熹对《大学章句》屡次进行修改，而于《大学或问》则不复修改，所以《或问》与《章句》的前后相抵牾之处甚多，引起了不少学者的怀疑。金履祥则根据《或问》的章第作《大学疏义》，以此来对《或问》的主旨进行疏通和阐发。并作《指义》一篇，以此为纲要。《大学疏义》随《大学》原文进行诠解，多有阐发。《疏义》虽然为理学著作，但并不是一味地空发议论，而是重视《大学》原文，力求阐发文本原来的微言大义。四库馆臣对此书评价较高："盖仁宗延祐以前尚未复科举之制，儒者多为明经计，不为程试计，故其言切实，与后来时文讲义异也。"①

此书常见有《四库全书》本、《丛书集成初编》本。

3.《大学衍义》43卷，（宋）真德秀撰

是书分为纲和目两部分。纲又分为二：帝王为治之序和帝王为学之本；目又分为四：格物致知之要、正心诚意之要、修身之要、齐家之要。二纲四目贯穿全书，每一条之中，首之以圣贤之训典，次之以古今之事迹、诸儒之释经论史有所发明者录之。《大学衍义》提供了一套供君主参考的治国方案。真德秀强调，帝王要内圣而开外王，他说："首之以帝王为治之序者，见尧舜禹汤文武之为治，莫不自心身始也。次之以帝王为学之本者，见尧舜禹汤文武之为学，亦莫不自心身始也。此所谓纲也。"② 正因为如此，此书受到宋代以后历代统治者的推崇，如宋理宗认为此书"备人君之轨范"③。元武宗认为"治天下此一书足矣"④。

根据学人的考证，《大学衍义》在宋元明清的版本见诸目录书的著录在十

---

① 永瑢等：《四库全书总目》卷三五《大学疏义》提要。

② 真德秀：《大学衍义札子》，见《真文忠公全集》，台湾文友书店，1974年。

③ 真采：《西山真夫子年谱》，见《真文忠公全集》，台湾文友书店，1974年。

④ 真采：《西山真夫子年谱》，见《真文忠公全集》，台湾文友书店，1974年。

种以上。[1] 南宋宁宗年间，理学一度遭到禁锢，后来在魏了翁、真德秀等宗朱学的学者的倡导下，理学又逐渐走向兴盛。《大学衍义》在宋代以后版本渐多，折射出理学兴衰的迹象。此书被收入《四库全书·子部·儒家类》。

4.《大学衍义补》163卷，（明）丘濬撰

丘濬（1418—1495），字仲深，号深庵、玉峰，别号海山老人，琼州琼台（今属海南）人。明代中叶的理学名臣、15世纪的杰出学者，著名文学家、教育家，明弘治朝官至少保兼太子太保、户部尚书、武英殿大学士，同海瑞合称为"海南双壁"。

此书是在南宋真德秀《大学衍义》的基础上编撰的，《大学衍义》只有43卷，而《大学衍义补》多达163卷，远远超过了真氏之书。《大学衍义补》的内容，按丘濬自已的话说，是"窃仿真氏所衍之义，而于齐家之下，又补于治国、平天下之要，其为目凡有十二个"[2]。这12目分别是：正朝廷、正百官、固邦本、制国用、明礼乐、秩祭祀、崇教化、备规制、慎刑宪、严武备、驭夷狄、成功化。这12目，包括政治、经济、军事、文化等各个方面的内容。通过对这些问题的论述，丘濬阐述他自已对于治国平天下的一系列观点。在《大学衍义》的基础上，丘濬还补充了《审几微》3卷，置于全书之首，自称为全书的"大要"，丘濬在这3卷中，阐述他自已关于防患于未然的思想。由于《大学衍义补》十分重视伦纲理常，并提出了一系列治国安邦的策略，所以受到明以后统治者的重视，自成书上奏朝廷到清末，一直是朝廷经筵讲进的必读之书。

此书有《四库全书》本。

5.《大学翼真》7卷，（清）胡渭撰

是书卷一分4目，分别是："大学二字音义"、"先王学校之制"、"子弟入学之年"、"乡学之教"。卷二分3目，分别是"小学之教"、"大学之教"、"学校选举之法"。卷三分3目，分别是"《大学》经传撰人"、"古本《大学》"、"改本《大学》"。皆引据精核，考证详明，一反空疏游谈之学。卷四以下为胡渭所考定之本，大旨仍以朱子为主，力辟王学改本之误。以经为1章，传为8章。其说与朱子小异，仅"格致"一章不必补传。其论格物，仍袭朱子之旨。此书反映出清初学者仍以尊奉朱学的学术取向。

---

① 孙先英：《从历代书目的著录看大学衍义的文献价值》，载《西南民族大学学报》2004年第4期。

② 丘濬：《大学衍义补序》，见《大学衍义》卷首，文渊阁《四库全书》本。

此书有《四库全书》本。

6.《大学辨业》4卷，(清) 李塨撰

是书分为4卷。卷一总论《大学》，辨后儒所论大学、小学，并辨后儒改易《大学》原本。卷二有《大学》原文1篇，全文解《大学》之道，至“致知在格物”解。卷三辨后儒“格物”解，“其本乱”至“此谓知之至也”解，申论格物。卷四所谓“诚其意”至末解，申解全篇。此书的大旨在于辨程朱诸儒移易经文、妄分经传之不当。从此书也可以看出，李塨之说多本颜氏，其援引诸儒之说，则多节取与自己学说相符合者。李塨为此说必在切实可行，对一切空泛迂腐之言，所在必斥。

此书有《畿辅丛书》本、《李恕谷遗书》本、《续修四库全书》本。

7.《大学说》1卷，(清) 惠士奇撰

是书有段玉裁所作序言。分章以朱熹改本为据，然于其他方面则多所订正。惠士奇认为，大学之道，致知在格物，格物在知本，故曰“物有本末，事有始终，知所先后，则近道矣”。此言格物，乃启下文，非接上文。朱熹以明德为本，亲民为末，谓德为本可，谓民为末则不可，始终本末，指明致知格物而言，非谓明德亲民。惠氏认为，“亲民”不能读为“新民”。“格物”不取“格去物欲”，“格”之言“度”也。“辟”读为“譬”，以郑说为优。此皆是纠朱熹之失。段玉裁称此书“精言硕论，根极理要”并非溢美之辞。惠士奇《大学说》体现了清代考据学派经学家治《大学》的严谨朴实之风，与宋明以来主义理的空疏学风有很大不同。

此书有《璜川吴氏经学丛书》本、《续修四库全书》本。

(二)《大学》“古本”文献

朱熹的改本受到一些学人的怀疑，如明代王守仁就主张以古本《大学》为据，反对朱熹改本，其后吴应宾、刘沅、宋翔凤、郭嵩焘等人皆不用朱子改本。有的则是根据“古本”，对朱子改本中的理学思想进行攻驳，如明代李经纶的《大学稽中传》攻击朱子《大学章句》，深辟格物之说。

1.《大学古本旁注》1卷、《大学古本问》1卷，(明) 王守仁撰

王守仁 (1472—1529)，字伯安，号阳明子，浙江余姚人。世称阳明先生，故又称王阳明。早年因反对专权宦官刘瑾，贬官贵州龙场驿丞，于是悟道，成为一代心学大师。后在平定农民起义和朱宸濠之乱中，屡建奇功，封新建伯，官至南京兵部尚书。著述辑为《王文成公全书》，其中《传习录》、《大学古本旁注》和《大学问》是他的主要哲学著作。

自朱熹改定《大学》，分经分传，补“格物致知”传，而为之章句，《大

学》文本乃变于古。明代官方又以朱熹《大学章句》而纂辑《大全》，用以取士，士子于是只知奉功令，窃科举，日濡染于塾师之训，而不知《大学》有古本矣。所谓古本，即汉郑玄所注，唐孔颖达疏，都是古本。宋元时期的学者多以朱熹所改定的《大学》为本。王守仁反对朱熹改动《大学》古本，倡导尊信古本《大学》。因此，《大学》的复古之功当以王守仁为首。朱彝尊《经义考》对王守仁此举十分推崇。考《大学古本旁注》，不难发现此书不过是取《郑注》《孔疏》本而旁释之，而张夏辑《洛关闽渊源录》于王守仁传中，认为守仁叙古本《大学》倒置经文有罪。王守仁以后，不少学者开始对朱熹《大学》改本表示怀疑，自明至清都是如此，这不能不说与王守仁尊信《大学》古本有关。

《大学古本问》为阳明补充说明《大学》疑难问题而作，邹守益跋是书曰：阳明既“阳明先师恐《大学》之失其传也，既述古本以息群疑，复为问答以阐古本之蕴，读者虚心以求之，泝濂洛以达孔孟，其为同为异，必有能辨之者”。阳明弟子钱德洪亦曰：“吾师接初见之士，必借《学》《庸》首章以指示圣学之全功，使知从入之路。师征思田，将发，先授《大学问》，德洪受而读之。”（《经义考》卷一五九引）可见，《大学古本旁注》乃对《大学》的全注全解，《大学古本问》则是纲领性、要点性解释。如他反对朱子分经分传之为、补撰“格物致知”传之作，和他自己对“格物致知”的理解，都集中地见于《大学古本问》一文。是二书者，实可相为补充也。

二书明代刊本甚多，李调元又刊于《函海》中。《续修四库全书》和《丛书集成初编》也收录之。

2.《古本大学释论》5卷，（明）吴应宾撰

吴应宾（1565—1634），字客卿，号观我，门人私谥宗一先生。方以智的外祖父。他20岁考中进士，授翰林院编修。后以目疾告归，潜心学问；晚年双目失明，仍不改初衷。他的著作不少，主要有：《宗一圣论》10篇、《古本大学释论》5卷、《中庸释论》12卷、《性善解》1卷、《悟真篇》、《方外游》、《采真稿》、《学易斋集》，惜均已散佚。

是书之所以题为“古本”，乃尊王守仁的缘故。此书首列提纲，接下来是解释篇名，再就是解释古本，以下分别解释首章及诚意、修身、齐家、治国、平天下。附辨石经新本。吴应宾以“明明德”为《大学》之宗，以“亲民”、“止至善”为“明明德”之实，而其关键则在于“知”。分释的各篇，阐释其理甚详，大抵推阐王守仁良知之说，对王守仁“善者心之体”等命题进行辩护。此外，此书还对古本《大学》和朱熹改本进行调和。如

在解释《大学》篇名时，吴应宾谓郑玄注读“大”为“太”，主教士之法，朱熹云“大人之学”，则并及教人之意，郑说不谬，而朱训为优，可知吴氏为调和之见。

此书有明万历刊本。

3.《大学古文参疑》1卷，(明) 刘宗周撰

刘宗周 (1578—1645)，字起东，别号念台，浙江山阴 (今绍兴) 人。因讲学于山阴蕺山，学者称蕺山先生。万历二十九年 (1601) 进士。他是明代最后一位儒学大师，也是宋明理学 (心学) 的殿军。他著作甚多，内容复杂而晦涩。他开创的蕺山学派，在中国思想史特别是儒学史上影响很大。清初大儒黄宗羲、陈确、张履祥等都是这一学派的传人。除《阳明先生传信录》外，刘宗周还撰定了《经籍考》、《古学经》，辑《古小学集记》、《古小学通记》，并著《原旨》、《治念说》。

是书以高攀龙所定本为依据，以“诚意”一章于“此谓知本”一章之下。然而《参疑》也不是纯用古本，而是兼用曹魏石经本，其间或从古本，或从石经本。宗周认为戴氏之传《大学》早已成为一大疑案，程朱之改本也是一大疑案，所以他认为王守仁以古本为据比较合理。宗周又谓不敢辄为之解，听其自解自明，以存古文之万一，因此题曰“参疑”。

此书刊于清道光十五年，《刘子遗书》收录之。

4.《大学古本说》1卷，(清) 李光地撰

李氏主张《大学》用古本，在《大学古本说》书后的“自记”中，李氏曰：“读朱子之书五十年，凡如《易》之卜筮，《诗》之雅正，周子无极之旨，邵子先天之傅，呶呶纷拏，至今未息，皆能灼以不惑，老而逾坚。独于此书亦牵勉应和焉，而非所谓心通而默契者。间靠郑氏注本，寻逐经义，窃疑旧贯之仍，文从理得。况知本诚身二义，尤为作《大学》者枢要所存，似不应使溷于众目中，而致为陆王之徒者得以攘袂扼臂，自托于据经诘传。”① 光地与朱子意见不合，并不是与朱子为难，而是不愿附和以自欺。

此书被收入《四库全书》。

5.《大学证文》4卷，(清) 毛奇龄撰

是书4卷，备述《大学》改本之异同。首列注疏本，认为此乃《大学》之真古本；次列汉熹平石经本；次列魏正始石经本，即丰坊所依托之本；次为北宋程颢改本；次列程颐改本；次列朱熹改本。以上皆列全文。次列王柏

---

① 李光地：《大学古本说》“自记”，文渊阁《四库全书》本。

改本；次列季本改本；次列高攀龙改本，即崔铣改本；次为葛寅亮改本。以上不列全文，只列异同之处。四库馆臣评价曰："奇龄备列诸本，使沿革秩然，亦足以资考证。盖一则欲纲目分明，使学者易于致力。一则欲章句不易，使古经不至失真。各明一义，固可以并行不悖耳。"①

此书《四库全书》、《西河合集》等收录之。

6.《古本大学质言》1卷，(清) 刘沅撰

刘沅所撰《四书恒解》，以为文字简略，学者拘于常说，不能通其意，因此又作《古本大学质言》1卷，朴实说理，以期人人都知，所以定此书之名为"质言"。此书大旨多主义理，但是并不以宋儒为宗。开首"明明德"三字，谓"明明"二字相连，意即"明而又明也"。德即天理，心在后天。并批评朱熹以知觉运动之心为德，虚灵不昧，盖杂禅宗，不知心虽虚灵，而非圣人纯一之德，本原已错。书中又谓"至善"为本，"止至善"为始，此节紧承上节，教人不要泛泛求知。下文特就大学功效言之，格去物欲，只是知止时。持志养气到了定静安景之时，则物欲去，先儒不明书旨，另补"格物致知"传，显然不当。《续修四库全书提要》云："书中大都是抒发己见，不拾他人牙慧。"

此书有《槐轩全书》本。

7.《大学古义说》2卷，(清) 宋翔凤撰

是书题曰"古义说"，是对朱熹《大学章句》而言的。此书体现了《公羊》学派解释经重视义理而轻考据的特点，如宋翔凤认为，"物有本末，事有始终"是言帝王之事，帝王之事，王德递嬗终而复始，邹衍称引天地剖判以来，王德转移，治各有宜，而符应若兹。作始终大圣之篇，自邹衍以及贾谊、司马迁，并谓从所不胜，刘向父子以为以母传子，终而复始，若王行之于四时，皆明明德有天下，探命历之去就，以绝诸侯嗜干天位之心，则当从以母传子之说。

此书有《续修四库全书》本。

8.《大学章句质疑》，(清) 郭嵩焘撰

是书前有王先谦序以及自序。朱熹《大学章句》改易古本而补"格物致知"一传，并云自己曾对《大学》用功最久。郭嵩焘晚年治朱子之学，以为《大学》一书完整无缺，数百年之辩争，都是求之于外，而未得其中之要领。郭嵩焘还认为，对《大学》进行纲领条目之分，未足以见圣经之全，而或失

① 永瑢等：《四库全书总目》卷三六《大学证文》提要。

之纤曲。他于是作《大学章句质疑》以纠前人之偏。此书所论大学所学所重唯在致知诚意，疑“明德”、“新民”以至于“至善”不必分章为释等，其见解也颇为有理，成一家之言。书中其他各条亦多纠朱熹之失，所论也各有据，非有意难朱子。

此书被收入《续修四库全书》。

第五节 《中庸》文献

《中庸》是儒家思孟学派的一部论人生修养和境界的论文。汉代戴圣在编《礼记》时，将其收录，为《礼记》的第 32 篇。中唐韩愈、李翱等人表彰《中庸》，认为其是与《周易》、《孟子》同等重要的典籍。宋代二程与朱熹祖述韩愈、李翱的这种观点，对《中庸》推崇备至。二程认为《中庸》为“孔门传授心法”，并称此心法“子思恐其久而差也，故笔之于书，以授孟子。其书始言一理，中散为万事，末复合为一理，‘放之则弥六合，卷之则退藏于密’，其味无穷，皆实学也。善读者玩索而有得焉，则终身用之，有不能尽者矣”。① 朱熹则将《中庸》从《礼记》中抽离出来，并为之作章句。自此以后，《中庸》之学大兴，有关《中庸》的研究文献也大增。

一、原生的《中庸》文献

（一）《中庸》的作者

关于《中庸》的作者，历来说法不一，司马迁、郑玄、沈约、朱熹等人认为《中庸》是子思所作。司马迁认为“尝困于宋。子思作《中庸》”②。郑玄曰：“名曰‘中庸’者，以其记中和之为用也。庸，用也。孔子之孙子思伋作之，以昭明圣祖之德。”③《隋书·音乐志》引梁人沈约之言曰：“《中庸》、《表记》、《坊记》、《缁衣》，皆取《子思子》。”④ 朱熹曰：“《中庸》何为而作也？子思子忧道学之失其传而作也。”⑤ 但是随着宋代疑经思潮的兴起，一

---

① 朱熹：《四书章句集注·中庸章句》，中华书局，1983 年，第 17 页。

② 《史记·孔子世家》。

③ 阮元校刻《十三经注疏》，第 1625 页。

④ 魏徵：《隋书·音乐志》。

⑤ 朱熹：《四书章句集注·中庸章句序》，中华书局，1983 年，第 14 页。

些人开始怀疑《中庸》并非子思所作，欧阳修、王柏、陈善等人皆怀疑《中庸》非子思之言，而是汉儒杂记。当今学者也有人认为《中庸》非子思所作，其依据多是《中庸》"今天下车同轨，书同文，行同伦"这段文字，研究者们认为，这些话当出于秦朝统一以后，因此《中庸》为秦代以后的儒生所作。

王锷《〈礼记〉成书考》在综合各家观点的基础之上，对《中庸》的作者问题进行了比较深入的考察，得出《中庸》确为子思所作的结论。其论证的要点有四：第一，汉至宋代学者，都认为《中庸》是子思所作。第二，《中庸》曾单独流传，在刘向以前有人为之作"说"。《汉书·艺文志》"礼类"著录有"《中庸说》"两篇。《中庸说》可能类似于《汉书·艺文志》中《论语》类中《齐说》、《鲁夏侯说》之类的著作。这说明，《中庸》在西汉以前很有影响，不仅有单行本，而且有人为之作"说"。第三，唐司马贞《史记索隐》、李贤《后汉书注》所引子思子之文，见于今本《中庸》①。第四，《中庸》文献文风与《坊记》、《表记》、《缁衣》基本一致，多次引用《诗经》，以证明自己的观点，这说明沈约的说法是有根据的。②

至于《中庸》中"今天下车同轨，书同文，行同伦"这段文字，如果仔细批阅先秦文献，我们不难找到相似的文字，如《管子·君臣上》："衡石一称，斗槲一量，丈尺一制，戈兵一度，书同文，车同轨，此至正也。"可见"书同文，车同轨"并不是秦统一以后才有的说法。此外，李学勤对"今天下车同轨"中"今"字的解释，也可以释众人之疑，李先生说："孔子生当春秋晚年，周室衰微，在政治、文化上趋于分裂，已经没有'车同轨，书同文，行同伦'的实际……按《中庸》此句的'今'应训为'若'，《经传释词》曾列举了许多古书中的例子……都是假设的口气，孔子所说，也是假设，并非当时的事实，不能因这段话怀疑《中庸》的年代。"③

---

① 《史记·平津侯主父列传》载公孙弘上书曰："臣闻天下之通道五，所以行之者三。曰君臣、父子、兄弟、夫妇，长幼之序，此五者天下之通道也。智，仁，勇，此三者天下之通德，所以行之者也。故曰'力行近乎仁，好问近乎智，知耻近乎勇'。知此三者，则知所以自治；知所以自治，然后知所以治人。天下未有不能自治而能治人者也，此百世不易之道也。"司马贞《索隐》曰："案：此语出《子思子》，今见《礼记·中庸》篇。"又《后汉书·朱穆传》曰："故率性而行之谓道。"李贤《注》曰："率，循也。子思曰'天命之谓性，率性之谓道，修道之谓教'也。"

② 王锷：《〈礼记〉成书考》，中华书局，2007年，第78～79页。

③ 李学勤：《失落的文明》，上海文艺出版社，1997年，第344～345页。

综上所述，我们认为，《中庸》是子思的作品，其成篇年代当在战国前期。

（二）《中庸》的思想

《中庸》是儒家思孟学派的一篇论修身与境界的论文，思想性很强。那么"中庸"之意是什么呢？郑玄训为："名曰'中庸'者，以其记中和之为用也。庸，用也。"① 朱熹曰："中者，不偏不倚、无过不及之名。庸，平常也。"② 在子思之前，孔子就提出了"中庸"这一概念，《论语·雍也》："子曰：'中庸之为德也，其至矣乎！民鲜久矣。'"孙钦善曾作如下解释："中庸：后人解释多有增演附会之义。综考《论语》中有关言论，中庸之义主要指折中、适当、不走极端。中庸即以中为用、取用其中的意思。如孔子反对过头或不及：'过犹不及'（11·16），'乐而不淫，哀而不伤'（3·20）；主张执中、中行：'允执厥中'（20·1），'不得中行而与之，必也狂狷乎'（13·21）；力戒片面：'我叩其两端而竭焉'（9·8）。《礼记·中庸》本此而作，但发挥中庸思想不全符合孔子本意。孔子中庸思想的社会实践标准是礼义，如非礼不得视、听、言、动（12·1），'恭而无礼则劳，慎而无礼则葸，勇而无礼则乱，直而无礼则绞'（8·2），'礼乐不兴，则刑法不中'（13·3），'无适也，无莫也，义之与比'（4·10）等。"③ 如果说"中庸"思想在孔子那里还仅仅停留在道德的层面上，那么在《中庸》中则已经上升到一种普遍的世界观了。《中庸》强调人在观察处理一切问题时都要有"中庸"的态度，不仅仅是道德层面的中庸。子思还为"中庸"寻求形而上的根源，"中也者，天下之大本也，和也者，天下之达道也。致中和，天地位焉，万物育焉"。可见，在子思那里，"中庸"已经上升到了一种宇宙论的高度，成为世间万物必须恪守的一种至上原则。

《中庸》还对达到"中庸"境界的途径——"诚"做了论述。《中庸》曰："诚者天之道，诚之者人之道。"那么诚则是一种与天道人道均相关的法则。《中庸》曰："故至诚无息，不息则久，久则征，征则悠远，悠远则博厚，博厚则高明。博厚，所以载物也；高明，所以覆物也；悠久，所以成物也。博厚配地，高明配天，悠久无疆。"正是由于"诚"，那么世间万物在时空中"并育而不相害"、"并行而不相悖"。"诚"进入人的关系中，则是如天地一样

① 阮元校刻《十三经注疏》本，第1625页。

② 朱熹：《四书章句集注·中庸章句》，中华书局，1983年，第17页。

③ 孙钦善：《论语注译》，巴蜀书社，1990年，第100页。

协和："凡为天下国家有九经：曰修身也，尊贤也，亲亲也，敬大臣也，体群臣也，子庶民也，来百工也，柔远人也，怀诸侯也。修身则道立，尊贤则不惑，亲亲则诸父昆弟不怨，敬大臣则不眩，体群臣则士之报礼重，子庶民则百姓劝，来百工则财用足，柔远人则四方归之，怀诸侯则天下畏之。"正是由于"诚"，天地协和，人间秩序井然，其乐融融。

《中庸》超越了仅为人世间寻求一种和谐美好秩序的构想，对"中庸"的境界也有了阐发。《中庸》曰："至诚之道，可以前知，国家将兴，必有贞祥，国家将亡，必有妖孽。见乎蓍龟，动乎四体，祸福将至，善必先知之，不善必先知之，故至诚若神。"这里所说的"神"就是一种近乎直觉的境地，与道家所追求的明澈空灵的境界相似。不过这种境界的到来，《中庸》则是以"道问学"为其途径的。由于"《中庸》之道费而隐"，所以人们在解《中庸》之时多将注意力集中在"中庸"实用价值的探讨上，而鲜于《中庸》的深层境界予以重视。

《中庸》于《四书》中最为玄奥，最难读懂，所以朱熹在怎样阅读《四书》时如此说："某要人先读《大学》，以定其规模；次读《论语》，以立其根本；次读《孟子》，以观其发越；次读《中庸》，以求古人之微妙处。《大学》一篇有等级次第，总作一处，易晓，宜先看。《论语》却实，但言语散见，初看亦难。《孟子》有感激兴发人心处。《中庸》亦难读，看三书后，方宜读之。"① 朱熹认为读《四书》，《中庸》要放在最后，看法颇为有理。

二、《中庸》文献的数量及分布

（一）《中庸》文献的数量

需要说明的是，我们这里所统计的《中庸》文献，不包括以《四书》为名的文献中的《中庸》部分，仅包括以"中庸"为书名，或与《中庸》相关的单篇流传的文献。根据朱彝尊《经义考》的统计，唐代以及唐代以前的《中庸》文献共有5种，宋代的《中庸》文献共有68种，元代的《中庸》文献共有14种，明代的《中庸》文献共有57种，清初的《中庸》文献11种。《经义考》著录的历代《中庸》文献共155种。《四库全书》收录的《中庸》文献共有7种，其中宋代4种，明代1种，清代2种。《四库全书总目》存目著录《中庸》文献11种，其中明代3种，清代8种。《续修四库全书提要》

① 黎靖德编、王星贤校点：《朱子语类》卷一四《大学一·纲领》，中华书局，1986年，第249页。

著录清代的《中庸》文献共 34 种。除与《经义考》相重合的部分，历代的《中庸》文献大概有 180 种左右，不过宋元时期的《中庸》文献大多已经散佚，许多书只知书名而不见其书。

（二）《中庸》文献的分布

《四库全书·经部·四书类》收录了从宋代至清初的《中庸》文献多部，如宋代石憝的《中庸辑略》、袁甫的《蒙斋中庸讲义》、黎立武《中庸指归》，明赵南星《学庸正说》，清李光地《中庸章段》、《中庸余论》等。《通志堂经解》中收有宋赵顺孙的《中庸纂疏》，元张存中的《中庸章句或问通证》、詹道传的《中庸章句纂笺》和《中庸或问纂笺》、景星《中庸集说启蒙》等等。此外，经学文献目录书《经义考》中也著录了历代的《中庸》文献，并收录了一些珍贵的序跋资料。

一些文集中也保留了部分《中庸》文献，如《全宋文》中就有不少关于《中庸》文献的序跋资料，如有牟子才的《中庸纂疏序》，王柏的《古中庸跋》、《中庸论》，饶鲁的《中庸序》，真志道的《学庸集编序》，刘辰翁《郭兼山冲晦中庸说》等等。这些序跋是我们研究宋代《中庸》学的重要参考资料，具有珍贵的文献价值。

丛书对于保存古籍起到了非常重要的作用，许多古籍正是由于被丛书收录，才得以流传后世。《中庸》文献也是如此。除了《四库全书》、《四部丛刊》、《续修四库全书》和《通志堂经解》外，《丛书集成初编》、《丛书集成续编》、《西京清麓丛书正编》、《四书古注全义汇解》、《学海类编》等丛书中也收录了不少《中庸》文献。此外，一些收录某位学者著作的丛书，如《朱子遗书》、《许文正公遗书》、《颜李丛书》、《榕村全书》、《杨氏全书》等都收录了一些《中庸》文献。

全国各地的图书馆中存有许多单刻本流传的《中庸》文献。如《北京图书馆古籍善本书目》著录有宋石氏《中庸辑略》的多个版本的单刻本。又如《北京大学图书馆古籍善本书目》中有关于金周熊《提纲中庸》的多个单刻本。

类书如《永乐大典》中有部分《中庸》文献的资料存留下来，《永乐大典》卷五四一至卷五五六是关于“庸”类的资料汇集，其中就有关于《中庸》的一些材料。

一些目录书、藏书题跋中也有关于《中庸》文献的资料。目录书方面，如儒学文献目录丛书《经义考》就著录了自汉至清的《中庸》文献，其中还收录了一些珍贵的序跋资料。又如解题书目《郡斋读书志》中有关于晁说之的《中庸》、游酢的《中庸解》、杨时的《中庸解》等。藏书目录，如《抱经楼藏书志》中有关于石氏所编《十先生中庸集解》、黎立武的《中庸指归》等，并对这些文献的收藏状况进行了描述。又如《郑堂读书记》为自宋至清的许多《中庸》文献写了题跋。《中国善本书目提要》中也对很多关于历代《中庸》文献的卷数、刊刻、馆藏情况进行了说明。另外，《爱日精庐藏书志》、《抱经楼藏书志》、《万卷楼藏书记》、《开卷有益斋读书志》、《善本书室藏书志》等藏书目录中也有不少关于所藏书的题跋。

一些地方志中也保留了部分《中庸》文献，这些《中庸》文献反映的是地方学人对《中庸》研究的状况。如清嘉庆年间重修的《四川通志》中就著录了范祖禹的《中庸解》、苏轼的《中庸论》、苏浚的《中庸解》、魏了翁的《中庸大义讲义》、王尊贤的《中庸衍义》、谢东山的《中庸集说启蒙》等。

三、《中庸》文献举要

《汉书·艺文志》的“六艺略”礼类著录有“《中庸说》”两篇，可以看成是对《中庸》进行解说的最早文献。除此而外，对《中庸》单篇进行解说的文献可以追溯到南北朝时期，根据《隋书·经籍志》的记载，南朝刘宋时期的戴颙有《礼记中庸传》2卷，《梁书·武帝本纪》载梁武帝撰《中庸讲疏》1卷，另有其臣朱异等人衍其义而撰《私记制旨中庸义》5卷，三书均已亡佚。可见在唐以前，《中庸》作为《礼记》中的一篇，并没有受到特别重视。

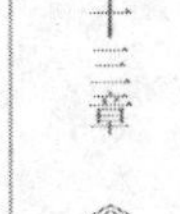

自中唐韩愈、李翱表彰《中庸》以维护道统开始，《中庸》的地位便愈来愈高。韩愈为思孟学派辩护，维护道统，所以十分重视思孟学派的著作《中庸》。李翱作《复性书》，提出《中庸》为“复性”之本。唐代推崇《中庸》的还有柳宗元，在《与吕道州温论非国语书》和《祭吕衡州温文》中，柳宗元强调了《中庸》在儒学中的重要地位。

时至北宋，《中庸》吸引了更多学者和思想家的注意力，欧阳修在《读李翱文》中曰：“予始读翱《复性书》三篇曰：‘此《中庸》之义疏耳。’”[①] 张载青年时曾醉心于边事，范仲淹劝他读《中庸》。司马光曾作《中庸广义》，僧人释智圆将《中庸》与释典《中论》相提并论。二程对《中庸》的表彰有甚于前人，程颢十分重视《中庸》，曾以《中庸》教授杨时，杨时在其《中庸义序》中说：“予昔在元丰中，尝受学明道先生之门，得其绪言一二，未及卒业而先生殁。继又从伊川先生，未几，先生复以罪流窜涪陵……于是追述先

---

① 欧阳修：《文忠集》卷七三，文渊阁《四库全书》本。

生之遗训，著为此书。"① 杨时追述二程关于《中庸》的遗训，著《中庸义》。曾在张载和二程门下问学的吕大临也十分重视《中庸》，曾作《中庸解》，可惜此书已散佚。不过在陈俊民所辑《蓝田吕氏遗著辑校》一书中，我们可以看到吕大临常以长篇大论来解释《中庸》，可见其对《中庸》当是精熟的。

南宋朱熹将《中庸》从《礼记》中抽离出来，并为之分章句、作注释，《中庸》从此从依附于《礼记》上升到与其他经典同等的地位。朱熹为《中庸》下了很大工夫，他曾在一年之中对《中庸》改了好几遍。南宋光宗绍熙元年（1190）庚戌，朱熹知福建漳州，刊刻了《易》、《书》、《诗》、《春秋》四经，以及《大学》、《中庸》、《论语》、《孟子》四书，《四书》自此而来。元仁宗皇庆二年（1313）恢复科举，以朱熹《四书章句集注》为考试科目，《中庸》作为《四书》中的一种，地位也随之得以提高。明清两代科举取士，《四书》也是必读必考科目，《中庸》也因此得以受到学人的极大重视，并有大量的《中庸》研究著作出现。

《中国丛书综录》将《中庸》文献分为"正文"和"传说"两大类，《中庸》文献的中"正文"，又称"白文"，即《中庸》的原文，没有后人的注释。如丛书《说郛》保存的《中庸古本》1卷，以及丛书《篆文六经四书》中所保存的《中庸》皆属于《中庸》文献的"正文"类。所谓《中庸》文献的"传说"类，即历代学者对《中庸》进行文字注释和义理阐发的文献。这一类《中庸》文献自宋代以后数量剧增，这与宋代以后官方对《中庸》的重视是分不开的。"传说"类《中庸》文献是研究《中庸》文本最为重要的参考资料，也是了解历代《中庸》之学最为直接的材料，理当重视。下面对历代重要的传说《中庸》类文献进行举要，以见历代《中庸》研究之梗概。

1.《中庸章句》1卷，（宋）朱熹撰

在《四书》中，朱熹认为最难以研究的就是《中庸》，他把《中庸》视为高深、难读、谈本体、谈玄妙的儒家著作，因此他一再告诫学生，读《四书》要将《中庸》放到最后读。其撰《中庸章句》的目的，据《中庸章句序》可以见得大概，《序》曰："异端之说日新月盛，以至于老佛之徒出，则弥近理而大乱真矣。"② 可见朱熹作《中庸章句》的一大目的就是为了扫除佛家和道教对正统儒学的干扰。

朱熹为《中庸》划分章句，他在《书中庸后》云："《中庸》一篇三十三

① 杨时：《龟山集》卷二五，文渊阁《四库全书》本。

② 朱熹：《四书章句集注·中庸章句序》，中华书局，1983年，第15页。

章，其首章，子思推本先圣所传之意以立言，盖一篇之体要，而其下十章，则引先圣之所尝言者以明之也。至十二章，又子思之言，而其下八章，复以先圣之言明之也。二十一章以下至于卒章，则又皆子思之言反复推说，互相发明，以尽所传之意者也。"① 此即朱熹为《中庸》所划分章句的大体情况。朱熹又以《中庸或问》以补充《中庸章句》之不足，他说："既为定著《章句》一篇，以俟后之君子；而一二同志复取石氏书，删其繁乱，名以《辑略》，且记所尝论辩取舍之意，别为《或问》以附其后。然后此书之旨支分节解，脉络贯通，详略相因，巨细毕举，而凡诸说之同异得失，亦得以曲畅旁通，而各极其趣。虽于道统之传，不敢妄议，然初学之士，或有取焉，则亦庶乎行远升高之一助云尔。"②

朱熹《中庸章句》从天道天理出发引申出人道人事，又从内外、精粗、巨细、大小、始终等方面求得人性、道德之自然。尊德性、立大体，使人的道德修养理性化，与天道相辅相成，即所谓"与天地参"。朱熹指出本书的核心就是"理"，他说："'天命之谓性'，是专言理，虽气也包在其中，然说理意较多。"③ 又如在解释"率性之谓道"时，他说："物物各有这理，只为气禀所遮蔽，故所通有偏正不同。然随他性之所通，道亦无所不在也。"④ 在《中庸章句》中，朱熹对"中庸"、"诚"、"中"等一系列概念做了合符理学的阐释。

此书常见的版本有《四库全书》本，此外，此书作为《四书章句集注》的一部分，有中华书局 1983 年标点本和上海古籍出版社 1995 年标点本。

2.《中庸辑略》2 卷，（宋）石𡼖撰

石𡼖（生卒年不详），字子重，号克斋，新昌人。绍兴十五年（1145）进士，官至太常主簿，出知南康军。石吸收周敦颐、二程子、张载、吕大临、谢良佐、杨时等人有关《中庸》之解，从而撰成此书。最初书名为《中庸集解》，朱熹为其作序，极称赞此书谨密详审。后来朱熹作《中庸章句》，对此书重新删定，故定名为《中庸辑略》。朱熹《中庸章句》说："既定著《章句》一篇，以俟后之君子；而一二同志复取石氏书，删其繁乱，名以《辑略》，且

① 朱熹：《晦庵集》卷八一，文渊阁《四库全书》本。

② 朱熹：《四书章句集注·中庸章句序》，中华书局，1983 年，第 15～16 页。

③ 黎靖德编、王星贤校点：《朱子语类》卷六二《章句·中庸一》，中华书局，1994 年，第 1490 页。

④ 黎靖德编、王星贤校点：《朱子语类》卷六二《章句·中庸一》，中华书局，1994 年，第 1491 页。

记所尝论辩取舍之意，别为《或问》以附其后，然后此书之旨支分节解，脉络贯通，详略相因，巨细毕举。”此处所说“石氏书”，即指石的《中庸辑略》。据此可知，此书当与《中庸或问》、《中庸章句》合为一书。后来《章句》单独流传，《辑略》渐晦。关于此书的版刻和流传，四库馆臣所论甚详：“明嘉靖中，御史新昌吕信卿始从唐顺之得宋刊旧本，刻之毘陵。凡先儒论说见于《或问》所驳者，多所芟节。如第九章游氏以舜为绝学无为之说，杨氏有能斯有为之说，第十一章游氏离人立于独未发有念之说。多竟从删薙，不复存其说于此书。至如第一章内所引程子答苏季明之次章，《或问》中亦力斥其纪录失真，而原文乃仍载书中。或为失于刊削，或为别有取义，则其故不可得详矣。”①

此书有《四库全书》、《朱子遗书》本。

3.《蒙斋中庸讲义》4 卷，(宋) 袁甫撰

袁甫 (约公元 1216 年前后在世)，字广微，号蒙斋，庆元府鄞县人。袁燮之子。少承家学，又从学于杨简。宋嘉定七年 (1214) 进士第一 (状元)，官至起居郎兼中书舍人，兼国子祭酒，官终兵部侍郎，兼吏部尚书。卒谥正肃。著有《蒙斋集》40 卷，《国史经籍志》又作有《孝说》、《孟子解》、《江东荒政录》、《防拓录》、《乐事录》、《宋史本传》及《蒙斋中庸讲义》等，并行于世。

是书原已亡佚，史志均无著录，唯朱彝尊《经义考》载袁甫有《中庸详说》2 卷，注云已佚。四库馆臣推测此书即《蒙斋中庸讲义》。四库馆臣从《永乐大典》辑出了此书的部分内容。其书备列经文，逐节详解，大概为平日教授门弟子的讲稿。书中委屈推阐，往往言之不足，则以重言以申之。由于袁甫其学与陆九渊之学有渊源，所以其说多与九渊之说相和。《四库全书总目》举了两例，以说明之：一是关于“语大语小”一节，袁氏云：“包罗天地，该括事物，天下方得君子之言以载，故不能载者，惟君子能载之，而天下又何以载？……幽通鬼神，微入毫发，天下……不能破者，惟君子能破之，而天下又何以破?”此即九渊《语录》所云“天下莫能载者，道大无外，若能载，则有分限矣。天下莫能破者，一事一物，纤悉微末，未尝与道相离之说也”。又如关于“自诚明”一节，袁氏云：“诚不可传，可传者明。明即性也，不在诚外也。”此即陆九渊《语录》所云：“诚则明，明则诚，此非有次第也，其理自如此。”其他宗旨大都不出于此。四库馆臣认为此书有于理相谬者，则

---

① 永瑢等：《四库全书总目》卷三五《中庸辑略》提要。

在书中别加按语，考证其误。

此书有《四库全书》、《四库全书珍本初集》、《四明丛书》本。

4.《中庸凡》1卷，(明) 崔铣撰

崔铣 (1478—1541)，字子钟，又字仲凫，号后渠，又号洹野。明代学者，世称后渠先生。

是书前有自序，录戴记原文，次以“十论”，文旁有注，所以聊其相承之义。未尽者又表于上方。所谓“十论”，即“总论”之意，篇分上下，分别是道论、理论、性论、情论、忠恕论、鬼神论、诚论、尊德性论。序云考其文之所起，及其旨之所竟也。其说不尽依宋儒，论情最新。

此书有《崔洹野集》本。

5.《中庸四记》1卷、《中庸余论》1卷，(清) 李光地撰

《中庸四记》是李光地治《中庸》的旧稿，其后才成《章段》和《余论注》。《四记》中的不少言论散见于《章段》《余论》。之所以名曰“四论”者，以其从发轫之初到定稿经过了四次修改。又由于其中多未定之论，所以在成《章段》和《余论注》之后，《四记》被弃。此书说理透彻，其价值在于证《章段》、《余论注》学说之渊源。对于人们更加深入地认识李光地的《中庸》学有着十分重要的参考价值。

此书被《榕村全书》收录。

《中庸余论》的刻本不一，其中所载条目也不一，有云52条者，有言42条者，也有云46条者，原因在于此书屡经李氏修订，所以书中的内容有所增损。此书说理极精，杨名时跋云此书“根极天人，囊括性命，搜阐无余蕴”，并非溢美之辞。

此书有《榕村全书》、《李文贞公全集》、《四书古注群义汇解》本。

6.《恕谷中庸讲语》1卷，(清) 李塨撰

是书是李塨为弟子讲授《中庸》时的讲稿，门人记而录之。李氏曾撰《中庸传注》，抒发理蕴，颇为详密，此书与《传注》大致相同，而互有详略，互相发明。此书说理畅通，如“君子之道费而隐”一章中，李氏曰：“费是借字，即费用财物之费，如人只有十金之产，必斤斤然不可费，即或费之于此，而已缺之于彼内，则是隐也。然隐义言之，恐启人妄索之端，故下文只言费，不言隐。”

此书被《颜李丛书》收录。

7.《中庸注》1卷，(清) 惠栋撰

是书书为惠栋早年所作，书原名为《易大义》。惠栋认为《中庸》为仲尼

微言，子思传其家学著为此书，非明《易》不能通此书。通观其书，只不过取乾、坤、坎、离、未济、既济等卦名相比附，并没有太多的发挥，对此，《续修四库全书总目提要》推测说："盖栋素深于《易》，欲推之以说他经。"此书的目录云《中庸》2卷、《礼运》1卷，可是此书缺《中庸》部分，对于此，江藩已言反复求之而不能得，则此书《中庸》部分的情况可以此得知。其于训诂方面有穿凿的成分，如关于"仲尼曰"，栋注引张禹之说，谓仲者中也，尼者和也，言孔子有中和之德，故称仲尼，穿凿之处甚明。此书唯注语尚简明概括，犹有汉唐诸儒训诂之遗风。

此书在《指海》和《丛书集成初编》中名为《易大谊》，在《节甫老人杂著》、《江氏丛书》、《海山仙馆丛书》中名为《易大义》。

8.《中庸解》1卷，(清) 马国翰撰

是书广征博引，搜罗多僻。如引公孙弘上书曰："臣闻天下之通道五，所以行之者三。曰君臣、父子、兄弟、夫妇，长幼之序，此五者天下之通道也。智，仁，勇，此三者天下之通德，所以行之者也。故曰'力行近乎仁，好问近乎智，知耻近乎勇'。知此三者，则知所以自治，知所以自治，然后知所以治人。天下未有不能自治而能治人者也。"司马贞《索隐》曰："'案：此语出子思子。'案《汉书·艺文志》子思子33篇，《文献通考》作13卷，而不详篇数，《中庸》当即其中一篇之目，至宋尚存，《小戴记》盖重载之，而《中庸》为子思作，殆始无疑。"又引张尔岐《中庸论》曰："中庸者，赞礼之极辞也，《中庸》一书，礼之统论约说也。"又以"水庸"之"庸"训"庸"字，谓以中为范，与《礼记·坊记》同义等等。此书对于检览汉唐有关《中庸》不引人注目的解释有十分重要的参考价值。

此书为《玉函山房续目耕帖》之一种。

9.《中庸章句质疑》2卷，(清) 郭嵩焘撰

郭嵩焘认为，《中庸》一书，自汉以来为其作注之人甚多，而真正明辨之而且能析之精者，当始于二程，朱熹阐发疏通之，其功尤深，唯求之过密，析之过纷，不免有遗。《中庸章句质疑》"全书以慎独为主，以知、仁、勇三达德为纲，以至诚为归宿。大段分为两截，由'慎独'以贯乎知、仁、勇之全，所以成德也。始条理者圣之事也。由知、仁、勇以合乎知诚之撰，所以尽神也，终条理者智之事也"。又云"成己成物，皆圣人分内事，故曰合内外之道，成己成物，皆所以自成也。然成己有成己之功，成物有成物之功，条理秩序，随事而具，时措之宜者，于此措之己而宜，于此措之物而宜也，盖必有礼以为之节文，而后措则正而施则行。诚之行乎仁，知而措之宜者，礼

为之也”。旧注于此的解释都是含混不清，不及郭嵩焘所解清晰明确。

此书有清光绪十六年思贤讲舍刊本。

10.《中庸注》1卷，(清) 康有为撰

康有为好《公羊》之学，力主三统三世之说，其作《中庸注》也无非推阐此说。比如康氏在解“为政在人”一节时云：“孔子以仁为立教之本，立三世之法，望大道之行。太平之世，则大小远近如一，山川草木昆虫鸟兽莫不一统。大同之治，则天下为公，不独亲其亲，子其子。”在解“王天下有三重焉”一节时云：“重，复也。三重者，三世之统，有据乱世，有升平世，有太平世。每世之中又有三世焉，则据乱世亦有乱世之升平太平焉。太平世之始亦有据乱升平之别。每小三世又有三世焉，于大三世中又有三世焉。故三世而三重之为九世，九世而三重之为八十一世，展转三重可至无量数，以待世运之变，而为进化之法。”从此书可窥清代今文经学家借经典来阐述自己政治思想的特点。

此书有光绪二十七年刊本。

11.《中庸说》1卷，刘师培撰

刘师培认为孔子作《春秋》所以明中德，子思作《中庸》所以明《春秋》之用。是书主要根据《左传》来证《中庸》之谊，如此书引刘向“三统术”述传义，故列春秋十二公242年之事，以阴阳之中而制其礼，春为阳中万物以生，秋为阴中万物以成，是以事取其中，礼取其和。刘师培治《左传》有家学渊源，自己也精于《左传》，所以其说虽然不免有穿凿附会之处，但是较康有为《中庸注》有根据，也较详备。

此书有《刘申叔先生遗书》等。

第六节 《论语》学文献

《论语》是一部记录孔子及其弟子言行的儒家典籍。因为该书直接反映了孔门师弟的思想言行和性格风貌，所以成为后世研究孔子及先秦儒家思想不可或缺的直接材料。自古研治“经学”、“儒学”者，都将《论语》作为入门途径。故东汉赵岐曾评价它为：“五经之錧鎋，六艺之喉衿。”①

《论语》之体裁为别具一格的“语录体”，全书语言洗练，平实生动，于

① 赵岐：《孟子题辞》，《孟子正义》卷首，阮元校刻《十三经注疏》本。

儒家“十三经”中最为通透易懂，虽隔两千余年但至今看来仍明白如话。《论语》又具有极高的文学性，是先秦诸子散文的代表之一，与文采恣意飞扬的《庄子》并称为先秦散文双璧，自古就有“东鲁春风，南华秋水”之誉。

中国历朝历代都十分重视《论语》在儒学中的基础性地位。两汉之时，《论语》就被列为童蒙之书，汉孝文帝置《论语》博士，汉平帝召通《论语》者乘轺诣京师。魏晋以后，《论语》正式被列于学官，有博士教授之。唐代学校也将《论语》设为必修课目。南宋朱熹集注“四书”之后，它又与《大学》、《中庸》、《孟子》一道，成为科举考试的必考内容，为千万士子文人早晚诵习。因此，《论语》一书对中国士子文人乃至对中国传统思想文化的影响是“深入骨髓”的。对此，康有为曾论述到：“盖千年来，自学子束发诵读，至于天下推施奉行，皆以《论语》为孔教大宗正统，以代六经。”①

正因为《论语》的这些特征，故自汉代起，注释、讲解《论语》的著述就连绵不绝。这些汗牛充栋的《论语》研究著作，不仅是我们研究中国经学史的宝贵资料，也是我们了解、研究中国传统文化和传统精神的一个窗口。

《论语》及《论语》文献经过两千多年的广泛研读和传播，铸就了我国传统价值观中的“仁”、“义”、“礼”、“智”、“信”、“忠”、“恕”等美好品格。除思想道德要求外，《论语》更直接表述了孔子的教育思想、政治思想、经济思想等诸多方面，它不仅是我们了解孔子、了解儒学、了解传统文化的基础，而且对现阶段的社会文化建设更有着不可忽视的重要作用。

对历史上《论语》研究文献进行回顾和概括，既有助于进行中国经学史、儒学史的研究，又对中国思想史、学术史、教育史研究不无裨益，还对我们探讨民族文化复兴有着极为重要的意义。

一、关于《论语》的一些基本问题

（一）《论语》题名之含义

《论语》一书之题名到底有何深意？两千多年来，这个问题一直被历代学者反复提及和阐述。概括其大意，这些阐述主要有四：

(1)“论语”即编撰、记叙孔子的话

“编撰”之说，据现今所见，直接本于东汉班固。班固《汉书·艺文志》曾经将《论语》之编撰及名义概括为：“《论语》者，孔子应答弟子时人及弟子相与言而接闻于夫子之语也。当时弟子各有所记。夫子既卒，门人相与辑

① 康有为：《论语注·序》，中华书局，1984年，第3页。

而论纂，故谓之《论语》。”班固认为“论”即编撰、编订之义，“语”则是“夫子之语”，即孔子所说之话。班固《汉书·艺文志》又与刘歆《七略》有着明显的继承关系，则可大致认定，刘向、刘歆、班固等认为“论语”乃经过编订的孔子语录。

继刘歆、班固之后，东汉刘熙认为，“论语”就是“有条理地叙述”之义，其曰：“《论语》纪孔子与诸弟子所语之言也。论，伦也，有伦理也。语，叙也，叙己所欲说也。”① 南朝刘勰亦继承了这种说法，其云：“圣哲彝训曰经，述经叙理曰论。论者，伦也。伦理无爽，则圣意不坠。昔仲尼微言，门人追记，故仰其经目，称为《论语》。”②

(2)“论语”即“追论”夫子之语

此主张的代表人物是晋人傅玄。唐李善《文选注》征引傅玄《傅子》之言：“昔仲尼既殁，仲弓之徒追论夫子言，谓之论语。”③

(3)“论语”标明微言大义

视“论语”为阐发孔子微言大义之旨的代表人物是南朝萧梁之皇侃。皇侃在其《论语义疏》中，总结了“先儒后学”对《论语》题名之解释，并提出了自己的见解。他阐述道：“今字作‘论’者，明此书之出，不专一人，妙通深远，非论不畅；而音作‘伦’者，明此书义含妙理，经纶古今，自首臻末，轮环无穷。”④ 皇侃认为，无论从音、义两端来看，“论语”之“论”都标明了是书蕴涵着孔子“妙通深远”之妙理。

其后陆德明、邢昺继承了皇侃之看法，陆德明曰：“论，如字，纶也，轮也，理也，次也，撰也。”⑤ 邢昺则将其阐释为：“以此书可以经纶世务，故曰纶也；圆转无穷，故曰轮也；蕴含万理，故曰理也；篇章有序，故曰次也；群贤集定，故曰撰也。”⑥ 在陆德明、邢昺看来，“论语”之“论”字几乎无所不包，昭示是书必定蕴涵了圣人博通天地、教世化人的万古真理。

同样认为“论语”之题名蕴涵微言大义的还有宋人陈祥道：“道无问，问

① 刘熙：《释名·释典艺》，文渊阁《四库全书》本。

② 刘勰：《文心雕龙》卷四《论说》，文渊阁《四库全书》本。

③ 萧统编，李善注：《文选》卷五四《辩命论》，中华书局，1977年，第748页。

④ 皇侃：《论语集解义疏·序》，文渊阁《四库全书》本。

⑤ 陆德明：《经典释文》卷二四《论语音义·论语序》，文渊阁《四库全书》本。

⑥ 邢昺：《论语正义·序解》，载《论语注疏》，阮元校刻《十三经注疏》本，第2454页。

无应……然则孔子虽欲忘言，岂可得哉。不得已而言理以答学者之问而已。”①

(4)“论语”即“讨论文义”之义

持这种观点的是元人何异孙与清人袁枚。何异孙《十一经问对》：“《论语》有弟子记夫子之言者，有夫子答弟子问，有弟子自相答者，又有时人相言者，有臣对君问者，有师弟子对大夫之问者，皆所以讨论文义，故谓之《论语》。”袁枚《论语解》中也说：“论，议论也。语，语人也。自‘学而’起以至卒章，皆与人议论之语。”

从以上总结我们可以看出，前人对《论语》书名含义的认识是多种多样的，有的观点认为“论语”二字只是平实地记录或编撰孔子的话；有的观点则认为二字暗示了该书蕴涵着经天纬地的大道至理。我们认为，欲考查《论语》书名之含义，应该将《论语》放入其产生的背景中来看，而不能因为它是孔子及其弟子门人的言行记录而多加揣测。

首先从文字学角度看，先秦之时，“论”字不仅与“伦”相通，也与“抡”相通。《说文解字》解释“抡”为：“择也，从手，仑声。”《说文通训定声》中说：“论，假借为抡。”《广雅·释诂一》：“抡，择也。”王念孙疏证：“抡、伦、论并通。”因此，“论”是具有“选择”之义的。事实上，这个义项在先秦汉语中是普遍存在的。《墨子·所染》：“故善为君者，劳于论人而佚于治官。”孙诒让《间诂》引汉人高诱之语曰：“论，犹择也。”《管子·八观》中有：“论贤不乡举，择士不及行。”也将“论”与“择”并举。因此“论语”之“论”当为“选择”之义。

其次，从古代著书习惯看，以“论”来表示书籍的“选择性”编辑过程，也是有例证的。《史记·儒林列传序》中说：“故孔子闵王路废而邪道兴，于是论次《诗》《书》，修起《礼》《乐》。”在这里，司马迁将孔子编书过程“论”、“修”并举，其中编订《诗》、《书》的过程称为“论”。因为他认为，《诗》是孔子从“古者诗三千余篇”中挑选出来的，《书》是孔子从繁乱枝蔓的政书中剪裁出来的，所以将其称为“论”，即选择编订。

因此，“论语”之名，较为合适的解释是“经过选择整理的孔子师弟语录”。

(二)《论语》的作者及成书年代

《论语》的作者究竟是谁，这也是一个聚讼纷纭的话题。由于《论语》作

① 陈祥道：《论语全解·序》，文渊阁《四库全书》本。

者问题直接关系到成书年代，故而我们将二者放到一起进行叙述。前人关于《论语》的作者主要有如下几种表述：

（1）孔子弟子编纂说

最先对《论语》的作者进行论述的大概是刘向。何晏曾引刘向之语说明《论语》之编者："《鲁论语》二十篇，皆孔子弟子记诸善言也。"班固《汉书·艺文志》亦承袭刘说。认为是孔子死后，众弟子相与论纂。东汉赵岐《孟子题辞》也赞同此说，曰："七十子之畴，会集夫子所言，以为《论语》。"王充《论衡·正说篇》："《论语》者，弟子共纪孔子之言行。"魏晋以后的学者如梁代刘勰、唐代陆德明等，均采用此说。

以上诸家认为《论语》为孔子弟子平等合作而成。除此之外，还有观点认为，《论语》是由某些弟子领衔而完成。

两汉之际所出的谶纬书《论语崇爵谶》说："子夏六十四人共撰仲尼微言，以事素王。"认为，《论语》编者群乃子夏领衔。清人朱彝尊亦认为《论语》出于以子夏为首的孔子众弟子所撰："《论语》出于子夏等六十四人所撰。其意专主尊其师，故于弟子之过，具书之，以明师之善诱。宰我之短丧，冉有之聚敛，季路之鼓瑟，樊须之学稼、学圃——孔子以为野，为小人。甚者，谓非吾徒，皆纪于策。若后人为之曲为同，学者徇没而不书矣。"①

但东汉郑玄有不同的观点，他认为该书是"仲弓、子游、子夏等所撰定"。② 宋人陆九渊赞同之。

清人崔灏则认为子张也是《论语》的主要编纂人员之一，认为《论语》由子张、子游、子夏几人共纂。他在《四书考异》中说到："圣门文学之选，游、夏特称……孟子言欲尊事有子者，子张、子夏、子游为多，曾子虽称子，却居三子后……且子张书绅，明见《语》中。"③

（2）孔子再传弟子编纂说

这种说法的主要根据是《论语》中弟子称"子"这一现象。柳宗元认为《论语》编撰者为曾子弟子。其曰："孔子弟子，曾参最少，少孔子四十六岁。曾子老而死。是书记曾子之死，则去孔子也远矣。曾子之死，孔子弟子略无存者矣。……且是书载弟子必以字，独曾子、有子不然。……盖乐正子春、

---

① 朱彝尊：《经义考》卷二二一《论语·孔子徒人图法》。

② 郑玄著、宋翔凤缉：《论语序逸文》，刘宝楠、刘恭冕《论语正义》卷二四附。

③ 崔灏：《四书考异·总序》，《续修四库全书》本。

子思之徒与为之尔。……卒成其书者，曾氏之徒也。”[①]康有为持相似论点。

程颐在《二程语录》中则根据曾子、有子俱称“子”判断，“《论语》，曾子、有子弟子论撰，所以知者，惟二子不名”。朱熹从之。

因为《论语》中，不独有子、曾子称“子”，闵子、冉子亦称“子”，故宋永亨、崔灏认为闵子骞、冉有之弟子也是《论语》的编撰人。

(3) 孔子亲自编订说

此说出现较晚，持这一观点的主要是清代学者。李塨《评乙古文》中猜测《论语》为孔子亲定：“……尝疑《论语》多属圣手亲定。后学诸经或可分读，惟《论语》宜人人熟诵之。”[②] 清人廖燕也认为，《论语》乃“大圣人经天纬地之文，岂他人可能代笔耶？即篇中诸贤论说，亦皆孔子笔削之词”。[③]

(4) 汉代学者编撰说

当代学者中，不少赞同《论语》为汉代学者编订成书。赵贞信认为先秦之时，《论语》尚未定本，他说：“古代没有私人著述。战国以前的学术都是以口耳相传。著之竹帛，是战国以后的事。”即使“亚圣”孟子在论述中多次引用孔子之语，但是其中不少都与《论语》的记载相距甚远，有些不仅弄错了原话的表述人，还错解了孔子原意。赵贞信认为，这些都说明孟子之时，《论语》的内容还在口说流传之中。所以他推断《论语》应该是文、景之时的博士，将官府搜求的原来散见于民间的各种单篇，经过甄选编订而成。[④] 朱维铮则认为，西汉张禹主观地编订了《论语》的第一个统一结集本，而直至东汉郑玄方将《论语》最后定型。张禹定《论语》之前，汉朝至少有三个版本的《论语》，即《齐》、《鲁》、《古》三《论》，如果再加上清人所称的《逸论语》，足以说明当时《论语》本子的多样性——这同样证明《论语》并未有统一的结集本。[⑤]

综上所述，若以孔子弟子为《论语》编者，那么《论语》成书年代就比较明确。《史记·孔子世家》云：“孔子葬鲁城北泗上，弟子皆服三年。三年心丧毕，相诀而去，则哭，各复尽哀；或复留。唯子贡庐于冢上，凡六年，然后去。”其后诸弟子“大者为师傅卿相，小者友教士大夫，或隐而不见”，[⑥]

---

① 柳宗元：《论语辨》，《柳宗元集》卷四，中华书局，1979年，第110页。

② 李塨：《评乙古文》，《颜李文钞》附，民国十五年印本。

③ 廖燕：《二十七松堂集·杂著》，上海远东出版社，1999年。

④ 赵贞信：《论语究竟是谁编纂的》，载《北京师范大学学报》1961年第4期。

⑤ 朱维铮：《论语结集脞说》，载《孔子研究》1986年第1期。

⑥《史记·儒林列传》，另《汉书·儒林传》所记略同。

先秦儒家学派便无见诸记载的集体活动。故其成书时间最有可能在七十子为孔子治丧的三年之期内。

认为《论语》为孔子再传弟子编订的，主要论据是《论语》中对曾子、有子、闵子、冉子等弟子也称“子”。对此，宋人魏了翁提出了与柳宗元、程颐等人不同的看法，他指出，在孔子前后的时代，与称“子”相比，称“字”才显尊敬：“盖‘子’虽有师道之称，系于氏者不过男子之美称耳。故《孝经》字仲尼而子曾子，《礼运》字仲尼而名言偃。至于子思字其祖，孟子字其师之祖，相传至今，人之字仲尼者无敢以为疑。”①

而认为《论语》成书于两汉，则未免更为武断。《论语》之名最早见于《礼记·坊记》，《礼记》中的《中庸》、《表记》、《坊记》和《缁衣》4篇都是子思的作品。子思为孔子之孙，子思门人再传孟子，“思孟学派”的存在，已经为出土文献所证实。《论语》之名又多次见于《韩诗外传》中，赵岐《孟子题辞》进一步说明《论语》于文帝时即已立博士，这些事实均发生在景、武之前。因此，无论是认为《论语》的初次结集者为文、景博士，还是张禹，都还有待商榷。

我们认为，在孔子死后不久，《论语》即有了原始结集。也就是班固所言“夫子既卒，门人相与辑而论纂”。从《论语》中“子张书诸绅”的记载来看，众弟子在追随孔子之时，各记孔子之言行是符合事实的。从文风上看，《论语》记载孔子师弟及其与他人之间的问答言行，生动自然，似少有加工痕迹。三年丧满，众弟子各奔东西，后来儒家一分为八，孔门后学似乎很难再次聚首统一编纂《论语》。而汉代之初《齐论》、《鲁论》、《古论》等本子众多的情况，正说明汉代以前各家分别继传《论语》。曾子、子思、孟子一派之《论语》流传不废，故有曾子启手足事。《论语》最终由思孟一派采所见之其他儒学流派之本子增订，完成定本。

（三）今本《论语》的来源及形成过程

前文论及，孔门师弟授受学问之时，即有弟子分别记录孔子言行；及至孔子逝世，《论语》初次集结，然后儒家八分，各家别有《论语》本子。因此先秦之时《论语》的版本应该是多样的，且大同而小异。

在秦朝“焚书坑儒”的文化高压政策之下，儒家文献遭到了前所未有的破坏，大多流散民间山野。《论语》也不例外。及至汉初，统治者重振学术，废挟书之罪，遍访群经，《论语》才得以重新现世。

---

① 阎若璩：《四书释地三续·论语之书独二子以子称》引，文渊阁《四库全书》本。

《论语》出现之初，仅有“今文”本。汉景帝时博士董仲舒所著《春秋繁露》已称引《论语》，故而今文本《论语》出现，当不晚于汉景帝之时。由于师承不同、讲述有异，导致“今文”本《论语》出现了《齐论》、《鲁论》之分，即是齐人所习，谓之《齐论》；鲁人所习，谓之《鲁论》。两种版本的不同之处主要有二：首先是篇数不同，《鲁论》共20篇，《齐论》计有22篇，多出的两篇为《问王》、《知道》。其次是章句有异，在两个版本共有的20篇中，《齐论》的章句“颇多于《鲁论》”。[①]

汉景、武帝之交，鲁恭王为扩建宫室，坏孔子宅，得到了用“古文”书写的一批儒家典籍，其中就有《论语》，被称为《古论》。[②]《古论》有21篇，班固《汉书·艺文志》说，与《鲁论》相比，《古论》篇目多出两子张。[③] 不仅篇章多出，且《古论》文字与《鲁论》差异也颇大，皇侃说，《古论》篇次，以“乡党”为第二篇，“雍也”为第三篇，内倒错不可具说。[④] 古文《论语》出现后，孔安国为之作注。但古文《论语》与其他古文经一起，仅在民间得以流传，未被官方重视，也没有被列于学官。

汉元帝时，张禹为太子师，讲授《论语》。据何晏《论语集解·叙》所述，张禹“本受《鲁论》，兼讲《齐》说，善者从之，号为《张侯论》，为世所贵”。张禹依据《鲁论》的篇次，兼采《齐论》，删其繁惑，对《论语》进行了一次极为重要的修订。由于张禹是以经术而得高官的典型代表，也由于张禹以个人影响力打破了《齐论》、《鲁论》的樊篱，故当时文人学士大多习《张侯论》，其余各家渐渐衰微。东汉时，包咸、周氏等为之作注，立于学官。张禹修订的篇章次序，为何晏、皇侃、邢昺等人所承袭。自《张侯论》起，《论语》就一直以较为稳定的文本面貌流传至今。

---

① 何晏《论语集解·叙》，《四库丛刊》本。

② 《汉书·艺文志》载，“武帝末，鲁共王坏孔子宅，欲以广其宫，而得《古文尚书》及《礼记》、《论语》、《孝经》凡数十篇，皆古字也。”但是王充《论衡·正说篇》却云：“孝景帝时，鲁共王坏孔子教授堂以为殿，得百篇《尚书》于墙中。武帝使使者取视，莫能读者，遂秘于中，外不得见。”两家论述之时间颇有差异。考《史记·五宗世家》、《汉书·景十三王传》、《汉书·武帝纪》中关于鲁共王的生卒记载，其卒于武帝元朔元年（或元朔二年），时值武帝登基仅12年。故鲁共王坏孔子宅断不会在武帝末。《史记·五宗世家》又载，“鲁共王……孝景前三年徙为鲁王。好治宫室苑囿狗马。季年好音……”则鲁共王好治宫室乃年轻时之事，因此坏孔子宅一事当在景、武之交较为合适。

③ 如淳则说多出的一篇为“从政”，见颜师古注《汉书》引如淳之语。

④ 皇侃：《论语义疏·叙》，文渊阁《四库全书》本。

西汉末年，由于王莽、刘歆等人的提倡，古文经学大为兴盛。今文经学家注重家法师承，讲解经书之时章句繁多，让人无所适从；今文经学又与谶纬之学紧密相连，穿凿附会，无以复加，因此渐渐有衰颓之势。此时不少学者渐渐注重沟通今古文。古文《论语》也逐渐受到重视。

东汉末年，郑玄打破经今、古文樊篱，遍注群经，影响巨大，号为“郑学”。其所作《论语注》，是《论语》学史上的又一里程碑。关于郑玄注《论语》的方法，何晏《论语集解·叙》中说：“郑玄就《鲁论》篇章，考之《齐》、《古》，以为之注。”陆德明进一步说：“郑校周之本，以《齐》、《古》读正凡五十事。”① 可知，郑玄所注《论语》，以周氏所注的《张侯论》为底本，以《古论》、《齐论》异文加以校正。② 在郑玄手上，《论语》一书的今文、古文两种文本得以有机融合，从此传世《论语》中不复再有今、古之别。

二、《论语》文献的数量及研究简述

《论语》研究史，又可以称为论语学史。它随着经学和儒学的发展而变化。对于这种变化，四库馆臣曾有一句精辟的概括，那就是“要其归宿，则不过汉学、宋学两家互为胜负”。③在汉学、宋学之外，清代学术以其严谨务实、擅长考据的风格又卓然自成一派，不少学者已开始用“清学”命名之，以与前代区分。那么，中国的经学史就可以大略地分为“汉学”、“宋学”和“清学”三个时代。《论语》研究史大概也可以划分为这三个阶段。但就《论语》一经的具体情况来看，《论语》文献又经历了一个数量上由少及多、风格上往复交替的过程，有着自己的较为独立的发展轨迹。两汉之时，《论语》研究形成规模并成为一种专门的学问，魏晋至隋唐进一步发展，注疏之学走向成熟。两宋为《论语》研究转型期，元明承其余波，清代为其总结期。时至现代，《论语》研究进入多元化发展的新时代。

自汉至清，《论语》传习不废，研究《论语》之著述也层出不穷。经过我

① 陆德明：《经典释文》卷二四《论语音义·学而》。

② 近人王国维根据敦煌出土的《论语郑氏注》残卷认为，郑注《论语》是以《古论》校《鲁论》，并非如何晏、陆德明所说以《齐》、《古》校《鲁》本，“篇章虽仍《鲁》旧，而字句全从《古》文”。（见王国维：《书〈论语郑氏注〉残卷后》，《观堂集林》卷四《艺林四》，收入《王国维遗书》第一册，上海古籍书店，1983年）。但是何晏之时离郑玄不远，陆德明之时郑注仍在，二人之说应有根据，故本文仍从旧说。

③ 永瑢等：《四库全书总目》卷一《经部总叙》。

们初步统计，从两汉至清末的两千多年间，《论语》研究文献至少不低于746种①。其中，尚存的至少有293种，约占总数的五分之二。

（一）汉代《论语》研究概述

两汉之时，是《论语》研究的形成时期。形成原因有二：其一，由于汉代政府对儒学的提倡和肯定，尤其是武帝之时“罢黜百家，表章六经”，使得儒经研究自然而然地成为学术活动的中心。与此对应，汉时官僚选取又重“明经取士”，自公孙弘后，儒者为相比比皆是，故夏侯胜教导诸生说：“士病不明经术；经术苟明，其取青紫如俛拾地芥耳。”（《汉书·夏侯胜传》）可知研治儒经有着良好的出路。其二，《论语》本身具有特殊性。《论语》记录了孔子的言行，直接反映了孔子思想，故儒生治经必先通《论语》。因此《汉书·艺文志》列《论语》仅次于《春秋》，位居诸传之首。

《论语》在经学、儒学研习中具有基础性作用，自汉初开始征集儒经始，汉代的《论语》本子日渐增多。其中不仅有大家熟悉的《齐论》、《鲁论》、《古论》，还有《燕论语》、《河间论》、《逸论语》等，各家皆有传说，其间更夹杂了“今古文”之争。但是“今文”《论语》学几乎一直占据着官方学术的话语权，“古文”《论语》主要在民间传播，直至郑玄注《论语》为止。就“今文”《论语》内部而言，汉初为《齐论语》占优势。自汉宣帝石渠阁会议后，《鲁论语》地位随着“鲁学”地位的上升而上升。在张禹手上，《齐论》、《鲁论》走向综合。

据《汉书·艺文志》所载，讲解《齐论》的有《齐说》29篇，其传者有王吉、宋畸、五鹿充宗、胶东庸生、王阳等人；讲说《鲁论》的有《鲁论语》，其传者有龚奋、夏侯胜、韦贤、鲁扶卿、萧望之、张禹等人。其中夏侯胜又有《鲁夏侯说》21篇。

为《古论》作注的有孔安国《论语训解》。

安昌侯张禹以《鲁论》篇次参《齐论》内容而成《张侯论》，完成了《论语》的现传定本。为《张侯论》作注的有包咸《论语章句》、周氏《论语章句》、马融《论语注》、郑玄《论语注》等。郑玄以《齐论》、《古论》注《张侯论》，弥合《论语》的今、古文之争。张禹、郑玄二人使《论语》文本再次统一，为后世的《论语》研究提供了基础。

汉时《论语》传注之学逐步定型和成熟，不仅“传”、“注”、“说”体例

① 本统计仅指现今有记载可查的，以《论语》为唯一研究文本的单行（或曾经单行）文献，不包括以“论孟”、“四书”等命名的串讲或合刻文献。

等发展完备，而且出现了新的训诂体例“章句”——其代表就是包咸《论语章句》。“章句”之训除讲解疏通字词外，更将主要内容放于概括句义、文义上，使得传注手段更加丰富和灵活，是《论语》研究对整个经学研究的极大贡献。

笔者统计汉代《论语》文献至少有30种（现存2种），比朱彝尊《经义考》所记载的多出7种。这7种分别是：《定州汉简论语》（据河北定州汉墓出土之简本《论语》补入）、《河间论》（据《论衡·正说篇》）、《燕论语》（据《四书考异·总考》）、《逸论语》（综合王应麟、朱彝尊等人观点）、《贾逵论语注》（据顾櫰三《补后汉书艺文志》）、《盍氏论语注》（据顾櫰三《补后汉书艺文志》）、《毛氏论语说》（据顾櫰三《补后汉书艺文志》）。

（二）魏晋隋唐时期《论语》研究概述

魏晋隋唐是《论语》研究的发展时期，也是《论语》训诂之学的成熟期。此时《论语》的训诂种类十分丰富完备，后世所见的全部注疏体例此时都已发展成熟，《论语》训诂达到一个崭新的高度。

两汉时盛行的以“注”、“说”训诂为主的《论语》研究此时得到发展。以“注”为名的《论语》研究文献有谯周、张昭、王肃、周生烈、虞翻、范宁、盈氏、孟陋、袁宏、张凭、宋纤、蔡谟等人的《论语注》24部；以“说”为名的有王朗、缪协、颜延之、释慧琳、沈峭、熊埋等人的《论语说》6部。

与此同时，新的训诂体例“集解”、“义疏”和“音义”得以确立，并在成就上超越汉代《论语》训讲体例。

所谓“集解”，就是在注释经文中广泛征引他说，并按以己意。此时以“集解”为名的《论语》注解本有何晏《论语集解》、卫瓘《论语集注》、崔豹《论语集义》、应琛《论语藏集解》、李充《论语集注》、孙绰《论语集解》、江熙《论语集解》、陶弘景《论语集注》、太史氏《论语集解》共9部。

“义疏”体则是经注通释的注疏体例，并遵循“疏不破注”的原则，此类《论语》文献有李铉《论语义疏》、褚仲都《论语义疏》、皇侃《论语义疏》等8部。

而以辨音明义为主旨的“音义”体训诂著作则有王弼《论语音》、徐邈《论语音》、陆德明《论语音义》3部。

在这些形式各异的注疏中，对后世影响最大的有三种训诂形式，分别是：何晏《论语集解》、皇侃《论语义疏》、陆德明《论语音义》。

不仅以字词训诂为主的《论语》研究形式此时成熟完备，而且随着“玄学”及佛学的兴盛，一些著作在注释《论语》之时开始有意打破汉儒恪守名物训诂的局限，以追求贯通儒、道、佛三家，达到对孔子的思想进行全新解读。此时的《论语》研究开始向义理层面偏重。鲜明的例子有：援道解《论语》的王弼《论语释疑》、郭象《论语体略》、李充《论语注》；援佛入《论语》的释智略《论语解》、应琛《论语藏集解》等。例如王弼、何晏注解《论语》的一个鲜明特征就是把握义理，强调“善之元”、“理之宗”。何晏说：“善有元，事有会。天下殊途而归，百虑而一致。知其元则众善举矣。”① 认为只要掌握了事物的义理根本，就能掌握事物的发展变化。这与宋代二程、朱熹等的主张极为类似。

及至唐代，韩愈以排佛抑道、重塑儒学道统为己任，表现出对魏晋时期以佛老入经的反动。同时，他与李翱合著的《论语笔解》不拘泥于汉儒经传之中，又有所继承。其道统追求和疑经惑注、甚至改经诠意的做法又下启两宋学风，成为汉学与宋学的连接点。

三国两晋《论语》文献至少有 61 种（存 2 种），比《经义考》所载多 10 种。这 10 种分别是：王朗《论语王氏说》（据《中国丛书综录》）、何晏《论语释疑》（据侯康《补三国艺文志》）、韦昭《鲁论语解》（据侯康《补三国艺文志》）、缪协《论语缪氏说》（据《中国丛书综录》）、庾亮《论语君子无所争》（据文廷武《补晋书艺文志》）、殷仲堪《论语殷氏解》（据秦荣光《补晋书艺文志》）、江淳《江淳论语注》（据文廷式《补晋书艺文志》）、周瓌《周瓌论语注》（据文廷式《补晋书艺文志》）、王珉《王珉论语注》（据文廷式《补晋书艺文志》）、谢道韫《论语赞》（据《中国丛书综录》，存）。

南北朝《论语》文献至少有 39 种（存 1 种），比《经义考》所载多 11 种。这 11 种分别是：颜延之《论语颜氏说》（据《中国丛书综录》）、释慧琳《论语琳公说》（据《中国丛书综录》）、顾欢《顾氏论语注》（据陈述《补南齐书艺文志》）、沈驎士《论语要略》（据陈述《补南齐书艺文志》）、卢景裕《卢氏论语注》（据《魏书》本传）、刘铉《论语义疏》（据《北齐书》本传）、祖冲之《祖冲之论语注》（据陈述《补南齐书艺文志》）、孔翁归《孔氏论语注》（据《梁书》本传）、周弘正《论语疏》（据《陈书》本传）、沈峭《论语沈氏说》（据《中国丛书综录》）、熊埋《论语熊氏说》（据《中国丛书综录》）。

此外，《经义考》将皇侃《论语义疏》列为“佚”，而事实上该书在日本有传本，并在清朝回传中国，收入《四库全书》中。

---

① 何晏：《论语集解·卫灵公十五》，《四部丛刊》本。

隋唐五代《论语》文献至少14种（存3种），比《经义考》所载多两种，这两种是王勃《次论语》（据《旧唐志》）、署名韩愈的一卷本《论语笔解》（据《中国丛书综录》）。

（三）两宋元明《论语》研究概述

两宋是《论语》研究的第二个高峰。同时，宋代又是《论语》研究的转型时期，其特征有二：一是《论语》在诸经之中的地位上升。《论语》从唐代位列《孝经》之下，上升到与"五经"平行。并且它与《大学》、《中庸》、《孟子》构成的"四书"，打破了"五经"在经学中的统治地位。二是《论语》研究不复注重训诂考释，而转向义理研究，尤其重视本体、修身、德行、致知等哲学层面和实用层面的探讨。这两种转变自宋初开始发生，二程大力提倡，到朱熹之时最终完成，从而形成了独树一帜的"宋学"《论语》研究。

宋代之《论语》研究，大致可分为三个阶段。

宋初期至二程之时为第一阶段。北宋前期的《论语》研究大抵与汉唐解经倾向相近，即重视章句训诂。但是由于受中唐韩、柳疑经尊道和排佛思想影响，此间学风又有着明显的义理讨论倾向。因此，此时段的《论语》注释之作往往是以章句训诂为主又夹杂了相当的义理探讨，其代表有：邢昺《论语正义》、宋咸《论语增注》、周式《论语集解辨误》、余象《论语集解》等。及至王安石"荆公新学"盛行，义理之风大兴，科举之中甚至明文规定"务通义理，不须尽用注疏"①。此后"新学"、"蜀学"、"洛学"相继并起，虽同讲义理，但又互相攻讦，各家《论语》研究代表著述有："新学"王安石《论语解》、《论语通类》，陈祥道《论语全解》；"蜀学"苏轼《论语解》、苏辙《论语拾遗》；洛学程颐《论语说》，等等。

第二阶段是二程至朱熹之时。《论语》研究转向义理阐发为主。二程弟子门人抨击"新学"，倡导"理学"，由"新学"与程门理学互有消长到后者占据优势，《论语》研究不复注重字词章句考辨，而以阐释发挥义理为主，训诂为义理服务。此时的代表著作有：程颐《论语说》、范祖禹《论语说》、吕大临《论语解》、谢良佐《论语解》、侯仲良《论语说》、游酢《论语杂解》、杨时《论语解》、尹焞《尹氏论语解》、刘弇《论语讲义》、吴棫《论语续解附考异说例》、胡寅《论语详说》、胡宏《论语指南》、张九成

① 李焘：《续资治通鉴长编》卷二二〇，熙宁四年二月丁巳条，中华书局，1995年。

《论语解》等。

第三阶段是朱熹集注《论语》以后。朱熹注包括《论语》在内的“四书”后，正式确立了“理学”在儒学中的统治地位，与此同时也确立了《论语》诠释的新标准。朱熹之时，理学已经三分，闽南朱熹、湖湘张栻、东莱吕祖谦并称“三贤”。在《论语》研究上，除朱熹《论语集注》外，张栻有《论语解》、吕祖谦有《东莱论语说》。后来，张、吕二派影响渐消，朱子之学独盛，《论语集注》遂大行于世，直至成为科举考试必选内容之一。朱熹之后，宋代《论语》研究渐渐以引申发挥《朱注》为风气，此阶段代表性《论语》研究文献，除上述朱、张、吕三种著述外，还有朱熹《论语精义》和《论语或问》、辅广《论语答问》、沈文炳《论语解》、丘义《论语纂训》、戴溪《石鼓论语答问》、真德秀《论语集编》、魏了翁《论语要义》、郑汝谐《论语意原》、陈孜《论语发微》、蔡模《论语集疏》、蔡节《论语集说》，等等。

元代之时，《论语》研究上承宋末遗风，朱子之学定于一尊。此时的《论语》研究以阐释《论语集注》为主。但是由于元代时代较短，且儒生地位不高，所以《论语》研究并不繁荣。至明代，固定用朱子《四书集注》取士，禁止自抒心得，创造发挥，故《论语》研究被囿于《论语集注》之内，以朝廷颁布之《四书集注大全》为准绳。虽有“心学”一脉稍显活泼，但旋即流于空疏放诞，后人多非之。

笔者统计两宋的《论语》研究著作不少于 210 种（存 27 种），比《经义考》所载多出 17 种。这 17 种分别是：林逋《尹和靖论语解》（据《文禄堂访书记》，存）、陈一鹗《论语注》（据《温州经籍志》）、王十朋《王氏论语解》（据《温州经籍志》）、张九成《论语绝句》（据《中国丛书综录》，存）、张九成《论语会心纂》（据《江苏省立国学图书馆图书总目补编》，存）、赵顺孙《论语纂疏》（据《藏园订补郘亭知见传本书目》等，存）、吕祖谦《东莱论语说》（据《江苏省立国学图书馆图书总目补编》，存）、刘克庄《论语讲义》（据《兰州大学图书馆古籍线装图书书目》，存）、汤建《汤氏论语解》（据《续文献通考》）、林公一《林氏论语类说》（据《温州经籍志》）、王与之《论语补义》（据《温州经籍志》）、员兴宗《员氏论语解》（据《江苏省立国学图书馆图书总目补编》，存）、缪主一《论语轨范》（据《温州经籍志》）、王奕《王氏论语说》（据《温州经籍志》）、李公凯《附音傍训句解论语》（据台湾《“国立中央”图书馆善本书目》，存）、《石经论语》（据《宋史艺文志附编》）、王应麟《古文论语》（据《中国丛书综录》，存）。

此外，邹浩《论语解义》，《经义考》曰“未见”，事实上残存两卷（卷六、卷七)；程颐《论语说》、胡宏《论语指南》、金履祥《论语集注考证》,《经义考》也俱说“未见”，其实尚存。《经义考》列为“佚”的游酢《论语杂解》、尹焞《尹氏论语解》、李纲《论语详说》、戴溪《石鼓论语答问》，其实尚存。

笔者统计辽、金、西夏、元的《论语》文献不少于 22 种（存 3 种)，比《经义考》所载多 3 种，这 3 种分别是：陈立大《论语正义》（据钱大昕《补元史艺文志》)、许谦《读论语丛说》(据《中国丛书综录》，存)、倪士毅辑释《论语》20 卷（据《北京大学图书馆藏古籍善本书目》，存)。

笔者统计明代《论语》文献不少于 54 种（存 28 种)，比《经义考》所载多 18 种。这 18 种分别是：胡广《论语集注大全》[①] 和《论语集注大全附考异》、梁子璠《论语外篇》(据岭南大学图书馆《馆藏善本书题识》)、陈士元《论语类考》（据《中国丛书综录》)、杨慎《杨氏论语》（据《中国丛书广录》)、曹珖《论语详解》(据《中国丛书综录》)、胡文焕《论语会心诗》(据《中国丛书综录》)、郑心材校钟韶《论语逸编》（据《松筠阁国学书目》)、周如砥《论语义府》(据《中国古籍善本书目》)、辛全《论语说》（据《中国丛书广录》)、张明弼《论语大全》10 卷《讲意》10 卷（据《中国科学院图书馆藏中文古籍善本书目》)、孙肇舆《论语约说》(据《中国科学院图书馆藏中文古籍善本书目》)、郑鄤评点之《论语笔解》(据《中国丛书综录》)、魏校批注之《论语集注》(据《中国丛书广录》)、王逢《论语集注序说重订辑释通义大成》1 卷（据《中国科学院图书馆藏中文古籍善本书目》)、王逢《论语集注重订辑释通义大成》20 卷（据《中国科学院图书馆藏中文古籍善本书目》)、金蟠葛鼒校订《论语》(据《中国科学院图书馆藏中文古籍善本书目》)、阙名《论语》20 卷《附古注论语姓氏考》（据《东北地区古籍线装书联合目录》)。以上 18 种全部尚存。

（四）清代《论语》研究概述

清代是我国《论语》研究的总结时期,《论语》研究著述空前增多，其数量约等于前代总和。清代《论语》研究的繁荣是自有原因的。首先是因为上千年的研究积累，为清代经学发展奠定了良好的基础。此时，两汉经学、魏晋玄学、宋明理学等历经交错更迭，为清儒留下了丰富的研究素材和宝贵的

① 大概因其为《四书集注大全》之一种，所以朱彝尊未单列。但是我们考虑到，与朱熹《四书章句集注》一样，《四书集注大全》的四种书也是可以分别单行的。既然《论语集注》可从《四书章句集注》中单列出来，那么《论语集注大全》也可单列为一种。

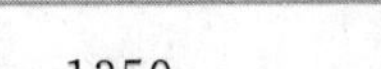

研究经验，而这些学术思潮的高潮跌落过后，需要清儒进行一个总结整理的过程。其次，有清一代政府奉行严酷的文化高压政策，使得许多清儒不得不继续穷毕生精力于典籍注释整理。

清代《论语》研究总体上呈现三种学术取向：第一，求真致用。最突出的表现就是清初颜李学派和道光时期兴起的“公羊”学派，二者解《论语》之时都力求能使其合于社会需要。第二，长于考据。突出的代表是乾嘉学派，这也是清代《论语》研究乃至整个清代经学最显著的特征。第三，不拘汉宋。最明显的表现就是清代后期，通过杂糅汉宋，互相弥补，产生了一批《论语》研究名家和集大成之作。

清代《论语》研究可以分为三个时期：

第一个时期是清代初期，主要是顺治、康熙、雍正三朝。此时《论语》研究可谓理学、心学交替时期。清朝初年，由于官方提倡，程朱理学颇盛，李光地《论语传注》为其代表。与之对应，颜李学派提倡“实学”，李塨《论语传注》、程廷祚《论语说》力主程朱义理。以毛奇龄为首的另一派则质疑朱熹《论语集注》，表明了对重振注疏之学的努力，代表著述就是毛奇龄《论语稽求篇》。

第二个时期是清代中期，主要包括乾隆、嘉庆和道光前期。此时是“乾嘉汉学”最鼎盛的时期，《论语》研究也呈现出多姿多彩。以校勘、考异见长的有：冯登府的《论语异文考证》、吴骞《皇侃论语义疏参订》、阮元的《论语校勘记》等。以辨伪为主的有：陈鳣《论语古训》、丁晏《论语孔注证伪》、崔述《论语余说》等。还有专门研究《乡党》一篇之名物训诂的专著大量出现，如江永《乡党图考》、王渐鸿《乡党图考补正》、金鹗《乡党正义》、王鎏《乡党正义》、黄守僢《乡党考》、胡薰《乡党义考》等。

第三个时期就是道光后期至清王朝结束。随着“公羊”派兴起，《论语》研究呈现经“今文”学、“古文”学及“汉学”、“宋学”互相影响、互相融合的特点。此时的代表性著述有：刘逢禄《论语述何》、戴望《论语注》、刘台拱《论语骈枝》、宋翔凤《论语说义》、黄式三《论语后案》、刘宝楠《论语正义》、俞樾《论语古注择从》和《续论语骈枝》、康有为《论语注》等

清代的儒学文献到底有多少，至今仍然没有一个公认的较为准确的统计数字。但是有清一代学者著述之盛，却是有目共睹的。经过初步爬梳，我们得出，清代《论语》文献的数量至少在 315 种以上（至少尚存 240 种，不含辑佚类，但经过他人注、评、跋的辑佚类除外），约等于前代《论语》文献数量的总和。限于篇幅，兹不一一列出。

（五）近现代《论语》研究概述

随着辛亥革命的成功，清王朝被推翻，儒学也失去了官学的地位。20世纪儒学可谓命运多舛，《论语》研究也时兴时废。自辛亥革命至今，《论语》研究已经经过了五个阶段。

第一阶段是新文化运动时期。新文化运动领袖高呼打倒孔家店，孔子和儒学一时间似乎成了中国所有灾难的根源。此时的《论语》研究陷于停滞。

第二阶段是新文化运动消退至日本发动侵华战争。此时段儒学和《论语》研究有所复兴。《论语》研究的代表作有钱穆《论语要略》、卢茂《论语新注》、唐文治《论语大义定本》等

第三阶段是日本发动侵华战争直至新中国成立。此时，对儒学进行形上层面思考的成果累累，熊十力、冯友兰等人的理论体系形成，《论语》研究也迎来了一个高潮。章太炎《广论语骈枝》、王向荣《论语二十讲》、徐英《论语合笺》、程树德《论语集释》、钱理《论语杂说》、予生《论语释》、杨树达《论语疏证》、赵纪彬《儒家哲学批判》（后改名《论语新探》）等是这个时期《论语》研究的代表著作。

第四阶段是新中国成立后至“文化大革命”结束。此时中国大陆的儒学研究慢慢停滞，但是有关《论语》的著作急剧增多，除敦煌《论语》抄本出土带动了一次《论语》文献整理、研究小高潮外，其他著作内容无非为批孔、批林服务而已，毫无学术价值。但是港台地区的儒学研究却在“花果飘零”中坚持发展，代表著述有：李一之《论语类编》、唐传基《论语今诠》、严灵峰《论语讲义》、赵龙文《论语今释》、南怀瑾《论语别裁》等

第五阶段是“文化大革命”结束至今，《论语》研究逐渐再次走向繁荣。新时期的《论语》研究除了继承传统的训诂学研究外，还出现了许多崭新的研究方法和研究领域。其表现在：一、研究重点是孔子思想，以现代思想观念比照、引申孔子及儒家思想，探寻《论语》在现代社会的价值。二、注重运用新出土文献对《论语》进行研究，以图解决学术史上的分歧问题。三、打破学科界限，将《论语》置于交叉学科背景之下，对其作复合研究。

三、《论语》文献的种类

《论语》文献不仅数量丰富，而且类型众多，根据其内在特点，大致可分为以下几种：

(1) 白文之属

这种文献是未经注解的经文底本。一种学说、一个学派得以成立的关键

条件之一就是有固定的传世经典，儒学也不例外。历史上儒学研究风气、研究内涵几经变化，出现了“汉学”、“宋学”、“清学”之分，但终归一点，无论如何变化，各派都奉行尊崇以“五经”、“四书”为代表的儒家经典。因此历朝历代都将统一经文文本列为规范学术的重中之重。《论语》作为儒家“十三经”之一，其底本也受到极大重视。从汉刻“熹平石经”起，每次封建王朝以国家名义定儒典经文时，《论语》几乎均在其列。白文《论语》的直接作用就是为《论语》研究提供规范的文本，从而促进《论语》研究和儒学研究。历史上著名的白文《论语》很多，典型的如唐“开成石经”《论语》、清代“篆文六经四书”《论语》等。

(2) 传说之属

所谓“传说”，就是对经文的注解、考证和对经义的引申、发挥。此类文献在《论语》文献中所占比例最大。由于《论语》之为文言词简练而意蕴深远，也由于不同时代对孔子学说的不同需要，所以各种“传说”不胜枚举。从形式上看有传、说、注、章句、集解、集注、义疏等多种形式。大抵说来，传、说、注等重在随文释义，例如汉时的《齐论语传》、《鲁论语说》、郑玄《论语注》等。章句重在离章辨句，例如包咸《论语章句》。集解、集注重在荟萃各家训释并间下己意，例如何晏《论语集解》、朱熹《论语集注》。义疏重在疏通经义，通释经传，如皇侃《论语义疏》。

(3) 专著之属

指就经籍中的某一专题进行研究和阐发的文献。具体到《论语》，有对《论语》中“仁”、“礼”等哲学命题进行研究的，例如阮元《论语论仁论》、成蓉镜《论语论仁释》。有对《论语》中的用典、用字进行研究总结的，例如方桑《论语考典》、陆文籀《论语经典通考》、谢崧岱兄弟《论语章数字数表》。有对《论语》中制度名物进行研究的，例如江永《乡党图考》、金鹗《乡党正义》等。

(4) 文字音义之属

这类文献主要是对《论语》中的字词文句进行语文学研究。大概可分为两类：其一，对《论语》中的字词语音进行研究探讨，例如陆德明《论语音义》。由于字音与字义联系紧密，故因声求义是符合语言学规律的。历代《论语》注疏中，对字音进行注释，并通过对字音的注释阐发以达到训诂文义的目的，是其中必不可少的内容。其二，对《论语》的经文变迁、文字异同进行研究讨论的著作，例如冯登府《论语异文考证》、张漪《论语异文集览》。

(5) 古齐鲁论之属

由于《古论》、《齐论》、《鲁论》之间关系错综复杂，今天所见传世《论语》又与三者都有继承关系，因此不少学者对三者进行研究。其研究内容主要是进行辑佚，并在此基础上对今本《论语》进行校注。例如马国翰辑《古论语》、王绍兰辑《齐论语问王知道逸文补》、徐养原《论语鲁读考》等。除此之外，其他各种文献中也有一定数量的不见于《论语》的孔子之语，一些学者也将这些整理出来进行研究，即是"逸论语"之类。典型的此类著作如朱彝尊《逸论语》、《逸论语篇附遗句》。

四、《论语》文献的分布

《论语》文献数量既多，分布亦广。大致说来，其主要集中分布在以下几个方面的文献中。

（一）经部中的《论语》文献

我国成熟的图书分类法起于汉代，《论语》文献在汉时附于儒家"六艺"之后，刘歆《七略》、班固《汉书·艺文志》就将其纳入"六艺"类目之下。梁阮孝绪又在《七录》之"经典录"下专列"论语部"。至《隋书·经籍志》正式采用经、史、子、集四部分类法，经部之下亦有《论语》之子目。宋代之后，《四书》学兴起，在宋后的书目文献中《论语》又被归入经部之下"四书"类中。

经部是《论语》文献分布最为集中的地方。从《四库全书》、《通志堂经解》到《清经解》、《清经解续编》、《续修四库全书》，其经部收录了大量的《论语》文献。这些文献不仅是尚存的最重要的《论语》研究著作，而且也是我们最容易获得的，是我们开展经学研究和儒学研究的基础。

除直接收录的文献之外，就经部之中各经具体情况而言，各经注解之中往往称引其他学者的见解，不少早已佚失的著作得以保存吉光片羽。例如何晏《论语集解》就保存了不少汉魏古注，其中就有孔安国、包咸、马融等一批著名学者的见解。而何晏《论语集解》本身又通过皇侃《论语集解义疏》和邢昺《疏》得以保存。其中皇侃《论语集解义疏》又保留了魏晋间33家学者的部分训说。通过直接收录和间接保存，经部文献为我们提供了直接的《论语》文献内容，可谓"《论语》学"文献的最重要来源。

（二）史部中的《论语》文献

除经部以外，史部典籍中也有《论语》文献。典型的例子就是司马迁之

《史记》。司马迁《史记》中曾多次称引孔子之语，其中部分能与今本《论语》相互印证，部分又有较大差异。由于司马迁曾向孔安国学习古文经学，所以《史记》中所引用的孔子之语，被认为是古文《论语》的一部分。① 再加上司马迁所引孔子之语皆有所指，又被认为是保留了汉代学者对《论语》的训释。②

自《汉书》始创"艺文志"以来，史书中的"艺文志"、"经籍志"都有对当时或前代学者著述的大致总结，其中就有《论语》学著述。各代《论语》研究概貌因此而大体呈现。

各时代学者撰著的目录书，也是《论语》文献的极重要来源。这些目录学著作不仅详细统计了所涉时代的《论语》文献数量，不少著作条目下面收录有跋语、序言、评介以及作者自己的按语，这也是《论语》文献资料的重要来源。其中著名的如晁公武《郡斋读书志》、陈振孙《直斋书录解题》、马端临《文献通考·经籍考》、朱彝尊《经义考》等书的价值更可谓超越了一些正史的"艺文志"。

（三）子部、集部中的《论语》文献

四部分类中的子部中也含有《论语》研究的内容，主要分布在子部儒家类中。例如宋人黄震的《黄氏日钞》，其卷二就是《读论语》。该文专门分章细说，引申二程、朱熹学说之意旨。

各种文集中存在的《论语》文献主要有两类：一类是以单篇文章出现的关于《论语》的研究，这类文章被收入文集之中，例如吕祖谦《东莱论语说》就被收入《吕东莱先生文集》中。游酢《论语杂解》被收入《游廌山集》中。一类是行文中有对某人的《论语》研究著述的引用，或有对某种《论语》文献概况的记载。如李善《文选注》里屡次引用孔安国《论语训解》、包咸《论语章句》。张九成《横浦集》卷十八《与陈开祖书》就记载了宋代学者陈一鹗曾作《论语注》这一事情。该文讲述了张九成欲求陈氏所注《论语》而未果之事。陈一鹗注《论语》事，并不见诸宋及以后的各种书志、目录，唯赖张九成是文得以为后人所知。

（四）类书中的《论语》文献

我国有编类书的传统，各种大型的类书中也存有《论语》文献。例如

---

① 马国翰：《玉函山房辑佚书》，《古论语·学而》"陈子禽问子贡曰孔子适是国"条下马国翰"案"。

② 单承彬：《论语源流考》，吉林人民出版社，2002年，第162页。

《艺文类聚》卷五五《杂文部一》曾引用了谢道韫的《论语赞》：

卫灵问阵于孔子。孔子对曰："俎豆之事，则尝闻之；军旅之事，未之学也。"庶则大矣，比德中庸。斯言之善，莫不归宗。麤者乖本，妙极令终。嗟我怀矣，兴言攸同。孔子曰："民之于仁也，甚于水火。水火吾见蹈而死者，未见蹈仁而死者矣。"

此外如《册府元龟》、《太平御览》、《玉海》等书中也有大量关于《论语》或《论语》文献的记载。如《太平御览》卷六九八引《论语隐义注》一条，言孔子失木屐事。《玉海》保存了王应麟对宋代《论语》研究著作的总结，朱彝尊《经义考》中"王应麟曰"的内容多取于此。

（五）方志中的《论语》文献

明清以来，各种地方志编修不辍，及至现在，方志文献的研究已渐成"显学"。各地方志中有大量的《论语》文献记载。这类记载往往能补各官修、私修目录书之不足，与之相得益彰。这些记载一般极为简略，有的只是在人物传记中提及，有的仅存目录而不对存佚作说明，有的附带有简单提要。虽然如此，这些记载对于我们了解一时、一地的《论语》研究概况却大有益处。例如《广东通志初稿》有李春叟《论语传说补》，并有简明提要，说其书"大抵撮晦庵之要语为之"。①

（六）出土文献中的《论语》文献

我国最早的有记载的出土文献，当数汉时鲁恭王坏孔子宅而得《尚书》、《礼记》、《论语》、《孝经》等一批儒家典籍，《古文论语》因此而出现。此后西晋时汲冢也曾出土大批简书，因此而有《竹书纪年》。及至近现代，随着考古发掘和经济建设的发展，大批历史文献得以重新面世。在近现代出土的历史文献中，亦有不少《论语》文献。例如敦煌地区曾出土了唐写本白文《论语》、《论语郑氏注》、《论语集解》、《论语皇疏》等残卷共计110卷。1973年河北定州汉墓也出土了简本《论语》。这些出土《论语》文献不仅是对传世文献的极大补充，而且对于我们进一步认识《论语》研究史和经学史，都有极大的帮助。

五、《论语》研究文献举要

从古至今，《论语》极受学人重视，各种《论语》文献也层出不穷，数量

① 戴璟：《广东通志初稿》卷一四《人物·儒林》。

庞大。兹择其要者略作述说。

1.《论语训解》11卷，（汉）孔安国撰

鲁恭王坏孔子宅，得古文《尚书》、《孝经》、《论语》、《礼记》等，孔安国以今文释读之，传古文《论语》于司马迁、扶卿。他不仅开创了汉时古文《尚书》学派，而且使古文《论语》得以传世，从而形成"《论语》学"史上《古论》与今文《齐论》、《鲁论》三家分庭鼎立之势，其《论语训解》为现今所知《论语》注本之年代最早者。

孔安国注《论语》事，《史记》、《汉书》均未记录，而首见于王肃《孔子家语·后序》。何晏、皇侃则称孔安国之训解注释当世不传，故清代学者如段玉裁、刘台拱、陈鳣、沈涛、丁晏等都怀疑孔安国之《论语训解》为伪作。沈涛直指其为何晏伪托，丁晏则因孔安国《训解》首见于王肃"伪作"之《孔子家语》而断定其为王肃伪作。然综合两汉之时学者的表述、魏晋之时人们的征引，以及《经典释文》与《隋书·经籍志》中的记叙来看，孔安国《论语训解》之真伪似不可轻下结论。再加之近年出土文献已证实《孔子家语》并非为王肃伪造，则清人之怀疑亦可再商榷。

孔安国之《论语训解》，以古文《论语》为对象，以辨析章句、训诂名物而至阐明经义。作为迄今所见最古之《论语》注本，孔安国《论语训解》对于我们研究早期《论语》学乃至西汉经学都有重要意义，直如宋人姚勉所言，孔氏之《训解》，"则解经首功矣"①。

孔安国之《训解》早佚，其主要存于何晏之《论语集解》中，又散见于裴骃《史记集解》、李善《文选注》、慧琳《一切经音义》等著述中。清人马国翰《玉函山房辑佚书》辑有《论语孔氏训解》11卷，王仁俊《玉函山房辑佚书续编》辑有《论语孔氏注》1卷，民国龙璋《小学搜佚》辑有《孔注论语》1卷。

2.《论语章句》2卷，（汉）包咸撰

包咸（前7—65），字子良（《经典释文》作子长），会稽曲阿（今属江苏）人。两汉之际经学家。据《后汉书·包咸传》记载，包氏少时于长安师事博士右师细君，习《鲁诗》、《论语》。王莽末，于东海讲学。光武时举孝廉，除郎中。建武中，以《论语》授皇太子，拜谏议大夫、侍中、右中郎将。永平五年（62），迁大鸿胪。其子福，亦以《论语》入授和帝。包咸有《论语章句》及《鲁诗章句》传世。

---

① 朱彝尊：《经义考》卷二一一《论语一》。

汉儒解古书，往往在疏通词义之外再概括一下句意或全章主旨，故称“章句”。包氏之《论语章句》，首次将“章句”之训诂体例引入《论语》研究中，其也是现今可见最早的“章句”训例代表作之一。据何晏《论语集解》及陆德明《经典释文》所记，包咸注解《论语》之经文为安昌侯张禹所勘定之《张论》。

从现今所见辑本来看，《论语章句》之训释，不以字词名物为主旨，而是以疏通句意为务，或先释词后疏句，或先疏句后释词，或糅词义于句意中，或讲解文句所言之背景缘由，俱精到适宜，起到了“离章辨句，委曲枝派”之效（《后汉书·桓谭传》）。虽包氏《章句》讲解字词较少，但却保存了不少字词古义，将之与后儒解说比较，则亦可免除不少臆测、纷扰之说。

包咸《论语章句》，《隋书·经籍志》及《旧唐书·经籍志》、《新唐书·艺文志》皆无著目，大概于魏晋之时已开始散佚，其所存部分，多赖何晏《论语集解》，其余如李善《文选注》等著述中也有少许称引。清人马国翰《玉函山房辑佚书》辑有《论语包氏章句》2卷，王仁俊《玉函山房辑佚书续编》辑有《论语包氏注》1卷，朱孔彰《十三经汉注》辑有《论语包注》1卷，龙璋《小学搜佚》辑有《包咸注论语》1卷。

3.《论语训说》2卷，（汉）马融撰

马融为东汉经学大师，遍注群经，其所作之《论语训说》影响巨大，为后世所重视。

马融注《论语训说》之底本究竟为何，历来众说纷纭，何晏《集解》、陆德明《释文》、邢昺《注疏》认为马氏训说《古论》，而皇侃《义疏》、《隋书·经籍志》则认为其是张禹合订后之《张侯论》。根据刘宝楠《论语正义》附《论语序正义》之推断，马融注他经多为古文，加之其弟子郑玄以《古论》校《齐论》，其注《论语》似以《古论》为是。

马融之《论语训说》，具有明显的糅合今、古之学的特点。首先，其注重名物训诂、经义考证。因马氏曾饱览东观群书，故其能广引礼仪制度、文献史实，训物释义。其二，马氏《训说》也援引纬谶及阴阳五行之说，带有明显的今文经色彩。马融《论语训说》不仅是汉代古文经学成熟的标志之一，其兼采今、古文之做法，更下启郑玄融今、古文为一家。

马融《论语训说》，不见于隋、唐《志》，现今所见，多存于何晏《论语集解》中。其他如皇侃《义疏》、陆德明《释文》、韩李《笔解》及裴骃《史记集解》、李善《文选注》、李贤《后汉书注》等书中亦间有引用。马国翰《玉函山房辑佚书》辑有《论语马氏训说》2卷，龙璋《小学搜佚》辑有《马融注论语》1卷。

4.《论语注》10卷，（汉）郑玄撰

郑氏《论语注》为其晚年之作，乃就《鲁论》篇章次序，以《古论》定其字句，继张禹之后，完成了《论语》文本的最后一次重要勘定整合。郑玄对《论语》的注释体现出明显的“以古学为宗，兼采今学”[①] 的倾向。其特点有二：首先，注重字词及名物训诂，体现出明显的古文经治学风气。郑氏注《论语》，多正其字音，以“鲁读为某”或“读为”、“读曰”辨析音义，因声求义兼及义训。其训诂名物，不仅引用前儒之言及五经典籍，对于时人觉得甚难理解之名物、礼仪，亦用当时常见之物事予以解释，以达到通俗的效果。其次，郑氏《论语注》中，也十分重视对《论语》微言大义的阐发，为此他不仅兼采公羊家言及阴阳五行之说，而且于注解中注重对《论语》文句中的社会实践性进行阐发，强调其文义的社会意义，体现出“通经致用”的倾向。

郑玄《论语注》，自汉末至隋唐，流传久远。但五代之后渐渐亡逸，南宋时已完全不见。自南宋始，不少学者就开始在多种文献中搜罗被征引的郑氏《论语注》。主要辑本有：王应麟辑《古文论语》2卷附录1卷（《碧琳琅馆丛书》本），王谟辑《论语注》2卷（《汉魏遗书钞》），袁钧辑《论语注》10卷（《郑氏佚书》），孔广林辑《论语注》10卷（《通德遗书所见录》），宋翔凤辑《论语郑氏注》10卷（《浮谿精舍丛书》，又收入《食旧堂丛书》），马国翰辑《论语郑氏注》10卷（《玉函山房辑佚书》，又收入《郑学汇函》）。惠栋、黄奭、王仁俊、龙璋等亦均有所辑。20世纪以来，西北地区出土了多件唐写本《论语郑氏注》残卷，王素编有《唐写本论语郑氏注研究》（文物出版社，1991年），日本学者金谷治有《唐抄本郑氏注论语集成》（平凡社，昭和五十三年，1978年），对出土《郑注》研究做了总汇。

5.《论语集解》10卷，（魏）何晏等撰

何晏（？—249），字平叔，南阳宛县（今河南南阳）人。汉大将军何进之孙，曹操养子，正始时曾任吏部尚书。何晏少以才秀知名，而好老庄之说，与夏侯玄、王弼等人竞趋清谈，开玄学之先，为魏晋玄学创始者之一。何晏认为，“无”乃宇宙万物发展变化之本，因此主张“贵无”而“贱有”，重“自然”而轻“名教”。其著作主要有《道德论》、《孝经注》、《周易讲说》等，并与郑冲、孙邕、曹羲、荀顗等人合作成书《论语集解》，而唯有《集解》传

① 皮锡瑞：《经学历史》，周予同注释本，中华书局，1959年，第101页。

世。虽然何晏为人好谈易老，为玄学代表人物，并非如两汉学者恪守儒经经义，但其领衔的《论语集解》却在论语学史和儒学史上占有重要地位。

《集解》是儒家“十三经”中现今所见的第一个“集注本”，不少关于《论语》的汉魏旧注赖其得以部分保存。两汉《论语》版本既佚、注本不存，其源流授受信息虽散见于史传文献之中，然语焉不详。何晏感于当时各家解《论语》，于“前世传授师说虽有异同，不为训说”，各家“所见不同，互有得失”，于是“集诸家之善”①，以求得一完备之本。何晏等于《集解序》中，集中论述《论语》各本及差异，各本授受及训释要旨，使得数百年《论语》史得以呈现在后世学者面前。这样，客观上就保存了不少汉魏古注，例如孔安国、包咸、马融、郑玄、陈群、王肃、周生烈等人之注释。这些古注至今依然是我们探讨汉魏《论语》研究时不可或缺的材料。南宋学者叶適评价曰：“数百年讲论之大意，赖以得存。”②《集解》广取前说，但对前人之注释并非简单汇总，而是做了不少取舍熔铸工作，体现出了何晏等的经学思想，因而对于我们探讨魏晋之时的《论语》研究有所裨益。《集解序》中称，对于前人之训释，“有不安者，颇为改易”。这种改易，正是体现当时经学思想的新发展。

《论语集解》10卷本与20卷本并行，其单行本大约亡佚于南宋，现今所能见单行本，一为白文唐《开成石经》本，一为日本正平本《论语集解》。唐代之《集解》抄本保留了不少该书原貌，价值较大，现存三种辑本，分别为：清傅云龙辑《篓喜庐丛书》中有《论语》10卷，乃据唐卷子本影刊，光绪十五年（1889）于日本东京刊刻；罗振玉辑并影印《论语》残2卷（存卷二、卷一二），收入《贞松堂藏西陲秘籍丛残》；日本神田喜一郎辑《论语》残3卷（存卷一八至二〇），存于《敦煌秘籍留真新编》，民国三十六年（1947）国立台湾大学据敦煌写本影印。《集解》流传至后代，分别有皇侃、邢昺为之作疏，其亦与二疏流传，收入《十三经注疏》。

6.《论语释疑》3卷，（魏）王弼撰

王弼是魏晋玄学的主要代表人物之一。《论语释疑》为《论语》学中以玄学释《论语》的代表作。该书在《隋书·经籍志》及《旧唐书·经籍志》、《新唐书·艺文志》中皆有著录，然卷次不同。宋人邢昺为《论语集解》作疏时曾征引，盖亡佚于两宋之间。

---

① 朱彝尊：《经义考》卷二一一《论语一》。

② 朱彝尊：《经义考》卷二一一《论语一》。

王氏此书最大的特点是以老庄释儒，并试图糅合儒道为一家。因此该书并不以章句字词训诂为主，而是将着力点放在了“道”、“教”、“性”的哲学命题上。他用老庄的“无为”而释儒家刚健有为之“道”，并认为道同自然。如曰：“道者，无之称也，无不通也，无不由也。况之曰道。”① 这样，“道”就成了一个无所不包、无所不在但无人能名的玄化存在。不但如此，王氏还将《论语》中重“内圣”而至“外王”的孔子形象改换，将其演变为一个具有道家无名、无为、去智的道家圣哲的典范。《论语释疑》开魏晋以玄学释《论语》之先河，代表了魏晋学风的新转换。魏晋六朝时人以老庄甚至佛理解《论语》的著作甚多，当以王氏《释疑》为滥觞。

马国翰《玉函山房辑佚书》辑有《论语释疑》1 卷，计 40 条。王仁俊《玉函山房辑佚书续编》辑有《论语王氏注》1 卷。今人楼宇烈《王弼集校释》辑有 41 条。

7.《论语集解义疏》10 卷，（南朝梁）皇侃撰

皇氏曾撰有《礼记义疏》、《礼记讲疏》、《孝经义疏》、《论语义疏》等，前三书均佚，马国翰《玉函山房辑佚书》有辑本。《论语义疏》盖于南宋时在中国亡佚，然日本有传本。清乾隆年间，汪鹏从日本足利学所将之带回，后得刊印并收入《四库全书》之中。

皇疏以何晏等《论语集解》为底本，参照江熙等人之《集解》并汉魏以来各家旧注增补而成。在训解形式上，不仅训解《论语》正文，而且兼训注文，故称“义疏”，乃魏晋六朝勃兴的“义疏”体例之代表。此书序文中，继何晏等人之后，皇侃对《论语》的源流授受情况做了更详细的梳理，特别是充分探讨了“论语”二字题名的由来。在各篇之下，皇侃还详尽地释读篇名、解释各篇排列次序。《义疏》征引广博，“先通何集，若江集中诸人有可采者，亦附而申之；其又别有通儒解释……亦引取为悦”②，全书既通过引用江熙《集解》保存了 13 家晋人解《论语》之说，又大量征引了沈居士、熊埋、王弼等 20 名当时通儒训解之语，为两晋六朝《论语》学研究提供了不可多得的完备资料，故《四库全书总目提要》褒称之曰“存汉晋经学之一线”。《义疏》还有援佛释《论》的典型特点，不仅在方法上效法佛家讲经，将神话、故事等引入《义疏》，而且还用佛教义理串讲《论语》句意以汇通儒、佛，反映出六朝

① 楼宇烈：《王弼集校释·论语释疑辑佚·述而》，中华书局，1980 年，第 624 页。

② 皇侃：《论语集解义疏序》，文渊阁《四库全书》本。

经学的新倾向。皇侃《义疏》乃六朝《论语》研究之集大成者，以其资料性和创新性，在魏晋南北朝《论语》学史和经学史研究中具有不可替代之作用。

《四库全书》本皇侃《义疏》较为常见。清人王谟《汉魏遗书钞》辑有《论语疏义》1卷，日本神田喜一郎《敦煌秘籍留真新编》辑有《论语义疏残》3卷（存卷一至卷三）。

8.《论语音义》1卷，（唐）陆德明撰

陆氏《经典释文·序录》中详细考辨了《论语》之性质、作者与成书经过；总结了两汉魏晋南北朝以来《论语》流传授受情况；记叙了自己编撰《论语音义》所据注本及各注家的详细情况；对唐以前之《论语》研究史做了系统的总结。

《论语音义》为《经典释文》其中之一种，为《论语》学史上专门“因声求义”的典范之作。在《论语音义》中，陆德明释音与释义并举，以注释字音为基础，兼及词义。陆氏首先对《论语》文本进行了梳理，对其在流传转抄过程中的字句脱、衍、讹、误的情况进行了考辨。在文本厘定的基础上，辨析经、注字音，“以墨书经本，朱字辩注”①，既用反切表明唐音，又保留大量汉魏六朝古音。陆氏释义除正音求义外，亦在一些章句后明示章句句读、解释前人注文，并罗列异说、存异辨义，保留下了大量汉魏六朝各家的不同训解。

《论语音义》“古今并录，括其枢要，经注毕详，训义兼辩”②，不拘囿门户之见，且经注皆释，较全面地总结了两汉至唐的《论语》音训成就。同时它也是汉语史上义音兼训的典型代表作之一，对于汉语史的研究也意义重大。《论语音义》随《经典释文》流传。

9.《论语笔解》2卷，（唐）韩愈、李翱撰

韩愈（768—824），字退之，河内河阳（今河南孟县）人。因先世居昌黎，故又称韩昌黎。为唐代著名文学家、思想家，不仅在文学上造诣极高，为散文“唐宋八大家”之一，而且一生以复兴儒学为己任，是唐代倡导排佛老、尊儒学的代表者之一，在中国儒学发展史上起了重要作用。韩愈继孟子之后，在中国儒学史上勾勒出从尧、舜至孟子的道统脉络，并以继承儒学道统自任；又因孟子续传道统、一生卫道而褒扬孟子，开宋儒升格孟子之先。他不仅排佛道、尊儒学，而且倡导以“师道”为代表的儒学传统，影响深远。

李翱（772—841），字习之，陇西成纪（今甘肃天水）人。唐贞元间进

① 陆德明：《经典释文·序录》，文渊阁《四库全书》本。

② 陆德明：《经典释文·序录》，文渊阁《四库全书》本。

士，历任国子博士、史馆修撰、考功员外郎、礼部郎中、中书舍人、桂州刺史、山南东道节度使等职。李翱曾师从韩愈学习古文，思想深受韩愈影响，二人思想相近，关系在师友之间。

关于《论语笔解》之作者及成书，许勃《论语笔解序》曰："始愈笔大义则示翱，翱从而交相明辨，非独韩制此书也。"① 《论语笔解》打破了训诂史上"疏不破注"之成规，开启宋人疑经改注、直抒性理之先风，在《论语》史上独树一帜。首先，《论语笔解》直斥《论语》古注之失，认为汉魏六朝之儒者皆囿于章句训诂而不通孔子微言大义，从而导致儒家精髓尽失而佛老流行。所以《论语笔解》摘引孔安国、包咸、马融、郑玄、王弼等人注释，一一驳斥其所陋所失。既指汉魏诸儒尽失，《论语笔解》遂改易《论语》经文以证己意。《论语笔解》全书共计改易经文六处，变换经文次序二处，删经文一处，并对改变、删减之处俱作说明，以申明《论语》大义。《论语笔解》以倡明儒家大义为目的，疑经改注，使汉魏学风为之一变，并成为汉学向宋学转变之先声，宋代学者多因承此法。尽管后儒对韩李《论语笔解》褒贬不一，但"要其用心之精微，总无非欲为圣经之羽翼、汉儒之纠绳也"。②

《论语笔解》有2卷本、1卷本。《范氏奇书》、《四库全书》、《墨海金壶》、《古经解汇函》所收为2卷本，署名韩愈、李翱；《百川学海》、《唐宋丛书》、《说郛》、《清芬堂丛书》、《百陵学山》所收俱为1卷本，仅题名韩愈。

10.《论语注疏》10卷，(宋) 邢昺撰

邢昺曾奉诏与杜镐、舒雅、孙奭、李慕清、崔偓佺校定《周礼》、《仪礼》、《公羊》、《穀梁》、《孝经》、《论语》、《尔雅》等群经义疏，遂有《论语注疏》一书。是书《宋史·艺文志》作10卷，今本20卷，盖后人依照《论语》篇章析裂而成。

《论语注疏》以何晏《论语集解》为底本，并参考皇侃《论语义疏》而作。是书注释详尽，于每一章节之下俱先训解、总结章节大义，再分别疏解《集解》之各家注文。在疏解内容上，邢氏侧重名物、典章之来龙去脉，多方征引，以求明解。故四库馆臣评价之为："于章句训诂名器事物之际详矣"，"自谓凡见于注疏者，不复更详是也"。③ 邢氏《注疏》中又大量存在着对儒

---

① 朱彝尊：《经义考》卷二一三《论语三》引。

② 陈梦雷、蒋廷锡：《古今图书集成·理学汇编·经籍典·论语部》引金玉节语，中华书局、巴蜀书社，1985年，第70452页。

③ 《论语注疏提要》，见《论语注疏》卷首，文渊阁《四库全书》本。

家哲学命题的思考。其对“性”、“情”、“道”、“理”、“气”等的探讨和阐释，既继承了魏晋儒者对这些命题的关注态度，又对其以佛老相比的做法进行了扬弃，削弱了其中的玄理意味。邢氏对这些哲学命题的诠释，更偏重征引其他儒家经典申释，在儒学内部进行思考和阐述。其做法不仅体现了廓清魏晋儒学中的玄学之风的努力，而且下启程、朱，昭示着儒家哲学在形而上学方面建构的趋势。可以说邢昺此书是对宋以前《论语》研究的一次重大而成功的总结，标志着儒学研究即将在哲学层面发生重大的转化。正因为邢《疏》注释详尽、训诂精细、兼及义理，所以与皇侃《义疏》并列为《论语》两大名疏，为《论语》研究必不可少的基本文献，影响深远。清人阮元又将之编入《十三经注疏》之中。

《论语注疏》较常见的为《四库全书》本与《十三经注疏》本。

11.《论语全解》10卷，(宋) 陈祥道撰

陈祥道宗王安石新学，所学受王氏影响极大。据《郡斋读书志》所载，王安石《论语解》及其子王雱《论语口义》、陈祥道《论语全解》，皆盛行一时。王安石父子之书早已亡佚，唯陈氏《论语全解》得以保存流传。

陈祥道同王安石一样，以义理解经。陈氏认为，《论语》是孔子“言理”之书，以“理”答学者之问，以“理”贯穿始终，是孔学义理最为集中的所在。《论语全解》的宗旨就是阐发孔子“以理明道，以义明理”的思想。① 从训解形式上看，《论语全解》继承了王安石《论语解》的解经风格，依然是每章句之下直发议论，议论之中引用他说证之。为阐明理、义、道的关系，广引《书》、《易》、《春秋》各经及老庄、孟荀诸家之言以为证说，并不以是否出自儒家为唯一标准。与“新学”其他《论语》研究著作相比，陈氏此书最大的特色就是，在礼制上讲训详尽。四库馆臣评价：“祥道长于‘三礼’之学……故诠释《论语》亦于礼制最为明晰。”②

此书有明谢氏小草斋抄本、《四库全书》本，以后者为常见。

12.《论语拾遗》1卷，(宋) 苏辙撰

以苏氏三父子为代表人物的“蜀学”在宋代影响甚大，其对儒家经典的研习解说自有其独特之处。在《论语》研究方面，苏轼有《论语解》4卷行世，后亡佚；苏辙有《论语拾遗》补正其兄之说。《论语拾遗》1卷，共27条，是反映苏氏兄弟经学思想重要文献。此书为典型的“笔记体”，乃是随已

---

① 陈祥道：《论语全解·序》，文渊阁《四库全书》本。

② 《论语全解提要》，见陈祥道：《论语全解》卷首，文渊阁《四库全书》本。

见而发议论之作。与“新学”与“洛学”同类著述相比，《论语拾遗》最大的特点是以佛理入《论语》。例如，其讲说“思无邪”时说：“惟无思，然后思无邪；有思，则邪矣。火必有光，心必有思。圣人无思，非无思也。外无物，内无我，物我既尽，心全而不乱。”揭示的是一种无我无物，无我无心的佛家心境。在阐释“六十而耳顺，七十而从心所欲，不逾矩”时说：“耳目所遇，不思而顺矣，然犹有心存焉，以心御心，乃能中法，惟无心然后从心而不逾矩。”① 在苏辙看来，耳顺是因为“无思”，从心所欲是因为“无心”，皆为“无物”“无我”之故，如此则几乎禅宗之语了。

《论语拾遗》最常见的本子为“两苏经解”本、《四库全书》本。

13.《论语说》1卷，(宋) 程颐撰

程颐十分重视《四书》，也十分重视《论语》在儒学中的基础地位。他说：“学者先须读《论》、《孟》，穷得《论》、《孟》，自有个要约处，以此观他经，甚省力。《论》、《孟》如丈尺衡量相似，以此去量度事物，自然见得长短轻重。”② 可以说，《论语》在宋代呈现出如此繁荣的局面，与二程的大力提倡是分不开的。

据晁公武《郡斋读书志》所载，《论语说》为程颐之门人所记乃师讲学之言。与《论语》一样，《论语说》用语口语化，质朴简练，不饰辞藻。《论语说》的主要目的是疏通义理，因此全书以直下己意、串讲大意为主，少涉名物典故，也不引用他经及先儒之言。于“修身”方面着力最多，体现出明显的借《论语》重塑儒学生命哲学体系的追求。

《论语说》收入《程氏经说》之中，常见有《四库全书》本。

14.《论语解》10卷，(宋) 谢良佐撰

谢良佐 (1050—1103)，字显道，上蔡（今属河南）人。元丰八年进士，北宋著名理学家，与游酢、吕大临、杨时并称为“程门四先生”。谢良佐发展了二程的“天理”说，以“仁”诠释“天理”，创立了上蔡学派，同时又被认为是心学奠基人、湖湘学派鼻祖。后人称之为谢上蔡或上蔡先生。

在程门弟子中，谢氏深为推崇修身之法，躬行读书、静坐和反省。除著有《论语解》10卷外，尚有《上蔡语录》行世。谢氏提出的“心为天之理”、“去人欲，存天理”等命题，上承二程，下启朱熹、陆九渊，在“理学”与“心学”史上影响巨大。黄宗羲称之为“程门第一”。

---

① 苏辙：《论语拾遗》，文渊阁《四库全书》本。

② 《近思录》卷三《致知》。

谢良佐在《论语》上用力最深，在对《论语》重要性的认识上，谢氏《论语解》比程颐《论语说》更加明确：那就是通过《论语》以识圣人之心；使言中伦、行中虑，使国家有道。《论语解》以“修身”为训讲之旨，但与程颐相比他更加重视对“心”、“仁”、“天道”、“伦理”等命题的系统阐发，突出了天理即道，道即仁义礼智信。要达到这个“道”就要严格“修心”。通过《论语解》，将程氏的学说更加清晰化、细致化。朱熹对此书评价很高，他回顾自己对谢良佐《论语解》用心揣摩的情况：“尝看上蔡《论语》，其初将红笔抹出，后又用青笔抹出，又用黄笔抹出，三四番后，又用墨笔抹出，是要寻那精底。看道理，须是渐渐向里寻到那精英处，方是。”①

谢氏《论语解》不传，朱熹《论语精义》、《论语集注》、《论语或问》、《朱子语类》等文献多有引用。

15.《论语杂解》1卷，(宋）游酢撰

游酢（1053—1123），字定夫，建州建阳（今属福建）人。宋代理学家，“闽学”开创人之一。

游酢少时聪颖，程颐于京师见之，谓其资可适道。元丰五年（1082）进士，历任太常博士、监察御史，卒于知濠州任上。学者称廌山先生。游酢长于研《易》及《四书》之学，其思想学说对朱熹影响深远。

《论语杂解》也是直抒己意的解经之作，为游氏代表作之一。其内容俱为《论语》各章节大意的串讲和概括。游氏重在突出“义理”、“本心”。在“义”和“理”的关系上，他认为“理也，义也，人心之所同然者而已”②。“理”即“义”，就是人的“本心”。理义是本心的外在表现，即理义说我心。正因为如此，因此人的“本心”是能够被外界的影响而影响的。这无疑是对二程“性即理”的进一步解释。

此书后人收入《游定夫先生集》，常见有《四库全书》本。

16.《论语解》2卷，(宋）杨时撰

杨时（1044—1130），字中立，号龟山，南剑将乐（今福建将乐）人。宋代著名理学家。熙宁九年进士。历任推官、教授、通判、秘书郎、工部侍郎、龙图阁直学士等。一生精研理学，特别是他对闽中理学的兴起贡献巨大，被后人尊为“闽学鼻祖”。杨时著述丰富，其学不仅受到“二程”的肯定，更被

① 黎靖德编、王星贤校点：《朱子语类》卷一二〇《朱子・训门人八》，第2887页。

② 游酢：《论语杂解》，《游廌山集》卷一，文渊阁《四库全书》本。

后人称为“程氏正宗”。

杨时《论语解》将《论语》提升到儒学道统所系的高度。他在自序中说：“道废千有余年，百家之言盈天下，学者将安取正乎？质诸圣人而已矣。夫《论语》之书，孔子所以告其门人群弟子，所以学于孔子者也，圣学之传，其不在兹乎。”① 杨时讲解《论语》，与上述谢、游二人略有差异，更强调由修己而达人，由“内圣”而成“仁”。他认为，进德修身“始乎于士，终乎圣人”。此外，杨时《论语解》重视礼仪伦理，并在注解中体现出尊崇纲常伦理的倾向。在注解形式上，为说明己意，杨时往往引用他经或先儒之说，使训说更加朴实、自由，显示出与其他程门诸子不同。

杨时《论语解》今无传本，朱熹《论语精义》、《论语集注》等书多有引用。

17.《论语解》10卷，(宋) 尹焞撰

尹焞 (1061－1132)，字彦明，一字德充，号和靖处士，河南洛阳人。历任左宣教郎、八年权礼部侍郎，兼侍讲。

《论语解》为尹氏奉诏为经筵所准备。尹焞认为，自孔子以来，道学断绝，以字词训诂为主的注疏之学，乃是舍本求末。他又批评一些对《论语》夸夸其谈的训讲之作。《论语解》追求“慎言辞”的简明风格，以求不以己意误解《论语》本义。从形式上来看，尹焞《论语解》与程颐《论语说》有相近之处，那就是语言平实，简单串讲。在训讲内容上，尹焞较少言及“性命”之辨、“义理”之争，所解说的内容无非是对经文经义的概括或评价，不高发议论。朱熹曾评价尹焞《论语解》：“《论语》中，程先生及和靖说，只于本文上添一两字，甚平淡，然意味深长，须当仔细看。”“尹氏解《论语》守得定，不走作所少者，精神尔。”② 朱熹此语对《论语解》的优缺点概括得极为贴切。

此书《宋史·艺文志》著录为10卷，今传有明山阴祁氏淡生堂写本，不分卷。

18.《论语指南》不分卷，(宋) 胡宏撰

胡宏 (1105—1161)，字仁仲，号五峰，人称五峰先生，福建崇安人。胡安国之子，“湖湘学派”创立者。曾师从杨时、侯仲良，又传父学，与樊光远、张九成等交往密切。主要著作有《知言》、《皇王大纪》、《易外传》、《论语指南》等。

---

① 杨时：《论语解·序》，《经义考》卷二一四《论语四》引。

② 朱彝尊：《经义考》卷二一四《论语四》引。

《论语指南》的最大特色是将“心”与“知”、“心”与“仁”统一了起来。在宋代《论语》研究中别具一格。所论述的核心命题是“仁”。由“仁”沟通了“心”、“知”和“物”。他认为，在仁者心里，客观事物的存在状态，决定着心的反应状态。即所谓“仁者之心如鉴，妍者来则妍，丑者来则丑”。不仅如此，“心”与“物”也是一体的，“有内则有外，有我则有物”。同时，“心”与“仁”也是统一的。即“心无不仁”。《论语指南》说：“窃谓人有不仁，心无不仁。此要约处，不可毫厘差。”但是，“心”又分为“欲心”和“道心”，真正的“仁”是和“欲心”相对的，只有“道心”才能与“仁”相对。他说：“仁，人心也。心一也，而有欲心焉，有道心焉。”所以人们要时刻注意检点压抑自己的“欲心”，以达到求仁得仁。“欲求仁者必先识心，忠恕者天地之心也，人而主忠行恕，求仁之方也”。① 胡宏之说对张栻所主张的“心性”之论、“义利”之辨具有启发意义。

《论语指南》收入《五峰集》，常见有《四库全书》本。1987年中华书局标点本《胡宏集》亦收入。

19.《论语集注》10卷，(宋）朱熹撰

朱熹治学贵在穷理以致知，反躬以践实。他认为，儒家经籍乃圣人道统之所藏，经籍之旨不明则儒家道统不行。于是朱熹遍注群经而以抒发其大义为主，其所注、所撰之书大多广为流传，其中《大学章句》、《中庸章句》与《论语集注》、《孟子集注》合称《四书章句集注》，成为后世科举考试的标准读本，影响深远。

《论语集注》虽题名为“集注”，但并不以罗列、综合先儒各家训解为主。是书对旧注做了相当多的裁剪功夫，且有时并不标明旧注所出，大致以疏通关键字词、名物为主，并以阐明《论语》大义、宣讲理学思想为鹄的。在训释内容上，朱熹特重关乎修身、立德、明道、致知等内容。但凡涉及此种命题，或广引他儒之言，或直下己意加以阐发，统之以义理德性，而但求通达明了。《集注》训解中，不少术语来自佛道两家，但朱熹灵活采用以为义理服务，为孔门言论赋予了新的哲学意蕴。训诂风格上，《集注》简洁明了、要而不繁，一扫前代疏解冗繁琐屑之病，开《论语》训诂新气象。《集注》乃宋学注经之典型，其既有不拘一格、“六经注我”之特征，又重在明义、清简通洽，为后代所重。《论语集注》使《论语》最终升格为学官大经，而朱熹的训解，亦成为七百余年《论语》诠释的权威。

① 以上引文皆出自胡宏撰、吴仁华点校《胡宏集》，中华书局，1987年。

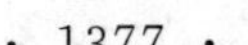

《论语集注》流传甚广，常见有《四库全书》本及多种丛书本、合刻本、单刻本。

20.《论语集义》10卷，(宋) 朱熹撰

朱熹《论语集义》是精选程门重要学者有关《论语》之训讲编辑而成的一部著述，成书于宋孝宗乾道八年。该书又称《论语要义》或《论语精义》，与《孟子集义》合称“论孟集义”。

该书以二程之说为主，又有张载、范祖禹、吕希哲、吕大临、谢良佐、游酢、杨时、侯仲良、尹焞九家之说附于程说之后。四库馆臣评价到：“朱子初集是书，盖本程氏之学以发挥经旨，其后采撷菁华，撰成《集注》。”① 《论语集义》最可贵的地方是保存了自二程以下理学家注《论语》的宝贵资料，对于研究二程直至朱熹的《论语》研究流变，朱熹理学思想的来源，具有重要意义。虽然朱熹后来又根据《集义》撰成《论语集注》，但正如朱熹自已所说：“《集注》乃《集义》之精髓”，“须借它做阶梯去寻求，将来自见道理”。②

《论语集义》常见有《四库全书》本，另有《朱子遗书》本、《朱子全书》本。

21.《论语或问》20卷，(宋) 朱熹撰

朱熹《论语或问》是用问答体编撰的一本关于《论语》研究的著述，常与《大学或问》、《中庸或问》、《孟子或问》合称“四书或问”。

朱熹集注《论语》之前，曾搜集整理自己之前重要理学家的训解，为之《论语集义》，在此基础上甄选各家之言，撰成《论语训蒙口义》(或称《论语详说》)。此后又在《论语训蒙口义》的基础上，以自己的学术思想，糅合旧注，淬选菁华而成《论语集注》。在《论语集注》之外，采用论辩的格式，作成《论语或问》以表明取舍之意。但朱熹的好友张栻认为，在这一系列的著作中，《论语或问》的价值相对较低：“《或问》之书，大抵固不可易之论，但某意谓此书却未须出，盖极力与辨说，亦不能得尽。”③ 虽然《论语或问》有张栻坦言的缺点，但后来朱熹却没有对《或问》详加修改。对此，朱熹说到：“观此书者，当于其中见得此是当辨、此不足辨，删其不足辨者，令正意愈明白可也。”④ 说明《论语集注》和《论语或问》可互为补充。

---

① 永瑢等：《四库全书总目》卷三六《论语集注》提要。

② 黎靖德编、王星贤校点：《朱子语类》卷一九《论语一·语孟纲领》。

③ 张栻：《南轩文集》卷二四《答朱元晦七》。

④ 黎靖德编、王星贤校点：《朱子语类》卷一二一《朱子十八·训门人九》，第2928页。

此书常见的有《朱子遗书》本、《四库全书》本、《朱子全书》本。

22.《论语说》1卷，(宋) 吕祖谦撰

《论语说》1卷，是吕祖谦解经的代表著述之一。该文直讲经义，用语自然亲切，口语化痕迹明显，如师长对面侃侃而谈。在训讲内容上，《论语说》不以辩解阐述"性命"、"理气"等抽象命题见长，而是处处讲解如何做、如何行。吕氏主要围绕修身、行事等事关日常行为方面展开，包括行仁、行孝、行仕、处事等。正是通过对《论语》中这些活动的讲解，阐明自己的主张，即"明理躬行"。例如讲解"人而不仁如礼何，人而不仁如乐何"时，吕祖谦说："仁者，天下之正理也。是理在我则习矣而著，行矣而察。否则礼乐虽未尝废于天下，而我无是理，则与礼乐判然二物耳。"吕氏讲解的重点不是"仁"、"理"之辨，而是如何做才能合"仁"。讲解"见贤思齐"时，吕祖谦指出，这说明了"此两句是日用功夫，人不能以独处，必与人处"①。正是通过这种循循善诱的讲解风格、躬行实践的学术追求，使得《论语说》在理学诸家中别具一格。

此书收入《东莱吕太史文集》。

23.《癸巳论语解》10卷，(宋) 张栻撰

张栻 (1133—1180)，字敬夫，一作钦夫，号南轩，又号葵轩、乐斋，祖籍绵竹 (今属四川)，徙居长沙 (今属湖南)。南宋名相张浚之子，胡宏弟子，时人或称南轩先生，南宋著名理学家。其学先于义利之辨，自有特色。其曰："义者，本心之所当为而不能自已，非有所为而为之者也；一有所为而为，则皆人欲而非天理矣。"② 后人将朱熹、张栻、吕祖谦三人并称"东南三贤"。著有《南轩易说》、《癸巳论语解》、《孟子解》、《汉丞相诸葛忠武侯传》、《南轩先生文集》等。

《论语解》成书于乾道癸巳 (九年，1173)，故以"癸巳"冠名。据载，朱熹曾就《论语解》中之训说与张栻相诘，其条目多达118条，并定其误字2条，充分反映出朱、张二人在学术思想上的明显差异。《论语解》几无征引前人字词训诂，乃张栻以己意直解《论语》之作，为直下己意、直解经典之典型。在训讲内容上，张栻以心性、义利为中心，认为事皆由己之心性而定，故为人行事务必端正己之心性，但求"内圣"。如其解释"敬事而信，节用而爱人"句时，曰："敬事者，事无大小一于敬也；信者，信于己也……敬与信

① 以上所引皆出自吕祖谦《论语说》，《吕东莱先生文集》卷一七。

② 《宋史纪事本末》卷二一。

不立，则无适而可耳。"①《论语解》正是以此种解说为基础，构建出一个较为完备的生命道德哲学体系。

《论语解》常见本有《四库全书》本及《张宣公全集》本，杨世文、王蓉贵校点《张栻全集》本（长春出版社，1999年）。

24.《石鼓论语答问》3卷，（宋）戴溪撰

戴溪（1141—1215），字肖望，一作少望，永嘉（今浙江温州）人。学者称岷隐先生。淳熙五年（1178）任湖南石鼓书院山长，后历任湖州教授、太学录兼实录院检讨官，累迁兵部郎官。官至权工部尚书，龙图阁学士。《石鼓论语答问》3卷，为戴溪任石鼓书院山长时，由诸生记录其讲学之讲义汇编而成。此书以讲解义理为主，兼有考据。该书于义理方面颇受好评，但于考据方面则略显空疏。陈振孙《直斋书录解题》称此书讲解义理浅近明白，朱熹称赞之"近道"。而涉及考据之时，"间有疏舛"，根据《四库全书总目》所举例来看，表现为轻下结论和盲信旧注。该书是宋代书院《论语》教材之代表作。

此书有《四库全书》本、《敬乡楼丛书》本。

25.《论语意原》2卷，（宋）郑汝谐撰

郑汝谐（1126—1205），字舜举，自号东谷居士，处州（今属浙江）人。累官徽猷阁待制。

郑氏治学，在《易》与《论语》二经上着力最多，一生沉潜，《论语意原》即是作者数易其稿的心血结晶。郑氏自谓《论语》蕴涵了孔子博大渊深之意，前人所注讲者，鲜有人识孔子之旨。因此《论语意原》全书大旨以义理之学为宗，务求《论语》一书之原义，其说解往往有前人未发之言。真德秀为其序，称汝谐之学出于伊洛诸君子，然多有以己意逆孔子之志之处。其所说解颇与朱子《论语集注》相异，但亦多合于义理。这代表了郑氏治学的风格，也代表了别于朱熹的另一派理学趋向。

此书陈振孙《直斋书录解题》著录，但不著撰者之名，《宋史·艺文志》因之。传本较多，主要有《四库全书》本（二卷本，下列各种为四卷本），《墨海金壶》本，《指海》本及《经苑》本等，其中《经苑》本较佳。

26.《论语集说》10卷，（宋）蔡节撰

蔡节（生卒年不详），永嘉（今浙江温州）人。南宋淳祐六年曾任朝散

① 张栻：《癸巳论语解》卷一《学而篇》，杨世文、王蓉贵校点《张栻全集》本，长春出版社，1999年。

郎，集英殿修撰，后知婺州、庆元等地。

《论语集说》体例清晰，每章之下首列众说，谓之“集”，且在每家之下著录作者，标明其所“集”的来源。前人之说“集”毕，如果蔡节再发表自已的见解，则用“节谓”、“释”启头，以相区别。其互相发明之说，则夹注于下。其推阐旁意之说，则低一字书之。观蔡氏所集，以两宋儒家特别是理学者之训解为主，对于前人学说的征引，蔡节能做到列其精要，引证博约兼顾，自己所出的释文简赅。四库馆臣对其评价甚高，堪称宋代理学《论语》研究的总结之作，是十分方便的宋代《论语》研究入门书籍。

该书有宋淳祐六年湖頖刻本、《通志堂经解》本、《四库全书》本。

27.《论语集注考证》10卷，（宋）金履祥撰

金氏为宋末大儒，继吕祖谦后，与王柏、许谦等共同构成“浙东学派”的中坚。金氏一生治学以严谨著称，同时又强调敬行、实用，著述颇丰，有《通鉴前编》、《大学疏义》、《论语孟子集注考证》、《尚书表注》等著作行世。

是书与金氏《孟子集注考证》7卷一起，并称《论语孟子集注考证》。“集注考证”者，乃是为“集注”作“疏”也。金氏自谓古书之有注者必有疏，乃为朱熹之《论语集注》疏证，著《论语集注考证》。其书于事迹、典故辨定尤多。因朱注以发明道理为主，不及详考名物，故金氏拾遗补阙以弥缝其隙。

此书常见有《率祖堂丛书》本、《四库全书》本、《丛书集成初编》本。

28.《论语集注大全》20卷，（明）胡广等撰

永乐十二年（1414）十一月，胡广等奉明成祖之旨修“五经四书大全”，次年九月告成。书成后，明成祖亲为之序，并命礼部刊行天下。从此，“朱注《四书》”正式成为官方开科选士之标准书籍。《论语集注大全》即为其中之一种。此后《论语》及《四书》类讲章浩如烟海，以胡氏等为滥觞。由汉至宋之经术及《论语》研究，由此尽变，士子始以背诵《论语集注大全》为务，不复注重考证与发明。有明一代士大夫之学问根底俱在于斯。

该书收入《四书大全》。

29.《论语类考》20卷，（明）陈士元撰

陈士元（1516—1597），字心叔，号养吾，小名孟卿，一号江汉潜夫，又称环中愚叟，应城（今属湖北）人。受学于余胤绪，得问为学之要。嘉靖二十三年（1544）进士。诗文与“后七子”领袖王世贞并称“王陈”。二十四年（1545）任滦州知州，编《滦州志》，张居正为之序。曾上书皇帝，要求整肃吏制和财政，招致权奸严嵩反对，遂毅然于嘉靖二十八年（1549）辞官归里，

潜心著述40余年。著有《易象钩解》、《五经异文》、《论语类考》、《孟子杂记》、《荒史》、《古俗字略》等26种，计252卷。

此书以考订《论语》名物典故为主，共分18门、494小目。朱熹《论语集注》出后，各家阐释《论语》多以发明义理为主，及至金履祥始有《论语孟子集注考证》补订其疏。陈氏大致遵循金履祥之体例，每条之下先搜罗旧说、互相参订，并用“元案”二字别之。其不讳朱熹《论语集注》之错讹，为明代著作中殊有根底之作。

此书常见版本有《四库全书》本、《归云别集》本、《湖海楼丛书》本、《湖北丛书》本。

30.《论语学案》10卷，(明) 刘宗周撰

“理学殿军”刘宗周一生奉行并恪守理学，尤重孝道、伦常，为东林党著名人士。刘氏学风讲究“慎独”，其主要著作有《周易古文钞》、《论语学案》等。

是书并不如题所示为“学案体”，亦不考辨《论语》流传授受情况，而是刘氏对《论语》微言大义之阐发，乃明代心学家解《论语》之作。刘氏于此书中，不求就训诂释词以通经典，而转求诸义理发挥。其倾向有二：首先，借孔子及其门人阐述性命、义理之学，带有明显的融理学、心学为一炉的倾向。例如在“学而时习之”句下，刘氏在着力阐释了“觉”、“心”、“气”等的复杂关系。其认为“觉”、“心”、“气”三者互为表里、相因相承，故人可由“学”至“乐”。但刘氏对《论语》经文之字词句义并无多大说明。其次，有关礼制、伦常等内容，刘氏讲解、发挥亦详，带有明显的借经义比附现实的倾向。《四库全书总目》曰：“盖宗周此书直抒己见，其论不无纯驳。然要皆抒所实得，非剽窃释氏以说儒书。”① 作为宋明理学殿军，刘氏此书为元明二代讲《论语》之代表，也反映出此时经学、理学的停滞。

此书有《刘子全书》本、《四库全书》本。

31.《论语稽求篇》4卷，(清) 毛奇龄撰

《论语稽求篇》为毛氏代表作之一，乃驳诘朱熹《论语集注》之作。朱熹解《论语》，本以通其大义为主而辅之以训诂，于考证处不免疏简，毛氏遂广援古注以相难，共计反驳朱注91条。由于奇龄学识广博，故于制度、史实考证犹详，不少论断论据充分、观点公允。但亦有少数失之偏激，有强为反驳之嫌。毛氏所处，乃清初理学盛行之时，其直指朱熹之失，恢复汉唐旧注以

① 永瑢等：《四库全书总目》卷三六《论语学案》提要。

申明经典本义，则是对宋明理学的反动。其既继承了宋人疑经惑注的怀疑精神，对已成权威之《论语集注》进行怀疑；又试图恢复汉学传统详就训诂考辨，启乾嘉之学的先声，在清代《论语》研究中占据了重要地位。

《论语稽求篇》常见之本为《四库全书》本及《西河合集》本、《皇清经解》本。

32.《读论语劄记》2卷，(清) 李光地撰

李光地之学，在“四书”、“五经”上用功最多，尤其以研《易》见长。李氏为清初程朱理学的代表人物，其《读论语劄记》也反映出此时官学的大概面貌。《读论语劄记》2卷，“大旨皆主于寻求义理，宛转发明，不似近代讲章，惟以描摹语气为时文敷衍地也。”① 从《劄记》内容上来看，李氏往往以引申朱熹《论语集注》为主，较少有自己的见解。但李氏在注解之时注重广引他经以为己用，且较多以《易》证《论语》，却体现了自己的学术风格。

此书常见的为《四库全书》本、《李文贞公全集》本、《榕村全书》本。

33.《论语传注》2卷，(清) 李塨撰

李塨为颜元弟子，但不固守门户、学派之见，先后向多人问学。颜、李本长于义理，但李塨数次向毛奇龄等人学习训诂考据之学。后来李塨之学渐入考据，使得颜元之说更加笃实、细致。

《论语传注》为《四书传注》之一种。关于作注的缘由，李塨说到：“去圣远而道术晦。汉唐注疏详于训诂略于体要；宋明儒者又各寻入门之路，率牵圣言以就其说，而道多歧辙矣，故不得已而有此注。”这体现出他反对宋明理学脱离训诂高谈义理，同时也不满汉学注疏一味训诂、少言义理。因此《论语传注》试图取二者之优点而避二者之不足，在二者之间找到平衡。在训解形式上，该书在征引他说，明白训诂的基础上下以己意，不复宋明理学诸儒解经面貌。其征引不以广博为目的，但求阐明经义而已，简洁明快。在训解宗旨上，李塨首先突出的是“行”，即“学不明则经旨不明，以力行为学则学原以为行也”。② 其次，《论语传注》不追求发人未见之义，讲求通经致用。《论语传注》里涉及礼乐、制度、地方、官名之处皆不回避，力求训讲明白。他认为这些方面虽然于经义无益，但却是致用的所在。《论语传注》为颜李学派解《论语》之代表作。

---

① 《榕村四书说提要》，《榕村四书说》卷首，文渊阁《四库全书》本。

② 以上所引皆出李塨《论语传注》，《颜李丛书》本，民国十二年四存学会排印。

此书外，李塨尚有《论语传注问》1卷。该书常见有《颜李丛书》本。

34.《论语说》4卷，(清) 程廷祚撰

程廷祚为李塨弟子，服膺李说，同时又有所变化，为“颜李学派”后期代表人物。程氏自叙已著《论语说》时，凡易四稿，用功勤勉，经营惨淡。观《论语说》之书，其最大的特点是“多言义理，而持论能见其大”。① 所谓持论能见其大，就是指程氏之训说能切合孔子原意，以恢复孔子义理为目的，而不是在后儒观点上作纠缠。与之对应的是，程氏还根据孔子义理修正、评价后儒的解说。《论语说》所引后儒解说从汉自清，不拘汉宋之分，这反映出颜李学派的进一步变化。同时，程氏对所引的前儒训说多有褒贬评价，不仅针对汉注，也包括朱熹之注和清儒毛奇龄之说。甚至对其师李恕谷的一些训说，程廷祚也大胆怀疑，并下以己说。这种根据实际、独立思考的解经方法，正是颜李学派治学务实、躬行的表现。

《论语说》常见有《金陵丛书》本、《续修四库全书》本、《丛书集成续编》本。

35.《乡党图考》20卷，(清) 江永撰

《乡党图考》20卷是考据《论语》礼制，并以图画形式解《论语》的典型代表，在清代《论语》研究中独树一帜，影响极大。江永曾表述自己作此书的缘由：“从来为制义者，往往难之……为制举业者，志在弋获，惮于寻源。诸经涉猎皮毛，挂一漏万。或为《乡党》制义，为篓陋，为饾饤，为纸漏，往往不免。”② 在《论语》中，《乡党》与《尧曰》素称难解。而《乡党》篇由于多涉器物、礼制，不易发挥义理，因此受到宋明诸儒冷遇。反之，不通礼制名物而强为之解，则不免挂一漏万。由于江氏有着良好的礼学功底，故其解《乡党》篇别出一格。《乡党图考》将《乡党》所涉及的制度名物共分为图谱、圣迹、朝聘、宫室、衣服上、衣服下、饮食、器用、容貌、杂典等九类10卷。第1卷图谱，为乡党所涉内容的总图，图文相配；其余9卷不再配图，而代之以详细的考辨、训解。在余下的各卷里，江永详细分类，由总而分，按照事物发展的起始顺序精心排列，以求明晰制度名物发展演变之源流。然后穷搜经传典籍，以为考据证明。

《乡党图考》以图解经、图经互释的训诂手段和穷究考释、完备精当的训

① 中国科学院图书馆整理：《续修四库全书总目提要·经部》之《论语说》提要。

② 永瑢等：《四库全书总目》卷三六《乡党图考》提要。

诂风格，开乾嘉考据之先，为乾嘉汉学当之无愧的代表著述之一。正因为上述优点，江氏是书一出，立即引发了清代《乡党》研究的热潮，现存至少有金鹗《乡党正义》、成僎《乡党备考》、谭孝达《乡党类纂》、洪世佺《乡党爵禄考辨》等27部《乡党》研究著述。此书常见有《四库全书》本。

36.《论语古义》1卷，（清）惠栋撰

《论语古义》为《九经古义》之一，为清代讨论文字音义的代表之一，也是清代最先提倡汉学《论语》研究的著作。惠氏此书的特点如下：其一，就古音明古义，通过探讨文字的古音来训释当时之字义，从而疏通文义。其二，旁征博引以求明解。《论语古义》短短55条，所引典籍达22种，涵盖经、史、子典籍及石经、汉简。所涉前人之说27家。其三，尊崇汉儒之说，述而不作，几无自己见解。《论语》古义以恢复汉学、重振汉学为宗，惠栋对汉儒学说全部接收，对文字音义的见解也是越古越好，越古越对，并不加以考辨。

《九经古义》常见有《四库全书》本、《皇清经解》本、《槐庐丛书二编》本等。

37.《论语竢质》3卷，（清）江声撰

江氏本长于《说文》，《论语竢质》的主要内容为就《说文解字》以正《论语》之讹误。值得一提的是，江声考证讹误，是以膺服汉儒之解说为基础，主要针对的是六朝隋唐学者的训释。江氏在考辨字义之时，十分注重音训，常常音声求义。并根据审辨读音来怀疑讹误。其次，江声对《论语》中的人物、史实、制度等也有所考证。在无法得到确解的情况下，江声秉承汉学宗旨，存疑阙闻。江氏此书为清代以“小学”考证经书的代表，其审音辨讹的成就和方法影响较大。

《论语竢质》主要有《琳琅密室丛书》本、《丛书集成初编》本。

38.《论语余说》1卷，（清）崔述撰

乾嘉年间，随着考据之风盛行，辨伪之学随之兴起。学者们对前代留下来的经学文献的真实性提出了怀疑。惠栋等人质疑《古文尚书》，陈鳣、沈涛、丁晏等人则怀疑孔安国《论语训解》。及至袁枚、赵翼、崔述等人，又相继对《论语》的真实性问题提出了质疑。其中崔述所疑最广，也最有系统性，构成了自己的治学特色。其《洙泗考信录》、《论语余说》就是这方面的代表作。

《论语余说》共分三大部分：第一部分为“余说”，第二部分为附《孟子》二则，第三部分为《论语》篇章辨疑。其中第一部分是崔述对《论语》义理所作的议论。由“论后儒格物致穷理之说不如圣人言学之善”、“释《论语》

之义”、“论《集注》有未惬处”、“论《论语》分章分句得失”、“论讲章俗解之误”、“论后儒妄驳朱子”、“论《论语》前后十篇文体之异”共计7个方面构成。第三部分“《论语》篇章辨疑”中，崔述认为：“《论语》后五篇，惟‘子张’篇专记门弟子之言，无可疑者。至于‘季氏’、‘阳货’、‘微子’、‘尧曰’四篇中，可疑者甚多。”① 他从事实不合、文体不符、称谓不符3个方面着手，提出了自己的质疑。其中事实不可信者，6章2节；事实有可疑者6章；义无可疑而文体不类者9章；文体大可疑者2章；门人于孔子前称“夫子”而事亦可疑者2章；小有可疑者2章；共计27章2节。最后事实可信者，只有4章、7节而已。崔述之观点和思想，在20世纪初期影响深远，成为“古史辨”派思想的直接来源之一。

《论语余说》常见有《崔东壁遗书》本。

39.《论语骈枝》1卷，(清) 刘台拱撰

刘台拱 (1751—1805)，字端临，一字江岭，江苏宝应人。清代经学家、训诂学家。与王念孙、段玉裁、汪中、阮元等人相交甚笃。平生著述不多，但所出大多精粹之言。有《论语骈枝》、《经传小记》、《国语补校》、《荀子补注》、《淮南子补校》、《方言补校》、《汉学拾遗》、《端临文集》等行世。

刘台拱治学偏好《论语》、《礼》经，以其为孔子“微言大义”的载体。《论语骈枝》即体现了刘氏的这种偏好，为清儒不拘汉宋注解《论语》的代表作之一。全书共讲解《论语》章句15条，虽篇幅不多，但量少而精。除了兼采各家之说以疏通经义外，刘氏还对前儒不妥之处做出中肯的批评。例如他疏解“如切如磋，如琢如磨时”，就指出：“《集解》及皇、邢二《疏》并鹘突不分明。朱注不用《尔雅》而创为已精益精之说。推是义不过以切琢喻可也。”②《骈枝》之疏解训诂，不盲信汉宋，不排斥今古，皆实事求是，下启刘宝楠、刘恭冕父子，影响极大。

此书较常见的本子为《皇清经解》本、《续修四库全书》本。

40.《论语补疏》3卷，(清) 焦循撰

焦循作《通释》后，又推衍其义以成《论语补疏》3卷（《清经解》本2卷)。从内容上看，《论语补疏》主要是对汉唐注疏作补充说明，补其未安，言其未尽，绳其所讹，共疏讲《论语》内容74条。焦氏所处乃乾嘉汉学最盛

① 崔述：《论语余说》，顾颉刚编订：《崔东壁遗书》，上海古籍出版社，1983年，第623～621页。

② 刘台拱：《论语骈枝》，《皇清经解》本。

之时，《论语补疏》体现出了乾嘉之学穷搜文献、广泛征引以为考证的典型风格。例如在补疏“攻乎异端，斯害也矣”时，焦循为证明“攻其恶，即是磨琢己身之恶；攻人之恶，即是剀切他人之恶，亦不作弹击之义”，前后征引了14家之言详加阐述。在训讲“敏则有功”时也罗列出6处文献中关于“敏”的解释，得出敏应当为“审”、“谋”之义。但是和单纯的为考据而考据不同，《论语补疏》的落脚点还是焦循自己对《论语》的体悟、对圣人之学的理解。博征文献的最终目的是为了疏通经义服务。

《论语补疏》常见的有《焦氏丛书》本、《皇清经解》本。

41.《论语述何》2卷，(清）刘逢禄撰

据刘逢禄自述，《论语述何》乃是因为何休《论语注》佚亡已久，所以取其《解诂》和董仲舒《春秋繁露》中的“公羊”大义，以解《论语》。“述何”其实是述汉代公羊家的思想，借《论语》来讲说《公羊》学。《论语述何》的中心思想是：孔子为素王、受命作《春秋》，《春秋》有大义。在刘逢禄的努力下，《论语》成为印证公羊学说的案例和材料。例如在解释“五十而知天命”时，刘逢禄注释为：“五十而知天命何谓也？夫子受命制作，垂教万世。《书》曰：‘文王受命惟中身。’子曰：‘文王既没，文不在兹乎。’知天命之谓也。”他认为知天命，就是“受命”，即受命作《春秋》。为使《论语》语义与《公羊》学相合，刘逢禄在具体的训解过程中不惜断章取义。又如在解释“多闻阙疑，多见阙殆”句时，刘逢禄说：“多闻如《春秋》采百二十国宝书，于史文阙者，信以传信，疑以传疑，慎之至也。多见，谓所见世也。殆，危也，《春秋》定哀多微辞，上以讳尊隆恩，下以避害容身，慎之至也。”① 本来是孔子回答子张的干禄之问，刘逢禄却借机发挥，不顾上下文义。

刘逢禄是清代以《春秋》解《论语》的第一人。刘逢禄之后，宋翔凤、戴望、康有为等继续发挥，形成晚清《论语》之义“公羊化”的风貌。

《论语述何》有《刘礼部集》本、《皇清经解》本。

42.《论语说义》10卷，(清）宋翔凤撰

《论语说义》为宋翔凤研治《论语》的代表作。宋氏反对古文家《左传》为尊的做法，认为《春秋》大义唯有《公羊》才能发挥。《论语》因为记录的是孔门师弟言行，也蕴涵有《春秋》大义。“孔子受命作《春秋》，其微言备于《论语》”。因此，宋氏解《论语》也处处留心对这种“微言大义”的表达。例如他在注释“子罕言利与命与仁”时将之读为“子罕言，利与命与仁”。他

① 以上所引见刘逢禄《论语述何》，《清经解》本。

说："罕者，希也，微也。罕言者，犹微言也。"除了"微言大义"，宋氏《论语说义》里还彰显《公羊》学"通三统"、"张三世"的观点。他认为："求张三世之法，于所传闻世见治起衰乱，录内略外；于所闻世见治升平，内诸夏而外夷狄；于所见世见治太平，天下远近小大若一。"① 在训解形式上，注重在分句训讲之外对《论语》各篇章意义的概括，并重视引用他经以为己用。

《论语说义》主要有《清经解续编》本、《续修四库全书》本。

43.《论语后案》20卷，(清) 黄式三撰

黄式三 (1789—1862)，字薇香，号儆居，浙江定海人。道光十二年 (1832) 岁贡生。初好《论语》，有《论语后案》行世；晚年好礼学，有《复礼说》、《崇礼说》、《约礼说》。另外还有《诗丛说》、《诗序通说》、《春秋释》、《周季编略》、《儆居集经说》、《史说》、《书启蒙》及《黄氏塾课》等。

黄氏治学不拘门户之见，其《论语后案》20卷，就是这种治学风格的体现。《论语后案》的训注形式是，于经文章句之下，先广采众家之说，然后黄氏再以"案"的形式发表自己的见解。最能反映黄式三治学风格的就是对各家学说的征引。黄氏解经之时，务以明晰经义为宗旨，所征引之说上至两汉下至当时，并不以汉学、宋学或今文、古文为取舍标准。不仅如此，他还广引经史诸子以为己用。显示出自己"苟有裨于经义，虽异于汉郑君、宋朱子，犹宜择是而存之"② 的开放眼光和治经特色。

黄氏《论语后案》突破汉宋，兼容并蓄，并将同代学者之学说纳入视线，为刘宝楠父子《论语正义》之前的集大成者。其"实事求是"的治学风格承袭乾嘉之风，与刘逢禄、宋翔凤等人以"公羊"解《论语》形成对比。

此书主要有《儆居遗书》本、《续修四库全书》本。

44.《论语正义》24卷，(清) 刘宝楠撰

刘宝楠 (1791—1855)，字楚桢，号念楼，江苏宝应人。清代著名经学家。刘宝楠为宝应刘氏之后，其家学绵长，尤善治《论语》，刘台拱、刘宝楠、刘恭冕三世传经。道光八年戊子 (1828)，刘宝楠乡试时，与刘文淇、梅植之、包慎言、柳兴恩相约各治一经，加以疏证，其得《论语》，遂开始编撰《论语正义》。

历史沉积与时代学风使然，清代学者对历代经学成果进行了大规模清理总结，《论语》也在其中。然《论语》整理能堪称集大成者，当属刘宝楠《论

---

① 以上所引见宋翔凤《论语说义》，《续修四库全书》本。

② 黄式三：《论语后案·自叙》，《续修四库全书》本。

语正义》。《论语正义》的特点主要有三：首先是博大。其以何晏《论语集解》为主，打破门户、兼采众说，不仅对史上旧注做了详细梳理，更对清儒的研究成果详加引录汇编，全面展现了两汉至清中晚期的《论语》训诂成就。其二，旁引各种文献以为佐证，打破了过去“以经解经”的格局，金石、舆地、礼制、器物等皆广为搜罗，详细考证，如此大规模的引用，在“《论语》学”史和经学史上具有重要意义。其三，在具体内容上，该书融会释、考异、音读为一炉，是对前代多种《论语》训诂体例的总结与综合；并尤重字词训诂、名物考辨、疏通经义，具有明显的清代经学特征。对难成定论的说解，刘氏采取广存异说的做法，以待来者，反映出其笃实的治学风气。

刘宝楠《论语正义》完成了传统经学下《论语》训诂的最后总结，标志着《论语》研究新时代即将到来。成书之后，广受赞誉，成为研究《论语》的津梁之一。

《论语正义》较常见的有清同治刻本、《清经解续编》本、《诸子集成》本、《四部备要》本、中华书局《十三经清人注疏》本。

45.《论语注》20卷，(清) 戴望撰

戴望 (1837—1873)，字子高，浙江湖州德清人。晚清著名经学家。戴氏一生，初慕颜、李之学，后从陈奂习考据训诂，继又从宋翔凤学《公羊春秋》，有《颜氏学记》、《论语注》、《管子校正》、《谪麟堂遗集》等。

戴望《论语注》受刘逢禄、宋翔凤影响甚大，主要内容以阐述“素王受命”、“三统”、“三世”为主，发掘《论语》里的微言大义，体现出鲜明的以公羊学解《论语》的趋向。戴望《论语注》是在对《论语述何》、宋翔凤《论语说义》继承的基础上变化而来的。该书将公羊之学与注疏训诂结合起来，以为公羊学提供更合理有效的支持。由于戴望重视训诂，故《论语注》比刘逢禄《论语述何》、宋翔凤《论语说义》在形式上更加严谨。他往往在章节之下引经据典、训词释义，为自己的阐发提供更充足的文献支持，而非如刘、宋二人直下己意。在涉及与公羊说联系不大的章节时，戴望往往能通过改造史实，提供新的语境来加以说明，而不像刘逢禄，不顾章节文字实际强为训说。

《论语注》主要有《南菁书院丛书》本、《吴兴丛书》本、《续修四库全书》本。

46.《论语注》20卷，(近) 康有为撰

康有为《论语注》受刘逢禄、宋翔凤、戴望等人影响，借助公羊派“三世”变易说解《论语》，为宣扬变法改制服务。对于不符合变法改制的地方，

康氏不惜改易经文，强为己用。《论语·述而》："子曰：'述而不作，信而好古，窃比于我老彭。'"康有为认为信而好古、比于老彭之语不符合变法主张，于是他解释道："孔子以不作、好古称老彭，而刘歆增改'窃'字。原文或是'莫比'二字。"康氏《论语注》最大的特点还是引西学入《论语》。被引入《论语》的有民主政治、经济管理、平等自由等内容。例如《论语·子路》篇："子曰：'其事也。如有政，虽不吾以，吾其与闻之。'"康有为训解道："孔子为元老，必与议焉。言议政立法，必经元老也。……今欧人有行政官，事务官之别，出此。"① 如此一来，孔子就成了鲁国议会的元老，证实了自己的宪政主张。

《论语注》主要有光绪年间上海大同译书局刻本、《康有为全集》本、中华书局《康有为学术著作选》本。

47.《论语要略》，钱穆撰

钱穆（1895—1990），字宾四，江苏无锡人。笔名公沙、梁隐、与忘、孤云，斋号素书堂、素书楼。现代著名史学家。曾任无锡江南大学、燕京大学、北京大学、清华大学、四川大学、齐鲁大学等校教授。1949年迁居香港，创办了新亚书院。后移居台湾台北。著有《先秦诸子系年》、《刘向刘歆父子年谱》、《中国近三百年学术史》、《宋明理学概述》、《庄老通辨》、《两汉经学今古文平议》、《孔子与春秋》、《论语新解》、《朱子新学案》等数十种。

《论语要略》是由其任无锡第三师范时之"论语"课程讲义编撰而成。此书深受梁启超学说影响。共分六章，首章"序说"，第二章为"孔子之事迹"，第三章为"孔子之日常生活"，第四章为"孔子人格之概观"，第五章为"孔子之学说"，第六章为"孔子之弟子"。全书对孔子其人与《论语》其书的相关资料有精要的汇整与论述。

此书1930年商务印书馆出版。

48.《论语集释》，程树德撰

程树德（1877—1944），字郁庭，福建闽侯人。清末翰林，不肯居官，公费留学日本，学习法律。回国后，担任北京大学、清华大学教授。七七事变后，隐居著述，贫病交加而终。

《论语集释》编撰的初衷，是为了在日寇侵华的国难之下保存国粹，激发民族自尊。为此，程氏不顾自己身患血管硬化症，在手脚瘫痪的状况下通过口述并请人记录的方式，历时九年完成，并于1943年由华北编译馆出版。程

① 以上引文皆出康有为：《论语注》，中华书局，1984年。

树德在自序中表达了自己的拳拳之心："夫文化者国家之生命，思想者人民之倾向，教育者立国之根本，凡爱国者没有不爱其国之文化。"① 该书被公认为是集古今《论语》注疏大成之作。共计40卷，120余万言，广引经史子集四部群集及类书碑志达680种，堪称《论语》研究不可多得的工具书。由于程氏在取舍时不存门户之见，坚持严谨务实的态度，所以该书征引虽多，但是能够做到博而不滥。

该书体例明晰，程氏将所引著述分为考异、音读、考证、集解、唐以前古注、集注、别解、余论、发明、按语十个类别，各章句之下有则备之，无则阙之，各有统摄，内容一目了然，千年以来各家注疏流转变化情况历历可见。《论语集释》因其资料翔实、体例明晰、使用方便，受到后来《论语》研究者的普遍推崇。

此书华北编译馆1943年初版，中华书局收入《新编诸子集成》，多次重印。

49.《论语疏证》，杨树达撰

杨树达（1885—1956），字遇夫，号积微，湖南省长沙人。语言学家。

《论语疏证》以疏解《论语》古义，考订是非，解质释疑为目的，以证明事例为主要内容。《论语疏证》所征之资料，以先秦两汉著述为主，注解形式很有特色，体现在其所征资料的排列上。即"以训解字义、文句者居前，发明学说者次之，以事例为证者又次之，旁证推衍之文又次之"。同类之证，以所出现时间的前后为序。这样由近及远，由浅入深，层层推进，使读者便于理解明晓。在义理取舍上，《论语疏证》以朱熹《论语集注》为宗。训解方法上，杨先生强调以经证经，次及诸子及其他。具体做法就是，优先考虑"本经内证"，首先用《论语》其他章节的内容证明此处疑难。其次是"他经互证"，如果《论语》内容不能解释此书疑问的，就有先考虑其他儒家经典。若其他儒经也不能证明，则再取诸子。如有需要，则再取史书、文集。这种诠释经典的方法，受到陈寅恪先生的高度评价。

本书是杨先生生前出版的最后一部著作。于1942年作者在湖南大学任教时开始编写，完成后用石印印成讲义。后又不断增补新材料，由商务印书馆排印，但没有付印。1955年3月由科学出版社正式出版。

50.《论语译注》，杨伯峻撰

杨伯峻（1909—1992），原名杨德崇，湖南省长沙人，语言学家。《论语

① 程树德：《论语集释·自序》，中华书局，1990年。

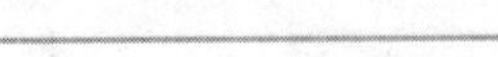

译注》是以现代汉语白话文翻译古典著作的经典之一。以白话译注文言，需要对经典的高度理解和对旧注的高度熟悉。尤其《论语》一书，涉及的基本哲学概念众多，要求更高。而《论语译注》无疑树立了这方面的典范。《论语译注》有以下特点：首先，不纠缠于考证，也不纠缠于发挥义理。《论语译注》目的是让普通读者通晓《论语》本义，而非考证训诂源流。所以《论语译注》直接采用了比较通行的解释。但是这种弃繁就简的背后，却是译注者一丝不苟的考辨功夫。据杨先生在“例言”中说，在动手译注之前，他曾经对《论语》的每一个字、每一个词做过研究。《论语词典》就是这个准备工作的产物。正是有这种态度，才使得“译注”具有了极高的水平。其二，对《论语》的作者和时代，版本和真伪进行了系统研究，重点是用白话文对古文的对译。虽然《论语译注》不纠缠考证，但是也对《论语》文本做了文献性梳理。这种梳理并没有炫耀渊博、故作高深，而是深入浅出、简明扼要，兼顾学术性和通俗性，使读者对于《论语》的内容、性质、流传源流有更进一步的认识。这在通俗译注类著作中尤其难得。《论语译注》注重字音词义、语法规律、修辞规律及名物制度、风俗习惯等的考证，论证周详、语言流畅，表述清晰准确，不但有很高的学术价值，更是普通读者了解《论语》的一本入门参考书，为20世纪《论语》研究的名作，曾被香港、台湾地区翻印，日本的一些大学用作教材。

《论语译注》成书于1958年。中华书局1980年出版，并多次重印。

第七节　《孟子》学文献

从战国时代到唐韩愈标举“道统说”之前，孟子一直被视为诸子之一，《孟子》书也只列入“子部”儒家。随着孟子在宋代“升格运动”的兴起，这一情形才发生了变化。经张载、二程等人表彰，孟子地位迅速攀升，《孟子》一书在熙宁年间被列为科举考试的科目。宣和时，又刻入《蜀石经》，成为“十三经”之一。到南宋，朱熹把它与《论语》、《大学》、《中庸》合为《四书》，最终使《孟子》在经部的地位得到巩固。陈振孙《直斋书录解题》遂将《孟子》与《论语》一道列入经部。元文宗加封孟子为“亚圣公”，《孟子》被钦定为科举考试的必考“教材”，一直延续到清末。

但是，历代研究和阐释《孟子》的文献到底有多少？它们的存佚情况如何？分布状况如何？目前并没有这方面的专门研究成果，这不能不说是《孟子》学史上的一大遗憾。

一、《孟子》学研究的基本情况

关于孟子的生卒年月、生平事迹、游历顺序，《孟子》的作者、篇卷、成书经历等问题，由于《史记》、《汉书》等记载比较简略，与之相关的历史材料流传下来的也较少。因此，这些看似简单的问题，后来却变得越来越复杂，成为《孟子》学研究不得不关注的问题。

1. 关于孟子的生平事迹

孟子名轲，字子舆，一说字子车。鲁公族孟孙氏后代，战国时鲁国邹人。有关孟子生平的主要事迹，《史记·孟子荀卿列传》载："孟轲，邹人也。受业子思之门人。道既通，游事齐宣王，宣王不能用。适梁，梁惠王不果所言……退而与万章之徒序《诗》《书》，述仲尼之意，作《孟子》七篇。"赵岐《孟子题辞》说："孟子，鲁公族孟孙之后，故孟子仕于齐，丧母而归葬于鲁也。三桓子孙，既以衰微，分适他国。孟子生有淑质，夙丧其父，幼被慈母三迁之教。长师孔子之孙子思，治儒述之道，通《五经》，尤长于《诗》、《书》。周衰之末，战国纵横，用兵争强以相侵夺。当世取士，务先权谋，以为上贤，先王大道陵迟隳废，异端并起。……于是，则慕仲尼周流忧世，遂以儒道游于诸侯，思济斯民。然由不肯枉尺直寻，时君咸谓之迂阔于事，终莫能听纳其说。……退而论集所与高第弟子公孙丑、万章之徒难疑答问，又自撰其法度之言，著书七篇。"① 以上两载总计不过300余字，虽然概括了孟子生平的主要事迹和学术思想，但是记载比较简略，也存在较多的误漏，对研究孟子的生平事迹带来了很大的困难。清人焦循为此感叹云："孟子有不可详者三：其一为孟子先世，其二为孟子始生年月，其三为孟子出游。"②

司马迁和赵岐都没有记载孟子的生卒年月，其他相关史料如《魏世家》、《战国策》中亦无足证，因此，有关孟子生卒年月的问题，成了孟子生平事迹研究中最难下结论的问题之一。随着宋代孟子及其书地位的攀升，解决孟子生卒年问题便成了《孟子》研究的重点，试图解决这一问题的研究者不断增多，相关研究结果也纷至沓来。如宋代张九成《孟子传》，元代程复心《孟子

① 赵岐：《孟子题辞》，《孟子正义》卷首，阮元校刻《十三经注疏》本，第2661页。

② 焦循：《孟子正义》卷三〇《孟子篇序》正义，中华书局，1987年。

年谱》、吴迁《孟子年谱》，明代陈士元《孟子杂记》、陈镐《阙里志》，清代黄本骥《孟子年谱》、魏源《孟子年表》、阎若璩《孟子考》、周广业《孟子四考》等，均对此做了具体研究，给出了自己的结论。以至于有关他的生卒年月，就出现了十多种不同的说法。就其享年为例，就分别有74岁、83岁、84岁、86岁、97岁等说。其中，最具代表性的是明人陈士元所引，约成书于宋元时期的《孟氏谱》的记载，即生于“周定王三十七年四月，卒于赧王二十六年正月，寿八十四岁”。[①] 这个说法显然不可信。因为，历史上周定王在位只有27年，孟子不可能出生于“定王三十七年”。即使37年是27年之误，从东周贞定王二十七年（前442）至周赧王二十六年（前289）卒，孟子竟活了154岁。元人程复心《孟子年谱》对《孟氏谱》的记载做了调整和修改。肯定《孟氏谱》孟子“卒于周赧王二十六年（前289）”的记载，由此向前逆推84年，得出孟子生于周烈王四年（前372）的结论。既然《孟氏谱》的记载本身不可靠，那么，《孟子年谱》据此得出的结论也就谈不上可信了。清人周广业在《孟子四考·出处时地考》中，赞同“寿八十四岁”说，但他认为，孟子当“生于安王十七年（前385），卒于赧王十三年（前302）。”[②] 不过，此说也是在《孟氏谱》“寿八十四岁”基础上推导出来的，结论同样存在问题。

上述说法均缺乏可靠证据，综合《史记》、《孟子题辞》、《孟子》中有关孟子生平事迹的记载，特别是参考孟子所交往的人和事，笔者认为孟子生当在于周安王之世，“卒当在赧王之世”[③]，年寿约为80余岁。

关于孟子的籍贯，司马迁《史记·孟子荀卿列传》载：“孟轲，邹人也。”这是孟子籍贯最早的记载。赵岐在《孟子题辞》也说：“孟子，邹人也。……邹本春秋邾子之国，至孟子时改曰邹矣。国近鲁，后为鲁所并。又言邾为楚所并。非鲁也，今邹县是也。”[④] 赵岐进一步肯定了司马迁的说法。应该说，孟子属于邹人在汉代本来是相当清楚的。可是，这个问题在元、明、清三代却引发了激烈争论。如元人程复心《孟子年谱》、明人谭贞默《孟子编年略》、

① 陈士元：《孟子杂记》，文渊阁《四库全书》本。此说又见于彭大翼《山堂肆考》。

② 焦循：《孟子正义》卷三〇，《孟子篇序》正义。

③ 阎若璩：《孟子生卒年月考》，见朱彝尊《经义考》卷二三六《孟子六》，文渊阁《四库全书》本。

④ 赵岐：《孟子题辞》，《孟子正义》卷首，阮元校刻《十三经注疏》本，第2662页。

清人阎若璩《孟子考》，都认为孟子是鲁国人，而清代周广业《孟子四考》、林春溥《孟子列传纂》、任兆麟《孟子时事略》、焦循《孟子正义》，却认为孟子是邹国人。孟子籍贯问题的争论，根本在于战国诸侯的兼并战争，像邹那样的小国几经兼并分割，其历史已很难弄清楚，因此明清诸人的争论，不可能从根本上解决孟子籍贯的问题。笔者认为司马迁和赵岐对孟子籍贯的论断是可信的。如《孟子·梁惠王下》记载，孟子在鲁国时曾感叹："吾之不遇鲁侯，天也。"如果孟子真为鲁国人，加之身处鲁国，他能称自己的国君为"鲁侯"吗？这就说明，汉人关于孟子邹人的说法，应该是可信的。

关于孟子的游历顺序，司马迁《史记·孟子荀卿列传》载："道既通，游事齐宣王，宣王不能用。适梁，梁惠王不果所言。"赵岐《孟子题辞》也载："退自齐、梁。"这里，司马迁和赵岐都提出"先齐后梁"的游历顺序，这个说法是可信的。但必须指出，司马迁关于"游齐在齐宣王之世，游梁在梁惠王之世"的说法却是错误的。因为据《史记索隐》、《史记》齐、魏《年表》的记载，齐宣王即位之时，梁惠王已经逝世，孟子显然不可能先见齐宣王再见梁惠王。由此，又引发了孟子"游说诸侯"何年开始？何年结束？是一次至齐国，还是两次至齐国？孟子所见的齐王是齐宣王、齐威王呢，还是齐湣王？而魏王是魏惠王，还是魏襄王等问题。明谭贞默《孟子编年略》、清阎若璩《孟子生卒年月考》虽然对这些问题做了详细的考订，但是始终没有得出令人信服的结论。为此，焦循《孟子正义》说："赵氏以为先齐后梁，说者又以为先梁后齐，或以梁惠王有后元，或以为孟子先事齐宣，后事齐湣。考之《国策》、《史记》诸书，参差错杂，殊难画一。"① 孟子游历顺序纷繁复杂，殊难判断。因此，他采用赵岐"先齐后梁"的简略说法，但对众人之说"亦略存录，以备参考"。笔者赞同焦循关于孟子游历顺序之说及治学态度。

2.《孟子》的作者

关于《孟子》的作者，历来众说纷纭。据今人董洪利等人统计，有司马迁、班固、赵岐等"孟轲所自作"；唐韩愈、宋晁说之等孟门弟子所作；宋林之奇孟子弟子所作，而杂有再传弟子之所录；清阎若璩"孟子所自作"，但由门弟子所最后编排叙定；清周广业所谓万章之徒所记录，乐正子及公都子、屋庐子、孟仲子等人的门人所编次等等，共计十多种不同说法。最有影响的主要有以下三种：

第一种观点，孟子及其弟子万章等共同编定，主要作者是孟子。司马迁在

① 焦循：《孟子正义》卷三〇《孟子篇序》正义。

《史记·孟子荀卿列传》中首先提出此说。《史记·孟子荀卿列传》载："退而与万章之徒序《诗》《书》，述仲尼之意，作《孟子》七篇。"司马迁在此告诉我们，不仅孟子"作《孟子》七篇"时有他的弟子"万章之徒"等参与，而且"序《诗》《书》，述仲尼之意"，也是他与弟子们共同完成的。从其"退而与万章之徒""作《孟子》"来考察，肯定了作《孟子》过程中孟子的主要地位。

第二种观点，孟子所自著。赵岐首先提出此说。《孟子题辞》载："此书孟子之所作也，故总谓之《孟子》。"肯定《孟子》为孟子本人自著。又说："退而论集所与高第弟子公孙丑、万章之徒难疑答问，又自撰其法度之言，著书七篇。"并以其"自撰其法度之言"，从旁证明《孟子》为孟子本人自著。此后，朱熹从《孟子》的文章风格高度一致的角度出发，指出《孟子》乃孟子自著。他说："熟读七篇，观其笔势如镕铸而成，非缀缉所就也。"[①] 又说："《孟子》，疑自著之书，故首尾文字一体，无些子瑕疵。不是自下手，安得如此好！"[②] 另外，金履祥《孟子集注考证》、阎若璩《孟子生卒年月考》，还分别从《孟子》的精神气质和内容角度考察，指出《孟子》系孟子所自著。朱熹、金履祥、阎若璩等从文章笔势与文章的内容、文气角度出发，判断《孟子》为孟子所自著，不囿陈说，颇有新颖之意，值得注意。

第三种观点，孟子死后，由万章之徒与再传弟子编录。最初提出此说的是三国时吴人姚信。他说："夫孟子之书，将门人所记，非自作也，故其志行多见，非唯教辞而已。"[③] 他认为孟子以宣扬自己的思想、"志行"为目的，没有专门自己著书的必要，该书一定是后世弟子为传播孟子思想而编录孟子言行而成的。韩愈肯定了姚信的说法。他在《答张籍书》中说："夫所谓著书者，义止于辞耳。宣之于口，书之于简，何择焉。孟轲之书，非轲自著。轲既殁，其徒万章、公孙丑相与记轲所言焉耳。"[④] 明确指出《孟子》是孟子弟子所作。此后唐林慎思、宋晁说之、清人崔述等分别举证说明这一观点。晁公武以《孟子》中诸侯皆有谥号为依据，指出《孟子》必定是孟子弟子编定成书的。他说："今考其书载孟子所见诸侯皆称谥，如齐宣王、梁惠王、梁襄王、滕定公、滕文公、鲁平公是也。夫死然后有谥，轲无恙时所见诸侯，不应即称谥。且惠王元年至平公之卒，凡七十七年，轲始见惠王，目之曰叟，必已老矣，决

---

① 朱熹：《与吴伯丰》，《晦庵集》卷五二，文渊阁《四库全书》本。

② 黎靖德编、王星贤校点：《朱子语类》卷一九《论语一·语孟纲领》，中华书局，1986年。

③ 姚信：《士纬》，见《太平御览》卷四四七引，文渊阁《四库全书》本。

④ 韩愈：《答张籍书》，马其昶《韩昌黎文集校注》，上海古籍出版社，1986年。

不见平公之卒也。后人追为之明矣。”① 最终表示：“故子以（韩）愈言为然。”因此，清人崔述在《孟子事实录》中，除赞同上说之外，还列举“禹决汝、汉，排淮、泗，而注之江”，“伊尹五就汤，五就桀”等不合情理的事例，以证明此书非孟子所自著。

以上关于孟子自著和弟子编著的说法，虽然各自都提出了一些可信的理由，但其结论并不可靠。朱熹、金履祥等人，从《孟子》的笔势和文本内容考证，虽有一定道理，但是孟子自著说，并不能解释何以孟子在自著中自称为“子”，弟子有的称“子”，有的不称“子”等问题。晁说之、崔述提出的“诸侯皆称谥”，虽然也有一定的道理，但是该书完全有可能在孟子编著后，其门徒在序次编定时补充了部分内容，或在流传过程中被后人掺入部分内容。实际上，不管自著还是弟子编著，均不能很好地解释这些疑问。即使是坚持孟子自著的学者，也并不完全排斥孟子及其弟子合著的说法。比如朱熹答弟子董铢时，既坚持孟子自著说，也并不排斥孟子弟子参与《孟子》的编著。他说：“《史记》谓《孟子》之书孟子自作，赵岐谓其徒所记。今观七篇文字、笔势如此，决是一手所成，非《鲁论》比也。”又说：“然其间有如云‘孟子道性善、言必称尧舜’，亦恐是其徒所记，孟子或曾略加删定也。”②又如阎若璩在《孟子生卒年月考》肯定了“七篇为孟子自作”之后，又补充说：“卒后，书为门人所叙定。”③

综上所述，笔者认为司马迁关于“孟子及其弟子所合著”的说法是可取的。不过，不排除孟子弟子或再传弟子陆续增补的可能。

3.《孟子》的内容与篇次

有关《孟子》的内容，司马迁在《史记·孟子荀卿列传》中说：“退而与万章之徒序《诗》《书》，述仲尼之意，作《孟子》七篇。”司马迁在这里肯定了孟子思想学说与孔子思想的学统传承关系，指出《孟子》是以继承阐发《诗》、《书》，以及孔子的思想和价值观为宗旨的。赵岐《孟子题辞》载：“包罗天地，揆叙万类，仁义道德、性命祸福，粲然靡所不载。帝王公侯遵之，则可以致隆平，颂《清庙》；卿大夫士蹈之，则可以尊君父，立忠信；守志厉操者仪之，则可以崇高节，抗浮云。”再次表明，《孟子》对《诗》、《书》，以及孔子以“仁爱”为基础的儒家思想的继承和深化。《孟子》中体现出来的“仁义道德”、“天

---

① 晁公武撰，孙猛校证：《郡斋读书志校证》卷第十，上海古籍出版社，1990年。

② 朱熹：《答董叔重》，《晦庵集》卷五一，文渊阁《四库全书》本。

③ 阎若璩：《孟子生卒年月考》，见朱彝尊《经义考》卷二三六《孟子六》。

道性命”等思想观念，构建了儒家的基本思想理论系统，在儒学发展史上产生了重要影响，并一度成为上至帝王公卿，下至一般士人修身、齐家、治国乃至平天下的法则、纲领，成为影响中国政治制度、思想意识、道德观念发展方向的重要因素。

《孟子》的篇章、字数和各篇之间的序列，赵岐在《孟子题辞》中做了比较详细的记载。他说：“又自撰其法度之言，著书七篇、二百六十一章、三万四千六百八十五字。”“章别其指，分为上下凡十四卷”。今存《孟子》按通行本“十三经”所载篇目，依次是梁惠王第一，公孙丑第二，滕文公第三，离娄第四，万章第五，告子第六，尽心第七。每篇各分上下，总计 14 卷。每篇篇名取自篇首章前几个字，与本章内容没有特定的意义联系。关于《孟子题辞》所载的章数和字数，虽与后世传本有异，但经焦循等人考订，这两个问题已经被解决了。

但赵岐认为，各篇目的排列顺序有其特定的含义。他在《孟子篇序》中说：“孟子以为圣王之盛，惟有尧舜。尧舜之道，仁义为上，故以梁惠王问利国，对以仁义，为首篇也。仁义根心，然后可以大行其政，故次以公孙丑问管、晏之政，答以曾西之所羞也。政莫美于反古之道，滕文公乐反古，故次以文公为世子，始有从善思礼之心也。……尽已之心，与天道通，道之极者也，以终于《尽心》也。”① 赵岐的上述说法，为宋人孙奭所赞同。孙奭在《孟子音义》中说：“《孟子篇叙》，此赵氏述《孟子》七篇所以相次叙之意也。”② 清周广业也赞同《孟子》各篇排列有特殊的用意，但认为篇目顺序不代表创作的时间先后：“建篇之首梁惠王也，赵氏之说韪矣。……故其成在游梁之后，其著作断非始此。”认为《孟子》成于孟子游梁之后。又说：“大率起齐宣王至滕文公三册，记仕宦出处；离娄以下四册，记师弟问答杂事；追归自梁而孟子已老，于行文既绝少，又暮年所述，故仅与鲁事，分附诸牍末。”③ 焦循肯定了周氏《孟子》成书“断非始于梁惠王”的说法，认为：“周氏所云，似较赵氏为长。”④ 但他又同意赵岐《孟子篇叙》“欲使知篇次相承，不容紊错”的做法，说：“然探赵氏《篇叙》之恉，盖恐后人紊乱其篇次，增损其字数，故假其义以示其信耳。”

---

① 焦循：《孟子正义》卷末《孟子篇序》正义。

② 孙奭：《孟子音义》卷上，文渊阁《四库全书》本。

③ 周广业：《孟子四考》四“论篇第大指”，《清经解续编》本，上海书店，1988 年。

④ 焦循：《孟子正义》卷三〇《孟子篇序》正义。

赵岐为《孟子》作注并“题辞”，有功于后学甚大，为了解孟子的思想、生平、活动、言论，以及《孟子》七篇的来历和成书过程，提供了可靠的资料和线索。

4. 关于《孟子外书》问题

《孟子》正编只有7篇，但历史上还存在过《孟子外书》4篇，这是《孟子》研究的又一焦点。

有关《孟子》的篇数，司马迁《史记·孟子荀卿列传》著录是7篇，班固《汉书·艺文志》著录却是“《孟子》十一篇”，汉末应劭《风俗通·穷通篇》也记载孟子“作书中外十一篇”，赵岐《孟子题辞》载：“又有《外书》四篇：《性善》、《辩文》、《说孝经》、《为政》。”由此可知，《孟子》在汉代时共有11篇，其内（中）7篇，外4篇。《史记》所载“《孟子》七篇”，显然没有包含“《外书》四篇”在内。

由于赵岐认为“外书”“其文不能弘深，不与内篇相似，似非孟子本真”，因此没有为之作注。汉以后，“外书”4篇开始逐渐散佚。晋綦毋邃《孟子注》、《隋书·经籍志》著录《孟子》“九篇”，说明此时《外书》很可能还存有两篇。《旧唐书·经籍志》《新唐书·艺文志》著录《孟子》篇卷都是“七篇”，说明唐代整篇的“外书”已经不复存在。

南宋时期，“外书”又曾一度出现。孙奕《示儿编》说：“昔尝闻前辈有曰亲见馆阁中有“外书”四篇：曰《性善辩》、曰《文说》、曰《孝经》、曰《为政》。”[①] 肯定“外书”4篇此时还在。刘昌诗《芦蒲笔记·性善辨》也说：“《孟子题辞》又有《外书》四篇，《性善》、《辨文》、《说孝经》、《为正》。予乡新喻谢氏多藏古书，有《性善辨》一帙，则知与《文说》、《孝经》、《为正》是谓四篇。”[②] 不过，宋代的官私目录如《崇文总目》、《宋史·艺文志》、《文献通考》、《玉海》等都没有载录“外书”。孙奕、刘昌诗也只提到《外书》4篇的书名，并没记载具体的内容，所记篇名也与赵岐所述不一致，并将《性善辨》、《文说》连辞，使《说孝经》独立为《孝经》。这就说明，孙、刘所言“外书”不等于赵岐所言“外书”原本。因为，如果“外书”中有《孝经》一篇，赵岐岂能斥之“不弘深”乎？由此可证宋本为伪，孙、刘所言不可信。

明代再次出现了署名宋熙时子所注的“外书”4篇。该书前有马廷鸾的序和注明“熙时子”为刘攽的题记。清人周广业、翟灏通过详细考证后认为，

① 孙奕：《示儿编》卷六《孟子篇目》，文渊阁《四库全书》本。

② 刘昌诗：《芦蒲笔记》卷二，文渊阁《四库全书》本。

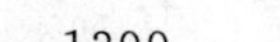

明出“外书”是伪托之作。周广业说：“近人姚士粦所传《外书》四篇，云是熙时子注，则显属伪托也。”① 翟灏又提出“八验三证”②，判定明出“外书”是明人姚士粦的伪托之作。

尽管如此，清代的“外书”研究者还是比较多的。如施彦士、林春溥、周广业、高骧云、李调元、俞樾、姜国伊等都曾做过“外书”传注与辑佚的工作。而施彦士、林春溥等人还提出与翟灏等人完全不同的观点，他们根据“外书”内题熙时子注，前有马廷鸾序，后有清吴骞、胡震亨二人的跋等，认为此本系赵岐“外书”真本。

考以历代著录，赵岐所见《孟子外书》，汉代以后以整本或整章的形态存在的可能性极小。宋代可能还有部分残卷，但今也已不存。明代出现的“外书”，肯定不是赵岐所见汉代“外书”原本，不过，也许还保留有部分宋代残存“外书”的内容，这对于孟子思想的研究是有参考价值的。据考，今存熙时子注“外书”，尚引汉刘熙《孟子注》1 条，晋綦毋邃《孟子注》4 条，唐丁公著《孟子手音》引 1 条。“外书”还有补正说明《内篇》缺佚资料的作用，如《内篇》有季孙、公都子，至今不详何名，“外书”则有季孙郊、公都彧二人之名，二者似可互补，但是使用时必须谨慎。

二、历代《孟子》学研究概况

（一）汉唐间的《孟子》学

在先秦时期，孟子不仅未取得与孔子同尊的“圣人”地位，而且在儒家内部也累遭批评，荀子《非十二子》中就包括有对孟子的剧烈批评。

在汉代，《史记》已经为孔子专设《孔子世家》，但孟子却只设孟荀列传，将其与荀子、淳于髡、慎到、驺奭等稷下学人等列；《汉书》已将《论语》列入“六艺略”（即后世“经部”）之中，而将《孟子》著录在“诸子略·儒家类”之中。虽然赵岐在注解《孟子》时，把孟子尊为“亚圣”，认为孟子是“命世亚圣之大才者也”，并说：“孝文皇帝欲广游学之路，《论语》、《孝经》、《孟子》、《尔雅》皆置博士。”但“亚圣”之名，并未得到官方的正式认可，而“传记博士”在武帝“罢黜百家，表章六经”时亦被罢免。可见，赵岐的评价在很大程度上还是一家之言，并非官方与士人的共识。如王充就在《论

① 周广业：《孟子四考》一，《清经解续编》本。

② 参引董洪利：《孟子研究》下编第六章，江苏古籍出版社，1997 年，第 158～159 页。

衡》中专列一篇《刺孟》，从“何必曰利”、“五百年必有王者兴”等八个方面批评孟子。汉儒为之章句者，虽有程曾、高诱、郑玄、赵岐等八家，但传世的仅有赵岐一家，也说明孟子在汉代的地位并非赵岐所评价的那么高。进入魏晋南北朝之后，孟子的地位一度受到冷落。整个魏晋南北朝时期，只出现了两部研究《孟子》的专著，即西晋綦毋邃的《孟子注》和无名氏《孟子古注》。当时，人们一般把孟子与荀子并提，如三国徐幹在《中论序》中说：“荀卿子、孟轲怀亚圣之才，著一家之法，明圣人之业。”① 此时孟子的地位并未超越诸子。

“孟、荀”并称一直持续到唐中期，如杨倞《荀子注·序》云：“孟轲阐其前，荀卿振其后……荀、孟赞成之……荀、孟有功于时政。”② 此时，“周、孔”并称或“孔、颜”并称之说盛行，鲜有“孔、孟”并提者。甚至，孟子连配享孔庙的资格都没有，如唐太宗增加了从左丘明到范宁共二十二位儒者从祀孔庙，唐玄宗封颜渊为“亚圣”，封“孔门十哲”和“七十子”为侯、伯时，都没有孟子。《孟子》也没有得到官府的重视，如官府以《易》、《诗》、《书》、《三礼》、《三传》九经设科取士，以《论语》、《孝经》为兼经，作为科举考试科目之一，而《孟子》一书却无人提及。

但中唐以后，情况开始了变化。唐代宗宝应二年（763），礼部侍郎杨绾上疏，建议把“《孟子》、《论语》、《孝经》兼为一经”，增为“明经”科目，孟子开始受到士人的关注。韩愈、李翱创立儒家“道统”学说，极力推崇孟子，拉开了孟子“升格运动”的序幕。韩愈说：“斯吾所谓道也，尧以是传之舜，舜以是传之禹……孔子传之孟轲，轲之死，不得其传焉。”③ 首次把孟子的名字升到了孔子之后，以“孔、孟”并称取代唐初“周、孔”并提或“孔、颜”并提，确立了孟子在儒家道统传承中的关键地位，使孟子上升到赵岐所谓“亚圣”的地位。这就引起了部分学者的特别关注，如林慎思仿王通《续论语》的续经模式作有《续孟子》，表明他已把《孟子》视同为儒家经书。唐懿宗咸通四年（863），皮日休上书朝廷，建议以《孟子》设科取士，作为国家“明经”考试的单独一经。

由上可知，自韩愈倡导道统说以来，孟子其人其书的地位开始了变化。

① 徐幹：《中论》，《四部丛刊》本，上海书店印行，1985 年。

② 杨倞：《荀子注》“序”，文渊阁《四库全书》本。

③ 韩愈：《原道》，马其昶《韩昌黎文集校注》卷一，上海古籍出版社，1986 年，第 18 页。

孟子的地位慢慢脱离诸子开始向儒家“亚圣”升迁，《孟子》开始由子书向经书迈进。正如陈振孙《直斋书录解题》云：“前志《孟子》本列儒家。……自韩文公称‘孔子传之孟轲，轲死，不得其传’，天下学者，咸曰孔、孟。孟子之书，固非荀、扬以降所可同日语也。”①说明孟子的地位，随着韩愈道统论影响的扩大与传播，开始走上了“升格”之路。

（二）宋代的《孟子》学

事物的发展有一个过程，学术典范的转换同样也有其长期酝酿的过程。孟子在宋代的“升格”即是如此。赵宋建国之初，承袭唐朝制度，国子监所祭，仍然是“孔、颜”，明经取士，仍考“九经”。表面上看，似乎一切都遵循旧制的经学传统，实则孕育着一股上承韩愈、皮日休等人的“尊孟思潮”。如大中祥符五年（1012），宋真宗特地下诏国子监，敕命孙奭等大臣校勘《孟子音义》。孙奭“请以孟轲书镂板”②，并撰成《孟子音义》2卷。柳开将孟子视为辟杨、墨，恢复“圣人之道”，继续儒家道统的关键人物。他说：“杨、墨交乱，圣人之道复将坠矣……故孟轲氏出而佐之，辞而辟之，圣人之道复存焉。”③ 柳开对孟子的高度评价，显然受到韩愈、皮日休“尊孟”的影响。

有了最高统治者和著名学者对《孟子》的特别关照，孟子及其书的地位开始迅速提升。而以范本和定本刊行的《孟子音义》，也使《孟子》得以广泛地流传，在宋初汇集成了一股“尊孟思潮”。其中的代表，主要是庆历名臣范仲淹、欧阳修，学者则是宋初三先生中的孙复、石介。他们各自站在不同的角度，极力推崇孟子。范仲淹发挥孟子“乐以天下，忧以天下”的思想，提炼出“先天下之忧而忧，后天下之乐而乐”的儒家道德风范，宣扬孟子高尚的人格魅力和道德理想。欧阳修指出：“孟轲之道，愈久弥光，名尊四子，不数臧仓。”④赞扬孟子在儒家道统和学统两方面的独特贡献。孙复、石介师徒则从孟子辟杨、墨异说，维护儒家道统有功的角度出发，对孟子大加赞誉。孙复说：“孔子既没，千古之下，驾邪怪之说，肆奇险之行……杨、墨为之魁。孔子既没，千古之下，魁邪怪之说，夹辅我圣人之道者多矣，而孟子为之首。”⑤ 通过

① 陈振孙：《直斋书录解题》卷三，文渊阁《四库全书》本。

② 司马光：《涑水纪闻》卷四，文渊阁《四库全书》本。

③ 柳开：《答臧丙第一书》，《河东先生集》卷六，《四部丛刊》本。

④ 欧阳修：《祭丁学士文》，李逸安点校本《欧阳修全集》卷五〇，中华书局，2001年。

⑤ 孙复：《兖州邹县建孟庙记》，《孙明复小集》，《宋集珍本丛刊》本，线装书局，2004年。

对比，突出孟子在众多“夹辅我圣人之道”者中的至伟之功，肯定了孟子在继承儒家道统中独一无二的地位。石介说：“孔子之道始剥于杨、墨，中剥于庄、韩……终剥于佛、老。天受之孟轲、荀卿、扬雄、王通、韩愈，孔子之道复。”① 突出孟子在承继儒家道统过程中，上承周公、孔子，下启扬雄、韩愈的关键地位。孙复师徒作为宋初首出的经学家和教育家，他们对孟子在儒家道统传承中地位的标举，促进了学界“尊孟思潮”的高涨。庆历之际，除了思想上的“尊孟”外，在实际行动中也有表现，如仁宗景祐五年（1038），兖州知县孔子三十五世孙孔道辅在邹县建立孟子庙，祭奠孟子，为朝廷所认可，即是明证。

通过范仲淹、欧阳修等大臣和孙复、石介等学者对孟子的推崇，孟子在儒家道统中的地位较汉唐以来有了显著的提升，为孟子的“升格”做了充分的前期准备。但是，他们的推崇还局限于个人爱好，还缺乏严密的理论支撑和官方认可。大力推崇孟子其人其书，为孟子“升格”提供理论支持，则是宋代理学大师张载、二程兄弟；使孟子“升格”付诸实践，为其提供政治支持的，则无疑是王安石。

张载是北宋著名的哲学家，关学的创始人，理学的奠基者。张载提出“为往圣继绝学”等“四为”人生理想，实质上包含了从学理上继承、阐发孟子思想的要求。张载对孟子的推崇，除了把孟子作为儒家道统传承的关键人物外，还在于他把《孟子》与《论语》、《大学》、《中庸》首次从学理上聚合在一起，奠定了“四书”的雏形，对《孟子》“升经”具有重要推动作用。他说：“要见圣人，无如《论》、《孟》为要。”又说：“《论》、《孟》二书，于学者大足，只是须涵泳。”② 他在《横渠孟子解》、《横渠孟子说》以及《正蒙》的《中正篇》、《有德篇》、《有司篇》等中，对孟子思想体系进行了阐释与提升。可以说，张载的理学体系，正是建立在“四书”经典文本基础上的。张载主要以孟子的性善论和“尽心知性知天”的思想为基础，并吸收《中庸》、《周易》以及佛、道两家关于“性”的相关思想，提出“性即理”的哲理命题。他以“天地之性”和“气质之性”解释人性善恶的来源，建立“理一分殊”思想，确立了宋代理学人性论的形成和发展的基本趋势。又在孟子“尽心知性知天”、“求其放心”的基础上，张载发挥出“大心”论，提出“闻见之知”与“德性之知”的区别，对以后的理学家产生了重要影响，二程兄弟

① 石介：《上张兵部书》，《徂徕石先生文集》卷一五，中华书局，1984年。

② 张载：《张子全书》卷六“义理”，文渊阁《四库全书》本。

就曾接受并发展了这一观点。张载还提倡孟子“养心寡欲”的道德修养理论。他说：“今之性灭天理而穷人欲，令复反归其天理；古之学者便立天理，孔、孟而后，其心不传，如荀、扬皆不能知。”① 认为“立天理”是孔孟传心之要，为宋代“理欲论”的发展奠定了理论基础。由此可知，张载在吸收“六经”以及佛老思想的基础上，通过他对孟子的心性思想、认识论等的提炼改造，使孟子思想变得更加哲理化、理论化和富于思辨性，为孟子“升格”提供了坚实的学理基础。

程颢、程颐是宋明理学的创立者，“洛学”的创始人，其心性论对理学各派均有重要影响。在宋代经学中的突出贡献在于：把“天理”作为其学说的最高范畴，把传统儒学建立在“天理”的基础上，为儒家建立了富于思辨的本体论理论体系；以天理作为“性”的内涵，论证了“性即理”的著名命题；又把道德理性主体化，主张心性一元说，提出“心即性”等著名命题，丰富和发展了宋代义理学心性论，使理学发展到了全新的高度。

二程认为，他们的学说是对孟子1400余年的儒学道统的延续。因此，他们肯定孟子在儒家道统中的地位。他们直陈，“孔子言语，句句是自然；孟子言语，句句是实事”。②“孟子有功于圣门不可言。如仲尼只说一个仁义，孟子开口便说仁义；仲尼只说一个志，孟子便说许多养气出来。只此二字，其功甚多”。③ 充分肯定了孟子在继承发展儒学道统中的重要作用。他们在继承唐中叶以来“道统学说”的基础上，把《论语》与《孟子》合为一类。并且认为《孟子》是领会“圣人之经旨”的必由途径。他们说：“学者先须读《论》、《孟》。穷得《论》、《孟》，自有个要约处，以此观他经，甚省力。《论》、《孟》如丈尺权衡相似，以此去量度事物，自然见得长短轻重。”④ 甚至认为“学者当以《论语》、《孟子》为本。《论语》、《孟子》既治，则《六经》可不治而明矣”。⑤ 凸显《孟子》在认识“圣人作经之意”中的特殊地位，表现出他们对孟子思想的高度重视。

二程肯定并发展了孟子的性善论，认为它从本原上论述了性善的道理。程颐说：“孟子言性，当随文看。不以告子‘生之谓性’为不然者，此亦性也。……若

---

① 张载：《张载集》卷六“义理”。

② 程颢、程颐：《河南程氏遗书》卷五，见《二程集》，中华书局，1981年，第76页。

③ 程颢、程颐：《河南程氏遗书》卷一八。

④ 程颢、程颐：《河南程氏遗书》卷一八。

⑤ 程颢、程颐：《二程集》卷二五。

乃孟子之言善者，乃极本穷源之性。”① 又说：“孟子言人性善是也。……孟子所以独出诸儒者，以能明性也。”② 他们对孟子的性善论进行了创造性的发挥。首先，他们认为“理”、“性”、“命”未尝有异，提出“性”即“理”的重要命题。承袭孟子“尽心知性知天”的“公式”，把天理的本体论，“格物致知”的认识论和人性论统在一起，构建了一个理学的《四书》诠释体系。其次，在人性中划分出“禀受之性”与“天命之性”，提出“恶”源自“禀受之性”，“天命之性”乃“纯然至善”的命题。最后，运用孟子“养心”、“养气”说，提出通过培养人的“本然之善”以克服人性中“恶”的成分的著名道德修养方法。

二程把《中庸》、《大学》与《论语》、《孟子》相提并论，形成一个体系，使《孟子》最终成为经典，贡献很大。二程认为，《四书》是一个统一的有机体，《孟子》与《论语》、《大学》和《中庸》一起构成了儒家心性论体系，突出《孟子》在《四书》中的特殊地位。他们特别重视《孟子》在构建儒家心性论体系中的地位，如以《孟子》与《中庸》建立了“天理”论，借助《论语》、《孟子》建立心性论等。《孟子》自二程表彰之后，成了与《论语》、《大学》、《中庸》等列的经书，形成了独立的整体，取得与《五经》同等的价值。这使《孟子》在中国学术史、经学史上的地位发生了决定性的变化，对《孟子》学的发展产生了深远影响。

真正从政治上、制度上提高孟子其人其书地位的，无疑首推王安石。王安石是北宋著名的改革名臣，“新学”的主要代表。徐洪兴认为，王安石及其新党，“实在堪称孟子升格运动中第一功臣”③。王安石一生服膺孟子，“他把孟子引为自己的千古知己，把孟子式的人物当作人生目标”④。他在《奉酬永叔见赠》中自称：“他日若能窥孟子，终身何敢望韩公。”⑤ 连与他政见相左的司马光也说：“介甫于诸书无不观，而特好孟子与老子之言。”⑥ 王安石亲自为《孟子》作注，著有《孟子解》14 卷，对孟子“尊王道，法先王”的思想大加赞赏。其他“新学”中人也对孟子很推崇，如王安石子王雱作《孟子解》14 卷，弟子龚原、许允成作《孟子新义》等。王安石“尊孟”主要表现

① 程颢、程颐：《河南程氏遗书》卷三。

② 程颢、程颐：《河南程氏遗书》卷一八。

③ 徐洪兴：《唐宋间的孟子升格运动》，见《中国社会科学》1993 年第 5 期。

④ 徐洪兴：《孟子直解》，复旦大学出版社，2004 年，第 11 页。

⑤ 王安石：《王安石全集》卷二二，吉林人民出版社，1996 年。

⑥ 司马光著，李裕民、(日) 左竹靖彦共编：《增广司马温公全集》卷八八，汲古书院出版，1993 年。

在两个方面：第一，他对孟子心性论，特别是性善论进行了深入的研究。他的《性情》、《原性》、《性说》都是讨论心性问题的文章。蔡卞在《王安石传》中说："宋兴，文物盛矣，然不知道德性命之理。安石奋乎百世之下，初著《杂说》数万言，世谓其言与孟轲相上下。于是天下之士始原道德之意，窥性命之端云。"① 认为是王安石开宋儒盛谈"道德"、"性命"之端。贺麟则认为"王安石是程朱以前对人性论最有贡献，对孟子性善说最有发挥的人"②。第二，把《孟子》作为科举考试的科目，为孟子的升格提供了政策支持。《宋史·选举志》载："于是改法，罢诗赋、帖经、墨义，士各占治《易》、《诗》、《书》、《周礼》、《礼记》一经，兼《论语》、《孟子》。"科举考试，无论主修何经，《孟子》与《论语》都是必考科目。可见《孟子》实际已经成为一部与《论语》地位相等的官定儒家经书，而且已经在科举考试中超越了其他经书的地位。由于王安石对《孟子》的大力褒奖，孟子本人也在元丰六年（1083），首次正式受到官方的封爵，诏封为"邹国公"，次年即被允许配享孔庙。宣和年间（1119－1125），《孟子》首次在成都刻成石经，正式进入儒家经典行列，成为"十三经"之一。故《四库全书总目》云："宋尊孟子，始王安石。"③

作为理学集大成者的朱熹，祖述二程观点，十分推崇孟子及其书。他倾注 40 余年的精力，集注《孟子》，可谓殚精竭虑。他说："某于《论》、《孟》，四十余年理会，中间逐字称等，不教偏些子。"又说："某《语孟集注》，添一字不得，减一字不得。"④ 他按照《大学》、《论语》、《孟子》、《中庸》的秩序合成《四书》，并置《四书》于《五经》之前，使《孟子》的地位日益稳固并最终超越《五经》。他说："今欲直得圣人本意不差，未须理会经，先须于《论语》、《孟子》中专意看他。"⑤ 于是，《孟子》乃与《论语》并称，"孔、孟"并称的形式，取代了"周、孔"或"孔、颜"提法，孟子成为了儒家名副其实的"亚圣"。至此，《孟子》由子部儒家最终上跻于经部，成为宋以后 700 多年以来的儒学主流，成为以后士人奉信的经典，科举考试的必考教材。

光宗绍熙间（1190－1194），三山人黄唐把《十三经注疏》合刊出版，

① 赵希弁：《郡斋读书志后志》卷二"王氏杂说十卷"。

② 贺麟：《文化与人生》，商务印书馆，1998 年，第 298 页。

③ 永瑢等：《四库全书总目》卷三五《孟子音义》提要"案"。

④ 黎靖德编、王星贤点校：《朱子语类》卷一九《论语一·语孟纲领》，中华书局，1986 年。

⑤ 黎靖德编、王星贤点校：《朱子语类》卷一〇四《朱子一·自论为学工夫》。

《孟子》第一次以经书的身份在社会上流传，表明《孟子》作为儒家经典已经得到了人们的基本认同。宁宗嘉定五年（1212），国子司业刘爚奏准将朱熹的《论语孟子集注》作为官方之学，则是官方对《孟子》地位的肯定。理宗于宝庆三年（1227）下诏，从官方的角度对朱熹的《四书集注》进行褒奖，诏曰："朕每观朱熹《论语》、《中庸》、《大学》、《孟子》注解，发挥圣贤之蕴，羽翼斯文，有补治道。"[①] 皇帝对《四书》的肯定，进一步肯定了《孟子》的经书地位。目录学家陈振孙撰《直斋书录解题》，专门增设"语孟类"，使《孟子》与《论语》并列，从目录学的角度，第一次正式把《孟子》从"子部"升格至"经部"。至此，孟子"升格运动"已经基本完成。元朝文宗至顺元年（1330）加封孟子为"亚圣公"，则代表着整个孟子"升格运动"的最终完成。

但是，我们必须看到，孟子的"升格运动"并非一帆风顺。由于受唐宋间"疑经"思潮的影响，伴随着孟子"升格运动"，产生了一股"非孟思潮"。其间，不少人对孟子其人其书表示怀疑甚至不满，出现了删孟、议孟、疑孟、黜孟甚至诋孟的思想倾向。他们中影响较大的是李觏、司马光、郑厚、叶適等人。李觏作《常语》，批评孟子不续道统、孟子背叛孔子、孟子怀疑"六经"、孟子不尊王，反对孟子的性善论、反对孟子排斥功利等等。李觏极力"非孟"，《四库全书总目》评价说："（李觏）不喜《孟子》，特偶然偏见，与欧阳修不喜《系辞》同。"[②] 认为李觏"非孟"具有一定的偶然性固然不错，但李觏"非孟"并非完全出于其偏见。李觏"非孟"其实还有以下几个原因：一是"尊孟"使《孟子》危及到《六经》的权威地位；二是孟子不尊周，影响了宋代皇权专制的威严和至上性；三是李觏主张富国强兵、王霸并行、义利并重，与孟子重王轻霸、重义轻利的观点存在矛盾。因此，李觏"非孟"意在倡言功利，批驳孟子重义轻利的倾向，并斥责时人以言利为耻的"尊孟"风气。司马光作《疑孟》，对孟子加以批评。从政治上说，其目的是攻击王安石新政"用心太过"；从学术上说，是因为司马光信奉的是扬雄思想，而非孟子的思想，如他批评孟子性善论有失，其本质乃是"以辩胜人"，并没有把握住重点；赞成扬雄"性善恶混"说。郑厚《艺圃折衷》指责孟子，其主要特点是出于对孟子人身攻击和诋毁，极尽诟骂之能事。他说："为轲者，徒以口舌求合，自媒利禄，盍亦使务是而已乎……其资薄，其性慧，其行轻，其说如流，其应如响，岂君子长者之言哉……挟仲尼以欺天下也……轲诵仁义，

① 毕沅：《续资治通鉴》卷一六四，中华书局，1957年。

② 永瑢等：《四库全书总目》卷一五三《盱江集》提要。

卖仁义者也，安得为孔子之徒欤?"[①] 郑厚的言论如此过激，显然远离了学术批判的原则。叶適作为南宋事功学派的代表人物。他在《习学纪言序目》中，从其重功利、重事功的政治理念出发，批评孟子专言心性，不切实际的政治思想，反对当时的"尊孟"风气，否定了自韩愈以来，"孔子传之于曾子，曾子传之于子思，子思传之于孟子"的儒家传道谱系。他认为孟子本身，存在"开德广、语治骤、处己过、涉世疏"等四个毛病。

伴随着"孟子升格运动"的这股"非孟思潮"，由于其与时代学术思想发展方向并不一致，因此它的发展空间较小，影响有限，不合时宜。与浩大的"尊孟"的潮流相比，它只不过是一股势力较弱的"逆流"，并不能改变"尊孟"的主流地位。从某种程度上说，反而为"尊孟派"的壮大提供了支持，如游酢、张九成、张栻、余允文、蔡模等人与"非孟派"的争辩，实际上促进了"尊孟"阵营的扩大与加强。

在宋代，孟子最终超越一般诸子，成为地位仅次于孔子的"亚圣"，被官府封赠爵位，从祀孔庙。《孟子》被增列入儒家经典之列，超越"五经"而跻身"四书"，作为科举考试的必读教材，成为士人推崇的经典。这个变化过程，就是学界所谓的孟子"升格运动"。这场"升格运动"之所以滥觞于唐代，完成于宋代，其实并非偶然。一方面，孟子升格源于社会发展的需要，儒学更新的需要，即"它是适应了当时中国统治思想转型的需要而产生的"[②]。另一方面，孟子思想中"辨王霸"、"谈心性"、"论道统"、"辟异端"、"养浩然正气"等思想本身具有的特点，适应了理学新思潮的需要，为他们标举儒学旗帜，以与佛、道抗衡提供了学统基础和理论来源。

（三）元明间的《孟子》学

元明间的孟子地位总体而言，可以概括为"稳中有升"。元仁宗延祐间复行科举，《孟子》正式成为科举取士的指定教材。元文宗至顺二年（1331），孟子再次升格，被加封为"邹国亚圣公"，使孟子其人其书的地位得到了进一步加强。

明朝统治者对待孟子的态度总体来说是肯定的。但是明太祖对孟子的态度却颇为曲折。洪武三年（1370）恢复科举，承袭元朝旧规，《孟子》作为《四书》之一，仍然是科举考试的内容。朱元璋出于维护君主绝对权威的需要，对孟子的"君臣关系论"十分不满。洪武五年（1372），下令罢免孟子的

---

① 余允文：《尊孟辨》卷下，文渊阁《四库全书》本。

② 徐洪兴：《孟子直解》，复旦大学出版社，2004年，第12页。

配享地位。《明史·钱唐传》载："帝尝览《孟子》，至'草芥''寇雠'语，谓非臣子所宜言，议罢其配享，诏有谏者以大不敬论。"朱元璋的做法遭到了群臣的反对，其中，刑部大夫钱唐冒死进谏说："臣为孟轲死，死有余荣。"洪武六年（1373），朱元璋又下令恢复孟子配享的地位，诏曰："孟子辨异端，辟邪说，发明孔子之道，配享如故。"① 洪武二十七年（1394），朱元璋命令翰林学士刘三吾等人校《孟子》，删去书中"民为贵，社稷次之，君为轻"等"词气抑扬太过者"85条，并规定"课试不以命题，科举不以取士"②。永乐十二年（1414），为了以程朱理学统一思想，明成祖诏令翰林院学士胡广、杨荣等纂修《五经大全》、《四书大全》和《性理大全》，并亲为之序，颁行天下作为科举考试的准绳。《孟子》作为"四书"之一，成为朝廷科举考试的指定教材。明世宗嘉靖九年（1530），封孟子为"亚圣"。至此，"孔、孟并提"被最终巩固和确定下来。

（四）清代的《孟子》学

清代是孟子学史发展的高峰，可谓硕果累累、蔚为大观。不仅研究者的人数和著作数量种类激增，几乎包含了此前《孟子》学研究的各个领域和层面，而且在研究的内容、方法和质量上都较前有很大的提高，从而使《孟子》学研究达到了新的高度。我们知道，促成清代《孟子》学进一步发展的原因是多方面的，但概括而言，不外以下三方面：第一，经过宋、明以来统治者的推崇，孟子作为儒家"亚圣"的地位得到巩固，《孟子》"超子入经"，成为儒家的经典，引发《孟子》研究的发展，产生了大量《孟子》研究成果，为清代《孟子》学的兴盛奠定了坚实的学术基础。第二，清朝统治者以"崇儒重道"为基本国策，尊孟子为"亚圣"，把《孟子》作为科举考试的必考内容，为清代《孟子》学的兴盛提供了政治支持。第三，乾嘉考据学的兴盛和今文经学的复兴，为清代《孟子》学研究开辟了新的方向和途径，使《孟子》学研究得到了广泛而深入的发展。

清代《孟子》学的发展过程，是与清代的整个学术发展过程相一致的。因此清代《孟子》学带有清初经学、乾嘉汉学、清代今文经学三种学术特征，具体表现如下：

第一，借阐发孟子思想来批判宋明理学。黄宗羲、顾炎武、戴震等学者，在总结明朝灭亡教训的同时，借助阐释孟子思想的形式，对宋明理学空疏、

---

① 《明史·礼志四·圣师》。

② 朱彝尊：《经义考》卷二三五《孟子五·刘氏〈孟子节文〉》。

虚妄、游谈无根的治学态度进行了严厉批判，对《孟子》中的"人性论"、"理气论"、"理欲观"、"仁政"等思想进行重新阐释，形成了有别于宋明义理学派的孟学义理派。如黄宗羲在《孟子师说》中通过批判程朱理学中"理气二元论"、"天道观"来阐述自己的"气在理先"、"心即气"的一元论哲学思想；戴震在《孟子字义疏证》中，对程朱理学的"理欲观"提出尖锐的批评。同时，清初学者"博学"、"求实"、"经世"的治学态度和方法，对乾嘉考据学风的形成具有重要的作用和影响。

第二，注重考据、辑佚。清廷实施文化高压政策，大兴文字狱，使学者不敢再谈时政，不得不埋头于故纸堆，做一些没有政治风险的工作，使《孟子》研究向考据、辞章、训诂等朴实学风方向发展，扩大了《孟子》研究的内容、范围和形式。以研究内容为例，不仅产生了研究考辨孟子本人居里、亲属、年龄、游历经过等方面的著作，如阎若璩《孟子生卒年月考》、周广业《孟子四考》等，也产生了对《孟子》文本如思想、内容、篇次、文字、音韵、辞章等进行考订的著作，如李光地《读孟子札记》、张宗泰《孟子七篇诸侯年表》、蒋仁荣《孟子音义考证》等。还有梳理汉唐以来研究成果，总结其成就得失，辨订其优劣的著作，如施彦士《读孟质疑》、焦循《孟子正义》、桂文灿《孟子赵注补正》等。此外，还产生了大量的辑佚类著作，如马国翰《孟子刘氏注》、《孟子程氏章句》等。

第三，主张经世致用，探求微言大义。在乾嘉考据学风大盛的同时，以庄存与、刘逢禄为代表的常州今文经学也在悄然发展。在晚清内忧外患带来的前所未有的统治危机和社会危机面前，以龚自珍、魏源为代表的学者高举今文经学关注社会现实的旗帜，提倡经世致用，主张学术研究必须与社会现实需要紧密联系，为晚清《孟子》学的发展提供了新的途径。如康有为的《孟子微》，就是借助孔、孟的权威，通过注释《孟子》宣传西方近代民主、自由、平等的观念，为变法维新提供理论支持的。

三、《孟子》学文献的数量、种类及分布

（一）历代《孟子》学文献数量

有关《孟子》学文献，历代史志艺文、类书、丛书、目录书、地方志均有数量不等的记载。比较集中的有朱彝尊的《经义考》，共著录了169种；中华书局编《续修四库全书总目提要》著录了76种；《中国丛书综录》著录了115种。一般情况下，了解历代《孟子》学发展的大致情况，通过查阅以上三书就可以了。但以上三书的著录并不完整，疏略亦不在少数。如朱熹所著

《孟子事略》，本存于金履祥《孟子集注考证》之中，《经义考》就没有著录；明刘三吾《孟子节文》2卷，《经义考》著“未见”，实际上《北京图书馆珍本丛刊》还有存本。笔者拟在《经义考》、《续修四库全书总目提要》、《中国丛书综录》的基础上，利用相关目录书和地方志，增补漏略，剔除重出以及名异实同的部分，对历代的《孟子》学文献数量重新清理统计。

1. 汉唐间的《孟子》学文献数量

朱彝尊《经义考》著录汉唐间《孟子》学文献，总共为13种。

汉代：赵岐《孟子注》14卷、程曾《孟子章句》、高诱《正孟子章句》、郑玄《孟子注》、刘熙《孟子注》、王充《刺孟》1卷；

晋代：綦毋邃《孟子注》；

唐代：陆善经《孟子注》、张镒《孟子音义》、丁公著《孟子手音》、刘轲《翼孟》。

《中国丛书综录》在此基础上增补了《孟子刘中垒注》1卷、佚名《孟子古注》1卷。

根据笔者的统计，除上述诸书，汉唐间《孟子》学著作还有5种，分别是：汉扬雄《注孟子》（《文献通考·经籍考上》）、刘陶《复孟子》（《补后汉书艺文志》），晋王弼《孟子》7卷（《台湾现存各图书馆丛书子目书名索引》），唐林慎思《续孟子》2卷（《丛书集成续编》）、李景俭《孟子评》（《山西通志》）。

总之，汉唐间孟子地位不过一般诸子，虽然产生了十多部《孟子》学著述，但总的说来《孟子》研究还比较冷清。

2. 宋代的《孟子》学文献数量

宋代是我国学术文化发展的高峰。经过宋代理学家们的推崇，孟子其人超越诸子成为儒家“亚圣”，《孟子》合入《四书》，从诸子之书跃升为儒家经典。围绕孟子的这一“升格”过程，《孟子》学文献的数量成倍增加，研究内容、范围和方法均较前有了新的发展。据朱彝尊《经义考》著录，宋代共有123种，主要以义理类为主，反映了宋代《孟子》学重视义理阐释的特点。《续修四库全书总目提要》增补了《经义考》漏略的朱熹《孟子要略》，今人周淑萍《两宋孟学研究》增补了刘敞《明舜》、张俞《论韩愈称孟子之功不在禹下》、刘道原《资治通鉴外纪》、陈次公《述常语》等4种。

根据笔者的统计，除上述所列，宋代的《孟子》学著作还有以下52种，分别是：

种放《述孟志》（《全宋文》卷二〇六）、何涉之《删孟》、傅野《述常

语》、郑厚《艺圃折衷》、李耆《楚泽丛语》(《四库全书·经部四书类》)、熙时子《孟子注》(《文献通考·经籍考》)、胡宏《释疑孟》(《江苏省立国学图书馆图书总目补编》)、尹焞《孟子解》(《丛书集成初编》)、吕祖谦《东莱孟子说》2卷(《江苏省立国学图书馆图书总目补编》)、王弈《孟子说》(《两浙著述考》上)、黄裳《论语孟子义》1卷(《江苏省立国学图书馆图书总目补编》)、王应麟《孟子考异》1卷(《进呈书目附录二》,见《浙江采集遗书总录简目》)、赵顺孙《孟子纂疏》14卷(《四川省古籍善本书联合目录》)、黄庭坚《孟子断篇》、杨万里《孟子论》、魏了翁《韩愈不及孟子论》、叶適《习学纪言序目》、范祖禹等《孟子五臣解》14卷(《丛书集成初编》)、《七家孟子讲义》(尤袤《遂初堂书目》)、《程氏语孟说》、《语孟集义》、《五峰论孟指南》(《丛书集成初编》)、王逢原《语孟解》(《丛书集成初编》)、席旦《石经孟子》14卷(《郡斋读书校证》)、汤烈《孟子集程氏说》1卷(《郡斋读书校证》)、程达《语孟直解》15卷(《江西通志》)、杨泰之《论语孟子类》7卷(《四川通志》)、伊彦明《伊氏孟子解》14卷(《文献通考·经籍考》)、佚名《张氏孟子传》36卷(《宋史·艺文志》)、刘愚《孟子解》1卷(《两浙著述考》上)、邵博《疑孟》(《邵氏闻见后录》)、陈傅良《论孟古义》1卷、陈寿老(耆卿)《孟子石鼓答问》3卷(《国史·经籍志》)、汪天任《语孟新意》(《江西通志》)、卞园《孟子大意》、袁涛《孟子说》(《两浙著述考》上)、真德秀《孟子集编》14卷(《四库全书·经部四书类》)、卢奏平《孟子点睛》(《福建通志》)、黄开《语孟发挥》(《两浙著述考》上)、赵汝谈《孟子注》(《浙江通志》)、戴溪《石鼓孟子答问》3卷(《直斋书录解题》)、包定《孟子答问》(《两浙著述考》上)、洪咨夔《孟子注》(《两浙著述考》上)、张梦锡《语孟中庸讲义》(《两浙著述考》上)、史泳《论孟注语》(《江西通志》)、蒋夔《论孟解》(《江西通志》)、佚名《孟子百家解》12卷(《国史·经籍志》)、赵介胄《论语孟子讲义》(《四川通志》)、陈国鼎《语孟要解》(《江西通志》)、何坦《语孟训蒙》(《江西通志》)、林维屏《疑孟》(《福建通志》)、李宗思《孟子集解》(《福建通志》)。

总计以上,共得宋代的《孟子》学文献约180种。从其诠释形式来分,可分为诠释《孟子》的专著,评论孟子其人其书的专文,有关孟子思想观点的阐释类著作。从文献学角度划分,可分为文字、训诂类、考证等类。宋代《孟子》学文献种类和数量的剧增,标志着《孟子》研究高峰的到来。

3. 元明间的《孟子》学文献数量

元明间孟子其人其书的地位稳定,这一时期学者主要沿袭程朱义理之学的老路来解说《孟子》，著述内容大多比较肤浅与陈旧，形式也因沿袭宋人而显得僵硬固陋，基本没有突破程朱义理之学的藩篱。

据朱彝尊《经义考》著录，元明间的《孟子》学文献共39种。《续修四库全书总目提要》增加了明人黄汝享《论孟语录》4卷，《中国丛书综录》增加了胡广等《孟子集注大全》14卷、胡广等《孟子集注大全》14卷附《考异》1卷、明人曹珖《读孟子》2卷、罗汝芳《近溪子孟子答问集》1卷。

根据笔者的统计，除上述所列，元明间的《孟子》学文献还有40种。

元代有17种，分别是：佚名《元本孟子集注辑释》（《丛书集成初编》）、佚名《魁本大字祥音句读孟子》2卷（《北京图书馆善本书目》）、张存中《孟子集注通证》2卷（《四川省古籍善本书联合目录》）、佚名《读晦庵孟子集解衍义》（《中国善本书提要》）、许谦《读孟子丛说》2卷（《北大图书馆藏李氏书目》）、胡炳文《孟子通》14卷（《四川省古籍善本书联合目录》）、詹道传《孟子集注纂笺》14卷（《四川省古籍善本书联合目录》）、倪士毅重订《朱熹孟子集注重订辑释章图通义大成》14卷（《北京大学图书馆古籍善本书目》）、程复心《孟子年谱》1卷（《台湾现存各图书馆丛书子目书名索引》）、李公凯《附音傍训句解孟子》7卷（《中国古籍善本书目》）、佚名《读晦庵孟子衍义》（《北京图书馆善本书目》）、吴迂《语孟类次》（《江西通志》）、吴迂《论孟众纪》（《江西通志》）、吴莱《孟子弟子列传》3卷（《千顷堂书目》）、许衡《孟子标题》（《补元史·艺文志》）、王文焕《孟子解》（《浙江通志》）、徐达左《孟子内外篇》2卷（补辽金元艺文志）。

明代有21种，分别是：梅鷟《孟子简明大字》2卷（《丛书集成续编》）、陈士元《孟子逸文》（《丛书集成初编·哲学类》）、陈士元撰陈春校《孟子杂记》4卷（《四川图书馆古籍书目》）、郝敬《孟子说解》14卷附《读孟子遗事》（《北京大学图书馆善本书目》）、李颙《孟子》2卷（《江苏省立国学图书馆图书总目》）、李颙《二孟续补》2卷（《江苏省立国学图书馆图书总目》）、冉觐祖辑《孟子》6卷（《人民大学古籍书目》）、佚名辑《孟子》2卷（《人民大学古籍书目》）、冯梦龙《四书指月》（《论语》6卷，《孟子》7卷，见《北京图书馆古籍善本书目》）、秦镤《订正孟子》7卷（《台湾现存各图书馆丛书子目书名索引》）、李贽《评孟子》7卷（《中国人民大学图书馆古籍善本书目》）、佚名《孟子解诂》2卷（《澹生堂藏书目》）、陆山《孟子广义》（《两浙著述考上》）、沈嗣《尊孟小传》（《浙江通志》）、章品《孟子篇类》（《浙江通志》）、金镜《孟子博议》（《浙江通志》）、郜永春《论孟大义》（《畿辅通志》）、童溪《孟子篇类》（《两浙著述考上》）、杨时乔《孟子古今四体文》7卷（《澹生堂藏书目》)、姚舜牧《孟子疑问》7卷。

总计元明间的《孟子》学文献共81种。这一时期《孟子》与“四书”被作为一个整体来研究，因此以“四书”形式出现的《孟子》学文献特别多，而单独以《孟子》为名的著述较少。

4. 清代的《孟子》学文献数量

清代的《孟子》学文献，由于《经义考》、《四库全书总目》修纂较早，仅著录有黄宗羲《孟子师说》、朱彝尊《孟子遗句附逸篇目》等7种。王云五主编《续修四库全书提要》著录了61种，中华书局《续修四库全书总目提要》在此基础上增补康濬《孟子文说》7卷、邱溎《读孟子偶记》1卷、陈澧《别本孟子注》2卷和《孟子注》2卷、张恩霨《孟子论略》1卷、萨玉衡《赵氏孟子章指复编》1卷、任兆麟《孟子时事略》1卷、胡清瑞《孟子拾遗》1卷、马国翰《孟子章指》2卷、李调元《逸孟子》1卷等，一共10种。《中国丛书综录》又在以上记载的基础上，增加张沐《孟子疏略》7卷，宋在诗《说孟》1卷，朱亦栋《孟子札记》2卷，佚名《读孟质疑》2卷(《槐庐丛书》)，宋翔凤《孟子赵注补正》6卷，单为鏓《孟子述义续》1卷，陈世镕《孟子俟》1卷，俞樾《孟子古注择从》1卷、《孟子高氏学》1卷、《孟子缵义内外篇》1卷、《孟子平义》2卷，刘曾騄《孟子可读》8卷、《孟子约解》7卷，沈保靖《读孟集说》2卷、孙国仁《孟子集语》1卷，共15种。今人刘瑾辉《清代孟子学研究》在上述记载基础上，增列了322种，分别是：专著164种，专论114种，序跋类44种①。

根据笔者的统计，除上述所列，清代的《孟子》学文献还有73种，分别是：孙承泽《朱子论孟或问录要》34卷(《山西省古籍善本书目》)、曾镇《释孟》1卷(《湖南通志》)、温其训《孟子文评》(《湖南通志》)、关涵《孟子辨似》不分卷(《中国古籍善本书目》)、阮元《孟子校勘记》补刊本16卷(《江苏省立国学图书馆图书总目》)、胡尚御《语孟正疑》(《江西通志》)、潘元音《孟子文批》2卷(《四川图书馆古籍书目》)、蒋□□《读苏批孟子》7卷(《四川图书馆古籍书目》)、毕铨福《论孟绪余》(《江西通志》)、曾镛《曾复斋孟子说》1卷(《江苏省立国学图书馆图书总目补编》)、阎若璩原撰顾问重编《孟子生卒年月考》1卷(《贩书偶记》)、焦循《撰孟子正义日课记》1卷(《北京图书馆古籍善本书目》)、龚元玠《孟子客难》3卷(《中国丛书综录续编》)、万希煜《孟子通义》(《湖北通志》)、张必昌《纂辑孟子大

① 刘瑾辉：《清代孟子学研究》，社会科学文献出版社，2007年，第35页。

全》(《湖南通志》)、狄子奇《孟子质疑》14卷(《北京师大古籍书目》)、吴敏树《孟子考异发》13卷(《中国古籍善本书目》)、陈宽居《读孟子札记》1卷(《两浙著述考》上)、杨声振《孟子随笔》(《山东通志》)、毛际可《孟子人名廋词》1卷(《台湾现存各图书馆丛书子目书名索引》)、马徵麐《孟子年谱》(《台湾现存各图书馆丛书子目书名索引》)、刘赓廷《孟子析解》(《山东通志》)、翟灏《孟子考异》(《江苏省立国学图书馆图书总目》)、赵佩茳《孟子序义》3卷(《两浙著述考》上)、梁章钜《孟子集注旁证》14卷(《国朝未刊遗书志略》)、刘开《孟子拾遗》2卷(《清朝续文献通考》)、杨名时《孟子劄记》1卷(《江苏省立国学图书馆图书总目补编》)、李锐校《孟子注疏校勘记》14卷附《音义校勘记》2卷(《中国丛书综录续编》)、贾复汉《石经孟子》(《渔洋读书记》)、冯云鹓《孟子书》7卷及首1卷(《孔子故里著述考》)、金麟徵《释孟子》1卷(《清朝续文献通考二》)、胡泽顺《孔颜曾孟生卒年月表》1卷、《孟子年谱》1卷(《贩书偶记》)、王汝谦《孟子论文》3卷(《清朝续文献通考》)、陈履中《孟子论文》7卷(《中国古籍善本书目》)、佚名《孟子绎文》(《北京大学图书馆古籍善本书目》)、佚名《孟子述说》7卷(《江苏省立国学图书馆图书总目》)、范泰衡《读孟子记》3卷(《故宫普通书目》)、陈鼎忠《孟子概要》1卷(《江苏省立国学图书馆现存书目》)、曹廷杰《孟子类纂》3卷(《江苏省立国学图书馆现存书目》)、吴肇光《孟子通考》6卷(《湖南通志》)、方之巩《孟子集语》3卷(《湖南通志》)、张嘉显《孟子纂义》(《湖南通志》)、周廷珍《白话详注孟子》4卷(《杭州大学图书馆线装书总目》)、佚名《满汉文孟子》(《北京师大古籍书目》)、吴骞校并跋《刘放注孟子外书四篇》4卷(《中国古籍善本书目》)、钱曾《孟子节文》7卷和《孟子音义》(《拜经楼藏书记》)、孟经国《孟子外书》1卷和《逸文》1卷(《孔子故里著述考》)、毛扆跋丁士涵校《孟子音义》2卷(《中国古籍善本书目》)、佩文□《孟子文法读本》(《人民大学古籍书目》)、齐锄经《耨学轩孟子评》7卷、林澜《论孟汇解》、沈梦兰《孟子学》1卷、冯梦祖《二孟枝言》、王藻《论孟津梁》1卷、施际清《孟子语评》、柳秉礼《孟子讲义》、徐中郎《孟子论文》7卷、裘姚崇《孟子弟子考》6卷(《两浙著述考》上)、孔昭杰《孟子摘要》、陈进杰《论孟直解》、孔昭杰《论孟注辑要》、孔广铭《孟子义疏》(《孔子故里著述考》)、郑机《孟子义要信好录》、张官德《孟子会要》(《湖北通志》)、佚名《学庸孟子约解》(《福建通志》)、赵鸣鸾《孟子篇略》、何辉□《增订苏批孟子》7卷、彭鲲《孟子论文》、艾畅《孟子补注》2卷(《江西通志》)、石维严《孟

子集评》(《山东通志》)、梁积樟《读孟子日记》(《陕西通志续通志》)、施彦士《读孟质疑》3卷(《江苏省立国学图书馆现存书目》)。

总计清代的《孟子》学文献共约490种，约为此前历代《孟子》学文献的两倍。原因在于清代学术思想的转型，促进了清代《孟子》学文献的大量产生。一方面，学者在批判总结程朱义理之学的基础上，对孟子的仁政王道、天命人性等思想进行重新阐释，主张经世致用，开辟了《孟子》研究的新途径。另一方面，乾嘉汉学的兴盛，使清代《孟子》学的研究内容和对象较前更加广泛。不仅涉及《孟子》中的典章制度、历史人物、地理环境、文字音义等方面的内容，还对孟子生平事迹、游历经过、居里家庭、师友弟子情况进行全面梳理考订。研究的形式也较前更丰富，不仅有大量的传注、音义、考订、补正之作，还有集义、辨疑、辑佚、校勘等方面的著述。

综合历代的统计数据，历代《孟子》学文献总计有770余种。从数量上看，历代《孟子》学文献的发展是不平衡的。如汉唐以前，《孟子》学文献数量很少，总共不到20种，约占总数的2.5%。宋代和清代分别是《孟子》学文献发展的两个高峰，《孟子》学文献分别约占总数的23.7%和62.3%。从类型上看，历代《孟子》学文献的分布也表现出极不平衡的特点。注疏类著述（特别是义理类）所占比例最大，约占总数的51%，其次是训诂考据类，约占总数的43%，总集、增补等类共约占总数的6%。《孟子》学文献发展呈现出以上两个特点，其主要原因在于：一方面，与孟子其人其书在宋代“超子入经”得到统治集团和士人的推崇，孟子被尊为“亚圣”，《孟子》被奉为儒家经典，并成为科举取士的指定教材有关。另一方面，历代学术思想的发展和转变，为《孟子》研究提供了更广阔的发展空间。如宋代“尊孟派”从道统和学统上推崇孟子，就突破了汉唐以来局限于对《孟子》做章句训诂研究的范围，开始从义理的角度，对《孟子》及其思想展开广泛而深入的研究。清代乾嘉学派兴起，清人又背离了宋儒研究的方向，重新对《孟子》思想做新的解释，不满足于汉唐旧疏，而对孟子的生平事迹、生活时代、交游情况，《孟子》所涉及的典章制度、文字音义、历史事件等进行全面系统的重新考释，由此产生了大量的《孟子》学研究文献。

（二）《孟子》学文献的分布

《孟子》学文献的分布比较广，在《宋史》记载以前，多载于子部的“艺文志”或“经籍志”中。从《元史》、《明史》和《清史稿》开始，均载于经部。反映了《孟子》书“由子升经”后地位变化的演变历程。大型丛书如《四库全书》、《续修四库全书》等中的经史子集各部，都分别收录有《孟子》

学文献。专门收录经学研究成果的丛书如《皇清经解》、《皇清经解续编》等也收录有不少。此外，全国各地的图书馆还收藏有大量的单刻《孟子》学文献。查找《孟子》学文献，目前比较方便的公私书目，主要有《崇文总目》、《经义考》、《续修四库全书总目提要》、《中国丛书综录》等。下面对《孟子》学文献的主要分布情况作如下介绍：

1. 经部《孟子》学文献

宋代以前的正史，《孟子》学文献均载于"艺文志"或"经籍志"的"子部"中。宋代《孟子》"超子入经"后，宋代私人藏书家陈振孙在《直斋书录解题》首先把《孟子》学文献置于"经部"之列。不过，元代修成的《宋史》把《孟子》学文献放在"子部"却是个例外。此后的正史《元史》、《明史》、《清史稿》以及各地方志，均把《孟子》学文献置于"经部"。按照四部分类法的丛书，如《四库全书》、《续修四库全书》等，均把《孟子》学文献置于经部，且著录的这类文献颇多，如《续修四库全书》一共著录了76种，《中国丛书综录》一共著录了115种。此外，一些专门的经学文献丛书如纳兰成德的《通志堂经解》、阮元汇编的《学海堂经解》、王先谦主编的《南菁书院经解》中，也著录有《孟子》学文献。

2. 史部《孟子》学文献

在历代正史中，没有把《孟子》学文献置于史部的情况。但在各公私目录书中，史部却载录了不少《孟子》学文献资料。如宋代的官修目录书《崇文总目》，就著录了28种《孟子》学文献。清代朱彝尊的《经义考》，著录了历代《孟子》学文献169种。此外《四库全书总目》、《续修四库全书总目提要》等工具书的史部，也著录了不少《孟子》学文献。

3. 子部《孟子》学文献

唐代以前，儒家一般是"周、孔"并称，或者"孔、颜"并称。宋代孟子"升格"后，才为"孔、孟"并称所代替。这是与《孟子》地位在儒家内部的变迁有密切联系的。《汉书·艺文志》、《隋书·经籍志》、《旧唐书·经籍志》、《新唐书·艺文志》、《宋史·艺文志》、《崇文总目》、《郡斋读书志》等书，均把《孟子》学文献载于"经籍志"或"艺文志"之中。并根据四部分类法标准，把这些《孟子》学文献归属于子部。如宋代晁公武的《郡斋读书志》，就在子部儒家类著录了11种《孟子》学文献。但是，随着孟子地位的进一步提升与稳固，特别是孟子升至"亚圣"后，孟子开始与孔子并列，这一陈例发生了变化。如陈振孙《直斋书录解题》把《孟子》置于经部，与《论语》并称"《语》、《孟》类"。此后，各公私书目（《宋史·艺文志》除外），均把《孟子》学文献置于经部。

4. 集部《孟子》学文献

集部《孟子》学文献，数量也不少。在许多别集中，都有讨论孟子其人其书的文献。《全唐文》、《全宋文》、《全元文》等总集之中，都保存有部分《孟子》学文献。

5. 辑佚类《孟子》学文献

汉唐时期的《孟子》学文献，只有赵岐的《孟子章句》被保存下来。为此，清代的辑佚家马国翰、黄奭、王仁俊等做了大量的辑佚工作，共辑录了26部汉唐间的《孟子》学文献。其中以马国翰成就最大，共辑录了刘熙《孟子注》、程曾《孟子章句》等8种汉唐《孟子》学文献。尽管马国翰的辑佚还有不足，但马氏所辑佚的《孟子》学文献，无疑为探讨汉唐间《孟子》学提供了可资凭借的资料。

6. 单刻类《孟子》学文献

以单刻形式留存的《孟子》学文献，主要分布在各省市图书馆和各大学图书馆中。这部分《孟子》学文献的数量颇大，是研究者应该重点关注的部分。如《北京图书馆善本书目》、《江苏省立国学图书馆图书总目》、《北大图书馆藏李氏书目》等，均分别藏有几十上百种《孟子》学文献。这些图书馆在编目时，还对所藏《孟子》学文献进行了分类编排，并著录了不同的版本。如《江苏省立国学图书馆图书总目》，就把其所藏《孟子》学文献分为白文之属、传说之属、文字音义之属三大类，类目之下，再按时间先后排列，尽量注明版本来源，方便读者查阅。

7. 题跋类《孟子》学文献

在历代私人藏书题跋中，也保存了不少《孟子》学文献。这些《孟子》学文献的主要特点，表现在藏书者对所藏各书的主要内容、流传状况和版本来源做了比较详细的介绍，对各家研究的成果进行了评论和总结，使用起来比较方便。如清周中孚《郑堂读书记》、耿文光《万卷精华楼藏书记》中的题跋，就有利于我们研究《孟子》学文献分布、流传以及版本的情况，为研究《孟子》学文献在不同时代的发展演变情况，提供了必要的参考线索。

四、《孟子》学文献举要

从研究内容考察，历代《孟子》学文献涉及面较广，如有阐释孟子的仁政、王道、天命、心性等思想的，有研究孟子本人及其家属、弟子生平事迹的，有考订其所处时代的历史制度、历史人物和地理环境的，有研究《孟子》

中文字、音韵的，有分析篇章体例的。从研究形式上看，也比较丰富，如有传注、音义、考证、质疑、辑佚、校勘传、图谱、集义等等。

梳理历代《孟子》学文献研究，此前已有不少学者做了大量的工作，取得了不少的研究成果。如朱彝尊的《经义考》，即是非常具有代表性的著作之一。此书按照时间顺序，对历代《孟子》学文献的流变特点、主要思想内容、著者情况以及存佚情况做了说明。可以说，《经义考》集中地概括了《孟子》学文献的基本发展面貌与主要内容，但不足之处是没有对《孟子》学文献进行分类，不利于读者掌握《孟子》学文献的种类，以及各个时期《孟子》学文献的学术成就特点。目前，对《孟子》学文献进行分类编排比较合理的是《中国丛书综录》。此书将《孟子》学文献分为正文之属、传说之属、专著之属、文字音义之属四类，类下再按文献产生的时间先后顺序排列，编排简单明了，使用比较方便。但此书仍存在两大不足：一是没有著录已散佚的《孟子》学文献，不便于了解历代《孟子》学文献的整个发展面貌；二是没有对所选《孟子》学文献的思想内容和作者情况作介绍，不便于了解历代各类《孟子》学文献的学术特点。

为了从内容、形式和数量等方面对《孟子》学文献做合理的整理分类，笔者在参照《经义考》、《中国丛书综录》、《江苏省立国学图书馆图书总目》等著录分类方式基础上，把《孟子》学文献分为“白文”、“传说”、“专题”、“文字音韵”四类，各类之下按时间先后排列，并对重点著作做专门介绍。其中因为“传说”之属较多，分别按照“汉学”、“宋学”、“清学”分阶段予以介绍。在对重点著作做详细介绍的基础上，对次要著作亦做简单介绍，并对所搜集到的历代《孟子》学文献分存佚两部分，予以著录（另外成编）。既希望突出《孟子》学文献的重点，揭示其发展流变特点，也希望展现其发展演变的历程。

（一）白文类

白文之属，是指只有经文原文，没有经过他人注疏或辨订的文献。《孟子》学文献的白文之属，据《江苏省立国学图书馆图书总目》记载，白文读本共有 6 种、14 部。其中，单行本 8 部，丛书本 6 部，分别是宋刊巾箱本《九经》白文本、清康熙敕编《篆文孟子》3 卷、《苏评孟子》2 卷等。《中国丛书综录总目》还著录有《九经》正文《孟子》不分卷，宋刊巾箱本《八经》《孟子》不分卷，求古斋本、观成堂本、重刊求古斋本《九经》本《孟子》，篆文康熙本《孟子》本，李调元《逸孟子》本等。此外，还有《黄侃手批白文十三经》本。现就《孟子》白文中有代表性的《九经》白文本、《苏评孟子》2卷、《黄侃手批白文十三经》本简介如下：

1.《九经》白文《孟子》7卷，（宋）临江府刊巾箱本

宋临江府刊巾箱本《九经》白文中，有《孟子》7卷，明崇祯十三年（1640）锡山秦镤重刊为大字白文本，民国十五年（1926）江苏武进县陶氏涉园影印宋刊巾箱本。陶氏的影印本缺少《春秋左传》，故总名题为《八经》。《九经》白文是研究《孟子》学经文和校勘《孟子》学文献的重要参考资料。

2.《苏评孟子》2卷，（旧题宋）苏洵撰

是书旧题宋眉山苏洵评，四库馆臣认为，《宋史·艺文志》没有著录，书内有大小圈、三角圈及重圈，且引及洪景庐（迈）语、评语亦全以时文之法行之，确定为后人伪托。但孙绪《无用闲谈》却称其论文颇精当，认为非伪托之作。避开谁是此书的作者不论，笔者认为此书成书于宋代是基本可信的。它对校勘《孟子》经文有一定参考价值。

此书有清康熙杭州沈季云校、其子重刻的朱墨套印本。

3. 手批本《孟子》，黄侃著

《黄侃手批白文十三经》，由上海古籍出版社1983年出版。书中有《孟子》不分卷，"断句用点，异文均标识之。末记云：'赵岐曰三万四千六百八十五字，欧阳公、郑畊老因陈士元曰三万五千四百一十字。'"① 标记简明，易于翻检参阅。

（二）传说类

传说类《孟子》学文献，是指通过传、注、解诂、义疏、正义、集说、集解等疏解形式，对《孟子》中的仁义、王道、义利、心性等思想，以及对《孟子》的文字音义、典章制度、历史事件进行注释的著作。此类文献，既包括历代学者对《孟子》文本本身的理解，也包含了作者本人的思想，还融入了时代的政治思想、个人理想与学术信息，构成了孟学文献的主体，是探究孟子其人其书思想内容的重点和关键。历代《孟子》学文献的发展演变，既有《孟子》学内部自身发展变化的规律，也与注疏者所处时代的学术特征有关。根据历代《孟子》学文献的特点，笔者按照汉学派、宋学派和清学派，将《孟子》传说类重要文献分类介绍如下：

汉学派《孟子》学文献，主要指汉唐时期的《孟子》学文献。它们的主要特点是"经典本位"。研究者主要对《孟子》原文的制度名物、字义读音进行"时代化"的疏解，使当时的人能读懂。尽管作者也做了章句方面的训释，

① 黄侃：《黄侃手批白文十三经》"序"，上海古籍出版社，1983年。

但以尊重原文本意，重视原典阐释为主，不以己意解经，不随意删改经文等原则，注疏在于"复原"而非创新的意图非常明显。汉唐间流传至今的《孟子》学著作，只有赵岐的《孟子章句》一书。它是《孟子》注疏中现存最早的一部注疏，也是后世研究《孟子》一书最为可靠和最完整的史料，代表了这一时期《孟子》研究的最高成就。通过对它的介绍，可以略窥汉代《孟子》文献的概貌。汉唐间的其他《孟子》学文献均早已散佚，目前仅有清代辑本流传，这也是我们研究《孟子》其人其书的参考资料。需要特别说明的是，旧题为宋代孙奭所作的《孟子正义》14 卷，从它的注疏体例和内容来看，与汉唐间《孟子》旧注更相近，与以阐释义理为主的其他宋代《孟子》学文献差距很远。因此，从学术传承延续的角度出发，笔者把它归入汉学派介绍(以下宋学派和清学派举要亦按照学术延续性原则归类)。

1.《孟子章句》14 卷，（汉）赵岐撰

赵岐（108—210），字邠卿，京兆长陵（今陕西咸阳东北）人。初名嘉，字台卿。永兴二年（154），辟司空掾，迁皮氏长。延熹间，赵岐避中常侍唐衡、唐玹兄弟之祸，逃难四方。他在北海孙宾石家夹柱中写成《孟子章句》。后遇赦得出，中平元年（184）征拜议郎，举敦煌太守，后迁太仆，终太常。事迹见《后汉书》本传。

《孟子章句》作者对《孟子》中蕴涵的儒家微言大义进行了探讨，并用汉代的语言，对《孟子》经文中的名物制度、文字读音进行了释读，为后人读懂、研究此书提供了重要的资料。赵岐对《孟子》经文分章析句，进行疏解，共 14 卷、261 章。他在《孟子题辞》中说："（孟子）自撰其法度之言，著书七篇。……述已所闻，证以经传，为之章句，具载本文，章别其旨，分为上下，凡十四卷。"除对《孟子》中的名物典故、文字音义进行了训释外，还于"每章之末，括其大旨"，对《孟子》所包含的"仁义道德，性命祸福"思想做了总结式的探讨。赵岐《孟子章句》立足经文原文，以经传旧事为旁证，同时参照自己的见闻和理解，虽比不上马融、郑玄等人的精湛，但保存了《孟子》原意，其可信度是比较高的，对后世影响较大。朱熹著《孟子集注》，采用赵岐之说为多，如《王之臣章》、《求则得之章》等篇所引注疏，几乎都源自赵岐章指。《四库全书总目》评论说："盖其说虽不及后来之精密，而开辟荒芜，俾后来得循其途而深造，其功要不可泯也。"①

本书单行本有清初影印宋传本、元岳氏荆溪家塾刻本、清乾隆间曲阜孔

① 永瑢等：《四库全书总目》卷三五《孟子正义》提要。

氏《微波榭丛书》本等。

2.《孟子正义》(又名《孟子注疏》) 14 卷，(旧题宋) 孙奭撰

孙奭 (962—1033)，字宗古，博州博平 (今山东茌平) 人。自幼拜同乡王彻为师，精研儒学，平日洁身自好，不趋炎附势，是时人所敬重的儒者。太宗端拱间《九经》及第，真宗时为龙图阁待制，仁宗时为龙图阁学士、礼部尚书，晚年以太子少傅致仕，卒赠左仆射。他曾奉钦命与邢昺、杜镐校理诸经。著有《经典徽言》、《五经节解》、《孟子音义》等书。

本书以赵岐《孟子章句》为本，亦采用了陆善经的部分说法，即所谓"以赵注为本，其不同者，时时兼取善经"①，是对《孟子》经文和赵岐《章指》的再次疏解。该书前有《序言》，对撰《正义》的原因、所依据的资料和疏解的方法做了专门介绍。正文删去赵岐《章指》原文，节略赵岐《章指》中的切要至论并入疏内，进行诠释，最大限度地保留了赵注原有的内容与特点，即所谓"有所要者，于事未尝敢弃之"②。此书虽然沿袭汉儒"重训诂轻义理"的注疏体例，但也比较注重对赵岐《章指》中的微言大义做诠释，对宋儒"以义解经"的治经方法产生了很大影响。

关于此书的作者，向来有孙奭自作和假托孙奭之作两种说法。前者如陈振孙《直斋书录解题》、马端临《文献通考》等；后者则如朱熹、王应麟、四库馆臣以及周中孚等。最早提出《孟子正义》是他人假托之作的是朱熹。他从此疏的作者、格式、疏解内容等三个角度考察，认为《孟子正义》是伪托之作。他说："《孟子疏》，乃邵武士人假作。蔡季通识其人。……其书全不似疏样，不曾解出名物制度，只绕缠赵岐之说耳。"③ 朱熹此说颇有道理，一是《崇文总目》、《馆阁书目》、《郡斋读书志》等宋代目录书，都没有孙奭作《孟子正义》的记载。二是本书在内容上不像疏的模样，考察《孟子正义》行文，确实存在朱熹所说"不曾解出名物制度，只缠绕赵岐之说"的弊病，如疏"周公相武王诛纣"为"周公乃辅相武王诛伐其纣"；把仅见于《左传》和《新序》的陈不瞻之事，错误地认为见载于《史记》等④。不过，朱彝尊认为："朱子谓《正义》是邵武士人所作。似有可疑，不若《音义》之真。"⑤ 值得关注。

---

① 朱彝尊：《经义考》卷二三三孙氏奭《孟子正义》按语。

② 周中孚：《郑堂读书记》，中华书局，1993 年。

③ 黎靖德编、王星贤校点：《朱子语类》卷一九《论语一·语孟纲领》。

④ 详参余嘉锡：《四库提要辨正》卷二，中华书局，1980 年，第 79 页。

⑤ 朱彝尊：《经义考》卷二三三"孙氏奭《孟子正义》"按语。

《孟子音义》今存，《四库全书》收录。《音义序》称“今既奉敕校定，仍据赵注为本”，说明《孟子音义》系奉诏校定完赵岐《孟子章句》后所作，且其所引材料是以“赵注”为本。经四库馆臣考察，《正义序》与《音义序》前半完全相同，只有后半稍有窜改，说明《正义序》乃因缘《音义序》改作；又考《音义》所引“赵注”有69条为《正义》本注文所无，说明伪本《正义》对赵注原文有所删改，今天保留在《正义》中的注文并不是赵岐原貌(详下《孟子音义》)，亦证《孟子音义》、《孟子正义》非出一人。

需要指出的是，关于朱熹指为伪托的观点，并非无懈可击，亦非铁证和力证，因为其“蔡季通识其人”“其书全不似疏样”的立论，本身仅是间接证据，并非朱熹本人的直接证据。陈澧即说：“伪孙疏甚有精善处，如公都子曰、告子曰章疏云云，形色天性章疏云云，此二段精善之至。”① 因此，《孟子正义》是否就是伪托之作，还有待进一步深究。

《孟子正义》在《孟子》学史上的重要地位是不能忽视的。作为目前所见于著录的北宋第一部《孟子》注本，它在南宋时即立于学官，是现在最早立于学官的《孟子》注本。加之体例比较完整，兼具汉唐旧注与宋、元新注的特点，所以明人在刊行《十三经注疏》时，所选即是这个本子而非朱熹《孟子集注》。

此书常见版本是中华书局影印的阮元校刻《十三经注疏》本。

汉学派《孟子》文献（包括辑佚），还有宋翔凤辑《孟子刘注》1卷，王仁俊辑《孟子刘中垒注》1卷，马国翰《孟子程氏章句》1卷（《玉函山房辑佚书》本)、《孟子高氏章句》1卷（《玉函山房辑佚书》本)、《綦毋氏孟子注》1卷(《玉函山房辑佚书》)，叶德辉《孟子刘熙注》1卷（《观古堂丛书》本)。

宋学派《孟子学》文献，主要是指宋人阐释《孟子》中义理的相关著作。宋代是我国文化学术蓬勃发展的高峰，其学术的主要特点是一反汉唐诸儒治经重章句训诂的学风，注重对经书义理的探求，宋代《孟子》学研究也是如此。宋代的《孟子》学研究主要有“尊孟派”和“疑孟派”，它们构成了宋代《孟子》学文献的主体，此外，还有以文学家苏辙《孟子解》、博学鸿儒王应麟《困学纪闻》等为代表的综合派。“尊孟派”是宋代孟子“升格运动”中的主力和功臣，他们极力推崇孟子在儒家道统中的重要地位，对孟子的“仁政”、“性命”、“心性”思想分别从政治、哲学和学理的高度做了深入探讨和全新诠释，产生了张载《孟子解》、朱熹《孟子章句集注》、张九成《孟子

① 陈澧：《东塾读书记》卷三，三联书店，1998年。

传》、蔡模《孟子集疏》等一系列重要的《孟子》学文献。

3.《孟子解》14卷，（宋）张载撰

张载《孟子解》，又名《横渠孟子解》。该书不注重训诂文字名物，强调以义理解读本经。作者融合《六经》，兼及《论语》、《大学》、《中庸》的核心思想，并借鉴佛家长于思辨的长处，通过对《孟子》逐章解说，发挥自己的哲学思想，重点阐发了孟子的王道、仁政、心性、礼乐等思想，建构了儒家新的理论体系。张载把人性分为“天地之性”和“气质之性”，弥补了《孟子》性善论的不足和缺失，在心性学史上具有突出贡献。他所提出的“民胞物与”、“心统性情”等命题，对完善儒家思想理论系统，构建宋儒义理之学的范畴体系贡献很大。

本书晁公武《郡斋读书志》、王应麟《玉海》均著录14卷，独马端临《文献通考》著录24卷，后散佚。今人林乐昌采辑张载解说《孟子》语，共得130余条①。

4.《孟子杂解》1卷，（宋）游酢撰

游酢的《孟子》学著作，分别有《孟子杂解》1卷、《孟子解义》14卷。游酢是二程“高足”，是“程门四先生”之一。二程倡导性命义理之学，表彰《四书》，推崇孟子及其书，对游酢影响较大。游酢《孟子杂解》重点是对孟子的心性问题进行了探讨。该书主要有三个特点：一是以义理解经典，善于“本其躬行心得之言以说经”，轻文字训诂；二是解经紧扣孟子的思想脉络来发挥义理，不师心自说；三是注重《孟子》与儒家其他经典的联系，如把“尽其心者”章放入《中庸》的“极高明而道中庸”的框架中解说。该书“以义解经”的做法，进一步发展了北宋“尊孟派”解说《孟子》的方法，并在二程与朱熹之间起到了承上启下的作用。

《孟子杂解》原书已经散佚，今《游定夫先生集》中还保存有“人皆有不仁人之心章”、“尽其心者章”等8章。

5.《南轩孟子说》7卷，（宋）张栻撰

张栻是南宋著名的理学家、哲学家和教育家，湖湘学派的主要代表和集大成者，与朱熹、吕祖谦被时人誉为“东南三贤”，在经学研究上成就卓著。《孟子说》最初撰于乾道四年（1168），几经修订，至乾道九年（1173）才成书，又称《南轩孟子说》、《孟子张宣公解》。该书共7卷，比较全面地反映了张栻的理学思想，是张栻理学著作中的代表作。作者重点对孟子王霸、义利

① 林乐昌：《张载佚书孟子说辑考》，载《中国哲学史》2003年第4期。

之辨、仁说和人性论进行探讨，尤其以王霸、义利之辨最为精当。他说："学者潜心孔孟，必得其门而入。愚以为莫先于义利之辨。"① 认为这是明"道"的入门、为"学"的第一要义。从明"道"、为"学"方面进一步强调明义利之辨的重要性，是张栻对宋代理学思想的创造性发挥，也是其理学思想的重要特点。该书在对《孟子》义理进行串讲时，特别注重发挥自己的见解和观点，反映了宋儒治经的基本特点。在阐释义理时，作者还对书中的个别文字做了训诂，对读者理解《孟子》原义，研究其思想，均有较大的参考价值。

此书主要版本有《通志堂经解》本、《四库全书》本，杨世文、王蓉贵校点《张栻全集》本等。

6.《尊孟辨》6卷，(宋）余允文撰

余允文（生卒年不详），南宋建安（今福建建瓯）人。高宗时或曾在朝廷做官，其生平事迹不详。据清四库馆臣考证，朱熹有《与刘共父书》，称允文干预宋家产业，出言不逊，认为允文亦是"武断于乡里者，其人品殊不足重"②。南宋初年，高宗以孟子发挥王道，提倡"尊孟"。余允文于是著《尊孟辨》，与"非孟派"司马光、李觏、郑厚辩难，编为5卷。还对王充《论衡·刺孟》、苏轼《论语说》中与《孟子》观点不同者加以辩驳，编为2卷。该书著于"孟子升格运动"的关键时期，为驳斥"非孟派"的攻击，维护孟子儒家正统地位产生了积极作用，由此得到了朱熹的肯定，并为之辨订误谬，作有小"序"。

《尊孟辨》前3卷，对司马光《疑孟》、李觏《常语》、郑厚《艺圃折衷》的观点逐一批驳；第4、5卷《尊孟续辨》对王充《论衡·刺孟》、苏轼《论语说》中批驳孟子的言论进行辩论；第6卷《原孟》，表达了他对孟子思想行为的推崇，共有上、中、下3篇文章。该书采用先立后驳的方式，先引批评者的批评材料，然后站在维护道统和宣扬孟子思想的角度，逐条进行批驳，语言直白平和，论证有理有据，是驳斥"非孟"学派著作中的著名代表。该书在反驳"非孟"学派观点时，系统地汇集并保存了这些作者的"非孟"材料，为后世研究"非孟"学派提供了材料。如李觏《常语》批评孟子甚励，但今天保留在《盱江集》中的《常语》仅载"仲尼之徒无道桓文之事"、"伊尹废太甲"、"周公封鲁"3条，《尊孟辨》所引却达17条之多，为研究李觏

---

① 张栻：《孟子讲义序》，《张南轩集》卷三，杨世文、王蓉贵《张栻全集》本，长春出版社，1999年。

② 永瑢等：《四库全书总目》卷三五《尊孟辨》提要。

思想保留了更多的资料。

该书最早见于陈振孙《直斋书录解题》著录，原本7卷。至明代已无完本，今传6卷系四库馆臣从《永乐大典》中辑出，与朱熹《读余氏尊孟辨说》合编，收入《四库全书》中。又有《丛书集成初编》本。

7.《孟子集注》14卷，(宋) 朱熹撰

朱熹继承发扬了二程的理学道统，是宋代理学的集大成者。他极尽平生之精力，研究《四书》，撰成《四书章句集注》，《孟子集注》就是其中的一种。

李性传说朱熹研究《四书》，"覃思最久，训释最精，明道传世，无复余蕴"①。《孟子集注》是他在充分吸取前人成果的基础上，经过反复修改、提炼而成书的。此书非常重视对孟子"心性"与"义理"思想的阐释发挥，也强调对文字音义的训释，力求做到经文本义与义理经解的结合。《孟子集注》既是他对二程倡导的《四书》之学的一个历史总结，也是程朱学派《四书》体系的核心；既代表了朱熹研究孟子的最高学术成就，也代表了宋代理学研究孟子的最高水平。朱熹把《大学》、《论语》、《孟子》、《中庸》合成《四书》，建立起儒家道统的传递顺序，凸现了儒家"心性"之学的发展脉络和思想精粹，使《孟子》迈入了经典的行列。伴随《四书集注》在元仁宗皇庆二年（1313）成为科举取士命题的定本，《孟子》亦成为此后七百年间中国读书人必须精研的经典。通过朱熹后学蔡模对《孟子集注》观点的再总结和推延，金履祥对《孟子集注》的修补完善，《孟子》作为儒家经典的地位变得更加巩固，更有权威性和说服力了。朱子另有《孟子精义》、《孟子或问》，可参看。

是书有多种版本，目前以中华书局标点《四书章句集注》本最为流行。

8.《孟子传》29卷，(宋) 张九成撰

张九成（1092—1159），字子韶，号横浦居士，又号无垢居士，杭州钱塘（今浙江杭州）人。宋绍兴二年（1132）状元，历任镇东军签判、著作郎、宗正少卿、权礼部侍郎兼侍讲。因忤秦桧，曾谪居南安军，卒赠太师，谥文忠，事迹具见《宋史》本传。《宋史·艺文志》载其《孟子拾遗》1卷，《文献通考》载其《孟子解》14卷，《经义考》注云"未见"。

张九成是南宋著名的理学家，他是二程弟子杨时的学生，其思想体系与二程理学体系大体一致，特别注重对心性的发挥。张九成《孟子传》29卷，

① 李性传：《饶州刊朱子语续录后序》，载黎靖德编、王星贤校点：《朱子语类》卷首《朱熹与朱子语类》。

虽名《孟子传》，实际上是一部“孟子解”。《孟子传》针对“刺孟”派冯休、李觏、司马光、郑厚等人的“非孟”观点，“故特发明于义利、经权之辨，著孟子尊王贱霸有大功，拨乱反正有大用”①。可见，该书是从正面出发，阐发孟子的仁义、心性、义利等思想，反驳“非孟”学派观点的。如提出“心即理，理即心”，“内而一念，外而万物”，“微而万物，皆会归于此，出入于此”等命题，对孟子心性学向主观唯心主义方向的发展具有重要影响。本书有关《孟子》心性、仁政的论断，虽然不能尽解孟子本意，但还是比较切近事理的。此书每一章作解一篇，各篇之间相对独立，其文曲折纵横，要在阐扬文章宏旨，而不在于“笺诂”其文句。

此书版本主要有《四库全书》本、《四部丛刊》本。

9.《孟子集疏》14卷，(宋) 蔡模撰

蔡模 (1188—1246)，字仲觉，号觉轩，建安（今福建建瓯）人。蔡元定之孙，蔡沈之子，朱熹再传弟子，精研程朱性理之学，曾任建安书院山长，后被举荐补本州教授。《宋元学案》卷六七有传，赵顺孙《四书纂疏》中亦有记载。蔡模著有《大学演说》、《论语集疏》、《孟子集疏》等书。今唯《孟子集疏》流传后世。

该书共14卷，本是蔡沈“未及编次”的遗作，后经蔡模与弟蔡杭编辑成书。书后所附蔡杭《后序》，对此做了说明。《孟子集疏》在综合朱熹《孟子或问》、《孟子集义》等观点基础上，吸收张栻、吕祖谦以及朱熹门人高第的观点，并加上作者自己的评论而成。可以看成是对朱熹《孟子集注》所作的疏。此书先列朱熹《孟子集注》原文，再附以诸说和作者的评论，旨在阐发《孟子集注》的意蕴，推广其余说。该书在对朱熹《孟子集注》做进一步的阐释和佐证时，表明了自己不同的见解。可以看作是对朱熹《孟子集注》的再补订和推衍，并对巩固孟子及其书的崇高地位具有积极的推动作用。正如蔡杭《后序》中评价时所言：“故观《集疏》者，《集注》之意易见；观《集注》者，《论》、《孟》之指益明。”② 肯定是书在解释补充朱熹《孟子集注》等书中的重要参考作用。

该书常见版本有《四库全书》本、《通志堂经解》本。

10.《孟子集注考证》7卷，(宋) 金履祥撰

金履祥是朱熹理学的重要传人，继吕祖谦后，他同何基、王柏、许谦一

① 永瑢等：《四库全书总目》卷三五《孟子解》提要。

② 朱彝尊：《经义考》卷二三五《孟子五》。

道，发展了“浙东学派”的思想观点，为一代名儒。《孟子集注考证》7卷，其主要内容与价值，《四库全书总目》对此有所说明，云：“盖《集注》以发明理道为主，于此类（事迹典故）率沿袭旧文，未遑详核。故履祥拾遗补缺、以弥缝其隙。”① 可见，本书主要对朱熹《孟子集注》进行考证“未遑详核”的事迹典故做了修订补缺，是为丰富完善朱熹《孟子集注》而作。从实际内容考察，本书重在对《孟子集注》中的某些疑难问题进行疏证，并阐述了一些不同于朱熹的见解，故自云该书“不无微牾”。该书采用《经典释文》的体例，对《孟子集注》中的“未定之说，但折衷归一。于事迹典故，考订尤多”，弥补了《孟子集注》中的不少缺陷和不足。金履祥在疏证时，始终坚持自己的观点，“不苟异，亦不苟同”，保证该书具有独立性和创新性，对发挥《孟子集注》的意蕴具有积极作用。

此书常见版本有《四库全书》本、《金华丛书》本。

“尊孟派”《孟子》学文献，著名的还有胡宏《释疑孟》（《四部丛刊》本）、施德操《孟子发题》1卷、吕祖谦《东莱孟子说》2卷（《雍州古婺敬胜堂》刊本）、朱熹《孟子精义》14卷（《朱子遗书》本）、朱熹《孟子要略》5卷（《丛书集成初编》本）、朱熹《孟子或问》14卷（吕晚邨宝诰堂原本）、真德秀《孟子集编》14卷（《通志堂经解》本）。

受宋代疑古思潮的影响，以司马光、李觏、郑厚和叶適为代表的“疑孟派”，分别从政治和学术的角度出发，对孟子其人其书进行批判，对“尊孟派”的观点质疑指责，从而成为促进《孟子》学文献增加的另一股力量。

11.《疑孟》2卷，（宋）司马光撰

宋神宗时，司马光与王安石政见相左。他从理论角度出发，认为《孟子》中有非议孟子的言论，固就此著《疑孟》11篇。通过《疑孟》一书，作者对《孟子》中“伯夷隘，柳下惠不恭”、“陈仲子避兄离母”、“生之谓性”等11个有关“性、命”的内容，逐一进行批驳，以质疑宋代“尊孟派”学者对《孟子》中有关性命、仁政发挥阐释的合理性与可靠性，从而阐发自己对孟子思想的认识和理解。该书既是宋代“疑经思潮”与“尊孟派”在思想上交锋的产物，也是与王安石不同政见的产物。所以，《四库全书总目》评价说：“宋尊孟子，始王安石，元祐诸人务与作难。故司马光《疑孟》，晁说之《诋孟》作焉。非攻孟子，攻安石也。”② 可谓至论。

---

① 永瑢等：《四库全书总目》卷三五《孟子集注考证》提要。

② 永瑢等：《四库全书总目》卷三五《孟子音义》提要的“案语”。

此书版本主要有《说郛》本、《四库珍本初集》本等。

12.《孟子节文》7 卷，(明) 刘三吾节选

由于明太祖认为《孟子》中的“土芥”、“寇雠”等语，不是人臣对君臣关系所应该说的，于是下诏罢免孟子的配享地位，遭到了朝臣钱唐等人的强烈反对。刘三吾遂上言：“《孟子》一书中间，词气抑扬太过，请节去八十五条”，并要求对删去的部分“课士不以命题，科举不以取士。其余存者，颁之学官”。[①]明太祖同意了他的奏言，命令他作《孟子节文》。此书删去《孟子》“民为贵，社稷次之，君为轻”等语 85 条后，使该书仅存 175 条。书首载有刘三吾的题解。这是统治者对《孟子》内容的第一次删改，所删改的内容是朱元璋认为不利于君主专制统治的部分。但这并不意味着否定《孟子》在儒家道统中的地位和功绩。

此书《四库全书》未予收录，主要版本有《续修四库全书》本、《丛书集成续编》本。

“疑孟派”《孟子》学文献（包括辑佚）主要还有：李觏《常语》（《丛书集成初编》本)、郑厚《艺圃折衷》（《丛书集成初编》本)、晁说之《诋孟》（《四库全书》本)、邵博《疑孟》（《邵氏闻见后录》）等。

宋学类《孟子》学文献除“尊孟派”和“疑孟派”的《孟子》学文献外，还有态度比较平和，立场比较客观，具有综合类性质的《孟子》学文献，如苏辙《孟子解》、王应麟《困学纪闻·孟子》等。

13.《孟子解》1 卷，(宋) 苏辙撰

《孟子解》1 卷，是苏辙少年时读《孟子》的心得体会，共 24 章。每章论述一个问题，独自成篇。作者站在客观的角度，发挥孟子的仁义、义利等思想，观点新颖，颇多创建。为此《四库全书总目》评价说：“一章谓圣人躬行仁义而利存，非以为利……立义皆醇正不支。二十章以《周官》‘八议’驳窃负而逃，二十三章以司马懿、杨坚得天下，言仁不必论得失，亦自有所见。”[②] 肯定作者在有关仁义思想上的独到见解。此书还对《孟子》中关于性善、仁义等思想的论述提出批评。如第十二章、十三章、十四章，“以孔子之论性难孟子之论性”，抓住孟子性善论的内在矛盾，逐一加以批驳，立论精巧，观点新鲜，颇有说服力。该书对深入研究孟子性善论等思想具有参考价值。

该书版本主要有明代刊刻的《论语拾遗》和《孟子解》的合刻本、《两苏

① 朱彝尊：《经义考》卷二三五《孟子五》。

② 永瑢等：《四库全书总目》卷三五《孟子解》提要。

经解》本等。

14.《困学纪闻·孟子》1卷，（宋）王应麟撰

王应麟为学宗朱熹，涉猎经史百家、天文地理，熟悉掌故制度，长于考证，著有《困学纪闻》、《玉海》、《诗地理考》、《汉艺文志考证》等。王应麟诸作尤以《困学纪闻》考订最为精详，为后世学者所重。《困学纪闻》是著名的笔记杂考之作，内容非常广博。该书第8卷是有关《孟子》的笔记，其中载录王应麟的笔记74条。这些材料分为史实考证、材料补充、义理方面的心得体会和词义文字辨析四类。在材料的补充和考证方面，作者用力很勤，见解精到，有关义理的心得体会，既不同于"尊孟派"学者的过分推崇，也不似"非孟"派学者的诋毁，持论客观公允。此外，作者还对《孟子》旧注中存在的错误，进行了订正，为研究《孟子》提供了可资借鉴的资料。

此书版本主要有《四库全书》本、《四明丛书》本、《四部丛刊三编》本、《四部备要》本、中华书局标点本、《新世纪万有文库》本。

15.《孟子杂记》4卷，（明）陈士元撰

陈士元以唐刘轲《翼孟》、宋陆筠《翼孟》不传于后世，而薛应旂《四书人物考》对孟子生平事迹的考证亦舛漏颇多，于是博览群书，搜讨"义涉"《孟子》7篇内容的部分，汇辑成《孟子杂记》。本书第1卷叙述孟子事迹，分为系源、邑里、受业、生卒等7篇，后3卷旨在发明孟子言论，分为稽书、汇诗、揆礼、评辞等13目。虽称传记，实则经解居多，既非类书，亦非传记，所以自称为《杂集》。尽管该书存在纰缪，但不失为一部较有参考价值的《孟子》学著作。《四库全书总目》评价说："其所援引亦皆谨严有体，不为泛滥之危言……。与所作《论语类考》均为有裨于经义。"① 《孟子杂记》在广泛收集资料的基础上，对《孟子》学研究中存在的相关问题做了较为详细的考证和注释，这在"惟程朱之学是图"的明代，可谓难能可贵。

此书版本有《四库全书》本、《丛书集成初编》本等。

清代是《孟子》学研究的大转型时期，是《孟子》学研究的大总结阶段，也是古代《孟子》学发展史上的最后高峰。主要表现在学派林立、异彩纷呈、大师辈出、著述繁富、成就斐然等五个方面。清初博大恢弘的经世实学、乾嘉考据学的鼎盛与衰微、今文经学的复兴与晚清汉宋学术的调和等局面，形成了清代《孟子》学研究考据与义理阐释并盛，辑佚与校勘成就突出，以及注重专题研究的特点。《孟子》学文献据此也相应地呈现出经世致用派、考据

① 永瑢等：《四库全书总目》卷三六《孟子杂记》提要。

派和今文经学派等派别。

清代学人对宋明理学末流空谈误国做了深入痛切的反思，彻底抛弃了其空疏、虚妄的治学方式，对《孟子》等儒家经典和思想进行了重新阐释，开启清儒经世致用的治学风气。其主要特点在于全面批驳甚至否定程朱理学，把学术研究与关注社会现实结合在一起，是谓清代《孟子》学研究中的经世义理派。主要代表有黄宗羲《孟子师说》，戴震《孟子字义疏证》等。

16.《孟子师说》2卷，（明）黄宗羲撰

《孟子师说》2卷，黄宗羲因其师刘宗周于《四书》诸解独缺《孟子》而作，故述其平日所闻，著为《孟子师说》2卷，以补刘宗周《四书》之缺。《清史列传》评价《孟子师说》说："其书阐发孟子的良知之旨，推究事理，不为空疏无用之谈，亦不尽主姚江之说。"① 指出该书重在阐释孟子义理思想的特点。此书秉承刘氏的"理气"学说，用"理为气之理，无气则无理"的观点，借此对程朱"理在气先"之说进行猛烈批判。此书的特点在于借阐释孟子学说之名，实则行批判宋明理学之实，开启了《孟子》学史研究的新形式。此书"天下之理皆非心外之物"的论断，还从治学的理论高度否定了宋明以来的空疏、颓废学风，对清代朴学之风的兴盛具有推动作用。

此书主要版本有《续修四库全书》本。

17.《孟子字义疏证》3卷，（清）戴震撰

戴震学问渊博，识断精审，尤其擅长文字、音韵、训诂之学。他认为宋儒所言性理、道体、诚明、仁义，根本不是《六经》与孔、孟的本意，因此，他通过疏解《孟子》阐发自己的思想。在《孟子字义疏证》里，他表达了对宋明以来一直推崇的程朱义理之学的强烈不满。指出"形而上"的"道"与"形而下"的"器"，两者没有本质的区别，不能将它们截然分开，以驳斥程朱的"道"、"器"二元论。坚持"理"、"欲"是互相统一的，否定程朱所谓在"人欲"与"天理"之间，人们应该去除"人欲"以存所谓的"天理"的论调。他说："人死于法，犹可怜也；死于理，其谁怜之？"对"天理"的杀人"本质"，予以猛烈抨击和批判，对朴实学风的形成产生了较大影响。如段玉裁、王引之父子等人，推崇并接受他的这些思想后，毕生致力于文字、音韵等朴学研究，避谈程朱义理之学，在考据学上取得了非凡成就。

清代著名的义理类《孟子》学文献主要还有：金人瑞《释孟子》1卷、王又朴《读孟》15卷、王训《七篇指略》7卷、汪有光《标孟》7卷、孙肇

---

① 《清史列传》卷六八，中华书局，1987年。

兴《删补孟子约说》2 卷、范尔梅《孟子札记》1 卷、赵承谟《孟子文评》、翁方纲《孟子附记》2 卷、施彦士《读孟质疑》2 卷、丁大椿《孟子讲义》4 卷、董锡嘏《孟子集注指要》2 卷、单为鏓《孟子述义》2 卷、姜郁松《孟子说》7 卷等。

清朝统治者施行文化高压和专制政策，使清代士人不敢再谈论时事和政治，从而不得不转入以训诂、考据为主的治学之路。因此，理学的衰微与考据之学的兴盛一并构成了清代学术的主要特点。清代考据类《孟子》学文献成就远超前代，产生了一批高水平的研究著作，如对孟子本人的事迹做系统考证的阎若璩《孟子生卒年月考》、周广业《孟子四考》、崔述《孟子事实考》，以及具有集大成性质的焦循《孟子正义》等，都是作者殚思竭虑、搜讨经史、涉猎子流的精心之作，是清代《孟子》研究的主流，反映了乾嘉《孟子》学文献研究广博朴实的特点，代表了乾嘉《孟子》学研究的新成就。

18.《孟子生卒年月考》1 卷，（清）阎若璩撰

阎若璩是清代考据学发轫之初的著名代表，平生长于考据，代表著作《尚书古文疏证》，考订《古文尚书》乃后人伪作，在学界影响巨大。他的《孟子》学著作颇多，主要有《孟子生卒年月考》、《孟子考》、《四书释地考》、《四书释地续》等。《孟子生卒年月考》是清代考订孟子生平事迹最为精当的作品。作者在详实地收集资料基础上，“从《孟子》其书的内容入手，不为已有的某些说法所左右，不存先入之见”①，经过缜密的考订，对《孟子》学中争论最为激烈、最难下结论的三个问题给出了自已的解释。在《孟子生卒年月考》若璩《自述》中，他介绍了考订的依据、因由和结论。他说：“孔子生卒、出处、年月，具见《史记·孔子世家》，而《孟子》独略，于是说者纷纭。余尝以七篇为主，参以《史记》等书，然后历历可考。盖生为邹人，晚始游梁，续仕齐为卿。久之，归邹，又如宋，以乐正子故至鲁，终之滕。……卒当在赧王之世。卒后，书为门人所叙定。”② 经过他的考订，在孟子游历的顺序问题上，否定了司马迁的说法；对孟子去世的时间和《孟子》的作者，做出了新的解释。该书考据详实，态度严谨，资料充分，见解独到，不少结论为学界所公认，是清代较早出现的致力于考证孟子生平事迹的重要著作。

此书《经义考》、《贩书偶记》著录，版本主要有有嘉庆癸亥桐阴书屋刊本。

---

① 董洪利：《孟子研究》，江苏古籍出版社，第 334 页。

② 阎若璩：《四书释地三续》卷下，文渊阁《四库全书》本。

19.《孟子四考》4卷，（清）周广业撰

周广业（1730—1798），字勤圃，号耕崖，又号堇园、蓬庐、廑圃等，浙江海宁人。周春从子，乾隆四十八年（1783）举人。周广业精研儒家经典，善于校勘，长于论史，参与编纂《四库全书》的名流学者，多争相聘任他担任校勘，后主讲安徽广德书院，兼修州志。著有《蓬庐文钞》、《广德州志》等。

《孟子四考》4卷，分为逸文考、异本考、古注考、出处时地考四部分。每考一卷，作者都要把《孟子》逸文、本文、孟子生平事迹和出处时地资料汇聚在一起，通过对这些材料的分析比较，做系统的梳理考订。该书不仅资料翔实，考证精详，而且持论公允，见解独到，结论也比较可靠。如《孟子逸文》搜罗《孟子》逸文59条，按照所采各书先后顺序，在编次成卷基础上，逐一详加考订，类目清楚，识断准确，颇有学术价值。为此，江瀚评价该书说："不惟集逸文，俱在甄别，异本古注，亦皆明审，而于出处时地，稽考尤详。"① 充分肯定该书的学术成就与价值。

此书主要版本有《皇清经解续编》本。

20.《孟子正义》30卷，（清）焦循撰

焦循是清代著名的学者，经史、历算、声训，无所不通，尤长于研治儒家经典。焦氏本人非常推崇《孟子》，鉴于"伪疏踳驳乖舛，文义鄙俚，未能发明其万一"②，故决定为之重纂《正义》，以恢复《孟子》思想的本真，延续儒家道统的正脉，使周、孔之意得以流芳千古。他先与儿子廷琥博采顾炎武以下60多家不同的说法，嘉庆二十年纂成长编14帙，然后对孟子本人的思想及诸家对此的理解，在综合汇集的同时，给出自己的断识，嘉庆二十四年撰著《孟子正义》30卷，70余万言。该书虽然是为赵岐《孟子章句》作疏，但并非人云亦云，囿于赵说之作可比。该书仿照《毛诗正义》的体例，以讲章的形式来阐述自己的见解。对赵注中佶屈聱牙的词语，不做具体解析，仅注明出处；对赵注有问题或者错误的地方，则打破"疏不破注"的惯例，在注释中予以驳正。《孟子正义》详于文字训诂，但对仁义、道德、性命之说，亦不乏精微之见解。在汇集诸家成果的基础上再进行综合研究，慎下结论，因此得出的结论是比较可信的。该书涉及《孟子》研究的范围比较广，

① 中国科学院图书馆整理：《续修四库全书总目提要·经部》下册《孟子四考》提要。

② 焦循：《孟子正义》"序"，见焦循《孟子正义》，中华书局，1987年。

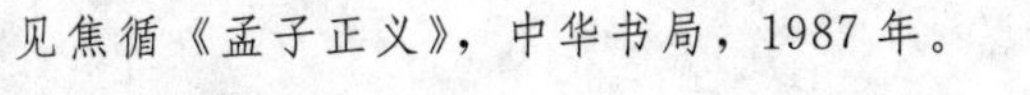

立论坚实，疏解比较明晰、深刻。为此，梁启超评价说：《孟子正义》“实在后此新疏家模范作品，价值是永远不朽的”①。《孟子正义》既是历代《孟子》学研究方面的集大成之作，也代表了清人治《孟子》的最高成就，与赵岐《孟子章句》、朱熹《孟子章句集注》同为《孟子》学史上的扛鼎之作，在《孟子》学史上占有突出的地位。

此书主要有《皇清经解》本、《续修四库全书》本、中华书局标点本等。

21.《孟子赵注补正》6卷，（清）宋翔凤撰

宋翔凤通名物训诂，志在西汉家法，是清代常州今文经学的奠基者之一。《孟子赵注补正》在补正赵岐《孟子章句》的缺陷与不足的基础上，广采众说，多所发明。在引用众人之说时，态度相当严谨，对清代学者顾炎武、黄宗羲、阎若璩、王念孙父子等数家的观点，基本持赞成态度；而对《圣证论》、《孔丛子》之说，则择取谨慎。内容或者发明字义训诂，或者明辨音律，或者订正失误，涉及的范围较广。考据严密精审，保存了前人的大量研究成果。

此书版本主要有《皇清经解续编》本、《广雅书局丛书》本等。

清代著名的考据类《孟子》学文献主要还有：朱彝尊《孟子弟子考》1卷、翟灏《孟子考异》、任兆麟《孟子时事略》1卷（《槐庐丛书》本）、陈宝泉《孟子时事考徵》4卷、崔述《孟子事实录》、赵大镛《论孟考证辑要》2卷、狄子奇《孟子质疑》14卷、臧庸《孟子编年略》1卷、刘宝楠《论孟集注附考》2卷、桂文灿《孟子赵注考证》1卷、罗泽南《读孟子劄记》2卷。

自庄存与、刘逢禄等人开创常州学派，复兴今文经学以来，经龚自珍、魏源的推扬，到康有为时，已达到了顶点。康有为著《孟子微》，借助今文经学主张变易的观点，以及“三统”、“三世”说，对《孟子》思想从经世、济民、救世三个方面进行创造性的发挥，把它作为鼓吹变法维新的武器。

22.《孟子微》8卷，（清）康有为撰

《孟子微》8卷，篇首有自序，然后是总论，以揭示本书主旨要领。该书把《孟子》7篇内容，分为性命、心身、仁义等17条，分类分篇阐释其微言大义。尤其对孟子心性、仁义思想的阐释，见解相当深刻，赋予了孟子思想全新的内涵。为此，有研究者评价说：“仁不仁篇，发明孟子恶战之旨，至以‘善战者服上刑’，而归之于‘不嗜杀人者能一天下’。此其理亘古今横东西而不可易。”② 该书从经世、救世和济民的社会现实需要出发，采用“儒表西

---

① 梁启超：《中国近三百年学术史》，东方出版社，1996年，第220页。

② 中国科学院图书馆整理：《续修四库全书总目提要·经部》下册《孟子微》提要。

里”的方法，以孔孟权威来论证维新变法理论的合理性，以西方民主思想解说孟子思想，提出实现“仁爱亲亲”、“独立平等”、“民主民权”、“公举共政”的“大同”社会构想，把孟子思想拓展到全新的研究领域与层面，这在孟子学史上无疑是又一重要创举。

该书主要版本有光绪二十七年刊本、中华书局1987年标点本。

（三）音义类

音义类《孟子》文献是指对《孟子》中的字、词、音义等进行释读研究的文献，它也是构成《孟子》文献的主体。汉代赵岐为《孟子》作章句时，对部分字的音义做了训释，但不够全面。唐人张镒、丁公著曾对赵岐《孟子章句》中的“漏略伪谬”做过刊正。宋代孙奭等人著《孟子音义》，对《孟子》中的字词音义再次做了系统的整理研究，成就显著，在《孟子》音义类文献中占据重要地位。元明时期《孟子》研究注重义理研究，其音义类文献较少。清代乾嘉考据之学大兴，不少学者对《孟子》中的字、词、音义做了大量研究，代表作有蒋仁荣《孟子音义考证》、王振声《孟子音义校记》、缪荃孙《孟子音义札记》等。

1.《孟子音义》2卷，（宋）孙奭撰

孙奭曾与王旭等奉诏校订赵岐《孟子注》，孙奭在《孟子音义》“序”里曾说：“绍六经之教者，莫尚乎《孟子》。自昔仲尼既没，战国初兴……惟孟子挺名世之才，秉先觉之志，拔邪树正，高行厉辞，导王化之源……致仲尼之教独尊于千古。”① 对孟子其人其书做了很高的评价。孙奭校订赵注，“仍据赵注为本，惟是音释宜在讨论”，肯定了该书研究的重点不在解释章句，而在于训诂文字音义。在训诂音义时，还对张镒《孟子音义》、丁公著《孟子手音》书中的“漏伪”予以刊正。释义时，以赵注为本，遇到与赵注不同者，则兼取陆善经之说。孙奭校理赵岐《孟子注》的总原则是：“推究笔者，参考旧注，采诸儒之善，削异说之烦，证以字书，质诸经训，疏其疑滞，备其缺遗，集成《音义》二卷。”此书《序言》的前半部分，与世传由他所著的《孟子正义》的序言相同。此书虽声称“一遵赵注”，而实际上与传本不同的地方却有70处之多。该书的功绩，不仅再次证明了赵岐《孟子注》的可靠性，还为后人训诂《孟子》的字义、读音提供了可靠的参考，是宋代《孟子》研究借以兴盛的重要基础。

《郡斋读书志》、《直斋书录解题》、《文献通考》、《宋史·艺文志》都著录

① 孙奭：《孟子音义序》，见朱彝尊《经义考》卷三三三《孟子三》。

有此书。主要版本有清初影宋抄本、清康熙间刻《通志堂经解》本等。

2.《孟子音义考证》2卷，（清）蒋仁荣撰

蒋仁荣（1819—1860），字修华，号杉亭，浙江海宁人。工诗，曾与李善兰等组织“鸳湖吟社”。后又师事长洲陈硕甫，研习经学。著有《孟子音义考证》、《师经室诗文稿》等。

《孟子音义考证》2卷，主要对孙奭《孟子音义》中的字词音义进行考证和补充，较少涉及史实典故。《孟子音义》共有注文1208条，蒋仁荣对其中问题比较突出的269条进行了考订和补充。一是补充证据，二是纠正孙奭的错误，而以纠正错误为多。该书所作考订，均力求言之有据，不以孤证定是非。态度严谨，但也存在举证不精的问题。江瀚评价说：“是书虽以考订为主，未尽精确。如‘郑’下引谭贞默《孟子编年略》云‘《史记》本云孟子邹人，不云邹国人’。”① 指出该书中存在的不足。

本书主要有《皇清经解续编》本。

音义类《孟子》学文献（包括辑佚本）还有：唐张镒《孟子张氏音义》1卷（《玉函山房辑佚书》）、宋丁公著《孟子丁氏手音》1卷（《玉函山房辑佚书》）、清王振声《孟子音义校记》1卷（《王文村遗著》本）、缪荃孙《孟子音义札记》1卷等。

（四）专著类

“专著类”是指对孟子其人其书中的某一专门问题进行阐述的文献。它的发展与孟子地位升格有密切联系。汉代《孟子》属于子书，因此没有专著类《孟子》文献。自唐代以来，《孟子》专著类文献逐渐增多，到清代发展到最高峰。仅据今人刘瑾辉《清代孟子学研究》不完全统计，“清代《孟子》学专题研究就有著作114种”②。按其种类分，有辑佚、年谱、弟子、章指、篇叙、外书、辨赵（岐）、辨朱（熹）、综合和其他类等9种，涉及孟子生平事迹，《孟子》文本所包含的文字音义和义理，以及对此前研究者成就得失进行总结评价的著作，范围广大，研究全面而深入。代表作如张宗泰《孟子七篇诸国年表》、林春溥《孟子外书补证》、马国翰《玉函山房辑佚书》“孟子类”等。

1.《孟子七篇诸国年表》2卷，（清）张宗泰撰

张宗泰（1749—1832），字登封，号筠岩，江苏甘泉人。乾隆五十四年己

---

① 中国科学院图书馆整理：《续修四库全书总目提要·经部》下册，《孟子音义考证》提要。

② 刘瑾辉：《清代孟子学研究》，社会科学文献出版社，2007年，第35页。

酉（1789）拔贡，嘉庆十二年丁卯科（1807）举人，历任天长县、合肥县教谕。平生好为经史，著作有《质疑删存》、《周官礼经注正误》、《尔雅注疏本正误》、《旧唐书疏证》、《竹书纪年校补》、《孟子七篇诸国年表》等。

《孟子七篇诸国年表》2卷，主要考证孟子游历诸侯的年代、事迹以及有关的战国史实。全书编排独特，由“说”和“表”两部分组成。“说”分为十一部分，主要考证《孟子》涉及的梁、齐、秦、楚、邹等国的史实。“表”列十国，以见经先后为序，不因国之大小，将梁惠王、齐宣王等十个诸侯国列于一表，以各诸侯纪年相互参照，并以《竹书纪年》加以印证，考证了从梁惠王三十年（前341）到梁昭王十年（前286）之间共56年的各国有关史实。该书体例编排得体，“表”、“说”互相补充，引证资料丰富，独特见解。有研究者评价说：“是书就《孟子》七篇中，取有关涉诸国，分年隶事列一表。其以《竹书纪年》驳《史记》，极是。又谓孟子实三至齐，此说亦不为无因。但游梁之前即至齐，而未尝仕齐，与七篇始梁惠王者固不相妨。此亦确当不可易。”[①] 用“极是”、“不为无因”、“确当不可易”来评价张宗泰的独到见解，足见此书在学术上的成就之大。

该书主要有光绪年间积学斋刊本等。

2.《孟子外书补证》1卷，（清）林春溥撰

林春溥（1776—1863），字立源，号鉴塘，闽县（今福建福州）人。嘉庆七年（1802）进士，派习满文，钦取翻译第一名，授翰林院编修，充功臣馆纂修，兼校勘《实录》，后任国史馆纂修。参与修《嘉庆一统志》，博览群书，绝意仕途，主讲福州鳌峰书院19年。著有《竹柏山房丛书》15种、《孔子年表》、《十六国年表》、《经学渊源图》并诗文集若干。

《孟子外书》自赵岐疑为伪书而不为之注后，至宋代原书已经亡佚。明时，却又出现了标明宋熙时子所注、附录马廷鸾等人题记的《孟子外书》。由此引发了清人对明出《孟子外书》的争论，即明本是否伪托与宋熙时子古著的真伪问题。前者代表是翟灏。他在《四书考异》提出“八验三证”，证明是书乃明人姚士粦的伪作。后者代表是施彦士。他在《孟子外书集证》中指出，该《外书》乃熙时子旧作，并非伪书或者全伪。《孟子外书补证》1卷即是在这一情况下著成的。该书援引孟经国《孟子外书》、《孟子逸文》中的相关内容，以及诸书记载，校补明人姚士粦所传，吴骞、胡震亨所跋的《孟子外

① 中国科学院图书馆整理：《续修四库全书总目提要·经部》下册《孟子七篇诸国年表》提要。

书》。《孟子外书补证》共17章，卷首有自序，谓“古书之亡，后人以不见为恨。其出也，后人又以晚见为疑，深致慨叹”①，表达了他对晚出古书真伪的基本态度。书末附有孟经国书，以证《逸文》来历。又附录《孟子外书》考，反驳翟灏《四书考异》所举伪迹“八验”，一一为之辨正，颇有说服力。有研究者评价说：“最要者，谓三迁出妻等事出《外书》，而为韩婴、刘向所述；季孙公都子，《内篇》不见其名，今有季孙郊公都，或二人之名；公孙丑称丑子，亦犹匡章称章子，决非杜撰。”② 肯定了此书的学术价值。《孟子外书补证》汇集了清代吴骞、胡震亨、施彦士等的主要成就和观点，代表了清代《孟子外书》研究的主流。

此书主要版本有道光时竹柏山房刊本等。

3.《孟子郑氏注》1卷，(清) 马国翰辑

马国翰博览经史，是清代著名的学者、辑佚家和藏书家，其《玉函山房辑佚书》分经、史、诸子三编，700卷，共辑佚书594种。他把散见于其他著述中有关《孟子》研究的资料加以辑录、考订，辑有《孟子郑玄注》、《孟子刘熙注》、《逸孟子》等8种《孟子》汉唐古注，整理出许多宝贵的《孟子》学文献资料。

关于《孟子郑氏注》，史载并不一致。《汉书·郑玄传》中，没有关于郑玄作《孟子注》的记载，而《隋书·经籍志》却有“《孟子》七卷，郑玄注”等相关记载。《旧唐书·经籍志》、《新唐书·艺文志》记载与《隋书·经籍志》的记载相同。可见，郑氏确曾编过此书。但该书早佚，其他传记也没有征引，是书的思想内容如何，已经无从考索。马国翰有鉴于郑玄是汉代的大儒，经学成就斐然，于是就郑氏所著诸书中援引的《孟子》内容，以及概括孟子意义者，辑录成《孟子郑氏注》1卷。马国翰所辑录之书，虽已不是该书原本，但对校勘赵岐《孟子章句》异文，了解郑玄注的思想大意，是有帮助的。为此有研究者评价说：“虽非本书，但文字与今本异者，可准郑笺《诗》改字，及注《鲁论》以齐古读正之例而训释之，得诸他经注者，固无以殊于本经，使玄于《孟子》无注而有注，亦一奇也。”③ 肯定该书在校勘学上

---

① 中国科学院图书馆整理：《续修四库全书总目提要·经部》下册《孟子外书补证》提要。

② 中国科学院图书馆整理：《续修四库全书总目提要·经部》下册《孟子外书补证》提要。

③ 中国科学院图书馆整理：《续修四库全书总目提要·经部》下册《孟子郑氏注》提要。

的价值。

此书有《玉函山房辑佚书》本。

专著类《孟子》文献还有：题（宋）刘敛注、（清）吴骞校并跋《孟子外书四篇》4卷（《拜经楼丛书》本）、题（宋）刘敛注、（清）施彦士《孟子外书集证》5卷（《求己堂八种》）、孟经国《孟子外书》1卷以及《逸文》1卷（《闲道集》本）、曹之升《孟子年谱》4卷（《孙氏祠堂书目外编》本）、于鬯《孟子分章考》1卷（《于香草堂遗著丛集》）、刘曾騄《孟子人考》1卷（《祥符刘氏丛书》）等。

第十四章　群经总义文献

相对于“专经文献”而言，“群经总义”文献综合论说或解释诸经，往往在同一书中涉及两经以上甚至十三经的内容，其论说方式包括通论、通释、通考，或杂论、杂考、札记等等。

“六经”原本“旧史”，是先民关于天地万物和人伦社会认识和经验的总结，其中蕴涵有“先王之道”和“成败之迹”，有经验可循，也有教训可资借鉴，在孔子出生前83年晋国的赵衰就揭示说：“《诗》、《书》，义之府也；《礼》、《乐》，德之则也。德、义，利之本也。”一个人要想成就自己，就必须学好《礼》、《乐》、《诗》、《书》，当时晋大夫郤縠就是这样的人，赵衰说他“说《礼》《乐》而敦《诗》《书》”（《左传·僖公二十七年》），是位堪当大任的全才。不仅郤縠如此，周代的贵族学校也以《诗》、《书》、《礼》、《乐》为教材，《礼记·王制》：“乐正崇四术，立四教，顺先王《诗》、《书》、《礼》、《乐》以造士。”即其明证。

这些本为“先王之陈迹”的“旧史”，经过孔子“论次”、“修起”和“笔削”、“论赞”之后，其中的“仁义”思想和“德义”精神便得到了充分的凸显，“史”便升格为“经”了。“经”乃载“道”之书，也是明“理”之具，儒家提倡“六经”教育、“仁义”陶冶才成为可能。随着“六经”教育的普及，有关“六经”的综合认识和全面总结也在不断地加深，总论群经的文献也就随之产生了。

《史记·孔子世家》说：“孔子以《诗》《书》《礼》《乐》教，弟子盖三千焉，身通六艺者七十有二人。”“六艺”即“六经”，从孔子学习的有三千弟子，而能够兼通“六经”的只有七十二人，可见专经固然不易，兼通更是难乎其难。要对“六经”都有所论说，又非身通六艺兼熟诸经不可，因此相对于专经文献而言，群经文献产生较晚、数量也较少。汉儒徐防说：“《诗》

《书》《礼》《乐》，定自孔子，发明章句，始于子夏。”（《后汉书·徐防传》）历考载籍，子夏也只有专经的解释，而无群经的论说，可见精通群经，论说群经之不易。大致而言，先秦时期仅有片段语言论及“六经”，至西汉始有专篇文章讨论“六经”，迄乎东汉乃有专著评说“六经”。六朝以下，群经总义文献在形式和内容上都逐渐增多，两宋时期群经总义文献的各种形式基本定型，至于明清，群经总义文献乃达于极盛。

第一节　群经总义文献的源与流

一、群经总义的滥觞——先秦至汉初

关于《诗》、《书》、《礼》、《乐》性质和功能的概括性论述，在上引《左传》中已经出现，但是只论其中较早的四部，而没有讨论全部“六经”。因为《易》与《春秋》的经典化是孔子晚年的事情。因此对“六经”精神的系统叙述，必待孔子而后行。孔子之前无所谓“经”，六籍仍是“旧法世传之史”，所记无非“先王之陈迹”，孔子前虽有关于六籍的片段论述，还不能算作“经义”。只有在经过孔子删修、寄义之后，旧史升格为经典，也才有经义可求，故讲经学必自孔子始，群经总义文献也必自孔子始。

《史记·滑稽列传序》载：“孔子曰：‘六艺于治一也：《礼》以节人，《乐》以发和，《书》以道事，《诗》以达意，《易》以神化，《春秋》以义。’”意谓：《诗》是抒情文学，故重在情意表达；《书》是历史文献，故主于明事纪功；《礼》是制度设施，是人的行为规范；《乐》是音乐作品，能带来和谐快乐；《易》讲天地阴阳，故探讨变化的规律；《春秋》讲等级名分，故专长于道义原则。“六经”各司其职，各行其是，共同塑造“仁义”之士，共同促进天下和平与秩序。孔子的这段话可视为“六经”总义文献之滥觞。

《史记》文字虽然出于西汉时期，但所记内容却具有深厚的历史渊源。新出土郭店楚简《六德》就有孔子的类似言论：“观诸《诗》、《书》则亦在矣，观诸《礼》、《乐》则亦在矣，观诸《易》、《春秋》则亦在矣。”也将《诗》、《书》、《礼》、《乐》、《易》、《春秋》并举，并且对各经赋予了特定的内涵和主旨。《庄子·天下》篇载：“古之道术……其在于《诗》、《书》、《礼》、《乐》者，邹鲁之士、缙绅先生多能明之。《诗》以道志，《书》以道事，《礼》以道行，《乐》以道和，《易》以道阴阳，《春秋》以道名分。”正是对这一传统的

继承和引申。《庄子》将《诗》、《书》、《礼》、《乐》、《易》、《春秋》的主旨明确指定为"邹鲁之士"所"明"，其已脱离"旧史"而升格为儒家经典无疑，庄生关于"六经"的种种定义，无疑也是对现实中儒者对经学文献认识的迻录。

稍后，《荀子·儒效》也说："圣人也者，道之管也。天下之道，管是矣；百王之道，一是矣。故《诗》、《书》、《礼》、《乐》之归是矣。《诗》言是，其志也；《书》言是，其事也；《礼》言是，其行也；《乐》言是，其和也；《春秋》言是，其微也。"认为"六经"所言无非"道"，而又各言"道"的一侧面。

这些说法都与孔子的说法基本相同，都认为"六经"宗旨相同，是教人体认"道"、成为君子的教科书，但是各书内容各异，互有侧重，只有将诸种功能结合起来，才能共同塑造完美的"仁义"情怀和理想的"君子"人格。益证《史记》所载远有端绪。不过这些片段论述，都还只是命题式的，还缺乏具体的论证和解释。

《礼记》有一篇题名《经解》的文献，郑玄《礼记目录》说："《经解》者，以其记'六艺'政教得失。"① 似乎是解释"六经"教育功能的专篇文献。其开篇就说：

> 孔子曰：入其国，其教可知也。其为人也，温柔敦厚，《诗》教也；疏通知远，《书》教也；广博易良，《乐》教也；絜静精微，《易》教也；恭俭庄敬，《礼》教也；属辞比事，《春秋》教也。故《诗》之失愚，《书》之失诬，《乐》之失奢，《易》之失贼，《礼》之失烦，《春秋》之失乱。其为人也，温柔敦厚而不愚，则深于《诗》者也。疏通知远而不诬，则深于《书》者也。广博易良而不奢，则深于《乐》者也。絜静精微而不贼，则深于《易》者也。恭俭庄敬而不烦，则深于《礼》者也。属辞比事而不乱，则深于《春秋》者也。

这是目前我们在传世先秦文献中所发现的讨论"六经"功能最长的文字。它说《诗》教可以使人温柔敦厚而不愚昧；《书》教可以使人明白古事而不虚妄；《乐》教可以使人心胸开阔、心情愉快而不沉湎；《易》教可以使人思维精密而不欺妄；《礼》教可以使人举止适宜而不越份；《春秋》使人善于措辞叙事而不僭乱。将"六经"教育的育人功能和政教作用讲得非常明白而深刻。

---

① 郑玄《礼记目录》，陆德明《经典释文》卷一三《礼记音义》引，文渊阁《四库全书》本。

可惜《经解》在接下来的文字中，没有继续讨论“六经”功能原理，而只针对礼制问题进行了反复申说，对其他诸经则概行忽略，这篇《经解》并非六经概论的全文，可能是西汉戴圣在选编《礼记》时有所取舍。

秦汉之际，儒家经典又有“六艺”之称。汉儒沿着先秦儒者的路子，继续探讨“六经”亦即“六艺”的总体特征。陆贾《新书·六术》：“是故内法‘六法’，外体‘六行’，以与《诗》、《书》、《易》、《春秋》、《礼》、《乐》六者之术，以为大义，谓之‘六艺’。”司马谈“论六家之要指”也说：“儒者以‘六艺’为法。‘六艺’经、传以千万数。”（《史记·太史公自序》）董仲舒《春秋繁露·玉杯》说：“君子知在位者之不能以恶服人也，是故简‘六艺’以赡养之。《诗》、《书》序其志，《礼》、《乐》纯其美，《易》、《春秋》明其知。六学皆大而各有所长，《诗》道志，故长于质；《礼》制节，故长于文；《乐》咏德，故长于风；《书》著功，故长于事；《易》本天地，故长于数；《春秋》正是非，故长于治人。”司马迁曾师从董仲舒，其《太史公自序》也说：“《易》著天地、阴阳、四时、五行，故长于变；《礼》经纪人伦，故长于行；《书》记先王之事，故长于政；《诗》记山川溪谷、禽兽草木、牝牡雌雄，故长于风；《乐》乐所以立，故长于和；《春秋》辨是非，故长于治人。是故《礼》以节人，《乐》以发和，《书》以道事，《诗》以达意，《易》以道化，《春秋》以道义。拨乱世反之正，莫近于《春秋》。”都将孔子以教化服人、以经典教民的意图，阐述得淋漓尽致，充分揭示了儒家经典的教化作用和治世功能，将经学与政治结合起来了。

翼奉更进一步说：“臣闻之于师曰：天地设位，悬日月，布星辰，分阴阳，定四时，列五行，以视（示）圣人，名之曰道。圣人见道，然后知王治之象，故画州土，建君臣，立律历，陈成败，以视贤者，名之曰经。贤者见经，然后知人道之务，则《诗》、《书》、《易》、《春秋》、《礼》、《乐》是也。”（《汉书·翼奉传》）说“六经”是孔子用以载“道”的书，包括有天地之位、日月之行、阴阳之运、四时之规、五行之德等自然之道，也包括行政区划、君臣职守、声律历法和古今成败等王者之治，“六经”成了天道、地道和人道的总汇，人们要想了解天道，知晓人事，获得知识，提高执政能力，就非精研“六经”之文而莫属了！

二、群经总义的成熟——西汉后期

如果说此前有关“六经”的论述都还很片段，太过简略，还处于“群经概论”的萌芽状态的话，那么到了刘向、刘歆父子时，经学概论的专篇文献就正式产生了。刘氏父子整理群书，对诸经文献都进行过系统整理，并且对各经都加以提要介绍，也对各类文献加有序论和概述，这就促进了完整的群经概论的产生。

班固据刘歆《七略》改写而成的《汉书·艺文志》，每一略、每一类都有小序附于该类之后，这些小序原来都集中在一起，编为《七略》的序论《辑略》。其中《六艺略》就概述了"六经"的起源、功能及其流传状况，无疑已是一篇完整的"经学概论"了。

如《易类小序》说：

> 《易》曰："宓戏氏仰观象于天，俯观法于地，观鸟兽之文，与地之宜，近取诸身，远取诸物，于是始作八卦，以通神明之德，以类万物之情。"至于殷、周之际，纣在上位，逆天暴物，文王以诸侯顺命而行道，天人之占可得而效，于是重《易》六爻，作上、下篇。孔氏为之《彖》、《象》、《系辞》、《文言》、《序卦》之属十篇。故曰：'《易》道深矣，人更三圣，世历三古。'及秦燔书，而《易》为筮卜之事，传者不绝。汉兴，田（和）[何] 传之。讫于宣、元，有施、孟、梁丘、京氏列于学官，而民间有费、高二家之说。刘向以《中古文易经》校施、孟、梁丘经，或脱去"无咎"、"悔亡"，唯费氏经与古文同。

以上这段话，自"宓戏氏仰观"至"世历三古"讲《周易》的起源和形成：又分三步，伏羲仰观俯察，以画八卦；文王"重卦"，形成上下经，孔子作传，形成"十翼"，最终完成了"二经"、"十传"的《周易》。自"及秦燔书"至"费、高二家之说"讲《周易》的流传：秦氏焚书而不焚《易》，汉代传《易》形成施、孟、梁丘、京氏四家，皆立于学官；民间又传费氏、高氏二家，与中古文相同等。自"刘向以"云云以下，则讲《周易》的版本、异同及其整理。有本有末，有首有尾，这无疑是一篇完整的"《周易》概论"。

以下其他各经小序也是如此。如《尚书》的"小序"首先讲《书》的起源和编定："《易》曰：'河出图，洛出书，圣人则之。'故《书》之所起远矣，至孔子纂焉，上断于尧，下讫于秦，凡百篇，而为之序，言其作意。"既而讲《书》经秦火散佚和在汉代的重出及传授："秦燔书禁学，济南伏生独壁藏之。汉兴亡失，求得二十九篇，以教齐鲁之间。讫孝宣世，有《欧阳》、《大小夏侯氏》，立于学官。"接下来讲《古文尚书》的发现："《古文尚书》者，出孔子壁中。武帝末，鲁共王坏孔子宅，欲以广其宫，而得《古文尚书》及《礼记》、《论语》、《孝经》凡数十篇，皆古字也。共王往入其宅，闻鼓琴瑟钟磬之音，于是惧，乃止不坏。孔安国者，孔子后也。悉得其书，以考二十九篇，得多十六篇。安国［家］献之。遭巫蛊事，未列于学官。”最后讲汉代对《尚书》的整理和训释：“刘向以中古文校欧阳、大小夏侯三家经文，《酒诰》脱简一，《召诰》脱简二。率简二十五字者，脱亦二十五字；简二十二字者，脱亦二十二字，文字异者七百有余，脱字数十。”又讲《书》之性质和语言说：“《书》者，古之号令，号令于众，其言不立具，则听受施行者弗晓。古文读应尔雅，故解古今语而可知也。”

《诗经》的“小序”也是首述《诗经》之起源和形成：“《书》曰：‘诗言志，（哥）［歌］咏言。’故哀乐之心感，而（哥）［歌］咏之声发。诵其言谓之诗，咏其声谓之（哥）［歌］。故古有采诗之官，王者所以观风俗，知得失，自考正也。孔子纯取周诗，上采殷，下取鲁，凡三百五篇。”既而讲《诗》学的流传与衍变：“遭秦而全者，以其讽诵，不独在竹帛故也。汉兴，鲁申公为《诗》训故，而齐辕固、燕韩生皆为之传。或取《春秋》，采杂说，咸非其本义。与不得已，鲁最为近之。三家皆列于学官。又有毛公之学，自谓子夏所传，而河间献王好之，未得立。”

《礼类》的“小序”首曰：“《易》曰：‘有夫妇父子君臣上下，礼义有所错。’而帝王质文世有损益，至周曲为之防，事为之制，故曰：‘礼经三百，威仪三千。’”这里讲的是《礼经》起源于文明和政治的需要。接着说“及周之衰，诸侯将逾法度，恶其害已，皆灭去其籍，自孔子时而不具，至秦大坏。汉兴，鲁高堂生传《士礼》十七篇。讫孝宣世，后仓最明。戴德、戴圣、庆普皆其弟子，三家立于学官。”这是讲《礼经》从春秋、战国、秦朝到汉代的流传情况。“《礼古经》者，出于鲁淹中及孔氏，（学七十）［与十七］篇[①]文相似，多三十九篇。及《明堂阴阳》、《王史氏记》所见，多天子诸侯卿大夫之制，虽不能备，犹愈仓等推《士礼》而致于天子之说。”这是讲汉代古文《礼经》的发现及其大概内容。

《乐类》的“小序”首述《乐》的产生及其功能曰：“《易》曰：‘先王作乐崇德，殷荐之上帝，以享祖考。’故自黄帝下至三代，乐各有名。孔子曰：‘安上治民，莫善于礼；移风易俗，莫善于乐。’二者相与并行。”又讲《乐》从春秋至汉初的传承演变，以及《乐经》的丢失：“周衰俱坏，乐尤微眇，以音律为节，又为郑卫所乱，故无遗法。汉兴，制氏以雅乐声律，世在乐官，颇能纪其铿锵鼓舞，而不能言其义。六国之君，魏文侯最为好古，孝文时得

① 宋刘敞以为“学七十篇”当作“与十七篇”，且五十六卷除十七正好为三十九。刘氏所言有理。

其乐人窦公，献其书，乃《周官·大宗伯》之《大司乐》章也。”接着讲《乐记》的产生：“武帝时，河间献王好儒，与毛生等共采《周官》及诸子言乐事者，以作《乐记》。献八佾之舞，与制氏不相远。其内史丞王定传之，以授常山王禹。禹，成帝时为谒者，数言其义，献二十四卷记。刘向校书，得《乐记》二十三篇，与禹不同，其道寖以益微。”

《春秋》的“小序”则首述古代史官制度：“古之王者世有史官，君举必书，所以慎言行、昭法式也。左史记言，右史记事，事为《春秋》，言为《尚书》，帝王靡不同之。”接着讲《春秋》的产生和初传：“周室既微，载籍残缺，仲尼思存前圣之业，乃称曰：‘夏礼吾能言之，杞不足征也；殷礼吾能言之，宋不足征也。文献不足故也，足则吾能征之矣。’以鲁周公之国，礼文备物，史官有法，故与左丘明观其史记，据行事，仍人道，因兴以立功，就败以成罚，假日月以定历数，藉朝聘以正礼乐。有所褒讳贬损，不可书见，口授弟子。”再下来再讲“三传”的形成：“弟子退而异言。丘明恐弟子各安其意，以失其真，故论本事而作传，明夫子不以空言说经也。《春秋》所贬损大人当世君臣，有威权势力，其事实皆形于传。是以隐其书而不宣，所以免时难也。及末世口说流行，故有《公羊》、《穀梁》、《邹》、《夹》之传。四家之中，《公羊》、《穀梁》立于学官，《邹氏》无师，《夹氏》未有书。”

《论语》的“小序”说：“《论语》者，孔子应答弟子时人及弟子相与言而接闻于夫子之语也。当时弟子各有所记。夫子既卒，门人相与辑而论纂，故谓之《论语》。”讲明《论语》起源甚晰。又说：“汉兴，有齐、鲁之说。传《齐论》者，昌邑中尉王吉、少府宋畸、御史大夫贡禹、尚书令五鹿充宗、胶东庸生，唯王阳名家。传《鲁论语》者，常山都尉龚奋、长信少府夏侯胜、丞相韦贤、鲁扶卿、前将军萧望之、安昌侯张禹，皆名家。张氏最后而行于世。”此介绍《论语》流传甚明。

《孝经》的“小序”开篇即说《孝经》的创作：“《孝经》者，孔子为曾子陈孝道也。夫孝，天之经，地之义，民之行也。举大者言，故曰‘孝经’。”接着讲《孝经》的流传：“汉兴，长孙氏、博士江翁、少府后仓、谏大夫翼奉、安昌侯张禹传之，各自名家。”再讲各本异同：“经文皆同，唯孔氏壁中古文为异。‘父母生之，续莫大焉’、‘故亲生之膝下’，诸家说不安处，古文字读皆异。”特别突出了今、古文二本《孝经》的差异。

刘、班诸儒在分别讨论了“六经”（包括《论语》和《孝经》）的概况和流传后，还将“六经”作为一个整体，探讨了他们之间的关系及其哲学依据。《汉书·艺文志》在《六艺略》分叙中总结说：

"六艺"之文：《乐》以和神，仁之表也；《诗》以正言，义之用也；《礼》以明体，明者著见，故无训也；《书》以广听，知之术也；《春秋》以断事，信之符也。五者，盖五常之道，相须而备，而《易》为之原。

这里将"六经"与"五常"配搭起来，认为《乐》、《诗》、《礼》、《书》、《春秋》等五经，分别代表了仁、义、礼、智、信等五种教化，而《易经》则又为"五经"提供了哲学的支撑。《汉书·艺文志》将"六经"作为一个系统来看待，这既是对孔子以来各家关于"六经"认识的继承，也是汉儒提倡"五行"相生、重视"五常"之教思潮的反映。这不仅使"六经"各自功能更加明确，也使"六经"这些儒家经典体系得到系统展示。如果将《六艺略》诸序独立出来，无疑就是一篇首尾完备、系统天成、理论独具的"群经概论"了。

《汉书·艺文志》系据刘歆《七略》改编而成，《七略》又是奉皇帝之命编成，《汉书·艺文志》关于"六经"的评议，也就代表当时官方意见而得到广泛流行。后世史家也继承这一传统，凡是编有《艺文志》或《经籍志》的"正史"，都照例有"大序"、"分序"和"小序"，用来叙述他们对于"六经"的认识，同时也介绍各个时期"六经"的流传、研读乃至经学盛衰的历史。这是儒学发展衍变的真实记录，也是群经文献不断发展成熟的表现。

班固《汉书·儒林传序》说："古之儒者，博学乎'六艺'之文，'六(学)［艺］'者，王教之典籍，先圣所以明天道、正人伦、致至治之成法也。"从这番解释中不难看出，"六经"不仅是知识的府库、天道的记录，而且是伦理的教典、政治的法宝。儒家群经总义文献从萌芽到形成的过程，其实也是儒家经典地位不断得到提升、内涵不断得到深化、人们对它的认识不断加深的过程，当然也是儒家经典不断被圣化、神化的过程。我们可以借此来认识"六经"，也可以借此来观照经学历史，探究经学繁盛与政治盛衰之间的关系，甚至也可以借此来研究中华文明中的思想和文化。

三、群经总义专著的诞生与流行——东汉魏晋南北朝

群经总义的专著始于何时？文献记载颇多疑似之处。《旧唐书·经籍志》著录有《五经杂义》7卷、《五经通义》9卷、《五经要义》5卷，俱注明是"刘向撰"，似乎在西汉刘向时就已经有了群经总义专著的产生。王应麟说："刘向辨章旧闻，则有《五经通义》。"又说："诸经《通义》者，汉五经课试之学也。维汉以文立治，以经选士，鸿生传业，支蕃叶滋，阐绎道真，探索

圣缊，决科射策，则有‘通义’之目。”①

以上王应麟说，刘向考论先儒旧说，撰著《五经通义》，是应汉世以经学教士、选士，士人阐释经书道理，参加选举射策的需要而产生的。这种说法倒也合情合理。可是，据《汉书·艺文志·六艺略》“孝经类”所录《五经杂议》十八篇，班固自注是“石渠论”，说明该书是汉宣帝甘露二年（前52年）诏令诸儒讨论“五经”疑义于石渠阁时的产物。据《汉书》所载，当时五经博士都有参与，宣帝亲自临问，诸儒献议，萧望之、韦玄成等“平奏其议”。这次讨论的成果，属于专经的已编为各种专书，《汉书·艺文志》将其分别著录于各经目录之下，如“尚书类”有《议奏》四十二篇，“礼类”有《议奏》三十八篇，“春秋类”有《议奏》三十九篇，“论语类”有《议奏》十八篇，自注都说是“石渠论”。此外还于《孝经》类下著录《五经杂议》，其内容可能事涉“五经”，无法分割，所以汇集在一起，总题曰《五经杂议》。

徐天麟《西汉会要》汇录了参加石渠杂议的群儒姓名，多达15人，其中固然有刘向，但是并未说讨论成果由刘向负责整理；《汉书》也只说由萧望之、韦玄成“平奏其议”，未载刘向也在“平奏”之列。《五经通义》、《五经要义》在阮孝绪《七录》、《隋书·经籍志》中虽有著录，也都未注明作者，更没有说是刘向，不知《旧唐书》依据何书将它们都归于刘向名下？

王应麟说汉代经学因讲明义理的需要，促成了诸经通义文献的产生，有一定道理。不过汉儒多主今文，今文家主专经传授，恪遵师法，要撰著群经通义实不具备条件；欲撰诸经通义，必须兼修“六经”、心知其意，这就必须等待东汉古文经学大兴之后才有可能。

龚道耕尝云：“《后（汉）书·儒林传》所载经生，惟任安兼通数经，景鸾兼治《齐诗》、《施易》，余皆以一经著称；古文则贾（逵）、马（融）、许（慎）、荀（爽），皆并通五经，其余通一二经者，尤指不胜屈。”② 可证群经通义的编撰，只有到了东汉古文盛行之后才最有可能。《后汉书·郑众列传》载：“建武中，皇太子及山阳王聘（郑）众，欲为‘通义’。”皇太子（即后来的明帝）和山阳王（明帝同母弟刘荆）都想聘郑众来撰《五经通义》，就因为郑众是当时最杰出的兼通诸经的古文经学大师。

王应麟在著录前述“刘向撰”三书后，又列举有曹褒《演经杂论》百二

① 见王应麟：《玉海》卷四二“汉五经杂议”条。

② 龚道耕：《经学通论》“经学沿革略说四”，民国十五年（1926）成都薛崇礼堂刻本；收入李冬梅编：《龚道耕儒学论集》，四川大学出版社，2010年。

十篇、《五经通义》十二篇，沛献王辅（光武子）《五经论》（时号《沛王通论》），班固《白虎通义》，程曾《五经通难》、《演经杂论》百二十篇，郑玄《六艺论》，许慎《五经异义》，魏王肃《圣证论》，晋束皙《五经通论》、谯周《五经然否论》5卷、戴逵《五经大义》3卷，梁鲍泉《六经通数》10卷、邯郸绰《五经析疑》28卷、元延明《五经宗略》23卷等15种。《隋书·经籍志》又著录孙畅之《五经杂义》6卷，阮孝绪《七录》著录梁有《五经义略》1卷。以上诸书作者，都生活于东汉或之后，无一出于前汉者。《旧唐书·经籍志》所谓"刘向撰"的三种群经总义，可能系出唐人误标，不可信以为据。

这些群经总义文献都是些什么内容呢？由于原书已佚，今天已无法详考了。不过其佚文断句还散见于汉唐间群书所引，据此线索我们不难对这些书的内容和性质做出初步判断。如《后汉书·明帝纪》注引《五经通义》"冬夏至寝兵"；《广韵》注等引"二王之后不考功"，《世说》注等引"笏所以记事"，"弁高五寸，前后玉饰"等，都是一些制度方面的解释。

陶宗仪《说郛》卷五下，录阙名氏《五经通义》15条，其中有："郑国有溱洧之水，男女聚会，讴歌相感。"又有："玉有五德，温润而泽，有似于智；锐而不害，有似于仁；抑而不挠，有似于义；有瑕于内、必见于外，有似于信；垂之如坠，有似于礼。"也是关于风俗和玉器的说明。

及乎清人，辑佚之学大兴，《五经通义》广有辑本。朱彝尊《经义考》卷二三九辑得30余条，有"冬至，阳动于下，推阴而上之，故大寒于上。夏至，阴动于下，推阳而上之，故大热于上"。又："天子立辟雍者何？所以行礼乐，宣德化，教导天下之人，使为士君子，养三老，事五更，与诸侯行礼之处也。义取四方来观者平均尔。诸侯不得观四方，故阙东，以南半天子之学，故曰頖宫，頖之言半也。頖宫水雍其半，盖东西门以南通水，北无水也。"又有："三王教化之宫皆名为学，曰学校者，校之言教也。夏曰校，殷曰序，周曰庠，兼用之，乡为庠，里为序，家为塾。"又是关于气象和学制的解释。此外，余萧客《古经解钩沉》于各经下都有征引，约达50条之多。

《五经要义》也是如此，《玉海》引《隋书·礼仪志》引《要义》曰："笏所以记事。"《北史·刘芳传》引《要义》"社必植以木"。朱彝尊《经义考》据《艺文类聚》辑《要义》："《周礼》钟磬皆编悬之，二八十六，而在一簴，谓之堵。钟一堵，磬一堵，谓之肆。"据《初学记》辑《要义》："天子藉田千亩，以供上帝之粢盛。当孟春启蛰既郊之后，身率公卿大夫而亲耕焉，所以先百姓而致孝敬也。立坛于田所祠之，其制度如社之坛。"又有："王者受命创始，建国立都，必居中土，所以总天地之和，据阴阳之正，均统四方，旁制万国者也。”与前举《五经通义》体例无别。

综观各种辑本，《五经通义》、《五经要义》都是关于“五经”中名物、制度、礼仪、道理的解释。王应麟《拟序》说：“永元十四年，司空徐防建言，开五十难，解释多者为上第，演文明者为高说，所谓博文明事，虽轶不传。然建武中，太子、诸王欲为‘通义’而聘郑众……观其名，可求其略矣。”意谓“通义”“要义”之类群经总义文献，是在经学教育制度下，诸儒申说典制、阐发经义的文字，是发明经书内容的专书。

其他各书的情况如何呢？首先看班固《白虎通义》，其书原本固在，内容是东汉章帝令诸儒讨论经义于白虎观的成果汇编，与西汉石渠《五经杂议》产生相似，重在“趋同”。

《后汉书·杨终传》载终上言：“宣帝博征群儒，论定《五经》于石渠阁。方今天下少事，学者得成其业，而章句之徒，破坏大体，宜如石渠故事，永为后世则。于是诏诸儒于白虎观论考同异焉。”又《儒林传》：“建初中，大会诸儒于白虎观，考详同异，连月乃罢。肃宗亲临称制，如石渠故事，顾命史臣，著为‘通义’（又称《白虎通德论》、《白虎通》）。”

许慎《五经异义》，则是总录今文、古文学家关于五经制度的不同解释，重在“别异”。《后汉书》：慎以“五经”传说臧否不同，于是撰为《五经异义》。注疏引《五经异义》云：“天子城千雉、高七雉，公侯百雉、高五雉，子男五十雉、高三雉。天子之城高九仞、公侯七仞、伯五仞、子男三仞。”又云：“天子有三台，灵台以观天文，时台以观四时施化，囿台以观鸟兽鱼鳖。诸侯卑，不得观天文，无灵台，但有时台、囿台也。”又：“主者神象也，孝子既葬，心无所依，故虞而立主以事之。唯天子、诸侯有主，卿大夫无主，尊卑之差也。卿大夫无主者，依神以几筵，故少牢之祭但有尸无主。三王之代，小祥以前，主用桑者，始死尚质，故不相变。既练易之，遂藏于庙，以为祭主。或曰：卿大夫士有主否？答曰：案《公羊》说，卿大夫非有土之君，不得祫享昭穆，故无主。大夫束帛依神，士结茅为菆。”“主状正方，穿中央，达四方，天子长尺二寸、诸侯长尺。”又云：“诸侯有妾母丧，得出朝会否？《春秋公羊》说：‘妾子为诸侯，不敢以妾母之丧废事天子大国，出朝会礼也。鲁宣公如齐，有妾母之丧，经书善之。’《左氏》说云：‘妾子为君，当尊其母，有三年之丧，而出朝会，非礼也。故讥鲁宣公。’案礼，妾母无服，贵妾子不立而他妾子立者也，不敢以卑废事尊者，礼也。即妾子为君，义如《左氏》。”讲的都是礼仪制度，后一条更是并列了今文、古文两家的不同说法，后世据此可见当时诸儒之说，得窥今古文学说之异。

郑玄《六艺论》是关于“六经”性质及其流传的概论，又重在“统宗”。徐彦曰：“郑君先作《六艺论》，然后注书。”《六艺论》是其遍注群经前撰写的纲领性文献。郑氏《六艺论》曰：“河间献王好学，其博士毛公善说《诗》，献王号之曰‘毛诗’。”又：“注《诗》宗毛为主，毛义若隐略，则更表明；如有不同，即下己意，使可识别。”——梳理了《毛诗》的来源，还对自己怎样著《毛诗笺》做了说明。又说：“高堂生以礼授萧奋，奋授孟卿，卿授后苍，苍授戴德、戴圣，是为五传弟子，所传皆《仪礼》也。”——讲明《仪礼》在汉代的传授。又说：“戴德传记八十五篇，则《大戴礼》是也；戴圣传礼四十九篇，则此《礼记》是也。”——对《礼记》之所以分大小戴做了说明。又：“尧知命在舜，舜知命在禹，犹求于群臣举于侧陋，上下交让，务在服人。孔子曰：民可使由之，不可使知之。此之谓也。”——又对《尚书》中尧举舜之事，进行了专门的解释。可见，《六艺论》不仅讲自己著书之旨趣，而且讲经典传授之序列，还解释了经典中的疑难问题，是有关“六经”的综合性研究。

王肃《圣证论》又据其所得《孔丛子》、《孔子家语》以难“郑学”，主于“驳郑”。如关于古代帝王朝制，《孝经钩命决》云：“唐尧五庙，亲庙四，与始祖五。禹四庙，至子孙五。殷五庙，至子孙六。周六庙，至子孙七。”以为尧舜是五庙，夏是五庙，殷是六庙，周则七庙。郑玄注《礼》即据此为说。王肃《圣证论》则主天子七庙、诸侯五庙、卿三庙说，于是驳难郑注：“周文武受命之王，不迁之庙，非常庙之数。殷三宗，宗其德，存其庙，亦不以为数。孙卿曰：‘有天下，事七世。’《孔子家语》孔子曰：‘天子立七庙。’”又说：“礼自上以下，降杀以两，使天子、诸侯皆亲庙四，则是君臣同等，尊卑不别也。”

谯周《五经然否论》亦同此举，主于“驳难”。周别撰有《古史考》，与此书同为驳正前儒，《古史考》以驳《史记》，《五经然否论》则驳正诸儒。比如《大戴礼记》说文王年十三而生伯邑考。《荀子》又说：“天子、诸侯十九而冠。”二者矛盾。《左传》说“冠而后生子，礼也”。如果文王未冠即生伯邑考，就是非礼之行了，这对于“宪章文武”的儒家来说，是难以理解的，于是惹得诸儒纷纷为之解释。许慎《五经异义》曰：“《春秋左氏传》说曰：‘岁星为年纪，十二而一周于天，天道备，故人君于十二可以冠。自夏殷，天子皆十二而冠。’”许慎引《左传》说法，说天道运行十二次就是一个周天，“十二”就代表天道了，天子德合天道，所以12岁就举行成人礼（冠礼）了。谯周《五经然否论》辩驳云：“《古文尚书》说‘武王崩，成王年十三’。推武王以庚辰岁崩，周公以壬午岁出居东，癸未岁反。礼公冠记：周公冠成王，命史作祝辞告，是除丧冠也。周公未反，成王冠弁，开金縢之书，时十六矣。

是成王十五，周公冠之而后出也。许慎《五经异义》云‘武王崩后，管、蔡作乱，周公出居东，是岁大风，王与大夫冠弁，开金縢之书，成王年十四，是丧冠也’者，恐失矣。案礼传，天子之年，近则十二，远则十五必冠矣。”谯周引证《尚书》周公冠成王故事，证明天子年龄近则12岁、远则15岁，皆可以举行冠礼，可以成婚生子。

又一件事情是，东汉明帝时，修明三代养老之礼，于太学置“三老”、“五更”，皇帝亲自拜见。群臣欲令“三老”答天子之拜，当时城门校尉董钧驳曰：“养三老，所以教事父之道也。若答拜，是使天下答子拜也。”皇帝居然同意了董钧之议。对此，谯周《五经然否论》驳正说：“礼：尸服上服，犹以非亲之故，答子拜。士见异国君，亦答拜。是皆不得视犹子也。”依据礼仪，祭祀时要设尸，用生人代表祖先享受祭奠。孝子行礼时，尸是要答拜的；异国臣子觐见君主，君主也有答拜的。因为他们并非有父子和君臣关系，所以要答拜。以谯周的意思，“三老”虽然是老，但是他与皇帝没有血缘关系，只是礼仪行为，所以是需要答天子的。

若乎程曾之《五经通难》、《演经杂论》，晋束皙《五经通论》、戴逵《五经大义》等等，书虽不传，但风会之下，体必趋同，观其名义，其为五经制度或义理的阐释，举可知矣！以上都是东汉至魏晋时期群经总义的内容和体例，是对群经中的制度、名物、礼仪以及义理进行解释，其体例除了以一书而解群经外，实与其他解专经的文献没有太大区别。

到了南北朝，由于政权更迭，南北阻隔，又兼国异政，方殊俗，经异文，师异说，在经学领域出现了许多异本、异文、异义、异说、异音等等，儒者就不得不面对这些新的问题，从事新的撰述，于是当时又出现了综合讨论各家音义、各种异文的文献，陆德明《经典释文》于是乎就出现了。该书“所采汉魏六朝音切凡二百六十余家，又兼载诸儒之训诂、证各本之异同，后来得以考见古义者，注疏以外，惟赖此书之存”（《四库全书总目》）。这在东汉的群经总义文献外，产生了广列群经之音注、义训及异文之新体例。

南北朝时期，随着高谈有无、名实、言意的“玄学”和繁复论证的“义学”的兴起，群经总义文献数量激增，体裁也有所增多。阮孝绪《七录》载有王氏《通五经》5卷、周杨《五经咨疑》8卷、贺玚《五经异同评》1卷和《五经秘表要》3卷、无名氏《五经义略》1卷①。《隋书·经籍志》载有：沈

① 阮孝绪：《七录》，见《隋书·经籍志》“《五经大义》三卷”条下注解，文渊阁《四库全书》本。

文阿《经典大义》12 卷和《经典玄儒大义序录》2 卷、何妥《五经大义》5 卷、无名氏《五经通义》8 卷（《七录》作 9 卷）、无名氏《五经义》6 卷（《七录》作 7 卷）、雷氏《五经要义》5 卷（《七录》作 17 卷）、邯郸绰《五经析疑》18 卷、元廷明《五经宗略》23 卷、孙畅之《五经杂义》6 卷、梁简文帝《长春义记》100 卷、《大义》9 卷、张讥《游玄桂林》9 卷、鲍泉《六经通数》10 卷、后周樊文深《五经大义》10 卷、《七经义纲》29 卷、《七经论》3 卷、《质疑》5 卷、无名氏《玄义问答》2 卷。

当然，这一时期也还有一批征实的著作出现，如专明“六经”中数学问题的，有北周甄鸾撰《五经算术》2 卷，“举《尚书》、《孝经》、《诗》、《易》、《论语》、‘三礼’、《春秋》之待算乃明者列之，而推算之”①，成为后世“算经十书”之一。同类著作，还有南朝鲍泉的《六经通数》10 卷。又有专讲五经音义、文字的，如徐邈的《五经音》10 卷、刘炫的《五经正名》12 卷等等。

由此可见，群经总义文献在东汉末年一经诞生，便很快流行开来，尽管中经魏晋南北朝三百余年的分裂和战乱，群经总义还是得到发展，产生了各种类型的文献，并且使这一体裁逐渐成熟，形成儒学文献的重要组成部分。

四、群经总义的流行与发展——隋唐

唐代，群经总义又出现新的气象，一是出于经学统一特别是经典文本统一的需要，产生了文字校勘、字体校正类文献。二是出于实用考虑，产生了经典格言类文献。

唐代由政府组织的《五经正义》、《石壁九经》工程，都需要首先对经典文字进行校勘，以定一是，于是出现了《五经定本》、《匡谬正俗》、《五经文字》、《九经字样》等群经校勘性文献。《五经定本》、《匡谬正俗》皆系颜师古所作，史载“太宗又以经籍去圣久远，文字多讹谬，诏前中书侍郎颜师古考定《五经》，颁于天下，命学者习焉”（《旧唐书·儒学传上》），是即《五经定本》。师古除校正经典本文外，又撰《匡谬正俗》8 卷，以匡正流俗讹误之字形。《崇文总目》说，该书“采先儒及当世之言，参质讹谬而矫正之”②，其中专门解决经典讹误问题的就有 4 卷。《五经定本》为唐修《正义》、唐代科举明经考试，提供了标准定本；《匡谬正俗》则为唐人审视经典文本的正确

---

① 永瑢等：《四库全书总目》卷一〇七《五经算术》提要。

② 《崇文总目》卷二“《刊谬正俗》八卷”条，文渊阁《四库全书》本。

性、考证文字的正俗体，提供了系统教材。

《五经文字》系唐代宗时张参所撰。《崇文总目》说："参拜诏与儒官校正经典，乃取汉蔡邕《石经》、许慎《说文》、吕忱《字林》、陆德明《释文》，命孝廉生颜传经抄撮疑互，取定儒师，部为一百六十。非缘经见者，皆略而不集。"① 张参《自序》说其书"为定例凡一百六十部、三千二百三十五字，分为三卷"②。可见《五经文字》也是专门考订经书文字正讹的。

《九经字样》是唐文宗时唐玄度所撰。唐文宗开成年间，刻成《石壁九经》，由于文字多讹，人们惮于引证，于是令唐玄度复定九经字体，玄度依张参《五经文字》为准，将《五经文字》上设有的字体，分别辨其正俗，"取其适中，纂录为《新加九经字样》壹卷"，"附于《五经字样》之末，用证纰误"(《牒文》)③，为保证经典文献的正确性提供了标准字样。这类校正文字异同、正误的群经总义，在清代有重大发展，不仅校正经典正文，还校勘了十三经的注和疏，如顾炎武《九经误字》、阮元《十三经校勘记》、孙诒让《十三经注疏校记》等，就是其中最有质量的代表作。

唐人治学，颇讲求实用，唐太宗初即位，"欲览前王得失"，令秘书监魏徵等撰《群书治要》50卷，"爰自六经，讫于诸子；上始五帝，下尽晋年"④，举凡经典名篇、子史精华，统统征集其中，大得太宗欢心。唐人治经，亦复如是，这一时期编纂了许多群经格言类作品。《新唐书》说，穆宗初立，韦处厚为翰林侍讲学士，因新皇帝"冲怠不向学"，于是与路隋一道，合抄《易》、《书》、《诗》、《春秋》、《礼》、《孝经》、《论语》，"掇其粹要"，以类相从题为《六经法言》二十篇(《新唐书·韦处厚传》)。唐敬宗嗣位，崔郾自侍讲学士进中书舍人，亦因"侍讲，历半岁"，皇帝"不一问经义"，使"天下之人不知有向儒意"，于是与高重一道，抄撮六经嘉言要道，区分事类，为十篇，献给皇帝(《新唐书·崔郾传》)，《新唐书·艺文志》"儒家类"著录《诸经纂要》10卷，即其书也。

此类经学"快餐"，由于节省了皇帝的时间，"以便观省"，因而常常得到皇帝赏识和厚赐。在韦、崔二书之外，还有颜真卿《五经要略》2卷、李适《九经要句》、慕容宗本《五经类语》10卷、李袭誉《五经妙言》40卷、郑澣

---

① 《崇文总目》卷二"小学类"下"《五经文字》三卷"条，文渊阁《四库全书》本。

② 张参：《五经文字·序例》，见《五经文字》卷首，文渊阁《四库全书》本。

③ 《九经字样牒文》，见《九经字样》卷首，文渊阁《四库全书》本。

④ 王应麟：《玉海》卷五四"唐群书治要"条引，文渊阁《四库全书》本。

《经史要录》20 卷等。

同时，唐儒出于对统一化的《五经正义》的反思，又产生一批新经解著作，如《新唐书·艺文志》"经解类"著录的赵英《五经对诀》4 卷、刘贶《六经外传》37 卷、张谧《五经微旨》14 卷、裴侨卿《微言注集》2 卷、高重《经传要略》10 卷、刘氏《经典集音》30 卷等，惜皆不传。还有仿照郑玄《三礼目录》作解题之书者。如李肇《经史释题》1 卷，其序云："经以学令为定，以《艺文志》为编；史以《史通》为准，各列其题，从而释之。"① 《崇文总目》提其要："起九经，下止唐氏实录，列篇帙之凡，概释其题。"② 此外还有章崇业《五经释题杂问》1 卷。

唐人还为整肃师道，重建经学师承关系，撰著了表明学术渊源的图谱性文献。韦表微有感于"学者薄师道，不如声乐贱工能尊其师"（《新唐书·韦表微传》），于是著《九经师授谱》1 卷，对忘师背本的行为予以讥诋。此外，还有刘餗的《授经图》3 卷。此类文献对后世"渊源录"、"传经表"、"学案"等谱系性文献的繁荣，具有重要的启迪作用。

五、群经总义的成熟与定型——宋元

宋人治经，善于宏观思考、总体把握，故群经总义文献在此时形式多样，各体制作亦基本定型。《宋史·艺文志》著录宋代"经解类"文献 30 余种，《千顷堂书目》又为补录 7 种，两宋共有群经类文献 40 种左右。由于宋代是儒家经学的转型期，探经究典，甚至疑经惑传的思潮，促进了群经总义文献的发达。其辨析疑义者，则有刘敞《七经小传》5 卷（论者谓"开南宋臆断之弊"）、王居正《辨学》7 卷、张纲《六经辨疑》5 卷、《确论》10 卷、无名氏《六经疑难》14 卷；其新释经义者，则有黄敏求《九经余义》100 卷、程颐《河南经说》7 卷、张载《经学理窟》3 卷、杨会《经解》33 卷、刘彝《七经中义》170 卷、项安世《家说》10 卷、李舜臣《诸经讲义》7 卷、黄幹《六经讲义》1 卷；其讲明音义者，则有许奕《九经直音》9 卷、《正讹》1 卷、《诸经正典》10 卷。

还有专门反驳王安石《三经新义》的专著。王安石"熙丰变法"，不仅改变国法政体，而且改变经义经说，撰《三经新义》作为士子标准课本。可是其书违背传统，穿凿附会，搅乱人心，无异邪说诐行。靖康、建炎以来，朝

① 王应麟《玉海》卷四二引，文渊阁《四库全书》本。

② 《崇文总目》卷二，文渊阁《四库全书》本。

廷对王氏“邪说”进行了清算，罢免王安石配享孔庙，推倒其坐像，改回科举之法，在太学中设置《春秋》博士弟子员，稍稍扭转了世风和士习。可是王氏的崇信者仍然很多，他们“合力诋沮，所以摇正道者万端”，因此杨时特撰《三经义辨》10卷，“辨王安石《书》、《诗》、《周礼》三经‘义’之失”①。又有王居正亦撰《三经辨学》38卷，吕祖谦撰《王氏行状》说：“其学根极六艺，深醇闳肆，以崇是辟非为己任。”居正少年时代即不为王氏说所倾，“慨然欲黜其不臧，以觉世迷”。杨时著《三经义辨》成，在昆陵出示居正，希望他能继续深入辨析。居正于是“愈益感厉，首尾十载，迄以成书”。其书含《毛诗辨学》20卷、《尚书辨学》13卷、《周礼辨学》5卷、《辨学外集》1卷。吕祖谦说：居正书与杨氏书一起藏在秘府，“二书相经纬，孔孟之本指始明，士皆回心向道，如水赴壑，天下遂不复宗王氏”。②

此外，宋人受前代以图解经方法的启发，编撰了一批群经图解类著述。以图解经，形象生动，此类文献在历史上萌芽甚早，而最终成熟于宋。在汉则有严彭祖《春秋图》、郑玄《三礼图》，在魏则有卫协《诗图》、阮谌《三礼图》，在唐则有沈熊《易谱》、宋璟《无逸图》、杨嗣复等《毛诗草木虫鱼图》等，至北宋而益发光大。如聂崇义之《三礼图》、邓名世之《春秋谱》、刘牧及朱震之《易图》，皆其著者，惜皆轶而不存。南宋有杨甲《六经图》6卷、叶仲堪《六经图》7卷、俞言《六经图说》12卷、赵元辅《六经图》5卷，亦多不存，今唯“杨图”存焉。

为适应科举考试中“明经科”撰写“经义”文章的需要，宋人还编有《九经经旨策义》9卷（不知作者）；为解释经书中比较专门的疑难，王应麟撰有《六经天文编》6卷（解决天文问题）；为适应“四书学”普及的需要，陈应隆撰有《四书辑语》40卷等等。其中“图说”和“专题”两种体裁，对后世群经总义文献的产生、影响颇大。

由于道统之学的标榜，宋人颇重视学术渊源考察和儒林师道的重振。建炎年间，程俱卧病里中，“读西汉《儒林传》，观其师弟子授受之严，所谓源流派别皆可推考，窃有感焉”；特别是有感于“浮屠氏自释迦文佛传心法，与夫讲解之宗，至于今将二千年，而源派谱牒如数一二”，甚至“下至医巫祝卜、百工之技，莫不有所师”。可反观“吾儒师承之道，乃今蔑焉，所谓学官师弟子，如适

① 《中兴书目》，《玉海》卷四二引，文渊阁《四库全书》本。

② 吕祖谦：《王公（居正）行状》，见《东莱集》卷九，文渊阁《四库全书》本。

相遇于涂耳"，深加慨叹！认为这是造成儒者"事业之不竞，语言之不工，名节之不立"的原因所在。于是"以汉儒授经为图，以想见汉兴之风范"①，撰成《汉儒授经图》1卷。同类著作，还有亡名氏《授经图》3卷②；李焘《五经传授图》1卷等。

金元时期，群经总义沿袭宋人体例，在诸多体裁方面有新的制作。钱大昕《补元史艺文志》著录此期群经总义50余部，另有四书文献76部。重要的群经总义有：王若虚《五经辨惑》2卷，赡思《五经思问》，张𤫊《经说》、《四经归极》，黄泽《六经辨释补注》、《翼经罪言》、《经学复古枢要》，杜本《四经表义》，陆正《七经补注》，熊朋来《五经说》7卷（又名《熊先生经说》），胡炳文《五经会意》，李恕《五经旁注》6卷，马莹《五经大义》，汪逢辰《七经要义》，雷光霆《九经辑义》50卷，唐怀德《六经问答》，陈刚《五经问难》等；还有牟应龙《九经音考》、赵孟玉《九经音释》9卷，在经典的音注方面，亦延一脉。

特别是李恕《五经旁注》之书，取《易》、《书》、《诗》、《论》、《孟》五者，加以"旁注"，杨士奇说它"简明切当，便于学者"③。又有何异孙《十一经问对》5卷，黄虞稷说，该书"设为经疑，以为科场发问对策之用"④；杨士奇说他著书目的盖"为小学设"，"所谓《十一经》者，《书》、《诗》、《春秋》、《仪礼》、《周礼》、《礼记》、《论语》、《孝经》、《大学》、《中庸》、《孟子》，不及于《易》者，非小学所及也"。⑤

金元儒者为便于崛起于北方大漠广野中的少数民族统治者快速地掌握儒家经典，撰著了更多的经典精华摘要书籍。至元三年（1266），姚枢、窦默、王鹗、杨果、商挺共纂《五经要语》一书，凡分28类。皇庆年间，欧阳长孺亦纂《九经治要》10卷，张萱介绍其书"采《九经》之要，辑为一书，自君臣以至朋友，自治心以至治天下，分为六门，凡七百九十三章"⑥。至正九年（1349），元顺帝为教育皇太子，特开办端本堂，命翰林学士李好文兼太子谕德，负责太子启蒙教育，好文遂"取史传，及先儒论说，有关治体而协经旨

① 程俱：《汉儒授经图叙》，见《北山集》卷一五，文渊阁《四库全书》本。

② 《崇文总目》卷二述其内容："叙《易》、《诗》、《书》、《礼》、《春秋》三家、《论语》、《孝经》之学，师承相第，系而为图。"

③ 杨士奇：《五经旁注跋》，见《东里续集》卷一六。

④ 黄虞稷语，见朱彝尊《经义考》卷二四六引。

⑤ 杨士奇：《十一经问对跋》，见《东里续集》卷一七。

⑥ 张萱语，见朱彝尊《经义考》卷二四六引。

者，加以所见，仿真德秀《大学衍义》之例，为书十一卷，名曰《端本堂经训要义》"（《元史·李好文传》）。此外，还有王所的《五经类编》25 卷、周闻孙的《五经纂要》等。

元代还流传着一种亡名氏的《六经图》，为李用初所藏，朱善作序说："六经有图，其来已久，然兵变之后，古书存者十无一二，况于图乎？豫章李君用初家藏《六经图》甚古，予尝得借是图而观之。以天文，则中星有《尧典》《月令》之异同；以地理，则疆域有《禹贡》、《春秋》之沿革；以人文，则仪礼之有详略、官制之有繁简；城郭、宫室、宗庙、井田、会同、军旅、冠昏、丧祭、衣裳、弁冕、旌旗、车辂、笾豆、簠簋、圭璋、琮璜，凡文质之有损益；以物理，则昆虫、草木、鸟兽、鱼鳖之细微，又于《诗》为特详。"可见，《六经图》对经典中的天文、地理以及名物制度，都绘有图画。序又说，"若《易》，则伏羲《先天》四图……文王《后天》方位……《易》图之外，益之以扬子之《太玄》、司马之《潜虚》、邵子之《皇极经世》"云云①。可见《六经图》不仅图绘六经，而且兼及《先天》、《后天》、《太玄》、《潜虚》和《皇极经世书》等术数易学。

由于南宋"四书"体系的确立，元代通解"四书"的文献迅速激增，多达 76 种，特别是其中提纲、图说和类聚"四书"者，更具特色。其概述"四书"纲领者，则有胡一桂《四书提纲》、熊禾《四书标题》、刘彭寿《四书提要》、陈樵《四书本旨》；其以图解说"四书"者，则有林处薛《四书指掌图》、程复心《四书章图》22 卷、吴大成《四书图》、林起宗《中庸大学论语孟子诸图》等；其以分类来纂集四书者，则有赵悳《四书笺义纂要》12 卷、汪九成《四书类编》24 卷等。

六、群经总义的丰富与繁荣——明清

明清时期是中国儒学文献最为繁盛的时期，此时儒家群经总义数量最多，种类也最繁。《千顷堂书目》于经部"经解类"著录明代群经总义 128 种（《明史·艺文志》删存 43 种）；《清史稿·艺文志》经部"群经总义"类著录 166 种、《清史稿艺文志补编》补录 80 种、《清史稿艺文志拾遗》又拾遗补缺 567 种，共计清代有 813 种"群经总义"类文献，这些数据显然比从汉至宋元的总和还要多。这一方面是经学发展、治经范围不断扩展的结果，同时也

① 朱善曾：《六经图序》，见朱彝尊《经义考》卷二四六"亡名氏《六经图》条"引。

是印刷术发达后文献易于传播和保存的结果。综观明清时期的“群经总义”类文献，呈现出以下几点特征：

首先，当然是解释群经义例的文献继续攀升，内容也多种多样。由于风气所扇，明清之后又出现一大批力矫朱子之失，独标“心学”之帜的著作。如王恕《石渠意见》(正编4卷、《拾遗》2卷、《补缺》2卷)，四库馆臣说：“其书大意以‘五经’、‘四书’传注列在学官者（程传朱义等），于理或有未安，故以己意诠解而笔记之，间有发明可取者，而语无考证，纯以臆测。”① 王崇庆《五经心义》5卷，苏祐列其目五种：《易经议卦》、《书经说略》、《诗经衍义》、《春秋断义》、《礼记约蒙》，谓其“深体往哲之精，颇定后儒之惑”②。此外，还有王守仁《五经臆说》46卷、吕柟《经说》10卷、丁奉《经传臆言》82卷、王世懋《经子臆解》1卷、徐常吉《遗经四解》4卷、陈禹谟《经言枝指》10卷等。

出于对宋儒义理说的反动，明代也出现专门讨论经书“本义”的群经著作。如明蒋悌生《五经蠡测》6卷，有《易》1卷、《书》1卷、《诗》3卷、《春秋》1卷，四库馆臣谓“其说《易》多斟酌《程传》、《本义》之异同”，“其说《书》于蔡沈《集传》多所订正”，“其说《诗》谓小序固有纰缪，而朱子疾之太甚，于诸篇同异，务持两家之平。在元、明之间，可谓屹然独立，无依门傍户之私。”③ 又有杨慎《经说》8卷（一作6卷或14卷），江瀚谓“其说正大”，“好诋朱子”，“为明人经说之翘楚”④。

其次，是承袭汉学传统，发明经书训诂、句读。陈深《十三经解诂》60卷，宗崇汉学，自谓：“吾取传合之于经，而不得，而弗敢强也；吾又取宋儒合之乎汉，而不得，而弗敢强也。”⑤ 邵宝《简端录》12卷：有《易》3卷、《书》2卷、《春秋》3卷、《礼记》1卷、《大学》《中庸》合1卷、《论语》《孟子》合1卷。明自中叶以还，诸儒时学趋向“良知”之说，日就虚无，而邵宝所主，仍“笃实不支”，恪守汉学途辙，凡读书有得，即题识简端，积久渐多，其门人王宗元抄合成帙，因以《简端》为名。四库馆臣谓：“虽步步趋趋，尚未为沈酣经窟，然马、郑、孔、贾之学，至明殆绝，研思古义者，二百七十年内稀若晨星。迨其中叶，狂禅澜倒，异说飚腾，乃并宋儒义理之学，

① 永瑢等：《四库全书总目》卷三四《石渠意见》提要。

② 苏祐语，见朱彝尊《经义考》卷二四八引。

③ 永瑢等：《四库全书总目》卷三三《五经蠡测》提要。

④《续修四库全书总目提要·经部·群经总义类》之《升庵经说十四卷》提要。

⑤ 丁元薦序引，见朱彝尊《经义考》卷二四八引。

亦失其本旨。宝所札记，虽皆寥寥数言，而大旨要归于醇正。”① 同类著作又有：朱睦㮮的《五经稽疑》6卷，其人以三、六、九日午前讲《易》、《诗》、《书》，午后讲《春秋》、《礼记》，虽盛寒暑不辍，以其所得撰为是书，“其考证古义，尚时有可取”②。

至清初，则有武亿《经读考异》（正编8卷、补1卷、《句读叙述》2卷、补1卷），力标《礼记》“一年视离经辨志”之说，以为“学者先辨经读”，“诚小学之先事”，于是集其教授清化时所辨群经句读，著为是书，说多可取。如谓《易·乾九三》“夕惕若厉无咎”，“近读皆以‘夕惕若’为句，‘厉’一读，‘无咎’一读”；经其“考汉唐旧读”，发现“并‘夕惕若厉’为句”；又《尚书·冋命》“怵惕惟厉”，句式“与《易》句并同”，故以为“古读似可依”。又《禹贡》“朔南暨声教讫于四海”，谓《史记·夏本纪》从“暨”字断句，今《尚书》孔《传》从“暨声教”断句；考《后汉书·杜笃传》“朔南暨声，诸夏是和”，荀悦《汉纪》亦云“北尽朔商，南暨声教”，“据此，则汉人已以‘暨声’连句，《孔传》读当有所据”云云③。

此外，清钱东垣《十三经断句考》13卷，无名氏《考补》1卷（稿本），并属此类。还有王念孙《读书杂志》82卷、俞樾《群经平议》35卷，是依据汉学家法，辨析考订群书文字音义的名著，是清代汉学的代表作之一。念孙之子王引之也是清代著名汉学家，所著《经义述闻》32卷，乃其幼承庭训闻于乃父者，故曰《述闻》。其书辨经析义，胜义迭出，故盛行于近代。

其三，明代中叶，在心学兴起的同时，考据之学亦随之而萌芽。一代才子杨慎首开其端（著《丹铅录》系列），梅鷟（辨《古文尚书》）、陈耀文（订正杨慎之说）、胡应麟（著《四部正讹》）、焦竑（《澹园集》《笔乘》）、陈第（《毛诗古音考》）、方以智（《通雅》）等，相继弘扬；至顾炎武（《日知录》《音学五书》）而成熟；及乎清代乾嘉，乃达于极盛。在这一风气下，也产生出一批风格迥异于前的群经考据著作。明有王觉《五经四书明音》8卷，为辨别音读之作；王应电《经传正讹》1卷，据《说文解字》所载经书古文字形，订正流传各本的讹谬；陈士元《五经异文》11卷，因其“读《十三经注疏》，及秦、汉、晋、唐书所载经语，有与今文异者，辄私识之，辑十一

① 永瑢等：《四库全书总目》卷三三《简端录》提要。

② 永瑢等：《四库全书总目》卷三三《五经稽疑》提要。

③ 《续修四库全书总目提要·经部·群经总义类》之《经读考异八卷》提要。

卷"①。

此外，还有周应宾《九经考异》12卷、《逸语》1卷；清人毛锡缜《四书五经文字考》11卷、陈鹤龄《四书五经字辨》5卷又《十三经字辨》8卷、毕沅《经典文字辨正》5卷、钱大昕《经典文字考异》3卷、阮元《经籍籑诂》并《补遗》100卷、周春《十三经音略》12卷、黄本骥《四书字诂》78卷并检字1卷、《群经字诂》72卷并检字1卷、曾廷枚《群经字考》4卷、无名氏《群经读为读若音义》(《毛诗笺》、《周礼注》、《仪礼注》、《礼记注》)、张维屏《经字异同》48卷、刘宗向《五经难字》5卷、陶在璇《音义合璧》14卷、吴东发《群经字考》10卷、韩智泉《经韵音义便览》4卷、冯肩《经传字音考正》4卷、彭玉雯《十三经集字摹本》等等。至如蒋麒昌《五经文字偏旁考》3卷，则又考证经书在文字自古文篆籀到隶楷转变过程中，出现的偏旁讹变。林林总总，蔚为大观。

另外，清代群经总义文献，还有议及虚词，考及通假者。其论虚词者，则有王引之《经传释词》10卷，其书"自九经、三传及周秦西汉之书，凡语助之文，遍为搜讨，分字编次，得百六十字，前人所未及者补之，误解者正之，其易晓者则略而不论"②。补续王书，则有吴昌莹《经词衍释》10卷，孙经世《经传释词续编》2卷等。

其论通假者，则有严章福《经典通用考》14卷、钱坫《九经通假字考》7卷（稿本)、《十经文字通正书》14卷（专考《周易》、《尚书》、《诗经》、《周礼》、《仪礼》、《礼记》、《春秋左传》、《公羊传》、《穀梁传》、《论语》十经中的通假字)。

清代，与经书文字考证相辅而行的，群经校勘也因之大盛，其从版本学角度校正经典的，如阮元之《十三经注疏校勘记》245卷、孙诒让之《十三经注疏校记》，文字皆达数十百万之巨。

其四，清人研究经学十分深入，除论述各经义理、文字外，还对各类名物制度设立专题予以考证。如陈懋龄《经书算学天文考》，雷学淇《古经天象考》12卷、《图说》1卷，都是讨论经典中的天文历算问题的；王显文《群经宫室图考》3卷，则是考证经典中涉及的宫室问题。郭杬《经义类考》20卷，又对群经中的掌故分门别类进行考述。

① 陈士元：《自序》，见朱彝尊《经义考》卷二四八引。

② 江瀚：《经传释词提要》，见《续修四库全书总目提要》之《经部·群经总义类》。

此外，戴清《群经释地》、周翼高《群经地释》16卷，则是就群经中地理问题进行专门研究。臧庸《皇朝经解》，也属于考证性专题丛书，其中有《孔子年表》、《七十子表》、《孟子先见梁惠王考》、《齐宣王取燕十城考三条》、《孟子编年略》附《年表》等，对经典中圣贤人物的生平时序进行了考订。

自宋代以来便流行以图解经的文献，此类文献图文并茂，形象直观，是解经读经的最佳助手。明代有胡宾《六经图全集》6卷、陈仁锡《六经图考》36卷、杨维休《五经宗图》20卷，清代有焦循《群经宫室图》2卷、毛应觌《经图汇考》3卷（分天文、祛异、地理、征今、井田、计亩等类）等等。

其五，群经类编文献，在明清也得到更大发展。明代有杨芳联《群经类纂》34卷（分君臣、敬天、勤民、节财、用舍、学校、礼制、乐和、刑罚、征伐、谋断、父子、兄弟、夫妇、朋友十五门，类聚群经之正文）；陆元辅《十三经注疏类抄》40卷（对于注疏之文，为之疏通裁断，部分族居，大而郊庙朝堂之制、礼器乐数之品章，以及一事一物，禽鱼草木之微，无不综以纲维，归之条例）；沈存珩《十三经文钞》50卷（自序谓"凡造化之所以细缊蕃变，王道之所以崇效卑法，天德之所以精义入神，经制之所以因革损益，酬酢之所以常变经权，人物之所以升降进退，衡别之所以得失异同，类族之所以典常秩序"等等，类聚群分，"于以穷天下之事理，而致天下之大用"，以为"圣功王事，讵有不备乎此"，不徒"以资经生之占毕"而已①）。

清代则有何兆圣《十三经类语》14卷、周世樟《五经类编》28卷和秦伯龙、秦跃龙《五经类纂》16卷，分类皆极其细密。

其六，清代还有一种群经"集解"性质的文献，如赵贤《五经汇解》，多达270卷，其书以经文为经，以众说为纬；列经文为标目，然后取各家解说，以次系于其下。自顾炎武至张文虎凡141家、为书287种，有光绪十四年(1888)鸿文书石印本。其书因卷帙过大，刊刻不易，故先刻"五经"行世。

此外，还有余萧客《古经解钩沉》30卷，按各经排列，辑录古经解义，凡唐以前之旧说，有片语单词可考者，悉著其目。阮元《经郛》，仿元人陶宗仪《说郛》例，陶书荟萃说部小道，而此书则荟萃经说大义。上自周秦，下迄隋唐，于汉魏以前之籍，搜采尤勤，凡涉经义，不遗一字。其辑录大例共有十端：探原本、钩微言、综大义、存古礼、存汉学、证传注、通互诠、辨剿说、正谬解、广异文，囊括古今，本末兼赅。

至于经学丛书类，明、清诸艺文志亦列入"群经类"，如明郝敬《九部经

---

① 沈存珩：《十三经文钞·自序》，见朱彝尊《经义考》卷二五一引。

解》165卷、蔡中《六经注疏》43卷、顾梦麟《十一经通考》20卷，清纳兰成德《通志堂经解》、阮元《皇清经解》1408卷、王先谦《续皇清经解》1430卷，则又著录过滥，兹不取焉。

其七，明清的群经总义还包括经学源流类著作，这主要有五个系列：一是传经表：较有影响者，明朱睦㮮《授经图》20卷，清洪亮吉《传经表》1卷、附《通经表》1卷、汪大钧《传经表补正》13卷（附《经传建立博士表》1卷）、周廷宷《儒林传经表》2卷。二是经学史系列，如周廷宷《西汉儒林传经义》2卷、赵继序《汉儒传经记》2卷和《列朝崇经记》1卷、江藩《汉学师承记》8卷、方东树《汉学商兑》3卷、康有为《新学伪经考》14卷、廖平《今古学考》2卷、皮锡瑞《经学历史》等。三是目录学系列：明人卜大有《经学要义》5卷（辑录前人经解著作的序跋文字。徐栻《序》有云，"辑秦汉以下诸儒之谭经者，昭揭篇章，剔厘渊薮，嘉惠后学"① 云云）、朱睦㮮《经序录》5卷（所录经解诸序，上自周汉，下讫元明）、穆相《五经集序》2卷，清朱彝尊《经义考》300卷等，其中以朱彝尊《经义考》一书卷帙最为繁夥、体例也最为完备。四是总结群经条例和治学方法者，如清皮锡瑞《经学通论》5卷、廖平《群经凡例》16卷、李滋然《群经纲纪考》16卷、孙乔年《七经读法》、江藩《经解入门》等。五是石经系列，如彭元瑞《石经考文提要》13卷、严可均《唐石经校文》10卷、桂馥《历代石经略》2卷、冯登府《石经补考》12卷等。

近代学术界，在上述经学源流和经学概述类文献基础上，参以当代学术规范，发明了"群经通论"类著作，如唐文治《十三经提纲》、章太炎《经学入门》、龚道耕《经学通论》、蒋伯潜《十三经概论》、蒙文通《经学导言》及《经学抉源》、范文澜《群经概论》、周予同《群经概论》等，既是中国传统经学的总结，也成了经学走向现代史学的开端。

第二节　群经总义文献的数量与分布

一、群经总义文献的数量与分布

群经总义文献在历代的发展衍变既如上述，这里我们再来关注一下这类

① 徐栻《序》，见朱彝尊《经义考》卷二四八引。

文献的数量和种类。据朱彝尊《经义考》著录，两汉有群经总义11种，三国至六朝36种，隋唐五代25种，两宋103种，金元79种，明代149种；《清史稿·艺文志》的正编、补编及拾遗三书，共著录清代群经文献813种。通计各代，共约1216种。其中明清两代具有明显优势，无疑是群经总义文献的高峰时期。这些群经总义有不少已经失传，内容已经无可考见了，但据现存丛书及目录所载，其数量也是相当可观的。

《四库全书》收录群经总义32部，其《总目》又著录存目43种。《续修四库全书》收录群经总义65部，《续修四库全书总目提要》著录有412种。两部《四库全书》所收群经总义共有97部，两部《总目》所录群经总义共有487部。这些群经总义文献，现在都还可以找到，是研究经学及其历史的宝贵资料。

以上我们的统计多半是从其书名和题目一望而知其为群经总义的，此外在古典文献中，还有名异而实同的群经总义文献。如宋人叶適《习学记言序目》，是书乃叶氏"研玩群书"，"辑录经史百氏条目"，加以品评论述而成。书凡50卷，其中说经者14卷，有《易》4卷、《书》1卷、《诗》1卷、《周礼》《仪礼》合1卷、《礼记》1卷、《春秋》1卷、《左氏传》2卷、《国语》1卷、《论语》1卷、《孟子》1卷。叶氏是南宋实学派（或事功学派）代表，所论多精辟之言。

又如陈埴《木钟集》11卷，其《自序》谓"善问者如攻坚木，善待问者如撞钟"，故集其与朋友门生讲习者为集，命之曰《木钟》。其书11卷，论及《论语》、《孟子》、《六经总论》、《易》、《书》、《诗》、《周礼》、《礼记》、《春秋》，附以《近思》、《杂问汉唐史》各1卷，其主体部分仍然是说经。

章如愚《群书考索·经说》，采诸家之说，援引诸书，共为66卷，内言经籍图书，前集9卷、别集11卷、续集12卷。

此类著述，清代更多，如臧庸《拜经堂日记》12卷，亦"皆经说"。程瑶田《通艺录》42卷，凡13种，首《宗法小记》、《释宫小记》、《创物小记》、《声律小记》、《九谷考》、《解字小记》、《释草小记》、《释虫小记》，皆关经义，故阮元刻入《皇清经解》。这些文献，也是不能忽略的。

如果要考察群经总义的分布，也是遍于"四部"："经部"的"群经类"或"经解类"（《汉书·艺文志》则列《孝经》类、《隋书·经籍志》列《论语》类）固然多是群经总义的专著，而"史部"的目录类则有群经总义的著录和提要，"子部"的儒家（甚至其他杂家）也多群经的论述（如《朱子语类》就有"五经语类"），至于"集部"，在名家别集中也有诸多考经论典之文

(《苏辙集》即有《易论》、《诗论》、《书论》、《礼论》、《春秋论》等文，五论亦见《东坡集》)，更是非常精辟的群经概述。如果要全面地展示历代的经学成就，这些方面又何可忽而不顾呢？

二、群经总义的类型与部居

如前文所述，“群经总义”只是一个大概念、大范围，它只表明某书是关于多部经典（而不是专门一经）的解释。它们的名称，有“五经”、“九经”、“十一经”、“十三经”、“群经”等称；它们的形式，有“经解”、“经说”、“经训”、“问对”等。这些文献的具体内容和功能，也极不一致，或概群经之性质义例，或论群经之大义微言，或考群经之章句训诂，或解群经之故实名物，或述群经之文字音义，或校群经之版本讹谬，或撷群经之格言妙语，或析群经之公案悬疑，或将群经内容进行分门别类，或将诸家经解进行汇录集成，真是体例各别，内容多端。

在古代目录书中，对此类文献的名称和部居也极不一致。汉代的经师主于专经传授，群经类文献很少，即使如韩婴兼治《诗》、《易》，其训故之书也是各经各自成编，不涉多经。宣帝时石渠议礼，其关于专经的分别组成各种专经《奏议》，而杂议五经的才编成《五经杂义》18 篇。当时数量不多，无法单独立目；汉人有一种观点，以为《孝经》可以统摄“六经”，郑玄《六艺论》就说：“孔子以‘六艺’题目不同，指意殊别，恐道离散，后世莫知根源，故作《孝经》以总会之。”[①] 于是《汉书·艺文志》将“五经”通论文献也归入其中了。

经过后汉、三国以及南北朝的发展，通论五经和通释五经之书已经不少，仅阮孝绪《七录》和《隋书·经籍志》所录已达 38 种。但是《隋书·经籍志》作者认为“《论语》者，孔子弟子所录。孔子既叙‘六经’，讲于洙泗之上”时的言论，与通论通解六经的著作有相同性质，因此仍将讲五经传授和孔子事迹的《孔丛子》、《孔子家语》、《孔子正言》(梁武帝)，通释五经词汇的《尔雅》和《释名》（刘熙）等，通注五经音读的《五经音》（徐邈)、《五经正名》（刘炫）等，通说五经的《白虎通》等，通辩五经异说义的《五经异义》等，通解五经礼制的《江都集礼》等，以及通说“五经”其他方面的文献，统统附录于《论语》类下。不过当时已经意识到此类文献的特殊性，因

① 郑玄《六艺论》，见邢昺《孝经注疏》玄宗《御制序并注》疏引，阮元校刻《十三经注疏》本。

此作者在《论语》类《小序》中已经对此类文献有“五经总义”的名称了，这说明当时对“五经总义”文献意识的觉醒。

《旧唐书·经籍志》始在经部第十类特设“经解”一目，后来诸家（如《宋史》）著录多因袭之。不过单从“经解”一词，还看不出此类文献的基本特征，因为“经解”一词既可以指五经，也可以指专经，它还不是一个“兼括诸经”或“通解群经”的专名。又加上《旧唐书》原有讹文，其《经籍志叙》讲经部分类时说：“九曰‘图纬’，以纪六经谶候；十曰‘经解’，以纪六经谶候；十一曰‘诂训’，以纪六经谶候。”三个子目都是“纪六经谶候”，显然错误。后面二目应当是“六经总义”、“六经训诂”的意思。惜其讹误，当时史家对此类图书的具体定义，已经不得而知矣。

《明史》有鉴于“经解”指向不明，故其经部第八改题“诸经类”，用以表明该类目录非指单经注解，而系多经之通说。但是“诸经”名称，世不习用，亦无典据。考刘勰《文心雕龙·正纬》有“商周以前图录频见，春秋之末群经方备”的说法，用“群经”一词概指“六经”以及“六经”影响下所产生的传记论说（如“七经”、“九经”等），典而有据。于是朱彝尊撰《经义考》，即采纳刘勰意见，改题“群经”，借以矫正“经解”、“诸经”的含混称法。但是如果单举“群经”一词，也还没有突出其通说通解诸经的实质，甚至还有可能误解成多部白文经书的汇刊，因此清初徐乾学辑刻《通志堂经解》，又将此类文献题名为“总经解”，稍微揭示出了“总聚诸经解说”的实质。

但是“总经解”一词含义仍然不明，是一书而总解群经呢？还是总辑诸经之解呢？如系前者，当然属于群经通释的文献；如系后者，则应当是经解丛书了！何焯点校《经解目录》（沈廷芳刻）中就明确指出“总经解”一词纯系杜撰；阎若璩《潜丘札记》卷六更说：“新刊《经解》，复阅一过……至‘总经解’三字，不通之至！”因此“总经解”一词未能约定俗成，为世遵用。

四库馆臣在编纂《四库全书总目》时，注意到《隋书·经籍志》虽附群经诸书于《论语》类后，又在《小序》缀有一语：“《孔丛》、《家语》、《尔雅》诸书，并‘五经总义’，附于此篇。”说明《隋书·经籍志》编者已有书兼“五经”、文属“总义”的概念，并且已有“五经总义”的称呼。四库馆臣于是采用《隋书·经籍志》的名义，将群经解说类文献称为“五经总义”。同时又将“校正文字及传经诸图，并约略附焉”。于此，解说群经的文献在目录书中才有了独立地位和正式名称，名之与实，两得其宜。

不过，“五经”概念毕竟表达的只是汉代经学的历史，随着儒家经典体系的扩大，特别是后世经学研究的深入，“五经”之后又有“七经”、“九经”、“十一经”、“十三经”等概念和词语；儒者之通解通说诸经，或三经、五经，或七经、九经，或十一经、或十二经、或十三经，或五经加四书。“五经”一词显然不足以代表整个儒家经典范式转换的不同状况，“五经总义”一词也不能概括后世儒者撰著此类文献的实际内容。清人徐时栋就批评说：“此类中所载各书，往往论解多经，断非‘五经’二字所该，即由诸书命名观之，如刘敞《七经小传》、毛居正《六经正误》、岳珂《九经三传沿革例》、钱时《融堂四书管见》、何异孙《十一经问对》之属，各自明标数目，此岂可以‘五经’二字统之者？……况功令明以《论》、《孟》、《孝经》为专经，‘三礼’皆《礼》，‘三传’皆《春秋》，尚各谓之经，总称‘十三经’，又岂可以‘五经’二字统该之乎？然则宜立何名，曰语求近古、义求其安妥，则与其准唐人之《隋书·经籍志》，不如采梁人之《文心雕龙》，而以‘群经’为号也。”① 因此《清史稿·艺文志》即用“群经总义”一词来取代“五经总义”，可谓名尽其变、义称其情。今取则焉，亦以“群经总义”命名此类文献。

第三节 群经总义文献举要

群经总义文献类型很多，有通论、通考、通释、摘要、类聚、表谱、图录、杂论、杂考等，内容则涉及经例、经义、经文、经读、章句、音韵、制度、名物、天文、地理、宫室、服饰、车舆、师授、辑佚以及鸟兽虫鱼等，有的目录书甚至还将大型的经学丛书、谶纬辑佚、石经考证等文献也都统统放在“群经总义”之下，可见群经文献之丰富且复杂。

本书已经将谶纬、石经和出土等文献单独别为一章，经学丛书的子目已经分别散在各个专经之下，这里所列举的群经总义要籍只就其通论、通考、通释或类分等功能来加以选择。兹拟以群经概论、群经通释、群经杂论、群经类编四大类别，择要介绍如下。

一、群经概论

群经概论，主要是从群经的体例、性质、内容以及传承等方面，来概述

① 徐时栋：《烟雨楼读书志》卷一一。又参余嘉锡《四库提要辨证》卷二，中华书局，2007 年。

儒家经典的著作。此类文献，在先秦已有段落出现，在汉代产生了单篇，至东汉才有专著。孔子之论"六艺"、庄生之论"六经"、《经解》之论"六教"、董生之论"六学"，皆为段落式群经总论。西汉后期刘歆撰《六艺略》，乃专篇性群经总义。及乎东汉，郑众撰《通义》、许慎撰《异义》、郑玄撰《六艺论》等，系统性群经总义专著才正式产生。

此类文献的继续发展，即是近代兴起的"群经概论"。此类文献，或考群经之形成，或述群经之名义，或析群经之义例，或溯群经之源流，是了解经典内涵及其流变的重要著作，也是研究群经以及研究经学史的入门途径。

1.《六艺论》1卷，（汉）郑玄著

所谓"六艺"即《易》、《书》、《诗》、《礼》、《乐》、《春秋》等儒家经典。徐彦《公羊序说》："郑君先作《六艺论》，然后注书。"而陈鳣则以为此书当作于其遍注群经后。此书是郑氏对于群经性质的精辟概括，乃精研群经之心得结晶，陈氏之说当近其实。开首为总论，以下按上述六经顺序，依次排列于后。每经之内，先述源流，次言旨趣，次叙师授，终述作之意。是体例完备的群经概论性著作。

原书久佚，今天通行的是清人辑本。其卷帙少者 20 余条，多者 40 余条，俱为断章残简之辑编，故每条之前并不标明"总论"或"某经"字样。是书因多用纬候之说，深为宋儒所诟病。盖东汉诸儒信据纬书，此亦时代风气使然，故清人朱彝尊为之多所辩护；马国翰甚至推许其"叙述经学源流，则非唐以后人所能望其项背也"。盖汉学为经学肇始，中经董卓之乱后，汉人著述十不存一，尽管此书仅有辑本，然而零珪断璧，不可多得，实为了解汉学之重要素材。

是书《隋书·经籍志》、《旧唐书·经籍志》、《新唐书·艺文志》俱作1卷，自《崇文总目》以下俱不著录，清人周中孚推断其已于宋初亡佚。清有多家辑本，如陈鳣、洪颐煊、严可均等辑本较为完备，皮锡瑞在诸家基础上，再作《六艺论疏证》，于例最善。

2.《六艺论疏证》1卷，（清）皮锡瑞撰

皮锡瑞自序："所憾五三旧籍，什一仅存，谶纬焚余，丛残捃摭。"由于纬书失传，故使"末学疏失，蔽惑繁多"，于是他"聊拾高密之坠遗"，辑佚疏释，以"俟达者之理董云尔"。其书体例乃"据各家辑本，参以己意，忘其僭妄，为作《疏证》"。皮氏所采者，有陈鳣、洪颐煊、严可均等辑，集清人《六艺论》辑佚之大成。因而得到叶德辉等人交口称赞。叶氏言："吾友皮鹿门孝廉……著作等身，实事求是，而于郑氏遗说，类皆有所发明。近出所为

《六艺论疏证》一卷相示，考订残阙，别白是非，无一语不求其安，无一字不征诸实。而言外之旨，则隐然忧学术之沦丧，惧党祸之愤争，非夫盛德君子，而能如是之忠言苦口乎?”

此书收入《皮氏经学丛书》，有《续修四库全书》影印本。

3.《郑志》8卷，(汉) 郑玄弟子纂集、(清) 皮锡瑞疏证

《隋书·经籍志》著录《郑志》11卷，魏侍中郑小同撰；《郑记》6卷，郑玄弟子撰。《后汉书》郑玄本传则称："门生相与撰玄答弟子，依《论语》作《郑志》八篇。"刘知幾谓："郑玄卒后，其子弟追论师注所述及应对时人，谓之《郑志》。"又说："郑之弟子，分授门徒，各述师言，更为问答，编录其录，谓之《郑记》。"(《唐会要》卷七七引) 四库馆臣据"《通典》所引《郑志》，皆玄与门人问答之词；所引《郑记》，皆其门人互相问答之词"，于是证明范晔《后汉书》和刘知幾之说可信。

郑玄一生遭逢党锢，以著述授徒为业，门徒众多，至于数千，郑玄死后，弟子各记所闻，著为二书。《郑志》是郑玄弟子所记闻于郑氏的语录，《郑记》则是郑玄弟子互相之间汇录郑玄的行事。参加著述之人，《郑志》有郗虑、崔琰、国渊、任嘏、赵商、张逸、刘熙、宋均诸人。

《郑志》篇卷，《后汉书》说是8篇，《隋书·经籍志》著录11卷，乃后人有所分合，"非诸弟子之旧本"。《新唐书·艺文志》、《旧唐书·经籍志》载《郑记》6卷，尚与《隋书·经籍志》相合；而录《郑志》9卷，又较《隋书·经籍志》少2卷。至《崇文总目》始不著录，则二书全帙盖亡于北宋初。

清修《四库全书》，两江总督采进3卷本《郑志》，经四库馆臣历考，断为"旧人所辑，非近时所新编也"；同时又发现"间有搜采未尽者"，如"诸经《正义》及《魏书·礼志》、《南齐书·礼志》、《续汉书郡国志》注、《艺文类聚》诸书所引，尚有三十六条"，于是辑而录之，以为《附录》1卷，录入《四库全书》中。其后又有钱氏、孙氏、袁氏辑本，成蓉镜又作《郑志考证》1卷。袁本后出最善，皮锡瑞据之作《郑志疏证》8卷、《郑记考证》1卷。

此书有《粤雅堂丛书》本、《后知不足斋丛书》本、《古经解汇函》本、《续修四库全书》本。其中又以《续修四库全书》影印光绪二十五年 (1899) 思贤书局刻本 (附《郑记考证》1卷、《答临孝存周礼难疏证》1卷) 为最优。

4.《北海经学七录》7卷，(清) 孔广林撰

孔广林 (1746—约1814)，字丛伯，号幼髯，山东曲阜人。廪贡生。孔继汾之子，孔广森之兄。官至刑部主事。治学首推许郑，尤精于礼。著作有关于"三礼"的《孔氏说经五稿》，另有辑郑玄经说的《通德遗书所见录》。

"北海"指郑玄，郑氏为北海高密（今属山东）人，故有此称。是书明伦以为得名源于郑氏有关七种经书（《易》、《尚书》、《毛诗》、《周礼》、《仪礼》、《礼记》等）的论说，分录为卷，故为"七录"。但是，王重民引《通德遗事所见录·后记》言："岁在甲午（乾隆三十九年，1774），辑《易注》、《书注》、《驳异议》、《箴膏盲》、《发墨守》、《释废疾》、《郑志》为《北海经学七录》，自是日积月累，前后共得十有八种。"（《中国善本书提要》）是书正为《北海经学七录》第七种，亦即《郑志》的辑本，乃汇集郑玄与门人有关经书的论答。由此看来，所谓"七录"，大概取列"第七种"之义，并非"七种"经说也。今传本卷末有《七录之八杂问》1 卷，总题为郑氏弟子撰。大概皆《郑记》之内容。

是书清人卢文弨在《致孔荭谷书》中言："令侄丛伯所辑《郑志》极佳，在诸本中最有条理，且点画亦致不苟，及与相台岳氏所刻注经相伯仲。"明伦以为是书"视库本为有据，各条下俱注出处，亦胜库本，以较库本，互有详略，即两本共收者，亦互有异同……读者取两本而合观之，从而补逸订误，于治郑学者不无俾也"。

是书收入清光绪十六年（1890）所刻《通德遗书所见录》，《中国善本书提要》、《续修四库全书总目提要》俱有著录。

5.《今古学考》2 卷，（清）廖平撰

廖平"长于《春秋》、善说礼制"（刘师培语），所撰《今古学考》即据礼制以区别汉代今古文学。是书为廖平的成名作，专为区别汉代的今文、古文经典和学派而作。上卷录制《汉书·艺文志》今古学经传师法表、《五经异义》今古学明目表、《五经异义》今与今同古与古同表、郑君以前今古诸书各自为家不相混乱表、今古学统宗表、今古学宗旨不同表、今学损益古学礼制表、今学因仍古学礼制表、今古学流派表、两《戴记》今古篇目表、今古学专门书目表、今古兼用杂同经史子集书目表、《公羊》改今从古《左传》改古从今表、今古各经礼制有无表、今古各经礼制同名异实表、今古各经礼制同实异名表、今古学鲁齐古三家经传表、郑君以后今古学废绝表、今学盛于西汉古学盛于东汉表、今古学经传存佚表，共 20 表，将汉代今古文经学的区分做了纲要性说明。下卷为百余则"经话"，是对上卷诸表的详细论说。

书中提出《周礼》是古文经学家的礼制纲领，《王制》是今文经学家的礼制纲领。《周礼》为周公著，《王制》为孔子手定。故今文经学祖孔子，古文经学主周公。孔子早年从周，晚年改制；从周主《周礼》，改制著《王制》。故古文经学祖孔子早年之说，今文经学宗孔子晚年之说。认为古文经传已被西汉末刘歆窜改，要判别经学中的今古文学，应以礼制为准。廖平此论实发前人所未发，首揭“经今古学”之秘，可谓为经学史中的“今古学”千年之争提供了一个绝佳的解决方案，俞樾推许《今古学考》为“不刊之作”。是书于光绪十二年（1886）著成，即风行南北，其以礼制平分今古的方法，为很多学者所肯定和接受，如言今文经学的皮锡瑞、康有为，言古文经学的刘师培、章太炎等，皆依廖平“平分今古”的学说来各自完善自家壁垒，从而揭开了以作今古文学分派来研究汉代经学的新篇章。

《今古学考》现存版本主要有光绪十二年（1886）《四益馆经学丛书》本、《新订六译馆丛书》本、《张氏适园丛书》本、巴蜀书社 1998 年版《廖平选集》黄海德标点本等。

6.《古学考》1 卷，（清）廖平撰

是书乃廖平继《今古学考》之后，其经学“二变”的代表之作。原名《辟刘篇》，撰于光绪十四年（1888），后经改定，更名为《古学考》。

书前有光绪二十年甲午（1894）四月廖平自记，述其撰著经过及缘由，云：“丙戌（1886）刊《学考》，求正师友。当时谨守汉法，中分二派。八年以来，历经通人指摘，不能自坚前说。谨次所闻，录为此册。以古学为目者，既明古学之伪，则今学大同，无待详说。敬录师友，以不没教谕苦心。倘能再有深造，将再改订。海内通人，不吝金玉，是为切望。”次为经话数十则，末附《周礼删刘》。

是书大旨，主要在于攻击刘歆伪作伪造古文经，其目的在于“尊今抑古”。书中指出从先秦到西汉哀、平年间，道一风同，经学皆守《王制》，祖孔子，绝无古文经学一说。古文经学起于刘歆作伪，刘歆作伪是为迎合王莽篡汉，故古文经多王莽所欲为者。并云刘歆作伪的手法主要有两种：一是引周公敌孔子，降孔子大圣为先师；一是攻五经不全，为其伪造古文经制造根据。自刘歆作伪后，才有所谓的古文经学。因廖氏此言，康有为遂有《新学伪经考》之作。

《古学考》撰成后，曾以传抄本行世（顾颉刚曾见康有为家有此书抄本），正式刊本则在光绪二十三年（1897），由成都尊经书局初刊。1921 年，四川存古书局再刻，收入《新订六译馆丛书》中。此后，又有北京景山书社 1931 年版《辨伪丛刊》张西堂标点本、巴蜀书社 1998 年版《廖平选集》赵载光标点本等。

7.《知圣篇》2 卷，（清）廖平撰

此书亦为廖平经学“二变”时期的代表之作。书凡正编、续编 2 卷，每编录经话数十则，正续编前皆各有《自序》一篇。

是书主要阐述廖平推尊今文经学的思想。在二变时期，廖平的经学思想已从“平分今古”转为“尊今抑古”，其转变的标志即是《古学考》、《知圣篇》二书。廖平经学二变，以其“抑古之意”者著为《辟刘篇》，后以《古学考》行世；以其“尊今之意”，著为《知圣篇》。如果说《古学考》的目的在抑黜古学，非毁刘歆的话，那么《知圣篇》则主要是宗崇今文，推尊孔子。是书认为：“孔子受命制作，为生知，为素王，此经学微言，传授大义。帝王见诸事实，孔子徒托空言，六经即其典章制度，与今六部则例相同。素王一义为六经之根株纲领，此义一立，则群经皆有统宗。”廖平以为，今文经各经，典礼俱备，皆为孔子为后世“改制”而作，其中“微言大义”，可以传于后世，致政太平。这就为康有为的《孔子改制考》提供了思想源泉。在《续编》中，又有反映廖平“小大之学”的“三变”思想及“四变”以后之“天人学说”，由此可考见廖氏经学“二变”以后的学术发展过程。

《知圣篇》正编成于光绪十四年（1888），光绪三十年（1904）由绥定府中学堂刻成。《续编》成于光绪二十七年（1901），并赓即付刻，与正编合编为《知圣篇》上下卷，收入《四益馆丛书》和《六译馆丛书》。宣统辛亥年（1911），张钧又将《知圣篇》收入《适园丛书》，由上海国学扶轮社印行。此外，是书亦有巴蜀书社 1998 年版《廖平选集》舒大刚标点本等。

8.《经学通论》5 卷，（清）皮锡瑞撰

皮锡瑞的今文学研究，既不遵循常州学派治“公羊”的路数，也不像廖平怪诞多变，而是善于整理旧说，径路清晰，文廷式曾论其学云：“公不讲常州及川学。公谓阳湖庄氏之学，尝蹈宋人改经陋习；川学即廖季平一派，分别古今，各自为学，甚是，然多失之附会。”（《皮鹿门年谱》）所著《经学通论》，又名《五经通论》，即论《易》、《书》、《诗》、《礼》、《春秋》五经。

是书凡 5 卷，首有皮氏光绪三十三年（1907）自序，述其撰作之由，云：“窃以为尊孔必先明经，前编《经学历史》以授生徒，犹恐语焉不详，学者未能窥治经之门径，更纂《经学通论》，以备参考。”正文从今文经学家的立场出发，以“治经六义”为要旨，采用专题的形式，就《易》、《书》、《诗》、《礼》、《春秋》诸经的撰著流传、内容要义、历代考订注疏的得失、读者治经的门径等问题，抒发所见，共 109 论，断言“经为孔子所定，孔子以前不得有经”，并对古文学派的主张多有批驳。全书遍涉群经，持论虽乏新意，但作为研究经学的入门书籍，仍不失为有学术价值的经学论著。

是书今存版本主要有稿本、光绪三十三年（1907）湖南思贤书局刊本、

《师伏堂丛书》本、《皮氏八种》本、商务印书馆排印本、中华书局据商务版校正重印本等。

9.《经学通论》，（民国）龚道耕撰

龚道耕（1876－1941），字向农，又字君迪、悲庵，别署蛛隐，晚而重听，又自号翁，四川成都人。13岁补县学生员。17岁中光绪十九年（1893）副榜贡生。26岁应庚子、辛丑并科乡试，中式举人，援例授为内阁中书。但无意做官，遂归故里，专事教育。历任四川省立第一师范学校、眉山县立中学、成都县立中学校长，国立成都师范大学代理校长，国立四川大学、华西协和大学两校教授。生平于学无所不窥，雅意经史，著有《经学通论》、《中国文学史略论》、《孝经郑氏注》、《字林考逸补遗》、《字林考逸校误》、《三礼述要》等140余种。

是书卷首有林思进民国十五年（1926）《序》，全书不分卷次，共设《群经名义》、《群经篇目》、《经学沿革略说》、《群经学说》四个章节，比较全面地展现了经学问题的基本内容和主要方面。尤其是《经学沿革略说》一章，将中国经学史分为"经学始于孔子"、"晚周秦代经学"、"汉初至元成时经学"、"哀平至后汉经学"、"郑氏经学"、"魏晋经学"、"南北朝经学"、"隋及唐初经学"、"中唐以后至北宋经学"、"南宋元明经学"、"明末清初经学"、"清乾嘉经学"、"道咸以后经学"十三个时期，这较仅以朝代废兴为断者实更具特识。当然，龚氏分期固然也有按时代或朝代分者，有的也是约定俗成的，如"晚周秦代经学"、"魏晋经学"、"南北朝经学"、"清乾嘉经学"等，但他更多的则是将一个朝代分成前后两段，或将几个朝代合成一个时段，如"汉初至元成"、"哀平至后汉"、"隋及唐初"、"中唐以后至北宋"、"南宋元明"、"明末清初"、"道咸以后"等等；有的甚至将一个人划分为一个时代，如"孔子"、"郑玄"等，这样划分看似零乱，时间长短也不一致，却更能体现学术萌芽、转变和盛衰的真正面貌，也更能看出学术典范转换的轨迹。故其友人庞俊评论说："明经学流变，秩如有条，视皮鹿门《经学历史》有过之无不及也。"① 而其他诸如名义训释、篇目考证、学说讨论等方面，亦有很多独创之见②。因此，是书颇受当时学界重视，一时成为成都各大中学校的通用教材。

是书今传版本主要有1927年成都刻本、1929年成都维新印刷局三版重

① 庞俊：《记龚向农先生》，载《志学》第6期；又载《国文月刊》第58期，开明书店，1947年；又载《旧唐书札迻》，龚向农编著，四川大学出版社，1990年。

② 参舒大刚：《龚道耕学术成就刍议》，载《社会科学研究》2008年第2期。

印本、1947 年成都薛崇礼堂刻本、《龚道耕儒学论集》（四川大学出版社，2010 年）李冬梅校点本。

10.《十三经概论》，蒋伯潜撰

蒋伯潜（1892－1956），名起龙，又名尹耕，以字行，浙江富阳新关乡（今大源镇）人。生平以教育为业，先后任上海大夏大学、无锡国学专修学校教授，上海市立师范专科学校中文系主任，杭州师范学校校长，浙江图书馆研究部主任，浙江文史馆研究员等。于经学、文学造诣颇深，文思敏捷，著述等身。主要著作有《经与经学》、《十三经概论》、《经学纂要》、《诸子通考》、《诸子学纂要》、《中国国文教学法》、《校雠目录学》、《字与词》、《章与句》、《体裁与风格》、《诗与词》、《散文与骈文》等。

《十三经概论》是一部介绍论述我国古代十三部儒家经典的入门书，系蒋伯潜在 20 世纪三四十年代"经学通论"课程讲稿的基础上撰写而成的，以期应教学之需，1944 年由上海世界书局出版。全书首有蒋氏《自序》，述其撰著缘由、经过及大旨。正文分为《绪论》及八编，其中《绪论》以"经与十三经"、"经学略史"、"今古文经学述评"三个专题概述经学诸题。八编则以十三部经书为编，每一编均以"解题"开始，对每部经典的基本知识一一做了通俗易懂而又全面深入的介绍，包括书名、编纂及流传的过程、时代、编者（或作者）、构成、体例，以及历来有争论的重要问题等等；其后又用大量篇幅分专题对每部经典的内容与性质做了周详而通俗的阐述，旨在告诉读者"何者必须精读，何者但须略读"，"使读者明了十三经之内容与性质，即使不读本书，亦能提纲挈领，知其梗概，进而阅读本书，更可收按图索骥之效"。如《尚书》分为"记事之书"和"记言之书"两大类，介绍有详有略，在阐释文义之外，另有一些文本的考订。又如《左传》以"晋献公杀申生"和"赵盾弑晋灵公"二事为例，把《春秋》三传加以比较，以"城濮之战"为例，分析《左传》叙事的特色。而对于《论语》和《孟子》二经，则按照内容将各章分类，加以讲解、分析和概括。如此分析介绍，对于初学经学者而言，无疑是非常有益的。

是书除 1944 年世界书局初版外，亦有上海古籍出版社 1983 年版以及上海古籍出版社 2010 年蒋绍愚导读版。

二、群经通释

群经通释，是对儒家多部经典的解释、考证、校勘和音注。西汉经师，主于专经传授，其所著述亦皆专经为编。后有经学通明，诸儒兼治五经，于是而有群经通释著作产生。及乎南北朝，经有异文，说亦歧义，陆德明撰《经典释文》，罗列异说异文。从此之后，诸儒之兼通群经者，或通释各书，或通校群经，于专经注释外，又呈现另一盛大景观。及乎清世，辑佚、校勘之学兴，于是而有辑录古经注疏之《古经解钩沉》，于是而有《十三经注疏校勘记》之纂。

此类图书，主要在于通解群经，如果将各经分析独立，有的实与专经丛书无别。

1.《经典释文》30卷，（唐）陆德明撰

陆德明博采汉魏六朝音义230余家，又兼采诸儒训诂，考校辨析，别其异同，撰成《经典释文》30卷。又撰《易疏》、《老子疏》，并佚。是书乃汇释群经音义的专书，陆氏《自序》述其草创之始称："粤以癸卯（583）之岁，承乏上庠……遂因暇景救其不逮，研精六籍，采摭九流，搜访异同，校之《苍》、《雅》，辄撰集五典、《孝经》、《论语》及《老》、《庄》、《尔雅》等音，合为三袟三十卷，号曰《经典释文》。"其书体例，则"古今并录，括其枢要，经注毕详，训义兼辨，质而不野，繁而非芜"。全书首为《序录》1卷，次《周易》1卷、《古文尚书》2卷、《毛诗》3卷、《周礼》2卷、《仪礼》1卷、《礼记》4卷、《春秋左氏》6卷、《公羊》1卷、《穀梁》1卷、《孝经》1卷、《论语》1卷、《老子》1卷、《庄子》3卷、《尔雅》2卷，凡30卷。

其内容以释音、释义、校勘为主，兼及句读。其中释音，既音经，又音注。倘遇一字数音，则首标正读，兼存众说；各题姓氏，以相甄识。标音方法主要有反切、直音、如字三类。体例是各书皆摘字为音，唯《孝经》是童蒙初学，《老子》因众本多乖，而摘取全句。此外，是书字义训释比较简略，校勘方面以校文字为主，又兼及其他。由此，不仅可以考证唐以前诸经的音读和古义，而且是研究音韵学和校勘学不可缺少的参考资料，故为后世治经音义及版本校勘者所宗。尤其是其卷一《序录》，考察了每部经典注释的传授史，总结了两汉魏晋南北朝的研究成果，可谓我国古代第一篇简明的经学史。其书列《老子》、《庄子》为经，此乃南朝玄学之习，多为后来正统儒者所讥评。

是书今存版本较多，主要有《通志堂经解》本、《抱经堂丛刊》本、上海古籍出版社影宋本等。另黄焯有《经典释文汇校》、吴承仕有《经典释文序录疏证》，可参考。

2.《七经小传》3卷，（宋）刘敞撰

是书乃刘敞以笔记形式杂论经义之作，大旨系以新说己意遍解群经。其所谓“七经”者，为《尚书》、《毛诗》、《周礼》、《仪礼》、《礼记》、《公羊传》、《论语》。全书共辑录笔记凡215条，数量以《论语》最多，85条；《周礼》次之，41条；《毛诗》、《礼记》、《尚书》又次之，皆各20～30条；而《仪礼》则仅4条，《公羊》亦仅3条。又体例不一，有不书经文而仅摘句解之者，亦有但书一句或数句而未加诠释者，亦有无首尾结构而不成文理者，又有直书经句而夹注于下者，因此学者推测其非刘敞写定之本。

在经义阐释上，刘敞一反先前章句注疏之学传统，多以己意改动或论断经文，已经开宋人肆议前儒之先声。北宋前期诸儒说经，犹恪遵前儒旧说，至敞《七经小传》出，始增新义。四库馆臣谓：“好以己意改经字，变先儒淳实之风者，实自敞始。”可见是书实唐宋间经学转型之嚆矢。

是书有《通志堂经解》本、《四库全书》本、《四部丛刊续编》本等。

3.《六经正误》6卷，(宋) 毛居正撰

毛居正，字谊父，或曰义甫，南宋衢州柯山（今属浙江）人。承其家学，精研六书，尝校监本经籍之误，著成《六经正误》。

是书为毛居正勘正六经文字讹谬之作。凡6卷，以《周易》、《尚书》、《毛诗》、《礼记》、《周礼》、“春秋三传”六经各为1卷。书前有宝庆初元(1225) 魏了翁序，述其撰著始末甚详，大意谓：宋宁宗嘉定十六年（1223）春，朝廷命国子监刊正经籍，国子监司成以为堪任校雠之任者，“无以易谊父”，于是“驰书币致之”，至则“尽取‘六经’、‘三传’诸本，参以子、史、字书、选粹、文集，研究异同，凡字义音切，毫厘必校”。其校勘之精，“儒官称叹，莫有异词”。时经一年有余，“刊修者凡四经”，可是因刻书“工人惮烦，诡窜墨本以给有司，而版之误字，实未尝改者什二三也”。后来又“欲修《礼记》、‘春秋三传’”，不料“谊父以病目移告，其事中辍”，致使原拟六经未得尽行校刻。有人建议：“纵令尽正其误，而诸本不同，何所取证？岂若录其正误之籍而刊传之，俾后学得以参考。”也就是说，六经全文无法刊刻，若将诸本异同校勘刊刻出来，以供大家参考，也是极有意义的事情。是即此书撰著始末。

书中旁征博引，精于考证，校勘六经文字异同，订正讹伪，审定笔画，字音字义训诂，多有所见。不过其中也存在偶有误说之处，《四库全书总目》曾摘其不合于经义者凡78条。然瑕不掩瑜，此书犹不失为研究“六经”文字正误，特别是经典文本在宋代流传情况的最有用之参考。故四库馆臣评论：“校勘异同，订正讹谬，殊有补于经学。其中辨论既多，不免疏舛者。……论其大致，则审定字画之功，固有不可泯没者矣。”盖得其实。

是书今存元刻本、明嘉靖二年（1523）郝梁刻本、《通志堂经解》本、《四库全书》本等。

4.《刊正九经三传沿革例》1卷，（宋）岳珂撰

岳珂（1183－1243），字肃之，号倦翁、亦斋、东几。原籍汤阴（今属河南），后居嘉兴（今属浙江）。岳飞之孙、岳霖之子。官至户部侍郎、淮东总领兼制置使。博通经史，生平著述颇多，有《刊正九经三传沿革例》、《愧郯录》、《桯史》等。又因痛恨其祖被秦桧陷害，编纂《金陀粹编》，以辨其祖之冤。

是书前有岳珂自序，述其撰著缘由经过，有云："世所传九经，自监、蜀、京、杭而下，有建安余氏、兴国于氏二本，皆分句读，称为善本。廖氏又以余氏不免误舛，于氏未为的当，合诸本参订，为最精。板行之初，天下宝之，流布未久，元板散落不复存。尝博求诸藏书之家，凡聚数帙，仅成全书。惧其久而无传也，爰仿成例，乃命良工刻梓家塾。如字画，如注文，如音释，如句读，悉循其旧，且与明经老儒分卷校勘，而又证以许慎《说文》、毛晃《韵略》，非敢有所增损于前。偏旁必辨，圈点必校，不使有毫厘讹错，视廖氏世彩堂本加详焉。旧有总例，存以为证。"

岳珂所刻九经，以廖刚厘定重刻本最为精审，岳珂惧其久而无传，遂取廖刚版九经，又增以《公羊》、《穀梁》二传及《春秋年表》、《春秋名号归一图》二书，校刻于相台书塾。并述其校刊之意，作为总例，即此《刊正九经三传沿革例》是也。书止1卷，分书本、字画、注文、音释、句读、脱简、考异、《公羊穀梁传》、《春秋年表》、《春秋名号归一图》诸目，分条论述，一一穷原竟委，皆精博可据。四库馆臣评论："参订同异，考证精博，厘舛辨疑，使读者有所依据，实为有功于经学。其论字画一条，酌古准今，尤属通人之论也。"所论诚然。

是书今存清初钱氏也是园影元抄本、清乾隆二十一年（1756）鲍氏困学斋抄本、清乾隆五十二年（1787）任大椿刻本、《四库全书》本等。

5.《融堂四书管见》13卷，（宋）钱时撰

钱时幼年即究明理学，后主讲象山书院。因右丞相乔行简推荐，理宗特赐进士出身，以荐授馆阁秘书校勘，又召为史馆检阅，辞去。其学大抵发明心性，议论宏伟精辟。著述颇多，有《周易释传》、《尚书演义》、《学诗管见》、《春秋大旨》、《四书管见》、《两汉笔记》、《蜀阜集》等。

是书凡13卷，为《论语》10卷、《古文孝经》1卷、《大学》1卷、《中庸》1卷。卷首有绍定二年（1229）自序，述其撰著之经过："时未弱冠，先

君子筠坡翁授以《论语》及《中庸》、《大学》，且曰‘只会得“学而时习之”一句，余书不解自通’。属遭多难，虽崎岖颠顿万状，服膺斯训，未尝废置。然不过寻绎先儒文义，助之演说。年逾四十，忽自警省，始大悟旧学之非。于是取三书读之，洒然如脱缠蔓矣。间因讲习，积而成编。后获从慈湖先师游，竟椟藏弗果出，迨今十有三载。春二月，儿辈请观，乃稍稍删润，附以音训，并述《古文孝经》二十二章，题曰《四书管见》。”此书以“四书”为名，但所解不及《孟子》而有《古文孝经》，与朱子之贬《孝经》异趋，亦与朱子之所谓“四书”不同。

其释经体例，先列经文，间则略加音训，然后诠释其大旨于后。其中《孝经》用古文，特标“本朝列圣以孝治天下，笃生贤哲，大道昌明，独于古文一书，知所崇尚，后生晚学敢不懋哉”。① 《大学》析为六章，不分经传，亦不用程朱改定之本。盖钱时之学出于杨简，简之学出于陆九渊，门户迥殊，故不用程朱之本。不过钱时虽为心学传人，论学宗于心性，大抵发明人心，但此书所论却多为平实之语。故《四库全书总目》评其“以笃实为宗，故其诠发义理，类多平正简朴，不为离析支蔓之言”。

是书今有《四库全书》本、《四库全书珍本初集》本等。

6.《黄氏日钞·经说》31卷，（宋）黄震撰

是书是《黄氏日钞》之一部分，历说诸经。《黄氏日钞》系黄震居官闲暇之余，阅读经史诸书，随手考订，以及所写奏劄、申请、劝解等文字的汇集，共100卷（元代重刻至今只有94卷）。是书宋末既已刊行，后因战乱，书版亡佚；黄震之孙礼之购求搜集，再予版行。是书产生背景，元人沈逵在重刻序言中有所勾勒，简言之，即因宋代科举“利诱之弊”，至南宋末年已达极端，而道学诸家又“徒事空言，而于躬行大业，或未之能”。百余年间，未得矫正，世道学术，大受蛊害。黄震于是志矫此弊，身体力行，崇学贵实，是书所录即其实学之一部分。

《日钞》说经之部凡31卷，有《读孝经》1卷、《读论语》1卷、《读孟子》1卷、《读毛诗》1卷、《读尚书》1卷、《读易》1卷、《读春秋》7卷、《读礼记》16卷、《读周礼》1卷、《读春秋左氏传》1卷。每经之先，首列总论性文字，简述该经传授之历史，以下再列对各经内容进行考订或解释（唯《孟子》无概论，《论语》无经文考订）。值得指出的是，《读春秋》总论说：“余故私摭先儒凡外褒贬凡例而说《春秋》者，集录之，使子孙考焉，非敢为

① 钱时：《融堂四书管见》卷十一“《古文孝经》”条引，文渊阁《四库全书》本。

他人发也。”又《读礼记》序也说：“今因并合各家所集而类抄之……使各家注文为一，而各出姓氏于下方，间亦节录，或附已意。”据此，知其于《春秋》、《礼记》二经已有“集解”性质的著述，并且粗具规模，只因黄氏严谨，没有单独成书而已。

其书虽曰“日钞”，实为“考订”和“集解”类著作，非特仅事抄胥而已。元人沈逵为是书序称：“裨孔、孟、周、程、朱子正大之学，粲然复明，如杲日行空，沈阴积霭，廓然为之一清，有目者皆可睹也。”诚为的论。至于《读春秋》与《读礼记》两部分，明清以来评价尤高，朱彝尊引明王圻之言曰：“五经，朱子于《春秋》、《礼记》未成书，慈溪黄东发取二经为之‘集解’，其义甚精，盖有补朱子之未备，且不欲显，故附于《日钞》中。”并且认为“后程端学有《春秋本义》，陈澔有《礼记集说》，皆不能过之”。正是由于《黄氏日钞》经说部分的特殊价值，朱彝尊撰《经义考》时，特别将其独立出来予以介绍。

《黄氏日钞》有元刻本、《四库全书》本。

7.《五经蠡测》6卷，(明) 蒋悌生撰

蒋悌生，字仁叔，福宁州（今福建霞浦）人。明洪武初举明经，任福宁州训导。有《五经蠡测》行世。

是书乃蒋悌生平生读书心得之汇集。蒋氏《自序》言：“愚幼读书……其素所尝疑，寻经传本旨，反复参研，旁摭证据，疑终未能解；所恨穷居僻处，孤陋寡闻，不能访求良师益友，以质所疑，每欲笔而志之，以俟后之同志……并以平日读书传义之外，已意管见，作为衍说，类附于后。”之所以用“蠡测”为名，盖自谦之词，取以蠡测海之义。

是书最后结集大概为嘉靖十七年（1538)，蒋氏生前并未刊行，值浮梁闵文振“纂修州志，旁访旧籍”，蒋氏裔孙蒋宗雨始献之，才得以刊行。然因为稿本保存不易，刊行时已有缺损，所谓“五经”，独缺《礼经》，实为《易》、《书》、《诗》及《春秋》4种。其中《易》1卷、《书》1卷、《诗》3卷、《春秋》1卷。闵文振附记云：“右五经，《诗》说独多，《易》、《书》次之，《春秋》为少，《礼记》亡阙。今犹题为《五经蠡测》，仍其旧也。”

是书先表明解释对象，或载经文，或但标章句之目；其解说，或大字，或为夹注，体例不很统一。四库馆臣疑为未完之稿，并指出其《书》说亦有佚脱。其说《易》，多斟酌程《传》、《本义》之异同；其说《书》，则于蔡沈《集传》多所订正；其说《诗》，对于《诗序》与朱子之说，颇有微词；其解《春秋》虽仅6条，然于胡安国之《传》，亦有信有疑。可见其学择善而从，

并无是此非彼的门户之见。明闵文振评论说：其书“意见精确，议论正当，间有与先儒训注互异，细玩味殊觉有味，又或句读读属上下不同，亦似有说，盖有功经典，有裨后学者也”。四库馆臣在指出蒋氏“僻居穷山，罕窥古籍，于考据引证，非其所长”的同时，也称赞其“覃精研思，则往往有所心得，名虽不及熊朋来，书则实在朋来上也”。周中孚亦言：“其说虽以宋人为主，但时立异同，知非斤斤然墨守宋学。”

是书有明嘉靖十七年（1538）浮梁闵文振刊本、通志堂刊本、文渊阁《四库全书》本。

8.《升庵经说》14 卷，（明）杨慎撰

杨慎知识渊博，著述宏富，有哲学、历史、地理、天文、金石、书画、文字、音韵、文学和文学批评等方面的著作达 400 余种，《明史》本传称：“明世记诵之博，著作之富，推慎为第一。”

《升庵经说》凡 14 卷，为杨氏诠释十三经的经学著作。有《周易》2 卷、《尚书》1 卷、《毛诗》3 卷、《春秋左传》附公、穀 2 卷、《礼记》1 卷、《大学》《中庸》1 卷、《周礼》《仪礼》2 卷、《论语》1 卷、《孟子》1 卷。按是书《千顷堂书目》卷三著录：“杨慎《升庵经说》八卷。”注又云：“一作《经说丛抄》六卷。”《授经图义例》卷二〇亦载：“《升庵经说》八卷。”而李调元《函海》则据焦竑 14 卷本刊本重刻。盖 14 卷本为完书，8 卷、6 卷为残本或不足本，诚如李调元所说：“盖皆后人抄逸，而此（14 卷本）独完善，洵足本也。”（《升庵经说序》）

是书诸经分列，不录经文，依条注释。慎雄才博雅，精于考证，他强调治经必先通古文字学，而又必须通过读准字音来理解字义，故《升庵经说》主要从正诂和审音两方面入手，对诸经各条进行诠释。其注解不仅有批评宋儒解经之误处，同时也注意辨正汉儒注经之误，不过所论则得失皆有。然正如江瀚所云：“披沙拣金，亦往往见宝。”对清代训诂考证学和音韵学的发展实有重要影响，故《续修四库全书总目提要》推为“明人经学之翘楚”。

是书今有《函海》本、《杨升庵丛书》本、《丛书集成初编》本、明抄本、清光绪七年（1881）广汉钟登甲乐道斋刊本等。

9.《七经孟子考文补遗》206 卷，（日本）山井鼎撰，物观补撰

本书题“西条掌书记山井鼎撰，东都讲官物观校勘”。山井鼎（1694—1728），本姓大神氏，名鼎，又名重鼎，字君彝，号昆仑，日本纪伊（和歌县）人。享保初（1716），入狄生徂徕之门，有志经学。三年（1718），西条藩主聘为儒臣，掌书记。后入足利学校，见其多藏古本，得唐时写本“七经”、《孟子》，遂

留之三年，遍校所藏古抄本及宋版《五经正义》，撰《七经孟子考文》。

物观（1673—1754），姓狄生，名观，初名玄览，字叔达，号北溪。狄生徂徕之弟。曾为西条侯东都讲官。山井鼎撰成《考文》一稿，于享保十一年（1726）抄献西条侯，旋即物故。西条侯更令物观作《补遗》，一同刊行[①]。

日本自隋唐始大规模效法中国，大至国家政策，小至百姓日用，儒学之推广、经书的刊刻发行，概莫能外。曾游历日本的杨守敬尝述其源流曰："日本刻经，始见正平《论语》，既翻兴国本《左传》，又有五山本《毛诗》郑《笺》，其全印'七经'者，自庆长活字本始……此本已非通行，惟足利侯国大学，始有全部。"（《日本访书志》）这里提到的《足利活字本七经》即是山井鼎、物观作《七经孟子考文补遗》的依据。

是书所谓"七经"，包括《易》、《书》、《诗》、《礼记》、《左传》、《论语》、《孝经》等7部经书，大概因《孟子》由子入经是很晚的事，因此日本仍袭唐制，将其列于诸经外单独标目。前有凡例，称其国足利学有宋版《五经正义》一通，又有古文《周易》3通、《略例》1通、《毛诗》2通、皇侃《论语义疏》1通、《古文孝经》1通、《孟子》1通，又有足利本《礼记》1通、《周易》、《论语》、《孟子》各1通，又有正德、嘉靖、万历、崇祯《十三经注疏》本，其"崇祯本"，即明毛晋汲古阁本。其纂述之例，盖首经、次注、次疏、次《释文》，专以汲古阁本为主，而以诸本考其异同。其考证之目凡五：考异、补阙、补脱、正误、谨案。所称"古本"，为唐以前博士所传，并为足利学活字本所统括。正文分卷，包括《易》10卷、《书》18卷、《诗》20卷、《礼记》63卷、《左传》60卷、《论语》20卷、《孝经》1卷、《孟子》14卷。

是书的价值，在于大量保存了中国不存的宋代刻本内容。四库馆臣以毛居正《六经正误》及岳珂《九经三传沿革例》所引宋本参核，推测其或为宋代的"监本"及"蜀大字本"，颇有道理。不过，四库馆臣甚至认为是书尚存秦焚书前徐福带往日本经典的内容，则无确据，恐不免有捕风捉影之嫌。另外是书与明人丰坊所言诸经的"海外之本"全不相同，故可证丰本系伪作无疑。

是书有文渊阁《四库全书》本。

10.《十三经义疑》12卷，（清）吴浩撰

吴浩，字养斋，华亭（今属上海）人。

---

① 黄遵宪《日本国志》卷三二、余嘉锡《四库提要辨证》卷二、顾永新《七经孟子考文考述》（《北京大学学报》2002年第1期）。

是书凡12卷，书名“十三经”，实只释十二部经书，每经1卷，故12卷。依次为《易经》、《书经》、《诗经》、《左传》、《礼记》、《周礼》、《仪礼》、《论语》、《孟子》、《公羊传》、《穀梁传》、《尔雅》，而无《孝经》。卷首有吴浩自序，述其撰著经过：“（浩）幸生圣世，得优游婆娑，以丘园老，日取诸经研究之，寤寐勿谖，寒暑无间，忘寝食者三十余年，或有揆之理而未甚确，斟之情而未甚安，每摘而出之，博采先儒之说而合订焉，必求其义之合乎理，近乎情，准之常道而至当，而后取而详说之。”

此书取诸经笺注，举其疑义，详加考证辨析。其考辨用力颇勤，多精详之处，如释《尔雅》“昏，强也”，谓“昏，当作昬，《书》‘不昬作劳’。昬音闵，与暋同，强也”。又《尔雅》“夏日复胙”，引《穀梁》杨疏云：“复胙者，复前日之礼也。《有司徹》贾疏云：复胙者，复昨日之胙祭。”等等，均可补郭注之阙。然亦有误说之处，如谓诸侯三卿，即使是正卿，也不能称大。但《管子》、《左传》等书，却有大司马、大司徒、大司寇之称。故《四库全书总目》评曰：“于注疏之学，虽未能贯通融会，而研究考证，具有根底。视剽剟语录，枵腹谈经，徒以大言臆断者，则胜之远矣。”《皇朝文献通考·经籍考》亦云：“浩于注疏之学，虽未能融贯，而考订颇核。《义疑》十二卷，较笺传之得失，辨注释之异同，其用力颇勤。”

是书今有文渊阁《四库全书》本、《四库全书珍本初集》本等。

11.《九经古义》16卷，（清）惠栋撰

惠栋是清代汉学吴派的代表，信汉崇古，以恢复汉儒旧音旧义为急务，是书纂集，亦复如是。惠氏《自序》云：“汉人通经有家法，故有五经师。训诂之学，皆师所口授。其后乃著竹帛，所以汉经师之说立于学官，与经并行。五经出于屋壁，多古字古言，非经师不能辨。经之义存乎训，识字审音，乃知其义，是故古训不可改也，经师不可废也。余家四世传经，咸通古义，守专室，呻稿简，日有省也，月有得也，岁有记也。顾念诸儿尚幼，日久失其读，有不殖将落之忧。因述家学，作《九经古义》一书，吾子孙其世传之，毋堕名家韵也。”可见此书是一部专门搜集汉师古训的著作。

全书凡16卷，首为惠栋自序，接下依次为《周易》2卷、《尚书》2卷、《毛诗》2卷、《周礼》2卷、《仪礼》2卷、《礼记》2卷、《公羊》2卷、《穀梁》1卷、《论语》1卷。其体例大致是先列举诸经原文，继引汉以来经师旧说古义，其中亦对旧说时有补正，但主要在于搜集和疏通。《四库全书总目》称：“栋作是书，皆搜采旧文，互相参证。”但由于过于信古嗜汉，其中不免有“爱博嗜奇不能割爱者”，有“曲循古人，失之拘执”者，有“牵引旁文，无关训诂，未免为例不纯”者。不过又认为：“自此数条以外，大抵元元本本，精核者多，较王应麟《诗考》、《郑氏易注》诸书，有其过之无不及也。”

是书今有文渊阁《四库全书》本、《贷园丛书初集》本、《皇清经解》本、《槐庐丛书二编》本、《省吾堂四种》本等。

12.《群经补义》5卷，（清）江永撰

江永于书无所不读，好深思，长于比勘，尤精于三礼，并长于步算、钟律、声韵。《群经补义》即为其诠释诸经之作。

是书凡5卷，卷一为《周易》、《尚书》、《诗经》，卷二为《春秋》，卷三为《仪礼》、《礼记》，卷四为《大学》、《中庸》、《论语》、《孟子》，卷五为《杂说》。全书不录经文，但随笔诠释，分条论说，有详有略。

书中所做的考证与诠释，乃至与某经有关的杂说杂议等，论证精核，考辨独到，于经文、注义均有发明，有功圣学。故被誉为“自汉经师郑康成之后，罕俦其匹”①，《四库全书总目》亦以为“能补注疏所未及”。不过其书对于郑注的驳正，却往往过当，有失偏颇。

是书今有文渊阁《四库全书》本、《皇清经解》本等。

13.《古经解钩沉》30卷，（清）余萧客撰

余萧客（1729—1777），字仲林，又字古农，长洲（今江苏苏州）人。聪敏好学，博览群书，凡唐代以前之经解、史传、类书，乃至佛、道之经藏，均尝涉猎。治经宗惠栋之说，崇尚汉唐古注，致力于提倡古学，发扬惠氏学风。世称其学在王应麟、顾炎武之间。著有《古经解钩沉》、《注雅别钞》、《文选音义》、《文选纪闻》、《文选杂题》等。

余氏长于辑佚，认为唐以前经籍注疏后世多有散佚，于是据史传、类书等记载，广泛搜辑唐以前的经籍注疏，详加考证、排比，编成《古经解钩沉》一书。自序谓此书始于乾隆二十四年（1759），成于二十七年（1762），“名曰《古经解钩沉》，言‘古’以别于现行刊本，言‘经解’不言‘注疏’以并包异同。‘钩沉’则借晋杨方《五经钩沉》之名”。

书凡30卷，编为14目，按《十三经注疏》次序编排，并加序录。即卷首为《序录》1卷，分前序、后序、例、录四部分，备述先儒名氏爵里及所著义训。其次为《周易》1卷、《尚书》3卷、《毛诗》2卷、《周礼》1卷、《仪礼》2卷、《礼记》4卷、《春秋左传》7卷、《春秋公羊传》1卷、《春秋穀梁传》1卷、《孝经》1卷、《论语》1卷、《孟子》2卷、《尔雅》3卷。不过

① 江藩：《国朝汉学师承记》卷五。

《序录》、《周易》、《春秋左传》又各分有子卷，实则33卷，故又有33卷之说。

是书体例为只录旧文，不加断制，与其师惠栋《九经古义》融会考证者为例不同，然详略则可以互参。书中所录诸经旧注，“自诸家经解所引，旁及史传、类书，凡唐以前之旧说，有片语单词可考者，悉著其目。虽有人名而无书名，有书名而无人名者，亦皆登载”①，并一一标明所出书的书名、卷数，可谓采掇旧诂，最为详核，且体例严整，辑文有征。又经文有同异者，皆以北宋精刻本参校，以正明代监版之讹缺。如此等等，足见此书对于研究唐以前儒家经学以及训诂学，都是非常有参考价值的。

是书现有文渊阁《四库全书》本、乾隆六十年（1795）刻本、清道光二十年（1840）补刻本等。

14.《十三经注疏校勘记》243卷，（清）阮元撰

阮元为清代经学家，以提倡学术自任。曾在杭州创诂经精舍，在广州创学海堂，嘉惠后学。又汇聚学者，从事编书刊印工作，主编《经籍籑诂》、校刻《十三经注疏》、汇刻《皇清经解》。生平博览群书，长于考证，所著有《诗书古训》、《十三经注疏校勘记》、《积古斋钟鼎彝器款识》、《山左两浙金石志》等。

南宋以前，经与注疏各自单行。宋光宗绍熙间，刻版印刷渐盛，始有经与注疏的合刻本。明清时期，日渐繁荣，合刻增多。清嘉庆时阮元又重新校刻《十三经注疏》，所据版本非常丰富，并撰写了《十三经注疏校勘记》，号为善本。是书成于嘉庆十一年（1806），凡243卷，其中包括《周易》11卷、《尚书》22卷、《毛诗》10卷、《周礼》14卷、《仪礼》18卷、《礼记》67卷、《春秋左氏传》42卷、《春秋公羊传》12卷、《春秋穀梁传》13卷、《论语》11卷、《孝经》4卷、《尔雅》5卷、《孟子注疏校勘记》16卷。且诸经《校勘记》卷首皆有阮元自序及引据各本目录，述其撰著过程和参校之本。《宋本十三经注疏并经典释文校勘记·凡例》中总结道：“诸经皆旧有校本，复就江浙经生授经分校，复加亲勘，定其是非，以成是记。”是阮元早年曾校勘过《十三经注疏》，并收集到有可供诸经校勘的版本，其在浙江任巡抚时，将自己的校本与收集到的各种版本交给他的朋友或门生臧庸、顾广圻、李锐等人，由他们做进一步的校勘，最后阮元再亲自复核，完成《十三经注疏校勘记》。

其中每部经书的具体校勘参与者，《周易》元和李锐校，《尚书》德清徐

---

① 永瑢等：《四库全书总目》卷三三《古经解钩沉》提要。

养原校，《毛诗》元和顾广圻校，《周礼》武进臧庸校，《仪礼》德清徐养原校，《礼记》临海洪震煊校，《春秋左氏传》钱塘严杰校，《春秋公羊传》武进臧庸校，《春秋穀梁传》元和李锐校，《论语》仁和孙同元校，《孝经》钱塘严杰校，《尔雅》武进臧庸校，《孟子》元和李锐校。而领其政、总其成者则是阮元自己。

是书校勘方法系广备众本，以声韵训诂为本，大旨是用众本互勘记其异同，正其是非，态度客观谨慎。由此，《十三经注疏校勘记》遂成为清代校勘学的集大成之作，是阅读《十三经注疏》时需要翻检的重要工具书和参考书。不过“经义高深，诂训繁赜，虽集众长以求一是，而千虑之失固所难免”①，清儒王念孙、翁方纲、陈寿祺即尝论其失。

是书今有清嘉庆刊本、民国时世界书局刊缩印本、中华书局刊影印本等。

15.《十三经注疏校记》，（清）孙诒让撰

《十三经注疏校记》系孙氏校读《十三经》的校勘学著作。是书以江西刻阮元校勘之《十三经注疏》为底本，所录经、注、疏文，概依原本之旧，阮氏《十三经注疏校勘记》亦按原本次第附录。全书不标卷次，以十三经次第编排，依次为《周易正义》、《尚书正义》、《毛诗正义》、《周礼注疏》、《仪礼注疏》、《礼记正义》、《春秋左传正义》、《春秋公羊传注疏》、《春秋穀梁传注疏》、《论语注疏》、《孝经注疏》、《尔雅注疏》、《孟子注疏》。所标校记除校正经、注、疏文字外，兼及阮元《校勘记》。

其体例是先录当校之经、注、疏文，后附以孙氏批校语。并于孙氏批校语前加○号，以便识别。阮氏《校勘记》依次附之，孙氏校语亦与其以○隔开。笔墨之色则多用朱笔，间用墨笔。其中校记详于三礼，而《周礼》条目尤多，篇幅几占全书之半，盖因孙氏精于三礼，为清代《周礼》学集大成者之故。其他经籍，条目则多少不等。

孙诒让的经学研究，继承了乾嘉汉学的传统，以小学为治经的途径，重视文字语言的训诂校勘之学。章太炎即云孙氏与俞樾、黄以周都“承休宁戴氏之术，为白衣宗，先生名最隐，言故训审慎过二师”②。故其《校记》一书可称是阮元《十三经注疏校勘记》后，清代学者通校十三经的又一重要学术成果。而其对阮元《校勘记》的补充和勘正，也为学者的研究提供了必要的参考资料。

---

① 《续修四库全书总目提要·经部》之《十三经注疏校勘记》提要。

② 章太炎：《瑞安孙先生伤辞》，见《太炎文录》卷二。

是书杭州大学图书馆藏有稿本。今人雪克曾据此辑录、整理，进行标点，1983年由齐鲁书社出版。此后又有补充和修订，纳入《孙诒让全集》中，由中华书局于2009年出版。

16.《经义述闻》32卷，（清）王引之撰

王引之与其父王念孙同为清代著名训诂学大师，世称“高邮二王”。嘉庆四年（1799）进士，官至礼部、工部尚书。幼承家学，精于声韵、训诂，著有《经义述闻》、《经传释词》等。

是书为札记体，分条训解《周易》、《尚书》、《毛诗》、《周官》、《仪礼》、《大戴礼记》、《礼记》、《春秋左传》、《国语》、《春秋名字解诂》、《春秋公羊传》、《春秋穀梁传》、《尔雅》，末有《太岁考》、《通说》等篇，凡32卷①。共有札记2045条。其中标明“家大人曰”或“大人曰”即王念孙的见解者687条。卷首有阮元《序》及王氏《自序》，自序云：“过庭之日，谨录所闻于大人者以为圭臬，日积月累，遂成卷帙。”又云：“既又由大人之说触类推之……不揆愚陋，辄取一隅之见附于卷中。”据此可知，此书乃王氏由从父受学中做的札记整理而成，并间附己意，故其署名虽为王引之，实则为王氏父子合著。这正如梁启超《中国近三百年学术史》所云“以父子而兼师友，此书亦可称父子合作也”。

王氏自谓其学乃“用小学说经，用小学校经”，是书即融小学、校勘、经学为一炉。其摘句而解之，引征广博，考辨深入，不为凿空之谈，亦不墨守一家之言。凡传注合于经者从之，不合者则参以他经而求其是。阮元《序》谓：此书“凡古儒所误解者，无不旁征曲喻而得其本义之所在，使古圣贤见之，必解颐曰：‘吾言固如是，数千年误解之，今得明矣。’”而对于难以定论者，则持“闻疑载疑”的客观态度，以俟来哲。本书善于词义的考证，多法并用，必求其真，足以启迪后学，迄今仍为研经治学者所崇尚，有“百余年来殆无出其右者”之评。

是书今有稿本、嘉庆二年（1797）刻本、道光七年（1827）寿藤书屋刻本、《皇清经解》本、《四部备要》本、江苏古籍出版社2000年影印道光七年本等。

17.《群经平议》35卷，（清）俞樾撰

俞氏治经，宗师王念孙父子，以文字学为重。尝谓“治经之道，大要有

---

① 是书初刊于嘉庆二年（1797），乃其未完本。道光七年（1827）重刻于京师，即今通行之32卷足本。学海堂本仅28卷，系据道光本略去《太岁考》及《通说》而成。

三：正句读、审字义、通古文假借”，“三者之中，通假借为尤要”。（《群经平议·自序》）于是仿《读书杂志》、《经义述闻》作《群经平议》。是书乃俞氏经籍训诂之作，凡35卷，前有《自序》，主要是对《易》、《书》、《诗》、《周礼》、《仪礼》、《礼记》、《大戴礼记》、《春秋公羊传》、《春秋左传》、《国语》、《论语》、《孟子》、《尔雅》诸书进行平议，即选取书中一些难解字句加以训释，以使读者理解全句的含义。大旨在审定诸书的句读，考辨字义，订正舛误。亦对经中制度多所论及，如论《周礼·考工记》世室、明堂诸制，驳正郑玄注解，可补戴震《考工记图》的不足。

书中所论，多有俞氏创说，也有前修时贤已言之而俞氏更申论之者，大多言之成理，信而有征。可以说是继王氏父子之后，解决了经书中许多难读或前人误解的文句。故俞氏对此书尤为自负，每每将其比附王氏《经义述闻》，自谓：“余之此书窃附王氏《经义述闻》之后，虽学术浅薄，倘亦有一二言之幸中者乎。”（《群经平议·自序》）。不过其中也存在着一些不足，李慈铭《越缦堂日记》即指出其书内容“惬心者甚少”，认为书中有些训释牵强武断，此亦贤者之过也。

是书今有稿本、《春在堂全书》本、《皇清经解续编》本等。

18.《十三经注疏正字》81卷，（清）沈廷芳撰

沈廷芳（1702—1777），字椒园，浙江仁和人。乾隆元年（1736）以监生应博学鸿词试，入第二等，授庶吉士，翰林院编修。考选御史，屡上章言时政，为时所称。后累官至山东按察使，所至皆有声绩。晚年辞官以讲学终老。著有《十三经注疏正字》，另有与人合编《余山全书》。

所谓“十三经注疏”，包括唐孔颖达等《五经正义》，贾公彦《周礼》、《仪礼》注疏，北宋所刊崔颐正、孙奭、崔偓佺等雠校《公羊传》、《穀梁传》、《周礼》、《仪礼》、《孝经》、《论语》、《尔雅》七经疏，以及南宋所增入的《孟子》正义。明神宗万历中令国子监予以汇刻，是为监本“十三经注疏”。此后陆续有重修监本、陆氏闽本、毛氏汲古阁本。因旧监本和陆氏闽本世藏不多，而重修监本较之旧本讹误多达十之二三，因此有重加校正的必要，此为是书撰作之缘。

是书以重修监本与毛氏汲古阁本比勘，并参之以旧监本及陆氏闽本，而音义、释文则以徐乾学通志堂本为准。体例效法《韩文考异》之例，各以本句标题，而列其异文，判其得失于下。凡《周易》3卷、《尚书》5卷、《诗》14卷、《周礼》10卷、《仪礼》11卷、《礼记》15卷、《左传》10卷、《公羊传》4卷、《穀梁传》2卷、《孝经》1卷、《论语》2卷、《孟子》1卷、《尔雅》

3卷。

四库馆臣称许是书："参稽众本，考验六书，订刊板之舛讹，祛经生之疑似，注疏有功于圣经，此书更有功于注疏，较诸训诂未明而自谓能穷义理者，固有虚谈、实际之分。"不过，因为籀、篆、八分、隶书递相更变，偏旁点画之变化，已非许慎所能尽穷，加之经师口传，各据专门，而假借通用错出其间；又《十三经注疏》卷帙浩繁，以一人之力，精博不易。因而是书所考，或拘或漏，均在所难免。

是书有文渊阁《四库全书》本。

19.《十三经音略》12卷，(清) 周春撰

周春，字松霭，号黍谷居士，浙江海宁人。乾隆十九年 (1754) 进士，官广西岑溪知县，有古循吏之风。平生于四部七略，靡不浏览，究心字母，尝遍观释藏六百余函，于韵学尤有心得。著有《十三经音略》、《中文孝经》、《孝经外传》及《尔雅补注》等。

皮锡瑞尝言，清代乃经学"复盛时代"，清儒超越前人的学术贡献即为"通小学"。顾炎武《音学五书》实开古韵研究之先河，其后江永、戴震、段玉裁、孔广森等"益加阐明"，音韵之学方大行其道，此即是书产生的大背景。另外，古人语言文字与今有较大的出入，汉儒说经有长言、短言之分，读为、读若之例，唐人已不甚讲，宋以后更不复辩。诸儒解经，遂有冥行擿埴、郢书燕说之弊，这与音韵不明不无关系。周春欲起而明之，故作是书。

书凡12卷:《易》1卷、《书》1卷、《诗》2卷、《春秋三传》1卷、《三礼》1卷、《四书》1卷、《孝经》1卷、《尔雅》3卷。后附《大戴礼记》1卷。

是书一大特色是主"字母之说"，借鉴佛经翻译的相关理论，以36字统摄诸经音读。如《易辩音》言："需，陆氏《释文》音须，心母字，今通读为舒，乃心音转为审也；濡音儒，繻亦音儒，并日字母，今通读濡繻并如舒，则由需字偏旁而误。"叶德辉评价是书："既精且博，当时治经者无不推崇。"但因周氏勇于创新，对顾炎武、毛奇龄、江永、戴震亦致微词，且援佛经立论，故叶对此很不以为然。对于叶氏之批评，《续修四库全书提要》为之辩护，说："然古无韵书，今有韵书，春谓'讲求字母，实音韵之正派，不可以师心'者，故笃论也。"另外需要指出的是，本书"十三经"之称，与宋明以来习惯稍别，其中以"四书"单独成卷，且附《大戴礼记》，可见其以"十三经"概指群经。

是书有嘉庆七年 (1802) 刻本、《粤雅堂丛书》本。

三、群经杂论

群经杂论，是对儒家经典的思想、制度、掌故等，进行杂说杂考的著作。汉世经学虽主专经，然而师有师说，家有家法，于是异说纷起，彼此互歧。汉宣帝于石渠阁集诸儒论礼，欲以统一经说，其纯论专经者集为专经《奏议》，而杂说五经者则汇为《五经通论》，是即此类文献之滥觞。东汉章帝又有白虎观会议，班固亦纂集诸儒论说，以成《白虎通义》，亦是杂论之属。许慎又详考今古文各家师说，撰成《五经异义》，郑玄又作《驳五经异义》，亦是五经杂论之作。

及乎后世，或断经之异说，或申经之新义，或辨经制，或述经艺，主题不一，体裁亦异，是皆归入"群经杂论"，以备观览。

1.《白虎通义》6卷，(汉)班固撰

班固(32—92)，字孟坚，班彪之子，东汉扶风安陵(今陕西咸阳东北)人。少"能属文诵诗赋，及长，遂博贯载籍，九流百家之言，无不穷究。所学无常师，不为章句，举大义而已"(《后汉书·班彪传》)。除兰台令史，迁为郎，官至玄武司马。随军征匈奴，兵败受牵连，后死于狱中。除《汉书》外，另有《两都赋》等词赋作品行世。《后汉书》有传。

《后汉书·郑玄传》言："汉兴，诸儒颇修艺文，及东京，学者亦各名家。而守文之徒，滞固所秉，异端纷纭，互相诡激，遂令经有数家，家有数说，章句多者或百余万言，学徒劳而少功，后生疑而莫正。"为平息今文经学内部纷争，章帝遂效法石渠阁会议先例，于建初四年(79年)，"大会诸儒于白虎观，考详异同"，并"亲临称制"，论争"连月乃罢"，《白虎通义》即为当时会议结论性成果之一。

今传的元明刻本分为上下两卷，卷上有爵、号、谥、五祀、社稷、礼乐、封公侯、京师、五行、三军、诛伐、谏诤、乡射、致仕、辟雍、灾变、耕桑十七篇，卷下分二十七篇，分别为封禅、巡狩、考黜、王者不臣、蓍龟、圣人、八风、商贾、文质、三政、三教、三纲、六纪、情性、寿命、宗族、姓名、天地、日月、四时、衣裳、五形、五经、嫁娶、绋冕、丧服、崩薨，上下篇共计四十四篇。明王世贞认为是书"言礼乐、名物、制度甚详，往往杂取经传，不违理背道，而独与五行之生克次第，悉取人事以配之，大抵出于不韦、仲舒之绪论。而其他立赏罚、议褒贬则《公》《穀》之义居多，至纪封禅，而谀心尽露矣"。

是书题名歧出，《隋书·经籍志》载《白虎通》6卷，不著撰人；《旧唐

书·经籍志》言《白虎通义》6卷，始题班固之名；《崇文书目》称《白虎通德论》10卷，凡十四篇；陈振孙《直斋书录解题》作10卷，“四十四门”。结合史传，四库馆臣断言上述三名实为一书，其书本名应为“白虎通义”，《旧唐书·经籍志》为是；《隋书·经籍志》删“义”，盖为流俗所省；至于《崇文书目》所称，则“失其实矣”，且十四篇应为“四十四篇”之讹。元大德中刘世常所藏为10卷，凡四十四篇。明新安吴琯校本分作两卷。《关中丛书》则从元刻本作10卷。

2.《五经异义》（辑）1卷，（汉）许慎撰

许慎，字叔重，汝南召陵（今属河南漯河市）人。曾从贾逵受古学，世称博学，时人语“《五经》无双许叔重”。尝为郡功曹，举孝廉，官至太尉南阁祭酒。有《说文解字》14篇行世，另《五经通义》卷数不详，清人王仁俊辑为1卷。

东汉置《五经》“十四博士”，亦“各以家法教授”（《后汉书·儒林列传序》），后来，“太学试博士弟子，皆以意说，不修家法”（《后汉书·徐防传》），有鉴于当时“《五经》传说臧否不同，于是撰为《五经异议》”（《后汉书·许慎传》），此即是书之写作背景。

是书之内容，惠栋《后汉书补正》条列颇周详，大致言之，于《易》有孟京说、施雠说、下邳傅甘容说；于《尚书》有古本说、贾逵说、今本欧阳夏侯说；于《诗》有齐、鲁、韩、毛四家说，《鲁诗》韦玄成说、匡衡说；于《春秋》列《左氏》、《公羊》、《穀梁》三说外，又有陈钦说、贾逵说、董仲舒《公羊》说、眭生说；于《礼》有古《周礼》说、《礼记》大小戴说，另有古《孝经》说、今《论语》说等。许氏博存众说，古今兼采，不愧“五经无双”之誉。

自从郑玄“囊括大典，遍注群经，网罗众家，杂采今古”之后，经学今古文界限从此泯灭。随着魏晋以来经今文学的式微，有关两汉经今古文之争的学术公案于后世较为渺茫，但是其内部纷争之具体实际，端赖许氏《五经异义》得以保存。故后人欲观两汉经今古文之异，必从《五经异义》而发其端。陈寿琪曾言：“此篇虽略，然典礼之闳达，名物之彰明，学者循是而讨论焉，其于昔人所讥辟雍巡狩之议，幽冥而莫知其源者，庶乎可免也。”①

是书《隋书·经籍志》著录为10卷。《旧唐书·经籍志》、《新唐书·艺

① 陈寿祺：《五经异义疏证》自序，嘉庆十八年（1813）三山陈氏刻本，《续修四库全书》第171册影印，上海古籍出版社，2002年。

文志》乃并入郑玄针对是书所作的《驳议》。至《崇文书目》、《郡斋读书志》、《直斋书录解题》、《通志》、《宋史·艺文志》均不载，朱彝尊曰："唐以后无传，仅散见于《初学记》、《通典》、《御览》诸书所引，至于郑康成《驳义》、《三礼正义》之外，仅存数条。"① 显然，是书亡佚已久，今仅存王复辑本1卷。张之洞《书目问答》言："《五经异义》并《驳义》一卷，《补遗》一卷，汉许慎撰，郑玄驳。王复辑，《问经堂丛书》本、《艺海珠塵》本。又《疏证》三卷，陈寿祺撰，家刻本、学海堂本。"

3.《五经异义疏证》3卷，（清）陈寿祺撰

汉代经学详情如何？在清"汉学"复兴的背景之下，这是学者关注的热点问题之一。然而两汉经学著作至清代已十不存一，于是通过辑佚汉人经学成果，不失为一变通的做法。陈寿琪之前，清人关于许慎《五经异义》的辑佚工作已取得了一定的成绩。除聚珍本外，有秀水王复本、阳湖庄葆琛本、嘉定钱大昭本、曲阜孔广林本，其中孔本"条理差优，而强立区类，欲还十卷之旧"，陈寿祺颇不以为然，于是在此基础之上参证校勘，并为之"疏证"。

当时，孔氏本题篇可见者有25类，其中第五"田赋"、第六"通号"、第八"罍制"等三类篇次尚存，其他以类相从，略具梗概。在详细参证后，陈氏"复刺取诸经义疏、诸史志传、《说文》、《通鉴》，及近儒著述及许、郑相发明者，以资稽斀，间附'蒙案'疏通证明，厘为上、中、下卷"（《五经异义疏证自序》）。

是书是许慎《五经异义》的增辑本和疏证本，具有许氏原著复原和诸儒异说、汉家制度阐释的双重作用，足以取代此前各家辑本。陈氏弟子王捷南尝言："先生究硕学于既衰，汇众流以仰镜。则是书之作，不特为许郑功臣，盖亦正俗宏风之一助。"周中孚亦谓："《异义》原书，几于十不存一，然有是编以饷学者……而诸家所辑本虽原，俱束之高阁可也。"（《郑堂读书记》）江翰也说："是编于六宗之议，则谓俱疑莫能明，深得盖阙之旨，而于禘祫之疏数，明堂之制度，则援据该详，持论精卓。"此可证王氏之说盖出公论，非仅陈氏弟子之私爱也。

是书有《陈左海全集》本，《续修四库全书》第171册据嘉庆十八年（1813）本影印。

4.《驳五经异义》1卷、《补遗》1卷，（汉）郑玄撰

郑玄以毕生精力遍注群经，用他自己的话说是"述先圣之玄意，思整百

① 朱彝尊：《经义考》卷二三九"许氏慎《五经异义》"按语。

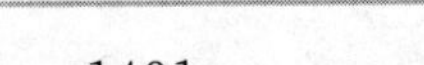

家之不齐”。其注经的风格，整体上说是“囊括大典，网罗众说，删裁繁芜，刊改失漏，择善而从”（《后汉书·郑玄传》），但是对异说也有所驳辩，有破有立，如果说诸经注解主旨在于“立”的话，此书则大概体现其“破”的功夫。其辩驳对象是许慎《五经异议》，因此《旧唐书·经籍志》、《新唐书·艺文志》都将其附入许氏原书之中。

是书《后汉书·郑玄传》有“《驳许慎五经异义》”之名，《隋书·经籍志》有“《五经异义》十卷，后汉太尉祭酒许慎撰”，而不记郑玄之《驳议》。《旧唐书·经籍志》、《新唐书·艺文志》记“《五经异义》，十卷，许慎撰、郑玄驳”，大概当时《驳义》已经合入《五经异义》之中。由《宋史·艺文志》不载二书来看，可能郑著也随许书亡于唐末五代。今有辑本1卷，或谓王应麟所编。清代有多家辑佚之作，朱彝尊、王复、袁钧、孔广林、黄奭、陈寿祺等人均有辑本。四库馆臣据辑重加校订，并参照朱彝尊、惠栋所增条目，整理出57条，别为《补遗》1卷。《四库简明目录》说“原本十卷，久已散佚，此本乃从诸书中抄撮而成”，正谓此也。晚清皮锡瑞又以体例最善的袁钧本为底本，参互钩稽，兼采陈寿祺疏证及孔广林诸家之说，集诸本之长，作《驳五经异义疏证》10卷，兹为最善。

5.《驳五经异义疏证》10卷，（清）皮锡瑞撰

许慎撰《五经异义》，分别叙述今文经学与古文经学的不同内容。郑玄撰《驳五经异义》，融合今文、古文，加以辩驳，两书均已散佚。清人加以辑佚，著名者有王复本、庄述祖本、钱大昭本、孔广森本、袁钧本、陈寿祺本。陈本取王、庄、钱、孔诸本而参订之，采诸经义疏、诸史志传、《说文》、《通典》及近儒著述，与许、郑相互发明者，以资稽核，并加以说解，名《五经异义疏证》。皮锡瑞论陈本曰：“陈氏《疏证》，义据通深，金坛诧为异书，学海刊入《经解》。承学之士研寻靡既，考其得失，可略言焉。典礼闳达，名物章明，巨自郊社禘祫，细至罍觯鏕钟，开发蕴奥，甄经史之精英，剖析毫厘，释疏家之疑滞。导先河于千载，洵闇室之一镫乎！”不过皮氏亦指出陈氏辑本有“漏略”、“疏阔”、“习非”、“炫博”四失，遂参核此书，益以袁钧之辑本，参互钩稽，集其大成，名曰《驳五经异义疏证》，共10卷。

此书特点有二：一是皮氏疏证较陈氏详备。皮氏曰：“据袁氏之辑本，述‘陈案’之原文，补其阙遗，剔其芜滥。窃意汉儒旧义，今文师说尤衰。愿尽扶微广异之心，弗沿党同妒真之习。自抒心得，讵惜杀青之劳，翘异前人，敢矜出蓝之美。”其撰书之目的之一即是补陈氏之不足，因此其书较陈氏为详，当在情理之中。二是皮氏为许、郑经说作疏证，其根本意图仍在分别今

古文，维护经学之家法。皮氏认为，许慎、郑玄之学皆是兼综博采，融会今古之学。通过疏证许、郑经说，从而分辨今古文，经学家法遂由晦而明。邵瑞彭云："许、郑皆治古文，而先生为今学。郑君左右采获，有营乱师说之嫌，先生则以理董旧义、钒分家法为己任。"①

除了疏证体广征博引的特点外，皮氏还多附按语，以阐发己意。如关于类祭，段玉裁、陈寿祺观点不一，皮氏从今古文之分别的角度加以疏释："段、陈两说不同，一谓《说文》从古《尚书》说，一谓《说文》从今《尚书》说。今古文说大同小异，今说类为郊天，古说类为告摄，而以为事类祭之则同。故一谓《说文》从今，一谓《说文》从古也。"案段以为《说文》用古文说，而陈寿祺以《说文》从今文说。皮氏认为，今古文说于此是大同小异，以为事类祭之则同。又如关于爵制，皮氏曰："陈氏分别许、郑，今古文两说皆精确。许以《周礼》说驳《韩诗》说，是谓今古说异；郑从马季长订正《周礼》误字，与《韩诗》说不异，是谓今古说同。"案《周礼》为古说，《韩诗》为今说，许慎据《周礼》驳《韩诗》，是谓今古说异；郑玄从马融订正《周礼》误字，与《韩诗》说不异，是谓今古说同。皮氏有时以今古文说同，这并非混同今古文，而是在分别今古文的前提下，认识到今古文并非水火不容，而是有可通的可能。这更能说明皮氏对区分今古文之重视，其区分今古文，是以恪守经学家法指向的。

是书有湖南思贤书局刊本、《续修四库全书》本。

6.《郑记》6卷，(汉）郑玄弟子撰

《隋书·经籍志》著录《郑记》6卷，郑玄弟子撰。刘知幾谓："郑之弟子，分授门徒，各述师言，更为问答，编录其录，谓之《郑记》。"(《唐会要》卷七七）四库馆臣考《通典》"所引《郑记》，皆其门人互相问答之词"，参加《郑记》者有焦乔、崇精、王权、鲍遗、任厥、崇翱、桓翱、刘德、陈铿、陈铄诸人。《旧唐书·经籍志》、《新唐书·艺文志》载《郑记》6卷，尚与《隋书·经籍志》相合，而不著撰人。《崇文总目》已不著录，则盖亡于北宋初。清袁钧有辑本，皮锡瑞作《郑记考证》1卷。

7.《匡谬正俗》8卷，(唐）颜师古撰

颜师古（581—645），字籀，其先琅琊临沂（今属山东）人。祖颜之推迁居关中后，遂为京兆万年（今属陕西西安）人。唐代著名学者。历官燉煌公

① 邵瑞彭：《重刊皮氏驳五经异义疏证序》，《驳五经异义疏证》卷首，民国二十三年河间李氏重刊本。

府文学、中书舍人、中书侍郎、秘书监。少传家业，遵循祖训，博览群书，学问通博，擅长于文字训诂、声韵、校勘之学。注《汉书》、《急就章》等，著《匡谬正俗》及文集40卷。两《唐书》有颜师古传。

隋唐一统，百废待兴，经史学术，纷然淆乱，文字形体，错讹满纸。欲求文化繁荣，学术雅正，必须首先审定经学，统一文字。师古先承命纂定《五经定本》，以审正经典文字；又奉诏与孔颖达等纂定《五经正义》，以统一经说；又修订《五礼》，以统一礼仪制度；复又以私所记录，撰著《匡谬正俗》，以驳正俗文谬字。

是书乃颜氏未完之稿，其子扬廷进表说："臣亡父先臣师古尝撰《匡谬正俗》，稿草才半，部帙未终……臣敬奉遗文，谨遵先范，分为八卷，勒成一部。"知为扬廷所续成。是书8卷，共182条：前4卷凡55条，皆论诸经训诂音释。后4卷凡127条，皆论诸书字义、字音及俗语相承之异。每条先标识所释对象，然后引经史为证，兼及后人解说，最后自己再做论断。

扬廷奏进本书表又称："百氏纰漏，虽未可穷，六典荒讹，于斯矫革。"唐高宗览后，称赞是书"讨论经史，多所匡正……发明故事，谅为博洽"。四库馆臣亦言，是书"考据极为精密……古人考辨小学之书，今皆失传，自颜之推《家训·音证篇》外，实莫古于是书"。不过由于此书为师古未完之作，其前后不免"乖剌极多"（陈振孙语），具体情节，清陆心源在《皕宋楼藏书志》中言之甚详。另外是书在辨正音义时，亦有不当之论，四库馆臣尝批评其书"惟拘于习俗，不能知音有古今"，并举13例以正之，颇中肯綮。

是书《旧唐书·经籍志》、《新唐书·艺文志》、《郡斋读书志》、《文献通考》皆作《匡谬正俗》，《通志》、《宋史·艺文志》则作《刊谬正俗》，盖避宋太祖之讳。有旧抄本、乾隆间刻本、文渊阁《四库全书》本、《艺海珠尘》本、《小学汇函》本及《丛书集成初编》本。

8.《程氏经说》7卷，（宋）程颐撰

是书由程颐平时讲论经书之语汇集而成，为程门后学所编。共7卷，其中《系辞》1卷、《书》1卷、《诗》2卷、《春秋》1卷、《论语》1卷、《改定大学》1卷。其中《诗》、《书》、《论语》经解当为平时课堂讲论。《春秋传》虽为注解之作，但并未完成。《系辞传》1卷，《文献通考》并入《易传》，作10卷。《宋史》则于《易传》9卷外，别著录1卷。《改定大学》兼载明道（程颢）之说。明徐必达编《二程全书》，于《经说》别增《孟子解》2卷，《中庸解》1卷，因二者皆非程子手著，四库馆臣以为不妥。

陈振孙尝言"程氏之学，《易传》为全书，余经具此"。由此可见，除

《易传》之外，是书囊括了程氏其他诸经解说，对于探讨程氏经学成就及其思想，是书价值不可忽视。

是书《直斋书录解题》、《文献通考》、《宋史·艺文志》均作“《河南经说》七卷”。四库馆臣作“《程氏经说》七卷”。其门目卷帙与宋旧本相同。今载入中华书局1981年版《二程全书》中。

9.《六经图》6卷，(宋)杨甲原著、毛邦翰补

杨甲，字嗣清（陈振孙作“鼎卿”），南宋遂宁（今属四川）人。乾道二年（1166）对策，言“恢复之志不坚者二事”，孝宗览对，不悦，置第五，赐文林郎。清议推之，有声。性忠耿，不肯折节事人，后隐居灵泉山。《中兴书目》记杨甲为“布衣”，恐误。著有《棣华小稿》行世。

毛邦翰，南宋衢州江山（今属浙江）人。绍兴二十七年（1157）进士。乾道初，官抚州州学教授，终于转运判官（陆心源《仪顾堂题跋·六经图跋》）。

以图解经，以图传经，历来受儒林重视。这里所谓的“六经”，包括《易》、《书》、《诗》、《礼记》、《春秋》、《周礼》。其中《大易象数钩深图》有图70幅，《尚书轨范撮要图》有图55幅，《毛诗正变指南图》有图47幅，《周礼文物大全图》有图65幅，《礼记制度示掌图》有图43幅，《春秋笔削发微图》有图29幅，共计6卷，图309幅。至于每幅图的名目，明人陆元辅逐一开列，最为详尽，可参朱彝尊《经义考》卷二四三所引。关于是书价值，苗昌言有说：“今是图之作，凡六籍之制度名数，粲然可一二数，使学者因是求其全书而读之，则造微旨远，兹实其指南也。”尤其是在其他诸图书淹没不传之际，诸图独赖是书得以保存，其价值盖可见矣。

是图初成于杨甲之手，后经毛邦翰等增补后，为309幅，仍为6卷。后来陆续有好事者予以增益，今本有图323幅（《四库全书简明目录》）。杨甲原本不知是否梓行，毛氏等补订本刊于乾道元年。今传本为明刊本，刻印于明万历四十三（1615）年。

10.《五经语类》80卷，(宋)朱熹著、(清)程川辑

程川，字鄘渠，号春昙，浙江钱塘人。雍正中拔贡生，乾隆元年（1736）举博学宏词，官县丞。志行端悫，词华敏赡，下笔千言立就。《清儒学案》有程川传。

由“四书”而入“五经”，是朱子为代表的宋儒所揭橥的治学门径，因此除了《诗集传》、《周易本义》等有关“五经”的专著外，朱子于“五经”经说方面的其他成果亦不容忽视。黎靖德所编《朱子语类》，兼及经说和儒论，

是研究朱熹经学成就和理学思想的重要资料。然其书乃综合各家所记以成，“徒立门目，而先后类从，不能无讹”。程川于是“更定条例，次而第之，分为八十卷”，取《朱子语类》之说经者，州分部居，各以类从，“要使朱子之语如传释经，而学者对经读之设疑参异，相证益明，然后见朱子之于经诚有疏凿之功焉”（自序）。每经皆以总论居前，论旧说得失者次之；其余则以经文为序，并各注某人所录于下，而标明其某年某月朱子年若干岁于首条，尤可以知其说之早晚年代，从而得以考订其异同。凡《易》40卷，《书》9卷，《诗》7卷，《春秋》3卷，《礼》21卷。

是书虽为编辑之作，但其以“五经”为主题，对于以“四书学”名世的朱熹而言，颇为新颖，且朱子于“五经”只完成了专著两部，那么此外的经说，的确有汇集的必要。四库馆臣对于是书以条系年的做法，颇为欣赏，称许说“条分缕析，至为明白，虽其间记录或失其真，前后偶异其说者，并未一一辨明，然比类而观，互相校勘，其得失亦粲然具见矣。”

是书收入文渊阁《四库全书》。

11.《六经奥论》6卷，旧题（宋）郑樵撰

郑樵，字渔仲，兴化军莆田（今属福建）人。绍兴中以荐诏对，累官枢密院编修。好著书，不为文章，自负不在刘歆、扬雄之下。居夹漈山，谢绝人事。久之，乃游名山大川，搜奇访古，遇藏书家，必借留读尽乃去，赵鼎、张俊而下皆器之。初为礼乐、文字、天文、地理、鱼虫、草木、方书之学，皆有论辩。从学者甚众。著有《通志》、《六经图辩》（与郑厚合作）。《宋史》有郑传。

是书《直斋书录解题》、《文献通考》、《宋史·艺文志》俱不载，清人《补宋史艺文志》、《经义考》始著录。四库馆臣等疑其非出郑樵之手，以为郑樵上书自述其著述名目甚详，而是书未提及，此其一；是书所论《诗》皆主毛、郑，与郑樵《诗辩妄》正相反；是书《天文辨》引及郑樵说时，言“夹漈先生”，显然非郑樵手书，此其三；是书所引朱子，称晦庵之号，或称其谥号，皆与郑樵不相关，此其四。因此定为南宋末期人所作。余嘉锡在此基础上推断，是书为郑厚门弟子依据其《艺圃折中》增益附会而成。

是书前有凡例，叙述编书之格式，并无作者。首篇总论六经，以下依次为《易》、《书》、《诗》、《春秋》、《礼》、《周礼》，此外还有《乐书》一则及《中庸》七则等，附于后。明人黎温谓是书乃“六经管辖之论，启其关键，阐发幽秘，俾学者直睹升堂之精蕴，是则有功于圣门，诚不鲜矣”（《经义考》引)。《四库全书》以为是书“第相传既久，所论亦颇有可采”。有《四库全

书》本。

12.《五经说》7卷，(元)熊朋来撰

熊朋来，字与可，宋末元初豫章（今江西南昌）人。咸淳十年（1274）登进士第四人，授从仕郎，宝庆府佥书判官厅公事，未赴而宋亡。后仕元为福清县判官。有《五经说》、《熊先生家集》行世。《元史》有传。

是书共7卷，说及《易》、《诗》、《书》、《春秋》、《三礼》、大小《戴记》，并《杂说》1卷。《四库全书总目》言："朋来之学，恪守宋人，故《易》亦言先天后天、河图洛书，《书》亦言《洪范》错简，《诗》亦不主小序，《春秋》亦不主三传。"俨然宋学风格。然而惠栋认为是书于古音、古义多所出入，力求新意，考证必疏，此亦宋人时弊。四库馆臣仍称其"发明义理，论颇醇正，于《礼经》尤疏证明白，在宋学中，亦可谓切实不支矣，寸有所长，故无妨录备一家"。

是书黄虞稷《千顷堂书目》又作《豫章先生五经说》，《通志堂经解》本作《熊先生经说》。今有文渊阁《四库全书》本，书名《五经说》，清人倪氏、钱氏补《元史艺文志》、朱氏《经义考》著录并同。

13.《十一经问对》5卷，(宋末元初)何异孙撰

何异孙，清人多言其生平事迹不详，四库馆臣考证其为元初人，甚是。是书自序言"丰城开州治之八月，会曾、邹二教谕于讲堂"，史载丰城"开州治"在至元二十三年（1286），故可知何异孙为宋末元初人。自序文末有"茂林何异孙题"，由此可知何异孙当为茂林（今安徽泾县茂林镇）人。另外，何氏曾"会曾、邹二教谕于讲堂"，似乎何异孙曾任县学教官。《历代职官表》卷三引《永乐大典》"何异孙《中兴百官题名记》：唐制百官告身分掌于其所部"，知异孙除此《十一经问对》外，尚有《中兴百官题名记》行世。

据何异孙自序，该书系其听说"府庠小学训导，为学生承问失对而停职"，乃有感而作。其书5卷，大抵为"科场发问对策之用"（黄虞稷语），仿朱子《四书或问》体例，设为问答。所谓"十一经"者，即《论语》、《孝经》、《孟子》、《大学》、《中庸》、《书》、《诗》、《周礼》、《仪礼》、《春秋三传》、《礼记》11种。其书将《大学》与《中庸》单列为"经"，与朱熹称为"四子书"有别，故四库馆臣斥其"颇无伦理"。其释义，《孟子》、《大学》、《中庸》、《论语》大致用朱子《章句集注》；《诗》多据郑玄《诗谱》；《书》多据蔡沈《书集传》；"三礼"、"三传"则多掇拾注疏文句。因无《易》与《尔雅》，或疑是书为何氏未完之稿。尽管其中不乏凿空无据之论，但四库馆臣仍肯定其"随文生义，触类旁通，用以资幼学之记诵，亦不为无益"。

是书《四库全书》收录。有元抄本，《通志堂经解》本，新编《十一经问对》4卷本。

14.《经问》18卷、《补》3卷，（清）毛奇龄撰

是书为毛氏说经之词，其门人录之以成编，皆一问一答，故题曰“经问”。其后3卷，为其子毛远宗所补。四库馆臣列举其中灼见25例，以为“精核”之论。汪中亦言“西河论经，终不见有拙理”。毛氏论辩风格犀利，大肆排诋顾炎武、阎若璩、胡渭等人，故四库馆臣在称赞其为“豪杰之士”的同时，又指出他“以辨才求胜，务取给一时，不肯平心以度理”之不足。周中孚又对是书内容、体例均有微词，以为虽为“经问”之名，亦有旁及其他者，如其“十哲增损”等十一条，与经无涉，当别为一编（《郑堂读书记》），所言信然。

是书文渊阁《四库全书》著录。又有国家图书馆所藏《西河全集》本《经问》9卷，及日本宽政十一年（1799）蔓延堂刊本。

15.《经学卮言》6卷，（清）孔广森撰

是书广涉诸经，凡《周易》31条、《尚书》34条、《毛诗》46条、《尔雅》与《诗》同卷20条、《论语》2条、《孟子》26条、《左传》34条，共6卷。大抵为平素读经心得，颇显零散与支离，故曰“卮言”。《郑堂读书记》言：“故此卷于说经义例，罔敢置议，略识其训诂肤末，附诸他经所得，汇为一编云尔。”

《续修四库全书提要》以为，是书虽不逮所著《礼学卮言》精要，亦多名解。如指出“不疑其所行也”、“阴疑于阳”等句中，“疑”当“碍”解；又如“予亦念天即于殷大戾肆不正”一条，解“肆”为“大”；又“江汉浮浮，武夫滔滔”一条，言是“江汉”比“武夫”以互释，犹言“江汉众强如似武夫，武夫广大似江汉”。于经多所发明，颇有见地。

是书《续修四库全书》著录。自问世以来未有单行本。今人杨新勋以南京图书馆藏嘉庆二十二年（1817）刊《顨轩孔氏所著书》本为底本，《清经解》和《续修四库全书》本为参校本，详作整理、校注，由华东师范大学出版社于2010年出版。

16.《拜经堂日记》12卷，（清）臧庸撰

臧庸（1767—1811），本名镛堂，号拜经，以之名书。江苏武进人。幼承家学，曾受学于卢文弨，后于苏州从钱大昕、王昶、段玉裁讲论学术。尝馆浙江巡抚阮元署中，助其汇辑《经籍籑诂》。治学严谨，长于校勘，精于释义。著有《月令杂说》、《说诗考异》、《拜经日记》、《拜经文集》等。另校郑玄《易注》，辑《子夏易传》。《清儒学案》有臧庸传。

是书为臧氏仿其高祖臧琳《经义杂记》之例而作。诠释古文疑义，校勘误

字误读，发挥经义。如谓今本《诗》之“不吴不敖”及“不吴不扬”，郑笺本皆作“不娱”；今本《礼》之“寡人固不固”，郑注本作“寡人固固焉”，以“焉”字属上句读：认为《诗》有《经典释文》可据，《礼》有《礼记正义》可据，以上之误，皆王肃说所乱，所论甚确。又如论《孟子》以为齐伐燕有二事，证之以《战国策》、《史记》均相合，足定千古之聚讼。又谓戴震《毛郑诗考正》好逞臆说以夺旧学，谬误颇多；斥惠栋私改李鼎祚《周易集解》为非，均为一般汉学家所讳言，足见臧氏不守门户之见、不苟合于名家之言。当然，其中亦有谬误之处。如谓《十月之交》，郑以此诗刺厉王，本《鲁诗》之经，刘向父子皆然，但臧氏却不以为然。其余泛论学问各条，亦皆穷原竟委，钩贯汇通。

王引之称道此书“考订汉世经师流传之分合，字句之异同，后人传写之脱误，改窜之踪迹，擘肌分理，剖豪析芒，其可谓辨矣”。周中孚亦认为，其发挥经义，“推见至隐，直使读者置身两汉，若亲见诸家之说者”，“与其高祖所著《经义杂记》，实堪后先继美”。（《郑堂读书记》）

有嘉庆二十四年（1819）拜经堂自刻本，12卷；又有《皇清经解》本，8卷。

17.《通艺录》42卷，（清）程瑶田撰

程瑶田少与戴震、金榜同学于江永，笃志治经。精通训诂，提倡“用实物以整理史料”，开启了传统史料学同博物考古相结合的研究路径。在数学、天文、地理、生物、农业种植、水利、兵器、农器、文字、音韵等领域，皆有深入研究，堪称一代通儒。说经长于旁搜曲证，不屑依傍传注，而融会贯通，确有心得。著有《通艺录》及《周礼札记》、《莲饮集》等。《清儒学案》有传。

清朝前期重视整理古籍古书，后期则重视整理古器古物，是书以专讲实物以整理史料，从而开启了史料学同考古学结合的新阶段。是书得风气之先，内容十分广博，凡义理、训诂、制度、名物、声律、象数，无所不赅，凡19种：《论学小记》、《论学外篇》、《宗法小记》、《仪礼丧服足征记》、《释宫小记》、《考工创物小记》、《磬折古义》、《沟洫疆理小记》、《禹贡三江考》、《水地小记》、《解字小记》、《声律小记》、《九谷考》、《释草小记》、《读书求解》、《数度小记》、《九势碎事》、《释虫小记》、《修辞余钞》。附录7种：《让堂亦政录》、《乐器三事能言》、《琴音记原本》、《濠上吟》、《莲饮集》、《藤笈编》、《非能编》。未成书3种：《仪礼经注疑直》、《说文解字会极》、《古今体诗》。而尤精者《仪礼》。《丧服》“缌麻章”末“长殇中殇降一等”四句，郑氏以为传文；“不杖期章”“惟子不报”传文，“公妾以及士妾为其父母”传文，郑氏以为失误；“大功章”“大夫之妾为君之庶子，女子子嫁者未嫁者，为世父母叔父母姑姊妹”，旧读以“大夫之妾”为建首，下二“为”字皆贯之，郑氏谓

"女子"别起贯下，斥传文为不词。程氏皆一一援据经史，疏通证明，以规郑氏之失。另外《九谷考》和《释虫小记》中《螟蛉蜾蠃异闻记》、《马齿记》等专文，论证绵密，为其赢得考证精详的名声。

是书于嘉庆八年（1803）刻成，其时程氏已七十有九。其中13种为阮元《皇清经解》所收。近时《安徽古籍丛书》中《程瑶田全集》，亦收录此书。

18.《考信录》36卷，（清）崔述撰

崔述的著作由门人陈履和汇刻为《东壁遗书》，内以《考信录》32卷最令学者属目。其与《考信录》相辅者，则有《王政三大典考》3卷、《读风偶识》4卷、《尚书辨伪》2卷、《论语余说》1卷、《读经余论》2卷、《五服异同汇考》3卷、《易卦图说》1卷、《与翼录》12卷，唯《春秋类编》4卷未成。另有《无闻集》、《知非集》、《小草集》等16卷。

关于本书写作宗旨，崔述在《考古提要》中言："汉初传经，各有师承，传闻异辞，不归于一，于战国处士说客之言，难于检核，流传既久，学者习熟见闻，不复考其所本，但以为汉儒近古，其言必有所本。近世诸儒，类多掇拾陈言，盛谈心性，以为道学，而于唐虞三代之事，罕所究心；复参以禅学，自谓明心见性，反以经传为肤末；而向来所沿之误，遂莫复过问。而浅学之士，一语一言，必据秦汉之书……故舛误乖剌，罔可诘穷。"意谓汉初诸儒各遵所闻，于战国诸子异说，未能检核详考；而宋元以下，又空谈心性，对汉儒相传之说，又不加反思，于是谬种流传，以讹传讹。因此崔述"历考其事，汇而编之，以经为主，传注之与经合者则著之，不合者则辨之；而异端小说不经之言，则辟其谬而删削之。题曰《考信录》"。"考信"一词见于《史记》："夫学者载籍极博，犹考信于六艺。"（《史记·伯夷列传》）凡论事考文，必以六经所载为考证标准，合者信之，不合者否之，故以《考信》名焉。

书凡36卷，有《考古提要》2卷，《上古考信录》2卷，《唐虞考信录》4卷，《夏商考信录》4卷，《丰镐考信录》8卷，《丰镐别录》3卷，《洙泗考信录》4卷，《洙泗余录》3卷，《孟子事实录》2卷，《考古续说》2卷，《附录》2卷。其书"专以辨其虚实为先务"，"凡无从考证者，辄以不知置之，宁缺所疑，不敢妄言以惑世"。与性理诸儒以理断事、以心裁经学风不同的是，崔氏此书言必有据、事必征实，"若摘发古人之误，则必抉其致误之由，使经传之文不致终晦"（自序）。如谓《易传》仅溯至伏羲，《春秋传》仅溯至黄帝，不应后人所知反多于古人；凡纬书所言十纪，史所云天皇、地皇、人皇，皆妄也；谓战国杨、墨横议，常非尧、舜，薄汤、武，以快其私。毁尧则托诸许由，毁禹则托诸子高，毁孔子则托诸老聃，毁武王则托诸伯夷。太史公尊黄、老，故好采异端杂说，学者但当信《论》、《孟》，不当信《史记》。谓夏、商、周未有号为某公者，“公亶父”相连成文，犹所谓“公刘”也；“古公亶父”，犹言“昔公亶父”也。谓匡为宋邑，似畏匡、过宋本一事，“匡人其如予何”、“桓魋其如予何”，似一时一事之言，记者小异耳。其说皆为有见。当然其中亦有疑古过甚者，《续修四库全书提要》已有辩证。

是书虽非专为辨伪古书而作，但崔氏对于先秦文献，除《诗》、《书》、《易》、《论语》之外，几乎都致怀疑，甚至滥及《论语》之一部分。加之崔氏对清代汉宋之争颇不以为然，故汉学之溺古，宋学之蔑古，皆曾致疑，然亦招致时人的非议，如汉学家张澍斥责崔述“陋儒无识”；理学家刘鸿翱又谓“《考信录》之诞且妄”。加之是书无裨于科举，在当时并不受重视。直至崔氏其人其书湮没百年之后，1902 年，始为日人那珂通世所表彰，称许是书“费四十年之精力，加之详密考察，一生之学问精力略尽于此矣，考证明清，足解千古之惑”，并予以整理出版；1905 年又在《东方杂志》卷二第七期发表《崔东壁学术发微》，率先宣扬崔氏之学。约在此前后，国内疑古学风兴起，刘师培、梁启超、胡适、钱玄同、顾颉刚等相继表彰，崔述之学遂昌明于世。梁启超曾言：“是书考证三代史最为严谨，宜一浏览，以为治史之标准。”胡适之更表示，是书湮没百年，乃“究竟不能不算是中国学术界之奇耻”。顾颉刚等人发起了“古史辨”运动，也受此书影响。

是书收入崔述门人陈履和于道光四年（1824）汇刻的《东壁遗书》中。顾颉刚加以重订，于 1936 年由亚东图书馆以《崔东壁遗书》之名出版于上海。1937 年上海商务印书馆出版有四册单行本。1983 年上海古籍出版社又予重印。

19.《九经说》17 卷，（清）姚鼐撰

姚鼐（1732—1815），字姬传，一字梦谷，安徽桐城人。以书斋名“惜抱轩”，世称“惜抱先生”。乾隆二十八年（1763）进士及第，授庶吉士。后补礼部仪制司主事，曾分别充当山东、湖南乡试副考官，还曾充当过会试同考官，并任过刑部郎中。乾隆三十八年（1773），被选入四库全书馆充纂修官，在馆不到两年，即辞官归里，致力于著书讲学。为学兼汉宋，而一以程朱为宗。于文章造诣颇深。平生论学宗旨，主义理、考据、辞章三者并重，以为不可偏废。著述颇多，有《九经说》、《春秋三传补注》、《国语补注》、《老子章义》、《庄子章义》、《惜抱轩诗文集》、《惜抱尺牍》等，选编《古文辞类纂》等。

是书为姚氏解经著作，乃撷取儒家经书中的有关内容，分列为专题，以考证其实，辨析其义，阐发其理。每经皆概述该经源流、卷数分合及前人研究大略，举各家之说于前，列己说于后，对汉儒经说与宋儒义理兼收并蓄，遇有疑点，择善而从。凡《易》2卷、《书》4卷、《诗》1卷、《周礼》3卷、《仪礼》1卷、《礼记》3卷、《春秋》1卷、《论语》1卷、《孟子》1卷。其说多以程朱为宗，然亦有所取舍，时申已意。如《易说》之《翰音登于天说》，程子谓登于天者其音也，朱子以鸡曰翰音，言如鸡欲登天也，姚氏认为程子之说为是；又考程朱之说实出李鼎祚《周易集解》，于是上溯李书，下考程朱传义，提出了自己的见解。其《尚书说》谓伪《古文尚书》所采具有精理者数语而已，其余义虽无谬，然不免廓落而不切事理，碎细而无统，对《古文尚书》做了全面否定。其《诗》说论《关雎》篇，谓朱熹《诗集传》以为宫人美后妃之诗，确不可易；而《荡荡上帝》篇则谓朱熹不用旧说，意似迂曲，又与《诗》意不贯，不如《毛诗》之说为安。其《礼记》说"公子有宗道"篇，谓郑氏说经既得其义，而为义疏者不能详，后之合郑而为说者皆妄，批评宋儒舍弃郑玄说以至于妄，皆属有见。是书虽以阐明经义为主，不完全同于汉学家的字句考订之作，但颇能融会众说，不墨守成规。

是书原刻本仅12卷，姚氏又增加部分内容，成17卷，嘉庆十四年(1809)门人陶定申为补刻于江宁。又收入《惜抱轩全集》，有同治本、光绪本、民国本。上海古籍出版社辑印《续修四库全书》收录第172册，作《惜抱轩九经说》。

20.《经传释词》10卷，(清)王引之撰

《经传释词》凡10卷，首有阮元《序》、王氏《自序》及《序目》，末有钱熙祚《跋》。王氏《自序》述其撰著大意云："自汉以来，说经者宗尚雅训，凡实义所在，既明著之矣，而语词之例，则略而不究……前人所未及者补之，误解者正之，其易晓者则略而不论。"是其鉴于训释经籍者偏重实词，而忽略语助、虚词，故特择选经传中此类字、词加以解释，以补史阙。

其体例是分字编次，类别大致有六，为常语、语助、叹词、发声、通用、别义，共得160个，对其中前已有训而训释有误者加以纠正，对其中此前无训而仍属难通者加以训释。其释词之法亦有六：有举同文以互证者，有举两文以比例者，有因互文而知其同训者，有即别本以见例者，有因古注以互推者，有采后人所引以相证者。

王氏此书自九经三传及周秦西汉之书，凡语助之文，遍为搜讨，而所训皆持之有据，言之成理，这对于正确训解经文是非常有价值的。故有学者指出，王氏此著"皆确凿可信，不特为经解之助，且于研究文法，亦多裨益"①。其受

① 韩非木：《四库入门》，中华书局，1948年。

业弟子胡培翚撰《书后》亦云："是书专释语词虚字，辟前古未有之途径，荟萃众解，津逮后人，足补《尔雅》之阙。"① 所论诚然。

是书有《皇清经解》本、《守山阁丛书》本、江苏古籍出版社2000年影印家刻本等。

21.《群经释地》10卷，（清）戴清撰

戴清（1762—1827），字静斋，江苏仪征人。嘉庆贡生，候选训导。长于考辨典籍，著有《四书典故考辨》、《群经释地》、《经史管见》、《韵辨》等。

是书有10卷本和1卷本之别。戴清《自序》尝言成《书经》、《诗经》、《周礼》、《礼记》各1卷，《春秋三传》3卷，《尔雅》、《论语》、《孟子》各1卷，他经附见云云。是为10卷本。1卷本为清咸丰元年（1851）刘文淇据传抄本，择取数十条，编成1卷，刊刻而成。凡《书》11条，《诗》8条，《周礼》2条，《礼记》2条，《春秋三传》55条，《尔雅》4条，《论语》1条，《孟子》1条，前附戴清《自序》。是书以经归类，依条论说，所释于旧说颇有订正，且俱释以今地名，甚便检览，亦有功于诸经之研究。

是书今存稿本、清嘉庆二十五年（1820）刻本、清咸丰元年（1851）刘文淇刻本等。

22.《王志》2卷，（清）陈兆奎撰

陈兆奎，从学于王闿运，与其师同为曾国藩幕僚，后任度支主事。王闿运是近代著名教育家，成就弟子甚众。是书为陈氏辑录其师王闿运应答门人之作，本《郑志》之旧例，乃曰《王志》。与《郑志》所录限于经义不同，是书内容较为庞杂。如答陈复心问论时事，答吕雪棠问《庄子》七篇宗旨、示谢龙伯论尚志、示廖卓夫论耐贫、答陈完夫问论唐诗诸家源流，又论歌行运用之妙，及卷二论诗论文诸篇。《续修四库全书提要》以为上述内容"皆可剔而别存"。至于论为学治经则多精当之论。当然其中也不乏过激之言。如"为学但当治经，读子史者，失学之人也"，又"经典博奥，子史简浅"，甚至有"子史可不必读"云云，未免失于偏颇。

是书有光绪二十三年（1897）刊本。

23.《新学伪经考》14卷，（清）康有为撰

在汉代经学史上，有所谓"今文""古文"之分。今文经、古文经最初只是文本来源、篇目多寡、文字今古上的不同，随着经学的不断发展和繁荣，两者的分歧也越来越大，从经本有无、学术旨趣、治学方法，直至制度大小、

① 胡培翚：《研六堂文钞》卷七，清道光十七年刻本。

政略新旧等各个方面，都表现出明显的分歧和差异。至西汉末年，刘歆请求将古文《逸礼》、《毛诗》、《左传》等书立为官学，受到今文经博士抵制。王莽新朝之时，古文经曾经被立于学官。

所谓“新学”，即新莽时期提倡的古文经学；所谓“伪经”，即西汉中后期出现的“古文经”。古文经有《周官》、《逸礼》、《春秋左氏传》、《易经》(古文)、《古文尚书》及《毛诗》诂训传，这些都是在刘歆提倡、王莽推动下，在新朝立为官学的经典。康有为认为，这些经典以及围绕它们产生的古文经学，都是为王莽篡权制造舆论的，统统都不可靠!《新学伪经考》的写作体例和写作目的，用康氏自己的话说，即是“采西汉之说，以定孔子之本经；亦附‘新学’之说，以证刘歆之伪经；真伪相校，黑白昭昭”；意欲“起亡经”，“翼圣制”，阐发六经之“微言大义”。

全书共 14 卷，每篇 1 卷，计有：《秦焚六经未尝亡缺考》、《史记经说足证伪经考》、《汉书艺文志辨伪》、《汉书河间献王、鲁共王传辨伪》、《汉书儒林传辨伪》、《汉书刘歆王莽传辨伪》、《汉儒愤攻伪经考》、《伪经传于通学成于郑玄考》、《后汉书儒林传纠谬》(附《说文·序纠谬》)、《经典释文纠谬》、《隋书经籍志纠谬》、《伪经传授表》、《书序辨伪》(附《尚书篇目异同真伪表》)、《刘向说经足证伪经考》。大意以为：孔子时所用字，即秦汉间篆书，即以“文”论，也绝无今古之目。秦焚书，并未厄及六经，汉十四博士所传，皆孔门足本，并无残缺。西汉经学，并无所谓古文者，凡古文皆刘歆伪作。刘歆欲弥缝其作伪之迹，故校中秘书时，于一切古书多所羼乱。刘歆作伪的目的是欲佐王莽篡汉，先谋湮乱孔子之微言大义。始作伪经者为刘歆，布行伪经，篡孔统者，实成于郑玄。总之，如康有为在全书序言中所说，古文经学“乃新学，非汉学也；即人所尊述之经，乃多伪经，非孔子之经也”。在康有为看来，历代流传的古文经统统都是“伪经”，以研究伪经为对象的学问即是“新学”，长期窃踞正统学术殿堂的“汉学”、“宋学”，都不是孔学之真传，统统应当打倒清除。这就使以“孔学正宗”相标榜的清代正统派意识形态，失去了学理和经典的支撑，这无异于釜底抽薪、斩草除根。

单从学术上看，是书原创性稍显不足，因其主要观点多袭自廖平；其撰作态度也不足取法，因其牵强附会，无限上纲，远非精审的“考辨”之作。这一点，连康门弟子梁启超也不讳言。但是，如果从社会影响而言，此书实具有思想解放的石破天惊之效。它以“托古改制”说动摇了“恪守祖训”的传统观念，以“古经皆伪”掀起了解放思想运动。梁启超称之为晚清思想界的“大飓风”，并非过誉之辞。事实上，此书与《孔子改制考》成为康有为拆毁清代正统学术之大厦，重塑孔子和儒学精神的重要著作，也成了他将来领导“戊戌维新”的理论工具。

是书刊行后曾多次遭到清政府的禁毁。1917 年重刊，康氏改名为《伪经考》，1931 年北平文化学社出版新式标点本，复改为今名。又有 1956 年北京古籍出版社铅印本。姜义华等编《康有为全集》收入此书（中国人民大学出版社，2007 年）。

四、群经类编

“类书”在我国传统典籍中是一种较为特殊的文献，它将原始文献或文献中的资料，分门别类，串叙撮述；或者条分缕析，以原文照录和摘录的方法重新编排。内容涉及经、史、子、集与百家杂说，编排形式上则“分别部居”，“以类相从”。“类书”虽然不是“著作”，但却便于读者征文考献、引经据典，同时也对撰述者有触类旁通、举一反三的作用，因此在历史上颇受重视。群经类编，是对群经内容进行分类编纂的著作。圣人纂经以载道，贤人治经以明理，然而六经浩博，专精不易，皓首穷经，速效为难。故有贤者起，摘录格言要语，类聚群分，以成专题语录，是亦治经明道之佐助也。二戴之类辑《礼记》，实其滥觞。唐代在“四大类书”产生的同时，也出现了经书类编文献，《群书治要》外，另有《五经类语》一书。中经宋、元、明的发展，经学实用之书盛行，群经类编也层出不穷，至于清代而达于极盛。清儒为适应科举考试和吟诗作赋的需要，既编纂了《古今图书集成》这样的大型百科类书（其中“理学汇编”、“明伦汇编”等即主言儒学），也编有多部限以“经典”范围的类书亦即群经类编文献，周世樟《五经类编》、秦伯龙等《五经类纂》就是其中的代表。

1.《五经类编》28 卷，（清）周世樟纂

周世樟（1636—?），字章成，号安素，江苏太仓人。醇谨好学，专《春秋》之学，又明天文算术。平居教授，每以穷经训后进。年七十余而卒。著有《经义辨讹》、《五经类编》、《诸经略说》、《十三经分类政要》等。

是书名为“五经”，实际涉及范围包括“三礼”、“三传”、《大戴记》、《国语》等。但与历史上百科类书兼采经、史、子、集不同，周氏此书却以儒家经传为主要取材对象。全书共分十大类，分别为：君道、治道、礼乐、制度、人伦、儒术、技术、天文、地理、物产。每类之下再设小类，如“治道类”下分：治道总、王业、世运、封建、官制、侯国官制、用人、课吏、财用、

田赋、贡献、徭役、役法、农事、耕藉、蚕桑、饥荒、学校、教化、风俗、武备总、兵制、阵法、兵法、天时地利、奏捷、失律、武德、将权、田猎、刑法、诘盗等小类。小类下汇录经书中的有关词语和段落，并略加注释。最后还有两篇贯串事类的范文。如“用人”小类：“用人《易》‘拔茅茹以其汇，征吉’。茹，根也；汇，类也；征，往也。拔茅汇征，贤人连类而进之象。《泰・初九》‘贲于丘园，束帛戋戋。吝。终吉’。束帛所以礼贤，戋戋则过于薄。然礼奢宁俭，故终吉。《贲・六五》‘不家食，吉’。养贤也。学至君求，故不得家食。《大畜・象》……”所引经文不附传注，而以己意隐括作解，尤详于礼。子目之后附“辩”，或“考”，或“解”，具有斟酌，无异“群经类解”，与其他徒事抄撮、服务科举的类书相比，其学术意味更为浓厚。

是书有康熙二十九年（1690）刊本、雍正二年（1724）谷诒堂刊本。

2.《五经类纂》16卷，（清）秦伯龙、秦跃龙纂

本书为秦伯龙、秦跃龙兄弟同撰，尤金禄等校订。秦伯龙（1685－1744），字蛟门，江苏无锡人。雍正二年（1724）进士，曾任潍县知县。秦跃龙，字山公，事迹不详。

是编之纂，乃针对明清科举制度下，士子文人多趋向于经书填括、声律记问，而于经济心性无所用心，舍本逐末，弃道逐器之弊端，欲为读书人搭建由表及里、触类通达之津梁。秦跃龙自序：“汉儒治经，多为经济之学；宋儒治经，多为性命之学。经济，经之用；性命，经之体。”可是，“世徒见文之尔雅深厚莫如汉宋，不知彼之治经务专力于经济性命，特出余绪发为文章……自帖括行，治经者往往渔猎途泽以为文，而经济性命之学罕有讲者”。有鉴于此，他兄弟二人乃“钩稽字句，部居州次，各以类从”。简捷精粹，使“阅是编，循末以揣本，推而放之，如汉儒之克施经济；反而求之，如宋儒之实研性命，卓然为明体达用之士矣”。其用意可嘉。

全书共为16卷，分天文、地舆、君臣、父子、兄弟、家族、夫妇、闺阃、朋友、姻党、政治、农田、蚕绩、学校、刑法、财赋、营造、封建、巡狩、朝聘、会盟、燕享、锡赉、贡献、祭祀、田猎、军旅、丧葬、废立、仕进、荐举、隐逸、交际、企慕、箴规、性理、礼仪、辞命、射御、音乐、卜筮、鬼神、占梦、医药、商贾、行旅、年齿、形体 、名性、谥号、德行、人才、识略、文学、勋劳、忠节、简朴、景福、灾难、诛窜、仇雠、叛逆、淫乱、邪慝、昏暴、谗谤、贪汰、逸乐、饮食、服饰、宫室、器物、禽兽、鳞介、昆虫、草木等，凡76门。几乎囊括了儒门初学者所必备的各方面知识。《续修四库全书总目提

要》评价是书说："其体裁虽为类书，以之润色辞藻，若别具目光，推放反求，以究治经体用，未尝不可入于汉宋奥堂耳。"是为中肯之论。

是书有雍正六年（1728）清寻阁刻本。

附一：经学丛书

"群经总义"本是一书而兼论诸经的文献，但是也有目录书将多部单书汇刻一起的"经学丛书"列入"群经总义"。如《续修四库全书总目提要》经部"群经总义"类著录有《通志堂经解》138种、《皇清经解》1412卷、《续皇清经解》1430卷和《皇清经解分经合纂》213卷，后一种系"以每经之字句为纲领，而以群说分列其下"，实为集解性质，其入"总义"尚有可说；而前三种《经解》实乃收录众家单本经学注解的丛书，再入"总义"就未必妥当了。但是经学丛书将经学类重要著作汇刻一处，最便取阅，颇受欢迎，因此讲儒学文献也不能忽略，这里也有必要做些说明。

有的目录书虽然也将经学丛书著录于经部之中，但却自列篇目，或置于经部之首，如张之洞《书目答问》，开篇即著录《十三经注疏》：416卷，有乾隆四年武英殿刻附考证本、同治十年广州书局覆刻殿本，和阮元刻附校勘记本。还特别注明："阮本最于学者有益，凡有关校勘处旁有一圈，依圈检之，精妙全在于此。"其次是《相台岳氏本古注五经》，原是南宋岳珂校刻，有明翻宋本、清武英殿刻附考证本等。此丛书收录《易》9卷，王弼、韩康伯注，附《略例》1卷；《书》13卷，孔传；《诗》20卷，毛传、郑笺；《春秋左传》30卷，杜集解；《礼记》20卷，郑注。此外还有《永怀堂古注五经》、《稽古楼单注巾箱本十三经》、《明监本宋元人注五经》等。

《续修四库全书总目提要》则在经部之末"群经总义"之后，设列"汇编类"一目著录经学丛书；《清史稿艺文志拾遗》又将经学丛书著录在经部之首专的"总类"中，这些都是比较得体的做法。

此类丛书，有通代的，如纳兰成德于康熙间所刻《通志堂经解》1860卷，收录宋元以下迄于清初经学著作140种；钱仪吉道光间校刻《经苑》250卷，收录前书未收的著作25种；张金吾抄录《诒经堂续经解》（抄本），收录《通志堂经解》以外80余种、1436卷；有断代的，如《皇清经解》、《续皇清经解》等，专门收录清代考据类经学著作，共达389种。有个人的，如袁钧辑刻《郑氏佚书》，辑录郑玄著作达23种、79卷；《味经斋丛书》，辑录庄存与所著经学著作15种41卷；陈乔枞《小娜嬛馆丛书》，辑其诗学、书学、礼学著作12种74卷；也有家族的，如明焦竑序刻《两苏经解》，汇录苏轼经学著作2种：《东坡易传》9卷、《东坡书传》20卷，苏辙经学著作5种：《诗集传》7卷、《春秋集解》2卷、《论语拾遗》1卷、《孟子解》1卷、《道德经解》2卷。有辑佚的，如钟钧谦《古经解汇函》，刻录唐以前经学、纬书23种126卷；还有专题丛书，如张惠言《张氏易学》11种44卷；王德瑛《今古文孝经汇刻》16种16卷；江有诰《江氏音学》8种13卷；张炳翔《许学丛书三集》14种56卷；严式诲刻《音韵学丛书》32种123卷等等。目前正在编纂出版的《儒藏》，则是最大的儒学丛书。

经学丛书虽然在体例上不属于“群经总义”，但是由于目录中常有著录，也不可忽视。经学丛书集群书于一处，为研究者提供了非常大的便利。加强对此类文献的了解，对尽可能多地掌握经学文献和资料，仍然是极有帮助的。

附二：群经总义类别录

群经总义文献至多，举不胜举。张之洞《书目答问》尚推荐以下要目，今附录于此，以供参考：

1. 古经说辑佚

《玉函山房辑佚书经编》352种，马国翰辑。

《汉魏遗书钞》108种，王谟辑。

《圣证论》1卷，马国瀚辑。玉函山房本。

《圣证论补评》2卷，皮锡瑞撰。

《高密遗书》14种，黄奭辑刻汉学堂本。

《经稗》6卷，郑方坤撰。

《诗书古训》6卷，阮元撰。粤雅堂本，续经解本。

2. 专著

(1) 群经概论：

《五经要义》1卷，《五经通义》1卷，（清）宋凤翔撰。符溪精舍本。

(2) 群经通释：

《蜀大字本三经音义》4卷。岱南阁本。

《四书剩言》4卷，《补》2卷，（清）毛奇龄撰。《西河集》本，学海堂本。

《四书考异》72卷，（清）翟灏撰。原刻《总考》《条考》各36卷。

《四书典故辨正》20卷，（清）周炳中撰。

《四书撫余》7卷，（清）曹之升撰。

《四书拾遗》5 卷，(清) 林春溥撰。《竹柏山房十一种》本。
《五经小学述》2 卷，(清) 庄述祖撰，续经解本。
《左海经辨》2 卷，(清) 陈寿祺撰，学海堂本。
《五经文字》1 卷，附《五经文字疑》1 卷。(唐) 张参撰。
《六经天文编》2 卷，(宋) 王应麟撰。学津本，《玉海》附刻本。
《九经字样》1 卷，附《九经字样疑》1 卷，(唐) 唐玄度。
《九经误字》1 卷，(清) 顾炎武撰。《亭林遗书》本。
《九经补韵附考证》1 卷，(宋) 杨伯岩撰。
《十经文字通正书》14 卷，(清) 钱坫撰。
《十三经注疏姓氏》1 卷，(清) 翁方纲撰。
《十三经客难》55 卷，(清) 龚元玠撰。
(3) 群经杂议：
《经咫》1 卷，(清) 陈祖范撰。
《经传小记》1 卷，(清) 刘台拱撰。续经解本。
《经义知新记》1 卷，(清) 汪中撰。
《经义杂记》30 卷，《叙录》一卷，(清) 臧琳撰。学海堂本。
《群经识小》8 卷，(清) 李惇撰。学海堂本。
《群经宫室图》2 卷，(清) 焦循撰。
《经书算学天文考》2 卷，(清) 陈懋龄撰。学海堂本。
《邃雅堂学古录》7 卷，(清) 姚文田撰。
《经义未详说》54 卷，(清) 徐卓撰。
《隶经文》4 卷，(清) 江藩撰。粤雅堂本，续经解本。
《经义考补正》12 卷，(清) 翁方纲撰。粤雅堂本。
《通志堂经解目录》1 卷，(清) 翁方纲撰。粤雅堂本。
《国朝汉学师承记》8 卷，附《经师经义目录》1 卷。
《西京博士考》2 卷，(清) 胡秉虔撰。
《两汉五经博士考》3 卷，(清) 张金吾撰。
《汉魏博士考》2 卷，(民国) 王国维撰。
《经典文字辨正》5 卷，(清) 毕沅撰。经训堂本。
《注疏考证》6 卷，(清) 齐召南撰。学海堂本。
《汉魏音》4 卷，(清) 洪亮吉撰。
《读经考异》8 卷，《补》2 卷，《叙述》2 卷。(清) 武亿撰。

《经籍籑诂》(一) 116 卷，附《补遗》，(清) 阮元撰。

(据 (清) 张之洞撰，范希增补正，高明路点校：《书目答问补正》，北京燕山出版社，1999 年。)